Estudos em Homenagem
a Miguel Galvão Teles

Estudos em Homenagem a Miguel Galvão Teles

Volume II

Comissão organizadora:
Jorge Miranda
J. J. Gomes Canotilho
José de Sousa e Brito
Miguel Nogueira de Brito
Margarida Lima Rego
Pedro Múrias

**ESTUDOS EM HOMENAGEM
A MIGUEL GALVÃO TELES**
Volume II
COMISSÃO ORGANIZADORA
Jorge Miranda
J. J. Gomes Canotilho
José de Sousa e Brito
Miguel Nogueira de Brito
Margarida Lima Rego
Pedro Múrias
SECRETÁRIA
Rute Carvalho da Silva
EDITOR
EDIÇÕES ALMEDINA, S.A.
Rua Fernandes Tomás, nºs 76-80
3000-167 Coimbra
Tel.: 239 851 904 · Fax: 239 851 901
www.almedina.net · editora@almedina.net
DESIGN
FBA.
PRÉ-IMPRESSÃO
EDIÇÕES ALMEDINA, S.A.
IMPRESSÃO | ACABAMENTO
PAPELMUNDE, SMG, LDA.
V. N. de Famalicão

Outubro, 2012
DEPÓSITO LEGAL
349553/12

Toda a reprodução desta obra, por fotocópia ou outro qualquer processo, sem prévia autorização escrita do Editor, é ilícita e passível de procedimento judicial contra o infractor.

 GRUPOALMEDINA

BIBLIOTECA NACIONAL DE PORTUGAL – CATALOGAÇÃO NA PUBLICAÇÃO

ESTUDOS EM HOMENAGEM A MIGUEL GALVÃO TELES

Estudos em homenagem a Miguel Galvão Teles
– 2 v. (Estudos de homenagem)
2º v.: p. - ISBN 978-972-40-4989-2

CDU   34

Parte III
Processo Civil e Arbitragem

Sobre o âmbito das matérias passíveis de arbitragem de direito administrativo em Portugal

MÁRIO AROSO DE ALMEIDA[*]

1. Enquadramento

1. É desde há muito pacífico, no ordenamento jurídico português, o entendimento de que as entidades públicas se podem comprometer em árbitros relativamente a litígios de Direito Administrativo correspondentes ao contencioso de plena jurisdição, respeitante à interpretação, validade ou execução de contratos administrativos e à constituição em responsabilidade civil por danos causados pela Administração no âmbito da sua atividade de gestão pública[1].

Pode, assim, dizer-se que não vigora em Portugal uma reserva de jurisdição estadual no que concerne aos litígios que envolvam a Administração Pública[2]. E neste sentido deve ser interpretado o artigo 212º, nº 3, da Constituição da República Portuguesa (CRP), quando determina que "[c]ompete aos tribunais administrativos e fiscais o julgamento das ações e recursos contenciosos que tenham por objeto dirimir os litígios emergentes das relações jurídicas administrativas e fiscais".

Com efeito, o artigo 209º da CRP, ao enunciar as "categorias de tribunais" que são admitidas na ordem jurídica portuguesa, refere-se, no seu nº 2, aos tribunais arbitrais. Como já foi assinalado na doutrina, e ao contrário do que sucede noutros países[3], a Constituição portuguesa não se limita, desta forma, a assumir

---

[*] Professor da Faculdade de Direito da Universidade Católica Portuguesa.

[1] Cfr. MARCELLO CAETANO, *Manual de Direito Administrativo*, vol. II, 10ª ed. (reimpressão), Coimbra, 1986, pp. 1285-1286; SÉRVULO CORREIA, "A arbitragem voluntária no domínio dos contratos administrativos", in *Estudos em memória do Professor Doutor João de Castro Mendes*, Lisboa, 1994, pp. 233 segs.; MARCELO REBELO DE SOUSA, "As indemnizações por nacionalização e as comissões arbitrais em Portugal", *Revista da Ordem dos Advogados*, 1989, p. 392.

[2] Cfr. JORGE MIRANDA, *Manual de Direito Administrativo*, vol. IV, 2ª ed., Coimbra, 1998, pp. 236-237.

[3] Para o caso espanhol, cfr., por todos, JOSÉ MARÍA AYALA MUÑOZ *et alii*, *Régimen Jurídico de las Administraciones* Públicas y *Procedimiento Administrativo*, 2ª ed., Navarra, 2002, p. 742. Quanto ao

a admissibilidade do recurso à arbitragem como uma forma normal de resolver conflitos jurídicos, mas vai mais longe, consagrando, de modo inequívoco, a natureza jurisdicional dos tribunais arbitrais, da atividade que eles são chamados a desempenhar e, portanto, das decisões que por eles são proferidas[4].

Ora, como é evidente e tal como sucede, desde logo, com o artigo 211º da CRP, que define o âmbito da jurisdição dos tribunais judiciais, também o artigo 212º, nº 3, não pode deixar de ser lido de harmonia com o artigo 209º, nº 2, para o efeito de se reconhecer que ele só confere poderes de jurisdição aos tribunais (administrativos e fiscais) do Estado *sob reserva da existência de tribunais arbitrais* e, portanto, da possibilidade da sua intervenção, com a extensão que ao legislador cumpre delimitar no exercício da sua natural liberdade de conformação[5].

Do ponto de vista constitucional, não se vê, na verdade, por que motivo há de, para este efeito, entender-se que essa liberdade de conformação resulta do artigo 212º, nº 3, da CRP com uma extensão mais limitada do que aquela que, no que concerne à resolução de litígios de natureza privada, resulta do artigo 211º, nº 1. Para efeitos do disposto no artigo 212º, nº 3, da CRP, afigura-se, por isso, fundada a tese de que tribunais administrativos, em Portugal, não são apenas os tribunais permanentes do Estado, como tais previstos na lei, mas são também os tribunais (administrativos) arbitrais que venham a ser constituídos para dirimir litígios jurídico-administrativos[6].

2. O Estado e as demais pessoas coletivas de direito público podem celebrar convenções de arbitragem, se para tanto forem autorizados por lei especial ou se elas tiverem por objeto litígios respeitantes a relações de direito privado.

O primeiro aspeto que, a este propósito, deve ser assinalado é o de que dele resulta claramente a *arbitrabilidade*[7], por aplicação direta do regime da LAV, dos

---

direito alemão, cfr., por todos, ROLF STOBER, "Staatsgerichtsbarkeit und Schiedsgerichtsbarkeit", *NJW* 1979, p. 2001. Note-se, em todo o caso, que a longa controvérsia sobre a natureza (contratual ou jurisdicional) da arbitragem se tende a saldar, no direito comparado, pelo reconhecimento de que, embora assente numa convenção, a arbitragem envolve a condução de um processo e a emissão de uma decisão em substituição das decisões dos tribunais estaduais, que, para muitos efeitos, é equiparada às decisões dos tribunais de primeira instância: cfr., por todos, APOSTOLOS PATRIKIOS, *L'arbitrage en matière administrative*, Paris, 1997, p. 244; JUAN ROSA MORENO, *El arbitraje administrativo*, Madrid, 1998, pp. 61-62.

[4] Cfr. JORGE MIRANDA, *op. loc. cits.*; SÉRVULO CORREIA, *op. cit.*, p. 231.

[5] Repare-se que já ARTUR MAURÍCIO/DIMAS DE LACERDA/SIMÕES REDINHA fundavam no artigo 209º, nº 2, da CRP (à época, artigo 212º, nº 2) a legitimidade constitucional da solução consagrada no artigo 2º, nº 2, do ETAF de 1984: cfr. *Contencioso administrativo*, 2ª ed., Lisboa, 1988, p. 19.

[6] Neste sentido, cfr. VIEIRA DE ANDRADE, *A Justiça Administrativa*, 11ª ed., Coimbra, 2011, pp. 76-77.

[7] Embora seja de utilização corrente na doutrina e, por isso, também o utilizemos no presente texto, não podemos deixar de explicar ao leitor menos advertido de que o *heterodoxo* termo "arbi-

litígios em matérias ditas *de gestão privada* dos entes públicos, relativas a relações de direito privado, no âmbito das quais essas entidades figuram como se fossem sujeitos privados. Trata-se de matérias que não pertencem à jurisdição dos tribunais administrativos, mas dos tribunais judiciais. São, por isso, aplicáveis, nesse domínio, as regras de natureza processual que também se aplicam aos privados – incluindo as que, por força da Lei de Arbitragem Voluntária (LAV), disciplinam a arbitragem, permitindo-a nos mais amplos termos[8].

Já no que diz respeito aos litígios emergentes de relações jurídicas administrativas, não existe na ordem jurídica portuguesa uma norma de permissão geral da arbitragem em matéria administrativa, dependendo a concretização de convenções arbitrais da existência de lei especial que permita a sua celebração[9].

Daqui resulta que a admissibilidade da arbitragem em matéria administrativa não resulta da consagração legal, com caráter geral, de um critério único de arbitrabilidade, que resulte da LAV. Pelo contrário, é ao legislador que compete eleger o critério ou os critérios que o hão de orientar na identificação dos casos concretos ou dos domínios genéricos em que entenda dever autorizar a submissão da resolução de litígios de direito público à decisão de árbitros.

Sem prejuízo da natureza unitária do instituto da arbitragem voluntária para a resolução de litígios e da aplicabilidade subsidiária da LAV também à arbitragem de Direito Administrativo, não pode deixar, assim, de reconhecer-se que, no que toca à questão da determinação do critério ou critérios que presidem à determinação das matérias que podem ser objeto de arbitragem, existe uma clara separação entre a arbitragem sobre questões de Direito Administrativo e a arbitragem sobre questões de direito privado, da qual resulta que a questão de saber se, quando e com que extensão existe a possibilidade de arbitragem sobre litígios que não digam respeito a relações de direito privado não é respondida pela LAV: no ordenamento jurídico português, é ao Direito Administrativo que, em diploma ou diplomas próprios, cumpre definir um regime próprio no que toca aos critérios de arbitrabilidade a adotar no âmbito das relações jurídicas administrativas. Como é natural, a LAV não se pronuncia sobre essa questão, cuja sede própria reside nas disposições de Direito Administrativo[10].

---

trabilidade" tem por objeto exprimir a qualidade dos litígios que podem ser submetidos a arbitragem, em termos de sobre eles poderem ser validamente celebradas convenções de arbitragem, ser constituídos tribunais arbitrais e esses tribunais proferirem decisões: sobre o ponto, cfr. RAUL VENTURA, "Convenção de arbitragem", *Revista da Ordem dos Advogados*, 1986, p. 317.

[8] Cfr. SÉRVULO CORREIA, *op. cit.*, p. 239.

[9] Cfr., por todos, JOÃO MARTINS CLARO, "A arbitragem no anteprojeto de Código de Processo nos Tribunais Administrativos", *Cadernos de Justiça Administrativa* nº 22, p. 85.

[10] Discordamos, pois, da abordagem metodológica que, partindo – a nosso ver, de modo injustificado – do pressuposto contrário, é adotada por ANA PERESTRELO DE OLIVEIRA, *Arbitragem de*

ESTUDOS EM HOMENAGEM A MIGUEL GALVÃO TELES

3. Até 2004, a referida determinação estava formalmente contida no artigo 2º, nº 2, do Estatuto dos Tribunais Administrativos e Fiscais (ETAF) de 1984, nos termos do qual eram admitidos tribunais arbitrais "no domínio do contencioso dos contratos administrativos e da responsabilidade civil por prejuízos decorrentes de atos de gestão pública, incluindo o contencioso das ações de regresso".

Presentemente, o Código de Processo nos Tribunais Administrativos (CPTA), que entrou em vigor em 1 de janeiro de 2004, regula a matéria da arbitragem no Título IX, a que correspondem os artigos 180º a 187º[11]. No que se refere à delimitação do âmbito das matérias que podem ser submetidas a arbitragem, enuncia, no artigo 180º, um elenco de matérias para cujo julgamento, "sem prejuízo do disposto em lei especial", pode ser constituído tribunal arbitral; e o artigo 187º habilita o Estado a autorizar a instalação de centros de arbitragem permanente destinados à composição de litígios no âmbito de um conjunto mais alargado de matérias.

Tal como sucedia com o precedente artigo 2º, nº 2, do ETAF de 1984, e sempre sem prejuízo da existência de legislação avulsa, continuou, assim, a existir, com o artigo 180º do CPTA, lei especial a permitir, em amplos termos, o recurso à arbitragem em matérias de Direito Administrativo.

Também a exemplo do que, como vimos, já sucedia com o artigo 2º, nº 2, do ETAF de 1984, o artigo 180º do CPTA continua, entretanto, a permitir o recurso à arbitragem para a apreciação, tanto de questões de responsabilidade civil extracontratual da Administração, incluindo a efetivação do direito de regresso, como de questões respeitantes a contratos (artigo 180º, nº 1, alíneas a) e b))[12].

---

litígios com entes públicos, Coimbra, 2007, e "Da arbitragem administrativa à arbitragem fiscal: notas sobre a introdução da arbitragem em matéria tributária", in *Mais Justiça Administrativa e Fiscal – Arbitragem*, Coimbra, 2010, pp. 131 segs., parecendo-nos, na verdade, inútil e inglório o esforço desenvolvido pela Autora para tentar reconduzir as diferentes previsões do artigo 180º do CPTA ao critério da disponibilidade das situações jurídicas que se encontrava consagrado no artigo 1º, nº 1, da LAV de 1986. Como, na verdade, resulta do texto, não vemos, ao contrário da Autora, que da natureza unitária do instituto da arbitragem voluntária para a resolução de litígios e da aplicabilidade supletiva da LAV também à arbitragem sobre litígios de Direito Administrativo (ainda que com as devidas adaptações) decorram quaisquer consequências no que toca à definição dos critérios que presidem à determinação das matérias que podem ser objeto de arbitragem – e isto, desde logo, porque a própria LAV tem o cuidado de o deixar claro, ao precisar que a arbitrabilidade sobre questões de direito público depende de critérios a estabelecer pela legislação própria.

[11] Em geral sobre o regime do CPTA e seu enquadramento, cfr., por todos, SÉRVULO CORREIA, *Direito do Contencioso Administrativo*, vol. I, Lisboa, 2005, pp. 675 segs.

[12] Dando acolhimento a proposta nesse sentido formulada durante a discussão pública sobre a reforma do contencioso administrativo por JOÃO MARTINS CLARO, *op. cit.*, p. 86, o artigo 185º afasta, contudo, a possibilidade da existência de compromisso arbitral sobre questões de "responsabilidade civil por prejuízos decorrentes de atos praticados no exercício da função política e legislativa ou da função jurisdicional".

O artigo 180º do CPTA foi, no entanto, mais longe na delimitação do âmbito das matérias em que pode haver recurso à arbitragem para a resolução de litígios emergentes de relações jurídico-administrativas, ao admitir que os tribunais arbitrais constituídos para o julgamento de questões respeitantes a contratos possam proceder à "apreciação de atos administrativos relativos à respetiva execução" (artigo 180º, nº 1, alínea a)), e, por outro lado, ao admitir também a constituição de tribunais arbitrais para dirimir "questões relativas a atos administrativos que possam ser revogados sem fundamento na sua invalidade, nos termos da lei substantiva" (artigo 180º, nº 1, alínea c)) e "litígios emergentes de relações jurídicas de emprego público, quando não estejam em causa direitos indisponíveis e quando não resultem de acidente de trabalho ou de doença profissional" (artigo 180º, nº 1, alínea d), aditada pela Lei nº 59/2008, de 11 de setembro).

A isto acresce a previsão do artigo 187º, que habilita o Estado a autorizar a instalação de centros de arbitragem permanente destinados à composição de litígios em matéria, não só de contratos e de responsabilidade civil da Administração, mas também de relações jurídicas de emprego público, sistemas públicos de proteção social e urbanismo.

Este conjunto de previsões suscita algumas dificuldades que importa analisar e não pode deixar de justificar alguma reflexão quanto ao sentido da evolução a que deu corpo. Este será o objeto do ponto subsequente da exposição.

2. Sentido e alcance das previsões do artigo 180º, nº 1, alíneas a) e d)

4. Não parece haver qualquer dúvida de que a previsão introduzida pelo artigo 180º, nº 1, alínea a), do CPTA permite que um tribunal arbitral constituído para dirimir litígios emergentes da execução de um contrato administrativo aprecie a validade e, quando seja caso disso, anule ou declare a nulidade dos eventuais atos administrativos praticados pelo contraente público no âmbito da execução do contrato, no exercício dos poderes que, de modo inequívoco, o Código dos Contratos Públicos, nos artigos 302º, 307º, nº 2, e 309º, hoje confere aos contraentes públicos na economia das relações contratuais administrativas.

A solução justifica-se pela vantagem de permitir que, num mesmo processo, seja apreciada a globalidade da relação jurídica controvertida, nos diferentes planos e dimensões em que ela se desdobra. Recorde-se que, com idêntico propósito, o CPTA admite, em termos gerais, que num mesmo processo possa ser cumulada a impugnação de atos administrativos relativos à execução de contratos com outros pedidos relacionados com esses contratos e designadamente pedidos relativos à sua execução (cfr. artigo 47º, nº 2, alínea d)).

Trata-se de uma solução inovadora, já que, à face do quadro normativo precedente, se excluía que a arbitrabilidade em matéria de contratos administrativos se pudesse estender à fiscalização dos eventuais atos destacáveis relativos à

ESTUDOS EM HOMENAGEM A MIGUEL GALVÃO TELES

execução desses contratos, em conformidade com o tradicional entendimento segundo o qual os tribunais arbitrais não podiam pronunciar-se, a título principal, sobre questões de validade de atos administrativos[13]. Pode, assim, dizer-se que este entendimento tradicional começou a ser abandonado, no ordenamento jurídico português, com a previsão da alínea a) do nº 1 do artigo 180º do CPTA.

5. No mesmo exato sentido deve ser, por outro lado, interpretada a previsão do artigo 180º, nº 1, alínea d), do CPTA, entretanto introduzida pela Lei nº 59/2008, de 11 de setembro, que, sem estabelecer quaisquer outras restrições ou condicionalismos, veio admitir a submissão a arbitragem dos "litígios emergentes de relações jurídicas de emprego público, quando não estejam em causa direitos indisponíveis e quando não resultem de acidente de trabalho ou de doença profissional".

Também esta é, na verdade, uma solução inovadora, igualmente orientada no sentido da superação do tradicional entendimento segundo o qual os tribunais arbitrais não podiam pronunciar-se, a título principal, sobre questões de validade de atos administrativos. E a mesma orientação veio, entretanto, a ser mais recentemente confirmada, no domínio do Direito Fiscal, pelo Decreto-Lei nº 10/2011, de 20 de janeiro, que veio possibilitar o recurso à arbitragem sem qualquer limitação de matérias relativas a atos de liquidação tributária, vinculando os tribunais arbitrais à aplicação de estritos critérios de legalidade.

Como de seguida se verá, este contexto normativo reveste-se, para nós, da maior importância, pelo que não deve ser ignorado quando, no ponto seguinte, se tratará de enfrentar as dificuldades de interpretação que suscita a previsão da alínea c) do nº 1 do artigo 180º do CPTA.

3. Problema da interpretação do artigo 180º, nº 1, alínea c)
3.1. Tese da arbitragem sobre questões de mérito: apreciação crítica
6. A previsão do artigo 180º, nº 1, alínea c), do CPTA suscita maiores dificuldades de interpretação.

---

[13] Na verdade, o domínio do exercício de poderes de definição jurídica unilateral da Administração era tradicionalmente subtraído à arbitragem, entendendo-se que a fiscalização da legalidade dos atos de autoridade da Administração era uma prerrogativa reservada aos tribunais estaduais, a quem deveria pertencer, em regime de monopólio, o poder de proceder à anulação dos atos administrativos ilegais. Por conseguinte, mesma a doutrina mais aberta, embora admitisse que a invalidade destes atos pudesse ser incidentalmente verificada, para efeitos indemnizatórios, pelo tribunal arbitral, excluía que este tribunal a pudesse reconhecer e declarar, a título principal: cfr. Diogo Freitas do Amaral, *Curso de Direito Administrativo*, vol. II, 1ª ed., Coimbra, 2001, pp. 656-657; Sérvulo Correia, "A arbitragem...", p. 233; João Caupers, "A arbitragem nos litígios entre a administração pública e os particulares", *Cadernos de Justiça Administrativa* nº 18, pp. 5-6.

Com efeito, tem sido defendida na doutrina a tese de que o seu sentido é o de admitir a possibilidade da submissão a arbitragem da questão da revogação, por razões de conveniência ou oportunidade, de atos administrativos válidos. A previsão em análise teria, assim, segundo esta perspetiva, o alcance de introduzir na ordem jurídica portuguesa a possibilidade de uma *arbitragem de mérito*, que teria por objeto a apreciação da conveniência ou oportunidade de atos administrativos[14].

Pela nossa parte, não podemos, contudo, subscrever esta tese, por não nos parecer aceitável o pressuposto em que ela se baseia.

Com efeito, a referida tese é, a nosso ver, expressão de uma certa tendência, que na doutrina nacional e comparada se tem afirmado, para reconduzir as situações de arbitrabilidade de Direito Administrativo a um vago critério de *disponibilidade* das situações jurídicas por parte da Administração. Nessa perspetiva, seriam, assim, passíveis de ser submetidas à apreciação de árbitros as questões de Direito Administrativo que, por não dizerem respeito ao exercício de poderes públicos, não teriam de ser dirimidas por estrita aplicação de disposições vinculativas, e, no próprio âmbito do exercício de poderes públicos, aquelas em que não houvesse vinculação legal, por a Administração beneficiar de mais ou menos amplas margens de discricionariedade: essas seriam, pois, as questões cuja resolução se encontraria na *disponibilidade* da Administração[15].

De acordo com este entendimento, nesta perspetiva poderia ser, desde logo, explicado o tradicional reconhecimento da admissibilidade do recurso à arbitragem para a resolução de litígios emergentes de relações contratuais e no domínio da responsabilidade civil extracontratual da Administração: tratar-se-ia de domínios que, por não terem por objeto a fiscalização da conformidade do exercício dos poderes administrativos de autoridade com o princípio da legalidade, poderiam ser vagamente entendidos como de *disponibilidade* das situações jurídicas em causa por parte da Administração.

E na mesma perspetiva deveria ser, por isso, interpretada, nos termos expostos, a previsão do artigo 180º, nº 1, alínea c), do CPTA: na verdade, também aí

[14] Neste sentido, cfr. João Caupers, "A arbitragem na nova justiça administrativa", *Cadernos de Justiça Administrativa* nº 34, p. 67; João Martins Claro, in *Quarta Conferência – Meios alternativos de resolução de litígios*, ed. DGAE, Lisboa, 2005, pp. 42-44; Paulo Otero, "Admissibilidade e limites da arbitragem voluntária nos contratos públicos e nos atos administrativos", in *II Congresso do Centro de Arbitragem da Câmara de Comércio e Indústria Portuguesa (Centro de Arbitragem Comercial)*, Coimbra, 2009, pp. 88-89.

[15] Nesta linha, e para nos circunscrevermos à doutrina pátria, cfr., por exemplo, Sérvulo Correia, "A arbitragem...", p. 235, nota 10; João Caupers, "A arbitragem nos litígios...", pp. 8-9; Alexandra Leitão, *A proteção judicial dos terceiros nos contratos da Administração Pública*, Coimbra, 2002, p. 401; Pedro Gonçalves, *A concessão de serviços públicos*, Coimbra, 1999, p. 368, nota 637.

estaria em causa a apreciação de questões que, por dizerem respeito a atos administrativos discricionários – que, por poderem ser revogados por razões de mérito, são atos cujo destino se encontra na disponibilidade da Administração – e, ao mesmo tempo, não terem por objeto a fiscalização da conformidade desses atos com o princípio da legalidade, mas apenas a determinação, segundo critérios de mérito, dos termos do exercício do próprio poder discricionário, ainda poderiam ser vagamente entendidos como de *disponibilidade* das situações jurídicas em causa por parte da Administração[16].

Subjacentes à tese em análise, estão, portanto, dois pressupostos: (i) o de que a arbitrabilidade de Direito Administrativo depende de um critério de disponibilidade; (ii) e o de que, com exclusão das questões atinentes à respetiva validade, os atos administrativos discricionários se encontram na disponibilidade da Administração, pelo que lhe é legítimo dispor em favor de árbitros do poder discricionário de determinar o respetivo destino – mas já não do poder de proceder à fiscalização da respetiva legalidade, que, por não ser um poder discricionário, mas vinculado, já não seria disponível em favor de árbitros[17].

Ora, não podemos concordar com estes pressupostos, que, a nosso ver, assentam num duplo equívoco: por um lado, na equivocada convicção de que a arbitrabilidade de Direito Administrativo assenta num critério de disponibilidade; por outro lado, no equivocado entendimento de que os atos administrativos que, nos termos da lei, podem ser revogados sem fundamento em invalidade seriam *atos*

---

[16] A orientação referida no texto tem contestado o entendimento tradicional segundo o qual o domínio dos litígios relacionados com atos administrativos seria, por natureza, um domínio de indisponibilidade, que, por definição, estaria vedado à arbitragem com o argumento de que do facto de uma situação jurídica ser definida por ato administrativo não resulta necessariamente que essa situação jurídica não se encontre na disponibilidade da Administração, uma vez que isso depende da natureza vinculada ou discricionária do concreto poder exercido. E, nesta perspetiva, sustenta que deve ser admitida a arbitragem relativamente a litígios relacionados com atos que envolvam o exercício de poderes discricionários, uma vez que a determinação do conteúdo desses atos se encontra, em maior ou menor medida, na disponibilidade da Administração. No direito comparado, a ideia é assumida, por exemplo, por MARTIN PARTINGTON, in *Les solutions alternatives aux litiges entre les autorités administratives et les personnes privées: conciliation, mediation et arbitrage – actes: conférence multilatéral – Lisbonne (Portugal), 31 mai-2 juin 1999*, Conselho da Europa, Estrasburgo, 2000, p. 73; ALBERTO ZITO, "La compromettibilità per arbitri con la pubblica amministrazione dopo la Legge n. 205 del 2000: problemi e prospettive", *Diritto amministrativo* 2001, pp. 352-353 e 355. No direito espanhol, cfr., por exemplo, JUAN MANUEL TRAYTER, "El arbitraje de Derecho Administrativo", *Revista de Adminsración Publica* nº 143, p. 95; ROSA MORENO, *op. cit.*, pp. 102 e 109-111.

[17] No sentido de que a arbitragem é um instrumento apto à resolução de litígios relativos a atos administrativos em domínios em que a Administração não esteja vinculada e, portanto, em que o objeto do litígio, por envolver momentos discricionários, se encontre, em maior ou menor medida, na disponibilidade das partes nele envolvidas, cfr., por exemplo, DOMENICHELLI, "Giurisdizione amministrativa e arbitrato: riflessioni e interrogativi", *Diritto processuale amministrativo* 1996, pp. 240 segs.

disponíveis, na medida em que, como a lei não exige a demonstração da sua invalidade para que a Administração os possa retirar da ordem jurídica, se encontraria na livre disponibilidade desta determinar o destino de tais atos, designadamente para o efeito de confiar a determinação desse destino à decisão de árbitros – sendo que este segundo equívoco resulta de uma perspetiva que, a nosso ver, também é, por sua vez, equivocada quanto à natureza da arbitragem e das relações entre partes e árbitros que lhe estão na génese.

Vejamos, pois, no que respeita a cada um dos planos que acabam de ser enunciados.

7. Em primeiro lugar, não podemos deixar de manifestar profundas reservas em relação aos termos em que, a propósito do universo das situações jurídicas em que é admitida a arbitrabilidade de Direito Administrativo, a doutrina tem vindo a fazer apelo à ideia de *disponibilidade*, para o efeito de estabelecer um paralelismo entre a posição em que se encontra a Administração nesses tipos de situações e aquela em que se encontram os particulares em relação aos seus direitos disponíveis.

Com efeito, parece entender-se, nesse contexto, que, assim como os particulares podem submeter à decisão de árbitros a resolução de litígios respeitantes aos seus direitos disponíveis – ou seja, aos direitos de que eles podem livremente dispor, sem estarem condicionados pela aplicação de quaisquer normas jurídicas –, também a Administração poderia submeter à decisão de árbitros a resolução de litígios respeitantes a situações jurídicas que se encontrem na sua disponibilidade – ou seja, a situações jurídicas de que ela pode livremente dispor, sem estar condicionada pela aplicação de normas jurídicas que a vinculem. E nessa perspetiva se explicaria a admissibilidade da arbitragem de Direito Administrativo sobre contratos e responsabilidade civil extracontratual, assim como sobre o exercício de poderes discricionários.

Ora, a nosso ver, este entendimento não é aceitável, por ser, em nossa opinião, infundado o paralelismo em que se pretende alicerçar. Deve ser, por isso, refutado em relação a cada um dos domínios por referência aos quais tem sido sustentado.

8. Em nossa opinião, o ponto evidencia-se, desde logo, nos domínios da arbitragem de Direito Administrativo em matéria de contratos e de responsabilidade civil extracontratual. Com efeito, não é, a nosso ver, verdade que esses sejam domínios de disponibilidade da Administração, em que esta goze, por definição, de uma autonomia em tudo semelhante à dos privados. Na realidade, nem em matéria de contratos administrativos, nem de responsabilidade civil extracontratual, se pode afirmar que as entidades públicas se encontram colocadas em posição semelhante à dos privados.

Com efeito, a funcionalização das entidades públicas à prossecução do interesse público e a sua vinculação à lei ou aos termos dos contratos que tenham celebrado impedem que qualquer conduta da Administração possa ser objeto de um livre arbítrio comparável àquele que, no âmbito da sua autonomia privada, os particulares exercem quando livremente dispõem de direitos que a lei não qualifique como indisponíveis.

Por este motivo, não pode reconhecer-se ao Estado um livre arbítrio quanto, por exemplo, à possibilidade de assumir a responsabilidade pela reparação de danos resultantes de condutas que lhe queiram imputar, mas que não lhe sejam imputáveis; ou à possibilidade de prescindir de obter o cumprimento de prestações a cuja execução tenha direito no âmbito de relações contratuais em que seja parte. É, aliás, precisamente por isso que, em muitos países, não é, por regra, admitida a possibilidade de arbitragem, nem sequer em matéria de contratos administrativos ou de responsabilidade da Administração – ou, neste último domínio, a arbitragem apenas é admitida para o efeito de se proceder à quantificação da indemnização devida, uma vez previamente esclarecida a questão da existência, em si mesma, da obrigação de indemnizar.

O que, entre nós, historicamente sucedeu, foi apenas que se entendeu que, na apreciação das questões que se suscitam nos domínios de atuação administrativa que não envolvem o exercício de poderes de autoridade, a função do juiz administrativo não é essencialmente diferente daquela que corresponde aos juízes dos tribunais judiciais, pelo que não haveria inconveniente em confiar a apreciação dessas questões à arbitragem, a exemplo do que sucede no âmbito dos litígios que são submetidos à jurisdição daqueles tribunais[18].

9. Mais detidas considerações se justificam, entretanto, quando se desloca a análise para o plano do exercício de poderes de autoridade da Administração.

Com efeito, a tese segundo a qual seria de admitir a possibilidade de arbitragem quanto aos termos em que se processa o exercício dos poderes discricionários da Administração porque, nessa sede, se estaria num domínio de disponibilidade da Administração, de que ela poderia livremente dispor sem estar condicionada pela aplicação de normas jurídicas, assenta, a nosso ver, num duplo equívoco, na medida em que, por um lado, confunde discricionariedade administrativa com autonomia privada, e, por outro lado, confunde o pretenso pressuposto da arbitragem de que parte – que seria, como vimos, a disponibilidade da matéria – com o objeto da arbitragem – que, desse modo, seria reconduzido ao próprio poder de disposição da parte sobre a matéria.

---

[18] Cfr. Marcello Caetano, *Manual de Direito Administrativo*, vol. II, 10ª ed. (reimp.), Coimbra, 1986, pp. 1285-1286; Sérvulo Correia, "A arbitragem voluntária...", pp. 233 segs.

O primeiro equívoco consubstancia-se na confusão entre discricionariedade administrativa e autonomia privada, que radica no clássico entendimento da discricionariedade como um domínio de indiferença jurídica, em que todas as soluções seriam boas, pelo que a escolha entre qualquer delas seria indiferente para o Direito. A verdade, porém, é que, como todos hoje sabemos, o poder discricionário não corresponde a um livre arbítrio, na medida em que a determinação dos termos do seu exercício não é indiferente para o ordenamento jurídico, que pretende que a Administração encontre a melhor solução, no respeito pelo fim legalmente imposto e pelos princípios jurídicos aplicáveis: não é, portanto, exato que a determinação dos termos do exercício dos poderes discricionários se encontre na livre disponibilidade da Administração.

O segundo equívoco resulta, por sua vez, do estranho entendimento segundo o qual, quando as partes confiam a árbitros a resolução de litígios respeitantes a situações jurídicas que se encontrem na disponibilidade destas, elas estariam a delegar nos árbitros o seu poder de disposição dessas situações jurídicas, para o efeito de os incumbir de exercer esse poder de disposição em seu lugar. Ora, não é o caso: quando a lei adota o critério da disponibilidade dos direitos, o que ela faz é exigir essa disponibilidade como *pressuposto* para que possa haver arbitragem sobre as situações jurídicas em causa. Mas, uma vez admitida a arbitragem, a tarefa dos árbitros não é a de disporem a seu bel-prazer das situações jurídicas das partes, em substituição destas, mas a de dirimirem o litígio, aplicando o Direito, e, quando tal seja admitido, a equidade.

10. A nosso ver, este último ponto carece de mais circunstanciada elucidação.

Com efeito, na origem do equívoco a que por último nos referimos, parece estar a tendência, muito divulgada no direito comparado[19], para se delimitar o campo de intervenção da arbitragem por referência ao instituto da transação, segundo o entendimento de que só é de admitir a arbitragem onde o compromisso sobre a relação material em causa não esteja subtraído à vontade das partes; e de que onde a relação material possa ser objeto de atos de disposição direta das partes, então o seu destino também pode ser traçado por árbitros.

A nosso ver, convém ter, no entanto, presentes, a este propósito, as diferenças que separam a arbitragem das figuras da transação, da conciliação e da mediação, para o efeito de extrair dessas diferenças algumas consequências para o objeto da presente análise[20]. Talvez seja, por isso, conveniente começar por recordar, muito sumariamente, essas diferenças[21].

---

[19] Cfr., por exemplo, ROSA MORENO, *op. cit.*, pp. 31, 57 e 103; ALEJANDRO HUERGO LORA, *La resolución extrajudicial de conflictos en el Derecho Administrativo*, Bolonha, 2000, p. 178 e nota 336.

[20] Na mesma linha, cfr. PATRIKIOS, p. 233 e nota 5.

[21] Especificamente a propósito da arbitragem de Direito Administrativo, cfr., por todos, DELVOLVÉ, in *Les solutions alternatives aux litiges...cit.*, pp. 14-16 e 31-32; SABINO CASSESE,

ESTUDOS EM HOMENAGEM A MIGUEL GALVÃO TELES

É indiscutível que as figuras referidas são instrumentos de composição voluntária de conflitos, cujo funcionamento passa por um encontro de vontades e, portanto, por um acordo entre as partes envolvidas. Representam, na verdade, meios de alcançar a composição de litígios sem a emissão de uma sentença por um tribunal estadual.

A transação traduz-se, porém, na própria autocomposição do litígio, sem intervenção de terceiro: são as partes que chegam diretamente a um acordo entre si sobre os moldes em que hão de pôr termo ao litígio, sem que haja, por isso, lugar a uma intervenção constitutiva de terceiro. E, mais do que isso, a composição do litígio passa necessariamente pela existência de abandonos recíprocos, de concessões livremente assumidas de parte a parte[22]. Compreende-se, por isso, que a transação só possa ter lugar em domínios em que as partes tenham na sua disponibilidade os direitos e obrigações controvertidos, e que se estenda a todas as situações em que exista essa disponibilidade.

A conciliação já tem em comum com a arbitragem o facto de ser, tal como esta, um instrumento de composição, de resolução de conflitos, que envolve a intervenção de um terceiro. Mas a conciliação ainda se encontra muito próxima da transação, na medida em que o terceiro não tem, também aqui, uma intervenção constitutiva: ele limita-se a pôr as partes em contato, a promover o diálogo entre elas, de modo a favorecer a realização de uma transação que a elas próprias cabe assumir.

Pelo contrário, a arbitragem diferencia-se muito claramente pelo facto de o terceiro não se limitar a concorrer, de forma mais ou menos ativa, para que as partes cheguem, elas próprias, a um acordo que ponha termo ao litígio que as envolve. Na arbitragem, o terceiro é chamado a *decidir efetivamente* e, portanto, a *resolver* ele próprio o litígio, definindo os termos da sua composição com autoridade de caso julgado, como se de um tribunal estadual se tratasse[23]. A arbitragem distingue-se, assim, pela qualidade em que o terceiro é chamado a intervir. Se existe arbitragem, é porque houve uma convenção arbitral e, portanto, porque as partes acordaram nesse sentido. Mas a partir do momento em que existe

"L' arbitrato nel Diritto Amministrativo", *Rivista trimestrale di Diritto Pubblico* 1996, pp. 316-317; J.M. TRAYTER, *op. cit.,* pp. 82 segs.; FRANÇOISE DUCAROUGE, "Le juge administratif et les modes alternatifs de règlement des conflicts: transaction, médiation, conciliation et arbitrage en droit public français", *Revue française de Droit Administratif* 1996, pp. 86 segs.; ROSA MORENO, *op. cit.,* pp. 38 segs. e 59 segs.; TORNOS MÁS, "Medios complementarios a la resolución jurisdiccional de los conflictos administrativos", *Revista de Administración Publica* nº 136, p. 173.

[22] Em Direito Administrativo, cfr., por todos, a circunstanciada análise de A. HUERGO LORA, *op. cit.,* pp. 114 segs.

[23] Para o contraponto entre as figuras, cfr., entre tantos, J. M. AYALA MUÑOZ *et alii, Régimen Jurídico...*cit., p. 738.

arbitragem sobre um determinado litígio, são os árbitros que ficam incumbidos de traçar o destino desse litígio, uma vez que as partes não têm uma intervenção coconstitutiva no poder de decisão, que pertence ao tribunal arbitral e que ele exercerá emitindo um título dotado do valor de uma sentença judicial[24].

A arbitragem, *stricto sensu*, não se confunde, é certo, com a instituição legal de tribunais especiais, em virtude do caráter não necessário que, por regra, caracteriza a intervenção do tribunal arbitral, que não integra o sistema dos tribunais pelos quais passa necessariamente a apreciação dos litígios e que, desse modo, pertencem ao aparelho da justiça estadual. Mas não há a menor dúvida de que a arbitragem configura um modo jurisdicional de resolução de conflitos, em que o tribunal arbitral desempenha função correspondente à dos tribunais estaduais[25]. Por este motivo se faz notar, na doutrina, que "os árbitros são chamados a julgar uma questão em relação à qual não prosseguem um interesse próprio – daí o sistema de impedimentos e suspeições –, nem um interesse público diferente daquele que se reconduz à realização do Direito"[26]. Neste sentido, a CRP reconhece, como vimos, natureza jurisdicional aos tribunais arbitrais e, em consequência, a LAV atribui o valor de título executivo às suas decisões, admitindo que elas possam ser objeto de verdadeiros recursos jurisdicionais para os tribunais estaduais de segunda instância[27].

11. Perante todo o exposto, afigura-se forçoso reconhecer que a arbitragem não deixa de envolver a participação das partes na determinação do modo pelo qual o litígio será decidido, uma vez que a elas pertence a opção de lançar mão da via arbitral e de designar os árbitros, mas não depende do assentimento das

---

[24] Por este motivo, alguma doutrina vai mesmo ao ponto de afastar hoje a arbitragem do próprio conceito de processo alternativo de resolução de conflitos, reservando-se o adjetivo "alternativo" para referir apenas os processos privados e não jurisdicionalizados de resolução dos diferendos, com o que reconhece que, embora a arbitragem seja um processo alternativo em relação à jurisdição estadual, ela não constitui verdadeira alternativa à litigação comum, na medida em que ela assenta na contraposição entre partes, colocadas em situação de verdadeiro conflito de interesses, e por isso não pode deixar de obedecer aos princípios que são próprios dos processos jurisdicionais: cfr. João Luís Lopes dos Reis in *Conferência — Meios alternativos de resolução de litígios*, Lisboa, 2000, p. 21. Cfr. também PATRIKIOS, *op. cit.*, pp. 233-234.

[25] Cfr. Sérvulo Correia, «A arbitragem...», p. 231; *Conseil D'État, Section du Rapport et des* études – *Règler autrement les conflits: conciliation, transaction, arbitrage en matière administrative*, Paris, 1993, p. 85; Patrikios, *op. cit.*, pp. 199 e 243-244.

[26] Cfr. M. Rebelo de Sousa, *op. cit.*, p. 390.

[27] Alexandra Leitão, *op. cit.*, p. 396. Cfr. também Patrikios, *op. cit.*, pp. 233-234 e 243-244; Rosa Moreno, *op. cit.*, p. 66. Plano no qual o ordenamento jurídico não abdica, entretanto, da intervenção dos poderes estaduais é o da execução forçada das decisões. O monopólio estadual dos poderes de tutela executiva exige que a execução das decisões proferidas por tribunais arbitrais se processe perante os tribunais estaduais.

partes e, portanto, da sua participação coconstitutiva na determinação da solução a dar ao litígio; e, por outro lado, que os poderes que os árbitros exercem não são poderes originários das partes, que neles sejam por elas delegados, mas poderes de natureza jurisdicional, em que os árbitros são investidos por vontade das partes, mas que não lhes são transmitidos por elas.

Ora, a nosso ver, este último aspeto reveste-se da maior importância para o objeto da presente análise, pois permite perceber que, quando uma entidade pública invista árbitros no poder de apreciar atos administrativos por si praticados, ela não está a delegar neles os poderes de disposição que a lei lhe confira em relação a esses atos, mas, muito diferentemente, está a *constituir um tribunal*, que, em substituição dos tribunais estaduais, irá exercer a função jurisdicional em relação a esses atos.

Para os efeitos que interessam à presente análise, daqui resulta que, em nossa opinião, e salvo eventual determinação legal em sentido inequivocamente contrário, deve entender-se que, no domínio da arbitragem respeitante ao exercício dos poderes de autoridade da Administração, os árbitros apenas podem ser chamados a dirimir litígios fiscalizando a legalidade da atuação administrativa, através da aplicação de regras e princípios jurídicos[28].

Com efeito, embora se possa reconhecer que os domínios em que existem margens de manobra para a aproximação de posições entre a Administração e os particulares (ou entre entidades administrativas) se encontram na relativa disponibilidade da Administração, no sentido em que, perante as situações concretas, ela dispõe da possibilidade de procurar o equilíbrio entre diferentes soluções antinómicas[29], daí não resulta que esses domínios também estejam na sua disponibilidade, para o efeito de se admitir que ela possa demitir-se de procurar ela própria as soluções, como a lei lhe exige, encarregando dessa tarefa, que lhe foi cometida pela lei, terceiros – privados... – que lhe são alheios e não possuem a legitimação política direta ou indireta que lhe corresponde[30-31].

---

[28] No mesmo sentido, cfr. PATRIKIOS, *op. cit.*, p. 263, para quem também aos tribunais arbitrais se deve opor a proibição imposta aos juízes estaduais de controlarem a conveniência ou oportunidade da atuação administrativa (no direito português, cfr. o disposto no artigo 3º, nº 1, do CPTA).

[29] Veja-se o exemplo em matéria de urbanismo que, do ponto de vista da intervenção dos institutos da conciliação e da mediação, é avançado por DELVOLVÉ, *op. cit.*, p. 25.

[30] Neste sentido, cfr. A. HUERGO LORA, *op. cit.*, pp. 174-175 e 108-109, em apreciação crítica à clássica construção alemã (a que o Autor se refere a pp. 91-92), que, para o efeito da admissibilidade da transação sobre poderes da Administração, equiparava a discricionariedade administrativa à titularidade de direitos disponíveis, no livre exercício da autonomia privada.

[31] Neste exato sentido, cfr. JOSÉ LUÍS ESQUÍVEL, *Os contratos administrativos e a arbitragem*, Coimbra, 2004, pp. 216-217, que, a este propósito, estabelece a distinção entre uma área de disponibilidade substantiva de uma área de disponibilidade adjetiva.

Não pode, por isso, subscrever-se a afirmação de que, como o exercício de poderes discricionários passa pela formulação de juízos que os tribunais estaduais não podem repetir e, nessa medida, envolve um poder de disposição do caso concreto por parte da Administração, esta deve poder dispor dele em favor de árbitros. Em nossa opinião, bem pelo contrário, impede-o a circunstância de a arbitragem ser um *instrumento de heterodefinição*, mediante o qual os árbitros são investidos no exercício da função jurisdicional, e não em poderes delegados de disposição que lhes sejam confiados pelas partes.

12. Da exposição precedente decorre a conclusão de que o facto de a arbitragem não se confundir com a transação, por não ser, como esta, um ato de disposição resultante de abandonos recíprocos, diretamente acordados pelas partes, mas se dirigir, pelo contrário, à tomada de uma decisão por árbitros chamados a exercer uma função jurisdicional, e, por conseguinte, a circunstância de a decisão arbitral não ser uma transação assumida pelas próprias partes, mas uma definição que é imposta pelos árbitros no exercício da função jurisdicional, obstam, em princípio, à atribuição a árbitros de poderes de decisão no domínio do exercício de poderes discricionários da Administração. Em contrapartida, esses mesmos factos justificam que a arbitragem possa intervir em domínios vedados à transação, como é o da fiscalização da legalidade de atos administrativos.

Neste sentido, concorre o argumento de que o recurso à via arbitral não envolve necessariamente o reconhecimento aos árbitros da possibilidade de decidirem segundo critérios de equidade[32]. Tenha-se, na verdade, presente que os árbitros julgam, em princípio, segundo o direito constituído, a menos que as partes, na convenção de arbitragem ou em documento subscrito até à aceitação do primeiro árbitro, os autorizem a julgar segundo a equidade. Há, por isso, que estabelecer, em cada caso, se o tribunal arbitral pode julgar cada questão que lhe é colocada segundo a equidade, porque, de outro modo, ele só a pode decidir segundo o direito constituído. E, como é evidente, qualquer tribunal arbitral só estará habilitado a julgar segundo a equidade quando essa possibilidade lhe for conferida e na medida em que as questões que lhe forem colocadas não forem de estrita legalidade. Por conseguinte, ele não poderá deixar, naturalmente, de julgar segundo o direito constituído sempre que, em concreto, seja chamado a pronunciar-se sobre questões de estrita legalidade.

Por outro lado, se é verdade que a verificação da conformidade dos atos administrativos com as vinculações legais que se lhes impõem tende a ser afirmada, no direito comparado, como sendo de ordem pública, para o efeito de se recusar

---

[32] Esta linha argumentativa foi ensaiada por Sérvulo Correia, "A arbitragem...", pp. 234-235, nota 10.

ESTUDOS EM HOMENAGEM A MIGUEL GALVÃO TELES

que a sua apreciação possa ser submetida à arbitragem, importa notar que este entendimento assenta invariavelmente no pressuposto de que a verdadeira arbitragem exclui a possibilidade de um controlo por parte dos tribunais estaduais sobre o mérito da decisão arbitral[33]. Num ordenamento jurídico como o nosso, em que, pelo contrário, um tal controlo não se encontra, por regra, cabalmente excluído, a preocupação em garantir a boa aplicação da lei que está subjacente à defesa, por razões de ordem pública, da impossibilidade de essa matéria poder ser apreciada por tribunal arbitral pode ser satisfatoriamente acautelada através do reconhecimento da possibilidade de impugnação, por vício de fundo, da decisão que, sobre a matéria, esse tribunal venha a proferir.

3.2. Entendimento adotado: arbitragem de legalidade e não de mérito

13. Por todas as razões que acabam de ser enunciadas, a nossa posição quanto ao problema da interpretação da previsão do artigo 180º, nº 1, alínea c), do CPTA, é a de que a referida previsão não deve ser interpretada no sentido de possibilitar a constituição de tribunais arbitrais aptos a formular juízos de mérito, em substituição da Administração, quanto aos termos do exercício dos poderes discricionários desta quanto aos atos administrativos que possam ser revogados sem fundamento na sua invalidade, nos termos da lei substantiva, mas, pelo contrário, deve ser interpretada no sentido de possibilitar a fiscalização em sede arbitral da legalidade desses atos administrativos.

Na verdade, na ausência de inequívoca determinação legal em sentido contrário, que, a nosso ver, não resulta do preceito em análise, deve, em nossa opinião, entender-se que, no domínio em referência, os árbitros apenas podem ser chamados a dirimir litígios aplicando regras e princípios jurídicos e, portanto, que, nesse domínio, mais não lhes compete, fazendo as vezes do tribunal do Estado, do que "julgar do cumprimento pela Administração das normas e princípios jurídicos que a vinculam e não da conveniência ou oportunidade da sua atuação" (artigo 3º do CPTA).

Neste sentido, faça-se notar que o preceito em referência não faz propriamente referência à possibilidade de submeter a arbitragem a questão da revogação de atos válidos, mas a apreciação de "questões relativas a atos administrativos que possam ser revogados sem fundamento na sua invalidade". Essas questões hão de ser, por conseguinte, as questões de validade que se coloquem a respeito dos atos que, por não serem *atos devidos* – ou seja, atos constitutivos de situações jurídicas cujos efeitos a lei exige que se mantenham e que, por isso, só podem ser revogados em condições estritamente vinculadas –, mas *actos precários, atos consti-*

---

[33] Cfr., por exemplo, A. HUERGO LORA, pp. 152 segs. e 177-178; PATRIKIOS, pp. 229-230, 268 e 284, nota 33; ROSA MORENO, p. 126.

tutivos de direitos disponíveis ou atos desfavoráveis cujos efeitos não resultam de lei imperativa, pertencem, em abstrato, à categoria dos atos que podem ser revogados sem fundamento na sua invalidade[34].

14. A exemplo do que, como vimos, sucede com as previsões das alínea a) e d) do nº 1 do artigo 180º do CPTA, também a previsão da alínea c) do mesmo artigo e número se inscreve, pois, a nosso ver, na mesma dinâmica de superação do tradicional entendimento segundo o qual os tribunais arbitrais não podiam pronunciar-se, a título principal, sobre questões de validade de atos administrativos – dinâmica que, como já foi referido, veio a encontrar, entretanto, o seu corolário, de modo exuberante, no domínio do Direito Fiscal, com o Decreto-Lei nº 10/2011, de 20 de janeiro, que veio possibilitar o recurso à arbitragem sem qualquer limitação de matérias relativas a atos de liquidação tributária, vinculando os árbitros à aplicação de estritos critérios de legalidade.

A nosso ver, a interpretação preconizada da previsão do artigo 180º, nº 1, alínea c), do CPTA é, por isso, aquela que de modo mais coerente se harmoniza com o contexto normativo em que o preceito se insere e com a dinâmica que, nos últimos anos, ele vem denotando.

Com efeito, a exposição precedente permitiu verificar que as soluções que, no ordenamento jurídico português, admitem a arbitragem de Direito Administrativo não se sustentam em critérios lógicos, que, podendo ser deduzidos da natureza das matérias em causa, permita delimitá-las em termos coerentes[35]. Ora, no momento presente, a maior das incongruências resulta, precisamente, dos limites que (ainda?) são impostos à admissibilidade da arbitragem sobre a legalidade de atos administrativos.

Com efeito, o CPTA manteve a solução tradicional da admissibilidade da arbitragem em matéria de contratos e de responsabilidade – ora, a solução, no que aos contratos diz respeito, mostra-se, nos nossos dias, manifestamente incoerente com a imposição de limites à arbitrabilidade da fiscalização da legalidade de atos administrativos, na medida em que vigora um princípio de relativa fungibilidade entre as figuras do ato administrativo e do contrato administrativo, por força da qual podem ser celebrados contratos administrativos em substituição de atos administrativos: consoante se opte, portanto, pela figura do ato ou do contrato, desse modo fica fechada ou aberta a possibilidade do recurso à arbitragem.

---

[34] No mesmo sentido, cfr. VIEIRA DE ANDRADE, *op. cit.*, pp. 125-127; ANA PERESTRELO DE OLIVEIRA, "Da arbitragem administrativa à arbitragem fiscal", in *Mais Justiça Administrativa e Fiscal – Arbitragem*, Coimbra, 2010, pp. 138-139.

[35] Neste preciso sentido, SÉRVULO CORREIA, *Direito do Contencioso Administrativo*, p. 689, reconhece ser patente a ausência de um critério de arbitrabilidade que confira racionalidade sistémica ao âmbito da arbitrabilidade que se encontra legislado no nosso ordenamento jurídico.

ESTUDOS EM HOMENAGEM A MIGUEL GALVÃO TELES

Por outro lado, vimos que o legislador do CPTA procedeu ao alargamento ao contencioso dos atos administrativos das matérias que podem ser objeto da arbitragem de Direito Administrativo, através da previsão, na alínea a) do nº 1 do artigo 180º, da extensão da arbitragem sobre contratos à fiscalização dos atos administrativos praticados no âmbito da respetiva execução, e, na alínea d) do nº 1 do artigo 180º, da possibilidade de arbitragem sobre "litígios emergentes de relações jurídicas de emprego público, quando não estejam em causa direitos indisponíveis e quando não resultem de acidente de trabalho ou de doença profissional".

Ora, a verdade é que, como vimos atrás, nem na alínea a), nem na alínea d), do nº 1 do artigo 180º são impostos quaisquer limites quanto à natureza das questões que, a respeito dos atos administrativos praticados no âmbito da execução dos contratos ou das relações jurídicas de emprego público, podem ser submetidas à apreciação de árbitros. Como é evidente, as previsões em referência nada têm, pois, que ver com a pretensa disponibilidade da matéria por parte das entidades públicas envolvidas: no caso das relações jurídicas de emprego público, o legislador só se preocupa, aliás, com a disponibilidade dos direitos pelos trabalhadores.

E, por último, foi introduzido o regime da arbitragem em matéria fiscal, que, como já foi referido, veio possibilitar o recurso à arbitragem sem limitação de matérias relativas a atos de liquidação tributária.

Ficou, entretanto, excluída da previsão da alínea a) do artigo 180º do CPTA a matéria respeitante à impugnação dos atos relativos à formação dos contratos, de cuja validade pode depender a validade dos próprios contratos[36]. A solução afigura-se, porém, incongruente com a previsão da admissibilidade, nos mais amplos termos, da arbitragem sobre o contencioso dos atos praticados no âmbito da execução dos contratos. Aliás, a Lei nº 3-B/2010, de 28 de abril, incluiu, no artigo 128º, uma autorização legislativa, entretanto caducada, que previa a alteração dos artigos 180º e 187º do CPTA, no sentido de estender a arbitrabilidade de Direito Administrativo ao contencioso pré-contratual, o que permite antever que a arbitragem nesse domínio poderá vir a ser em breve admissível.

Todos estes dados concorrem num mesmo sentido, que favorece a nossa proposta de interpretação da previsão da alínea c) do nº 1 do artigo 180º do CPTA. Não podemos deixar de notar que, em tese geral, a solução da admissibilidade geral da arbitragem sobre atos administrativos nos suscita reservas. Mas a partir do momento em que, de modo crescente e cada vez mais afirmativo, o legislador português se mostra claramente empenhado em avançar nesse sentido, não vemos razão para

---

[36] A exclusão na previsão da alínea a) da matéria respeitante à impugnação dos atos relativos à formação dos contratos não impede, em todo o caso, a previsão de tal possibilidade por lei especial, devendo a convenção de arbitragem ser aceite pelos concorrentes no momento da apresentação das propostas: neste sentido, cfr. FAUSTO DE QUADROS, «A arbitragem em Direito Administrativo», in *Mais Justiça Administrativa e Fiscal – Arbitragem*, Coimbra, 2010, p. 111.

atribuir à previsão da alínea c) do nº 1 do artigo 180º do CPTA um sentido que nos parece claramente antissistémico, na defesa (preconceituosa) de um postulado – o do afastamento da possibilidade de arbitragem sobre questões de legalidade de atos administrativos – que o legislador nacional, claramente, abandonou.

4. Problema do alcance das previsões do artigo 187º

15. A nosso ver, tudo o que foi dito até aqui é relevante para a apreciação da questão da determinação do alcance das previsões do artigo 187º do CPTA, que, como já foi referido, habilita o Estado a autorizar a instalação de centros de arbitragem permanente destinados à composição de litígios em matéria de contratos, responsabilidade civil da Administração, relações jurídicas de emprego público, sistemas públicos de proteção social e urbanismo.

Com efeito, pertinente questão que, a propósito das referidas previsões se coloca, é a de saber se os litígios em matéria de sistemas públicos de proteção social e urbanismo que, nos termos do artigo 187º, são passíveis de serem submetidos a arbitragem institucionalizada só podem ter por objeto atos administrativos que se enquadrem na previsão do artigo 180º, nº 1, alínea c).

Como resulta do que ficou dito no parágrafo anterior, não existe, para nós, a menor dúvida de que, quando se reportem a atos administrativos, os litígios em causa terão por objeto a apreciação da legalidade desses atos, e não do seu mérito, conveniência ou oportunidade: quando diga respeito a atos administrativos, o contencioso a submeter a arbitragem institucionalizada em matéria de sistemas públicos de proteção social e urbanismo há de ser, portanto, um contencioso de legalidade, dirigido a apreciar a validade desses atos, mediante a estrita aplicação do Direito. Nesse sentido concorre a interpretação que preconizamos da previsão da alínea c) do nº 1 do artigo 180º. A arbitragem institucionalizada em matéria de sistemas públicos de proteção social e de urbanismo compreende, pois, o contencioso de legalidade dos atos administrativos que forem praticados nesses domínios.

A interpretação sistemática das previsões dos artigos 180º e 187º parece, entretanto, sugerir que, enquanto os litígios emergentes de relações jurídicas de emprego público que são passíveis de serem submetidos a arbitragem podem ter por objeto, quando seja caso disso, a fiscalização da legalidade de qualquer espécie de ato administrativo, já no que toca aos litígios em matéria de sistemas públicos de proteção social e urbanismo passíveis de serem submetidos a arbitragem, eles só poderão ter por objeto, quando seja caso disso, a fiscalização da legalidade de atos administrativos se os atos em causa se enquadrarem na previsão da alínea c) do nº 1 do artigo 180º, ou seja, se forem atos "que possam ser revogados sem fundamento na sua invalidade, nos termos da lei substantiva"[37].

---

[37] Cfr. Mário Aroso de Almeida/Carlos Fernandes Cadilha, *Comentário ao Código de Processo nos Tribunais Administrativos*, 3ª ed., Coimbra, 2010, pp. 1149-1150.

A nosso ver, a discrepância é inconveniente e injustificada, o que, também neste domínio, vem, em nossa opinião, confirmar a incongruência dos limites à arbitrabilidade sobre atos administrativos que, como vimos, decorrem da previsão da alínea c) do nº 1 do artigo 180º do CPTA. Mas não vemos que possa ser sustentada diferente solução.

5. Conclusão e perspetivas

16. A exposição precedente permitiu verificar que as sucessivas e incoerentes brechas que o legislador nacional tem vindo a abrir no tradicional edifício da inarbitrabilidade de questões relativas a atos administrativos conduziram a um conjunto desarmónico de previsões de arbitrabilidade nessa matéria, que, por não se sustentarem em critérios lógicos, não permitem delimitar de modo coerente as matérias que são passíveis de serem submetidas a arbitragem – sucedendo que, no momento presente, a maior das incongruências resulta dos limites que (ainda?) são impostos à admissibilidade da arbitragem sobre a legalidade de atos administrativos.

As mais recentes evoluções ocorridas legitimam, por isso, que se pergunte se não estaremos a evoluir para uma mudança de paradigma. Com efeito, uma vez abandonadas – bem ou mal – as razões de princípio que, a exemplo do que sucede em muitos outros ordenamento jurídicos, poderiam, também em Portugal, sustentar o afastamento, em tese geral, da admissibilidade da arbitragem de Direito Administrativo, ou a sua redução à expressão mais simples, cumpre perguntar se o caminho não deverá passar por se abdicar, por falta de um critério coerente, de uma enunciação pela positiva das matérias de Direito Administrativo que são passíveis de ser submetidas a arbitragem e se procurarem identificar limites coerentes que, pela negativa, permitam identificar as matérias que não devem poder ser submetidas a arbitragem.

Nesta perspetiva, todos os tipos de matérias seriam, à partida, passíveis de arbitragem, incluindo no domínio da fiscalização da legalidade de atos administrativos, sem restrições incompreensíveis e, como vimos, difíceis de interpretar, como as que resultam da previsão do artigo 180º, nº 1, alínea c). E, em contrapartida, haveria, entretanto, que ressalvar as situações que, por contenderem com mais relevantes interesses públicos ou dizerem respeito a direitos indisponíveis dos particulares nas suas relações com a Administração (*maxime*, direitos, liberdades e garantias), deveriam ser reconhecidas como sendo objeto de uma reserva constitucional da jurisdição do Estado e, como tais, vedadas à arbitragem.

A nosso ver, a arbitragem de Direito Administrativo ganharia, finalmente, as suas *cartas de cidadania*, o que implicaria que a questão da arbitrabilidade neste domínio passaria a colocar-se em termos semelhantes àqueles em que se coloca nos domínios do direito privado, isto é, partindo de um princípio geral de admissibilidade da arbitragem para estabelecer um ou mais critérios dos quais deva depender a imposição de limites a essa arbitrabilidade.

As novas regras sobre a arbitragem internacional. Primeiras reflexões[*]

MARIA HELENA BRITO[**]

1. Introdução

I. A arbitragem é um meio de resolução de litígios *alternativo*, no sentido de extrajudicial ou "não jurisdicional", conforme admitido no art. 202º, nº 4, da Constituição da República Portuguesa. A partir da revisão de 1982, a Constituição Portuguesa passou a prever expressamente os tribunais arbitrais (art. 212º, nº 2, atualmente, art. 209º, nº 2)[1].

Constitui um meio de resolução de litígios *adjudicatório*, uma vez que a decisão é confiada a terceiros (árbitros)[2]. A decisão final proferida no âmbito da arbitragem é vinculativa para as partes.

II. No domínio das operações do comércio internacional assiste-se à consolidação e ao desenvolvimento da arbitragem comercial internacional como meio de resolução dos litígios entre as partes envolvidas.

Pode até perguntar-se se a arbitragem é de considerar um autêntico *meio alternativo* às jurisdições estaduais na resolução dos litígios internacionais. Na verdade,

---

[*] Para o Miguel Galvão Teles, um dos mais brilhantes juristas e pensadores do Direito que conheço, a minha singela homenagem.

[**] Professora da Faculdade de Direito da Universidade Nova de Lisboa.

[1] Sobre a discussão à luz da Constituição Portuguesa de diversas questões suscitadas pela arbitragem, ver, por todos, M. GALVÃO TELES, *Aspectos constitucionais da arbitragem* [2009], http://arbitragem.pt/estudos/index.php; "Processo equitativo e imposição constitucional da independência e imparcialidade dos árbitros em Portugal", *Revista de Arbitragem e Mediação*, 2010, p. 127 ss; "A independência e imparcialidade dos árbitros como imposição constitucional", *Estudos em Homenagem ao Professor Doutor Carlos Ferreira de Almeida*, vol. III, Coimbra, 2011, p. 251 ss; "Recurso para o Tribunal Constitucional das decisões dos tribunais arbitrais", *III Congresso do Centro de Arbitragem da Câmara de Comércio e Indústria Portuguesa. Intervenções*, Coimbra, 2010, p. 199 ss.

[2] M. FRANÇA GOUVEIA, *Curso de Resolução Alternativa de Litígios*, Coimbra, 2011, p. 18, 91.

em termos estatísticos, a arbitragem corresponde ao modo normal de resolução de conflitos do comércio internacional: a grande maioria dos contratos internacionais inclui cláusulas arbitrais. Por outro lado, é elevada a percentagem dos casos de execução espontânea das sentenças proferidas no âmbito da arbitragem comercial internacional[3].

III. Ao longo dos tempos, vários instrumentos normativos têm sido adotados sobre a arbitragem comercial internacional, quer a nível internacional quer a nível regional.

Por outro lado, diversas legislações de fonte interna relativas à arbitragem disciplinam igualmente a arbitragem comercial internacional.

É o caso das Leis portuguesas sobre arbitragem voluntária. Com efeito, quer a Lei nº 31/86, de 29 de agosto[4], quer a Lei da arbitragem voluntária, aprovada pela Lei nº 63/2011, de 14 de dezembro[5], incluem um regime especial aplicável à arbitragem internacional.

2. Âmbito de aplicação no espaço da nova Lei da arbitragem voluntária

I.A LAV é aplicável a todas as arbitragens que tenham lugar em território português (art. 61º, 1ª parte).

O critério que determina o âmbito de aplicação territorial da nova LAV – a realização da arbitragem "em território português" – era já utilizado no art. 37º da Lei anterior e segue o exemplo do art. 1, nº 2, da Lei-modelo da CNUDCI sobre a arbitragem comercial internacional.

A expressão deve ser interpretada no sentido de que abrange a arbitragem em relação à qual as partes acordaram em que a sede da arbitragem se situa em território português, independentemente de saber se alguns atos do processo arbitral se praticaram fora do território português ou se a sentença foi proferida fora do território português[6].

Na Lei atual, a norma relativa ao lugar da arbitragem – que segue de perto a Lei-modelo –confirma e esclarece aquela interpretação. Prevê-se que o lugar da

---

[3] FERRER CORREIA, "Da arbitragem comercial internacional" [1984], *Temas de direito comercial e direito internacional privado*, Coimbra, 1989, p. 173 ss (p. 174 s). Mais recentemente, LIMA PINHEIRO, *Arbitragem transnacional. A determinação do estatuto da arbitragem*, Coimbra, 2005, p. 23.

[4] Observe-se, na Lei nº 31/86, o Cap. VII (arts. 32º a 35º).

[5] No Cap. IX (arts. 49º a 54º) a LAV de 2011 disciplina em especial a "arbitragem internacional" e no Cap. X (arts. 55º a 58º) trata do "reconhecimento e execução de sentenças arbitrais estrangeiras". Sobre o projeto da nova LAV, SAMPAIO CARAMELO, "A reforma da lei da arbitragem voluntária", *Revista Internacional de Arbitragem e Conciliação*, nº 2, 2009, p. 7 ss. Os trabalhos preparatórios estão disponíveis no sítio da Internet da Associação Portuguesa de Arbitragem.

[6] Em sentido convergente, LIMA PINHEIRO, *Arbitragem transnacional*, p. 351 s.

arbitragem seja fixado por acordo das partes (art. 31º, nº 1, 1ª parte). Na falta de acordo das partes, atribui-se ao tribunal arbitral o poder de fixar o lugar da arbitragem, "tendo em conta as circunstâncias do caso, incluindo a conveniência das partes" (art. 31º, nº 1, 2ª parte). Admite-se agora claramente que o tribunal arbitral pode – salvo convenção das partes em contrário – reunir em qualquer local que julgue apropriado com o objetivo de aí realizar uma ou mais audiências, permitir a efetivação de alguma diligência probatória ou tomar quaisquer deliberações, sem que, por essa circunstância, se altere o lugar da arbitragem (art. 31º, nº 2).

II. A LAV é aplicável ao reconhecimento e à execução em Portugal de sentenças proferidas em arbitragens localizadas no estrangeiro (art. 61º, 2ª parte).

Trata-se de uma importante inovação introduzida pela Lei de 2011. A anterior LAV não abrangia a matéria do reconhecimento e execução em Portugal de sentenças arbitrais estrangeiras[7].

Neste texto não abordarei a problemática relativa ao reconhecimento e execução em Portugal de sentenças arbitrais estrangeiras, salvo algumas referências pontuais quando tal se mostre necessário à discussão de certos aspetos.

3. A arbitragem internacional na nova Lei da arbitragem voluntária

I. O termo "internacional", reportado à arbitragem, não tem um sentido unívoco[8]. De acordo com um primeiro sentido, internacional seria a arbitragem cuja tramitação não está vinculada à legislação interna de um Estado – e internacional seria a sentença proferida no termo de tal processo.

Seguindo outra orientação, a internacionalidade da arbitragem decorreria da própria internacionalidade dos litígios a que se reporta. Assim, "a caraterística fundamental da arbitragem internacional consiste no *caráter internacional dos litígios* a cuja resolução se destina"[9].

Considera-se ainda que "arbitragem transnacional em sentido amplo é toda aquela que coloca problemas quanto ao estatuto da arbitragem"[10]. Ora, a arbitra-

---

[7] No entanto, a Lei nº 31/86 introduziu alterações significativas nas disposições do CPC relativas à revisão e confirmação de sentenças estrangeiras (arts. 1094º ss). Sobre a questão, ver MAGALHÃES COLLAÇO, "L'arbitrage international dans la récente loi portugaise sur l'arbitrage volontaire (Loi nº 31/86, du 29 août). Quelques réflexions", *Droit international et droit communautaire*, Paris, 1991, p. 55 ss (p. 59 e 64).

[8] Como não tem um sentido unívoco quando referido, por exemplo, a situações jurídicas ou a contratos. Sobre o tema, M. H. BRITO, *A representação nos contratos internacionais. Um contributo para o estudo do princípio da coerência em direito internacional privado*, Coimbra, 1999, p. 576 ss, e bibliografia aí citada.

[9] FERRER CORREIA, "Da arbitragem comercial internacional", p. 186 s; MOURA VICENTE, *Da arbitragem comercial internacional. Direito aplicável ao mérito da causa*, Coimbra, 1990, p. 41.

[10] LIMA PINHEIRO, *Arbitragem transnacional*, p. 27.

gem coloca o problema da determinação do seu estatuto quando o objeto do litígio ou a própria arbitragem apresentam laços juridicamente relevantes com mais de um Estado.

Segundo o art. 49º, nº 1, da LAV, "entende-se por arbitragem internacional a que põe em jogo interesses do comércio internacional".

A fórmula utilizada – que repete a expressão constante do art. 32º da LAV de 1986[11] – provém do direito francês da arbitragem (art. 1492 do CPC; atual art. 1504, nº 1).

Todas estas noções assentam em conceitos indeterminados. Diferente é a opção da Lei-modelo da CNUDCI que, no art. 1, nº 3, recorre, em primeira linha, a critérios de natureza tendencialmente precisa, apelando, por exemplo, aos conceitos de "estabelecimento", "lugar de arbitragem", "residência habitual".

II. O art. 49º, nº 2, da LAV determina que "salvo o disposto no presente capítulo, são aplicáveis à arbitragem internacional, com as devidas adaptações, as disposições da presente lei relativas à arbitragem interna".

A arbitragem internacional constitui uma categoria especial de arbitragem, sujeita, naturalmente, a regras próprias estabelecidas no capítulo em apreciação (designadamente, quanto à determinação do direito aplicável a diversos aspetos). Em tudo o que não se encontrar especialmente regulado, será aplicável à arbitragem internacional o regime comum da arbitragem[12]. Já assim se entendia no domínio da LAV de 1986[13].

III. O art. 50º, sob a epígrafe "inoponibilidade de exceções baseadas no direito interno de uma parte", dispõe que quando a arbitragem seja internacional e uma das partes na convenção de arbitragem seja um Estado, uma organização controlada por um Estado ou uma sociedade por este dominada, essa parte não pode invocar o seu direito interno para contestar a arbitrabilidade do litígio ou a sua capacidade para ser parte na arbitragem, nem para de qualquer outro modo se subtrair às suas obrigações decorrentes da convenção de arbitragem que tenha celebrado.

O preceito contém uma regra material de Direito Internacional Privado (DIP), de que resulta uma limitação à aplicabilidade do direito estrangeiro, com funda-

---

[11] A jurisprudência portuguesa tem lidado bem com a noção legal. Ver, por exemplo, as seguintes decisões dos nossos tribunais superiores: acs. STJ, de 21-09-1995 e de 11-10-2005; acs. TRL, de 17-01-1995 e de 11-05-1995; ac. TRP, de 11-01-2007.

[12] MOURA VICENTE, "Anotação ao art. 49º", RIBEIRO MENDES & O., *Lei da arbitragem voluntária. Anotada*, Coimbra, 2012, p. 99.

[13] Ver, por todos, MAGALHÃES COLLAÇO, "L'arbitrage international", p. 59.

mento no princípio da boa fé[14], concretizado na proibição de *venire contra factum proprium*.

A disposição inspira-se no art. 177, nº 2, da LDIP suíça e, quanto à última parte, no art. 2, nº 2, da Lei espanhola sobre arbitragem. Como adiante se verá, no que diz respeito à capacidade das entidades mencionadas e à arbitrabilidade subjetiva, seria em princípio aplicável o direito interno do Estado em causa, a título de lei pessoal; já no que toca à arbitrabilidade objetiva e ao cumprimento das obrigações decorrentes da convenção de arbitragem, a aplicabilidade do direito desse Estado não resulta do jogo normal das regras de conflitos.

A adoção da norma teve decerto em conta a existência de ordenamentos que reservam para os tribunais estaduais a decisão de litígios sobre contratos de Estado ou sobre contratos administrativos ou que proíbem a arbitragem quanto a contratos relativos a investimentos estrangeiros no território respetivo; ao mesmo tempo, fica nítida a não aplicação, neste domínio, do regime estabelecido no art. 42, nº 1, da Convenção de Washington para a resolução de diferendos relativos a investimentos entre Estados e nacionais de outros Estados.

4. A convenção de arbitragem
4.1. Autonomia da convenção de arbitragem

I. A convenção de arbitragem é o acordo das partes que tem como finalidade submeter a resolução de um ou mais litígios determinados ou determináveis a arbitragem.

O art. 1º, nº 3, da LAV (à semelhança do que dispunha o art. 1º, nº 2, da LAV de 1986) prevê dois tipos ou duas modalidades de convenção de arbitragem: o compromisso arbitral; a cláusula compromissória.

A convenção de arbitragem pode integrar uma cláusula contratual ou constituir um negócio jurídico distinto.

Ainda que a convenção de arbitragem integre uma cláusula de um contrato, deve ser tratada com autonomia relativamente ao contrato principal. Assim, a validade e eficácia da convenção de arbitragem não dependem da validade e eficácia do contrato principal em que aquela cláusula se insere ou a que aquela cláusula se reporta[15].

Por isso, o tribunal arbitral tem competência para apreciar a validade e eficácia da convenção de arbitragem, mesmo que esteja em discussão a validade e

---

[14] Assim também MOURA VICENTE, "Anotação ao art. 50º", *Lei da arbitragem voluntária*, p. 100.

[15] Deve-se à jurisprudência francesa a formulação de uma regra material de DIP que estabelece a autonomia jurídica da convenção de arbitragem relativamente ao contrato principal – quer seja celebrada separadamente, quer seja integrada no contrato a que se reporta. Cfr. MARQUES DOS SANTOS, *As normas de aplicação imediata no direito internacional privado. Esboço de uma teoria geral*, Coimbra, 1991, p. 628 ss; *Direito internacional privado. Introdução*, I vol., Lisboa, 2001, p. 237 ss.

eficácia do contrato principal e se, no caso, considerar que a convenção de arbitragem é válida e o contrato principal é inválido, tem competência para decidir sobre as consequências da invalidade do contrato.

Este princípio – de autonomia da convenção de arbitragem relativamente ao contrato a que diz respeito –, tem sido reconhecido pelas legislações nacionais[16], pela doutrina em diversos países[17] e pela jurisprudência arbitral internacional[18] e é expressamente afirmado em atos normativos de fonte internacional[19] e em regulamentos de arbitragem adotados pelas mais importantes instituições arbitrais[20] [21].

II. A autonomia da convenção de arbitragem tem reflexos no domínio do DIP. Quanto a várias matérias, como se verá, a convenção de arbitragem é objeto de conexão autónoma. Dito de outro modo: em diversos aspetos, a convenção de arbitragem será sujeita a uma lei própria, não necessariamente coincidente com a lei aplicável ao contrato em que se insere.

[16] Nas Leis portuguesas sobre arbitragem voluntária, o princípio é claramente afirmado (art. 21º da LAV de 1986; art. 18º da LAV de 2011, em especial, nºs 1, 2 e 3).

[17] Ver, entre nós: RAÚL VENTURA, "Convenção de arbitragem", *Revista da Ordem dos Advogados*, 1986, p. 289 ss (p. 369 ss); M. Â. BENTO SOARES, MOURA RAMOS, *Contratos internacionais*, Coimbra, 1986, reimp., 1995, p. 377; MARQUES DOS SANTOS, "Nota sobre a nova lei portuguesa relativa à arbitragem voluntária. Lei nº 31/86, de 29 de Agosto" [1987], *Estudos de direito internacional privado e de direito processual civil internacional*, Coimbra, 1998, p. 255 ss (p. 284); LEBRE DE FREITAS, "Algumas implicações da natureza jurídica da convenção de arbitragem", *Estudos em Homenagem à Professora Doutora Isabel de Magalhães Collaço*, vol. II, Coimbra, 2002, p. 625 ss (p. 626 s e nota 5); LIMA PINHEIRO, "Convenção de arbitragem (aspectos internos e transnacionais)", *ROA*, 2004, p. 125 ss (p. 163 ss); *Arbitragem transnacional*, p. 119 ss; FERREIRA DE ALMEIDA, "A convenção de arbitragem: conteúdo e efeitos", *I Congresso de Arbitragem da Câmara de Comércio e Indústria Portuguesa: Intervenções*, Coimbra, 2008, p. 81 ss (p. 83); SAMPAIO CARAMELO, "A «autonomia» da cláusula compromissória e a competência da competência do Tribunal Arbitral", *ROA*, 2008, p. 353 ss.

[18] São numerosas as decisões proferidas por árbitros internacionais que reconhecem a autonomia da cláusula arbitral como um princípio do direito internacional da arbitragem. Vejam-se as referências em: *Fouchard, Gaillard, Goldman on International Commercial Arbitration*, The Hague, 1999, p. 206 ss; MERINO MERCHÁN, CHILLÓN MEDINA, *Tratado de derecho arbitral*, 3ª ed., Cizur Menor, 2006, p. 1149 s; GARY BORN, *International Commercial Arbitration*, vol. I, Alphen aan den Rijn, 2009, p. 344 ss.

[19] A ideia de autonomia da convenção de arbitragem está subjacente ao sistema da Convenção de Nova Iorque de 10 de junho de 1958 (CNI), que, além do regime de reconhecimento e execução de sentenças arbitrais estrangeiras, estabelece regras próprias quanto ao reconhecimento da convenção de arbitragem (art. II). Veja-se também o art. 16, nº 1, da Lei-modelo.

[20] Cfr. Regulamentos de Arbitragem da CCI (art. 6, em especial, nºs 4, 5 e 9), da CNUDCI (art. 23, nº 1) e do LCIA (art. 23).

[21] Para uma perspetiva de direito comparado sobre a autonomia ou separabilidade da convenção de arbitragem, com referência a várias legislações nacionais, assim como à doutrina e à prática jurisprudencial, ver SANDERS, "Arbitration", *The International Encyclopedia of Comparative Law*, vol. XVI – *Civil Procedure*, cap. 12, Tübingen, 1996, p. 58 ss.

As questões que dependem de saber qual a lei aplicável à convenção de arbitragem podem suscitar-se – e suscitam-se na maior parte dos casos – a propósito do reconhecimento de decisões arbitrais estrangeiras, colocando-se portanto perante o tribunal estadual do país de reconhecimento. Mas podem igualmente surgir perante o próprio tribunal arbitral.

A Convenção de Nova Iorque, ao disciplinar o reconhecimento da convenção de arbitragem, dá algumas indicações ou, mais precisamente, estabelece alguns requisitos, a este respeito – o que exige conciliar os critérios das normas de conflitos de cada Estado (do Estado em que foi ou vai ser proferida a decisão arbitral e/ou do Estado de reconhecimento) com as exigências contidas na Convenção de Nova Iorque.

Perante a nova LAV, torna-se necessário conciliar o sistema geral de DIP em vigor em Portugal com as normas de conflitos constantes da própria Lei, inseridas no capítulo dedicado à arbitragem internacional (Cap. IX), com as normas gerais relativas à convenção de arbitragem (Cap. I) e ainda com as regras que estabelecem fundamentos de recusa de reconhecimento e execução de sentenças arbitrais estrangeiras (Cap. X).

No sistema de DIP em vigor em Portugal, para determinar o regime conflitual a que se encontra submetida a convenção de arbitragem, não se atende à Convenção de Roma sobre a lei aplicável às obrigações contratuais nem ao Regulamento que lhe sucedeu (Regulamento sobre a lei aplicável às obrigações contratuais, ou Regulamento Roma I), tendo em conta a exclusão expressa feita nesses dois atos normativos: art. 1º, nº 2, al. *d)*, da Convenção de Roma; art. 1º, nº 2, al. *e)*, do Regulamento Roma I.

4.2. Direito aplicável à convenção de arbitragem

Para efeitos de determinação do direito aplicável à convenção de arbitragem, temos pois de considerar:

- o seu caráter autónomo relativamente ao contrato em que se insere ou ao ato a que diz respeito;
- a necessidade de distinguir os diversos aspetos em que o problema se desdobra (tendo em conta o fenómeno do *dépeçage*, que carateriza o DIP).

4.2.1. Direito aplicável à capacidade das partes

A questão da determinação do Direito aplicável à capacidade das partes não é objeto de regulação específica na atual LAV (como não era na anterior LAV).

Verifica-se que, nos termos do art. 56º, nº 1, al. *a)*, *i)*, 1ª parte, da LAV, é fundamento de não reconhecimento ou execução de uma sentença proferida numa arbitragem localizada no estrangeiro a incapacidade de uma das partes outorgantes da convenção de arbitragem[22-23].

Fica, porém, a dúvida: qual o sistema de DIP atendível para aferir a capacidade das partes para outorgar a convenção de arbitragem – o sistema do Estado de origem ou o sistema do Estado de reconhecimento?

No âmbito do procedimento de reconhecimento, parece razoável que o tribunal estadual português tenha em conta o sistema de DIP do Estado de origem – o Estado em que tem lugar a arbitragem e em que, em princípio, é proferida a sentença arbitral.

No DIP português, a matéria inclui-se no estatuto pessoal e, por isso, está sujeita à lei designada pelo art. 25º, conjugado, conforme os casos, com os arts. 31º, nº 1, 32º ou 33º do Código Civil. Tratando-se de um Estado ou de uma pessoa coletiva de direito público, a lei pessoal é a lei ao abrigo da qual tal entidade se constituiu e adquiriu personalidade jurídica, nos termos da teoria da incorporação (*incorporation theory*)[24].

A estes critérios deve o tribunal arbitral atender numa arbitragem internacional que tenha lugar em território português, ao aferir a capacidade das partes para outorgarem a convenção de arbitragem. Recorde-se todavia, a propósito, a limitação resultante do art. 50º da LAV.

4.2.2. Direito aplicável à forma da convenção de arbitragem

Não inclui a nova LAV (como não incluía a anterior) uma norma de conflitos para determinação do Direito aplicável à forma da convenção de arbitragem.

A LAV estabelece, no art. 2º, os requisitos formais da convenção de arbitragem: a convenção de arbitragem deve adotar forma escrita (nº 1)[25].

Nos nºs 2 a 5, a disposição esclarece e concretiza o sentido da exigência legal.

A exigência de forma escrita para a validade da convenção de arbitragem consta igualmente dos atos normativos de fonte internacional que tenho vindo a referir.

A Convenção de Nova Iorque contém uma regra de *direito material uniforme* de reconhecimento da "convenção escrita", no sentido de "cláusula compromissória

---

[22] A norma inspira-se nos arts. V, nº 1, al. *a)*, 1ª parte, da CNI e 36, nº 1, al. *a)*, *i)*, 1ª parte, da Lei-modelo.

[23] É semelhante o regime previsto na LAV para a anulação da sentença arbitral (art. 46º, nº 3, al. *a)*, *i)*, 1ª parte).

[24] Assim, MAGALHÃES COLLAÇO, *Direito Internacional Privado*, Parte II – *Sistema de normas de conflitos portuguesas*, Título I – *Direito das pessoas*, § 2º – *Pessoas colectivas*, Lisboa, 1971, p. 24 s; MARQUES DOS SANTOS, *Direito internacional privado. Sumários*, Lisboa, 1987, p. 250.

[25] O art. 3º determina a nulidade da convenção de arbitragem celebrada em violação do disposto no art. 2º (cfr. art. 46º, nº 3, al. *a)*, *i)*, parte final, quanto à anulação da sentença arbitral).

inserida num contrato, ou num compromisso, assinado pelas partes ou inserido numa troca de cartas ou telegramas" (art. II, nºs 1 e 2).

A Lei-modelo da CNUDCI foi, nesta matéria, quanto aos seus aspetos fundamentais, transcrita no art. 2º da LAV[26].

Observando estas disposições, conclui-se portanto que existe coincidência entre as exigências de forma constantes da Convenção de Nova Iorque, da Lei-Modelo da CNUDCI e da nova LAV (como aliás já acontecia com as da anterior LAV).

Assim sendo – e tendo também em conta o disposto nos arts. 61º e 49º, nº 2, da LAV – nada obsta a que, na arbitragem internacional que tenha lugar em território português, se aplique à convenção de arbitragem a regra material estabelecida no art. 2º da LAV.

4.2.3. Direito aplicável à validade substancial da convenção de arbitragem

I. Trata-se agora de determinar o direito que rege a validade substancial da convenção de arbitragem, isto é, o conteúdo da convenção de arbitragem (incluindo os vícios de formação).

Antes de mais, o art. 2º da LAV dispõe, no nº 6, que "o compromisso arbitral deve determinar o objeto do litígio; a cláusula compromissória deve especificar a relação jurídica a que os litígios respeitem".

A norma estabelece um requisito que vai para além das exigências de forma contempladas nos nºs 1 a 5 do mesmo art. 2º, pois diz respeito à identificação do conteúdo ou objeto da convenção de arbitragem.

Esta regra material do direito português é aplicável quer à arbitragem interna quer à arbitragem internacional[27].

Por outro lado, a nova Lei estabelece, no art. 51º, nº 1, uma norma de conflitos, que tem como objetivo salvaguardar a validade substancial da convenção de arbitragem.

São aplicáveis, em alternativa:

- o direito escolhido pelas partes para reger a convenção de arbitragem;
- o direito aplicável ao fundo da causa;
- o direito português.

A conexão alternativa, como técnica que prossegue o princípio do *favor negotii*, é adotada no DIP em vigor em Portugal, sobretudo em matéria de forma dos negócios jurídicos[28].

---

[26] Consulte-se o art. 7, Opção I, tal como adotado pela Comissão, na 39ª sessão, de 2006.

[27] A sua inobservância implica a nulidade da convenção de arbitragem (art. 3º) e constitui fundamento de anulação da sentença arbitral (art. 46º, nº 3, al. *a*), *i*), parte final).

[28] Cfr. arts. 36º e 65º do Código Civil, 9º, nºs 1 e 2, da Convenção de Roma, 11º, nºs 1, 2 e 3, do Regulamento Roma I.

Perante o n.º 2 do art. 51º, a conexão alternativa estabelecida no número anterior opera não apenas nas situações em que diretamente se discuta a validade substancial da convenção de arbitragem, mas também quando a questão da validade substancial da convenção de arbitragem se suscite a propósito da impugnação da sentença proferida com base nela. Com efeito, determina-se que o tribunal estadual ao qual haja sido pedida a anulação de uma sentença proferida em arbitragem internacional localizada em Portugal, com o fundamento previsto na al. *b)* do n.º 3 do art. 46º da Lei (porque, por exemplo, se invoca que o conteúdo da sentença ofende os princípios da ordem pública internacional do Estado português), terá em consideração o n.º 1 do mesmo preceito: se, no caso, a convenção de arbitragem for válida segundo o direito escolhido pelas partes para a reger ou segundo o direito aplicável ao fundo da causa, deve ser tida como válida pelo tribunal estadual em Portugal.

II. No direito anterior à nova LAV recorria-se a disposições da Convenção de Nova Iorque, concretamente ao art. V, n.º 1, al. *a)*, 2ª parte, para encontrar o direito aplicável à validade substancial da convenção de arbitragem.

Constituindo fundamento de não reconhecimento da sentença arbitral estrangeira, segundo essa disposição da Convenção de Nova Iorque, "a invalidade da convenção de arbitragem ao abrigo da lei a que as partes a sujeitaram ou, no caso de omissão quanto à lei aplicável, ao abrigo da lei do país em que for proferida a sentença", retirava-se de tal estatuição a indicação da lei competente para reger a convenção de arbitragem: a lei escolhida pelas partes e, subsidiariamente, a lei do país em que tivesse sido proferida a sentença.

O art. 56º, n.º 1, al. *a)*, *i)*, 2ª parte, da LAV também considera fundamento de não reconhecimento ou execução de uma sentença proferida numa arbitragem localizada no estrangeiro a invalidade da convenção de arbitragem "nos termos da lei a que as partes a sujeitaram ou, na falta de indicação a este respeito, nos termos da lei do país em que a sentença foi proferida"[29].

III. Ora, cotejando o art. 51º, n.º 1, com o art. 56º, n.º 1, al. *a)*, *i)*, 2ª parte, da LAV, verifica-se que, no sistema atual, não existe coincidência entre, de um lado, o elenco de leis designadas para reger a validade substancial da convenção de arbitragem por força da norma de conflitos de conexão alternativa constante daquele primeiro preceito[30] e, de outro lado, o conjunto de leis perante as quais o tribunal estadual

---

[29] A norma da LAV inspira-se nos arts. V, n.º 1, al. *a)*, 2ª parte, da CNI e 36, n.º 1, al. *a)*, *i)*, 2ª parte, da Lei-modelo.

[30] Não esquecendo que o regime contido no n.º 1 do art. 51º é aplicável em sede de anulação da sentença proferida em arbitragem internacional localizada em Portugal (cfr. n.º 2 do art. 51º).

português deve, sucessivamente, aferir a validade da convenção de arbitragem no âmbito de um pedido de reconhecimento ou execução de sentença proferida numa arbitragem localizada no estrangeiro.

A razão da diferença verificada pode, porventura, relacionar-se com uma ideia de favorecimento das arbitragens que tenham lugar em território português.

Mas essa vantagem é suscetível de conduzir a situações de não reconhecimento de sentenças proferidas em arbitragens internacionais localizadas em Portugal, por tribunais de países que apliquem o regime da Convenção de Nova Iorque.

4.2.4. Em especial, direito aplicável à arbitrabilidade do litígio

I. O art. 1º da LAV enuncia os critérios gerais de solução dos diferentes problemas que se suscitam a propósito da arbitrabilidade do litígio.

Neste domínio, pode distinguir-se entre arbitrabilidade subjetiva e arbitrabilidade objetiva.

A arbitrabilidade subjetiva diz respeito à questão de saber se certas categorias de pessoas, designadamente as entidades públicas, podem ser partes em processo arbitral. A matéria reconduz-se, em princípio, ao domínio da lei pessoal da entidade em causa. O art. 1º, nº 5, da LAV resolve a questão quanto às entidades públicas que têm como lei pessoal a lei portuguesa: o Estado e outras pessoas coletivas de direito público podem celebrar convenções de arbitragem, se para tanto forem autorizados por lei ou se tais convenções tiverem por objeto litígios de direito privado[31].

Quanto às entidades públicas que não tenham como lei pessoal a lei portuguesa, aplica-se a respetiva lei pessoal – a lei ao abrigo da qual tais entidades se constituíram e ganharam personalidade jurídica, nos termos da teoria da incorporação. Lembre-se, no entanto, uma vez mais, a limitação resultante do art. 50º da LAV.

II. A arbitrabilidade objetiva prende-se com a questão de saber se os direitos controvertidos ou as pretensões são suscetíveis de ser cometidos à decisão por árbitros.

Os nºs 1 e 2 do art. 1º da LAV contêm as regras gerais quanto à arbitrabilidade do litígio, em sentido objetivo.

---

[31] A disposição corresponde ao art. 1º, nº 4, da LAV de 1986. Eliminou-se, relativamente à Lei anterior, a referência a autorização por "lei *especial*". A justificação desta alteração relaciona-se com "a amplitude com que atualmente o Estado e outras pessoas coletivas de direito público podem celebrar convenções de arbitragem que tenham por objeto relações de direito administrativo (v. arts. 180º e segs. do CPTA)" [nota 7 ao "Anteprojecto de Lei da Arbitragem Voluntária da Associação Portuguesa de Arbitragem (2010)", *Revista Internacional de Arbitragem e Conciliação*, nº 3, 2010, p. 167 ss (p. 168)].

Estabelece-se, em primeiro lugar, que "qualquer litígio *respeitante a interesses de natureza patrimonial* pode ser cometido pelas partes, mediante convenção de arbitragem, à decisão de árbitros".

Admite-se, em segundo lugar, a validade da "convenção de arbitragem relativa a litígios que não envolvam interesses de natureza patrimonial, *desde que as partes possam celebrar transação sobre o direito controvertido*".

De acordo com a nova LAV, a arbitrabilidade objetiva depende assim da patrimonialidade ou da transigibilidade/disponibilidade dos direitos controvertidos ou das pretensões[32]. Combinam-se os dois critérios, embora dando prevalência ao critério da patrimonialidade[33].

Na LAV de 1986, dispunha-se que "qualquer litígio *que não respeite a direitos indisponíveis* pode ser cometido pelas partes, mediante convenção de arbitragem, à decisão de árbitros".

O enunciado da Lei referia-se à "disponibilidade" (ou à "não indisponibilidade") do direito em litígio, mas o sentido da exigência legal foi objeto de discussão na doutrina. Para a generalidade dos autores, seriam arbitráveis os direitos "disponíveis", no sentido de direitos que as partes podem constituir ou extinguir por ato de vontade ou que são renunciáveis[34]. De todo o modo, o melhor entendimento sugeria que a "disponibilidade" ou "indisponibilidade" não deveria ser avaliada "instituto a instituto", mas sim "questão a questão", considerando a causa de pedir e os termos em que o pedido é formulado[35]. Como é sabido, o critério geral utilizado na Lei foi objeto de crítica, tendo sido proposta a sua substituição pela natureza patrimonial do direito controvertido[36] [37].

III. Os critérios de arbitrabilidade objetiva expressos no art. 1º da LAV são aplicáveis à arbitragem internacional que tenha lugar em território português. Isso mesmo resulta do disposto nos arts. 61º e 49º, nº 2.

---

[32] Nos termos do art. 3º, é nula a convenção de arbitragem celebrada em violação do disposto no art. 1º (cfr. também art. 46º, nº 3, al. *b*), *i*)).

[33] Os fundamentos do critério adotado são sintetizados por MOURA VICENTE, "Anotação ao art. 1º", *Lei da arbitragem voluntária*, p. 15 s.

[34] Ver, designadamente: MARQUES DOS SANTOS, "Nota sobre a nova lei", p. 264; LIMA PINHEIRO, "Convenção de arbitragem", p. 149; *Arbitragem transnacional*, p. 104 s; FERREIRA DE ALMEIDA, "A convenção de arbitragem", p. 85 ss.

[35] FERREIRA DE ALMEIDA, "A convenção de arbitragem", p. 86.

[36] Neste sentido, SAMPAIO CARAMELO, "A disponibilidade do direito como critério de arbitrabilidade do litígio – Reflexões *de jure condendo*", *ROA*, 2006, p. 1233 ss; "Critérios de arbitrabilidade dos litígios. Revisitando o tema", *IV Congresso de Arbitragem da Câmara de Comércio e Indústria Portuguesa: Intervenções*, Coimbra, 2011, p. 13 ss (em especial, p. 34 ss).

[37] Observem-se, a este propósito, os entendimentos expressos na jurisprudência portuguesa proferida à luz da anterior LAV: ac. TRG, de 16-02-2005; ac. STJ, de 03-05-2007; ac. TRL, de 11-01-2011.

Por outro lado, deve ter-se presente o art. 51º, nº 1, pois, tratando-se de arbitragem internacional, "o litígio [...] *é suscetível de ser submetido a arbitragem* se se cumprirem os requisitos estabelecidos a tal respeito ou pelo direito escolhido pelas partes para reger a convenção de arbitragem ou pelo direito aplicável ao fundo da causa ou pelo direito português".

Parece assim resultar da LAV que, quanto à arbitrabilidade objetiva, o tribunal arbitral deve ter em conta, em alternativa, os requisitos estabelecidos a tal respeito ou pelo direito escolhido pelas partes para reger a convenção de arbitragem ou pelo direito aplicável ao fundo da causa ou pelo direito português.

A solução é favorável à arbitrabilidade do litígio e, assim, à validade substancial da convenção de arbitragem.

Note-se aliás que, tendo em conta o nº 2 do art. 51º, o tribunal estadual ao qual haja sido pedida a anulação de uma sentença proferida em arbitragem internacional localizada em Portugal, com o fundamento previsto na al. *b)* do nº 3 do art. 46º da Lei (porque, no caso, se invoca que o objeto do litígio não é suscetível de ser decidido por arbitragem nos termos do direito português), deve atender ao nº 1 daquele preceito: a convenção de arbitragem será tida como válida pelo tribunal estadual em Portugal se for considerada válida perante o direito escolhido pelas partes para a reger ou perante o direito aplicável ao fundo da causa.

IV. No direito anterior à nova LAV, para determinar o direito aplicável a diversas matérias, tinham-se em conta, como deixei já mencionado, as disposições da Convenção de Nova Iorque.

Embora o art. II, nº 1, da Convenção de Nova Iorque não se pronuncie sobre a lei aplicável à arbitrabilidade da controvérsia, quando a convenção de arbitragem seja invocada como exceção processual, é possível sustentar que uma interpretação coerente das normas dessa Convenção conduz à competência da lei do foro do reconhecimento, por aplicação analógica do art. V, nº 2, al. *a)* – a disposição que considera fundamento de recusa de reconhecimento e execução da sentença arbitral estrangeira, de conhecimento oficioso pelo tribunal do país de reconhecimento, a circunstância de, "de acordo com a lei desse país, o objeto do litígio não ser suscetível de ser resolvido por via arbitral"[38].

A questão está contemplada no art. 56º, nº 1, al. *b), i)*, da LAV: "O reconhecimento e a execução de uma sentença arbitral proferida numa arbitragem localizada no estrangeiro só podem ser recusados se o tribunal verificar que o objeto do litígio *não é suscetível de ser decidido mediante arbitragem, de acordo com o direito português*"[39].

---

[38] Cfr.: LIMA PINHEIRO, *Arbitragem transnacional*, p. 216.
[39] A norma da LAV retoma o texto dos arts. V, nº 2, al. *a)*, da CNI e 36, nº 1, al. *b), i)*, da Lei-modelo.

Tal significa que, no âmbito de um pedido de reconhecimento ou execução de uma sentença arbitral estrangeira, a arbitrabilidade do litígio deve aferir-se pelo direito português, que é, no caso, o direito do país de reconhecimento.

V. Confrontando o art. 51º, nº 1, com o art. 56º, nº 1, al. *b)*, *i)*, da LAV, verifica-se uma vez mais não existir coincidência entre, de um lado, o elenco de leis designadas para reger a arbitrabilidade do litígio por força da norma de conflitos de conexão alternativa constante daquele primeiro preceito[40] e, de outro lado, a lei perante a qual deve aferir-se a suscetibilidade de o objeto do litígio ser decidido mediante arbitragem, no caso de reconhecimento ou execução de uma sentença proferida numa arbitragem localizada no estrangeiro.

Também quanto a este ponto me parece que pode justificar-se a diferença com a intenção de favorecer as arbitragens que tenham lugar em território português.

VI. Sublinhe-se, por último, que não é de excluir que se formem regras e princípios de origem internacional em matéria de arbitrabilidade objetiva: por exemplo, a arbitrabilidade dos litígios emergentes de contratos internacionais constitui princípio reconhecido pelos operadores do comércio internacional e pelos árbitros internacionais – que não fazem depender a arbitrabilidade da solução ou do critério estabelecido num particular direito estadual[41].

5. O processo arbitral. Regras processuais aplicáveis

I. Tal como na arbitragem interna, também na arbitragem internacional o princípio da autonomia privada impera na definição das regras de processo aplicáveis, na determinação da sede da arbitragem e na designação da língua a utilizar no processo arbitral. Permite-se que as partes e, se elas o não fizerem, os árbitros, ajustem o processo arbitral às caraterísticas do caso e evitem os formalismos dos processos judiciais[42].

A LAV estabelece que as partes podem, até à aceitação do primeiro árbitro, acordar sobre as regras de processo a observar na arbitragem; podem livremente fixar o lugar da arbitragem; podem, por acordo, escolher livremente a língua ou línguas a utilizar no processo arbitral. Na omissão das partes, cabe aos árbitros

---

[40] Este regime é aplicável igualmente em sede de anulação da sentença proferida em arbitragem internacional localizada em Portugal com o fundamento previsto na al. *b)* do nº 3 do art. 46º da Lei (cfr. nº 2 do art. 51º).

[41] Cfr. LIMA PINHEIRO, *Arbitragem transnacional*, p. 222.

[42] O princípio da autonomia das partes e dos árbitros na definição das regras de processo aplicáveis encontra-se expresso no art. 19 da Lei-modelo e decorre com clareza dos fundamentos de recusa de reconhecimento e execução de sentença arbitral estrangeira, previstos nos arts. 36, nº 1, al. *a)*, *iii)* e *iv)*, da mesma Lei-modelo e V, nº 1, als. *c)* e *d)*, da CNI.

fixar as regras de processo, a sede da arbitragem, a língua ou línguas a utilizar no processo (assim, respetivamente, arts. 30º, nºs 2 e 3; 31º, nº 1; e 32º, nº 1).

As partes ou os árbitros têm o poder de conformação direta das regras processuais, mas podem igualmente remeter:

- para um regulamento de arbitragem, ainda que a arbitragem não seja institucional (tratando-se de arbitragem internacional, em especial, para o regulamento de um centro de arbitragem internacional, como, por exemplo, os Regulamentos de Arbitragem da CCI, da CNUDCI ou do LCIA);
- para uma lei nacional, seja uma lei de processo civil ou uma lei de arbitragem estrangeira.

No caso da arbitragem internacional, a remissão para uma lei nacional não significa propriamente uma referência conflitual; não está em causa a determinação do direito aplicável ao processo arbitral. Basta pensar que esta mesma possibilidade de remissão existe na arbitragem meramente interna. Trata-se, por isso, de uma referência de natureza material, que tem o sentido de incorporar as regras designadas na convenção de arbitragem.

O acordo das partes sobre as regras de processo e sobre a sede da arbitragem pode inferir-se da escolha de uma das entidades autorizadas a realizar arbitragens voluntárias institucionalizadas ou da escolha do seu regulamento de arbitragem.

II. Há todavia *garantias processuais mínimas* que a autonomia das partes e dos árbitros tem de respeitar.

Os princípios e regras a observar no processo arbitral constam atualmente do art. 30º, nº 1, da LAV, norma que tem paralelo no art. 16º da LAV de 1986, e que é também aplicável à arbitragem internacional.

A violação de algum dos princípios fundamentais referidos no art. 30º, nº 1, "com influência decisiva na resolução do litígio", constitui fundamento de anulação da decisão arbitral, conforme determina o art. 46º, nº 3, al. *a)*, *ii)*, da LAV[43].

A necessidade de respeitar certas regras ou princípios fundamentais encontra-se expressamente prevista no art. 18 da Lei-modelo da CNUDCI e está implícita nos fundamentos de recusa de reconhecimento e execução de sentença arbitral estrangeira, enunciados, designadamente, no art. 36, nº 1, al. *a)*, *ii)*, da mesma Lei-modelo, no art. V, nº 1, al. *b)*, da Convenção de Nova Iorque, e no art. 56º, nº 1, al. *a)*, *ii)*, da LAV.

---

[43] Cfr. art. 27º, nº 1, al. *c)*, da LAV de 1986.

6. Direito aplicável ao fundo da causa

I. Na maioria dos casos, os árbitros julgam segundo o direito constituído. Frequentemente, a lei, os regulamentos de arbitragem ou as convenções arbitrais indicam que os árbitros devem julgar segundo a equidade ou atuar como "compositores amigáveis".

No art. 39º da LAV são enunciados os seguintes critérios de decisão a adotar pelos árbitros:

- os árbitros julgam segundo o direito constituído, a menos que as partes determinem, por acordo, que julguem segundo a equidade (nºs 1 e 2)[44];
- no caso de as partes lhe terem confiado essa missão, o tribunal pode decidir o litígio por apelo à composição das partes na base do equilíbrio dos interesses em jogo (nº 3)[45].

II. No domínio da arbitragem internacional, vigora o princípio da autonomia quanto à determinação do direito aplicável, encarado sob duas vertentes:

- às partes é reconhecido o poder de designar o direito aplicável ao fundo do litígio;
- os árbitros gozam de ampla autonomia na determinação do direito aplicável, quando as partes o não façam.

Os árbitros internacionais não estão vinculados a aplicar exclusivamente o direito de conflitos de um determinado Estado.

Suscita-se o problema de saber se os árbitros têm uma *lex fori*. A este propósito surgem várias possibilidades, a mais relevante das quais – e a que mais tem sido defendida por certos setores da doutrina – considera que o tribunal arbitral deve ter como *lex fori* a do Estado onde a sua atividade decorre (a lei do lugar da arbitragem), com a consequência de se lhe imporem as normas de conflitos contidas nessa lei.

---

[44] A doutrina portuguesa divide-se quanto ao entendimento do que seja a "decisão segundo a equidade". Sobre o tema, pormenorizadamente, com indicação de bibliografia: SAMPAIO CARAMELO, "Arbitration in Equity and *Amiable Composition* under Portuguese Law", *Journal of International Arbitration*, 2008, p. 569 ss; M. GALVÃO TELES, "Arbitragem comercial internacional *ex aequo et bono* e determinação de lei de mérito", *Revista de Arbitragem e Mediação*, 2008, p. 81 ss.

[45] Não é fácil a distinção entre a "decisão segundo a equidade" e a "decisão por apelo à composição das partes na base do equilíbrio dos interesses em jogo" ou "composição amigável". A questão constitui objeto do citado estudo de SAMPAIO CARAMELO, "Arbitration in Equity". M. GALVÃO TELES prefere "deixar de parte qualquer especificidade que, no quadro do Direito português, a «composição amigável» possa apresentar relativamente ao julgamento de equidade" e, assim sendo, só ao julgamento de equidade se refere. Cfr. "Arbitragem comercial internacional *ex aequo et bono*", p. 82.

Atualmente predomina a ideia de autonomia da arbitragem internacional. Isto significa que o tribunal arbitral não tem uma *lex fori* e, por isso, a relação entre o tribunal arbitral e a lei do lugar da arbitragem não tem o mesmo significado nem a mesma natureza que a relação entre um tribunal estadual e a lei do respetivo Estado.

Ao designar o lugar da arbitragem, as partes não podem contar com a aplicação do direito do lugar da arbitragem ao mérito do litígio nem sequer com a aplicação do DIP em vigor nesse lugar para a determinação das regras a ter em conta pelos árbitros na decisão do fundo da causa.

A escolha do lugar da arbitragem decorre da ponderação de aspetos relacionados, desde logo, com a proximidade para os árbitros ou para os mandatários das partes; nessa escolha podem também ser tidas em conta outras razões, como, por exemplo, a economia de custos, a preferência por um centro institucionalizado de arbitragem, a adequação do regime aplicável ao processo arbitral. Todos estes motivos são alheios a uma vontade de aplicar o direito do lugar da arbitragem[46].

III. Tem-se entendido que a referência das partes pode incidir sobre:

- direito estadual;
- regras incluídas em convenções internacionais de direito uniforme, como a Convenção de Viena de 1980 sobre os contratos de compra e venda internacional de mercadorias;
- regras do direito autónomo do comércio internacional ou *lex mercatoria*;
- usos do comércio internacional;
- princípios gerais de Direito;
- "princípios comuns" aos sistemas nacionais em contacto com a situação;
- modelos de regulação como, por exemplo, os Princípios UNIDROIT relativos aos Contratos Comerciais Internacionais ou os Princípios do Direito Europeu dos Contratos[47].

O elenco de fontes apresentado inclui a possibilidade de escolha da designada *lex mercatoria*.

Na verdade, seja qual for o entendimento que se adote sobre a natureza da *lex mercatoria*, há que reconhecer que ela tem grande efetividade nas relações comerciais internacionais. Essa efetividade deve-se sobretudo à circunstância de a arbitragem privada internacional recorrer à *lex mercatoria* para dirimir os litígios que lhe são submetidos. Por um lado, a arbitragem privada internacional procura nas regras da *lex mercatoria* um fundamento para a sua própria legitimidade como

---

[46] Assim, LIMA PINHEIRO, *Arbitragem transnacional*, p. 29 e 236.
[47] Na jurisprudência portuguesa, podem ver-se neste sentido, quanto ao essencial, por exemplo: ac. STJ, de 11-10-2005; ac. TRP, de 11-01-2007.

instância decisória dos litígios do comércio internacional; ao mesmo tempo, a arbitragem privada internacional contribui de forma decisiva para o desenvolvimento da *lex mercatoria* através das decisões que emana.

6.1. A escolha pelas partes das regras de direito a aplicar pelos árbitros

O art. 52º enuncia os critérios de decisão a adotar pelos árbitros na arbitragem internacional.

As partes podem designar as regras de direito a aplicar pelos árbitros, se os não tiverem autorizado a julgar segundo a equidade (nº 1, 1ª parte).

Qualquer designação da lei ou do sistema jurídico de determinado Estado é considerada, salvo estipulação expressa em contrário, como designando diretamente o direito material deste Estado e não as suas normas de conflitos de leis (nº 1, 2ª parte), assim se excluindo o reenvio[48]. A disposição explicita o sentido que, normalmente, corresponde à intenção das partes.

A norma do art. 52º, nº 1, 1ª parte, admite – pelo menos implicitamente – a possibilidade de designação pelas partes de direito não estadual. A Lei utiliza agora a expressão "regras de direito", e não "lei", "direito" ou "sistema jurídico", o que facilita esta interpretação[49].

---

[48] A solução corresponde à que se encontra estabelecida no art. 19º, nº 2, do Código Civil português, quanto ao alcance da referência à lei estrangeira designada pelos interessados.

[49] "Direito" era o termo utilizado no nº 1 do art. 33º da LAV de 1986. Perante essa norma da anterior LAV, a Professora MAGALHÃES COLLAÇO, sublinhando a "autonomia da arbitragem internacional relativamente à arbitragem de direito comum", admitiu que a escolha das partes "possa incidir sobre a *lex mercatoria*, na medida em que esta contém regras de direito" ("L'arbitrage international", p. 62 s). Na doutrina portuguesa, aceitam igualmente a designação, pelas partes, da *lex mercatoria*, entre outros: FERRER CORREIA, "O problema da lei aplicável ao fundo ou mérito da causa na arbitragem comercial internacional" [1988], *Temas de direito comercial e direito internacional privado*, Coimbra, 1989, p. 231 ss (p. 246, nota 28); LIMA PINHEIRO, *Direito Internacional Privado*, vol. II, 3ª ed., Coimbra, 2009, p. 566; *Direito comercial internacional*, Coimbra, 2005, p. 535 s; *Arbitragem transnacional*, p. 245 ss; "O direito autónomo do comércio internacional em transição: a adolescência de uma nova *lex mercatoria*", *Estudos jurídicos e económicos em homenagem ao Prof. Doutor António de Sousa Franco*, Lisboa, 2006, p. 847 ss (p. 862); M. H. BRITO, *Direito do Comércio Internacional*, Coimbra, 2004, p. 111 ss (p. 122 s). MARQUES DOS SANTOS mudou de opinião ao longo do tempo: excluindo, de início, a aplicação da *lex mercatoria* por via do art. 33º da LAV de 1986, pronunciou-se depois, ainda que de modo pouco conclusivo, no sentido de admitir a sua relevância mediante escolha das partes, para mais tarde afirmar a possibilidade de a designação das partes incidir sobre a *lex mercatoria*. Neste último sentido, do Autor: "Algumas considerações sobre a autonomia da vontade no Direito Internacional Privado em Portugal e no Brasil", *Estudos Magalhães Collaço*, vol. I, Coimbra, 2002, p. 379 ss (p. 399 e nota 62); "Arbitragem no direito do consumo" (2002), *Estudos de Direito Internacional Privado e de Direito Público*, Coimbra, 2004, p. 545 ss (p. 557 e nota 35). Adotando uma posição restritiva quanto à escolha da *lex mercatoria*: MOURA VICENTE, *Da arbitragem comercial internacional*, p. 199 ss; "L'évolution récente", p. 343; "Applicable Law", p. 366; MORAIS LEITÃO, MOURA VICENTE, "Portugal", *International Handbook on Commercial Arbitration*, Suppl. 45, janeiro 2006, p. 23.

Tal como na LAV de 1986, as partes podem autorizar os árbitros "a decidir segundo a equidade" (art. 52º, nº 1, 1ª parte, *in fine*)[50].

Não se prevê agora de modo expresso a possibilidade de, na arbitragem internacional, os árbitros decidirem o litígio por apelo à "composição amigável" – diferentemente do que sucedia perante o art. 35º da LAV de 1986.

Todavia, não pode deixar de se entender que, "no caso de as partes lhe terem confiado essa missão, o tribunal pode decidir o litígio por apelo à composição das partes na base do equilíbrio dos interesses em jogo", perante o disposto, em geral, no nº 3 do art. 39º[51].

6.2. A aplicação, pelo tribunal arbitral, do direito do Estado com o qual o objeto do litígio apresente uma conexão mais estreita

Se as partes não designarem o direito aplicável, o tribunal arbitral aplica o direito do Estado com o qual o objeto do litígio apresente uma conexão mais estreita (art. 52º, nº 2).

Na anterior LAV dizia-se "na falta de escolha, o tribunal aplica o direito mais apropriado ao litígio"[52], o que suscitava a questão de saber se deveria adotar-se:

- uma perspetiva material – o que significaria a determinação do direito ou das regras jurídicas mais adequadas para reger o litígio, sem passar por uma norma de conflitos (a chamada "via direta"); ou
- uma perspetiva conflitualista – o que implicaria a determinação do direito aplicável por recurso a um sistema de normas de conflitos[53] ou através da norma de conflitos mais adequada[54], tendo em vista a aplicação do direito

---

[50] Na arbitragem internacional, suscita-se o problema da relação entre a "decisão segundo a equidade" e a escolha de lei, como "lei de referência". Para a discussão minuciosa da questão, ver M. GALVÃO TELES, "Arbitragem comercial internacional *ex aequo et bono*", em especial, p. 84 ss.

[51] Sublinho, no entanto, a este propósito, a opinião autorizada de M. GALVÃO TELES. O Autor afirma "não conhec[er] caso de arbitragem internacional efetuada ao abrigo da lei portuguesa [a Lei nº 31/86] em que as partes tenham pretendido atribuir ao tribunal específicos poderes de composição amigável e não, pura e simplesmente, poderes de julgar segundo a equidade" (cfr. "Arbitragem comercial internacional *ex aequo et bono*", p. 82, nota 5, *in fine*).

[52] A fórmula utilizada repetia a que ainda hoje consta do Regulamento de Arbitragem da CNUDCI (art. 35, nº 1, parte final). Segundo o Regulamento de Arbitragem da CCI, na sua versão mais recente, "o tribunal arbitral aplicará as regras que julgar apropriadas" (art. 21, nº 1, parte final). Vejam-se igualmente os Regulamentos de Arbitragem do LCIA (art. 22.3) e do Centro de Arbitragem da Associação Comercial de Lisboa (art. 27º, nº 2, na versão de 1987; art. 36º, nº 1, na versão de 2008).

[53] À semelhança do que se diz no art. 28, nº 2, da Lei-modelo: "o tribunal arbitral aplica a lei indicada pela regra de conflitos de leis que considere aplicável no caso".

[54] Como determinava o art. 13, nº 3, do Regulamento de Conciliação e Arbitragem da CCI, na sua versão de 1988: "o árbitro aplicará a lei designada pela regra de conflitos que julgar adequada ao caso".

que apresenta uma ligação mais estreita ou uma conexão mais significativa com a relação material litigiosa.

Atento o teor do art. 52º, nº 2, parece agora adotar-se expressamente uma perspetiva conflitualista, tendente à determinação do direito que apresenta uma conexão mais estreita com o litígio, independentemente portanto de considerações de ordem material, relacionadas com o conteúdo das ordens jurídicas em contacto com a situação.

O princípio geral da "conexão mais estreita", acolhido em múltiplas codificações de DIP, pretende evitar a rigidez e arbitrariedade dos elementos de conexão tradicionalmente utilizados, sobretudo em matéria de contratos. Por isso, para concretizar tal princípio, o intérprete – no caso, o tribunal arbitral – não atende a um elemento de conexão determinado, antes deve avaliar o conjunto das circunstâncias do caso concreto e ponderar todos os laços (de natureza objetiva ou subjetiva) entre a situação e os ordenamentos em presença, de modo a encontrar o direito que apresenta uma ligação mais significativa com a relação material litigiosa.

Por outro lado, na falta de escolha pelas partes das regras de direito aplicáveis, o tribunal arbitral apenas pode aplicar "o direito de um Estado"; a conexão mais estreita deve assim exprimir a ligação efetiva à esfera económica, social e jurídica de um Estado.

Não se admite portanto a designação pelos árbitros de regras jurídicas *anacionais*. Não será esta porventura a melhor solução, considerando que uma parte significativa da doutrina portuguesa tem admitido a aplicação da *lex mercatoria*, não apenas mediante a escolha das partes, mas também por iniciativa dos árbitros[55].

6.3. A relevância atribuída às estipulações contratuais das partes e aos usos do comércio internacional

Em qualquer dos casos – quer tenham sido as partes a escolher as regras de direito a aplicar pelos árbitros, quer tenha sido o tribunal arbitral a determinar o direito estadual com o qual o objeto do litígio apresenta uma conexão mais estreita –, o tribunal arbitral deve tomar em consideração as estipulações contratuais das partes e os usos comerciais relevantes (art. 52º, nº 3).

Nota-se, neste ponto, a influência da Lei-modelo da CNUDCI (art. 28, nº 4), bem como dos Regulamentos de Arbitragem da CNUDCI (art. 35, nº 3) e da CCI (art. 17, nº 2, na versão de 1998; art. 21, nº 2, na redação em vigor a partir de 2012)[56].

---

[55] Assim, com clareza, entre outros: FERRER CORREIA, "O problema da lei aplicável" p. 251 s; LIMA PINHEIRO, *Direito Internacional Privado*, vol. II, p. 571; *Direito comercial internacional*, p. 543; *Arbitragem transnacional*, p. 254 s; "O direito autónomo do comércio internacional", p. 862.

[56] Cfr. também o Regulamento do Centro de Arbitragem da ACL (art. 28º, na versão de 1987; art. 37º, na versão de 2008).

Ainda que se conteste a possibilidade de aplicação de regras anacionais na decisão do fundo da causa, a relevância, neste contexto, dos usos do comércio internacional mostra a íntima ligação entre a arbitragem privada internacional e o direito autónomo do comércio internacional ou *lex mercatoria*.

A nova LAV – ao prever no art. 52º, nº 3, a consideração dos usos comerciais relevantes – veio afinal introduzir no direito português da arbitragem o reconhecimento desta realidade e da interligação entre a arbitragem privada internacional e a *lex mercatoria*[57].

7. O princípio da irrecorribilidade da sentença arbitral

I. O art. 39º da LAV determina no nº 4 que "a sentença que se pronuncie sobre o fundo da causa ou que, sem conhecer deste, ponha termo ao processo arbitral, só é suscetível de recurso para o tribunal estadual competente no caso de as partes terem expressamente previsto tal possibilidade na convenção de arbitragem e desde que a causa não haja sido decidida segundo a equidade ou mediante composição amigável".

Desta norma decorre, em princípio, a irrecorribilidade da sentença[58] que se pronuncie sobre o fundo da causa ou que, sem conhecer deste, ponha termo ao processo arbitral. A decisão arbitral só será suscetível de recurso se se verificarem cumulativamente os pressupostos enunciados.

Quando houver recurso, o mesmo será interposto para o tribunal estadual competente – o Tribunal da Relação em cujo distrito se situe o lugar da arbitragem, conforme dispõe o art. 59º, nº 1, al. *e*), da LAV.

II. A LAV inclui uma norma especial relativamente à arbitragem internacional: tratando-se de arbitragem internacional, a sentença do tribunal arbitral é irrecorrível, a menos que as partes tenham expressamente acordado a possibilidade de recurso para outro tribunal arbitral e regulado os seus termos (art. 53º).

Reafirma-se o princípio da irrecorribilidade da sentença do tribunal arbitral. A sentença proferida no âmbito da arbitragem internacional só será recorrível nos casos previstos.

A solução não difere, em substância, da que era adotada no art. 34º da LAV de 1986, mas esclarece-se agora que, a existir recurso, a competência para a sua apreciação pertence a outro tribunal arbitral, que funcionará como tribunal arbitral de

---

[57] Embora a Lei não estabeleça aqui qualquer distinção entre "usos do comércio internacional" e "usos internos" ou "comuns".

[58] O princípio da irrecorribilidade da sentença do tribunal arbitral é afirmado nos Regulamentos de Arbitragem da CCI (art. 34, nº 6), do LCIA (art. 26.9) e do Centro de Arbitragem da ACL (art. 31º, na versão de 1987; art. 40º, na versão de 2008). Veja-se ainda o Regulamento de Arbitragem da CNUDCI (art. 34, nº 2).

segunda instância. Entendeu-se, quanto a este ponto, que as partes não podem alargar o âmbito da competência dos tribunais do Estado.

8. A atuação da ordem pública internacional do Estado Português

No último preceito do capítulo respeitante à arbitragem internacional (art. 54º, sob a epígrafe "ordem pública internacional"), a LAV estabelece que a sentença proferida em Portugal, numa arbitragem internacional em que haja sido aplicado direito não português ao fundo da causa pode ser anulada com os fundamentos previstos no art. 46º e ainda, caso deva ser executada ou produzir outros efeitos em território nacional, se tal conduzir a um resultado manifestamente incompatível com os princípios da ordem pública internacional.

A proposição inicial submete ao regime do art. 46º a anulação da sentença proferida em Portugal, numa arbitragem internacional em que haja sido aplicado direito não português ao fundo da causa. A solução não surpreende, já que, considerando o disposto nos arts. 61º e 49º, nº 2, são aplicáveis à arbitragem internacional que tenha lugar em território português as regras sobre a impugnação da sentença arbitral contidas na LAV (Cap. VII), e, concretamente, os fundamentos de anulação previstos no nº 3 do art. 46º[59]. Não me referirei por isso a esta parte da norma do art. 54º.

Em minha opinião, pode estranhar-se o conteúdo da 2ª parte desta norma, segundo a qual a sentença proferida em Portugal, numa arbitragem internacional em que haja sido aplicado direito não português ao fundo da causa "pode ser anulada [...] ainda, caso deva ser executada ou produzir outros efeitos em território nacional, se tal conduzir a um resultado manifestamente incompatível com os princípios da ordem pública internacional".

Em termos gerais, em DIP, a ordem pública internacional atua, verificadas certas circunstâncias, como um limite à aplicação da lei estrangeira normalmente competente[60] ou como fundamento de não reconhecimento de uma decisão estrangeira[61]. Diferentemente, no art. 54º, a ordem pública internacional surge como um fundamento [adicional?] de anulação da sentença arbitral proferida em Portugal no âmbito de uma arbitragem internacional.

---

[59] Assim, no domínio da anterior LAV, P. Costa e Silva, "Anulação e recursos da decisão arbitral", *ROA*, 1992, p. 893 ss (em especial, p. 970 ss).

[60] Por exemplo, nos arts. 22º do Código Civil, 16º da Convenção de Roma, 21º do Regulamento Roma I, 26º do Regulamento Roma II.

[61] Quer se trate de decisão judicial (art. 1096º, al. *f)*, do Código de Processo Civil; art. 34º, nº 1, do Regulamento nº 44/2001), quer de decisão arbitral (art. V, nº 2, al. *b)*, da CNI; art. 36, nº 1, al. *b)*, *ii)*, da Lei-modelo; art. 56º, nº 1, al. *b)*, *ii)*, da LAV).

A verdade, porém, e além do mais, é que o art. 46º, nº 3, al. *b), ii)*, já prevê que a sentença arbitral pode ser anulada pelo tribunal estadual competente[62] se o tribunal verificar que o conteúdo da sentença ofende os princípios da ordem pública internacional do Estado português[63].

Não é óbvio, assim, a meu ver, qual o objetivo prosseguido por esta disposição[64].

De todo o modo, estabelece-se como condição para a atuação da ordem pública internacional que a sentença em que haja sido aplicado direito não português ao fundo da causa seja suscetível de conduzir a um resultado manifestamente incompatível com os princípios da ordem pública internacional.

Neste ponto a norma acata o pressuposto fundamental de atuação da ordem pública internacional, traduzido na existência de um resultado manifestamente incompatível com os princípios da ordem pública internacional do Estado do foro, assim seguindo o ensinamento da doutrina internacional privatística[65].

---

[62] O tribunal estadual competente é o Tribunal da Relação em cujo distrito se situe o lugar da arbitragem (art. 59º, nº 1, al. *g)*, da LAV).

[63] Os fundamentos de anulação referidos no art. 46º constituem também fundamentos de oposição à execução baseada em sentença arbitral, nos termos e nas condições definidas no art. 48º da LAV (cfr. art. 815º do CPC). Observe-se, em especial, o nº 3 desse art. 48º.

[64] MOURA VICENTE parece relacionar a estatuição do art. 54º da LAV com a circunstância de a sentença – fundamentada em direito não português, no âmbito de uma arbitragem internacional – se encontrar subtraída à exigência de reconhecimento formulada no art. 55º, por ter sido proferida em Portugal (cfr. "Anotação ao art. 54º", *Lei da arbitragem voluntária*, p. 103).

[65] Ver, na doutrina portuguesa: MAGALHÃES COLLAÇO, *Direito internacional privado*, vol. II, Lisboa, 1959, p. 419; FERRER CORREIA, *Lições de direito internacional privado*, Coimbra, 1973, p. 568 ss; *Lições de direito internacional privado*, I, Coimbra, 2000, p. 406, 410; BAPTISTA MACHADO, *Lições de direito internacional privado*, 3ª ed., Coimbra, 1985, p. 265; MARQUES DOS SANTOS, *Sumários*, p. 187; LIMA PINHEIRO, *Direito internacional privado*, vol. I, 2ª ed., Coimbra, 2008, p. 589; MOURA RAMOS, "L'ordre public international en droit portugais", *Estudos de direito internacional privado e de direito processual civil internacional*, Coimbra, 2002, p. 245 ss (p. 254); E. GALVÃO TELES, M. H. BRITO, "Private International Law", *Portuguese Law. An Overview*, Coimbra, 2007, p. 286 ss (p. 292).

A sentença arbitral contrária à ordem pública perante a nova LAV

ANTÓNIO SAMPAIO CARAMELO

1. Quando, em julho do ano passado, foi publicado na Revista do Ministério Público[1] o nosso artigo sobre a "anulação da sentença arbitral contrária à ordem pública", não esperávamos regressar tão cedo a este tema.

Nessa altura, era do conhecimento público que a Ministra da Justiça do XIX Governo Constitucional tencionava dar rápida execução ao constante do nº 7.6. do Memorando de Entendimento que o anterior Governo subscrevera perante as instituições internacionais com as quais negociara um Programa de Reequilíbrio Financeiro e de Reformas Económicas, no âmbito do qual se comprometera a apresentar à Assembleia da República uma proposta de lei tendente à aprovação de uma nova Lei da Arbitragem Voluntária.

Segundo notícia publicada no sítio da Associação Portuguesa de Arbitragem na *Internet*, a Direção desta entidade foi recebida, a seu pedido, pela Ministra da Justiça, em 25 de julho de 2011, a quem manifestou disponibilidade para retomar, junto do Governo, o projeto da Lei da Arbitragem Voluntária preparado no seio desta Associação, expondo as circunstâncias que a levaram a rejeitar a Proposta de Lei 48/XI do Governo anterior, que acabara por não ser aprovada pela anterior Assembleia da República. Na sequência dessa reunião, a Direção da A.P.A. entregou à Ministra da Justiça o Projeto de Proposta de Lei da A.P.A para uma nova LAV, para o efeito sujeito a uma nova revisão, com vista ao seu aperfeiçoamento pontual, constituindo a 3ª versão deste Projeto[2]. Ainda segundo essa notícia, a Ministra da Justiça terá então manifestado à Direção da A.P.A. o empenho

---

[1] *Anulação de Sentença Arbitral Contrária à Ordem Pública*, Revista do Ministério Público, Ano 32, nº 126, abril-julho 2011, pp. 155-198.

[2] Que, a partir de então, ficou acessível no sítio da A.P.A. na Internet

do Governo em promover com rapidez a aprovação de uma nova Lei de Arbitragem Voluntária competitiva e eficaz.

2. A opção vertida na 3ª versão do Projeto de nova L.A.V. da A.P.A, relativamente à questão da impugnabilidade das sentenças arbitragens com fundamento em "ofensa da ordem pública", era idêntica à adotada nas anteriores versões desse Projeto, oportunamente divulgadas pela Direção desta Associação[3].

Esta opção consistia em não se admitir[4] como fundamento de impugnação da generalidade das sentenças arbitrais, o facto de estas serem contrárias à ordem pública (do direito ou do Estado português).

O art. 54º deste Projeto previa, contudo, que "a sentença proferida em Portugal, numa arbitragem internacional[5] em que haja sido aplicado direito não português ao fundo da causa pode ser anulada com os fundamentos previstos no artigo 46º, e ainda, caso deva ser executada ou produzir outros efeitos em território nacional, se tal conduzir a um resultado manifestamente incompatível com os princípios da ordem pública internacional".

Em ensaios anteriores[6], tivemos oportunidade de explicar desenvolvidamente as razões por que considerámos muito desacertada a opção feita sobre esta matéria, no Projeto da A.P.A., do mesmo passo que procurámos mostrar as soluções que para o efeito considerámos adequadas e cuja adoção preconizámos numa futura lei reguladora da arbitragem voluntária no nosso país[7]. Não iremos reproduzir

---

[3] Como referimos em *A Reforma da Lei da Arbitragem Voluntária* - Revista Internacional de Arbitragem e Conciliação, nº 2, 2009, pp. 42-43, nas sucessivas versões que o Projeto de nova LAV que elaborámos para serem apreciadas pelos outros membros da Direção da A.P.A, a alínea b) do nº 2 do seu art. 46º incluía, entre as causas de anulação de sentença arbitral pelo tribunal estadual, o facto de essa sentença contrariar a "ordem pública". A ordem pública aqui referida correspondia à chamada 'ordem pública interna', distinta da "ordem pública internacional", que era a relevante para a anulação das sentenças proferidas em arbitragens internacionais, como estabelecia o art. 54º. Tendo este artigo por função esclarecer que, quando se tratasse de impugnar uma sentença proferida em arbitragem internacional, se atenderia apenas ao núcleo de princípios e valores que integram a ordem pública internacional, o seu teor era muito enxuto e claro, muito diferente da redação que recebeu na versão final do Projeto da Direção da A.P.A.

[4] Esta opção foi especificamente justificada na nota 155 do "Projeto de Nova LAV com Notas" que a Direção da A.P.A publicou sucessivamente (com referência às várias versões que este documento conheceu) no seu sítio na *Internet*.

[5] Assim qualificável por aplicação do critério enunciado no art. 49º, nº 1, do Projeto da APA (de teor idêntico ao do art. 49º da Lei nº 63/2011, de 14 de dezembro.)

[6] *A Reforma da Lei da Arbitragem Voluntária* cit., pp. 42-56, e *Anulação de Sentença Arbitral Contrária à Ordem Pública* cit., pp. 155-198.

[7] Para reforçar o que escrevemos nos artigos citados na nota anterior, é pertinente reproduzir aqui a observação que o Professor Pierre Lalive – muito justamente qualificado como uma "lenda viva" no domínio da arbitragem – fez, há alguns anos, sobre "la tendance générale des législations

aqui as razões que então aduzimos, mas aproveitaremos para precisar alguns pontos a elas atinentes.

3. A nosso ver, os membros da Direção da A.P.A. que deram ao art. 54.º deste Projeto a redação que veio a ter na sua 3ª versão[8], tiveram em mente o conceito de "ordem pública internacional" próprio do direito internacional privado[9], em vez da noção de 'ordem pública de direito material' (ordem pública material)[10] que é aquela a que, na doutrina, jurisprudência e leis estrangeiras, se atende em sede de anulação de sentenças arbitrais com este fundamento[11].

et des jurisprudences nationales à restreindre, parfois peut-être à l'excès, les recours judiciaires et le contrôle des sentences arbitrales. Cette tendance, louable en son principe et qu'illustre par exemple le chapitre 12 de la loi suisse de droit international privé, pourrait encourager quelques arbitres à céder à cette forme de suffisance ou d'arrogance intellectuelle qu'un parfait connaisseur, le Professeur Pierre Tercier, appelait si bien l'ivresse de la souveraineté" (*Dérives Arbitrales I* - ASA Bulletin, 2005, volume 23, Issue 4, Kluwer Law International, p. 587).

[8] Na 1ª versão e na 2ª versão do Projeto da A.P.A., publicadas, respetivamente, nos números de 2009 e de 2010 da *Revista Internacional de Arbitragem e Conciliação*, Almedina, Coimbra, o art. 54º tinha uma redação que não era tão visivelmente contaminada pela noção de ordem pública específica do direito internacional privado.

[9] Basta, para tanto, comparar o teor do art. 56º, nº 1, *b), ii),* do Projeto da A.P.A, de 2011 (idêntico ao art. 56º, nº 1, *b), (ii)* da LAV aprovada pela Lei nº 63/2011, de 14 de dezembro) com o do art. 1096º, *f),* do Código do Processo Civil. Note-se que o art. 56º, nº 1, *b), ii),* da nova LAV está corretamente formulado, pois que é o conceito de "ordem pública de direito internacional privado" que opera no âmbito do processo de reconhecimento a que se submetem as sentenças arbitrais estrangeiras (tal como as sentenças de tribunais judiciais estrangeiros), para que possam ser executadas ou produzir efeitos em território nacional.

[10] Ordem pública (de direito material) *interna* ou *internacional*, consoante se trate de sentenças proferidas em arbitragens internas ou em arbitragens internacionais, como é usual distinguir-se noutros países, quer quando a lei aplicável distingue qual dos conceitos releva numa e noutra categoria de arbitragens (por ex. a francesa), quer quando, não fazendo a lei essa diferenciação, a doutrina e a jurisprudência dos tribunais entendem que deve ser feita, consoante se trate de sentenças proferidas em arbitragens internas ou em arbitragens internacionais.

[11] Na doutrina portuguesa, encontra-se frequentemente a distinção entre "ordem pública de direito material" e "ordem pública de direito internacional privado"; *v.,* entre outros, Luís de Lima Pinheiro – *Direito Internacional Privado,* I vol., 2009, Almedina, Coimbra, pp. 587-588; Nuno Pissarra e Susana Chabbert – *Normas de Aplicação Imediata, Ordem Pública Internacional e Direito Comunitário,* 2004, Almedina, Coimbra, pp. 87-88 e 158-159; Cláudia Trabuco e Mariana França Gouveia – *A Arbitrabilidade das Questões de Concorrência no Direito Português: The Meeting of Two Black Arts* - Estudos em Homenagem ao Prof. Doutor Carlos Ferreira de Almeida, 2011, Almedina, Coimbra, pp. 488-489; e o nosso estudo *Anulação de Sentença Arbitral* cit., pp. 161-163. Na doutrina estrangeira, utilizam, na análise do controlo das sentenças arbitrais com este fundamento, um conceito *de ordem pública de direito material,* entre outros, Pierre Mayer – *La sentence contraire à l'ordre public au fond* - Revue de L'Arbitrage, 1994, Dalloz, Paris, p. 639-646, Christophe Seraglini – *Lois de Police et Justice Arbitrale Internationale,* 2001, Dalloz, Paris, pp. 157-158, Jean-François Poudret et Sébastien Besson – *Droit*

Eram, na verdade, bem visíveis, na noção de "ordem pública internacional" constante deste artigo, os traços caraterísticos da *reserva da ordem pública internacional* do Direito Internacional Privado, que se define como uma limite à aplicação de um direito estrangeiro ou ao reconhecimento de uma decisão jurisdicional estrangeira, em nome da defesa da inviolabilidade dos princípios ou valores essenciais do sistema jurídico do foro (sendo o tribunal estadual competente o guardião desse reduto axiológico-normativo inviolável)[12].

Eram disso indícios o facto de este limite inviolável só ser chamado a operar quando a sentença impugnada tivesse aplicado ao fundo da causa um direito estrangeiro[13] e, sobretudo, a especificação de que a sentença arbitral visada por essa disposição legal era só a que (além de preencher aquele primeiro requisito) devesse ser executada ou produzir outros efeitos em território nacional[14].

Apesar da profunda discordância nos merecia esta opção vertida no Projeto da A.P.A, admitimos que o regime aí consagrado não era totalmente desprovido de sentido.

4. Mais infeliz foi, porém, o modo como esta matéria veio a ser regulada pela nova Lei de Arbitragem Voluntária, aprovada pela Lei nº 63/2011.

Onde, no Projeto da A.P.A., existia, apesar de tudo, alguma coerência normativa, (apesar do apontado desacerto das soluções consagradas), na nova LAV, passou a existir uma incongruente dualidade de regimes, em aparente sobrepo-

---

Comparé de l'Arbitrage International, 2002, Bruylant/LGDJ/Schultess, Bruxelles/Paris/Genève, pp. 644-651, e *Comparative Law of International Arbitration*, 2nd Ed., 2007, Thomson/Sweet & Maxwell, London, pp. 607-616, Bernard Hanotiau and Olivier Caprasse – *Public Policy in International Commercial Arbitration - in* Enforcement of Arbitration Agreements and International Arbitral Awards, 2009, Cameron May, London, pp. 791-796, Gary Born – *International Commercial Arbitration*, vol. II, 2009, Wolters Kluwer, The Netherlands, pp. 2620-2631.

[12] Só desta noção de "ordem pública internacional" se cuidou na Conferência da *International Law Association* que teve lugar em New Dehli, de 2 a 6 de abril de 2009 (v. as *Final Recommendations* desta Conferência e os respetivos textos preparatórios (*Interim Report* e *Final Report*) publicados na revista Arbitration International, Vol. 19, No. 2, 2003, LCIA, London.

[13] A maioria das sentenças estrangeiras submetidas, em Portugal a reconhecimento aplicaram direito não português ao fundo da causa mas há numerosos casos em que isso não acontece; *cfr.* o que se refere na nota 51 *infra*.

[14] No mesmo sentido apontava ainda o facto de no art. 54º, tal como no art. 56º, nº 1, *b), ii)* (respeitante ao reconhecimento de sentenças arbitrais estrangeiras), se determinar que só se impediria a execução ou produção de outros efeitos da sentença arbitral, "se tal conduzir a um resultado manifestamente incompatível com a ordem pública internacional do Estado Português", sabido como é que é com esta formulação restritiva que a reserva da ordem pública é chamada a atuar no âmbito de aplicação do art. 1096º, *f)*, do Código do Processo Civil (pelo menos, desde a reforma do CPC de 1995-1996).

ANTÓNIO SAMPAIO CARAMELO

sição: um para a generalidade das sentenças arbitrais e outro para as proferidas em algumas arbitragens internacionais localizadas em Portugal[15].

Na verdade, quando se procura conjugar as disposições do artigo 46º, nº 3, b), ii) e do art. 54º da nova LAV, é-se levado a supor que o que se quis plasmar na letra da lei não foi exatamente aquilo que lá ficou, o que provavelmente se deveu à insuficientemente ponderada alteração do Projeto da A.P.A. por quem assessorou o Gabinete da Ministra da Justiça, na ultimação do texto que esteve na origem da Lei nº 63/2011 e à menos atenta revisão do texto final da respetiva Proposta de Lei, após o aditamento da atual subalínea ii) da alínea b) do nº 3 do art. 46º.

Vale a pena relatar aqui, brevemente, as circunstâncias relativas à adoção das soluções normativas sobre esta questão, por parte de quem teve influência determinante na preparação dos sucessivos projetos e propostas de lei que antecederam a aprovação da Lei nº 63/2011, de 14 de dezembro.

5. Os Projetos da nova LAV que a Direção da A.P.A. apresentou, sucessivamente, em 2009, ao Ministro da Justiça do XVII Governo Constitucional e, em 2010, ao Secretário de Estado da Justiça do XVIII Governo Constitucional, omitiam deliberadamente[16] a violação da ordem pública como fundamento de impugnação da generalidade das sentenças arbitrais, admitindo, porém, que as sentenças proferidas em arbitragens internacionais em que o fundo da causa tivesse sido decidido por aplicação de direito não português, pudessem ser impugnadas e anuladas com fundamento em ofensa dos princípios da ordem pública internacional[17] do Estado Português.

Esta solução não foi acolhida pelo Secretário de Estado da Justiça do XVIII Governo Constitucional, cujo "Projeto de Proposta de Lei"[18] (comunicado, em 15.12.2010, à Direção da A.P.A. e por esta publicada, poucos dias depois, no seu sítio na *Internet*) dispunha, no seu art. 46º, nº 3, b), (ii), que a sentença (proferida

---

[15] A esmagadora maioria das disposições da LAV só se aplica a estas arbitragens, constituindo exceção as disposições do seu Capítulo X, sobre o "reconhecimento e execução de sentenças arbitrais estrangeiras", cuja redação não merecem reparo. O que consta do art. 56º, nº 1, b), ii), coincide, aliás, com o que figurava no art. 1096º, f) do C.P.C., disposição esta que a doutrina considerava aplicável ao reconhecimento das sentenças arbitrais estrangeiras, por ser compatível com o estabelecido no Artigo V, nº 2, b) da Convenção de Nova Iorque de 1958, sobre o reconhecimento e a execução de sentenças arbitrais estrangeiras.

[16] Esta omissão ou exclusão foi justificada pela Direção da A.P.A. através da *Nota 156* que acompanhava os Projetos da nova LAV que a A.P.A. apresentou, em 2010 e 2011, a que se faz referência na nota 2 do presente texto.

[17] Embora o art. 54º não o especificasse, tinha-se em vista a 'ordem pública do Estado Português'.

[18] Apelidamo-lo de "Projeto de Proposta de Lei", porque não chegou a ser aprovado pelo Conselho de Ministros para ser submetido à aprovação da Assembleia da República, tendo sido abandonado após a exoneração, a seu pedido, do Secretário de Estado da Justiça, Dr. João Correia.

em arbitragem interna ou em arbitragem internacional) poderia ser anulada pelo tribunal estadual competente se verificar que "o conteúdo da sentença ofende os princípios da ordem pública internacional do Estado Português".

Congruentemente com o âmbito "universal" desta norma, neste "Projeto de Proposta de Lei" deixou de figurar o art. 54º do Projeto da A.P.A. que, em consequência desta opção legislativa, se tornara inquestionavelmente redundante[19].

Apesar de ser pouco curial que, quando se trate de sentenças proferidas em arbitragens *internas* (que têm por objeto litígios sem conexões relevantes com outras ordens jurídicas além da portuguesa, não pondo em jogo interesses do comércio internacional), o reduto axiológico-normativo que se pretenda salvaguardar, dada sua essencialidade[20], seja formado por valores e princípios que integram a ordem pública *internacional*[21], há que reconhecer que esta solução constituía uma muito apreciável melhoria relativamente à opção antes tomada, a este respeito, no Projeto da A.P.A.

Além de não ser muito significativa a diferença existente entre os conteúdos normativos da "ordem pública interna" e o da "ordem pública internacional" (uma e outra, *de direito material*)[22], aquela incongruência era suplantada pela clara vantagem de, neste "Projeto de Proposta de Lei", deixarem de estar subtraídas ao escrutínio dos tribunais estaduais (para efeito de possível anulação com este fundamento) tanto as sentenças proferidas em arbitragens internas quanto as pronunciadas em arbitragens internacionais, em que se tivesse aplicado direito português ao fundo da causa[23].

---

[19] A eliminação do art. 54º do Projeto da A.P.A. no texto definitivo deste "Projeto de Proposta de Lei" foi feita por nossa iniciativa, aprovada pelos restantes membro da Direção desta associação, após o que procedemos à renumeração de parte dos artigos subsequentes e à alteração de algumas remissões, tornadas necessárias em virtude do aditamento da subalínea *(ii)* à alínea *b)* do nº 3 do 46º, nº 3, também com o acordo dos restantes membros da Direção da A.P.A.

[20] V. Nuno Pissarra e Susana Chabbert – *ob. cit.*, p. 159.

[21] Não fazendo, como deveria, a distinção referida acima na nota 9 e referida também no ensaio *Anulação de Sentença Arbitral Contrária à Ordem Pública* cit., pp. 162 -163.

[22] *Cfr.* o nosso estudo *Anulação de Sentença Arbitral Contrária à Ordem Pública* cit., pp. 162-163.

[23] Este foi o primeiro "Projeto de Proposta de LAV" preparado pelo Ministério da Justiça do XVIII Governo Constitucional. Com efeito, após a exoneração, a seu pedido, do Secretário de Estado da Justiça, Dr. João Correia, o Ministério da Justiça fez aprovar em Conselho de Ministros que, por seu turno, apresentou à Assembleia da República, no início de 2011, uma diferente Proposta de Lei tendente à aprovação da nova Lei de Arbitragem Voluntária, que foi aí admitida com o nº 48/XI e que não chegou a ser aprovada na especialidade, vindo esta iniciativa legislativa a caducar. Este texto era tão defeituoso, quer sob o ponto de vista formal quer quanto à substância das soluções que consagrava, que nem vale a pena comentar o que nele se estabelecia sobre a matéria aqui abordada.

ANTÓNIO SAMPAIO CARAMELO

6. Tanto quanto podemos conjeturar, a preparação da Proposta de Lei elaborada sob a direção da Ministra da Justiça do XIX Governo Constitucional, aprovada em Conselho de Ministros e que, com o nº 22/XII, deu entrada na Assembleia da República em 19.09.2011, terá tido uma história semelhante à do primeiro "Projeto de Proposta de Lei" (para uma nova LAV) do Governo antecedente, a que acima se fez referência.

Com efeito, na *b)* do nº 3 do art. 46º desta Proposta de Lei, inseriu-se um *(ii)* com conteúdo precisamente idêntico ao da disposição correspondente daquele "Projeto"[24].

Desta vez faltou, porém, aparentemente, quem se apercebesse, aquando da ultimação do texto a aprovar em Conselho de Ministros, para ser submetido à Assembleia da República, de que se impunha eliminar[25] o art. 54º proveniente do Projeto da A.P.A. (na sua 3ª versão), em virtude do aditamento, na Proposta de Lei, da subalínea *ii)* à alínea *b)* do nº 3 no art. 46º, dada a patente sobreposição de regimes sobre esta matéria, que aí passara a existir.

Veremos adiante, após evidenciarmos o deficiente resultado (neste particular) do processo legislativo iniciado pela Ministra da Justiça do XIX Governo Constitucional, se é possível superar a imperfeição da *letra* da lei através de um trabalho interpretativo que, salvaguardando a coerência do sistema jurídico, dê algum sentido ao artigo 54º da nova LAV, de acordo com as regras enunciadas nos nºs 1, 2 e 3 do art. 9º do Código Civil[26].

7. Vejamos então como se podem articular coerentemente os âmbitos de aplicação do art. 46º, nº 3, *b)*, *(ii)* e do art. 54º da nova LAV.

Admitamos, para começar, que a primeira daquelas disposições abrange todas as sentenças arbitrais que não caibam na previsão da segunda, ou seja, que o art. 46º,

---

[24] Sendo, por isso, passível da mesma crítica que lhe fizemos em 7. *supra*.

[25] A semelhança do que se fizera na ultimação do "Projeto de Proposta de LAV" preparado sob a direção do então Secretário de Estado da Justiça do XVIII Governo, Dr. João Correia.

[26] Como a boa metodologia jurídica manda que faça o intérprete, quando se confronte com disposições legais de difícil entendimento, por causa da defeituosa redação das normas legais ou da patente desarmonia das fontes que as originaram. Quando isso aconteça, o intérprete não deve quedar-se na simples crítica ao resultado aparentemente ilógico e desconexo do processo legislativo, antes deve esforçar-se por conferir ao texto publicado no jornal oficial um sentido que possa considerar-se como normativamente *adequado*. Só assim não será, quando, depois de efetuado sem sucesso esse trabalho, o intérprete se veja forçado a concluir que tem de fazer uma interpretação ab-rogante e "sacrificar, em obediência ainda ao pensamento legislativo, parte duma fórmula normativa, ou até totalidade da norma", como preconizou João Baptista Machado (*Introdução ao Direito e ao Discurso Legitimador*, 1991, Almedina, Coimbra, p. 186). Como se explicará adiante, as disposições do art. 46º, nº 3, *b)*, *(ii)* e do art. 54º da Nova LAV são tão flagrantemente desarmónicas que configuram, a nosso ver, um caso justificativo de interpretação ab-rogante (neste caso, do artigo 54º).

nº 3, *b)*, *(ii)* se aplica a todas sentenças proferidas em arbitragens internas (*i.e.*, não qualificáveis, segundo o art. 49º, como internacionais, por respeitarem a litígios que não "põem em jogo interesses do comércio internacional") e ainda às que, proferidas em arbitragens internacionais, não caibam na previsão do art. 54º. Tais sentenças podem ser impugnadas e anuladas, ao abrigo do art. 46º, nº 3, *b)*, *(ii)*, "se o seu conteúdo ofender os princípios da ordem pública internacional do Estado Português".

Importa determinar o que deve entender-se por "o conteúdo da sentença ofender os princípios da ordem pública".

8. No primeiro escrito em que abordámos este tema[27], salientámos que incumbe ao tribunal estadual, ao decidir sobre a impugnação da sentença arbitral, verificar se a ordem pública foi ofendida por se ter dado provimento a uma pretensão ou meio de defesa (*legal claim* ou *defense*) de uma parte[28].

Na mesma ordem de ideias, em ensaio posterior dedicado especificamente a esta temática, mostrámos que o escrutínio da sentença arbitral pelo tribunal estadual perante o qual seja impugnada, não pode limitar-se a um exame da "parte dispositiva" da sentença, desinteressando-se da respetiva fundamentação. Com efeito, é por demais evidente que, quando haja que averiguar se a solução que os árbitros adotaram quanto ao fundo da questão ofende ou não a ordem pública, raramente isso pode ser apurado pelo mero exame da "parte dispositiva" da sentença, que é geralmente "neutra" em relação à sua conformidade com a ordem pública[29].

Nesse ensaio, fizemos algumas precisões às proposições acima enunciadas em ordem a esclarecer o seu alcance. A primeira delas consistiu na observação de que o juiz competente para decidir sobre a anulação da sentença arbitral deve, confrontando a solução acolhida pelo árbitro com a que ele teria adotado, exa-

---

[27] *A Reforma da Lei de Arbitragem Voluntária* cit. p. 51, em que citámos, nesse sentido, Gary Born – *ob. cit.*, pp. 2623-2624.

[28] Como salienta Gary Born (*ob. cit.* p. 2623 -2624), "public policy is not concerned solely with the specific and limited act of enforcing an award, and requiring a payment of money or other action, but also considers the underlying claims and determination in the award. Any other result would render the public exception largely meaningless because the payment of money (in and in itself) is very seldom contrary to public policy or mandatory law. Rather, the public policy defense must look to the legal claim (or defense) on which the grant (or denial) of particular relief rested: if this claim or defense, as applied in a particular case, violates fundamental principles of mandatory law or public policy, then an award cannot be confirmed or enforced in the concerned state".

[29] A parte da sentença que condene o R. a pagar ao A. o montante de x, é "neutra" e em si mesmo insuficiente para se analisar da conformidade da sentença com os princípios fundamentais da Ordem Pública; é preciso, para isso, que o tribunal estadual examine os 'motivos' dessa condenação. Cfr. o nosso estudo *Anulação da sentença arbitral* cit., pp. 188-189 e os autores aí citados.

minar os efeitos decorrentes da aplicação ao caso em apreço das regras ou princípios da ordem pública. Só se justifica a anulação da sentença arbitral se a *situação criada* por esta colidir com os fins prosseguidos por aquelas regras ou princípios. Como aí se escreveu, "é o conteúdo da sentença arbitral que é controlado, mas é em função do seu resultado que ela será sancionada"[30].

A segunda precisão que fizemos no ensaio de 2011, consistiu na adesão ao entendimento que Philippe Fouchard designou por "teoria da equivalência"[31], que se traduz em evitar a anulação da sentença arbitral que, apesar de ter desaplicado um princípio ou regra de ordem pública vocacionada para reger a situação em causa, chegou a *resultado equivalente* àquele a que conduziria a correta aplicação dessa norma ou princípio, não sendo lesivo dos interesses por ela protegidos. Ilustrando este entendimento, citámos um exemplo, referido por vários autores[32]: no caso em que uma disposição da ordem pública impunha a anulação do contrato e o árbitro, embora tivesse recusado a aplicação daquela disposição, anulou o contrato por outro motivo, a sentença não deve ser sancionada[33].

9. Desenvolvendo as considerações que sobre este tema fizemos em escritos anteriores e seguindo, de perto, um autor[34] que o tem estudado com especial profundidade, julgamos conveniente distinguir as seguintes três vertentes ou subquestões, sem desconhecer que estão intimamente ligadas: *(a)* no quadro do exame das sentenças arbitrais pelo juiz, a ordem pública – como núcleo de valores e princípios especialmente impositivo, quer interna, que externamente, dada a sua essencialidade[35] – deve entendida de modo restritivo; *(b)* o grau de ofensa à ordem pública requerido para se anular uma sentença arbitral deve ser relativamente elevado; *(c)* os meios a empregar pelo juiz ou, dito de outro modo, a intensidade do controlo por ele efetuado, para verificar se uma tal ofensa ocorreu ou não, devem ser adequados ao cabal exercício da função que lhe cabe.

9.1. Quanto à primeira subquestão, entende-se pacificamente que a "ordem pública interna" tem um âmbito mais estreito do que o do universo das normas

---

[30] *Ob. cit.* p. 192

[31] *L'arbitrage international en France après le décret du 12 mai 1981* - Journal du Droit International, 1982, nº 2, p. 417.

[32] Ch. Seraghini – *Lois de Police* cit., p. 208, e Jean Baptiste Racine – *L' Arbitrage Commerciale International et l' Ordre Public*, 1999, L.G.D.J., Paris, p. 546, entre outros.

[33] V. *Anulação da sentença arbitral* cit. p. 193

[34] Ch. Seragalini – *Le contrôle de la sentençe au regard de l' ordre public international par le juge étatique: mythes et réalités* - Les Cahiers de L'Arbitrage, Vol. V, 2011, Ed. Pedone, Paris, pp. 198-220, especialmente, pp. 211 e segs.

[35] Nuno Pissarra e Susana Chabbert – *ob. cit.*, pp. 86-88.

imperativas[36] e que a "ordem pública internacional" deve ser entendida de modo ainda mais restritivo de que aquela. Todos os autores concordam em que só as ofensas a determinados valores ou princípios fundamentais do Estado em que a arbitragem teve lugar, cuja observância se impõe mesmo nas relações jurídicas internacionais, devem relevar para este efeito[37].

9.2. Confunde-se frequentemente a questão do grau de ofensa à ordem pública requerida para levar à anulação da sentença com a questão da intensidade do controlo que deve ser efetuado pelo juiz para proceder à verificação necessária para esse efeito. Importa, contudo, distinguir as duas questões, muito embora a solução dada à primeira condicione, em grande parte, a solução a dar à segunda. Com efeito, é perfeitamente compatível exigir-se um certo grau de gravidade para que a ofensa à ordem pública leve à anulação da sentença arbitral – em ordem a assegurar um equilíbrio entre a defesa da ordem pública e a eficácia da arbitragem – e, ao mesmo tempo, conferir-se ao juiz um papel e meios importantes para verificar se esse grau for atingido.

Daí que, no ensaio publicado em 2011, tenhamos defendido que, para que a violação da ordem pública pela sentença mereça ser sancionada com a anulação desta, ela deve ser "efetiva" e "concreta", no sentido de a apreciação do juiz dever operar *em concreto*, verificando se os árbitros consagraram uma solução que ofende realmente os objetivos prosseguidos pela regra da ordem pública em causa. Frisámos também que a aplicação incorreta ou mesmo a não aplicação dessas regras ou princípios pelo árbitro não configura, por si só, uma tal ofensa[38]. É o *resultado concreto* consagrado pela sentença que deve real e materialmente atentar contra os objetivos prosseguidos por essas regras os princípios"[39].

---

[36] V. *Anulação de sentença arbitral* cit., p. 161.

[37] Ch. Seraglini – *ob. cit.*, pp. 212.213, recomenda que se sigam, a este respeito, as Conclusões da conferência da *International Law Arbitration*, realizada em New Dehli, de 2002. Sobre essas Conclusões e os Relatórios que as preparam, *v.* o nosso *Anulação de sentença arbitral* cit., pp. 182-182 bem como a nota de apresentação das mesmas por Pierre Mayer, publicada na Revue de l'Arbitrage, 2002, nº 4, Dalloz, Paris, pp. 1061-1068).

[38] V. *Anulação de sentença arbitral* cit., pp. 188-193 e os autores aí citados e também Ch. Seraglini – *Le contrôle de la sentence cit.*, pp. 213-214.

[39] Note-se que não é só a maioria da doutrina francesa (que tem criticado à atual da jurisprudência da *Cour d'appel* de Paris, apoiada, em parte, pela *Cour de cassation*) que defende o entendimento que preconizamos. É esse também o entendimento da maioria da doutrina alemã e da jurisprudência do *Bundesgerichtshof*, pelo menos, no que respeita à salvaguarda da ordem pública atinente ao direito da concorrência, de fonte comunitária e interna, segundo informam Klaus Sachs e Katharina Hilbig, no seu estudo *La Portée du Contrôle Exercé par les Tribunaux Étatiques Allemands sur les Sentences Arbitrales Relatives au Droit Communautaire de la Concurrence* – Les Cahiers de L'Arbitrage, Vol. V, 2011, Ed. Pedone, Paris, pp. 229-247.

9.3. Relativamente à subquestão da intensidade do controlo e dos meios de investigação que o juiz pode usar, defendemos atrás, tal como o havíamos feito no nosso ensaio de 2011, que ele deve poder fazer um controlo aprofundado da sentença[40]. Mas, acompanhando Christophe Seraglini[41], preconizamos que, nessa operação, o juiz proceda por etapas.

Assim, se mediante um exame *prima facie* da sentença, o juiz verificar que o desconhecimento ou errada aplicação pelos árbitros de uma regra da ordem pública internacional, alegada por uma das partes ou por ele próprio detetada, não constitui, ainda que haja ocorrido, um atentado grave, efetivo e concreto aos objetivos prosseguidos por tal regra da ordem pública, o juiz poderá ficar por aí, negando provimento o pedido de anulação da sentença.

Se, porém, constatar que a sentença consagrou um resultado que constitui uma ofensa substancial e grave aos interesses defendidos pela regulamentação

---

[40] V. o nosso *Anulação da sentença arbitral* cit., pp. 188-193. A asserção de que "a apreciação da alegada apreciação de um princípio de ordem pública não pode envolver um reexame do mérito da sentença arbitral", que frequentemente se encontra (por exemplo, na anotação ao art. 46º da nova LAV, subscrita pelo Dr. Robin de Andrade, em *Lei da Arbitragem Voluntária Anotada*, da autoria dos Dr. Armindo Ribeiro Mendes, Prof. Dário Moura Vicente, Dr. José Robin de Andrade, Dr. Pedro Metello de Nápoles e Dr. Pedro de Siza Vieira, 2012, Almedina, Coimbra, p. 94), além de não ser inteiramente exata (*v.* por todos, J. F. Poudret e S. Besson – *Comparative law of International Arbitration*, 2nd Ed., 2007, Thomson/Sweet & Maxwell, London, pp. 757-758 e 761-762), pouco significa, se não for acompanhada de uma análise aprofundada do tema – como procurámos fazer no nosso anterior ensaio e continuamos neste. Por outro lado, a invocação, feita na mesma anotação, do disposto no nº 9 do art. 46º em apoio da mencionada asserção, é improcedente, pois esta disposição nada tem que ver com aquela questão. Com efeito, a disposição nº 9 do art. 46º foi por nós inserida numa da primeiras versões do anteprojeto de nova LAV que fomos sucessivamente elaborando e submetido à apreciação dos outros membros a Direção da A.P.A., tendo permanecido intacta nas várias versões do Projeto de nova LAV da A.P.A, e daí vindo a transitar, inalterada, para Lei nº 63/2011. A inserção deste número no art. 46º deveu-se à valiosa sugestão (entre várias que então fez) do Dr. Armindo Ribeiro Mendes, que chamou a nossa atenção para o facto de a remissão para a tramitação do recurso de apelação, que tínhamos feito (e, em parte, se mantém no art. 46º, nº 2, *e*) da nova LAV) na regulamentação da impugnação da sentença arbitral, poder inculcar que o Tribunal da Relação, após eventual anulação de sentença arbitral, se substituiria ao tribunal arbitral, decidindo de mérito (*ex vi* do art. 715º, nº 1, CPC). Ora, se essa era a solução do direito francês (só para a anulação de sentenças proferidas em arbitragens internas; *v.* art. 1495 do *NCPC*, correspondente ao art. 1493 do *CPC* francês, depois da reforma de 13 de janeiro de 2011), não era a consagrada na LAV então vigente, em que a ação de anulação tinha efeitos meramente cassatórios, não conferindo uma competência substitutiva ao tribunal judicial (*cfr.*, Paula Costa e Silva. – *Anulação e Recursos da Decisão Arbitral*, Revista da Ordem dos Advogados, T. III de 1992, pp. 960-962, e *Os Meios de Impugnação de Decisões Proferidas em Arbitragem Voluntária no Direito Interno Português*, Revista da Ordem dos Advogados, T. I de 1996, pp. 187-188), sendo esta era a solução que queríamos manter no anteprojeto de nova LAV que estávamos a elaborar. Que é esta a razão de ser e alcance do nº 9 do art. 46º demonstra-o claramente a sua segunda parte da qual não é lícito separar a primeira.

[41] *Le contrôle de la sentence* cit., pp. 216-219

ESTUDOS EM HOMENAGEM A MIGUEL GALVÃO TELES

de ordem pública em causa, o juiz deve prosseguir o seu exame, sem, contudo, ter de refazer o processo que decorreu perante os árbitros. Mas até onde deve ir o exame de sentença arbitral pelo juiz perante ao qual seja impugnada?

Segundo Pierre Mayer, "se a parte dispositiva da sentença ordena um comportamento suscetível de ferir materialmente a ordem pública e se o impugnante sustenta que assim é, o juiz deve proceder a uma verificação completa que pode ir até à admissão de testemunhas ou perícias complementares; será esse o caso, nomeadamente, se a questão tiver sido totalmente ignorada durante o processo arbitral, porque, nesse caso, ater-se à sentença é pura e simplesmente fechar os olhos a uma violação possível e alegada da ordem pública"[42].

Receando que esta opinião parecesse excessiva a alguns, Christophe Seraglini preconizou que se distinguisse consoante a questão da aplicação ao litígio de uma regulamentação da ordem pública, haja ou não sido abordada pelo árbitro.

No primeiro caso, por deferência para com o trabalho efetuado pelo árbitro que já examinou a questão e em nome da confiança que este *a priori* merece, o juiz deve partir dos enunciados da sentença e tomar como verdadeiros os factos nela relatados, salvo se se demonstrar de que são falsos. Mas o juiz não deve ficar vinculado pela apreciação e qualificação jurídica que desses factos fez o árbitro, à luz da regulamentação de ordem pública em causa[43].

Se, face à leitura da sentença arbitral, o juiz tiver dúvidas sobre a sua conformidade com a ordem pública (mas só nesse caso), deverá poder examinar o conjunto das peças do "dossier" que foi submetido aos árbitros. O juiz analisará então a situação a partir dos elementos de facto submetidas aos árbitros, podendo livremente apreciar o seu valor e alcance, tanto na perspetiva da *aplicabilidade* quanto na da *aplicação* da regulamentação da ordem pública em causa. Mas só em casos excecionais deverá admitir-se uma reabertura da instrução para aquele efeito: só se os novos elementos de facto aduzidos pelo impugnante forem essenciais para a demonstração de que a sentença arbitral resultou numa ofensa grave, efetiva e concreta aos objetivos prosseguidos por uma regra de ordem pública[44] e se tais elementos não estavam disponíveis durante a instância arbitral[45].

---

[42] *L'étendue du contrôle, par le le juge* étatique, *de la conformité des sentences arbitales aux lois de police -* Mélanges en l'honneur de Helène Gaudemet-Tallon, 2008, Dalloz, Paris, nº 23.

[43] Ch. Seraglini – *Le contrôle de la sentence* cit., pp. 216-219; *v.* também o que, sobre ponto, escrevemos em *Anulação da sentença arbitral* cit., 188-189 e os autores e obras aí citadas.

[44] De que teria havido atentado grave, efetivo e concreto aos objetivos prosseguidos por uma regulamentação da ordem pública.

[45] Ch. Seragalini – *Le contrôle de la sentence* cit., pp. 216-219, e o nosso *Anulação da sentença arbitral* cit., 189-190. O requisito referido no texto corresponde à exigência posta pela jurisprudência dos tribunais superiores ingleses (para revisitarem os factos discutidos na arbitragem e, com base nisso, anularem a sentença arbitral), de que perante eles sejam produzidos elementos probatórios

Se a questão de aplicação ao litígio de uma regulamentação da ordem pública não tiver sido abordada na instância arbitral, a questão dos meios de investigação do juiz é, segundo Christophe Seraglini, mais delicada.

Quando a regulamentação em causa se destina a proteger uma das partes na arbitragem, o juiz poderá, na maioria das vezes, concluir que essa parte renunciou validamente, no quadro da instância arbitral, à aplicação dessa lei protetora dos seus interesses, não podendo então prevalecer-se dela perante o juiz de controlo.

No caso de as regras da ordem pública protegerem interesses mais gerais, uma vez que, por a questão não ter sido debatida na arbitragem, nenhuma indicação haverá na sentença sobre uma eventual ofensa da ordem pública, o juiz não pode limitar-se à leitura daquela. A questão que então se lhe colocará é se uma apreciação *prima facie* dos factos relatados na sentença suscita ou não no juiz uma suspeita séria de que existiu uma ofensa grave, efetiva e concreta à ordem pública.

Se uma primeira apreciação não der azo a tal suspeita, o juiz poderá decidir não prosseguir na sua investigação. Caso contrário, deverá poder ir além da sentença e consultar os elementos do dossier submetido aos árbitros assim como admitir a invocação de novos argumentos pelos árbitros.

A questão de saber se o juiz deve ou não admitir que as partes apresentem novos elementos de facto ou que requeiram novos meios de prova é mais melindrosa e justifica alguma hesitação. Pode, contudo, assentar-se em que tanto uns como outros só devem ser admitidos pelo juiz em circunstância excecionais, sendo que, neste caso, o juiz deve talvez mostrar maior abertura do que no caso anterior, uma vez que os argumentos relativos à ofensa da ordem pública não foram expostos e desenvolvidos perante os árbitros[46].

São estas, em termos sumários, as respostas que consideramos corretas para as suprarreferidas questões relativas à extensão do exame da sentença arbitral a efetuar pelo juiz perante o qual ela seja impugnada, com fundamento em ofensa da ordem pública[47].

---

que constituam não apenas "new evidence" (i.e., prova não produzida perante o tribunal arbitral), mas antes "fresh evidence" (que não estava disponível ou não era razoavelmente obtenível durante a arbitragem); *v.* sobre esta jurisprudência e, em geral, sobre o âmbito do controlo das sentenças arbitrais pelos tribunais estaduais, *v.* o excelente ensaio de Michael Huang and Kevin Lee, *Corruption in Arbitration – Law and Reality*, acessível no website da ICCA (http://www.arbitration- icca. org/media/0/13261720320840/ corruption_in_arbitration_paper_draft_248), pp. 54-55.

[46] Ch. Seraglini – *ob cit.,* p. 218-219

[47] Para que se não pense que a análise fina descrita neste número do presente texto é preconizada unicamente pelos autores citados (Pierre Mayer e Christophe Seraglini), cumpre referir que, por exemplo, Luca Radicati di Brozolo – um reputado representante da "abordagem minimalista" sobre a extensão do controlo das sentenças arbitrais (impugnadas com este fundamento) pelos tribunais estaduais –, ao analisar a natureza do escrutínio a efetuar sobre as sentenças que versem sobre matérias de direito da concorrência (*Arbitration and Competition Law: The Position of the Courts*

ESTUDOS EM HOMENAGEM A MIGUEL GALVÃO TELES

10. O que ficou dito nos números antecedentes tem, a nosso ver, a maior relevância para a interpretação e aplicação do disposto art. 46º, nº 3, *b), ii)*, da nova LAV.

Com efeito, o requisito aí estabelecido, de que os princípios de ordem pública (internacional) sejam ofendidos pelo "conteúdo da sentença", não restringe nem alarga o âmbito do escrutínio que defendemos que o tribunal estadual competente deve fazer, nesta sede.

Não restringe, porque, como defende a maioria da doutrina, a verificação da desconformidade com a ordem pública deve cingir-se à parte decisória[48] da sentença, não se estendendo aos seus fundamentos que, certos ou errados, não relevam para o controlo que o tribunal estadual deve efetuar, ao conhecer da impugnação da sentença arbitral.

Mas tampouco esse requisito alarga o âmbito deste escrutínio relativamente ao que preconizámos, visto que, como atrás sublinhámos, "é o conteúdo da sentença arbitral que é controlado, mas é em função do seu resultado que ela será sancionada".

11. O que dissemos nos números anteriores vale tanto para as sentenças proferidas em arbitragens internas quanto para as emitidas em arbitragens internacionais em que ao fundo da causa se tenha aplicado direito português, ou seja, para todas as que caibam pela norma de âmbito geral do artº 46º, nº 3, *b), ii)* e não sejam cobertas pela disposição do art. 54º, cuja previsão e estatuição passamos agora a analisar.

O artº 54º da nova LAV – proveniente do Projeto da A.P.A. (com a redação da sua 3ª versão) e que tinha aí a finalidade atrás referida – parece ter criado um *regime especial* de verificação da conformidade com os princípios da ordem pública internacional do Estado Português, para as sentenças proferidas em arbitragens internacionais em que ao fundo da causa haja sido aplicado direito não português e que devam ser executadas ou produzir efeitos em território nacional.

A dúvida que manifestamos quanto à possível *especialidade* do art. 54º resulta, desde logo, do facto de a sua letra indicar que as sentenças aí referidas podem ser anuladas com os fundamentos previstos no art. 46º, em que se inclui a ofensa (pelo conteúdo da sentença arbitral) dos princípios da ordem pública internacional do Estado Português.

---

and Arbitrators - Arbitration International, vol. 27, No. 1, 2011, LCIA, pp. 1-25), chega a conclusões bastante próximas das defendidas por Ch. Seraglini, no seu estudo *Le contrôle de la sentence au regard de l'ordre public international par le juge étatique*, que acompanhamos no presente ensaio. V. igualmente a análise muito minuciosa e arguta feita por Michael Hwang and Kevin Lee – *ob. cit.*, pp. 52-80, que preconizam soluções muito próximas daquelas a que aderimos no presente texto.

[48] Que, saliente-se uma vez mais, não coincide com a 'parte dispositiva' (*dispositif*), como se referiu em 8. *supra*.

Ora, uma vez que à específica categoria de sentenças arbitrais definida no art.º 54.º se manda aplicar dois regimes de controlo da sua conformidade com a ordem pública, há que apurar se este concurso de normas (definidoras desses regimes) é *aparente* ou *ideal*[49] e, num ou noutro caso, como deve ele ser resolvido, de modo a apurar-se qual o regime que corresponde a esta categoria de sentenças.

À primeira vista, é-se levado a concluir que entre as previsões do art. 46.º, n.º 3, *b), ii)* e a do art.º 54.º da nova LAV há uma *relação de especialidade*. Assim, o art. 46.º, n.º 3, *b), ii)* seria aplicável à generalidade das sentenças arbitrais, com exceção das expressamente mencionadas no art.º 54.º, a que só seria aplicável a estatuição estabelecida neste artigo (anulação pelo tribunal estadual competente) no caso de a execução ou produção de outros efeitos da sentença arbitral conduzir a um resultado manifestamente incompatível com os princípios da ordem pública internacional[50]. Teríamos, portanto, um *concurso aparente* de normas, resolúvel mediante a prevalência da norma especial sobre a geral.

A verdade é que esse hipotético entendimento dificilmente pode ser considerado pelo intérprete, por não encontrar na letra da lei um mínimo de correspondência, ainda que imperfeitamente expresso (*v*. o art. 9.º, n.º 2, do Código Civil). Para que tivesse essa correspondência, deveria o art. 54.º ser redigido assim: "a sentença ... pode ser anulada com os fundamentos previstos nas alíneas *a)* e *b), (i)* do n.º 3 do art.º 46.º, e ainda ...".

Tampouco se consegue imputar ao art. 54.º uma razão de ser (*ratio legis*) que dê suporte a tal entendimento.

Haverá talvez quem defenda o contrário, argumentando que a instituição de um regime *especial* para as sentenças nele contempladas (sobrepondo-se ao regime geral art.º 46.º, n.º 3, *b), (ii)*, aplicável à generalidade das sentenças), fundamentar-se-ia no facto de aquelas terem aplicado "direito não português", o que explicaria o regime de anulação aparentemente mais restritivo, contido neste artigo.

Esta interpretação não consegue, porém, justificar a atribuição de relevância, no âmbito do regime da anulação da sentença arbitral, ao facto de esta ter aplicado ao fundo da causa 'direito não português', dado ser bem sabido que o que se visa prevenir (ou remediar) com a anulabilidade daquela é a ofensa – pelo *conteúdo*

---

[49] Não nos interessa aqui a hipótese do concurso *real* de normas. Sobre as várias espécies de concurso de normas e o modo como se resolvem, *v*., Manuel Cavaleiro de Ferreira – *Lições de Direito Penal - Parte Geral*, 1992, Verbo, Lisboa, pp. 527-530. Como frisam este e outros autores, a problemática do concurso de normas tem sido aprofundada no Direito Penal, mas é um tema de Teoria Geral do Direito.

[50] É da 'ordem pública internacional do sistema jurídico português' que aqui se trata, como salientámos no nosso ensaio *A Reforma da Lei da Arbitragem Voluntária*, Revista Internacional de Arbitragem e Conciliação, Ano 2009, Coimbra, Almedina, p. 43, nota 78.

ou *resultado* da sentença, seja qual for o direito aplicado ao fundo da causa — de princípios e valores basilares da ordem jurídica portuguesa[51].

Acresce que, sendo o direito da União Europeia comummente qualificado como "direito não português", não obstante ser diretamente aplicável na ordem jurídica interna portuguesa (*ex vi*, nomeadamente, do art. 8º, nº 4, da Constituição da República), a lógica dessa possível justificação para o que consta do art. 54º conduziria a que às sentenças arbitrais ofensivas de importantíssimas disposições do direito da União Europeia (como, por exemplo, o art. 101º do seu Tratado) se aplicasse um regime mais resistente à sua anulação (por ofensa da ordem pública) e, portanto, mais condescendente com a violação daquelas disposições. Ora, este corolário dessa leitura do art. 54º colide com a jurisprudência do Tribunal de Justiça firmada pelo acórdão *Eco Suisse v. Benetton*[52].

O que se deixa dito mostra bem quão difícil é atribuir ao art. 54º da nova LAV um sentido que possa ser considerado pelo intérprete, à luz dos comandos legais que regem esta matéria[53].

Importa, no entanto, aprofundar a análise do teor desta disposição, para se apurar se existe realmente uma diferença substantiva entre as estatuições do art. 46º, nº 3, *b), (ii)* e do artº 54º.

12. Comecemos pela parte final do art. 54º: "*...conduzir (a execução ou produção de outros efeitos da sentença arbitral) a um resultado manifestamente incompatível com os princípios da ordem pública internaciona*l". O que deve entender-se por esta expressão?

Dada a quase total identidade entre esta expressão e a que se encontra no artº 56º, nº 1, *b), (ii)*, atinente ao reconhecimento de sentenças proferidas em arbitragens localizadas no estrangeiro, disposição que, declaradamente, teve por fonte

---

[51] Se se tratar, claro está, da LAV portuguesa, mas o mesmo pode dizer-se das leis de arbitragem de, praticamente, todos os demais países em cujos territórios tenham lugar arbitragens (sobre este ponto, *v.* o nosso ensaio *Anulação da Sentença Arbitral* cit., pp. 163-164). Aliás, o facto de o direito material aplicado pela sentença revidenda ao fundo da causa ser um direito estrangeiro ou o direito do Estado em que se pede o reconhecimento daquela é totalmente irrelevante, não só no direito português (art. 56º, nº 1, *b), ii)* da nova LAV) mas também no regime da Convenção de Nova Iorque de 1958, sobre o Reconhecimento e Execução de Sentenças Arbitrais Estrangeiras; o mesmo acontece, de resto, no que concerne ao reconhecimento de sentenças judiciais estrangeiras (art. 1096º, *f)* de CPC; *cfr.* Luís de Lima Pinheiro – *Direito Internacional Privado*, vol. III, 2ª ed. 2012, Almedina, Coimbra, p. 521. Esta constatação ainda mais acentua a patente incongruência do disposto no art. 54º da nova LAV.

[52] Proferido no caso 126/97, *Eco Swiss China Time Ltd* v. *Benetton International NV* [1999] ECR I – 3055.

[53] Enunciados no art. 9º do Código Civil que, na opinião de alguns ilustres comentadores, são normas de verdadeiro "direito constitucional material".

a alínea *f)* do artº 1096º do Código do Processo Civil[54] (que rege o reconhecimento de sentenças *judiciais* estrangeiras), convém analisar como é que a doutrina do direito internacional privado interpreta esta última disposição, na mira de aí encontrar uma pista para a determinação do significado da parte final do artº 54º da nova LAV.

Como refere o Prof. Luís de Lima Pinheiro[55], face à redação que o art. 1096º, *f)*, tinha antes da Reforma do C.P.C. de 1995[56], a doutrina dominante entendia que a recusa de confirmação da sentença revidenda, com fundamento em violação da ordem pública (internacional[57]), só poderia basear-se no *conteúdo* da decisão.

A nova redação dada a esta alínea pela Reforma do C.P.C. de 1995 veio colocar o acento no *resultado* do reconhecimento. Mas, como adverte este autor, "para saber se o resultado do reconhecimento viola a ordem pública internacional deverá fazer-se um exame global, o qual poderá ter em conta os fundamentos da decisão e o processo"[58]. Ainda segundo o mesmo autor, "o decisivo para a intensidade da atuação da reserva de ordem pública internacional é o grau de ligação entre a situação (sobre que versou a decisão estrangeira a reconhecer) e o Estado do foro"[59].

É patente que estas anotações sobre a função da *reserva de ordem pública internacional* enquanto *limite ao reconhecimento de decisões jurisdicionais estrangeiras,* dominantes na doutrina do direito internacional privado, influenciaram a redação que foi dada ao artº 54º do Projeto da A.P.A. (particularmente na 3ª versão deste) e deste passou intacta para o artº 54º da nova LAV.

A inclusão do adjetivo "manifestamente" explica-se também pelo facto de a redação deste artigo ter sido *contaminada* pelo regime do reconhecimento de sentenças estrangeiras constante do art. 1096º, *f)* do C.P.C e pela noção, de *feição conflitualista,* da ordem pública internacional perfilhada por quem redigiu deste modo o art. 54º do Projeto da A.P.A. (de onde transitou para a LAV).

O que nos pareceria errado seria inferir da inclusão deste adjetivo no art. 54º o acolhimento do requisito que a jurisprudência *Cour d'appel* de Paris vem exigido,

---

[54] V. a nota 184 do "Projeto de Nova LAV com Notas", disponibilizado no seu sítio da A.P.A. na *Internet,* também publicado (na sua 2ª versão), no nº III da Revista Internacional de Arbitragem e Conciliação, 2010, Almedina, Coimbra, pp. 221-222.

[55] *Direito Internacional Privado,* vol. III, cit., pp. 520-521, e também a doutrina aí citada.

[56] Que determinava, como requisito para a confirmação da sentença proferida por órgão jurisdicional estrangeiro, que ela "não (contivesse) decisões contrárias aos princípios da ordem pública portuguesa".

[57] Embora a lei não o dissesse, era pacífico na doutrina que era da *ordem pública internacional* que aqui se tratava.

[58] *Ibidem,* p. 369.

[59] *Ibidem,* p. 369.

ESTUDOS EM HOMENAGEM A MIGUEL GALVÃO TELES

nos últimos anos, no sentido de a ofensa da ordem pública só relevar como fundamento de anulação da sentença arbitral se for *"flagrante"* (*devant crever le yeux du juge*). É que, como explicámos no nosso anterior ensaio, este requisito esvazia o controlo do respeito da ordem pública (pela sentença impugnada) da maior parte da sua substância[60]. A inclusão no art. 54º de um adjetivo de equívoco significado não permite ao intérprete presumir que o legislador tenha querido consagrar uma tão desacertada solução (v. art. 9º nº 3, do Código Civil).

13. Aqui chegados, se não se quiser desconsiderar completamente o disposto no artº 54º da nova LAV mediante uma sua interpretação ab-rogante[61], termos de concluir que é praticamente impercetível a diferença entre o regime que esse artigo estabelece para a muito limitada categoria de sentenças arbitrais nele contemplada e o regime geral aplicável à generalidade das sentenças arbitrais que ofendem a ordem pública internacional, tal como resulta do seu art. 46º, nº 3, *b), (ii)*.

Esta diferença, a existir, não irá além do seguinte: o tribunal estadual que for chamado a escrutinar a sentença arbitral, à luz da sua conformidade com os princípios da ordem pública, caso a sentença arbitral haja sido proferida numa arbitragem em que se tenha aplicado direito estrangeiro ao fundo da causa e essa sentença deva ser executada ou produzir efeitos em território nacional, deverá *principalmente* averiguar se, tendo em atenção uma eventual ligação da sua parte decisória com o território português, o *resultado* da respetiva aplicação é ostensivamente incompatível com os princípios da ordem pública internacional do Estado português.

Mas dado que a este *resultado* deve também atender-se em sede de aplicação do art. 46º, nº 3, *b), ii)*[62], a perplexidade do intérprete que, por esta via, procure um significado operativo para o art. 54º manter-se-á.

14. Vale a pena mencionar aqui uma outra explicação sobre o sentido e função do artigo 54º, que ouvimos defender[63] a quem teve influência determinante na

---

[60] V. *Anulação da Sentença Arbitral* cit. pp. 193-194, e os autores e obras aí citadas; *v.* também Ch. Seraglini – *Le contrôle de la sentence* cit., p. 214.

[61] É o que defendemos, dado esta ser uma disposição literal e teleologicamente inconciliável com a do art. 46º, nº 3, *b), (ii)* e, ademais, poder colidir com o direito da União Europeia, tal como tem sido interpretado pelo seu T. J.

[62] Com efeito, ao abrigo do regime geral de anulação da sentença estabelecido no artº 46º, nº 3, *b), ii)*, "é o conteúdo da sentença que é controlado pelo juiz, mas é em função do seu resultado que ela será sancionada", como salientámos no nosso estudo *Anulação da Sentença Arbitral* cit. p. 192, e recordámos novamente atrás (*v. 8.* e *9.2. supra*).

[63] Referimo-nos a uma intervenção do Dr. Robin de Andrade no Colóquio organizado, em Lisboa, em 29.03.2012, pela *Corte Civil e Mercantil de Arbitraje* de Madrid.

ultimação da Proposta de Lei que se transformou na Lei nº 63/2011. De acordo com essa explicação, ter-se-ia pretendido que, mesmo após o decurso do prazo legalmente estabelecido[64] para a impugnação ao abrigo do artº 46º, nº 3, *b*), *ii*), pudesse impedir-se que uma sentença subsumível à previsão do art. 54º fosse executada ou produzisse efeitos em Portugal. Segundo esta opinião, para permitir que, expirado embora aquele prazo, pudesse ser anulada tal sentença, é que serviria essa disposição legal.

É manifesto que este modo de entender o artigo 54º, além de não ter na sua letra um 'mínimo de correspondência verbal', não é capaz de lhe conferir um sentido que possa ser considerado pelo intérprete, à luz dos demais fatores interpretativos enunciados no art. 9º do Código Civil

Com efeito, este entendimento do art. 54º confunde a função e o regime da impugnação da sentença arbitral – que consiste num ataque à sentença, na sua origem, só admitido num prazo curto após a sua pronúncia, perante os tribunais do Estado em que foi proferida, com a função e o regime do reconhecimento de sentenças arbitrais estrangeiras – que se traduz na subsequente concessão pelos tribunais de outro Estado do requerido *"placet"*, para que a sentença arbitral proferida fora do seu território possa ser aí executada coercivamente ou produzir outros efeitos (por ex., os próprios de uma sentença constitutiva)[65].

Congruentemente com as distintas funções que caracterizam cada um destes institutos, as legislações nacionais, na sua grande maioria, não fixam outros limites temporais além dos decorrentes das regras sobre prescrição, para que quaisquer sentenças arbitrais estrangeiras possam obter o reconhecimento (*recognition*)[66] que lhes permita produzirem todos os seus efeitos nos respetivos territórios, nomeadamente, serem aí objeto de execução coerciva (*enforcement*)[67]. Ao invés, para que as sentenças arbitrais possam ser impugnadas e anuladas (*challenged and set aside*) pelos tribunais do Estado em que foram proferidas[68] quase todas as leis de arbitragem[69]

---

[64] De 60 dias (art. 46º, nº 6).

[65] V. o que, sobre este tema, com inexcedível clareza, escreveram Alan Redfern, Martin Hunter, Nigel Blackaby e Constantine Partasides (*Redfern and Hunter on International Arbitration*, 5th ed., 2009, Oxford, Oxford University Press, pp. 585 e pp. 626-627).

[66] Que a LAV regula no seu art. 56º. Mostrou-se atrás como a redação dada ao art. 54º do Projeto da A.P.A. foi "contaminada" pela disposição do art. 56º, nº 1, *b*), (ii) sendo que a clareza na definição de regimes de institutos com funções diferentes recomendaria a diferenciação dos conteúdos dessas disposições.

[67] Ou seja, o reconhecimento de uma sentença estrangeiras só tem lugar quando quem nisso tenha interesse legítimo queira fazê-la executar ou produzir outros efeitos jurídicos no território do Estado do foro; não faria sentido que tal controlo fosse efetuado antes de tal acontecer.

[68] Os únicos que podem fazê-lo.

[69] A única exceção que conhecemos é a da lei sueca que, no seu art. 33, prevê três casos de invalidade da sentença arbitral (em que se inclui a contrariedade aos princípios básicos do sistema

ESTUDOS EM HOMENAGEM A MIGUEL GALVÃO TELES

fixam prazos muito curtos, findos os quais só fica aberta (nalguns ordenamentos jurídicos) a via do recurso extraordinário de revisão.

Ora, de acordo com esse proposto entendimento do art. 54º, as sentenças por ele abrangidas ficariam expostas, sem qualquer limite de prazo, a ser impugnadas (com qualquer dos fundamentos enumerados no nº 3 do art. 46º), mantendo-se assim, indefinidamente, numa situação de incerteza ou *pendência*, até que alguém, com legitimidade para isso, a atacasse perante os tribunais estaduais competentes e por este fossem mantida ou anulada! Uma tal solução afetaria evidentemente a tendencial definitividade das sentenças arbitrais e não seria, por isso, favorecedora da arbitragem.

15. Cremos ter demonstrado que a manutenção do artº 54º na Proposta de Lei que esteve na origem da nova LAV, após o aditamento de uma subalínea *(ii)* à alínea *b)* do nº 3 do artº 46º, ou resultou de um lamentável lapso de revisão do texto final submetido à aprovação, primeiro, do Conselho de Ministros e, depois, da Assembleia da República ou, se correspondeu a uma opção de caso pensado, foi fruto de grave equívoco sobre o papel da 'ordem pública' no controlo que aos tribunais do Estado compete efetuar sobre as decisões proferidas em arbitragens sediadas no respetivo território[70].

Muito provavelmente, não se encontrará no plano direito comparado um regime do controlo das sentenças arbitrais, à luz da sua conformidade com ordem pública da *lex arbitri*, tão incongruente como o da nova LAV portuguesa, regime este que nos parece não ajudar a promover a escolha do nosso país como sede de arbitragens que põem em jogo interesses do comércio internacional[71].

16. O apontado erro cometido na revisão do texto final da Proposta de Lei que esteve na origem da Lei nº 63/2011, de 14 de dezembro, após o aditamento, decidido pela Ministra da Justiça, aos fundamentos da impugnação das sentenças

---

jurídico sueco) que, ao contrário dos casos de mera impugnabilidade, podem ser invocados sem limite de prazo.

[70] Além destas críticas que o teor do art. 54º merece, é ainda de referir a marca nele existente da porfiada preocupação de reduzir, na máxima medida possível, o espaço da impugnabilidade de sentenças arbitrais por violação da ordem pública, que Pierre Tercier apelidou de "ivresse de la souveraineté" (*v.* na nota 6 *supra).*

[71] Como observou um autor que tem estudado aprofundadamente esta temática, Ch. Seraglini, "l'arbitrage international ne peut se satisfaire de cette absence de consensus et de pratiques juridiques claires en droit comparé quand au contrôle opéré par le juge sur les sentences arbitrales au regard de l'ordre public. Le besoin de sécurité juridique et de prévisibilité éprouvé par les operateurs du commerce international milite plutôt en faveur de réponses claires et, si possible, relativement uniformes en droit comparé" (*Le Contrôle de la Sentence* cit., p. 203). Em nossa opinião, a disposição do art. 54º da nova LAV colide com este desiderato.

arbitrais elencados no nº 3 do artigo 46º proveniente do Projeto da A.P.A., da ofensa dos princípios da ordem pública internacional do Estado Português, teve repercussões noutros pontos do articulado daquela Proposta de Lei (e, por consequência, da nova LAV.

É o caso do nº 2 do artº 51º da nova LAV. No nº 1 deste artigo, inspirado pelo *favor arbitrandum* que cada vez vem mais prevalecendo no âmbito do comércio internacional, determina-se que a verificação da validade substancial da convenção de arbitragem se faça de acordo com um feixe de conexões alternativas, "em cascata", solução que é inspirada pelo "princípio da conservação ou do critério mais favorável à validade da convenção de arbitragem"[72].

Por força do disposto neste artigo, se a convenção de arbitragem for inválida, quanto à sua substância, perante uma das leis alternativamente aí designadas, mas for válida segundo outra dessas leis, a sua validade será salva.

Esta solução foi originariamente consagrada no art. 178, nº 2, da Lei Suíça do Direito Internacional Privado (de 1987), no tocante à validade material da convenção de arbitragem[73] e, depois, sob inspiração daquela, pelo artº 9, nº 6, da Lei de Arbitragem Espanhola, de 2003, com a particularidade de, nesta última, se ter alargado o âmbito de tal disposição *in favorem validitatis* da convenção de arbitragem, à questão de arbitrabilidade do litígio por ela contemplado.

Ao inserir-se a norma constante do artº 51º no articulado do Projeto da nova LAV apresentado pela Direção da A.P.A., configurou-se a arbitrabilidade do litígio[74] como um dos requisitos de validade material da convenção de arbitragem que o contempla[75].

---

[72] *Cfr.* a nota 173 que acompanhava o "Projeto da nova LAV com Notas" publicado no sítio da APA na *Internet* (correspondente à nota 174 da 2ª versão desse documento, de 2010, publicada no nº III da Revista Internacional de Arbitragem e Conciliação, 2010, Almedina, Coimbra, pp. 217.

[73] Não é pacífico, na doutrina suíça de arbitragem que, no âmbito de aplicação do artigo 178 (2) da LDIP, se possa incluir a (in)validade da convenção em atenção à (in)arbitrabilidade do litígio a que ele respeita. Assim, por exemplo, J. F. Poudret et S. Besson – *Droit Comparé* cit., pp. 267-269 e 298-300, e *Comparative Law* cit., pp. 255-256 e 281-283, apesar de afirmarem que a arbitrabilidade (objetiva) constitui uma condição de validade da convenção de arbitragem e, portanto, da competência dos árbitros, defendem que a arbitrabilidade está sujeita a um regime jurídico diferente do aplicável à validade material da convenção de arbitragem, sustentando, nomeadamente, que a lei reguladora de tal matéria é a lei do lugar de arbitragem (*lex arbitri*). Esta solução é, contudo, recusada por outros autores (como Bernard Hanotiau – *L' Arbitrabilité* - Récueil du Cours de l' Académie de Droit International , 2002, pp. 64-67) que defendem que a arbitrabilidade do litígio é regida pela lei reguladora da convenção de arbitragem.

[74] Melhor dizendo, a inarbitrabilidade da *pretensão*, porque, em bom rigor, é quanto a esta que se deve colocar a questão da admissibilidade da sua decisão por árbitros. Num litígio submetido a tribunal arbitral, pode acontecer que algumas das pretensões que o integram sejam arbitráveis e outras (deduzidas, por exemplo, em reconvenção) não o sejam.

[75] Esta ideia, que aflora no nº 1 e nº 2 do art. 1º e no art. 3º da nova LAV, já estava presente no art. 1º, nº 1, e no art. 3º da anterior LAV.

Nesta ordem de ideias, fazia sentido que, no nº 2 do artº 51º, se acrescentasse que o tribunal estadual, chamado a decidir sobre o pedido de anulação da sentença arbitral, com fundamento na insuscetibilidade de o objeto do litígio por ela decidido ser submetido a arbitragem e, consequentemente, devesse ter em atenção a norma contida no nº 1 do mesmo artigo.

No Projeto da A.P.A., a remissão contida no nº 2 do artº 51º era feita para a alínea *b)* do nº 3 do artº 46º, dado que nessa alínea se tratava apenas de impugnação de sentença arbitral com fundamento em inarbitrabilidade do litígio.

Ora, a partir do momento em que à alínea *b)* do nº 3 do artº 46º foi acrescentado uma subalínea *ii)*, sobre a impugnabilidade da sentença com fundamento em ofensa da ordem pública, que nada tem que ver com a *ratio* da disposição do artº 51º, deveria, na redação final da Proposta de Lei destinada à nova LAV, ter-se alterado a remissão constante do nº 2 deste artigo (proveniente do Projeto da A.P.A.), passando ela a ser feita para a subalínea *ii)* da alínea *b)* do nº 3 do artº 46º. Também aqui faltou uma revisão atenta e esclarecida do texto final daquela Proposta de Lei.

17. Outro erro de remissão pode detetar-se no articulado da nova LAV, também devido à menos atenta revisão do texto final da Proposta de Lei, no seguimento da inclusão de ofensa da ordem pública (internacional) como fundamento de impugnabilidade da generalidade das sentenças arbitrais.

O nº 3 do artº 48º da nova LAV dispõe que o juiz da ação executiva, ao decidir sobre o possível indeferimento liminar do requerimento executivo, pode conhecer oficiosamente, nos termos do artº 820º, do C.P.C., "da causa da anulação" (de sentença arbitral dada à execução) prevista na alínea *b)* do nº 3 do artº 46º.

No Projeto da A.P.A., a alínea *b)* do nº 3 do artº 46º previa-se, como única causa de anulação da sentença arbitral que era de conhecimento oficioso, a inarbitrabilidade do litígio decidido pela sentença impugnada.

Ora, uma vez que, na alínea *b)* do nº 3 do artº 46º da Proposta de Lei que deu origem à Lei nº 63/2011, de 14 de dezembro, se aditou, como causa de anulação de sentença arbitral, também de conhecimento oficioso pelo juiz, a "ofensa dos princípios da ordem pública internacional do Estado português", deveria ter-se corrigido a redação da citada expressão contida no nº 3 do artº 48º proveniente do Projeto da A.P.A., para "causas de anulação" (porque agora são duas as causas de anulação abrangidas por tal remissão).

18. Em jeito de conclusão final, não podemos deixar de lamentar que a urgência sentida na apresentação à Assembleia da República de uma proposta de lei tendente à aprovação da nova lei reguladora da arbitragem voluntária, não tenha permitido tratar mais ponderadamente esta relevantíssima matéria.

A solução pacífica de litígios internacionais relativos à água[*]

PAULO CANELAS DE CASTRO

Introdução

A utilização e a gestão contemporâneas da água fresca num contexto de crise global da água, tende a gerar crescentes tensões e conflitos de interesses que alguns vaticinam poder mesmo redundar nas temidas "guerras da água", mesmo se a prática antes abunda num sentido da intensificação da cooperação internacional para a proteção, aproveitamento e utilizações da água. Tais conflitos, que se figuram crescentemente a escalas variáveis, para lá da tradicional relação interestadual de vizinhos que pretendem fazer valer direitos ou interesses concorrentes ao recurso natural partilhado, podem ter os objetos mais diversos: delimitação fronteiriça, prossecução de projetos de construção de barragens para controle de cheias ou exploração económica do potencial energético de águas, desvio ou transvasamento de águas, situações de poluição, acidentes industriais, questões

---

[*] NOTA INTRODUTÓRIA: *A opção pelo tema do presente estudo explica-se pelo facto de ser este um importante capítulo, mas relativamente pouco estudado, do Direito Internacional da Água, ramo do Direito Internacional a cuja investigação temos dedicado alguma atenção em anos recentes. Mas, sobretudo, pretende humildemente concorrer para a justa homenagem ao senhor Dr. Miguel Galvão Teles, a quem é dedicado com amizade e admiração. Quer-se simbólico testemunho da funda impressão que as qualidades ímpares de jurista e jurisconsulto do senhor Dr. Miguel Galvão Teles, aliadas a não menos marcantes saber e sagaz pensamento, para além de elegância na formulação, causam em todos aqueles que com ele se cruzaram ou tiveram o subido privilégio de o acompanhar nos mais exigentes areópagos jurisdicionais internacionais a que Miguel Galvão Teles, sempre atento (também) ao momento aplicativo do Direito, invulgarmente dotado na apreensão do iter mentis de árbitros e juízes, mesmo os do escol dos tribunais mundiais, mas não menos capaz de aí trazer as mais finas construções teoréticas (como não recordar os seus proficientes mas também subtilíssimos distinguos entre, por exemplo, situações e direitos* erga omnes, *obrigações* erga omnes *e obrigações* omnium, *no Caso Timor Oriental (Portugal c. Austrália)?), acedeu como poucos e onde naturalmente conquistou lugar histórico, sempre honrando e emprestando o mais elevado bom nome à cultura jurídica portuguesa.*

de direitos humanos, investimentos privados ligados à oferta de serviços de água. É também certo que o contexto geral da problemática global da água parece conter cada vez mais fatores que objetivamente propiciam tais conflitos; como, por exemplo, o crescimento demográfico, a concorrência das utilizações da água, a efetiva escassez de água para a pluralidade de pretensões de utilização em muitos quadros geográficos, a compressão dos mesmos para tantas utilizações por força da perda de qualidade, as cargas poluidoras e as alterações climáticas. Todo este quadro justifica e impõe que se aprofunde o conhecimento e se reflita sobre o Direito Internacional da Água, em geral. Desde logo, importa reforçar, adaptar ou conceber *ex novu* os princípios e as regras substantivas, as opções normativas suscetíveis de afrontar os problemas crescentemente complexos da gestão internacional da água. Mas também as regras de solução de litígios no domínio da água devem merecer cuidado reflexivo, nomeadamente na perspetiva da adequação de tais métodos e das "lições" emergentes da prática correspondente.

Em geral, pode-se dizer que a prática de solução de litígios no domínio da água é rica. Durante muito tempo concentrada na resolução de certos tipos, apenas, de conflitos, relativos a também, apenas, algumas utilizações, ela tem vindo a diversificar-se, contendendo crescentemente com um leque amplo, plural e integrado de usos e de medidas de gestão e proteção da água. De igual modo, os métodos de resolução de litígios aos quais se tem recorrido também evidenciam grande variedade, compreendendo tanto os métodos diplomáticos como os jurisdicionais. Em todo o caso, parece haver, recentemente, um aprofundamento de tal tendência; nomeadamente, com um aumento aparente do recurso a métodos jurisdicionais (tanto tribunais internacionais, como arbitragens). A prática coenvolve também tanto formas convencionais como enquadramentos institucionais. Neste último caso, o âmbito de competências dos órgãos chamados a dirimir os litígios tanto pode ser genérico como especializado.

Tal como se pode observar em geral na ordem jurídica internacional, em que se tem vindo a assistir a uma multiplicação dos mecanismos e procedimentos de solução dos litígios, também o esforço de solução de litígios relativos à água se tem vindo a diversificar. As consequências, em termos de vantagens e desvantagens que daí resultam, são as que igualmente se apontam à experiência internacional geral: se, por um lado, há um acesso mais liberal, "democrático", de Estados e outros sujeitos de Direito Internacional a *fora* vários onde os diferendos podem ser resolvidos, tal multiplicação de experiências suscita o problema da garantia da interpretação coerente das regras de Direito internacional, neste casos relativas à problemática particular da água e da gestão internacional da mesma.

O presente estudo pretende recolher exemplos de tal prática, nomeadamente a relativa aos diversos tipos de mecanismos de solução de litígios, já que, em geral, não parece possível dizer que os Estados prefiram um método relativamente aos demais. Os Estados permanecem livres na escolha de um particular método de solução de litígios.

Ao nível do Direito internacional geral e dos instrumentos universais, nomeadamente a Convenção sobre o Direito das utilizações dos cursos de água internacionais para fins diversos da navegação adotada pela Assembleia Geral em 21 de Maio de 1977 e o Projeto de Artigos sobre o Direito dos aquíferos transfronteiriços, adotado pela Comissão de Direito Internacional, como anexo à resolução 63/124 de 11 de Dezembro de 2008, constata-se que os mecanismos de solução diplomática vão de par com os mecanismos jurisdicionais. Já ao nível do Direito Internacional regional e sub-regional, local, pode-se detetar um cuidado no recurso a órgãos conjuntos, habilitados a prevenir e a resolver os litígios. A negociação também desempenha papel importante na obtenção de acordos particulares de solução de determinados conflitos de interesses particulares.

Se, até recentemente, na segunda metade do século XX, os mecanismos jurisdicionais pareciam conhecer favor menor, tem-se assistido mais recentemente ao recurso aos métodos jurisdicionais para resolver importantes casos de controvérsias no domínio da água e sua gestão. Assim se recupera uma tendência que se havia antes materializado com a intervenção importante do Tribunal Permanente de Justiça Internacional (TPJI), em especial relativamente a modos contados, mais "'tradicionais", de litígios da água, contendentes com as questões, também tradicionais, de navegação ou "partilha" de recursos hídricos. O Tribunal Internacional de Justiça (TIJ) e alguns tribunais arbitrais são crescentemente solicitados a resolver litígios da água por apelo ao Direito substancial que se lhe dedica, não raro em conjunto com o recurso a regras e princípios de outros ramos do Direito Internacional. Tendência idêntica se pode detetar a respeito de tribunais instituídos no quadro da Convenção de 1965 para a resolução de diferendos relativos aos investimentos entre Estados e nacionais de outros Estados, de tribunais estabelecidos ao abrigo do capítulo 11 do Acordo de Comércio Livre norte-americano, bem como de jurisdições de direitos do Homem. O movimento é também visível relativamente a Organizações Internacionais. Também elas contribuem para a prevenção e a resolução de litígios respeitantes à gestão de recursos hídricos. Avultam, em tal contexto, os tribunais regionais, bem assim como determinados mecanismos de inquérito estabelecidos por instituições financeiras internacionais, e ainda os procedimentos de controle do cumprimento de obrigações estabelecidos no contexto de certas convenções do Direito Internacional do Ambiente.

I. Métodos diplomáticos de solução de litígios

1. Negociações, outros métodos diplomáticos e os mecanismos de inquérito

A negociação constitui a modalidade mais simples de solução de um litígio internacional. Muitas vezes precede o recurso a outros modos de solução de litígios. Também pode ocorrer na sequência de um conflito objeto de resolução por um qualquer mecanismo, mas que deixa em aberto questões não colocadas ou insuficientemente tratadas, nomeadamente porque não constantes do pedido das partes litigantes. Assim é, por exemplo, que o TIJ, na sua sentença a respeito do *Caso relativo ao projeto Gabcikovo-Nagymaros*, entendeu sublinhar o papel das negociações entre a Hungria e a Eslováquia, partes no litígio por aquele apreciado, na demanda de uma solução comummente aceitável sobre a execução do projeto do sistema de barragens previsto pelo tratado de 1977 entre os dois Estados. Em especial, o TIJ entendeu que as normas de natureza ambiental constantes do Tratado de 1977 entre a Hungria e a Eslováquia "são, por definição, de ordem geral e devem ser transformadas em obrigações específicas de conduta, na sequência de um processo de consultas e negociação. (...) o seu cumprimento exige uma disponibilidade de parte e outra para discutir de boa fé os riscos reais e potenciais para o ambiente"[1].

Na eventualidade de as negociações falharem, os Estados podem recorrer a outros métodos diplomáticos ou a processos jurisdicionais de solução de litígios, sendo que o recurso a uma categoria de procedimentos não exclui o recurso àqueles métodos que relevam da outra categoria[2], salvo previsão expressa contrária, como acontece, por exemplo, no Tratado do Indo, celebrado em Karachi a 10 de Setembro de 1960[3]. A Convenção das Nações Unidas de 1997, por exemplo, no seu Artigo 33°, n°. 2, estabelece que as Partes, na hipótese de não resolução do conflito por negociação, podem solicitar os bons ofícios de um terceiro[4], recorrer a mediação[5] ou conciliação ou ainda a uma comissão mista[6], bem como optar por

---

[1] *Caso relativo ao projeto Gabcikovo-Nagymaros(Hungria/Eslováquia)*, acórdão de 25 de Setembro de 1997, CIJ, *Recueil*, p. 68, parágrafo 112.

[2] Em alguns casos, os métodos diplomáticos podem constituir a primeira fase de busca de solução pacífica de um conflito. Assim, por exemplo, artigo 22°, n°. 1 da Convenção de Helsínquia de 17 de Março de 1992 sobre a proteção e a utilização dos cursos de água transfronteiriços e dos lagos internacionais.

[3] Outros tratados há em que os métodos diplomáticos constituem a única modalidade de mecanismos de solução de litígios admitida. Assim, artigo VII do tratado de 12 de Dezembro de 1996 entre o Bangladesh e a Índia, sobre a partilha das águas do Ganges.

[4] No Caso *Sandoz*, em 1986, o Governo suíço prontificou-se a oferecer os seus bons ofícios para a solução do problema, envolvendo em especial particulares. Cfr. A. Schwabach, "The Sandoz Spill: The Failure of International Law to Protect the Rhine from Pollution", *Ecology Law Quarterly*, 1989, p. 443.

[5] Assim, por exemplo, a mediação do Banco Internacional para a Reconstrução e o Desenvolvimento no conflito indo-paquistanês sobre as águas do Indo.

[6] B.R. Chauhan, *Settlement of International Water Law Disputes in International Drainage Basins*, Berlin, 1981, Eric Schmitt Verlag, pp. 332-339, arrola 66 acordos que preveem fórmulas de inquérito e conciliação no quadro de organismos mistos.

instituir um processo em instância jurisdicional. Também nada impede que haja utilização entrecruzada de diversos destes mecanismos e procedimentos durante a busca de solução de um diferendo.

A Convenção das Nações Unidas de 1997 introduziu um elemento inovador no sistema dos métodos de solução de litígios da água ao prever, no nº 3 do artigo 33°, um mecanismo de inquérito suscetível de ser desencadeado pela iniciativa individual unilateral de um Estado, após o aparecimento de um litígio. As partes litigantes devem, subsequentemente, examinar de boa fé o relatório da comissão de inquérito.

Diversamente da Convenção das Nações Unidas de 1997, o Projeto de Artigos sobre o Direito dos aquíferos transfronteiriços de 2008, não prevê nenhuma regra específica sobre a resolução de litígios. Antes se limita a estatuir, no artigo 15°, relativo às atividades projetadas, que, se o Estado autor de notificação sobre um projeto e o Estado destinatário de tal notificação estiverem em desacordo sobre os efeitos potenciais do projeto, "iniciam consultas e, se necessário, negociações, com vista a alcançar uma solução equitativa". Mais precisa a mesma disposição, no nº 3, que as partes "podem recorrer a um órgão de inquérito independente para determinar de modo imparcial os efeitos das ditas atividades".

Na mesma senda normativa vão as Regras de Berlim sobre Recursos Hídricos, da Associação de Direito Internacional, aprovadas na sua sessão de Berlim, em 2004. O artigo 72º, nº 3 prevê que os Estados ribeirinhos estão obrigados a recorrer a mecanismos de inquérito em caso de litígio sobre os factos relevantes.

2. A solução de litígios por comissões mistas

Os instrumentos jurídicos convencionais relativos a determinada bacia ou curso de água internacional preveem, não raro, mecanismos institucionais, de carácter permanente, para prevenir ou resolver litígios que surjam entre Estados ribeirinhos. Assim acontece, por exemplo, com a Convenção sobre a cooperação para a proteção e a utilização sustentável do Danúbio, adotada em Sofia a 29 de Junho de 1994, no seu artigo 24º, nº 1, que estatui a possibilidade de demandar a assistência da Comissão internacional para a proteção do rio Danúbio relativamente a qualquer método de solução de litígios aceite pelas Partes no litígio. Também o acordo sobre a cooperação para o aproveitamento sustentável da bacia do rio Mekong, adotado em Chang Rai a 5 de Abril de 1995, prevê que a comissão do Mekong intervenha antes que os Estados decidam procurar mediação por parte terceira. Já o tratado do Rio da Prata e da sua fronteira marítima, de 19 de Novembro de 1973, bem como o estatuto do Rio Uruguai, celebrado em 26 de Fevereiro de 1975, atribuíram competências de conciliação às respetivas comissões.

Em casos mais raros, foi-se mesmo mais longe, habilitando os órgãos conjuntos a adotar decisões de natureza obrigatória. Assim aconteceu com a comissão mista internacional estabelecida entre os Estados Unidos e o Canadá pelo tratado relativo às águas fronteiriças e às questões ocorrentes ao longo da fronteira entre os Estados Unidos e o Canadá, adotado em Washington a 11 de Janeiro de 1909. O artigo IX do tratado de 1909 prevê que "As altas Partes contratantes acordam (...) em que todos os outros litígios ou questões que entre elas possam vir a ocorrer e que digam respeito aos direitos, obrigações ou interesses de uma relativamente à outra ou aos habitantes da outra, ao longo da fronteira comum entre os Estados Unidos e o Canadá, serão apresentados (...) à comissão mista internacional, para serem objecto de exame e relatório, cada vez que o governo dos Estados Unidos ou o do Canadá exija que essas questões ou litígios lhe sejam cometidos". Igualmente interessa compulsar o artigo VII, que prevê a instituição da comissão mista internacional composta por seis membros. Esta, de acordo com o artigo VIII, deve "ouvir e julgar todos os casos respeitantes à utilização, à obstrução ou ao desvio das águas a respeito das quais a aprovação desta comissão é necessária de acordo com a previsão dos artigos 3º e 4º deste tratado". Também a Comissão internacional relativa ao Rio Mekong, nos termos do artigo 5º, nº 2, alínea b) do referido acordo de 1995, tem o poder de decidir quanto a qualquer projeto de desvio de águas entre bacias, por intermédio de acordo específico para cada projeto prévio a tal desvio. Nestes casos, o exercício das competências parece encontrar fundamento no objectivo de prevenção da ocorrência de litígios.

II. Modos jurisdicionais de resolução de litígios: o papel dos tribunais
O recurso a métodos jurisdicionais de solução de litígios relativos à água fresca data de há muito, do século XIX.

Os litígios apreciados foram da mais diversa natureza, política (fronteiriça), económica, concentrados em questões de navegação ou usos diversos da navegação, em correspondência às temáticas abordadas ao longo dos tempos pelo Direito internacional da água. Assim também, em tempos mais recentes, tais conflitos tendem a versar sobre vários tipos de questões simultaneamente, assim correspondendo a uma gestão contemporânea da água caracterizada por maior complexidade, holística, e a demandar também por isso, quando litigiosa, um tratamento jurisdicional mais complexo.

1. A via judicial: recurso ao Tribunal Permanente de Justiça Internacional e ao Tribunal Internacional de Justiça
1.1. Questões de navegação
No decurso dos quase cinco lustros de funcionamento do TPJI (de 1922 a 1946), este alto órgão jurisdicional lavrou sentenças relativamente a três instâncias contenciosas sobre problemas de água (nos casos *Jurisdição territorial da Comissão Internacional do Oder* (Alemanha, Dinamarca, França, Reino Unido, Suécia e Checos-

lováquia c. Polónia); *Oscar Chinn* (Reino Unido c. Bélgica); *Tomadas de água na Mosela* (Bélgica c. Países Baixos[7]) e um parecer consultivo, solicitado em 1926, pelo Conselho da Sociedade das Nações, para determinar a extensão territorial da competência da comissão europeia do Danúbio na parte dita "do Danúbio marítimo", entre as cidades de Galatz e Braila, situadas na Roménia[8]. As diversas instâncias têm de comum versarem sobre questões de natureza económica, associadas a utilizações de cursos de água internacionais. No caso relativo à *Jurisdição territorial da Comissão Internacional do Oder* e no caso *Oscar Chinn* avultavam, quanto a tais problemas, sobretudo, questões de navegação, relacionadas com a evolução histórica no sentido da consagração de liberdades de navegação a respeito de importantes cursos de água internacionais. Já no caso relativo às *Tomadas de água na Mosela*, era a construção de canais de navegação propiciadores do transporte de mercadorias para o mar do Norte que estava em causa.

a) Caso *Jurisdição territorial da Comissão Internacional do Oder*. O diferendo disse respeito à definição das secções do rio Oder nas quais se aplicava o regime de liberdade de navegação previsto pelo Tratado de Versalhes. Segundo o TPJI, a solução do litígio devia procurar-se "não na ideia de um direito de passagem em favor dos Estados de montante, mas na de uma comunidade de interesses dos Estados ribeirinhos"[9]. No entendimento do Tribunal, tal comunidade de interesses a respeito de um rio navegável "torna-se a base de uma comunidade de direito cujos traços essenciais são a perfeita igualdade de todos os Estados ribeirinhos na utilização de todo o percurso do rio e a exclusão de qualquer privilégio de um qualquer ribeirinho relativamente aos outros"[10].

Tal argumentação teve um grande impacto na discussão teórica sobre os rumos do Direito[11] e na efetiva evolução do Direito Internacional dos cursos de água, muito para lá da problemática da regulação da navegação que está na origem direta do *"dictum"*. Muito em especial, verifica-se que a noção de comunidade de interesses e de direitos, permitiu acreditar conceptualmente outras vias de desenvolvimento e modernização teórica de um Direito internacional até então exclusivamente baseado numa lógica construtiva eminentemente sinalagmática[12].

---

[7] As sentenças são, respetivamente, de 10 de Setembro de 1929 (cfr. CPJI, *Recueil*, série A n.º 13); de 12 de Dezembro de 1934 (cfr. CPJI, *Recueil*, série A/B, n.º 63); e de 28 de Junho de 1937 (cfr. CPJI, *Recueil*, série A/B, n.º 70).

[8] O parecer é de 8 de Dezembro de 1927. Cfr. CPJI, *Recueil*, série B, n.º 14.

[9] CPJI, *Recueil*, série A, n.º 13, p. 27.

[10] *Idem.*

[11] Cfr. Stephen McCaffrey, *The Law of International Watercourses – Non-Navigational Uses*, Oxford, 2001, Oxford University Press, pp. 112-174.

[12] Apontamo-lo, por exemplo, *in* Paulo Canelas de Castro, *Recent Developments in Water Law. Principles and Comparative Cases*, Lisboa, 2005, Luso-American Foundation, p. 21.

Ela vem a ser retomada pelo TIJ na sua sentença a respeito do Caso *Gabcikovo-Nagymaros*[13], onde se proclama que "o desenvolvimento moderno do direito internacional reforçou este princípio".

Acresce que, na sentença relativa ao Caso sobre os *direitos de navegação e direitos conexos sobre o rio San Juan* (Costa Rica c. Nicarágua), caso quase exclusivamente consagrado a questões de navegação, e apesar das aparentes dificuldades decorrentes de as águas do rio sobretudo relevarem da soberania nicaraguense, o TIJ, com certeza inspirado numa noção larga de 'comunidade de interesses', vincou a importância das "necessidades essenciais" da população ribeirinha na interpretação do tratado de limites de 1858 entre a Costa Rica e o Nicarágua. Para o TIJ, a Costa Rica e o Nicarágua tinham entendido manter o direito de utilização do rio para acorrer às necessidades essenciais das populações "tais como o transporte escolar ou os cuidados médicos"[14]. Daqui retirou a conclusão "que não pode ter sido intenção dos autores do tratado de 1858 denegar aos habitantes costa-riquenhos na proximidade do rio (...) o direito de recorrer ao rio na medida necessária à satisfação das suas necessidades essenciais, tendo em conta a configuração dos locais e independentemente mesmo de qualquer atividade de natureza comercial"[15].

E também o invocou na sua ordem de 2006 relativa ao Caso *Fábricas de celulose ao longo do rio Uruguai*[16]. Mais ainda, no julgamento de 20 de Abril de 2010, sobre a substância do Caso, o TIJ aponta, no fim dos motivos, que "ao agir conjuntamente no seio da Comissão de administração do rio Uruguai, as Partes estabeleceram uma real comunidade de interesses e de direitos na gestão do rio Uruguai e na proteção do ambiente"[17-18].

---

[13] Caso *relativo ao Projeto Gacikovo-Nagymaros* (Hungria c. Eslováquia), Acórdão de 25 de Setembro de 1997, CIJ, *Recueíl*, 1997, p. 56, parágrafo 85.

[14] Caso *do litígio relativo aos direitos de navegação e direitos conexos* (Costa Rica c. Nicarágua), acórdão de 13 de Julho de 2009, p. 32, parágrafo 78.

[15] *Idem*, p. 33, parágrafo 79.

[16] Caso *relativo às Fábricas de celulose no rio Uruguai* (Argentina c. Uruguai), ordem de 13 de Julho de 2006, p. 10, parágrafo 39 e p. 17, parágrafo 64 .

[17] Caso *relativo às Fábricas de celulose no rio Uruguai* (Argentina c. Uruguai), acórdão de 20 de Abril de 2010, parágrafo 281. *Vide*, contudo, a crítica de Marcelo G. Kohen , "Les principes généraux du droit international de l'eau à la lumière de la jurisprudence récente de la Cour internationale de justice", *in* Société française pour le droit international, *L'eau en droit international. Colloque d'Orléans*, Paris, 2011, Pédone, p. 95, que verbera a possibilidade de o *dictum* ser interpretado como significando que a comunidade de interesses não existiria fora de tal quadro institucional.

[18] *Vide* ainda, em sede de jurisprudência arbitral, a invocação da noção pelo tribunal arbitral no Caso *relativo ao apuramento de contas entre a França e os Países Baixos*.

b) Caso *Oscar Chinn*. O caso prende-se com as medidas adotadas pelo governo belga a respeito do transporte fluvial sobre os cursos de água do então Congo belga. Tais medidas haviam atingido gravemente as atividades económicas do empresário Oscar Chinn. O TPJI estimou que "a liberdade de navegação, na medida em que se trata de operações comerciais das empresas de transporte fluvial ou marítimo, implica, a esse respeito, a liberdade de comércio. Mas de tal não se pode deduzir que a liberdade de navegação implica e pressupõe em todos os casos a liberdade de comércio"[19].

c) Caso *Transvasamentos de água na Mosela*. Este litígio diz respeito à construção de canais de navegação pela Bélgica e pelos Países Baixos. Ambos os Estados invocaram a violação do tratado de 1863 sobre a resolução do regime de transvasamentos do Mosela. O TPJI considerou que "cada um dos dois Estados tem a liberdade, agindo no seu próprio território, de modificar [os canais], de os aumentar, de os transformar, de os encher e mesmo de aumentar o seu volume de água através de novos enchimentos, desde que se não prejudique as recolhas de água previamente estabelecidas"[20].

1.2. Questões de qualidade e de quantidade de água

Cada vez mais se aceita que os problemas mais candentes do Direito Internacional da Água contemporâneo contendem com uma noção ampla de gestão da água, compreendendo uma perspetiva ambiental para a qual a sociedade internacional veio a despertar nas últimas décadas, que se pode analisar em questões de qualidade da água e de quantidade, mas que estão intimamente interligadas. Na prática jurisprudencial, contudo, tais questões surgiram mais habitualmente separadas.

a) O *Caso relativo ao projeto Gabcikovo-Nagymaros* teve por objeto a construção de um sistema de barragens no Danúbio, previsto por tratado concluído em 1977 entre a Hungria e a Checoslováquia, mas que o governo húngaro, em 1989, entendeu suspender e posteriormente abandonar, sobretudo por razões ambientais, sendo que o falhanço das negociações que se seguiram, conduziu os dois Estados a recorrer a medidas unilaterais reciprocamente contestadas. A Checoslováquia empreendeu a "variante C", que supunha um desvio das águas do Danúbio do seu curso normal no território estadual. O TIJ apreciou esse projeto tendo em conta o alegado direito de adoção de contra-medidas, vindo a achar que a apropriação de "entre oitenta e noventa por cento das águas do Danúbio"[21]

---

[19] Caso *Oscar Chinn* (Reino Unido c. Bélgica), acórdão de 12 de Dezembro de 1934, CPJI, *Recueil*, série A/B, nº 63, p. 83.

[20] *Tomadas de água na Mosela* (Bélgica c Países Baixos), acórdão de 28 de Junho de 1937, CPJI, *Recueil*, série A/B, nº 70, p. 26.

[21] Acórdão *Projeto Gabcikovo-Nagymaros*, p. 50, parágrafo 65.

pela Checoslováquia tinha privado a Hungria "do seu direito a uma parte equitativa e razoável dos recursos naturais do Danúbio" e "não respeitou a proporcionalidade exigida pelo direito Internacional"[22]. Também sublinhou a importância da proteção da qualidade das águas do rio Danúbio. E considerou que os impactos do projeto sobre o ambiente "são necessariamente uma questão chave". Mais, disse, em termos muito claros, que são as normas atuais em matéria de proteção do ambiente que devem ser tomadas em conta pelos Estados na avaliação dos impactos e dos riscos ecológicos das ações que empreendem[23].

b) o Caso das *fábricas de celulose ao longo do rio Uruguai* contende com a pretensão de um Estado ribeirinho, a Argentina, proteger a qualidade das águas do rio Uruguai e o seu ecossistema à luz do regime definido pelo Estatuto de 1975 para o rio Uruguai, rio fronteira para os dois Estados. Na sua ordem em sede de processo de medidas conservatórias, o TIJ lembrou a importância que atribui à proteção do ambiente[24], embora tenha vindo a concluir que as circunstâncias do caso não justificam que se decretasse as medidas conservatórias pedidas, nomeadamente por não encontrar nos dados do processo indícios de "um risco iminente de prejuízo irreparável para o meio aquático do rio Uruguai ou para os interesses económicos e sociais das populações ribeirinhas estabelecidas na parte argentina do rio"[25]. No Acórdão final, de 20 de Abril de 2010, foi mais longe, inspirando-se claramente numa perspetiva mais ampla de proteção do ambiente, nomeadamente para analisar de forma mais integrada questões de gestão ambiental e identificar elementos importantes dos princípios de fundo, substantivos que a governam.

1.3. Questões de gestão e princípios substanciais da utilização de águas internacionais

Para lá do enunciado da noção de "comunidade de interesses" no *Caso da Jurisdição Territorial da Comissão Internacional do Oder*, os órgãos judiciais internacionais têm, mais recentemente, tido oportunidade de se pronunciar sobre importantes questões de gestão de águas internacionais e sobre o conteúdo dos princípios aplicáveis.

Assim, muito em especial, a respeito do Caso *Fábricas de Celulose ao longo do Rio Uruguai*. Baseado no artigo primeiro do Estatuto do rio Uruguai de 1975 que define a natureza da utilização do rio visada pelas partes como "racional e óptima",

---

[22] *Idem*, p. 56, parágrafo 85.

[23] *Ibidem*, p. 57, parágrafo 140.

[24] Caso *relativo às fábricas de celulose ao longo do rio Uruguai* (Argentina c. Uruguai), pedido de medidas conservatórias, ordem de 13 de Julho de 2006, p. 18, parágrafo 72.

[25] *Idem*, p. 18, parágrafo 73.

e aproximando-o do princípio, mais comummente conhecido como princípio da "utilização equitativa e razoável", o TIJ vem a considerar que o regime estabelecido pelo Estatuto é equitativo e razoável, uma vez que "toma em conta os interesses do outro Estado ribeirinho relativamente ao recurso partilhado e a proteção ambiental deste"[26]. Mais: considera-o "a pedra angular" do sistema de cooperação convencionalmente instituído[27]. Quando se trata de determinar o conteúdo do princípio da utilização razoável e equitativa, faz uma interessante ponderação e mesmo amálgama com a noção de não dano e desenvolvimento sustentável. Nomeadamente, o Tribunal mundial indica que "deve ser encontrado equilíbrio entre, de uma parte, a utilização do rio para fins económicos e comerciais e, de outra parte, a obrigação de protegê-lo de qualquer dano ao ambiente susceptível de ser causado por tais atividades"[28]. Não parece descabido ler em tal passagem uma vindicação da tese doutrinal de que os princípios da utilização equitativa e razoável e do não dano se devem ler em conjunto e em equilíbrio, que não privilegiando um relativamente ao outro e que o princípio do desenvolvimento sustentável dá hoje novos sentidos ao princípio da utilização equitativa e razoável, nomeadamente por obrigar a considerar um tempo diverso daquele que antes era tido por referência, com o objetivo, comum a estas noções, lidas de forma mais contemporânea, de preservar o capital do recurso de modo perpétuo[29].

Outro princípio fundamental, de natureza substantiva, em causa no Acórdão sobre as *Fábricas Celuloses ao longo do rio Uruguai* foi o princípio da prevenção e a obrigação correspondente. O Tribunal considerou que tal princípio, de natureza consuetudinária, "faz agora parte integrante do corpo de regras do direito internacional do ambiente"[30], assim retomando indicações normativas antes expendidas em sede contenciosa, consultiva e por outros órgãos jurisdicionais internacionais[31]. Encontrou o fundamento do princípio na noção de diligência devida do Estado no seu território[32]. Poderá questionar-se se tal nexo garante o nível de

---

[26] Cfr. *Caso relativo às fábricas de celulose ao longo do rio Uruguai* (Argentina c. Uruguai), Acórdão, 20 de Abril de 2010, parágrafo 177.

[27] *Idem*, parágrafo 174.

[28] *Ibidem*, parágrafo 175.

[29] Cfr. Paulo Canelas de Castro, "The Global Challenge (...)", *op. cit.*, pp. 22-23.

[30] Cfr. Acórdão de 20 de Abril de 2010, parágrafo 101.

[31] Cfr. Parecer consultivo *Licitude da ameaça ou da utilização de armas nucleares*, CIJ, *Recueil*, 1996 (I), p. 242, parágrafo 29; Caso *Projeto Gabcikovo-Nagymaros*, CIJ, *Recueil*, 1997, pp. 77-78, parágrafo 140; sentença arbitral relativa ao *Caminho de Ferro dito Iron Rhine ("Ijzeren Rijn")*, entre o Reino da Bélgica e o Reino dos Países Baixos, decisão de 24 de Maio de 205, *RSA*, vol. XXVII, pp. 66-67, parágrafo 59.

[32] Cfr. Acórdão de 20 de Abril de 2010, parágrafo 197. Embora a relação pareça criticável (*vide*, por exemplo, Marcelo G. Kohen, "Les principes généraux (...)", *op. cit.*, p. 100), é esta a perspetiva que subjaz ao Projeto de Artigos de 2001 sobre a prevenção de danos transfronteiriços resultantes de atividades perigosas, da Comissão de Direito Internacional.

ESTUDOS EM HOMENAGEM A MIGUEL GALVÃO TELES

responsabilidade elevada que as especificidades da proteção ambiental e a perceção das consequências, tantas vezes irreparáveis, da utilização de bens naturais à luz de objetivos de proteção ambiental, seguramente justificam. No mesmo Acórdão, também examinou a relação entre as obrigações procedimentais e as obrigações substanciais à luz do princípio da prevenção, achando que ambas têm "laço funcional relativo à prevenção"[33]. Mais achou que o princípio da prevenção está estreitamente ligado à obrigação de não causar um prejuízo ou dano sensível ou significativo, demonstrando emprestar a estas noções, não raro variáveis no direito convencional particular, o sentido acolhido no Direito internacional geral, tal como, em particular, aparece vertido na Convenção das Nações Unidas de 1997 e no Projeto de Artigos sobre os aquíferos transfronteiriços de 2008. Para além disso, o Acórdão também contribui para esclarecer como determinar o conteúdo da obrigação de prevenção. As partes litigantes haviam discutido sobre a natureza da obrigação: se a obrigação de prevenção é uma obrigação de resultado ou de comportamento. Descreveu a obrigação como prescrevendo um comportamento determinado, que definiu por apelo a três elementos: a obrigação de adotar as medidas necessárias por intermédio da Comissão conjunta, por forma a evitar modificações do equilíbrio ecológico; a obrigação de estabelecer normas e medidas com tal fim nos sistemas nacionais; e o dever de diligência no cumprimento de tal obrigação[34]. Embora o exame se refira ao direito convencional particular, não se pode deixar de aqui ver pistas sobre qual o conteúdo que o Tribunal atribuirá às regras respetivas do direito internacional geral (- assim é, mesmo que pareça criticável, com alguma doutrina[35], que se não tenha avaliado das consequências a mais longo prazo; e, também, com parte do pretório[36], que se não tenha procedido a avaliação mais rigorosa da prova científica).

Já o reconhecimento da "abordagem de precaução", seguindo terminologia antes adotada pelo TIJ, no acórdão relativo ao Caso do *Projeto Gabcikovo-Nagymaros*[37], não deixará de parecer demasiado "tímido": não só porque tal terminologia se afigura '*démodée*', mas também porque restringe a problemática às obrigações de vigilância e prevenção; porque implica uma renúncia à inversão do ónus da

---

[33] *Idem*, Acórdão de 20 de Abril de 2010, parágrafo 79.

[34] Acórdão de 20 de Abril de 2010, parágrafos 187 e 196-198.

[35] *Vide*, por exemplo, Yann Kerbrat e Sandrine Maljean-Dubois, "La Cour internationale de justice face aux enjeux de protection de l'environnement: Réfléxions critiques sur l'arrêt du 20 avril 2010, Usines de pâte à papier sur le fleuve Uruguay (Argentine c. Uruguay)", *RGDIP*, 2011, nº 1, tome CXV, pp. 39-75, *notius* 45-73; e Marcelo G. Kohen, "Les principes généraux (...)", *op. cit.*, p. 102.

[36] Cfr. opinião dissidente conjunta dos juízes Al-Khasawneh e Simma, parágrafos 2-17; opinião individual do juiz Cançado Trindade, parágrafos 148-151; a declaração do juiz Yusuf, parágrafos 1-14 e a opinião dissidente do juiz *ad hoc* Vinuesa, parágrafos 67-88.

[37] Cfr. Acórdão no Caso *Projeto Gabcikovo-Nagymaros*, CIJ, *Recueil*, 1997, pp. 77-78, parágrafo 140.

prova; mas, sobretudo, porque se inscreve a contracorrente da consolidação do princípio "homónimo" nos campos convencional, da prática estadual e de outros sujeitos de Direito Internacional e da doutrina; e ainda porque omite, num plano substancial, uma análise, que, porém, pareceria cogente, dos riscos ligados a quarenta anos de exploração das fábricas, contentando-se, ao invés, com um exame da situação atual, numa expressão porventura de compreensão clássica sobre problemas de responsabilidade por facto ilícito.

1.4. Questões de procedimento

Cada vez mais o Direito Internacional da Água comporta, para lá de um regime substancial progressivamente mais denso e elaborado, importantes obrigações de natureza procedimental, nomeadamente para situações, potencialmente muito conflituosas, em que um Estado ribeirinho pretende empreender um aproveitamento novo (construção de barragem hidroelétrica, instalação de sistema de irrigação, edificação de indústria poluente) ou acrescer a aproveitamento antigo das águas de um rio, de um lago, de aquífero internacional.

No *Caso da Fábricas de Celulose ao longo do rio Uruguai*, a Argentina, para lá de invocar questões substanciais de natureza ambiental e de qualidade das águas, arguiu que o Uruguai, ao autorizar a construção e a entrada em funcionamento das celuloses ao longo do rio Uruguai, sem notificar os seus propósitos e dados e sem abrir um procedimento de consultas, teria incorrido em responsabilidade internacional e deveria cessar os trabalhos referidos. Como se disse, o Tribunal examinou o nexo entre as obrigações procedimentais e as obrigações substanciais por relação com o princípio da prevenção, achando que entre elas intercorre "laço funcional relativo à prevenção", o que parece justificável, já que é no decurso da aplicação das obrigações procedimentais que se fazem as avaliações necessárias à prevenção de danos ambientais.

Mais: mesmo se o Estatuto de 1975 já previa um procedimento convencional bastante detalhado, isso não inibiu o TIJ de ir mais longe e fazer uma análise das obrigações de notificação, consulta e negociação prévia à execução de projetos que redunda em importante contributo jurisprudencial para o esclarecimento não só das regras aplicáveis do Estatuto, mas também para a existência e o conteúdo de idênticas obrigações no quadro do Direito Internacional geral da água. Assim é que o Tribunal precisa, desde logo, que o objetivo de tais obrigações é o de "criar uma cooperação frutuosa entre as partes, permitindo-lhes, na base de uma informação tão completa quão possível, avaliar o impacto do projeto no rio e, se for o caso, negociar as condições necessárias para prevenir danos eventuais que o mesmo possa criar"[38]. Também afirma de modo claro que a obrigação de

---

[38] Acórdão de 20 de Abril de 2010, parágrafo 113.

notificação vale antes que o Estado interessado tome decisão sobre a viabilidade ambiental do projeto[39], questão que tinha dividido as partes litigantes no processo. Em contrapartida, restringindo-se a leitura da solução convencionada, adotou posição muito restritiva quanto à questão do momento a partir do qual o Estado interessado pode avançar na execução do projeto, fazendo coincidir a obrigação de abstenção de construção, apenas, sem mais, com o fim formal da etapa das negociações. Também quanto à obrigação de consulta de populações interessadas, o Tribunal evidencia uma visão muito retraída: de facto, parece concluir que tal obrigação só existe no plano internacional se se fundar em exigência convencional particular explícita. Mal se vê que esta posição se possa compaginar com outros avanços em sede de Direito Internacional geral e regional, para além de que não é fácil conciliá-la com a relação estreita entre populações e o seu habitat que o mesmo Tribunal, de modo aí seguramente progressista, admitiu no caso relativo aos *Direitos de navegação e direitos conexos sobre o rio San Juan* entre a Costa Rica e o Nicarágua[40].

Para além destes importantes esclarecimentos e, no conjunto, reais progressos em sede dos procedimentos a seguir em situações potencialmente litigiosas de aproveitamento de águas internacionais, o TIJ também esclarece qual o papel que tem o princípio da boa fé na negociação de regimes de utilização de recursos partilhados. Tal negociação é o corolário lógico das obrigações de notificação e de consultas e correspondentes procedimentos. É no decurso destes que as partes litigantes têm oportunidade de exprimir a sua posição em caso de divergências quanto a um projeto e demandar uma solução para o problema criado. O Tribunal recordou anteriores "*dicta*" sobre o artigo 26° da Convenção sobre o Direito dos Tratados e o princípio da boa fé em geral, bem como a diretriz de que as negociações devem ser conduzidas de forma a terem sentido útil. A esta base, o Tribunal vai ainda acrescer um corolário que importa para aquelas situações de exploração de recursos naturais partilhados institucionalmente "enquadradas" por um mecanismo de cooperação previsto na convenção que as rege: "o mecanismo de cooperação previsto (...) não teria sentido (...) se a parte de origem da atividade projetada a autorizasse ou a executasse sem esperar que esse mecanismo seja completamente executado. (...) se tal fosse o caso, as negociações entre as partes não mais teriam sentido"[41].

---

[39] *Idem*, parágrafo 120.

[40] Cfr. parágrafo 137, em que, para fundar a admissibilidade do pedido costa-riquenho, relativo aos direitos de pesca para finalidades de subsistência dos habitantes da margem costa-riquenha do rio, o TIJ aceita o nexo entre tal pedido e a "Requête", "levando em conta a relação que [as populações] ribeirinhas mantêm com o rio".

[41] Acórdão de 20 de Abril de 2010, parágrafo 147.

Mas o TIJ vai mesmo mais longe, no Caso referido, elevando a novas alturas a coragem já antes demonstrada no tratamento da matéria procedimental, tanto no Caso vertente quanto, antes, na sua sentença para o Caso do *Projeto Gabcikovo-Nagymaros*, nomeadamente quando induz as partes a empreenderem uma monitorização *ex post* dos efeitos de um projeto, em contraste com a timidez revelada no tratamento de matéria substancial dos princípios fundamentais da gestão de águas internacionais. Nas suas palavras, "a obrigação de proteger e de preservar, enunciada no artigo 41°, alínea a) do Estatuto, deve ser interpretada em conformidade com uma prática aceite tão largamente pelos Estados nestes últimos anos que se pode doravante considerar que existe, no direito internacional geral, uma obrigação de proceder a uma avaliação de impacte ambiental quando a atividade industrial projetada comporta o risco de um impacto negativo importante num quadro transfronteiriço, e em particular sobre um recurso partilhado"[42]. Já quanto ao conteúdo da obrigação, diz o TIJ que cabe a cada Estado determinar o conteúdo dos estudos de impacto. No seu entender, o Direito internacional geral não precisa tal conteúdo ou o alcance das avaliações de impacto ambiental[43]. Apesar desta parcimónia quanto ao conteúdo da obrigação de avaliação de impacto ambiental, o Tribunal não deixou de considerar que as avaliações de impacto ambiental devem ser conduzidas antes da execução do projeto[44], assim efetivamente impondo uma condição internacional relativamente às iniciativas e legislações nacionais.

2. A via arbitral

A arbitragem é a forma mais antiga de solução jurisdicional de litígios. Desde o fim do século XIX, foi utilizada amiúde no domínio dos litígios da água, seja sob a forma de arbitragem de juiz único, de comissão mista ou de tribunais arbitrais, instituídos ou não no seio do Tribunal Permanente de Arbitragem (TPA). As decisões de tais instâncias arbitrais, que também contenderam com questões de navegação[45], de partilha de direitos de utilização de águas[46], permitiram, em especial, desenvolver e consolidar as regras relativas ao Direito da utilização dos cursos de água internacionais.

---

[42] *Idem*, parágrafo 204.

[43] *Ibidem*, parágrafo 205.

[44] *Ibidem*.

[45] *V.g.* laudo arbitral 22 de Março de 1888 do Presidente dos Estados Unidos da América, Grover Cleveland, no *Caso relativo ao rio San Juan* (Costa Rica c. Nicarágua) e Decisão no *Caso Faber*.

[46] *V.g.* Sentenças de 19 de Agosto de 1872 e de 10 de Abril de 1905 no *Caso do delta do Helmand* (Afeganistão c. Pérsia) e Decisão de 22 de Agosto de 1893 no *Caso relativo ao rio Kochk*.

2.1. Sentenças arbitrais por juiz arbitral único

a) Sentença de 22 de Março de 1888 do Presidente dos Estados Unidos da América, Grover Cleveland, no *Caso relativo ao rio San Juan* (Costa Rica c. Nicarágua)

De há séculos que a América Central era tida como o local ideal para construir uma ligação interoceânica entre o Oceano Atlântico e o Oceano Pacífico. Em meados do século XIX, os Estados Unidos começaram a projetar construir um canal oceânico, no território da Nicarágua, aproveitando do facto de o lago Nicarágua e o rio San Juan ligarem os dois oceanos quase naturalmente. Em 1858, a Nicarágua e a Costa Rica, através do Tratado de Canas-Jerez, acordaram em que a Nicarágua "terá em exclusividade o domínio e a jurisdição exclusiva sobre as águas do rio San Juan desde a sua origem no Lago até à sua foz no Atlântico; mas a República da Costa Rica terá o direito perpétuo de livre navegação em tais águas". O tratado declarava que a construção de um canal interoceânico não prejudicava as obrigações prévias da Nicarágua. O laudo arbitral de 1888 sustentou que o tratado era válido e que, muito embora a Costa Rica não tivesse direito a que os seus vasos de guerra navegassem no rio San Juan, tal já acontecia com as embarcações afetas aos serviços fiscais. Também se afirma que a Costa Rica tem direito a ser previamente consultada relativamente a acordos que a Nicarágua pretenda adotar a respeito da construção do canal interoceânico[47].

b) Sentenças de 19 de Agosto de 1872 e de 10 de Abril de 1905 no *Caso do delta do Helmand* (Afeganistão c. Pérsia). O rio Helmand é partilhado entre o Afeganistão e o Irão (Pérsia). Os dois Estados ribeirinhos envolveram-se em litígio relativamente à delimitação da fronteira e ao uso das águas do rio nas zonas húmidas do Sistão. Em 1872, um árbitro britânico decidiu que a Pérsia não detinha território na margem direita do Helmand e que ambas as margens do Helmand acima da barragem Kohak se situavam no Afeganistão, embora não se admitisse a realização de trabalhos em qualquer das margens, que pudessem interferir com a água disponível para irrigação. Ambos os governos aceitaram o laudo. Mas, logo depois, a demarcação territorial veio a dar origem a nova controvérsia. Perante a mesma, os dois Estados ribeirinhos concordaram de novo em recorrer a arbitragem internacional, tendo o novo laudo sido proferido em 1905. Nesta outra decisão, tornou-se claro que o Sistão sofria mais de excesso que de falta de água, pelo

---

[47] Para este e outros casos e arbitragens suscitados pela ideia de construir um canal interoceânico na região, e a natureza, extensão e conteúdo dos direitos de navegação e outros associados, que estão também na origem do *Caso do litígio relativo aos direitos de navegação e direitos conexos* (Costa Rica c. Nicarágua), levado ao TIJ em 2005 e objecto do Acórdão de 13 de Julho de 2009, cfr. L. del Castillo-Laborde, "Chapter 19 – Case Law on International Watercourses", *in* Joseph W. Dellapenna, Joyeeta Gupta (eds.), *The Evolution of the Law and Politics of Water*, Berlin, 2009, Springer, pp. 330-331.

que agora se atribuíram quantidades de água à Pérsia, sem com tal prejudicar a garantia de água suficiente para a satisfação das necessidades afegãs. Mais se declarou que "não se realizam obras de irrigação em qualquer uma das margens do rio, mas ambos os lados têm o direito, dentro do seu território, de manter canais existentes ou de abrir canais velhos ou em desuso e de fazer novos canais, a partir do rio Helmand, desde que a garantia de água necessária para a irrigação em ambos os lados não saia diminuída". O árbitro acrescentou que "os direitos sobre o rio Helmand que a posição geográfica naturalmente dá ao Afeganistão, como soberano sobre o Alto Helmand, foram restringidos na extensão acima mencionada em benefício da Pérsia "que não tem nenhum direito a alienar a outra Potência os direitos à água assim adquiridos sem o consentimento do Afeganistão". Apesar dos seus fundamentos equitativos, o laudo não foi aceite pelos ribeirinhos[48].

2.2. Sentenças arbitrais proferidas por Comissão mista

a) Caso Koshk. A decisão arbitral de 1893 no caso relativo ao rio Koshk foi proferida por uma comissão anglo-russa instituída para precisar e completar a cláusula II do protocolo fronteiriço nº 4 de 10 de Julho de 1887 entre a Grã-Bretanha e a Rússia, contendendo com o uso da água entre o Afeganistão e a Rússia. O rio Koshk (corre a partir do Noroeste do Afeganistão, tornando-se fronteira com o atual Turquemenistão, então parte do Império Russo. No referido protocolo entre a Grã-Bretanha e a Rússia, os dois Estados definiram o rio Koshk como a fronteira entre os dois Estados, acordando em que ela segue o *thalweg*. Mais se determinou que o Afeganistão não tomaria água da sua secção do rio, embora tenha o direito de usar os afluentes para irrigar os seus campos[49].

b) Caso Faber. A decisão no *caso Faber* foi proferida pela comissão mista das reclamações Alemanha-Venezuela, instituída em aplicação do protocolo de 13 de Janeiro de 1903 entre os dois Estados para apreciar e resolver reclamações de sociedades comerciais alemãs, com fundamento nos prejuízos sofridos durante as guerras civis ocorridas na transição dos séculos, decorrentes, em especial, de impedimentos postos à navegação. Em 1900, a Venezuela deixou de permitir a navegação através de determinados rios, assim impedindo o acesso da sociedade *Faber* a território colombiano. O Império Germânico protestou junto da Venezuela por tal interrupção de relações comerciais com a Colômbia, alegando a violação de "princípios de Direito internacional". A comissão arbitral sustentou que a Venezuela, no legítimo exercício da sua soberania, podia excluir navios de outras nacionalidades e podia mesmo exigir que os navios fossem comandados

---

[48] Alguns extratos *in Annuaire de la Commission de droit international*, 1974, vol. II (2), pp. 201-204.
[49] Cfr L. del Castillo-Laborde, *idem*, pp. 327-328.

por Venezuelanos. O direito de controle da navegação de que a Venezuela era titular poderia ir até à proibição da navegação de tais rios[50].

2.3. Sentenças arbitrais proferidas por tribunais arbitrais

a) *Caso do Lago Lanoux*. O Caso relativo ao lago Lanoux opôs a Espanha à França, tendo resultado de um projeto francês de aproveitamento do lago que passava por desviar as águas do rio Carol para o rio Ariège. O litígio foi apresentado a um tribunal *ad hoc*, em consequência de compromisso arbitral assinado em Novembro de 1956. No laudo arbitral, o tribunal levou em conta não só regras do direito convencional mas também "as regras do direito internacional comum"[51]. Assim pôde identificar, como obrigações do Direito internacional da água, as obrigações de consultas e negociação de boa fé entre os Estados ribeirinhos quando projetam atividades relativas à utilização de recursos hídricos partilhados. De acordo com o tribunal, um Estado ribeirinho tem "a obrigação, de acordo com as regras da boa fé, de tomar em consideração os diversos interesses em presença, de procurar dar-lhes toda a satisfação compatível com a prossecução dos seus próprios interesses e de mostrar que tem, a este respeito, uma preocupação real de conciliar os interesses do outro ribeirinho com os seus"[52].

Mas o tribunal foi mais longe, já que, ao examinar se a França havia tomado em conta os interesses espanhóis, considerou que um Estado ribeirinho deve dar aos interesses de um outro Estado do curso de água relevo razoável, não só durante as negociações empreendidas em busca da solução do litígio, mas também na própria solução adoptada[53]. Em função da aplicação deste critério normativo aos factos do caso, o tribunal concluiu que a França havia tomado em suficiente conta os interesses espanhóis e que não incorria por isso em violação do direito convencional e do "direito internacional comum".

b) *Caso Gut Dam*

O Caso Gut Dam diz respeito aos danos sofridos por centenas de nacionais americanos titulares de propriedades nas proximidades do Lago Ontário, durante os anos 1951 e 1952, na sequência do aumento do nível das águas resultante da construção pelo Canadá e entrada em funcionamento de uma barragem, a barragem Gut, em secção do rio São Lourenço. As queixas foram levadas aos tribunais nacionais dos Estados Unidos e uma comissão, a *Foreign Claims Settlement*

---

[50] Alguns extratos *in Annuaire de la Commission de droit international*, 1974, vol. II (2), pp. 204-205. *Vide* também L. del Castillo-Laborde, *op.cit.*, pp. 331-332.

[51] *Caso do Lago Lanoux (Espanha c. França)*, sentença de 16 de Novembro de 1957, *Recueil des sentences arbitrales*, vol. XII, p. 301, parágrafo 2.

[52] *Idem*, p. 315, parágrafo 22.

[53] *Ibidem*, p. 317, parágrafo 24.

Commission, foi instituída, pelo Congresso americano, para determinar os danos sofridos por tais nacionais. Em 1965, as partes litigantes decidiram instituir um tribunal arbitral *ad hoc*, conhecido como o Tribunal de reclamações do Lago Ontário, perante o qual foram apresentadas cerca de duas centenas de reclamações. Antes que o tribunal pudesse decidir sobre tais reclamações, as partes litigantes acordaram extrajudicialmente numa solução consistente na atribuição pelo Canadá de uma soma global de 350 000 dólares aos nacionais do Estado vizinho do sul[54].

c) ***Caso relativo ao apuramento de contas entre a França e os Países Baixos.*** O litígio foi apresentado a uma arbitragem instituída sob os auspícios do TPA, no início de 2004 e resolvido por sentença de 12 de Março de 2004. Na decisão, o tribunal interpretou as obrigações dos dois Estados litigantes resultantes da Convenção relativa à proteção do Reno contra a poluição por cloretos de 3 de Dezembro de 1976 e do seu Protocolo de 1991, à luz da solidariedade existente entre os dois Estados ribeirinhos. Para o tribunal, "o Protocolo, em nome da solidariedade existente entre os ribeirinhos do Reno, organiza, de qualquer modo, a luta contra a poluição do rio pelos cloretos, assegurando um financiamento comum das medidas a tomar pela França e pelos Países Baixos"[55]. Mais sublinhou a relação estreita que intercorre entre a dita solidariedade dos Estados ribeirinhos e a proteção da qualidade das águas do Reno. Para o tribunal arbitral, a "comunidade de interesses e de direitos" faz parte do regime de solidariedade estabelecido pelos Estados ribeirinhos para o Reno, para proteger o ambiente e os seus recursos[56-57]. Com tal *dictum*, o tribunal arbitral reforça a noção de comunidade de interesses e de direitos num curso de água internacional, já antes utilizada pelo TPJI no *Caso da Comissão do Oder* de 1929 e pelo TIJ no *Caso Gabcikovo-Nagymaros*, em 1997, e que também pode ter inspirado passo progressista do TIJ no Acórdão para o *Caso do litígio relativo aos direitos de navegação e direitos conexos*, quando atende às necessidades essenciais da população ribeirinha na interpretação do tratado de limites entre a Costa Rica e o Nicarágua, bem como na sentença de 2010, sobre o *Caso relativo às Fábricas de Celulose ao longo do Rio Uruguai*.

---

[54] E.L. Kerley, C.F.Goodman, "The Gut Dam Claims: a lump sum settlement disposes of an arbitrated dispute", *Virginia Journal of International Law*, 1970, vol. X, pp. 305 e 325.

[55] Caso relativo ao apuramento de contas entre o Reino dos Países Baixos e a República francesa em aplicação do Protocolo de 25 de Setembro de 1991 adicional à Convenção relativa à proteção do Reno contra a poluição por cloretos de 3 de Dezembro de 1976, p. 40, parágrafo 98.

[56] *Idem*, p. 39, parágrafo 97.

[57] *Vide* também L. del Castillo-Laborde, *op.cit.*, pp. 328-329.

3. Modos jurisdicionais de resolução de litígios envolvendo atores não estaduais

Um número crescente de litígios transnacionais diz respeito a questões de água. Assim é com os mecanismos definidos no quadro do CIRDI ou do Acordo de Comércio Livre da América do Norte. Assim é também com os litígios apreciados no seio de Tribunais de Direitos do Homem.

3.1. o CIRDI

Vários casos trazidos aos tribunais arbitrais disponíveis no quadro da Convenção para a resolução de litígios relativos aos investimentos entre Estados e nacionais de outros Estados, adotada em 18 de Março de 1965, tratam de questões relativas à água. Várias destas decisões contenderam com problemas decorrentes da privatização dos serviços de água e das expropriações realizadas. Assim, por exemplo, com as decisões *Azurix c. Argentina*, de 2006 e *Biwater Gauff c. Tanzânia*, de 2008. Ambas as decisões contribuem para definir o conceito de expropriação indireta, nomeadamente os critérios distintivos de intervenção e regulações jurídicas legítimas que não justificam uma indemnização e das demais formas de regulação, que justificam uma indemnização[58]. Estes problemas de expropriação e de indemnização dos investimentos realizados por privados correlacionam-se com a questão da extensão da competência reguladora do Estado. Muito em particular, está em causa saber se tal intervenção reguladora comporta justificações sociais, como a de assegurar um acesso universal ou mais perfeito das populações à água, ou de natureza ambiental.

Em não poucos dos litígios sobre a água, os tribunais do CIRDI tiveram que lidar com pedidos de intervenção por parte de particulares não litigantes, *notius* organizações não governamentais[59], que procuraram justificar o direito de apresentarem peças processuais *amicus curiae* no facto de a gestão da água levantar questões de interesse público[60]. Nas suas decisões, os tribunais aceitaram a apresentação de tais peças porque entenderam que o objecto dos conflitos contendia com questões de direito internacional, nomeadamente questões relativas à proteção dos direitos do homem.

---

[58] *Vide* decisão *Azurix*, pp. 11-112, parágrafos 311-312 e decisão *Biwater Gauff*, p. 136, parágrafos 462-465 e p. 236, parágrafo 798.

[59] Cfr. M. Mbengue e M. Tignino, "Transparency, public participation and amicus curiae in water disputes", *in* E. Brown-Weiss, L. Boisson de Chazournes, N. Bernasconi Osterwalder (eds.), *Fresh Water and International Economic Law*, Oxford, 2005, Oxford University Press, pp. 367-405.

[60] Assim aconteceu nos casos *Suez, Sociedad General de Aguas de Barcelona SA e Vivendi Universal SA c. Argentina; Aguas provinciales de Santa Fe SA, Suez, Sociedad General de Aguas de Barcelona SA e Interaguas Servicios Integrales del Agua SA c. Argentina; Biwater Gauff (Tanzania) Ltd. c. Tanzânia.*

3.2. o Acordo NAFTA

De modo inédito (e pioneiro?) no direito internacional económico e na consideração da relação do problema da gestão da água com a vertente comercial do mesmo, os Estados partes do acordo NAFTA, o Canadá, os Estados Unidos e o México, fizeram uma declaração, em 1993, pela qual excluem a água e os direitos à água do âmbito de tal Acordo de comércio livre regional. Nos termos da mesma proclama-se que "A água que se encontra no estado natural nos lagos, rios, reservatórios, aquíferos, bacias hidrográficas, etc., não é nem um produto, nem se vende no comércio e, por consequência, não é nem nunca foi visada pelas condições de um acordo comercial qualquer que ele seja"[61]. Mas, se é incontestável que esta declaração parece assegurar a exclusão da água do âmbito aplicativo do capítulo 3 do Acordo NAFTA, relativo ao comércio de produtos, mal se vê que garanta o mesmo efeito a respeito do capítulo 11 do Acordo, relativo aos investimentos. E a verdade é que em 1998, um primeiro litígio no sector, apresentado no quadro do capítulo 11 do Acordo NAFTA, opôs uma companhia privada americana, Sun Belt, ao Canadá, pelo facto de este (em consequência de mudança de legislação a nível federal e ao da província da Columbia britânica) ter retirado uma concessão antes outorgada a *joint venture* em que aquela companhia comparticipava, dirigida à realização de transferências de água a granel, por navio-cisterna, para os Estados Unidos e, nomeadamente, para cidade da Califórnia. A Sun Belt apresentou pedido de indemnização ao abrigo do capítulo 11 do Acordo NAFTA, mas o caso não parece ter avançado[62].

3.3. Os processos de proteção dos Direitos do Homem

O órgão que desde 1985 supervisiona a aplicação do Pacto Internacional dos Direitos Económicos Sociais e Culturais pelos Estados Partes, o Comité dos Direitos Económicos, Sociais e Culturais, pronunciou-se diretamente sobre a relação entre a água e este tipo de direitos, através do Comentário Geral nº 15, adoptado em 2002. Nele nomeadamente chamou a atenção, na linha do que antes haviam feito a doutrina e também instâncias internacionais, para a essencialidade da água para a realização de determinados direitos fundamentais. Considerou ainda que, apesar de a "Magna Carta dos Direitos Fundamentais" não prever expressamente um direito humano à água, há, no direito internacional contemporâneo, a possibilidade de fazer derivar um tal direito humano à água de outros direitos estabelecidos nos Pactos, como o direito a um nível adequado de vida, ou o nível

---

[61] Texto na colectânea "Freshwater and International Economic Law" que preparámos para a Academy of International Investment and Trade Law 2012, 9-21 July 2012, publicada pelo Instituto de Estudos Europeus de Macau.

[62] Cfr. www.naftaclaims.com/disputes_canada/disputes_canada_sunbelt.htm .

mais elevado de saúde física e mental. Como nele há um autónomo direito à água, resultante, de modo explícito ou implícito, de um conjunto de instrumentos jurídicos internacionais, obrigatórios ou declarativos.

O Comité dos Direitos do Homem teve também ocasião de considerar a água sob o ângulo da vida cultural das minorias cujos direitos são protegidos pelo artigo 27° do Pacto Internacional relativo aos direitos civis e políticos. Segundo o órgão responsável pela monitorização da aplicação do Pacto Internacional dos Direitos Civis e Políticos, a cultura "pode revestir numerosas formas e exprimir-se nomeadamente por um certo modo de vida associado à utilização dos recursos naturais, em particular no caso das populações autóctones"[63]. Em especial, os direitos protegidos pelo artigo 27° do Pacto podem versar "sobre o exercício de atividades tradicionais, como a pesca ou a caça"[64]. A denegação do exercício de tais atividades socioeconómicas ligadas à água constituiria violação das obrigações decorrentes para os Estados do artigo 27° do Pacto.

Bom exemplo desta relação entre a proteção do modo de vida de uma comunidade autóctone e as atividades socioeconómicas ligadas à água é constituído pelo *Caso relativo à tribo do Lago Lubicon c. o Canadá*. O autor da comunicação perante o órgão das Nações Unidas, o chefe Ominayak, arguiu que ao expropriar as terras pertencentes à tribo do Lago Lubicon com propósitos comerciais (prospeção petrolífera e de gás), o Governo da província de Alberta tinha levado o Estado canadiano a incorrer na violação do direito à autodeterminação dos povos, bem como do direito de livre disposição dos seus recursos naturais, ambos protegidos pelo artigo primeiro do Pacto sobre os Direitos Civis e Políticos. Embora o Comité se tenha declarado incompetente para examinar a comunicação à luz da norma referida, declarou-a admissível "na medida em que pode levantar questões à luz do artigo 27° do Pacto ou outros artigos do Pacto" (parágrafo 31.1), tendo depois concluído pela violação pelo Canadá do artigo 27°[65].

Os mecanismos regionais dos direitos do homem como o Tribunal Europeu dos Direitos do Homem (TEDH), a Comissão e o Tribunal interamericano dos Direitos do Homem, bem como a Comissão Africana dos Direitos do Homem e dos Povos também abordaram a problemática da água, sua gestão e proteção, no quadro da solução de litígios em que tais direitos estiveram em causa.

---

[63] Comité dos Direitos do Homem, Comentário Geral nº 23 sobre o artigo 27°: proteção das minorias, UN Doc. HRI/GEN/1/Ver.1 (1992), parágrafo 7.

[64] *Idem.*

[65] Cfr. *La bande du Lac Lubicon c. Canada* (Communication no. 167/1984, UN Doc. CCPR/C/38/D/167/1984 (1990)), parágrafos 31, 32, 2 e 33. Na mesma linha, *vide* ainda *Jouni E. Länsman e associados c. Finlândia*, Comunicação nº 511/1992, 8 de Novembro de 1994, CCPR/C/52/D/511/1992, parágrafo 10.3; *Apirana Mahuika e associados c. Nova-Zelândia* (Comunicação nº 547/1993, UN Doc. CCPR/C/70/D/547/1993 (2000), parágrafo 9, 9.

Assim, quanto ao direito a um processo justo, no quadro do TEDH, por sentença de 25 de Novembro de 1993, para o *Caso Zander c. Suécia*.

Assim ainda a propósito do direito à saúde e a um ambiente saudável, por exemplo no contexto do diferendo sobre a violação dos direitos económicos sociais e culturais do povo Ogoni pelo Estado nigeriano, apreciado pela Comissão Africana dos Direitos do Homem e dos Povos em 2001, que deu lugar à conclusão de que a saúde e o ambiente das comunidades locais, e, em especial, a luta contra a poluição da água, devem ser garantidas num quadro de exploração petrolífera[66].

Já a Comissão Interamericana dos Direitos do Homem, fez referência ao Comentário Geral nº 15 sobre o direito à água para defender a existência do direito à água das populações autóctones no Paraguai, no âmbito da sua sentença, de 17 de Junho de 2005, para o caso *Comunidade Indígena Yakye Axa c. Paraguai*.

III. O contributo das Organizações Internacionais à resolução dos litígios relativos à água

1. Mecanismos jurisdicionais regionais

Também os órgãos jurisdicionais estabelecidos no quadro dos tratados de organizações regionais de integração económica podem ser solicitados para resolver litígios em matéria de água. Assim acontece com o Tribunal de Justiça da União Europeia e o Tribunal da Comunidade para o Desenvolvimento da África Austral.

A instituição judicial europeia, em particular, tem sido muito recorrentemente solicitada para sindicar do respeito do Direito derivado da água.

Assim foi antes da adoção da Diretiva Quadro da Água (DQA), justificadamente vista como um momento marcante de definição de mudança de paradigmas na regulação da política europeia e do sector da água[67]. A intervenção judicial impôs-se então justamente como forma de contrariar um elevado grau de incumprimento pelos Estados das suas obrigações no quadro da política comunitária da água.

Mas assim tem sido igualmente após a adoção da DQA, bem como dos demais instrumentos jurídicos de Direito secundário europeu que a mesma preservou ou que, não raro por força de disposições constantes do texto da DQA, a vieram complementar, na reconstrução do edifício normativo da União no sector da água. Tais casos têm as mais diversas motivações. Por exemplo, algumas destas ações começaram, desde logo, por resultar da falta de comunicação de disposições nacionais de transposição da DQA. O Tribunal Europeu joga pois papel essencial na

---

[66] Cfr. Comunicação 155/96, *The Social ad Economic Rights Action Center and the Center for Economic and Social Rights c. Nigéria*, sentença de 27 de Maio de 2002.

[67] Expendemos a ideia no nosso "Paradigm Shifts in European Union Water Policy", *in* Paulo Canelas de Castro (ed.), *The European Union at 50:Assessing the Past, Looking Ahead*, Macau, 2010, University of Macau Press, pp. 195-214.

ESTUDOS EM HOMENAGEM A MIGUEL GALVÃO TELES

garantia da boa aplicação das obrigações previstas pelas Diretivas. Acresce que a sua jurisprudência também teve grande impacto no esclarecimento do alcance, conteúdo e evolução do Direito primário respeitante às questões de gestão da água, como acontece, em particular, com o Acórdão no Processo C-36/98, *Reino da Espanha c. Conselho*, a propósito da base jurídica escolhida pelas instituições comunitárias aquando da adoção da Convenção do Danúbio pela Comunidade Europeia, ao "generalizar" o método de decisão por maioria, estendendo-o a questões quantitativas integradas numa mais lata gestão ambiental da água e assim, concomitantemente, eximindo este importante domínio problemático ao campo de aplicação do método unanimitário, no caso sustentado pela Espanha.

Para além do caso europeu, também outros tratados regionais de integração económica, tal como, no contexto africano, o Tratado da Comunidade para o Desenvolvimento da África Austral (SADC, da língua inglesa) e o Tratado que institui a Comunidade da África Oriental optaram por instituir tribunais competentes para apreciar litígios relativos a questões de água. Assim é que, de acordo com o artigo 7º do Protocolo Revisto sobre os cursos de água partilhados da SADC, adotado em 7 de Agosto de 2000, o Tribunal da SADC é competente para apreciar litígios relativos à interpretação e à aplicação do referido Protocolo. Assim também relativamente ao Tribunal de Justiça da Comunidade da África Oriental, por força do artigo 46º, nº 2 do Protocolo para o Desenvolvimento duradouro da bacia do lago Victoria, adotado em 29 de Novembro de 2003. Ambas as instituições admitem conhecer tanto de litígios entre Estados, como entre um Estado e a respetiva Organização regional e ainda entre um particular, pessoa singular ou jurídica, e a Comunidade em causa[68].

2. Mecanismos de controle e de inquérito das instituições financeiras internacionais

As instituições financeiras internacionais instituíram mecanismos de resolução de litígios fortemente enraizados numa noção de participação do público.

Assim aconteceu, por exemplo, com a criação, pelo Banco Mundial de um Painel de Inspeção, em 1993. Ela é determinada pelo objetivo de apurar e representar os interesses das populações locais dos Estados que demandam o financiamento de projetos, por forma a evitar que estes que se venham a revelar fonte de dificuldades.

Os relatórios do Painel de Inspeção do Banco Mundial influenciam a instituição financeira, tendo-a já levado ou a suspender a execução de projetos relati-

---

[68] Para a SADC, *vide* artigos 17° e 18° do Protocolo Revisto e Regulamento Revisto do Tribunal da SADC. Para a Comunidade da África Oriental, assim se prevê por força dos artigos 28°-30° do tratado que institui a Comunidade da África Oriental.

vos à água ou mesmo à renúncia da participação do banco em determinado projeto. Outras modalidades menos radicais de revisão de compromissos do Banco Mundial, com base nos Relatórios do Painel de Inspeção e na sequência de queixas feitas por populações afetadas, passaram ou pela renegociação do acordo de financiamento do projeto ou pela adoção pelo Banco de um plano de ação que desse resposta às preocupações das comunidades afectadas[69].

3. Mecanismos de controle das convenções de proteção do ambiente

Também dão o seu contributo para a solução pacífica dos litígios em matéria de água os mecanismos de não cumprimento instituídos por decisões das Conferências das Partes previstas por tratados de proteção do ambiente ou por outros instrumentos jurídicos.

Nomeadamente, verifica-se que tanto o Comité relativo ao cumprimento das disposições da Convenção sobre o acesso à informação, a participação do público no procedimento de decisão e o acesso à justiça em matéria de ambiente, de 1998, adotada em Aarhus, sob os auspícios da Comissão Económica para a Europa das Nações Unidas (UNECE), como, antes dele, a Comissão de Cooperação Ambiental instituída em 1994 pelo Acordo norte-americano de cooperação no domínio do ambiente, podem recorrer a mecanismos particulares de resolução dos litígios que podem ser acionados por queixas individuais feitas por particulares.

Conclusão

O Direito Internacional oferece à comunidade internacional, dos Estados e outros sujeitos também, uma gama crescentemente variegada de métodos e mecanismos através dos quais aqueles podem ver confirmados ou esclarecidos factos e situações relevantes e prevenir ou resolver litígios relativos à água. Assim se acompanha, no quadro problemático dos métodos de solução de litígios, um movimento geral de profundo desenvolvimento do Direito Internacional da Água, com que se procura dar resposta à contemporânea crise global da água. Em especial, o crescente recurso aos tribunais e a jurisprudência que daí emana parecem acreditar novas perspetivas de progresso deste domínio normativo. Assim contribuem, pois, para a mudança de paradigmas normativos, com que, também no quadro particular do Direito Internacional da Água, o Direito Internacional se vai refazendo e revelando na hora pós-ontológica de que falou Thomas Franck: numa hora em que o Direito Internacional não mais tem que procurar justificar-se, nomeadamente perante os poderes da sociedade internacional a que se destina, para antes ter que cuidar da sua eficácia, de que a legitimidade e a justeza das soluções encontradas é função[70].

---

[69] Sobre estes casos, *vide* Laurence Boisson de Chazournes e Mara Tignino, *op.cit.,* p. 510.
[70] Cfr. Thomas Franck, *Fairness in International Law and Institutions*, Oxford, 1995, p. 6.

Arbitration in International Finance

JAN DALHUISEN*

1. Introduction

International arbitration may increasingly be able to play a role in dispute resolution in the financial sphere. Whilst traditionally banks and other financial institutions were not keen on arbitration clauses, this may well be changing. Here again we may see the pressures of globalization and the need for more than purely national systems of law and dispute resolution techniques to apply. We are then dealing primarily with financial business amongst professionals and the problems that may arise between them and their banks or other financial institutions or between these entities amongst themselves.[1] This business is at the professional level increasingly internationalized even if all parties are from the same country. Henceforth, it is the structure of their deals that counts and these conform more and more to international standards. Thus finance is no longer a purely domestic business and dispute resolution is increasingly reflecting this.

Financial arbitrations have always presented special problems, perhaps more visible if there is an intervening bankruptcy, which may often be the case. If, however, outside bankruptcy the dispute concerns purely contractual issues or issues of proof of claim, the financial arbitration is likely to be an ordinary commercial arbitration. If such a dispute has trans-border aspects, it would be an international

---

* Professor of Law King's College London; Miranda Chair in International Finance Catholic University Lisbon; Visiting Professor UC Berkeley; Non-resident Member Royal Netherlands Academy of Arts and Sciences; Member NY Bar; Member ICSID Panel of Arbitrators; FCIArb.; Member P.R.I.M.E Panel of Financial Experts and Arbitrators.

[1] It follows that we are not here primarily concerned with consumer loan and deposit disputes or disputes concerning small investors who may benefit rather from statutory umbudsman schemes or similar dispute resolution facilities which usually remain domestic.

commercial arbitration. The internationality of the dispute is likely to affect the appointment, jurisdiction, operation and powers of the arbitrators, and the (international) status of their award, but the arbitration will not then be much different from other international commercial arbitrations.

The situation may change in asset backed financing, even outside a bankruptcy, where there are likely to arise substantive proprietary issues, and questions of repossession and ranking. Similar issues arise in the area of set-off and netting. This may have an effect on the nature of the arbitration and perhaps also on its type, especially in terms of jurisdiction, arbitrability, and the applicable law. As we shall see, it might also affect enforcement of the awards.

One reason may be that decisions in this area could affect third parties not party to the arbitration proper, which is the consequence of all decisions concerning rank or set-off. It may ultimately lead to the more fundamental question whether an arbitral award of this nature can have this effect *erga omnes* also in a bankruptcy, which could fundamentally affect or pre-empt the bankruptcy regime and its order in this respect. In this type of arbitration, there may also be urgent issues of preliminary attachment of assets which could equally affect third parties in the proprietary and (sometimes) ranking consequences when the question also arises in how far arbitrators' powers in this area may be affected or transformed if a bankruptcy intervenes.

Arbitration cannot be indifferent to the environment in which it operates, but it remains unclear whether international arbitrators may make or should make here adjustments or amends because of bankruptcy measures that remain in essence purely domestic, may vary widely, and be esoteric by comparative standards. Rather, international arbitrators may consider that in respect of internationalized assets – here assets used in international financings – they have institutional powers in this area of ranking and priority which should be respected also in domestic bankruptcies. This will be further explored below, but arbitrators must also vie for the enforceability of their awards to the extent they can. This may be a limitation but it is not clear to what extent. It is clear, however, that an intervening bankruptcy will have an effect on recognition of any ensuing awards or preliminary measures in the country of the bankruptcy. Although awards conforming to international standards may hope for easier recognition,[2] it remains in essence up to domestic bankruptcy courts and their interpretation

---

[2] As will be discussed further below, recognition and acceptance of arbitral proceedings and awards may be facilitated, even in domestic bankruptcies, when the arbitral proceedings and awards recognize or are based on evolving transnational procedural and market practices or custom (as substantive *lex mercatoria*), including proprietary and clearing and settlement netting structures developed in the international market place.

of the NY Convention in how far they will still use the public order, arbitrability and jurisdiction bars to frustrate enforcement of the ensuing arbitral awards.

In financial arbitrations, another set of problems may derive from financial regulation, especially in international cases when it must be determined which regulatory regime applies and in what aspects, as financial regulation remains in essence also domestic. Here again, there may be questions whether arbitrators in their awards have the power to affect third parties if that is the consequence of their choices in this regard and how this would affect the international status and recognition of their awards, especially in a bankruptcy. Again, reliance on international standards may enhance the status of the awards, but it remains up to the relevant bankruptcy court ultimately to decide these issues albeit always within the confines of the NY Convention.

Probably the most intriguing question is whether international arbitrators may or must also deal with deeper public order issues or fundamental principle in international finance and could consider them overriding. This does not merely concern proprietary issues and questions of ranking, in particular therefore the *erga omnes* effect of decisions in that context, but also issues of financial stability, proper risk management, finality of transactions and payments, the freedom of the commercial flows from all kind of privately created security interests and similar charges, competition issues, issues of market abuse and corruption, and in particular whether they may also raise these issues autonomously (*sua sponte*) and under what law. This might even allow international arbitrators to support the operation of domestic bankruptcies and acknowledge an effect on international arbitrations, even if not pleaded, particularly to stop debtors hiding assets in or moving them to countries deemed more friendly or favourable.

Here again, we have the issue of recognition of the ensuing awards, especially but not only in bankruptcy situations. Also in this connection it is conceivable that, if arbitrators start taking into account in their decisions overriding public policy issues and even the intervention of a bankruptcy, this may facilitate recognition of their awards in the bankruptcy.

It poses amongst others the question of the intervention powers international arbitrators have or may assume in the legal argument, especially if public policy or public order issues are at stake or third parties are affected. In particular, may they raise these issues even if not pleaded by the parties and what law would apply? From a due process point of view, the bottom line is always the equality of parties and a proper hearing but one question remains, who the interested parties or stakeholders truly are, especially if effects *erga omnes* are claimed. It is clear that there should be no surprises in the awards themselves, but the question remains: for whom?

ESTUDOS EM HOMENAGEM A MIGUEL GALVÃO TELES

These then are some of the major issues that arise in international arbitrations concerning professional financial dealings and characterize them. These issues will be dealt with in greater detail below, leading ultimately into a discussion of the challenges facing P.R.I.M.E, an organization set up in the Hague in 2010 as an arbitration facility geared especially towards dispute resolution in international finance.

2. International Financial Arbitration and Bankruptcy

It is probably best to say first some more about a bankruptcy intervention in an international financial arbitration. In the case of a bankruptcy, even in purely contractual matters, e.g. in disputes concerning a monetary claim, relevant bankruptcy courts may take the position that they are more competent in the matter than arbitrators and that such claims need to be established in (summary) proceedings in bankruptcy once the latter intervenes. The existence of an arbitration clause would not then be considered a bar under the NY Convention to such proceedings. That may from their perspective also be efficient.

The further claim may be that arbitrators cannot affect third parties in their award and therefore also not the bankruptcy, the involvement of all being its essence, but to what extent international arbitral awards may indeed affect others, particularly relevant in matters of ranking in asset backed financing and in questions of set-off and netting, as we have already seen, remains exactly to be determined and is rather a preliminary issue of the objective law in which, it is submitted, international practice and custom as part of the modern *lex mercatoria* may also increasingly play a role.

In any event, as we shall see, bankruptcies, which remain always local, cannot automatically claim extraterritorial effect, not therefore full power over foreign creditors, debtors and assets or foreign activities of the bankrupt either, and effectively also not over an international arbitration in respect of any of this or them. However, it is unlikely that a bankruptcy court will suspend its own (summary) jurisdiction to await the outcome of an arbitration whilst likely invoking jurisdiction and arbitrability problems or public policy. It may even seek to terminate the arbitration or at least disallow the bankrupt or its trustee to continue to participate. Recognition of any subsequent award under the NY Convention may then also fail in the country of the bankruptcy for the same reasons.

In the literature, sometimes a distinction is made here between core or pure bankruptcy issues and others, the idea being that the latter remain arbitrable also in bankruptcy, but the distinction is not clear especially in the important issue of the determination of the claim.[3]

---

[3]   See also V Lazic, *Insolvency Proceedings and Commercial Arbitration*, 154 ff (1998), relying on *Zimmerman v Continental Airlines*, Inc, 712 F2d 55 (3d Circuit 1983), see further also D Baizeau, "Arbitration

102

On the other hand, at the practical level, it should be noted that many structural bankruptcy issues are unlikely ever to be the subject of an arbitration like the appointment of trustees, powers of the court, stay of proceedings, inventorisation of assets and claims, determination of the distribution list or presentation of a reorganization plan and the voting on it. This is simply a question of jurisdiction, it being hardly imaginable that a contractual arbitration clause would (mean to) cover or anticipate these bankruptcy facilities or aspects. It would likely require some submission agreement including the consent of the bankruptcy trustee to farm out specific issues of this nature to an arbitration once the bankruptcy has intervened, which consent is very unlikely to be given.

The bankruptcy issues that arise in arbitrations are therefore likely to be lateral or co-incidental although not necessarily minor: the effect of a stay, the modality of the proof of claim, its inclusion in the estate, the order of ranking, the effect of the distribution list or approved reorganisation plan on the enforcement of claims, etc. They pose, however, more immediately the question of the power of the bankruptcy over an international arbitration which – it was already said – may not be automatically assumed.

A special issue is likely to arise when a bankruptcy trustee tries to sue a creditor who invokes the existence of an arbitration agreement as a bar. This may be more successful in a third country. Again it is a question of extraterritoriality of the trustee's powers in this regard which may not be assumed automatically to affect the operation of the arbitration clause and of the arbitration at least if conducted outside the country of the bankruptcy.

Indeed, regardless of what issue is arbitrated, an award may still have meaning outside bankruptcy proceedings, especially clear when they are terminated, but it is also clear in countries where the bankruptcy under its own rules or under the rules of that country cannot reach whilst the arbitration or award can. It is often not sufficiently recognized or easily overlooked that even a determination of a claim in bankruptcy is not *res judicata* outside the bankruptcy proceedings. Continuation of the international arbitration would therefore be normal even if the bankruptcy court ignores the results, orders otherwise, or forbids the bankrupt party to participate.[4] The key to understanding bankruptcy is its limited purpose and nature even if the consequences may be quite severe and far reaching. Hence

and Insolvency: Issues of Applicable Law" in A Rigozzi (Ed), *New Developments in International Commercial Arbitration 2009*, 100ff.

[4] This raises other important issues concerning undefended arbitrations and "default" awards which are not here further discussed but which are very likely to arise upon an intervening bankruptcy. English law has in so far a special feature that under the English Arbitration Act 1997, Sec. 107, it allows the bankruptcy trustee to confirm or reject the arbitration agreement like any other executory contract. This is confirmed in the Insolvency Act 1986, Sec. 349A.

also the summary nature of the proceedings, although it is conceivable that upon a full appeal the initial bankruptcy findings must be considered fully settled. This concerns foremost claims against the estate. It may well be, however, that exactly in such appeals the arbitration clause will regain its status as defense or bar.

Another important, although related point to make is that the position when looked at from the arbitration may indeed be quite different than when looked at from the perspective of the bankruptcy. From the international arbitral perspective, tribunals are normally allowed to proceed regardless of domestic bankruptcies. The issue is for arbitrators one of jurisdiction and/or arbitrability or arbitral powers and international arbitrators, having the power of determination in these matters, might not look much further and take a formal attitude. Bankruptcy courts on the other hand may take a much more restrictive view of the arbitration and are likely to be guided by different policies and may emphasize instead the most effective distribution or reorganization of the estate or more in particular the need to preserve their bankruptcy order.

Clearly, a balance needs to be struck but it may be much influenced by the perspective one takes and the role one plays or duties one has, either as bankruptcy trustee/judge or as arbitrator, in which connection it should be acknowledged that recognition of arbitral awards in bankruptcy proceedings is an established theme but the recognition of the effect of an intervening bankruptcy in international arbitrations is not.

An important question is here which bankruptcy court/country is "relevant". There is primary and secondary bankruptcy jurisdiction, the first commonly thought to exist in the country of the residence of the debtor, the second in the country where the debtor may have some activity or assets. This raises important issues of definition that will not be further discussed but it follows that there is usually one primary bankruptcy whilst there may be more secondary bankruptcies.

Under their own laws, these bankruptcies may have a different international reach, although especially secondary bankruptcies might not have much of an extraterritorial status: even if the own law gives it, there may not be much international recognition, although acceptance of the UNCITRAL Model Law on Cross-border Insolvency or similar local legislation may help. Even primary bankruptcies may not have much of it short of treaty law (or, within the EU, a Regulation). International recognition and especially enforcement being already problematic for ordinary judgments, they may even be more so for bankruptcy, also when based on primary jurisdiction.

This will also not be further discussed except to say that whilst the bankruptcy courts hold sway in their own country, both in primary and secondary bankruptcies and may well ignore arbitration, there may be all to play for in third countries which may upon recognition of either the bankruptcy and the arbitration or both establish a different balance between the two and the perspective may slip here more in favour of the international arbitration. In either situation, the balance is in truth a matter of public policy or order, but countries with the original bankruptcy jurisdiction are likely to react here quite differently from bankruptcy recognition countries and this may be an important point to keep in mind.

It should be further understood in this connection that the recognition regime is quite different for both, international recognition of arbitral awards being in most countries under the NY Convention, very likely subject, however, to different interpretation in the country of the bankruptcy and in bankruptcy recognition countries. There is nothing similar for international bankruptcy recognition, except now within the EU under the 2002 Bankruptcy Regulation. These bankruptcy recognition regimes are seldom clear, however, on the matter of pending international arbitrations, although they may be clearer on pending law suits.[5]

It was already said that as a matter of basic policy, courts everywhere may now be more willing to take into account the possibility that relevant assets move around only to avoid a bankruptcy. Their own unilateral bankruptcy recognition policy may thus become more liberal. It was already said also, and will be further discussed below, that this may even be a consideration for international arbitrators in terms of overriding principle or policy, which could motivate them to help. [6] It is also much behind the increasing acceptance of the UNCITRAL Model Law on Cross Border Insolvency, just mentioned, which, short of treaty

---

[5] Cf, however, also *Syska and another v Vivendi and others*, [2008] All E R (d) 34, following for international arbitrations the regime for pending law suits under the EU Regulation, considering therefore the *lex concursus* as determining the status of the arbitration with the exception of pending arbitrations, which are considered to operate under the law of the EU country where they are pending (assuming there is one), see also I Fletcher, "Joseph Syska, as Administrator of Elektrim SA v Vivendi Universal SA", 22 (10) *Insolvency Intelligence* 155-157.

One may well wonder whether this analogy is correct, local law suits in the ordinary courts being per definition domestic, international arbitration not being so unless one still believes them to be tied to the seat. Even if in this case the award in an arbitration that was already pending was not set aside as English law was held to apply and the arbitration agreement in favour of an arbitration in England was upheld regardless of Polish bankruptcy law to the contrary, one may question the reasoning.

[6] Where international arbitrators may thus also be aware and wary of debtors hiding in or moving their property away from the country of the bankruptcy, they might consider with more favour the unity of the bankruptcy proceedings, in such cases to be promoted by the public order in the transnational sphere itself. But such an attitude may also depend on the receptiveness of the domestic bankruptcy courts to international developments, including a search for a better balance with international arbitrations and respect in principle for arbitral awards, in particular when determining the status of these assets and the ranking resulting from their use in international financings. In other words, this co-operation could not be a one way street or be unqualified.

law, presents a text for domestic legislation in the area of unilateral recognition of foreign bankruptcies, notably followed in the US and the UK, still distinguishing in this connection, however, between primary and secondary bankruptcies as the EU Regulation also does.

Yet it may not be automatically assumed that bankruptcies, which remain all local or domestic in principle, can interfere with (or suspend) an international arbitration. In truth, short of special treaty law, an order of a (domestic) bankruptcy court is unlikely to reach such an arbitration fully. It can only concern the conduct under and effect of the arbitration in the bankruptcy jurisdiction and in other countries that recognize the extra-territoriality of the bankruptcy in question but always subject to the latters' own views and conditions for bankruptcy and arbitration recognition and the balance that they strike in this regard.[7] It is a matter of policy.

This may be different for those who still believe in localization of international arbitrations at their seat. They may continue to accept that the courts of the seat have the power further to deal with these matters, including therefore with the impact of a foreign bankruptcy on the arbitration in question. This must be doubted exactly because of the lack of proper contact. Practically speaking, proper contact with the business and assets of the bankrupt is improbable at the seat of the arbitration which is likely to be a neutral place, well away therefore from the residence and activities of the debtor and its bankruptcy. Again, these issues concerning the interface between bankruptcy and arbitral awards arise more in particular when an arbitral award or similar arbitration measures are asked to be recognized and/or enforced in a country where there is such contact (especially assets) and a bankruptcy pending, whether of a primary or secondary nature, or in a country where such a bankruptcy is recognized. In other third countries, the award is likely to be enforced as if there were no bankruptcy. Each country may therefore react quite differently.

It follows that intervention of the courts of the seat in aid of or to the detriment of either the bankruptcy or arbitration is only likely further to complicate matters in the place or places where these issues must be ultimately decided, which can hardly be predicted in the abstract or in advance, and such intervention is therefore undesirable if not at the same time also inappropriate.

---

[7] Thus in *In re JSC BTA Bank, Debtor in a Foreign Proceedings*, 434 B.R. 334, 337 and 343 (2010), the United States Bankruptcy Court S.D.N.Y refused to use the recognition of a Kazakhstan primary bankruptcy within the US to exercise its power to stay the proceedings of a Swiss arbitration that had nothing to do with the US or the debtor's property within the US.

3. International Financial Arbitrations, Proprietary Matters and Issues of Ranking and Set-off

We must more in particular consider that financial arbitration may face special challenges which go beyond mere contractual disputes even outside bankruptcy. There is foremost the possibility of asset backed funding which may raise important issues of property law in terms of the nature, structure and operation of security interests, floating charges (in respect of inventory, receivables and collections or proceeds), and finance sales like leases and repo funding. Particularly when these charges concern assets in different countries, assets that are moving from country to country, or when in repos assets must be re-delivered to repo sellers in other countries, there may be further complications in terms of the determination of the applicable property laws short of their full transnationalisation in international finance.

More problems may arise if there is a bankruptcy and the relevant assets are or may have to be surrendered to or are retained or claimed by a bankruptcy trustee especially if operating in the country of their *situs* when international recognition of arbitral awards affecting the bankrupt estate may even be less probable.[8] It was already said that the public policy bar is likely to be raised under the NY Convention, or issues of jurisdiction and arbitrability, probably all the more so in these situations. Practically speaking, this may limit substantially the power of arbitrators in or over these assets or financial products in the country of the bankruptcy, but the true question is in how far this also affects the legal powers of the arbitrators and whether they may or must take the bankruptcy environment into account in their decisions. Must or may they desist in these circumstances? At the practical level, it will certainly also affect their powers of attachment as a preliminary measure. Again, in respect of assets of the bankrupt in third countries, the situation may be quite different.

It was already said that it may concern here in particular the institutional status and powers of international arbitrators. In property matters outside but especially within a pending bankruptcy – relevant therefore if they are physically in the country of the bankruptcy – there are deeper questions in arbitrations concerning them, notably the effect on third parties or the effect *erga omnes*, it was already mentioned also. It is in the nature of property rights and proprietary protection that third parties are affected and/or that their rights may be preempted by a decision about title or that they may be pushed down in rank when security

---

[8] This being said, in respect of the *situs*, all kind of issues arise if the assets are intangible claims like receivables or habitually move between countries, like ships and aircrafts (although often deemed located at their register). Again these issues will not be here further discussed, but they are very real. The EU Regulation takes the view that for purposes of the Regulation they are located at the place of the debtor, Art 2 (g).

ESTUDOS EM HOMENAGEM A MIGUEL GALVÃO TELES

interests are reaffirmed. That is also the effect of set-off and netting. The question already raised before is then in how far an arbitral award, that in principle can have no third party effect, may nevertheless have effect on others. That needs further discussion, quite apart therefore from the question of recognition of such awards in the country of the bankruptcy.

It raises more urgently the question of the true nature of international arbitration and the powers of the arbitrators. It was already briefly discussed above whether international arbitrators still operate under a domestic law (*lex arbitri* of the seat) and derive their powers and status from it as would, in that approach, the arbitral award. For international arbitrations, the view in this paper is one of delocalised arbitration. At least it is submitted that that is now the better academic model because it explains more, simplifies the argument, and reflects the reality of globalisation better. Not wanting to face this may mean not properly understanding what is going on or what international arbitration now truly is.[9]

This means that the international arbitration and the arbitral powers are firmly based in the public order of the transnational commercial and financial legal order or, what the French call, the international arbitral order and not merely in the arbitration clause which only activates them. But even if the international arbitration clause were still simply seen as a matter of party autonomy, therefore founded in the arbitration clause, this autonomy and the arbitration clause would themselves be based and derive their force in the transnationalist approach from the public order of the transnational commercial and financial legal order itself. The difference would be, however, that in the latter view the powers of arbitrators would be more limited and could not exceed what a contract could give, there-

---

[9] See on this issue further J Paulsson, "Arbitration in Three Dimensions", LSE Law, Society and *Economy Working Papers* 2/2010, London School of Economics and Political Science, Law Department, published at www.lse.ac.uk/collections/law/wps/wps.htm, and 60 *ICLQ* 291 (2011) In fact, it was always irrational somehow to assume automatic extraterritoriality of the *lex arbitri* of the seat. It is now well established that courts in other countries may hold and enforce quite different views. The NY Convention itself whilst abandoning the double exequatur already recognized this development in 1958. As is well known, the French Cour de Cassation has underlined the fact that international arbitration is founded in the international arbitral order, see *Cour de Cass Civ* 1, 29 June 2007 in *Ste PT Putrabali Adyamulia*, 207 *Revue de l'Arbitrage*, 507, from which it follows that the arbitration agreement itself (including the arbitration rules made applicable therein), its severability, the notions of jurisdiction, *Kompetenz Kompetenz* and arbitrability, finding the applicable procedural and substantive laws, the mode of reasoning, and the issues of challenges and recognition also belong to that order.

The new French Bankruptcy Act of 2011 does not yet draw this conclusion. Although it is the more consequential view, there may remain therefore still some justified doubt what the true legal position in France is after the 2011 statutory amendments.

fore could notably not operate (or would have difficulty to operate) in appropriate cases *erga omnes* and also apply autonomously more fundamental principle.

In this type of delocalized arbitration, it is submitted that subject to a proper hearing, arbitrators may also apply the modern *lex mercatoria* and institutionally may even assume equitable powers,[10] in finance especially further to recognize and (further) to develop proprietary or set-off and netting structures in the transnational commercial and financial legal order itself.[11] This is then part of the continuous development of the modern *lex mercatoria* itself,[12] especially in terms of the evolution of international practices or custom or international general principle within it and even of party autonomy, where appropriate[13] also in proprietary matters at the transnational level.

This being said, international arbitrators will remain deferential towards domestic regulatory and public order requirements, although they might be superseded by transnational standards or transnational minimum requirements, another consequence of countries and their citizens and businesses wanting to be part of globalization and avail themselves of its benefits. This deference may also apply in principle to the domestic proprietary regimes but international arbitrators will develop them further on the basis of market practices at the transnational level; in view of the internationality of most major financial dealings and their asset backup and the practices developing in the international markets, arbitrators may have little choice but to move forward.

Assuming always that there is sufficient relevant contact, this deferential attitude may even extend to applicable bankruptcy laws which, on one theory, may also be seen as regulatory rather than purely private law arrangements. International arbitrators may be further motivated to do so by evidence that debtors are trying to hide their assets in foreign jurisdictions, it was already said. Also here, they might increasingly rely on international standards and concepts of protection

---

[10] See JH Dalhuisen, "International Arbitrators as Equity Judges", in Becker, Dolzer, Waibel, *Making Transnational Law Works in the Global Economy*, Festschrift Detlev Vagts, 510 (2010).

[11] Below at n 16 in section 5., a whole array of other powers will be discussed that international financial arbitrators may also have and are mostly related to public order considerations. It would indeed suggest the possibility of (some) powers *erga omnes*, much as ordinary judges have them under applicable domestic laws.

[12] See JH Dalhuisen, "Legal Orders and their Manifestation: The Operation of the International Commercial and Financial legal Order and its Lex Mercatoria", 24 *Berkeley JIL*, 129 (2006).

[13] It is often thought that particularly in assignments of receivables, parties have power over the applicable legal regime, see 2 *Dalhuisen on Transnational and Comparative Commercial, Financial and Trade Law*, 516ff (4th Ed 2010). See for the issue of equitable powers allowing party autonomy to operate more broadly in proprietary matters subject to the protection of the commercial flows (or bona fide purchasers or purchasers in the ordinary course of business of commoditised products), 2 *Dalhuisen on Transnational and Comparative Commercial, Financial and Trade Law*, 533ff (4th Ed. 2010).

and may then also expect some reciprocity in terms of respect for their awards in bankruptcy courts, at least if relating to the assets concerned, their proprietary status, any claims to the title, and ranking aspects. It may mean a measure of respect for third party effect and *erga omnes* status of the arbitral findings, at least in respect of these assets.[14]

It still leaves the issue of third party or proprietary effect itself not fully resolved, however. It may be relevant in this connection that affected third parties, although not party to the arbitration, may have figured as *amici curiae*. Especially their organizations like the International Swap Dealers Association (ISDA) may have done so in the relevant proceedings and they could have pleaded transnational practice. This could be an important reason, if needed, why they or their members may be subject to the ultimate findings of the award, even in a bankruptcy, although ISDA does not act as a trade organization with power over its membership proper.

Ranking e.g. if determined in such an award might then conceivably have greater effect even in an otherwise domestic bankruptcy as it concerns a transnational industry standard on which all may rely or have already relied, including other creditors. If such bankruptcies were recognized elsewhere, these considerations could be given extra weight terms of the effects of arbitral awards on such bankruptcies in recognising third countries. In fact, in bankruptcy recognition in third countries, adjustments are commonly made to the bankruptcy measures to make them fit better in the local laws and the technique is well known although often underplayed by modern commentators.[15] Arbitral awards could figure in that adjustment process just as well.

Yet public policy in any recognising (bankruptcy) jurisdiction may still make here amends, not only in respect of the foreign bankruptcy but also in respect of any arbitral award, even under the NY Convention. Again, it will be hard for arbitrators to truly anticipate these issues even if they could take them into account. At least one cannot be sure how courts in the various countries will react, even though their reaction might amount to a review of the merits of the award, not itself condoned under the NY Convention. The result could nevertheless still be that the issues settled in the award are not finally settled in any ensuing or intervening bankruptcy, foremost in the country of the bankruptcy, but also in any country in which it may subsequently be recognized. Set-offs or nettings even if accorded in an arbitral award, could thus also still be undone in bankruptcy; at least a creditor if wanting to participate could be asked to account for any benefits already so received.

---

[14] See also the comment in Nt 6 above.

[15] See 1 *Dalhuisen on International Insolvency and Bankruptcy,* 3-417ff (1986).

To sum up: there are here important issues of arbitral jurisdiction and powers, perhaps also of arbitrability, of effect of the award *erga omnes* (even in a bankruptcy),[16] and of recognition policy, all relevant in terms of the application of the New York Convention, probably more restrictively applied in a bankruptcy environment or in alternative corporate reorganization proceedings under more modern insolvency laws, potentially with important differences, however, between the country of origin of the bankruptcy or where it is subsequently recognized.

4. International Financial Arbitration and Financial Regulation

In the foregoing, it was already said that arbitrators will be deferential to regulation which is mostly still domestic. That also goes for financial regulation. But they cannot avoid being drawn into making choices if in an international financial transactions different regulatory regimes may compete. In the US, this is also referred to as the issue of the jurisdiction to prescribe, that is to say the question which government must be deemed to have the preponderant interest. Of course different laws may be chosen here for different parts of the transactions depending largely on where or on whose territory they play out.

There are here home and host regulators, questions of where the more characteristic obligation is performed, etc. again matters that cannot be here further discussed, but they are real enough. Some countries may not want particular financial activities to occur on their territory. Others may apply some standards of stability in terms of adequate capital to be set aside for each banking operation. Again, subject to the parties' pleadings and a proper hearing, arbitrators may prefer international minimum standards e.g. in capital adequacy standards and in competition matters or when it comes to abuse or corruption of the international market place. EU Directives may provide here some international guidance as

---

[16] In public international law before the ICJ, the operation of the law *erga omnes* is also an important issue, in particular in respect of fundamental principle and human rights protections, see M Andenas, "Jurisdiction, Procedure and the Transformation of International Law: from Nottenbohm to Diallo in the ICJ", 23 *EBLJ*, 127ff.(2012). These issues now also play at the level of the ECJ, see the *Mangold* and *Audiolux* cases ECJ Case no 144/04 Nov. 22 2005, ECR I-19981 (2005) and ECJ Case no 101/08 of Oct. 15 2009, ECR I-9823 (2009).

International courts like national judges may have here greater institutional powers than international arbitrators, who are mere product of party autonomy, although if their authority and awards are founded in the transnational legal order, its rules and practices may also supplement and in appropriate cases even amend the arbitration clause and the status of international arbitrators, which in such cases would be activated but not be totally covered by the arbitration clause alone, see also text after Nt. 9 above.

Note, however, that the effect *erga omnes* discussed in this context of fundamental principle is slightly different from the effect *erga omnes* of proprietary rights, which goes to their immediate economic effect. Nevertheless, in terms of powers of arbitrators, there may be a similar expansion.

may do the Basel Committee and IOSCO in their work and recommendations. Once more, the key concept of netting springs to mind and the regulatory concerns in this regard. These are important developments which are still in their infancy but may leave international arbitrators not unmoved.

Here again one important question is whether resulting awards if affecting the application of regulation will be enforced in countries most directly concerned, including in their bankruptcies, if the regulation that is considered applicable by arbitrators is not the regulation of the relevant (bankruptcy) jurisdiction itself. These courts will likely see this as an issue of public order although it is still possible that they accept here a more international interpretation of it but it will much depend on the sophistication of the relevant (bankruptcy) court, whilst the attitude may again be different in bankruptcy recognition countries.

5. International Financial Arbitration, Public Order Requirements and Fundamental Principles in International Finance

It was noted above that particularly in a bankruptcy the balance between the bankruptcy order and international arbitral awards is to be found in each relevant country as a matter of public policy or order in that country, different probably in the original bankruptcy country and third countries that recognise the original bankruptcy. In this connection it was already asked in how far the bankruptcy intervention may affect the powers of international arbitrators in the international commercial and financial legal order and whether they may or must take the new situation into account. On the other hand, powers to find *erga omnes* in proprietary matters regardless of the bankruptcy, if indeed existing, may be manifestations of original international arbitral power impacting on and in turn potentially limiting the domestic bankruptcy order(s).

Powers to define and even transnationalise the applicable proprietary regime on the basis of international practice and custom as part of the modern *lex mercatoria* may sustain here the international arbitrators' independent position, probably more especially relevant in areas of law not at the free disposition of the parties and therefore not covered by the law they may have chosen. It is unlikely e.g. that such a choice of law by the parties may affect the propriety regime particularly in its priority and ranking consequences. International arbitrators might then find a more objective international practice instead. In fact, in international finance, the whole proprietary regime in respect of movable assets including receivables may now be in the balance, not only in terms of the applicable set-off and netting regime as transnational custom takes over, ending at the same time the dominance of the *lex situs* in proprietary matters still based on the prevalence of domestic laws.[17]

---

[17] See also Nt 8 above and accompanying text.

It was also already shown that powers to determine the applicable regulatory regime potentially expand the arbitral reach further, even though (like in new property structures) it remains always a balance with domestic public policy considerations in relevant countries which may in any event still affect the recognition possibilities of any award, particularly in bankruptcies, as was already shown also. Moving to international minimum standards should here also strengthen the international arbitration, but it may still hit the rocks in domestic policy considerations in recognizing courts.

Obviously, there are here many pressures and in the mind of local recognition judges there is often little clarity. The benefits of globalization are universally wanted but there is a price to pay in nationalism, which legally goes foremost to lowering the public policy bar in respect of the operation of foreign legal facilities and transnationalised concepts of law on the own territory. It requires in truth another way of looking at domestic public policy and public order requirements and in bankruptcy also at notions of the own bankruptcy order and its (domestic) notion of efficiency of the proceedings in respect of foreign interests and claims, a need perhaps now more obvious in international finance.

Thinking along these lines produces an image of modern international financial arbitration which may become quite different from what is normally considered an international arbitration and raises important institutional issues, easier to understand and place if we assume the delocalized model of international arbitration, but there is more. May in international finance, arbitrators also consider fundamental issues as overriding like those that have to do with financial stability and proper risk management (which also often, but not only, resolves in issues of set-off and netting), the promotion of the international commercial flows unencumbered by all kind of security interests and charges, the finality of financial transactions and payments, orderly (often international) markets and avoidance of market abuse, insider dealing, and anti-competitive behavior in them, and with issues of transparency and corruption, or the movement of assets beyond enforcement or bankruptcy jurisdictions?

Are these issues of such a nature that they may even be raised by arbitrators autonomously as overriding issues of the public order in the transnational legal order itself,[18] albeit always subject to a proper hearing on these issues as a matter of due process (again under transnationalised procedural rules)? In this connection, may arbitrators also autonomously solicit the help of or invite affected third parties or *amici curia* and other groups that profess an interest for comment on the transnational or national status of the relevant financial rules and facilities, including relevant bankruptcy trustees or their representatives?

---

[18] Clearly, many of these issues are not at the free disposition of the parties and their choice of law is here irrelevant. In such cases, parties may not fully remain the master of their arbitration either.

Unavoidably, we see here major public policy or public order issues arising within the international financial arbitration itself. Potentially, there will be many other interests for arbitrators to consider. It must also be asked whether international financial arbitrators acquire here an own role in terms of transparency and accountability of the actors which goes well beyond any concerns they may have been about proprietary structures, regulatory issues and intervening bankruptcies or similar proceedings, although they may then also want better to support these.

This may further underline that international financial arbitration is becoming quite distinct from ordinary international arbitrations and may well deserve a different slot altogether like investment arbitrations, although of course in a very different way. It also raises important issues of supervision and transparency of these arbitrations themselves. It may support the creation and operation of P.R.I.M.E as a separate arbitration facility for them as will be discussed later. Towards the end of this paper, the desirability of an international commercial court as ultimate supervision and guidance facility will be defended and may be all the more appropriate if in these matters public order is increasingly engaged.

This may require treaty support without which, it is submitted, this whole world of international financial arbitration, if it is as depicted here, may not be able to operate fully and safely or get sufficiently off the ground on its own. Credibility but also issues of independence of the arbitrators (from the parties and all others) and their expertise (in transnationalism and its relationship to domestic interests) will become here major issues. Accountability and proper guidance and supervision are then others.

6. The Autonomy of International Financial Arbitrators

In the previous section a number of important issues surfaced which have to do with the autonomy and powers of international arbitrators, particular in financial disputes. It poses the question amongst others to what extent these arbitrators may raise autonomously public policy issues, therefore also when not raised by the parties in their submissions. Competition issues have served in the EU as an example where it was believed that international arbitrators do not only have a right but even a duty to intervene. [19] The concept is not therefore as strange as it once may have seemed, but how far does it go? Are all public policy and public order issues in this category or even others? This touches also on the issue whether arbitrators may bring in their own business expertise in finance and how.[20]

---

[19] See the European Court of Justice in Case C-126/97 *Eco Swiss v Benetton* [1998] ECR I-3055
[20] A practical problem is that many financial experts never acted as arbitrators and many international arbitrators do not have the financial expertise. In a party arbitration where each party appoints an arbitrator it may be difficult to achieve here a balance.

In civil law thinking the idea is that the judges know the law (*ius curia novit*).[21] This may be a fair assumption in respect of ordinary judges who work within their own legal system, but international arbitrators are not ordinary judges and have no natural legal system that they represent or it would be the modern *lex mercatoria*. Rather the idea is that in international arbitrations the parties must both plead the law and the facts, arbitrators know nothing.[22] This is certainly also the most prudent position for the parties to take, but may international arbitrators still bring in their own public policy concerns and their own knowledge?

The bottom line is always respect for the equality of the parties and the need to give them a proper hearing in all aspects of the arbitration.[23] There cannot be new arguments in the award. So much is clear and this is a matter of due process. As a minimum, arbitrators would have to put their own concerns and views before the parties first and solicit their comment, even if, in matters of *erga omnes* effect e.g. it may not be fully clear who the truly relevant parties are.

Whether legally appropriate or not, intervention of this nature is not without considerable danger and risk for the arbitrators and the arbitration. Particular aspects may be rising cost because of arbitrators bringing new points, and the appearance of bias at least seen from the perspective of the party that may be det-

---

[21] See on this issue also Ph Landolt, 'Arbitrators' Initiatives to Obtain Factual and Legal Evidence', 28 *Arb. International*, 173 (2012). There is an interesting contribution of DM Bigge (from the US State Department) on the subject in the *Kluwer Arbitration Blog* of Dec. 29 2011 which summarises the issue for investment arbitrations on the basis of available case law without coming to a clear conclusion. Here there would seem to be a bias in favour of the theory in ICSID cases, even when it concerns law beyond fundamental public order issues, although it could conceivably be argued that in ICSID all is public policy, but there is still the question of a proper hearing.

[22] In an international arbitration, the normal situation is that both the applicable law and fact must be pleaded - arbitrators may insist on the former, see also German CCP Sec. 293 - unless it can be made out that the ICSID Convention or relevant BITs changed this for foreign investment arbitrations and made these arbitrators a type of international judges deemed to be cognizant of the relevant international and other law. This is not obvious and therefore unlikely, but cf. also the analysis of ICSID cases by David Bigge referred to in n. 21 above.

[23] In this connection it is notable that the French Cour d'Appel in Paris in *Carribbean Niquel v Overseas Mining*, 08/23901 (March 25 2010) set an arbitration award aside on the basis of a lack of hearing in respect of a legal theory used by arbitrators but not advanced by the parties (even though closely related to a theory that was proposed and argued), although there is other case law in France, which points to arbitrators in their characterisation of the facts being in principle able to resort to alternative reasoning, *Societe VRV v Pharmachim*, 1998 Rev Arb, 684ff, even without notice, see further also the Swiss Supreme Court in *Dame Y v Z*, [2008] ASA Bulletin, 742ff, and the English Court of Appeal in *ABB AG v Hochtief Airport GmbH, Athens International Airport SA*, [2006] 2 Lloyds Rep. 1, but, at least in the newer case law, it does not dispense with a proper hearing, see earlier already in England, *Interbulk Ltd v Aiden Shipping Co Ltd (The Vimeira)*, [1984] 2 Lloyd's Rep, 66, but in other countries this may still not be fully clear.

ESTUDOS EM HOMENAGEM A MIGUEL GALVÃO TELES

rimentally affected. The attitude of arbitrators in this respect is likely to become an issue in recognition proceedings and may further complicate them. It is thus always dangerous for an arbitrator to bring own concerns or expertise even on point of laws;[24] on points of fact it would be wholly inappropriate. This goes in particular to the point of an arbitrator's own business experience which may be considered to concern fact.[25] It may sideline the other arbitrators in the process, but fundamental policy issues may be a different matter. Even then the need to promote efficiency and the earliest possible conclusion of the case suggests that arbitrators should not fly kites.

It may be of interest also in this connection in how far arbitral decisions can be pleaded as precedent or as such be invoked by arbitrators *sua sponte*. This also raises many issues, the conclusion being that the rule of precedent does not prevail in international law[26] and any guidance that may be so obtained must be pleaded or if arbitrators wish to rely on it must be presented to the parties first for comment.

---

[24] Another distinction that may be relevant in this respect is the one between reasoning and granting relief. It is on the whole considered inappropriate for arbitrators to give more or different relief from that which is demanded (*ultra petita*) although if e.g specific performance is asked, it might not exclude damages even if not specifically requested. It may be considered the normal alternative under the law. Similarly, where damages are asked commensurate with a breach, the details need not be pleaded and recognition courts leave here broad powers to arbitrators, see in the US *Daniewicz v Thermo Instrument Systems*, 992 SW 2d 713 (Texas 1999). In other words, there is not an excess of authority or jurisdiction as long as the remedy is rationally derived from the contract and the breach, *Advanced Micro Devices (AMD) v Intel Corp*, (1994) 9 Cal.4th 362.

[25] Financial arbitrators are not to be equated with peer group quality decision takers in the commodity industry, whose decisions are not based on law and mostly not reasoned. It is here the practical expertise that counts and that often is solicited for an instantaneous decision. These are not proper arbitral awards in terms of the NY Convention and do not mean to be.

[26] The rule of precedent is rejected in international law, see Art. 59 Statute ICJ in line with the civil law tradition. The only exception in civil law is when customary law is being formed through repeated application of the same rule, so already Baldus in the 14th Century at C 7.45.13pr. In international law that would mean custom as source of law under Art. 38 (1) Statute ICJ.

In civil law, the term *jurisprudence constante*, is sometimes used in this connection whose status is, however, wholly obscure, see also the Additional Opinion (Nos 15-16) of JH Dalhuisen in *Compañía de Aguas del Aconquija S.A. and Vivendi Universal S.A.v. Argentine Republic* (ICSID Case, ARB/97/3), Second Annulment Proceedings, August 10 2010. See further also Gilbert Guillaume, "The Use of Precedent by International Judges and Arbitrators", 2 *Journal of International Dispute Settlement*, 5 (2011).

Precedent effectuates a kind of third party effect of awards that is alien to arbitrations. The effect of decisions *erga omnes*, if any (also in proprietary matters), see 26 above, throws up similar issues but should be well distinguished.

7. International Financial Arbitration and the Position of Ordinary Judges Compared

The position and role of ordinary domestic courts in international finance should also be further considered, compared and if necessary re-evaluated. First, as to third party effect, or the effect *erga omnes*, it should be considered whether institutionally ordinary courts and judges are in principle better placed than international arbitrators. On the other hand, their findings may even be less likely to obtain international recognition in the absence of something like the New York Convention for them, although in the EU we now have the Brussels I Regulation for ordinary civil and commercial judgments and also the Bankruptcy Regulation 1346/2000 of 2002. Worldwide, we even have the Hague Convention of 2005 on Choice of Court Agreements which envisages a simplified recognition and enforcement regime for ordinary judgments, comparable to that of the New York Convention, although so far it still lacks sufficient ratification to be meaningful.[27]

However, the expertise (and power) of ordinary judges should not be underestimated and upon proper advocacy many might find a way to deal with most problems and they may be a great deal more succinct and coherent in their reasoning,[28] but in domestic courts there are likely to be language and expertise problems in many countries and there will be generally less awareness of or confidence in international practices and the entire concept of transnationalisation with its effect, also on the applicable regulation and its interpretation. In international transactions this is becoming increasingly bothersome. Hence also the potential advance of international arbitration in this area.

In bankruptcy, that may in particular affect the acceptance of the ranking that could derive from international netting principles in the derivative markets and from the operation of central counterparties at the international level, international custodial arrangements and securities holdings, or from international asset backed financial facilities and structures, as in securitizations and receivable financing or in repos financing.

Whatever the status of their judgments, ordinary judges may not normally assume a similar freedom and flexibility in these proceedings as international arbitrators may do to achieve here more up to date and higher quality decisions. Again, this may mean less willingness to consider application of transnational market custom or principle, as e.g may derive from the ISDA Master Agreements. There also remains the issue of appeal, which may delay a final decision in local

---

[27] Only Mexico has ratified, the USA and EU have so far only signed the Convention. For other judgments there is nothing similar except in some countries on a bilateral (treaty) basis.

[28] Cf e.g. the important decision of the English Court of Appeal in *Lomas & Ors v JFB Firth Rixson Inc &Others*, [2012] EWCA Civ 419 on the interpretation of the ISDA Master Agreement.

courts for many years (even in bankruptcy proceedings), although it may be conceivable that a choice of court agreement itself enhances the power of judges and eliminates appeals, assuming this does not raise public order issues in the relevant jurisdictions and may also be effective in a bankruptcy. Unfortunately, the 2005 Hague Convention on Choice of Court Agreements did not clarify this issue.

Whilst international financial arbitrators thus have potentially less power in finding *erga omnes* in proprietary and ranking matters as compared to local judges, in other areas they may have more. It was already said that in all risk management techniques, there are increasingly also elements of financial regulation to consider which by its very nature remains largely domestic. If they conflict, international financial arbitrators may exercise greater freedom or power than ordinary judges as to which regulation is more properly applicable, although it also complicates their role. They may be forced to make here a choice or, as mentioned before, even opt for international minimum standards as a form of regulatory transnationalisation where as judges would simply give preference to their own regulation in all cases.

This should give international arbitral awards at the same time a better chance to be recognised, although local bankruptcy courts may still test simply on the basis of their own regulatory laws, it was already mentioned before. Third countries recognizing such bankruptcies may give the same preference to their own regulation in their own territory. One sees here potentially a special bar to all recognition of foreign decisions, whether judicial or arbitral, although arbitral awards may still have here some edge. Again, it will depend a great deal on the sophistication of the relevant bankruptcy court, either in the original or in a recognizing country, but on balance and for the reasons stated international arbitration may here be in the ascendency although few may as yet have a clear concept of what that truly means.

7 P.R.I.M.E

To further international arbitration in the financial area, in 2010, a foundation was set up in The Hague, called P.R.I.M.E –Panel of Recognised International Market Experts in Finance, with the aim to upgrade dispute resolution in the global financial markets, making use of the collective experience of experts familiar with the operations, practices and developments in these markets. These experts are intended to function as arbitrators, mediators and litigation experts in international finance and will also assume an educational function.

Especially because of the interaction with regulation, bankruptcy, and public policy, and the demands of transnationalisation, a facility of this nature in international finance is likely to have to face a number of more specific issues or complications. Without being conclusive and taking into account what was already said, the following list may give an indication:

A. Preliminary Issues

a) Is there a need for a facility to expedite the formation of the Tribunal and for expedited proceedings?

b) What are the typical preliminary preservation and continuation needs that may require immediate action even *before* an Arbitral Tribunal can be formed?

c) Especially if they concern the preservation of assets, what is the role of the ordinary courts at the situs? What is the *situs* of receivables or of assets that habitually move between countries for these purposes?

d) Who will order these measures in such cases; may they be *ex parte*; and what are the procedural safeguards?

e) Is early relief of this nature to be provisional and tied to some prospect of ultimate success on the merits?

f) How are these orders to be enforced if coming from the arbitral tribunal and what is the support and enforcement function of the ordinary and possibly bankruptcy courts in relevant countries?

g) Is Art. 17 of the Model Law adequate in this regard and may it be assumed to represent and have the force of international custom or practice or general principle?

B. Status, Powers and Operation of Arbitrators. Arbitrability

h) What is to be required from arbitrators in terms of expertise and independence?[29]

i) How far do the arbitrators' powers reach? In particular, does the arbitration clause cover property issues and the ranking or priority of creditors or issues of set-off and netting, which may affect third parties but also the relevant bankruptcy regime and its order in distribution and reorganisation? [30]

---

[29] An important point is that it will take a while before financial institutions will adopt the relevant arbitration clause and even longer for a dispute to occur under these clauses. Will P.R.I.M.E still exist, or in other words, will it remain subsidised long enough until it can maintain itself out of the flow of this business? Submission agreements may bring business sooner, but quite some flow is required before institutions of this nature become financially self sustainable.

[30] See *British Eagle International Airlines Ltd v Compagnie Nationale Air France* [1975] 2 All ER 390and *IATA v Ansett* [2005] VSC 113, [2006] VSCA 242, and [2008] HCA38.cases dealing with the operations of a CCP internationally including its netting-out of claims which in *Ansett* was considered to be binding on domestic bankruptcy courts. It may be wondered whether an arbitral award recognizing and reinforcing the practice would similarly bind domestic bankruptcy courts. Acceptance in local bankruptcies is the ultimate test of the acceptance of transnationalised law, see also 1 *Dalhuisen on Transnational and Comparative Coomercial Financial and Trade Law*. I, Section 1.1.4 at n 38 (2010).

j) If that is the case, how best should the arbitration clause be drafted?[31]

k) In how far are financial disputes arbitrable if public policy become engaged,[32] or regulation starts to impact?[33]

l) May arbitrators anticipate the attitude of relevant bankruptcy courts in terms of their own jurisdiction or arbitrability of the issue?

m) Is there to be a rule of precedent;[34] are prior decisions to have persuasive effect; or are arbitrators foremost to solve a dispute between the parties mainly on the basis of the latters' submissions of law and fact?

n) May arbitrators in this connection also rely on their own expertise in international finance and their own experience of the international practices (the civil law notion of *ius curia novit*)? In how far may they substitute their own knowledge for that of the parties and how does that fit in with the notion of a proper hearing?[35]

o) May arbitrators, in respect of the operation in the international market or in international financial transactions if they deem it appropriate, assume the objective transnationalisation of the private law and apply the *lex mercatoria*?

p) Do arbitrators have in this connection also powers similar to those of equity judges (in a common law sense), especially in areas not at the free disposition of the parties, e.g to develop newer proprietary structures on the basis of evolving practice or borrow them from existing legal systems in terms of general principle?[36]

---

[31] See section 10 below.

[32] Arbitrability is now more quickly assumed, at least in international cases ever since the decision of the US Supreme Court in *Mitsubishi Motors Corp.* v *Soler Chrysler- Plymouth, Inc.*, 473 US 614 (1985), but it may be difficult for arbitrators to take here the initiative. See for the arbitrability of securities laws in the US, the US S Ct. in *Scherk v Alberto-Culver* 417 US 506 1974).

[33] See also the US Supreme Court in *Morrison v National Bank*, 130 S Ct 2869 (2010), where conduct and effect of the foreign financial transaction in the US was ignored by simply declaring the relevant rules (Section 10(b) and Rule 10b-5 under the Securities and Exchange Act 1934) not to apply extraterritorially. Could arbitrators have done the same?

[34] See Nt 27 above and accompanying text.

[35] See the discussion at Nt 21 above.

[36] As already mentioned in the text above, it concerns here in particular more up to date forms of set-off and netting, trusts facilities and tracing rights especially under floating charges (which would themselves be transnationalised and cover assets in different countries), or more modern forms of (bulk) transfers or assignments, subject always to the protection of the ordinary commercial flows (or of *bona fide* purchasers or assignees and purchasers or assignees in the ordinary course of business).

This may be relevant especially whilst determining priorities on the basis of secured transactions or finance sales, in floating charges, in constructive trusts and tracing situations, in finance sales like leases and repos, in short selling, security lending, re-hypothecation, in matters of finality

q) In how far may arbitrators consider, apply or give weight to concepts like those of financial stability and proper risk management, e.g. through CCPs, and declare them overriding as a matter of transnational public policy?

r) May this also concern the promotion of the international commercial flows unencumbered by all kind of (domestic or other) charges and imposts (except amongst insiders) and the issue of finality of transactions and payment?

s) May arbitrators raise these overriding issues autonomously and are there others like prevention of market abuse, anti-competitive behavior, corruption, ethics and the like? What about a hearing?[37]

t) Do arbitrators have power to apply international minimum standards in regulatory matters?

C. Procedural issues

u) What freedom do arbitrators have in determining procedural matters and matters of evidence? May they proceed on the basis of transnational fundamental (due process) principles or general principles or established practices in international arbitrations?

v) May arbitrators independently decide issues of speed and efficiency in the proceedings?

D. Contractual issues

w) Are financial contracts concluded between professionals foremost to be read as a road map and risk allocation document subject to a high degree of literal interpretation? How much room does this leave for the notion of good faith? Is it mandatory in international financial transactions, what does it mean, and may parties set standards? May arbitrators define it on the basis of transnational practices?

x) What is in international finance the room left for defenses and excuses like mistake, force majeure and change of circumstances, assuming the result has not become manifestly unreasonable taking into account the overall situation of the professional party seeking relief?

y) Are there pre-contractual disclosure and negotiation duties to be considered as normative in international financial dealings?

---

of security entitlements and electronic payments, in the effect of set-offs and the possibility of netting, in matters of assignment, and in matters of agency concerning the passing of property rights and obligations.

[37] See section 6 above.

E. Proprietary issues

z) In how far are third parties to be affected by arbitral findings in terms of priority and ranking, set-off and netting? Does it make a difference if they or their organizations like ISDA have been heard as *amici curiae*?

aa) If arbitrators have this power, should some better facility be created for potentially affected third parties to intervene in the proceedings?

bb) In how far may arbitrators allow or promote party autonomy in proprietary structures? May they rely on international practices?[38]

cc) What about the issues of transactional and payment finality and the status more generally of buyers in the ordinary course of business (freeing of the commercial flows). Again, may arbitrators apply international standards in these areas where party autonomy and choice of law clauses cannot reach (matters not at the free disposition of the parties)

F. Regulatory Issues

dd) Are all financial regulatory issues arbitrable?

ee) May arbitrators determine the international reach or extraterritoriality of domestic regulation (the jurisdiction to prescribe), balance different conflicting governmental interests or claims to regulatory power in this connection, or formulate minimum transnational standards of regulation and protection for transactions with contacts (conduct or effect) in several countries?

G. Taxation Issues

ff) It being assumed that international arbitrators may always redistribute the taxation burden between the parties if their contract so provides or custom and practice require it, may these also decide taxation issues, e.g. the ranking of tax liens if the relative priority in collection proceeds is to be determined between the parties?

Bankruptcy Issues

gg) May arbitrators take the bankruptcy environment into account and also determine the international reach or extraterritoriality of domestic bankruptcy laws to the extent relevant in an arbitration?

hh) May they consider the UNCITRAL Model Law on Crossborder Insolvency the transnational standard in this connection and the EU Bankruptcy Regulation within the EU the standard also in arbitrations?

---

[38] See for these structures, section 5 above

ii) In how far must they follow the orders or instructions of bankruptcy courts? Does it make a difference if there is primary or secondary bankruptcy? Does it make a difference if it is the original bankruptcy court or a court in a country that recognized the bankruptcy?

jj) Is any intervention of the courts at the seat of the bankruptcy in respect of a foreign bankruptcy relevant to the arbitral tribunal?

kk) Assuming on the other hand, that bankruptcy courts will ignore arbitrations even in the determination of claims, will always prefer their own system of summary proceedings for proof of claim, and will always apply their own regulatory regime even in international cases, may international arbitrators also anticipate this and take these attitudes into account?

ll) May they abandon the arbitration because of the intervention of a bankruptcy and when?

J. Applicable Law Issues and Parties' Choice of Law

mm) May or must arbitrators ignore the choice of a law by the parties in areas that are not at their free disposition including in property matters?

nn) May parties in this connection still attempt to opt out of the *lex situs* (including in assignments when the issue of the location of receivables arises) and also have freedom to choose the applicable regulatory or bankruptcy laws?

oo) May arbitrators apply transnationalised concepts instead, like international market practices and customs or general principles developed in commercial and financial centers, if necessary as mandatory private property law under the modern *lex mercatoria*?

pp) May they also recognize in this way newer transnationalised proprietary structures and set-off rights and determine the degree of party autonomy in proprietary matters?

qq) May arbitrators apply overriding fundamental transnational principles in terms of financial stability and risk management, movement of the international flows, finality of transaction and payments, market abuse and competition?

rr) Assuming parties have (sometimes) the possibility effectively to opt into another legal system, what if the law so chosen by the parties proves wholly inadequate to safeguard the international transaction for which that law was never written or makes no proper sense in the circumstances?

ss) Would the choice by parties of a non-statist law like the *lex mercatoria* (including international custom and practices) or *sharia* law be effective (again assuming it concerns areas of the law at the free disposition of the parties)?

tt) Again, to what extent do the arbitrators have original powers here to apply these concepts, subject to the requirements of a proper hearing?

K. Legitimacy of the Award. Supervision, Recognition and Enforcement Issues

uu) Are the arbitral decisions (and arbitration clauses and procedure) to be rooted in the international legal (or arbitral) order or still in some domestic *lex arbitri,* mostly considered to be the law of the seat?[39] Should the concept of the seat of the arbitration be usefully maintained in this regard?

vv) Should any court wherever be put in a similar situation of support when action in its country is required and what would the remaining function of the courts at the seat be in such cases in terms of support and supervision of financial arbitrations?

ww) If the review is essentially left to the courts in countries where support or enforcement is sought, like for final awards under the New York Convention, how is uniformity to be achieved especially in local (bankruptcy) courts? In particular, how can the notion of public order, jurisdiction and arbitrability be delocalized for these purposes?

xx) Do bankruptcy courts have here a special status under the NY Convention such as to be able to invoke public policy considerations more broadly?

9. The P.R.I.M.E rules

It was submitted that to achieve effective international arbitration in finance, much will depend on recognition of the institutional power of the arbitrators with respect to proprietary, bankruptcy and regulatory issues, that may arise, which also goes to the issue of the applicable procedural and substantive laws and their transnationalisation in the international commercial and financial legal order including its dispute resolution facilities, especially international arbitration. The UNCITRAL language adopted by P.R.I.M.E on the applicable law would appear wholly inadequate in this regard and derives from an environment of contractual (non-financial) disputes only. It reads:

> *Article 35*
>
> 1. The arbitral tribunal shall apply the rules of law designated by the parties as applicable to the substance of the dispute. Failing such designation by the parties, the arbitral tribunal shall apply the law which it determines to be appropriate.
>
> 2. The arbitral tribunal shall decide as amiable compositeur or ex aequo et bono only if the parties have expressly authorized the arbitral tribunal to do so.
>
> 3. In all cases, the arbitral tribunal shall decide in accordance with the terms of the contract, if any, and shall take into account any usage of trade applicable to the transaction.

---

[39] See nt 9 above.

Given the limited powers of the parties over many of the relevant issues in international finance, in the context of P.R.I.M.E, this language should be amended to:

> "The arbitral tribunal shall determine the applicable law, taking into account the internationality and financial nature of the transaction and/or dispute, the rules designated by the parties in areas of the law at their free disposition, the relevant property, regulatory and bankruptcy laws, as the case may be, as well as the requirements of the international or pertinent national public order especially in terms of, but not limited to, financial stability, risk management, protection of the commercial and financial flows, transactional and payment finality, competition, market abuse, other improper market practices, corruption and money laundering.
>
> In doing so, the tribunal shall consider in particular the fundamental principles and public order requirements obtaining in international finance, the customs and practices that have developed in the international market place, relevant treaty law, and the general principles of law that may be found in the operation of advanced domestic financial markets.
>
> The tribunal shall be authorised to raise issues of overriding fundamental principle or public order autonomously, subject to the rights of parties to equal treatment and a fair hearing.
>
> If the parties have expressly authorised the arbitral tribunal to do so, the arbitral tribunal shall decide as amiable compositeur or ex aequo et bono in all matters at the free disposition of the parties."

10. The Operation of an International Commercial Court

Earlier I proposed the creation of an international commercial court[40] not only to assume a supervisory role in international arbitration in terms of appointment of arbitrators, their independence, expertise and conduct, but also to issue preliminary opinions to international arbitrators if so requested concerning their powers and the applicable law, and to intervene in matters of challenges and enforcement of the awards.

This may be all the more needed in international finance and could reinforce third party effect of modern financial structures and arbitral awards where necessary even in local bankruptcies. This court could also assume an active role in ordering preliminary measures pending the constitution of the arbitral tribunal and subsequently order their enforcement through the court of relevant countries.

Such a court should preferably obtain treaty status to support the authority needed to back up an effective system of international financial arbitration that, in the case of disputes in financial matters, could meet the challenges enumerated above.

---

[40] 1*Dalhuisen, op.cit. supra* Nt 31, s 1.1.9

A arbitragem ICSID continua a surpreender: Os casos SGS v. Paquistão, SGS v. Filipinas e SGS v. Paraguai – três faces da mesma moeda?

TIAGO DUARTE[*]

I. Introdução [1]

Um dos elementos mais importantes, no que respeita à interpretação do consentimento das partes relativamente a uma arbitragem, é o que se prende com o âmbito material desse mesmo consentimento. Neste sentido, e em especial nas arbitragens internacionais de protecção de investimentos, em que, muitas vezes, o consentimento das partes não se encontra numa cláusula contratual, é fundamental interpretar adequadamente o âmbito material da oferta de arbitragem efectuada por um Estado, e que se encontra normalmente num *Bilateral Investment Treaty (BIT)* por este celebrado, ou mesmo na sua legislação nacional interna [2].

Assim, da interpretação dessas cláusulas arbitrais, resulta que existem casos em que a oferta de arbitragem abrange apenas os litígios decorrentes da violação,

---

[*] Professor na Faculdade de Direito da Universidade Nova de Lisboa. Sócio de PLMJ – Sociedade de Advogados.

N.E. Por decisão do Autor, este texto é publicado segundo a ortografia anterior ao novo Acordo Ortográfico.

[1] Em 2011-2012 fui aceite na Universidade de Cambridge, como Visiting Fellow, onde realizei uma investigação post-Doc, no Lauterpacht Research Centre for International Law, sobre arbitragem internacional de protecção de investimentos. Quando, em conversa com o Professor James Crawford, ex-Director do referido Centro, Professor na Universidade de Cambridge e um dos mais conceituados árbitros e advogados internacionais, referi a minha nacionalidade, a resposta dele veio pronta: Conhece o Dr. Miguel Galvão Teles? Este episódio não retrata uma mera coincidência mas o reconhecimento académico e profissional de que o Dr. Miguel Galvão Teles beneficia, também, na comunidade científica internacional.

[2] As regras aplicáveis aos *BIT* aplicam-se, em geral, *mutatis mutandis,* também nos casos de Convenções Internacionais Multilaterais, que prevejam a possibilidade de recurso à arbitragem ICSID, como por exemplo a *ECT – Energy Charter Treaty* ou a *NAFTA – North American Free Trade Agreement*, pelo que apenas se fará referência aos *BIT* e não às convenções internacionais multilaterais. O mesmo se passa com as legislações nacionais de promoção e protecção de investimentos, que, por vezes, remetem também a resolução dos litígios com investidores estrangeiros para a arbitragem do ICSID.

por parte do Estado onde o investimento é realizado, das obrigações a que este se vinculou, por força do instrumento jurídico que contém o modo de resolução de litígios (seja o *BIT*, ou a legislação interna) enquanto, noutros casos, pelo contrário, a oferta de arbitragem abrange todos os litígios relacionados com os investimentos realizados no seu território, pelos nacionais de outro Estado, quer esses litígios tenham na sua base uma violação do próprio *BIT (treaty claims)* ou da própria legislação *(legislation claims)*, quer tenham na sua base uma violação do contrato celebrado com o Estado *(contract claims)*.

Com efeito, os Estados Contratantes, nos *BIT* que celebram, assumem um conjunto de *standards*, a que se obrigam, no que respeita ao tratamento que aceitam conceder aos nacionais do outro Estado Contratante que invistam no seu território, assegurando, desta forma, uma panóplia de direitos a esses investidores, capazes de lhes transmitir um clima de confiança, propício à realização dos referidos investimentos[3]. Ora, para se saber se o consentimento do Estado, através da previsão de uma cláusula de resolução de litígios prevista no *BIT* (e que na maior parte dos casos remete para a arbitragem ICSID) abrange, para além dos litígios decorrentes da violação do próprio *BIT*, também os litígios contratuais será necessário conhecer o seu *wording*, de modo a avaliar a amplitude do referido consentimento prestado[4].

Por outro lado, importa ainda notar que, mesmo nos casos em que os incumprimentos contratuais não podem ser apreciados pelo modo de resolução de litígios previsto no *BIT*, na medida em que a referida cláusula arbitral não é suficientemente ampla para o efeito, ainda assim é possível que esses incumprimentos venham a ser apreciados pelo tribunal arbitral constituído ao abrigo do *BIT* (mesmo se destinado a apreciar apenas os litígios relativos a incumprimentos do

---

[3] Entre os direitos mais comuns, encontram-se o direito a um *fair and equitable treatment*, o direito a *full protection and security*, o direito ao *national treatment*, o direito a beneficiar do *most favoured nation treatment*, bem como o direito a não discriminação e a não expropriação sem adequada indemnização. Sobre estes princípios, Campbell McLachlan, Laurence Shore e Matthew Weiniger, *International Investment Arbitration, Substantive Principles*, 2008 e August Reinisch (ed.), *Standards of Investment Protection*, 2008.

[4] Sobre a noção de consentimento na arbitragem do ICSID, na doutrina nacional, Tiago Duarte, *O Consentimento nas arbitragens internacionais (ICSID)*, Estudos em Homenagem ao Prof. Doutor Sérvulo Correia, vol. IV, 2010, pág. 545 e segs. e Dário Moura Vicente, *Arbitragem de Investimento: A Convenção ICSID e os Tratados Bilaterais*, ROA, ano 71, 2011. Mais especificamente sobre o âmbito material do consentimento, Christoph Schreuer, *The ICSID Convention – A Commentary*, 2009, pág. 234 e segs; Anthony Sinclair, *Bridging the Contract/Treaty Divide*, International Investment Law for the 21st Century, Essays in Honour of Christoph Schreuer, 2009, pág. 92 e segs.; Dolzer e Schreuer, *Principles of International Investment Law*, 2008, pág. 245; J. Griebel, *Jurisdiction over "Contract Claims" in Treaty-based Investment Arbitration on the Basis of Wide Dispute Settlement Clauses in Investment Agreements*, TDM, vol. 4, nº 5, Setembro de 2007.

próprio *BIT*), nos casos em que, para além de uma violação contratual, a actuação danosa do Estado consubstancie *também* uma violação do *BIT*.

Em primeiro lugar, isso pode suceder sempre que uma mesma actuação lesiva para o investidor, da responsabilidade do Estado onde o investimento foi realizado, provoque, ao mesmo tempo, pelo modo como foi perpetrada ou pelos efeitos provocados, não só uma violação directa da lei ou do contrato, mas, também, uma violação directa dos direitos previstos no *BIT*. Em segundo lugar, isto pode suceder sempre que o *BIT* contenha uma cláusula, vulgarmente conhecida como *umbrella clause* [5], através da qual os Estados reconhecem a obrigação de respeitar os compromissos que tenham assumido face aos investidores (aí se incluindo os compromissos contratuais). Neste caso, se o Estado violar o contrato, estará, ao mesmo tempo, a violar uma obrigação assumida no *BIT* (a obrigação de que não violaria os compromissos contratualmente assumidos), pelo que uma violação de contrato representará, também, uma violação do *BIT*, desta forma permitindo o recurso ao modo de resolução de litígios aí previsto [6].

A interpretação das cláusulas previstas nos *BIT* relativas ao âmbito material do consentimento para o recurso à arbitragem do ICSID, bem como a distinção entre *"treaty claims"* e *"contract claims"*, está, no entanto, longe de ser pacífica, seja na doutrina, seja na jurisprudência, sendo que tudo se complica quando o *BIT* prevê um modo de resolução de litígios e o contrato prevê um modo diferente. Sobre esta matéria, Christoph Schreuer, escreve mesmo que, *the most difficult problems in the relationship between ICSID tribunals and domestic courts have arisen from competing jurisdictional clauses in treaties and contracts* [7]. Segundo este autor, *the*

---

[5] Sobre o conceito de *umbrella clause*, na doutrina nacional, Tiago Duarte, *Treaty Claims, Contract Claims e Umbrella Clauses na Arbitragem Internacional de Protecção de Investimentos*, Estudos em Homenagem ao Prof. Doutor Carlos Ferreira de Almeida, 2011, pág. 259 e segs.. Na doutrina internacional, entre outros, Christoph F. Dugan, Don Wallace, Jr., Noah D. Rubins e Borzu Sabahi, *Investor-State Arbitration*, 2008, pág. 541 e segs.; Campbell McLachlan, Laurence Shore e Matthew Weiniger, *International Investment Arbitration, Substantive Principles*, 2008, pag. 92 e segs.; Anthony Sinclair, *The origins of the umbrella clause in international law of investment protection*, Arbitration International, vol. 20, 2004; Andrew Newcombe e Lluís Paradell, *Law and Practice of Investment Treaties – Standards of Treatment*, 2009, pág. 437 e segs.; T.W. Walde, *The "Umbrella" (or Sanctity of Contract/Pacta sunt Servanda) Clause in Investment Arbitration: A Comment on Original Intentions and Recent Cases*, Transnational Dispute Management (TDM), vol. 1, nº 4, Outubro de 2004; H.J. Schramke, *The interpretation of Umbrella Clauses in Bilateral Investment Treaties*, TDM, vol. 4, nº 5, Setembro de 2007; V. Zolia, *Effect and Purpose of "Umbrella Clauses" in Bilateral Investment Treaties: Unresolved Issues*, TDM, vol. 2, nº 5, Novembro de 2005; Nich Gallus, *An Umbrella just for two? BIT Obligations Observance Clauses and the Parties to a Contract*, Arbitration International, vol. 24, nº 1, 2008, pág. 157 e segs; Christoph Schreuer, *Travelling the BIT rout – of waiting periods, umbrella clauses and forks in the roada*, Journal of World Investment and Trade, nº 5, 2004.

[6] Rudolf Dolzer e Christoph Schreuer, *Principles of International Investment Law*, 2008, pág. 246.

[7] Christoph Schreuer, *The ICSID Convention – A Commentary*, 2009, pág. 370. Sobre esta matéria, entre vários, M.D. Nolan e E.G. Baldwin, *The Treatment of Contract-Related Claims in Treaty-Based*

separation of contract claims and treaty claims is intellectually attractive but leads to a number of practical problems. A clear-cut separation of treaty claims and contract claims is often difficult and hinges on the facts of each case [8].

A dificuldade do tema acentua-se, sobretudo, tendo em conta a falta de uma *jurisprudence* constante nesta matéria. Até bem recentemente, duas das decisões mais relevantes – e também as mais polémicas – neste domínio eram as que resultaram dos casos SGS v. Paquistão [9] e SGS v. Filipinas [10], em que os tribunais se confrontaram com as mesmas questões, tendo dado respostas diametralmente opostas.

A grande novidade resulta, agora, da muito recente decisão do caso SGS v. Paraguai [11], apenas tornada pública em Fevereiro de 2012, e onde o tribunal deu um passo significativo relativamente à decisão que julgou o caso SGS v. Filipinas (que já tinha sido um progresso face ao caso SGS v. Paquistão) e aceitou interpretar e aplicar a *umbrella clause,* no sentido pretendido pelo investidor, algo que nunca tinha sido, até ao momento, aceite pela jurisprudência do ICSID.

II. Os casos SGS v. Paquistão, SGS v. Filipinas e SGS v. Paraguai

Uma das maiores críticas que normalmente é apontada à arbitragem ICSID [12] prende-se com a sua inconsistência e imprevisibilidade, encontrando-se, frequen-

---

Arbitration, Mealey's International Arbitration Report, vol. 21, nº 6, Junho de 2006, pág. 1 e segs.; Jean-Marc Loncle, *The arbitration option in protection of investment treaties: treaty claims vs. contract claims,* International Business Law Journal, 2005, pág. 3 e segs; Jamie Shookman, *Too many forums for Investment Disputes? ICSID Illustrations of Parallel Proceedings and Analysis.* Journal of International Arbitration, vol. 27, nº 4, 2010, pág. 361 e segs.; G. Zeiler, *Treaty v. Contract: Which Panel?,* TDM, vol. 4, nº 5, Setembro de 2007. Yuval Shany, *Contract Claims vs. Treaty Claims: mapping Conflicts between ICSID decisions on multisourced investment claims,* American Journal of International Law, vol. 99, 2005.

[8] Christoph Schreuer, *The ICSID Convention – A Commentary,* 2009, pág. 379. Christoph Schreuer, *Investment Treaty Arbitration and Jurisdiction over Contract Claims – The Vivendi I case considered,* International Investment Law and Arbitration – Leading cases from ICSID, NAFTA, Bilateral Investment Treaties and Customary International Law, 2005, pág. 295, refere que, *where a BIT is applicable, it is necessary to examine whether a breach of contract violates the standards guaranteed by that particular BIT. Typically, these would include the principle of fair and equitable treatment, the prohibition of unreasonable or discriminatory measures or the prohibition of measures having effect equivalent to nationalisation. For example, it is generally accepted that an indirect expropriation may occur in the form of a material breach or cancellation of a contract.*

[9] SGS v. Paquistão, Decisão sobre a Jurisdição, (arb/01/13), de 6 de Agosto de 2003.

[10] SGS v. Filipinas, Decisão sobre a Jurisdição, (arb/02/6), de 29 de Janeiro de 2004. Esta decisão mereceu um voto de vencido do Professor Antonio Crivellaro.

[11] SGS v. Paraguai, Decisão sobre a Jurisdição, (arb/07/29), de 12 de Fevereiro de 2010 (só tornada pública com a sentença final que julgou o mérito do litígio, de 10 de Fevereiro de 2012.

[12] A Convenção de Washington, que criou o *International Centre for the Settlement of International Disputes (ICSID),* entrou em vigor em Outubro de 1966, tendo entrado em vigor, em relação a

temente, decisões contraditórias sobre os mesmos temas e os mesmos problemas. Com efeito, a falta de uma regra de precedente, a ausência de uma instância de recurso e um acervo normativo tecnicamente pouco evoluído levam, entre outros factores, a que surjam decisões arbitrais divergentes, seja ao nível das questões de jurisdição, seja ao nível das questões substantivas.

A recente decisão do caso SGS v. Paraguai é, porventura, o último exemplo disso mesmo, com a particularidade de esta decisão se afastar de outras duas decisões arbitrais anteriores relativas ao mesmo investidor. Com efeito, quer a decisão do caso SGS v. Paquistão, quer a decisão SGS v. Filipinas tornaram-se, cada uma delas, num *leading case*, no modo como analisaram (de diversamente) a difícil relação entre *treaty claims* e *contract claims*, bem como pelo modo como analisaram a *umbrella clause* prevista, em termos análogos, em ambos os *BIT*.

Cada uma destas duas decisões, que distam poucos meses uma da outra, criaram uma espécie de "Escola doutrinal", alinhando-se, até agora, os tribunais que, posteriormente, vieram a debater-se com esta temática, em torno dos seguidores da "doutrina SGS v. Paquistão" ou da "doutrina SGS v. Filipinas". Assim, entre os seguidores da doutrina SGS v. Paquistão, encontram-se (embora com *nuances*) as decisões dos casos Joy Mining v. Egipto [13], Pan American v. Argentina [14] e El Paso v. Argentina [15]. Diferentemente, entre os seguidores da doutrina SGS v. Filipinas, encontram-se (embora também com *nuances*) as decisões dos casos Noble Ventures v. Roménia [16], Siemens v. Argentina [17], Sempra v. Argentina [18], Eureko v. Polónia [19] Bivac v. Paraguai [20], Lemire v. Ucrânia [21] e Toto Costruzioni v. Líbano [22].

É face a esta dicotomia jurisprudencial que surge a recente e surpreendente decisão SGS v. Paraguai, que se afasta das duas decisões anteriores, aceitando, precisamente, o que – embora por motivos diferentes – havia sido rejeitado pelos tribunais que julgaram os casos SGS v. Paquistão e SGS v. Filipinas. Com efeito,

---

Portugal, a 4 de Agosto de 1984. A Convenção de Washington encontra-se publicada no Diário da República, Iª Série, de 3 de Abril de 1984.

[13] Joy Mining v. Egipto, Decisão sobre a Jurisdição, de 6 de Agosto, de 2004, parágrafo 81.

[14] Pan American v. Argentina, Decisão sobre a Jurisdição, de 27 de Julho de 2006, parágrafos 96-116.

[15] El Paso v. Argentina, Decisão sobre a Jurisdição, de 27 de Abril de 2006, parágrafos 66 e segs, 71 e segs. e 81 e segs.

[16] Noble Ventures v. Roménia, Sentença de 12 de Outubro de 2005, parágrafos 55, 61 e 85.

[17] Siemens v. Argentina, Sentença de 6 de Fevereiro de 2007, parágrafo 204.

[18] Sempra v. Argentina, Sentença de 28 Setembro de 2007, parágrafo 309.

[19] Eureko v. Polónia, (arbitragem *ad hoc*) Sentença parcial de 19 de Agosto de 2005, parágrafos 254 e segs.

[20] BIVAC v. Paraguai, Decisão sobre a Jurisdição de 29 de Maio de 2009, parágrafo 128 e segs.

[21] Lemire v. Ucrânia, Decisão sobre a Jurisdição de 14 de Janeiro de 2010, parágrafo 498.

[22] Toto Costruzioni v. Líbano, Decisão sobre a Jurisdição, de 11 de Setembro de 2009, parágrafos 189 e segs.

ESTUDOS EM HOMENAGEM A MIGUEL GALVÃO TELES

nos três casos, estava em apreciação a possibilidade de recurso à jurisdição ICSID, tal como previsto nos *BIT* celebrados entre a Suíça (sede do investidor) e cada um dos três Estados onde os investimentos haviam sido realizados, como modo de dirimir litígios relacionados essencialmente com o não pagamento de facturas por parte desses Estados, apesar de os contratos celebrados preverem um modo diverso de resolução dos litígios contratuais (em dois casos previa-se o recurso aos tribunais locais e num caso previa-se uma arbitragem *ad hoc*).

Face ao exposto, importa analisar comparativamente os três acórdãos, verificando o modo como cada um interpretou o âmbito material do consentimento prestado pelo Paquistão, pelas Filipinas e pelo Paraguai, nos *BIT* que celebraram (em termos análogos) com a Suíça.

A) O caso SGS v. Paquistão

No caso SGS v. Paquistão estava em discussão um contrato, através do qual a empresa *SGS – Société Générale de Surveillance, S.A.* se obrigara a realizar serviços de inspecção de bens que seriam importados pelo Paquistão. O objectivo da inspecção prendia-se com a verificação da adequada identificação dos produtos, para efeitos de tributação. O referido contrato continha uma cláusula arbitral, onde se previa que, (...) *any dispute shall be settled by arbitration in accordance with the Arbitration Act of the Territory as presently in force. The place of arbitration shall be Islamabad, Pakistan* (...). O contrato foi denunciado pelo Paquistão, tendo ambas as partes considerado ter havido incumprimentos contratuais da outra parte, o que levou o Paquistão a iniciar uma arbitragem baseada na cláusula arbitral e o investidor a, um ano depois, iniciar uma arbitragem ICSID, baseada no *BIT* existente entre a Suíça e o Paquistão [23].

O investidor fundamentou a jurisdição do ICSID, apesar de o litígio se basear num diferendo de base contratual, considerando, em primeiro lugar, que os mesmos factos que haviam gerado o incumprimento e a resolução contratual, também geravam uma violação directa dos *standards* previstos no *BIT*. Em segundo lugar, entendeu que, entre as garantias oferecidas pelo *BIT* aos investidores, se encontrava a garantia de que o Estado cumpriria os compromissos assumidos, o que abrangia, também, os compromissos assumidos contratualmente. Em terceiro lugar, considerou que a cláusula de resolução de litígios prevista no *BIT* era, em qualquer caso, suficientemente ampla para conferir jurisdição ao ICSID, não apenas para apreciar violações do próprio *BIT*, mas para apreciar qualquer litígio relativo ao investimento realizado.

---

[23] SGS v. Paquistão, parágrafos 11 a 27.

1) A possibilidade de os mesmos factos darem origem a uma contract claim e a uma treaty claim

Segundo o investidor, a violação do contrato, desde logo através do não pagamento das facturas devidas, bem como a consequente resolução do mesmo, implicaram uma violação directa do *BIT*, tendo o Paquistão (...) *failed to promote SGS's investment* (...) *failed to protect SGS's investment* (...) *failed to ensure the fair and equitable treatment of SGS investment* e *taken measures of expropriation, or measures having the same nature or the same effect, against SGS's investment* [24].

Face a esta fundamentação, o Tribunal concordou, *prima facie*, com o facto de os actos e omissões imputáveis ao Paquistão, em sede contratual, poderem provocar, se provados, violações daqueles *standards* de protecção garantidos pelo *BIT*, remetendo para a fase a apreciação dos *merits* a efectivação dessa prova. Assim, segundo o Tribunal, *as a matter of general principle, the same set of facts can give rise to different claims grounded on differing legal orders: the municipal and the international legal orders* [25]. Face ao exposto, o Tribunal decidiu ter jurisdição relativamente às alegadas violações do *BIT* ocorridas por virtude da actuação contratual do Paquistão.

2) A transformação de uma contract claim numa treaty claim, por virtude de uma umbrella clause

Segundo o investidor, para além da violação de um conjunto de *standards* de protecção previstos no *BIT*, tais como o dever de conceder aos investidores um *fair and equitable treatment*, havia uma outra obrigação prevista no *BIT*, que o Paquistão havia incumprido, ao deixar por pagar facturas correspondentes a serviços prestados.

Com efeito, nos termos do art. 11º do *BIT* entre a Suíça e o Paquistão, previa-se que, *either Contracting Party shall constantly guarantee the observance of the commitments it has entered into with respect to the investments of the investors of the other Contracting Party.* Este tipo de cláusulas são conhecidas como *umbrella clauses*, na medida em que se tem entendido (mais doutrinária do que jurisprudencialmente, é certo) que colocam qualquer violação contratual sob o "chapéu de chuva" protector do *BIT*, fazendo com que uma violação de um *commitment* contratual passe a ser, também, uma violação do próprio *BIT*. Assim, segundo o investidor, *the inclusion of an "umbrella clause" such as Article 11 of the BIT has the effect of elevating a simple breach of contract claim to a treaty claim under international law. SGS's claim of a breach of Article 11 of the BIT is formulated as an international law claim alleging a breach of the Treaty* [26].

---

[24] SGS v. Paquistão, parágrafo 35.
[25] SGS v. Paquistão, parágrafo 147.
[26] SGS v. Paquistão, parágrafo 98.

ESTUDOS EM HOMENAGEM A MIGUEL GALVÃO TELES

Perante esta alegação, o tribunal começou por referir que, *it appears that this is the first international arbitral tribunal that has had to examine the legal effect of a clause such as Article 11 of the BIT* [27], sendo bem visível o seu desconforto por não se poder apoiar em anteriores decisões jurisprudenciais sobre tão relevante tema, capaz, em abstracto, de transferir para o domínio dos tratados internacionais, como são os *BIT*, quaisquer incumprimentos contratuais.

Perante esta situação, o tribunal considerou, de modo manifestamente pouco fundamentado, que, *applying these familiar norms of customary international law on treaty interpretation, we do not find a convincing basis for accepting the Claimant's contention that Article 11 of the BIT has had the effect of entitling a Contracting Party's investor, like SGS, in the face of a valid forum selection contract clause, to "elevate" its claims grounded solely in a contract with another Contracting Party, like the PSI Agreement, to claims grounded on the BIT, and accordingly to bring such contract claims to this Tribunal for resolution and decision* [28].

O tribunal parece, assim, caminhar do fim para o princípio, ou seja dos efeitos potenciais para o conteúdo da decisão, tendo entendido que, *the legal consequences that the Claimant would have us attribute to Article 11 of the BIT are so far-reaching in scope, and so automatic and unqualified and sweeping in their operation, so burdensome in their potential impact upon a Contracting party, we believe that clear and convincing evidence must be adduced by the Claimant* [29].

Foi então que o Tribunal, confrontado com a aparente inutilidade da cláusula, interpretada no sentido restritivo que lhe dera, acabou por considerar que os compromissos (*commitments*) a que a *umbrella clause* aludia não seriam compromissos contratuais, tendo concluído que, *the commitments referred to may be embedded in, e.g., the municipal legislative or administrative or other unilateral measures of a Contracting Party* [30].

Com efeito, segundo o tribunal, a aceitar-se a interpretação do investidor relativamente às consequências da existência de uma *umbrella clause*, qualquer violação contratual implicaria imediatamente uma violação do *BIT* – por virtude da violação da *umbrella clause* – levando a que os demais *standards* de protecção

---

[27] SGS v. Paquistão, parágrafo 164.

[28] SGS v. Paquistão, parágrafo 165.

[29] SGS v. Paquistão, parágrafo 167.

[30] SGS v. Paquistão, parágrafo 166. A questão da inutilidade da cláusula foi mencionada pelo investidor (parágrafo 172), e, posteriormente, também, pela doutrina. Neste sentido, Jacomijn J. Van Haersolte – Van Hof e Anne K. Hoffmann, *The relationship between international tribunals and domestic courts,* The Oxford Handbook of International Investment Law, 2008, pág. 980 e Emmanuel Gaillard, *Investment Treaty Arbitration and Jurisdiction over Contract Claims – The SGS cases considered,* International Investment Law and Arbitration – Leading Cases from ICSID, NAFTA, Bilateral Treaties and Customary International Law, 2005.

previstos no *BIT* passassem a ser irrelevantes, porque, nos casos em que existisse uma *umbrella clause*, não seria mais preciso verificar se uma violação de um contrato tinha implicado ou não também uma violação de um direito substantivo assegurado pelo *BIT* [31]. Por outro lado, segundo o tribunal, o investidor poderia sempre, nesses casos, optar entre recorrer ao tribunal previsto no contrato ou ao tribunal previsto no BIT, algo que o Estado não podia fazer, em caso de incumprimento do contrato por parte do investidor, na medida em que o mesmo teria sempre de recorrer ao tribunal previsto no contrato, funcionando a *umbrella clause* apenas em benefício do investidor [32].

Face ao exposto, o tribunal não negou – em abstracto – que o *BIT* pudesse conter uma *umbrella clause* capaz de permitir que todas as violações contratuais implicassem violações do *BIT*, mas considerou que – *in casu* – *there is no clear and persuasive evidence that such was in fact the intention of both Switzerland and Pakistan in adopting Article 11 of the BIT* [33].

3) A possibilidade de o modo de resolução de litígios do BIT poder abranger também pure contract claims

O investidor considerou ainda que o art. 9º do *BIT*, que previa o recurso à arbitragem ICSID, *for the purpose of solving disputes with respect to investments between a Contracting Party and an investor of the other Contracting Party* (...), era suficientemente amplo, assim permitido que o tribunal arbitral aí previsto pudesse apreciar *pure contract claims*, desde que as mesmas se relacionassem com o investimento realizado e mesmo que não estivesse em causa uma violação autónoma do *BIT* (seja dos direitos substantivos aí previstos, seja da *umbrella clause*).

Na verdade, ao contrário do que se passa com outros *BIT*, que prevêem a jurisdição do ICSID apenas como forma de dirimir litígios relacionados com a interpretação e aplicação desse mesmo *BIT* e com a eventual violação dos direitos aí previstos, o presente *BIT* fazia parte de uma outra categoria, que prevê o acesso à arbitragem do ICSID para litígios *with respect to investments* [34]. De qualquer modo, e sem prejuízo do disposto no *BIT*, o Tribunal não deixou de lembrar que o investidor e o Paquistão tinham acordado, contratualmente, que os litígios relativos ao contrato celebrado seriam dirimidos com recurso a uma arbitragem *ad hoc*, diferente da arbitragem ICSID, prevista no *BIT*.

---

[31] SGS v. Paquistão, parágrafo 168. O tribunal invocou igualmente, como argumento, (parágrafos 169 e 170) para não considerar que a *umbrella clause* pudesse servir para transformar *contract claims* em *treaty claims*, o facto de a mesma se encontrar localizada junto ao final do *BIT*, o que poderia indiciar uma menor importância dos efeitos provocados pela mesma.

[32] Neste sentido, Judith Jill, Matthew Gearing e Gemma Birt, *Contractual and bilateral investment treaties – a comparative review of the SGS cases*, Journal of International Arbitration, vol. 21, 2004, pág. 405.

[33] SGS v. Paquistão, parágrafo 173.

[34] SGS v. Paquistão, parágrafo 80.

Assim, o tribunal começou por reconhecer, em abstracto, que, *disputes arising from claims grounded on alleged violation of the BIT, and disputes arising from claims based wholly on supposed violations of the PSI Agreement* (contrato em causa), *can both be described as "disputes with respect to investments", the phrase used in Article 9 of the BIT*. Apesar disso, também aqui, optou o tribunal por uma posição demasiado restritiva, tendo considerado – reportando-se ao art. 9º do *BIT* – que, *that phrase, however, while descriptive of the factual subject matter of the disputes, does not relate to the legal basis of the claims* (...) *In other words, from that description alone, without more, we believe that no implication necessarily arises that both BIT and purely contract claims are intended to be covered by the Contracting Parties in Article 9* [35].

Mais uma vez, o tribunal parece ter interpretado a cláusula do *BIT* apenas com base nos efeitos que uma determinada interpretação (que parecia ser a mais consentânea com o sentido literal da mesma) poderia implicar, recusando-se a alargar (apesar da amplitude dessa mesma cláusula do *BIT*) a jurisdição dos tribunais previstos nos *BIT*, face a litígios meramente contratuais. Neste contexto, o Tribunal acabou por considerar, mais uma vez de modo pouco fundamentado, que não se poderia retirar do art. 9º do *BIT*, a conclusão de que as partes tivessem querido afastar o modo de resolução de litígios previsto no contrato, em favor do modo de resolução de litígios previsto no *BIT*, ainda que, como era o caso, o *BIT* fosse posterior ao contrato, tendo-se furtado a analisar a possibilidade de ambas as jurisdições poderem coexistir, permitindo a escolha do investidor. Face ao exposto, o Tribunal acabou por concluir não ter jurisdição sobre as *pure contract claims,* (...) *which do not also constitute or amount to breaches of the substantive standards of the BIT* [36].

B) O caso SGS v. Filipinas

O caso SGS v. Filipinas é muito semelhante, em termos factuais, ao caso anteriormente descrito, tendo, no entanto, originado uma decisão conceptualmente muito diferente. Com efeito, o investidor celebrou um contrato com as Filipinas idêntico ao celebrado com o Paquistão, tendo, anos mais tarde, iniciado uma arbitragem ICSID, invocando incumprimentos contratuais relacionados com o não pagamento de facturas, que, no seu entender, teriam implicado uma violação do contrato, mas, também, do *BIT* celebrado entre a Suíça e as Filipinas.

Segundo as Filipinas, o litígio em causa era meramente contratual, pelo que deveria ser exclusivamente julgado com base na cláusula de resolução de litígios prevista no contrato e que remetia para os tribunais das Filipinas, podendo ler-se, no art. 12º do contrato, que, (...) *All actions concerning disputes in connection with*

[35] SGS v. Paquistão, parágrafo 161.
[36] SGS v. Paquistão, parágrafo 162.

the obligations of either party to this Agreement shall be filled at the Regional trial Courts of Makati or Manila [37]. Não obstante esse facto, o investidor justificou a jurisdição do ICSID, invocando os mesmos três fundamentos usados na arbitragem do caso SGS v. Paquistão.

1) A possibilidade de os mesmos factos darem origem a uma contract claim e a uma treaty claim

Segundo o investidor, a actuação das Filipinas, ao não pagar as facturas devidas, tinha implicado, *a failure to protect SGS's investment by subjecting it to unreasonable measures in violation of Article IV(1) of the BIT. In particular, by failing to make the payments due to SGS, the Philippines has deprived SGS of the returns on its investments.* Por outro lado, a actuação das Filipinas teria ainda, alegadamente, provocado a *failure to ensure fair and equitable treatment of SGS's investment, in violation of Article IV(2) of the BIT*, podendo ser *assimilated to an expropriation or a measure having the same nature and effect* [38].

Face as estas alegações, o tribunal considerou, no entanto, ao contrário do que o tribunal do caso SGS v. Paquistão havia considerado, que, *a mere refusal to pay a debt is not an expropriation of property where remedies exist in respect of such refusal* [39], tendo, no entanto, aceitado ter jurisdição quanto à alegada violação do dever de assegurar um *fair and equitable treatment*. De qualquer modo, apesar disso, entendeu, tal como no caso da alegada violação da *umbrella clause*, como se verá, que esta *claim* não era ainda temporalmente admissível perante a arbitragem ICSID, prevista no *BIT*, na medida em que, primeiro, era preciso que o tribunal previsto no contrato se pronunciasse sobre o litígio. Assim, de modo muito pouco convincente e até contraditório, pois já tinha considerado ter jurisdição sobre este litígio, considerou que, *SGS's claim is premature and must wait the determination of the amount payable in accordance with the contractually-agreed process* [40].

2) A transformação de uma contract claim numa treaty claim, por virtude de uma umbrella clause

Nos termos do art. X(2) do *BIT* podia ler-se que, *each Contracting Party shall observe any obligation it has assumed with regard to specific investments in its territory by investors of the other Contracting Party* [41]. A este propósito, o tribunal começou por reportar-se, criticamente, à *highly restrictive interpretation to the "umbrella clause"* efectuada pelo tribunal que julgara, meses antes, o caso SGS v. Paquistão [42].

---

[37] SGS v. Filipinas, parágrafos 17 a 22.
[38] SGS v. Filipinas, parágrafo 44.
[39] SGS v. Filipinas, parágrafo 161.
[40] SGS v. Filipinas, parágrafo 163.
[41] SGS v. Filipinas, parágrafo 119.
[42] SGS v. Filipinas, parágrafo 120.

Foi então que, apostado em interpretar convenientemente o sentido da *umbrella clause*, o Tribunal, depois de passar em revista, um por um, os argumentos avançados pelo tribunal do caso SGS v. Paquistão, afirmou, peremptoriamente, que, *not only are the reasons given by the Tribunal in SGS v. Pakistan unconvincing: the Tribunal failed to give any clear meaning to the "umbrella clause"*. Com efeito, para o Tribunal, a *umbrella clause* não poderia servir apenas para casos excepcionais, baseados em *commitments* unilateralmente efectuados pelo Estado, tendo igualmente considerado infundados os receios do tribunal do caso SGS v. Paquistão, no sentido de que esta cláusula poderia provocar uma *full-scale internationalisation of domestic contracts* [43].

Assim, segundo o Tribunal, uma interpretação adequada da *umbrella clause* prevista no *BIT* levaria a concluir que a mesma, *includes commitments or obligations arising under contracts entered into by the host State* [44]. Apesar disso, o tribunal introduziu uma importante *nuance*, ao considerar que a aceitação de que a violação de um contrato pode conferir jurisdição ao tribunal previsto no *BIT,* por virtude da existência de uma *umbrella clause, does not mean that the determination of how much money the Philippines is obliged to pay becomes a treaty matter. The extent of the obligation is still governed by the contract, and it can only be determined by reference to the terms of the contract.* [45].

Assim, o tribunal considerou que, apesar de a violação do contrato implicar uma violação da *umbrella clause* e, nessa medida, ser uma questão que poderia ser dirimida com recurso ao tribunal arbitral previsto no *BIT*, isso não queria dizer que fosse irrelevante o que as partes haviam acordado quanto ao modo de resolução dos litígios contratuais, já que o litígio continuava, na sua essência, a ser um litígio contratual [46].

Com efeito, nos termos do art. 12º do Contrato (*CISS Agreement*), celebrado entre o investidor e as autoridades das Filipinas, as partes haviam acordado que, *all actions concerning disputes in connection with the obligations of either party to this Agreement shal be filed at the Regional Trial Courts of Makati or Manila* [47], pelo que,

---

[43] SGS v. Filipinas, parágrafo 126.

[44] SGS v. Filipinas, parágrafo 127.

[45] SGS v. Filipinas, parágrafo 127. Segundo James Crawford, *Treaty and Contract in Investment Arbitration*, Arbitration International, vol. 24, nº 3, 2008, pág. 370, (árbitro na presente arbitragem), mesmo perante uma *umbrella clause, the claims are still contractual and they are still governed by their own applicable law. The distinction between treaty and contract is maintained. The purpose of the umbrella clause is to allow enforcement without internationalisation and without transforming the character and content of the underlying obligation.* Para este Autor, em resumo (pág. 370), *the umbrella clause is an extra mechanism for the enforcement of claims, but the basis of the transaction remains the same.*

[46] SGS v. Filipinas, parágrafo 128.

[47] SGS v. Filipinas, parágrafo 137.

segundo o Tribunal, *the BIT did not purport to override the exclusive jurisdiction clause in the CISS Agreement, or to give SGS an alternative route for the resolution of contractual claims which it was bound to submit to the Philippine courts under that Agreement* [48].

O tribunal estabeleceu, então, uma distinção entre os conceitos de jurisdição e de admissibilidade [49], tentando, desta forma, conciliar a jurisdição do tribunal previsto no *BIT*, por virtude da *umbrella clause*, com a do tribunal previsto no contrato, por virtude da cláusula arbitral. Assim, segundo o Tribunal, *the question is not whether the Tribunal has jurisdiction: unless otherwise expressly provided, treaty jurisdiction is not abrogated by contract. The question is whether a party should be allowed to rely on a contract as the basis of its claim when the contract itself refers that claim exclusively to another fórum* [50].

Foi assim que o Tribunal conseguiu, a um tempo, concluir que, apesar de ter jurisdição sobre o litígio, em virtude de poder estar em causa uma violação do *fair and equitable treatment* e da *umbrella clause* previstos no *BIT*, deveria suspender a instância, já que, no seu entendimento, *should not exercise its jurisdiction over a contractual claim when the parties have already agreed on how such a claim is to be resolved, and have done it so exclusively* [51]. Segundo o tribunal, *until the question of the scope or extent of the Respondent's obligation to pay is clarified – whether by agreement between the parties or by proceedings in the Philippine courts as provided for in article 12 of the CISS Agreement – a decision by this Tribunal on SGS's claim to payment would be premature* [52].

Em conclusão, o Tribunal reconheceu que, como as Filipinas estava obrigadas (desde logo pela *umbrella clause*) a respeitar os seus compromissos assumidos, mas a amplitude desses mesmos compromissos não estava ainda determinada, primeiro era preciso determinar essa amplitude (por acordo entre as partes ou por

---

[48] SGS v. Filipinas, parágrafo 143. A decisão do Tribunal mereceu o voto de vencido do Professor Antonio Crivellaro. Segundo este árbitro, na medida em que o contrato era anterior ao *BIT*, devia entender-se que o modo de resolução de litígios previsto no contrato deixava de ser o único modo de resolução desses litígios, após a entrada em vigor do *BIT*, passando o investidor a ter uma alternativa entre recorrer ao modo de resolução de litígios do *BIT* ou do contrato. Segundo Crivellaro, (parágrafo 4) *article 12 of the CISS Agreement* (onde se previa o modo de resolução dos litígio contratuais) *remains effective after entry into force of the BIT, except for the fact that the domestic forum ceases to be the "exclusive" forum from the investor's perspective.* Esta solução parece, efectivamente, ser a que melhor harmoniza o acordo entre o Estado e o investidor (no que respeita aos litígios contratuais), seja através do contrato, seja através da aceitação por parte do investiro da oferta de arbitragem prevista no *BIT*.

[49] Sobre esta distinção, Jan Paulsson, *Jurisdiction and Admissibility*, em Global Reflections on International Law, Commerce and Dispute Resolution, Liber Amicorum in hounour of Robert Briner, 2005, pág. 601 e segs.

[50] SGS v. Filipinas, parágrafo 154.

[51] SGS v. Filipinas, parágrafo 155.

[52] SGS v. Filipinas, parágrafo 155.

recurso aos tribunais previstos no contrato) e, só depois, se poderia concluir se o Estado cumpriria ou não essa obrigação, podendo, em caso de incumprimento deste, recorrer-se para o tribunal arbitral previsto no *BIT* [53].

Com efeito, segundo o tribunal, o modo de resolução de litígios previsto no contrato devia ser considerado como *lex specialis* face à oferta de arbitragem prevista no *BIT*, que não deveria ser vista como tendo a virtualidade de querer ultrapassar o acordo contratualmente firmado pelas partes quanto ao modo de resolverem os litígios contratuais, não permitindo, sequer, conferir uma alternativa ao investidor quanto ao modo de resolução de litígios que pretendia escolher [54]. Apesar do esforço conciliatório do tribunal quanto aos diversos modos de resolução de litígios previstos, o resultado final a que chegou não se afigura convincente, tendo sido objecto de críticas, precisamente pelo facto de ter tornado – por outra via diferente da do Tribunal do caso SGS v. Paquistão, é certo – a *umbrella clause*, numa cláusula inútil e dependente da jurisdição contratual, algo que tinha sido expressamente criticado pelo próprio Tribunal, aquando da apreciação que fez dos resultados da decisão do Tribunal do caso SGS v. Paquistão [55].

3) A possibilidade de o modo de resolução de litígios do BIT poder abranger também pure contract claims

Finalmente, o Tribunal pronunciou-se, também, sobre os termos em que o *BIT* previa a possibilidade de recurso à arbitragem, para qualquer tipo de litígios (mesmo se apenas contratuais). Com efeito, tal como sucedia no *BIT* celebrado entre a Suíça e o Paquistão, também aqui se previa (art. VIII do *BIT*) a possibi-

---

[53] SGS v. Filipinas, parágrafo 169.

[54] SGS v. Filipinas, parágrafo 175.

[55] Concordando com a decisão do tribunal, Campbell McLachlan, Laurence Shore e Matthew Weiniger, *International Investment Arbitration, Substantive Principles*, 2008, pág. 115. Pelo contrário, considerando que a mesma *did not carry this approach* (de que a *umbrella clause* leva a que violações contratuais sejam tabém violações do *BIT*) *to its logical conclusion*, Dolzer e Schreuer, *Principles of International Investment Law*, 2008, pág. 156. Igualmente em sentido crítico, Christoph Schreuer, *Calvo's Grandchildren: The return of local remedies in investment arbitration*, The Law & Practice of International Courts and Tribunals, vol. 4, nº 1, 2005, pág. 11. Para Thomas W. Walde, *Contract Claims under the Energy Charter Treaty's Umbrella Clause: Original Intentions versus Emerging Jurisprudence*, Investment Arbitration and the Energy Charter Treaty, 2006, pág. 221, o tribunal, primeiro, abriu as portas à *umbrella clause*, em todo o seu potencial, e, depois, *pulled an emergency brake*. Para este autor (pág. 221), a solução do tribnal SGS v. Filipinas *is neither practical (...) nor in my view correct*. Também em sentido crítico, Emmanuel Gaillard, *Investment Treaty Arbitration and Jurisdiction over Contract Claims – The SGS cases considered*, International Investment Law and Arbitration – Leading Cases from ICSID, NAFTA, Bilateral Treaties and Customary International Law, 2005, pág. 346, quando refere que, *when a BIT tribunal asserts jurisdiction, it should effectively exercise such jurisdiction, be it over claims relating to the more "traditional" provisions of the treaty or over claims alleging the violation of an observance of undertakings clause*.

lidade de o investidor recorrer à arbitragem como forma de dirimir *disputes with respect to investments between a Contracting Party anda n investor of the other Contracting Party* [56].

Foi assim que, reconhecendo a amplitude da referida cláusula, o Tribunal concluiu, ao contrário do que havia sido decidido pelo Tribunal do caso SGS v. Paquistão, que a mesma conferia jurisdição ao ICSID para dirimir litígios meramente contratuais, mesmo que não estivesse em causa qualquer violação de um direito previsto no *BIT* e mesmo que não existisse uma *umbrella clause*. Com efeito, segundo o Tribunal, *a dispute about an alleged expropriation contrary to Article VI of the BIT would be a "dispute with respect to investments"; so too would a dispute arising from an investment contract such as the CISS Agreement* [57].

Com efeito, segundo o tribunal, não havia motivos para proceder a uma leitura restritiva do significado desta cláusula do *BIT*, que contrariasse o seu elemento literal, só com o objectivo de não alargar a jurisdição do ICSID, como fizera o Tribunal do caso SGS v. Paquistão, já que, *if the State Parties to the BIT had wanted to limit investor-State arbitration to claims concerning breaches of the substantive strandards contained in the BIT, they would said so expressly, using this or similar language* [58]. O tribunal considerou, no entanto, também aqui, que, apesar de ter jurisdição para dirimir litígios meramente contratuais, essas mesmas *claims* não eram ainda temporalmente admissíveis, na medida em que o tribunal previsto no contrato ainda não tinha tido a oportunidade de se pronunciar-se sobre as mesmas, confirmando o incumprimento contratual e determinando os valores em dívida.

Para o tribunal, esta seria a única forma de evitar que os *BIT* que contivessem cláusulas em que se previsse um modo de resolução de litígios, também para os litígios contratuais, pudessem inviabilizar a exclusividade dos acordos celebrados pelas partes contratuais quanto ao modo de resolução dos seus litígios contratuais. Com efeito, segundo o Tribunal, não seria aceitável que as partes contratuais tivessem acordado um modo exclusivo de resolução dos litígios contratuais e, depois, o investidor pretendesse resolver esse litígio no tribunal previsto no *BIT* [59].

Também aqui, acabou o Tribunal por – através do recurso à via da in(admissibilidade) dos pedidos – obter o mesmo resultado que o tribunal do caso SGS v. Paquistão, eximindo-se a apreciar os litígios contratuais, não obstante tenha considerado ter jurisdição sobre os mesmos. Com efeito, ao tentar conciliar os dois modos de resolução dos mesmos litígios, o Tribunal acabou por dar preferência ao contrato face ao *BIT*, em vez de ter permitido que o investidor pudesse

[56] SGS v. Filipinas, parágrafo 130.
[57] SGS v. Filipinas, parágrafo 131.
[58] SGS v. Filipinas, parágrafo 132.
[59] SGS v. Filipinas, parágrafo 134.

escolher qual o modo de resolução de litígios mais conveniente, sabendo que, em ambos os casos, tinha havido consentimento, quer do Estado, quer do investidor relativamente a cada um dos dois modos de resolução de litígios contratuais [60].

C) O caso SGS v. Paraguai

O muito recente caso SGS v. Paraguai, veio, finalmente, aceitar aquilo que os Tribunais do caso SGS v. Paquistão e do caso SGS v. Filipinas não tinham, ainda que por motivos diferentes, aceitado, ou seja, que a arbitragem prevista no *BIT* pode, nalgumas situações, permitir julgar efectivamente litígios baseados em incumprimentos contratuais, independentemente de as partes terem acordado contratualmente um outro modo de resolução desses litígios [61].

No caso SGS v. Paraguai estava em discussão, como nos litígios anteriores já analisados, um contrato de inspecção de mercadorias, relativamente ao qual havia, alegadamente, um conjunto de facturas por pagar, sendo que, nos termos do art. 9º do referido contrato, se previa que, *any conflict, controversy or claim deriving from or arising in connection with this Agreement, breach, termination or invalidty, shall be submitted to the Courts of the City of Asunción under the Law of Paraguay* [62].

1) A possibilidade de os mesmos factos darem origem a uma contract claim e a uma treaty claim

O Tribunal começou por afirmar que, *the distinction between treaty and contract claims is well established*, tendo, em seguida, reconhecido que o investidor tinha apresentado *claims for breach of the Switzerland-Paraguay BIT: it claims that SGS suffered unfair and inequitable treatment in violation of article 4(2) of the BIT; that its use and enjoyment of its investment was impaired by undue and discriminatory measures of the authorities of Paraguay in violation of article 4(1) of the BIT; and that the republic of Paraguay failed to constantly guarantee the observance of commitements it had entered into with respect to the investments of SGS, in violation of article 11 of the BIT* [63].

---

[60] O tribunal decidiu, assim, (parágrafo 175) suspender *the present proceedings pending determination of the amount payable, either by agreement between the parties or by the Philippine courts in accordance with article 12 of the CISS Agreement*. A suspensão foi levantada posteriormente, através de decisão de 17 de Dezembro de 2007, mas as partes acabariam por chegar a um acordo sobre o litígio.

[61] O presidente do Tribunal, Stanimir A. Alexandrov, já tinha defendido, doutrinariamente, a necessidade de se atribuir relevância à *umbrella clause*, como forma de elevar e transformar *contract claims* em *treaty claims*. Stanimir A. Alexandrov, *Breaches of Contract and breaches of Treaty – the jurisdiction of treaty-based Arbitration tribunals to decide breach of contract claims in SGS v. Pakistan and SGS v. Philippines*, Transnational Dispute Management, vol. 5, nº 4, 2004.

[62] SGS v. Paraguai, parágrafo 34.

[63] SGS v. Paraguai, parágrafo 128.

Não obstante ter reconhecido que os actos praticados pelo Paraguai, se provados, poderiam implicar violações dos direitos protegidos pelo *BIT*, o Tribunal reconheceu, igualmente, que *several of Claimant's claims under the Treaty will stem from Respondent's alleged failure to pay SGS's services under the Contract. That is an action that may (or may not) also constitute a contractual breach, but we are not called upon to decide that question as such* [64]. Com efeito, o Tribunal recordou a jurisprudência do comité *ad hoc* que anulou a decisão do caso Vivendi v. Argentina e concluiu que, *it is also possible that the same act of the State will breach both the treaty and a contract, but in this case we are asked to consider only the former question* [65].

Face ao exposto, o Tribunal considerou ter jurisdição para apreciar as alegadas violações dos direitos substantivos previstos no *BIT*, ainda que essas violações decorressem de um alegado incumprimento contratual e, pese embora, o contrato contivesse um modo próprio de resolução dos litígios contratuais, remetendo a decisão efectiva sobre essas alegadas violações dos direitos previstos no *BIT* para a sentença que viesse a apreciar o *merits* do litígio.

2) A transformação de uma contract claim numa treaty claim, por virtude de uma umbrella clause

Tal como ocorrera nos outros casos analisados, o *BIT* aqui em causa também previa uma *umbrella clause*, (art. 11º), onde se podia ler que, *either contracting party shall constantly guarantee the observance of the commitments it has entered into with respect to the investments of the investors of the other Contracting Party*. Ora, segundo o Tribunal, esta disposição promovia a transformação das violações contratuais em violações do *BIT*, permitindo, assim, conferir jurisdição à arbitragem prevista no *BIT*. Com efeito, para o Tribunal, e ao contrário do que havia sido afirmado pelo Tribunal do caso SGS v. Filipinas, quanto à natureza jurídica do litígio, *even if the alleged breach of the treaty obligation depends upon showing that a contract or other qualifying commitment has been breached, the source of the obligation cited by the claimant, and hence the source of the claim, remains the treaty itself* [66].

---

[64] SGS v. Paraguai, parágrafo 130. Para o Tribunal (parágrafo 146), *a State's non-payment under a contract is (...) capable of giving rise to a breach of a fair and equitable treatment requirement (...).* Do mesmo modo, para o Tribunal (parágrafo 161), *the facts alleged by Claimant, if proven, are capable of coming within the purview of Article 4(1)'s prohibition on impairment of an investment by undue and discriminatory measures.*

[65] SGS v. Paraguai, parágrafo 131.

[66] SGS v. Paraguai, parágrafo 142. Apesar de o tribunal não o referir expressamente, o primeiro tribunal ICSID a aceitar, em abstracto, a possibilidade de uma *umbrella clause* elevar uma *contract claim* numa *treaty claim* terá sido o tribunal que julgou o caso Noble Ventures v. Roménia, sentença de 12 de Outubro de 2005, mas, nesse caso, o tribunal acabou por não considerou que tivesse havido incumprimento contratual, tendo, no entanto, salientado (parágrafo 235), que o investidor tinha razão, quanto à possibilidade de os incumprimentos contratuais (a terem existido) poderem ter sido apreciados pelo tribunal previsto no *BIT*, por intermédio do recurso à *umbrella clause*.

Do mesmo modo, e perante a situação de saber se a violação de *commitments* prevista na *umbrella clause* poderia abranger também a violação de *contractual commitments*, algo que havia sido negado pelo Tribunal do caso SGS v. Paquistão, o Tribunal concluiu ter *little difficulty in finding jurisdiction over Claimant's claims under Article 11 (umbrella clause)* [67]. Na verdade, segundo o Tribunal, *the obligation* (de respeitar os compromissos assumidos) *has no limitations on its face – it apparently applies to all such commitments, whether established by contract or by law, unilaterally or bilaterally, etc.* [68].

No entanto, apesar de se aproximar do tribunal que julgara o caso SGS v. Filipinas, no sentido de que a *umbrella clause* podia abranger quaisquer "*commitments*", incluindo contratuais, o tribunal afastar-se-ia dessa decisão no modo como articulou a jurisdição do tribunal previsto no *BIT*, com a jurisdição do tribunal previsto no contrato. Com efeito, para o tribunal, na medida em em que tinha decidido ter jurisdição sobre o litígio, teria consequentemente de o julgar, independentemente da existência de um outro modo de resolução dos litígios contratuais previsto no contrato [69].

Assim, numa crítica directa à decisão do Tribunal que julgou o caso SGS v. Filipinas, o Tribunal considerou que, *having found jurisdiction, we are of course mindful of the Vivendi I annulment committee's admonition that "a tribunal faced with such a claim and having validly held that it had jurisdiction, is obliged to consider and to decide it* [70] Deste modo, e em conclusão, para o tribunal, *a decision to decline to hear SGS's claims under article 11 (umbrella* clause) *on the ground that they should instead be directed to the courts of Asunción would place the Tribunal at risk of failing to carry out its mandate under the Treaty and the ICSID Convention* [71].

Por outro lado, o Tribunal também afastou a possibilidade de o contrato, sendo posterior ao *BIT*, e contendo um modo próprio de resolução de litígios contratuais, ser interpretado como respresentado um *waiver* por parte do investidor face à possibilidade de usar a arbitragem prevista no no *BIT*, por efeito da aplicação da *umbrella clause*, tendo concluído, ao invés, que se as partes tivessem

---

[67] SGS v. Paraguai, parágrafo 167.

[68] SGS v. Paraguai, parágrafo 167. Para o tribunal (parágrafo 168) *article 11* (umbrella clause) *does not state that its constant guarantee of observance of such commitments may be breached only through actions that a commercial counterparty cannot take, through abuses of state power, or through exertions of undue government influence.*

[69] A diferença de soluções prendeu-se, a nosso ver, com o facto de o tribunal do caso SGS v. Filipinas ter considerado que o litígio continuava a ser, na sua essência, um litígio contratual, enquanto o tribunal do caso SGS v. Paraguai considerou que o litígio passava a ser, *ex vi umbrella clause*, uma *treaty claim*.

[70] SGS v. Paraguai, parágrafo 171.

[71] SGS v. Paraguai, parágrafo 172.

querido afastar contratualmente a arbitragem prevista no *BIT,* poderiam tê-lo dito expressamente no contrato [72].

Para o Tribunal, a relação entre o tribunal previsto no *BIT* e o tribunal previsto no contrato não deveria ser baseada no conceito de *lex specialis,* como defendido pelo tribunal do caso SGS v. Filipinas, mas numa relação de alternatividade e de alargamento dos meios de reacção ao dispor do investidor. Deste modo, manifestou a sua concordância com o voto de vencido do Professor Crivellaro, no caso SGS v. Filipinas, tendo considerado que, *the State parties to the BIT intended to provide this Treaty protection in addition to whatever rights the investor could negotiate to itself in a contract or coud find under domestic law, and they gave the investor the option to enforce it, including through arbitrations such as this one. It would be incongruous to find jurisdiction on this basis, but then to dismiss the greater part of all Article 11 claims on admissibility grounds – because the effect would be, once again, to divest the provisions of its core purpose and effect, to the same extente as if we had denied jurisdiction outright* [73]

Assim, para o Tribunal, o facto de um Estado e um investidor terem acordado contratualmente um modo de resolução de litígios contratuais, não impede esse mesmo investidor de aceitar a oferta de arbitragem prevista num *BIT,* desde que as partes contratuais não tenham expressamente afastado, no contrato, a possibilidade de recurso à arbitragem prevista no *BIT* [74]. Deste modo, para o Tribunal, *at least in the absence of an express waiver, a contractual forum selection clause should not be permitted to override the jurisdiction to hear Treaty claims of a tribunal constituted under that Treaty* [75].

3) A possibilidade de o modo de resolução de litígios do BIT poder abranger também pure contract claims

Ao contrário do que sucedera nos casos SGS v. Paquistão e SGS v. Filipinas, o investidor não pretendeu que o Tribunal previsto no *BIT* julgasse *pure contractual claims,* com base no facto de a cláusula de resolução de litígios prevista no *BIT* ser suficientemente ampla para o efeito. Assim, o investidor qualificou todas as *claims* apresentadas como *treaty claims* (apesar de se basearem em actos que também provocaram incumprimentos contratuais, como seja o não pagamento das facturas),

---

[72] SGS v. Paraguai, parágrafo 179.
[73] SGS v. Paraguai, parágrafo 176. O Tribunal aderiu, assim, à crítica feita por Emmanuel Gaillard, *Investment Treaty Arbitration and Jurisdiction over Contract Claims – the SGS Cases Considered,* International Investment Law and Arbitration: Leading cases from ICSID, NAFTA, Bilateral Investmente Treaties and Customary International Law, 2005, pág. 334. Segundo este autor, a decisão do tribunal do caso SGS v. Filipinas resultou no *BIT tribunal having jurisdiction over an empty shell and depriving the BIT dispute resolution process of any meaning.*
[74] SGS v. Paraguai, parágrafo 178.
[75] SGS v. Paraguai, parágrafo 180.

tendo-as fundamentado na violação dos direitos assegurados no *BIT* (como seja o direito a um *fair and equitable treatment*) e na violação da *umbrella clause*.

Deste modo, o investidor procurou, porventura, afastar-se do caso em que o potencial conflito de jurisdições é mais visível, qual seja o de existirem dois tribunais diferentes (o previsto no contrato e o previsto no *BIT*) com jurisdição sobre exactamente o mesmo litígio contratual. Com efeito, enquanto no caso da *umbrella clause* sempre se pode afirmar que os litígios têm origens diferentes (uma violação contratual dirimida pelo tribunal do contrato e uma violação do *BIT* dirimida pelo tribunal do *BIT*), no caso em que a jurisdição do tribunal previsto no *BIT* se baseie no facto de a cláusula de resolução de litígios ser ampla e referir-se a todos os litígios relativos a investimentos, pode efectivamente haver dois tribunais com vocação para dirimir o mesmo litígio.

Ainda assim, o tribunal não deixou de, também aqui, se afastar, seja da decisão do caso SGS v. Paquistão, seja da decisão do caso SGS v. Filipinas, considerando, de modo muito claro, e mesmo não tendo a obrigação de o fazer, que a cláusula de resolução de litígios prevista no *BIT* era, de facto, suficientemente ampla para atribuir jurisdição ao tribunal arbitral aí previsto, também relativamente a *pure contractual claims*. Com efeito, no art. 9º do *BIT* previa-se a arbitragem ICSID, para a resolução de *disputes with respect to investments between a Contracting Party and an investor of the other Contracting Party*. Ora, segundo o Tribunal, apesar de o investidor não ter pretendido que o Tribunal apreciasse as *pure contractual claims*, (...) *we note in passing that the Treaty's dispute resolution provisions are arguably broad enough that Claimant would have been entitled to do so (...). The ordinary meaning of Article 9 would appear to give this Tribunal jurisdiction to hear claims for violation of Claimant's rights under the Contract – surely a dispute "with respect to" Claimant's investment – should Claimant have chosen to bring them before us* [76].

III. Conclusão

Aqui chegados importa notar que a inconsistência e a imprevisibilidade da jurisprudência do ICSID não permite dar por assegurado que a recente decisão do caso SGS v. Paraguai se venha a afirmar como o novo *leading case* no domínio das relações entre *treaty claims* e *contract claims* [77]. De qualquer modo, não pode deixar de se notar a aproximação evidente entre esta decisão jurisprudencial e o que

---

[76] SGS v. Paraguai, parágrafo 129.

[77] Considerando que, *the resulting arbitral jurisprudence has by no means been uniform* e que *more litigation can be expected in the years ahead, (...) in the view of the unsettled state of the jurisprudence,* Jeswald Salacuse, *The Law of Investment Treaties,* 2010, pág. 280 e 283. No mesmo sentido, considerando que, desde a sentença SGS v. Paquistão, *the purpose, meaning, and scope of the clause have caused controversy and have given rise to disturbingly divergent lines of jurisprudence,* Dolzer e Schreuer, *Principles of International Investment Law,* 2008, pág. 155.

vinha sendo reclamado pela doutrina que mais se tinha debruçado sobre o tema, no que respeita ao facto de os tribunais deverem respeitar o que as partes efectivamente acordaram, seja nos contratos, seja nos *BIT*.

Assim, Christoph Schreuer, escrevendo ainda antes da decisão SGS v. Paraguai, considerava já que, *it is widely accepted that under the regime of an umbrella clause, violations of the contract become treaty violations. Despite the apparent clarity of these clauses, they have led to considerable confusion and to conflicting decisions by tribunals* [78]. Para este autor, (referindo-se ao efeito da *umbrella clause*), *they are often referred to as umbrella clauses because they put contractual commitments under the BIT's protective umbrella. They add the compliance with investment contracts, or other undertakings of the host State, to the BIT's substantive standards. In this way, a violation of such a contract becomes a violation of the BIT* [79]. Ainda segundo Christoph Schreuer, *the object and purpose of the umbrella clause is to add extra protection to the investor. It dispenses with the often difficult proof that there has been an indirect expropriation or a violation of the fair and equitable standard under the treaty. There is no good reason why a specific undertaking to honour obligations arising from a contract should not be enforceable by an international tribunal* [80].

Do mesmo modo, também Stanimir A. Alexandrov já havia doutrinariamente referido que, *the views of learned commentators also support the conclusion that umbrella clauses "transform" contract claims into treaty claims or elevate claims for breaches of contract into claims for breaches of the treaty and that this is precisely what the States intend when they include such clauses in their treaties* [81]. Segundo este autor, *states may well decide, through the incorporation of an umbrella clause in the treaty, that breaches of contractual and other obligations undertaken with respect to a foreign investor are to be considered violations of the treaty and, therefore, trigger the responsibility of the State under international law just as would breaches of any other provision of the treaty* [82].

---

[78] Christoph Schreuer, *Investment Treaty Arbitration and Jurisdiction over Contract Claims – The Vivendi I case Considered*, International Investment Law and Arbitration – Leading cases from ICSID, NAFTA, Bilateral Investment Treaties and Customary International Law, 2005, pág. 299. Neste sentido, por exemplo, Andrew Newcombe e Lluís Paradell, *Law and Practice of Investment Treaties – Standards of Treatment*, 2009, pág. 451

[79] Christoph Schreuer, *Travelling the BIT Route – Of Waiting Periods, Umbrella Clauses and Forks in the Road*, The Journal of World Investment & Trade, vol. 5, nº 2, 2004, pág. 250.

[80] Christoph Schreuer, *Investment Treaty Arbitration and Jurisdiction over Contract Claims – The Vivendi I case Considered*, International Investment Law and Arbitration – Leading cases from ICSID, NAFTA, Bilateral Investment Treaties and Customary International Law, 2005, pág. 301.

[81] Stanimir A. Alexandrov, *Breaches of Contract and breaches of treaty – the jurisdiction of treaty-based Arbitration tribunals to decide brech of contract claims in SGS v. Pakistan and SGS v. Philippines*, TDM, vol. 5, nº 4, 2004, pág. 568.

[82] Stanimir A. Alexandrov, *Breaches of Contract and breaches of treaty – the jurisdiction of treaty-based Arbitration tribunals to decide brech of contract claims in SGS v. Pakistan and SGS v. Philippines*, TDM, vol. 5, nº 4, 2004, pág. 576 e 577.

Não se pode negar o facto de a relação entre *treaty claims* e *contract claims* ser, porventura, a mais complicada em todo o universo da arbitragem internacional de protecção de investimentos, desde logo devido à circunstância de os Estados, por vezes, acordarem soluções diferentes nos *BIT* que celebram e nos contratos que assinam, desta forma permitindo que os mesmos factos e os mesmos litígios possam vir a ser potencialmente abrangidos pela jurisdição prevista no contrato e pela jurisdição prevista no *BIT*. Ainda assim, crê-se que a decisão do caso SGS v. Paraguai caminhou no sentido correcto e teve o mérito de ajudar a clarificar o tema, sobretudo depois das perturbadoras decisões do SGS v. Paquistão, com a sua leitura hiper-restritiva e correctora da vontade das partes e da decisão SGS v. Filipinas, com a sua não-decisão, aceitando, no fundo, ter jurisdição sobre um litígio, mas considerando não o poder decidir.

Ficam, no entanto, ainda muitos temas por resolver, desde logo o de saber qual a lei aplicável aos litígios contratuais, internacionalizados por virtude da *umbrella clause,* ou como articular situações de litispendência ou de caso julgado com a possibilidade de o mesmo litígio ser julgado pelos tribunais previstos no contrato e pelos tribunais previstos no *BIT*. A este propósito, pode levantar-se a questão de saber se, nesses casos, em que a jurisdição prevista no *BIT* é concedida por virtude da existência de uma cláusula ampla de resolução de conflitos, se não se estará perante uma espécie de *fork in the road* implícita, que obrigue o investidor a escolher definitivamente qual das jurisdições quer que julgue o seu litígio contratual.

Sobre o conceito de ato processual

JOSÉ LEBRE DE FREITAS

Para o Miguel, primeiro jurista do meu curso, à sua amizade
segura e serena, aos idos tempos do Passos Manuel e da faculdade.

1. Da norma secundária processual

A ordem jurídica estadual é primacialmente, como é sabido, um sistema de **normas de conduta**, que tem por função pautar a atuação dos sujeitos jurídicos, confrontados com bens raros e os inerentes conflitos de interesses[1], de acordo com valores sociais próprios, entre os quais relevam a Justiça e a Segurança. É sua característica, não só a **imperatividade**, que encontramos também na ordem religiosa ou na ordem moral, mas também a **coercibilidade**, que a distingue das outras ordens normativas[2]. Enquanto a coercibilidade é própria de toda a norma

---

* Professor Catedrático da Faculdade de Direito da Universidade Nova de Lisboa.

[1] Sem prejuízo das situações de comunhão de interesses individuais e das de interesses coletivos. Fora do campo patrimonial, os interesses a considerar são imateriais, também eles se apresentando em conflito ou comunhão.

[2] Independentemente da **aceitação** da norma pela comunidade social, que não lhe é indispensável. A convicção de que a norma é **justa** ou, no mínimo, **justificável**, isto é, a compreensão da sua *ratio* pela generalidade dos membros da comunidade, leva a entender a sanção que decorrerá da sua violação e a atuar em conformidade com a norma. Como observou HERBERT HART, **O conceito de direito**, Lisboa, Gulbenkian, 1986, ps. 98-101, este elemento subjetivo, característico nos elementos do grupo, pode não ser patente a um observador a este exterior, para o qual a observação das regras do grupo, a que não pertence, se poderá limitar à verificação da regularidade das condutas observadas e da suscetibilidade de aplicação de sanções. Uma norma do ordenamento estadual dotada de imperatividade e de coercibilidade, mas que a generalidade dos membros da comunidade tenha por **injusta** ou **iníqua**, não deixa de ser uma norma de direito **válida**, desde que conforme à Constituição vigente no Estado, mas essa avaliação negativa (feita à luz do direito natural ou da moral) acabará por prevalecer quando uma ordem jurídica mais justa emerja de subsequente época revolucionária, postergando a norma que a comunidade rejeitou.

primária de conduta[3], a imperatividade coaduna-se com a existência, ao lado de normas injuntivas e proibitivas (que impõem, respetivamente, atuações e omissões), de normas **permissivas**, que, em lugar de imporem **deveres**, conferem **poderes**, públicos ou privados, de atuação, de cujo exercício podem resultar novos estatutos de direitos e deveres (ato administrativo; negócio jurídico), bem como com a existência de normas **supletivas**, cuja imperatividade concreta as partes podem afastar.

Normas imperativas e normas permissivas são **normas primárias** de conduta e estas são aquelas que diretamente regulam o jogo dos interesses dos sujeitos de direito, ordenando ou permitindo comportamentos no âmbito do direito material.

Mas, como é também sabido, não só de normas primárias se compõe o sistema jurídico.

Em primeiro lugar, a existência ou inexistência dos requisitos da previsão da norma primária pode ser estabelecida por uma **norma meramente instrumental**, cujo âmbito de previsão pode, aliás, por sua vez, ser definido por outra norma meramente instrumental[4].

---

[3] Embora uma importante corrente do pensamento contemporâneo sustente a existência de normas jurídicas não garantidas (cf. OLIVEIRA ASCENSÃO, **O direito / Introdução e teoria geral**, Coimbra, Almedina, 2005, ps. 87-88), creio que é característica diferenciadora de toda a norma jurídica primária a sua coercibilidade, consistente na aplicabilidade da sanção num processo para tal juridicamente organizado (ZIPPELIUS, **Rechtsphilosophie**, München, Beck, 1994, ps. 31 e 196-197; em sentido próximo, FERNANDO BRONZE, **Lições de introdução ao direito**, Coimbra, Coimbra Editora, 2002, ps. 60-63). Por isso, a obrigação natural, que os críticos da diferenciação pela coercibilidade apontam como exemplo de relação jurídica sem coercibilidade, não pode ser tida como jurídica e a sua eficácia é só eventual até ao momento em que o pagamento tenha lugar, determinando a tutela jurídica consistente na proibição da repetição do indevido: o ingresso no mundo do direito dá-se com a conclusão do processo de formação duma fatispécie complexa, em que o ato constitutivo da obrigação de mera cortesia (dívida de jogo) ou duma obrigação moral subsistente para além da preclusão da obrigação jurídica (dívida prescrita) se combina com o ato de pagamento voluntário; se ou enquanto este não tiver lugar, não estamos perante um direito de crédito não exigível, pois o que falta é o próprio direito subjetivo.

[4] DIETER MEDICUS, **Allgemeiner Teil des BGB**, Heildelberg, 1992, p. 35, e **Anspruch und Einrede als Rückgat einer zivilistischen Lehrmethode**, Archiv für die civilische Praxis, 174 (1974), ps. 316-317, falando, em consequência, de normas instrumentais de 1º e de 2º grau. São exemplo as normas que estabelecem os requisitos de validade do negócio jurídico – do negócio jurídico em geral ou dum negócio especial. Digo "**meramente** instrumental" porque uma norma primária pode, por sua vez, ser instrumental de outra: tal acontece quando a situação jurídica gerada como seu efeito entra na composição da fatispécie de outra norma do sistema (JOSÉ BATISTA MACHADO, **Introdução ao direito e ao discurso legitimador**, Coimbra, 1985, p. 80). A essas normas meramente instrumentais, que só servem para determinar uma previsão normativa, chama KARL LARENZ, **Metodologia da ciência do direito**, Lisboa, Gulbenkian, 1989, ps. 307-308, **proposições jurídicas incompletas delimitadoras**; ao seu lado existem – já no campo das normas primárias – as proposições jurídicas incompletas **complementadoras**, que determinam, já não a

Em segundo lugar, a norma primária tira a sua força vinculativa da legitimação do seu processo de produção por uma **norma de reconhecimento**, que permite identificá-la como tal[5].

Em terceiro lugar, a coercibilidade do direito postula que as normas jurídicas primárias sejam complementadas por **normas secundárias sancionadoras**, que estatuem sanções para o caso de violação das primeiras[6], e postula ainda a existência de **normas adjetivas** ou **processuais**[7], respeitantes à concretização jurisdicional da **garantia** das normas primárias do direito material (ou substantivo).

O direito processual, considerado no seu conjunto, é instrumental relativamente ao direito material[8], mas essa não é caracteristicamente, como no caso das normas instrumentais atrás referidas, uma relação norma a norma[9].

---

previsão, mas o efeito jurídico de outra norma, as **restritivas**, que restringem o âmbito de previsão de outra norma (são as normas excecionais), e as **remissivas**, que ampliam o âmbito de previsão de outra norma, para a qual remetem, entre elas se contando as que, equiparando situações que se sabe serem desiguais, estabelecem **ficções** (**idem**, ps. 306-315).

[5] HART, **cit.**, ps. 104-105, 111 e 118-120. A "identificação concludente da regra primária" faz-se mediante um texto dotado de autoridade, um ato legislativo, a declaração geral de uma pessoa determinada, uma decisão judicial. Em conclusão que faz lembrar a norma fundamental de KELSEN, mas sem o carácter hipotético que este positivista lhe confere, HART atinge, como **regra última de reconhecimento**, a norma que faculta os critérios de determinação da validade ou invalidade das normas inferiores, a qual não é, por sua vez, **válida** ou **inválida**, mas sim **aceite** como apropriada para essa utilização (facto político ou metajurídico não fechado à influência da moral, mas dela autonomizado).

[6] OLIVEIRA ASCENSÃO, **cit.**, ps. 64-65. Essas sanções podem ser, na classificação do autor, **compulsórias** (visando levar o infrator a adotar, embora tardiamente, a conduta devida), **reconstitutivas** (visando a reconstituição natural, ou em espécie, da situação a que se teria chegado com a observância da norma), **compensatórias** (indemnização por equivalente), **preventivas** (visando prevenir violações futuras) ou **punitivas** (pena, criminal ou civil).

[7] Normas de julgamento em HART, **cit.**, ps. 106-107.

[8] LEBRE DE FREITAS, **Introdução ao processo civil**, Coimbra, Coimbra Editora, 2006, nº I.1, a ps. 9. Fala-se assim da instrumentalidade do processo civil relativamente ao direito civil, do processo penal relativamente ao direito penal ou do processo jurisdicional administrativo relativamente ao direito administrativo.

[9] As normas gerais de competência dos tribunais ou as que disciplinam os recursos só se podem dizer instrumentais na medida em que disciplinam a garantia das normas primárias de direito civil **em geral**. Mas não quer dizer que tipos de relação norma a norma não existam também. Designadamente no campo da prova, encontramos no Código de Processo Civil normas processuais que completam a estatuição de normas determinadas de direito material: assim, por exemplo, os arts. 544 e 545 do CPC estabelecem o prazo e regulam a prova respeitantes à impugnação da genuinidade de documentos particulares, completando o regime dos arts. 374, 368 e 381-1 do CC; por sua vez, o art. 563 CPC trata da redução a escrito do depoimento de parte, quando dele resulte confissão, em desenvolvimento do preceito do art. 358-1 CC, que confere força probatória plena à confissão judicial escrita.

2. Como destrinçar?

À primeira vista, dir-se-ia fácil a destrinça entre normas adjetivas e normas (*maxime* primárias) substantivas. Mas não é assim.

Do **direito processual civil** dificilmente se dirá mais do que isto: é o conjunto das normas reguladoras do processo civil[10] ou da atividade exercida nos tribunais[11] com vista à concretização jurisdicional do direito substantivo[12].

Tido em conta que o processo civil é, do ponto de vista estrutural, uma sequência de atos jurídicos, da qual estão excluídos os factos jurídicos *stricto sensu*[13], e que tem por função a tutela dos direitos e interesses legalmente protegidos, bem como a composição **autónoma** dos litígios nascidos dos conflitos de interesses que lhe subjazem[14], a identificação da norma processual remete para a determinação dos atos, **insertos na sequência** ou **por causa dela praticados**, que visam a realização dessa tutela ou composição.

Pode esta tarefa parecer excessivamente teórica e sem relevância prática, mas não é: a distinção entre o ato material e o ato processual resulta em aplicar ao primeiro o regime de pressupostos e validade definido pelo direito substantivo, enquanto ao segundo se questiona se, na falta dum regime geral para ele definido pela lei processual, o mesmo regime se aplica ou, pelo contrário, se aplicam soluções próprias, distintas daquelas.

---

[10] SATTA-PUNZI, **Diritto processuale civile**, Padova, Cedam, 1987, p. 258.

[11] SANTOS JUSTO, **Introdução ao estudo do direito**, Coimbra, Coimbra Editora, 2003, p. 249.

[12] Não é que a doutrina não tenha tentado elaborar **critérios gerais** de demarcação da norma de direito processual civil perante a norma de direito material. Mas nenhum desses critérios, criticados como apriorísticos, logrou impor-se, o que desde há muito tem levado os autores a fixarem-se na ideia de que a única demarcação factível é a que resulta da análise casuística dos institutos de fronteira e dos tipos de atos praticados na tarefa de acertamento e realização do direito (WILHELM SIMSHÄUSER, **Zur Entwicklung des Verhältnisses von materiellen Recht und Prozessrecht seit Savigny**, Bielefeld, 1965, p. 44; PETER ARENS, **Zivilprozessrecht**, München, Beck, 1988). Veja-se os estudos de VITTORIO DENTI, **Note sui vizi della volontà negli atti processuali**, Pavia, 1959, PETER ARENS, **Willensmängel bei Parteihandlungen im Zivilprozeß**, Berlin, Gehlen, 1968, e PAULA COSTA E SILVA, **Acto e processo**, Coimbra, Coimbra Editora, 2003.

[13] LEBRE DE FREITAS, **Introdução** cit., nº I.2.1.

[14] LEBRE DE FREITAS, **Introdução** cit., nº I.3.4. A sentença de mérito só não constitui um meio de tutela de direitos subjetivos ou outros interesses legalmente protegidos quando se baseia na **equidade** (arbitragem voluntária *ex aequo et bono*; julgamento pelo tribunal do Estado segundo a equidade), surgindo neste caso a composição dos litígios como finalidade **autónoma** do processo civil. Por outro lado, todo o processo civil tem na sua base um **conflito de interesses**, sobre o qual se ergue o pedido do autor (ou do réu reconvinte), de tal modo que a simulação do litígio dá lugar, por verificação oficiosa ou recurso extraordinário de terceiro prejudicado, respetivamente à anulação do processo ou à revogação da sentença com base nela proferida (**idem**, nº I.4.4).

3. O ato da sequência
Para a **teoria da inclusão**, só são processuais os atos que fazem parte da sequência processual[15].

Mesmo que outros não houvesse, logo, porém, se constataria que nessa sequência se inserem atos que produzem efeitos diretos no campo do direito material. Já sem falar da sentença de mérito, que define entre as partes os direitos e as outras situações jurídicas substantivas a que se reporta o pedido[16], notemos que:

- Através dos negócios de autocomposição do litígio (desistência do pedido, confissão do pedido, transação), a parte ou as partes dispõem desses mesmos direitos e situações jurídicas (podendo ainda, no caso da transação, regular outras relações entre si existentes);
- O ato de produção do meio de prova constituendo pode produzir efeitos extraprocessuais (art. 522 CPC e art. 355-3 CC);
- A declaração feita num ato de alegação de parte pode produzir, com a citação ou notificação à parte contrária, efeitos constitutivos, extintivos ou preclusivos de direitos (vencimento da obrigação pura; colocação do possuidor em má fé; resolução ou denúncia do contrato; compensação de créditos; prescrição do crédito ou usucapião do direito real; interrupção da prescrição ou da usucapião). Por isso, falam alguns autores de atos com dupla qualificação (atos ao mesmo tempo processuais e substantivos)[17] ou de dupla funcionalidade (função simultaneamente processual e substantiva de atos de natureza processual)[18].

Esta constatação não retira a natureza de **processuais** aos atos da sequência: iniciada com a petição inicial, a sequência processual tem como escopo a obtenção da sentença de mérito, como modo de realização da **tutela** dos direitos

---

[15] Assim em SATTA-PUNZI, **cit.**, ps. 207-208.

[16] Por isso, considerado que o caso julgado tem **efeito preclusivo** – precludem, não só todos os possíveis meios de defesa do réu vencido e todas as possíveis razões do autor que perde a ação, mas também, com maior amplitude, toda a indagação sobre a relação controvertida, delimitada pela pretensão substantivada deduzida em juízo –, parte da doutrina defende que a sua eficácia se realiza, em primeira linha, no domínio das normas de conduta relativas às partes, sendo de direito substantivo e só reflexamente constituindo uma norma de decisão perante o juiz (proibição de repetição; proibição de contradição), que é de direito processual (ANGELO FALZEA, **Efficacia giuridica**, Enciclopedia del diritto, Milano, Giuffrè, XIV, ps. 506-507; LEBRE DE FREITAS, **A confissão no direito probatório**, Coimbra, Coimbra Editora, 1991, nº 14 (67)).

[17] CORDERO, *apud* DENTI, **cit.**, p. 15; WOLFGANG GRUNSKY, **Grundlagen des Verfahrensrechts,** Bielefeld, Gieseking, 1974, ps. 90-91; ARWED BLOMEYER, **Zivilprozessrecht,** Berlin, Dunker & Humblot, 1985, p. 342; ADRIANO VAZ SERRA, **Sobre a impugnação da confissão, desistência e transacção**, Revista de Legislação e Jurisprudência, Coimbra, ano 99, ps. 354-355.

[18] WERNER NIESE, **Doppelfunktionelle Prozesshandlungen,** Göttingen, 1951, p. 56.

ESTUDOS EM HOMENAGEM A MIGUEL GALVÃO TELES

subjetivos e outros interesses legítimos; ao longo de todo o processo, o que está em causa é a **garantia** da norma primária de direito substantivo, fonte desses direitos e interesses.

4. Declarações materiais recetícias no processo

É, portanto, processual o ato de propositura da ação, pelo qual se solicita a tutela jurisdicional, bem como o ato de contestação do réu, pelo qual ele se defende da ação contra si proposta, ou reconvém contra o autor, ainda que nele a parte manifeste também a vontade de interpelar o devedor, de dar a conhecer a causa do seu direito ao possuidor, de resolver o contrato que celebrou com a contraparte, de denunciar o contrato de execução continuada, de compensar o seu crédito com o da parte contrária, de se prevalecer da prescrição ou da usucapião, de exercer o seu direito de crédito antes que se conclua o prazo da prescrição ou de fazer valer o seu direito de propriedade antes que se conclua o prazo da usucapião.

Esta **vontade** do autor ou do réu é **expressa em articulado** duma ação, mas podia igualmente (com os mesmos efeitos) ter sido expressa **antes de a ação ser proposta**, visto que a lei se contenta com uma declaração dirigida à parte contrária e por esta recebida, nos termos gerais da **declaração recetícia** (art. 224 CC), ainda que, nos casos da prescrição e da usucapião, essa declaração só possa ser feita num requerimento de notificação judicial avulsa (art. 323-1 CC). A petição inicial, a contestação ou outro articulado em que essa vontade seja expressa contém, pois, essa declaração recetícia, sujeita ao respetivo regime substantivo[19].

Como a lei não exige que a vontade seja manifestada no processo, este não veicula uma **ação** (ou reconvenção) **constitutiva**: a eficácia da declaração é um mero **pressuposto** ou **fundamento** da sentença, ocorrido antes desta e de que ao tribunal cabe só verificar a ocorrência[20]. O articulado não deixa, pois, de constituir um ato processual, produzindo o seu **efeito característico** no processo em que se insere: para ser tida em conta na sentença fica a **alegação** de que se exigiu o pagamento, se denunciou ou resolveu o contrato, se invocou a compensação,

---

[19] O efeito da declaração feita na petição inicial produz-se com a **citação**, no momento em que o réu toma conhecimento da petição ou em que a lei processual presume que este conhecimento tem lugar. Sendo a declaração feita na contestação ou em outro articulado do processo, o momento da eficácia é o da sua **notificação** à parte contrária.

[20] LEBRE DE FREITAS, **Introdução** cit., nº I.3 (14). Diversamente, na ação constitutiva, o efeito do exercício do direito potestativo só se produz com a sentença. É o caso do divórcio, da anulação do contrato e, quando a lei assim o diz, da resolução do arrendamento. Encontramo-nos então perante direitos potestativos **de exercício judicial**, enquanto os casos do texto são de direitos (ou faculdades: interpelação) potestativos **de exercício extrajudicial**, de exceções de direito civil (compensação, prescrição), de contraexceções (interrupção da prescrição) ou de meras comunicações ou declarações de ciência (a que é feita ao possuidor), só **ocasionalmente** ocorridas no decurso da ação (de condenação, ou de mera apreciação da eficácia do ato praticado).

a prescrição ou a usucapião ou se deu conhecimento ao possuidor da causa de aquisição do direito de propriedade, ou ainda a **interrupção** da prescrição ou da usucapião efetuada.

As posteriores vicissitudes do processo, que impeçam uma decisão de mérito favorável ao autor da declaração de vontade ou de ciência (absolvição da instância ou outra causa de extinção desta que não seja o julgamento de mérito favorável), deixam incólume a **relevância** da declaração produzida no âmbito da fatispécie de direito substantivo em que se insere e, verificados os outros pressupostos dessa fatispécie, **o efeito de direito civil mantém-se**: o devedor continua constituído em mora; o contrato permanece denunciado ou resolvido; as obrigações recíprocas compensadas estão definitivamente extintas; a invocação da prescrição extinguiu o direito de crédito e a da usucapião constituiu o direito de propriedade[21]; o prazo da prescrição ou usucapião ficou interrompido, sem prejuízo de novo prazo se ter iniciado.

Por sua vez, a **incompletude** da fatispécie de direito substantivo, por não ocorrência de outros dos seus elementos (por exemplo, a obrigação estava sujeita a prazo e este não tinha ainda decorrido ou o prazo da usucapião invocada não tinha inteiramente decorrido), não afeta a validade do articulado em que a declaração é produzida, nem a plena produção dos seus efeitos processuais (início da instância; conformação do pedido e da causa de pedir), sem prejuízo de se repercutir no conteúdo da sentença de mérito a proferir, de modo idêntico ao da falta de alegação ou prova de qualquer outro facto principal da causa.

Não se trata, pois, de um ato único com dupla qualificação ou de dupla funcionalidade, mas de um ato processual do qual é logicamente **destacável** o ato de direito material nele simultaneamente praticado.

5. Negócio de autocomposição do litígio

A ideia de destaque ou separação, conduzindo à configuração de fatispécies distintas de direito material e de direito processual, é igualmente utilizável na análise dos negócios de autocomposição do litígio, cuja natureza (de direito material ou de direito processual) tem sido controvertida na doutrina.

A doutrina germânica usa fazer construções distintas da transação, por um lado, e da confissão e da desistência do pedido, por outro. Estas são correntemente tidas por atos de natureza processual. Segundo a doutrina dominante, não são, por isso, impugnáveis nos termos do direito civil, mas só anuláveis por

---

[21] Sem prejuízo de a **justificação** do direito de propriedade dever ter lugar para efeito de registo, quando se trate de bem imóvel, e de dever realizar-se a **tradição** do bem móvel, embora o possuidor logo seja convertido em mero detentor.

fundamentos processuais[22], embora tal seja posto em causa por doutrina minoritária, que sustenta a admissibilidade do recurso ao regime de validade do direito substantivo[23]. Quanto à transação, é correntemente tida por um misto de negócio jurídico substantivo e de ato processual, divergindo, porém, os autores quanto a ser constituída por um **único** *Tatbestand* com essa dupla natureza[24] ou por um *Tatbestand* **duplo**, que é diferenciadamente de negócio substantivo e de negócio processual[25].

Em direito português, a lei processual desenha para as três figuras um regime idêntico, pelo que não é defensável que a transação tenha natureza distinta da desistência e da confissão do pedido. Tem sido sustentado na doutrina portuguesa que as três figuras são negócios jurídicos, ao mesmo tempo, de direito material e de direito processual[26]. Creio, porém, mais adequada a construção de qualquer deles como **negócio de direito substantivo**, sem prejuízo de ser feito valer no processo por um **ato de invocação** que, inserido na sequência, tem natureza processual[27].

A natureza substantiva do ato (unilateral ou bilateral) pelo qual a parte ou as partes pretendem pôr termo ao litígio resulta de que, através dele, o autor (desistência do pedido), o réu (confissão do pedido) ou ambos (transação) **dispõem** das situações jurídicas que são objeto da pretensão, reconhecendo os respetivos direitos ou extinguindo-os, com independência das situações jurídicas reais precedentes, o que caracteriza um **negócio jurídico material com eficácia preclusiva**.

Este negócio pode, em direito português, ter lugar por termo no processo ou, fora dele, por documento autêntico ou particular (art. 300-1 CPC) e, neste caso, sem prejuízo da sua eficácia **imediata** no campo do direito civil, só produz efeitos no processo quando dele aí seja dado **conhecimento**, em termos não muito dissemelhantes daqueles em que se faz valer no processo qualquer outro negócio

---

[22] Por todos: Wolfram Henckel, **Prozessrecht und materielles Recht**, Göttingen, Otto Schwartz, 1970, p. 84; Rosenberg – Schwab, **Zivilprozessrecht**, München, Beck, 1986, p. 816.
[23] Por todos: Arens, **Willensmängel** cit., ps. 211 e 220; Georgios Orfanides, **Die Berücksichtigung von Willensmängeln im Zivilprozeß**, Köln, Karl Heymanns, 1982, p. 74.
[24] Por todos: Niese, **cit.**, ps. 86-87; blomeyer, **cit.**, p. 342. Em Itália: Enrico Tullio Liebman, **Risoluzione convenzionale del processo**, Rivista di diritto procesuale civile, 1932, III, p. 267.
[25] Por todos: Konrad Hellwig, **System des deutschen Zivilprozessrechts**, I, Leipzig, 1968, ps. 626-628; Gottfried Baumgärtel, **Wesen und Begriff der Prozesshandlung einer Partei im Zivilprozess**, Berlin, Karl Heymanns, 1967, p. 192. Em Itália: Crisanto Mandrioli, **Corso di diritto processuale civile**, Torino, Giappichelli, 1987, p. 70 (4).
[26] Adriano Vaz Serra, **Sobre a impugnação da confissão, desistência e transacção**, cit., p. 355; Teixeira de Sousa, **Introdução ao processo civil**, Lisboa, Lex, 2000, p. 97, e **Estudos sobre o novo processo civil**, Lisboa, Lex, 1997, ps. 193-207.
[27] Denti, **cit.**, ps. 17-19 e 26. Ver também Mauro Cappelletti, **La testimonianza della parte nel sistema dell'oralità**, Milão, 1962, ps. 397-398, e Lebre de Freitas, **A confissão** cit., nº 20.1.6, e **Introdução** cit., nº II.6.2, a ps. 139-142.

jurídico[28]. Aliás, a lei civil portuguesa é expressa em prever um contrato de transação anterior a um litígio entre as partes (art. 1248 CC) e em admitir que, seja o contrato anterior ou posterior ao litígio, nele as partes façam entre si concessões que envolvam a constituição, modificação ou extinção de direitos **diversos** do direito controvertido.

A sujeição destes negócios ao regime de pressupostos e eficácia da lei substantiva não oferece, em direito português, qualquer dúvida, sendo o art. 301 CPC bem expresso em que os fundamentos da sua nulidade ou anulabilidade são os gerais do negócio jurídico de direito material. A declaração de nulidade ou a anulação tem de ser feita valer em recurso de revisão se, entretanto, transitar em julgado a decisão final. A ação anulatória do direito processual brasileiro (art. 894 do Projeto do Código de Processo Civil) conduz a semelhantes conclusões.

Diferente é o caso da **desistência da instância**. Agora, o autor não dispõe sobre o direito que pretende fazer valer em juízo, a ele renunciando, e a sentença homologatória seguidamente proferida pelo tribunal, em vez de valer como sentença de mérito, tem o valor de sentença de absolvição da instância (arts. 295-2 e 300-3 do CPC). Sendo exclusivamente dirigido à extinção do processo, o ato de desistência da instância não pode fora dele surtir efeitos. O negócio de autocomposição do litígio, como foi dito, produz o seu efeito negocial típico (de conformação das situações jurídicas das partes) no plano do direito material, e só produz efeitos no plano do direito processual, determinando o conteúdo da sentença que o homologa[29], quando no processo é feita a sua invocação[30]. Mas a desistência da instância, mesmo quando feita em documento exterior ao processo[31], só pode ter o efeito (processual) de suscitar a sentença de absolvição da instância, que, por sua vez, extingue o processo, sem a formação de caso julgado material. A desistência da instância é assim um **negócio jurídico processual**[32].

---

[28] Os factos supervenientes podem ser levados ao processo até ao termo da discussão da causa em 1ª instância. Constituindo um **ato superveniente**, que conforma as relações jurídicas das partes de acordo com a sua vontade, o negócio de autocomposição pode ser feito valer no processo mesmo depois desse momento, enquanto não há trânsito em julgado da sentença final.

[29] Esta, por sua vez, extingue a instância e constitui caso julgado.

[30] Simultânea com a celebração da desistência do pedido, confissão do pedido ou transação (termo no processo) ou posterior a ela (requerimento que a apresenta no processo).

[31] O art. 301 CPC admite também para a desistência da instância a forma escrita do documento autêntico ou particular.

[32] É negócio jurídico processual aquele que tem o efeito de criar ou extinguir situações jurídicas processuais (BAUMGÄRTEL, **cit.**, p. 186) ou veicula o exercício de faculdades processuais (GRUNSKY, **cit.**, p. 208).

6. Natureza da prova

A **assunção** ou **receção** da prova no processo tem lugar no termo de sequências de atos processuais com a designação de **procedimentos probatórios**. Trata-se de sequências de atos, estruturalmente autónomas relativamente à sequência do processo, que, respeitando à utilização da prova em juízo, se iniciam com a prática de atos comuns aos diversos meios de prova (**proposição** das provas pelas partes, eventualmente após a sua notificação para esse efeito) e continuam com atos próprios de cada meio de prova (**admissão, produção** e **assunção** dos meios de prova constituendos; **admissão** e **assunção** dos meios de prova preconstituídos). Estes atos sequenciais são, sem sombra de dúvida, processuais.

Igualmente processual é o ato subsequente de julgamento da matéria de facto, em que é **atribuída** aos meios de prova legal (o documento, a confissão, a admissão) o valor probatório que a lei lhes confere e é feita a **livre apreciação** dos meios de prova submetidos por lei à formação da convicção do julgador.

Mas a prova está de tal modo ligada ao facto a provar que se pode dizer que este não tem existência para o direito se não for provado: a prova do facto opera como fator condicionante da sua **reconhecibilidade** por terceiros e, portanto, também do reconhecimento, fora do círculo dos que nele tenham tido intervenção, dos efeitos jurídicos que o facto é idóneo a produzir[33].

Das normas sobre o **ónus da prova** é afirmado, de modo hoje tido por pacífico, que têm natureza substantiva: a distinção entre o facto constitutivo, por um lado, e o facto impeditivo, modificativo, extintivo e preclusivo, por outro, resulta da interpretação da norma primária de direito substantivo e, como critério último, da normalidade ou excecionalidade da ocorrência dos seus pressupostos de facto, de tal modo que, condicionando a estrutura do preceito legal, acaba por influenciar o comportamento das partes dentro e fora do processo[34]. Mas, apesar de sobre elas

---

[33] Lebre de Freitas, **A confissão** cit., nº 14.2.1, a ps. 277. O valor **prático** do direito subjetivo depende da prova, que confere certeza aos factos dos quais o direito deriva, quando não chega mesmo a condicionar em absoluto esse valor, como acontece com o documento *ad substantiam* (Enrico Redenti, **Diritto processuale civile**, Milão, 1967, II, p. 60; Francesco Carnelutti, **Teoria geral do direito**, Coimbra, 1942, p. 505).

[34] Embora a figura do **facto impeditivo** haja sido elaborada para as necessidades do processo, tendo na sua origem a perspetiva processual da decisão sobre o facto incerto, constitui problema de direito substantivo o de saber qual é a **norma-regra** e a **norma-exceção** (Leo Rosenberg, **Zur Lehre vom sog. qualifizierten Geständnis**, Archiv für civilistische Praxis, 94 (1903), ps. 11-43) ou o que constitui na previsão duma norma a **regra** e a **exceção**, a fim de isolar os respetivos elementos, com a consequência de daí se retirarem as pretensões e as exceções perentórias do processo civil (Dieter Medicus, **Anspruch und Einrede** cit., ps. 313-316, e **Allgemeiner Teil** cit., ps. 34-35 e 40-42; Adriano Vaz Serra, **Provas**, Lisboa, Boletim do Ministério da Justiça, 110, p. 126). A tese contrária de Gian Antonio Micheli, **L'onere della prova**, Padova, 1942, ps. 182-183, 265-272, 319, 337-338, e **Corso** cit., II, p. 81, segundo a qual a distinção entre o facto

haver conceções doutrinárias e opções legislativas opostas[35], também as normas sobre o **elenco** dos meios de prova e a **admissibilidade** e a **força probatória** de cada um deles comungam dessa natureza: não se trata agora de interpretar a previsão da norma primária de direito substantivo, separando e acertando os respetivos elementos de facto, mas de verificar a ocorrência desses elementos através de meios (probatórios) que permitem o seu **reconhecimento**.

Isto é particularmente evidente quando a lei exige um documento para a **formação** do negócio jurídico: esse documento, que a parte tem o ónus de conservar[36], serve a finalidade indireta de **reconhecer** o preceito negocialmente estabelecido, para o que constitui o **único** meio que a lei admite. Fora do campo da imposição legal de determinado meio probatório, encontramo-nos, dada a possibilidade (concorrencial ou alternativa) de uma multiplicidade de fontes de prova, perante fontes plúrimas dum reconhecimento **possível** do facto jurídico (e, mediatamente, do direito). Ora esta função de reconhecimento é uma função de direito substantivo[37], sendo de observar aqui o paralelismo entre estas

constitutivo e o facto impeditivo só se pode fazer perante a posição concreta das partes no litígio, está há muito ultrapassada. Note-se que no direito alemão as normas sobre a prova têm assento na lei de processo, com uma só exceção: as normas que distribuem o ónus da prova estão na lei civil (no *BGB* e não na *ZPO*).

[35] Remeto para as citações da minha **Confissão** cit., nº 14.1, a ps. 269-276. CARNELUTTI, REDENTI, SATTA-PUNZI e ADRIANO VAZ SERRA estão entre os substantivistas, enquanto CHIOVENDA, LIEBMAN, FURNO, MICHELI, ANDRIOLI, MANDRIOLI, MANUEL DE ANDRADE e ALBERTO DOS REIS estão entre os processualistas. A polémica desenrolou-se sobretudo em Itália, quando parte significativa da doutrina se rebelou contra a inclusão tradicional das normas sobre a admissibilidade e a força probatória dos meios de prova no âmbito do direito substantivo, e teve reflexos em Portugal, onde essa matéria esteve incluída no Código de Processo Civil entre 1939 e 1966. O enquadramento da prova no direito civil, ressalvadas as normas relativas à produção dos meios de prova em juízo, vigora nos direitos latinos desde o Código Napoleónico e é pacificamente aceite em França.

[36] WOLFGANG BREHM, **Bindung des Richters an den Parteivortrag und Grenzen freier Verhandlungswürdigung**, Tübingen, 1982, ps. 196-197, justificando esse ónus pela projeção das normas sobre o ónus da prova no plano da previsão dum processo futuro; ANTONIO LISERRE, **La rilevanza delle dichiarazioni giudiziali dei contraenti in ordine alla prova dell'avenuta stipulazione di un contratto formale**, Rivista trimestriale di diritto procesuale civile, 1967, ps. 1408-1410 e 1414-1415.

[37] Para esta função substantiva aponta a lei civil portuguesa quando, no art. 223-2 CC, determina, em sede de forma convencional do negócio jurídico, que, se a forma só tiver sido convencionada depois de o negócio estar concluído ou no momento da sua conclusão, e houver fundamento para admitir que as partes se quiseram vincular desde logo, se presume que a convenção teve em vista a **consolidação** do negócio, ou qualquer outro efeito, mas não a sua substituição. A consolidação do negócio jurídico, pela sua repetição sob a nova forma (mais solene) que as partes convencionaram, tem o sentido de **reforçar a prova do negócio**, considerado este, não como **ato** (de que a segunda declaração não é prova: ela só prova a confissão mútua das partes de que celebraram o negócio e só

normas probatórias de reconhecimento e as normas de reconhecimento da norma primária atrás referidas[38]. Ambas são normas secundárias de direito substantivo.

A reforçar a ideia da natureza material do efeito da norma probatória está a consideração de que a demonstração probatória, visando gerar em outrem uma convicção sobre a realidade, não tem necessariamente de se fazer em juízo: também pode ser feita **perante a Administração**, designadamente perante um serviço de registo ou notariado, ou mesmo **perante particulares**, designadamente perante uma companhia seguradora. E está ainda outra consideração: a de que a própria **prova constituenda**, embora produzida num processo determinado, pode ser invocada em outro processo e aí ser revalorada ou reapreciada.

esta confissão é que faz prova do ato negocial primitivo), mas sim como um **processo** que engloba **formação** (inicial) e (posterior) **consolidação**; a nova prova insere-se claramente na via (agora reforçada) do reconhecimento do negócio primitivamente celebrado. Mas é legítimo continuar a dizer o mesmo quando se trata de qualificar a norma que sujeita o valor de determinado meio de prova à livre apreciação do julgador, *maxime* quando a prova é perante ele produzida? Poderá dizer-se, por exemplo, que a norma que determina que o depoimento testemunhal está sujeito à livre apreciação do juiz é ainda uma norma de direito substantivo? À primeira vista, dir-se-ia que não: o ato judicial de avaliação da prova na decisão sobre a matéria de facto é, indiscutivelmente, um **ato processual**. No entanto, este **momento** processual de avaliação da prova é **subsequente** ao da produção do efeito **direto** da norma probatória, que se limita a **possibilitar** ao julgador um juízo sobre a realidade do facto probando: não indo mais longe a eficácia da norma probatória, a **convicção** do julgador (que a norma apenas possibilita) aparece, não a integrar a sua previsão, mas aquilo que podemos chamar a **fatispécie do efeito** da norma (expressão de ANGELO FALZEA, *cit.*, ps. 473-475, por mim usada, para a norma probatória, em **A confissão** cit., p. 289), componente fáctica da sua parte dispositiva, situada para além da eficácia mas nela originada como uma sua consequência – consequência **indireta** e não necessária, visto que a convicção se forma, não por apreciação dum só meio de prova ou dum só tipo de meios de prova (por exemplo, testemunhais), mas **no confronto** com outros meios ou tipos de meios de prova (periciais, documentos ou declarações das partes sem força probatória plena, provas produzidas em outros processos, comportamentos processuais, etc.) que outras normas igualmente sujeitam à livre apreciação do julgador. A norma que submete um meio de prova à livre apreciação do julgador contém uma **cláusula geral**, apontando para uma atividade judicial que se exerce como, no plano das normas, o faria uma proposição jurídica (incompleta) **complementadora**, na qualificação de LARENZ (*supra*, nota 4). Na dialética entre a lei e a prática judicial (SCHÖNFELD, citado por LARENZ, **cit.**, ps. 126-129), esta pode ser exercida no sentido de completar, concretizando-o, o direito objetivo e este não deixa por isso de ser substantivo. Aliás, já se tem defendido que toda a norma primária de direito substantivo é, ao mesmo tempo que uma **norma de conduta** dirigida aos particulares, uma **norma de decisão** dirigida ao juiz ou à Administração (ARWED BLOMEYER, **cit.**, ps. 364-365). A norma probatória de reconhecimento, aqui referida, é igualmente acompanhada por uma norma de decisão.

[38] A norma de reconhecimento de HART permite identificar a norma primária de conduta (*supra*, nota 5). A norma probatória permite o reconhecimento do facto, com eficácia indireta no direito a que se este se refira. Aquela atua no campo (**abstrato**) do direito objetivo; esta no campo (**concreto**) do direito subjetivo.

No entanto, estas duas considerações são apenas **acessórias**, porquanto há meios de prova que só num processo se produzem e só nesse processo produzem efeito. Estão neste caso a **inspeção judicial** (art. 612 CPC), a **admissão** (arts. 484-1, 490-2 e 505 do CPC)[39] e o **comportamento não colaborante da parte** (art. 519-2 CPC). Embora circunscrevam ao processo a sua eficácia, o que já me levou a considerar que, diversamente dos restantes, configuravam meios de prova de natureza exclusivamente processual[40], o efeito característico da produção destes meios de prova é idêntico ao dos restantes, pelo que penso hoje que a sua natureza igualmente deve ser tida como substantiva, pois se lhes aplicam as considerações acima feitas sobre a ligação entre o meio de prova e o facto a provar e sobre a integração por este da norma primária de direito substantivo[41].

A natureza substantiva da prova leva a sujeitar a fatispécie probatória e, designadamente, os seus vícios ao regime de direito substantivo. Mas a circunstância de a prova (constituenda) se formar num processo, através dum ato (de produção) de natureza processual, implica também a consideração da eficácia deste ato à luz das normas processuais, sempre que se ponha o problema da perfeição da fatispécie probatória em que se integra. É que o ato de produção de prova, apesar de integrar a fatispécie substantiva duma norma probatória, porventura sem a completar, tem, como acima dito, natureza processual indiscutível[42].

Igualmente sujeitos ao regime do ato processual estão os restantes atos do procedimento probatório (proposição, admissão, assunção), podendo inclusivamente a anulação de um deles, nos termos da lei de processo (art. 201 CPC),

---

[39] Embora por vezes chamada **confissão ficta** ou **confissão presumida**, a admissão não constitui uma confissão: resultando o efeito probatório do **silêncio** da parte sobre a realidade dum facto alegado pela parte contrária, seja mediante a pura omissão de contestar, seja mediante a não impugnação desse facto em contestação ou outro articulado apresentado, em inobservância do ónus da impugnação, a admissão não se confunde com a **declaração** da parte sobre a realidade dum facto que lhe é desfavorável. Por isso, o seu regime distingue-se do da confissão em vários pontos (LEBRE DE FREITAS, **A confissão** cit., nº 22.3, e **A acção declarativa comum**, Coimbra, Coimbra Editora, 2011, nº 7 (9)), entre os quais o da circunscrição do seu efeito ao processo, em oposição à extraprocessualidade da confissão judicial.

[40] **A confissão** cit., p. 295, para a inspeção, não obstante fazer parte do elenco de meios de prova da lei civil portuguesa, e p. 482, para a admissão.

[41] Quer na inspeção, quer na perícia, uma **fonte de prova indiciária** é objeto de exame, num caso pelo juiz, no outro pelo perito. A diferença está em que, no segundo caso, há entre o juiz e a fonte de prova a **intermediação** do perito, em virtude de conhecimentos técnicos que o exame a fazer requer. Aliás, não deixa de ter natureza substantiva o testemunho ou a perícia, pelo facto de não poder ser invocado, em outro processo, contra parte diferente daquela contra a qual foi produzido.

[42] Não tendo o ato de produção de prova, só por si, eficácia substantiva, não há, também aqui, que recorrer ao conceito de dupla funcionalidade, estando, por seu lado, o da dupla natureza (que pressuporia um mesmo e só ato) afastado por tudo quanto atrás se deixa dito.

repercutir o seu efeito nos atos subsequentes do procedimento probatório[43]; mas esses já não integram, enquanto tais, a previsão das normas probatórias de direito substantivo.

7. Conformação de requisitos de pressupostos processuais

Vimos que os atos da sequência processual têm natureza processual, mas que de alguns deles se podem destacar atos de direito material (declarações recetícias feitas nos articulados; negócios de autocomposição do litígio feitos por termo no processo) e que outros integram previsões de normas substantivas (atos de produção da prova).

Mas o universo dos atos processuais não pode ficar por aqui. É que há atos que, embora praticados **fora do processo**, só têm efeitos **no processo**, por se destinarem a conformar requisitos (constitutivos ou impeditivos) dos pressupostos da decisão de mérito (pressupostos processuais **gerais**) ou de atos da sequência processual (pressupostos processuais **de atos singulares**).

Assim:

- a **convenção de arbitragem** atribui a árbitros a competência para dirimir o litígio, em detrimento da jurisdição dos tribunais do Estado;
- o **pacto de jurisdição** atribui aos tribunais do Estado a competência internacional que de outro modo não teriam ou, ao invés, priva-os da competência internacional que de outro modo teriam;
- o **pacto de competência** atribui aos tribunais duma circunscrição territorial a competência que de outro modo pertenceria aos de outra circunscrição;
- o **consentimento** concedido, para a propositura da ação, por um cônjuge ao outro, pela assembleia geral aos gerentes da sociedade comercial ou pelos condóminos ao administrador do condomínio, quando a lei ou o contrato o exija, conforma o pressuposto processual da legitimidade;
- a **procuração** passada a advogado conforma o pressuposto do patrocínio judiciário, obrigatório nos processos em que a lei impõe a sua constituição e facultativo nos restantes;
- a **renúncia** antecipada de ambas as partes aos recursos ou a renúncia de uma delas a recorrer da sentença, já proferida, que lhe é desfavorável constitui pressuposto impeditivo do requisito da admissibilidade do recurso consistente na recorribilidade da decisão.

---

[43] Cada procedimento probatório é estruturalmente autónomo em face dos restantes, pelo que a anulação de um deles, por ato que só a ele diga respeito, não tem efeito anulatório sobre os demais.

Não podendo tais atos servir qualquer fim extrajudicial, eles exercem uma função **exclusivamente** processual, ainda que tenham em vista, não apenas um processo determinado, mas um qualquer eventual processo. Pertencendo indubitavelmente ao campo do direito processual civil a teoria dos pressupostos processuais gerais, como condições de admissibilidade da decisão de mérito, tal como a dos pressupostos dos atos processuais, enquanto requisitos destes, tais atos não podem deixar de ser tidos como **processuais**; e, no entanto, têm de observar, além daqueles que são para cada um deles especificamente determinados, os requisitos gerais dos atos do direito civil da mesma natureza que com os primeiros não sejam incompatíveis[44]. Unilaterais ou bilaterais, constituem eles **negócios jurídicos processuais**.

8. Conclusão
É tempo de concluir.

Verificado que não pode ser excluído o critério da inserção dum ato na sequência processual, é indispensável entender também como processuais os atos que, embora praticados fora do processo, neste produzem o seu **efeito característico**, conformando o processo.

Por outro lado, há que destacar logicamente da sequência processual os atos que, podendo alternativamente ser praticados extraprocessualmente, produzem o seu **efeito característico** no âmbito das situações jurídicas do direito material[45].

---

[44] Para NIESE, **cit.**, p. 85, e ROSENBERG – SCHWAB, **cit.**, p. 372, é ato processual aquele cujos **requisitos** e **eficácia** são regulados pela lei processual. Este critério ou encerra uma **petição de princípio**, por ser, por sua vez, processual a lei que regula os atos processuais (*supra*, nº 2), ou é **meramente formal** e como tal insatisfatório, por se limitar a apontar para a inserção da norma reguladora no Código Civil ou no Código de Processo Civil. Acresce que, sempre que a lei processual determine, explícita ou implicitamente, a observância de **requisitos substantivos**, o critério acaba por ser inconcludente (HENCKEL, **cit.**, ps. 31-32). O mesmo se pode dizer da sede de regulação da **eficácia** do ato: a **penhora**, por exemplo, tem efeitos **substantivos**, de que a lei portuguesa trata, consequentemente, no Código Civil (arts. 819 CC a 823 CC; os arts. 817 CC e 818 CC, por sua vez, enunciam requisitos relativos ao seu objeto); e, no entanto, é um **ato eminentemente processual** da ação executiva, pelo qual ficam determinados os bens sobre os quais vai prosseguir a execução. Esta constatação leva igualmente a afastar o critério da **área jurídica** em que os **efeitos** do ato se produzem, defendido por SACHSE, **Beweisverträge**, Zeitschrifte für deutschen Zivilprozessrecht, nº 54, ps. 416-418.

[45] Ainda que nenhum critério se possa dizer inteiramente satisfatório (*supra*, nota 12), aproximo-me assim dos critérios defendidos por HENCKEL, **cit.**, p. 34 (é ato processual o que tem como objetivo típico a conformação direta, ainda que não imediata, do processo), e por BAUMGÄRTEL, **cit.**, ps. 45-46, 79-81 e 92 (é processual o ato cuja função principal ou típica é a direta conformação do processo ou de situações processuais, que cria, desenvolve ou termina). Traduzo *Gestaltung* por *conformação*, mas a palavra alemã é muito mais rica de significado.

E há, finalmente, no campo da prova, que reservar para os atos do procedimento probatório a qualificação de ato processual, reconhecendo que a prova é, na sua essência, uma figura de direito material, mesmo quando o meio de prova só no processo pode ser produzido e a ele limita o seu efeito.

Equidade e composição amigável na Nova Lei de Arbitragem Voluntária

ARMINDO RIBEIRO MENDES

I. Introdução

1. A referência à resolução do litígio arbitral por recurso à equidade tem larga tradição no Direito português.

A Novíssima Reforma Judiciária, editada em 1841, nos seus arts. 155º, 232º e 233º, admitia que as causas submetidas à arbitragem pudessem ser resolvidas *ex aequo et bono*, na medida em que houvesse renúncia aos recursos ordinários por parte dos outorgantes do compromisso arbitral. O seu art. 229º estabelecia expressamente que *"os árbitros no julgamento da causa devem conformar-se com as Leis e Direito do Reino. Podem contudo julgar – ex aequo et bono – se para isso forem autorizados no compromisso e os compromitentes tiverem renunciado à apelação"*.

O Código de Processo Civil de 1876 previa também explicitamente a resolução dos litígios arbitrais por recurso à equidade. Segundo o art. 45º nº3 deste diploma, podia ser conferida ao tribunal arbitral a faculdade de julgar a causa *ex aequo et bono*, desde que as partes renunciassem ao direito ao recurso[1].

2. Nos ordenamentos latinos notava-se a influência do Código de Processo Civil de Napoleão (1806). Com efeito, o art. 1019º desse diploma – inserindo no Livro III, cujo título único era dedicado às Arbitragens – estatuía que os árbitros e o terceiro árbitro deveriam julgar a causa em conformidade com as normas jurídicas (*règles du droit*), a menos que o compromisso arbitral *"ne leur donne pouvoir de prononcer comme amiables compositeurs"*

---

[1] Cf. Francisco Cortez, *"A Arbitragem Voluntária em Portugal. Dos «Ricos Homens» aos Tribunais Privados"*, in O Direito, ano 124º (1992), III, p 378 ss.

Deve notar-se que este Código adotara a expressão *amiables compositeurs (amiable composition)* para designar o que tradicionalmente era referido como arbitragem *ex aequo et bono*. A acreditarmos em Philippe Fouchard, "*quando os árbitros recebem das partes o poder de decidir como amiables compositeurs, o efeito essencial desta cláusula consiste em dispensá-los da aplicação das normas de direito; daí conclui-se habitualmente que a sua decisão pode repousar sobre puras considerações de equidade. Tal é exato, mas, de um modo muito geral, nem as partes, nem os árbitros desejam ver a sentença proferida sobre bases tão imprecisas; o verdadeiro significado da amiable composition, muito controvertido na doutrina [...], não deve buscar-se na recusa geral de qualquer norma jurídica; uma tal conceção está demasiado afastada das necessidades de segurança e de estabilidade do comércio internacional para que os práticos a aceitem em princípio*"[2]. Por isso, os *amiables compositeurs* acabavam por recorrer às estipulações contratuais, aos usos comerciais internacionais, a certos princípios gerais do direito privado para decidir os litígios que lhes haviam sido submetidos pelas partes da convenção de arbitragem. Fouchard notava que em muitas sentenças arbitrais holandesas, aparecia uma dupla fórmula; "*considerando em direito...*" e, na parte dispositiva, "*julgando como homens justos e de boa vontade*"[3].

3. Simplesmente, a *amiable composition* não aparece apenas no domínio das relações comerciais internacionais, mas também nas arbitragens puramente internas, correspondendo os *amiables compositeurs* aos *arbitratores* medievais[4]. Aí, em princípio, os árbitros tenderão a afastar o direito estadual, criando uma solução justa para o caso concreto. Avultará então o caráter "*efémero*" a que se referia Fouchard, embora no domínio comercial seja razoável o recurso aos princípios gerais do direito e aos usos do comércio ou da profissão.

4. Já no Século XX, os dois Códigos de Processo Civil ("CPC") publicados em 1939 e 1961 mantiveram a tradição precedente.

O art. 1572º do CPC 1939 referia o seguinte:

"*Se os árbitros forem autorizados a julgar* ex aequo et bono *ou segundo a equidade, não ficarão sujeitos à aplicação do direito constituído, e decidirão conforme lhes*

---

[2] L'Arbitrage Commercial International, 1ª ed., Paris, Dalloz, 1965, pp 404-45.

[3] Surge aqui a ideia de *lex mercatoria* que aparece na prática da arbitragem internacional como verdadeiro *direito anacional*.

[4] Cf. sobre a diferença medieval entre *arbitrii* e *arbitratores* ver Vincenzo Piani Mortari, *voce Arbitrato (diritto intermedio)*, in Enciclopedia del Diritto, II, Varese, Giuffré Editore, 1958, p 897: o *arbiter* decidia a controvérsia aplicando as normas de direito positivo, e adotava para o efeito as formas processuais aplicadas "*secundum iudiciorum ordinem*"; o *arbitrator* resolvia os litígios de maneira mais informal, *ex aequo et bono*, sem se ater ao *ius strictum* e às formalidades do processo ordinário. Devia compor de forma amigável o litígio.

parecer justo. Não lhes tendo sido conferido esse poder, apreciarão os factos e aplicarão o direito como o faria o Tribunal normalmente competente."

E o seu art. 1576º previa que a *"concessão, aos árbitros, da faculdade de julgarem ex aequo et bono envolve necessariamente a renúncia aos recursos."[5]*.

O art. 1520º nº 1 do CPC 1961 eliminou a expressão *ex aequo et bono*, mantendo praticamente inalterada a anterior redação do preceito correspondente, revogado pelo novo diploma.

5. O Decreto-Lei nº 243/84, de 17/7, acolheu igualmente a clássica distinção entre decisões arbitrais de direito estrito e decisões segundo a equidade, embora viesse, por um lado, a ser revogado pela Lei nº 31/86, de 29/8, e, por outro, lado e antes da entrada em vigor desta lei, a ser objeto de uma declaração de inconstitucionalidade, com força obrigatória geral, de todas as suas normas[6].

6. A Lei nº 31/86 teve na sua origem um Anteprojeto de Isabel Magalhães Collaço, com base no qual o Governo apresentou à Assembleia da República a Proposta de Lei nº 34/IV. O nº 7 da Exposição de Motivos aborda a questão das arbitragens de direito estrito e de equidade:

> *"Segundo o princípio geral estabelecido no nº 1 do artigo 22º, que reproduz a solução tradicional acolhida entre nós, os árbitros julgam segundo o direito constituído, a menos que as partes os autorizem a julgar segundo a equidade.*
>
> *O nº 2 do mesmo artigo vem no entanto determinar que, tratando-se de arbitragem internacional, podem as partes, quando não tenham autorizado os árbitros a julgar segundo a equidade, escolher o direito a aplicar pelo tribunal"[7]*

---

[5] O artigo precedente estabelecia o *princípio de equiparação*, em matéria de recursos, entre as decisões dos árbitros e as decisões dos tribunais de primeira instância: da decisão do tribunal arbitral cabiam os mesmos recursos para a Relação que cabiam das decisões dos tribunais de comarca (apelação e agravo).

[6] Veja-se o acórdão do Tribunal Constitucional, nº 230/86 (relator-Cons. Martins da Fonseca), publicado no Diário da República, I Série, de 12/9/1986, e in Acórdãos do Tribunal Constitucional, 8º vol., pp 115 e segs.

[7] In Diário da Assembleia da República, II Série, nº 83, de 2/7/1986.

A seguir ao texto transcrito, pode ler-se ainda:

> *"Na querela que hoje tão vivamente divide as legislações, as jurisprudências e os autores quanto à possibilidade de subtrair a resolução do litígio internacional à aplicação de qualquer lei estadual, confiando essa resolução à lex mercatoria ou a princípios ou regras escolhidas* ad hoc, *entendeu-se não dever admitir-se tal possibilidade."*

ESTUDOS EM HOMENAGEM A MIGUEL GALVÃO TELES

De acordo com tal regulamentação, as partes só podiam autorizar os árbitros a julgar segundo a equidade *"na convenção de arbitragem ou em documento subscrito até à aceitação do primeiro árbitro"* (art. 22º).

7. Durante a discussão parlamentar na comissão especializada, veio a ser autonomizada em novo Capítulo – Capítulo VII – a regulamentação atinente à arbitragem internacional, isto é, à arbitragem que tem lugar em território nacional e *"que põe em jogo interesses de comércio internacional"* (art. 32º).

O art. 33º nº 1 do texto que veio a constituir a versão final da Lei de Arbitragem Voluntária (abreviadamente, LAV) estatui que *"as partes podem escolher o direito a aplicar pelos árbitros, se os não tiverem autorizado a julgar segundo a equidade"*[8]

O art. 34º – que não aparecia na Proposta de Lei – determinou a irrecorribilidade da sentença arbitral, salvo se as partes tiverem acordado na possibilidade de recurso e regulado os seus termos.

Além disso, foi aditado um art. 35º, subordinado à epígrafe *"Composição amigável"* do seguinte teor:

"Se as partes lhe tiverem confiado essa função, o tribunal poderá decidir o litígio por apelo à composição das partes na base do equilíbrio dos interesses em jogo."

8. Não existem elementos documentais que expliquem a génese do art 35º da LAV/86.

É de supor que os parlamentares autores da modificação já tivessem conhecimento da nova lei de arbitragem francesa surgida em 1980 e que viria a ser republicada com alterações no ano seguinte (Decreto-Lei nº 81/500, de 12/5/1981, diploma que integrou a matéria de arbitragem no Livro IV do então denominado Novo CPC).

No texto francês, o art. 1474º mantém a solução do art. 1019º do Código Napoleónico:

"L'arbitre tranche le litige conformément au règles de droit, à moins que, dans la convention d'arbitrage, les parties ne lui aient conféré mission de statuer comme amiable compositeur."

No título V do Livro IV deste Código, dedicado à *"arbitragem internacional"* – definida como *"l'arbitrage qui met en cause des intérêts du commerce international"* – o art. 1496º determina que o árbitro resolve o litígio em conformidade com as

---

É curioso notar que Magalhães Collaço admitia que os árbitros pudessem aplicar a *lex mercatoria*, se para tal autorizados pelas partes.

[8] O nº 2 deste artigo estabelece que, na falta pelas partes do direito aplicável, *"o tribunal aplica o direito mais apropriado ao litígio"*.

regras do direito que as partes escolheram e que, na falta de tal escolha, em conformidade com as que considera apropriadas. E acrescenta que o árbitro *"leva em consideração em qualquer caso os usos do comércio"*.

O art. 1497º regula a *amiable composition*:

> *"L'arbitre statue comme amiable compositeur si la convention des parties lui a conféré cette mission."*

Por outro lado, devia ser do conhecimento dos mesmos parlamentares o texto da Lei-Modelo da UNCITRAL, aprovada em 1985, que distinguia a *amiable composition* e a decisão por equidade no seu art. 28º nº3. A versão inglesa deste artigo dispõe:

> *"The arbitral tribunal shall decide ex aequo et bono **or as amiable compositeur** only if the parties have expressly authorized it to do so."*

9. Publicada a nova LAV, a doutrina procurou distinguir a decisão por equidade da decisão através de composição amigável, sendo opinião comum que se tratava de duas noções diversas.

Logo em 1987, M. Céu Rueff Negrão sugeriu que, na presença de cláusula de composição amigável, o tribunal arbitral teria obrigatoriamente de realizar uma tentativa de conciliação para *"composição das partes"*[9].

Magalhães Collaço, em 1991, considerava que a composição amigável e a equidade não se confundiam, embora confessasse não ser *"fácil traçar a fronteira entre os dois institutos nem extrair as particularidades do regime de cada um deles: limitamo-nos a assinalar o problema que não pretendemos resolver"*[10] e aventava a hipótese de a redação do art. 33º da LAV e a autonomização de um novo capítulo dedicado à arbitragem internacional terem aberto a porta à remissão para a *lex mercatoria*, na medida em que esta contivesse regras de direito, sem que tal implicasse o reconhecimento da *lex mercatoria* como uma *"ordem jurídica autónoma"*.

Já Paula Costa e Silva considerou que o art. 35º da LAV tinha adotado a composição amigável *"de forma verdadeiramente incompreensível"*, seguramente por considerar que a equidade e a composição amigável eram designações diversas do

---

[9] *"A composição amigável na arbitragem voluntária"* (Relatório de Mestrado, policop.) referido por Luís de Lima Pinheiro, Arbitragem Transnacional – A Determinação do Estatuto de Arbitragem, Coimbra, Almedina, 2005, p 165.

[10] *"L'arbitrage international dans la récente loi portuguaise sur l'arbitrage volontaire. Quelques Réflexions"*, in Droit international et droit communautaire-Actes du Colloque – Paris 5 et 6 avril 1990, Paris, F. Calouste Gulbenkian, Centre Culturel Portugais, 1991, p 61.

ESTUDOS EM HOMENAGEM A MIGUEL GALVÃO TELES

mesmo modo de resolução de litígios, sendo esta última designação a tradicionalmente corrente em França[11].

10. Por sua vez, Lima Pinheiro contrapôs a equidade à composição amigável, dando sentido útil à distinção das duas figuras feita nos arts. 33º e 35º da LAV/1986, considerando que a equidade pode ser entendida em sentido forte ou em sentido fraco:

> "Segundo esta aceção «forte», não se trata apenas de corrigir injustiças ocasionadas pela natureza rígida das regras jurídicas abstratas, mas de uma decisão que, por ser baseada na dita justiça do caso concreto, não se encontra vinculada ao Direito estrito [...]"[12]

Esta aceção, apresentada como "solução individualizadora por excelência", contrapõe-se a um entendimento "fraco" da equidade, que é propugnado entre nós por aqueles que, como Menezes Cordeiro, sustentam – a propósito do art. 4º do Código Civil (CC) e também quanto à arbitragem voluntária – que a decisão segundo a equidade tem de respeitar o sentido do Direito positivo, razão por que não pode aceitar-se a extrassistematicidade material de toda a decisão de equidade que versa sobre áreas tratadas pelo Direito[13].

Lima Pinheiro acentua que a decisão segundo a equidade não é "uma decisão arbitrária ou à margem das conceções jurídicas gerais. Será mais exato ver aqui um modelo extrassistemático de decisão [...]: o tribunal pode apreciar com considerável margem de liberdade todos os argumentos jurídicos e extrajurídicos que tenham um mínimo de relevância social objetiva, e fundamentar racionalmente a decisão com base nestes argumentos, na legitimidade do processo de obtenção da solução e na ponderação das suas consequências sociais [...]"[14].

Já quanto à noção de composição amigável, este autor considera que se está em presença de "uma verdadeira arbitragem", só podendo a especificidade deste

---

[11] "Anulação e recursos na decisão arbitral", in ROA ano 52º (1992), III, pp 893 ss (pp 939-940), onde admite que a composição amigável englobe a concessão de poderes aos árbitros "para que forcem as partes a uma transação"! Também Lopes dos Reis tende a aproximar a composição amigável do art. 35º da LAV do instituto do amicabilis compositor medieval, surgido no século XIV, instituto que não se confundiria com a composition amiable francesa (cf. Representação Forense e Arbitragem, Coimbra, Coimbra Editora, 2001, p 93).

[12] Cf. Arbitragem Transnacional cit, p 159. Na mesma linha, cf. Oliveira Ascensão, O Direito: Introdução e Teoria Geral, 13ª ed., Coimbra, Almedina, 2005, pp 261 e 442.

[13] Cf. Menezes Cordeiro, "A decisão segundo a equidade", in O Direito, ano 122º (1990), I, pp 261 ss Veja-se igualmente Miguel Teixeira de Sousa, Introdução ao Direito, Coimbra, Almedina, 2012, pp 416-417.

[14] Ob. cit., p 160.

instituto residir *"no critério da decisão, razão por que a previsão da composição amigável só terá sentido útil se for possível distingui-la da decisão de equidade"*[15].

Na opinião de Lima Pinheiro, sendo a equidade acolhida com a aceção *"forte"*, não há *"nenhuma razão para excluir a estipulação pelas partes de vias intermédias para a obtenção de solução [...], designadamente decisões segundo a equidade em aceção «fraca» ou qualificadas pela vinculação a critérios de decisão de qualquer natureza"*[16].

Ainda segundo Lima Pinheiro, *"na falta de indicações em contrário contidas na convenção de arbitragem, a estipulação de uma composição amigável deve pois ser entendida no sentido de um julgamento segundo a equidade em aceção «fraca». Neste julgamento, os árbitros, como em todas as decisões de equidade, devem ponderar as consequências sociais da decisão, por forma a que esta seja aceite pelas partes como uma decisão justa"*[17].

11. Mário Raposo – que era o Ministro da Justiça do Governo que elaborou a proposta de Lei nº 34/IV – sustenta que a função do conceito de equidade circunscreve-se a ela própria, sem necessidade de fazer apelo ao instituto de composição amigável. Este instituto mais não teria sido *do que um voluntarismo legiferante"* da Assembleia da República, *"sendo dispensáveis grandes esforços exegéticos para o «salvar»,* já que foi quase que um nado-morto"[18]. Admitindo a relevância da *lex mercatoria* nas arbitragens de direito estrito, como elemento integrador ou subsidiário, e mesmo a possibilidade de atribuição pelas partes à *lex mercatoria* do caráter de lei principal – caso em que tal remissão vale como autorização para os árbitros decidirem segundo a equidade – conclui que *"a composição amigável nada mais será do que a equidade com uma designação «francesa»"*[19]. A coexistência das duas expressões apenas cria *"dificuldades de entendimento"*[20].

Por isso, o mesmo Autor, no seu escrito de 2011, alerta para o risco de triunfar a solução da Proposta de Lei nº48/XI de manter a dicotomia equidade-composição amigável, desta feita no que toca à arbitragem *"doméstica"* e à internacional.

12. Sampaio Caramelo, num estudo publicado em 2008, abordou igualmente as noções de arbitragem segundo a equidade e composição amigável no direito português.

---

[15] *Ob. cit.*, p 165.

[16] *Ob. cit.*, pp 165-166.

[17] *Ob. cit.*, p 160.

[18] *"Equidade, Composição Amigável. Lex Mercatoria"*, in Estudos sobre Arbitragem Comercial e Direito Marítimo, Coimbra, Almedina, 2006, p 55 (este estudo foi anteriormente publicado na Revista da Ordem dos Advogados, ano 66º (2006), I, pp 5-21); o Autor voltou ao tema em 2011, *"Art. 35º da LAV («composição amigável»): O grande equívoco"*, na mesma Revista, ano 71º, II, pp 371-390.

[19] *Ob. cit.*, p 67.

[20] *Ob. cit.*, p 67.

Adere decididamente ao entendimento *"forte"* de equidade, invocando, além das posições de autores nacionais como Lima Pinheiro e Oliveira Ascensão, o entendimento sufragado por Pierre Lalive no sentido de *"que uma conceção de arbitragem segundo a equidade moldada de acordo com a aceção «mais forte» acima mencionada parece mais de acordo com a prática da arbitragem internacional, uma vez que há boas razões para considerar que, quando as partes conferem expressamente ao árbitro a missão de decidir ex aequo et bono, esperam obter algo diferente de uma decisão segundo o direito. Tal implica, segundo Pierre Lalive, que os árbitros em equidade tenham não só o poder, mas também a obrigação, de levar a cabo a sua missão de aplicar os princípios jurídicos que consideram aptos, mas não por necessidade, e verificar se tais princípios levarão a uma solução em conformidade com a equidade"*[21].

Depois de negar que a composição amigável combine a mediação e a arbitragem e que tenha um sentido mais amplo do que a arbitragem segundo a equidade, Sampaio Caramelo considera que a letra do art. 35º da LAV/86 não implica uma decisão de *"equidade menos"*, mas antes de equidade *"mais"*. Seguindo o entendimento de Eric Loquin, o autor sustenta que a procura de uma solução do litígio de harmonia com a equidade é o primeiro ingrediente da *amiable composition*. Mas para evitar o subjetivismo dos árbitros e o risco de decisões arbitrárias, importa que o compositor amigável se baseie em alguns princípios que é possível descobrir como sendo amplamente partilhados pelos membros da comunidade de comerciantes e gente de negócios a que pertencem os litigantes[22].

O compositor amigável deveria, em qualquer caso, visar a obtenção de uma solução para o litígio que pudesse ser facilmente aceite por ambas as partes, constituindo um compromisso entre os direitos invocados pelas partes do litígio, impondo-lhes concessões recíprocas ou sacrifícios mútuos, de forma a dissolver o seu conflito, em vez de o resolver, estabelecendo uma nova base de relacionamento entre as partes que assim seria preservado.

Sampaio Caramelo vê mesmo na formulação do art. 35º da LAV/86 uma sintonia com a posição de Eric Loquin, na medida em que naquele preceito se apela a que o compositor amigável decida o litígio *"por apelo à composição das partes na base do equilíbrio dos interesses em jogo"*[23].

---

[21] *"Arbitration in equity and* Amiable Composition *under Portuguese Law"*, in Journal of International Arbitration, 25(5), 2008, pp 569-581 (p 574).

[22] Cf. Eric Loquin, L'amiable composition en droit comparé et international: contribution a l'etude de non droit dans l'arbitrage commercial, Paris, Litec, 1980, pp 334 e ss.

[23] Artigo e Revista cits., p 577. Não é seguro que a dissertação de Eric Loquin fosse conhecida de alguns dos parlamentares autores do aditamento do art. 35º da LAV/86, como admite Sampaio Caramelo. Cf. também Dário Moura Vicente, Arbitragem Comercial Internacional: Direito aplicável ao mérito da causa, Coimbra, Coimbra Editora, 1990, p 31. Deste Autor, veja-se ainda Direito Comparado – Introdução e Parte Geral, I, Coimbra, Almedina, 2008, p 146.

Sampaio Caramelo, jurista formado num sistema que regula a resolução ou modificação do contrato por alteração de circunstâncias segundo juízos de equidade (arts. 437º a 439º do CC), sustenta que as considerações de Eric Loquin sobre o poder moderador do compositor amigável em caso de alterações de circunstâncias em contratos não especulativos deveriam aplicar-se *"não só à amiable composition mas, de modo geral, a outras formas da arbitragem segundo a equidade"*[24].

13. A análise aprofundada do estudo de Sampaio Caramelo justifica-se não só pela qualidade da investigação por ele levada a cabo, como também por ter sido o redator da primeira versão do Anteprojeto de Lei de Arbitragem Voluntária apresentado pela APA – Associação Portuguesa de Arbitragem em março de 2009 ao Ministro da Justiça, a pedido deste[25], a qual sofreu alterações introduzidas pelos restantes membros da Direção desta Associação.

O art. 39º desse articulado, subordinado à epígrafe *"Direito aplicável; recurso à equidade; recursos"*, dispunha nos seus nºs 1 e 2:

"1. Os árbitros julgam segundo o direito constituído, a menos que as partes na convenção de arbitragem, em documento por elas subscrito até à aceitação do primeiro árbitro ou mesmo após essa data, desde que os árbitros aceitem essa incumbência, os autorizem a julgar segundo a equidade.

2. Se as partes lhe tiverem confiado essa função, o tribunal poderá decidir o litígio por apelo à composição das partes na base do equilíbrio dos interesses em jogo."

Resulta da leitura destes dois números que o Anteprojeto passou a *"generalizar"* a composição amigável – que o art. 35º da LAV/86 tinha confinado à arbitragem internacional – tornando-a aplicável não só a arbitragem internacional, mas também à chamada arbitragem *"doméstica"* ou nacional. No que toca à arbitragem internacional, de qualquer forma, o art. 55º estabelecia que o tribunal poderia decidir o litígio por apelo à composição das partes, nos termos do art. 39º, nº 2. No nº3 deste último artigo acolhia o princípio geral da irrecorribilidade das sentenças arbitrais, invertendo-se a regra do art. 39º, nº 1, da LAV/86:

"A sentença que se pronuncie sobre o fundo da causa ou que, sem conhecer deste, ponha termo ao processo arbitral, só será suscetível de recurso para o tribunal estadual competente no caso de as partes terem expressamente previsto tal possibilidade na convenção de arbitragem e desde que a causa não haja sido julgada segundo a equidade."

---

[24] Estudo e Revista cit., p 580.
[25] Pode ler-se o texto desse Anteprojeto in Revista Internacional de Arbitragem e Conciliação, 2009, pp 205-241.

ESTUDOS EM HOMENAGEM A MIGUEL GALVÃO TELES

Afigura-se claro que o Anteprojeto considerou a composição amigável uma modalidade da arbitragem segundo a equidade: é o que parece resultar, por um lado, da omissão de referência àquela figura ou instituto na epígrafe do artigo e, por outro, de idêntica omissão no que toca aos casos em que a sentença arbitral não pode ser objeto de recurso, não obstante as partes terem expressamente previsto tal possibilidade na convenção de arbitragem.

14. O segundo Anteprojeto da APA, revisto em maio de 2010[26], manteve integralmente as soluções do primeiro nesta matéria, embora com uma diferente arrumação em números e algumas alterações formais: assim, deixa de falar-se em *autorização* das partes para os árbitros julgarem segundo a equidade, passando a usar-se o verbo *determinar* (nº1); por outro lado, embora sem modificação da epígrafe, passa a explicitar-se que, não obstante estipulação das partes na convenção de arbitragem, não cabe nunca recurso da decisão arbitral se a causa tiver *"sido decidida segundo a equidade ou mediante composição amigável"* (nº 4).

Este Anteprojeto contém notas sobre os artigos delas constantes. Em relação ao nº 3 do art. 39º – consagrado à composição amigável – a anotação indica como fonte o art. 35º da LAV 1986 e justifica a solução deste modo:

> *"A maioria da doutrina portuguesa distingue entre arbitragem segundo a equidade e a «composição amigável» mencionada na atual LAV, embora divirja quanto ao modo como tal distinção se deve fazer. Entendeu-se ser útil manter, na nova LAV, estes dois critérios de decisão de litígios como institutos distintos, bem com alargar às arbitragens nacionais a possibilidade de recurso à composição amigável"*[27]

No que toca à arbitragem internacional, suprimiu-se o anterior art. 55º sobre composição amigável e o art. 52º contrapõe a arbitragem de direito estrito à arbitragem segundo a equidade.

15. A redação do art. 39º do Segundo Anteprojeto passou para a Proposta da Lei nº48/XI (art. 36º) apresentada em 2011 e que não chegou a ser aprovada pela Assembleia da República, dada a dissolução deste órgão nesse ano.

---

[26] Publicado na Revista Internacional de Arbitragem e Conciliação, 2010, pp 167-2300. Sobre a evolução ocorrida entre a primeira versão de Sampaio Caramelo e o primeiro Anteprojeto no que toca à composição amigável, remete-se para Sampaio Caramelo *"A reforma da Lei de Arbitragem Voluntária"*, in Revista Internacional de Arbitragem e Conciliação, 2009, pp 33-34, autor que informa ter proposto que a composição amigável só fosse consagrada no domínio da arbitragem internacional.

[27] Nota (123), indevidamente referida ao nº2 (numeração do primeiro Anteprojeto), na Revista e número cit., p 202.

O Bastonário Mário Raposo foi a única voz discordante quanto à eventual consagração da composição amigável como instituto distinto da arbitragem segundo a equidade. Escreveu o seguinte, a propósito da inclusão do art. 35º na LAV/86 e sobre as novas propostas:

> *"De qualquer modo não será arriscado concluir que o legislador adotou a designação equivalente à «amiable composition» sem ter em conta o significado que esta tem no sistema de arbitragem francês, no qual caracterizadamente se inspirou.*
> *2. Acontece que não é identificável a utilidade real do art. 35 até porque, ao que saibamos, ele nunca foi chamado a atuar no plano da arbitragem – i.e. como meio jurisdicional de resolução de litígios ou de outras situações arbitráveis."*[28]

Este autor manteve as suas anteriores críticas à consagração da composição amigável em futura Lei de Arbitragem, sustentando que a composição amigável potenciava os males que poderiam ser apontados à chamada *"med-arb"* (mediação – arbitragem), não se destrinçando a fase de composição e a fase de decisão.

16. A Lei nº63/2011, de 14/12, aprovou a nova Lei de Arbitragem Voluntária (abreviadamente, NLAV).

O art. 39º da NLAV reproduz sem alterações significativas os arts. 39º e 52º do segundo Anteprojeto da APA, de 2010.

A composição amigável foi *"importada"* do art. 35º da LAV/86 para o art. 39º, nº 3 da NLAV, deixando de se aludir à composição amigável na arbitragem internacional, onde se contrapõe a arbitragem de direito estrito à arbitragem de equidade[29].

---

[28] *"Art. 35 da LAV («composição amigável»). O Grande Equívoco"* cit., pp 372-373.

[29] Sobre as soluções consagradas nos arts. 39º, nos 1 e 3, e 52º da NLAV, vejam-se Robin de Andrade e Dário Moura Vicente nas anotações in Lei de Arbitragem Voluntária Anotada, editada sob a égide da APA, Coimbra, Almedina, 2012, pp 78 e 101-102, respetivamente. Robin de Andrade limita-se a referir que se tem discutido na doutrina portuguesa *"se existe um só conceito de equidade, havendo autores que falam de equidade em sentido forte e em sentido fraco, sendo controvertido se a composição amigável confere ao tribunal maior amplitude de decisão do que a equidade"* (p 78). Na *Exposição de Motivos* da Proposta de Lei nº22/XII, que esteve na origem da NLAV, refere-se como uma das *"inovações"* no âmbito da sentença final a atribuição aos árbitros do poder de decidir como «amigáveis compositores», *"se as partes acordarem em lhes conferir esta missão, por se ter considerado útil facultar-lhes essa possibilidade"*. Mariana França Gouveia, Curso de Resolução Alternativa de Litígios, 2ª ed., Coimbra, Almedina, 2012, p 236, admite que *"a composição amigável será, pois, um juízo de decisão diferente do direito estrito e também da equidade"*, dando conta das posições de Lima Pinheiro (que reconduz a composição amigável, em regra, à equidade em sentido fraco) e de Sampaio Caramelo (que considera, na esteira de Loquin, a composição amigável como um *plus* em relação à equidade). A Autora acompanha *"Sampaio Caramelo quando defende que este conceito só faz sentido na arbitragem internacional [...], na medida em que é realmente difícil encontrar uma sua utilidade prática para a realidade estritamente nacional"*. Parece-lhe difícil que as partes confiem aos árbitros a decisão segundo critérios tão fora do seu controlo e, ao mesmo tempo, tão prováveis de gerar discussão a nível de impugnação da sentença arbitral.

II. A equidade e o juízo de equidade

17. A equidade como conjunto de princípios exteriores ao direito positivo e que o transcendem teve origem em Roma. Os juristas romanos clássicos recorrem à *aequitas* para interpretar o direito criado pelas autoridades legiferantes, sustentando que, em caso de conflito, o *ius strictum* deveria ceder perante a *aequitas*. Segundo Papiniano o conceito de equidade serviria para auxiliar, suprir ou corrigir o *ius civile* (*"adiuvandi, vel supplendi, ver corrigendi iuris civilis"*).

18. Todavia, é na Grécia do século IV AC que a ideia de equidade aparece associada à de justiça, como valor que corrige uma lei defeituosa na sua aplicação prática.

Aristóteles, na Ética a Nicómaco, estabelece as relações entre **equidade** (*epieikeia*), **a justiça** e a **lei positiva**, afirmando que o justo é uma igualdade nas relações, uma média, uma igualdade relativa a certas coisas e a certas pessoas.

Existe uma **justiça comutativa**, que é uma proporção aritmética entre duas pessoas iguais que trocam coisas iguais, e uma **justiça distributiva**, que é uma proporção geométrica em que as duas pessoas não são iguais, o que acarreta que a partilha só será justa quando as partes sejam proporcionais ao mérito das pessoas. Assim o justo acaba por ser uma proporção e a justiça uma ciência que atribui a cada um segundo o seu mérito[30]. As formulações de Aristóteles sobre a justiça distributiva influenciam a célebre definição de Ulpiano, no século III D.C., que considera a justiça como a *"constans et perpetua voluntas ius suum cuique tribuendi"* (Digesto 1.1.10 proémio). Note-se que os Romanos sustentavam que o direito (*ius*) provinha da justiça, como se esta fosse mãe daquele, preexistindo a justiça ao direito[31].

Aristóteles defendeu que a justiça e a equidade eram idênticas. Sendo ambas qualidades sérias, a equidade seria mais poderosa. Considerava que o que punha problemas era o facto de a equidade ser justa, *"não de acordo com a lei, mas na medida em que tem uma função retificadora da justiça legal"*:

> *"O fundamento para tal função retificadora resulta de, embora toda a lei seja universal, haver contudo casos a respeito dos quais não é possível enunciar de modo correto um princípio universal [...]. Quando a lei enuncia um princípio universal, e se verifica resultarem casos que vão contra essa universalidade, nessa altura está certo que se*

---

[30] Remete-se para Dominique Manaï, voc. *"Equité"*, in Dictionnaire encyclopédique de théorie et de sociologie du droit, 2ª ed., sob a direção de André-Jean Artand, Paris, LGDJ, 1993, p 234.

[31] *"Est autem ius a iustitia, sicut a matre sua, ergo prius iustitia quam ius"* (Digesto, 1.1.1., proémio). Sobre esta afirmação, veja-se Gustav Radbruch, Filosofia do Direito, trad. de L. Cabral de Mondaca (6ª ed.), Coimbra, Arménio Amado Sucessores, 1979, pp 86-87. Livro V, Cap. X, trad. portuguesa, reproduzida em Miguel Teixeira de Sousa, *ob. cit.*, p 415.

retifique o defeito [...] A natureza de equidade é, então, ser retificadora do defeito da lei, defeito que resulta da sua característica universal"[32]

Note-se que, na mitologia grega, Themis, filha da Gaia e de Ouranos, era a executora das ordens de Zeus, a qual formulava as regras que vinculam os deuses e os homens. Themis representava a justiça, desempenhando funções não só jurídicas como religiosas. A filha de Themis, Diké, encarnava a justiça na sua aplicação concreta traduzida na emanação de uma sentença por uma autoridade pública, segundo certos princípios jurídicos. Por tal razão, Diké era frequentemente assimilada à equidade[33].

Compreende-se que Aristóteles insistisse em que a equidade, sendo justa e melhor que uma certa espécie de justiça, não era melhor do que a justiça absoluta. A natureza essencial da equidade residiria na sua função de retificação da lei, na medida em que esta fosse defeituosa por causa da sua generalidade. De facto, nem tudo podia estar regulado na lei porque há casos relativamente aos quais nenhuma lei pode ter a pretensão de regular as respetivas consequências, carecendo de uma regulamentação específica, adequada às circunstâncias concretas. Por isso, o homem justo (equitativo) é o que escolhe e pratica atos equitativos, não insistindo indevidamente nos seus direitos, mas que aceita menos do que a sua quota, embora tenha a lei do seu lado. Esta disposição é a equidade, uma espécie de justiça, e não uma feição distinta do seu caráter[34].

19. Em Roma, Cícero tendeu a equiparar a equidade à justiça, considerando-as conceitos sinónimos ou, pelo menos, com uma larga zona de sobreposição. A justiça era considerada uma disposição da alma que orienta o juiz e o legislador, traduzindo-se no ato de dar a cada um o que lhe é devido. Já a *aequitas* é a regra moral do direito romano: a lei positiva não se confunde com o *ius*, o qual engloba a justiça e a equidade. Cícero vai ao ponto de afirmar no seu *De officis* que o direito sem equidade não é direito (2.12-42). Ao seu pensamento está associada a máxima *summum ius summa iniuria*.

O pensamento de Aristóteles e a reflexão de Cícero influenciaram os grandes juristas romanos cujos textos surgem no início do Digesto.

---

[32] Livro V, Cap.X.

[33] Veja-se Dominique Manaï, Estudo cit., *ob. cit.*, p 234.

[34] Cf. Susana Brasil de Brito, *"A Justiça do Caso Concreto e a Equidade"*, in Liber Amicorum de José de Sousa Brito em Comemoração do 70º Aniversário – Estudos de Direito e Filosofia, Coimbra, Almedina, 2009, pp 467-478. Aristóteles refere-se à cedência de direitos pelo homem équo na Magna Moralia, Livro II, Capítulos I e II.

ESTUDOS EM HOMENAGEM A MIGUEL GALVÃO TELES

20. É já no período medieval, com o desenvolvimento da arbitragem, que se contrapõem as arbitragens de direito estrito – seguindo o modelo romano – às arbitragens *ex aequo et bono*.

O *arbiter* aplica o direito como se fosse juiz. O *arbitrator* vai mais longe, resolve os litígios segundo um juízo de equidade. O *arbitrator* pode igualmente agir como *amicabilis compositor* em que as funções de conciliador ou mediador se sobrepõem à de puro decisor de litígios.[35]

21. Em Inglaterra, por influência dos Direitos romano e canónico, o Chanceler vai ser protagonista de uma intervenção dirigida às partes de um litígio já resolvido pelos tribunais reais – que aplicaram a *common law* do Reino – quando uma desta recorria ao Rei *"para agradar à consciência e como obra de caridade"*. O Chanceler podia dirigir uma injunção à parte vencedora, destinada a impedir a execução do tribunal. A atuação deste alto dignitário era feita com apelo à equidade, forma de corrigir os defeitos da jurisdição comum segundo a consciência. O Chanceler, antes da Reforma, era um eclesiástico que exercia as funções de confessor do Rei, e refere Phil Harris, *"no século XVI, a prática seguida pelo Lorde Chanceler de administrar justiça «real» quando a common law falhava, tinha-se consolidado. O Tribunal do Chanceler, em que eram apreciadas essas petições, formulara gradualmente um conjunto de regras e princípios conhecidos por equity que completa a common law e atuava lado a lado com esta. As providências equitable incluem os remedies da rectification, através da qual um acordo contratual escrito que, devido a erro, não reflete as intenções das partes contratantes pode ser alterado; a rescission, que permite a uma pessoa pôr termo a um contrato que fora indevidamente levada a celebrar; a specific performance, que tem como efeito compelir os réus a praticar ou executar atividades específicas; e a injunction, cujo efeito é impedir os réus de levar a cabo atividades específicas. O instituto do trust passa a ser objeto de execução na equity, não apenas por causa das deficiências da common law, mas porque o Tribunal da Chancelaria desejava fazer justiça em função dos fundamentos de um certo caso: por tal razão, os equitable remedies eram, e ainda hoje são, providências discricionárias ao dispor dos tribunais. Hoje, em função da Judiciary Acts de 1873-1875, as regras e máximas de equidade estão confiadas e são aplicadas pelos mesmos tribunais que aplicam a common law, embora as distinções entre estes dois ramos de direito estejam bem vivas"*[36].

Uma das regras fundamentais de *equity* é a de que esta segue a lei (*follows the law*): a intervenção do Chanceler é casuística, não põe em causa globalmente o direito comum aplicado pelos tribunais reais, procura evitar naquele caso, por

---

[35] Cf. Anne Lefebvre – Teillard, *"L'arbitrage de l'histoire »*, in Archives de philosophie du droit; nº52 – L'arbitrage, Paris, Dalloz, 2009, pp 2-4. A autora informa que é no século XIII que aparece a sinonímia *"arbitrator seu amicabilis compositor"*. O juiz oficial não podia ser árbitro, mas podia levar a cabo a composição amigável, quase transacional.

[36] An Introduction to Law, 6ª ed., Londres, Butterworths, 2002, pp 267-268.

razões de consciência, que o *summum ius* se transforme em *summa iniuria*. Por isso, as determinações do Tribunal da Chancelaria dirigem-se à pessoa do demandado e impõem-lhe injunções de fazer ou não fazer para *"salvar a sua alma"* (*equity acts in personam*).

22. Tal como no Direito Romano clássico em que o pretor criou o *ius honorarium* para suprir as deficiências da lei plasmada nas **fórmulas** de ações de direito estrito (do *ius civile*) – o qual passava de magistrado para magistrado através das novas fórmulas contidas nos éditos que se repetiam –, a *equity* inglesa desenvolve um direito à margem do direito aplicado pelos tribunais régios, com a particularidade de o fazer invocando razões morais e de consciência, ou seja, soluções conformes à justiça do caso concreto, à *equity*.[37]

A verdade é que a *equity* se foi afastando da sua origem puramente casuística, acabando por se criarem regras cuja observância se faz no futuro por força do precedente, do *stare decisis*.

23. É nos tempos da Revolução Francesa que a rejeição política da justiça do Antigo Regime leva os revolucionários a propagandear as virtudes da **arbitragem** e da *amicabilis compositio* para resolver os litígios entre os cidadãos.

O art. 1º do Decreto de 16-24 de agosto de 1790 estatuía que *"sendo a arbitragem o modo mais razoável de pôr termo aos diferendos entre os cidadãos, os legisladores não poderão aprovar qualquer disposição que tenda a diminuir quer o favor quer a eficácia do compromisso"*.

A verdade e que, 16 anos depois, o CPC napoleónico submeteria a arbitragem a um controlo apertado dos tribunais do Estado, muito embora admitisse, ao lado da arbitragem de direito estrito, a *amiable composition* com o sentido de arbitragem *ex aequo et bono*.

Quase dois séculos depois, a última alínea do art. 12º do então chamado Novo CPC francês veio dispor que:

> *"Após a existência do litígio, as partes podem, nas mesmas matérias e sob a mesma condição [referidas na alínea precedente, a saber, "em virtude de um acordo expresso e relativamente aos direitos sobre que tenham a livre disposição"], conferir ao juiz o encargo (mission) de decidir como compositor amigável, com reserva de recurso de apelação se a este não tiverem renunciado especificamente."*

---

[37] Cf. Raúl Ventura, Manual de Direito Romano, Lisboa, Coimbra Editora, 1964, pp 195-202 sobre a comparação entre a atuação do pretor em Roma e a do Chanceler em Inglaterra, com análise das regras da equity. Nesta obra transcreve-se a frase de Ashburner de que a common law e a equity, são *"(...) duas correntes de jurisdição, embora corram no mesmo canal, correm lado a lado e não misturam as águas"* (*ob cit.*, p 200).

Desta disposição pode inferir-se que, no ordenamento francês, a expressão *"amiable composition"* é equivalente a arbitragem *ex aequo et bono*, expressão que não é utilizada por regra na literatura francesa de arbitragem.

24. Na literatura jurídica contemporânea, aparecem-nos duas configurações destintas de equidade.

Para uns, a equidade é vista não só como uma realidade extrajurídica mas também como uma realidade **exógena** ao direito ou extrassistemática. Pode falar-se de uma conceção objetivista de equidade, ligada à moral, ao direito natural ou à justiça, e que pré-existe em relação ao direito positivo, exercendo uma *"função transcendente"* em relação a este último (Pringsheim).

Para outros, a equidade é aceite, *"de modo difuso e intuitivo, como uma espécie de instinto, inerente à condição humana e cuja função consiste em relativizar as exigências sistemáticas e formais do direito"*[38]. Fala-se de uma conceção subjetivista ou intrassistemática, bem expressa no pensamento de François Gény, o qual afirma que é na atividade interpretativa do direito que é admissível *"a equidade individual no plano de um critério de solução, sempre que este meio pareça necessário para satisfazer a justiça (desde que nenhum direito superior a tal se oponha) ou para responder* às exigências *de natureza das coisas positivas"*[39].

25. Naturalmente que estas conceções sobre a equidade condicionam a configuração que os autores fazem do modo como deve ser realizado o juízo de equidade para resolver um litígio, quando a lei ou a vontade das partes confiem ao julgador a tarefa de decidir *ex aequo et bono*.

Mesmo no que se refere a algumas ordens jurídicas estaduais, os legisladores admitem que as partes atribuam ao juiz o poder de resolver o litígio que os opõe segundo a equidade. Já atrás nos referimos ao art. 12º do CPC francês, podendo indicar agora o art. 4º do CC Português[40] ou os arts. 113º e 114º do CPC italiano.[41]

---

[38] Dominique Manaï, Estudo cit., p 230.

[39] "Méthodes d'interpretation et sources en droit privé positive", §163 citado por Dominique Manaï, Estudo cit., p 235. Segundo Pringsheim, a equidade exerce uma função imanente – a par de uma função transcendente – que é uma *"função interna, domiciliada no próprio território do direito; é a aequitas no sentido aristotélico – Billigkeit na terminologia alemã – a qual se situa entre a regra geral e abstrata e o caso concreto e cuja finalidade é possibilitar a justa decisão do caso concreto, conforme o esprito da ordem jurídica (...)"* (Raúl Ventura, *ob. cit.*, p 251).

[40] O art. 4º do CC dispõe que os tribunais só podem resolver litígios segundo a equidade em três casos: quando haja disposição legal que o permita; quando haja uma convenção de equidade e a relação jurídica não seja indisponível; quando haja uma convenção anterior ao litígio (*"quando as partes tenham previamente convencionado o recurso à equidade, nos termos aplicáveis à cláusula compromissória"*). Além do comentário de Pires de Lima e Antunes Varela (Código Civil Anotado, I, 4ª edição, Coimbra, Coimbra Editora, 1987, p 56) e das referências nas obras citadas de Oliveira Ascensão,

Também no que toca em Portugal, nos julgados de paz o juiz *"não está sujeito a critérios de legalidade estrita podendo, se as partes assim acordarem, decidir segundo juízos de equidade, quando o valor da acção* não exceda metade do valor da alçada do tribunal de primeira instância" (art. 26º, nº2, da Lei de 78/2001, de 13/7).

26. Quando estejamos perante uma **função substitutiva** da equidade – na medida em que é aplicável em **substituição** do direito normativo ou direito estrito, – e não perante uma função meramente **integrativa** dos critérios legais que se revelam de difícil aplicação no caso concreto, o juízo de equidade levado a cabo pelos tribunais estaduais não parece ter natureza diferente do levado a cabo pelos tribunais arbitrais.

O que releva – como se dizia na formulação dos Códigos de Processo Civil de 1939 e de 1961 – é que ambos os tribunais devem decidir *"como lhes parecer justo"*, não ficando sujeitos à aplicação do direito constituído.

Já será controvertido determinar os *"limites da parcial desaplicação da norma que regula a relação trazida a juízo, na qual se resolve o juízo de equidade"*[42].

Menezes Cordeiro e Teixeira de Sousa, remete-se para a análise detalhada de Filipe Vaz Pinto, A Equidade como Forma de Resolução de Litígios no Ordenamento Jurídico Português (relatório apresentado em março de 2006, no 6º Programa de Doutoramento e Mestrado, Seminário de Teoria do Direito, inédito), pp 14 ss. Este Autor distingue, no que toca à previsão da alínea a) do art. 4º do CC, os casos das normas como as dos arts. 283º, 400º, 437º, 462º, 494º, 496º, 566º, nº3, 883º, 992º, 993º, 1158º e 1215º do CC, em que a *"referência à equidade apenas pretende superar a enorme dificuldade em predeterminar ou prequantificar uma consequência jurídica em abstrato"*, e os casos dos arts. 339º, 812º e 2016º do mesmo diploma em que ocorre uma *"referência autenticamente inovadora para um modelo de decisão diferente"*; os casos dos arts. 72º e 1405º do CC estariam mais próximos do primeiro grupo de situações.

[41] O art. 113º estabelece a regra de que, no julgamento da causa, o juiz deve seguir as normas de direito, salvo se a lei lhe atribuir o poder de decidir segundo a equidade (1º inciso). O segundo inciso estabelecia a obrigação de o juiz de paz decidir segundo a equidade nas causas cujo valor não excedesse €1.100, exceto nas causas decorrentes de relações jurídicas relativas a contratos celebrados segundo as modalidades previstas no art. 1342º do CC (2º inciso). O Tribunal Constitucional italiano declarou a ilegitimidade constitucional deste segundo inciso *"na parte em que não prevê que o juiz de paz deva observar os princípios informadores na matéria"* (sentença de 6/7/2004). O art. 114º do mesmo Código de Processo permite que as partes requeiram conjuntamente, na 1ª instância ou na instância de apelação, o julgamento do mérito segundo a equidade, quando aquele respeite a direitos disponíveis das partes.

Por seu turno, o art. 1342º do CC regula os contratos de adesão, celebrados segundo modelos ou formulários.

Sobre esta matéria, remete-se para Salvatore Romano, voc. *"Principio di equità privato"*, in Enciclopedia del Diritto, vol. XV, Varese, Giuffré Editore, 1966, pp 83 ss

[42] Eduardo Grasso, voc. *"Equità (giudizio)"*, in digesto delle Discipline Privatistiche – Sezione Civile, vol. VII, Turin, Utet, 1991, p 472.

De facto, os resultados a que conduz a adoção de uma aceção *"forte"* ou objetivista de equidade poderão não coincidir como os que decorrem da adoção de uma aceção *"fraca"* ou subjetivista de equidade, na situação concreta trazida a juízo.

27. Em qualquer caso, o juiz ou árbitro não está autorizado a decidir **arbitrariamente**, não podendo igualmente, com invocação de **razões de equidade**, atribuir tutela jurídica a uma situação subjetiva ignorada pela lei (a chamada equidade **formativa** ou **constitutiva).**

Por isso, se admite que, no juízo segundo a equidade, não se pode prescindir da submissão a juízo pela parte requerente de uma pretensão fundada no Direito – em certo Direito nacional – embora o critério de solução do litígio se desvie do critério legal (de direito estrito). Só assim, nos Estados dotados de uma constituição rígida e de um sistema de controlo da constitucionalidade, se pode salvar a legitimidade constitucional do recurso à equidade[43].

28. Igualmente se afirma que a desaplicação da solução legal quanto ao mérito não afeta a aplicação das regras de processo escolhidas pelas partes ou previstas na lei (*due process*), nomeadamente as regras substantivas e processuais sobre prova, meios de prova e ónus de prova.

29. Além disso, a sentença deve, em regra, ser fundamentada (entre nós, por força do art. 205º da Constituição; cfr. art. 659º, nº 2, do CPC; o art. 42º, nº 3, da NLAV, impõe que a sentença arbitral seja fundamentada, *"salvo se as partes tiverem dispensado tal exigência ou se trate de sentença proferida com base em acordo das partes, nos termos do artigo 41º")*[44], ainda que não sujeita a recurso, nomeadamente por prévia renúncia das partes[45].

---

[43] Eduardo Grasso, Estudo cit., p 471.

[44] A dispensa de fundamentação da sentença arbitral por acordo das partes é uma novidade da nova LAV. Não era assim na lei precedente (art. 23º, nº 3, da Lei nº 31/86, de 29/8). A solução provém do art. 31º, nº2, da Lei-Modelo da UNCITRAL. Não parece que tal dispensa suscite problemas de constitucionalidade, uma vez que provém do acordo das partes que já permitiu a não sujeição do litígio aos tribunais estaduais portugueses. Cf. anotação a este número do art. 42º da LAV de autoria de Robin de Andrade, *"Lei da Arbitragem Voluntária Anotada"* (edição da APA), Coimbra, Almedina, 2012, p 83.

[45] É tradicional entre nós a regra de que, nas arbitragens segundo a equidade, não podia haver recurso ordinário para os tribunais estaduais. Ver ainda hoje o art. 39º, nº4, da atual LAV. Quando se trate de aplicação da equidade pelos tribunais não há um caso de irrecorribilidade *ex legis*.

III. A arbitragem internacional *"ex aequo et bono"*

30. No domínio da arbitragem internacional – quer esta se delimite por um critério objetivo do tipo do consagrado nos arts. 49º, nº 1, da nova LAV ou do art. 1504º do CPC francês (redação de 2011), quer se delimite por um critério subjetivo do tipi do consagrado no art. 176º, nº 1, da Lei de Direito Internacional Privado suíça – é geralmente admitido que os árbitros possam ser autorizados a decidir o litígio *ex aequo et bono* ou, utilizando a terminologia francesa, como *amiables compositeurs*.

Já atrás se referiu que a Lei-Modelo da UNCITRAL prevê que o tribunal arbitral *"só decidirá ex aequo et bono ou como amiable compositeur se as partes o tiverem expressamente autorizado a fazê-lo"* (art. 28º, nº 3). Segundo Howard M. Holzmann e Joseph E. Neuhaus, a Lei-Modelo usa os dois termos *"porque alguns sistemas usam um deles e alguns o outro e porque se pensou que alguns sistemas podiam distinguir entre os dois termos [...]. O secretariado comentou que, embora este tipo de arbitragem não fosse conhecido em todos os sistemas jurídicos, o preceito parecera adequado para a Lei-Modelo por diferentes razões: em primeiro lugar com fundamento em que a lei não devia vedar aspetos estabelecidos e práticas de arbitragem usados em certos sistemas jurídicos: em segundo lugar, porque tal era coerente em relação à política geral de reduzir a importância do lugar da arbitragem, na medida em que reconhece as práticas usadas na arbitragem doméstica em tal lugar; em terceiro lugar, porque não existe o risco de equivocar uma parte desatenta uma vez que o preceito exige a expressa autorização das partes"*[46]

31. A verdade é que na doutrina têm surgido, a propósito da arbitragem internacional, posições divergentes sobre a eventual coincidência das expressões decisão *"segundo a equidade"* e *"decisão dos árbitros como amiables compositeurs"*.

Numa obra bem conhecida de Direito Comparado da Arbitragem Internacional, dois autores suíços, J-F Poudret e Sebastien Besson, tendem a distinguir a arbitragem *ex aequo et bono*, a arbitragem com árbitros autorizados a julgar como *amiables compositeurs* e ainda as *equity clauses* tradicionais no direito inglês. Os Autores consideram mesmo que é no Direito suíço que se podem distinguir com maior nitidez a arbitragem segundo a equidade e a *amiable composition*, sem desconhecer

---

[46] *A Guide to the UNCITRAL Model Law on International Commercial Arbitration – Legislative History and Commentary*, Boston, Deventer, Kluwer, 1989, p 770. Deve notar-se que a Convenção Europeia sobre Arbitragem Comercial Internacional, assinada em Genebra em 1961, utiliza a expressão *"amiables compositeurs"* no Artigo VII, nº2, nas versões francesa e inglesa. Na versão alemã, é utilizada a expressão equidade (*Billigkeit*). A Convenção Europeia que aprovou uma Lei de Arbitragem Uniforme (1966) – que não chegou a entrar em vigor por falta de ratificações – limitava-se a dispor que, a menos que houvesse acordo em contrário das partes; os árbitros deviam proferir as suas decisões de harmonia com a lei (art. 21º). O Regulamento de Arbitragem da UNCITRAL (1976) utiliza as expressões "shall *decide as amiable compositeur or ex aequo et bono*", nas versões inglesa e francesa do nº2 do art. 35º (a disjuntiva aparece na versão inglesa)

que a *amiable composition* francesa teve origem na solução de haver um terceiro solicitado pelas partes para propor a estas uma transação mas evoluiu para um tipo de arbitragem em que os árbitros dispunham de poderes mais vastos do que os de um árbitro *"tradicional"*[47].

Para estes autores, a arbitragem segundo a equidade distingue-se da *amiable composition* pela sua diferente abordagem (*approach*) e pela concessão de poderes mais vastos aos árbitros na primeira, porquanto postula *"uma solução tomada com vista ao caso em apreciação sem a consideração de quaisquer normais gerais pré-existentes"*.

Aparentemente, Poudret e Besson consideram que a equidade há de ser entendida numa aceção **forte**, a qual implica a evicção da solução legal e não a mera adaptação ou correção.

Mesmo em ordens jurídicas como a alemã e a italiana – em que não se distinguem a equidade e a *amiable composition* – os Autores entendem que as partes podem optar por conferir aos árbitros o poder de afastar completamente as normas legais ou, em alternativa, de retificar ou flexibilizar a solução da lei aplicável ao caso.

Estes Autores chamam a atenção para que os regulamentos dos centros de arbitragem institucionalizada não adotam uma fórmula única: nuns casos é usada a expressão *"amiable composition"*, sendo depois adotada a alternativa com a equidade (caso da CCI). Noutros casos o regulamento da *London Court of International Arbitration* utiliza também a expressão *honourable engagement*, com larga tradição no Direito inglês, uma das formas de *equity clause*[48].

32. De um modo geral, tem-se entendido que é a lei aplicável ao processo arbitral e à arbitragem (*lex arbitrii*) que pode prever a existência de *amiable com-*

---

[47] Comparative Law of International Arbitration, 2ª ed., tradução de S.B. Beik e Annette Ponti, Londres, Thomson/Sweet and Maxwell, 2007, p 617.

[48] Em Inglaterra, a jurisprudência não admitia a validade da cláusula *ex aequo et bono,* salvo no que toca às cláusulas de equidade existentes nos contratos de resseguro. Tal exceção decorreu da proibição pelo *Marine Insurance Act* (1745) de, em caso de sinistro náutico, alguém se poder prevalecer de uma cobertura de seguro (só os sinistrados podiam recorrer a tribunal contra os seguradores diretos). Os resseguradores – que, na altura, eram particulares que se reuniam em certos locais, como no café de Edward Lloyd – passaram, por isso, a incluir nos contratos de resseguro uma cláusula arbitral de equidade, de forma a que os seguradores pudessem demandá-los, em caso de pagamento de indemnizações, apesar de aqueles não terem qualquer interesse no navio ou na sua carga. Aquela lei só permitia a invocação de obrigações decorrentes do resseguro em caso de morte, insolvabilidade ou falência do segurador (foi revogada em 1864). A cláusula de equidade ou de *honourable engagement* começou a ser incluída nos contratos de cessão de resseguros e mais tarde, nos tratados de resseguro, sendo aceite pela jurisprudência (Cf. Mikäel Hagopian, *"Le traite de réassurance"*, in Encyclopedie de l'Assurance, Paris, Economica, 1998, p 1352). Ver ainda Robert Merkin, Arbitration Law, Londres/Singapura, LLP, 2004, pp 218-225.

position ou de arbitragem *ex aequo et bono*. A tese de que deveria ser a *lex causa* a prever a possibilidade de arbitragem de equidade – que foi defendida por Otto Sandrock antes da introdução na lei de processo alemã da Lei-Modelo, em 1997 – tem hoje poucos seguidores.

33. O entendimento de que a arbitragem *ex aequo et bono* e a *amiable composition* não se confundem tem sido defendida não só na doutrina suíça, como também na doutrina francesa, nomeadamente por De Boisséson e Loquin (em termos não coincidentes).

Para Poudret e Besson e para De Boisséson, na arbitragem de equidade os árbitros dispõem de poderes mais vastos, podendo afastar as regras legais, ao passo que, para Loquin e Simont, a *amiable composition* é um *plus* em relação à arbitragem de equidade, como atrás se viu.

34. Há, porém, quem defenda que a distinção entre arbitragem de equidade e composição amigável parece artificial visto que *"em qualquer dos casos, os árbitros podem escolher de forma a que o seu sentimento sobre o que a justiça exige prevaleça sobre qualquer outra consideração"*[49]. A jurisprudência francesa utiliza, por regra, em sinonímia as duas expressões, sustentando que os árbitros, ao decidirem como *amiables compositeurs*, devem *"procurar a solução mais justa"*[50].

Todavia, em qualquer caso, hão de impor-se aos árbitros os princípios da ordem pública internacional e as regras processuais adotadas na arbitragem[51], mas já não a *lex mercatoria* ou os princípios gerais dos contratos, como chegou a ser defendido.

35. Gary Born afirma que só um número muito limitado de convenções de arbitragem internacional prevê a decisão segundo a equidade ou como *amiable compositeur*, admitindo que a composição amigável se possa distinguir da arbitragem de equidade, na medida em que naquela os árbitros devam primeiro chegar a um resultado jurídico, suscetível de correção, se necessário, a acreditar em alguma doutrina (Rubino-Sammartano e Kerr)[52].

---

[49] Fouchard/Gaillard/Goldman, On International Commercial Arbitration, editado por E. Gaillard e J. Savage, Haia/Boston/Londres, Kluwer Law, 1999, p 836. No sentido de que se trata de conceitos sinónimos, vejam-se Julian D. Lew/Loukas A. Mistelis/Stefan M. Kröl, Comparative International Commercial Arbitration, The Hagen/London/New York, Kluwer International, 2003, pp 471-472.

[50] Formulação da *Cour d'Appel* de Paris, decisão de 15/3/1984 (Caso Soubeigne v. Limmareds Skogar), citado na obra referida na nota anterior, p 836.

[51] Fouchard/Gaillard/Goldman, *ob. cit.*, p 841, afirmam que, *"a menos que as partes acordem de forma diversa, a amiable composition diz respeito à substância do litígio e não ao processo, e o amiable compositeur atua como juiz, obrigado a observar os princípios fundamentais exigidos pela administração adequada da justiça"*.

[52] International Commercial Arbitration, II, Austin, W. Kluwer, 2009, pp 2238.

ESTUDOS EM HOMENAGEM A MIGUEL GALVÃO TELES

Também Gary Born dá conta das conceções ampla e restrita de equidade, afirmando que há entendimentos autorizados na doutrina e na jurisprudência a favor de cada uma dessas conceções. Ele considera *"pouco clara a questão de saber se um tribunal arbitral, atuando por força de uma cláusula de amiable composition ou ex aequo et bono poderia decidir o litígio baseado exclusivamente numa aplicação estrita da lei relevante. O mero facto de o resultado coincidir com o prescrito de forma estrita pela lei não implica, de modo algum, que não seja «equitativo»*, como alguns tribunais nacionais reconheceram. Por outro lado, se o tribunal se limitar a aplicar a lei, sem tomar em consideração considerações «de equidade», terá então violado o seu mandato"[53].

36. Apesar de haver quem sustente a desnecessidade da dicotomia *"arbitragem ex aequo et bono – composição amigável"*, poderemos concluir da análise feita que nas doutrinas francesa e suíça tende a prevalecer a tese de que os dois conceitos não são coincidentes, embora seja disputado qual deles confere mais poderes aos árbitros.

Até aos anos oitenta do passado século, a maioria da doutrina francesa identificava a arbitragem de equidade com a *amiable composition*, considerando que se estava perante um puro problema terminológico[54]. A partir da investigação de Loquin, ganhou adeptos na Suíça e na França a ideia de que a composição amigável era um *minus* ou um *aliud* em relação à arbitragem de equidade.

Por estas razões, a Lei-Modelo da UNCITRAL distinguiu no art 28º, nº 3, a decisão *ex aequo et bono* e a *amiable composition*, admitindo que havia ordenamentos onde se fazia tal distinção. Mas teve o cuidado de dizer que *"[e]m todos os casos, o tribunal arbitral decidirá de acordo com os termos do contrato e tomará em consideração os usos comerciais aplicáveis à transação"* (art 28º, nº 4).

IV. A lei de arbitragem voluntária de 2011 e a distinção de conceitos

37. Como atrás houve ocasião de relatar, o legislador português seguiu o Anteprojeto da APA e consagrou as figuras de arbitragem de equidade e composição amigável, seja na arbitragem comum ou *"doméstica"*, seja na arbitragem internacional. Como se sabe, o autor do primitivo articulado da APA, Sampaio Caramelo, entendia que se devia manter a dicotomia apenas na arbitragem internacional, mas o seu ponto de vista não foi acolhido pela direção da APA.

Importa referir também que não logrou acolhimento a cruzada de Mário Raposo contra a manutenção na lei portuguesa, na anterior e na atual, da noção de composição amigável, qualificada como *"nado morto"*. Mas não pode deixar de

---

[53] *Ob cit*, II, p 2241.
[54] Neste sentido, cf. Jean Robert, L'Arbitrage – droit interne – droit international privé, 6ª ed, Paris, Dalloz, 1993 (com a colaboração de Bertrand Moreau), pp 277-278.

reconhecer-se razão a Mário Raposo quando este afirma judiciosamente que a prática arbitral jamais se confrontou – que se saiba – com uma cláusula de composição amigável no quarto de século em que vigorou o art 35º da Lei nº 31/86.

Em qualquer caso, não deixa de ser curioso que a NLAV tenha acolhido a composição amigável na arbitragem comum ou *"doméstica"* sem que se encontre um consenso doutrinal para a distinção deste instituto do da arbitragem de equidade, e só se refira na arbitragem internacional à arbitragem segundo a equidade.

38. Em termos de regime, a arbitragem de equidade e a composição amigável têm o mesmo efeito quando se trata de saber se as partes podem estipular o recurso da decisão tomada pelos árbitros. De facto, o nº 3 do art. 39º da NLAV, só admite a existência de recurso para o tribunal estadual competente *"no caso de as partes terem expressamente previsto tal possibilidade na convenção de arbitragem e desde que a causa não haja sido decidida segundo a equidade ou mediante composição amigável"*[55]

39. Como se viu pela análise da doutrina portuguesa, não é possível delimitar de forma rigorosa a decisão segundo a equidade ou por composição amigável, nem precisar os limites de atuação dos árbitros. Torna-se, por isso, aconselhável que as partes de uma convenção de arbitragem consignem nesta, ou em acordo posterior, o sentido que pretendem dar à arbitragem de equidade ou à composição amigável do litígio – se pretenderem adotar tais critérios – devendo, na medida do possível, dar indicações aos árbitros sobre o modo como delimitam os respetivos conceitos. Podem as partes inclusivamente negociar estipulações "mitigadas", prevendo que os árbitros apliquem certa lei nacional, temperada pela equidade (ou pela composição amigável).

40. No silêncio da convenção de arbitragem ou de escrito posterior subscrito pelas partes, sempre caberá ao Tribunal arbitral adotar critérios de aplicação da equidade ou da composição amigável, havendo que aguardar a experiência prática que, porventura, venha a existir e a ser conhecida da comunidade jurídica. É natural que os árbitros se venham a arrimar às posições de Lima Pinheiro ou de Sampaio Caramelo.

41. Tal como referem Mário Raposo e Mariana França Gouveia, não são convincentes as razões pelas quais a NLAV consagrou a figura da composição amigável,

---

[55] Tão-pouco poderá haver recurso de constitucionalidade nos termos do art 280º da CRP e 70º da Lei do Tribunal Constitucional se a decisão de mérito tiver sido proferida segundo a equidade ou através de composição amigável – cf. Lopes do Rego, Os Recursos de Fiscalização Concreta na Lei e na Jurisprudência do Tribunal Constitucional, Coimbra, Almedina, 2010, pp 17-18.

sobretudo no que toca à regulamentação da arbitragem comum ou doméstica. Trata-se, ao que se crê, de uma solução sem paralelo no Direito Comparado da Arbitragem.

Mas uma vez consagrada esta dicotomia, resta à doutrina e à jurisprudência lidar de forma adequada com tal opção legislativa.

Não parece muito promissora a identificação entre a equidade na aceção fraca e a composição amigável. A *mens legislatoris* – dando do barato que ela se identifica com a dos redatores do Anteprojeto da APA – aponta para que se quis atribuir à composição amigável um sentido de uma arbitragem de equidade com um *plus*, com poderes mais vastos para o árbitro.

Parece defensável que as partes possam recorrer ao tribunal estadual para impugnar a decisão arbitral em que não tenham sido exercidos pelos tribunal os poderes contidos nestes institutos, com fundamento no disposto no art. 46º, nº 3, iv) da NLAV (desconformidade do processo arbitral com a convenção das partes ou com a lei). Em qualquer caso, a parte requerente terá de demonstrar que a invocada desconformidade teve influência decisiva na resolução do litígio e o Tribunal que anule a sentença não pode conhecer do mérito da decisão (art. 46º, nº 9, da NLAV).

42. Veremos se o *"voluntarismo legiferante"* do novo Legislador terá algum acolhimento na comunidade de arbitragem. Se não tiver, Mário Raposo verá confirmado pela prática o seu juízo severo sobre a inovação introduzida no Parlamento em 1986.

Class actions & Arbitration in the European Union – Portugal

ANTÓNIO PEDRO PINTO MONTEIRO | JOSÉ MIGUEL JÚDICE*

Introduction

I. It is well known that class actions and arbitration are two realities that do not combine in the European Union. At least, not yet...

Nevertheless, some authors seem to believe that it could only be a matter of time before Europe will be convinced of the advantages of the US class action mechanism as an effective procedural tool. Others, quite the opposite, don't see the advantages....

That being said, what is the situation in Portugal? Does Portuguese law provides for any form of collective redress? Is there a class action mechanism in Portugal?

If so, who may come forward to represent groups of claimants and in what circumstances? And how does the representation works? Does Portugal have an opt-out or an opt-in system?

Finally, and most importantly, is there any chance of a class action arbitration being admitted? Does the new Portuguese Arbitration Law provide any clarification on the matter? And is there any arbitral institution foreseeing class action arbitrations?

II. These are some of the many questions we will analyze in the present paper. In short, our purpose is to determine if there is (or if there will be) a connection between class action and arbitration in Portugal, to the point where we could have a so called "class action arbitration". For that matter, we will start with an overview of the Portuguese law on the subject, after which we will address arbitration, reaching our conclusion.

---

* António Pinto Monteiro is an associate at PLMJ and is preparing a PHD thesis on multiparty arbitration at Nova University of Lisbon. José Miguel Júdice is the Head of PLMJ Arbitration team and a member of ICC International Court of Arbitration.

2. Portuguese System Of Class/Group Actions – The Popular Action

I. Portugal has what might be called a class action mechanism: the so called popular action (*"acção popular"*).[1]

In fact, and as some authors correctly observe, the Popular Action Law was in some points influenced by the American class actions[2] – particularly, as we will see, in the special regime of representation contemplated in articles 14 and 15 (*opt-out principle*).

But before that, we must start by pointing out that popular actions are very old and have a long tradition in Portuguese law[3]. Their origins are rooted in Roman Law (the *"actio popularis"* or the *"pro populo"* action), where they were defined as actions that, although were meant to protect the interest of the community, could be filed by anyone.

---

[1] Law no. 83/95, of 31 August 1995 (Popular Action Law) and article 52, § 3, of the Portuguese Constitution.

[2] *See* ANTÓNIO PAYAN MARTINS, *Class Actions em Portugal? Para uma análise da Lei nº 83/95, de 31 de Agosto – Lei de Participação Procedimental e de Acção Popular*, Edições Cosmos, Lisboa, 1999, page 26, MIGUEL TEIXEIRA DE SOUSA, *A legitimidade popular na tutela dos interesses difusos*, Lex, Lisboa, 2003, page 119, LUÍS SOUSA FÁBRICA, "A Acção Popular no Projecto de Código de Processo nos Tribunais Administrativos", *in Cadernos de Justiça Administrativa*, nº 21, Maio/Junho 2000, page 17, and ADA PELLEGRINI GRINOVER, "A ação popular portuguesa: uma análise comparativa", *in Lusíada – Revista de Ciência e Cultura*, série de direito, número especial, Actas do I Congresso Internacional de Direito do Ambiente da Universidade Lusíada – Porto, Porto, 1996, page 246. For an analysis of the Popular Action Law, *see* also HENRIQUE SOUSA ANTUNES, "Class Actions, Group Litigation & Other Forms of Collective Litigation (Portuguese Report)", paper presented at "The Globalization of Class Actions" conference, December 2007, Centre for Socio-Legal Studies, University of Oxford, England - http://www.law.stanford.edu/display/images/dynamic/events_media/Portugal_National_Report.pdf, TITO ARANTES FONTES / JOÃO PIMENTEL, "Portugal", *in The International Comparative Legal Guide to Class & Group Actions 2011. A practical Cross-Border Insight into Class and Group Actions Work*, Global Legal Group, London, pages 123-128, and LISA TORTELL, "Evaluation of the effectiveness and efficiency of collective redress mechanisms in the European Union – country report Portugal", 2008, available online at http://ec.europa.eu/consumers/redress_cons/collective_redress_en.htm.

[3] Regarding the historical evolution of the popular action in Portugal, *see* JOSÉ ROBIN DE ANDRADE, *A Acção Popular no Direito Administrativo Português*, Coimbra Editora, Coimbra, 1967, pages 6-14, MIGUEL TEIXEIRA DE SOUSA, *A legitimidade popular na tutela dos interesses difusos*, *op. cit.*, pages 70 and 107-110, PAULO OTERO, "A acção popular: configuração e valor no actual Direito português", *in Revista da Ordem dos Advogados*, ano 59, nº 3, Dezembro de 1999, pages 872-874, ANTÓNIO PAYAN MARTINS, *op. cit.*, pages 101-103, LUÍS SOUSA FÁBRICA, *op. cit.*, pages 16-17, MÁRIO JOSÉ DE ARAÚJO TORRES, "Acesso à justiça em matéria de ambiente e de consumo – legitimidade processual", *in Ambiente e Consumo*, Centro de Estudos Judiciários, I volume, 1996, pages 172-173, and MARIANA SOTTO MAIOR, "O direito de acção popular na Constituição da República Portuguesa", *in Documentação e Direito Comparado*, n.os 75/76, 1998, pages 247-249 and 251-253.

The popular action was first contemplated in the Portuguese *"Ordenações Manuelinas"* (beginning XVI Century) and *"Ordenações Filipinas"* (XVII Century) and, much later, in the Constitutional Chart of 1826[4]. This is also a mechanism that long existed in Administrative Law, which distinguished between a popular action of a corrective nature and a popular action of a subsidiary nature.

However, it was in the Portuguese Constitution of 1976 (particularly after its 1989 revision) that the popular action was recognized as a fundamental right. As leading Portuguese scholar Gomes Canotilho states, the Constitution proceeded to a reinforcement of the traditional popular actions and to the introduction of popular actions particularly (but not exclusively) destined to the defense of diffuse interests.[5]

As a result, according to article 52, paragraph 3, of the Portuguese Constitution (in its current wording):

> "Everyone shall be granted the right of popular action, either personally or via associations that purport to defend the interests in question, including the right of an aggrieved party or parties to apply for the corresponding compensation, *in such cases and under such terms as the law may determine*, in particular to:
>
> a) promote the prevention, cessation or judicial prosecution of offences against public health, consumer rights, the quality of life or the preservation of the environment and cultural heritage;
>
> b) safeguard the property of the State, the Autonomous Regions and local authorities".

As we can see, the Constitution refers to cases and terms "as the law may determine". These cases and terms were generally determined by Law no. 83/95 of 31 August (Law of Popular Action), which we will now analyze in its main provisions.[6]

---

[4] *"Ordenações Manuelinas"*, livro I, título 46, § 2º, *"Ordenações Filipinas"*, livro 1, título 66, § 11º, and Constitutional Chart of 1826, article 124.

[5] *See* J. J. GOMES CANOTILHO, *Direito Constitucional e Teoria da Constituição*, 7ª edição, Almedina, Coimbra, 2003, page 510.

[6] The Popular Action Law was preceded by an intense parliament debate with many projects of law being presented by the different political parties. Regarding this matter, *see* ANTÓNIO PAYAN MARTINS, *op. cit.*, pages 103-110, MIGUEL TEIXEIRA DE SOUSA, "A protecção jurisdicional dos interesses difusos: alguns aspectos processuais", *in Ambiente e Consumo*, Centro de Estudos Judiciários, I volume, 1996, pages 237-245, ANTÓNIO FILIPE GAIÃO RODRIGUES, "Acção Popular", *in Ambiente e Consumo*, Centro de Estudos Judiciários, I volume, 1996, pages 251-253, MÁRIO JOSÉ DE ARAÚJO TORRES, *op. cit.*, pages 176-180, M. MANUELA FLORES FERREIRA, "Acesso colectivo à Justiça e protecção do meio ambiente", *in Ambiente e Consumo*, Centro de Estudos Judiciários, I volume, 1996, pages 359-362, and RUI CHANCERELLE DE MACHETE, "Algumas notas sobre os interesses difusos, o procedimento e o processo", *in Estudos em memória do Professor*

II. First of all, it is important to note that Popular Action Law primarily aims to protect such interests as public health, environment, quality of life, consumption of goods and services, cultural heritage and the public domain – these are the main interests envisaged by the law.[7]

The object of a popular action is especially the *diffuse interests*, that is the sharing by each subject of interests that belong to the community[8]. "Especially" but not exclusively, because it is clear that the Popular Action Law also extended its protection to *homogeneous individual interests and rights* (individual interests and rights shared by a certain number of individuals).[9]

This is one of the points that we can actually see an influence of the American class actions model and of the Brazilian law.

III. Regarding the types of popular action that we may have, Popular Action Law distinguishes between: (i) the right of popular participation in administrative procedures and (ii) the right of popular action to promote prevention, cessation or judicial prosecution of the offences referred to in the above-mentioned article 52, paragraph 3, of the Portuguese Constitution.[10]

The first of these rights aims to guarantee to citizens and certain associations or foundations (promoters of public health, environment, quality of life, consumption of goods and services, cultural heritage and the public domain) a series of participation rights in administrative proceedings such as development plans, urban development plans, master plans and land use planning, location

---

Doutor João de Castro Mendes, Lex, Lisboa, 1993, pages 651-662. Regarding the birth of the Popular Action Law, see, particularly, RUI CHANCERELLE DE MACHETE, "Acção procedimental e acção popular – Alguns dos problemas suscitados pela lei nº 83/95, de 31 de Agosto", *in Lusíada – Revista de Ciência e Cultura*, série de direito, número especial, Actas do I Congresso Internacional de Direito do Ambiente da Universidade Lusíada – Porto, Porto, 1996, pages 263-270.

[7] Article 1, § 2, Popular Action Law.

[8] *See* J.J. GOMES CANOTILHO / VITAL MOREIRA, *Constituição da República Portuguesa Anotada*, volume I, 4º edição, Coimbra Editora, Coimbra, 2007, pages 697-698.

[9] *See* ANTÓNIO PAYAN MARTINS, *op. cit.*, pages 115-118, HENRIQUE SOUSA ANTUNES, *op. cit.*, pages 6-7, footnote nº. 16, JOSÉ DE OLIVEIRA ASCENSÃO, *Direito Civil. Teoria Geral*, vol. III, Coimbra Editora, Coimbra, pages 113-114, "A acção popular e a protecção do investidor", *in Cadernos do Mercado de Valores Mobiliários*, nº 11 (2001), CMVM, Lisboa (available online at http://www.cmvm.pt/CMVM/Publicacoes/Cadernos/Documents/7be560856f0844b2975f863ef9c2cb4bAccaoPopular.pdf), pages 3-10 and "A protecção do investidor", *in Direito dos Valores Mobiliários*, volume IV, Coimbra Editora, Coimbra, 2003, pages 22-29, LUÍS SOUSA FÁBRICA, *op. cit.*, page 17, and JORGE MIRANDA / RUI MEDEIROS, *Constituição Portuguesa Anotada*, tomo I, 2ª edição, Coimbra Editora, Coimbra, 2010, pg. 1039. *See* also ANTÓNIO FILIPE GAIÃO RODRIGUES, *op. cit.*, page 249, and M. MANUELA FLORES FERREIRA, *op. cit.*, page 358.

[10] Article 1, § 1, Popular Action Law. *See* J. J. GOMES CANOTILHO, *op. cit.*, pg. 511.

decisions and public works with relevant impact on the environment or on the economic and social conditions of the population.[11]

The second right (popular action) covers two different actions: an administrative popular action and a civil popular action.[12]

The administrative popular action comprehends the action to protect the interests mentioned in article 1 (namely public health, environment, quality of life, consumption of goods and services, cultural heritage, public domain) and the judicial review of any administrative action affecting the same interests on grounds of illegality. It is also possible to resort to provisional remedies/interim measures when they prove to be adequate in ensuring the usefulness of the decision pronounced in the administrative popular action. The action must be filed in an administrative court, against public entities (particularly, the State).

The civil popular action can take any of the forms set out in the Civil Procedure Code: declaratory, condemnatory or constitutive. There is also the possibility of requesting provisional remedies/interim measures (article 26-A of the Civil Procedure Code). In any case, the action must be filed in a civil court, against private individuals or public entities acting outside of the administrative function.

According to article 25 of the Popular Action Law, those who have a popular action right can also make a denunciation, complaint or participation to the Public Prosecutor if the interests included in Article 1 (which are criminal in nature) are violated, as well as join proceedings.[13-14]

A popular action can be injunctive or remedial. As we have seen in article 52, paragraph 3, of the Portuguese Constitution, it seeks not only to promote the prevention, cessation or judicial prosecution of the offences regulated in paragraph 3 a), but also to provide due compensation to the aggrieved party or parties.[15]

---

[11] Articles 4 to 11, Popular Action Law.

[12] Article 12, Popular Action Law. Regarding the administrative and the civil popular action, *see* JOSÉ LEBRE DE FREITAS, "A Acção Popular no Direito Português", *in Estudos sobre Direito Civil e Processo Civil*, volume I, 2ª edição, Coimbra Editora, Coimbra, 2009, pages 221-223, PAULO OTERO, *op. cit.*, pages 880-882, MIGUEL TEIXEIRA DE SOUSA, *A legitimidade popular na tutela dos interesses difusos, op. cit.*, pages 132-141, and HENRIQUE SOUSA ANTUNES, *op. cit.*, pages 7 and 25.

[13] As Professors MIGUEL TEIXEIRA DE SOUSA (*A legitimidade popular na tutela dos interesses difusos, op. cit.*, pages 132-133) and HENRIQUE SOUSA ANTUNES (*op. cit.*, page 7) correctly observe, this does not mean, however, that there is a "criminal popular action" – the referred denunciation, complaint or participation does not influence the criminal procedure.

[14] Another controversial issue, is whether or not a "constitutional popular action" is possible. Denying such possibility, *see* J.J. GOMES CANOTILHO / VITAL MOREIRA, *op. cit.*, page 697. In the affirmative, *see* PAULO OTERO, *op. cit.*, page 879, footnote no. 16.

[15] *See* J.J. GOMES CANOTILHO / VITAL MOREIRA, *op. cit.*, page 699, MIGUEL TEIXEIRA DE SOUSA, *A legitimidade popular na tutela dos interesses difusos, op. cit.*, page 149, and HENRIQUE SOUSA ANTUNES, *op. cit.*, page 25.

IV. We have already seen the types of popular action that we can have in Portuguese law. However, who can file a popular action?

According to article 2 of the Popular Action Law (as well as the above-mentioned article 52, paragraph 3, of the Portuguese Constitution), the answer is: *any citizen* in the enjoyment of their civil and political rights and *any association and foundation* which defend the interests referred to in Article 1, *whether or not they have a direct interest in the claim*. The municipalities/local authorities can also file a popular action when the litigation relates to interests held by those who are residents in the corresponding district.[16] – [17]

In any case, associations and foundations must have legal personality, they must expressly include in their assignments or in their statutory objectives the defense of interests related to the action in question and they cannot exercise any kind of professional activity concurrent with the activity of companies or independent professionals.[18]

Regarding this matter, it is also important to emphasize the role of the Public Prosecutor ("Ministério Público"). According to article 16, the Public Prosecutor is responsible for protecting legality and representing the State (when it is a party), absent parties, minors and other persons with lack of capacity (whether they are plaintiffs or defendants), as well as other public legal persons in the situations provided for in the law. The Public Prosecutor may also replace the claimant in the case of withdrawal from the suit, settlement or behavior that is harmful to the interests in question.[19]

As we can see, the right to file a popular action is quite broad – any citizens (...), "whether or not they have a direct interest in the claim" (article 2, paragraph 1). It is also important to note that there is no mechanism of previous certification regarding the legitimacy to take action[20]. The law does not foresee a test to the popular action like the one contemplated in the Rule 23, (a), of the American Federal Rules of Civil Procedure[21]. Nevertheless, some Authors sustain that there must be a connection to the object of the popular action and to the right/interest harmed, and that parties must have been affected by the same or similar conduct.[22]

---

[16] Article 2, § 2, Popular Action Law.

[17] According to some Authors, the reference to "citizens" in article 2, § 1, of the Popular Action Law, also include foreigners – *see* J.J. GOMES CANOTILHO / VITAL MOREIRA, *op. cit.*, page 701, MIGUEL TEIXEIRA DE SOUSA, *A legitimidade popular na tutela dos interesses difusos, op. cit.*, page 178, and JORGE MIRANDA / RUI MEDEIROS, *op. cit.*, pages 1034-1035.

[18] Article 3, Popular Action Law.

[19] Article 16, § 3, Popular Action Law.

[20] *See* TITO ARANTES FONTES / JOÃO PIMENTEL, *op. cit.*, page 123, § 1.6.

[21] *See* HENRIQUE SOUSA ANTUNES, *op. cit.*, page 23.

[22] *See* MIGUEL TEIXEIRA DE SOUSA, *A legitimidade popular na tutela dos interesses difusos, op. cit.*, pages 215-220, JOSÉ DE OLIVEIRA ASCENSÃO, *Direito Civil. Teoria Geral, op. cit.*, pages 116-117, and TITO ARANTES FONTES / JOÃO PIMENTEL, *op. cit.*, page 123, § 1.6.

V. One of the most important and controversial matters of the Popular Action Law is the special regime of representation contemplated in articles 14 and 15 (*opt-out principle*), as well as the res judicata effect in article 19. There is a clear influence of the American class actions model here.

According to article 14, the claimant represents on his own initiative – without the need for a mandate or express authorization by all the other holders of the rights or interests in question who have not exercised the right to exclude themselves, provided for in article 15 (*opt-out principle*). Therefore, if someone does not want to take part of the proceedings and be represented by the plaintiff they must declare so. Otherwise, they will be bound by the result of the litigation (with the few exceptions provided for in article 19, as we will see).

Portugal has, therefore, adopted an *opt-out* principle; which is not the standard situation of many other countries (European and non-European) that have followed an opt-in approach.[23]

The *opt-out* principle works as follows: after the popular action has been submitted to the court, the judge will summon the interested parties so that, within the time frame fixed, (i) the parties confirm if they want to join the proceedings (accepting the proceedings at whatever stage they are at) and (ii) if they accept being represented by the claimant. The silence of the parties will be interpreted as acceptance of the representation. Still, it is important to note that the interested parties can refuse representation up until the end of the production of evidence, or an equivalent stage, by an express declaration in the proceedings.[24]

The summons will be made via one or various announcements made public by the media or by public notice, whether referring to general or geographically localized interests. In any case, the law does not require personal identification of those to whom the advertisement is directed. It is sufficient for the summons to refer to them as holders of the interests at stake, mentioning, also, the action in question, the identity of the claimant, or at least of the first claimant where there are several, the identity of the defendant or defendants, and sufficient reference to the claim and the reason behind it. Where it is not possible to specify individual holders, the summons use the circumstance or characteristic that is common to all of them, such as the geographical area in which they reside or the group or community that they make up.[25]

---

[23] *See* GABRIELLE NATER-BASS, "Class Action Arbitration: A New Challenge?", available online at http://www.homburger.ch/fileadmin/publications/CLASSACT_01.pdf, page 14 (paragraph II, B.). For a distinction between the opt-in and the opt-out principles, *see* MIGUEL TEIXEIRA DE SOUSA, *A legitimidade popular na tutela dos interesses difusos, op. cit.*, pages 209-211.

[24] Article 15, § 1 and 4, Popular Action Law.

[25] Article 15, § 2 and 3, Popular Action Law.

Finally, the key point in all of this is the res judicata effect, which differs from the general regime of civil procedure. According to article 19, paragraph 1, the final decisions rendered in administrative actions or appeals or in civil actions have "general effects" (*erga omnes* – towards all), except if they are dismissed for insufficient evidence or when the judge should decide differently considering the actual motivations of the case. In any case, the holders of interests or rights who have exercised the right to exclude themselves from representation (opt-out) will not be bound by the "general effects" of the res judicata.

After the decisions have become *res judicata* they will then be published at the expense of the losing party in two newspapers that interested parties are presumed to read, to be chosen by the judge. The judge can also decide that publication is restricted to the essential aspects of the case, when the extension of the decision suggests that.[26]

This special regime of representation (*opt-out*), combined with the *res judicata* effect (*erga omnes*), has been heavily criticized by some authors[27]. Of course that an *inter partes* effect would compromise the effectiveness of the popular action[28]. However, as Lebre de Freitas observes, this regime can have severe consequences to the holder of the interest (particularly in case of a diffuse interest) since in principle he will not be able in to file another action with the same object, if the defendant is acquitted.

The main problem is that the law does not require personal identification of those to whom the writ of summons is directed (which, of course, would be very difficult or even impossible). As we have seen, the summons is made via one or various announcements made public through the media or through public notice, which may not be sufficient to reach its intended recipients... And the risk is even higher since anyone (any citizen, as well as certain associations and foundations) can file a popular action[29] – the legitimacy criterion is quite broad. Therefore, there is the possibility that someone is being represented in a popular action without even knowing it, with the relevant consequence of being bound by the judgment, since he hasn't opted out. It is also important to recall that the

---

[26] Article 19, § 2, Popular Action Law.

[27] *See* José Lebre de Freitas, "A Acção Popular no Direito Português", *op. cit.*, pages 215-219 and "A acção popular ao serviço do ambiente", *in Lusíada – Revista de Ciência e Cultura*, série de direito, número especial, Actas do I Congresso Internacional de Direito do Ambiente da Universidade Lusíada – Porto, Porto, 1996, pages 238-241, António Payan Martins, *op. cit.*, pages 112-117 and 128, José de Oliveira Ascensão, *Direito Civil. Teoria Geral, op. cit.*, pages 117-118, and Luís Sousa Fábrica, *op. cit.*, pages 17-18.

[28] *See* Miguel Teixeira de Sousa, *A legitimidade popular na tutela dos interesses difusos, op. cit.*, page 273.

[29] *See* José Lebre de Freitas, "A Acção Popular no Direito Português", *op. cit.*, page 217.

Popular Action Law does not foresee an adequacy of representation criteria like the one contemplated in the Rule 23, (a), of the American Federal Rules of Civil Procedure.[30]

As Lebre de Freitas also sustains, it is true that (i) the Public Prosecutor may replace the claimant in the case of withdrawal from the suit, settlement or behavior which is harmful to the interests in question and (ii) the judge can collect evidence on his own initiative (within the key issues defined by the parties)[31]. However, as the Author affirms, these kind of precautions may not take place and may reveal themselves insufficient to protect the interests at stake.[32]

VI. As we have previously stated, a popular action can be injunctive or remedial. Regarding the liability of the agent[33], it should be emphasized that the law distinguishes between: (i) subjective civil liability, (ii) objective civil liability and (iii) criminal liability.

According to article 22 (subjective civil liability), the party who, in a deliberate or negligent way, breaches the interests referred to in article 1 will have to indemnify the injured party or parties for damages. The law establishes here a distinction between compensation for injury of the interests of unidentified holders (which are globally fixed) and of identified holders (calculated under the general terms of civil liability)[34]. In any case, the right to compensation shall lapse three years after the final judgment that has recognized it.[35]

There is also an obligation to indemnify for damages, regardless of fault, when an action or failure to act by an agent breaches the relevant rights and interests or results from dangerous activity (objective civil liability).[36]

Finally, those who have a popular action right can also present a denunciation, complaint or participation to the Public Prosecutor if the interests referred to in

---

[30] *See* ANTÓNIO PAYAN MARTINS, *op. cit.*, page 112, HENRIQUE SOUSA ANTUNES, *op. cit.*, page 23, and ADA PELLEGRINI GRINOVER, *op. cit.*, page 250.

[31] Article 16, § 3, and article 17, Popular Action Law.

[32] *See* JOSÉ LEBRE DE FREITAS, "A Acção Popular no Direito Português", *op. cit.*, page 218 and "A acção popular ao serviço do ambiente", page 240.

[33] *See* JOSÉ LEBRE DE FREITAS, "A Acção Popular no Direito Português", *op. cit.*, pages 219-221, and MIGUEL TEIXEIRA DE SOUSA, *A legitimidade popular na tutela dos interesses difusos, op. cit.*, pages 153 and following, ANTÓNIO PAYAN MARTINS, *op. cit.*, pages 118-124, and TITO ARANTES FONTES / JOÃO PIMENTEL, *op. cit.*, page 124, § 1.10.

[34] Article 22, § 2 and 3, Popular Action Law. Regarding this controversial distinction, *see* HENRIQUE SOUSA ANTUNES, *op. cit.*, pages 26-27, and MIGUEL TEIXEIRA DE SOUSA, *A legitimidade popular na tutela dos interesses difusos, op. cit.*, pages 165-175.

[35] Article 22, § 4, Popular Action Law.

[36] Article 23, Popular Action Law.

Article 1 (which are of criminal nature) are violated, as well as join proceedings (criminal liability).[37]

VII. Regarding the costs of popular action, first of all it is important to take notice that prepayment of costs is not required. Also, in the event that the claim only partially proceeds, the plaintiff is exempt from the payment of costs. If, however, there is a total failure of the claim, the plaintiff is responsible for an amount to be determined by the judge, somewhere between 10% and 50% of the costs that would normally be due, depending on his financial situation and on the material or procedural reason for dismissing of the action.[38]

Also, according to Article 21, the judge in the case will decide on the legal costs, depending on the complexity and the amount in question.

VIII. So far, we have been describing the popular action law in its main features. But what is the situation as to its application by the courts? Are there many popular actions being filed?

The truth is that this mechanism is not very common in Portugal and has been little used in practice[39]. The majority of the popular actions brought refer to the protection of environmental rights, public works or goods of the public domain. Nowadays, most consumer litigation has been brought before consumer arbitration centers. As a matter of fact, the institute of class actions was born out of a political agenda and it introduced a system very distant from the traditions of the civil law jurisdictions, and therefore it has not been very strongly assimilated in our system of justice[40].

IX. Finally, it is important to notice that, although Law no. 83/95 (Popular Action Law) contains the general provisions applicable to the popular action, this does not mean, however, that there can-not be other specific provisions

---

[37] Article 25, Popular Action Law.

[38] Article 20, § 1, 2 and 3, Popular Action Law.

[39] *See* TITO ARANTES FONTES / JOÃO PIMENTEL, *op. cit.*, page 124, paragraph 1.9, JOSÉ LEBRE DE FREITAS, "A Acção Popular no Direito Português", *op. cit.*, pages 227-228, and LISA TORTELL, *op. cit.*, pages 2-3.

[40] One of the relevant points that can explain this lack of success is the illegality for the Portuguese lawyers to act on a pure contingency fees model, as this is not allowed by the Portuguese Bar Association rules. It is not easy to have a system of class actions without lawyers prepared to be in a way part of an industry of class action litigation and paying the quite often huge costs of litigation in exchange for a large percentage of the outcome. See JOSÉ MIGUEL JÚDICE, "Três reflexões e uma conclusão (em vez de prefácio)", *in* ANTÓNIO PAYAN MARTINS, *op. cit.*, pages XI-XIII.

(of procedural nature) contemplated in special legislation that also regulate collective protection[41]. This is the case, for example, of:

i) Law no. 24/96, of 31 July (Consumer Protection);[42]

ii) Law no. 11/87, of 7 April, subsequently amended (Framework Law on the Environment);[43]

iii) Decree-Law no 446/85, of 25 October, subsequently amended (General Contractual Terms);[44]

iv) Law no. 107/2001, of 8 September (Protection of the Cultural Heritage)[45]; and

v) Decree-Law no. 486/99, of 13 November, subsequently amended (Securities Code).[46-47]

3. Class Action Arbitrations in Portugal?

I. After analyzing the Portuguese own system of class/group actions, the question that we should now ask ourselves is whether or not it is possible to have a *"class arbitration"* in Portugal – also known as *"class action arbitration"*, a "procedure, which combines elements of US-style class actions (i.e., large-scale law-

---

[41] *See* José Lebre de Freitas, "A Acção Popular no Direito Português", *op. cit.*, page 208. As a matter of fact, article 27 of the Popular Action Law expressly provides that "the popular action cases not covered by the provisions of this Act shall be governed by the rules that apply to them".

[42] Regarding this law, *see*, for instance, José Lebre de Freitas, "A Acção Popular no Direito Português", *op. cit.*, pages 208 and 224-226, and Henrique Sousa Antunes, *op. cit.*.

[43] *See*, for example, Henrique Sousa Antunes, *op. cit.*, and José Lebre de Freitas, "A Acção Popular no Direito Português", *op. cit.*, page 226.

[44] *See*, for example, António Pinto Monteiro, "Contratos de adesão e cláusulas contratuais gerais: problemas e soluções", *in Estudos em Homenagem ao Prof. Doutor Rogério Soares*, Boletim da Faculdade de Direito da Universidade de Coimbra, Stvdia Ivridica, nº 61, Coimbra Editora, Coimbra, 2001, pages 1103-1131, Henrique Sousa Antunes, *op. cit.*, and José Lebre de Freitas, "A Acção Popular no Direito Português", *op. cit.*, pages 225-226.

[45] *See* Henrique Sousa Antunes, *op. cit.*, and José Lebre de Freitas, "A Acção Popular no Direito Português", *op. cit.*, page 226.

[46] *See* José de Oliveira Ascensão, "A acção popular e a protecção do investidor", *op. cit.*, and "A protecção do investidor", *op. cit.*, pages 13-40, Sofia Nascimento Rodrigues, A Protecção dos Investidores em Valores Mobiliários, Almedina, Coimbra, 2001, pages 57-67, Maria Elisabete Gomes Ramos, *O seguro de responsabilidade civil dos administradores (entre a exposição ao risco e a delimitação da cobertura)*, Almedina, Coimbra, 2010, pages 236-240, and Henrique Sousa Antunes, *op. cit.*.

[47] It should also be emphasized that there was a preliminary project for a Consumer's Code, which would simplify the provisions regarding collective protection of the consumer and would revoke the statutes on general contractual terms and consumer protection. The Draft Bill, however, has not yet been approved. *See* Henrique Sousa Antunes, *op. cit.*, pages 29-31.

suits seeking representative relief in court on behalf of hundreds to hundreds of thousands of injured parties) with arbitration".[48]

In other words (more appropriate to Portuguese Law), can we have a popular action in arbitration? Although the question is simple, the answer is certainly not...

II. Being the leading country in the area of group actions[49], it comes as no surprise that it was in the United States that this interesting topic of class arbitrations first arose. Nevertheless, this was and still is a controversial issue, both in as well as outside the US; which is perfectly understandable since, as Eric P. Tuchmann rightfully put it, class actions and arbitration seem at first sight to be mutually exclusive processes[50]. On the one hand, we have class action litigation, a large, complex judicial process, sometimes heavily criticized for permitting abusive lawsuits[51]. On the other hand, we have arbitration, an alternative dispute resolution method characterized by its consensual nature (party autonomy), confidentiality, informality and flexibility.

Despite the controversy, the truth is that class actions made their way into arbitration and it seems that they are here to stay[52]. However, up until now this has been seen more as an "American issue". And, as far as we know, there are certainly no "class arbitrations" in Europe.[53]

---

[48] S. I. STRONG, "Class arbitration outside the United-States: reading the tea leaves", *in Multiparty Arbitration*, Dossiers VII, International Chamber of Commerce, Paris, 2010, page 183.

[49] *See*, for instance, BERNARD HANOTIAU, *Complex Arbitrations – Multiparty, Multicontract, Multiissue and Class Actions*, Kluwer Law International, the Hague, 2005, page 258.

[50] ERIC P. TUCHMANN, "The administration of class action arbitrations", *in Multiple Party Actions in International Arbitration*, edited by the Permanent Court of Arbitration, Oxford, 2009, page 327.

[51] On the criticism that it is sometimes made to the American class actions, *see* GABRIELLE NATER-BASS, *op. cit.*, pages 6-7 (paragraph II, A., 4.).

[52] As it is well known, although class action arbitrations already existed in the United States earlier, it was particularly with the famous *Green Tree Financial Corp. v. Bazzle* that they became a reality. Regarding this case and its famous Supreme Court's 2003 decision, *see*, for example, BERNARD HANOTIAU, *op. cit.*, pages 264-266, NIGEL BLACKABY / CONSTANTINE PARTASIDES / ALAN REDFERN / MARTIN HUNTER, *Redfern and Hunter on International Arbitration*, fifth edition, Oxford, 2009, pages 154-156, and ERIC P. TUCHMANN, *op. cit.*, pages 327-329.

[53] Although it is true that there are no "class arbitrations" in Europe, it must be emphasized that collective redress seems to be on the agenda of the European Commission. As some Authors correctly observe, there is a recent interest on collective redress "not only on Member State level, but also on the European supranational level" – PHILIPPE BILLIET, "Recent collective redress initiatives in Belgium; what is the role of arbitration?", unpublished, page 1. We refer, particularly, to the Consumer Policy Strategy 2007-2013 in which the Commission underlined the importance of effective mechanisms for seeking redress and announced that it would consider action on collective redress mechanisms for consumers. The first conclusions can be found on http://ec.europa.eu/consumers/redress_cons/collective_redress_en.htm. Regarding this matter,

What about Portugal? Portugal is no exception. So far, there is not a single case of a popular action in arbitration. This topic has never even been really discussed by scholars or arbitration experts. Still, is this even possible?

III. Approved on December 14 2011, and entered into force on March 14 2012, the new Portuguese Arbitration Law says nothing on the matter[54]. In any case, there are some aspects in the new law with relevance to the class arbitration topic that are worth emphasizing.

First of all, the new arbitration law is clearly the result of a friendlier environment in Portugal towards arbitration, which can be seen at various levels: political, jurisprudential, practical, academic, etc.

The law also confirms that Portugal is an "UNCITRAL country", since it draws heavily from the UNCITRAL Model Law. Still, the new legislation also attempts to incorporate lessons learned from other countries' recent legislative changes, as well as past Portuguese experience.

That being said, two innovations deserve a reference here. One of them concerns the criterion of arbitrability. According to the previous arbitration law, this criterion was the disposability of the rights[55]. With the new law, it has clearly become wider, since it is now possible to submit any dispute concerning patrimonial rights to arbitration. Yet even non-patrimonial rights may be subjected to arbitration, as long as the parties are able to settle over them.[56]

---

see particularly PHILIPPE BILLIET, "Recent collective redress initiatives in Belgium; what is the role of arbitration?", *op. cit.*, pages 1-2 and "Class arbitration in the Netherlands, Belgium and the US: a comparative overview", unpublished, pages 1-2, and also S. I. STRONG, "Class and Collective Relief in the Cross-Border Context: A Possible Role for the Permanent Court of Arbitration", *in Hague Yearbook of International Law*, volume 23 (2010), Martinus Nijhoff Publishers, Leiden-Boston, 2011, pages 113-114 and 122-124.

[54] Law no. 63/2011, of 14 December. For a commentary on the new law, *see* JOSÉ MIGUEL JÚDICE, "The new Portuguese Arbitration Law", *in ASA Bulletin*, volume 30, no. 1, Kluwer Law International, 2012, pages 7-12, JOSÉ MIGUEL JÚDICE / DIOGO DUARTE DE CAMPOS, "The new Portuguese arbitration law", *in International Bar Association*, vol. 17, no. 1, March 2012, pages 55-57, and ARMINDO RIBEIRO MENDES / DÁRIO MOURA VICENTE / JOSÉ MIGUEL JÚDICE / JOSÉ ROBIN DE ANDRADE / PEDRO METELLO DE NÁPOLES / PEDRO SIZA VIEIRA, *Lei da Arbitragem Voluntária Anotada*, Almedina, Coimbra, 2012. An unofficial English translation of the law is available at http://arbitragem.pt/legislacao/index.php

[55] According to this previous criterion, arbitration could not apply to disputes concerning non-disposable rights and any arbitration agreement to that effect would be invalid. Nonetheless, there was still some case law and academic opinion which sustained that in such cases the invalidity of an arbitration agreement relates only to those rights which are absolutely non-disposable, not to those which are relatively non-disposable, such as rights that involve an economic interest – these would be arbitrable. *See*, JOSÉ MIGUEL JÚDICE / ANTÓNIO PEDRO PINTO MONTEIRO, "Court rules on objective arbitrability and non-disposable rights", *in International Law Office*, March 2011.

[56] Article 1, § 1 and 2, Portuguese new Arbitration Law.

The second innovation that should be particularly emphasized here is the multi-party arbitration provision. According to article 11, all claimants and/or all respondents should by common agreement choose a common arbitrator, after which the arbitrators thus chosen will designate a presiding arbitrator or chairperson. If, however, the interests of an individual claimant or respondent are in conflict with those of its co-claimant(s) or co-respondent(s), the appointment of these parties or all the arbitrators shall revert to a state superior court (appeal court). In any case, these are only default rules – the parties are free to decide otherwise in their arbitration agreement.[57]

IV. We have seen that Portugal has what might be called a class action mechanism (the popular action). It also has a new arbitration law which reflects the friendlier environment in Portugal towards arbitration. Can these two combined factors be sufficient to have class action arbitration?

The truth is there are some obstacles that lead us to the conclusion that, if not impossible, the admission of a popular action in arbitration is highly unlikely – at least, under current legislation.[58]

The first problem, in our opinion, is always the consensual nature of arbitration. Consent is the cornerstone of arbitration. With the special regime of representation contemplated in articles 14 and 15 (*opt-out principle*), and the res judicata effect in article 19 of the Popular Action Law, it will be very difficult to admit a class action arbitration (or popular action in arbitration). There is the serious risk that someone would be represented without him being aware of it, with the relevant consequence of being bound by the judgment, since he hasn't opted out. We can-not just close our eyes to the question of consent.

It is also not clear that under the current Popular Action Law this could be possible. The law just refers to an administrative and a civil popular action – not an arbitral popular action [59]. So without special legislation on the subject, it is clearly difficult to sustain the possibility of a popular action in arbitration. Furthermore, as far as we know, there are no arbitral institutions in Portugal foreseeing class action arbitrations or discussing such possibility.

---

[57] The new law also foresees third party intervention on article 36. However, these third parties must have signed the arbitration convention. Regarding this matter, see MIGUEL GALVÃO TELES, "Addition of Parties: a vacuum left by the Model Law in need of internationally approved Rules", *in Revista Internacional de Arbitragem e Conciliação*, Associação Portuguesa de Arbitragem, ano III (2010), Almedina, Coimbra, 2010, pages 45-62.

[58] Regarding the obstacles that are usually pointed out to European class action arbitration, *see* GABRIELLE NATER-BASS, *op. cit.*, pages 23-31 (paragraph IV).

[59] *See* article 12. Also, on article 19, paragraph 1 of the Popular Action Law, reference is made to the "final decisions rendered in administrative actions or appeals or in civil actions", without considering the possibility of an arbitral action.

There are usually also problems of arbitrability and due process (particularly, in what concerns the appointment or arbitrators). Nonetheless, as previously referred, in light of the wide arbitrability criterion and of the special multi-parties provision contemplated in the new arbitration law[60], this might not constitute a particular problem in Portugal.

The obstacles referred so far are already sufficient for us to anticipate that a popular action in arbitration *per se* would provide many possibilities to appeal or to present an application for setting aside the arbitral award (annulment). For instance, under the current Portuguese opt-out system, the party who did not receive notice of the popular action will probably challenge the award claiming that there was a violation of his right to be heard.[61]

Furthermore, as Gabrielle Nater-Bass correctly observes, there are also recognition and enforcement uncertainties, particularly in the New York Convention[62]. Article V, paragraph 1 (b), for example, could present some difficulties in an opt-out system like the Portuguese one – the non-present class member could always argue that he was not given proper notice of the arbitration.

There are also other reasons to presume that it is not likely to have a popular action in arbitration. It is well known that in the United States class arbitration arose "after corporate entities that were concerned about being named as defendants in judicial class actions began including arbitration provisions in their contracts so as to force individual claimants to pursue relief in arbitration"[63]. By doing this, they thought that they could avoid class actions, because class actions and arbitration did not seem compatible with each other. As we all know, they thought wrong... The important point that must be emphasized is that in Portugal – at least at this moment – there is simply not this concern. As previously referred, popular action is not very common in Portugal and has been little used in practice. So Portuguese corporate entities (at least for now) are probably not worried about this. It is unlikely that we might see arbitration provisions in standard agreements with the intent of avoiding popular action.

---

[60] Article 1, paragraphs 1 and 2, and article 11, respectively, of the Portuguese new Arbitration Law.

[61] Article 46, paragraph 3, a), (ii) combined with article 30, paragraph 1, Portuguese new Arbitration Law. On this subject, *see* GABRIELLE NATER-BASS, *op. cit.*, page 29 (paragraph IV, C.).

[62] *See* GABRIELLE NATER-BASS, *op. cit.*, page 29 (paragraph IV, C.). On this subject, see also S. I. STRONG, "From Class to Collective: The De-Americanization of Class Arbitration", *in Arbitration International*, vol. 26, no. 4, 2010, Kluwer Law International, pages 523-547.

[63] S. I. STRONG, "Class arbitration outside the United-States: reading the tea leaves", *op. cit.*, page 197. *See* also, for instance, BERNARD HANOTIAU, *op. cit.*, page 264, and S. I. STRONG, "From Class to Collective: The De-Americanization of Class Arbitration", *op. cit.*, page 498.

ESTUDOS EM HOMENAGEM A MIGUEL GALVÃO TELES

There are also some cultural legal differences between Portugal and the United States that discourage the practice of collective litigation in Portugal[64], therefore reducing the chances of having a class action arbitration. We refer particularly to the prohibition of remuneration for lawyers according to the system of *quota litis* (the no win, no fee agreement) and, in some point, the extensive limits on lawyers' advertising[65]. It is also important to notice that punitive damages are not available.

V. Considering the above-mentioned, we are not very optimistic – even if we thought that class action through arbitration would be a good improvement... – on the possibility of class action arbitration in Portugal.

The situation could be different; however, if there was special legislation on the subject. As previously indicated, Popular Action Law contains general provisions applicable to the popular action. Alongside this law there is special legislation that also regulates collective protection. As a matter of fact, article 27 of the Popular Action Law expressly provides that "the popular action cases not covered by the provisions of this Act shall be governed by the rules that apply to them". So, special legislation is the best way to prepare the way for the first popular action in arbitration.[66]

Institutional arbitral centers (particularly in consumer disputes) can also play an important role. By providing special rules, they could boost "class action arbitrations" like the American Arbitration Association (AAA) and the Judicial Arbitration and Mediation Services (JAMS) did in the United States.[67]

---

[64] *See* HENRIQUE SOUSA ANTUNES, *op. cit.*, pages 1 and 14.

[65] Articles 101 and 89 of the Bar Association Statute – Law 15/2005, of 26 January, with the subsequent amendments and JOSÉ MIGUEL JÚDICE, "Três reflexões e uma conclusão (em vez de prefácio)", *in* ANTÓNIO PAYAN MARTINS, *op. cit.*, pages XI-XIII.

[66] Following article 52, paragraph 3, of the Constitution, it can be said that the Constitution allows a popular action to be filed in "*any court*" (*see* J.J. GOMES CANOTILHO / VITAL MOREIRA, *op. cit.*, page 697, and ANTÓNIO FILIPE GAIÃO RODRIGUES, *op. cit.*, page 250). Since an arbitral tribunal is a court (and is expressly considered as such in article 209, paragraph 2 of the Constitution), there seems to be no constitutional obstacle to considerer the possibility of a popular action being filed in an arbitral tribunal. On the constitutional nature of the arbitral tribunal, *see* MIGUEL GALVÃO TELES, "Recurso para o Tribunal Constitucional das decisões dos tribunais arbitrais", *in III Congresso do Centro de Arbitragem da Câmara de Comércio e Indústria Portuguesa*, Almedina, Coimbra, 2010, pages 209-213 and "Processo equitativo e imposição constitucional da independência e imparcialidade dos árbitros em Portugal", *in* Revista de Arbitragem e Mediação, year 7, no. 24 (January-March 2010), coordination: Arnoldo Wald, Editora Revista dos Tribunais, São Paulo – Brasil, pages 129-130, and ANTÓNIO PEDRO PINTO MONTEIRO, "Do recurso de decisões arbitrais para o Tribunal Constitucional", *in Revista Themis*, ano IX, nº 16 (2009), Almedina, Coimbra, 2009, pages 194-201.

[67] On the subject, *see*, for example, ERIC P. TUCHMANN, *op. cit.*, pages 329-331, RICHARD CHERNICK, "Class-wide arbitration in California", *in Multiple Party Actions in International*

Therefore, although at the moment it does not seem possible to file a popular action in an arbitral tribunal, in the future – with specific legislation on the subject – the situation might be different.

In any case, the class action issue is already controversial enough in civil law jurisdictions to handle an additional controversy – the use of arbitration to settle class action disputes. Arbitration of a global system of dispute resolution is still very much in its first phase, at least in Portugal. To force the arbitral institution to adapt to this new world before it grows enough to develop, will probably be a mistake that can jeopardize the arbitral system as such. The best advice to be given is probably that arbitration must stay away from class action litigation, at least for now.

Arbitration, edited by the Permanent Court of Arbitration, Oxford, 2009, pages 342 and 345-350, BERNARD HANOTIAU, *op. cit.*, pages 277-279, and GARY B. BORN, *International Commercial Arbitration*, volume I, Wolters Kluwer, Alphen aan den Rijn, 2009, page 1231.

Reflexões sobre uma teoria híbrida da prova[*]

RUI SOARES PEREIRA[**]

1. Introdução
1.1. A importância da prova para o direito
Espero não estar a fazer uma afirmação falsa ou a ser injusto se disser que, no espaço da *common law*, terá sido WILLIAM TWINING quem, ao longo da vida, mais contribuiu para chamar a atenção para a extrema importância do tema da prova para o direito.

Sem querer retirar mérito a JOHN HENRY WIGMORE, a quem se deve, além do mais o despoletar do interesse por uma teoria racional da prova e o inaugurar de uma tradição racionalista da prova na qual firmemente se baseia a *New Evidence Scholarship*, creio que se justifica destacar TWINING por três motivos. Por um lado, TWINING alertou para as dificuldades inerentes ao apuramento dos factos e a necessidade de ensinar coisas úteis aos atuais e futuros advogados e juízes de forma a mitigar essas dificuldades. Por outro lado, TWINING procurou que existisse a consciência que o trabalho realizado pelos práticos do direito, designadamente os advogados, consiste sobretudo na recolha e valoração da prova. Finalmente, TWINING acreditou sempre que um conhecimento mais aprofundado da prova permitiria perceber melhor o direito.[1]

A perceção da importância da prova para o direito é hoje um dado incontornável. Recentemente, PETER TILLERS, seguindo TWINING, escreveu o seguinte: «*Evidence theorists need to become a bit more imperialistic: they need to tell or remind other*

---

[*] Texto oferecido para os *Estudos em homenagem a Miguel Galvão Teles*.

[**] Assistente Convidado da Faculdade de Direito da Universidade de Lisboa.

[1] PETER TILLERS, "Introduction of William Twining" (March 10, 2008), Cardozo Legal Studies Research Paper No. 230, in *Seton Hall Law Review*, Vol. 38, p. 871, 2008, disponível in SSRN: http://ssrn.com/abstract=1104564.

legal theorists that theories about law cannot get along if those theories are bereft of arguments about the nature and structure of inference and proof. You – you down-to-earth evidence theorists – must teach those fancy-pants legal theorists that they can't and won't go far unless they too learn to take evidence, inference, and facts very seriously indeed»[2].

Estou ciente que não tenho estatuto para dizer se concordo ou não com as perspetivas de TWINING e de TILLERS sobre a prova, sobretudo no que respeita à tese aventada por TWINING de que o conhecimento da prova ajuda à compreensão do direito. Mas posso ao menos testemunhar que as dificuldades no apuramento dos factos e a consciência do que consiste o trabalho dos práticos do direito, sublinhadas por TWINING e TILLERS, mostram-se conformes com a experiência que tive, como advogado, em matéria de prova. E é precisamente sobre esses aspetos da prova que vou procurar dar o meu contributo.

1.2. Os sistemas de prova nos países de *civil law* e de *common law*

É comum dizer-se que o sistema de prova nos países de *civil law* é diferente do sistema de prova dos países de *common law*.

A questão não tem apenas a ver com o facto de nos países anglo-saxónicos ser traçada uma distinção entre *evidence* e *proof* ou entre *burden of pleading, burden of production of evidence* e *burden of persuasion*[3]. Neste particular, teremos de reconhecer que também existem distinções nos países de *civil law* a respeito da prova e não sei se não serão até mais complexas e profundas do que aquelas que encontramos nos países de *common law*.

O que parece suceder é que o direito europeu continental coloca maior ênfase na convicção íntima como forma de aquisição de uma certeza sobre os factos, ao passo que o sistema da *common law* enfatiza a *evidence* como conceito objetivo[4].

Assim, e para além das diferenças verificadas, designadamente em processo civil, em termos de *standards* de prova[5], pelo facto de se preferir *«uma medida de*

---

[2] PETER TILLERS, "Introduction of William Twining", cit., p. 876.

[3] Para uma descrição dos ónus de prova e da utilidade do modelo jurídico para analisar e avaliar a chamada *«everyday conversational argumentation»*, cfr. FABRIZIO MACAGNO/DOUGLAS WALTON, "Burdens of Proof and Persuasion in Everyday Argumentation" (July 2010), in *Proceedings of the 7th Conference on Argumentation of the International Society for the Study of Argumentation*, Amsterdam, June 29-July 2, 2010, disponível in SSRN: http://ssrn.com/abstract=1751682. Importa sublinhar que os *standards* de prova se relacionam com o ónus de persuasão.

[4] CHRISTOPH ENGEL, "Preponderance of the Evidence versus Intime Conviction: A Behavioural Perspective on a Conflict Between American and Continental European Law" (October 2008), in *MPI Collective Goods Preprint*, No. 2008/33, disponível in SSRN: http://ssrn.com/abstract=1283503.

[5] Para distinções e outras questões relativas aos *standards* de prova, cfr., *inter alia*, RONALD J. ALLEN, "Standards of Proof and the Limits of Legal Analysis" (May 3, 2011), Northwestern Public Law Research Paper No. 11-47, disponível in SSRN: http://ssrn.com/abstract=1830344, FREDRIK E. VARS, "Toward a General Theory of Standards of Proof" (May 10, 2010), in *Catholic University Law*

certeza, ainda que qualificada como elevado grau de probabilidade, que é a certeza possível para as necessidades da vida», em detrimento da *«probabilidade preponderante»* do sistema anglo-saxónico, o direito europeu continental primeiro teria abandonado o anterior sistema romano-canónico da prova legal e depois teria passado a ser um sistema que privilegia a prova livre, mais propriamente um sistema de *«abertura à experiência e à autonomia do observador»* para potenciar a descoberta da verdade material[6].

Porém, o direito europeu continental tem progressivamente caminhado *«na peugada da objectividade da evidence»* dos sistemas anglo-saxónicos[7]. E nos próprios sistemas anglo-saxónicos foram desenvolvidos teorias e modelos que procuram favorecer a componente subjetiva ou emotiva da decisão do julgador.

Portanto, o que hoje temos, tanto nos sistemas de *civil law* como nos sistemas de *common law*, são perspetivas objetivas e subjectivas da prova. Em geral, enquanto o sistema continental europeu valoriza mais a componente subjetiva e emocional da decisão do juiz, no sistema anglo-saxónico a *evidence* é considerada um conceito objetivo[8]. Mas existem muitas exceções a este princípio, uma vez que a distinção entre sistemas no domínio da prova tem vindo progressivamente a esbater-se[9].

Mas talvez esta conclusão não seja suficiente para caracterizar os sistemas de prova. Talvez seja necessário acrescentar que as diferentes perspetivas sobre a prova encontradas quer nos países de *civil law* quer nos países de *common law* têm uma razão para existir. A razão não é apenas histórica. Subjacente à diferenciação de perspetivas encontra-se uma variedade de preocupações que não são apenas

---

Review, Forthcoming; U of Alabama Public Law Research Paper No. 1604065, disponível in SSRN: http://ssrn.com/abstract=1604065, EMILY L. SHERWIN/KEVIN M. CLERMONT, "A Comparative View of Standards of Proof", in *American Journal of Comparative Law,* vol. 50, p. 243, 2002, U of San Diego Public Law Research Paper No. 32, disponível in SSRN: http://ssrn.com/abstract=285832 or doi:10.2139/ssrn.285832, KEVIN M. CLERMONT, "Standards of Proof Revisited", Cornell Legal Studies Research Paper No. 1321029, Emotion in Context: Exploring the Interaction between Emotions and Legal Institutions Conference, University of Chicago Law School, May 2008, in *Vermont Law Review,* vol. 33, 2009, disponível in SSRN: http://ssrn.com/abstract=1321029 e JOSEPH L. GASTWIRTH, "Statistical Reasoning in the Legal Setting", in *The American Statistician,* vol. 46, No. 1. (Feb., 1992), pp. 55-69 (56-60).

[6] PAULO DE SOUSA MENDES, "A Prova Penal e as Regras da Experiência", in *Estudos em Homenagem ao Prof. Doutor Jorge de Figueiredo Dias,* vol. III, Coimbra Editora, Coimbra, 2010, pp. 997-1011 (998-1000).

[7] PAULO DE SOUSA MENDES, "A Prova Penal e as Regras da Experiência", cit., p. 1001.

[8] CHRISTOPH ENGEL, "Preponderance of the Evidence versus Intime Conviction: A Behavioural Perspective on a Conflict Between American and Continental European Law", cit..

[9] PAULO DE SOUSA MENDES, "A Prova Penal e as Regras da Experiência", cit..

de *legislative policy*. Podemos ver que existe uma diferente racionalidade jurídica ou judicial, que se projeta na construção do sistema de prova.

1.3. O entrelaçamento entre a prova e o raciocínio jurídico

Alguns autores afirmam que existe efetivamente um entrelaçamento entre a prova e o raciocínio jurídico.

Estes autores sustentam que o entrelaçamento entre a certeza factual e o raciocínio jurídico está presente, quer em situações em que não existem critérios bem definidos para a decisão, quer em situações de aplicação do direito em áreas que fazem uso de conceitos bem definidos e de descrições factuais exaustivas, como parece ser o caso do direito penal. De acordo com aqueles autores, este entrelaçamento *«has, or should have, far-reaching conclusions at the methodological level both for the theory of evidence and for the theory of legal reasoning»*[10].

A existência de uma discrepância entre a teoria da prova, preocupada com modelos racionais de probabilidade, e a teoria do raciocínio jurídico, que busca um modelo normativo para o discurso racional sobre normas e argumentos, é habitualmente utilizada para justificar a discrepância entre questões de facto e questões de direito. Mas, como referem aqueles autores, essa discrepância é apenas aparente.

A teoria do raciocínio jurídico discute tradicionalmente os argumentos jurídicos assumindo que as bases e condições factuais para a sua aplicação não apresentam dificuldades. Com efeito, devido à relutância da ciência jurídica em lidar com questões de facto, parte-se de uma situação de prova ideal, em que todos os factos estão já provados. Mas a relevância do argumento depende ou deveria depender da certeza dos factos e da aplicabilidade do argumento aos factos[11].

2. A inadequação e insuficiência dos modelos tradicionais de prova

I. A prova é tradicionalmente considerada produto de uma racionalidade lógica. Todavia, os modelos de prova dotados de racionalidade lógica não são os únicos modelos de prova admissíveis.

Uma perspetiva sobre a prova que captou a minha atenção desde há alguns meses foi a construção das *narrativas* jurídicas. No domínio jurídico, as *narrativas* ganham força com o movimento *Law and Literature*, que adquiriu proeminência nos

---

[10] HANNU TAPANI KLAMI/JOHANNA SORVETTULA/MINNA HATAKKA, "Evidence and Legal Reasoning: on the intertwinement of the probable and the reasonable", in *Law and Philosophy*, vol. 10, 1991, pp. 73-107 (75).

[11] HANNU TAPANI KLAMI/JOHANNA SORVETTULA/MINNA HATAKKA, "Evidence and Legal Reasoning: on the intertwinement of the probable and the reasonable", cit., pp. 76-84.

EUA nos anos de 1970[12] e é conhecido e tratado entre nós pelas obras de AROSO LINHARES[13] e JOANA AGUIAR E SILVA[14].

É habitual fazer referência a três vertentes do movimento *Law and Literature*: a vertente humanista (*the humanist strand*); a vertente hermenêutica (*the hermeneutic strand*); e a vertente narrativa (*narrative* ou *storytelling strand*).[15] Em particular, o *storytelling* «*sees the law as an entity constructed of stories told by various actors in the legal system*»[16]. Nesta medida, alguns autores consideram que, mais do que uma vertente do movimento *Law and Literature*, o *storytelling* é uma forma paralela e sobreposta de diálogo jurídico[17].

---

[12] Alguns autores datam o aparecimento do movimento *Law and Literature* após a publicação, em 1973, por JAMES BOYD WHITE, do livro *The Legal Imagination: Studies in the Nature of Legal Thought and Expression*, Boston: Little, Brown & Co., 1973. Não obstante, segundo WENDY NICOLE DUONG, "Law is law and art is art and shall the two ever meet? – Law and Literature: The comparative creative processes", in *Southern California Interdisciplinary Law Journal*, vol. 15, 2005, pp. 1-42 (5), «*long before these phenomena, Cardozo's Law and Literature had already analyzed the literary properties of judicial opinions, and Wigmore had already declared that lawyers should learn from great literary works to understand human nature*», e o «*interplay between law and literature in Anglo-Saxon society has historical roots dating back to depictions of the legal system by Shakespeare and Dickens*».

[13] JOSÉ AROSO LINHARES, *Entre a Reescrita Pós-Moderna da Modernidade e o Tratamento Narrativo da Diferença ou a Prova como um Exercício de «Passagem» nos Limites da Juridicidade (Imagens e reflexos pré-metodológicos deste percurso)*, Coimbra: Coimbra Editora, 2001.

[14] JOANA AGUIAR E SILVA, *A Prática Judiciária entre Direito e Literatura*, Coimbra: Almedina, 2001, e *Para uma Teoria Hermenêutica da Justiça - Repercussões Jusliterárias no Eixo Problemático das Fontes e da Interpretação Jurídicas*, Coimbra: Almedina, 2011.

[15] Para uma caracterização do movimento *Law and Literature* e das suas três vertentes (a vertente humanista, a vertente hermenêutica e a vertente narrativa/*storytelling*), internamente divididas, que demonstram a existência de divisões no seio do movimento e «*that legal scholars can find just about anything in literature – hope, despair, community, alienation – and that what they do find is more or less a function of what they were looking for initially*», cfr. JANE B. BARON, "Law, Literature, and the Problems of Interdisciplinarity", in *Yale Law Journal*, vol. 108, March 1999, pp. 1059-1085, disponível in SSRN: http://ssrn.com/abstract=156791. Não obstante, diferentes diagnóstico e análise a respeito do movimento *Law and Literature* podem encontrar-se em JOSÉ MANUEL AROSO LINHARES, "Law in/as Literature as Alternative Humanistic Discourse. The Unavoidable Resistance to Legal Scientific Pragmatism or the Fertile Promise of a *Communitas* Without Law?", in *Law and Literature, A Discussion on Purposes and Method. Proceedings of the Special WS on Law and Literature held at 24th IVR World Conference in Beijing, September 2009*, edited by M. PAOLA MITTICA, published in September 16, 2010, pp. 22–42.

[16] GARRET SAMON, "Law, literature and the importance of narrative to the legal education", in *Cork Online Law Review*, vol. 10, 2011, p. 1.

[17] RUTH ANNE ROBBINS, "An Introduction to Applied Storytelling and to This Symposium", in *The Journal of the Legal Writing Institute*, vol. 14, 2008, pp. 3-14 (13-14). ROBBINS explica que sem dúvida o *applied legal storytelling* pode ser considerado uma aplicação do «*slippery domain*» do movimento *Law and Literature* mas não parece que o «*Applied Legal Storytelling is fully described by simply calling it a sub-topic within Law and Literature*», uma vez que: i) «[t]*here are too many overlaps*

As *narrativas* jurídicas têm indubitavelmente um poder persuasivo e são inerentemente convincentes (*inherently compelling*). Para muitos autores, a natureza persuasiva das *narrativas* é o resultado de certas características ou propriedades formais das *narrativas* e entende-se que estas características e propriedades variam de acordo com a área do direito: por exemplo, o nível de coerência nos processos criminais iguala o *standard* do *beyond all reasonable doubt*, ao passo que nos processos cíveis iguala o *standard* do *more probable than not*. Outros autores sublinham que existem diversas regras procedimentais e probatórias que restringem e têm a função de desconstruir as *narrativas*.[18]

Em qualquer dos casos, perguntar pelo poder persuasivo das *narrativas* é o mesmo que perguntar o que persuade no direito (*what persuades in the law*). Partindo do pressuposto que são formas inatas de entendimento e de estruturação da experiência humana, podemos pelo menos dizer que as *narrativas* têm a virtualidade de serem inerentemente persuasivas. Além disso, os modelos *narrativos* podem ser vistos como contendo um conjunto de propriedades que nos permitem considerá-los psicologicamente persuasivos: *coherence, correspondence* e *fidelity*.[19] Mas a natureza persuasiva exige mais do que o facto de as *narrativas* serem formas inatas de entendimento e de estruturação da experiência humana: exige racionalidade.

Coube a BERNARD JACKSON, bem conhecido e divulgado entre nós pela obra de AROSO LINHARES[20], a tarefa de demonstrar a incompletude e inadequação dos tradicionais modelos de decisão jurídica, baseados apenas em modelos lógicos formais ou informais, para entender a natureza persuasiva da argumentação jurídica. De acordo com JACKSON, a lógica das estruturas *narrativas*, apesar de mais profunda, coexiste com a lógica da inferência ou do argumento. A his-

---

between the applied articles and the various other sub-topics of Law and Literature to allow Applied Legal Storytelling to be a pure subset»; ii) «trying to place Applied Legal Storytelling within the microcosm of a particular branch of legal scholarship might be a mental exercise that immediately takes me outside of what is "applied" about legal storytelling»; iii) «the two forms of legal dialogue can exist in parallel or can exist in overlap and all that really matters is that the applied aspects of legal storytelling are used by lawyers and judges, taught to future lawyers, and discussed by people who care about everyday lawyering». Uma referência ao *storytelling* no direito ateniense pode encontrar-se em MICHAEL GAGARIN, "Telling Stories in Athenian Law", in *Transactions of the American Philological Association*, vol. 133, No. 2 (Autumn, 2003), pp. 197-207.

[18] TEREZIE SMEJKALOVÁ, "Story-telling in judicial discourse" (June 21, 2011), in *Comparative Legilinguistics*, vol. 2011, No. 5, 2011, disponível in SSRN: http://ssrn.com/abstract=1891910, pp. 5-6.

[19] J. CHRISTOPHER RIDEOUT, "Storytelling, narrative rationality, and legal persuasion", in *The Journal of the Legal Writing Institute*, vol. 14, 2008, pp. 53-86 (55-56).

[20] JOSÉ AROSO LINHARES, *Entre a Reescrita Pós-Moderna da Modernidade e o Tratamento Narrativo da Diferença ou a Prova como um Exercício de «Passagem» nos Limites da Juridicidade (Imagens e reflexos pré-metodológicos deste percurso)*, cit., em especial pp. 576-607.

tória dos eventos, agentes, fundamentos e razões é então adicionada, segundo JACKSON, ao padrão lógico de proposições que precisam de ser provadas ou contraprovadas[21]. JACKSON também defendeu a necessidade de reescrever o modelo tradicional de aplicação do direito aos factos como modelo *narrativo*. Segundo JACKSON, o silogismo normativo é ele próprio construído em termos de *narrativa*, já que a premissa maior – a norma jurídica – é informada por *«subconscious narrative models, of typifications of actions and our reactions to them»*, ainda que expressos na terminologia abstrata do direito, e a premissa menor – a prova – é construída baseada na *story of the trial*.[22]

Não obstante, podemos ir mais longe e, seguindo WALTER R. FISCHER, defender que os modelos *narrativos* têm uma racionalidade *narrativa* (*narrative rationality*)[23] que não se reduz à lógica formal ou informal. A *narrative rationality* abrange todas as ações humanas expressas simbolicamente e impõe sequência e significado a estas ações. À lógica retórica e técnica de base aristotélica, habitualmente vista como racional ou como forma lógica de compreensão do mundo e da qual brotam todas as formas de argumento e persuasão (o chamado paradigma do mundo racional ou *rational world paradigm*), FISCHER adiciona a racionalidade narrativa (*narrative rationality*) que deriva do paradigma *narrativo* (*narrative paradigm*)[24]. Para além da racionalidade dos discursos e modos de inferência e implicação e dos *standards* racionais da lógica formal ou informal, existe, segundo a teoria de FISCHER, um significado mais amplo de racionalidade, que inclui a probabilidade *narrativa* (*narrative probability*) e a fidelidade *narrativa* (*narrative fidelity*). Com FISCHER podemos então aceitar que, independentemente da forma rigorosa (científica, filosófica ou jurídica) com que o caso jurídico é apresentado, o mesmo *«will always be a story, an interpretation of some aspect of the world that is historically and culturally grounded and shaped by human personality»*. Assim, qualquer modelo de persuasão deveria ter em conta o papel das *narrativas*, uma

---

[21] BERNARD JACKSON, *Law, Fact and Narrative Coherence*, Merseyside: Deborah Charles Publications, 1988, pp. 37-60.

[22] BERNARD JACKSON, *Law, Fact and Narrative Coherence*, cit., pp. 58-60.

[23] WALTER R. FISCHER, *Human Communication as Narration: Toward a Philosophy of Reason, Value, and Action*, Columbia, South Carolina: University of South Carolina, 1989.

[24] Os componentes essenciais do *paradigma narrativo* são: *«(1) Humans are essentially storytellers. (2) The paradigmatic mode of human decision making and communication is "good reasons," which vary in form among situations, genres, and media of communication. (3) The production and practice of good reasons are ruled by matters of history, biography, culture, and character. (4) Rationality is determined by the nature of persons as narrative beings - their awareness of narrative coherence, whether a story "hangs together," and their constant habit of testing narrative fidelity, whether or not the stories they experience ring true with the stories they know to be true in their lives. (5) The world as we know it is a set of stories that must be chosen among in order for us to live life in a process of continual re-creation» – WALTER R. FISCHER*, "Narrative Rationality and the Logic of Scientific Discourse", in *Argumentation*, vol. 8, 1994, pp. 21-32 (30, nota 1).

ESTUDOS EM HOMENAGEM A MIGUEL GALVÃO TELES

vez que da sua completude dependerá a possibilidade de se considerar a razão e o argumento como formas de ação simbólica e elementos do discurso argumentativo que permitem a adesão do público (*public adherence*).[25]

II. Por outro lado, os modelos de prova dotados de racionalidade lógica não são necessariamente apropriados, ainda que baseados na lógica informal (indutiva, retórica ou argumentativa[26]).

Em primeiro lugar, os modelos de prova dotados de racionalidade lógica não fornecem uma perspetiva holística da prova, que poderá ser bastante útil, por exemplo, em questões de *causalidade.*[27]

Em segundo lugar, não é isenta de dificuldades a utilização frequente de juízos de probabilidade em certos modelos lógicos como forma de compensar o facto de a prova ser, bastantes vezes, inconclusiva, incompleta, inconsistente, não fidedigna e obscura.[28]

Em terceiro lugar, se assumirmos uma perspetiva *narrativa* da racionalidade, poderemos considerar como sendo mais adequado um modelo *narrativo* de prova, baseado, por exemplo, no *storytelling.*

Por um lado, é um facto que os seres humanos fazem uso de *narrativas* para construir e compreender a realidade.

Diz-se muitas vezes que: a experiência humana é uma experiência *narrativa*[29]; as *stories* são essenciais para a interação humana; as *stories* são, por si e em si, ferramentas cognitivas e formas de argumento, que nos ajudam a criar conhecimento, a aumentar o conhecimento e a mudar o pensamento e as crenças existentes[30].

---

[25] WALTER R. FISCHER, *Human Communication as Narration: Toward a Philosophy of Reason, Value, and Action*, cit., pp. 24-49.

[26] Na linha das obras de CHAÏM PERELMAN/L. OLBRECHTS-TYTECA, *Traité de l'argumentation. La nouvelle rethorique*, Paris: PUF, 1958, STEPHEN TOULMIN, *The Uses of Argument*, updated ed., New York: Cambridge University Press, 2003, and *An Introduction to Reasoning*, 2nd ed., New York: Macmillan Publishing Company, 1984, NEIL MACCORMICK, *Legal Reasoning and Legal Theory*, Oxford: Oxford University Press, 1978, e ROBERT ALEXY, *Theorie der juristischen Argumentation. Die Theorie des rationalen Diskurses als Theorie der juristischen Begründung*, Frankfurt am Main: Surkamp, 1978. Para uma perspetiva geral destas teorias, cfr. MANUEL ATIENZA, *Las Razones del Derecho. Teorías de la argumentación jurídica*, Mexico: Universidad Nacional Autónoma de México, 2005, pp. 45-202.

[27] SUSAN HAACK, "Proving Causation: The Holism of Warrant and the Atomism of Daubert", in *Journal of Health and Biomedical Law*, vol. 4, pp. 253-289, 2008; University of Miami Legal Studies Research Paper No. 2009-12, disponível in SSRN: http://ssrn.com/abstract=1325431.

[28] L.H. LARUE, "Solomon's judgment: a short essay on proof", in *Law Probability and Risk*, vol. 3, 2004, pp. 13-31 (21-23).

[29] TEREZIE SMEJKALOVÁ, "Story-telling in judicial discourse", cit., p. 1.

[30] RUTH ANNE ROBBINS, "An Introduction to Applied Storytelling and to This Symposium", cit., pp. 6-7.

Em síntese, fala-se na predisposição humana de organizar a experiência em formas *narrativas*[31].

Além disso, a *narrativa* é considerada uma *«verbal representation of events and facts, with a temporal connection between them»*. E, por vezes, acrescenta-se que a *«narrative structure and expression shape our perceptions and reasoning processes, often unconsciously; and we consciously use them to frame arguments and agreements»*[32].

De uma forma algo simplista, diria o seguinte: pressupondo que a realidade não está fixada nem é dada, os seres humanos têm tendência para construir a realidade através de *narrativas*[33]. Estas *narrativas* criam ou modelam o conhecimento e permitem-nos enfatizar certos eventos e atribuir-lhes interpretações diferentes[34]. Além disso, as *narrativas* ajudam-nos a persuadir uma certa audiência da correção do seu pensamento e a alterar o pensamento e as crenças existentes.

Por outro lado, a *narrativa* tem uma natureza essencial e inevitável para a persuasão e compreensão, fornecendo uma ferramenta poderosa para a compreensão do direito e do processo de decisão jurídica.

Como notaram ANTHONY AMSTERDAM e JEROME BRUNER: o direito está preocupado com problemas e com a sua resolução, o que implica a utilização de *narrativas* que possam elucidar o problema; o direito procura dar continuidade aos juízos de valor ao longo dos tempos e ainda que as condições mudem; o direito não consegue operar sem algo que permita passar das suas generalizações para as particularidades dos casos concretos; as *narrativas* tornam humanamente possível relacionar o direito com as particularidades do caso, uma vez que fornecem justificações para as nossas decisões e opiniões que são humana e culturalmente compreensíveis; a *narrativa* é uma forma de discurso que tem diretamente em consideração o elemento normativo em que se baseia o direito, já que exige e fornece uma forma de justificação das ações humanas que tenham violado as legítimas expectativas da outra parte ou da comunidade e que requerem resolução; a *narrativa* difere do argumento puramente lógico, por não pressupor apenas uma única solução correta, pressupondo antes a possibilidade de organização de um conjunto de eventos disputados em *narrativas* alternativas e que a escolha dessas *narrativas* pode depender da perspetiva das circunstâncias e dos quadros interpretativos[35].

---

[31] JEROME BRUNER, *Acts of Meaning*, Cambridge, Massachusetts: Harvard University Press, 1990, p. 47, e ROBERT P. BURNS, *A Theory of the Trial*, Princeton: Princeton University Press, 1999, p. 159.

[32] TEREZIE SMEJKALOVÁ, "Story-telling in judicial discourse", cit., p. 1.

[33] JEROME BRUNER, "The Narrative Construction of Reality", in *Critical Inquiry*, vol. 18, No. 1 (autumn, 1991), pp. 1-21.

[34] TEREZIE SMEJKALOVÁ, "Story-telling in judicial discourse", cit., pp. 1-2.

[35] ANTHONY G. AMSTERDAM/JEROME BRUNER, *Minding the Law*, Cambridge, Massachusetts: Harvard University Press, 2002, pp. 139-142.

ESTUDOS EM HOMENAGEM A MIGUEL GALVÃO TELES

Finalmente, existem dados empíricos suficientes que demonstram que, perante a incerteza factual, os jurados e os juízes tentam atribuir sentido à prova disponível compondo a explicação mais convincente e plausível.

Em 1983, REID HASTIE, STEVEN PENROD e NANCY PENNINGTON publicaram um livro intitulado "Inside the Jury"[36], no qual sugeriram que tipicamente os jurados americanos avaliam parcialmente a prova através da construção de *stories*. Mais tarde, num estudo desenvolvido em 1991, NANCY PENNINGTON e REID HASTIE demonstraram empiricamente que as *soft variables* incluem o funcionamento dos processos cognitivos dos jurados. E, em 1993, num livro editado por REID HASTIE e intitulado "Inside the Juror. The Psychology of Juror Decision Making"[37], PENNINGTON e HASTIE aprofundaram as suas investigações. De acordo com os estudos de PENNINGTON e HASTIE, a explicação dos eventos surge na forma de *stories (narratives)*, construídas pelos processos racionais dedutivos e indutivos aplicados à prova e ao conhecimento do mundo. Em face de incerteza factual, os jurados procuram dar sentido à prova disponível compondo a explicação mais convincente e plausível possível. E as implicações destes processos cognitivos são ainda mais perturbadoras quando o apuramento dos factos é feito apenas por um juiz, uma vez que o juiz terá de criar uma *story* que o persuada apenas a ele[38].

Mais recentemente, os *parallel constraint satisfaction models*, desenvolvidos sobretudo pelas duplas ANDREAS GLÖCKNER e TILMANN BETSCH[39] e K. J. HOLYOAK e D. SIMON[40] e que constituem modelos similares ao *story model* desenvolvido por PENNINGTON e HASTIE, permitem sustentar a ideia segundo a qual os decisores constroem ativamente representações mentais coerentes da situação, modificando conscientemente a sua própria perspetiva acerca da prova. Os decisores não se limitam a inferir a prova, raciocinando por vezes ao contrário, isto é, das opções para a prova. A informação que suporta a interpretação preferida

---

[36] REID HASTIE/STEVEN PENROD/NANCY PENNINGTON, *Inside the jury*, Cambridge, Massachusetts: Cambridge University Press, 1983.

[37] NANCY PENNINGTON/REID HASTIE, "The story model for juror decision making", in *Inside the juror: the psychology of juror decision making*, edited by REID HASTIE, Cambridge, Massachusetts: Cambridge University Press, 1993, pp. 192-221.

[38] NANCY PENNINGTON/REID HASTIE, "A Cognitive Theory of Juror Decision Making: The Story Model", in *Cardozo Law Review*, vol. 13, 1991-1992, pp. 519-557.

[39] ANDREAS GLÖCKNER/TILMANN BETSCH "Modeling option and strategy choices with connectionist networks: Towards an integrative model of automatic and deliberate decision making", in *Judgment and Decision Making*, vol. 3, 2008, pp. 215-228.

[40] K. J. HOLYOAK/DAN SIMON, "Bidirectional reasoning in decision making by constraint satisfaction", in *Journal of Experimental Psychology: General*, vol. 128, 1999, pp. 3-31, e DAN SIMON, "A Third View of the Black Box: Cognitive Coherence in Legal Decision Making", in *University of Chicago Law Review*, vol. 71, 2004, pp. 511-586, disponível in SSRN: http://ssrn.com/abstract=541263.

é destacada, ao passo que a importância e fidedignidade da informação contrária a essa interpretação são ofuscadas.

3. A inadequação e insuficiência dos modelos narrativos de prova

Os modelos *narrativos* de prova, por si sós, podem também não ser adequados ou suficientes.

Em primeiro lugar, os modelos *narrativos* baseiam-se na inferência abdutiva, que é uma modalidade de inferência lógica que permite ir *«from data describing something to a hypothesis that best explains the data»* e para a qual existem dois modelos computacionais bem diferentes e complexos considerados aptos para lidar com ela: as redes Bayesianas (*Bayesian networks*) e a coerência explanatória (*explanatory coherence*).[41]

Em segundo lugar, os modelos *narrativos* baseiam-se no *storytelling* que traz para o discurso jurídico um elemento manipulativo, já que permite enfatizar certos eventos e atribuir-lhes diferentes interpretações, ainda que não tenham qualquer correspondência com a realidade.[42]

Em terceiro lugar, tanto o *story model* como os *parallel constraint satisfaction models* em que se baseiam as abordagens *narrativas* são considerados problemáticos do ponto de vista da prova e das decisões jurídicas.

Os riscos de distorções na informação induzem as pessoas a serem excessivamente confiantes nos seus julgamentos e existem dificuldades inerentes ao tipo específico de informação processada, já que: por um lado, as pessoas não comparam probabilidades, construindo apenas representações mentais genéricas, o que poderá significar que não são suficientemente sensíveis a mudanças no valor probatório da prova; por outro lado, os *parallel constraint satisfaction models*, por exemplo, poderão conduzir à destruição das diferenças entre *standards* de prova, que são compensados por *coherence shifts*; finalmente, as pessoas podem alterar a sua perceção do valor probatório da prova e o seu próprio limiar de crença para os ajustarem à interpretação que preferem do caso.[43]

---

[41] PAUL THAGARD, "Causal Inference In Legal Decision Making: Explanatory Coherence Vs. Bayesian Networks", in *Applied Artificial Intelligence*, vol. 18, No. 3-4, March-April 2004, pp. 231-249 (232).

[42] HELENA WHALEN-BRIDGE, "The Lost Narrative: The Connection Between Legal Narrative and Legal Ethics", in *Journal of the Association of the Legal Writing Directors*, vol. 7, 2010, pp. 229-246 (234-235), e TEREZIE SMEJKALOVÁ, "Story-telling in judicial discourse", cit., pp. 2-3.

[43] ANDREAS GLÖCKNER/CRISTOPH ENGEL, "Can We Trust Intuitive Jurors? Standards of Proof and the Probative Value of Evidence in Coherence Based Reasoning" (October 1, 2008), in *MPI Collective Goods Preprint*, No. 2008/36, disponível in SSRN: http://ssrn.com/abstract=1307580, pp. 2-3.

ESTUDOS EM HOMENAGEM A MIGUEL GALVÃO TELES

Naturalmente que certos problemas dos modelos acima descritos podem ser mitigados. Mas, ainda que os processos intuitivos automáticos sejam de importância crucial para tomar uma decisão eficiente e mesmo que as decisões sejam boas se, por exemplo, os *parallel constraint satisfaction models* estiverem a funcionar com as representações mentais apropriadas, as intuições podem ser enganadoras. Como demonstraram ANDREAS GLÖCKNER e CRISTOPH ENGEL, se as pessoas confiam num raciocínio baseado na coerência para tomarem decisões complexas, para tomarem em consideração grandes quantidades de informação e para lidarem com problemas mal definidos, a transposição deste tipo de raciocínio para a decisão jurídica enfrenta algumas dificuldades. Por um lado, existem dados suficientes que demonstram que a avaliação da coerência geral da interpretação é sensível às instruções dadas aos jurados no que respeita aos *standards* de prova. Por outro lado, existe a suspeita de que um raciocínio baseado na coerência possa reduzir a sensibilidade para as diferenças nas probabilidades, especialmente se as pessoas não tiverem bons modelos de comparação para as avaliar. Além disso, existem dados que apontam para o facto de as pessoas realizarem distorções sérias e sistemáticas da prova para favorecer os seus veredictos preferidos (*coherence shifts*). Acresce que existem dados que demonstram que a confiança na *story* não é significativamente influenciada pelo valor probatório da prova, que os *coherence shifts* são mais comuns nas pessoas que realizam interpretações mais consistentes e independentes dos *standards* de prova exigidos e que os *coherence shifts* aumentam à medida que a força da prova que contradiz o veredicto preferido aumenta. Finalmente, existem elementos que apontam para o facto de os limiares de probabilidade para a condenação não refletirem exatamente os níveis desejados normativamente: os *standards* de prova usados são abstratos e/ou superiores quando comparados com o *standard* da prova preponderante (*preponderance of the evidence standard*), ou são inferiores quando comparados com o *standard* para além da dúvida razoável (*beyond reasonable doubt standard*).[44]

Importa sublinhar que os problemas inerentes ao uso do *story model* ou dos *parallel constraint satisfaction models* também se verificam nos sistemas jurídicos em que o apuramento dos factos e a valoração da prova são habitualmente feitos por juízes e só excecionalmente por jurados. Estes sistemas jurídicos, entre os quais encontramos o caso português, também conhecem a figura do júri, composto parcialmente – mas não apenas – por juízes e cuja existência a Constituição da República Portuguesa reconhece como forma de participação do povo na administração da justiça. A exclusão da intervenção destes tribunais apenas pode ocorrer por razões que, em princípio, nada têm que ver com a incapacidade das

---

[44] ANDREAS GLÖCKNER/CRISTOPH ENGEL, "Can We Trust Intuitive Jurors? Standards of Proof and the Probative Value of Evidence in Coherence Based Reasoning", cit., pp. 17-19.

pessoas de integrar matematicamente a prova e com a opção de encontrar um sentido e de construir histórias coerentes a partir da prova.[45] Finalmente, e talvez mais importante, temos de ter em consideração que a utilização preferencial de juízes na administração da justiça não é garantia que: a) os juízes não construam *narrativas* e que as probabilidades de persuasão destas *narrativas* não sejam ainda mais baixas, pelo facto de não serem avaliadas por outras pessoas antes da tomada da decisão (no caso dos tribunais singulares) ou por serem partilhadas por um grupo de pessoas mais restrito do que aquele que normalmente é exigido para a composição do júri (no caso dos tribunais coletivos)[46]; b) os juízes sejam suficientemente sensíveis às mudanças no valor probatório da prova; c) os juízes não compensem estas mudanças com graves *coherence shifts* quando a prova aponta na direção contrária do veredicto que preferem; d) os juízes estejam mais atentos a medidas que aumentem a possibilidade de avaliação probabilística da prova.

4. A importância de uma teoria híbrida da prova
4.1. As abordagens baseadas nos *evidential arguments* e nas *stories*
Em termos práticos, existem duas abordagens principais ao raciocinar com a prova jurídica: a abordagem baseada nos *evidential arguments* e a abordagem baseada nas *stories*.

A abordagem baseada nos *evidential arguments* é considerada evidencial, atomística, raciocinando com e sobre dados probatórios, tendo uma conceção do processo racional e dialético da prova lógica e concetualmente bem desenvolvida, pese embora insuficientemente testada empiricamente no processo de prova. Por seu turno, a abordagem baseada nas *stories* é considerada como sendo causal, holística, raciocinando sobre ações e eventos, relativamente não desenvolvida, especialmente no que respeita aos aspetos dialéticos da comparação de *stories* alternativas, e extensivamente testada empiricamente no processo de prova[47].

---

[45] Segundo o artigo 207º da Constituição da República Portuguesa, a intervenção do júri é excluída nos casos de terrorismo e de criminalidade altamente organizada, incluindo tráfico de droga – PAULO PINTO ALBUQUERQUE, *Comentário do CPP*, 3ª ed., Lisboa: UCE, 2009, p. 77. Outra exceção surge no artigo 40º da Lei nº 34/87, de 16 de julho (Crimes da responsabilidade de titulares de cargos políticos), em que a intervenção do júri é expressamente excluída pra o julgamento de crimes que fazem parte do âmbito da lei. Mas a doutrina e a jurisprudência discutem a conformidade desta solução com o preceito constitucional acima referido.

[46] ANDREAS GLÖCKNER/CRISTOPH ENGEL, "Can We Trust Intuitive Jurors? Standards of Proof and the Probative Value of Evidence in Coherence Based Reasoning", cit., pp. 18-19.

[47] Para uma perspetiva geral das abordagens baseadas nos *evidential arguments* e nas *stories*, cfr. FLORIS J. BEX/PETER J. VAN KOPPEN/HENRY PRAKKEN/ BART VERHEIJ, "A Hybrid Formal Theory of Arguments, Stories and Criminal Evidence", in *Artificial Intelligence and Law*, vol. 18, No. 2, 2010, pp. 123-152 (128-135), e FLORIS J. BEX, *Arguments, Stories and Criminal Evidence*, Dordrecht, Heidelberg, London, New York: Springer, 2011, pp. 33-82.

ESTUDOS EM HOMENAGEM A MIGUEL GALVÃO TELES

Tendo em conta estas características, será normal a tentação de adotar a abordagem das *stories*. Mas como alertou numa ocasião NEIL MACCORMICK, «*[a] concern with evidence and proof belongs firmly within the sphere of judicial reasoning, establishing what really happened (so far as can now be judged) in order to decide what to do about a charge, indictment or civil claim. Certainly, there is a real and significant parallel here with historical inquiry and with storytelling more generally. But there is less of a direct connection with the construction of legal science as an abstract framework. Hence the two theories are relatively independent, and again I caution against trying to wedge everything that can possibly have narrative structure into the same explanatory framework*»[48]. Portanto, convém analisar a questão com mais detença.

4.2. As vantagens da utilização de uma teoria híbrida da prova

I. As abordagens baseadas nos *evidential arguments* e nas *stories* são habitualmente apresentadas como separadas e independentes.

Não obstante, alguns autores sugeriram a utilização simultânea destas abordagens e apontaram a importância de *teorias híbridas*, designadamente por considerarem artificial a distinção entre as duas abordagens.

Partindo do pressuposto que os juízos no direito não podem ser assegurados pelo movimento inexorável da lógica dedutiva, alguns académicos consideram necessário fazer uso de juízos de probabilidade. Porém, uma vez que também fazem normalmente referência às dificuldades das probabilidades e da análise probabilística, esses autores sugerem que o raciocinar deve ser feito em termos de *sequência* (*sequence*), o que teria a vantagem de passar de uma simples probabilidade para uma análise probabilística mais sofisticada: uma análise que conecte a teoria da probabilidade com a teoria *narrativa*[49].

II. Rigorosamente falando, porém, a utilização simultânea da abordagem baseada nos *evidential arguments* e da abordagem baseada nas *stories*, tal como é habitualmente sugerido, não visa a integração de ambas as abordagens. Todavia, investigações levadas a cabo no domínio da inteligência artificial apontam para a ideia de ser possível criar uma ponte integrada entre estas duas abordagens.

Recentemente, foi sugerida e apresentada uma *teoria híbrida* para a prova criminal por FLORIS J. BEX. Desde a sua dissertação de doutoramento *Evidence for a Good Story: A Hybrid Theory of Arguments, Stories and Criminal Evidence*[50], a teoria tem sido desenvolvida por BEX e outros em diversas ocasiões[51].

---

[48] NEIL MACCORMICK, "Further thoughts on institutional facts", in *International Journal for the Semiotics of Law*, V, 13, 1992, pp. 3-15 (13).

[49] L.H. LARUE, "Solomon's judgment: a short essay on proof", cit., p. 26.

[50] FLORIS J. BEX, *Evidence for a Good Story: A Hybrid Theory of Arguments, Stories and Criminal Evidence*, Doctoral dissertation, Faculty of Law, University of Groningen, 2009.

[51] FLORIS J. BEX/PETER J. VAN KOPPEN/HENRY PRAKKEN/ BART VERHEIJ, "A Hybrid Formal Theory of Arguments, Stories and Criminal Evidence", cit., pp. 123-152, FLORIS J. BEX, *Arguments*,

Em termos de vantagens, a *teoria híbrida* desenvolvida por Bex e outros é considerada melhor do que os outros modelos pelo facto de fornecer uma integração real entre as *stories* e os *arguments*. Pode dizer-se que o *modelo híbrido* de prova proposto por aqueles autores é «*argumentative-narrative*»[52]. A criação de uma ponte entre *stories* e *arguments* parte do pressuposto que a combinação de *causal stories* com *arguments* e a sua abertura à crítica constitui uma forma racional de pensar. Mas mais do que isso: assume a necessidade dos *arguments* e das *stories* e ao mesmo tempo reconhece a interação entre a prova, os *arguments* e as *stories*. As *stories* são consideradas como fornecendo uma perspetiva holística ou geral dos possíveis cenários do caso e ajudando a dar sentido a uma massa probatória complexa. Com as *stories* é possível construir «*complex new hypotheses*» e, quando combinadas com os *arguments*, justificar as nossas decisões, pois as *stories* «*help make sense of the evidence and the events that can be inferred from the evidence*». Por seu turno, os *arguments* são considerados como fornecendo uma perspetiva atomística e ajudando a conectar de forma natural os dados probatórios com os factos do caso. Ao colocarem questões críticas e ao atacarem outros argumentos, os *arguments* permitem equacionar a relevância e a força de um argumento inferencial, fornecer uma análise mais detalhada de «*each piece of evidence, the conclusions and the general knowledge used in reasoning from this evidence to the conclusions*».[53] Na *teoria híbrida*, as *stories* e os *arguments* são entendidos como «*communicating vessels*»[54]. Se estamos preocupados apenas com uma situação individual ou um evento, o mais natural será fazer uso dos *evidential arguments*. Mas noutros pontos da investigação poderá ser necessária uma *story* para preencher as lacunas da prova (os *evidential gaps*).

Segundo Bex, a *teoria híbrida* combina as vantagens da abordagem baseada na *story* e da abordagem baseada no *argument* e permite resolver a maioria dos problemas destas duas abordagens.[55]

Stories and Criminal Evidence, cit., Floris J. Bex/Bart Verheij, "Arguments, Stories and Evidence: Critical Questions for Fact-Finding", in *Proceedings of the 7th Conference of the International Society for the Study of Argumentation (ISSA 2010)*, edited by F.H. Van Eemeren, B. Garssen, D. Godden and G. Mitchell, Amsterdam: Rozenberg/Sic Sat, 2011, pp. 71-84, e Floris J. Bex/Bart Verheij, "Solving a Murder Case by Asking Critical Questions: An Approach to Fact-Finding in Terms of Argumentation and Story Schemes", in *Argumentation*, publicado online, na Springer, em 9 de Novembro de 2011.

[52] Floris J. Bex/Bart Verheij, "Arguments, Stories and Evidence: Critical Questions for Fact-Finding", cit., e Floris J. Bex/Bart Verheij, "Solving a Murder Case by Asking Critical Questions: An Approach to Fact-Finding in Terms of Argumentation and Story Schemes", cit..

[53] Floris J. Bex/Peter J. Van Koppen/Henry Prakken/ Bart Verheij, "A Hybrid Formal Theory of Arguments, Stories and Criminal Evidence", cit., pp. 148-150.

[54] Floris J. Bex/Bart Verheij, "Arguments, Stories and Evidence: Critical Questions for Fact-Finding", cit., p. 82.

[55] Floris J. Bex, *Arguments, Stories and Criminal Evidence*, cit., p. 100. Importa referir que, por exemplo, em *A Hybrid Formal Theory of Arguments, Stories and Criminal Evidence*, Bex e outros

ESTUDOS EM HOMENAGEM A MIGUEL GALVÃO TELES

4.3. A recuperação do significado original do *logos*?

I. Eventualmente, as coisas poderiam ser de outra forma se, subjacente aos modelos tradicionais de prova, fosse possível encontrar uma perspetiva diferente no que respeita à racionalidade.

Por exemplo, a racionalidade *narrativa* proposta e defendida por WALTER R. FISCHER não exclui a possibilidade de utilização de elementos de lógica formal ou informal[56]. De facto, a teoria de FISCHER é uma filosofia de razão, valor e ação e baseia-se no *paradigma narrativo (narrative paradigm)*, que constitui, segundo FISCHER, a fundação sobre a qual precisa de ser construída uma retórica completa. Mas não é uma forma de crítica retórica ou de celebração da narração como forma individuada ou género em si. A narração é considerada uma expressão de *«good reasons»*, que, se vistas retoricamente e experienciadas, se tornam constitutivas das pessoas, da comunidade e do mundo. Por outro lado, o *paradigma narrativo* sugere que o discurso contará sempre uma *story* e, ao convidar uma audiência a acreditar ou a agir de acordo com este discurso, o *paradigma narrativo* pode ser interpretado e avaliado. Além disso, o *paradigma narrativo* aceita a argumentação, criticando apenas a ideia segundo a qual só existe racionalidade no discurso quando este assume a forma da inferência ou da implicação ou é de tipo

---

identificaram previamente algumas insuficiências do *hybrid model* no que respeita ao *standard* de prova. Segundo BEX e outros, o modelo não refere quando é que o *standard* de prova relevante é atingido, já que: a) não garante que a melhor história seja suficientemente boa para ser considerada como sendo verdadeira; b) não fornece um critério para escolher entre argumentos rebatíveis. Porém, os autores corretamente salientam que se trata de questões jurídicas substantivas e não matéria de inferência, *«so it lies outside any formal model of reasoning»* – FLORIS J. BEX/PETER J. VAN KOPPEN/HENRY PRAKKEN/ BART VERHEIJ, "A Hybrid Formal Theory of Arguments, Stories and Criminal Evidence", cit., p. 150. Por outro lado, em artigos mais recentes, BEX e outros têm desenvolvido o seu modelo no que respeita aos ónus e *standards* de prova e aos *legal shifts* no processo de prova – FLORIS J. BEX/ DOUGLAS WALTON, "Burdens and Standards of Proof for Inference to the Best Explanation", in *Proceeding of the 2010 conference on Legal Knowledge and Information Systems: JURIX 2010: The Twenty-Third Annual Conference*, edited by RADBOUD G. F. WINKELS, The Netherlands: IOS Press Amsterdam, 2010, pp. 37-46, e FLORIS J. BEX/BART VERHEIJ, "Legal shifts in the process of proof", in *Proceedings of the 13th ICAIL, Pittsburgh, USA*, New York: ACM Press, 2011, pp. 11–20.

[56] Para um conhecimento mais detalhado da teoria de WALTER R. FISCHER, cfr.: "Toward a Logic of Good Reasons", in *The Quarterly Journal of Speech*, vol. 64, 1978, pp. 376-384; "Narration as a human communication paradigm: the case of public moral argument", in *Communication Monographs*, vol. 51, March 1984, pp. 1-22; "The narrative paradigm: an elaboration", in *Communication Monographs*, vol. 52, December 1985, pp. 347-367; WALTER R. FISCHER, *Human Communication as Narration: Toward a Philosophy of Reason, Value, and Action*, cit.; "Technical Logic, Rhetorical Logic, and Narrative Rationality", in *Argumentation*, vol. 1, 1987, pp. 3-21; "The Narrative Paradigm and the Interpretation and Assessment of Historical Texts", in *Journal of the American Forensic Association*, vol. 25, 1988, pp. 50-53; "Clarifying the narrative paradigm", in *Communication Monographs*, vol. 56, March 1989, pp. 55-38; "Narrative rationality and the Logic of Scientific Discourse", cit..

argumentativo. E o *paradigma narrativo* não recusa nem ignora os valores: combina os testes da razão e os testes dos valores[57]. A lógica deste *paradigma narrativo* é a *racionalidade narrativa*.[58]

O caminho de investigação de BEX e VERHEIJ parece mostrar-se conforme com a teoria de FISCHER quando concluem o seguinte, a respeito da sua *teoria híbrida*: «*Our hybrid theory and the associated critical questions show that the dialectical argumentation that is involved in reasoning on the basis of evidence is an intricate process that cannot be modelled appropriately using just syllogistic arguments of the form A therefore B. We have shown how two kinds of general knowledge about the world play a role: (1) defeasible argumentation schemes that specify which kinds of reasons support which kinds of conclusions (such as the witness testimony scheme), and (2) story schemes that specify which clusters of facts and events are plausible and coherent combinations that can be expected to happen (such as the restaurant script or the murder story scheme). (...) We believe that stories and story schemes will play an important role, not just for reasoning with evidence but in the field of argumentation in general. (...) As can be seen, the focus in recent research has mainly been on arguments and argumentation schemes. We think these first*

---

[57] WALTER R. FISCHER, *Human Communication as Narration: Toward a Philosophy of Reason, Value, and Action*, cit., pp. XI-XII, 62-69 e 86-98.

[58] Os elementos essenciais da *racionalidade narrativa* são: a) a comunicação humana é testada de acordo com os princípios da probabilidade (*probability - coherence*) e da fidelidade (*fidelity – truthfulness and reliability*); b) a probabilidade ou coerência é avaliada segundo a coerência argumentativa ou estrutural (*argumentative or structural coherence*), a coerência material (*material coherence* – que implica a comparação e o contraste das histórias contadas noutros discursos) e a coerência caracteriológica (*characterological coherence*); c) a fidelidade é avaliada de acordo com a lógica das *«good reasons»*, constituída por uma combinação de análise de argumentos e ferramentas de avaliação, oferecidas por STEPHEN TOULMIN, CHAÏM PERELMAN e outros, com questões críticas que podem identificar e ponderar valores; d) apesar de o discurso conter estruturas de razão que podem ser identificadas como propósitos específicos de argumento e avaliadas como tal, a razão também se verifica fora das estruturas argumentativas tradicionais; e) a utilização limitada mas necessária da lógica técnica na avaliação de formas de inferência e implicação, existente na comunicação humana, não é recusada, mas entende-se que esta avaliação é apenas útil na consideração do discurso como um todo e que os valores da *technical accuracy* não são tão importantes como os valores da *consistency, truthfulness, wisdom* e *human action*; f) ao contrário das lógicas anteriores: i) considera que a razão não se restringe a formas claras de argumentação; ii) sustenta que não é a forma individual do argumento que é persuasiva no discurso mas sim os valores que podem ser expressos de forma diferente dos argumentos, focando-se então em *«good reasons»* que são *«elements that provide warrants for accepting or adhering to the advice fostered by any form of communication that can be considered rethorical»*; iii) não exclui a longa tradição da lógica retórica, mas não limita a lógica a formas argumentativas de avaliação; iv) não privilegia uma forma de discurso sobre as outras por ter uma forma predominantemente argumentativa, já que, sendo o caso sempre uma *story*, podem ser utilizadas formas individuadas diferentes do argumento (por exemplo, a metáfora) – WALTER R. FISCHER, *Human Communication as Narration: Toward a Philosophy of Reason, Value, and Action*, cit., pp. 47-49.

ideas are a fertile ground on which new research can be built, further exploring the use of stories in philosophical and computational theories of complex reasoning».[59] Se for esse o caso, então poderíamos aplicar o seguinte ensinamento de WILLIAM TWINING citado por BEX e VERHEIJ: o conhecimento utilizado pelos seres humanos quando discutem é *«a complex soup of more or less well-grounded information, sophisticated models, anecdotal memories, impressions, stories, myths, proverbs, wishes, stereotypes, speculations and prejudices».*[60]

II. Uma coisa que a obra de FISCHER revela é que no início estaria o *logos*, que significaria *«story, reason, rationale, conception, discourse and thought»*, pelo que *«all forms of human expression and communication (...) came within this purview»*. Porém, a evolução do pensamento (filosófico, científico, etc...) e do discurso separou as várias formas contidas no *logos*. Como concluiu FISCHER, *«[b]y the twentieth century, technical logic had reified reason to mathematical symbolic forms, and rhetorical logic had continued its tradition of conceiving reason as for of argumentative proof».*[61]

Talvez a razão pela qual os *arguments* e as *stories* e as respetivas abordagens são apresentados em separado seja realmente esta. E talvez seja esta a razão por que precisamos de utilizar *teorias híbridas*. O meu palpite é que mais cedo ou mais tarde teremos de recuperar o significado original do *logos*. Por ora, no domínio da prova, estamos a tentar combinar *stories* e *arguments* de forma dialética e considerando que são *«communicating vessels»*. Mas isto bem poderá ser um sinal do início da recuperação do significado original do *logos*, pelo menos para o direito.

Conclusões

Existe um entrelaçamento entre a prova e o raciocínio jurídico.

Apesar de a prova ser tradicionalmente considerada produto de uma racionalidade lógica, os modelos de prova dotados de racionalidade lógica não são necessariamente apropriados e não são os únicos modelos de prova admissíveis, visto que: não são capazes de fornecer uma visão holística da prova, que poderá ser muito útil, por exemplo, em questões de *causalidade*; o uso frequente de juízos de probabilidade como forma de compensar o facto de a prova ser, muitas vezes,

---

[59] FLORIS J. BEX/BART VERHEIJ, "Solving a Murder Case by Asking Critical Questions: An Approach to Fact-Finding in Terms of Argumentation and Story Schemes", cit..

[60] WILLIAM TWINING, "Necessary but dangerous? Generalizations and narrative in argumentation about 'facts' in criminal process", in *Complex cases: Perspectives on the Netherlands criminal justice system*, edited by J.F. NIJBOER and M. MALSCH, Amsterdam: Thela Thesis, 1999, 69–98 (91), *apud* FLORIS J. BEX/BART VERHEIJ, "Solving a Murder Case by Asking Critical Questions: An Approach to Fact-Finding in Terms of Argumentation and Story Schemes", cit..

[61] WALTER R. FISCHER, *Human Communication as Narration: Toward a Philosophy of Reason, Value, and Action*, cit., pp. 5-54.

inconclusiva, inconsistente, não fidedigna e obscura, não é isento de dificuldades; se assumirmos uma perspetiva *narrativa* da racionalidade poderemos considerar ser melhor um modelo *narrativo* de prova, baseado, por exemplo, no *storytelling*.

Por seu turno, os modelos *narrativos* de prova por si sós podem também não ser considerados adequados ou suficientes. Os modelos *narrativos* baseiam-se na inferência abdutiva, que é um tipo de inferência lógica e para a qual existem dois modelos computacionais muito diferentes e complexos considerados aptos para lidar com ela: as redes Bayesianas (*Bayesian networks*) e a coerência explanatória (*the explanatory coherence*). Além disso, não parece ser compatível com o apuramento dos factos a circunstância de um elemento manipulativo poder ser trazido por parte do *storytelling* para o discurso jurídico e a circunstância de tanto o *story model* e os *parallel constraint satisfaction models* serem considerados problemáticos do ponto de vista da prova e das decisões jurídicas.

Neste contexto, talvez se justifique combinar de forma dialética as *stories* e os *arguments* numa *teoria híbrida*, o que assegura a oportunidade de usar outros elementos da lógica, formal ou informal, e eventualmente de sinalizar o início do caminho de recuperação, pelo menos para o direito, do significado original do *logos*.

Lisboa, 31 de julho de 2012

O pagamento em processo de execução – alguns problemas

NUNO ANDRADE PISSARRA[*]

SUMÁRIO: **I.** Aspetos gerais. **II.** Pagamento voluntário. *A)* Aspetos gerais. *B)* Pagamento no próprio processo executivo: *a)* Presunção de pagamento; *b)* Dispensa do consentimento do exequente; *c)* Quem pode pagar; *d)* A quem se pode pagar. *C)* Pagamento fora do processo executivo. *D)* Pagamento em prestações. **III.** Pagamento coercivo. *A)* Entrega de dinheiro. *B)* Consignação de rendimentos

Nota prévia

Conheci o Dr. Miguel Galvão Teles quando, em 1999, iniciei o meu estágio de advocacia na então sociedade de advogados *Miguel Galvão Teles, João Soares da Silva e Associados*. Tive a honra de o ter como meu patrono e a sorte de, durante mais de 10 anos seguidos, ter trabalhado sempre com ele, por vezes quase em dedicação exclusiva aos complicadíssimos assuntos que fatalmente iam parar a suas mãos e só ele conseguia resolver.

O Dr. Miguel Galvão Teles não é apenas um genial e brilhantíssimo jurista e advogado. É muito boa pessoa e é um amigo de verdade.

Este estudo é pequeníssimo tributo a quem tanto e tanto devo!

I. Aspetos gerais

1. O presente estudo tem por objeto alguns problemas que se põem na última fase da ação executiva para pagamento de quantia certa: a fase do pagamento.

O pagamento a que tipicamente conduz a ação executiva é o *pagamento coercivo*[1]. A ele se faz referência no art. 872º, nº 1[2], e pode conseguir-se por uma das

---

[*] Advogado. Assistente da Faculdade de Direito da Universidade de Lisboa.

[1] O pagamento coercivo, nas palavras do Prof. TEIXEIRA DE SOUSA, "é aquele que é realizado através de meios próprios da execução" (*Acção Executiva Singular*, Lisboa, Lex, 1998, p. 406).

[2] São do Código de Processo Civil os artigos referidos sem indicação da fonte.

vias seguintes: entrega de dinheiro, adjudicação de bens, consignação de rendimentos ou venda executiva. Estes casos têm de comum o facto de pressuporem a *penhora* de bens: a entrega de dinheiro é do dinheiro penhorado, a consignação é dos rendimentos dos bens penhorados e a adjudicação e a venda executiva são, claro, dos bens penhorados.

Em geral, as diligências necessárias para o pagamento coercivo não têm de aguardar pela sentença de verificação e graduação dos créditos (v., por exemplo, o art. 887º, nº 2, também aplicável à adjudicação por remissão do art. 878º), mas só podem iniciar-se após o decurso do prazo para a reclamação de créditos (art. 873º, nº 1), salvo quanto à consignação de rendimentos, que pode ser requerida e deferida logo a seguir à penhora.

Tem sido discutido se se podem *iniciar* tais diligências enquanto não transitar em julgado a sentença sobre a oposição à execução, sempre que o recebimento desta não suspenda a execução e o exequente ou os credores não prestem caução. A letra do art. 818º, nº 4, parece apontar para a proibição do ato último de satisfação do crédito do exequente ou credores ("obter pagamento", diz-se) e não para o início das diligências destinadas ao pagamento. Uma coisa seria o pagamento *tout court* – que estaria proibido – e outra seriam as *formas* (ou "modos", como se diz na epígrafe do art. 872º) por que ele se atinge – cujo início seria permitido. Os tribunais superiores têm-se, porém, pronunciado no sentido de que é o início das próprias diligências destinadas ao pagamento que releva no quadro do art. 818º, nº 4 (v., por exemplo, os Acs. do TRL de 13/3/2007[3] e do TRC de 21/10/2010[4-5]).

2. Ao lado do pagamento coercivo, pode o pagamento ser efetuado por *vontade de quem* paga. Trata-se do *pagamento voluntário* e a ele é feita referência nos arts. 916º e 882º e ss. ([6])

Nestes casos não é exigida prévia penhora: o pagamento previsto no art. 916º pode ser feito em qualquer estado do processo e o pagamento por prestações também pode ter lugar logo que esteja pendente a instância executiva. Não é preciso que os autos aguardem pelo fim do prazo para a reclamação dos créditos.

---

[3] Proc. nº 1475/2007-1. Salvo indicação em contrário, os acórdãos citados no presente texto encontram-se disponíveis em www.dgsi.pt.

[4] Proc. nº 88/06.0TTFIG-F.C1.

[5] Já antes o TRP, por Ac. de 10/3/1988, *BMJ*, nº 375, p. 446, tinha decidido que "a execução não passa à fase reguladora dos modos de pagamento" enquanto estiverem pendentes os embargos.

[6] TEIXEIRA DE SOUSA, *Acção...*, p. 407, e AMÂNCIO FERREIRA, *Curso de processo de execução*, 13ª ed., Coimbra, Almedina, 2010, pp. 356 e 413, incluem o pagamento em prestações entre as modalidades de pagamento coercivo.

3. Como dissemos, falaremos apenas de *alguns problemas* sobre a fase do pagamento.

Começamos por analisar o pagamento voluntário (aqui incluindo o pagamento em prestações) e passaremos depois às formas de pagamento coercivo. Dentro destas, dedicaremos apenas breves considerações à entrega de dinheiro e à consignação de rendimentos[7].

II. Pagamento voluntário
A) Aspetos gerais

4. Cumpre fazer uma primeira distinção entre *pagamento efetuado no próprio processo executivo* e *pagamento efetuado fora do processo executivo*[8].

O *primeiro* é aquele que vem especialmente regulado nos nºs 1 a 4 do art. 916º. Ao *segundo* é especialmente dedicado o art. 916º, nº 5.

Vamos começar pelo primeiro, deixando de parte, seguindo a linha de exposição que traçámos, os aspetos processuais mais burocráticos respeitantes aos termos da liquidação da responsabilidade.

B) Pagamento no próprio processo executivo
a) Presunção de pagamento

5. O pagamento *no próprio processo executivo* faz-se mediante *entrega direta ao agente de execução*[9] ou por *depósito em conta bancária* à sua ordem (art. 916º, nº 1).

Queremos aqui deixar algumas notas a este propósito.

A *primeira* prende-se com este caso resolvido no Ac. do TRL de 29/5/2009[10]: uma das executadas entregou à solicitadora de execução certo valor "a fim de se proceder à penhora do dinheiro relativo à quantia exequenda", solicitando que se promovesse "de imediato o levantamento das penhoras entretanto já efetuadas"; após comunicação ao processo pela solicitadora de execução, foi sustada a execução, remetidos os autos à conta e julgada extinta a execução, mas a executada requereu que os autos prosseguissem, na medida em que não fora sua intenção proceder ao pagamento da quantia exequenda, antes evitar outras penhoras.

---

[7] Deixamos de fora, pois, a venda executiva e a adjudicação de bens, mais frequentemente tratadas pela doutrina.

[8] V. AMÂNCIO FERREIRA, *Curso*..., pp. 413 e ss. Também LEBRE DE FREITAS e RIBEIRO MENDES, *Código de Processo Civil anotado*, vol. 3º, Coimbra, Coimbra Editora, 2003, p. 628, distinguem o pagamento voluntário dos nºs 1 e ss. do art. 916º, que é um *ato processual*, do pagamento feito *extraprocessualmente* por entrega ao exequente.

[9] Se feita no próprio ato da penhora, susta-se logo a execução (v. RUI PINTO, *A Acção Executiva depois da Reforma*, Lisboa, Lex, 2004, p. 216). O requerimento para pagamento voluntário pode ser verbal (LEBRE DE FREITAS e RIBEIRO MENDES, *Código*..., p. 627).

[10] Proc. nº 26011/2005-7.

ESTUDOS EM HOMENAGEM A MIGUEL GALVÃO TELES

O tribunal indeferiu o requerido com fundamento em que "o pagamento da quantia exequenda é causa da extinção da execução". Interposto recurso, foi julgado procedente, porque não havia "no processo nenhum requerimento, quer da executada, quer da solicitadora de execução, a dar conta de que a quantia entregue pela executada se destina[va] a fazer cessar a execução pelo pagamento (voluntário)".

A decisão é de acompanhar na parte em que exige, para haver pagamento voluntário, a entrega de uma quantia *com vista* a fazer cessar a execução. Mas já não é de se exigir, segundo cremos, que tal intenção resulte *inequivocamente* (como se diz no sumário do aresto) de requerimento do executado. De harmonia com as regras da experiência, a entrega de certa quantia de dinheiro *pelo executado*, a um agente de execução e no âmbito de certo processo executivo, é normalmente feita para pagamento da dívida exequenda, mesmo que o pagamento seja parcial. Se quer sujeitar certa quantia a penhora, o executado indica-a para penhora [arts. 833º-B, nº 4, ou 834º, nº 3, al. a)] – não a entrega ao agente de execução. Pretendendo que a quantia entregue não seja tomada, pelo agente de execução, como pagamento voluntário, eventualmente culminando na extinção da execução, o executado há de declará-lo expressamente. Foi o que, afinal de contas, sucedeu no caso julgado pela Relação de Lisboa.

b) Dispensa do consentimento do exequente

6. A segunda *nota* é esta: o pagamento previsto no art. 916º, nºs 1 e 2, dispensa, como é evidente, o consentimento do exequente quanto a esse pagamento. É indiferente que o exequente queira ou não (por exemplo, dava-lha gozo ver vendidos os bens penhorados) o pagamento voluntário pelo executado. Mesmo havendo oposição do exequente, deve o agente receber o pagamento, ainda que parcial [11].

---

[11] Atento o princípio da integralidade do cumprimento (art. 763º do CC), podia questionar-se se ao agente de execução, por respeito a prévia indicação do exequente nesse sentido ou por iniciativa própria, seria legítimo recusar um pagamento parcial (*v.g.*, respeita apenas a parte da dívida exequenda). A resposta é negativa, não só pela razão apontada no texto, como também porque o recurso à ação executiva implica por definição abdicar de exigir a prestação nos termos das regras gerais sobre cumprimento.

O pagamento parcial tem repercussão no plano da *extensão* da penhora (art. 821º, nº 3) e, claro, da dívida exequenda, mas não terá a virtude de sustar a execução e provocar a liquidação da responsabilidade do executado, a não ser que seja razoavelmente previsível, consideradas as circunstâncias do caso, que tudo venha a ser pago após liquidação. Não pode olvidar-se que só um pagamento "manifestamente insuficiente" obsta à sustação da execução, nos termos do art. 916º, nº 4.

Não é parcial o pagamento de parte da dívida exequenda quando o restante dela (e das custas) já está solvido pelo produto da venda ou adjudicação de bens (art. 916º, nº 3), assim como o não é se, cobrindo o crédito exequendo e as custas, deixar de fora os créditos reclamados para serem pagos

Mas também por esta mesma circunstância – a de que não é necessário nem pressuposto o consentimento do exequente –, está em causa simplesmente o pagamento em sentido estrito, isto é, o cumprimento da obrigação mediante entrega de quantia pecuniária e não outra forma de extinção das obrigações para além do pagamento. Parece-nos evidente, por exemplo, que o executado não pode "pagar" diretamente ao agente de execução, e pretender a sustação e extinção da execução, através de uma dação em cumprimento, entregando-lhe coisa diversa da quantia devida (ainda que de valor superior).

c) Quem pode pagar

7. A *terceira nota* relaciona-se com a *legitimidade ativa* para o pagamento, isto é, com a questão de saber *quem* pode proceder ao pagamento voluntário.

É sabido que o Código Civil permite o cumprimento de prestações fungíveis por terceiros com grande generosidade (arts. 767º e 768º).

Ora, também o pagamento voluntário em processo executivo pode, de harmonia com o art. 916º, nº 1, ser efetuado por "qualquer outra pessoa" que não o executado[12]. Está pois liminarmente vedado ao agente de execução recusá-lo, por sua iniciativa ou a pedido do credor – v. art. 768º, nº 1, do CC[13]. Nem pode, por outro lado, interpelar essa *outra pessoa* sobre as razões por que paga, à face do estatuído no art. 767º, nº 1, *in fine*, do CC.

Note-se porém que a lei processual, no art. 916º, nº 1, não se refere a *terceiro* – o que podia ser entendido como terceiro em relação ao próprio processo executivo –, mas sim a *qualquer outra pessoa*, por isso que pode tratar-se de um dos intervenientes no processo[14].

8. Mas é então legítimo perguntar que acontece à instância executiva quando o pagamento é efetuado por outra pessoa que não o executado. Se for por este, a instância acaba por se extinguir [arts. 916º, nº 1, e 919º, nº 1, al. a)]. E se for por terceiro?

---

pelo produto da venda (art. 917º, nº 2). V. EURICO LOPES-CARDOSO, *Manual da Acção Executiva*, 3ª ed., Coimbra, Almedina, 1992, p. 628, e TEIXEIRA DE SOUSA, *Acção...*, p. 404.

[12] Claro que estamos a falar de uma "outra pessoa" que é verdadeiro terceiro em relação ao executado, pois que se for seu representante o pagamento é ainda *do* executado.

[13] De resto, o credor, ao recorrer à ação executiva, já desistiu de receber a prestação das mãos do próprio devedor (v. ALBERTO DOS REIS, *Processo de execução*, vol. 2º, Coimbra, Coimbra Editora, 1985, p. 491). Segundo LEBRE DE FREITAS e RIBEIRO MENDES, *Código...*, p. 627, o exequente, o executado e os credores também não podem opor-se ao pagamento por terceiro com fundamento nos arts. 767º, nº 2, e 768º do CC.

[14] V. ALBERTO DOS REIS, *Processo de execução*, vol. 2º, p. 491, e TEIXEIRA DE SOUSA, *Acção...*, p. 406. É óbvio que não pode tratar-se do exequente: "[e]ste – dizia o Prof. ALBERTO DOS REIS – pode desistir da execução; não pode fazê-la cessar pelo pagamento, porque não há-de pagar a si próprio" (*Processo de execução*, vol. 2º, p. 491).

A resposta afigura-se-nos simples: o destino da ação executiva é determinado pelo efeito que o pagamento por terceiro tenha sobre a obrigação exequenda.

Ora, na generalidade dos casos, o cumprimento por terceiro extingue a obrigação. Uma vez extinta a obrigação exequenda, segue-se que a instância executiva (depois de pagas as custas) há de ter-se também ela por extinta [art. 919º, nº 1, al. a)], sem prejuízo da sua renovação à luz do art. 920º, nº 2.

Pode suceder que, ao pagar, o terceiro adquira um *novo* direito de crédito sobre o executado. Quando age, por exemplo, como gestor de negócios, com o pagamento da dívida adquire o terceiro um *novo* crédito sobre o executado (art. 468º do CC), além de extinguir o crédito do exequente. O mesmo acontece se o terceiro pagar ao exequente mas não for prévia e expressamente sub-rogado nos seus direitos ou estiverem afastados os pressupostos da sub-rogação legal (arts. 589º, 590º e 592º do CC) – o crédito do exequente extingue-se e o terceiro pode exigir o seu *novo* crédito sobre o devedor, correspondente à quantia paga, nos termos do enriquecimento sem causa[15]. Em qualquer destes casos, e em outros equivalentes, querendo o terceiro fazer-se pagar coercivamente do crédito que por virtude do pagamento adquiriu sobre o executado, tem de demandá-lo em nova ação executiva, tendo título para tal, pois que ele não sucedeu no crédito (e seus acessórios) do exequente, antes viu nascer *ex novo* na sua esfera jurídica um outro direito de crédito[16].

9. Há todavia situações em que o efeito do pagamento por terceiro não consiste na extinção da obrigação, mas antes na *transmissão do crédito para o pagador*. O devedor continua adstrito à dívida, mas muda o credor. Trata-se das hipóteses de sub-rogação.

Com efeito, se alguém cumpre obrigação de outrem, pode ver-se sub-rogado nos direitos do credor, pelo próprio credor, pelo devedor ou porque a lei o determina.

Nenhuma das formas de sub-rogação previstas na lei civil por força do cumprimento por terceiro (arts. 589º, 590º e 592º do CC) deve ter-se por excluída estando pendente ação executiva. Ponto é que a sub-rogação voluntária seja declarada pelo executado ou pelo exequente (não pelo agente de execução, que não

---

[15] V. INOCÊNCIO GALVÃO TELLES, *Direito das Obrigações*, 7ª ed., Coimbra, Coimbra Editora, 1997, p. 233, ANTUNES VARELA, *Das obrigações em geral*, vol. II, 7ª ed., Coimbra, Almedina, 2004, pp. 29-30, e MENEZES LEITÃO, *Direito das Obrigações*, vol. II, 8ª ed., Coimbra, Coimbra Editora, 2011, pp. 155 e 156. Em termos não inteiramente coincidentes, v. MENEZES CORDEIRO, *Tratado de Direito Civil Português*, vol. II, tomo IV, Coimbra, Almedina, 2010, p. 49.

[16] Na hipótese de o terceiro agir com *animus donandi*, com intuito de fazer ao executado uma liberalidade, por ele aceita, a obrigação exequenda extingue-se e contra o devedor-executado não adquire o terceiro qualquer crédito.

NUNO ANDRADE PISSARRA

representa o exequente) antes da realização da prestação. Quanto à sub-rogação legal, também pode ter lugar se o terceiro for um garante do executado ou se tiver interesse direto no pagamento[17].

Ora, quando a obrigação exequenda se não extingue, mas se transmite o crédito para o terceiro-pagador, que destino reserva a nossa lei processual à instância executiva? Sendo a sub-rogação total, três respostas seriam admissíveis: *a)* a instância extingue-se simplesmente; *b)* o terceiro pagador pode habilitar-se na sequência da transmissão do crédito, para prosseguir com a demanda contra o executado[18]; *c)* a instância continua com o terceiro como exequente sem ser precisa habilitação.

10. A hipótese de considerar a instância executiva extinta facilmente encontraria abrigo na *letra* do art. 919º, nº 1, al. a), e do próprio art. 916º, nº 1 – pode o executado ou qualquer outra pessoa *fazer cessar* a execução, diz-se expressivamente neste último —, além de os arts. 916º e ss. aparecerem inseridos numa secção epigrafada de "extinção e anulação da execução"[19].

Mas tais normativos não podem ser lidos isoladamente, nem é lícito esquecer o princípio da economia processual e as exceções à estabilidade da instância que determina. Ao que acresce que, como foi dito, não são unitários os efeitos do pagamento por terceiro sobre a vida da obrigação exequenda.

Os artigos em apreço hão de ser interpretados restritivamente, de sorte que a extinção da execução só pode ter-se por certa quando o pagamento acabe com o crédito exequendo. Se ele subsistir, transmitindo-se para quem pagou, um outro

---

[17] Admitindo a sub-rogação legal, v. TEIXEIRA DE SOUSA, *Acção...*, p. 406, e LEBRE DE FREITAS e RIBEIRO MENDES, *Código...*, p. 631. V. ainda Ac. do TRP de 15/11/2007, proc. nº 0735275.

[18] O incidente de habilitação aplica-se igualmente no processo executivo, mesmo fora das hipóteses de habilitação-legitimidade previstas no art. 56º, nº 1, isto é, quando a transmissão do crédito ou da dívida acontece na pendência da ação executiva. V. EURICO LOPES-CARDOSO, *Manual...*, p. 99, RODRIGUES BASTOS, *Notas aos Código de Processo Civil*, vol. I, 3ª ed., Lisboa, 1999, p. 113, AMÂNCIO FERREIRA, *Curso...*, pp. 75-76, SALVADOR DA COSTA, *Os incidentes da instância*, 4ª ed., Coimbra, Coimbra Editora, 2006, p. 235, TEIXEIRA DE SOUSA, *Acção...*, p. 136, LEBRE DE FREITAS, *A Acção Executiva. Depois da reforma da reforma*, 5ª ed., Coimbra, Coimbra Editora, 2009, pp. 123-124, e REMÉDIO MARQUES, *Curso de processo executivo comum à face do Código revisto*, Porto, SPB, 1998, pp. 106-107. Na jurisprudência, quanto à habilitação como exequente, v. Acs. do TRP de 25/2/1999, proc. nº 9930102, de 14/11/2006, proc. nº 0624781, e de 19/11/2009, proc. nº 181-C/1995.P1; Acs. do TRC de 7/11/2000, proc. nº 1624/2000, e de 25/3/2010, proc. nº 1955/09.5T2AGD-B.C1, confirmado por Ac. do STJ de 23/11/2010, proc. nº 1955/09.5T2AGD-B.C1.S1; e Acs. do TRL de 15/2/2007, proc. nº 938/2007-6, de 24/4/2008, proc. nº 2360/2008-6, de 22/1/2009, proc. nº 9847/2008-8, e de 22/11/2011, proc. nº 68208/05.3YYLSB-B.L1-7.

[19] Era esta a tese defendida pelo Dr. EURICO LOPES-CARDOSO nas primeiras edições do seu *Manual da Acção Executiva* (1ª ed., Lisboa, 1942, p. 460, e 2ª ed., Coimbra, Livraria Gonçalves, 1949, p. 538).

ESTUDOS EM HOMENAGEM A MIGUEL GALVÃO TELES

comando jurídico entra em campo, qual seja o do art. 917º, nº 6: "[se] o pagamento for efetuado por terceiro, este só fica sub-rogado nos direitos do exequente mostrando que os adquiriu nos termos da lei substantiva"[20]. Numa palavra, os arts. 916º, nº 1, e 919º, nº 1, al. a), reportam-se ao pagamento facto extintivo da obrigação, ao passo que o nº 6 do art. 917º visa especialmente a hipótese de o pagamento ser causa de transmissão do crédito.

Esta norma é porém enigmática. Se por um lado parece referir-se exclusivamente aos *direitos substantivos* do credor ("mostrando que *os* adquiriu *nos termos da lei substantiva*"), por outro lado refere-se aos *direitos do exequente*, e não *do* mero *credor*. Ora, sob pena de se ter por praticamente inútil[21] – que a transmissão do crédito por sub-rogação depende de estarem reunidos os pressupostos da lei civil é evidente –, há que acentuar, julgamos, a referência que no preceito é feita ao exequente, aos *direitos do exequente*. Parece a lei querer dizer que, sendo pago o crédito por terceiro em plena ação executiva e posto que ele fique sub-rogado nos termos do Direito civil, há de igualmente ficar sub-rogado na posição do exequente, quer dizer, nos *direitos adjetivos ou processuais do exequente*. A esta mesma conclusão chegavam, em 1963, o Prof. CASTRO MENDES[22] e, posteriormente, o Dr. EURICO LOPES-CARDOSO, na 3ª ed. do seu *Manual*[23], e o Prof. ANSELMO DE CASTRO, para quem a sub-rogação prescrita no artigo em análise "não pod[ia]

---

[20] A tese de que a transmissão do crédito exequendo gera sempre extinção da execução aparece, contudo, em arestos recentes. Em Ac. de 25/3/2010, proc. nº 1955/09.5T2AGD-B.Cl, o TRC, embora recusando a habilitação, como exequente, do coexecutado avalista da sacadora que tinha pagado a letra de câmbio dada à execução com fundamento em que o seu direito era "um direito próprio e autónomo, emergente da letra, e não um direito que lhe [tivesse] sido transmitido [...], porque não há sub-rogação", não deixou de sustentar que "o pagamento voluntário feito na pendência da execução pelo executado ou por terceiro é causa de extinção da execução (art. 916º, nº 1, e 917º do CPC/95) [...], [pelo que,] mesmo que houvesse sucessão do crédito, o "sucessor" jamais poderia habilitar-se no processo [...]". Por seu turno, no sumário do Ac. do TRC de 20/2/2001, proc. nº 3640/2000, lê-se que o "pagamento importa a extinção da execução, e daí que, mesmo havendo cessionário, não pode ele servir-se do processo do art. 376º para se habilitar como sucessor do cedente". Enfim, em Ac. de 20/11/2006, proc. nº 0655695, o TRP conclui expressamente que o pagamento feito por terceiro sub-rogado nos termos do art. 917º, nº 6, "não faz com que a execução não cesse".

[21] Ou mesmo absurda, como sustentava o Prof. CASTRO MENDES, "Efeitos do pagamento com sub-rogação em processo executivo", *Ciência e Técnica Fiscal*, nº 58, 1963, p. 607.

[22] "Efeitos do pagamento com sub-rogação em processo executivo", pp. 603 e ss.

[23] Pp. 632 e 633: "[a] disposição do Código de Processo só pode, pois, ter querido significar que há sub-rogação dos direitos que o exequente tinha *como parte na execução*, sempre que, nos termos do Código Civil, haja sub-rogação do crédito exequendo". O Autor restringia, no entanto, o exercício dos direitos pelo sub-rogado a momento anterior à emissão da sentença de extinção, restrição essa que mereceu crítica severa do Prof. ANSELMO DE CASTRO, *A acção executiva singular, comum e especial*, 3ª ed., Coimbra, Coimbra Editora, 1977, p. 263, nota 2.

deixar de considerar-se como extensiva a todos os direitos do exequente e portanto ao de não poder a execução ser declarada extinta, até extinção da obrigação para com o terceiro"[24].

11. O terceiro sub-rogado há de exercer os seus direitos por meio do incidente de habilitação. Pelo menos assim o preconiza a doutrina tradicional[25]. Mas não será de levar a interpretação do art. 917º, nº 6, mais longe?

Certamente que a descoberta, no art. 917º, nº 6, de uma regra que se não limita a repetir, fora de contexto, o Código Civil, autorizando o prosseguimento da execução pelo sub-rogado, é em si mesmo um avanço; mas avanço tímido, porque o direito de o sub-rogado continuar com a demanda resultaria já da articulação dos arts. 916º, nº 1, e 917º, nº 1, al. a), com as regras gerais reguladoras do incidente de habilitação.

Querendo-se tirar do preceito tudo o que ele pode dar, nele há de descobrir-se uma permissão para que o terceiro validamente sub-rogado nos termos da lei substantiva requeira a continuação com a execução, na posição do exequente, sem necessidade de recorrer à habilitação. E faz todo o sentido que assim seja, em homenagem à celeridade processual e à certeza formada em pleno processo quanto à aquisição do crédito por parte do sub-rogado, atento o facto de o pagamento da dívida exequenda ser efetuado ao agente de execução ou na secretaria. De resto, o executado não fica em pior situação daquela em que estava antes da sub-rogação porque valem contra o terceiro sub-rogado os meios de defesa que o executado tinha contra o exequente[26].

Claro está que, excetuado o facto essencial (o pagamento), pertence ao terceiro sub-rogado alegar e demonstrar os factos integrantes do direito de prosseguir com a ação, isto é, de que foi declarado sub-rogado pelo credor ou pelo devedor (ou tinha interesse direto no cumprimento) e a sub-rogação é eficaz face ao executado (v. arts. 583º e 594º do CC). Mas isso será muito fácil na generalidade dos casos. E, acima de tudo, está o terceiro pagador autorizado a prová-lo na

---

[24] *A acção ...*, p. 263.

[25] V. EURICO LOPES-CARDOSO, *Manual...*, p. 633, CASTRO MENDES, "Efeitos do pagamento com sub-rogação em processo executivo", p. 609, e TEIXEIRA DE SOUSA, *Acção...*, p. 406. Na jurisprudência, v. por exemplo o Ac. do TRP de 15/11/2007, proc. nº 0735275.

[26] Assim é, pelo menos, nos casos de sub-rogação legal ou pelo credor, por aplicação analógica do art. 585º do CC (o art. 594º não o inclui expressamente na remissão que faz para o regime da cessão de créditos). Sendo a sub-rogação feita pelo devedor, seria incompreensível, à luz da boa-fé, que pudesse ele opor ao terceiro os meios de defesa que tinha contra o exequente, salvo reserva nesse sentido tempestivamente comunicada ao terceiro pagador. V. ANTUNES VARELA, *Das obrigações em geral*, vol. II, p. 352, nota 1, RIBEIRO DE FARIA, *Direito das Obrigações*, vol. II, reimp., Coimbra, Almedina, 2001, pp. 572 e 573, e MENEZES LEITÃO, *Direito das Obrigações*, vol. II, pp. 45 e 46.

própria ação executiva – o terceiro fica (*processualmente*) sub-rogado *na ação executiva*, diz-se no art. 917º, nº 6, *aí mostrando* que adquiriu os direitos do exequente...[27].

12. Olhando para a letra do art. 917º, nº 6, vê-se que se aplica somente ao pagamento *por terceiro sub-rogado* nos termos da lei substantiva.

A referência à sub-rogação (e ao *pagamento*) permite excluir logo a aplicação do preceito – e, portanto, a dispensa de habilitação – às hipóteses de cessão de créditos. Compreende-se que assim seja, atenta a maior complexidade da prova e apreciação dos seus pressupostos. Há que recorrer às regras gerais reguladoras da modificação subjetiva da instância.

A referência ao pagamento *por terceiro* exclui da previsão do artigo o pagamento efetuado por algum dos intervenientes na ação. Significativamente, a lei já não fala aqui de pagamento *por qualquer outra pessoa* (como faz no art. 916º, nº 1), mas sim por *terceiro*. Sendo o pagamento efetuado *pelo próprio executado* com dinheiro de terceiro – única hipótese em que o terceiro pode ser sub-rogado apesar de não ter sido ele mesmo a cumprir –, embora possa dar-se sub-rogação, a prova dos requisitos constantes do art. 591º, nº 2, do CC é suscetível de colocar problemas complicados com que a dispensa de habilitação se não compadece[28]. Sendo o pagamento efetuado por um *credor reclamante* ou um *coexecutado*, impõe-se

---

[27] Na dúvida, deve ser declarada extinta a instância executiva, com fundamento no pagamento liberatório da dívida exequenda por terceiro.

Não parece que a declaração de sub-rogação (quando exigível) tenha de constar sempre de documento escrito, complementar do título executivo inicialmente dado à execução. Sustenta o Prof. Teixeira de Sousa, *Acção...*, p. 137, que, no caso de sucessão singular, não é necessário que o documento através do qual foi realizada a transmissão seja ele próprio um título executivo, pois que a situação "assenta na extensão da eficácia do título executivo relativo ao transmitente, cedente ou antigo devedor ao adquirente, cessionário ou novo devedor, o que não exige um novo título executivo a favor ou contra estes sujeitos". V. também os Acs. do TRL de 22/1/2004, proc. nº 8923/2003-2, e do TRP de 14/9/2006, proc. nº 0634170.

[28] O Dr. Eurico Lopes-Cardoso, *Manual...*, p. 632, nota 2, e o Prof. Teixeira de Sousa, *Acção...*, p. 406, defenderam também a não aplicação do anterior art. 917º, nº 5, ao pagamento efetuado pelo executado com dinheiro de terceiro, embora com consequências muito diferentes das que nós retiramos. A não aplicação do art. 917º, nº 6, significa simplesmente, para nós, a necessidade de recorrer ao incidente de habilitação por parte do terceiro – e não a impossibilidade de ele intervir na execução.

promover uma mudança no estatuto processual desses intervenientes, mudança que só a habilitação logra operar[29-30-31].

Enfim, não fica isento do recurso à habilitação o terceiro que pague, com sub-rogação, *fora* do processo executivo, porque em semelhante hipótese impõe-se carrear para o processo a prova do cumprimento.

13. Sempre que o pagamento é efetuado por outra pessoa, o agente de execução tem de se certificar muito bem do título a que ela o faz. O pagamento por outra pessoa que não o executado, para ter efeito liberatório da obrigação e extintivo da execução, tem de ser *inequivocamente* reportado pelo pagador à quantia exequenda. Havendo dúvida, o agente de execução deve recusá-lo ou devolver logo o dinheiro[32].

Num caso decidido pelo TRP em 27/6/2008[33], a entidade patronal do executado, depois de notificada nos termos do art. 861º e de lhe ser aplicada, por não ter respondido à notificação, a cominação do art. 860º, nº 3, efetuou o pagamento da totalidade da quantia devida pelo seu trabalhador. Surgiu a dúvida sobre se tal pagamento constituía pagamento voluntário por terceiro para efeitos dos arts. 916º e 917º. O Tribunal veio a decidir que o pagamento efetuado se não reportava à quantia em dívida pelo executado, mas antes à quantia em dívida pela própria entidade patronal na sequência da aplicação do regime do art. 860º, nº 3. "[Subjacente] a todo o artigo [916º, nº 2] – lê-se no aresto – está a vontade de fazer cessar a execução pelo pagamento, possibilitando-se a qualquer pessoa para além do executado, terceiro na execução, a faculdade de usar dessa possibilidade de fazer cessar a execução pelo pagamento. Ora, no caso *sub judice*, a entidade

---

[29] Daí que sufraguemos a decisão do TRP de 28/9/2000, proc. nº 0031029, do TRC de 7/11/2000, proc. nº 1624/2000, ou do TRL de 22/11/2011, proc. nº 68208/05.3YYLSB-B.L1-7. Recusando a aplicação do art. 917º, nº 6, ao caso do avalista que pagou também com fundamento no facto de ser um executado e não um terceiro, v. o Ac. do TRC de 25/3/2010, proc. nº 1955/09.5T2AGD-B. C1, embora conclua que nem a habilitação é viável. Na doutrina, EURICO LOPES-CARDOSO, *Manual...*, p. 633, sustentava a aplicação do então art. 917º, nº 5, ao devedor solidário coexecutado que, nos termos dos arts. 916º e 917º, pagasse toda a execução. Mas isto, relembre-se, apenas para permitir a sua habilitação.

[30] Não vale recorrer aos arts. 885º, nº 4, ou 920º, nº 3, sempre que o pagador do crédito exequendo tenha sido um credor reclamante, porque nenhum desses normativos trata da sucessão, pelo credor, no crédito do exequente.

[31] Este último argumento impele-nos, porém, a incluir na previsão do art. 917º, nº 6, o coexequente que adquirir o crédito do seu comparte por sub-rogação. Que sentido teria habilitar o coexequente como exequente?

[32] Assim o ordenou o Tribunal de Santo Tirso no despacho apreciado e mantido pelo Ac. do TRP a seguir analisado no texto.

[33] Proc. nº 0821601.

ESTUDOS EM HOMENAGEM A MIGUEL GALVÃO TELES

patronal pagou (mais do que queria pagar e do que entendia dever pagar), não porque fosse sua vontade fazer cessar a execução, pagando, mas porque se viu na eminência de ver penhorados os seus bens móveis, com efetiva apreensão e remoção (art. 848º do CPC), com o eventual prejuízo daí resultante. [...]". Por certo que, *in casu*, a entidade patronal declarou no ato de entrega do dinheiro por que fazia o pagamento e que não prescindia "dos meios legais de que dispunha para deduzir oposição"; mas, mesmo que nada tivesse dito, havia de se presumir que o pagamento visava saldar a *sua* dívida (já que ela mesma também se tornara *executada*) e não a do seu trabalhador.

Muito diferente se mostra aqueloutra situação em que o terceiro paga *com vista* a evitar a penhora de bens *seus* pela dívida *do* executado, pertencente só ao executado. Quem paga para evitar a penhora dos seus bens em execução de terceiro, *paga porque quer pagar a dívida exequenda, paga porque quer acabar com a execução*, de forma que deve o agente de execução receber o dinheiro e a final declarar extinta a execução.[34]

d) A quem se pode pagar

14. A quarta *nota* respeita à *legitimidade passiva para o pagamento*, isto é, à questão de saber *a quem deve ser efetuado*.

O art. 916º, nº 2, prevê a entrega direta ou o depósito em instituição de crédito à ordem do agente de execução. Substantivamente, trata-se de um *cumprimento perante terceiro*. A lei civil admite-o em termos muito mais restritivos do que o pagamento por terceiro: a prestação, estabelece o art. 770º do CC, deve ser feita ao credor ou ao seu representante, sob pena de o devedor não ficar liberado. Só excecionalmente pode o devedor cumprir perante terceiro. O pagamento ao agente de execução configura um desses casos excecionais (art. 770º, al. f), do CC).

15. *Quid iuris* se o agente de execução não entregar o valor recebido ao credor?

Não nos preocupa agora a *vexata quaestio* da responsabilidade do agente de execução perante o credor ou do próprio Estado perante o credor – que são problemas muito complexos e que mexem com a qualificação das relações existentes entre o exequente e o agente de execução e entre o agente de execução e o próprio Estado. É matéria que ultrapassa a natureza e o tema deste estudo. Temos sim em vista aqueloutra questão – qual problema específico da fase do pagamento executivo – de saber se, entregue o valor ao agente de execução para pagamento da quantia exequenda, fica o executado liberado à face do exequente mesmo que o agente não transfira esse valor para o exequente.

---

[34] V., a propósito, o interessante aresto do TRP de 1/6/2004, proc. nº 0422200.

O TRL julgou em 17/2/2011 o seguinte caso[35]: os executados pagaram à solicitadora de execução o valor necessário à liquidação de toda a sua responsabilidade, requerendo a remessa dos autos à conta e a extinção da execução. Elaborada a conta, foi proferido despacho julgando extinta a execução. A exequente, porém, com fundamento em não ter recebido a quantia paga, requereu o prosseguimento dos autos para venda dos bens penhorados. Foi então proferido despacho dando sem efeito o anterior e determinando o prosseguimento da execução para cobrança da quantia exequenda. Pronunciando-se sobre esta última decisão, o TRL revogou-a, essencialmente na base do argumento de que o art. 919º, nº 1, al. a), determina a extinção da execução "logo que se efetue o depósito do valor liquidado"[36].

Não podemos deixar de concordar com a decisão. Deixando de parte a questão da responsabilidade do Estado pelos atos do agente de execução[37], a quem pague há de simplesmente exigir-se que observe o disposto no art. 916º. Fazendo-o, o cumprimento é liberatório (art. 770º, al. f), do CC) e extingue a execução [art. 919º, nº 1, al. a)], salvo quando pague terceiro que, por virtude disso, adquira o direito a prosseguir como exequente na ação (art. 917º, nº 6).

C) Pagamento fora do processo executivo

16. O *pagamento* voluntário *pode ser efetuado fora do processo executivo.* Trata-se do cumprimento perante o *próprio exequente ou perante terceiro* (que não o agente de execução ou o tribunal), contanto que provido de efeitos liberatórios nos termos do art. 770º do CC.

A este tipo de pagamento dedica o Código o art. 916º, nº 5.

17. Está em causa a extinção da obrigação exequenda pelo cumprimento ou por alguma das denominadas causas de extinção das obrigações para além dele (dação em cumprimento, consignação em depósito, compensação, novação, remissão e confusão) – arts. 837º e ss. do CC[38].

---

[35] Proc. nº 2522/05.8TBMTJ-A.L1-8.

[36] A título de curiosidade, conclui-se no aresto que "[q]uem deve à exequente é a solicitadora de execução ou o próprio Estado, que constituiu por acto legislativo a solicitadora de execução como seu agente. Na verdade, o solicitador de execução é um auxiliar da justiça, pelo que os actos ilícitos cometidos na respectiva actuação implicam a responsabilidade civil do Estado".

[37] V., a propósito, LEBRE DE FREITAS, *A Acção...*, p. 28.

[38] ALBERTO DOS REIS, *Processo de execução*, vol. 2º, p. 505, TEIXEIRA DE SOUSA, *Acção...*, p. 410, AMÂNCIO FERREIRA, *Curso...*, p. 416, LEBRE DE FREITAS, *A Acção...*, p. 354, LEBRE DE FREITAS e RIBEIRO MENDES, *Código...*, p. 628, e REMÉDIO MARQUES, *Curso...*, p. 381. Para o Cons. EURICO LOPES-CARDOSO, *Manual...*, p. 628, "o facto extintivo há-de ser posterior ao ingresso judicial da acção executiva, pois, sendo anterior deveria e só poderia ter sido alegado em embargos

A extinção da execução com base na extinção da obrigação exequenda por dação em cumprimento, novação, remissão ou compensação *convencional* não suscitará problemas de maior, uma vez que é seu pressuposto comum ter havido acordo entre exequente e executado. E não os suscitará também a consignação em depósito, regulada como incidente no art. 1032º. Sempre acrescentaremos que é lícito consignar em depósito quando o exequente ou o agente de execução, em violação do art. 916º, nº 2, recuse a colaboração devida ao recebimento da prestação. Faz sentido uma interpretação do art. 841º do CC que permita colocar ao lado do credor o agente de execução.

18. É necessário que seja junto ao processo *documento escrito* a atestar a extinção da obrigação exequenda[39]. Apesar disso, julgamos ser de deferir o requerimento do executado para suspensão e extinção da instância executiva apresentado sem junção de qualquer documento escrito demonstrativo da causa de extinção da obrigação que alega, se, notificado o exequente para se pronunciar, a vier a reconhecer. Não é em tal caso descabido falar ainda de quitação junta ao processo. Não chega é o silêncio do exequente[40].

Do mesmo passo, é suficiente para desencadear os efeitos previstos na estatuição do art. 916º, nº 5, a declaração do exequente de que o executado cumpriu ou de que a obrigação exequenda se extinguiu por outra causa[41].

D) Pagamento em prestações
19. Modalidade especialmente regulada na lei de pagamento voluntário fora do processo executivo, porque efetuado ao próprio exequente, é o *pagamento em prestações* – arts. 882º e ss.

Há aspetos do regime desta forma de pagamento que, outrora problemáticos, são hoje consensuais.

Na versão anterior ao Decreto-Lei nº 226/2008, de 20 de novembro, não se especificava no art. 882º, nº 1, *a quem* devia ser dirigido o requerimento para pagamento em prestações, se ao juiz ou ao agente de execução. O Prof. Lebre de Freitas[42] e o Dr. Abílio Neto[43] entendiam que o requerimento devia ser dirigido ao agente de execução (ou secretaria). O Dr. Joel Timóteo Ramos Pereira sustentava, por seu turno, que a competência para decretar a suspensão

---

de executado [...]". Acrescentamos nós: há de o facto ser posterior ou o seu conhecimento; e há de, sim, ser posterior ao termo do prazo para deduzir a oposição à execução.

[39] Lebre de Freitas e Ribeiro Mendes, *Código...*, p. 628.
[40] V. Ac. do TRG de 29/9/2002, proc. nº 549/02-1 (sumário).
[41] V. Ac. do TRL de 20/6/1996, proc. nº 0024686 (sumário).
[42] "Agente de execução e poder jurisdicional", *Themis*, nº 7, 2003, pp. 33 e 34.
[43] *Código de Processo Civil anotado*, 19ª ed., Lisboa, Ediforum, 2007, pp. 1196-1197.

pertencia exclusivamente ao juiz, a quem devia ser pedida[44]. Mas a versão atual do preceito é expressa no sentido de que o requerimento deve ser feito *ao agente de execução*, competindo-lhe pois decidir a suspensão da execução e fazer cessá--la nos termos dos arts. 884º e 885º, nº 1[45].

Por outro lado, discutiu-se muito se a suspensão da instância permitida pelo art. 882º *deveria observar o prazo máximo de 6 meses* do art. 279º, nº 4. A resposta parece-nos evidente: o art. 882º constitui norma especial sobre a suspensão da instância executiva, que prevalece e derroga, para a situação especial que contempla, a norma geral daquele artigo – e nele não se estabelece limite temporal máximo para a suspensão[46]. Mas tão cândida solução poderia logo suscitar reservas se pretendida fosse uma suspensão por tempo muito dilatado. Não obstante, no Ac. do TRP de 13/10/2005[47] admitiu-se uma suspensão por 188 meses. E, mais recentemente, em aresto da mesma Relação de 12 de dezembro de 2011[48], teve de decidir-se sobre um acordo de suspensão para pagamento mensal de 30 euros durante 74 anos (!); a 1ª instância indeferiu-o, porque "seria "uma aberração", uma irracionalidade, em termos da lei adjetiva", mas a Relação aceitou-o.[49]

Em *terceiro lugar*, se está assente que o art. 279º, nº 4, não interfere com a suspensão da instância autorizada pelo artigo em apreço, de igual modo se tem sustentado nos tribunais superiores que o art. 882º *não prejudica o recurso imotivado* à suspensão da instância, por prazo não superior a seis meses, de harmonia com aquele art. 279º, nº 4 (v., por exemplo, os Acs. do TRP de 6/12/2005 ([50]) e de 26/10/2006[51])[52]. Hoje em dia, o art. 885º, nº 5, não deixa margem para qualquer outra interpretação[53].

Em *quarto lugar*, não oferece igualmente dúvida que o acordo pode ser efetuado e a suspensão requerida até aos termos finais previstos no art. 882º, nº 2,

---

[44] *Prontuário de formulários e trâmites*, vol. IV, 4ª ed., Lisboa, Quid Juris, 2007, pp. 52-53, nota 35.

[45] V. Amâncio Ferreira, *Curso...*, p. 365.

[46] No sentido de que o limite dos 6 meses não se aplica, v. Lebre de Freitas e Ribeiro Mendes, *Código...*, p. 551, e Eduardo Paiva e Helena Cabrita, *O processo executivo e o agente de execução*, 2ª ed., Coimbra, Coimbra Editora, 2010, p. 225.

[47] Proc. nº 0534613.

[48] Proc. nº 1115/09.5TVPRT-A.P1.

[49] V. ainda, por exemplo, os Acs. do TRP de 26/11/1998, proc. nº 9831253, de 21/12/1998, proc. nº 9851274, e de 4/7/2002, proc. nº 0231037.

[50] Proc. nº 0524895.

[51] Proc. nº 0635290.

[52] Na doutrina, v. Teixeira de Sousa, *Acção...*, p. 411, Abílio Neto, *Código de Processo Civil anotado*, 23ª ed., Lisboa, Ediforum, 2011, p. 1333, e Eduardo Paiva e Helena Cabrita, *O processo executivo e o agente de execução*, p. 224.

[53] Lopes do Rego, *Comentários ao Código de Processo Civil*, vol. II, 2ª ed., Coimbra, Almedina, 2004, p. 128.

ESTUDOS EM HOMENAGEM A MIGUEL GALVÃO TELES

e *desde o início da instância executiva*, a isso não obstando o facto de o art. 883º, nº 1, prescrever, para garantia do crédito exequendo, a manutenção da penhora "já feita na execução" (v., por exemplo, o Ac. do TRP de 21/12/1998[54]).

20. Os pressupostos de que o Código faz depender a suspensão da instância são os seguintes: *acordo* entre exequente e executado[55]; acordo quanto *ao pagamento em prestações da* própria dívida exequenda; acordo quanto à suspensão da instância; requerimento, em tempo, da suspensão da instância e do pagamento em prestações; enunciação no requerimento ou junção a ele do plano de pagamentos.

Reunidos que estejam estes pressupostos, a instância é suspensa *pelo período por que há de decorrer o pagamento*, de acordo com o respetivo plano[56].

Os sucessivos prazos de cumprimento acordados são estabelecidos a favor do devedor-executado (art. 779º do CC): se quiser cumprir antes, claro que pode fazê-lo; mas, enquanto for cumprindo nos termos acordados, não está o exequente autorizado a exigir o cumprimento antecipado ou a pôr termo à suspensão[57].

---

[54] Proc. nº 9851274. Na doutrina, v. TEIXEIRA DE SOUSA, *Acção...*, p. 360, AMÂNCIO FERREIRA, *Curso...*, p. 364, e REMÉDIO MARQUES, *Curso...*, pp. 333-334, e "Algumas implicações do acordo para pagamento da dívida exequenda em prestações apenas subscrito por um dos co-executados litisconsorte", em *Estudos dedicados ao Prof. Doutor Mário Júlio de Almeida Costa*, Lisboa, Universidade Católica Portuguesa, 2002, p. 695, nota 2.

[55] Nestas páginas referimo-nos apenas a execuções contra um único executado. Mas, como sublinha REMÉDIO MARQUES, "Algumas implicações...", pp. 706 e ss., com a adesão de LEBRE DE FREITAS e RIBEIRO MENDES, *Código...*, p. 552, o acordo pode ser entre o exequente e, independentemente do consentimento dos demais coexecutados, um coexecutado litisconsorte voluntário, caso em que a execução se suspende só em relação ao subscritor e continua quanto aos outros. Na jurisprudência, v., admitindo o acordo com apenas um dos executados, o Ac. do TRP de 4/7/2002, proc. nº 0231037, e o Ac. do TRL de 21/9/2006, proc. nº 5446/2006-2. Sobre a questão, veja-se o artigo citado do Prof. REMÉDIO MARQUES, pp. 693 e ss.
Nada impede, por outro lado, a aplicação dos arts. 882º e ss. aos casos em que seja exequente o Estado, se o executado se propuser pagar segundo certo plano e houver acordo do Ministério Público. Veja-se, neste sentido, EDUARDO PAIVA e HELENA CABRITA, *O processo executivo e o agente de execução*, pp. 224-225, que acrescentam ainda não haver obstáculo a que "tomem parte no acordo os credores reclamantes e nele seja incluído o pagamento em prestações dos créditos reclamados" (p. 225). Esta última hipótese não encontra, porém, acolhimento no art. 882º e, talvez por isso, a *Proposta de Revisão do CPC* presentemente em discussão lhe venha dedicar um novo preceito (art. 885º-A), epigrafado de "Acordo global", segundo o qual o "executado, o exequente e os credores reclamantes podem acordar num plano de pagamentos, que pode consistir nomeadamente numa simples moratória, num perdão, total ou parcial, de créditos, na substituição, total ou parcial, de garantias ou na constituição de novas garantias."

[56] A suspensão não é até ao último pagamento, mas sim até ao termo do prazo combinado para o último pagamento... V. Ac. do TRG de 15/3/2011, proc. nº 1875/09.3TBBRG-A.G1.

[57] V. Ac. do TRL de 26/6/2008, proc. nº 5676/2008-6.

Já a falta (culposa) de pagamento de qualquer das prestações, ou de parte de qualquer das prestações, importa o vencimento imediato das restantes (art. 884º)[58]. No entanto, decorre bem claramente do art. 884º que vencimento imediato não equivale à cessação automática da suspensão da instância. Perante a falta de pagamento de alguma das prestações (basta *uma*), o exequente pode fazer uma de duas coisas: ou deixa andar, e a instância mantém-se suspensa; ou, querendo interromper a suspensão, *pode requerer* o prosseguimento da instância. Se nada requerer, a suspensão mantém-se até ao termo do prazo acordado para o pagamento, mas, uma vez este alcançado, *cessa logo*[59], sem necessidade de requerimento do exequente a informar que não obteve pagamento[60].

Nada obsta a que o exequente e o executado, logo no acordo, afastem a cominação do vencimento imediato. O Prof. REMÉDIO MARQUES veio sustentar, com fundamento no caráter disponível do direito do exequente, a natureza *supletiva* do art. 884º na generalidade das execuções, concluindo ser legítima a cláusula segundo a qual a falta de pagamento de uma das prestações não implica o vencimento de todas[61]. E nós não vemos igualmente por que razão não há de estar ao alcance do exequente e do executado limitar o vencimento das prestações restantes à falta de pagamento de duas ou mais prestações, ou ao atraso no pagamento de certo montante acumulado[62].

Enfim, claro que hão de ser observados, durante a execução do plano, os princípios e regras do cumprimento das obrigações. Por exemplo, o princípio da boa-fé proíbe o exequente de requerer o prosseguimento da execução se, num acordo com 20 prestações, o executado se atrasar 3 dias no pagamento da 13ª ou, em vez dos 100 euros mensais que se comprometeu a pagar, entregar apenas 95...

21. Dissemos que constitui pressuposto para o recurso à suspensão nos termos dos arts. 882º e ss. que o plano respeite ao pagamento em prestações *da dívida exequenda*, tal como ela deriva do título executivo e consta do requerimento executivo.

Só nesse quadro se compreende que o requerimento seja dirigido *ao agente de execução*. Se o exequente executou por uma dívida de mil mais juros, então há de o acordo ser efetuado para esse montante. Seguindo o Prof. REMÉDIO

---

[58] O vencimento das prestações seguintes não abrange de modo nenhum os juros vincendos que o executado tivesse de pagar com elas. Os juros constituem prestações periódicas, não instantâneas fracionadas.

[59] Neste sentido, v. Ac. do TRG de 15/3/2011, proc. nº 1875/09.3TBBRG-A.G1.

[60] O que, a bem da certeza e de não serem praticados atos inúteis, não impede que seja emitido despacho a declarar ter terminado a suspensão e, antes disso, seja ouvido o exequente sobre se foi pago.

[61] "Algumas implicações...", pp. 703, 704 e 718.

[62] Já não parece admissível que, acordando suspensão por mais de 6 meses, as partes afastem de todo o vencimento antecipado por falta de pagamento de toda e qualquer prestação, porque isso seria defraudar a regra do art. 279º, nº 4.

ESTUDOS EM HOMENAGEM A MIGUEL GALVÃO TELES

MARQUES[63], diremos que este acordo, simples acordo para pagar em prestações, não configura novação objetiva da obrigação exequenda, mantendo-se o objeto da execução, enquanto suspensa ou depois de reiniciada, intocável na obrigação documentada no título executivo inicialmente junto ao requerimento executivo[64-65].

Por certo que o acordo para pagamento em prestações consubstancia uma alteração num elemento da dívida exequenda, qual seja o tempo do pagamento. Mas ainda assim é, como lhe chama o art. 882º, nº 2, simples *plano de pagamento* da dívida, *da* dívida exequenda tal como configurada inicialmente. Altera-se um seu elemento, mas um elemento acessório [66].

E por isso o acordo para pagamento em prestações não constituirá novo título executivo, substitutivo do originário. Uma vez incumprido o plano, a instância executiva retoma-se, nos termos do art. 884º, baseada no título inicialmente dado à execução. Se tiver sido deduzida oposição à execução atacando a obrigação exequenda, o acordo – porque representa confissão extrajudicial por parte do executado-embargante[67] de que o tribunal pode conhecer oficiosamente (art. 514º, nº 2) – há de determinar a sua total improcedência[68].

---

[63] "Algumas implicações...", pp. 699 e ss., 717 e 718.

[64] Até porque, como sublinha ainda o Prof. REMÉDIO MARQUES, *ibidem*, p. 700, se mantém a penhora garantindo a obrigação primitiva (art. 883º, nº 1), solução que não se compaginaria com o regime da novação (art. 861º do CC). De resto, acrescentamos, é porque tem como pressuposto um acordo não novatório que a nossa lei prevê a suspensão – e não a extinção – da instância executiva.

[65] Daí que não possamos subscrever, sem mais, o *obiter* constante do Ac. do TRL de 26/6/2008, proc. nº 5676/2008-6, segundo o qual o "plano de pagamento em prestações da quantia exequenda [se apresenta] como uma espécie de novação da obrigação exequenda, como que um novo título executivo em substituição do primitivo [...]", nem possamos acompanhar o TRP no Ac. de 15/4/1997, proc. nº 9621506. No sentido de que não existe novação, v. sumário do Ac. do TRP de 19/1/1998, proc. nº 9751133.

[66] Não são diferentes destas hipóteses aqueloutras em que o requerimento para suspensão da instância é precedido de uma redução ou desistência parcial (unilateral, portanto) do pedido por parte do exequente (*v.g.*, abdicando dos juros ou do capital). O plano que, depois disso, for apresentado é ainda um plano de pagamento em prestações *da dívida exequenda* – não com o *quantum* inicial, mas na veste que assumiu pós redução do pedido. Hão de ter aplicação direta os arts. 882º e ss., a instância pode suspender-se e, faltando o pagamento de alguma das prestações, pode ser requerida a sua continuação. Não sofre contestação o direito de o exequente reduzir o pedido, ou desistir parcialmente dele, em processo executivo (art. 918º, nº 1). V. ALBERTO DOS REIS, *Comentário ao Código de Processo Civil*, vol. 3º, Coimbra, Coimbra Editora, 1946, p. 481, CASTRO MENDES, *Direito Processual Civil*, IIIº vol., Lisboa, AAFDL, p. 488, EURICO LOPES-CARDOSO, *Manual*..., pp. 635 e ss., TEIXEIRA DE SOUSA, *Acção*..., pp. 410, 414 e 415, LEBRE DE FREITAS, *A Acção*..., pp. 354-355, LEBRE DE FREITAS e RIBEIRO MENDES, *Código*..., pp. 631 e 632, e REMÉDIO MARQUES, *Curso*..., p. 381.

[67] Salvo, explica o Prof. REMÉDIO MARQUES, "Algumas implicações...", pp. 695 e ss., se tiver sido celebrado com reserva da defesa apresentada na oposição. No Ac. do TRP de 5/2/2004, proc. nº 0336379, decidiu-se simplesmente pela suspensão da instância de embargos de executado até ao termo do prazo para pagamento das prestações ou ao seu incumprimento.

[68] Preconizando tratar-se de inutilidade superveniente da oposição à execução, v. Ac. do TRP de 11/12/2006, proc. nº 0655643.

22. Mas sucede frequentemente que o acordo para pagamento em prestações é apresentado contendo alterações à própria dívida exequenda. Ou seja, *não é mero plano de pagamentos*; é, além disso, acordo *sobre a dívida exequenda*. Acontece muitas vezes que, ao mesmo tempo que estipulam um plano de pagamentos, exequente e executado o fazem para um montante inferior ao inicialmente pedido. *Quid iuris* nestes casos?

Quer-nos parecer que não existe objeção ao prosseguimento da execução nos termos do art. 884º depois de incumprido o plano de pagamentos. Sem dúvida que as partes acordaram sobre um elemento essencial da obrigação exequenda (a prestação), mas não tiveram em vista a sua extinção e substituição por nova obrigação (v. art. 859º do CC, que exige manifestação expressa da vontade de novar). Se exequente e executado se põem de acordo quanto a um programa de pagamento da quantia pedida, conquanto reduzida, aquilo que em princípio ambos materialmente querem é ainda e só o *pagamento* (cumprimento) da dívida exequenda. Com o acordo, as partes estão a regular a forma como se há de extinguir a obrigação primitiva, a forma por que se lhe há de pôr fim – mas não quererão à partida acabar com ela para *logo* ressuscitá-la noutra encarnação[69]. Ainda se está em pleno domínio da letra e espírito dos arts. 882º e ss.: o plano é acordado para pagamento *da* dívida exequenda.

Porque o acordo contém uma redução ou desistência parcial do pedido executivo[70], inteiramente válida, a execução limitar-se-á, daí em diante, à cobrança da nova quantia exequenda. Havendo incumprimento do plano, pode retomar-se a execução pelo valor exequendo alterado[71] e com base no título executivo junto ao requerimento executivo. Tendo havido oposição à execução com fundamento na inexistência ou inexequibilidade da obrigação, deve ser julgada improcedente logo que celebrado e junto o acordo aos autos, por constituir confissão extrajudicial contra o executado-embargante de que o tribunal pode conhecer (art. 514º, nº 2).

---

[69] Pode falar-se de transação, mas não é novatória (distinguindo a transação novatória da quantitativa, v. Teixeira de Sousa, *Estudos sobre o novo processo civil*, 2ª ed., Lisboa, Lex, 1997, p. 207), nem tem como imediata consequência a extinção da instância. Na jurisprudência, v., ao que nos é possível depreender dos respetivos sumários, o Ac. do STJ de 18/4/1996, proc. nº 96B121, e o Ac. do TRP de 25/9/2001, proc. nº 0120919.

[70] Por isso que o requerimento há de ser, desta feita, dirigido ao juiz.

[71] V. Ac. do TRL de 8/2/2007, proc. nº 10424/2006-2: "I – Tendo exequente e executado, dizendo expressamente que o faziam ao abrigo do disposto no art. 882 do CPC, requerido a suspensão da instância e apresentado um plano de pagamento, desde logo adiantando que a exequente reduzia a quantia exequenda, aquela redução reconduz-se a uma válida e eficaz redução do pedido executivo. II – Se dos termos do requerimento conjunto apresentado pelas partes não resulta que a redução do pedido executivo seja condicional, subordinada ao efectivo cumprimento do calendário de pagamentos então estabelecidos, a quantia exequenda é a derivada daquela redução, pelo que o prosseguimento da execução terá em conta aquele valor".

ESTUDOS EM HOMENAGEM A MIGUEL GALVÃO TELES

23. Diferentes são as hipóteses em que o juiz se vê confrontado com um requerimento para pagamento em prestações efetuado na base de um acordo pelo qual as partes *expressamente manifestam* a sua vontade de substituir a obrigação exequenda por uma nova (art. 859º do CC)[72]. Sem dúvida que as partes pretenderam então uma *novação* objetiva, da qual decorre, por definição, a extinção da obrigação antiga e a constituição de uma nova, a ser cumprida segundo certo plano.

Perante tal requerimento, deverá o juiz declarar extinta a execução – visto que a primitiva obrigação exequenda se extinguiu também – ou antes suspendê--la pelo prazo para pagamento, com a consequência de poder prosseguir caso o executado falte ao pagamento de alguma prestação? Os arts. 882º e ss. aplicam--se – já o dissemos – havendo mútuo acordo sobre um programa de pagamentos *da* dívida exequenda. Só que na hipótese em apreço o acordo vai para além disso, porquanto *substitui a dívida exequenda por uma outra*, sendo para esta outra que exequente e executado planeiam o pagamento em prestações. De maneira que já se não pode dizer que o prosseguimento da execução é para cobrança coerciva *da* dívida exequenda...

Não obstante, afigura-se-nos que não há de ser a simples circunstância de ser ajustada uma novação que impede o recurso aos arts. 882º e ss.

Se *exequente e executado requererem ao tribunal a suspensão da instância executiva* e lhe apresentarem um plano para pagamento em prestações da *nova* obrigação exequenda, é porque querem manter ativa a execução. E nada impede que o façam porque, segundo o art. 272º, o pedido e a causa de pedir podem ser alterados por acordo das partes em qualquer altura do processo[73]. Em homenagem ao princípio da economia processual e ao respeito pela vontade das partes (dispositivo), há de o juiz[74] aceitar o requerido (com isso homologando a alteração do objeto do processo) e suspender a instância executiva, que, não sendo paga alguma das prestações, pode continuar, embora assente em novo título executivo de nova obrigação. Os arts. 882º e ss. aplicam-se diretamente, se bem que seja outra a

---

[72] Certo é que não basta a mera celebração do acordo (*v.g.*, para pagamento em prestações de dívida titulada por letra de câmbio) para que essa vontade se considere expressamente manifestada, nem é suficiente a qualificação do acordo, pelas partes, de transação, como decorre de uma simples leitura do art. 1248º, nºs 1 e 2, do CC. Relembre-se que, como supõem os arts. 882º e ss., nos estamos sempre reportando a acordos para pagamento em prestações celebrados no quadro da própria instância executiva. Se o acordo for celebrado no apenso de oposição à execução, como transação destinada a pôr-lhe termo e cuja homologação as partes *requerem* ao tribunal, já haverá, salvo melhor entendimento, novação (v. Ac. do STJ de 5/3/2002, proc. nº 01A4405), o que, por si só, não impede a aplicação (com adaptações) do essencial das soluções a seguir preconizadas no texto.

[73] Até ao julgamento em segunda instância (v. ALBERTO DOS REIS, *Comentário ao Código de Processo Civil*, vol. 3º, p. 89, e ANTUNES VARELA, J. MIGUEL BEZERRA e SAMPAIO E NORA, *Manual de processo civil*, 2ª ed., Coimbra, Coimbra Editora, 1985, p. 356).

[74] A competência é do juiz, não do agente.

dívida para cuja execução continua viva a instância. Estando pendente oposição à execução, com a celebração da novação tem de extinguir-se a respetiva instância por inutilidade superveniente.

Argumentar-se-ia porém: a lei processual, no art. 884º, declara resolvido (sem prejuízo dos efeitos já produzidos) o plano de pagamentos uma vez incumprido pelo executado, o que teria por consequência retomar-se a execução na base do título executivo originário, para execução da obrigação exequenda inicial. Mas não é assim. O que fica sem efeito por força do art. 884º não é o acordo de alteração da dívida exequenda, mas sim, e tão-somente, o plano de pagamentos. Vencem-se imediatamente as prestações devidas, mas estas são as que são devidas de harmonia com as alterações inscritas à dívida exequenda pelas partes.

Já *se exequente e executado, depois de novarem, requererem a extinção da execução* – sem acordarem em qualquer plano de pagamentos ou acordando num plano a ser cumprido extrajudicialmente –, então não resta outra alternativa que não a de suspender a instância e liquidar a responsabilidade do executado nos termos do já estudado art. 916º, nº 5, após o que a execução se extinguirá. Se o devedor incumprir o acordo, pode o credor demandá-lo em nova ação executiva nele fundada, mas não continuar a anterior. Está-se completamente fora da previsão e teleologia dos arts. 882º e ss.[75]

24. Um derradeiro problema que aqui queremos abordar é o de saber se será lícito estender o regime dos arts. 882º e ss. ao pagamento em prestações *por terceiro*. É uma coisa esquisita, mas é bem possível que, perante o juiz ou o agente, apareça um terceiro bondoso, ou interessado, a querer liquidar a dívida do executado em prestações. Já se viu que o pagamento voluntário pode ser levado a cabo por qualquer pessoa, nos termos do art. 916º. Mas poderá *qualquer pessoa* propor-se a pagar em prestações com os efeitos dispensados pelos arts. 882º e ss.?

Há que distinguir.

Se os requerimentos de suspensão da execução e para pagamento em prestações forem subscritos por exequente e executado, mesmo que do plano de pagamento resulte que será terceiro, nele interveniente ou não, a pagar as prestações, não vemos obstáculo à aplicação dos preceitos em apreço, conquanto não haja assunção (liberatória) da dívida do executado por parte do terceiro (art. 595º, nº 2, do CC)[76]. Se o terceiro, embora sem assumir a dívida do executado, ficar

---

[75] No plano dos efeitos sobre o destino da ação executiva, este caso não é diferente daqueles em que o exequente ou o executado, isoladamente, junta aos autos comprovativo de efetiva novação da dívida (com ou sem plano para pagamento) e requer a suspensão do processo com remessa à conta.

[76] Pois que nesse caso o terceiro tem é de ser habilitado como devedor na posição do executado antes de requerido o pagamento em prestações Depois da habilitação já o pagamento em prestações é pelo executado para todos os efeitos. Quanto à habilitação na posição de executado por virtude

ESTUDOS EM HOMENAGEM A MIGUEL GALVÃO TELES

de pagá-la em prestações e for simplesmente pagando, até pagar tudo, a situação constitui mais uma hipótese de pagamento voluntário por terceiro, o qual, se for sub-rogado, estará autorizado a continuar, a final, com a execução contra o executado nos termos do art. 917º, nº 6. Caso o terceiro falte ao pagamento de alguma das prestações, o exequente, porque não adquiriu qualquer direito de crédito contra o terceiro (não houve assunção de dívida nem contrato a favor de terceiro – cfr. art. 444º, nº 3, do CC), pode prosseguir com a execução contra o executado para pagamento do remanescente.

Diferentemente, já se afigura inadmissível que nos requerimentos de suspensão ou de pagamento em prestações não intervenha o executado, mas apenas o exequente e o próprio terceiro pagador (que não assumiu a dívida). É óbvio que, apesar de *qualquer pessoa* se poder apresentar a pagar voluntariamente a quantia exequenda e as custas, só o devedor pode pedir o seu pagamento em prestações e o executado requerer a suspensão da instância executiva (a qual pode até não ser do seu interesse, tanto mais que se mantém intocável a penhora – art. 883º, nº 1). Não obstante, antes de indeferir logo o requerimento de suspensão, o agente de execução deverá notificar o executado para saber se o quer ou não subscrever.

III. Pagamento coercivo
A) Entrega de dinheiro
25. A primeira forma de pagamento coercivo que o CPC prevê é o pagamento por entrega de dinheiro.

Diz o artigo 874º, nº 1, que, quando a penhora tenha recaído sobre moeda corrente, depósito bancário ou outro direito de crédito pecuniário cuja importância tenha sido depositada[77], o exequente ou qualquer outro credor que deva preteri-lo é pago pelo dinheiro existente. Como afirmava o Prof. ALBERTO DOS REIS, uma vez que o credor tem por princípio direito a receber dinheiro, sendo penhorado dinheiro, a "fase final da execução simplifica-se"[78].

26. A expressão é pago significa desde logo que o agente de execução deverá entregar as quantias ao exequente por sua própria iniciativa e independente-

---

de ato de transmissão na pendência do processo executivo, v. LEBRE DE FREITAS, *A Acção...*, p. 123, nota 5, defendendo a aplicação analógica do art. 371º, nº 2. Na jurisprudência, lê-se no sumário do Ac. do STJ de 9/12/1999, proc. nº 99B963, que "[e]m processo executivo, ainda que com bens já penhorados, é possível a habilitação de cessionário por efeito de transmissão singular da dívida do executado, desde que o exequente tenha ratificado o negócio entre aquele e o terceiro e declarado expressamente exonerar o primitivo executado".

[77] Ou seja, cuja importância tenha sido paga. Trata-se de crédito penhorado que se transformou entretanto em dinheiro. Se não for pago antes do momento da venda, é o próprio crédito vendido ou adjudicado (LEBRE DE FREITAS, *A Acção...*, p. 347, nota 2).

[78] *Processo de execução*, vol. 2º, p. 294.

mente de requerimento ou despacho nesse sentido[79]. Mas quererá igualmente dizer que, havendo dinheiro à ordem da execução, fica o exequente adstrito a recebê-lo, sendo-lhe vedado optar por outra forma de pagamento?

Quanto à adjudicação de rendimentos e ao pagamento em prestações, será muito pouco provável que o exequente os queira tendo já a possibilidade de se fazer pagar, em dinheiro, pelo penhorado à ordem da execução. Se é dinheiro que quer... já o tem à sua mercê. Mas se, por qualquer motivo (designadamente por respeito ao interesse do executado), requerer a consignação ou aceitar o pagamento em prestações, são estes modos de pagamento que prevalecem: o pagamento em prestações suspende a execução (art. 882º) e a consignação extingue-a, depois de pagas as custas (art. 881º, nº 1).

Quanto à venda executiva, a instrumentalidade e a subsidiariedade que a caraterizam são incompatíveis com a sua realização a partir do momento em que haja dinheiro para pagar o crédito exequendo (v. arts. 886º-B e 834º, nº 1). Só para corresponder a capricho do exequente podia o tribunal tolerar uma venda executiva dos bens do executado quando à ordem da execução já houvesse penhora de dinheiro em quantia suficiente para pagamento do crédito.

No que toca à adjudicação de bens, o Dr. EURICO LOPES-CARDOSO negava ao exequente o direito de requerê-la se o dinheiro depositado chegasse para lhe pagar, depois de pagos os créditos preferentes e as custas[80], e o Prof. ALBERTO DOS REIS proclamava expressamente o seu "caráter subsidiário": "só é admissível – dizia – quando o fim da execução não possa ser obtido mediante a entrega do dinheiro já recolhido"[81].

B) Consignação de rendimentos

27. Nos arts. 879º e ss. vem regulada outra forma de pagamento ao exequente: a consignação de rendimentos. Substantivamente, a consignação é tratada pelo Código Civil no capítulo das garantias especiais das obrigações (arts. 656º e ss.). É para estas normas que primeiro vai a nossa atenção.

Muito sumariamente, a consignação de rendimentos consiste na garantia real pela qual os rendimentos de certos bens imóveis ou móveis sujeitos a registo são afetados ao cumprimento do débito (art. 656º, nº 1, do CC). O credor paga-se, não pelo produto da venda dos bens sobre que tem garantia, mas pelos seus rendimentos; e paga-se preferencialmente em relação aos demais credores do devedor (pelos rendimentos da coisa, claro, porque não pode executar a própria

---

[79] V. EDUARDO PAIVA e HELENA CABRITA, *O processo executivo e o agente de execução*, p. 161.
[80] *Manual...*, pp. 503-504.
[81] *Processo de execução*, vol. 2º, p. 296.

coisa), mantendo o direito de exigir os rendimentos mesmo em caso de alienação a terceiro[82].

No que toca à *legitimidade para a constituição*, segundo o art. 657º do CC a consignação pode ser constituída apenas por quem tem legitimidade para dispor dos *rendimentos* (tenha-a ou não em relação aos bens), seja o próprio devedor ou um terceiro[83]. Quanto à *espécie*, a consignação pode ser voluntária ou judicial, sendo voluntária a constituída pelo devedor ou por terceiro e judicial a que resulta de decisão judicial (art. 658º do CC); esta última seria, precisamente, a que vem regulada nos arts. 879º e ss.[84], embora se tenha de reconhecer que lhe subjaz também uma fonte convencional, por pressupor acordo entre exequente e executado[85]. Em relação ao *prazo*, a consignação pode ser efetuada por determinado número de anos – no termo dos quais ela cessa (arts. 659º, nº 1, e 664º do CC) e o crédito, não estando totalmente pago, subsiste enquanto crédito comum – ou para o período de tempo necessário ao pagamento da dívida garantida – caso em que, uma vez paga esta, se extingue a consignação, seu acessório (arts. 730º, al. a), e 664º do CC). Quando incide sobre os rendimentos de bens imóveis, a consignação não pode exceder o prazo de 15 anos, mesmo se isso não chegar para saldar a totalidade da dívida (art. 659º, nº 2, do CC).

A consignação pode assumir uma de três *modalidades*. Na primeira, os bens cujos rendimentos são consignados continuam no poder do concedente (normalmente o devedor) e o credor pode exigir a prestação de contas anualmente, salvo se a consignação se traduzir na atribuição de uma quantia fixa [arts. 661º, nº 1, al. a), e 662º, nº 1, do CC]. É o concedente que entrega ele mesmo os rendimentos ao credor. Na segunda, os bens passam para o poder do credor, que passa a administrá-los e a tirar deles os rendimentos sobre que incide a garantia. O credor é equiparado ao locatário (salvo no que toca ao dever de pagar renda, claro), podendo locar os bens [arts. 661º, nº 1, al. b), e 662º, nº 2, do CC]. É o credor que deve prestar contas, estando obrigado a administrar os bens como um proprietário diligente e a pagar os encargos e contribuições (art. 663º, nº 1, do CC).

---

[82] No sentido de que a consignação caduca com a venda executiva do bem, v. SALVADOR DA COSTA, *O concurso de credores*, 4ª ed., Coimbra, Almedina, 2009, p. 29, ROMANO MARTINEZ, *Garantias de cumprimento*, 5ª ed., Coimbra, Almedina, 2006, p. 51., e MENEZES LEITÃO, *Direitos Reais*, 3ª ed., Coimbra, Almedina, 2012, p. 417.

[83] Pode ser o usufrutuário ou o comproprietário, quanto ao rendimento da sua quota-parte (PIRES DE LIMA e ANTUNES VARELA, *Código Civil anotado*, vol. I, 4ª ed., Coimbra, Coimbra Editora, 1987, p. 676, e ANTUNES VARELA, *Das obrigações em geral*, vol. II, pp. 520-521, nota 3).

[84] ANTUNES VARELA, *Das obrigações em geral*, vol. II, p. 521, nota 3, ALMEIDA COSTA, *Direito das Obrigações*, 12ª ed., Coimbra, Almedina, 2011, pp. 917 e ss., SALVADOR DA COSTA, *O concurso de credores*, p. 25, TEIXEIRA DE SOUSA, *Acção...*, pp. 356 e 357, e MENEZES LEITÃO, *Direitos Reais*, p. 414.

[85] PIRES DE LIMA e ANTUNES VARELA, *Código Civil anotado*, vol. I, p. 677, e ALMEIDA COSTA, *Direito das Obrigações*, p. 919.

Na terceira modalidade, os bens passam para o poder de um terceiro, por título de locação ou outro, ficando o credor com o direito de haver os respetivos frutos. Para se pagar do seu crédito, o credor receberá a retribuição paga pelo terceiro em contrapartida do gozo dos bens [arts. 661º, nº 1, al. c), e 662º, nº 2, do CC]. É o credor que deve prestar contas ao concedente.

Quanto aos *efeitos*, a mera celebração da consignação não tem o condão de logo extinguir a obrigação garantida; só à medida que forem entregues efetivamente os rendimentos é que a dívida se extingue. Não é um caso de novação[86]. Como bem se vê a partir do art. 656º, nº 1, do CC, é o *cumprimento da obrigação* que está em causa, não a sua extinção por substituição objetiva.

28. Passando à forma de pagamento executivo consignação de rendimentos, começa por perguntar-se se, de entre as espécies de consignação previstas no art. 658º do CC, se trata de consignação judicial ou voluntária.

Na versão do art. 872º, nº 1, anterior ao Decreto-Lei nº 226/2008, de 20 de novembro, falava-se ainda de consignação *judicial* de rendimentos. Com a aprovação daquele diploma, eliminou-se o qualificativo judicial e atualmente fala-se apenas de consignação de rendimentos. Em boa hora se furtou a lei de fazer qualificações. Não é fácil subsumir a consignação de rendimentos prevista no CPC numa das espécies admitidas pelo art. 658º do CC. Por um lado, a consignação atual não é de certeza judicial[87], porque não é requerida ao juiz, nem ele a efetua, mas sim o agente de execução (art. 879º, nº 1)[88]. Por outro lado, também não é *puramente* voluntária: pese embora para o seu nascimento se reclame acordo, expresso ou tácito, entre exequente e executado (art. 879º, nºs 1 e 2), os seus termos e conteúdo são definidos pelo agente de execução (arts. 879º e ss.).

---

[86] Pires de Lima e Antunes Varela, *Código Civil anotado*, vol. I, p. 675, Antunes Varela, *Das obrigações em geral*, vol. II, p. 519, Almeida Costa, *Direito das Obrigações*, p. 913, e Salvador da Costa, *O concurso de credores*, p. 23.

[87] Se é que alguma vez foi... No relatório do projeto de revisão do CPC de 1939 escrevia-se já que a "adjudicação nada mais será que uma consignação de rendimentos consensual, embora estipulada em juízo, pois depende, não só de requerimento do adjudicatário, mas também de anuência do executado" (v. Eurico Lopes-Cardoso, *Projectos de Revisão do Código de Processo Civil*, I, Imprensa Nacional de Lisboa, 1958, p. 32). O Prof. Anselmo de Castro não hesitava em caraterizar a consignação como consignação voluntária (*A acção ...*, pp. 220 e 222). Judicial seria, para aquele Professor, a consignação conferida ao credor na execução especial por alimentos, esta sim não dependente do consentimento do executado de harmonia com o então art. 1118º, nºs 1, al. d), e 3.

[88] V. Amâncio Ferreira, *Curso...*, pp. 361-362, Lopes do Rego, *Comentários ao Código de Processo Civil*, vol. II, pp. 123 e 124, e Paula Costa e Silva, *A Reforma da Acção Executiva*, 3ª ed., Coimbra, Coimbra Editora, 2003, p. 122 (é ao agente que cabe receber o requerimento e deferi-lo).

ESTUDOS EM HOMENAGEM A MIGUEL GALVÃO TELES

29. Tendo em conta o regime constante do art. 880º e sem prejuízo de situações especiais [89], é legítimo concluir que o Código tem diretamente em vista a consignação de rendimentos advenientes da *locação* de bens imóveis ou móveis sujeitos a registo penhorados. Se já existe locação, notificam-se os locatários para passarem a entregar o valor das rendas ou alugueres ao exequente (depois de pagas as custas); se ainda não existe locação, deve ser celebrada pelo agente de execução[90].

Esta configuração aproxima a consignação processual de rendimentos da modalidade prevista na al. c) do art. 661º, nº 1, do CC[91]. Os bens penhorados continuam, sem prejuízo da penhora e seus efeitos, em poder do locatário, ou passam para o seu poder, por forma a que ele, como contrapartida do gozo, pague uma retribuição, não ao devedor-executado, mas ao credor-exequente. Isto vale por dizer que estará excluída uma consignação de rendimentos pela qual o executado fica em poder dos bens penhorados (até por causa da penhora...) e obrigado a entregar os rendimentos efetivos deles tirados ao exequente [cfr. art. 661º, nº 1, al. a), do CC]. Assim como excluída fica uma consignação que atribua ao credor o poder sobre os bens, para que os administre e deles extraia, como um proprietário diligente faria, os respetivos rendimentos [art. 661º, nº 1, al. b), do CC]. "O deferimento do pedido de adjudicação de rendimentos – dizia o Prof. ALBERTO DOS REIS[92] – tem como consequência necessária o arrendamento dos imóveis a que respeitar o pedido. Não é lícito entregar os bens ao credor para que este os cultive, se forem rústicos, e recolha os rendimentos, como não é lícito entregar-lhe os prédios urbanos para que os habite ou os dê de arrendamento".[93]

30. O facto de a lei processual se referir apenas à locação não impede a consignação de rendimentos a auferir pelo executado a outro título que não o de locador de bens imóveis ou móveis sujeitos a registo. Por exemplo, o executado pode receber certa quantia periódica por ter dado de usufruto um imóvel (art. 1445º

---

[89] Como as previstas no art. 881º, nº 3, ou a consignação dos rendimentos da quota de uma sociedade (v. LEBRE DE FREITAS e RIBEIRO MENDES, *Código...*, p. 548).

[90] Sobre os termos a seguir pelo agente de execução para proceder à celebração de novo contrato, v. LEBRE DE FREITAS e RIBEIRO MENDES, *Código...*, p. 547. Sobre o conteúdo e regime do contrato, v. OLINDA GARCIA, "Arrendamento de imóveis penhorados", em *Arrendamento Urbano e outros temas de Direito e Processo Civil*, Coimbra, Coimbra Editora, 2004, pp. 67 e ss.

[91] Contra, v. OLINDA GARCIA, "Arrendamento de imóveis penhorados", pp. 80 e ss.

[92] *Processo de execução*, vol. 2º, p. 314.

[93] Acompanhando esta opinião do Prof. ALBERTO DOS REIS, v. LEBRE DE FREITAS e RIBEIRO MENDES, *Código...*, p. 548. Não parece de seguir, à luz da explicação contida no texto e do regime do art. 880º, a ideia destes últimos Autores de que o exequente pode, ele próprio, tomar de arrendamento os bens (*Código...*, p. 548).

do CC) ou pode receber anualmente o cânon superficiário (art. 1530º do CC)[94]. Neste sentido se pronunciou o Prof. RUI PINTO[95] e nós não vemos por que não concordar. Aplicar-se-á, por analogia, o art. 880º, nºs 1 e 4[96], e a consignação de rendimentos é notificada ao usufrutuário ou ao superficiário.

E será admissível que, não havendo locação, nem usufruto, nem superfície sobre os bens penhorados, o agente de execução, em vez de celebrar contrato de locação para efeitos da consignação, constitua sobre eles usufruto ou superfície [97]? É que pode muito bem dar-se o caso de se conhecerem interessados num usufruto, ou numa superfície, e ninguém se mostrar disposto a locar...

A resposta deve ser afirmativa, por aplicação analógica do art. 880º, nº 2 (e, consequentemente, nºs 3 e 4), mas é indispensável haver acordo expresso nesse sentido do exequente e executado. Não basta que o exequente requeira a consignação e o executado não requeira a venda executiva. Ao que acresce que o usufruto ou a superfície só podem perdurar pelo período de tempo que for necessário ao pagamento das custas da execução e ao reembolso da quantia exequenda, findo o qual caducam[98], como de resto sucede com a locação celebrada pelo agente de execução nos termos do art. 880º, nº 2[99].

31. O art. 880º, nº 3, prescreve que as *rendas* (ou outro rendimento periódico, está claro) serão recebidas pelo consignatário *até que esteja embolsado da importância do seu crédito*. De entre as espécies contempladas no art. 659º, nº 1, do CC, estará em causa, portanto, a consignação feita "até ao pagamento da dívida garantida". De maneira que, uma vez paga e extinta a dívida, há de terminar a consignação, nos termos dos arts. 730º, al. a), e 664º do CC. O exequente e o executado não estão assim autorizados a efetuar uma consignação por determinado número de

---

[94] Claro que a consignação é impensável se a nua propriedade ou a propriedade do solo não conferirem ao executado o direito de auferir quaisquer rendimentos (v. LEBRE DE FREITAS e RIBEIRO MENDES, *Código...*, p. 544). V. ainda REMÉDIO MARQUES, *Curso...*, p. 303.

[95] *A Acção Executiva depois da Reforma*, p. 214.

[96] Aplicando o nº 1 do art. 880º, v. RUI PINTO, *ibidem* (sem referir a analogia).

[97] Desde que, bem entendido, o direito do executado sobre os bens lhe dê legitimidade para os onerar nesses termos.

[98] Trata-se de solução incontroversa quanto à superfície, de harmonia com o art. 1536º, nº 2, *in fine*, do CC, mas que também tem de valer para o usufruto, que mais não seja porque seria largamente incompreensível que o agente de execução pudesse onerar o bem do executado para além do que é necessário à satisfação dos interesses do exequente e dos seus próprios poderes executivos.

[99] V. AMÂNCIO FERREIRA, *Curso...*, p. 362, JANUÁRIO GOMES, *Constituição da relação de arrendamento urbano*, Coimbra, Almedina, 1980, pp. 319 e 320, e OLINDA GARCIA, "Arrendamento de imóveis penhorados", p. 100. Na jurisprudência, v. o Ac. do TRL de 16/9/2008, proc. nº 5151/2008-7, bem como o Ac. do STJ de 23/4/2009, proc. nº 6281/03.0TBSXL.S1, que sobre aquele incidiu (invocam as als. b) e c) do art. 1051º do CC).

anos, nem o regime desta espécie de consignação – que tem como consequência a extinção da garantia no termo do prazo (art. 664º do CC) e a subsistência do crédito na parte que permanece por pagar – se adapta ao constante do CPC. Não só o art. 880º, nº 3, diz o que diz, como, de acordo com o art. 881º, nº 1, a realização da consignação e o pagamento, com ela, das custas acarreta a extinção da execução[100]. Não se deve no entanto excluir a hipótese de o requerimento de consignação processual por período de tempo não suficiente ao pagamento da totalidade da dívida consubstanciar uma redução ou uma desistência parcial do pedido para o montante que o exequente espera auferir durante esse período. Havendo acordo do executado, deferir-se-á a consignação pelo período de tempo proposto – o qual, atento o acordo das partes, passa a equivaler ao tempo necessário para pagamento integral da dívida – e, depois de pagas as custas, a instância executiva extingue-se (art. 881º, nº 1).[101]

Em matéria de prazo da consignação *processual*, questiona-se ainda se deve ou não obedecer ao disposto no art. 659º, nº 2, do CC, isto é, se, quando respeite a rendimentos de bens imóveis, está proibida de ultrapassar o prazo de 15 anos. LEBRE DE FREITAS e RIBEIRO MENDES preconizam a necessidade de observar o art. 659º, nº 2[102], ao passo que ANSELMO DE CASTRO[103] e TEIXEIRA DE SOUSA ([104]) sustentam posição contrária. Na jurisprudência pronunciaram-se a favor da aplicação do limite do art. 659º, nº 2, o STJ e o TRL[105].

Os Profs. PIRES DE LIMA e ANTUNES VARELA explicavam a razão de ser do art. 659º, nº 2, do CC com a circunstância de "os interesses da produção [exigirem] que os prédios não se encontrem durante muito tempo fora da ação do proprietário, além de a oponibilidade a terceiro da consignação dificultar o comércio dos bens"[106]. Não parece que a razão seja transponível para o plano da consignação processual, considerando que os bens sobre cujos rendimentos incide a consignação estão penhorados aquando da sua realização e não há limite para o número de anos por que pode persistir a penhora.

---

[100] No sentido de que a consignação de rendimentos em processo executivo só é admissível se for convencionada para pagamento integral da dívida garantida e não "por determinado número de anos", v. EURICO LOPES-CARDOSO, *Manual...*, p. 515, ANSELMO DE CASTRO, *A acção ...*, p. 222, e AMÂNCIO FERREIRA, *Curso...*, p. 362.

[101] Como dizem PIRES DE LIMA e ANTUNES VARELA, *Código Civil anotado*, vol. I, p. 678, a estipulação de um prazo corresponde, *normalmente*, à estipulação de que, decorrido esse prazo, a obrigação se considera extinta. V. ainda SALVADOR DA COSTA, *O concurso de credores*, p. 26.

[102] *Código...*, p. 545.

[103] *A acção ...*, p. 223.

[104] *Acção...*, p. 359.

[105] Acs. do STJ de 23/4/2009, proc. nº 6281/03.0TBSXL.S1, e do TRL de 16/9/2008, proc. nº 5151/2008-7 (decidiram o mesmo caso).

[106] *Código Civil anotado*, vol. I, p. 678. V. ainda ALMEIDA COSTA, *Direito das Obrigações*, p. 915.

32. A última nota vai para os *efeitos* da consignação de rendimentos no plano da execução e da dívida exequenda.

Já fizemos referência ao art. 881º, nº 1, que prevê, como consequência da consignação e uma vez pagas as custas da execução[107], a extinção (automática e independente de despacho do juiz) da execução e o levantamento, pelo agente, da penhora que incida sobre outros bens. Com a extinção da execução, o bem deixa de poder ser vendido para satisfazer o direito dos credores. E não sendo vendido, permanecendo no património do executado, não veem os credores afetada a sua garantia, por isso que se não faz a sua citação (art. 879º, nº 3), nem é admitida a sua reclamação espontânea (art. 865º, nº 3)[108].

A extinção da execução não significa *a extinção da dívida exequenda*. Esta mantém-se e por efeito da consignação vai apenas perdendo pedaços de vida à medida que os rendimentos forem sendo entregues. Mas continua existindo. E daí que também se mantenha – apesar da extinção da execução – a penhora do bem cujo rendimento foi adjudicado[109], de forma a garantir o direito do exequente se, em venda futura realizada noutra execução, o reclamar contra credores com garantia posterior à penhora (art. 881º, nº 2).

Enfim, nunca é demais frisar que a consignação de rendimentos constitui garantia real a favor do exequente, por isso oponível a terceiros adquirentes do bem onerado. O executado pode vender o bem cujos rendimentos ficam adjudicados porque a execução se extingue (perdendo-se a oponibilidade do art. 819º do CC), mas a consignação, qual direito real com sequela, acompanha o bem[110].

---

[107] E pagos os credores que tenham consignação de rendimentos do bem em causa a seu favor anterior à consignação do exequente (v. LEBRE DE FREITAS e RIBEIRO MENDES, *Código*..., p. 545).

[108] LEBRE DE FREITAS e RIBEIRO MENDES, *Código*..., p. 546.

[109] V. EURICO LOPES-CARDOSO, *Manual*..., p. 518, ANSELMO DE CASTRO, *A acção* ..., p. 222, AMÂNCIO FERREIRA, *Curso*..., p. 363, LEBRE DE FREITAS, *A Acção*..., p. 349, e LEBRE DE FREITAS e RIBEIRO MENDES, *Código*..., p. 549.

[110] V. AMÂNCIO FERREIRA, *Curso*..., p. 363, e LEBRE DE FREITAS, *A Acção*..., p. 349, nota 3.

Arbitragem "necessária", "obrigatória", "forçada": breve nótula sobre a interpretação do artigo 182º do Código de Processo nos Tribunais Administrativos

FAUSTO DE QUADROS[1]

1. Introdução

Miguel Galvão Teles é contemporaneamente um nome grande do Direito em Portugal. Primeiro, na carreira académica que abraçou, e da qual infelizmente saiu, depois, como Advogado e Jurisconsulto, ele deixou sempre a marca da sua inteligência e do seu saber.

Por isso, foi muito feliz a ideia de se organizarem estes Estudos em sua homenagem. É com muito júbilo que nos associamos a essa iniciativa.

2. Clarificação prévia de alguns conceitos

Antes de entrarmos no tema deste estudo queremos esclarecer alguns conceitos básicos.

Fala-se de "arbitragem necessária". A própria lei serve-se dessa noção, por exemplo, logo no artigo 1º, nº 1, da nova Lei de Arbitragem Voluntária, aprovada pela Lei nº 63/2011, de 14 de dezembro. Todavia, essa expressão contraria a teoria clássica sobre a arbitragem. Esta, classicamente, constitui uma manifestação da jurisdição voluntária. Isto quer dizer que na arbitragem é deixado à autonomia das partes optar ou não pela arbitragem e, através da convenção de arbitragem, definir e demarcar o objeto do litígio, escolher os árbitros (sem prejuízo de mecanismos adequados para suprir nessa matéria a omissão das partes) e escolher o regime aplicável (o Direito, e, nesse caso, que Direito, ou a equidade). Aquilo que

---

[1] Professor Catedrático da Faculdade de Direito da Universidade de Lisboa. Este artigo foi escrito antes de o autor ter iniciado funções na Comissão nomeada pela Ministra da Justiça para rever o Código de Procedimento Administrativo, o Estatuto dos Tribunais Administrativo e Fiscais e o Código de Processo nos Tribunais Administrativos. Por isso, as ideias nele expressas são-no a título pessoal.

se designa impropriamente de arbitragem necessária é um meio, imposto por lei, de resolução de um litígio por via jurisdicional através de juízes escolhidos pelas partes. Porque é imposta por lei a arbitragem necessária é, portanto, "obrigatória". Isto quer dizer que o recurso à arbitragem, nesse caso, deixa de estar na discricionariedade da vontade das partes num litígio para lhes ser imposto por lei, ficando para a autonomia das partes praticamente apenas a escolha dos árbitros.

Também se fala em "direito à arbitragem". Mas por direito à arbitragem quer-se, em boa verdade, significar apenas direito a propor a arbitragem, no sentido de tomar a iniciativa da arbitragem, ou propor uma convenção de arbitragem, apresentando um projeto de convenção, e a esperar uma resposta da outra parte. Não pode significar direito a ter efetivamente uma arbitragem, porque isso depende do acordo entre as partes no litígio e a lei não pode impor esse acordo à parte a quem se dirige a proposta de convenção de arbitragem, ou seja, a lei não pode obrigar essa parte a aceitar a convenção de arbitragem que a outra parte lhe apresentou. Há no Direito português um direito fundamental à arbitragem como modalidade do direito à tutela jurisdicional efetiva, reconhecido pelo artigo 20º da Constituição e depois concretizado na Lei de Arbitragem Voluntária, acima referida, com o âmbito definido logo no seu artigo 1º, nºs 1 e 2. E é bom que a doutrina inclua esse direito na Teoria dos Direitos Fundamentais formada com base na Constituição. A tutela jurisdicional efetiva pode-se exercer através dos tribunais judiciais ou dos tribunais arbitrais. Uns e outros exercem, com igual dignidade, a função jurisdicional [2]. Mas o direito fundamental à arbitragem não é um direito potestativo porque ninguém tem o direito de impor uma arbitragem a outrem se este não quiser ir para a arbitragem. Aquele direito não pode ir para além do direito a desencadear um procedimento arbitral através da proposta de uma convenção de arbitragem. A outra parte poderá aceitar ou não essa proposta, as duas partes poderão ou não chegar a acordo sobre a convenção de arbitragem. Ou seja, pela própria natureza das coisas o direito fundamental à arbitragem não garante que vá, de fato, haver arbitragem. O direito à arbitragem não confere ao seu beneficiário a faculdade de ter uma arbitragem forçada. É, portanto, por natureza, um direito imperfeito, no sentido de que é incompleto.

3. A História do artigo 182º do CPTA

Entremos agora no exame do artigo 182º do CPTA e comecemos por ver qual é sua génese.

Aquele artigo teve como predecessor o artigo 2º, nº 2, do anterior Estatuto dos Tribunais Administrativos e Fiscais, aprovado pelo Decreto-Lei nº 129/84, de 27

---

[2] Fausto de Quadros, *A Arbitragem em Direito Administrativo*, in Nuno de Villa-Lobos e Mónica Vieira, "Mais Justiça Administrativa e Fiscal – Arbitragem", Coimbra, 2011, pgs. 103 e segs. (103-106).

de abril. Dispunha esse preceito: "São admitidos tribunais arbitrais no domínio do contencioso dos contratos administrativos e da responsabilidade civil por prejuízos decorrentes de actos de gestão pública, incluindo o contencioso das acções de regresso." Esse artigo tinha cobertura no artigo que hoje tem o n$^\text{o}$ 209$^\text{o}$, n$^\text{o}$ 2, da Constituição, que permitia a existência em Portugal de tribunais arbitrais. A Lei de Arbitragem Voluntária, aprovada pela Lei n$^\text{o}$ 31/86, de 30 de agosto, no seu artigo 1$^\text{o}$, n$^\text{o}$ 2, dispunha que "O Estado e outras pessoas colectivas de direito público podem celebrar convenções de arbitragem, se para tanto forem autorizados por lei especial ou se elas tiverem por objecto litígios respeitantes a relações de direito privado."

Entretanto, o CPTA veio incluir todo um Título, o Título IX, dedicado à arbitragem. Desde logo, por confronto com o que dispunha, como vimos, o ETAF de 1984, o seu artigo 180$^\text{o}$, com o acrescento que lhe deu a Lei n$^\text{o}$ 59/2008, de 11 de setembro, ampliou o âmbito das questões que podem ser submetidas a arbitragem administrativa. Mas mais importante é o novo artigo 182$^\text{o}$, que nos interessa aqui. Estabelece ele que:

"ARTIGO 182$^\text{o}$
Direito à outorga de compromisso arbitral

O interessado que pretenda recorrer à arbitragem no âmbito dos litígios previstos no artigo 180$^\text{o}$ pode exigir da Administração a celebração de compromisso arbitral, nos termos da lei."

Entretanto, a nova Lei de Arbitragem Voluntária, de 2011, acima citada, manteve no seu artigo 1$^\text{o}$, n$^\text{o}$ 5, com uma alteração meramente formal, o disposto no referido artigo 1$^\text{o}$, n$^\text{o}$2, da sua antecessora.

4. Interpretação do preceito: o significado de "direito à outorga" e "pode exigir"

Já se escreveu muito sobre o conteúdo do artigo 182$^\text{o}$, quer na fase de preparação do CPTA, quer depois da sua aprovação[3]. Vamos dar aqui a nossa opinião.

Concentremo-nos sobre a redação final que aquele preceito veio a ter. Na sua epígrafe, ele confere ao particular o "direito à outorga" de um compromisso

---

[3] J. Martins Claro, *A arbitragem no Projecto do Código de Processo nos Tribunais Administrativos*, in Ministério de Justiça, "Reforma do Contencioso Administrativo", vol. I – "O Debate Universitário", Coimbra, 2003, pgs. 243 e segs.; João Caupers, *A arbitragem nos litígios entre a Administração Pública e os particulares*, CJA n$^\text{o}$ 18, pgs. 3 e segs.; Mário Aroso de Almeida e Fernandes Cadilha, *Comentário ao Código de Processo nos Tribunais Administrativos*, Coimbra, 2005, pg. 891; e Robin de Andrade, *Arbitragem e contratos públicos*, in Pedro Gonçalves (org.), "Estudos de Contratação Pública", vol. I, Coimbra, 2008, pgs. 943 e segs.

arbitral. Depois, no seu corpo, ele estabelece que o particular "pode exigir" da Administração a celebração desse compromisso. Mas, logo a seguir, ele acrescenta que o particular só o poderá fazer "nos termos da lei". Deixemos este último ponto para depois. Tentemos interpretar para já as duas primeiras expressões.

Não custa a admitir que, com essas expressões, aquele preceito não pretendeu conferir ao particular o direito a *impor* à Administração a celebração de um compromisso arbitral. Ou seja, este artigo não atribui ao particular um direito potestativo à arbitragem. Dizemos mais uma vez que nesse caso teríamos uma arbitragem forçada[4], o que, a nosso ver, como atrás sublinhámos, é contrário à natureza voluntária da arbitragem. O que aquelas expressões querem afirmar, numa formulação que por isso não é feliz, é que o particular propõe à Administração a celebração de um compromisso arbitral, devendo a Administração dar resposta a essa proposta.

Ou seja, a Administração não é obrigada a aceitar o compromisso arbitral proposto pelo particular mas é obrigada a colaborar no sentido de se chegar a um acordo sobre o teor de um compromisso arbitral. É este o conteúdo útil daquele artigo. Esta ideia liga bem com o disposto nos dois artigos seguintes, os artigos 183º e 184º. Liga bem com o disposto no artigo 183º, segundo o qual, apresentado pelo particular o requerimento em que se vier a materializar a pretensão a que se refere o artigo 182ª, se suspende o prazo de que o particular dispunha para aceder aos tribunais judiciais enquanto se não comprovar que se frustrou a tentativa de resolver o litígio por via arbitral. E liga bem também com o disposto no artigo 185º, porque, uma vez requerida pelo particular a arbitragem, a Administração tem o prazo de trinta dias para, mediante despacho, se pronunciar sobre esse requerimento. É assim que deve ser interpretada a expressão do artigo 184º "outorga do compromisso arbitral". Qual é a margem de manobra deixada à Administração nesse despacho? A resposta parece-nos simples: ou a Administração aceita o compromisso arbitral proposto pelo particular e, nesse caso, está constituída a arbitragem e segue-se a escolha dos árbitros; ou a Administração não aceita o compromisso arbitral proposto pelo particular e, nesse caso, inicia-se a fase das negociações entre as duas partes, que poderão conduzir ou não a acordo. Nessa hipótese, se houver acordo, passar-se-á imediatamente à escolha dos árbitros; se não houver acordo, entender-se-á que se frustrou a tentativa de se recorrer à arbitragem e, portanto, recomeçará a contar o prazo para o particular, se essa for a sua vontade, recorrer aos tribunais do Estado.

---

[4] Assim, também, Aroso de Almeida e Fernandes Cadilha, *op. e loc. cit.* Note-se que o primeiro dos dois Autores teve papel ativo na reforma do Contencioso Administrativo de 2002, portanto, também na redação do CPTA.

FAUSTO DE QUADROS

Uma vez entendido assim o artigo 182º, há que referir que a versão final do CPTA foi para além do seu Anteprojeto [5]. De facto, o artigo 166º desse Anteprojeto, que foi o antecessor do artigo 182º da versão final do CPTA, dispunha que a Administração podia, dentro do prazo de sessenta dias, aceitar ou recusar a arbitragem, e que a falta de despacho dentro desse prazo era entendida como recusa. De modo diferente, o artigo 182º do CPTA não permite a recusa, expressa ou tácita, do compromisso arbitral pela Administração, mas não pode excluir que o particular e a Administração não cheguem a acordo sobre os termos do compromisso arbitral e que, por isso, não venha a haver arbitragem.

Podemos trazer aqui à colação também o Projeto do Código do Contencioso Administrativo de 1990, da autoria de Diogo Freitas do Amaral[6]. Nele se dispunha que "O Estado e as demais pessoas colectivas públicas não podem recusar o compromisso arbitral no âmbito dos litígios previstos no Projeto". Houve quem interpretasse este preceito como tendo ele querido dizer que o Estado (ou outra pessoa pública) não podia recusar o concreto compromisso arbitral que o particular lhe propusesse e que, portanto, aquele artigo atribuía ao particular o direito potestativo a ter a arbitragem[7]. Estaríamos aqui, então, perante uma arbitragem forçada. Discordamos dessa opinião. Aquele artigo tinha de ser lido como impedindo a Administração de recusar em abstrato um compromisso arbitral, ou seja, de recusar *em abstrato* a arbitragem, o que a não impedia de recusar o concreto compromisso arbitral que o particular eventualmente lhe viesse a apresentar. Ou seja, o Projeto de 1990 não dizia nada de diferente do que nós entendemos que diz hoje o artigo 182º do CPTA.

O Legislador poderá pensar numa forma de ajudar a que o regime do CPTA desemboque na arbitragem. Por exemplo, poderá a lei apresentar um modelo-tipo de convenção de arbitragem que particular e Administração possam levar previamente em conta, tendo a faculdade de o flexibilizar de modo a ambas as partes adaptarem esse modelo a cada caso concreto. Nessa situação, a negociação teria um âmbito mais limitado e, portanto, aumentariam as hipóteses de haver arbitragem. Note-se que é este o caminho que muitos Estados seguem quando em tratados bilaterais de proteção recíproca de investimento, mais conhecidos por tratados bilaterais de investimento, com a sigla TBI, ou, em inglês, BIT, incluem a previsão de os respetivos litígios virem a ser resolvidos por arbitragem e pretendem tornar mais fácil o acordo das partes sobre a constituição do tribunal arbitral[8].

---

[5] Ministério da Justiça, *Reforma do Contencioso Administrativo – Discussão pública*, Lisboa, janeiro de 2000, pg. 96.

[6] Cit. por Martins Claro, *op. cit.*, pg. 249.

[7] Martins Claro, *op. e loc. cit.*

[8] Sobre os TBI, Fausto de Quadros, *A protecção da propriedade pelo Direito Internacional Público*, com sumário em inglês, Coimbra, 1998, sobretudo, pgs. 48 e segs., 314 e segs. e 450 e segs., e com mais bibliografia especializada; e R. Dolzer e M. Stevens, *Bilateral Investment Treaties*, Haia, 1995.

5. Idem: o significado de "nos termos da lei"

Como se disse, o artigo subordina aos "termos da lei" a faculdade conferida ao particular de requerer à Administração a celebração de um compromisso arbitral. E a interrogação que logo aqui se coloca é a de saber o que pretendeu aquele preceito com esta remissão para a lei.

Dos trabalhos preparatórios da reforma do Contencioso Administrativo de 2002-2004[9] não conseguimos apreender as intenções que moveram o Legislador quando introduziu aquela expressão no artigo 182º. Sabemos que do citado artigo 166º do Anteprojeto do Código não constava a remissão para os "termos da lei". Mas não encontramos as razões pelas quais ela aparece na versão final do artigo 182º. Falha-nos, portanto, aqui o elemento histórico na interpretação deste preceito. Mas encontramos um dado importante que nos ajuda. Tiago Silveira, que, na qualidade de Diretor do Gabinete de Política Legislativa e Planeamento do Ministério da Justiça, acompanhou muito de perto a reforma, num artigo que escreveu a explicar essa reforma sublinha que, no artigo 182º, o particular pode exigir a constituição da arbitragem *"em termos a regular"*[10]. Também Mário Aroso de Almeida, como dissemos, teve papel importante na reforma. Ora, também ele entende que o artigo 182º, ao se servir da expressão "nos termos da lei", diferiu para novo ato legislativo a regulamentação da constituição da arbitragem[11]. Portanto, parece ficar claro que com a expressão "nos termos da lei" o Legislador pretendeu remeter para lei futura a definição do regime jurídico que complete o disposto naquele preceito e sobre o qual o Legislador ainda não tinha ideias formadas à data da reforma. Daqui se infere, portanto, que é urgente que um novo ato legislativo complete, pormenorize e desenvolva o artigo 182º de modo a tirar todas as dúvidas que ele deixou em aberto acerca do seu alcance e da sua aplicação.

6. O que falta dispor sobre a matéria

Do que fica dito resulta, portanto, que, sem embargo do conteúdo útil que vimos que o artigo 182º tem, há que, por ato legislativo, esclarecer uma série de questões para as quais o próprio teor do preceito abre as portas através da expressão em análise. Essas questões são as que a seguir se elenca.

a) Quais são as matérias em que a arbitragem é admitida? São só as referidas no artigo 180º, fora as previstas em lei especial? Em princípio, parece que sim, pela letra do artigo 182º. Mas terá mesmo de ser assim? Por que motivo não se entenderá que o rol das questões enunciadas no artigo 180º, nº 1, é

---

[9] Publicados em Ministério da Justiça, *Reforma do Contencioso Administrativo*, 3 vols., Coimbra, 2003.

[10] *A reforma do Contencioso Administrativo*, Revista Jurídica, nº 25, pgs. 441 e segs. (462). O itálico é nosso.

[11] Aroso de Almeida e Fernandes Cadilha, *op. cit.*, pg. 891.

completado pela lista das questões constante do artigo 187º, nº 1? Não se vê razão para que esses dois artigos tenham uma redação diferente.

b) O que acontece se a Administração não der seguimento ao pedido do particular, formulado à sombra do artigo 182º? Terá ele nesse caso direito a obter a condenação da Administração na prática do ato devido? Se sim, qual é neste caso o ato *devido*? É a aceitação pela Administração do compromisso arbitral tal como ele vem proposto pelo particular, ou, o que é uma coisa muito diferente, é uma resposta ao pedido do particular de outorga num compromisso arbitral, que pode consistir numa contraposta de compromisso arbitral? Ou seja, está a Administração condicionada pelo texto do compromisso apresentado pelo particular ou ela respeita o artigo 182º formulando uma contraproposta em relação à proposta exibida pelo particular? Como já se viu, nós pensamos que o máximo que o artigo 182º permite à Administração é que ela discorde do compromisso apresentado pelo particular e apresente uma sua versão para esse compromisso. Nunca lhe permite que, pura e simplesmente, recuse a arbitragem, porque isso violaria o direito que aquele preceito confere ao particular e que é um direito a receber uma resposta à sua proposta de compromisso arbitral. Aquele preceito tem de tolerar a inexistência de arbitragem por desacordo total entre o particular e a Administração sobre os termos do compromisso arbitral, mas não por uma recusa liminar da arbitragem por parte da Administração. O confronto do artigo 182º do CPTA com o artigo 166º do Anteprojeto do Código, nos termos a que nos referirmos atrás, reforça essa conclusão.

c) Qualquer que seja a resposta à pergunta anterior, poderá o tribunal subrogar-se à Administração, através de uma sentença constitutiva, na outorga do compromisso arbitral? Em consequência do que ficou dito na alínea anterior pensamos que não, porque o tribunal não pode forçar a Administração a adotar o compromisso proposto pelo particular e com o qual ela não concorda.

d) Vai poder alargar-se a arbitragem a questões excluídas pelo artigo 185º do CPTA? A nosso ver, sim. Isso decorre do alargamento da responsabilidade civil extracontratual do Estado e das demais pessoas coletivas públicas às funções política, legislativa e jurisdicional, levado a cabo pela Lei nº 67/2007, de 31 de dezembro. E não há hoje qualquer argumento, no plano da política legislativa, para que não haja arbitragem sobre essas questões.

e) Na sequência da alínea anterior, pode haver arbitragem sobre o contencioso de legalidade de atos ou contratos? Quanto a contratos, a resposta parece-nos ser, sem dificuldade, afirmativa, por força dos artigos 180º, nº 1, al. a), e 187º, nº 1, al. a). Por outro lado, a referência desses artigos à figura ampla de "contratos" parece-nos que deve ser entendida como abrangendo tanto contratos administrativos como todos os contratos definidos como públicos pelo Código dos Contratos Públicos. Quanto a atos, a resposta também é afirmativa, por força do artigo 180º, nº 1, al a), *in fine*, al. c), ainda que com a restrição aí referida, e al. d), enquanto ela abrange também atos administrativos, e também por força do artigo 187º, nº 1, als. c), d) e e), em toda a medida em que os atos administrativos caibam na respetiva previsão.

f) Pode a arbitragem abranger o exercício de poderes discricionários da Administração? Em nosso entender, não. A discricionariedade é indisponível para a Administração. Já os tribunais do Estado não podem substituir-se à Administração no exercício desses poderes. Pelas mesmas razões, também os tribunais arbitrais não o podem fazer. Doutra forma, seriam infringidos os princípios da legalidade e da separação de poderes. Isto, obviamente, não impede o tribunal arbitral de julgar litígios em que estejam em discussão poderes discricionários desde que ele não se substitua à Administração na titularidade e no exercício desses poderes.

g) Pode a Administração outorgar uma convenção de arbitragem na qual se admita o julgamento por equidade? Depende. O contencioso de legalidade só poderá ser conhecido por tribunais arbitrais em função do Direito estrito, melhor, em face do bloco de legalidade composto pelo Direito estrito. A isso obriga o princípio da legalidade.

Sobre todas essas matérias poderá a doutrina ter propostas a apresentar ao Legislador. Mas terá de ser este a definir as suas opções.

7. Conclusão

O CPTA veio dar um forte impulso à arbitragem administrativa. Essa orientação inclui-se na corrente, assumida agora pela nova Lei da Arbitragem Voluntária, que visa incrementar o recurso á arbitragem em Portugal. É preciso, de uma vez por todas, que se enraíze na comunidade jurídica e nos meios económicos e financeiros a ideia de que a arbitragem é uma modalidade do exercício da função jurisdicional e que ela é tão digna como a outra modalidade, que é a do exercício dessa função, nos termos clássicos, pelos tribunais do Estado. Mas para tanto há que prestigiar e dignificar a arbitragem, rodeando-a de garantias de independência e de imparcialidade, pelo menos no essencial, idênticas às que se aplicam aos tribunais do Estado.

No que especialmente diz respeito à arbitragem administrativa, ela está destinada, em princípio, a ter um grande incremento em Portugal. Muitas vezes estão nela em causa litígios que envolvem interesses públicos de premente importância. Quase sempre esses litígios dizem respeito a direitos fundamentais dos cidadãos. Tantas vezes eles envolvem montantes avultados de dinheiros públicos. Ora, a arbitragem propicia para esses litígios a decisão rápida que é exigida pela natureza dos litígios, e a decisão mais conforme com a especialização da matéria subjacente ao litígio (sobretudo se os árbitros forem escolhidos em função da sua especial competência na matéria de Direito controvertida), o que muito dificilmente aconteceria se o litígio fosse julgado pelos tribunais do Estado.

Por todas essas razões é importante que o regime a definir no Contencioso Administrativo para a arbitragem venha a amparar e servir de suporte a essa desejada expansão da arbitragem administrativa.

Colares, 31 de julho de 2012.

Contencioso societário – as ações de responsabilidade

MARIA ELISABETE RAMOS[1]

SUMÁRIO: 1. Do relevo prático-jurídico das ações de responsabilidade. 2. A ação social de responsabilidade. 2.1. Requisitos da legitimidade ativa da sociedade lesada. 2.2. Ação social proposta por sócio(s). 2.2.1. Legitimidade ativa. 2.2.2. Natureza subsidiária. 2.2.3. Pedido de decisão prévia ou de prestação de caução. 2.2.4. O efeito inibidor dos custos. 2.3. Ação social proposta pelos credores da sociedade. 2.3.1. Requisitos. 2.3.2. Exceções oponíveis pelos administradores. 3. Nulidade de cláusulas relativas à ação social de responsabilidade. 4. Sociedades unipessoais e ações de responsabilidade. 5. As «legal disputes» e o dever de divulgação de informação privilegiada. 6. A competência em razão da matéria para julgar as ações de responsabilidade dos administradores. 7. A encerrar.

1. Do relevo prático-jurídico das ações de responsabilidade

O regime jurídico-societário dedicado à responsabilidade civil pela administração da sociedade (arts. 72º a 79º[2]) integra disposições relativas às chamadas *ações de responsabilidade*. Estas últimas representam o mecanismo processual através do qual vários sujeitos estão legitimados a escrutinar decisões empresariais tomadas pelos administradores. Do ponto de vista destes últimos, as ações de responsabilidade concretizam o «risco de processo». Efetivamente, quem integra o órgão de administração passa a estar exposto ao risco de ser envolvido em uma ação de responsabilidade por decisões tomadas no contexto da administração da sociedade, ainda que tenha atuado de modo cuidadoso e leal.

[1] Professora Auxiliar da Faculdade de Economia de Coimbra. Doutora em Direito pela Faculdade de Direito de Coimbra.
[2] São do CSC as normas legais apresentadas em qualquer outra menção.

Sabendo que o *public enforcement* – exercido, nomeadamente pelos reguladores económicos – pode não ser suficiente para garantir a governação cuidadosa e leal[3], o controlo exercido pela sociedade, credores sociais, sócios e terceiros pode estimular o alinhamento da atuação dos administradores pelo interesse social.

Na Europa, há quem considere desejável o reforço do *private enforcement* e, por isso, defenda a remoção de obstáculos procedimentais. Nos EUA ouvem-se vozes que lamentam a excessiva litigação contra os administradores e manifestam a preocupação de que as «lawsuit-friendly rules» possam prejudicar a competitividade das empresas e mercados norte-americanos[4].

O presente estudo centra-se no regime jurídico-societário das ações de responsabilidade propostas pela sociedade, pelos sócios e por credores da sociedade.

2. A ação social de responsabilidade
2.1. Requisitos da legitimidade ativa da sociedade lesada

A responsabilidade dos administradores perante a *sociedade* é, em primeira linha, efetivada por intermédio da *ação social de responsabilidade* (a vulgarmente designada ação social *ut universi*)[5], ou seja, uma ação interposta pela sociedade contra os administradores em que aquela pede a condenação destes no pagamento de uma indemnização[6]. Esta ação depende de *deliberação dos sócios*[7], tomada por simples

---

[3] V. THE AMERICAN LAW INSTITUTE, *Principles of Corporate Governance: Analysis and Recommendations*, vol. 2, Part VII, §§ 7.01-7.25, Tables and Index, *As adopted and promulgated by American Law Institute at Washington, D. C., May 13, 1992*, American Law Institute Publishers, 1994, St.Paul, Minn., p. 5, ss..

[4] Cfr. J. ARMOUR/B. BLACK/B. CHEFFINS/R. NOLAN, *Private enforcement of corporate law: an empirical comparison of the UK and US*, ECGI, Law Working Paper nº 120/2009, February 2009, p. 1.

[5] Sobre a história desta ação, RAÚL VENTURA/L. BRITO CORREIA, *Responsabilidade civil dos administradores de sociedades anónimas e dos gerentes de sociedades por quotas*, sep. do Boletim do Ministério da Justiça, nºs. 192, 193, 194, 195, Lisboa, 1970, p. 220. Sobre os modelos de responsabilidade dos administradores, v. A. MENEZES CORDEIRO, *Da responsabilidade civil dos administradores das sociedades comerciais*, Lisboa: Lex, 1997, p. 106, ss..

[6] V. M. ELISABETE RAMOS, *O seguro de responsabilidade civil dos administradores (entre a exposição ao risco e a delimitação da cobertura)*, Coimbra, Almedina, 2010, p. 184, ss..

[7] No *common law* rege a regra *Foss v. Harbottle*, segundo a qual cabe à maioria dos sócios reunidos em assembleia decidir sobre qualquer controvérsia interna, designadamente a responsabilidade dos administradores pela violação dos deveres perante a sociedade («breach of duty») ou, ainda, exonerá-los de tal responsabilidade mediante a aprovação ou ratificação dos seus atos. Sobre a origem desta *rule*, v. A. BOYLE, «The minority shareholder in the nineteenth century: a study in anglo-american legal history», *MLR*, 28 (1965), pp. 318, ss. Sobre o sentido actual, v. R. GREGORY, «What is the rule in Foss v. Harbottle?», *MLR*, 45 (1982), pp. 584, ss.; M. M. RISCOSSA, «Azione sociale di responsabilità e mezzi a disposizione del singolo azionista per agire contro gli amministratori (shareholder remedies) nel diritto inglese», *DCI*, 1997, pp. 442, s. A *derivative suit* é justamente considerada uma exceção à *majority rule* consagrada pela *Foss v. Harbottle rule*. Sobre esta

maioria[8] e *deve* ser proposta no prazo de seis meses a contar da referida deliberação (art. 75º, nº 1)[9]. O art. 75º, nº 3, em razão do conflito de interesses[10] entre o sócio-administrador (presumível lesante) e a sociedade (presumível lesada), prevê um *impedimento de voto* daquele[11].

O órgão de administração/representação da sociedade e o órgão de fiscalização são *incompetentes* para decidir a interposição de ações de responsabilidade dos administradores[12].

Admitindo que a deliberação é tomada em assembleia geral convocada – poderá ser em uma deliberação unânime por escrito, em assembleia geral não convocada (art. 54º), ou por voto escrito (art. 247º) –, o assunto relativo à ação social de responsabilidade (assim como a eventual destituição) deve constar da convocatória dos sócios (arts. 377º, 5, 8, 248º, 1, 189º, nº 1, 474º, 478º)[13]. Embora tais assuntos não constem da convocatória, na assembleia que aprecie as contas de exercício podem ser tomadas deliberações sobre a responsabilidade e sobre a

---

excepção, v. A. BOYLE, *The private law enforcement of directors'duties*, in: K. J. HOPT / G. TEUBNER (edited by), *Corporate governance and directors' liabilities. Legal, economic and sociological analyses on corporate social responsibility*, Berlin / New York: Walter de Gruyter, 1985, p. 270; J. POOL / P. ROBERTS, «Shareholder remedies-corporate wrongs and the derivative action», *JBL*, 1999, pp. 99, ss..

[8] Sobre os riscos de manipulação desta deliberação por parte do sócio controlador, v. M. FÁTIMA RIBEIRO, *A tutela dos credores da sociedade por quotas e a "desconsideração da personalidade jurídica"*, Coimbra: Almedina, 2009, p. 605.

[9] Sobre esta disposição, v. J. M. COUTINHO DE ABREU/M. ELISABETE RAMOS, «Artigo 75º», in: *Código das Sociedades Comerciais em comentário* (coord. de J. M. Coutinho de Abreu), vol. I, Coimbra: Almedina, 2010, pp. 875, ss..

[10] Segundo R. VENTURA, *Sociedades por quotas*, vol. II, Coimbra: Almedina, 1996, p. 296, há conflito de interesses quando o interesse do sócio só pode ser satisfeito com o prejuízo para a sociedade. Também neste sentido, v. P. PAIS DE VASCONCELOS, *A participação social nas sociedades comerciais*, 2ª ed., Coimbra: Almedina, 2006, p. 140.

[11] Para mais desenvolvimentos, v. J. M. COUTINHO DE ABREU/M. ELISABETE RAMOS, «Artigo 75º», cit., p. 877.

[12] V. M. ELISABETE RAMOS, *O seguro...*, cit., p. 185. Na experiência norte-americana, ao comité independente de litígios (*special litigation committee*), composto por administradores independentes, compete abrir uma investigação interna sobre os factos relatados, analisar documentos, realizar entrevistas com o fim de se pronunciar sobre a compatibilidade da ação com os interesses da sociedade. Sobre esta experiência, v. R. CHARLES CLARK, *Corporate law*, Boston/Toronto: Little, Brown and Company, 1986, p. 645. V. tb. G. C. HAZARD, «Azioni di responsabilità verso gli amministratori di società commerciali nel diritto statunitense», *RS*, 39 (1994), p. 447. Desenvolvidamente, com indicação de jurisprudência, v. E. M. TABELLINI, «L'azione individuale del socio a tutela dell'interesse sociale secondo il diritto statunitense», *CI*, 14 (1998/2), pp. 846, ss.

[13] Cfr. J. M. COUTINHO DE ABREU/M. ELISABETE RAMOS, «Artigo 75º», cit., pp. 876, s.. J. M. COUTINHO DE ABREU, *Responsabilidade civil dos administradores de sociedades*, 2ª ed., Coimbra: Almedina, 2010, p. 118, considera que «não é necessário indicar na convocatória o nome do(s) do(s) administrador(es) contra quem se tenciona propor a acção».

destituição dos administradores «que a assembleia considere responsáveis» (art. 75º, nº 2)[14]. Determina o art. 74º, nº 3, que a deliberação pela qual são aprovadas as contas ou a gestão *não implica a renúncia dos direitos* da sociedade contra estes[15].

A deliberação que aprova a ação social de responsabilidade *não determina* a destituição automática dos administradores considerados responsáveis[16], mas coloca-os numa situação de *inelegibilidade* durante a pendência da ação (art. 75º, nº 2)[17].

Ainda que o administrador presumivelmente responsável permaneça em funções – não foi deliberada a sua destituição – não poderá representar a sociedade (autora) na ação de responsabilidade contra si proposta. Situações há, portanto, em que se mostra necessário designar um *representante especial* da sociedade, ou seja, pessoa que, para efeitos da ação social de responsabilidade, substitua aqueles «a quem cabe normalmente a (...) representação» da sociedade» (art. 76º, nº 1)[18]. Aos sócios compete designar o representante especial «para o exercício do direito de indemnização» (art. 75º, nº 1). Não tendo os sócios procedido a tal nomeação, ou justificando-se a substituição do representante nomeado[19], o *tribunal*, a requerimento de sócios que possuam, pelo menos, 5% do capital social[20], nomeará no processo um representante especial (art. 76º, nº 1).

Se a sociedade decair totalmente na ação, «a minoria que requerer a nomeação de representantes judiciais é obrigada a reembolsar a sociedade das custas judiciais e de outras despesas provocadas pela referida nomeação» (art. 76º, nº 3). Esta norma é muito penalizadora para a minoria que requereu a nomeação dos representantes especiais e não deixa de constituir um entrave à efetivação judicial do direito de indemnização da sociedade.

Repare-se que são atribuídos exclusivamente à sociedade (e indiretamente a todos os sócios) os benefícios inerentes à nomeação de representante judicial

---

[14] P. Pais de Vasconcelos, «Responsabilidade civil dos gestores das sociedades comerciais», *DSR*, I (2009/1), p. 27, defende que as «matérias da responsabilidade civil dos administradores e da destituição devem ter-se por implícitas na ordem de trabalhos sobre a apreciação da gestão».

[15] V. J. M. Coutinho de Abreu/M. Elisabete Ramos, «Artigo 75º», cit., p. 870, ss..

[16] Para mais desenvolvimentos, v. M. Elisabete Ramos, *O seguro...*, cit., p. 186.

[17] A. Menezes Cordeiro, «Artigo 75º», in: *Código das Sociedades Comerciais anotado* (coord. de A. Menezes Cordeiro), 2ª ed., Coimbra: Almedina, 2011, p. 284, fala em «inibições».

[18] Desenvolvidamente, v. M. Elisabete Ramos, *O seguro...*, p. 186, ss.., J. M. Coutinho de Abreu/M. Elisabete Ramos, «Artigo 76º», in: *Código das Sociedades Comerciais em comentário* (coord. de J. M. Coutinho de Abreu), vol. I, Coimbra: Almedina, 2010, p. 882, ss..

[19] Para mais desenvolvimentos, v. Maria Elisabete Ramos, *O seguro...*, p. 186, ss..

[20] Também aqui fazia sentido a distinção entre sociedades emitentes de ações admitidas à negociação em mercado regulamentado e outras sociedades (v. o art. 77º), baixando, para as sociedades cotadas, a fração do capital social necessária para requerer o representante judicial. Cfr. M. Elisabete Ramos, *O seguro...*, p. 188, J. M. Coutinho de Abreu/M. Elisabete Ramos, «Artigo 76º», cit., p. 884.

(criam-se as condições processuais para que a ação social de responsabilidade prossiga e a sociedade venha, no fim do processo, a ser ressarcida do prejuízo sofrido) e é onerada a minoria com os custos do insucesso da ação. Se a sociedade decair totalmente – não conseguiu a condenação dos administradores demandados – caberá à minoria reembolsar a sociedade das custas e das outras despesas provocadas pela nomeação (art. 76º, nº 3).

A ação de responsabilidade deve ser proposta no prazo de *seis meses* a contar da data da deliberação (art. 75º, nº 1). Se o prazo não for cumprido, ainda assim, a sociedade não ficará impedida (dentro do prazo de prescrição) de propor a ação[21]. No entanto, ultrapassado o prazo de seis meses, a ação social de responsabilidade pode ser proposta por sócio(s) (art. 77º, 1) ou por credor(es) da sociedade (art. 78º, 2)[22].

2.2. Ação social proposta por sócio(s)
2.2.1. Legitimidade ativa
Em sociedades emitentes de ações admitidas à negociação em mercado regulamentado, *sócio(s)* que possua(m), pelo menos 2% do capital social[23] pode(m) propor ação social de responsabilidade contra administradores, *com vista à reparação a favor da sociedade* do prejuízo que esta tenha sofrido, «quando a mesma a não haja solicitado» (art. 77º, nº 1)[24]. Nas restantes sociedades, sócios com, pelo

---

[21] J. M. COUTINHO DE ABREU, *Responsabilidade...*, cit., p. 60, nt. 118, J. M. COUTINHO DE ABREU/M. ELISABETE RAMOS, «Artigo 75º», cit., p. 877. Diferentemente, o Ac. do STJ de 17.9.2009 (www.dgsi.pt-proc. 94/07.8TYLSB.L1.S1) considerou o prazo de seis meses como prazo de caducidade.

[22] J. M. COUTINHO DE ABREU, *Responsabilidade...*, cit., p. 61, J. M. COUTINHO DE ABREU/M. ELISABETE RAMOS, «Artigo 75º», cit., p. 878.

[23] PAULO DE TARSO DOMINGUES, «Traços essenciais do novo regime das acções sem valor nominal», in: *Capital social livre e ações sem valor nominal* (coord. de Paulo de Tarso Domingues e de Maria Miguel Carvalho), Coimbra: Almedina, 2011, p. 120, esclarece que, em sociedades com ações sem valor nominal, a medida dos direitos corporativos é dada pelo «valor contabilístico» que «consiste no valor que resulta da divisão do montante do capital social pelo número total de acções. Ou seja, a função de organização, nestas sociedades que adoptam as ações sem valor nominal, é desempenhada por este designado valor contabilístico e já não pelo valor de emissão das acções». Sobre esta questão v. tb. PAULO OLAVO CUNHA, «Aspectos críticos da aplicação prática do regime as acções sem valor nominal», in: *Capital social livre e ações sem valor nominal* (coord. de Paulo de Tarso Domingues e Maria Miguel Carvalho), Coimbra: Almedina, 2011, p. 151.

[24] Sobre esta ação, v. J. M. COUTINHO DE ABREU/M. ELISABETE RAMOS, «Artigo 77º», in: *Código das Sociedades Comerciais em comentário* (coord. de J. M. Coutinho de Abreu), vol. I, Coimbra: Almedina, 2010, p. 887, ss..

menos, 5% do capital social[25] têm legitimidade para propor a ação social de responsabilidade (art. 77º, nº 1)[26].

O art. 77º dissocia a *titularidade do direito* à indemnização (encabeçado pela sociedade) da *legitimidade ativa* para a efetivação processual do mesmo (a minoria legitimada surge como autora no processo). Se, do ponto de vista substantivo, a sociedade lesada é a *credora do direito à indemnização*, do ponto de vista processual, a legitimidade ativa é (também) reconhecida aos sócios que *não são credores da indemnização devida*.

Do ponto de vista substantivo, os sócios, ao abrigo do art. 77º, reclamam um *direito alheio* (o direito da sociedade à indemnização) e não um direito próprio[27]. No entanto, é *direito próprio dos sócios* (e não alheio) o *de propor a* ação social de responsabilidade contra gerentes ou administradores, nos termos previstos no art. 77º[28]. Direito que – como é vincado pelas doutrinas alemã[29] e italiana[30] – radica na *participação social*. Do ponto de vista substancial, a unidade do sistema encontra-se garantida pela circunstância de ser sempre (e só) o património da sociedade a incorporar a indemnização. A disposição do direito de indemnização (renúncia e transação) cabe exclusivamente à sociedade-credora (art. 74º, nº 2).

---

[25] J. M. Coutinho de Abreu, *Responsabilidade...*, cit., p. 63, considera mais razoável a previsão do art. 200 do decreto francês de 23 de março de 1967 e do § 148, 1, *AKtG*. Para informações sobre outras ordens jurídicas, v. Maria Elisabete Ramos, *O seguro...*, cit., 189, nt., 763.

[26] J. M. Coutinho de Abreu, *Responsabilidade...*, cit., p. 62, salienta o pioneirismo dos países de *common law* na consagração da ação social *ut singuli*. Sobre o acolhimento legislativo desta ação, v. R. Ventura/L. Brito Correia, *Responsabilidade...*, cit., p. 247; M. Carneiro da Frada/D. Costa Gonçalves, «A ação ut singuli (de responsabilidade civil) e a relação do direito cooperativo com o direito das sociedades comerciais», *RDS*, 4 (2009), p. 906, ss.; Maria de Fátima Ribeiro, «A função da ação social "ut singuli" e a sua subsidiariedade», *DSR*, 6 (2011), p. 165, ss. Rigorosamente, a ação prevista no art. 77º não é a ação social *ut singuli* porque não basta a qualidade de sócio para a propor. A. Menezes Cordeiro, «Art. 77º», in: *Código das Sociedades Comerciais anotado* (coord. de A. Menezes Cordeiro), 2ª ed., Coimbra: Almedina, 2011, p. 286, fala em «acção social de grupo». Certamente que nas sociedades de maior dimensão reunir 2% ou 5% do capital social implicará reunir um grupo de sócios; nas sociedades de menor dimensão facilmente um sócio *individualmente considerado* detém 5% (ou mais) do capital social. Portanto, a ação do art. 77º não é intrinsecamente uma «acção social de grupo».

[27] Ainda à luz do DL 49 381, v. em sentido diferente o Ac. do STJ de 13.11.1987 (Relator: Menéres Pimentel), *CJ*, 1988, t. I, p. 8.

[28] O Ac. do STJ de 18.12.2008 (Relator: Salvador da Costa), www.dgsi.pt, considerou que a «instauração desta acção corresponde ao exercício de um direito social».

[29] Cfr. T. Raiser, «Das recht der Gesellschafterfklagen», *ZHR*, 153 (1989), pp. 9, ss.; M. Lutter, «Treupflichten und ihre Anwendungsprobleme», *ZHR*, 162 (1998), pp. 180, ss.

[30] V. D. Latella, *L'azione sociale di responsabilità esercitata dalla minoranza*, Torino: G. Giappichelli Editore, 2005, p. 156.

Em face da nossa lei não é exigido[31]: *a*) qualquer requisito de antiguidade[32]; *b*) que o(s) demandantes já fosse(m) sócio(s) à data da produção do dano cuja ação visa ressarcir[33]; *c*) que os sócios interpelem previamente o órgão de administração para que este tome as medidas adequadas[34].

Pode acontecer que os sócios que intentaram a ação percam tal qualidade na pendência do processo ou desistam da ação. Esclarece o art. 77º, nº 3, que tais factos não obstam ao prosseguimento da instância[35]. Prossegue a instância ainda que a percentagem do capital social que permanece em juízo seja inferior à fração exigida no art. 77º, nº 1.

---

[31] Cfr. M. ELISABETE RAMOS, *O seguro...*, cit., p. 192, ss., J. M. COUTINHO DE ABREU/M. ELISABETE RAMOS, «Artigo 77º», cit., p. 888.

[32] O (já revogado) art. 129 do *TUF* exigia, como pré-requisito, que os sócios se encontrassem registados há, pelo menos, seis meses no livro de sócios. Sobre as dúvidas que este requisito suscitou, v. E. SABATELLI, «Questioni in tema di legitimazione all'esercizio dell'azione sociale di responsabilità da parte della minoranze», *BBTC*, 1 (2001), pp. 93, ss. Aquele requisito não consta do art. 2393-*bis* do *Codice Civile*.

[33] Um dos requisitos de que depende o *Klagezulassungsverfahren* (§ 148 *AktG*) é o de os acionistas demonstrem que adquiriram as ações antes do momento em que tiveram conhecimento do incumprimento ou do dano que gerou a suposta responsabilidade. Na maior parte das jurisdições norte-americanas, a legitimidade para propor a *derivative action* está dependente da observância da «contemporaneous ownership rule». Este princípio reconhece legitimidade ao sócio que prova que o era no momento em que ocorreram os atos ilícitos que ele imputa aos administradores. Sobre este princípio, v. R. CHARLES CLARK, *Corporate...*, cit., p. 651. O § 7.02 dos *PCG* recomenda, entre outros requisitos, a «contemporaneous ownership» e a «continuing ownership». Sobre o sentido destes requisitos, v. THE AMERICAN LAW INSTITUTE, *Principles...*, cit., pp. 34, ss. No Reino Unido, a *derivative action* era regulada, de uma forma muito restritiva pelo *common law* como excepção à regra *Foss v. Harbottle*. O *Companies Act* de 2006 introduziu uma reforma importante ao ter admitido as «derivative claims», reguladas na Part 11. O sócio deve formular junto do tribunal a «application for permission (in Northern Ireland, leave) to continue it» [refere-se a disposição à *derivative claim*]. Sobre este regime, v. P. L. DAVIES/J. RICKFORD, «An introduction to the new UK Companies Act», ECFR, 5 (2008), p. 71. Segundo a *section* 260 do *Companies Act* 2006, «It is immaterial whether the cause of action arose before or after the person seeking to bring or continue the derivative claim became a member of the company».

[34] A maior parte das jurisdições norte-americanas exige que, previamente à interposição judicial da *derivative action*, o acionista formule o seu pedido ao *board of directors* de modo a que este tome as medidas adequadas (*demand on directors*). Sobre este requisito e a concretização judicial de exceções, v. R. CHARLES CLARK, *Corporate...*, cit., p. 641. Sobre as diversas razões que suportam a *demand on directors*, v. E. M. TABELLINI, «L'azione...», cit., pp. 834, ss. V. tb. o § 7.03 dos *PCG* e a *section* 7.42 do *MBCA*.

[35] Veja-se a semelhança com a disciplina francesa constante do art. 200 do Decreto nº 67-236 de 23.3.1967: «Le retrait en cours d'instance d'un ou plusieurs des actionnaires visés à l'alinéa précédent, soit qu'ils aient perdu la qualité d'actionnaire, soit qu'ils se soient volontairement désistés, est sans effet sur la poursuite de ladite instance».

2.2.2. Natureza subsidiária

Questão não resolvida pela lei e escassamente analisada pela doutrina[36] – mas suscitada pelo art. 77º, nº 1, *in fine* – é a do sentido a atribuir ao segmento normativo «quando a mesma a não haja solicitado». Resulta deste preceito que se a sociedade intentar a ação social de responsabilidade fica prejudicada idêntica iniciativa dos sócios[37].

Deve admitir-se aos sócios minoritários o exercício da ação social de responsabilidade quando a sociedade delibera propor a ação social de responsabilidade, mas, decorridos seis meses, esta *deliberação não foi executada*. Tendo sido deliberado pela maioria *não propor* a ação social de responsabilidade, a minoria (que saiu vencida na deliberação sobre a proposição da ação social de responsabilidade) pode imediatamente propor a ação social de responsabilidade, sem necessidade de esperar que se esgote o prazo de seis meses.

A ausência de deliberação da sociedade sobre a ação social de responsabilidade associada a indícios de atos ilícitos e danosos praticados pelos administradores não são suficientes para fundar a legitimidade dos sócios minoritários. Estes deverão solicitar a convocação da assembleia, ou a inclusão do assunto na ordem do dia de assembleia já convocada. Nas sociedades em nome coletivo, por quotas e em comandita simples qualquer sócio pode requerer a inclusão na ordem do dia e a convocatória da assembleia (arts. 248º, nº 2, 189º, 1, 474º). Acionista ou acionistas que satisfaçam os requisitos previstos pelo art. 375º, nº 2, «podem requerer que na ordem do dia de uma assembleia geral já convocada ou a convocar» seja incluído o assunto relativo à ação social de responsabilidade (art. 378º, nº 1).

Entretanto, o art. 23º-A do CVM (aditado pelo DL 49/2010, de 19 de maio), veio permitir que sócio(s) com 2% das ações da sociedade emitente de ações admitidas à negociação em mercado regulamentado possa(m) requerer as referidas convocação da assembleia e inclusão na ordem do dia[38].

Nos termos do art. 77º, nº 4, «deve a sociedade [titular do direito à indemnização] ser chamada à causa por intermédio dos seus representantes»[39]. Constitui-se, assim, um *litisconsórcio necessário, ativo* (entre a minoria e a sociedade-credora do direito à indemnização) e sucessivo. Tendo esta ação sido subsequente a uma deliberação de não proposição da ação, no litisconsórcio ativo projetar-se-á o

---

[36] Veja-se a análise desenvolvida por J. M. Coutinho de Abreu, *Responsabilidade...*, cit., pp. 63, s...

[37] Cfr. J. M. Coutinho de Abreu, *Responsabilidade...*, cit., p. 63; M. Elisabete Ramos, *O seguro...*, cit., p. 194, ss., J. M. Coutinho de Abreu/M. Elisabete Ramos, «Artigo 77º», cit., p. 889, ss..

[38] J. M. Coutinho de Abreu, *Responsabilidade...*, cit., p. 64.

[39] A sociedade é chamada à causa através do incidente da intervenção principal provocada. V. I. Duarte Rodrigues, *A administração...*, cit., p. 213; T. Anselmo Vaz, *Contencioso societário*, Lisboa: Livaria Petrony, 2006, p. 81; J. M. Coutinho de Abreu, *Responsabilidade...*cit., p. 64, nt. 128.

conflito entre a minoria-autora (empenhada em efetivar a responsabilidade dos administradores demandados) e a posição da sociedade contrária a tal responsabilização. Sendo, portanto, de esperar que os litisconsortes (sociedade e minoria) assumam, neste caso, estratégias processuais divergentes[40].

A tutela das minorias consagrada no art. 77º, nº 1, reveste carácter *subsidiário[41]*. Há vários argumentos que permitem pôr em crise a caracterização sub-rogatória que, por vezes, é emprestada à ação prevista no art. 77º[42]. Assim: *a*) a legitimidade dos sócios não assenta na qualidade de credores do devedor inativo (a sociedade); *b*) não é exigido no art. 77º, nº 1 (como é no art. 78º, nº 2) o requisito da essencialidade; *c*) os sócios não são representantes da sociedade (esta é chamada à causa e aí é representada por intermédio dos seus representantes).

2.2.3. Pedido de decisão prévia ou de prestação de caução

Em Portugal, não é expressivo o risco de litigância fútil e estratégia dirigida contra os administradores[43]. Na experiência norte-americana, é conhecido o fenómeno das «strike suits» em que o autor, propondo uma ação derivada (*derivative action*) destituída de fundamento, consegue extrair (extorquir) uma transação (*settlement*) que irá render (em particular, ao(s) advogado(s)) um importante benefício[44].

---

[40] A doutrina fala em «litisconsórcio recíproco» – S. MENCHINI, *Il processo litisconsortile. Struttura e poteri delle parti*, Milano: Giuffrè, 1993, p. 86; M. TEIXEIRA DE SOUSA, *Estudos sobre o novo processo civil*, 2ª ed., Lisboa: Lex, 1997, p. 153 – para referir os casos em que os litisconsortes estão em litígio um com o outro; em que portanto há pluralidade de partes com autonomia de posições processuais. Exemplo deste conflito entre os litisconsortes é o caso decidido pelo Ac. do TRP, de 16.10.2008, *CJ*, 2008, t. IV, pp. 200, ss. (ainda que a factualidade diga respeito a uma cooperativa). V. M. ELISABETE RAMOS, «Acção *ut singuli* e cooperativas – Anotação ao Acórdão do Tribunal da Relação do Porto de 16 de Outubro de 2008», *CES*, 31 (2008-2009), pp. 273, ss..

[41] Neste sentido, v. M. NOGUEIRA SERENS, *Notas sobre a sociedade anónima*, 2ª ed., Coimbra: Coimbra Editora, 1997, p. 95, J. M. COUTINHO DE ABREU, *Responsabilidade...*, cit., p. 63; J. M. COUTINHO DE ABREU/M. ELISABETE RAMOS, «Artigo 77º», cit., p. 888.

[42] A favor da natureza sub-rogatória da ação prevista no art. 22º do DL 49381 (que corresponde ao atual art. 77º, nº 1), v. R. VENTURA/L. BRITO CORREIA, *Responsabilidade...*, cit., p. 428; I. DUARTE RODRIGUES, *A administração...*, cit., p. 213; J. DE OLIVEIRA ASCENSÃO, *Direito comercial* vol. IV. *Sociedades comerciais – Parte geral*, Lisboa, 2000, p. 459; T. ANSELMO VAZ, *Contencioso societário*, Lisboa: Livraria Petrony, 2006 p. 81; A. MENEZES CORDEIRO, «Artigo 77º», cit., p. 273, M. DE Fátima Ribeiro, «A função...», cit., p. 170. Na jurisprudência, v. o Ac. do STJ, de 13.11.1987, *CJ*, 1988, t. I, p. 7.

[43] Sobre estes riscos, v. M. DE FÁTIMA RIBEIRO, «A função...», cit., pp. 160, ss..

[44] DARIO LATELLA, *L'azione...*, cit., p. 22, refere o estudo WOOD, *Survey and Report regarding stockholders' derivative suits*, New York, 1944, p. 112, em que se escreve que «most derivative actions are brought by stockholders having no real financial interests in the corporation and accordingly so little stake in any possible recovery by it that is not credible to suppose that they would have undertaken investigation or prosecution of the suit in their own interest, it being obvious that the *only one likely to profit substantially in the event of success is the attorney*». R. ROMANO, «The sare-

O CSC prevendo que há riscos, embora consideravelmente menores dos que verificados em outras experiências jurídicas, de que a ação social promovida pelas minorias conheça utilizações patológicas, movidas por intuitos fúteis, de estratégica desestabilização do desempenho dos administradores, contemplou medidas de salvaguarda destes[45]. Determina o art. 77º, nº 5, que «se o réu alegar que o autor propôs a acção [social de responsabilidade *ut singuli*][46] para prosseguir fundamentalmente interesses diversos dos protegidos por lei, pode requerer que sobre a questão assim suscitada recaia decisão prévia ou que o autor preste caução»[47].

Ao invés do que fazia o DL 49 381 nem o CSC nem o CPC regulamentam estas decisão prévia e caução. Mas, tal como antes, deverá entender-se que a decisão prévia favorável ao administrador implica a absolvição da instância (art. 288º, 1, e), do CPC) e, eventualmente, a condenação do(s) autor(es) como litigante(s) de má fé (arts. 456º, s. do CPC)[48].

2.2.4. O efeito inibidor dos custos

Do ponto de vista económico, o regime do art. 77º *externaliza os benefícios* – a indemnização ingressa no património social – e, simultaneamente, *internaliza os custos*. Sendo bem sucedida a ação proposta pela minoria, esta não obtém qualquer benefício direto; decaindo a sociedade, a minoria terá de suportar os custos, de acordo com as regras gerais sobre a matéria (art. 446º do CPC). Em Portugal, a ação social de responsabilidade proposta pelos sócios não conhece qualquer regime específico de distribuição de custas processuais e de outros encargos[49].

---

holder suit: litigation without foundation?», *JLEO*, 7 (1991), pp. 55, ss., confirma este dado, na sequência de uma análise empírica. Especificamente sobre o papel do advogado do demandante, v. J. C. Coffe, Jr., «Understanding the plaintiff's attorney: the implications of economic theory for private enforcement of law through class and derivative actions», *CLR*, 86 (1986), pp. 669, ss. Para a recensão das críticas dirigidas às *derivative actions*, v. The American Law Institute, *Principles...*, vol. II., cit. pp. 9, ss.

[45] Destinada a refrear os abusos cometidos pelas *strike suits*, foi instituída a caução para despesas («security for expenses»). G.D. Hornstein, «The death knell of shareholders' derivative suits in New York», *CaLR*, 32 (1944), p. 123, manifesta uma frontal oposição à caução para despesas.

[46] A interpolação não consta do texto original.

[47] Segundo o Ac. do TRE de 27.4.1995, *BMJ*, 446 (1995), p. 382, são instrumentos alternativos.

[48] J. M. Coutinho de Abreu, *Responsabilidade...*, cit., p. 65; J. M. Coutinho de Abreu/M. Elisabete Ramos, «Artigo 77º», cit., p. 890.

[49] A matéria dos custos (processuais e outros) inerentes à ação proposta pelas minorias tem sido debatida em outros ordenamentos jurídicos europeus. O art. 16º, nº 2, da proposta de 5ª Diretiva (versão de 1983), determinava que no caso da ação social proposta pelos sócios não proceder, o tribunal poderia condenar os acionistas no pagamento de despesas, *caso considerasse que não havia nenhuma razão válida para exercer a ação*. V., para mais desenvolvimentos, M. Elisabete Ramos, *O seguro...*, cit., p. 199, ss..

A ação social de responsabilidade proposta pelo(s) sócio(s) (e também a que é proposta pelos credores sociais) proporciona-se ao vulgarmente designado *free riding*: os sócios que nada fizeram (e, por isso, não gastaram tempo nem suportaram custo algum) também são beneficiados pelo ingresso da indemnização no património social – a participação social fica valorizada.

A efetividade que se queira emprestar à ação social interposta pelos sócios –enquanto instrumento de controlo privado da atividade dos administradores – dependerá, em significativa medida, do regime de distribuição de custos que seja escolhido. Um regime próximo do formulado pelo art. 2393-*bis* do *Codice Civile* poderia dar um novo impulso à ação prevista no art. 77º[50].

2.3. Ação social proposta pelos credores da sociedade
2.3.1. Requisitos

O art. 78º, nº 2, consagra a *ação sub-rogatória* dos credores da sociedade[51]: estes, lançando mão de uma *medida de conservação do património da sua devedora*, sub-rogam-se *na reclamação do direito à indemnização* de que a sociedade é titular[52]. Na ação sub-rogatória, os credores sociais fundam a demanda na violação de deveres legais ou estatutários *devidos pelos administradores à sociedade*, beneficiam da presunção de culpa prevista no art. 72º, nº 1, e reclamam para a sociedade a indemnização do dano por esta sofrido[53]. A indemnização obtida por esta via entra no património da sociedade, aproveitando a esta e aos credores[54]. É o que resulta da remissão do art. 78º, nº 2, para o art. 609º do CCiv.: «a sub-rogação exercida por um dos credores aproveita a todos os demais».

A ação do art. 78º, nº 2, depende de dois requisitos: *a)* que nem a sociedade nem os sócios tenham exercido o direito de indemnização de que aquela é titular; *b)* que a sub-rogação seja essencial à satisfação ou garantia do direito do credor da sociedade (art. 606º, nº 2, do CCiv.).

---

[50] Sobre esta questão v. J. M. COUTINHO DE ABREU, *Responsabilidade...*, cit., p. 65, M. ELISABETE RAMOS, *O seguro...*, cit., p. 198, ss., J. M. COUTINHO DE ABREU/M. ELISABETE RAMOS, «Artigo 77º», cit., p. 891.

[51] Para a análise de soluções acolhidas em outros ordenamentos jurídicos, v. M. ELISABETE RAMOS, *O seguro...*, cit., p. 201, nt. 805.

[52] Sobre esta ação, v. J. M. COUTINHO DE ABREU, «Artigo 78º», in: *Código das Sociedades Comerciais em comentário* (coord. de J. M. Coutinho de Abreu), vol. I, Coimbra: Almedina, Coimbra, 2010, p. 899, ss..

[53] Do ponto de vista processual, a ação sub-rogatória prevista no art. 78º, nº 2, corresponde à figura da *substituição processual*. Sobre esta figura, v. A. ANSELMO DE CASTRO, *Direito processual civil declaratório*, vol. II., Coimbra: Almedina, 1982, pp. 196, ss.; J. LEBRE DE FREITAS, *Introdução ao processo civil. Conceito e princípios gerais à luz do código revisto*, Coimbra: Coimbra Editora, 1996, pp. 60, ss..

[54] Para os efeitos da sub-rogação, v. por todos M. J. ALMEIDA COSTA, *Direito das obrigações*, 11ª ed., Coimbra: Almedina, 2008, p. 855.

Dito isto, ainda ficam várias questões por resolver. Como *caracterizar a passividade da sociedade*, para efeitos do exercício da ação social de responsabilidade pelos credores sociais? Para efeitos do art. 78º, nº 2, a sociedade *não exerce o direito de indemnização* de que é titular se: *a*) deliberou a ação social de responsabilidade, mas não executou tal deliberação no prazo de seis meses; *b*) deliberou não propor a ação social de responsabilidade[55]. Na hipótese indicada sob *a*), os credores não estão legitimados para exercer a ação social de responsabilidade enquanto estiver a correr o prazo de seis meses; na hipótese indicada sob *b*), não há qualquer prazo que sócios ou credores sociais devam respeitar[56].

Bem mais complexa é a caracterização da inércia dos *sócios* relevante para efeitos do art. 78º, nº 2. A referência que neste preceito se faz aos *sócios* está a convocar as *minorias* (detentoras de 2% ou 5% do capital social) legitimadas para a ação social de responsabilidade (art. 77º, nº 1)[57]. O art. 78º, nº 2, não *densifica a exigida passividade* dos sócios (-minorias) nem clarifica o momento a partir do qual os credores sociais estarão legitimados para intentar a ação social de responsabilidade. O art. 78º, nº 2, de alguma forma, liga a legitimidade ativa dos credores sociais a factos *negativos alheios* – «sempre que a sociedade ou os sócios o não façam».

Se a sociedade ou os sócios reclamam a indemnização devida pelos administradores à sociedade, os credores sociais ficam impedidos de, sub-rogando-se à sociedade, intentar ação de responsabilidade contra os mesmos sujeitos, com a mesma causa de pedir e com o mesmo pedido[58].

O credor que propõe a ação social de responsabilidade deve chamar a juízo a sociedade, para com ele ocupar a posição de autora no litisconsórcio (art. 608º do CCiv. e os arts. 325º e ss. do CPC).

A sub-rogação há-de ser «essencial à satisfação ou garantia do direito do credor» da sociedade (arts. 78º, nº 2, do CSC e 606º, nº 2, do CCiv.). A *essencialidade da sub-rogação* pressupõe uma situação de crise patrimonial da sociedade. Exigir a insolvência da sociedade para efeitos do art. 78º, nº 2,[59] significa, na prática, defender uma solução que, a breve trecho, vem privar os credores da sociedade da tutela por aquela norma dispensada. Porquanto a insolvência da sociedade

---

[55] V. J. M. Coutinho de Abreu/M. Elisabete Ramos, «Artigo 78º», cit., p. 899.

[56] Para mais desenvolvimentos, v. M. Elisabete Ramos, *O seguro...*, cit., p. 201, ss..

[57] M. Elisabete Ramos, *O seguro...*, cit., p. 205; J. M. Coutinho de Abreu/M. Elisabete Ramos, «Artigo 78º», cit., p. 900.

[58] J. M. Coutinho de Abreu/M. Elisabete Ramos, «Artigo 78º», cit., p. 900.

[59] Pires de Lima /Antunes Varela, *Código Civil...*, cit., p. 623, consideram que este requisito se consubstancia na «insolvência efectiva ou agravamento da insolvência». Contra, v. M. de Fátima Ribeiro, *A tutela...*, cit., p. 585, nt. 105, para quem o requisito da essencialidade «não corresponde (...) à exigência de que o devedor se encontre insolvente, nem impõe a prévia excussão do património do devedor pelo credor».

desencadeará o processo de insolvência na pendência do qual o administrador da insolvência tem *exclusiva* legitimidade para propor e fazer seguir a ação social de responsabilidade (art. 82º, nº 2, *a*), do CIRE)[60]. Justifica-se a tutela dos credores da sociedade (art. 78º, nº 2) quando a sociedade, pela falta de meios, não satisfaz os créditos porque não tem recursos, mas simultaneamente dispõe de um crédito à indemnização perante o(s) administrador(es). Parece, pois, que a essencialidade da sub-rogação, quando referida à norma do art. 78º, nº 2, se aproxima da insuficiência patrimonial (ativo superior ao passivo).

2.3.2. Exceções oponíveis pelos administradores

Subsiste, ainda, a questão das exceções oponíveis pelos administradores da sociedade aos credores sociais. Demandados na ação social de responsabilidade proposta pelas minorias (art. 77º), os administradores poderão defender-se invocando a renúncia, a transação da sociedade e uma deliberação social prévia em que assenta a sua atuação ou omissão (art. 77º, 72º, 74º, nº 2). Defendemos, à luz da versão primitiva do art. 78º, nº 3,[61] que, proposta a ação social pelos credores sociais, os administradores não podiam defender-se invocando a renúncia da sociedade, a transação ou o facto de a ação ou omissão ter assentado em deliberação dos sócios. E, portanto, ainda que a sociedade tivesse renunciado à indemnização, tivesse celebrado uma transação ou tivesse adotado uma deliberação em que assenta o ato danoso, ainda assim, a indemnização é devida pelos administradores.

Com a nova redação do art. 78º, nº 3, o legislador parece ter querido dizer que os administradores, quando demandados ao abrigo do art. 78º, nº 2, podem defender-se invocando a renúncia, a transação da sociedade ou a cobertura de uma deliberação social. A ser este o sentido da nova redação, o legislador terá contribuído para a «inutilidade»[62] da norma do art. 78º, nº 3.

3. Nulidade de cláusulas relativas à ação social de responsabilidade

É *nula* a cláusula que «subordina o exercício da acção social de responsabilidade, quando intentada nos termos do artigo 77º, a prévio parecer ou deliberação dos sócios»[63]. No passado, a jurisprudência francesa considerou válidas as «clauses

---

[60] Para mais desenvolvimentos, v. M. ELISABETE RAMOS, «Insolvência da sociedade e efectivação da responsabilidade dos administradores», *BFD*, 83 (2007), p. 449, ss..

[61] V. J. M. COUTINHO DE ABREU / M. ELISABETE RAMOS, *Responsabilidade civil de administradores e de sócios controladores*, Miscelâneas, 3, Coimbra: Almedina, 2004, pp. 19, ss..

[62] Neste sentido, v. J. M. COUTINHO DE ABREU, *Responsabilidade...*, p. 63. Em sentido semelhante, v. M. DE FÁTIMA RIBEIRO, *A tutela...*, cit., p. 619.

[63] Sobre estas cláusulas, v. J. M. COUTINHO DE ABREU/M. ELISABETE RAMOS, «Artigo 74º», in: *Código das Sociedades Comerciais em comentário* (coord. de J. M. Coutinho de Abreu), vol. I, Coim-

ESTUDOS EM HOMENAGEM A MIGUEL GALVÃO TELES

d'avis» e «clauses d'autorisation»[64]. A primeira subordinava o exercício de qualquer acção contra os administradores a um parecer favorável emitido pela assembleia geral e a segunda exigia um parecer conforme da assembleia[65]. O Decreto-Lei de 31 de agosto de 1937 pôs termo a tais práticas[66] e o atual art. 225-253 do *Code de Commerce* determina que «Est réputée non écrite toute clause des statuts ayant pour effet de subordonner l'exercice de l'action sociale à l'avis préalable ou à l'autorisation de l'assemblée générale, ou qui comporterait par avance renonciation à l'exercice de cette action».

A nulidade de cláusulas com este conteúdo procedimental visa afastar barreiras que a maioria queira levantar à responsabilização dos administradores pela minoria[67]. Por razões idênticas – afastamento de escolhos processuais ao desenvolvimento da iniciativa processual de responsabilização liderada pela minoria –, pensamos que também devem ser consideradas nulas as cláusulas, insertas ou não no contrato de sociedade, que submetam o exercício da ação social *ut singuli* a parecer ou autorização emanados por outros órgãos societários (ainda que integrados por membros considerados independentes) ou por comités de administradores não executivos independentes[68].

São *nulas* as cláusulas que façam depender a ação social de uma prévia decisão judicial sobre a existência da causa de responsabilidade (art. 74º, nº 1, *in fine*). São filtros ou barreiras que, a serem admitidos, tornariam mais difícil ou mais cara a efetivação da ação social de responsabilidade. A proibição abrange qualquer ação social de responsabilidade, seja quem for o proponente: sociedade (art. 75º), sócios (art. 77º) ou credores sociais (art. 78º, 2)[69].

---

bra: Almedina, Coimbra: 2010, p. 869, s.; M. ELISABETE RAMOS, *O seguro...*, cit., p. 209, ss.; ID., «Minorias e a ação social de responsabilidade», *I Congresso Direito das Sociedades em Revista*, Coimbra: Almedina, 2011, p. 383, ss..

[64] Considerando que com estas cláusulas os administradores conseguiam «la préparation de l'impunité», v. J.-P. BERDAH, *Fonctions et responsabilité des dirigeants de sociétés par actions*, Paris: Sirey, 1947, pp. 29, s., 151, ss. V. tb. G. RIPERT / R. ROBLOT, *Traité...*, cit., p. 518.

[65] Cfr. B. PIÉDELIÈVRE, *Situation juridique et responsabilités des dirigeants de sociétés anonymes*, Paris: Dunod, 1967, p. 87.

[66] G. CHESNÉ, «L'exercice 'ut singuli' de l'action sociale dans la société anonyme», *RTDCom*, 15 (1962), p. 348, que assimila tais cláusulas a formas de «renúncia antecipada» do direito da sociedade à indemnização, com manifesto prejuízo para os sócios minoritários que intentassem a ação social *ut singuli*.

[67] Cfr. MARIA ELISABETE RAMOS, «Minorias...», cit., p. 384. V. tb. A. MENEZES CORDEIRO, «Artigo 74º», *Código das Sociedades Comerciais anotado* (coord. de A. Menezes Cordeiro), 2ª ed., Coimbra: Almedina, 2011, p. 282, s..

[68] V. M. ELISABETE RAMOS, *O seguro...*, cit., J. M. COUTINHO DE ABREU/M. ELISABETE RAMOS, «Artigo 74º», cit., p. 870, M. ELISABETE RAMOS, «Minorias...», cit., p. 383, s. v. P. YSASI YSAS-MENDI, «La utilización de "comisiones especiales para pleitos" con objeto de paralizar acciones sociales de responsabilidad», *RDS*, 7 (1996/2), pp. 486, ss..

[69] J. M. COUTINHO DE ABREU/M. ELISABETE RAMOS, «Artigo 74º», cit., p. 870.

MARIA ELISABETE RAMOS

O CSC não prevê disposições que habilitem os sócios a alterar as percentagens de capital social previstas na lei[70].

Parece, no entanto, que aos sócios não é permitido proteger os administradores pela inserção de cláusula(s) que eleve(m) as percentagens legalmente fixadas. Na verdade, do art. 74º, nº 1, parece resultar a proibição de cláusula(s) que tenha(m) por efeito prático-jurídico erguer barreiras à responsabilização dos administradores. Já será discutível se os estatutos podem incluir cláusula(s) que baixe(m) as frações do capital social, facilitando, assim, a responsabilização dos administradores por sócio(s) minoritário(s). Ainda que se admita a validade de tal cláusula, é preciso não perder de vista que ela pode representar um entrave ao recrutamento dos administradores ou que poderá tornar mais cara a contratação do *Directors' and Officers' Insurance*[71].

4. Sociedades unipessoais e ações de responsabilidade

Na sociedade unipessoal por quotas, *compete ao sócio único decidir* propor a ação social de responsabilidade contra o gerente (arts. 72º, 75º, 1, 246º, 1, *g*), 270º-E, 1). Existindo identidade sócio único/gerente, está inviabilizada a efetivação da ação social de responsabilidade[72].

Parece que também está inviabilizada a ação social *ut singuli*, prevista no art. 77º. A legitimidade ativa do sócio depende da inércia da sociedade – ou seja, depende do facto de a sociedade não ter exercido o direito à indemnização de que é titular. A regulação do art. 77º pressupõe a divergência entre a maioria que não quer ou opõe-se à efetivação da responsabilidade civil do gestores e uma minoria que quer que o gestor repare o dano provocado à sociedade. A legitimidade ativa do sócio depende de a sociedade não ter efetivado o direito de indemnização de que é titular. Esta *tensão maioria/minoria* não existe na sociedade unipessoal por quotas – o sócio único "é o titular da totalidade do capital social" (art. 270º-A, 1). E, por isso, a hipótese do art. 77º *parece não encontrar aplicação na sociedade unipessoal por quotas.*

As singularidades mencionadas não significam a irresponsabilidade civil do gerente por danos provocados à sociedade. Por um lado, o sócio único pode decidir intentar a ação social de responsabilidade contra gerente/gerentes (arts. 270º-E, 75º, 1, 246º, 1, *g*)). Por outro lado, nos termos do art. 78º, 2, os *credores da*

---

[70] É diferente a solução adotada pelo art. 2393-*bis* do *Codice Civile*.

[71] Sobre os previsíveis impactos das cláusulas de agravamento de responsabilidade nos custos do premio do *Directors' and Officers' Insurance*, v. J. M. COUTINHO DE ABREU/ M. ELISABETE RAMOS, «Artigo 74º», cit., p. 941; M. ELISABETE RAMOS, «Minorias...», cit., p. 384, 385.

[72] M. ELISABETE RAMOS, «Sociedades unipessoais – perspetivas da experiência portuguesa», in: *Questões de direito societário em Portugal e no Brasil* (coord. de Maria de Fátima Ribeiro), Coimbra: Almedina, 2012, pp. 365, ss.

sociedade, cumpridos certos requisitos, podem efetivar a responsabilidade civil do gerente único perante a sociedade.

Na sociedade unipessoal por quotas, existindo identidade gerente único/sócio único, qualquer credor poderá, *sem esperar pela ação da sociedade* (art. 72º) *ou do sócio* (art. 77º), efetivar a responsabilidade civil do gerente perante a sociedade, por via da sub-rogação prevista no art. 78º, 2[73].

Às sociedades anónimas unipessoais (arts. 481º, 488º) aplicam-se os arts. 501º a 504º[74]. Nos termos do art. 504º, 2, a ação de responsabilidade pode ser proposta por qualquer sócio livre ou acionista livre da sociedade subordinada, em nome desta[75]. Esta norma, específica da regulação dos seguros, dispensa as percentagens de capital exigidas no art. 77º, 1. A aplicação do art. 504º, 2, aos grupos constituídos por domínio total não pode esquecer que a sociedade–mãe é a única sócia da sociedade filha e a centralização que daí resulta.

5. As «legal disputes» e o dever de divulgação de informação privilegiada

A propositura da ação social de responsabilidade contra administrador(es) de sociedade emitente de ações admitidas à negociação em mercado regulamentado está sujeita às regras de divulgação de informação ao mercado[76].

Na sequência da transposição da Diretiva 2003/6/CE[77], o art. 248º do CVM consagra o *dever legal de divulgação ao mercado de informação privilegiada*. Impõe-se aos emitentes que, através de sistemas de acesso massificado, libertem para o mercado informação que seja *price sensitive*. Vale por dizer, informação que, por ser suscetível de influir a formação dos preços dos valores mobiliários, qualquer investidor razoável que a conheça poderá normalmente incorporar em decisões de investimento ou de desinvestimento (art. 248º, nº 2, do CVM).

Ora, a iniciativa processual de sociedade, sócio(s) minoritário(s) ou credores – porque indicia atuações *ilegais* e *lesivas do património social do emitente* de ações

---

[73] Também neste sentido, v. F. Cassiano dos Santos, *A sociedade unipessoal por quotas. Comentários e anotações aos arts. 270º-A a 270º-G do Código das Sociedades Comerciais*, Coimbra: Coimbra Editora, 2009, p. 120.

[74] Sobre a responsabilidade nos grupos constituídos por domínio total, v. Engrácia Antunes, *Os grupos de sociedades. Estrutura e organização jurídica da empresa plurissocietária*, 2ª ed., Coimbra. Almedina, 2002, p. 843, ss., Ana Perestrelo de Oliveira, *A responsabilidade civil dos administradores nas sociedades em relação de grupo*, Coimbra: Almedina, 2007, p. 175, s.

[75] Sobre esta norma, v. Engrácia Antunes, *Os grupos...*, cit., p. 751.

[76] O § 149 *AktG* impõe, quanto às sociedades cotadas, o dever de comunicar ao mercado a proposição da ação prevista no § 148 *AktG*. Sobre as razões de transparência que motivaram a positivação deste dever, v. G. Spindler, *§ 149*, in: K. Schmidt/M. Lutter (Hrs), *Aktiengesetz Kommentar*, I. Band, §§ 1-149, Köln: Verlag Dr. Otto Schmidt, 2008, Rdn. 1, p. 1777.

[77] Sobre a transposição desta diretiva, v. José de Faria Costa/Maria Elisabete Ramos, *O crime de abuso de informação privilegiada (insider trading). A informação enquanto problema jurídico-penal*, Coimbra Editora, Coimbra, 2006, p. 29, s..

admitidas à cotação em mercado regulamentado – assume potencialmente relevância para as decisões de investimento ou de desinvestimento. A não divulgação potenciaria o risco de divulgação seletiva e de assimetrias de informação[78].

Não restam dúvidas de que a *propositura da a*ção social contra os administradores da sociedade emitente de ações admitidas à negociação em mercado regulamentado constitui uma informação que diz «directamente respeito» (art. 248, nº 1, *a*), do CVM) à sociedade emitente. Na verdade, a «fonte da informação»[79] é a sociedade. A ação social de responsabilidade visa efetivar a responsabilidade civil dos administradores perante a sociedade (art. 72º, 1). Por conseguinte, os factos relativos à propositura desta ação dizem respeito à forma como a sociedade foi gerida pelos administradores demandados. Dito de outro modo, a propositura desta ação escrutina e desafia as decisões tomadas pelos administradores demandado(s). E não deixa de imputar a estes a «preterição de deveres legais ou contratuais» (art. 72º, nº 1).

Também o CESR (Committee of European Securities Regulation) no documento «Market abuse directive. Level 3 – second set of CESR guidance and information on the common operation of the Directive to the market», julho de 2007, inclui as «legal disputes» no elenco (exemplificativo) dos factos que dizem directamente respeito ao emitente. Certamente que nem todas as «legal disputes» assumem relevância própria da informação privilegiada; mas a ação social de responsabilidade parece assumir tal relevância.

6. A competência em razão da matéria para julgar as ações de responsabilidade dos administradores

Aspeto de significativa importância prática e que tem merecido soluções desencontradas na jurisprudência portuguesa é a questão do *tribunal competente*, em razão da matéria, para julgar as ações de responsabilidade dos administradores. No cerne do debate têm estado o art. 89º, nº 1, *c*), da LOFTJ (1999)[80], e o art. 121º, 1, *c*), da LOFTJ[81]. Esta última disposição determina competir aos *tribunais de comércio* preparar e julgar «as acções relativas ao exercício de direitos sociais».

A expressão «direitos sociais», usada naqueles preceitos, convoca os direitos dos sócios que se fundam na participação social. O direito de propor a ação social de responsabilidade prevista no art. 77º é um *direito próprio dos sócios*, que *integra a sua participação social.* Quando os sócios efetivam, por intermédio da ação

---

[78] Paulo Câmara, *Manual de direito dos valores mobiliários*, Almedina, Coimbra, 2009, p. 747.

[79] Paulo Câmara, *Manual...*, cit., p. 749.

[80] Aprovada pela L 3/99, de 13 de janeiro.

[81] Aprovada pela L 52/2008, de 28 de agosto. O art. 121º da L 52/2008 regula a competência dos *juízos de comércio* (com competência na respetiva comarca) e a alínea *c*) reproduz o teor do art. 89º, *c*), da L 3/99.

prevista no art. 77º, a responsabilidade dos administradores perante a sociedade, estão a exercer, pelas razões expostas, um *direito social*. O direito à indemnização devida pelos administradores é que pertence à sociedade[82]. Parece, pois, que há fundadas razões para considerar que os *juízos de comércio* são materialmente competentes para preparar e julgar as ações de responsabilidade propostas por sócios, ao abrigo do art. 77º[83].

Resta ainda resolver a questão da competência material para: *a)* a ação social de responsabilidade proposta pela sociedade e pelos credores sociais; *b)* a ação autónoma dos credores sociais e *c)* a ação de terceiros. Nestes casos, o direito de propor a ação não resulta da participação social e, por conseguinte, neste estrito sentido, não é um direito social. Em todas as ações de responsabilidade civil intentadas contra os administradores o(s) autor(es) deve(m) formular um pedido de condenação dos administradores no pagamento de uma indemnização. E, se nos cingirmos exclusivamente ao teor do pedido, nada haverá que possa distinguir estas ações de responsabilidade de outras não societárias. No entanto, para determinar a competência em razão da matéria «importa ter em linha de conta, além do mais, a estrutura do objecto do processo, envolvida pela causa de pedir e pelo pedido formulados na acção»[84].

Parece-me que, apesar de o legislador não ter clarificado devidamente a questão, será de reconhecer a que, em face do direito positivo, os juízos de comércio são competentes para julgar a ação social *ut universi*[85].

Tendo em conta o teor do art. 121º, *c)*, do LOTFTJ, deverá entender-se que os juízos de comércio também são materialmente competentes para preparar e julgar a ação social de responsabilidade proposta por credores sociais ao abrigo do art. 78º, 2[86].

Os juízos de comércio são igualmente competentes para julgar os processos de insolvência (art. 121º, *a)*, da LOFTJ) e, em consequência, as ações de responsabilidade intentadas ou prosseguidas pelo administrador da insolvência (art. 82º, 2, do CIRE)[87].

---

[82] O Ac. do TRP de 13.5.2008, embora considere que o direito de a minoria propor ação social de responsabilidade contra membros da administração (art. 77º) é um direito social, nega competência aos tribunais de comércio para preparar e julgar esta ação.

[83] Neste sentido, v. A. MENEZES CORDEIRO, «Artigo 77º», cit., p. 274; M. ELISABETE RAMOS, *O seguro...*, cit., p. 223, J. M. COUTINHO DE ABREU/M. ELISABETE RAMOS, «Artigo 77º», cit., p. 891. Contra, v. J. LEBRE DE FREITAS, «Do tribunal competente para a ação de responsabilidade de gerente ou administrador de sociedade comercial», em *Estudos dedicados ao Professor Doutor Luís Alberto Carvalho Fernandes*, vol. II, Lisboa: Universidade Católica Editora, 2011, p. 312, ss..

[84] Neste sentido, o Ac. do STJ de 18.12.2008.

[85] Com mais desenvolvimentos, v. J. M. COUTINHO DE ABREU/M. ELISABETE RAMOS, «Artigo 75º», p. 880, s..

[86] Cfr. J. M. COUTINHO DE ABREU/M. ELISABETE RAMOS, «Artigo 78º», cit., p. 902.

[87] Sobre a legitimidade exclusiva do administrador da insolvência, v. M. ELISABETE RAMOS, «Insolvência da sociedade e efectivação da responsabilidade dos administradores», *BFD*, 83 (2007), pp. 449, ss.; J. M. COUTINHO DE ABREU/M. ELISABETE RAMOS, «Artigo 78º», cit., p. 901.

Quanto à ação autónoma dos credores sociais (art. 78º, 1), apesar do escasso apoio legal para a competência dos juízos de comércio, ela deve ser afirmada[88].

Resta ainda determinar o tribunal materialmente competente para a ação proposta por sócios e terceiros, ao abrigo do art. 79º, 1. Estando em causa a violação de direitos sociais dos sócios, são competentes os juízos de comércio[89].

Parecem escapar à competência material dos juízos de comércio as ações destinadas a efetivar a responsabilidade dos administradores para com os terceiros[90].

7. A encerrar

A controversa jurisprudencial em torno do tribunal materialmente competente para julgar as ações de responsabilidade e as inadequadas regras de distribuição dos custos da ação podem constituir fatores inibidores da responsabilização dos administradores.

Também há lacunas que fragilizam a posição dos administradores que querem repelir imputações infundadas. A ordem jurídica portuguesa não assegura inequivocamente que, em caso de litigância sem fundamento, o administrador possa recuperar da sociedade os gastos não absorvidos pelas regras da distribuição de custos.

A prática empresarial portuguesa vai conhecendo a divulgação do *D&O Insurance* que, entre outras coberturas, garante as despesas de defesa.

O risco de responsabilização dos administradores vive de regras substantivas e de normas processuais. Outras ordens jurídicas têm conhecido uma reflexão importante em torno da distribuição dos custos inerentes à ações de responsabilidade – os custos suportados pelos administradores e os custos suportados por quem propõe a ação em nome da sociedade. É tempo de também, na experiência jurídica portuguesa refletirmos sobre este assunto.

---

[88] Com desenvolvimentos, v. J. M. COUTINHO DE ABREU/M. ELISABETE RAMOS, «Artigo 78º», cit., p. 902.

[89] J. M. COUTINHO DE ABREU/M. ELISABETE RAMOS, «Artigo 79º», in: *Código das Sociedades Comerciais em comentário* (coord. de J. M. Coutinho de Abreu), vol. I, Coimbra: Almedina, 2010, p. 913.

[90] J. M. COUTINHO DE ABREU/M. ELISABETE RAMOS, «Artigo 79º», cit., 913.

Estabilidade e caso julgado no direito da obrigação de indemnizar

PAULA COSTA E SILVA | NUNO TRIGO DOS REIS

§ 1. Enquadramento

1. Com a elaboração do presente estudo, visamos prestar um contributo para o pensamento de um tema caro ao Homenageado, o problema do tempo e da sua relação com o Direito. Mais precisamente, interessa-nos a temporalidade jurídica da obrigação de indemnizar e, em particular, o problema do referente de estabilidade dos efeitos da decisão jurisdicional que se pronuncia sobre o direito à indemnização.

Se procurarmos sintetizar o problema numa interrogação, esta não deverá andar muito longe da seguinte: em que momento é definitivamente acertado o objeto da indemnização devida?

Como a enunciação do problema deixa antever, o objeto da presente investigação situa-se num foco de tensão entre o princípio do ressarcimento integral dos danos e a função indemnizatória de que ele é uma concretização, por um lado, e os limites aos poderes de cognição do juiz e o princípio da intangibilidade do caso julgado, por outro. Em termos porventura mais expressivos do que tecnicamente precisos, dir-se-ia estarem em (pelo menos, aparente) colisão os valores mais gerais da justiça material e da segurança e estabilidade jurídicas.

2. Em termos disciplinares e metodológicos, o tema deste trabalho situa-se numa zona de confluência entre o direito substantivo da obrigação de indemnização e o direito processual civil. Assumindo o ponto de partida de que o direito processual é instrumental ao direito substantivo, sem com isso perder o seu estatuto de autonomia dogmática e metodológica[1], faremos anteceder o problema

---

[1] M. TEIXEIRA DE SOUSA, «O objecto do processo e o caso julgado material», *BMJ*, 325 (1983), pp. 194 e ss. (as relações entre o direito material e o direito processual descrevem-se em termos de um monismo funcional e um dualismo metodológico).

da conformação do exercício do poder jurisdicional relativamente à pretensão indemnizatória – Quando deve o juiz decidir? Que factos integram o objeto do processo e devem, por essa razão, ser por ele conhecidos? – daquela outra que se centra nos referentes temporais relevantes para a determinação e o cômputo do dano – Quando deve a obrigação de indemnizar ter o seu conteúdo completamente formado? Qual o último momento em que pode ocorrer um facto relevante para a conformação do dever de indemnizar?

Porque estas interrogações supõem a resolução do problema prévio da conceção material de dano, sem que ao mesmo tempo deixem de sinalizar o resultado que dela deriva, não deixaremos de tecer algumas considerações sobre este problema, necessariamente breves e perfunctórias. Mais importante para a realização do escopo que motivou a elaboração deste estudo, indagaremos acerca do significado e do alcance da norma retirada do nº 2 do art. 566º do Código Civil. Segundo a doutrina e a jurisprudência nacionais, este preceito sinalizaria a consagração legal-positiva da «teoria da diferença». Consequentemente, imporia que o juiz se ativesse à situação patrimonial do lesado em determinado momento identificado no tempo – o momento do termo da audiência final – ignorando, pois, as circunstâncias que, tendo ocorrido em momento anterior, não se manifestassem no presente sob a forma de uma «menor medida» do património do lesado, mas também aquelas que viessem a ocorrer em momento posterior ao do termo da audiência de discussão e julgamento. Procuraremos confrontar estas premissas com os resultados que deveriam resultar da sua própria concretização, analisando a possibilidade de a obrigação de indemnização se revelar sensível a eventos cuja ocorrência se situe fora daquele quadro de referência temporal.

Em momento posterior, deslocamos a nossa atenção para os danos futuros, procurando interpretar a disposição legal que permite a condenação presente no pagamento de uma indemnização por danos que o lesado ainda não sofreu se e na medida em que esses danos sejam qualificados como previsíveis no momento em que a sentença deva ser proferida. Numa primeira aproximação, dir-se-ia que as ações de responsabilidade civil em que estivesse em causa um pedido indemnizatório por danos futuros beneficiariam de um regime especial por duas ordens fundamentais de razão: porque permitiriam que a atribuição da indemnização antecipasse a ocorrência de um prejuízo patrimonial; porque os efeitos do caso julgado material da decisão que nelas viesse a ser proferida estariam temporalmente limitados, sujeitos a uma revisão excecional ou, pelo menos, a uma modificação, em virtude de uma «alteração das circunstâncias», na medida em que estas fossem imprevisíveis e atingissem os pressupostos da decisão. A opinião que defendemos neste texto é a de que as especificidades processuais das ações em que seja deduzido um pedido desta natureza se limitam às do primeiro conjunto apontado. As modificações dos estados de coisas relativos aos bens e vantagens afectos ao lesado que se registem após o trânsito em julgado da decisão são, em regra, relevantes para a determinação dos efeitos da responsabilidade, ainda que importem uma «correção» ou «adaptação» dos efeitos daquela decisão.

§ 2. Os problemas da «dimensão temporal» da obrigação de indemnização
2.1. O dano como produto de uma diferença ou da lesão de uma determinada vantagem real?

3. Os problemas da repercussão do tempo na apreciação da pretensão indemnizatória têm sido considerados no âmbito do discurso sobre a conceção de dano vigente no direito da indemnização. Na verdade, a teoria da diferença, dominante na dogmática do direito da indemnização praticamente desde a publicação do estudo de F. MOMMSEN, postulava o cômputo do dever de indemnizar no momento mais recente a que o tribunal pudesse atender no processo[2], uma solução que, contudo, não foi recebida pela doutrina de forma unânime[3.] A solu-

---

[2] A eleição do termo da audiência de discussão e julgamento como momento da fixação da indemnização pela teoria da diferença não é acidental, uma vez que o escopo daquela teoria seria o de compreender todas as consequências danosas verificadas no património do lesado após o evento lesivo – a compreensão do «*Gesamtschaden*» e, consequentemente, a caracterização do «interesse» –, tarefa que não poderia ser realizada se o ponto de referência fosse o da perda da concreta situação jurídica ou vantagem patrimonial: F. MOMMSEN, *Zur Lehre vom dem Interesse*, Braunschweig, 1855, pp. 199 e ss., que afirma que as exceções que a esta regra eram conhecidas pelo Direito romano se deviam, em larga medida, ao facto de o interesse não se ter libertado totalmente da pena, mas não deixa, também, de admitir, ele próprio, que o cômputo do interesse possa ser feito em momento anterior em certas situações, como a dos danos moratórios (*cit.*, p. 222), de prestações sujeitas a termo essencial (*cit.*, p. 224) ou de alguns delitos, como o furto (*cit.*, p. 227); no mesmo sentido, B. WINDSCHEID, *Lehrbuch der Pandektenrechts*[6], II, pp. 38-40. Fazendo notar a ligação entre a teoria da diferença e a regra do cômputo do dano no termo da audiência de julgamento, H.-J. MERTENS, *Der Begriff des Vermögensschadens im Bürgerlichen Recht*, Kohlhammer Verlag, Stuttgart, 1967, p. 21; S. WÜRTHWEIN, *Schadensersatz für Verlust der Nutzungsmöglichkeit einer Sache oder für entgangene Gebrauchsvorteile?*, Mohr Siebeck, Tübingen, 2001, p. 228 e ss.. Após a entrada em vigor do BGB, a doutrina comum acusava a adesão ao pensamento de MOMMSEN, partindo muito embora de fundamentos não absolutamente coincidentes com os propostos por aquele autor: PLANCK/ Siber, § 249, Rdr. 9, p. 87 (o cômputo da indemnização no momento do proferimento da sentença estaria na liberdade de decisão do juiz; e, no mesmo sentido, L. ENNECERUS/H. LEHMANN, *Recht der Schuldverhältnisse*[5], Mohr Siebeck, Tübingen, 1958, p. 89, em que reconhecem que avaliação do dano à data do encerramento da discussão sobre a causa pode ser fonte de injustiças para as partes); P. OERTMANN, §§ 249-254, Rdr. 6 (em certos casos, o juiz poderia atender ao momento do proferimento da sentença).

[3] V., por ex., as posições de R. COHNFELDT, *Die Lehre vom Interesse nach Römischem Recht*, Leipzig, 1865, pp. 159 e ss. (o cálculo do dano no momento da audiência de discussão e julgamento não se retirava da «natureza do interesse», como o demonstrava o facto de o direito romano já conhecer diferentes soluções nesta matéria: o momento da *litiscontestatio* nas *actiones stricti juris*; o momento do proferimento da decisão nos *bonae fidei judiciis*; um momento dentro de um período que poderia

ção de vincular o decisor à medida da diferença entre duas situações patrimoniais, atuais e globais relativas ao lesado, uma real e outra hipotética, explicava-se com o argumento de procurar conferir a maior concretização possível ao escopo compensatório, na sua vertente positiva, *i.e.*, o ressarcimento de todos os danos provocados pelo evento lesivo. E o ressarcimento de todos os danos dependeria de o elemento que constituía o subtraendo na operação de subtração ser caracterizado, tanto quanto possível, como a representação do património do lesado após se ter em consideração todas as consequências que provocadas pela lesão.

4. Não será, com certeza, este o local adequado para relatar as virtudes e as críticas que, em geral, merece o «pensamento da diferença»[4]. Atento o estado atual da discussão sobre o problema, não seria, sequer, pensável assumir uma empresa dessas fora de uma investigação própria, historicamente apoiada e sistematicamente compreensiva. *Para agora, interessaram-nos, apenas, as críticas que se dirigiram à eleição do termo da audiência final como momento relevante para a determinação do conteúdo da indemnização.* Alegou-se que o momento relevante para a determinação do objecto da pretensão indemnizatória seria, segundo uma regra geral, o momento do preenchimento dos pressupostos respetivos, que não haveria razão para desconsiderar todas as variações do património do lesado que se houvessem registado depois do evento lesivo desde que não fossem observáveis, no presente, como uma rubrica patrimonial negativa e, bem assim, que não seria forçoso tratar de forma idêntica as variações positivas e as variações negativas da situação do lesado no período que decorresse entre o evento lesivo e a fixação do *quantum respondeatur*[5].

ir até um ano antes do delito no capítulo I da *actio legis Aquiliae*); H. A. FISCHER, *Der Schaden nach dem Bürgerlichen Gesetzbuche für das Deutsche Reich*, Jena, 1903, pp. 5 e ss. (a determinação do momento para o cômputo do dano teria de resultar do direito civil substantivo e não de regras processuais; entre as alternativas de compreender toda a cadeia de efeitos prejudiciais imputados ao evento lesivo e a de separar a violação do direito das suas consequências pela introdução de um termo que separasse arbitrariamente os danos ressarcíveis dos irrelevantes, seria de optar pela primeira: a questão decisiva não estaria tanto em questionar sobre se a evolução do dano poderia continuar ou não, bastando considerar determinante a parte da relação causal que para nós já se encontra resolvida no passado); R. NEUNER, «Interesse und Vermögensschaden», *AcP*, 133 (1931), pp. 284 e ss. (chamando a atenção para as dificuldades de aplicação do critério na liquidação do dano do não cumprimento, quando estivesse em causa um cômputo «abstrato» da indemnização).

[4] Sobre isto, v. P. MOTA PINTO, *Interesse contratual negativo e interesse contratual positivo*, Coimbra Ed., Coimbra, 2009, pp. 553 e ss. e 803 e ss..

[5] Criticando a teoria da diferença pela estreiteza com que esta concebe o horizonte de informações relativas à situação materialmente relevante, B. KEUK, *Vermögensschaden und Interesse..., cit.*, pp. 30 e ss.; H. HONSELL, «Herkunft und Kritik des Interessebegriffes im Schadensersatzrecht», *JuS*, 1973, pp. 69 e ss.; P. GOTTWALD, *Schadenszurechnung und Schadensschätzung: zum Ermessen des Richters im Schadensrecht und im Schadensersartzprozess*, C. H. Beck, München, 1979, pp. 122 e ss..

5. Como veremos, alguns destes argumentos justificam a reponderação do problema dos referentes temporais para a fixação da indemnização. De todo o modo, eles merecem acolhimento por si, *i.e.*, independentemente de deverem ser considerados compatíveis com a teoria da diferença, ainda que modificada, adaptada ou restringida no seu âmbito de aplicação dentro de um método combinatório ou complexo de determinação da obrigação de indemnizar ou, diversamente, de a sua justeza se mostrar dogmaticamente incompatível com a subsistência da «hipótese da diferença», com a consequência de esta dever ser abandonada em favor de uma conceção de dano que permita acomodá-los.

6. Seja como for, o próprio critério do termo da audiência de discussão e julgamento, como condicionante temporalmente definidora da obrigação de indemnização, não deixa de suscitar dificuldades na perspetiva dos quadros de pensamento próprios da teoria da diferença[6]. Desde logo, a sua aplicação supõe a possibilidade da distinção entre meros desenvolvimentos de uma rubrica danosa duradoura, de um lado, e outras rubricas ou fontes de dano, por outro. As razões pelas quais esta dificuldade deve ser encarada com seriedade são, em parte, de natureza jus-substantiva e, em parte, de natureza jurídico-processual. As primeiras relacionam-se com a necessidade de prevenir, por um lado, a dupla valoração negativa de um mesmo resultado como dano – o que poderia conduzir a um enriquecimento do lesado –, ou a dupla valoração positiva de um outro como redução/eliminação do dano ou vantagem nele dedutível, o que, por seu turno, poderia comprometer o princípio do ressarcimento integral dos danos. Mas também com a necessidade de considerar analiticamente os diversos efeitos danosos, desde logo, para poder introduzi-los no discurso sobre a «causalidade preenchedora» da responsabilidade ou para ponderar a relevância da culpa do lesado ou da inobservância do encargo de prevenir o dano. Noutra perspetiva, uma teoria que pretenda sustentar a redução do dano a uma medida ou cifra patrimonial abstrata mostra-se

---

[6] E não ignoramos que alguns AA., a propósito da necessidade de contemplar alguns danos que, não sendo duradouros, escapavam por entre as malhas da teoria da diferença – de que seria exemplo o dano de privação de uso – elaboraram uma proposta de adaptação dos termos de referência daquela teoria que permitisse a sua manutenção, através da proposta de uma «antecipação» do juízo de cômputo do interesse para o momento da violação do bem jurídico concreto, medindo-o pela diferença que, nesse momento, existisse entre a situação do lesado naquele momento e aquela que existiria se não tivesse ocorrido a lesão: D. ZEITZ, *Schadensersatz bei Nutzungsentgang an Gebrauchsgegentsänden*, Diss., Frankfurt am Main, 1978, p. 130; T. RAUSCHER, «Abschied vom Schadensersatz für Nutzungsausfall» , *NJW*, 1986, p. 2015. Resta saber se com esta «reformulação» não se abdica, a um tempo, das próprias proposições de base da teoria da diferença, designadamente, da ideia de que o interesse deve compreender todos os efeitos danosos provocados pela lesão, na medida em que os mesmos possam ser conhecidos pelo tribunal; assim, S. WÜRTHWEIN, *Schadensersatz..., cit.*, p. 401.

ESTUDOS EM HOMENAGEM A MIGUEL GALVÃO TELES

incompatível com dados essenciais do direito processual, designadamente com as normas que impõem às partes ónus de alegação e substanciação da causa de pedir e das exceções que sustentam as respetivas pretensões, com a necessidade de verificar o cumprimento do ónus de impugnação do réu e com a de delimitar o objeto do processo em função de factos essenciais, com a delimitação dos efeitos do caso julgado material, etc.[7]. Estes aspetos indiciam que a concretização dos termos operativos propostos pela teoria da diferença exigem, afinal, a adoção de uma noção de dano como perda real e concreta, e estiveram mesmo na base de diversas propostas de construção dogmática do dano, configurando-o como resultado da perda de uma vantagem determinada, desde que esta fosse concebida, não como qualquer situação fáctica favorável ao credor, mas, antes, como o resultado da tensão entre o facto do desaparecimento ou deterioração daquela vantagem e o quadro de valorações gerais da ordem jurídica.

7. Não ignoramos que a rejeição de uma «conceção diferencial» de dano em favor de uma perspetiva assente na vantagem concretamente atingida é, ainda, insuficiente para valer como pensamento geral sobre o dano. E não deixamos de reconhecer que, mesmo admitindo a viabilidade das propostas de uma noção geral e unitária de dano, a sua importância e a sua utilidade para a dogmática do direito da obrigação de indemnizar são substancialmente limitados. Ainda assim, *não escondemos que subjacente ao pensamento desenvolvido nos pontos seguintes está certa compreensão quanto à noção de dano*. O ponto de partida que assumimos nas reflexões que se seguem é, assim, o de que um dano corresponde a uma perturbação do plano de repartição de bens vigente, caracterizado pela modificação, para pior, de um estado de coisas relativo a um bem ou vantagem, segundo as valorações da ordem jurídica[8].

---

[7] B. KEUK, *Vermögensschaden und Interesse...*, *cit.*, p. 32; P. GOTTWALD, *Schadenszurechnung...*, *cit.*, p. 47; S. WÜRTHWEIN, *Schadensersatz...*, *cit.*, p. 230; C. WENDEHORST, *Anspruch und Ausgleich*, Mohr Siebeck, Tübingen, 1999, pp. 64 e ss.; SOERGEL/*Mertens*, Vor § 249, Rdr. 43, p. 211; E. DEUTSCH, *Allgemeines Haftungsrecht*[2], C. Heymanns, Köln, 1996, Rdr. 806, p. 513.

[8] V. C. WENDEHORST, *Anspruch und Ausgleich*, *cit.*, p. 59. Entre nós, v. M. GOMES DA SILVA, *O dever de prestar e o dever de indemnizar*, I, Lisboa, 1944, p. 123 (dano como «privação de um ou mais benefícios concretamente considerados, ou de uma generalidade de benefícios); A. MENEZES CORDEIRO, *Tratado de Direito Civil Português*, II/3, Almedina, Coimbra, 2010, p. 529 («dano como diminuição de uma qualquer vantagem tutelada pelo Direito»); F. PEREIRA COELHO, *O problema da causa virtual na responsabilidade civil*, Almedina, Coimbra, 1998 (Reimp.), p. 188 («o prejuízo real que o lesado sofreu «in natura», em forma de destruição, subtracção ou deterioração de um certo bem corpóreo ou ideal»); L. MENEZES LEITÃO, *Direito das Obrigações*[9], I, Almedina, Coimbra, 2010, p. 343 («frustração de uma utilidade que era objecto de tutela jurídica»); P. ROMANO MARTINEZ, *Direito das Obrigações – Apontamentos*[3], AAFDL, Lisboa, 2010/11, p. 116 («uma perda de vantagem

2.2. O alcance da norma resultante do nº 2 do art. 566º do Código Civil e o pensamento da diferença

8. Segundo a doutrina, o nº 2 do art. 566º do Código Civil português, ao impor que a indemnização em dinheiro tenha como medida a diferença entre a situação patrimonial do lesado, na data mais recente que puder ser atendida e aquela que teria se não tivesse ocorrido o evento lesivo, sinalizaria a consagração, na lei, da doutrina da diferença[9][10]. Na verdade, essa parece corresponder à melhor interpretação do sentido histórico e subjetivo da vontade do legislador, aproximando-se a sua formação literal da enunciação tradicional dos termos daquela teoria[11]. Esta tem sido a posição assumida pela maioria dos autores que se têm

tutelada pelo Direito»); M. CARNEIRO DA FRADA, *Direito Civil – Responsabilidade civil*, Almedina, Coimbra, 2006, p. 93; P. MOTA PINTO, *Interesse...*, I, *cit.*, pp. 548 e ss..

[9] Esta corresponde à visão dominante entre nós, quer se entenda que nela não está implícita certa noção de dano, quer ela seja reduzida à função de prestação da medida da indemnização [I. GALVÃO TELLES, *Direito das Obrigações*[7], Coimbra Ed., Coimbra, 1997, p. 389; F. PEREIRA COELHO, *O problema...*, *cit.*, pp. 194 e ss.; F. PESSOA JORGE, *Ensaio sobre os pressupostos da responsabilidade civil*, CEF, Lisboa, 1968 (1995 Reimp.), pp. 382 e 406 e ss.; A. MENEZES CORDEIRO, *Tratado de Direito Civil Português*, II/3, *cit.*, pp. 726 e ss. e 746; L. MENEZES LEITÃO, *Direito das Obrigações*[9], I, *cit.*, p. 420; P. ROMANO MARTINEZ, *Direito das Obrigações*[3], *cit.*, p. 168; P. MOTA PINTO, *Interesse...*, I, *cit.*, pp. 559-560].

[10] Desde logo, importa sublinhar que o referente temporal para a fixação de indemnização e a sensibilidade do objeto do crédito indemnizatório à influência de processos causais hipotéticos constituem dois conjuntos de problemas distintos e, em grande medida, independentes; v. C. WENDEHORST, *Anspruch und Ausgleich*, *cit.*, p. 26. A tese de que o dever de indemnizar não é afetado por ocorrências posteriores por «substituir» ou oferecer uma continuação do direito ou bem primário atingido é, em rigor, uma consequência da solução a conferir para os problemas da relevância da causa de reserva ou da causa virtual e, em especial, para a questão de saber se aquela solução deve ser distinta (ou pode ser determinada) pela circunstância de o evento lesivo dar lugar a um «dano objetivo» ou a um «dano patrimonial indireto». A escolha sobre o referente temporal apenas pode influir na extensão que seja de conferir à causa virtual e à causa real, consoante se adopte como momento relevante o da constituição da obrigação de indemnizar ou se aceite um «prolongamento» do base fáctica para determinar os eventos danosos até ao termo da audiência de discussão e julgamento. Deve notar-se, também, que o próprio momento de ocorrência do dano – com relevância, por ex., para demarcar o início da contagem do prazo prescricional – não dispensa a mediação de valorações, sendo de aceitar o princípio de que basta a deterioração de um bem ou de uma situação favorável ao lesado, ainda que não exista certeza sobra extensão ou, mesmo, sobre a «definitividade» do dano (por ex., há um dano com o proferimento de uma sentença desfavorável em primeira instância após uma omissão ilícita e negligente do advogado); H. LANGE/G. SCHIEMANN, *Schadensersatz*[3], *cit.*, p. 44..

[11] Sobre as diferentes formas de atuação da teoria da diferença, em razão do momento em que se configuram as duas situações patrimoniais em confronto (diferença entre a situação patrimonial do lesado no momento em que se realiza o cômputo do dano e aquela de que dispunha em momento anterior ao evento lesivo; diferença entre a situação patrimonial em momento anterior ao evento lesivo e aquela que se regista no momento imediatamente posterior; diferença entre a situação

ESTUDOS EM HOMENAGEM A MIGUEL GALVÃO TELES

pronunciado sobre o problema, sendo igualmente dominante na jurisprudência dos nossos tribunais superiores[12].

9. Aparentemente, a principal consequência da adoção desta solução estaria na relativa indiferença da evolução do património do credor no período que decorre entre a ocorrência do dano e o momento da fixação do objeto da ação em que se pretenda exercer a pretensão indemnizatória[13].

2.3. Crítica. Questões de definição do conteúdo da pretensão indemnizatória, questões do objeto do processo e questões dos efeitos do caso julgado material

10. Ainda que reconheçamos que a interpretação do nº 2 do art. 566º no sentido de que o dano deve ser aferido mediante uma comparação entre duas situações patrimoniais globais do lesado é aquela que melhor corresponde à intenção histórica do legislador, crê-se que este não é a único significado suscetível de ser atribuído ao preceito referido. Faz-se notar que, no direito alemão, em que a defesa da hipótese da diferença assumiu uma expressão sem paralelo noutras ordens jurídicas, é hoje dominante a tese de que a limitação do decisor sobre a pretensão indemnizatória aos danos que tiverem sido alegados e demonstrados na ação indemnizatória até ao termo da audiência de discussão e julgamento corresponde a uma norma com alcance estritamente processual[14], que deve ser distinguida tanto do critério material de determinação do conteúdo daquela pretensão, como

---

patrimonial anterior ao evento lesivo e a situação patrimonial que nesse momento existiria se aquele evento não tivesse tido lugar; diferença entre a situação patrimonial do lesado no momento do cálculo da diferença e aquela que nesse momento existiria se o evento lesivo não tivesse ocorrido), e sobre as razões da opção pela comparação entre as duas situações patrimoniais do lesado (ressarcimento do lucro cessante e de todos os danos subsequentes ou indiretos), v. F. PEREIRA COELHO, *O problema..., cit.*, pp. 196 e ss.; A. VAZ SERRA, «Obrigação...», *cit.*, pp. 69 e ss.; J. ANTUNES VARELA, *Das Obrigações em Geral*[10], *cit.*, p. 908; A. MENEZES CORDEIRO, *Tratado de Direito Civil Português*, II/3, *cit.*, pp. 727-8 (sublinhando a importância da concatenação da lógica da diferença com os pressupostos da imputação).

[12] A título meramente exemplificativo, cf. Ac. do STJ de 31-Mai.-2011 (Sebastião Póvoas), disponível em www.dgsi.pt;

[13] Como seja, por hipótese, a variação do preço de substituição da coisa destruída, a qual poderia ter beneficiado tanto o lesante como o lesado, consoante o valor de mercado para a aquisição de um bem idêntico houvesse descido ou subido relativamente àquele que se apresente como atual no momento da resolução do litígio; H. LANGE/G. SCHIEMANN, *Schadensersatz*[3], *cit.*, p. 46.

[14] Note-se, contudo, que esta solução não se retira de uma disposição expressa, nem da lei processual, nem da lei substantiva, embora certa doutrina afirme que ele se encontra implicitamente consagrado no § 767 (2) ZPO: MünchKomm/*Gottwald*, § 322, Rdr. 126, p. 2029; H. LANGE/G. SCHIEMANN, *Schadensersatz*[3], *cit.*, p. 45..

do próprio referente temporal para a estabilização definitiva dos efeitos da responsabilidade na relação obrigacional entre credor e devedor da indemnização[15].

11. De acordo com esta hipótese interpretativa, o art. 566/2º limitar-se-ia a fixar o termo *ad quem* do prazo processual para que sejam invocados os danos que o credor pretende que sejam indemnizados pelo réu devedor. Até ao termo da audiência de discussão e julgamento, o autor pode incrementar o objeto do processo com todas as alegações fácticas que incidam sobre danos decorrentes do evento lesivo, conformando o campo dos poderes de cognição do juiz.

A concretização deste preceito releva, também, para a determinação da extensão dos efeitos do caso julgado material da decisão incidente sobre a pretensão indemnizatória, contanto que apenas de forma indireta ou reflexa: todas as alegações danosas apresentadas em juízo até ao termo da audiência final devem ser apreciadas pelo juiz. Quando, sobre elas, for proferida uma decisão de mérito, a apreciação passará a valer com efeitos definitivos, de tal modo que a possibilidade de uma segunda decisão sobre a mesma pretensão se encontra afastada.

12. Questão diversa da definição dos limites do objeto da ação indemnizatória respeita à composição do conteúdo do próprio direito que o credor pretende fazer valer em processo. Do cruzamento entre os dois planos surge a questão: as alegações de facto, com base nas quais o credor formula o seu pedido e que, como vemos, são suscetíveis de ser introduzidas na ação até ao fim da audiência final podem respeitar a que momento ou período?

A importância do tempo sobre a obrigação de indemnização manifesta-se, aqui, num plano diverso daquele que acabámos de ver no parágrafo anterior. A coordenada temporal relevante não é agora a do momento para fixar o que deve ser considerado como a pretensão indemnizatória – e o que deve ser decidido sobre ela – mas a do momento da ocorrência dos pressupostos do direito à indemnização ou, o que é dizer o mesmo, o da constituição do direito à indemnização, com o conteúdo com que o credor o pretende exercer judicialmente. Se, no primeiro caso, o limite temporal do termo da audiência de discussão e julgamento releva para a resolução do problema da decisão do litígio sobre a responsabilidade, no segundo ele coloca-se, diferentemente, no plano antecedente da constituição da situação jurídica invocada pelo autor.

---

[15] Seria, ainda, possível distinguir ambos do problema da determinação do termo inicial dos efeitos de apreciação do direito inerentes ao caso julgado material, que também é objeto de controvérsia, havendo quem considere que estes retroagem ao momento da constituição da pretensão (STEIN/JONAS/LEIPOLD, *ZPO*, § 322, Rdr. 261) e quem entenda que, em princípio, os efeitos da decisão incidem sobre a situação ao tempo do final da audiência de julgamento (MÜNCHKOMM/*Gottwald*, § 322, Rdr. 127, p. 2029)

13. As afirmações contidas no parágrafo anterior não são, em si, contraditórias ou, sequer, incompatíveis com aquela que dissemos ser a visão dominante quanto ao teor do nº 2 do art. 566º. O juiz poderia estar limitado a conhecer de todos os danos que o autor invocasse até ao termo da audiência final e, simultaneamente, obrigado a limitar a atendibilidade material das alegações danosas àquelas que pudessem expressar-se numa diferença entre a medida do património do credor naquele momento e aquela que existiria se não se tivesse verificado o evento lesivo. A ser assim, chegaríamos a um resultado de congruência entre os planos da determinação do objeto da ação de responsabilidade e da conformação do conteúdo da indemnização. O que dissemos anteriormente implica apenas que *não tenha logicamente de ser assim, i.e.,* que a consagração do termo da audiência final como limite *ad quem* para a alegação de danos no processo não impõe a restrição do conjunto dos danos relevantes àqueles que se traduzam num efeito patrimonial negativo que se prolongue até àquele momento ou que, por alguma razão, se manifeste, naquele momento, como uma rubrica negativa no património do lesado.

14. Vamos, contudo, mais longe. Existem, em nossa opinião, boas razões para se supor que o termo da audiência de discussão e julgamento não pode constituir um referente temporal geral para a determinação da existência de um dano, bem como para a fixação do *quantum* da indemnização devida. Os argumentos que sugerem a justeza desta posição advêm do direito substantivo e, para efeitos expositivos, podem ser agrupados em conjuntos de situações em que se verificam variações relevantes no património do lesado em momento anterior ao do termo da audiência de discussão e julgamento e conjuntos em que tais variações surgem após a fixação definitiva do objeto do processo ou, mesmo, após o trânsito em julgado da decisão que conheça da pretensão indemnizatória. Veremos que:

- Em todos estes conjuntos de casos existem situações em que a obrigação de indemnização se revela sensível a ocorrências modificadoras dos bens do lesado, o que sugere a inexistência de uma regra geral para definir o conteúdo do dever de indemnizar;
- As ocorrências posteriores ao evento lesivo, seja no sentido do agravamento, seja no de melhoramento da situação do levado, devem sempre ser ponderadas valorativamente, podendo repercutir-se ou não na obrigação de indemnização;
- O nº 2 do art. 566º deve ser entendido como uma norma com alcance eminentemente processual, com o efeito de clarificar os limites do objeto de uma concreta ação de responsabilidade.

2.3.1. A sensibilidade da obrigação de indemnização às variações ocorridas antes do termo da audiência de discussão e julgamento

15. Contra as consequências aparentemente impostas pela teoria da diferença, existem várias situações em que o direito da obrigação de indemnizar se mostra sensível às modificações do estado de coisas relativo aos bens do lesado que, tendo sido causados pelo lesante, não subsistem pelo período necessário para poderem revelar-se como um resultado divergente da «situação hipotética conforme com o dever» no presente. Consideremos quatro exemplos que permitem ilustrar o nosso argumento:

Ex.1: A pede uma indemnização a B por este ter incumprido a obrigação de guardar certos mantimentos no frigorífico durante a sua ausência. B contesta, alegando que, à data dos autos, não haveria qualquer dano patrimonial a ressarcir, uma vez que os víveres, ou teriam sido consumidos pelo próprio A, ou se teriam deteriorado com o decurso do tempo.

Ex. 2: C é responsável por um acidente de viação de que resultou a danificação do automóvel, semi-novo, de D. Este vem a ser reparado integralmente a expensas de C. D exige, porém, uma indemnização pela desvalorização que o automóvel sofreu por ter sido envolvido no acidente.

Ex. 3: E, proprietário de uma grande mercearia, encomendou 500 kg. de laranjas do Algarve à sociedade F., pelo preço de €2.500,00. Este era, para E, um «bom negócio», uma vez que, à data da conclusão do negócio, o preço de laranjas por kg. era de €7,5. À data do incumprimento definitivo, o preço era já de €8 e, fruto de uma seca, atingiu os €10/kg. na pendência da ação de responsabilidade civil proposta por E contra a sociedade F.. Durante aquele período, o credor não recorreu a outro fornecedor, limitando-se a vender outras frutas no seu estabelecimento.

Ex. 4: G danifica o muro de H. Os trabalhos de reparação do muro custavam, em média, €1.000,00 e H poderia tê-los realizado facilmente, uma vez que é proprietário de uma empresa de construção civil. Tendo as obras de reparação sido omitidas, o muro acaba por ser totalmente destruído, perfazendo um dano total de €5.000 euros.

16. No primeiro caso, o perecimento de bens perecíveis e consumíveis não deixa de dar lugar a um dano patrimonial. A circunstância de a «remoção hipotética» do evento lesivo não impedir o desaparecimento do bem jurídico na esfera do lesado, seja em razão do gozo, pelo próprio titular, das utilidades consumíveis do bem, seja pelo normal decurso do tempo, não afasta a existência de um dano patrimonial. Este reside justamente no facto de as utilidades consumíveis terem deixado de estar à disposição do titular do bem e assim terem deixado de constituir meios aptos a proporcionar a realização dos seus fins. É certo que os

ESTUDOS EM HOMENAGEM A MIGUEL GALVÃO TELES

danos resultantes da lesão de interesses consuntivos são exemplos de danos aos quais não poderia ser concedida relevância nos termos da teoria da diferença, à semelhança de outros, como o dano de privação de uso ou de perda da possibilidade de exercício de direitos sujeitos a um termo essencial, em que a vantagem frustrada se caracteriza por ser temporalmente condicionada. Mas nem por isso deixam de constituir exemplos de situações em que o dano tem que ser aferido a partir da mudança operada no bem jurídico atingido, *i.e.*, logo que se dá a perda da possibilidade do seu aproveitamento, e não posteriormente, em juízo, pois nessa altura poderão já não ser visíveis os efeitos danosos na esfera do lesado.

17. O segundo exemplo ilustra o caso do dano de perda de valor comercial, o chamado «menor valor mercantil» («*Merkantiler Minderwert*») do bem atingido pela lesão. Trata-se do prejuízo sofrido pelo facto de se ter passado a ter um bem envolvido num sinistro, que, por esta razão, tem o seu valor de troca diminuído. Ainda que não se demonstre que o proprietário pretendesse revender o automóvel ou retirar algum proveito económico da sua utilização por terceiros, ou mesmo que se prove que continuaria a utilizar o bem em causa até ao termo do seu prazo de utilização, a diminuição do valor venal do automóvel representa um dano patrimonial relevante. Não ignoramos a circunstância de a ressarcibilidade deste dano não ser indiscutível e, bem assim, não ser absolutamente clara a sua relação com a teoria da diferença[16]. Não sendo viável o aprofundamento deste problema, dir-se-á que existem boas razões para sustentar a atendibilidade do dano de perda de valor de mercado no direito português, diretamente a partir do disposto nos arts. 562º e 566º, nº 1: a perda de valor de mercado é, em si mesma, uma mudança, para pior, do estado de coisas relativo ao bem jurídico atingido. Além disso, também aqui o cômputo da indemnização se afere em momento anterior ao termo da audiência de discussão e julgamento, mais precisamente, quando o lesado recupera a disponibilidade do bem atingido[17].

[16] V., com muitas referências, P. MOTA PINTO, *Interesse contratual negativo...*, I, *cit.*, pp. 612-3, n. 1755, concluindo pela compatibilização do direito à indemnização do dano de desvalorização comercial com a teoria da diferença «sempre que se manifeste logo, imediata e realmente».

[17] A doutrina e a jurisprudência hesitam entre o cálculo da indemnização aquando da ocorrência do dano ou no momento da restituição do bem ao seu titular após a reparação: M. SCHULTZ, «Schadensfortentwicklung und Prozessrecht», *AcP*, 191 (1991), p. 444; H. LANGE/G. SCHIEMANN, *Schadensersatz*³, *cit.*, p. 272; MÜNCHKOMM/*Grunsky*, Vor § 249, Rdr. 15, p. 306 (mas v. W. GRUNSKY, *Aktuelle Probleme zum Begriff des Vermögensschadens*, Verlag Gehlen, Bad Homburg v. d. H. - Berlin - Zürich, 1968, pp. 67 e ss., em que o A. sugeria a prevenção do incentivo para a mora no cumprimento do dever de indemnizar pela fixação do valor da prestação no momento da celebração, pelas partes, de um acordo de tipo transacional, em que o acerto do dano de desvalorização comercial teria como contraponto a exclusão da relevância dos danos futuros, e sem recusa, a possibilidade de recurso ao cômputo discricionário da indemnização, pelo juiz). Em qualquer caso, impõe-se o afastamento

18. No terceiro exemplo, está em causa a liquidação do dano do não cumprimento. Mais precisamente, trata-se de determinar a indemnização devida pelo incumprimento do dever primário de prestar, ou seja, de uma indemnização «em vez» ou «em lugar» da prestação. Além dos direitos que advenham do funcionamento do sinalagma, nomeadamente, o direito à resolução do contrato, o credor fiel pode exigir uma indemnização, que, em regra, é calculada segundo o interesse contratual positivo, devendo ser colocado na situação em que estaria se a prestação houvesse sido pontualmente observada. Em nossa opinião, a regra, vigente na maioria das ordens jurídicas, segundo a qual a indemnização pode ser computada em termos concretos ou, alternativamente, em termos abstratos, deve igualmente valer no direito português. Isso significa que, uma vez colocado o devedor na situação de incumprimento definitivo, o credor pode pedir uma indemnização correspondente às variações patrimoniais registadas no seu património, *i.e*, aos lucros que deixou de obter com a revenda das mercadorias ou à diferença de preço que teve de suportar com a celebração, com outro fornecedor, de uma compra de substituição. Mas o credor poderá também adotar, como base de cálculo do seu crédito indemnizatório, o valor correspondente à prestação incumprida, *i.e.*, a prestação que teria que despender, no mercado, para a obtenção de um sucedâneo do que deveria ter sido prestado (deduzindo, claro, o valor correspondente à contraprestação que deixou de realizar ao devedor inadimplente)[18].

O segundo método de liquidação da obrigação de indemnização – o recurso a um negócio de suprimento hipotético – é dificilmente conjugável com o pensamento da diferença e parece exigir a adoção de um referente temporal para o cálculo do valor de mercado do sucedâneo do objeto da prestação incumprida diverso do do fim da audiência de discussão e julgamento[19].

A doutrina hesita entre o momento da colocação do devedor em mora, o momento do incumprimento definitivo, ou uma faculdade de escolha do credor em seguir o preço de mercado no primeiro ou no segundo dos momentos[20].

---

da lógica do cômputo da indemnização no termo da audiência de discussão e julgamento de modo a evitar um alargamento injustificado da responsabilidade do lesante, decorrente de variações conjunturais do valor de venda do bem e do facto de este ter passado a poder ser utilizado pelo próprio lesado, o que determina que este prejuízo tenda a decrescer com o decurso do tempo.

[18] Sobre este modo de calcular o dano do não cumprimento, v., com muitas referências, P. MOTA PINTO, *Interesse...*, I, *cit.*, pp. 784 e ss. e II, pp. 1539 e ss. e 1655.

[19] R. NEUNER, «Interesse...», *cit.*, pp. 285 e ss.; B. KEUK, *Vermögensschaden und Interesse..., cit.*, pp. 186 e ss.; M. SCHULTZ, «Schadensfortentwicklung...», *cit.*, p. 442; H. LANGE/G. SCHIEMANN, *Schadensersatz*[3], *cit.*, pp. 349-350.

[20] U. BARDO, *Die «abstrakte» Berechnung des Schadensersatzes wegen Nichterfüllung beim Kaufvertrag*, Duncker&Humblot, Berlin, 1989, pp. 100 e ss. e 129 e ss.; U. HUBER, *Leistungsstörungen*, Mohr Siebeck, Tübingen, 1999, pp. 251 (para o dano do comprador) e 253 (para o dano do vendedor).

Inclinamo-nos para a aceitação do critério do valor comum da prestação no momento do incumprimento definitivo: só nesse momento se torna inexigível a aceitação do oferecimento da prestação pelo devedor[21].

19. No último exemplo apresentado, surge a questão do encargo de mitigação do dano pelo lesado. Em rigor, cabe afirmar que, em regra, o lesado não tem o ónus de empregar os seus próprios meios para proceder à remoção do dano. No entanto, quando estiverem reunidos os pressupostos para o surgimento de um ónus com aquele conteúdo – como tenderá a suceder quando os danos subsequentes forem substancialmente superiores aos custos da sua prevenção e o lesado estiver numa situação particularmente favorável para assumir, ele próprio, as medidas preventivas, e acabar por omiti-las –, a repartição do dano entre lesante e lesado deverá fazer-se de modo a ter em conta, não apenas o valor atual do direito do lesado, mas, desde logo, o valor que aquele direito tinha no momento da lesão, de modo a atribuir o agravamento dos prejuízos, no todo ou em parte, ao próprio lesado.

20. Não pretendemos afirmar que estas sejam as únicas situações em que o cálculo da obrigação de indemnizar se processa tendo em conta eventos ocorridos no património do lesado em momento anterior ao último admissível para a modificação do objeto do processo na ação de responsabilidade[22]. Tal sucede,

---

[21] Ressalvam-se, claro, o direito à indemnização pelos danos que o credor haja sofrido em consequência da mora no cumprimento.

[22] Pense-se, por ex., na danificação de uma coisa que o lesado poderia ter alienado por um valor superior ao velor venal no termo da audiência de discussão e julgamento ou na inibição ilícita do exercício de direitos relativamente a instrumentos financeiros cujo valor oscilou durante determinado período de tempo; nestas situações, parece entender o Professor F. PEREIRA COELHO, *O Problema...*, *cit.*, p. 79, n. 36 e p. 204, n. 53, que não se verifica verdadeiramente um desvio ao princípio de que o momento decisivo para o cálculo do dano é o momento da sentença, uma vez que este apenas determina que «deve ser restabelecida a mesma situação económica em que o lesado se encontraria no momento da sentença se não fosse o facto» e «que a indemnização deve ser uma tal que permita ao lesado colocar-se nessa situação». Sem colocar em causa que a feição dinâmica da diferença visa realizar o escopo do ressarcimento integral dos danos, já duvidamos que o resultado a que se chega nestes casos possa ser obtido a partir das premissas gerais daquela teoria, uma vez que a identificação do valor relevante da vantagem atingida (e a desconsideração dos restantes estados de coisas) supõe a adoção de outros critérios, que não o do simples confronto entre as duas situações patrimoniais atuais do lesado. Estes critérios exigem o recurso a uma ideia de justiça individualizadora, aberta à intervenção de diferentes princípios em função do tipo de casos em presença (como seja, o da proteção da liberdade de disposição patrimonial do lesado). V. tb. SOERGEL/*Mertens*, Vor § 249, Rdr. 71 e ss., pp. 226 e ss., que trata do problema na perspetiva do direito a uma indemnização em dinheiro por perturbações da faculdade de disposição do lesado (e em que considera os problemas do «dano abstrato de privação de uso», de «perda de faculdades de disposição primárias», de atribuição de um direito às despesas necessárias à recuperação da

também, no dever de indemnizar os danos provocados pela mora no cumprimento das obrigações, ou no incumprimento de prestações sujeitas a um termo essencial.

Por outro lado, não pretendemos afirmar que todas as variações do património ou do estado de coisas relativo aos bens do lesado ocorridas entre o momento da verificação do evento lesivo e o da fixação dos limites ao objeto do processo devam relevar. Na verdade, em muitos casos[23], as «variações positivas» do património do lesado diminuem a responsabilidade do lesante e as «negativas» conduzem ao seu agravamento. Esse resultado não se obtém, porém, através de uma operação de cálculo entre duas situações patrimoniais, segundo uma versão tradicional da teoria da diferença, mas, se não da sua limitação a certos conjuntos de casos, pelo menos, da introdução de correções aos referentes temporais com que ela labora. Só assim se pode atender e otimizar a concretização dos princípios fundamentais do direito da indemnização.

2.3.2. A sensibilidade da obrigação de indemnização às variações ocorridas após o termo da audiência de discussão e julgamento

21. Não apenas as ocorrências registadas no património do lesado em momento anterior ao do fim da audiência de discussão, mas também as que sobrevenham àquele momento são suscetíveis de influenciar o conteúdo do dever de indemnizar. Isso pode suceder, por um lado, relativamente a novos danos, emergentes do mesmo evento lesivo, que poderão constituir o objeto de uma ação de responsabilidade autónoma.

22. Mas pode também suceder relativamente à modificação do estado de coisas relativo a um bem ou vantagem concretamente apreciados numa ação, cuja decisão já foi proferida e transitou em julgado. Imaginem-se os exemplos seguintes.

A é condenado no pagamento de €2.000,00, em razão da destruição de uma jarra pertencente a B; por se tratar de um objeto de coleção e raro, o valor de substituição da jarra ascende a €3.000,00 no momento do cumprimento da sentença.

Em consequência da emissão de fumos da chaminé de uma fábrica, a fachada de um prédio contíguo é danificada. Ao proprietário é reconhecido o direito à

---

organização de vida do lesado, da indemnização do dano de desaproveitamento de despesas e dos problemas da patrimonialização das possibilidades de ação humana), assumindo, hoje, algum ceticismo quanto à possibilidade de qualificar, em geral, como patrimoniais os danos que delas resultassem (os casos de lesão grave da liberdade de disposição, absolutamente carecidos de proteção, ficariam a coberto das previsões relativas aos bens da personalidade).

[23] Pense-se, por ex., nos danos infligidos numa coisa não aplicada a fins comerciais, em que o valor de substituição relevante será o mais recente a que o tribunal puder atender, ou num lucro cessante, cujo valor «líquido» será, em regra, apurado tendo em conta a possível interferência de sucessivos processos causais, reais ou hipotéticos, após o evento lesivo ter tido lugar.

reparação do imóvel, por empreiteiro a escolher por acordo das partes. Em virtude de este ter realizado a obra com materiais de má qualidade, os prejuízos vêm a tornar-se definitivos, e o lesado reclama, agora, uma indemnização em dinheiro à sociedade proprietária da instalação fabril.

A Câmara Municipal C é condenada no pagamento de uma indemnização no valor de €150.000,00 a D, por ter determinado ilicitamente a demolição de um imóvel pertencente ao segundo. Após o trânsito em julgado da decisão condenatória, D aliena a E o terreno que, por estar devoluto, passou a valer mais €75.000,00.

23. Em todas as situações relatadas, os factos que ocorram posteriormente ao encerramento da audiência de discussão e julgamento concorrem para a diminuição ou para o agravamento da obrigação de indemnizar. No último exemplo apontado, o devedor da indemnização pode invocar o facto que desagrava o seu dever numa autónoma ação declarativa de simples apreciação negativa [art. 4º, nº 1, al. a) CPC] – pedindo o reconhecimento da inexistência parcial da sua dívida – ou em sede de oposição à execução [art. 814º, nº 1, al. g) CPC], invocando como fundamento da improcedência da pretensão executiva do credor o efeito extintivo parcial da vantagem «superveniente à ação declarativa»[24].

Nos dois exemplos antecedentes, o princípio da compensação integral dos danos impõe a possibilidade do exercício do direito do credor relativamente aos efeitos danosos não compreendidos no objeto da ação extinta[25]. Pergunta-se: qual

---

[24] Admitem a restituição da prestação indemnizatória por força de uma vantagem obtida após o termo da audiência de discussão e julgamento, por ex., P. OERTMANN, *Die Vorteilsausgleichung beim Schadensersatzanspruch im römischen und deutschen bürgerlichen Recht*, Berlin, 1901, p. 251; H. LANGE/G. SCHIEMANN, *Schadensersatz*[3], *cit.*, p. 46. Na decisão do BGH de 2-Abr.-2001, *NJW-RR*, 2001, pp. 1405 e ss., estava em causa um pedido de indemnização de um sócio de uma sociedade civil deduzido contra o sócio com poderes de representação, por não ter aceitado uma proposta contratual de arrendamento de um imóvel da sociedade em 1994 e, assim, ter ditado a perda da quantia equivalente às rendas que se teriam vencido entre 1995 e 1997, data em que foi celebrado um outro contrato com um terceiro; a execução do segundo contrato, que previa rendas crescentes, ditou um lucro cessante, correspondente à diferença entre as rendas efetivamente percebidas e aquelas que teriam resultado do contrato não celebrado, entre 1998 e 2001, altura em que o valor das primeiras ultrapassou o das segundas. O tribunal de primeira instância e o tribunal de recurso tiveram em conta os incrementos na renda até ao termo da audiência de discussão e julgamento, entre 1 de julho de 2001 e fim de março de 2002, mas não as ulteriores. O BGH entendeu, no entanto, que estas não poderiam deixar de relevar e que as dificuldades de liquidação da vantagem (dependentes da concretização de índices relativos agravamento do custo de vida anual) seriam superadas pela produção de prova em sede de oposição à execução ou, já se encontrando extinta a ação executiva, através de um ação em que se exigisse a restituição do enriquecimento obtido sem justa causa.

[25] STAUDINGER/*Medicus*, § 249, Rdr. 238, p. 108; MÜNCHKOMM/*Grunsky*, Vor § 249, Rdr. 128, p. 367.

a via processual idónea a permitir o exercício da pretensão indemnizatória do credor quanto aos danos ulteriores? Antes de avançarmos os termos das hipóteses de enquadramento processual deste problema, é importante sublinhar que, em certo sentido, a resposta a esta questão se acha condicionada pelo juízo que anteriormente tiver de ser feito quanto a outra questão. Esta respeita à admissibilidade da dedução de um pedido complementar de condenação do devedor à indemnização dos danos sofridos pelo lesado em momento posterior ao da fixação definitiva dos limites do objeto da ação de responsabilidade. Caso se chegue à conclusão de que a omissão da invocação de alegações danosas numa ação em que haja sido proferida uma decisão transitada em julgado não afasta o exercício da pretensão indemnizatória relativamente aos restantes danos em momento posterior, impõe-se ao intérprete que determine qual o rito processual típico aplicável ao exercício do direito do lesado ou, diante da inexistência de uma norma processual cuja previsão corresponda à hipótese do exercício jurisdicional do direito à indemnização por danos subsequentes, determine a adequação das formas existentes, de modo a possibilitar a realização dos efeitos jurídicos emergentes das normas jus-substantivas em jogo.

24. O problema da sensibilidade da obrigação de indemnizar às ocorrências verificadas no património do lesado após o termo do julgamento da ação em que o credor reclama o pagamento da indemnização não tem sido objeto *ex professo* da atenção da doutrina e da jurisprudência nacionais.

Na perspetiva dos obrigacionistas, o desfasamento temporal entre o momento do proferimento da decisão e o da verificação do dano tem-se contido, em grande medida, por um lado, na afirmação da lógica da diferença[26] – para acolher todas as variações do património que subsistam no momento da determinação do dano e para rejeitar a relevância das demais – e na consideração dos problemas específicos conexos com os danos futuros – possibilitando a exigibilidade do pagamento da indemnização do dano ainda não verificado quando a sua ocorrência seja previsível, ainda que o cômputo da indemnização possa ser diferido quando o montante dos danos não seja previsível. Caso os danos tenham uma natureza continuada, admite-se o pagamento da indemnização sob a forma de renda, podendo a sentença – ou acordo – que a tiver decretado ser modificada quando se verificar uma alteração sensível das circunstâncias em que se fundou a determinação da indemnização[27].

---

[26] Esta regra era afirmada por F. MOMMSEN, desde que o lesado não houvesse ressalvado (através de uma *stipulatio*) a hipótese de exigir posteriormente o seu direito relativamente aos danos cuja ocorrência fosse incerta durante a pendência da ação: F. MOMMSEN, *Die Lehre..., cit.*, p. 200.

[27] Sobre esta questão, ISABEL ALEXANDRE, Modificação do caso julgado civil por alteração das circunstâncias, Dissertação de doutoramento, inédita, Lisboa, 2010, 6.III.2 e passim.

Todo este quadro é, a um tempo, reflexo das opções assumidas pelo legislador quanto aos conjuntos de matérias merecedoras de previsão específica, e da necessidade de conferir resposta às exigências da realidade da vida. Esta realidade apresenta como tipo de frequência a causação de danos por acidentes de viação, em que é possível prever a ocorrência de danos futuros no momento do proferimento da decisão e em que estes se revelam como perenes, como sucede no dano de perda de capacidade produtiva, no acréscimo de necessidades, conexo com a lesão da integridade física ou da saúde do lesado.

Todavia, ressalvando os casos dos danos futuros e dos danos continuados, a história da situação patrimonial do lesado tem sido tratada como se ela tivesse no momento do proferimento da sentença o seu derradeiro capítulo. O facto de poderem surgir ocorrências posteriores à apreciação jurisdicional da pretensão do credor que pudessem agravar, mitigar ou excluir a responsabilidade do lesante seria, afinal, o produto do mero acaso, cuja irrelevância para o dever de indemnizar deveria, contudo, ser aceite como o modo de funcionamento geral do regime de fixação dos efeitos da responsabilidade[28].

Se a primeira afirmação merece a nossa adesão – que a interposição do proferimento da sentença entre o evento lesivo e o surgimento do dano seja algo arbitrária – já a segunda – que a aleatoriedade da localização temporal do «evento modificador do dano» seja a confirmação do efeito geral do acertamento definitivo dos efeitos da responsabilidade pela sentença – suscita-nos maiores dúvidas. Na verdade, esse resultado seria frontalmente contrário ao princípio geral, afirmado no art. 562º – o lesante deve reconstituir a situação que existiria se não tivesse ocorrido o evento lesivo – e à ideia de justiça corretiva que ele traduz. De um ponto de vista material, não vemos razão para que a extensão dos efeitos da responsabilidade não seja determinada pelo funcionamento dos institutos próprios do direito da obrigação de indemnizar, como a causalidade «preenchedora» da responsabilidade, a *compensatio lucri cum damno*, a temática dos processos causais hipotéticos, etc..

No âmbito do funcionamento da lógica própria de cada um destes conjuntos de problemas, não se exclui, claro, que o tempo decorrido entre o evento lesivo e

---

[28] O melhor exemplo deste modo de ver as coisas retira-se da opinião de A. VAZ SERRA, «Obrigação...», *cit.*, p. 59, quando, a propósito do argumento em favor da irrelevância negativa da causa virtual que consiste em afirmar que o atendimento da causa hipotética levaria a que o crédito de indemnização ficasse a depender do acaso de aquela causa ser anterior ou posterior ao momento decisivo para o cálculo do dano, escreve que «[...] se é certo haver aqui uma dependência do acaso, também o é que a indemnização depende de outros acasos (a lesão originária pode ter ou não repercussões várias no património do lesado, até à sentença; etc.)» e, em momento anterior, que «[...] a data decisiva para o cálculo do dano seja, não o da verificação do dano, mas uma ulterior (a da sentença); há que atender às alterações de valor da coisa posteriores à verificação do dano e ao lucro que resultaria de factos posteriores também».

a ocorrência do dano deva relevar como um dos argumentos relevantes no quadro dos pressupostos próprios de cada um deles[29]. É assim, por hipótese, que se tem advogado a não dedutibilidade ao objeto da indemnização das vantagens emergentes do desenvolvimento de uma atividade profissional diversa daquela que o lesado desenvolvia no momento em que se verificou o evento lesivo, entre outros argumentos, com o valor da estabilidade do acertamento da indemnização e da proteção das expetativas das partes.

Por outro lado, a concretização da extensão dos danos relevantes a partir da causalidade jurídica, ou do nexo de imputação, não é insensível ao decurso do tempo: o maior distanciamento do «evento modificativo do dano» ou o «novo dano» relativamente ao evento lesivo pode dificultar a sua inclusão no conjunto dos resultados que, segundo os juízos da experiência, provavelmente não teriam ocorrido sem a lesão e cuja ocorrência se exigia que fosse representada como um efeito possível da ação do lesante pelo próprio, no momento em que agiu. Noutra perspetiva, o escopo da norma que fundamenta a responsabilidade não é o de submeter o direito ou o interesse protegido do lesado a um estado de imunidade relativamente ao efeito de processos causais futuros: a multiplicação destes com o decurso do tempo, própria da complexidade da organização social e inerente à natureza das coisas, pode conduzir a uma diluição do nexo de imputação objetiva numa concausalidade inextricável ou ininteligível. Esta vem a determinar a exclusão da responsabilidade, impossibilitando, na prática, a sua demonstração.

Na perspetiva da causalidade hipotética, o reconhecimento da possibilidade de atender às ocorrências posteriores ao trânsito em julgado da decisão sobre a pretensão indemnizatória não parece ser determinante para a qualificação do evento que conduz à diminuição ou à inexistência do dano como uma causa hipotética ou virtual[30], e muito menos parece condicionar a resolução do problema no sentido da operância daquele evento para a redução ou a exclusão da indemnização[31], no mesmo sentido em que a causa virtual releva negativamente para o

---

[29] Staudinger/*Medicus*, § 249, Rdr. 147, p. 77, referindo-se à exigência de uma «certa conexão temporal» entre o evento danoso e o vantajoso, por vezes afirmada na jurisprudência germânica; contra, M. Schultz, «Schadensfortentwicklung...», *cit.*, p. 441; G. Thüsing, *Wertende Schadensberechnung*, C. H. Beck, München, 2001, pp. 453-4.

[30] Uma vez que a qualificação como real ou virtual de um processo causal tem por referência o momento em que ocorre o dano, e não o momento em que é fixada a indemnização. Isto não quer, porém, significar que a escolha para o momento relevante para a determinação do montante do dano e para a fixação da indemnização não possa repercutir-se na noção de causa hipotética: caso se considere que este momento coincide, em qualquer caso, com aquele em que o dano teve (ou não) lugar, os problemas dos processos causais virtuais são como que «consumidos» pelo (ou «antecipados» no) da determinação e da avaliação do dano.

[31] Um setor importante da doutrina sustenta a ideia de que o trânsito em julgado da decisão produz um efeito estabilizador do litígio acerca da extensão da responsabilidade, para o efeito de excluir

dever de responder[32]. Não sendo possível aprofundar o problema neste sede, não deixamos de notar que a proximidade temporal entre o evento lesivo e a causa virtual ou de reserva é um dos argumentos que, segundo alguns, contam para a avaliação do bem ou da vantagem atingidos no momento da lesão, pelo menos, no sentido de que a distância excessiva entre ambos intervém negativamente para afastar o efeito da sua desvalorização em virtude de um «princípio danoso» ou de uma «predisposição para o dano» («*Schadensanlage*»)[33]. Seja como for, além de a «situação temporal» do dano ou o decurso do tempo decorrido entre a interferência lesiva e o dano não ser o único critério substancial a atender no conjunto de valorações presente em cada um dos referidos problemas do direito da obrigação de indemnizar[34] – e nem será, em regra, o decisivo – cumpre assinalar que

a relevância da causa hipotética conhecida posteriormente: E. von Caemmerer, «Das Problem der überholenden Kausalität», *Gesammelte Schriften*, II, Mohr Siebeck, Tübingen, 1968, pp. 436 e ss.; Staudinger/*Medicus*, § 249, Rdr. 106, p. 61. Contra, v., porém, MünchKomm/*Grunsky*, Vor § 249, Rdr. 86, p. 345; A. Zeuner, «Zum Problem der überholenden Kausalität», *AcP*, 157 (1958/9), pp. 441 e ss.; B. Lemhöfer, «Die überholende Kausalität und das Gesetz», *JuS*, 1966, pp. 343 e ss.; H. Lange/G. Schiemann, *Schadensersatz*[3], *cit.*, pp. 197-8. Excluindo o caso em que a instância se extinga em razão de um acordo, de tipo transacional, que vise pôr definitivamente termo ao litígio, e em que está em causa a proteção da autonomia das partes, não se crê que possa excluir-se, à partida, a relevância de uma causa hipotética apenas com base num «critério temporal» como o apontado. A questão de saber se o cumprimento do dever de indemnizar determina a imunidade do devedor ao surgimento de danos posteriores é mais discutível: em sentido afirmativo, E. von Caemmerer, «Das Problem...», *cit.*, p. 24; H. Lange/G. Schiemann, *loc. cit.*; Staudinger/ *Medicus*, § 249, Rdr. 106, p. 61; MünchKomm/*Grunsky*, Vor § 249, Rdr. 87, p. 345; contra, A. Zeuner, «Zum Problem...», *cit.*, p. 445; M. Schultz, «Schadensfortentwicklung...», *cit.*, p. 445 (para o caso em que a prestação indemnizatória é realizada em dinheiro); W. Fikentscher/A. Heinemann, *Schuldrecht*[10], de Gruyter, Berlin, 2006, p. 343.

[32] Assim como os eventos hipotéticos anteriores ao termo da audiência de discussão e julgamento podem ou não afastar a responsabilidade do lesante, também aqueles que se situem a jusante daquele referente temporal podem conduzir a resultados diferenciados, em função da verificação dos pressupostos de que depende a relevância negativa da causa virtual, que, como se sabe, não são entendidos de forma unânime entre nós.

[33] Neste sentido, M. Gebauer, *Hypothetische Kausalität und Haftungsgrund*, Mohr Siebeck, Tübingen, 2007, pp. 161 e ss. e 170 e ss.; contra, H. Grosserichter, *Hypothetischer Kausalität und Schadensfeststellung. Eine rechtsvergleichende Untersuchung vor dem Hintergrund der perte d'une chance*, C. H. Beck, München, 2001, p. 43. Sobre o problema do «princípio danoso» ou da «predisposição para o dano», v., entre nós, F. Pereira Coelho, *O problema da causa virtual na responsabilidade civil*, Almedina, Coimbra, 1998 (Reimp.), pp. 60 e ss. (problema do cálculo do dano em geral); J. Brandão Proença, *A conduta do lesado como pressuposto e critério de imputação do dano extracontratual*, Almedina, Coimbra, 1997, pp. 433 e ss.; P. Mota Pinto, *Interesse...*, I, *cit.*, pp. 624 e ss. e p. 696.

[34] Na literatura mais recente: P. Mota Pinto, *Interesse...*, *cit.*, pp. 690 e ss. («conciliação prática entre os princípios da reparação total e do enriquecimento do lesado e outras finalidades que a responsabilidade civil prossiga», aderindo a identidade de substrato valorativo com o problema da compensação de vantagens); H. Grosserichter, *Hypothetischer Kausalität...*, *cit.*, pp. 41 e ss.;

os regimes referidos fornecem exemplos de situações em que a sua aplicabilidade se faz a partir de eventos ocorridos após o termo da audiência de julgamento, confirmando o ponto de que partimos.

25. Um dos argumentos que podem ser suscitados contra a posição que sustentamos consiste em afirmar que a continuada possibilidade de conformar os efeitos de decisões jurisdicionais passadas, em função da evolução da situação patrimonial do lesado, conflituaria com a paz jurídica e com a confiança das partes na resolução do litígio. Esta tornava-se, pois, inatingível: a cada alteração da situação do lesado corresponderia a faculdade de exercer uma pretensão que implicaria o reatamento da discussão sobre os efeitos da responsabilidade e a possibilidade de substituição de uma decisão jurisdicional que até então se pensava, razoavelmente, ser definitiva[35].

Mas do art. 566º, nº 2 não parece ser possível inferir uma finalidade de proteção dos efeitos da decisão e do valor da segurança jurídica. Esta disposição destina-se, antes, a permitir a ressarcibilidade dos danos sofridos pelo lesado após o evento lesivo, ainda que na pendência do processo, e não a garantir a imunidade da decisão sobre a pretensão indemnizatória a ocorrências posteriores ao trânsito em julgado. Esse resultado, a verificar-se, teria antes que derivar da *teoria do caso julgado* e dos limites que ela impõe à intangibilidade dos efeitos da decisão jurisdicional.

26. A introdução no processo de novos factos tem como limite o termo da audiência de discussão e julgamento [art. 506º, nº 2, al. c) CPC]; os factos ocorridos posteriormente não podem ser tidos em conta para o proferimento da decisão, embora possam ser deduzidos como fundamento para a oposição à execução e, por este ou outro meio, ser objeto de uma ação declarativa posterior; basta, para isso, que a situação de facto que serviu de fundamento ao proferimento da decisão se haja modificado[36].

C. Wendehorst, *Anspruch und Ausgleich...*, *cit.*, pp. 130 e ss. (ponderação de todos os elementos relevantes do caso, de modo a compensar a «vantagem restante» que o lesado obteria com o cumprimento da prestação indemnizatória).

[35] V., por ex., F. Pereira Coelho, *O problema...*, *cit.*, p. 205: «[é] claro que o dano, concebido como diferença no património, é uma grandeza que a todo o momento evolui, que nunca está acabada; mas, enfim, a conta há-de fechar-se alguma vez; e, se se quer conseguir um resultado *quanto possível* perfeito, só pode tomar-se para base do cômputo o *último momento possível*. A circunstância de a diferença poder ser amanhã uma outra (maior, ou menor, ou nenhuma) não deve impedir o juiz, ao avaliar o dano, de procurar saber qual é o dano no momento em que julga; qual é, *neste momento*, a diferença no património do lesado».

[36] M. Teixeira de Sousa, *Estudos...*[2], *cit.*, p. 587.

ESTUDOS EM HOMENAGEM A MIGUEL GALVÃO TELES

Em nossa opinião, *esta regra sinaliza uma determinada opção quanto aos limites objectivos do caso julgado*. A discussão sobre um novo facto juridicamente relevante para a obtenção dos efeitos jurídicos do autor, ou, mais rigorosamente, a falta de verificação do estado de coisas de que depende a produção dos efeitos jus-materiais da decisão, constitui, em qualquer caso, uma modificação objetiva da instância, fundada em factos supervenientes ao encerramento da audiência de julgamento. Pode, por isso, afirmar-se que, na teoria do caso julgado e, em geral, no Direito, o tempo releva apenas enquanto sucessão de modificações do estado das coisas. Por um lado, o objeto da instância extinta já não pode ser o mesmo, uma vez que o afastamento ou modificação dos efeitos terá que partir de um dado da vida verificado posteriormente – ou, pelo menos, desconhecido sem culpa pela parte a quem ele aproveita – sendo possível afirmar que, em certo sentido, o objeto do processo já não é o mesmo, mas um outro. Por outro lado, a alteração dos efeitos da decisão só pode resultar da manutenção parcial dos enunciados que compunham o objeto da ação anterior, uma vez que a alteração visada supõe a verificação de factos que atingem a previsão da norma que reconhece ou determina a produção dos efeitos pretendidos pelo autor, ou de uma contranorma destinada a impedir, remover ou adaptar aqueles efeitos. Isto conduz-nos a afirmar, nesta segunda perspetiva, que o objeto do processo em que os factos ulteriores sejam discutidos é, ainda, o mesmo objeto, se bem que modificado. De qualquer modo, a questão de saber se a ação em que os factos supervenientes são discutidos tem como um dos seus elementos a modificação do objeto de uma ação anterior (ou uma descrição modificadora do conteúdo de proposições de outro objeto processual)[37], ou já um objeto inovador, resultante da repercussão do tempo sobre as situações fáctico-jurídicas com relevância para o processo, parece ter um alcance

---

[37] A ação modificativa tem como função a apreciação de uma pretensão fundada na verificação de factos que importam a modificação do objeto de uma ação finda, por proferimento de uma decisão transitada em julgado. O seu objeto restringe-se à modificação objetiva de um elemento de uma ação anterior: tudo o resto permanece incólume, a coberto da intangibilidade do caso julgado material. Reportando-se a factos modificativos, o objeto da ação modificativa só consente uma descrição por referência, e só pode ser perfeitamente compreendido pela interpretação do objeto da ação anterior: o objeto da ação modificativa é parte do objeto da ação anterior, modificado. Claro está que a auto-suficiência, objetiva e subjetiva, da ação modificativa impõe que esta tenha suporte num objeto processual próprio, para todos os efeitos previstos nas normas jus-processuais e não duvidamos que este objeto tenha uma «existência» própria e autonomizada da do objeto da ação anterior (na medida em que toda a modificação ou transformação parece supor a diferença; sobre algumas tentativas de superação do «paradoxo da modificação» por apelo a uma ideia de «identidade relativa», v. H. DEUTSCH, «Relative Identity», *Standford Encyclopedia of Philosophy*, disponível em http://plato.stanford.edu/entries/identity-relative/ .

eminentemente teórico[38], sendo duvidoso que dela possam extrair-se consequências para os problemas não resolvidos pela lei do processo.

27. Segundo a perspetiva processual dos limites ao caso julgado, não parece, pois, existir qualquer óbice à apreciação das ocorrências posteriores ao encerramento da audiência de discussão e julgamento, na medida em que possam agravar ou atenuar os efeitos da responsabilidade[39].

Supomos que esta ilação não deva causar estranheza.

Por um lado, não parece ser controvertida a faculdade de o lesado exigir uma indemnização por danos não apreciados numa ação anterior, em virtude de as alegações fácticas de que resulta a sua ocorrência não terem sido por ele ali apresentadas. *Se, em nome do princípio do ressarcimento integral dos danos, se permite ao lesado deduzir novo pedido indemnizatório pelos danos que concretamente não tenham sido apreciados numa ação anterior, não existe razão para não alargar essa solução aos casos em que o agravamento da sua situação consista num desenvolvimento das concretas situações danosas identificadas no processo anterior.* E muito menos razão haverá para considerar que as normas que fixam a indemnização em dinheiro tenham a «direção de um só sentido», o de favorecimento do lesado, em vez de reconhecerem ao devedor da indemnização o efeito de desoneração na parte da indemnização que se refira a um dano que entretanto se deixou de verificar ou se reduziu no seu montante.

Por outro lado, o sistema avança diversos indícios de que os benefícios da intangibilidade da decisão sobre o crédito indemnizatório, ou da paz jurídica que a concentração dos juízos possíveis sobre o dever de indemnizar num único momento pretende assegurar, devem ser articulados e conciliados com outros princípios relevantes do direito da indemnização. É o mais relevante desses princípios na escala de valorações da ordem jurídica – o princípio do ressarcimento integral dos danos ou da realização da finalidade ressarcitória da responsabilidade – que justifica a possibilidade de condenação do devedor na indemnização de um dano indeterminado, ao mesmo tempo que não se abdica do encargo de prova da extensão e da avaliação desse dano em momento posterior, em sede de incidente de liquidação [arts. 564º, nº 2, 2ª parte, 569º e art. 471º, al. b) CPC]. E não é outra a principal razão que está subjacente à possibilidade de modificação do objeto da indemnização em renda por motivo de alteração das circunstâncias em que se fundou a sua fixação (art. 567º, nº 2).

---

[38] Não deixando de depender de certos pressupostos dogmáticos de base, como a noção de objeto do processo, designadamente da inclusão do tempo como uma das suas qualidades definidoras.

[39] B. KEUK, *Vermögensschaden und Interesse...*, *cit.*, pp. 24 e ss.; P. GOTTWALD, *Schadenszurechnung...*, *cit.*, pp. 46 e ss.; S. WÜRTHWEIN, *Schadensersatz...*, *cit.*, p. 228.

28. Quanto às desvantagens para a praticabilidade das proposições do direito da obrigação de indemnizar, não deixamos de reconhecer que a nossa posição traz consigo o perigo de um prolongamento do litígio e de uma repetição de ações de responsabilidade. E, em geral, não negamos ao «argumento da praticabilidade» a possibilidade de um espaço nos modelos de decisão que justificam a imputação de danos, reconhecendo-lhe um estatuto de argumento normativo em sentido material e não um mero tópico de política legislativa.

Já duvidamos, porém, que esse argumento possa justificar, por si, o abandono dos restantes princípios do direito da indemnização, ou a sua compressão em termos desproporcionados, como sucederia se se pretendesse descobrir no encerramento da audiência de julgamento uma linha estrita e divisória entre «o tudo e o nada» no plano das consequências do evento lesivo. A efetividade das proposições normativas, no quadro de uma interpretação sensível às consequências da decisão, deve ser apreciada segundo as circunstâncias do caso e a ponderação de todos os argumentos que ele obriga a considerar. A sua generalização, sob a forma de uma regra não escrita, é de duvidosa aceitabilidade de um ponto de vista metodológico, não apenas por fazer anteceder argumentos do dever ser por argumentos do ser, mas, sobretudo, porque a alegação da «impraticabilidade» da possibilidade da discussão das ocorrências posteriores ao encerramento da audiência final impediria, de forma apriorística e cabal, a «leitura até ao fim» das normas fundamentais da responsabilidade (como sejam as dos arts. 483º, nº 1, 798º ou 562º). Tendo uma direção essencialmente pragmática, ela deve tomar-se como um «argumento de segunda ordem», que, em princípio, cede perante as valorações fundamentais do sistema. E, assim, parece não existir razão para que todos os argumentos que justificam a imputação do dano que se verifica antes de terminar a derradeira audiência no processo passem a ser considerados irrelevantes no momento imediatamente seguinte.

Por outro lado, não parece ser bom o resultado de considerar relevante toda a evolução do estado de coisas relativo ao bens do lesado no caso de aquela evolução lhe ser favorável e ignorá-la na hipótese de ela assumir a direção inversa.

De resto, a falta das condições empíricas para a realização das intenções normativas do direito da indemnização, a existir, terá de ser avaliada *in concreto*, *i.e*, no processo em que se jogue a modificação dos efeitos da sentença que apreciou a pretensão indemnizatória num momento anterior, contando que, possivelmente, de forma *reflexa*, mormente no plano do ónus da prova. A dado momento, mercê do decurso do tempo e da interpenetração de processos causais, a prova da causalidade entre o evento lesivo e o dano, ou entre a vantagem dedutível e o dano, poderão ficar prejudicadas. O mesmo se diga, *v.g.*, quanto à demonstração da própria existência e do *quantum* de um dano, ou da vantagem do lesado.

Assim, não se evitará a possibilidade do surgimento de uma nova ação e do dever de apreciação do mérito da pretensão que nela venha a ser deduzida, sem que essa consequência deva impressionar, dado que ela não pode ser prevenida em qualquer caso em que os objetos processuais forem (apenas) parcialmente idênticos.

29. Pergunta-se, por fim, qual o meio ou o procedimento típico pelo qual o credor beneficiado pode exercer a sua pretensão[40].

No caso em que o autor pretenda fazer valer o seu direito à indemnização pelos novos danos, ocorridos em momento posterior ao último momento em que poderia ter sido modificado o objeto da ação de responsabilidade, a via adequada será a da propositura de uma nova ação declarativa condenatória, uma vez que a identidade parcial entre objetos processuais não conduz a uma situação de desconformidade, nem tão-pouco se exige a modificação dos efeitos da decisão transitada em julgado.

Tudo se torna mais problemático quando estiver em causa um pedido do lesado pelo agravamento de situações danosas já apreciadas numa ação anterior (e em que o autor não exerceu a faculdade de dedução de um pedido genérico), ou quando o devedor da obrigação de indemnizar pretender a extinção ou o desagravamento da sua responsabilidade e/ou a restituição da prestação indemnizatória já realizada.

O legislador não se pronunciou sobre esta matéria, e as previsões de modificabilidade da sentença cingem-se às hipóteses de prestações de alimentos ou de outras prestações cujo conteúdo dependa de «circunstâncias especiais quanto à sua medida ou à sua duração» (art. 671º, nº 2 CPC)[41], ou, no limite, «aos casos análogos, em que a decisão proferida acerca de uma obrigação duradoura possa ser alterada em função de circunstâncias supervenientes ao trânsito em julgado, que careçam de ser judicialmente apreciadas» (art. 292º, nº 2 CPC).

Não parece que, para estes efeitos, a obrigação de indemnizar possa ser considerada como uma obrigação cujo conteúdo dependa de circunstâncias especiais. Nem tão-pouco parece existir analogia entre ela e as obrigações duradouras, pelo menos, nos casos mais frequentes em que a indemnização não for fixada sob a forma de renda. Separa-as uma diferença fundamental: as ações em que se faça valer um crédito a alimentos, as obrigações duradouras, as obrigações

---

[40] Sobre este problema, ISABEL ALEXANDRE, Modificação do caso julgado civil por alteração das circunstâncias, Dissertação de doutoramento, inédita, Lisboa, 2010

[41] M. TEIXEIRA DE SOUSA, Estudos...², cit., pp. 586-7 (caso de perda de eficácia do caso julgado por substituição da decisão transitada); J. LEBRE DE FREITAS/A. MONTALVÃO MACHADO/R. PINTO, Código de Processo Civil Anotado, 2º Vol., cit., p. 680, dão o exemplo da denúncia do direito ao arrendamento para habitação própria do senhorio, em caso de falecimento anterior ao despejo.

dependentes de circunstâncias especiais quanto à sua duração ou medida, entre muitas outras[42], têm em comum a circunstância de o autor formular nelas um *objeto processual temporalmente condicionado*.

Nestas situações, o objeto do processo é definido com o recurso a referentes temporais diversos, verificando-se um desfasamento entre o momento da verificação de alguns dos factos que dele constam e o momento do proferimento da decisão. Ao contrário do que sucede tipicamente, em que os factos integrantes do objeto se situam no passado por referência ao momento em que a decisão é proferida (ainda que os efeitos jurídicos pretendidos possam ser de produção duradoura), nestes outros, verifica-se a situação inversa de um, ou vários, dos factos de que depende a procedência do pedido (os factos fundamentantes das necessidades de alimentação, educação ou vestuário; a situação patrimonial do devedor de alimentos; a falta de pagamento das rendas vincendas; a perda futura de uma oportunidade de negócio lucrativa em razão da recusa ilícita de celebração de um contrato, etc.) ser posterior ao proferimento da decisão. O objeto do processo tem, aqui, a potencialidade de se projetar no futuro, para além do momento em que a decisão deve ser proferida. Ora, uma vez que as partes hão de poder alegar nesse processo todos os factos essenciais, bem como defender-se da sua invocação pela contraparte, a justaposição entre as fronteiras do objeto do processo e os pressupostos para a constituição das situações jurídicas processuais determina o reconhecimento da faculdade de modificar o próprio objeto do processo. O aspeto especial está, aqui, na circunstância de esta modificação ser póstuma ao próprio encerramento da instância em virtude do trânsito em julgado de uma decisão que haja conhecido do mérito da causa.

30. Os indícios apontam, assim, para a sujeição da apreciação dos factos que importam um agravamento das fontes de dano apreciadas e, bem assim, das vantagens obtidas pelo lesado em razão do evento lesivo, à propositura de uma ação autónoma.

Será esta a solução adequada? Em nossa opinião, esta questão merece uma resposta negativa. Por um lado, as variações da situação do lesado não deixam de «afetar a situação de facto subjacente à situação»[43], deixando os efeitos jurídicos determinados pela decisão transitada em julgado de ter fundamento. Por outro, a exigência de uma ação autónoma contraria o princípio do aproveitamento dos atos e da celeridade processual, sendo igualmente a via presumivelmente menos eficaz para garantir a coerência dos juízos acerca dos factos modificativos com os restantes enunciados integrados no objeto da «acção modificada».

---

[42] Pense-se, por ex., num pedido de condenação *in futurum* ou num pedido de pagamento de uma indemnização por um lucro cessante, de que nos ocuparemos no parágrafo seguinte.

[43] M. Teixeira de Sousa, *Estudos...*[2], *cit.*, p. 586.

Estas razões impelem-nos a aplicar, a este conjunto de casos e por analogia, a norma resultante do art. 671º, nº 2 CPC. Pensamos, contudo, que a faculdade de recorrer à ação modificativa não é desprovida de limites. O seu exercício deixa de ser admitido a partir do cumprimento da obrigação apreciada pela decisão transitada em julgado: havendo cumprimento da obrigação de indemnização, o devedor só pode aproveitar-se dos factos que diminuem ou afastam a sua responsabilidade através de uma ação destinada a obter a restituição do que prestou em virtude de uma causa que deixou de existir (art. 473º, nº 2).

31. Fazemos notar que, de resto, a faculdade de modificação dos efeitos de uma decisão com base em factos posteriores ao encerramento da audiência de discussão e julgamento não se cinge às pretensões indemnizatórias. Ela tenderá a surgir diante de quaisquer modificações dos factos jurídicos que fundamentam o proferimento da decisão e que, segundo o tipo de direito substantivo relevante, determinem um efeito diverso daquele que foi por ela afirmado[44].

2.4. Conclusão intercalar: a função clarificadora dos limites do objeto do processo do nº 2 do art. 566º do Código Civil

32. Podemos, assim, afirmar que o alcance do nº 2 do art. 566º e do critério temporal para a fixação da indemnização que ele encerra têm *uma natureza processual*, e já não *jus-material*[45]: os danos posteriores, cuja ocorrência fosse imprevisível no

---

[44] A título meramente exemplificativo: a ingerência persistente no direito do autor pode ditar um agravamento da obrigação de restituir (art. 480º, nº 1), ainda que a coisa venha a perecer após o termo da audiência e julgamento; a improcedência de um pedido de restituição com base na não titularidade de um direito real sobre a coisa não obsta à propositura de uma nova ação se o autor veio a adquirir aquele direito após a realização do julgamento; a propositura de uma ação de cumprimento de uma obrigação pelo cessionário pode ser renovada se o motivo para a ineficácia da cessão tiver cessado (v. os exs. em MÜNCHKOMM/*Gottwald*, Rdr. 140, p. 2032).

[45] B. KEUK, *Vermögensschaden und Interesse, cit.*, pp. 29-30, que, porém, rejeita o critério da fixação do objeto processual da ação de responsabilidade em todos os casos, por se tratar da escolha de um referente temporal puramente arbitrária («*rein zufälligen Zeitpunkt*») relativamente às circunstâncias em que ocorre o dano, por se admitir a prova posterior de que o dano realmente sofrido foi superior, mas já não o contrário, e por se excluir o dever de indemnizar não obstante já terem ocorrido todos os pressupostos de que dependia a constituição do direito na esfera do credor num momento anterior. Em favor da distinção entre os efeitos processuais e substantivos da liquidação judicial da indemnização, v. H. A. FISCHER, *Der Schaden..., cit.*, pp. 5 e ss.; LENT, «Welcher Zeitpunkt ist für die Bemessung des Schadensersatzes massgebend?» *DJ*, 1941, pp. 770 e ss.; H. LANGE, «Zum Problem der überholenden Kausalität», *AcP*, 152 (1952/3), p. 161; H. NIEDERLÄNDER, «Schadensersartz bei hypothetischen Schadensereignissen», *AcP*, 153 (1954), pp. 52 e ss.; G. WIESE, *Der Ersatz des immateriellen Schadens*, Mohr Siebeck, Tübingen, 1964, p. 24; A. ZEUNER, «Schadensbegriff...», *cit.*, p. 400; W. GRUNSKY, *Aktuelle Probleme..., cit.*, pp. 62 e ss.; H.-J. MERTENS, *Der Begriff..., cit.*, p. 49; E. VON CAEMMERER, «Das problem...», *cit.*, p. 6; H. LANGE/G. SCHIEMANN, *Schadensersatz*[3],

ESTUDOS EM HOMENAGEM A MIGUEL GALVÃO TELES

momento da fixação do objeto processual e, bem assim, as circunstâncias ulteriores que venham a diminuir a extensão da responsabilidade[46], como uma vantagem que o credor deva deduzir ao crédito indemnizatório, devem poder ser invocados numa ação posterior. O problema do surgimento de ocorrências relevantes para a responsabilidade depois de findar o julgamento ou de transitar em julgado a decisão não deixa de ser uma manifestação de um problema de determinação da extensão e de avaliação dos danos, devendo como tal ser tratado, sem necessidade de atender a outras condicionantes que não sejam as plasmadas no direito substantivo aplicável[47].

33. Mais relevante, ainda: importa não confundir a relevância processual do termo da audiência de discussão e julgamento com a concretização da obrigação de indemnizar. O alcance da regra presente no nº 2 do art. 566º limita-se ao primeiro dos planos apontados: trata-se, em rigor, de uma norma com uma função clarificadora dos efeitos que já decorreriam do regime processual relativo à estabilização da instância, designadamente, da solução que já decorreria dos arts. 671º, nº 1 e 506º, nº 3, al. c) CPC[48].

---

loc. cit.; J. ESSER/E. SCHMIDT, *Schuldrecht*[8], I/2, *cit.*, pp. 184-5; STAUDINGER/*Schiemann*, § 249, Rdr. 81, p. 44; MÜNCHKOMM/*Oetker*, § 249, Rdr. 298, p. 379.

[46] Independentemente de terem relevância no caso concreto, não existe razão para limitar a necessidade de ponderação dos processos causais hipotéticos àqueles que tiverem ocorrido até ao termo da audiência de discussão e julgamento, sacrificando a realização prática da finalidade reparatória em detrimento da estabilidade do objeto do processo e, em última análise, pondo em causa o estatuto instrumental do direito processual relativamente ao direito substantivo. V., neste sentido, B. LEMHÖFER, «Die überholende...», *cit.*, p. 344; B. KEUK, *Vermögensschaden un Interesse*, *cit.*, pp. 100 e ss.; H. LANGE/G. SCHIEMANN, *Schadensersatz*[3], *cit.*, p. 197; W. FIKENTSCHER/A. HEINEMANN, *Schuldrecht*[10], *cit.*, p. 343; MÜNCHKOMM/*Oetker*, § 249, Rdr. 210, p. 353.

[47] Assim, por ex., não se deve exigir que o agravamento ou a diminuição do dano seja «sensível», quando não estiver em causa uma indemnização fixada sob a forma de renda: SOERGEL/*Mertens*, Vor § 249, Rdr. 291, p. 314; MÜNCHKOMM/*Oetker*, § 249, Rdr. 302, p. 380; em sentido contrário, STAUDINGER/*Schiemann*, Vor § 249, Rdr. 82, p. 45.

[48] Nas ações de responsabilidade, o autor pode invocar novos eventos danosos ou novos factos relativos «à mesma rubrica danosa» até ao último momento em que for admissível a modificação do objeto do processo (ou seja, até ao termo da audiência de discussão e julgamento), sendo essa a solução que resulta da ampla permissão para deduzir um pedido de indemnização genérico presente no art. 564º, na redação que lhe foi introduzida pela reforma processual-civil de 1995/96. Não era essa a solução vigente no direito anterior, que restringia a possibilidade de formulação de um pedido ilíquido às situações em que a extensão dos danos era indeterminada e indeterminável: v. J. LEBRE DE FREITAS/J. REDINHA/R. PINTO, *Código de Processo Civil Anotado*, 2º Vol., Coimbra Ed., Coimbra, 1999, pp. 238 e ss.. O facto de o legislador ter considerado existirem boas razões para estender o regime da iliquidez do pedido para além dos casos de indeterminabilidade ou de «desconhecimento não culposo» do credor sobre a natureza e o montante dos danos por si sofridos não significa, porém, que aquela liberdade de deduzir uma pretensão indemnizatória genérica

Contra este modo de ver as coisas, poderia dizer-se que ele reduz à inutilidade a regra preceituada no nº 2 do art. 566º. Pensamos, porém, que essa crítica não é decisiva, por duas ordens de razões.

Antes do mais, porque nada obsta a se reconheça a uma proposição normativa um efeito de afirmação dos efeitos já fixados segundo uma outra regra, o que sucede com alguma frequência, sobretudo quando as regras em causa pertencem a diferentes lugares do sistema.

Além disso, é importante fazer notar que a sobreposição entre as duas proposições não é perfeita ou total. Ao determinar a possibilidade de se ter em conta o estado de coisas relativo aos bens e vantagens afetas ao lesado no termo da audiência de discussão e julgamento, a norma de direito substantivo prejudica as processuais, tanto na parte em que se afasta a preclusão do direito de invocar o agravamento do dano em anteriores momentos do processo [art. 506º, nº 2, als. a) e b) CPC], como na exclusão do ónus de dedução, na contestação, dos factos que importem a redução do dano ou a existência de uma vantagem que o lesado deve deduzir no crédito indemnizatório (art. 490º, nº 2 CPC).

34. No plano do direito material, a fixação definitiva dos efeitos da responsabilidade opera somente com o *cumprimento da obrigação de indemnização*[49]: após aquele momento, não pode o lesado invocar o encarecimento da reparação efetiva do prejuízo, nem o lesante que o valor de substituição do bem atingido se tornou inferior ao conteúdo da prestação efectuada[50]. Inversamente, até ao pagamento da indemnização, a evolução dos preços de reparação pode prejudicar, quer o credor, quer o devedor da obrigação de indemnização[51].

valha de forma ilimitada, de maneira a possibilitar ao lesado um efeito de «adiamento» de toda discussão acerca do pressuposto da responsabilidade, esvaziando de utilidade o objeto da ação principal, sem que para isso exista uma razão atendível (como seja, por ex., o risco sobre a incerteza relativamente à extensão dos danos). O efeito de manipulação abusiva das formas processuais deve ser prevenido pela intervenção das cláusulas gerais do sistema, designadamente pela boa fé, sem prejuízo da eventual responsabilidade pelos danos causados à contraparte; PAULA COSTA E SILVA, *A Litigância de Má Fé*, Coimbra Ed., Coimbra, 2008, pp. 617 e ss..

[49] Não é outra a opinião comum na doutrina alemã: ALTKOMM/*Rüssmann*, Vor §§ 249-253, Rdr. 82; STAUDINGER/*Medicus*, § 249, Rdr. 239-240, pp. 108-9; STAUDINGER/*Schiemann*, Vor § 249, Rdr. 81, p. 44; MÜNCHKOMM/*Grunsky*, Vor §249, Rdr. 126, p. 366; MÜNCHKOMM/*Oetker*, § 249, Rdr. 302, pp. 379-380 (o ponto de referência é o dano concreto: o pagamento de uma indemnização não exclui a possibilidade do surgimento de eventos danosos ulteriores, Rdr. 304, p. 380). Diversamente, admitem o funcionamento de processos causais virtuais mesmo após o cumprimento da obrigação de indemnização, A. ZEUNER, «Schadensbegriff...», *cit.*, p. 445 e W. FIKENTSCHER/A. HEINEMANN, *Schuldrecht*[10], *cit.*, p. 343.

[50] H. LANGE/G. SCHIEMANN, *Schadensersatz*[3], *cit.*, p. 46; STAUDINGER/*Schiemann*, Vor § 249, Rdr. 82, p. 45.

[51] Não acompanhamos, assim, a posição de B. KEUK, *Vermögensschaden und Interesse, cit.*, pp. 201 e ss., quando afirma que, uma vez reunidos os pressupostos necessários para o surgimento do crédito

ESTUDOS EM HOMENAGEM A MIGUEL GALVÃO TELES

35. Não parece, pois, admissível a operação de fazer derivar o critério temporal relevante para a fixação da indemnização de uma dada conceção material de dano. Por um lado, é certo que a adesão à teoria da diferença, independentemente da sua versão, não pode forçar a fixação apriorística do dano no mesmo momento em que se consolida o objeto da ação, porquanto há que atender, tanto a danos e a situações de avantajamento do credor ulteriores, como a certas variações que se registem em momento anterior. Mas também não parece haver razão para aceitar que da adoção de um conceito real de dano resulte que o conteúdo do direito do credor deva fixar-se imutavelmente no momento e segundo a configuração que os danos tinham no momento em que se encontrem reunidos os pressupostos necessários à constituição do crédito indemnizatório[52]. Os acontecimentos posteriores poderão agravar ou diminuir a indemnização, desde que, segundo os princípios gerais do cômputo do dano, assim devam ser valorados[53].

indemnizatório, não pode o conteúdo deste ser afetado por quaisquer circunstâncias ulteriores, pois se um agravamento dos custos da reparação pode conduzir a uma alargamento do crédito indemnizatório, o contrário deve poder permitir uma atenuação da responsabilidade do lesante: H.-J. MERTENS, *Der Begriff...*, *cit.*, p. 49 (seria irrealista supor que o juiz não deveria atender às informações que se lhe oferece a evolução das coisas após o surgimento do dano, decidindo com base numa realidade há muito ultrapassada); MÜNCHKOMM/*Oetker*, *loc. cit.* e MÜNCHKOMM/*Grunsky*, Vor § 249, Rdr. 125, p. 365, n. 367 («a obrigação de indemnizar não funciona como uma via de sentido único»).

[52] Contrariamente ao que sustentam, embora com argumentos algo diversos, B. KEUK, *Vermögensschaden und Interesse, loc. cit.* (uma regra geral segundo a qual o conteúdo das pretensões de direito privado é determinado segundo o momento da verificação dos pressupostos que presidem à sua constituição) e C. WENDEHORST, *Anspruch und Ausgleich, cit.*, p. 99 (tratar-se-ia da forma mais eficaz de prevenir o surgimento de um incentivo para as partes especularem sobre o montante indemnizatório, retardando a resolução do litígio).

[53] A consideração da evolução provável da situação do lesado deve ser conhecida pelo juiz e tomada em consideração no proferimento da decisão, desde que, respeitando a danos concretamente alegados pelo autor, se contenha nos limites do objeto do processo, e contanto que seja garantida a observância do contraditório (art. 3º, nº 3 CPC); neste sentido, H. LANGE/G. SCHIEMANN, *Schadensersatz*[3], *cit.*, p. 45; STAUDINGER/*Schiemann*, Vor § 249, Rdr. 79, p. 44; considerando, porém, que apenas está em jogo a faculdade, mas não o dever, de o juiz tomar em consideração tais ocorrências futuras, SOERGEL/*Mertens*, Vor § 249, Rdr. 287, p. 313 (desde que o pedido do autor o permita e a isso não se oponham as valorações do direito material, e reconhecendo que, em regra, deve ser concedida a primazia à inclusão das probabilidades sobre a evolução das situações fáctico-jurídicas, numa «avaliação presente historicamente antecipatória do cômputo do dano»); MÜNCHKOMM/*Oetker*, § 249, Rdr. 305, p. 380 (liberdade de apreciação dos estados de coisas futuros a partir do § 287 ZPO). Importa, de facto, distinguir as questões: uma coisa é a possibilidade de fazer incidir o pedido sobre danos futuros, dependente da conformação da causa de pedir nesse sentido; outra, é a evolução dos danos conforme a substanciação da causa de pedir tal como foi formulada pelo autor; uma terceira é o grau de prova de convicção mínimo para que se considere que tais ocorrências virão a ocorrer.

36. O problema do momento relevante para a liquidação da indemnização tão-pouco pode confundir-se com o da possibilidade da interferência das causas virtuais. Seria teoricamente possível partir-se do momento da ocorrência do dano sem deixar de se atender ao efeito total ou parcialmente impeditivo de um processo causal diverso, do mesmo modo que o cômputo da indemnização no momento mais recente que o tribunal puder ter em consideração não implica o afastamento da indemnização em virtude da interposição de uma outra causa que teria produzido o mesmo resultado lesivo. A permeabilidade da pretensão indemnizatória à causa virtual segue modelos de decisão próprios, no âmbito dos quais é de valorar um conjunto relativamente heterogéneo de argumentos, que atendem às circunstâncias próprias do caso[54].

37. A função da norma que limita o *quantum* da indemnização à diferença entre a situação real do lesado e aquela em que aquele estaria se não tivesse havido lesão, nos termos em que esta se revela à data mais recente a que o tribunal puder atender, é estritamente processual, oferecendo um critério para determinar quais os factos relevantes para o cômputo do dano que, estando dentro dos limites do objeto do processo, pertencem a ação pendente e aqueles que, estando fora, apenas poderão ser tomados em consideração num momento posterior[55]. O facto de o tribunal dever atender integralmente à evolução da situação do lesado, de modo a fazer relevar os danos ocorridos, na medida em que sobre eles possa existir controvérsia, não é um efeito de uma alegada consagração da teoria da diferença. Ao invés, é a afirmação do princípio do ressarcimento integral dos danos e da finalidade ressarcitória da responsabilidade civil, para a qual aponta o art. 562[256]. Todas as vicissitudes que ocorrerem em condições tais que sobre elas não possa existir uma discussão em regime de contraditoriedade plena terão que ser integrados no objeto de uma ação ulterior: um resultado que já decorria da correta interpretação das disposições processuais acerca da modificação do objeto do processo com base na superveniência de factos.

---

[54] A título meramente exemplificativo, v. as soluções propostas no âmbito das conceções dualistas de dano: R. NEUNER, «Interesse...», *cit.*, pp. 277 e ss.; K. LARENZ, *Lehrbuch des Schuldrechts*[14], I/1, *cit.*, pp. 523 e ss. e ID., «Die Notwendigkeit...», *cit.*, pp. 1 e ss. (embora, em momento anterior, seguisse o critério da localização temporal do comportamento lesivo, v. «Die Berücksichtigung...», p. 491); D. MEDICUS, *Unmittelbarer Schaden...*, *cit.*, p. 42; H. STOLL, *Haftungsfolgen im bürgerlichen Recht*, C. F. Müller, Heidelberg, 1993, pp. 190 e ss.; M. GEBAUER, *Hypothetische...*, *cit.*, pp. 229 e ss..

[55] Assim, A. ZEUNER, «Schadensbegriff...», *cit.*, p. 400; MünchKomm/*Oetker*, § 249, Rdr. 306, p. 380.

[56] V. J. ESSER/E. SCHMIDT, *Schuldrecht*[8], I/2, *cit.* p. 185.

38. O problema substantivo da relevância dos factos que, tendo lugar no período entre o evento lesivo e a fixação da obrigação de indemnização, possam diminuir ou, no limite, eliminar o dano não pode ser adequadamente resolvido pela *enunciação de uma regra estrita relativamente às coordenadas temporais do cômputo da indemnização*, seja no sentido de conferir relevância a todas as circunstâncias que agravem ou atenuem a indemnização e surjam até à fixação definitiva do objeto da ação de responsabilidade, seja no de desconsiderar todos os eventos que possam diminuir a extensão das consequências danosas que sobrevenham à constituição do direito à indemnização na esfera do lesado.

Sendo certo que, *em regra*, é de atender à evolução do bem ou vantagem concretamente atingidos pelo evento lesivo[57] – não «à situação patrimonial do lesado» – não deve perder-se de vista que essa solução se explica por ser essa a direção para que aponta a concretização do princípio do ressarcimento integral dos danos e o princípio de justiça corretiva que marca a relação obrigacional de responsabilidade entre ambas as partes[58].

39. Só a esta luz será possível perceber o fundamento das *numerosas situações especiais* que obrigam à indemnização de um dano nos termos em que este se apresenta no momento da sua ocorrência, e em que o direito à indemnização se revela total ou parcialmente nas circunstâncias ulteriores que pudessem afastar ou diminuir a perda patrimonial sofrida pelo lesado, como sucede nos casos do cômputo do dano do não cumprimento através de um negócio de substituição

---

[57] A doutrina maioritária na Alemanha acentua a natureza de «regra geral» da fixação da indemnização no termo da audiência final, reconhecendo que nela não se deve ver mais do que um ponto de partida, que no caso concreto pode conhecer modificações de espécie variada: SOERGEL/*Mertens*, Rdr. 50, pp. 215-6 (o acolhimento do referente temporal da fixação judicial da indemnização corresponde somente ao «caso normal» da remoção do dano, havendo que atender tanto a casos em que o referente se situava em momento anterior – por ex., frustração de uma hipótese de venda lucrativa do bem antes da sua depreciação – como em momento posterior – as despesas de reparação são geralmente fixadas tendo em vista o custo de mercado da reparação na altura em que esta vier a ser realizada); MÜNCHKOMM/*Oetker*, § 249, Rdr. 299, p. 379; H. LANGE/G. SCHIEMANN, *Schadensersatz*[3], *cit.*, p. 48; HKK/*Jansen*, §§ 249-253, 255, Rdr. 110, p. 612. Resta saber se esta evolução representa, apenas, o desenvolvimento da ideia de base da teoria da diferença, ou se a multiplicação e o alargamento dos casos em que se atende a um estado de coisas diverso daquele que se verifica no termo da audiência de discussão e julgamento não representa, já, uma inversão da relação «regra/exceção» sustentada por F. MOMMSEN.

[58] Nesse sentido, v. a ideia do dano como perturbação do valor patrimonial presente, obtido pela observação histórica da evolução dos factos a partir do evento lesivo e a sua comparação com a situação ideal, que existiria hoje se não fosse o evento lesivo, de H-J. MERTENS, *Der Begriff...*, *cit.*, pp. 195 e ss., que a contrapõe à visão do dano como comparação «quantitativa» e «estática» entre valores patrimoniais.

hipotético, nos danos de perda de uma prestação irrecuperável ou nos danos temporários, como o dano de privação do uso.

§ 3. O problema dos danos futuros
3.1. O nº 2 do art. 564º do Código Civil como (mera) norma legitimadora da antecipação de tutela

40. Nos termos do nº 2 do art. 564º, o lesado pode deduzir um pedido de indemnização dos danos que vier a sofrer após o proferimento da decisão jurisdicional, desde que o seu surgimento seja previsível.

Esta disposição serve o interesse do lesado na facilitação da remoção do dano, através da antecipação da constituição e do cumprimento da prestação indemnizatória, ao mesmo tempo que o isenta do risco de insolvência do devedor no futuro, o desonera do encargo de contactar ulteriormente com o devedor da indemnização para que este proceda ao pagamento e lhe atribui a vantagem da disponibilidade imediata sobre a prestação indemnizatória[59]. Não se trata, pois, nem do simples reconhecimento do interesse processual para a dedução do pedido de indemnização dos danos futuros, nem de uma antecipação do cumprimento do dever de indemnizar, uma vez que, a um tempo, se estabelece a «previsibilidade» da supressão futura de uma vantagem como critério material de decisão sobre a pretensão formulada pelo lesado[60], e se lhe possibilita o recebimento imediato da correspondente indemnização.

No primeiro aspeto, verifica-se o acolhimento da mera justificação como grau de prova: o juízo de procedência sobre o pedido deduzido depende da probabilidade da verificação, no futuro, da ocorrência do dano. O segundo está na consagração de uma verdadeira antecipação da proteção ressarcitória: a probabilidade da verificação ulterior de um prejuízo justifica a constituição e a exigibilidade do cumprimento do crédito indemnizatório no presente. Estamos, assim, fora da categoria dos pedidos de condenação *in futurum*.

41. Como deve considerar-se a decisão que condene o devedor à remoção imediata de um dano futuro e, como tal, ainda não verificado?

Em teoria, podem ser concebidas duas hipóteses. De acordo com a primeira, a decisão consistiria num acertamento definitivo dos efeitos da responsabilidade: a circunstância de o dano não vir a ocorrer, ou de se revelar, afinal, superior ao

---

[59] V. alguns destes argumentos em A. Vaz Serra, «Obrigação...», *cit.*, p. 155 (noutro contexto, o da contraposição entre o pagamento da indemnização em capital e sob a forma de renda).

[60] Exige-se que a previsibilidade se funde em elementos seguros, sob pena de se confundir com determinação equitativa da indemnização (art. 566º, nº 3): A. Vaz Serra, «Anot. Acórdão do STJ de 22 de Janeiro de 1980», *RLJ*, 113º, pp. 322 e ss..; Ac. STJ 25-Jan.-1994 (Guilherme Igreja), disponível em www.dgsi.pt.

esperado, não poderia determinar a modificação dos efeitos da sentença anteriormente proferida e, possivelmente, já cumprida. A álea pela não correspondência entre as previsões em que assentou o proferimento da decisão e a realidade seria repartida em termos paritários e simétricos. O lesado não poderia reclamar danos futuros superiores aos fixados, nem qualquer indemnização quando o tribunal houvesse considerado faltarem os elementos objetivos de que dependia a previsibilidade do dano. O lesante não veria a sua responsabilidade ser excluída ou atenuada pela comprovação posterior de que o lesado não sofrera qualquer prejuízo, ou de que este se fixou em montante inferior.

Contudo, nada parece justificar que a regra se explique deste modo. A sentença que atribua ao credor uma indemnização pelo dano futuro pode consistir, apenas, numa antecipação da prestação indemnizatória, num pagamento por conta do dano futuro, ressalvando-se a faculdade de qualquer uma das partes da relação obrigacional demonstrar que o juízo acerca do estado de coisas relativo aos bens do lesado não obteve correspondência com a realidade[61]. O art. 564º/2 vem, afinal, a consagrar, na ordem jurídica portuguesa, um caso de verdadeira antecipação da tutela.

3.2. O desenvolvimento desviante da realidade e a «adaptação póstuma» do objeto do processo

42. O que afirmámos anteriormente quanto aos referentes temporais para a fixação dos efeitos da responsabilidade, bem como à distinção entre o momento (processualmente) relevante para a determinação dos pressupostos fáctico-jurídicos para o proferimento da decisão e o momento (materialmente) decisivo para a constituição do crédito indemnizatório já indicia a nossa inclinação em favor da segunda das alternativas apontadas. O art. 564º/2 é uma regra puramente pragmática que inverte, perante a probabilidade de verificação de um dano, as desvantagens do tempo do processo. O lesado fica dispensado de esperar pela ocorrência do dano que, no momento da condenação, é futuro. Mas, ao contrário do que sucede com o pedido de condenação *in futurum* ou com a condenação *in futurum*, não tem o lesado de aguardar a efetiva ocorrência do dano: o lesante é

---

[61] Este aspeto já foi, por diversas vezes, reconhecido pela jurisprudência alemã. Assim, não se nega a permissão de deduzir um novo pedido indemnizatório, após o trânsito em julgado de uma decisão anterior, respeitante a um dano indireto e futuro, ainda que a sua ocorrência houvesse sido considerada como improvável na primeira decisão (v. Decisão do BGH de 14-Fev.-2006, *VersR*, 2006, pp. 1090 e ss. – surgimento, anos após a lesão, da danificação de um nervo do braço direito do lesado, que causou paralisia e perda de funcionalidade do membro). Contra, v., porém, a Decisão do BGH de 24-Mai.-1988, *JZ*, 1035-6. A jurisprudência vem também distinguindo entre o pedido de compensação parcial por danos não patrimoniais «aberto» e o pedido parcial «encoberto»: Decisão do BGH de 20-Jan.-2004, *NJW*, 2004, pp. 1243 e ss..

condenado a cumprir no presente a obrigação de indemnizar um dano que somente se verificará no futuro.

A suscetibilidade de condenação no ressarcimento do dano futuro serve para antecipar a proteção indemnizatória do lesado, atenuando o risco da insolvência do devedor e garantindo-lhe a disponibilidade imediata sobre o objeto da prestação. *Esta não perde, porém, o seu carácter de prestação indemnizatória: não havendo dano, não haverá lugar a qualquer indemnização.* Permitir-se ao lesado argumentar que o juízo sobre a probabilidade da verificação de certo prejuízo no futuro deveria prevalecer sobre o da certeza da sua não verificação no futuro tornado presente, ou ao lesante a alegação de que a convicção sobre a ocorrência do dano estaria prejudicada pela falta de previsibilidade do dano no passado, implicaria introduzir um corte entre a obrigação de indemnizar e o seu fundamento – a razão de justiça que justifica a transferência do dano – bem como com a sua finalidade – a igualação entre o que existe e o que existiria sem o evento lesivo.

A afirmação da definitividade dos efeitos da decisão suporia a identificação, na norma presente na segunda parte do art. 564º, nº 2, de uma finalidade diversa do ressarcimento dos danos, como a da punição ou de realização de um princípio de proteção da paz jurídica. A primeira hipótese deve ser rejeitada, na medida em que a consagração de uma pena privada, fora do âmbito da autonomia privada, seria demasiado anómala perante o significado da responsabilidade civil no sistema para poder ter a sua afirmação dependente de uma circunstância tão casual como de os danos se situarem antes ou depois da realização do julgamento da ação de responsabilidade. E a disposição citada não parece servir para permitir um acertamento definitivo do litígio sobre os efeitos da responsabilidade, como o demonstra a possibilidade de a discussão sobre as ocorrências posteriores ao encerramento do objeto do processo já ser pacificamente admitida quando ela for favorável ao lesado[62].

---

[62] Aliás, o sentido dominante na jurisprudência dos nossos tribunais superiores é o de que a prescrição do direito à indemnização relativamente a alguns dos danos não afastaria o direito a pedir o ressarcimento de outros: Ac. STJ de 3-Dez.-1998 (Ferreira Ramos), *BMJ*, nº 382, p. 211, disponível também em www.dgsi.pt (distinguindo entre os «danos novos» e os «agravamentos de danos anteriores»); Ac. STJ 18-Abr.-2002 (Araújo de Barros), Proc. nº 02B950, disponível em www. dgsi.pt [«[...] o facto só se torna danoso quando o dano efectivamente se produz. Donde decorre que, em relação aos danos não verificados à data em que ocorreu o facto ilícito (designadamente se este é, como na situação em apreço, um facto continuado), o prazo de prescrição de três anos só se começa a contar a partir do momento em que o lesado tomou conhecimento da produção efetiva desses novos danos»]. Este entendimento afigura-se duvidosamente compatível com o nosso direito, que determina a prescrição do direito à indemnização «[...] no prazo de três anos a contar da data em que o lesado teve conhecimento do direito que lhe compete, embora com desconhecimento da pessoa do responsável e *da extensão integral dos danos* [...]»; os problemas do dano continuado parecem merecer uma solução específica, dependendo o seu tratamento de forma juridicamente unitária

43. Além do argumento da natureza da relação entre o direito à indemnização e a decisão jurisdicional que a aprecia, há que contar com um outro. A apreciação jurisdicional sobre o direito ao ressarcimento de um dano futuro encontra-se duplamente condicionada por razões processuais. Desde logo, o juiz apenas pode fundamentar a sua decisão nos factos que compõem o objeto da ação de responsabilidade: os argumentos que anteriormente aduzimos, no sentido do alcance estritamente processual do preceito que limita a decisão sobre o apuramento da indemnização ao momento mais próximo possível do proferimento da decisão em que ainda possa haver contraditório entre as partes, tem aqui aplicação plena.

O segundo constrangimento processual é, possivelmente, ainda mais impressivo. Na apreciação de um pedido de indemnização de um dano futuro, o juiz tem em consideração a probabilidade quanto à evolução do estado de coisas relativamente aos bens do lesado. Nos seus pressupostos, a sua decisão encontra-se vinculada à verificação de um certo conjunto de circunstâncias, que tanto podem traduzir-se na suposição de uma modificação das circunstâncias atuais (como a diminuição do património ou a perda de uma vantagem, no dano emergente), como na sua manutenção (como a falta de verificação do incremento do património ou a perda dos proveitos de uso de um bem).

A questão de saber se o quadro das circunstâncias que serve de fundamento à decisão se vem ou não a verificar não pode, pela natureza das coisas, ter sido discutida na ação. No entanto, dela depende o preenchimento das previsões normativas em jogo e, com isso, a possibilidade de obtenção dos efeitos jurídicos pretendidos pelo autor. Trata-se de factos que, sendo inerentes ao objeto do processo: nele não foram, nem poderiam ter sido, integrados. A dessintonia entre o objeto do processo e os factos jurídicos essenciais à apreciação do mérito do litígio é corrigida pela modificação do primeiro, em observância dos princípios gerais do processo, o dispositivo – que sujeita a modificação ao impulso e ao ónus de alegação e de prova das partes – e o contraditório – que postula a audiência da contraparte e a proibição da indefesa sobre os novos factos. Acresce que, neste tipo de ações, o grau de prova é compreensivelmente reduzido à mera justificação. À semelhança do que sucede no direito dos procedimentos cautelares (art. 387º, nº 1 CPC), há que admitir-se a correção do juízo de prognose e a reposição da conformidade entre a verdade processual e a verdade material.

---

da respetiva inclusão no objeto da ação indemnizatória e da não aplicabilidade da prescrição a todos os «momentos» do mesmo dano. Reconhecemos que é outra a opinião comum da doutrina, que elege o conhecimento do dano concreto como um dos pressupostos para o início da contagem do prazo de prescrição do direito a sua indemnização: A. Vaz Serra, «Prescrição do direito de indemnização», *BMJ*, nº 87, p. 44; A. Menezes Cordeiro, *Direito das Obrigações*, 2º Vol., AAFDL, Lisboa, 1986 (Reimp. 2001), p. 431 (esta opinião não é, porém, afirmada em *Tratado de Direito Civil*, II/3, Almedina, Coimbra, 2010, pp. 756-7); L. Menezes Leitão, *Direito das Obrigações*[9], Almedina, Coimbra, 2010, p. 424.

44. A desconformidade entre o objeto do juízo de prognose presente na decisão transitada em julgado e decisão que conheça do estado de coisas concretamente verificado num momento posterior não constitui qualquer violação do caso julgado. Isso sucede porque o juízo de prognose sobre o estado de coisas futuro não se encontra, ele próprio, compreendido pelo âmbito material do caso julgado[63]. A intangibilidade do caso julgado depende da conexão entre o pedido e os factos jurídicos definidores do objeto do processo e os efeitos da decisão. Não estando garantida a continuidade entre os três elementos, porque os enunciados fácticos essenciais se referem a estados de coisas posteriores ao termo da audiência de discussão e julgamento, o conhecimento daqueles estados de coisas não estará precludido. Existe, assim, sobreposição entre os limites do objeto do processo, o efeito preclusivo, intra e extra-processual, e o âmbito do caso julgado material. Os factos futuros não integram o objeto do processo, pelo que a sua invocação e o seu conhecimento não são precludidos pelo proferimento da decisão, podendo ser objeto de uma ação ulterior. Esta possibilidade é independente do acerto da decisão anterior acerca da previsibilidade da verificação do dano ou do seu montante[64].

45. Se verificamos que o sistema comporta proposições que permitem a modificação do caso julgado em razão da ocorrência de factos jurídicos relevantes após o termo da audiência de discussão e julgamento, não existe razão para se defender solução diversa quando estiver em causa a apreciação de um dano futuro[65].

---

[63] MünchKomm/*Gottwald*, § 323, Rdr. 7, p. 2055; Rosenberg/Schwab/Gottwald, *Zivilprozessrecht*[15], C. H. Beck, München, 1993, p. 931 e ss..

[64] A. Blomeyer, *Zivilprozessrecht, cit.*, p. 435; MünchKomm/*Gottwald*, § 323, Rdr. 7, p. 2055 («acerca dos factos ocorridos posteriormente, não se decide com força de caso julgado e nem poderia razoavelmente [«*sinnvollerweise*»] ser decidido») e Rdr. 53, p. 2065 (se, segundo um juízo optimista, se previu que o desempregado encontraria uma ocupação remunerada no futuro, o facto de isso não se ter verificado conta como uma modificação da situação material em que se funda a decisão). Como afirmam H. Roth, «Richterliche Prognoseentscheidung, Rechtskraftwirkung und materielle Gerechtigkeit im Fall der Abänderungsklage nach § 323 ZPO», *NJW*, 1988, pp. 1233 e ss. e Wieczorek/Schutze/*Büscher*, § 323, Rdr. 1, pp. 358-9, a injustiça da decisão não está no desacerto do juízo de prognose à luz das circunstâncias então conhecidas, mas da evolução objetiva verificada, servindo a adaptação da decisão o propósito de remover essa injustiça.

[65] Staudinger/*Medicus*, § 249, Rdr. 240, pp. 108-9 (para as modificações da situação do lesado que não sejam «proporcionalmente diminutas»); MünchKomm/*Grunsky*, Vor § 249, Rdr. 129, p. 367 (o juízo de prognose introduzido na sentença não prejudica o exercício dos direitos que assistem às partes da circunstância de as coisas se terem passado de modo diverso do previsto, não estando o seu exercício dependente, sequer, das limitações do § 323 ZPO); MünchKomm/*Oetker*, § 249, Rdr. 307, p. 381; Staudinger/*Schiemann*, Vor § 249, Rdr. 80, p. 44; contra, H. Schiemann/H. Lange, *Schadensersatz*[3], *cit.*, p. 48 (ainda que o fim da audiência de discussão e julgamento não possa ser equiparado ao cumprimento para efeitos de transferência do risco, não seria possível

O desvio da realidade relativamente ao objeto do juízo de prognose do juiz deve poder ser corrigido, pela apreciação dos novos factos jurídicos e das pretensões que com base neles são deduzidas pelas partes[66]. A circunstância de não se tratar de uma obrigação duradoura é irrelevante perante a certeza da falta de verificação dos pressupostos da constituição do crédito indemnizatório, ou da sua verificação contra o juízo de prognose anteriormente formulado.

3.3. As vias processualmente admissíveis para a correção dos efeitos da decisão transitada em julgado: constrições dogmáticas e opções pragmáticas

46. Chegados a este ponto, em que se reconhece a possibilidade de apreciação das modificações da situação de facto que se repercutem sobre o dever de indemnizar, importa tecer algumas considerações quanto ao regime processualmente aplicável ao exercício da pretensão neles fundada.

Uma das vias possíveis seria admitir a propositura de uma nova ação, uma ação autónoma, em que o devedor pudesse exigir a restituição do que fora prestado por conta de um dano que se veio a não verificar, ou em que o credor pudesse obter a parte da prestação indemnizatória que se referisse ao agravamento imprevisto do dano anteriormente apreciado. Em favor desta solução, poder-se-ia argumentar que o objeto do processo seria, no segundo momento, diverso daquele que fora apreciado na primeira ação e, além disso, que a correção dos efeitos da decisão incidente sobre a indemnização do dano futuro não quadra nas previsões típicas da modificabilidade da sentença em razão da «alteração das circunstâncias» (arts. 292º, 671º, nº 2 e 1411º, nº 1 CPC).

Contra ela, dir-se-ia que a medida da diferença entre objetos processuais é, nesta hipótese, mais próxima daquela que se verifica na situação típica da modificação do que nos casos de autonomia entre objetos processuais. Isto porque a coincidência parcial entre os factos jurídicos principais de ambas as ações é um

---

continuar a acompanhar o desenvolvimento do dano, o que a prática demonstraria ser aceite por ambas as partes); SOERGEL/*Mertens*, Vor § 249, Rdr. 290, p. 314, assume uma posição intermédia, admitindo a substituição da decisão em caso de divergência grave entre a avaliação do dano e a situação fáctica no presente (nos outros casos, não seria de admitir a revisão, na medida em que a determinação do menor valor do património no presente já incorpora as chances e os riscos sobre ocorrências futuras, como seria evidente, por ex., na avaliação de uma participação social).

[66] P. GOTTWALD, *Schadenszurechnung...*, *cit.*, pp. 126 e ss.; M. SCHULTZ, «Schadensfortentwicklung...», *cit.*, p. 455; P. WINDEL, «Anm. BGH 9.4.1997», ZZP, 110 (1997), pp. 507 e ss.; S. WÜRTHWEIN, «Neue wissenschaftliche Erkenntnisse und materielle Rechtskraft», ZZP, 4 (1999), p. 465, n. 90 (defendendo o alargamento da possibilidade de correção aos casos modificação das condições técnicas: recorrendo a um ex. de W. GRUNSKY, a absolvição de um pedido de condenação no pagamento de despesas de tratamento do lesado em virtude da terapêutica não se encontrar disponível não impede a propositura de uma ação posterior, a partir do momento em que a evolução da técnica torne possível a cura).

efeito inevitável. Acresce que não é certo que as disposições legais que aparentemente consagram regras excecionais para as decisões *rebus sic stantibus* não sejam, afinal, emanação de um princípio mais geral de adaptabilidade da decisão jurisdicional com fundamento na modificação sensível da situação de facto relevante ou de modificação póstuma do objeto da ação[67].

As imposições da dogmática do processo parecem ser, na verdade, menos condicionantes do que pareceria *prima facie*[68]. Nem segundo uma das visões, nem segundo a outra haverá verdadeiramente um resultado de derrogação do princípio da intangibilidade do caso julgado, nem o objeto da nova ação deixará de se limitar ao estado de coisas diverso daquele que constitui a base da decisão proferida ou que cunhou o seu escopo. Razões de ordem pragmática parecem favorecer a via da extensão, por analogia[69], do regime previsto para a modificação da decisão, designadamente a do aproveitamento dos atos e a de uma segurança acrescida da proteção da intangibilidade da decisão não afetada pela modificação do estado de coisas relevante[70].

---

[67] Não ignoramos que a posição da doutrina dominante na Alemanha é, de resto, a de considerar que são idênticos os objetos processuais da ação pretérita e da ação modificativa, aproximando a segunda do recurso extraordinário de revisão: v., por ex., STEIN/JONAS/LEIPOLD, *ZPO*, Rdr. 34; O. JAUERNIG, *Zivilprozessrecht*[24], C. H. Beck, München, 1993, p. 233 (quebra do caso julgado autorizada pela própria lei); S. WÜRTHWEIN, «Neue wissenschaftliche Erkenntnisse...», *cit.*, p. 464 (limite temporal imanente à decisão transitada em julgado). Tendemos a aderir à visão defendida por autores como J. CASTRO MENDES, *Direito Processual Civil*, II, AAFDL, Lisboa, 1987, pp. 772-3 (ID., *Limites objectivos do caso julgado em processo civil*, Ed. Ática, Lisboa, 1968, pp. 25-6: «[t]oda a *sentença vale apenas rebus sic stantibus*, dado que a alteração da causa de pedir permite a rediscussão das conclusões nessa causa de pedir judicialmente assentes, segundo a lição dos arts. 498º, nº 4 e 673»), MÜNCHKOMM/*Gottwald*, Rdr. 5, p. 2054, K. REICHL, *Die Objektive Grenzen der Rechtskraft im Zivilprozess*, Mohr Siebeck, Tübingen, 2002, pp. 257-8 ou P. WINDEL, *cit.*, p. 509, de que não existe identidade total entre os objetos processuais e que a ação modificativa não determina uma quebra do caso julgado.

[68] Referindo-se à desnecessidade de distinguir entre os limites temporais do caso julgado e os limites do objeto da primeira ação: MÜNCHKOMM/*Gottwald*, § 322, Rdr. 139, p. 2032.

[69] Defendendo a faculdade de recurso à *«Abänderungsklage»* nos casos em que a decisão suponha um juízo de prognose, a título meramente exemplificativo, A. BLOMEYER, *Zivilprozessrecht*, Springer, Berlin – Göttingen – Heidelberg, 1963, pp. 433 e ss.; ROSENBERG/SCHWAB/GOTTWALD, *Zivilprozessrecht, cit.*, pp. 952 e ss.; MÜNCHKOMM/*Gottwald*, § 323, Rdr. 11, p. 2056; M. SCHULTZ, «Schadensfortentwicklung...», *cit.*, p. 456; dubitativo, H. LANGE/G. SCHIEMANN, *Schadensersatz*[3], *cit.*, p. 46.

[70] Sendo certo que a propositura de uma ação autónoma deveria teoricamente conduzir ao mesmo resultado de coerência com a decisão proferida na ação anterior, por via da autoridade do caso julgado (e da obrigação de repetição e proibição de contradição que ela impõe), no caso da ação modificativa aquela coerência é garantia *a priori*, a partir da delimitação do seu próprio objeto.

Impugnação da Sentença Arbitral e Ordem Pública[*]

DÁRIO MOURA VICENTE[**]

SUMÁRIO: 1. Posição do problema. Principais interesses em presença. 2. A impugnação da sentença arbitral por ofensa da ordem pública nas anteriores leis portuguesas da arbitragem voluntária. 3. A impugnação da sentença arbitral por ofensa da ordem pública no projeto de Lei da Arbitragem Voluntária da Associação Portuguesa de Arbitragem. 4. A impugnação da sentença arbitral por ofensa da ordem pública na Lei da Arbitragem Voluntária de 2011: observações preliminares. 5. Sentido e alcance da referência à ordem pública como fundamento de anulação da sentença arbitral: *a)* Na arbitragem interna. 6. Continuação: *b)* Na arbitragem internacional.

1. Posição do problema. Principais interesses em presença

Propomo-nos analisar neste estudo a ordem pública como fundamento de impugnação da sentença arbitral. Tema este, sem dúvida, da maior relevância e atualidade: está em causa nele a medida em que se admite o controlo por parte dos tribunais do Estado do conteúdo das sentenças emanadas dos tribunais arbitrais e, reflexamente, a autonomia que o sistema jurídico reconhece a estes tribunais na resolução dos litígios que lhes são cometidos.

Não surpreende, por isso, que esse haja sido o ponto a respeito do qual maiores divergências se registaram entre nós aquando da elaboração da nova Lei da Arbitragem Voluntária (LAV). Os termos em que essa lei regulou o problema – os quais representam uma inflexão significativa na orientação adotada a este respeito pela LAV anterior – não afastaram, porém, todas as dúvidas que o regime legal precedente suscitava.

---

[*] Texto em que se baseou a conferência proferida pelo autor em 3 de julho de 2012 no *VI Congresso do Centro de Arbitragem da Câmara de Comércio e Indústria Portuguesa.*

[**] Advogado. Professor Catedrático da Faculdade de Direito da Universidade de Lisboa.

Vamos examinar o tema fundamentalmente à luz da nova LAV aprovada pela Lei nº 63/2011, de 14 de dezembro. Para se compreenderem devidamente os termos em que o problema se coloca, importa todavia considerar os interesses que se debatem a este respeito e os antecedentes desse texto legislativo. Supomos que esses interesses são, no essencial, redutíveis a dois:

- Por um lado, avulta o interesse em evitar que possam produzir efeitos sentenças arbitrais que firam ostensivamente valores fundamentais da ordem jurídica nacional;
- Por outro, há que ter em conta nesta matéria o interesse em assegurar a eficácia da arbitragem como meio (por alguns dito alternativo) de resolução de litígios, que a admissão com excessiva amplitude da possibilidade de impugnar a sentença arbitral com fundamento na ofensa da ordem pública pode colocar em risco[1].

2. A impugnação da sentença arbitral por ofensa da ordem pública nas anteriores leis portuguesas da arbitragem voluntária

Este conflito de interesses não é propriamente um problema novo entre nós. A impugnação da sentença arbitral por ofensa da ordem pública foi, com efeito, objeto de regulação – aliás em sentidos diversos – nas duas leis portuguesas da arbitragem voluntária publicadas nos anos oitenta:

- O D.L. nº 243/84, de 17 de julho, que como se sabe veio a ser declarado inconstitucional pelo acórdão do Tribunal Constitucional de 8 de julho de 1986[2], ocupava-se dela no art. 31º, nº 1, cuja alínea *a)* declarava que a sentença arbitral podia ser anulada perante o tribunal judicial por ser contrária à ordem pública.
- A Lei nº 31/86, de 29 de agosto, tomou uma opção diferente, tendo omitido no art. 27º, que estabeleceu um elenco taxativo dos fundamentos de anulação da sentença arbitral, qualquer referência à ordem pública.

---

[1] «A arbitragem é», escreve Pierre Mayer, «um outro tipo de justiça. Se a admitimos em princípio, há que evitar pôr entraves àqueles que a administram através de uma tutela demasiado estrita». «Além disso», prossegue o mesmo autor, «arriscar-nos-íamos a provocar uma inflação de recursos: se se permitir demasiado amplamente à justiça estadual (quer dizer aos tribunais de apelação) substituírem a sua apreciação à dos árbitros, os recursos serão sistemáticos e será mais nocivo do que útil ter uma primeira fase arbitral». Cfr., daquele autor, «La sentence contraire à l'ordre public au fond», *Revue de l'arbitrage*, 1994, pp. 615 ss. (pp. 617 s.).

[2] Proc. nº 178/84. Reproduzido no *Diário da República*, I série, nº 210, de 12 de setembro de 1986, pp. 2540 ss.

DÁRIO MOURA VICENTE

É certo que, apesar do disposto naquele preceito da Lei nº 31/86, não faltou na doutrina portuguesa quem sustentasse a admissibilidade da anulação de sentenças arbitrais com fundamento na ofensa da ordem pública.

Não havia, porém, unanimidade de vistas entre os autores quanto ao alcance do conceito de ordem pública para este efeito. Assim, para o Prof. Lima Pinheiro só a ofensa da *ordem pública internacional* teria essa virtualidade[3]; já a Profª Paula Costa e Silva sustentava que também a ofensa da *ordem pública interna* permitiria chegar a esse resultado[4]. Ambos os autores se fundavam, em todo o caso, em bases normativas exteriores à Lei nº 31/86: o primeiro, apoiava-se nas regras sobre o reconhecimento de sentenças estrangeiras que admitiam a recusa do respetivo reconhecimento quando daí resultasse ofensa para a ordem pública internacional do Estado do foro, as quais entendia serem aplicáveis às decisões arbitrais nacionais por maioria de razão; a segunda, invocava para o efeito «critérios gerais de direito».

Também na jurisprudência dos tribunais superiores foram vários os entendimentos sustentados a este respeito.

Assim, no acórdão do Supremo Tribunal de Justiça (STJ) de 24 de outubro de 2006[5], afirmou-se que «as decisões dos árbitros só podem ser atacadas, em ação de anulação, com fundamento nalgum dos vícios taxativamente indicados no art. 27º, nº 1 [da LAV]»; e que nessa ação «não é permitido censurar ou sindicar o mérito da decisão final, nem das decisões interlocutórias proferidas ao longo do processo que nela tenham influído».

Já no acórdão de 10 de julho de 2008[6] o mesmo Tribunal pronunciou-se no sentido de que «a violação da ordem pública, não constando do elenco taxativo das causas de anulação das sentenças arbitrais, previstas no art. 27º da citada Lei nº 31/86, tem de ser admitida como causa de anulação daquele tipo de decisões por aplicação dos princípios gerais de direito».

Impunha-se, pois, uma tomada de posição do legislador sobre o problema. Foi o que a nova LAV procurou fazer – ainda que, como vamos ver, em termos não inteiramente isentos de reparo.

---

[3] Cfr. «Apontamento sobre a impugnação da decisão arbitral», *Revista da Ordem dos Advogados*, 2007, pp. 1025 ss.

[4] Cfr. «Anulação e recursos da decisão arbitral», *Revista da Ordem dos Advogados*, 1992, pp. 893 ss.

[5] Proc. 06B2366, disponível em www.dgsi.pt.

[6] Proc. 1698/08, disponível em www.dgsi.pt. Reproduzido nos *Cadernos de Direito Privado*, nº 29, de janeiro/março 2010, pp. 41 ss.

3. A impugnação da sentença arbitral por ofensa da ordem pública no projeto de Lei da Arbitragem Voluntária da Associação Portuguesa de Arbitragem

a) A primeira opção possível a este respeito era, evidentemente, a consagração expressa da ofensa da ordem pública como fundamento de anulação da decisão arbitral.

Esta solução foi longamente debatida pela Direção da Associação Portuguesa de Arbitragem (APA), aquando da preparação do projeto de nova LAV que lhe foi solicitado pelo Ministério da Justiça.

Entendeu a maioria dos membros da Direção da APA, com um voto discordante[7], dever manter-se, neste aspeto, a opção que fora tomada pela LAV então vigente, não se permitindo a anulação da decisão arbitral com este fundamento. Isto por duas razões principais:

- Por um lado, porque permitir semelhante fundamento de anulação criaria o risco de abrir a porta a um *reexame do mérito* da decisão arbitral pelos tribunais estaduais, a pretexto da averiguação da conformidade com os princípios da ordem pública, o que poria em causa a eficácia e o sentido da própria arbitragem;
- Por outro, porque, não prevendo a lei processual civil qualquer recurso extraordinário que possa ser interposto das sentenças dos tribunais estaduais que transitem em julgado (nomeadamente por as partes terem renunciado ao recurso) com fundamento na violação de princípios da ordem pública, a previsão de semelhante fundamento de anulação contra decisões arbitrais de que não caiba recurso envolveria em alguma medida uma *discriminação contra os tribunais arbitrais,* que seria incompatível com a consagração destes como verdadeiros tribunais pelo art. 209º, nº 2, da Constituição.

Nesta conformidade, o projeto da APA omitiu, nas suas sucessivas versões, qualquer referência à ordem pública como fundamento de anulação da decisão arbitral.

b) Não se excluiu no projeto, todavia, a possibilidade de as partes convencionarem a possibilidade de recurso para os tribunais estaduais, desde que a causa não houvesse de ser decidida segundo a equidade ou por apelo à composição amigável: era o que resultava do disposto no art. 39º, nº 4.

---

[7] Voto esse emitido pelo Dr. António Sampaio Caramelo, cuja posição sobre o tema ficou consignada em «A reforma da lei da arbitragem voluntária», *Revista Internacional de Arbitragem e Conciliação,* 2009, pp. 7 ss., e em «A anulação da sentença arbitral contrária à ordem pública», *Revista do Ministério Público,* 2011, pp. 155 ss.

Por conseguinte, sempre seria possível às partes salvaguardarem por esta via a reapreciação da decisão arbitral por um tribunal estadual, sob o prisma da sua conformidade com a ordem pública.

c) O projeto da APA também não excluiu a anulação da sentença arbitral com fundamento na ofensa da ordem pública internacional.

O art. 54º desse projeto previa, com efeito, nos casos de arbitragem internacional, e desde que fossem aplicáveis ao mérito da causa uma lei estrangeira ou quaisquer outros critérios de decisão que não os da lei portuguesa, a suscetibilidade de anulação da sentença arbitral, caso o conteúdo da sentença envolvesse ofensa da ordem pública internacional do Estado português.

Assim, por exemplo, uma sentença arbitral proferida em Portugal num litígio submetido pelas partes ao Direito de um Estado norte-americano poderia ser anulada caso o tribunal arbitral condenasse a parte requerida, com fundamento nesse Direito, no pagamento de *punitive damages* em montante desproporcionado ao do dano efetivamente sofrido pela requerente.

Essa suscetibilidade de anulação era a contrapartida da exequibilidade da sentença arbitral em Portugal sem necessidade de um prévio *exequatur*, que o projeto da APA consignou no art. 42º, nº 7, na esteira da anterior LAV.

d) Procurou-se deste modo estabelecer no projeto um *compromisso* entre os aludidos interesses em, por um lado, preservar na máxima extensão possível a eficácia da decisão arbitral e, por outro, evitar o reconhecimento de efeitos na ordem interna a decisões ofensivas de princípios fundamentais da ordem jurídica nacional.

4. A impugnação da sentença arbitral por ofensa da ordem pública na Lei da Arbitragem Voluntária de 2011: observações preliminares

a) O entendimento que prevaleceu na nova LAV aprovada pela Assembleia da República em 2011 é, porém, diverso deste.

Com efeito, o art. 46º, nº 3, alínea *b)*, subalínea *ii)*, da Lei prevê como fundamento de anulação de sentenças arbitrais a circunstância de:

> «o conteúdo da sentença ofende[r] os princípios da ordem pública internacional do Estado português.»

A Lei manteve, no entanto, o art. 54º do projeto da APA, relativo, como vimos, à anulação da decisão proferida em arbitragem internacional com fundamento em ofensa da ordem pública internacional.

b) A primeira observação a fazer a este respeito prende-se com a ausência na Exposição de Motivos da Proposta de Lei nº XX/12, que foi presente pelo Governo à Assembleia da República em setembro de 2011, de qualquer fundamentação para esta alteração do regime vigente.

Como dissemos, o projeto da APA, em que se baseou quase integralmente essa Proposta, procurou manter nesta matéria essencialmente intacto o regime da anterior LAV, embora com uma moderada abertura à possibilidade anulação da sentença arbitral com fundamento na ordem pública internacional, restrita aos casos de arbitragens internacionais. O Governo entendeu, porém, levar significativamente mais longe essa possibilidade de anulação das decisões arbitrais; mas sem esclarecer porquê.

Pode até questionar-se se esta alteração legislativa está em consonância com o objetivo precípuo da Proposta de Lei, que a Exposição de Motivos define do seguinte modo:

> «sensibilizar as empresas e os profissionais de diversas áreas que frequentemente recorrem à arbitragem noutros países – sobretudo naqueles com os quais o nosso se relaciona economicamente de forma mais intensa – para as vantagens e potencialidades da escolha de Portugal como sede de arbitragens internacionais, nomeadamente no caso de litígios em que intervenham empresas ou outros operadores económicos de países lusófonos ou em que a lei aplicável seja a de um destes.»

c) A segunda observação que importa consignar a este respeito é que não se encontram na jurisprudência dos tribunais superiores portugueses dos últimos 25 anos quaisquer casos em que a ausência de uma disposição legal que permitisse a anulação de uma decisão arbitral com fundamento na ofensa da ordem pública tenha conduzido a resultados injustos.

A nova LAV não pode pois, neste particular, invocar a seu favor a experiência da aplicação da lei anterior.

Dir-se-á porventura que o alargamento da *arbitrabilidade,* operado pela nova LAV, a todos os litígios respeitantes a interesses de natureza patrimonial, ainda que estejam em causa direitos indisponíveis, obrigava à admissão da anulabilidade da decisão arbitral com fundamento na ofensa da ordem pública interna.

Supomos, porém, que não é assim.

Com efeito, não é só no domínio dos direitos indisponíveis que relevam os princípios da ordem pública. Também no dos direitos disponíveis esses princípios assumem grande relevância. O regime dos contratos obrigacionais, por exemplo, compreende entre nós múltiplas normas que exprimem princípios ético-jurídicos do maior relevo, os quais integram a noção de ordem pública: é o caso da boa fé, da proporcionalidade das prestações, da proibição do abuso de direito, da exoneração do devedor em caso de impossibilidade de cumprimento da obrigação, etc.[8].

---

[8] Ver Manuel Carneiro da Frada, «A ordem pública no Direito dos Contratos», *Revista da Faculdade de Direito da Universidade do Porto,* 2007, pp. 287 ss.

Pelo que não nos parece que o novo regime da arbitrabilidade impusesse, só por si, o alargamento dos critérios de anulabilidade da sentença arbitral.

5. Sentido e alcance da referência à ordem pública como fundamento de anulação da sentença arbitral: *a)* Na arbitragem interna

Agora pergunta-se: qual o sentido e alcance da referência à ordem pública como fundamento de anulação das sentenças arbitrais?

Procuraremos responder a esta questão reportando-nos, antes de mais, à arbitragem interna.

Como se disse, a nova LAV permite a anulação da sentença se o conteúdo desta ofender os princípios da *ordem pública internacional* do Estado português. Esta regra suscita duas ordens de considerações:

a) Por um lado, a lei não acolhe a ordem pública *tout court* como fundamento de anulação das sentenças arbitrais, mas antes a ordem pública internacional.

Esta última é, segundo a opinião tradicionalmente prevalecente entre nós, um conceito mais restrito do que a ordem pública interna (que alguns autores, entre os quais os Profs. Ferrer Correia[9] e Oliveira Ascensão[10], fazem coincidir com o conjunto das normas imperativas do Estado do foro ou *ius cogens*).

De acordo com esse ponto de vista, a ordem pública interna abrange não apenas os princípios jurídicos fundamentais, que o Estado não consente que sejam derrogados ainda que a situação *sub judice* se encontre sujeita a uma lei estrangeira, mas também outras regras e princípios inderrogáveis por efeito da vontade dos interessados, os quais cedem todavia perante uma lei estrangeira designada pelas regras de conflitos do Estado do foro.

Assim, por exemplo, tem-se entendido que é de ordem pública interna, primando sobre quaisquer estipulações contratuais em contrário, a regra segundo a qual a maioridade se adquire aos 18 anos. Mas sempre que em Portugal haja de decidir-se sobre a capacidade negocial de um estrangeiro cuja lei pessoal consagre a aquisição da maioridade aos 17 anos (como sucede, por exemplo, em Timor-Leste por força do Código Civil de 2011), é a regra constante dessa lei que deve ser aplicada. Aquela regra portuguesa não é, *hoc sensu,* de ordem pública internacional[11].

---

[9] *Lições de Direito Internacional Privado*, vol. I, Coimbra, 2000, p. 405.

[10] Cfr. «Tribunal competente. Acção de simples apreciação negativa respeitante a sentença estrangeira violadora da ordem pública internacional portuguesa», *Colectânea de Jurisprudência*, t. IV (1985), pp. 22 s.

[11] Vejam-se, nesta linha de orientação, Taborda Ferreira, «Acerca da Ordem Pública no Direito Internacional Privado», *Revista de Direito e Estudos Sociais*, 1959, pp. 1 ss. (p. 12); e Baptista Machado, *Lições de Direito Internacional Privado*, 2ª ed., Coimbra, 1982, p. 254.

Ora bem: a ser exato este ponto de vista – que presumivelmente terá inspirado o novo regime legal –, a sindicância da sentença arbitral permitida pelo art. 46º da Lei teria um alcance mais limitado do que aquela que seria consentida por uma regra que previsse a anulação das decisões arbitrais que violassem a ordem pública interna.

Não temos, contudo, por inequívoco este entendimento. Por dois motivos:

Primeiro, porque a assimilação da ordem pública interna à imperatividade das regras legais é entre nós contraditada pela própria lei: o art. 281º do Código Civil, por exemplo, distingue a contrariedade do fim do negócio jurídico à lei e à ordem pública. Outros preceitos, como o art. 81º, nº 1, do Código Civil, referem-se aos «princípios da ordem pública». Esta não compreende, assim, necessariamente todas as normas legais imperativas.

Segundo, porque se nos afigura questionável o emprego neste contexto do conceito de ordem pública internacional, cuja intervenção, pela função que desempenha no ordenamento jurídico, se deveria cingir aos casos em que resulte da aplicação do Direito estrangeiro competente, do reconhecimento de sentenças estrangeiras ou da transcrição de atos do registo civil lavrados no estrangeiro uma situação incompatível com as conceções ético-jurídicas ou os princípios jurídicos fundamentais do Estado do foro[12]. Se tudo se passa no âmbito do sistema jurídico deste Estado, não havendo qualquer conexão com outros sistemas jurídicos, o apelo à ordem pública internacional é carecido de fundamento dogmático. Assim se explicará que este preceito da nova LAV portuguesa não tenha paralelo noutros sistemas jurídicos.

Parece-nos, em todo o caso, claro que o sentido do art. 46º, nº 3, alínea *b)*, subalínea *ii)*, da nova LAV, ainda que imperfeitamente expresso, é o de restringir a evicção da sentença arbitral aos casos de violação de princípios jurídicos fundamentais do Direito português.

b) Por outro lado, a nova regra deve ser interpretada no sentido de que não é permitida, com base nela, a *revisão de mérito* das decisões arbitrais, a qual poria em risco a eficácia da arbitragem como meio de resolução extrajudicial de litígios e o reforço da atratividade do sistema jurídico nacional do ponto de vista da localização de arbitragens em Portugal, visado através da presente reforma.

É certo que, sendo a ordem pública integrada pelos princípios fundamentais de certo sistema jurídico, não serão poucas as situações em que as partes poderão alegar que determinada solução acolhida numa decisão arbitral, de uma forma ou de outra, atinge um desses princípios.

---

[12] Neste sentido também António Sampaio Caramelo, «A anulação da sentença arbitral contrária à ordem pública», cit. *supra* (nota 7), p. 166, nota 29.

Mas importa ter presente a este respeito que, nos termos do nº 9 do art. 46º da nova LAV:

> «O tribunal estadual que anule a sentença arbitral não pode conhecer do mérito da questão ou questões por aquela decididas, devendo tais questões, se alguma das partes o pretender, ser submetidas a outro tribunal arbitral para serem por este decididas.»

Consideremos, a fim de exemplificar o problema, o caso julgado pelo citado acórdão do STJ de 10 de julho de 2008[13].

Uma das partes requerera a anulação de uma sentença arbitral, que a condenara no pagamento de uma cláusula penal validamente estipulada num acordo parassocial, por essa condenação alegadamente violar a ordem pública, uma vez que não havia dano.

O Supremo rejeitou este pedido, entre outras razões, porque entendeu que, para julgá-lo procedente, teria de determinar se a cláusula penal tinha ou não finalidade exclusivamente indemnizatória, o que não seria possível sem entrar na análise do mérito da decisão arbitral, que entendeu estar-lhe vedada.

Supomos que este caso permite ilustrar a ideia fundamental que a nosso ver se extrai da conjugação dos dois preceitos acima citados: o reexame da sentença arbitral que a cláusula da ordem pública permite aos tribunais estaduais deve cingir-se aos casos em que for *manifesto* que a sentença fere um princípio fundamental do Direito português – portanto, aos casos em que, para se chegar a tal conclusão, não seja necessário um novo julgamento das questões de facto ou de Direito controvertidas entre as partes.

6. Continuação: *b)* Na arbitragem internacional

A nova LAV consagra também, em conformidade com o que fora proposto pela APA, a suscetibilidade de impugnação da sentença arbitral proferida em Portugal na base de Direito não português com fundamento em que a sua execução em território nacional conduziria a um resultado manifestamente incompatível com os princípios da ordem pública internacional.

Diz, a este respeito, o art. 54º:

> «A sentença proferida em Portugal, numa arbitragem internacional em que haja sido aplicado direito não português ao fundo da causa pode ser anulada com os fundamentos previstos no artigo 46º, e ainda, caso deva ser executada ou produzir outros efeitos em território nacional, se tal conduzir a um resultado manifestamente incompatível com os princípios da ordem pública internacional.»

---

[13] Cfr. *supra,* nota 6 e texto correspondente.

Reencontramos aqui a figura da ordem pública internacional – agora no exercício da função que lhe é própria[14]. Trata-se, com efeito, de permitir a anulação de sentenças arbitrais proferidas entre nós com base numa lei estrangeira ou em outros critérios de decisão não nacionais.

Uma vez que essas sentenças estão subtraídas à exigência de reconhecimento que se aplica, nos termos do art. 55º, às sentenças proferidas em arbitragens localizadas no estrangeiro, não é possível, relativamente a elas, o controlo da sua conformidade com a ordem pública internacional do Estado português, possibilitado pelo art. 56º no âmbito do processo de reconhecimento de sentenças arbitrais estrangeiras.

No entanto, havia que acautelar o risco de essas sentenças «nacionais», quando se baseiem em normas de Direito estrangeiro, consuetudinário ou religioso, conduzirem a resultados chocantes à luz do sentimento ético-jurídico nacional, *v.g.*, por violarem direitos fundamentais. Foi o que se procurou fazer através do art. 54º.

Importa, em todo o caso, notar que este preceito apenas tem em vista as situações em que esteja em causa a produção de efeitos em território nacional por parte da sentença arbitral em causa.

A finalidade deste preceito é, assim, distinta daquela que preside ao art. 46º da Lei: no art. 54º, a ordem pública internacional surge como uma *cláusula de salvaguarda* relativamente à eficácia em Portugal de sentenças baseadas em leis ou outros critérios de decisão não nacionais.

O exposto permite-nos delimitar negativamente o âmbito de aplicação deste preceito, excluindo dele duas categorias de situações:

- Se uma sentença arbitral proferida numa arbitragem internacional localizada em território português se basear na lei portuguesa, não pode ser reexaminada pelos tribunais estaduais ao abrigo do citado preceito; e
- Se a sentença arbitral, proferida por hipótese numa lide cujas partes são ambas estrangeiras, não se destina a ser executada ou a produzir aqui quaisquer outros efeitos, também não poderá ser anulada com fundamento neste preceito pelos tribunais estaduais portugueses.

Por outro lado, o que se pretendeu acautelar através deste preceito não foi o errado ou mau julgamento do mérito da causa pelos árbitros. Pelo que deve entender-se que valem quanto a ele as considerações acima feitas, a respeito do art. 46º, sobre a inadmissibilidade do reexame pelo tribunal estadual das questões de Direito ou de facto julgadas pelo tribunal arbitral.

---

[14] «A actuação da reserva de ordem pública internacional pressupõe», observa com razão Lima Pinheiro, «que o Direito de Conflitos português chama o Direito estrangeiro ou transnacional a regular a situação»: cfr. *Direito Internacional Privado*, vol. I, 2ª ed., Coimbra, 2008, p. 588.

DÁRIO MOURA VICENTE

Resta determinar como se articula este artigo 54º com o art. 46º, nº 3, alínea *b)*, subalínea *ii)*.

Consoante tivemos oportunidade de escrever noutro lugar[15], a arbitragem internacional constitui, tanto na nova lei portuguesa da arbitragem voluntária como na que a antecedeu, e a exemplo da lei francesa, uma categoria especial de arbitragens, sujeita em certos aspetos do seu regime (*maxime* a determinação do Direito aplicável, a admissibilidade e a tramitação dos recursos da sentença arbitral) a regras próprias, que o capítulo IX da Lei estabelece. Nas matérias que constituem objeto desse capítulo da Lei, os preceitos dele constantes prevalecem, por conseguinte, sobre as regras comuns que figuram nos capítulos precedentes.

Significará isto que na arbitragem internacional as sentenças arbitrais apenas podem ser anuladas entre nós com fundamento na violação da ordem pública internacional verificados que estejam os pressupostos de aplicação do art. 54º atrás enunciados?

A tal parece opor-se a letra deste preceito, na medida em que nele se ressalvam expressamente os fundamentos de anulação previstos no art. 46º. O que levaria a concluir que a cláusula de ordem pública constante deste preceito não é, afinal, prejudicada pelo disposto no art. 54º. Mas, como é bom de ver, se assim fosse, este preceito seria totalmente inútil, por redundante relativamente ao que dispõe o art. 46º.

Ora, pensamos que é possível uma interpretação do art. 54º que lhe confira um sentido útil – e esta é a de que numa arbitragem internacional que decorra em território nacional e em que o mérito da causa se encontre sujeito a critérios de decisão que não os da lei portuguesa, a sentença nela proferida apenas poderá ser anulada com fundamento na ofensa da ordem pública internacional do Estado português se e na medida em que tal sentença se destine a ser executada ou a produzir outros efeitos em território nacional. Nesta ordem de ideias, o art. 54º restringe, pelo que respeita à arbitragem internacional, a regra geral constante do art. 46º, nº 3, alínea *b)*, subalínea *ii)*, da Lei.

Supomos que, mesmo no plano do Direito constituendo, está certo que assim seja. Porquanto se tudo se passa na esfera de ordens jurídicas estrangeiras; se Portugal nenhuma conexão substantiva possui com a sentença arbitral em questão, a qual não se destina a produzir aqui os seus efeitos enquanto ato jurisdicional; e se a escolha do território nacional como lugar da arbitragem se deveu apenas à intenção de localizar o processo num *foro neutro* relativamente aos interesses em litígio, nenhuma razão existe para que a ordem pública internacional do Estado português intervenha e para que a sentença possa ser aqui anulada com fundamento na violação dela. É antes nos países onde a sentença se destina a produzir

---

[15] Ver Armindo Ribeiro Mendes e outros, *Lei da Arbitragem Voluntária anotada*, Coimbra, 2012, p. 99.

os seus efeitos normais que, nessas hipóteses, a eventual violação de princípios de ordem pública deverá, se for caso disso, ser discutida entre as partes.

No mesmo sentido militam ainda três outros argumentos.

O primeiro é que a remissão do art. 54º para o art. 46º sem excetuar a cláusula geral de ordem pública constante deste resulta de uma manifesta inadvertência do legislador, decorrente de, como dissemos acima, o preceito ter sido redigido num momento em que, no projeto de nova LAV, o art. 46º não continha essa cláusula. A inclusão desta naquele preceito deveria logicamente ter conduzido à reformulação da dita remissão, salvaguardando-se o caráter especial do art. 54º relativamente ao art. 46º.

O segundo é que a restrição que assim preconizamos à impugnação das sentenças arbitrais proferidas em arbitragens internacionais que decorram em território nacional mais não é do que outra forma de exigir, a fim de que a reserva de ordem pública internacional possa operar nessas arbitragens, a conexão suficiente entre os fatos em apreço e o Estado do foro, a que os autores alemães chamam *Inlandsbeziehung* ou *Binnenbeziehung*, geralmente tida como condição necessária da intervenção dessa figura. É que os princípios fundamentais da *lex fori* só são ofendidos se da aplicação de uma lei estrangeira ou do reconhecimento de efeitos a um ato jurisdicional resultar uma situação suscetível de produzir efeitos nesse Estado; de contrário, nada justifica que aquela reserva seja chamada a intervir[16].

O terceiro é que a interpretação do art. 54º da LAV que aqui preconizamos está inteiramente de acordo com o espírito da nova lei e em particular com a intenção do legislador, a que aludimos acima, de promover a localização de arbitragens internacionais em território nacional: semelhante desiderato apenas pode ser conseguido mediante um regime jurídico que contenha dentro de limites razoáveis a intervenção da ordem pública internacional como fundamento de anulação das sentenças arbitrais proferidas em Portugal.

---

[16] Remetemos aqui para o que a este respeito escrevemos no nosso *Da responsabilidade pré-contratual em Direito Internacional Privado*, Coimbra, 2001, pp. 688 ss., e para a demais bibliografia aí citada.

Eficiência, Ética e Imparcialidade na Arbitragem

ARNOLDO WALD*

SUMÁRIO: I. Apresentação; II. Introdução; III. A eficiência na arbitragem; IV. A ética na arbitragem; V. A imparcialidade na arbitragem; VI. Conclusões.

I. Apresentação

É um prazer e uma honra poder participar da obra publicada em homenagem ao mestre e amigo Miguel Galvão Teles, respondendo ao convite da Comissão Organizadora, liderada pelos Professores Jorge Miranda e J. H. Gomes *Canotilho e composta por outros ilustres juristas portugueses.*

Em primeiro lugar, trata-se de mais uma colaboração e parceria entre juristas portugueses e brasileiros, que sempre estiveram muito próximos, mas passaram a conviver mais intensamente, a partir do início do século XXI, especialmente na arbitragem, ensejando a presença de árbitros portugueses em arbitragens brasileiras e de juristas brasileiros nas arbitragens realizadas em Portugal, que inclusive me deram o ensejo de conhecer e de consolidar uma sólida amizade com o homenageado.

A presente publicação se justifica e é oportuna em virtude da importância que o Professor Miguel Galvão Teles teve – e continua tendo – no cenário jurídico luso-brasileiro, como advogado, árbitro, professor de direito público, membro do Tribunal Permanente de Arbitragem de Haia e da Corte Internacional de Arbitragem da CCI, tendo recebido numerosos prêmios, inclusive da Chambers Europe, nos campos de Dispute Resolution, Corporate, M&A, Banking, Litigation e Insolvency and Reorgansation.

---

* Advogado, professor catedrático de Direito Civil da Faculdade de Direito da Universidade do Estado do Rio de Janeiro (UERJ), doutor *honoris causa* da Universidade de Paris II, ex-membro da Corte Internacional de Arbitragem da Câmara de Comércio Internacional (CCI) – (2002-2012).

ESTUDOS EM HOMENAGEM A MIGUEL GALVÃO TELES

Autor de numerosos trabalhos jurídicos e tendo proferido notáveis conferências e importantes relatórios, em Portugal, no Brasil, e em outros países, sócio
à longo tempo do escritório Morais Leitão, Galvão Teles, Soares da Silva, é um
jurista completo que se coloca entre os grandes nomes da advocacia e da cultura
jurídica luso-brasileira.

Como salientado pelos eminentes organizadores da presente obra, "Miguel
Galvão Teles dispensa apresentações no panorama jurídico português. Para além
dos seus domínios de eleição, o Direito Constitucional e o Direito Internacional
Público, a que deu contribuições fundamentais, não existe praticamente nenhuma
área dos saberes jurídicos que não tenha beneficiado da profundidade do seu
pensamento. 'A valia científica dos seus trabalhos, bem como as suas qualidades
pessoais, justificam plenamente uma homenagem da comunidade jurídica, portuguesa e não só, a que entendemos não poder deixar de juntar-se a universidade.'"

Tive a alegria de conhecer Miguel Galvão Teles, há alguns anos, graças ao
nosso grande amigo comum Morais Leitão, com quem funcionei, em várias ocasiões, uma vez como árbitro e outras como advogado. Em seguida, Miguel Galvão
Teles passou a representar Portugal na Corte Internacional de Arbitragem, na
qual eu fui o delegado do Brasil durante mais de dez anos. Lutamos juntos para
incluir o português entre as línguas respeitadas na Corte, passando a ser um dos
idiomas oficiais tanto do Grupo Ibero Latinoamericano, como das Conferências
internacionais realizadas anualmente em Miami. Por outro lado, estivemos juntos em vários seminários e tive a honra de publicar artigos seus na nossa Revista
de Arbitragem e Mediação.

Escolhi, como tema do meu estudo em sua homenagem, um assunto que o
preocupou, tanto na publicação de artigos como na sua colaboração na elaboração do novo Regulamento da CCI – "A imparcialidade e o processo equitativo
decorrentes das normas constitucionais tanto em Portugal como no Brasil".

II. Introdução

"(...) il existe à présent un véritable marché de l'arbitrage nans tous les sens du terme."[1]

1. Podemos afirmar que, basicamente, a arbitragem exige eficiência, ética e
imparcialidade dos árbitros, porquanto *"tant vaut l'arbitre, tant vaut l'arbitrage"*[2].

2. WILLIAM PARK referiu-se às obrigações do árbitro de *(i)* proferir uma
sentença justa, *(ii)* ensejar um processo equitativo (garantias de imparcialidade
e independência); e *(iii)* promover a economia processual, como os três mosque-

---

[1] BRUNO OPPETIT, *Théorie de l'arbitrage*, Paris: Puf, 1998, p. 10.
[2] FRÉDÉRIC EISEMANN, ex-Secretário Geral da Corte Internacional de Arbitragem da CCI, foi
o primeiro a utilizar esta expressão, em inglês: *"arbitration is only worth as much as the arbitrator"*.

teiros da arbitragem[3]. E mais, sustentou ele que os três mosqueteiros seriam, efetivamente, quatro, sendo este último a obrigação do árbitro de propiciar a prolação de uma sentença arbitral eficaz e eficiente e, portanto, executável.

3. Ocorre todavia, como este mesmo autor constatou, ao examinar a jurisprudência arbitral, que o lema de ALEXANDRE DUMAS *"todos por um"* nem sempre se verifica na arbitragem, eis que o árbitro, muitas vezes, terá de privilegiar um dos três mosqueteiros em detrimento de outro, e vice-versa. Por exemplo, ao buscar evitar *"surprise decisions"* como resultado da aplicação do princípio *iura novit curia*, o árbitro poderia ser acusado de parcialidade por adiantar, em certa medida, sua opinião sobre as questões jurídicas relevantes a serem decididas.

4. Tal foi o caso emblemático *Sté Commercial Caribbean Niquel v Sté Overseas Mining Investments*[4], em que a Corte de Cassação francesa confirmou a decisão da Corte de Apelação, que anulou uma sentença arbitral em virtude de os árbitros haverem fundado sua decisão sobre indemnização no instituto da perda de uma chance (*perte de chance*), em vez de lucros cessantes (*gain manqué*), tal como alegado pela requerente. Nesse sentido, seria um tanto surpreendente se o tribunal arbitral, neste caso, pedisse às partes que debatessem sobre o fundamento jurídico da perda de uma chance, porquanto tal atitude pelos árbitros poderia dar margem à acusação de parcialidade que poderia ser suscitada pela requerida, trazendo mais um argumento jurídico para fundamentar a indemnização, que, supostamente, "deveria" ter sido submetido pela requerente[5].

5. A realidade prática, na arbitragem, permite concluir que ao promover os três mosqueteiros, os árbitros terão de ponderar a importância, no caso, de cada um deles com o intuito de promover o quarto mosqueteiro: a eficiência da sentença arbitral.

III. A Eficiência na Arbitragem

> *"(...) l'adjectif 'efficient' qualifie un rapport entre des moyens et une fin au regard des coûts. Un dispositif efficient est celui qui atteint le résultat souhaité au moindre coût. Une réponse pertinente à la question 'ce dispositif est-il efficient?' suppose une comparaison avec d'autres dispositifs qui atteindraient le même but (au même degré) et dont les coûts seraient supérieurs ou inférieurs à ceux du dispositif considéré. Efficacité et efficience ne doivent donc pas être confondues."*[6]

---

[3] WILLIAM PARK, "Les devoirs de l'arbitre: ni un pour tous, ni tous pour un", *Revista de Arbitragem e Mediação*, São Paulo, n. 31, p. 118-119, out./dez. 2011.

[4] Cour de Cassation, 1re Ch. Civ., 29.06.2011, n. 10-23321, Disponível em: http://www.legifrance. gouv.fr/affichJuriJudi.do?oldAction=rechJuriJudi&idTexte=JURITEXT000024292579&fastRe qId=185910506&fastPos=1, acesso em: 27.06.2012. Vide também Revue de l'Arbitrage, v. 2011, n. 3, p. 678-679.

[5] WILLIAM PARK, *op. cit.*, p. 121-122.

[6] ANNE-LISE SIBONY, "Du bon usage des notions d'efficacité et d'efficience en droit", In: MARTHE FATIN-ROUGE STÉFANINI, LAURENCE GAY, ARIANE VIDAL-NAQUET (Dir.), *L'efficacité de la norme juridique. Nouveau vecteur de légitimité?* Bruxelles: Bruylant, 2012, p. 62.

ESTUDOS EM HOMENAGEM A MIGUEL GALVÃO TELES

6. A relativa rigidez das leis e a necessidade de uma maior flexibilidade no direito dos negócios encorajaram as partes a recorrerem à arbitragem, que pode aplicar o direito flexível, devendo a arbitragem ser juridicamente eficaz[7] e econômica e socialmente eficiente. Ou seja, a decisão dos árbitros deve poder ser executada, sem dificuldade, nem oposição, no momento oportuno, de tal forma que, em caso de infração contratual, as partes possam retornar imediatamente à situação anterior, ao *statu quo ante*. Infelizmente, nem os juízes, nem os árbitros, têm a capacidade de julgar em tempo real, ou seja, no exato momento em que as partes o solicitam. Assim, um arsenal de recursos e medidas provisórias é utilizado pelas partes, sob as mais diversas formas.

7. Há, também, uma preocupação em não prejulgar, no momento da decisão provisória, a questão que será definitivamente apreciada. Nesse sentido, alguns regulamentos das câmaras de arbitragem preveem a figura do árbitro de emergência. Por exemplo, o art. 29[8] do novo Regulamento da CCI, bem como o art. 37(5)[9] do Regulamento do ICDR dispõem sobre a matéria. No âmbito das câmaras brasileiras, o art. 5º do novo Regulamento da Câmara de Arbitragem do Mercado estabelece a figura do "árbitro de apoio", que poderá conceder medidas de urgência antes da constituição do tribunal arbitral[10]. De qualquer forma, nesses regulamentos é conferida ao tribunal arbitral a faculdade de manter, alterar, revogar ou anular decisões do árbitro de emergência[11].

8. Paralelamente a este tipo de solução, os contratos de construção já continham, há muito tempo, uma cláusula que determinava o acompanhamento das grandes obras por um ou vários especialistas, que também tinham poder de decisão sobre as eventuais divergências entre as partes. Simplificando um pouco

---

[7] A eficácia da arbitragem é sua razão de ser, de acordo com os regulamentos de arbitragem (art. 35 do Regulamento da CCI e art. 32.2 do Regulamento LCIA). A doutrina é unânime a esse respeito (YVES DERAINS e Éric A. SCHWARTZ, *A Guide to the New ICC Rules of Arbitration*, Haia: Kluwer, 1998, p. 353; MARTIN PLATTE, "An Arbitrator's Duty to Render Enforceable Awards", *Journal of Internacional Arbitration*, v. 20, n. 3, p. 307-313, jun. 2003).

[8] Regulamento de Arbitragem e de ADR da Câmara de Comércio Internacional, em vigor a partir de 01.01.2012. O art. 29 dispõe que: *"[a] parte que necessitar de uma medida urgente, cautelar ou provisória que não possa aguardar a constituição de um tribunal arbitral ("Medidas Urgentes") poderá requerer tais medidas nos termos das Regras sobre o Árbitro de Emergência dispostas no Apêndice V".*

[9] Regulamento de Arbitragem Internacional do International Center for Dispute Resolution (ICDR), versão modificada e em vigor a partir de 01.06.2009. O art. 37(5) estabelece que: *"[o] árbitro de urgência terá poderes para conceder qualquer medida cautelar de proteção que julgue cabível, incluindo ordens de fazer ou de não fazer e medidas cautelares de proteção ou conservação de propriedade. Qualquer decisão, que deverá ser fundamentada, poderá ser proferida por meio de ordem processual ou de sentença arbitral provisória".*

[10] Regulamento da Câmara de Arbitragem do Mercado, aplicável a procedimentos iniciados a partir de 26.10.2011.

[11] Vide art. 29(3) do novo Regulamento da CCI; art. 37(6) do Regulamento do ICDR; e art. 5.1.4 do novo Regulamento da Câmara de Arbitragem do Mercado.

os mecanismos que se desenvolveram, é possível dizer que a evolução fez-se no sentido de criar e desenvolver um *dispute board*.

9. Do ponto de vista prático, o *dispute board* permitiu, em alguns casos, resolver rapidamente a maioria, e até mesmo a quase totalidade, dos problemas que surgiram. Foi o que ocorreu com os litígios ocorridos durante a construção do *Eurotunnel*, na Europa, do túnel Eisenhower, nos Estados Unidos, e deveria ter ocorrido nos litígios decorrentes da construção do metrô de São Paulo, se a parte vencida não tivesse recorrido ao Poder Judiciário para sustar os efeitos da decisão arbitral.

10. Trata-se, pois, atualmente, de utilizar a arbitragem em favor do contrato, levando em consideração a *affectio contractus*, que deve existir, entre as partes, não somente para resolver os litígios, mas também para garantir a continuação do contrato num clima de harmonia[12]. A eficiência da decisão arbitral deve, pois, levar em consideração não somente os litígios presentes, mas também a atuação futura das partes, para executar o contrato e concluir a obra ou o serviço, abrangendo inclusive os seus aspectos econômicos. Ela é, portanto, realmente um instrumento de paz duradoura[13].

11. É por este motivo que, de maneira geral, pode ser aconselhável que, sempre que possível, a arbitragem seja concluída por um acordo entre as partes, evitando uma sentença que lhes seria imposta. É até mesmo possível afirmar que a decisão a mais eficiente é a que se limita a homologar o acordo entre as partes que surge em virtude do andamento do processo arbitral.

12. Os advogados das partes podem e devem contribuir para a eficiência na arbitragem. A adoção da prática de elaboração e revisão das cláusulas compromissórias de contratos por advogados especializados em arbitragem têm contribuído para evitar cláusulas patológicas e problemas na constituição do tribunal arbitral e no andamento da arbitragem. A escolha pela arbitragem institucional nas cláusulas compromissórias permite diminuir riscos e custos nesse sentido. Os

---

[12] *"É certo que, em determinadas circunstâncias, seria injusto e inútil querer impor regras de mérito pré--estabelecidas; em várias matérias, não se pode fazer mais do que prever procedimentos para resolver os conflitos ou, de preferência, ajustar a coexistência entre os interessados, pois só resolver os conflitos não basta"* (RENÉ DAVID, "L'Arbitrage en Droit Civil, Technique de Régulation des Contrats", In: *Mélanges dédiés à Gabriel Marty*, Toulouse: Université des Sciences Sociales, 1978, p. 406). RENÉ DAVID entende que a função do árbitro deve ser exercida com racionalidade, mas também com emotividade, afirmando que *"L'arbitrage ne peut être entièrement dépassionné car il se situe sur un plan où les sentiments comptent autant ou plus que les raisons"* (*L'arbitrage dans le commerce international*, Paris: Economica, 1982, n. 58, p. 73).

[13] SAMUEL PISAR, *Les Armes de la Paix*, Paris: Denoël, 1970, p. 287; RENÉ DAVID, *ob.cit.*, p. 406. Por sua vez, o romancista AMOS OZ lembra que, de acordo com a doutrina talmúdica, a essência da paz reside na aproximação dos contrários, cabendo superar pelo entendimento a hostilidade entre os adversários. E termina uma das suas obras com a seguinte conclusão: *"La paix, comme la vie, n'est pas une explosion d'amour, ni une communion mystique entre les ennemis, mais précisément un compromis juste et raisonnable entre les contraintes."* (*Les deux morts et ma grand-mère*, Paris: Gallimard, 1995, p. 314).

ESTUDOS EM HOMENAGEM A MIGUEL GALVÃO TELES

advogados também têm um papel crucial na escolha de árbitros que contem com disponibilidade de tempo e experiência na gestão e solução de casos análogos.

13. Durante a arbitragem, há a prática e, em virtude de disposições de certas Câmaras, a obrigação de fixar um cronograma provisório do procedimento, sendo que, em algumas arbitragens, tribunais arbitrais decidem bifurcar o procedimento, por iniciativa própria ou por provocação das partes, tendo em vista decidir questão preliminar, ou mesmo promover a quantificação da indenização, num segundo momento, já tendo decidido anteriormente, numa sentença parcial, a respeito da responsabilidade das partes. Nesse sentido, a execução de sentenças arbitrais parciais é admitida pelo direito brasileiro[14] e pelo direito comparado.

14. Acresce que, em certos casos, especialmente na hipótese de lucros cessantes futuros, seria obtida maior eficiência, se os árbitros mantivessem a sua jurisdição para proferir sentenças parciais especialmente para quantificar os lucros cessantes futuros, na hipótese de o contrato relevante se prolongar no tempo. Foi o que propôs MATTI KURKELA, ao se referir aos chamados *"partial 'milestone' awards"*, o que evitaria a relativa imprecisão dos métodos atualmente aplicados, que tentam estimar quais seriam os lucros cessantes futuros posteriores à época da prolação da sentença arbitral[15].

15. Ademais, uma técnica adotada por alguns tribunais arbitrais é a de exigir que os assistentes técnicos e peritos apresentem uma lista das questões em que há convergência e divergência de opiniões, o que facilita em muito o trabalho dos árbitros. Igualmente, alguns deles adotam o chamado método *Sachs-Wälde-Reichert*[16], ao convidar as partes para que limitem as suas manifestações e alegações finais a certas questões que o tribunal arbitral considera mais relevantes para a solução do caso.

16. Por fim, o próprio judiciário tem tomado decisões com o intuito de aumentar a eficiência na arbitragem, ao penalizar a litigância de má-fé das partes. É o que tem acontecido em vários países, e especialmente no Brasil, nos últimos anos. Assim, na sua declaração de voto no REsp n. 904.813/PR, em recurso referente a uma ação declaratória de nulidade de compromisso arbitral, movida pela COMPAGAS, o Ministro MASSAMI UYEDA salientou que o comportamento da autora

---

[14] DONALDO ARMELIN, "Notas sobre sentença parcial e arbitragem", *Revista de Arbitragem e Mediação*, n. 18, p. 274 *et seq.*, jul./set. 2008; ARNOLDO WALD, "A validade da sentença arbitral parcial nas arbitragens submetidas ao regime da CCI", *Revista de Direito Bancário e Mercado de Capitais*, n. 17, p. 329-341, jul./set. 2002.

[15] MATTI S. KURKELA, "Partial 'Milestone' – Awards and Lost Future Profits: Would it Take Parto f the Challenge Away?", *ASA Bulletin*, n. 1, p. 51-63, mar. 2012.

[16] Para uma descrição detalhada do método *Sachs-Wälde-Reichert*, vide JULIE BÉDARD, "The Sachs-Wälde-Reichert Method", *Revista de Arbitragem e Mediação*, n. 19, p. 135-138, out./dez. 2008.

da ação poderia ser considerado como sendo de má-fé, em virtude do *"manejo irresponsável dos recursos processuais"*[17].

17. Como exemplos típicos de tentativa de tornar ineficaz a arbitragem, tivemos, no Brasil, dois casos que merecem ser evocados. O primeiro data de meados do século passado, num caso que envolvia o Estado brasileiro (a União Federal) e no qual a sentença arbitral só pôde ser executada após quase trinta anos do início da arbitragem, em virtude de recursos sucessivos[18]. Mais recentemente, já no século XXI, funcionamos numa arbitragem em cujo processo a outra parte alegou sucessivamente a nulidade da cláusula compromissória, a do termo de compromisso e a da sentença arbitral, perdurando ações judiciais por cerca de nove anos, sendo todas julgadas improcedentes[19].

18. Na verdade, a maioria das ações anulatórias de cláusulas compromissórias, dos compromissos e das sentenças arbitrais têm, como única finalidade, procrastinar a execução da decisão, ou seja, ganhar tempo. É um comportamento que não é mais admissível quando se pretende garantir a todos uma justiça eficiente e o julgamento dos processos *"em tempo razoável"* como determina a Constituição Federal. A reação oportuna do Poder Judiciário se justifica, pois, não se podendo interpretar a garantia do *"devido processo legal"* como o direito de perpetuar os feitos, mediante sucessivos recursos ou ações rescisórias e anulatórias.

IV. A ÉTICA NA ARBITRAGEM

"A arbitragem internacional se fundamenta nos valores do humanismo"[20].

---

[17] REsp n. 904.813/PR, *Companhia Paranaense de Gás Natural – Compagás v Consórcio Carioca Passarelli*, 3ª Turma, Min. Rel. NANCY ANDRIGHI, j. 20.10.2011. Vide, também, a imposição de multa por litigância de má-fé em recente decisão do STF, em Agravo Regimental em Recurso Extraordinário contra decisão homologatória de sentença arbitral estrangeira: AgRg-RExt 595.276/FR, *Inepar S/A Indústria e Construções v Spie Enertrans S/A*, 2ª Turma, Min. Rel. CEZAR PELUSO, j. 23.03. 2010

[18] Trata-se do chamado caso Espólio Lage contra a União Federal, que tendo ensejado uma arbitragem em 03.08.1946, só obteve uma decisão final judicial permitindo a execução arbitral em 14.11.1973. Vide RE n. 71.467/GB (RTJ 68/411) e AgIn n. 52.181/GB (RTJ 68/382), *Espólio de Henrique Lage e outros v União Federal*, Pleno, Min. Rel. BILAC PINTO, j. 14.11.1973.

[19] Vide alguns dos acórdãos proferidos no *Caso Caoa*: TJSP, AgIn n. 124217-4/0, *Revista de Direito Bancário, do Mercado de Capitais e da Arbitragem*, n. 7, p. 336-347, jan./mar. 2000, com nossos comentários; STJ, REsp n. 249255, *Revista de Direito Bancário do Mercado de Capitais e da Arbitragem*, n. 16, p. 381-382, abr./jun. 2002; TJSP, AgIn n. 132793-4/0 e AgIn 285411-4/0, *Revista de Direito Bancário do Mercado de Capitais e da Arbitragem*, n. 21, p. 409-412 e p. 412-415, abr./jun. 2002, com nossos comentários; TJSP, Ap. Cív. 985413, *Revista de Arbitragem e Mediação*, n. 11, p. 222-226, out./dez. 2006, com comentários de SELMA LEMES.

[20] BRUNO OPPETIT, *Théorie de l'arbitrage*, Paris: Puf, 1998, p. 10 e PIERRE LALIVE, "A propósito de uma comercialização da arbitragem internacional", *Revista de Arbitragem e Mediação*, São Paulo, n. 4, p. 110, jan./mar. 2005. No mesmo sentido, PHILIPPE FOUCHARD, "L'arbitrage et la

19. A eficácia deve ser conciliada com a ética[21], devendo, portanto, a função do árbitro ser considerada como uma magistratura, e não como um negócio mercantil: *"Arbitration is a duty, not a career"*[22].

20. A imagem de Justiça evoluiu no tempo, e percebemos que ela não pode mais ter os olhos vendados, devendo a Justiça ser concebida na forma como foi pintada por RAFAEL numa *Stanza della Signatura,* do Museu do Vaticano: uma Justiça com os olhos abertos, que está sentada ao lado da Filosofia e que, segundo SANTO AGOSTINHO, é não somente uma das virtudes, mas também a soma de todas as outras virtudes.

21. Esta concepção da Justiça, que data do século XVI, é de uma atualidade profunda em 2012.

22. Efetivamente, a rapidez das operações e a evolução tecnológica exigem uma maior eficiência das decisões judiciais e arbitrais. A complexidade crescente dos negócios obriga o árbitro a fazer uma justiça sob medida. É necessário que o Tribunal Arbitral tenha os olhos abertos e examine minuciosamente todas as circunstâncias do caso concreto e o seu contexto, encarando a realidade com coragem e sabedoria, para aplicar o direito de forma equitativa e ética.

23. A sabedoria à qual faz alusão o quadro de RAFAEL inclui a "lógica do razoável" defendida por PERELMAN[23], os princípios da proporcionalidade e da razoabilidade, e a interpretação construtiva da lei, para adaptá-la ao caso concreto, o que implica "um passo para frente" em virtude de um "esforço criador" do jurista[24].

24. NORBERTO BOBBIO considerava que havia duas concepções do jurista ideal, a primeira referindo-se ao "jurista economista", como o foi TULLIO ASCARELLI, e a segunda ao "jurista moralista", cujo melhor exemplo seria PIETRO CALAMANDREI[25]. No século XXI, é necessário realizar a simbiose entre ambos os juristas, e acrescentar-lhes o jurista criador. Seria o árbitro, ou o advogado, que, além de dominar o direito, deve ser um economista que conhece a realidade financeira e social do mundo e um moralista profundamente inspirado pela ética, que "enriquece a ideia de justiça", tanto no mérito quanto na forma.

---

mondialisation de l'économie" In: *Philosophie du droit et droit économique,* Quel dialogue? Mélanges en l'honneur de Gérard Farjat, Paris: Éditions Frison-Roche, 1999, p. 395.

[21] A doutrina tem enfatizado o papel mais importante exercido pela ética no caso da arbitragem internacional, na qual é dada uma liberdade de apreciação mais ampla ao árbitro, conforme esclarece PIERRE MAYER "La règle morale dans l'arbitrage international", In: *Études offertes à Pierre Bellet,* Paris: Litec, 1991, p. 393.

[22] YVES DEZALAY et BRYANT G. GARTH, *Dealing in Virtue,* Chicago: The University of Chicago Press, 1996, p. 34.

[23] CHAIM PERELMAN, *Logique juridique: nouvelle rétorique,* Paris: Dalloz, 1975.

[24] HENRI BERGSON, *Les Deux Sources de la Morale et de la Religion,* 58ª ed., Paris: PUF, 1948, p. 74.

[25] NORBERTO BOBBIO, "L'Itinerario di Tullio Ascarelli", In: *Studi in Memória di Tullio Ascarelli,* Milano: Dott. A Giuffre, 1969, v.1, p. CXXXVIII.

25. No momento em que os meios jurídicos tomam consciência da crescente influência das práticas jurídicas norte-americanas, é importante defender o justo equilíbrio entre a eficiência e a ética, que no fundo é o que deve existir entre o mercado e o direito. Se admitirmos que os juristas podem eventualmente ser considerados como operadores do direito, é inconcebível transformar a justiça em uma simples *commodity*, que circula no mercado internacional, tendo como objeto a solução dos litígios decorrentes de contratos entre fornecedores e usuários de bens e serviços. Ao contrário, tanto no campo do direito como em outras áreas, a revolução modernizadora deverá ser moral, ou não ocorrerá.

26. É, pois, preciso reagir contra "a comercialização da arbitragem internacional"[26], não permitindo que os juristas, advogados e árbitros se transformem em simples "mercadores do direito".

V. A Imparcialidade na Arbitragem

"(...) A independência e a imparcialidade de quem julga representam o requisito mínimo de um processo equitativo."[27]

27. Na arbitragem, o dever de imparcialidade adquire três dimensões, quais sejam, a ideológica, a fática e a ética. Pode ser visto sob a perspectiva do árbitro e das partes, bem como do Poder Judiciário, que também deverá ser imparcial.

28. Usualmente, faz-se a distinção entre independência e imparcialidade[28]. Como bem salientou MIGUEL GALVÃO TELES:

"(...) A independência do órgão implica que o tribunal está apenas sujeito à lei (art. 203 da Constituição; art. 3º, n. 1, LOTJ), mais exactamente às fontes de direito (nestas se incluindo, para o efeito, a equidade, quando for caso disso). Trata-se de uma imunidade, no sentido de Hohefeld: o tribunal não se encontra vinculado por qualquer determinação que não provenha de fonte de direito, designadamente por ordens ou instruções. A imparcialidade do órgão, por seu turno, significa que os interesses sobre os quais se pronuncia lhe são alheios e que o único que pode prosseguir é o interesse numa decisão correcta sobre aqueles outros interesses.

A independência e imparcialidade do órgão transpõem-se para os árbitros, convolando-se em deveres com âmbito alargado. A independência traduz-se no dever de não se deixar influenciar

---

[26] PIERRE LALIVE, *op. cit.*, p. 105-110.

[27] MIGUEL GALVÃO TELES, "Processo equitativo e imposição constitucional da independência e imparcialidade dos árbitros em Portugal", *Revista de Arbitragem e Mediação*, n. 24, p. 132, jan./ mar. 2010.

[28] A distinção tem sido feita na doutrina e na jurisprudência, como salientou THOMAS CLAY, "L'indépendance et l'impartialité de l'arbitre et les règles du procès équitable", In: JACQUES VAN COMPERNOLLE ET GIUSEPPE TARZIA, *L'impartialité du juge et de l'arbitre. Etude de droit comparé*, Bruxelles: Bruylant, 2006, p. 213.

ESTUDOS EM HOMENAGEM A MIGUEL GALVÃO TELES

por quaisquer pressões e a imparcialidade no dever de não introduzir na actuação quaisquer motivos que não sejam o objectivo de proferir uma decisão correcta (ou, pelo menos, que sejam incompatíveis com aquele)[29]."

29. Tal é a razão pela qual as Diretrizes da IBA[30] em matéria de Conflitos de Interesses em Arbitragem Internacional, muito embora constituam mera *soft law*, determinam, em seus Princípios Gerais, que o árbitro deverá ser imparcial e independente durante todo o procedimento arbitral. As Diretrizes constituem um importante norte para identificar e avaliar situações de potencial conflito de interesses que possam justificar o impedimento de um árbitro para atuar em determinado procedimento, porquanto listam inúmeras situações, passíveis de verificação objetiva, em suas listas vermelha, laranja e verde (*waivable* e *non-waivable*).

30. A mais importante qualidade de um julgador é a imparcialidade, constituindo a garantia básica de justiça e propiciando a solução de controvérsias de forma ética, pois:

"A imparcialidade representa, enfim, um vínculo entre as razões do julgador e o ato que executa, para isso deve dizer a verdade, julgar com exatidão, livre de influências estranhas ao externar sua decisão; seu compromisso é com a consciência, com o direito, a lei e a equidade"[31].

31. Paralelamente à obrigação de independência, a obrigação de imparcialidade é tão importante que acaba de ser incluída no novo Regulamento de Arbitragem da CCI, que entrou em vigor em 01.01.2012. O dever de imparcialidade do árbitro não constava do Regulamento anterior que se limitava a exigir a independência do mesmo (art. 9, n. 2 do Regulamento de 1998). Foi, em grande parte, sob a influência do nosso homenageado – MIGUEL GALVÃO TELES – que foi feita a complementação nos seguintes termos:

"ARTICLE 11
General Provisions
1 Every arbitrator must be and remain *impartial* and *independent* of the parties involved in the arbitration.

2 Before appointment or confirmation, a prospective arbitrator shall sign a statement of acceptance, availability, *impartiality* and independence. The prospective arbitrator *shall disclose* in writing to the Secretariat any facts or circumstances which might

---

[29] MIGUEL GALVÃO TELES, *op. cit.*, p. 128.
[30] Diretrizes da IBA relativas a Conflitos de Interesses em Arbitragem Internacional. Disponível em: http://www.ibanet.org/Publications/publications_IBA_guides_and_free_materials.aspx, acesso em: 06.07.2012.
[31] SELMA MARIA FERREIRA LEMES, *Árbitro: Princípios da Independência e da Imparcialidade*, São Paulo: LTr, 2001, p. 60 e 63.

be of such a nature as to call into question the arbitrator's independence in the eyes of the parties, as well as *any circumstances that could give rise to reasonable doubts as to the arbitrator's impartiality*. The Secretariat shall provide such information to the parties in writing and fix a time limit for any comments from them. (...)"

32. A exigência comutativa das qualidades de independência e imparcialidade já constava, anteriormente, para os árbitros, na Constituição Portuguesa desde 1982, tendo sido reforçada na revisão constitucional de 1997, e nas sucessivas constituições brasileiras[32], tendo sido explicitada, com maior clareza, na Emenda Constitucional nº 45[33], de 2004, que, no particular, também se inspirou no art. 6º, nº 1, da Convenção Europeia dos Direitos Humanos[34].

33. A mudança no Regulamento da CCI coincide com o fato de que a obrigação de imparcialidade tem sido suscitada, ultimamente, em diversos casos envolvendo a nomeação repetitiva de árbitros por uma das partes[35], e de *double hatting*[36]. Em arbitragens de investimento, por exemplo, a nomeação repetitiva de determi-

---

[32] De acordo com a doutrina, a obrigação de respeitar o devido processo legal, que constava das Constituições brasileiras, impõe tanto a independência como a imparcialidade dos juízes e, por extensão, a dos árbitros.

[33] O artigo 1º da EC 45 incluiu ao art. 5º da Constituição Federal de 1998, o inciso LXXVIII, com a seguinte redação: "Art. 5º (...) LXXVIII a todos, no âmbito judicial e administrativo, são assegurados a razoável duração do processo e os meios que garantam a celeridade de sua tramitação."

[34] O art. 6º da Convenção esclarece que: "1. Qualquer pessoa tem direito a que a sua causa seja examinada, equitativa e publicamente, num prazo razoável por um tribunal independente e imparcial, estabelecido pela lei, o qual decidirá, quer sobre a determinação dos seus direitos e obrigações de caráter civil, quer sobre o fundamento de qualquer acusação em matéria penal dirigida contra ela."

[35] Itens 3.1.3, 3.1.4 e 3.3.7 da lista laranja das Diretrizes da IBA:
"*3.1.3. O árbitro foi nomeado, nos três anos anteriores, para exercer tal função em duas ou mais ocasiões, por uma das partes ou por coligada de uma das partes (6). [Nota (6) Pode ser prática corrente em algumas espécies de arbitragem, tais como aquelas envolvendo commodities ou o setor marítimo, selecionar os árbitros a partir de um grupo restrito e especializado. Se, nessas áreas, o costume for o de as partes geralmente nomearem o mesmo árbitro para controvérsias distintas, a divulgação de tal fato não será necessária desde que todas as partes no procedimento arbitral estejam familiarizadas com tais usos e costumes.*
3.1.4. O escritório de advocacia do árbitro atuou, nos três anos anteriores, para uma das partes ou para coligada de uma das partes, em assunto não relacionado, sem o envolvimento do árbitro.
(...)
3.3.7. O árbitro foi o destinatário, nos três últimos anos, de mais de três nomeações pelo mesmo consultor jurídico ou pelo mesmo escritório de advocacia".
Vide, sobre o assunto, RAPHÄEL DE VIETRI, KANAGA DHARMANANDA, "Impartiality and the Issue of Repeat Arbitrators", *Journal of International Arbitration*, n. 23(3), p. 187-200, 2011.

[36] Item 3.5.2 da lista laranja e item 4.1.1 da lista verde das Diretrizes da IBA:
"*3.5.2. O árbitro defendeu publicamente posição específica a respeito da matéria da arbitragem, em publicação impressa, oralmente ou sob qualquer outra forma.*
(...)

ESTUDOS EM HOMENAGEM A MIGUEL GALVÃO TELES

nado árbitro pelo investidor ou pelo Estado, considerando-se que as discussões sobre questões de jurisdição e *standards* de tratamento se repetem, pode gerar a suspeição de parcialidade, que, todavia, foi rejeitada em alguns casos concretos tanto pelo ICSID [37] como pela CCI[38].

34. Há alguns *leading cases* envolvendo nomeações repetitivas. No caso *Fretal e Tinadel v ITM*[39], por exemplo, a Corte de Apelação de Paris rejeitou uma ação anulatória proposta por Fretal e Tinadel, sob o fundamento, entre outros, de que o coárbitro nomeado pela ITM teria sido repetidamente nomeado, por esta última, em arbitragens envolvendo contratos de franquia. Nesse sentido, sustentaram os autores da ação que haveria uma fidelização, relativa ao pagamento de honorários da parte de ITM, bem como uma posição específica pelo coárbitro quanto a certas questões envolvendo contratos de franquia.

35. Segundo a Corte de Apelação, não havia, no caso, dependência econômica entre o coárbitro e a ITM. Outrossim, o árbitro havia sido nomeado pela ITM em apenas três arbitragens sobre contratos de franquia, sendo que não havia sido por ela nomeado em outras arbitragens em que estava envolvida. Por fim, constatou a Corte de Apelação que a revelação desses fatos pelo coárbitro não era obrigatória.

36. A leitura da sentença que rejeitou tal ação anulatória nos permite extrair que a não revelação não acarreta, necessariamente, anulação da sentença:

> *"Qu'il s'en déduit, qu'aussi regrettable qu'ait été le défaut d'information des sociétés Fretal et Tinadel, ce manquement de l'arbitre à son obligation de transparence n'est pas pour autant de nature à démontrer son défaut d'indépendance ou d'impartialité ni à justifier l'annulation de la sentence."*[40]

4.1.1. O árbitro expressara anteriormente uma opinião geral (como, por exemplo, em artigo publicado em revista jurídica, ou em palestra pública) a respeito de matéria que integra o procedimento arbitral (mas tal opinião não se refere especificamente ao caso objeto da arbitragem)".

[37] Vide, por exemplo, Challenge Decision Regarding Professor Gabrielle Kaufmann-Kohler, ICSID Case n. ARB/03/23, *EDF International S.A., SAUR International S.A., León Participaciones Argentinas S.A. v República da Argentina*, 25.06.2008. Disponível em: http://www.google.com/url?sa=t&rct=j&q=challenge%20kauffmann%20kohler%20ubs&source=web&cd=1&ved=0CE4QFjAA&url=http%3A%2F%2Fitalaw.com%2Fdocuments%2FEDFChallengeDecision.pdf&ei=G2D3T-Ix4dzRAefFwOEG&usg=AFQjCNFOQeB6BW1wY2Gu0Mf5w-chxqmfpA, acesso em: 06.07.2012.

[38] Vide ANNE MARIE WHITESELL, "L'indépendance dans l'arbitrage de la CCI: pratique de la Cour de la CCI en matière de nomination, confirmation, récusation et remplacement des arbitres", *Bulletin de la Cour Internationale d'Arbitrage de la CCI*, Supplément spécial – L'indépendance de l'arbitre, 2007, p. 16-17, 19- 20.

[39] Cour d'appel de Paris, 1re Ch. Civ., 28.10.1999, *Revue de l'Arbitrage*, v. 2000, n. 2, p. 299-312.

[40] Cour d'appel de Paris, 1re Ch. Civ., 28.10.1999, *Revue de l'Arbitrage*, v. 2000, n. 2, p. 299-312.

37. Por sua vez, a Corte Comercial de Viena, em ação envolvendo a impugnação de coárbitro, nomeado pela requerida na arbitragem, a parte contrária suscitou a falta de independência e imparcialidade desse árbitro, alegando que havia sido nomeado coárbitro, pela mesma parte, em outras quatro arbitragens[41]. Acresce que, segundo a requerente, essas arbitragens envolviam a mesma matéria, tendo ele tido acesso a informações confidenciais.

38. A Corte Comercial austríaca indeferiu a impugnação da requerente na arbitragem, alegando que a nomeação e atuação repetitiva também acontece em âmbito do Judiciário, pelos juízes, e que, dessarte, não haveria porquê fazer uma distinção em relação à nomeação repetitiva de árbitros pelas partes. Nesse sentido, concluiu que a nomeação repetitiva é tida, no Judiciário, como uma vantagem e não como uma desvantagem, havendo inclusive uma tendência recente no sentido da maior especialização dos magistrados.

39. Por sua vez, o Supremo Tribunal Federal suíço, no caso *Swiss executive v Federação Turca de Futebol*[42], julgou improcedente uma ação anulatória de uma sentença arbitral, na qual uma das partes alegou que o presidente do tribunal arbitral, o coárbitro nomeado pela Federação Turca de Futebol e um dos advogados desta última pertenciam à Rex Sport, uma organização profissional, cujos 26 membros, de acordo com alegações da impugnante, nomeavam sistematicamente um ao outro como árbitros.

40. Segundo o Tribunal suíço, o pedido de anulação era infundado, eis que o objetivo da organização era meramente acadêmico, não tendo cunho profissional e que não havia prova de nomeação sistemática de árbitros, tampouco de que o coárbitro respectivo teria decidido em favor da parte cujo advogado era membro da Rex Sport[43].

41. Similarmente ao caso suíço, no Brasil houve caso, em que funcionámos, representando o requerente, e no qual foi impugnada a nomeação de um árbitro, em virtude de sermos, eu com o advogado de uma das partes e o árbitro nomeado, ambos, membros do Conselho Superior Temático de Assuntos Jurídicos e Legis-

---

[41] Vienna Commercial Court, Case n. 16Nc 2/07w, 24.07.2007, apud The IBA Guidelines on Conflicts of Interest in International Arbitration: The First Five Years 2004-2009, p. 7. Disponível em: http://www.google.com/url?sa=t&rct=j&q=case%20n.%2016nc%202%2F07w&source=web&cd=1&ved=0CFEQFjAA&url=http%3A%2F%2Fwww.ibanet.org%2FDocument%2FDefault. aspx%3FDocumentUid%3D18DB5162-50F1-4D6D-ABE9-93C7CE86B659&ei=aUz3T6jnBKju0 gGzgNHlBg&usg=AFQjCNGl8rFrcc0TmJaID7aA_siuIAVqjw, acesso em: 06.07.2012.

[42] Bundesgericht, Case n. 4A_506/2007, 20.03.2008, ASA Bulletin, v. 26, n. 3, p. 565, 2008.

[43] Mais recentemente, o mesmo Tribunal suíço rejeitou o pedido de anulação contra sentença proferida por coárbitro, sob o fundamento de que o mero fato da não confirmação pela CCI em outra arbitragem (relacionada com notícias sobre a nomeação de um dos coárbitros em cerca de 10 arbitragens por uma das partes na arbitragem) não era causa suficiente de anulação, vide Budesgericht, Case n. 4A_258/2009, 11.01.2010, ASA Bulletin, v. 28, n. 3, p. 540, 2010.

lativos da FIESP (*"Conjur"*). Essa impugnação foi imediatamente afastada pelo Presidente da Câmara, uma vez que não havia qualquer relação de interdependência entre a câmara arbitral e o Conjur, tampouco qualquer relação econômica entre o advogado e o árbitro nomeado.

42. Em outro caso em que atuámos, um coárbitro foi impugnado sob o fundamento de ter atuado como presidente de outro tribunal arbitral, que haveria decidido de forma favorável à parte que o indicou, quanto à vinculação à cláusula compromissória da companhia, que teria firmado um acordo de acionistas na qualidade de "interveniente anuente". Essa matéria também era discutida como preliminar na arbitragem na qual ocorreu a impugnação. Não obstante, sua nomeação foi confirmada pela Corte Internacional de Arbitragem da CCI.

43. Quanto a impugnações sob o fundamento de *double hatting,* estas acabam sendo muito comuns em arbitragens de investimento. Numa arbitragem em que uma das partes era brasileira, o fato de um coárbitro integrar uma sociedade de advogados que representou uma das partes em outros países e em assuntos diversos, suscitou impugnação em uma arbitragem CCI, entre outros fundamentos, ensejando a renúncia do árbitro.

44. A decisão da Corte Distrital de Haia, na ação cautelar de impugnação de coárbitro nomeado pelo investidor, na arbitragem *Gana v TMB*[44], sob as regras da Corte Permanente de Arbitragem (*"PCA"*), proposta por Gana, está entre as decisões emblemáticas sobre o tema. Nas suas alegações, os advogados de TMB fizeram referência ao caso *RFCC v Marrocos*, o que suscitou posterior revelação pelo advogado de que também atuava, naquele momento, como advogado em procedimento de anulação fundado nas regras da Convenção de Washington (*"ICSID"*), em nome do investidor RFCC contra Marrocos.

45. Feita a revelação, Gana apresentou impugnação à nomeação do coárbitro, a qual foi rejeitada pelo tribunal arbitral e pela PCA. Na cautelar perante o judiciário holandês, Gana argumentou que a disputa nas arbitragens *Gana v TMB* e *RFCC v Marrocos* eram muito similares, porquanto ambas envolviam a discussão sobre a violação do dispositivo sobre expropriação do tratado e o exercício do *ius imperii* pelo país receptor do investimento.

46. Por sua vez, TMB alegou que a impugnação era intempestiva, porquanto Gana já teria ciência de que o árbitro impugnado atuara como advogado do investidor, nas arbitragens *SGS v Paquistão* e *SGS v Filipinas,* as quais envolviam assuntos semelhantes, tendo, portanto, perdido o direito de apresentar impugnação. Por fim, alegou que não haveria necessidade de revelação em virtude de a situação estar listada no item 4.1.1[45] da lista verde das Diretrizes da IBA.

---

[44] Corte Distrital de Haia, 18.10.2004, *ASA Bulletin, v. 23, n. 1,* p. 186, 2005.

[45] Item 4.1.1 da lista verde das Diretrizes da IBA, já transcrito na nota 37 *in fine* do presente artigo.

47. Ocorre, todavia, que a Corte da Haia decidiu que haveria aparência de parcialidade, o que justificava a impugnação por Gana. Dessarte, o coárbitro devia renunciar como advogado em nome de RFCC para que pudesse integrar o tribunal arbitral[46] no caso *Gana v TMB*.

48. Em outro caso, *Vito Galo v Canadá*[47], o Deputy Secretary General do ICSID havia convidado o árbitro J CHRISTOPHER THOMAS para escolher entre sua posição de árbitro no caso *Vito Galo v Canadá* e sua posição como advogado, em outro caso envolvendo o México, ambos fundados no Capítulo XI do NAFTA. Nesta ocasião, CHRISTOPHER THOMAS preferiu renunciar à posição de árbitro.

49. Tendo em vista preservar o procedimento arbitral e garantir a eficácia da sentença arbitral, no caso *Hrvatska Elektropriveda* (HEP) *v Eslovénia*[48], o tribunal arbitral, a pedido da Eslovênia, decidiu que o advogado escolhido pela HEP, DAVID MILDON, deveria se retirar do procedimento arbitral em questão.

50. Nesse caso, a Eslovênia alegou que a presença de MILDON no procedimento poderia prejudicar a imparcialidade do presidente do tribunal arbitral, DAVIS WILLIAMS, uma vez que ambos teriam trabalhando juntos no Essex Court Chambers. A HEP teria omitido a participação de MILDON na arbitragem até poucos dias antes da audiência sobre jurisdição, o que aumentou as suspeitas por parte da Eslovênia. O tribunal arbitral decidiu que a HEP teria ameaçado a integridade do tribunal, levantando dúvida sobre a imparcialidade do presidente do tribunal e esse fato, se não corrigido, poderia ameaçar o princípio da imutabilidade do tribunal fundado no art. 56(1) da Convenção de Washington, esclarecendo que:

> "*The present case involves precisely such an initiative undertaken by one of the* litigants, which only at an extremely late stage has disclosed the involvement of counsel whose presence is for all practical purposes incompatible with the *maintenance of the Tribunal in its present proper composition.*"[49]

51. Renunciar ou não renunciar como árbitro e atuar ou não como advogado, em algumas situações, causa divergências e até polémica entre árbitros e advogados que atuam em arbitragens de investimento, eis que, nesses casos, há, muitas vezes, interesse público envolvido. PHILIPPE SANDS, por exemplo, entende ser

---

[46] Corte Distrital de Haia, 18.10.2004, *ASA Bulletin, v. 23, n. 1*, p.192, 2005.

[47] Decision on the Challenge to Mr J Christopher Thomas, 14.10.2009, NASSIB G. ZIADÉ, ICSID Deputy Secretary General. Disponível em: http://italaw.com/sites/default/files/case-documents/ita0352.pdf, acesso em: 06.07.2012.

[48] Tribunal's Ruling regarding the participation of David Mildon QC in further stages of the proceedings, ICSID Case n. ARB/05/24, *Hrvatska Elektroprivreda, d.d. v República da Eslovênia*, 06.05.2008. Disponível em: http://icsid.worldbank.org/ICSID/FrontServlet?requestType=GenCaseDtlsRH&actionVal=ListPending, acesso em: 06.07.2012.

[49] Tribunal's Ruling regarding the participation of David Mildon QC, para. 29.

necessário evitar atuar como advogado em arbitragens de investimento quando se pretende atuar como árbitro[50]. Por outro lado, CHRISTOPHER SCHREUER e EDUARDO SILVA ROMERO consideram esta posição não muito realista, porquanto são pouquíssimos os juristas que conseguem atuar apenas como árbitros nos litígios referentes a investimentos[51].

52. Assim, diante dessas divergências, foi estabelecido um grupo de trabalho para a elaboração das *Draft English Bar Guidelines*[52], para tratar de casos em que advogados *("barristers")* pertencentes à mesma *chamber* atuam como advogado e árbitro nos mesmos casos, ainda que sejam, em tese, independentes um do outro, a *chamber* não equivalendo a uma sociedade e sendo uma peculiaridade do direito inglês. A matéria também foi discutida na CCI, na qual ainda não teve solução definitiva aplicável a todos os casos.

53. Cumpre ressaltar, todavia, que eventual vedação às nomeações repetitivas ou *double hatting* poderia causar prejuízo à arbitragem, em detrimento da autonomia da vontade das partes, que, muitas vezes, buscam nomear um árbitro de sua confiança e que detenha conhecimento técnico sobre a matéria em questão, em particular quando presume conhecimentos especializados. Acresce que, curiosamente, não se questiona a neutralidade de juízes que decidam sobre o mesmo assunto ou sobre controvérsias que envolvam as mesmas partes.

54. Assim, uma ponderação essencial é justamente a especialidade do árbitro, que é uma das razões pelas quais as partes buscam a arbitragem. Por exemplo, pode ser limitado o número de árbitros disponíveis que conheçam um assunto com profundidade, tenham uma nacionalidade específica e falem determinados idiomas relevantes em um arbitragem. Portanto, a vantagem da especialização dos árbitros não pode ser desconsiderada na hipótese de nomeações repetitivas, devendo, inclusive, em alguns casos, prevalecer em benefício da eficiência

---

[50] SEBASTIAN PERRY, "Arbitrator and counsel: the double-hat syndrome", *Global Arbitration Review*, 15.03.2012. Disponível em: http://www.globalarbitrationreview.com/journal/article/30399/arbitrator-counsel-double-hat-syndrome/, acesso em: 25.06.2012.

[51] SEBASTIAN PERRY, "Arbitrator and counsel: the double-hat syndrome", *Global Arbitration Review*, 15.03.2012, disponível em: http://www.globalarbitrationreview.com/journal/article/30399/arbitrator-counsel-double-hat-syndrome/, acesso em: 25.06.2012.

[52] KIRIAKI KARADELIS, "Bar Council do address barristers' conflicts", *Global Arbitration Review*, 12.03.2012, disponível em: http://www.globalarbitrationreview.com/news/article/30391/bar-council-address-barristers-39-conflicts/, acesso em: 25.06.2012. Vide, por exemplo, as diretrizes publicadas pelo *Bar Council* em julho de 2007, as quais regulam a atuação por *barristers* pertencentes à mesma *chamber* como partes adversas: http://www.barcouncil.org.uk/for-the-bar/practice--updates-and-guidance/guidance-on-the-professional-conduct-of-barristers/acting-on-opposite--sides-of-within-chambers/ Todavia, ainda não há a diretrizes oficias sobre a atuação como árbitro e advogado por membros da mesma *chamber of barristers*.

na arbitragem e a confiança das partes, a não ser que seja configurada nomeação sistemática evidenciando uma fidelização[53].

55. Indaga-se, outrossim, também se haveria incompatibilidade entre a atuação como mediador e como árbitro e se colocaria em cheque a imparcialidade[54], pois o mediador pode ter obtido informações confidenciais, que não constam do processo arbitral[55]. De qualquer forma, a garantia de uma decisão equânime e equilibrada na arbitragem está também sujeita ao binômio ciência-anuência[56]; em outras palavras, poderão as partes, se lhes for conveniente, convencionar a atuação como árbitro de quem foi mediador.

56. Em conclusão, aplica-se o princípio *"in medio stat virtus"*, ou seja, há que se primar pela razoabilidade no sentido de que o eventual dever de revelação e o pedido de impugnação de árbitro estejam sempre calcados em fundamentos razoáveis, sem intuito procrastinatório.

57. Por seu turno, o judiciário deve garantir a obediência aos princípios éticos na arbitragem, mediante suas decisões em ações cautelares, anulatórias, de execução da sentença arbitral, e de homologação de sentença arbitral estrangeira, isto é, ao exercer as suas funções como juízo de apoio e controlo[57]. Paralelamente, o judiciário também deve ser imparcial ao decidir sobre ações relativas à arbitragem, bem como promover o valor da imparcialidade como integrante do conceito da ordem pública nacional e internacional.

58. Acreditamos que os impedimentos dos árbitros podem se basear em razões e motivos mais genéricos do que os estabelecidos para os magistrados nas leis processuais.

59. Efetivamente, como bem esclarece a respeito MIGUEL GALVÃO TELES:

> *"(...) os juízes apenas exercem a atividade de julgar, de modo que os impedimentos e os fundamentos de recusa quase se reduzem a imediatos interesses patrimoniais próprios ou de familiares.*

---

[53] FATIMA-ZAHRA SLAOUI, "The Rising Issue of Repeat Arbitrators: A Call for Clarification", *Arbitration International*, vol. 25(1), p. 116, 2009.

[54] Vide, sobre o assunto, JESÚS ALMOGUERA, "Arbitration and Mediation Combined: The independence and impartiality of arbitrators", M.A. FERNÁNDEZ-BALLESTEROS, DAVID ARIAS, *Liber Amicorum Bernardo Cremades*. Madrid: La Ley, 2010, p. 101 *et seq.*

[55] No Brasil, alguns regulamentos de arbitragem vedam a atuação como árbitro de quem tenha atuado como mediador na controvérsia. Tal é o caso dos regulamentos da Câmara de Conciliação, Mediação e Arbitragem de São Paulo CIESP/FIESP (art. 5.2.g), Centro de Arbitragem e Mediação da Câmara de Comercio Brasil-Canadá (CCBC) (art. 5.2.k), e do Centro de Arbitragem AMCHAM (art. 4.2.v). De acordo com esses regulamentos, é possível, no entanto, que as partes convencionem ao contrário.

[56] Vide RAFAEL FRANCISCO ALVES, "A Imparcialidade do Árbitro no Direito Brasileiro", *Revista de Arbitragem e Mediação*, n. 7, p. 119-125, out./dez. 2005.

[57] JEAN-PIERRE ANCEL, "L'Éthique dans l'arbitrage vue par le juge', In: GUY KEUTGEN (Dir.), *L'Éthique dans l'arbitrage*. Bruxelas: Bruylant, 2012, p. 137.

Os árbitros têm por regra uma profissão, que se encontra para além de o serem. Quanto a eles, os problemas principais respeitam às relações profissionais com as partes ou pessoas ligadas às partes, incluindo os mandatários desta.[58]"

60. Um caso em que atuamos ilustra muito bem hipótese em que o judiciário brasileiro terá a oportunidade de eventualmente rejeitar os efeitos da decisão anulatória de sentença arbitral estrangeira, que revisou o mérito desta última, por motivos eminentemente políticos. Trata-se de procedimento de homologação de sentença arbitral estrangeira, anulada no país da sede da arbitragem, por um tribunal claramente parcial, que aparentemente sofreu influência política.

61. Por outro lado, tem havido excesso de impugnações levianas e cuja única finalidade consiste em impedir o bom funcionamento da arbitragem. Exemplo típico é o que me foi relatado, alguns meses antes do seu falecimento, pelo árbitro SERGE LAZAREFF, que presidia uma arbitragem na qual uma das partes era um armador grego. Tendo recebido em início de julho, mês das férias europeias, de uma das partes, um longo laudo em língua grega, o árbitro determinou que fosse traduzido em inglês, idioma da arbitragem. Concedeu, para tanto, o prazo, que lhe foi pedido, de trinta dias, que lhe parecia razoável diante da complexidade do documento e das férias que paralisam a vida negocial. A outra parte alegou a suspeição do Professor LAZAREFF por ter dado prazo exagerado para a tradução. A impugnação foi rejeitada, mas mostra o excesso de incidentes criados sem justo motivo.

62. Como afirma o Professor DANIEL COHEN:

"En dernière analyse, s'il est à l'évidence indispensable que tout arbitre doit être et rester indépendant, il ne doit pas exister une tentation irréaliste de sonder les coeurs et les reins, de semer un doute généralisé sur toute nomination d'arbitre et d'exiger que les parties renoncent au choix de le nommer. Des limites raisonnables doivent à l'évidence être posées."

E conclui o mestre que:

"(...) Et il ne paraît ni raisonnable, ni souhaitable, pour des raisons d'ordre philosophique comme pratique, que, sous prétexte de conflits d'intérêts des arbitres entendus trop largement et par un excès de rigorisme, s'installent en France, au rebours de pays étrangeres, 'les risques insidieux d'une folklorisation dissolvante de la justice' et, dans l'arbitrage, l'ère du soupçon."[59]

63. Portanto, não há dúvidas que a imparcialidade e a eficiência na arbitragem só estarão bem protegidas, se os árbitros, as partes, e o judiciário atuarem neste sentido, numa verdadeira parceria inspirada pela boa-fé e pelos princípios éticos.

---

[58] MIGUEL GALVÃO TELES, *op. cit.*, p. 134.
[59] DANIEL COHEN, "Indépendance des arbitres et conflits d'intérêts", *Revue de l'Arbitrage*, n. 3, p. 652, juil./sept. 2011.

VI. Conclusões

64. Atualmente, vê-se na jurisdição arbitral mais do que um instrumento para a solução de conflitos ocorridos no passado. O árbitro abandona, assim, o papel passivo que tinha no passado, e passa a *"encaminhar soluções, enfatizar o que é útil e sancionar os abusos"*. Ele é um garantidor da paz social, e, especialmente, da sobrevivência da empresa e das relações empresariais num clima construtivo e de harmonia. É o juiz ativo e eficiente, construtor e indutor ou criador de soluções adequadas, que já se denominou "o juiz catalisador"[60]. Pode-se, até, concluir que ele tem, ou pode ter, uma competência maior do que a do magistrado pertencente aos quadros da Justiça estatal, quando ela lhe é atribuída pelas partes, para encontrar e aplicar soluções equitativas ou inspiradas no pragmatismo ético. Para tanto, poderá recorrer não só à legislação aplicável ao contrato, mas, também, à *soft law*, à *lex mercatoria*, e aos princípios gerais do direito, que inclusive, já estão, hoje, consolidados em vários instrumentos internacionais.

65. Se o mundo se caracteriza pela audácia da esperança[61] e pela ditadura da urgência[62], o direito do século XXI, enfatiza a importância crescente da inovação e requer a audácia da criatividade, que abrangem tanto o diagnóstico dos problemas como a apresentação de soluções. Como bem salienta TULLIO ASCARELLI, *"na atual crise de valores, o mundo pede aos juristas ideias novas, mais do que sutis interpretações"*[63].

66. Cabe, pois, aos árbitros encontrar soluções para os litígios, em consonância com regras éticas, que propiciem uma sentença arbitral justa e eficiente, fundada nos fatos alegados e provados, de acordo com as regras aplicáveis, mediante um procedimento que possibilite às partes expor seu caso da maneira mais completa possível[64]. O árbitro deve, pois, ser *"garantidor do respeito do direito e dos valores fundamentais que ele deve fazer prevalecer"*[65]. É a lição que nos deu e nos dá MIGUEL GALVÃO TELES e que tentei sintetizar no presente artigo.

---

[60] FRANÇOIS OST, "Juge-pacificateur, juge-arbitre, juge-entraîneur. Trois modèles de justice", In: PHILIPPE GÉRARD, MICHEL VAN DE KERCHOVE ET FRANÇOIS OST, *Fonction de juger et pouvoir judiciaire*, Bruxelles: Facultés Universitaires Saint-Louis, 1983, p. 1.

[61] BARACK OBAMA, *The audacity of hope*, New York: Crown, 2006.

[62] GILLES FINCHELSTEIN, *La dictadure de l'urgence*, Paris: Fayard, 2011.

[63] TULLIO ASCARELLI, *Studi di diritto comparato e in tema di interpretazione*, Milano: Dott A. Giuffre, 1952, p. 329.

[64] PIERRE TERCIER, "L'éthique des arbitres', In: GUY KEUTGEN (Dir.), *L'éthique dans l'arbitrage*, Bruxelas: Bruylant, 2012, p. 20.

[65] PHILIPPE FOUCHARD, *op. cit.*, p. 395.

Parte IV
Direito Privado

Sociedades Comerciais e Direitos Humanos

JOSÉ ENGRÁCIA ANTUNES

I. INTRODUÇÃO

I. A Convenção Europeia dos Direitos do Homem (CEDH) representa uma das expressões mais emblemáticas do movimento de proteção internacional dos direitos do homem. É sabido que, sobretudo após o cortejo de horrores que acompanhou a I e a II Grande Guerra Mundial, a positivação e a proteção dos *direitos humanos* ("human rights", "droits de l'homme", "Menschenrecht") foi ganhando um crescente lugar de destaque na agenda política e jurídica, quer ao nível individual dos Estados (através de uma densificação das garantias jurídico-constitucionais dos direitos fundamentais do homem)[1], quer mais tarde ao nível da própria comunidade internacional[2]. Espécie de "código europeu" dos direitos humanos, a CEDH de 1950 e respetivos protocolos adicionais[3] contêm um elenco vasto de direitos garantidos, tais como o direito à vida, à não sujeição a tortura ou penas degradantes, à proibição da escravatura ou servidão, à liberdade e segurança, à livre circulação e escolha de domicílio, a um processo equitativo, à não retroatividade da lei penal, ao respeito da vida familiar e privada, à liberdade de pensamento, consciência e religião, à liberdade de expressão, à liberdade de reunião e

---

[1] ANDRADE, J. Vieira, *Os Direitos Fundamentais na Constituição Portuguesa de 1976*, 20 e segs., 5ª edição, Almedina, Coimbra, 2012; CANOTILHO, J. Gomes, *Direito Constitucional*, 375 e segs., 5ª edição, Almedina, Coimbra, 2002.

[2] SCHUTTER, Olivier, *International Human Rights Law: Cases, Materials, Commentary*, Cambridge University Press, Cambridge, 2010.

[3] Esta Convenção – intitulada oficialmente *"Convenção para a Proteção dos Direitos do Homem e das Liberdades Fundamentais"* – foi adotada sob a égide do Conselho da Europa em 4 de novembro de 1950, tendo entrado em vigor em 1953, tendo sido modificada, até à presente data, por 15 Protocolos adicionais, e tendo sido assinada por Portugal em 1976.

de associação, e ao recurso efetivo perante instância nacional em caso de violação dos direitos garantidos, entre outros.[4]

II. Numa era marcada pela globalização e pela hegemonia do "homo oeconomicus", ninguém pode ignorar o relevo da *sociedade comercial* ("corporation", "company", "Gesellschaft", "société", "società"). Trata-se indubitavelmente da mais perfeita, poderosa e complexa das pessoas coletivas de direito privado: ela está para o Direito Privado, como o Estado está neste domínio para o Direito Público. Numa proposição que peca apenas por defeito, tornou-se frequente ver afirmado que, entre as entidades económicas mais poderosas do mundo, se contam hoje cinquenta Estados e cinquenta sociedades (anónimas) – o que também explica que o instituto societário desperte amores e ódios, já que, se uns viram nela, numa frase que ficou célebre, o "instrumento maravilhoso do capitalismo moderno" (Georges RIPERT), outros houve que não hesitaram em qualificá--la de "organismo de pilhagem metódica" (P. LEROY-BEAULIEU). E, sem que talvez disso nos demos suficiente conta, o curso das nossas próprias vidas individuais desenvolve-se, da nascença à morte, sob a égide destas entidades, nos mais variados papéis de seu dirigente, sócio, investidor, credor, trabalhador, cliente, ou simplesmente consumidor.[5]

III. Jurista excecional, de gostos ecléticos, Miguel Galvão Teles demonstrou sempre uma especial predileção por dois setores da ordem jurídica – o Direito Internacional Público e o Direito Societário. O tema do presente trabalho surge justamente na *encruzilhada* destes dois ramos, ou mais propriamente, destes dois

---

[4] Apesar dessa adesão, a Convenção tem tido um reduzido impacto na nossa legislação e jurisprudência internas, continuando hoje "a ser largamente ignorada pela comunidade jurídica em Portugal" (COUTINHO, F. Coutinho, *Report on Portugal*, 367, in: AA.VV., "The National Judicial Treatment of the ECHR and EU Laws – A Comparative Constitutional Perspective", 351-367, Europa Law Publishing, Groningen, 2010). Sobre a CEDH, vide, entre nós, BARRETO, Irene Cabral, *Convenção Europeia dos Direitos do Homem – Anotada*, 4ª edição, Wolters Kluwer/ Coimbra Editora, Coimbra, 2010. Para comentários estrangeiros, vide FROWEIN, Jochen/ PEUKERT, Wolfgang, *Europäische MenschenRechtsKonvention*, 3. Aufl., Engel Verlag, Kehl am Rein, 2009; HERRARTE, I. Lasagabaster (dir.), *Convenio Europeo de Derechos Humanos – Comentario Sistemático*, 2ª ed., Thomson Reuters/ Civitas, Navarra, 2009; PETITTI, Loius-Edmond/ DECAUX, Emmanuel/ IMBERT, Pierre-Henri, *La Convention Européenne des Droits de l'Homme – Commentaire*, 2ª ed., Economica, Paris, 1999; REID, Karen, *A Practitioner's Guide To the European Convention of Human Rights*, 5th ed., Sweet & Maxwell/ Thomson Reuters, London, 2012.

[5] Sobre o relevo da sociedade como forma jurídica de organização da empresa, seja-nos permitido renviar para ANTUNES, J. Engrácia, *Direito das Sociedades*, 13 e segs., 3ª ed., Edição de Autor, Porto, 2012; noutros quadrantes, OTT, Claus, *Recht und Realität der Unternehmenskorporation. Ein Beitrag zur Theorie der Juristische Person*, Mohr, Tübingen, 1977.

vetores caraterísticos da moderna era da globalização económica e jurídica: a *universalização da tutela dos direitos humanos* e a *difusão hegemónica das empresas societárias.*
"Prima facie", dir-se-ia tratar-se de aspetos aparentemente desconexos, sendo até a questão, em si mesma, concetualmente paradoxal: constituindo os direitos humanos, histórica e semanticamente, a expressão de um conjunto de direitos essenciais e inalienáveis dos indivíduos enquanto "seres humanos", fará sentido estendê-los a organizações etéreas e sobre-humanas movidas pelo lucro e destituídas de corpo e alma[6]? *Por outras palavras, será possível – sem cair nas garras de de uma analogia antropomórfica "à outrance" – considerar as pessoas coletivas societárias como titulares de direitos e obrigações consagrados na CEDH, a par das pessoas singulares ou físicas?*

IV. A resposta a tal questão, de modesta ambição, será dada em duas etapas. Num primeiro momento, procuraremos averiguar o *estatuto jurídico-ativo* das sociedades comerciais em matéria de direitos humanos: do que se trata de saber é, desde logo, se e em que medida as pessoas coletivas societárias podem ser titulares dos direitos consagrados na CEDH, passando em revista os respetivos pressupostos (subjetivos, substantivos, procedimentais) e procedendo a uma breve análise da casuística jurisprudencial existente na matéria (desenvolvida pelo Tribunal Europeu dos Direitos do Homem, doravante TEDH) (II). Num segundo momento, viraremos a questão do avesso, interrogando-nos pela pertinência de um eventual *estatuto jurídico-passivo* das sociedades em matéria de direitos humanos: tendo em atenção o papel central hoje desempenhado por algumas dessas sociedades (especialmente, multinacionais) na vida económica, social e política contemporâneas, é crescente o número de vozes que pretende ver nelas, a par dos Estados, verdadeiros titulares de obrigações de respeito e de garantia dos direitos humanos, mormente dos protegidos pela CEDH (III).

II. O ESTATUTO JURÍDICO-ATIVO: AS SOCIEDADES COMO TITULARES DE DIREITOS HUMANOS
1. Âmbito de Aplicação
I. A primeira questão que nos sai a caminho consiste em saber se as pessoas sociedades comerciais são *sujeitos ativos* abrangidos no âmbito de aplicação da CEDH, ou seja, se e sob que pressupostos podem ser aquelas consideradas como titulares dos direitos e liberdades por ela garantidos.[7]

---

[6] Para usar emprestada a expressão de Carl MAYER, não se estará aí a "pessoalizar o impessoal"? (*Personalizing the Impersonal: Corporations and the Bill of Rights*, in: 41 "Hasting Law Journal" (1990), 577-667).

[7] Sobre as pessoas coletivas societárias como sujeitos ativos da CEDH, e, em geral, como titulares de direitos humanos, vide DECAUX, Emmanuel, *L'Applicabilité des Normes Relatives aux Droits de l'Homme aux Personnes Morales de Droit Privé*, in 54 "Revue Internationale de Droit Comparé"

ESTUDOS EM HOMENAGEM A MIGUEL GALVÃO TELES

1.1. Requisitos Subjetivos

I. Ao contrário de outros instrumentos internacionais de proteção dos direitos humanos – é o caso do "Pacto Internacional dos Direitos Cívicos e Políticos", adotado pelas Nações Unidas em 1966 (a que Portugal aderiu em 1976), que se refere expressa e exclusivamente a pessoas individuais ou naturais[8] –, a *CEDH reconheceu expressamente as pessoas coletivas ou morais como titulares de (alguns) direitos humanos.*

II. Desde logo, recorde-se que o art. 1º da Convenção dispõe que "as Altas Partes Contratantes reconhecem a *qualquer pessoa* dependente da sua jurisdição os direitos e liberdades definidos no título I da presente Convenção": ora, ao recorrer ao termo genérico "qualquer pessoa" (e não indivíduo), os trabalhos preparatórios mostram que foi justamente intenção dos seus pais fundadores permitir que a mesma pudesse ser aplicada, em princípio, a qualquer entidade com personalidade jurídica, fosse esta singular ou coletiva[9]. Esta leitura é ainda confirmada pelo art. 34º da Convenção, que, ao delimitar o direito de petição ou queixa, estabelece que "o Tribunal pode receber petições de qualquer pessoa singular, *organização não governamental* ou *grupo de particulares* que se considere vítima de violação por qualquer Alta Parte Contratante dos direitos reconhecidos na Convenção ou nos seus protocolos"[10]. Enfim, se dúvidas subsistissem, elas seriam forçosamente dissipadas pelo art. 1º do Primeiro Protocolo Adicional, datado de 1952, o qual, relativamente ao direito à proteção da propriedade, consagrou expressamente que "*qualquer pessoa singular ou coletiva* tem direito ao respeito dos seus bens".[11]

(2002), 549-578; EMBERLAND, Marius, *The Human Rights of Companies*, Oxford University Press, Oxford, 2006; HENNEBEL, Ludovic/ DOCQUIR, Pierre-François, *L'Entreprise, Titulaire et Garante des Droits de L'Homme*, in: AA.VV., "Responsabilités des Entreprises et Coregulation", 80-145, Bruylant, Bruxelles, 2007; SCHUTTER, Olivier, *L'Accès des Personnes Morales à la Cour Européene des Droits de l'Homme*, in: "Mélanges Offerts à S. Marcus Helmons", 83-108, Bruylant, Bruxelles, 2003.

[8] Nos termos do seu art. 2º, nº 1, "cada Estado Parte compromete-se a respeitar e a garantir a todos os *indivíduos* que se encontrem nos seus territórios e estejam sujeitos à sua jurisdição os direitos reconhecidos no presente Pacto". Sobre a exclusão das pessoas coletivas do âmbito de proteção deste pacto, vide JOSEPH, Sarah/ SCHULTZE, Jenny/ CASTAN, Melissa, *The International Covenant on Civil and Political Rights: Cases, Materials, and Commentary*, 53 e segs., 2nd edition, Oxford University Press, Oxford, 2004.

[9] Cf. *Collected Edition of the "Travaux Préparatoires" of the European Convention on Human Rights*, vol. I, 296 e segs., Martinus Nijhoff, The Hague, 1975.

[10] Sobre o sentido destas expressões, vide *infra* II, 1.3.

[11] É pacífico entre os comentaristas o relevo das pessoas coletivas, mormente sociedades, como sujeitos do direito protegido por este preceito particular: assim, BARRETO, Irene Cabral, *Convenção Europeia dos Direitos do Homem – Anotada*, 457, 4ª edição, Wolters Kluwer/ Coimbra Editora, Coimbra, 2010; HERRARTE, I. Lasagabaster (dir.), *Convenio Europeo de Derechos Humanos – Comentario Sistemático*, 767, 2ª ed., Thomson Reuters/ Civitas, Navarra, 2009. Cf ainda *infra* II, 2.1.

III. Assim sendo, em sede geral e abstrata, podem ser objeto da proteção conferida pela CEDH todo o tipo de pessoas coletivas privadas, incluindo *associações* (de natureza política[12], religiosa[13], sindical[14], etc.), *fundações*[15], e, naturalmente, *sociedades*, sejam estas civis ou comerciais[16]: como o próprio TEDH reconheceu expressamente, "nem o estatuto jurídico de sociedade anónima, nem o caráter comercial das respetivas atividades priva" estas entidades de beneficiar da proteção conferida pela CEDH, "a qual é aplicável a qualquer pessoa, singular ou coletiva".[17]

1.2. Requisitos Objetivos

I. O busílis da questão, todavia, não reside tanto em saber se as sociedades podem ou não ser titulares de direitos humanos à luz da CEDH (âmbito subjetivo), mas antes, uma vez respondida afirmativamente tal questão, em determinar *quais* os direitos em causa (âmbito objetivo da proteção).

II. A resposta a tal questão é *complexa*, já que pressuporá sempre uma tomada de posição subjacente, ainda que implícita, sobre o sentido último da própria personificação coletiva[18]. Em termos genéricos, pode afirmar-se que a titulari-

---

[12] Incluindo partidos políticos: cf. Acórdão *Freedom and Democracy Party (ÖZDEP) v. Turkey*, de 8 de dezembro de 1999. Sublinhe-se que, de longa data, o TEDH determinou que um partido político pode ser qualificado como uma "organização não governamental" ou um "grupo de particulares" para efeitos do direito de petição (Córdão *The Liberal Party v. United Kingdom*, de 16 de dezembro de 1960). Cf. ainda DOURAKI, Thomals, *Les Associations Devant la Commission et la Cour Européene des Droits de l'Homme*, in: 2 «Hague Yearbook of International Law» (1989), 139-145 (embora com uma noção demasiadamente ampla de associação).

[13] Incluindo igrejas: cf. Acórdão *The Holy Monasteries v. Greece*, de 9 de dezembro de 1994; Acórdão *Metropolitan Church of Bessarabia and Others v. Moldova*, de 13 de dezembro de 2001 (a §101).

[14] Acórdão *National Union of Belgian*, de 25 de outubro de 1975; Acórdão *Swedish Engine Drivers' Union v. Sweden*, de 6 de fevereiro de 1976.

[15] Sublinhe-se que o TEDH tem estendido a proteção conferida pela Convenção, quer a pessoas coletivas *em dissolução* (cf. Acórdão *Buffalo S.r.l. en l«Liquidation v. Italy*, de 3 de julho de 2003), quer até a coletividades privadas *sem personalidade jurídica* (v.g., Acórdão *Canea Catholic Church v. Greece*, de 16 de dezembro de 1997; Acórdão *Grande Oriente d'Italia di Palazzo Giustiniani v. Italy*, de 2 de agosto de 2001).

[16] Entre os tipos societários mais comuns, incluem-se as sociedades anónimas – v.g., Acórdão *Groppera Radio AG and Others v. Switzerland*, de 28 de março de 1990; Acórdão *Caffè Roversi S.p.a. v. Italy*, de 27 de fevereiro de 1992 – e as sociedades por quotas – v., g., Acórdão *Markt intern Verlag GmbH and Klaus Beermann v. Germany*, de 20 de novembro de 1989; Acórdão *Hoerner Bank GmbH v. Germany*, de 24 de setembro de 1999, Acórdão *Buffalo S.r.l. en liquidation v. Italy*, de 3 de julho de 2003.

[17] Acórdão *Autronic AG v. Switzerland*, de 22 de maio de 1990 (a § 47). Cf. ainda DUFFY, Peter, *The Protection of Commercial Interests under the European Convention of Humamn Rights*, in: Cranston, Ross (ed.), "Making Commercial Law", 525-542, Oxford University Press, Oxford, 1997.

[18] A natureza ou essência da personalidade jurídica tem sido objeto de apaixonadas discussões entre os autores, sendo bem conhecidas na doutrina as teorias clássicas da pessoa coletiva como *ficção*

dade de direitos humanos por pessoas coletivas societárias se encontra sujeita a um conjunto de *limites* próprios, de índole geral e concreta, que a diferencia da titularidade das pessoas singulares.

Por um lado, limites de caráter geral ou universal, decorrentes da sua própria *natureza*, que são aplicáveis a todas as pessoas coletivas. Um pouco à semelhança do que se passa com a titularidade dos direitos fundamentais nas ordens jurídicas internas[19], tornou-se usual na doutrina e na jurisprudência considerar as pessoas coletivas apenas são titulares de direitos consagrados na CEDH "que sejam compatíveis com a sua natureza particular"[20]. Excluídos estarão, desde logo, aqueles direitos humanos inseparáveis da personalidade singular, postuladores de uma referência humana ou de uma "pessoa de carne e osso", tais como o direito à vida (art. 2º), o direito à não sujeição a tortura e penas degradantes (art. 3º), o direito à não sujeição a escravatura (art. 4º), o direito à instrução (art. 2º do Primeiro Protocolo Adicional)[21], o direito ao domicílio (art. 8º)[22], o direito à liberdade de consciência (art. 9º)[23], o direito ao casamento (art. 12º)[24], e assim por diante.

(cujo arauto foi Friederich von Savigny, *System des heutigen Römischen Rechts*, Band II, Berlin, 1840), como realidade orgânica (cujo principal defensor foi Otto von Gierke, *Die Genossenschaftstheorie und die deutsche Rechtsprechung*, Weidmannsche, Berlin, 1989) ou como realidade jurídica (em que se destaca Francesco Ferrara, *Le Persone Giuridiche*, Utet, Torino, 1938). Em nosso entender, a personalidade jurídica representa hoje, fundamentalmente, um expediente técnico-jurídico destinado a permitir simplificar a produção normativa de um direito especial complexo a partir do próprio direito comum (cf. Antunes, J. Engrácia, *Direito das Sociedades*, 219 e segs,, 3ª edição, Porto, 2012).

[19] De acordo com o art. 12º, nº 2, da CRP, "as pessoas coletivas gozam dos direitos e estão sujeitas aos deveres compatíveis com a sua natureza": sobre o ponto, vide Andrade, J. Vieira, *Os Direitos Fundamentais na Constituição Portuguesa de 1976*, 117 e segs. 5ª edição, Almedina, Coimbra, 2012; Canotilho, J. Gomes, *Direito Constitucional*, 418 e segs., 5ª edição, Almedina, Coimbra, 2002. Sublinhe-se que o Tribunal Constitucional português já chegou a afirmar que os direitos consagrados na CEDH "não dizem nada que já se não contenha nas normas ou princípios da CRP" (Acórdão nº 557/2004, de 15 de setembro de 2004).

[20] Dijk, Pieter van/ Hoof, Fried van/ Rijn, Arjen van/ Zwaak, Leo, *Theory and Practice of the European Convention of Human Rights*, 53, 4th edition, Intersentia, Antwerpen/ Oxford, 2006; Marcus-Helmons, Silvio, *L'Applicabilité de la CEDH aux Personnes Morales*, 151, in: 31 "Journal des Tribunaux – Droit Européen" (1996), 150-153.

[21] Cfr. *Ingrid Jordebo Foundation of Christian Schoolsand Ingrid Jordebo v. Sweden*, decisão da Comissão Europeia dos Direitos Humanos de 6 de março de 1987.

[22] No acórdão *Asselbourg and 78 Others and Greeenpeace Association v. Luxembourg*, de 29 de junho de 1999, o TEDH considerou que uma associação ambiental não pode ser vítima de uma violação do direito ao respeito do seu domicílio no sentido do art. 8º da Convenção simplesmente em virtude do facto de a respetiva sede estar próxima das empresas industriais alvo das suas críticas em termos ambientais (a §1).

[23] Cf. *Verein "Kontakt-Information-Therapie" (KIT)and Siegfried Hagen v.Austria*, decisão da Comissão Europeia dos Direitos Humanos de 12 de outubro de 1998. Vide ainda, todavia, *infra* II. 2.4.

[24] Aliás, sintomaticamente, este preceito faz referência expressa "ao homem e à mulher".

Por outro lado, limites de caráter concreto ou individual, decorrentes do *fim* ou *escopo* concreto de cada sociedade comercial em particular. É bem sabido que a capacidade jurídica das sociedades se encontra balizada por um princípio fundamental: o princípio da especialidade do fim, de acordo com o qual a respetiva capacidade compreende todos mas apenas os direitos e obrigações necessários ou convenientes à prossecução dos seus fins (art. 160º, nº 1, do Código Civil, art. 6º, nº 1, do Código das Sociedades Comerciais)[25]. Assim sendo, a titularidade coletiva dos direitos da CEDH está ainda sujeita a um limite funcional, a determinar caso a caso em função do escopo da sociedade em causa, não sendo admissível que esta se arrogue de direitos que são estranhos ou impertinentes ao respetivo escopo legal ou estatutário próprio: assim por exemplo, não parece legítimo que uma sociedade comercial se pretenda fazer prevalecer do direito à liberdade religiosa (art. 9º).[26]

III. Estes limites são relevantes num terreno particularmente propenso a uma espécie de *deriva antropomórfica* e *instrumentalizadora* dos direitos humanos, que, em última análise, poderia debilitar a própria CEDH.

Com efeito, e desde logo, a doutrina vem recorrentemente alertando para os riscos de um antropomorfismo exacerbado, suscetível de conduzir a uma "deriva utilitarista"[27] em favor das pessoas coletivas societárias ou a uma "mercadorização"[28], a uma "despersonificação"[29], a um "tecnopersonalismo"[30], ou até, pura e simplesmente, a um "roubo"[31] dos direitos humanos. Uma ilustração desta deriva antropomórfica pode ser encontrada no acórdão do TEDH de 6 de abril de 2000, no caso *Comingersoll SA c. Portugal*, onde se reconheceu expressamente a uma sociedade comercial o direito a uma indemnização por danos morais, estribando-se para tal nos prejuízos causados à reputação da empresa e

---

[25] Sobre o princípio da especialidade do fim, vide ANTUNES, J. Engrácia, *Direito das Sociedades*, 238 e segs,, 3ª edição, Porto, 2012.

[26] Cf. *Kustannus Oy Vapaa Ajatteliaja AB and Others v. Finland*, decisão da Comissão Europeia dos Direitos Humanos de 15 de abril de 2006.

[27] WESTER-OUISSE, Véronique, *Dérives Anthropomorphiques de la Personnalitè Morale: Ascendances et Influences*, 16,: 83 "La Semaine Juridique – Édition Générale" (2009), I, 13-17.

[28] EDELMAN, Bernard, *La Cour Européenne des Droits de l'Homme et l'Homme du Marchè*, 901, in: 187 "Recueil Dalloz – Actualité" (2011), 897-904.

[29] GREAR, Anna, *Challenging Corporate "Humanity": Legal Disembodiment, Embodiment and Human Rights*, in: 7 "Human Rights Law Review" (2007), 511-546.

[30] LOISEAU, Grégoire, *Des Droits Humains por Personnes non Humaines*, 2259, in: 187 "Recueil Dalloz – Actualité" (2011), 2558-2564.

[31] HARTMANN, Thom, *Unequal Protection: The Rise of Corporate Dominance and the Theft of Human Rights*, Rodale Press, New York, 2002.

ESTUDOS EM HOMENAGEM A MIGUEL GALVÃO TELES

até nas angústias sofridas pelos seus administradores[32]. Ora, perante isto, é legítimo perguntar até onde nos poderá conduzir uma tal lógica de equiparação mais ou menos acrítica ou pavlovliana entre pessoas singulares e coletivas: será que um dia assistiremos à invocação do direito à vida por parte de sociedades comerciais como forma de estas evitarem ou iludirem os rigores das leis insolvenciais? à invocação da proibição da escravatura ou dos maus tratos por parte de filiais de grupos multinacionais sediadas em países em desenvolvimento (sistematicamente descapitalizadas pela respetiva sociedade-mãe) ou de pequenos empresários agentes, concessionários, ou fornecedores integrados em grandes redes de distribuição (sistematicamente expoliados pelo produtor, fabricante ou concedente)? ou até, quem sabe, à invocação do direito ao casamento para legitimar fusões societárias violadoras das regras "anti-trust"?...[33] Além disso, e por outro lado, não se pode perder de vista que as sociedades comerciais constituem organizações dotadas de um poder socioeconómico e de recursos financeiros muito superiores aos das pessoas singulares ou indivíduos: perante tal desigualdade de armas, a extensão àquelas da proteção conferida pela CEDH transporta ainda consigo o risco adicional, não apenas de uma instrumentalização dessa proteção por parte daquelas – transformando-as porventura numa espécie de "novos Leviatãs aos quais os direitos humanos trariam recursos inesgotáveis"[34] –, mas sobretudo na atribuição de uma "proteção desproporcionada" a tais entidades sobre-humanas em detrimento dos próprios seres humanos individualmente considerados.[35]

---

[32] «La Cour ne peut exclure qu'il puisse y avoir, pour une société commerciale, un dommage autre que matériel appelant une réparation pécuniaire. Le préjudice autre que matériel peut en effet comporter, pour une telle société, des élements plus ou mais «objectives» ou « subjectifs». Parmis ces éléments, il faut réconnaître la réputation de l'entreprise, mais également les troubles causé à sa gestion, et enfin, l'angoisse et les désagréments soufferts par les membres des organes de direction de la societé» (Acórdão *Comingersoll SA c. Portugal*, cit., a §35). Cf. também EMBERLAND, Marius, *Compensating Companies for Non-Pecuniary Damages: «Comingersoll v. Portugal»* and the Ambivalent Expansion of the ECHR, in: 74 "Bristish Yearbook of International Law" (2003). 409-432; entre nós, para questão algo semelhante, AZEVEDO, M. Ana, *A Problemática da Extensão dos Direitos de Personalidade às Pessoas Colectivas, "maxime", às Sociedades Comerciais*, in: II "Revista do Direito das Sociedades" (2010), 1/2, 123-144; VELOSO, M. Manuel, *Danos não Patrimoniais a Sociedade Comercial? Anotação do Acórdão do TRC de 20.4.2004*, in: 18 "Cadernos de Direito Privado" (2007), 29-45.

[33] EDELMAN, Bernard, *La Cour Européenne des Droits de l'Homme et l'Homme du Marchè*, in : 187 "Recueil Dalloz – Actualité" (2011), 897-904; HENNEBEL, Ludovic/ DOCQUIR, Pierre-François, *L'Entreprise, Titulaire et Garante des Droits de L'Homme*, 94, in: AA.VV., "Responsabilités des Entreprises et Coregulation", 80-145, Bruylant, Bruxelles, 2007; RACINE, Jean-Baptiste/ BOY, Laurence (dir.), *Droits Économiques et Droits de l'Homme*, 263, Larcier, Paris, 2009.

[34] BOULOIS, X. Duprés, *Les Droits Fondamentaux des Personnes Morales*, in: "Revue de Droit et des Libertés Fondamentaux" (2012), http://webu2.upmf-grenoble.fr/rdlf/?p=1431.

[35] Referindo-se ao risco deste desequilíbrio, vide também EMBERLAND, Marius, *The Human Rights of Companies*, 29 e seg., Oxford University Press, Oxford, 2006. A doutrina e a própria jurisprudência

De tudo o exposto, resulta a seguinte conclusão fundamental: constituindo os direitos humanos, histórica e valorativamente, atributos da pessoa humana e projeção fulcral da sua dignidade, não se poderá jamais perder de vista a diferença essencial que separa a titularidade singular desses direitos – verdadeira quinta essência da proteção conferida pela CEDH, atento o caráter final da personalidade jurídica humana – e a sua titularidade coletiva – proteção essa sucedânea e secundária, sujeita a apertados limites e nunca perdendo de vista o caráter instrumental da personalidade jurídica coletiva.

1.3. Requisitos Procedimentais

I. Enfim, para além dos requisitos subjetivos ("ratione personae") e objetivos ("ratione materiae") atrás mencionados, a aplicação da CEDH às sociedades comerciais está ainda sujeita aos pressupostos do direito de petição, previstos no seu art. 34º, segundo o qual "o Tribunal pode receber petições de qualquer pessoa singular, organização não governamental ou grupo de particulares que se considere vítima de violação por qualquer Alta Parte Contratante dos direitos reconhecidos na Convenção ou nos seus protocolos".[36]

II. Desde logo, a expressão *"organizações não governamentais"* tem sido interpretada pela jurisprudência do TEDH no sentido de abranger todo o tipo de pessoas coletivas de direito privado[37], com exclusão das pessoas coletivas de direito público, sejam estas pertencentes à administração estadual direta, local (v.g., autarquias) ou até indireta (v.g., institutos públicos, empresas públicas), desde que no exercício de prerrogativas ou funções públicas[38]. Por seu turno, por *"grupos de particulares"* tem-se entendido aqueles agrupamentos de indivíduos que sejam

---

têm reconhecido de algum modo tais riscos ao sustentarem a necessidade de uma hierarquização dos direitos humanos em função da natureza (singular ou coletiva) dos seus titulares, em especial nos casos de conflito de direitos: cf. DUCOULOMBIER, Peguy, *Les Conflits de Droits entre Personnes Morales er Individues devant la Cour Européene des Droits de l'Homme*, Bruylant, Bruxelles, 2011; vide ainda o caso *Steel & Morris*, relativo à condenação de dois cidadãos ingleses ao pagamento de uma indemnização a uma empresa multinacional no âmbito de uma ação judicial de difamação, que o TEDH considerou ser desproporcionada em face da "desigualdade das armas" entre as partes (Acórdão *Steel & Morris c. Royaume-Uni*, de 15 de fevereiro de 2005, a § 50).

[36] Sobre estes requisitos do direito de petição, vide DIJK, Pieter van/ HOOF, Fried van/ RIJN, Arjen van/ ZWAAK, Leo, *Theory and Practice of the European Convention of Human Rights*, 52 e segs., 4th edition, Intersentia, Antwerpen/ Oxford, 2006; FROWEIN, Jochen/ PEUKERT, Wolfgang, *Europäische MenschenRechtsKonvention*, 474 e segs., Engel Verlag, Kehl am Rein, 2009; RENUCCI, Jean-François, *Droit Européen des Droits de l'Homme*, 410 e segs., 4ème édition, LGDJ, Paris, 2010.

[37] Cf. *supra* II, 1.1.

[38] Acórdão *Municipal Section of Antilly v. France*, de 23 de novembro de 1999; Acórdão *Ayuntamiento de Mula v. Spain*, de 1 de fevereiro de 2001; Acórdão *Danderyds Kommun v. Sweden*, de 7 de junho de 2001.

ESTUDOS EM HOMENAGEM A MIGUEL GALVÃO TELES

portadores de um interesse coletivo e hajam sido constituídos regularmente de acordo com as leis internas de um dos Estados signatários: por esta via, se abrangerão também os direitos de exercício coletivo, que não são exercitáveis isoladamente e pressupõem uma atuação convergente de uma pluralidade de indivíduos (v.g., liberdade de associação)[39], e também as próprias coletividades desprovidas de personalidade jurídica.[40]

III. Mas a principal compressão decorrente do art. 34º da CEDH consiste na exigência de a própria pessoa coletiva societária ser *"vítima"* da violação dos direitos por aquela garantidos[41]: dada a típica alteraridade entre aquela pessoa e os respetivos sócios ou acionistas, tal significa, em princípio, que a sociedade requerente deverá ser a visada pelos atos ou omissões alegadamente violadores dos direitos humanos, não podendo agir em proteção dos direitos dos seus sócios ou de atos ou omissões de que estes sejam destinatários, ou vice-versa.[42]

Sublinhe-se que esta restrição do âmbito de aplicação da proteção conferida pela CEDH no caso das sociedades poderá ser algo atenuada ou mitigada em virtude de uma interpretação lata do conceito de vítima, que tem sido desenvolvida pela jurisprudência europeia ao longo dos anos – em especial, a sua extensão às chamadas *vítimas indiretas* ("indirect victims", "vitimes indirectes")[43]. Com efeito, num conjunto de acórdãos, o TEDH tem sustentado que, não obstante a regra geral seja a de que os sócios de uma sociedade não podem ser qualificados como vítimas nem podem exercer o direito consagrado no art. 34º em virtude da violação de direitos da própria sociedade[44], este princípio poderá ceder sempre que estejam em causas circunstâncias excecionais, mormente quando a própria sociedade esteja impossibilitada de exercer o direito de petição em virtude da ausência dos seus órgãos legais ou estatutários próprios (v.g., em caso de

---

[39] Sublinhe-se, todavia, que são inadmissíveis as ações populares ("actio popularis"): cf. Acórdão *Klass and Others v. Germany,* de 6 de setembro de 1978.

[40] Por exemplo, igrejas sem personalidade jurídica (Acórdão *Canea Catholic Church v. Greece,* de 16 de dezembro de 1997), associações maçónicas (Acórdão *Grande Oriente d'Italia di Palazzo Giustiniani v. Italy,* de 2 de agosto de 2001), etc.

[41] Sobre a noção de vítima, vide FROWEIN, Jochen, *La Notion de Victime dans la Convention Européenne des Droits de l'Homme,* in: "Studi in Onore di G. Sperduti", 585-599, Milano, Giuffrè, 1984.

[42] Ocasionalmente, esta alteridade manifesta-se perante os administradores (Acórdão *CDI Holding AG and Others v. Slovakia,* de 18 de outubro de 2001) ou dos trabalhadores (Acórdão *Groppera Radio AG and Others v. Switzerland,* de 28 de março de 1990) da sociedade.

[43] Cf. DIJK, Pieter van/ HOOF, Fried van/ RIJN, Arjen van/ ZWAAK, Leo, *Theory and Practice of the European Convention of Human Rights,* 69 e segs., 4th edition, Intersentia, Antwerpen/ Oxford, 2006.

[44] Acórdão *Agrotexim and Others v. Greece,* de 24 de outubro de 1995 (vejam-se ainda as decisões de admissibilidade em *Matrot SA and Others v. France,* de 3 de fevereiro de 2000, e *TW Computeranimation GmbH v. Austria,* de 1 de fevereiro de 2005).

liquidação social[45], de designação de administradores provisórios[46]) ou quando esta seja considerado como um mero veículo ou "alter ego" societário do próprio sócio ("maxime", do sócio único ou controlador[47]).

2. A Casuística Jurisprudencial

I. Apesar de não existir nenhum estudo sistemático sobre o relevo das sociedades comerciais no universo dos acórdãos do TEDH – sendo mesmo surpreendente a ausência de qualquer referência à figura nos principais comentários à CEDH[48] –, é possível entrever algumas tendências na evolução da *casuística jurisprudencial* neste terreno[49]: de entre os vários direitos garantidos pela Convenção, a grande maioria dos acórdãos envolvendo sociedades comerciais diz respeito ao direito ao *respeito da propriedade* (art. 1º do Primeiro Protocolo Adicional), ao direito a um *processo equitativo recurso efetivo* (arts. 6º e 13º da CEDH), e ao direito à *liberdade de expressão* (art. 10º da CEDH).

2.1. Direito ao Respeito da Propriedade

I. O artº 1 do Primeiro Protocolo Adicional estabelece que "qualquer pessoa singular ou coletiva tem direito ao respeito dos seus bens" e que "ninguém pode ser privado do que é sua propriedade a não ser por utilidade pública e nas condições previstas pela lei e pelos princípios gerais do direito internacional".[50]

---

[45] Acórdão *G.J. v. Luxembourg*, de 26 de outubro de 2000 (a §51); Acórdão *Camberrow MM5 AD v. Bulgaria*, de 1 de abril de 2004.

[46] Acórdão *Credit and Industrial Bank v. the Czech Republic*, de 21 de outubro de 2003 (a §51).

[47] Acórdão *Ankarcrona v. Sweden*, de 27 de junho de 2000 (a §5); Acórdão *Pine Valley Developments Ltd and Others v. Ireland*, de 29 de novembro de 1991 (a §42).

[48] Na verdade, nenhum deles possui sequer qualquer entrada nos respetivos índices onomásticos relativa à figura da sociedade comercial (cf. FROWEIN, Jochen/ PEUKERT, Wolfgang, *Europäische MenschenRechtsKonvention*, 762, 3. Aufl., Engel Verlag, Kehl am Rein, 2009; HERRARTE, I. Lasagabaster (dir.), *Convenio Europeo de Derechos Humanos – Comentario Sistemático*, 2ª ed., Thomson Reuters/ Civitas, Navarra, 2009; PETITTI, Loius-Edmond/ DECAUX, Emmanuel/ IMBERT, Pierre-Henri, *La Convention Européenne des Droits de l'Homme – Commentaire*, 2ª ed., Economica, Paris, 1999; REID, Karen, *A Practitioner's Guide To the European Convention of Human Rights*, 5th ed., Sweet & Maxwell/ Thomson Reuters, London, 2012).

[49] O primeiro acórdão do TEDH relativo a uma queixa apresentada por uma sociedade comercial foi *The Sunday Times v. the United Kingdom*, de 26 de abril de 1979. Segundo estimativa de alguns autores, cerca de 3,8% (EMBERLAND, Marius, *The Human Rights of Companies*, 14, Oxford University Press, Oxford, 2006) ou 5% (HENNEBEL, Ludovic/ DOCQUIR, Pierre-François, *L'Entreprise, Titulaire et Garante des Droits de L'Homme*, 87, in: AA.VV., "Responsabilités des Entreprises et Coregulation", 80-145, Bruylant, Bruxelles, 2007) dos acórdãos do TEDH dizem respeito a queixas introduzidas por sociedades.

[50] ÇOBAN, A. Riza, *Protection of Property Rights within the European Convention on Human Rights*, Ashgate Publishing, Aldershot, 2004.

ESTUDOS EM HOMENAGEM A MIGUEL GALVÃO TELES

II. Um número apreciável de acórdãos tem-se ocupado da tutela deste direito por parte de sociedades comerciais. Sirva de exemplo, a mero título de ilustração por envolver o Estado Português, o caso *Matos e Silva contra Portugal*[51], procedente de queixa apresentada por duas pequenas sociedades por quotas ("Matos e Silva, Lda" e "T. Santo Gomes, Lda") na sequência da criação de uma reserva natural pelo Estado português ("Reserva Natural da Ria Formosa") que abrangeu terrenos pertencentes àquelas sociedades: na sua decisão, o TEDH considerou que tal medida expropriatória, muito embora justificada pelo interesse geral, implicava um prejuízo desproporcionado aos direitos de propriedade das requerentes[52]. Entre os múltiplos acórdãos proferidos, destacam-se os que dizem respeito a *medidas estatais desproporcionadas*[53], a medidas expropriatórias *ilegais*[54] ou *sem justa contrapartida*[55], a medidas de *confisco* de bens[56], ao não pagamento de *créditos* tributários[57], etc.

III. É importante realçar a adoção de um conceito amplo de "bens", no sentido do citado art. 1º, tendo o TEDH vindo a estender tal proteção, não apenas aos bens físicos, mas igualmente a bens imateriais ou "sui generis", tais como participações sociais[58], clientela comercial[59], propriedade industrial (v.g., patentes)[60]

[51] Acórdão *Matos e Silva, Lda., and Others v. Portugal*, de 16 de setembro de 1996.

[52] "The Court recognises that the various measures taken with respect to the possessions concerned did not lack a reasonable basis. However, it observes that in the circumstances of the case the measures had serious and harmful effects that have hindered the applicants' ordinary enjoyment of their right for more than thirteen years during which time virtually no progress has been made in the proceedings. The long period of uncertainty both as to what would become of the possessions and as to the question of compensation further aggravated the detrimental effects of the disputed measures. As a result, the applicants have had to bear an individual and excessive burden which has upset the fair balance which should be struck between the requirements of the general interest and the protection of the right to the peaceful enjoyment of one's possessions" (Acórdão *Matos e Silva, Lda., and Others v. Portugal*, cit., a § 92).

[53] "Maxime", desequilíbrio entre o interesse público subjacente e a salvaguarda da propriedade privada da sociedade: cf. Acórdão *SA Dangeville v. France*, de 16 de abril de 2002; Acórdão *Pine Valley Developments Ltd and Others v. Ireland*, de 29 de novembro de 1991.

[54] Acórdão *Pressos Compania Naviera S.A. and Others v. Belgium*, de 20 de novembro de 1995.

[55] Acórdão *S.C. Granitul S.A. v. Romania*, de 24 de abril de 2012; Acórdão *Forminster Enterprises Limited v. the Czech Republic*, de 10 de março de 2011.

[56] Acórdão *AGOSI v. The United Kingdom*, de 24 de outubro de 1986 (apreensão por serviços aduaneiros de moedas de ouro e prata comercializadas por uma sociedade anónima de metais preciosos); Acórdão *Air Canada v. the United Kingdom*, de 5 de maio de 1995 (apreensão de um avião de uma sociedade transportadora aérea).

[57] Acórdão *Buffalo S.r.l. en Liquidation v. Italy*, de 3 de julho de 2003 (atraso no pagamento de créditos de impostos a uma sociedade em liquidação).

[58] Acórdão *Sovtransavto Holding v. Ukraine*, de 25 de julho de 2002.

[59] Acórdão *Iatridis v. Greece*, de 19 de outubro de 2000.

[60] Acórdão *Smith Kline et French Laboratories Ltd c. País Bas*, de 4 de outubro de 1990.

e intelectual (v.g., direitos de autor)[61], etc. Uma vez mais, por envolver o Estado português, pode referir-se a título de exemplo o caso *Anheuser-Busch Inc. v. Portugal*[62]. Na sua origem está uma queixa apresentada por sociedade anónima de direito americana ("Anheuser-Busch Inc."), produtora e comercializadora da cerveja da marca "Budweiser", com fundamento na falta de respeito dos seus bens em virtude de ter sido privada do direito de utilizar tal marca na sequência do indeferimento do respetivo registo pelo Instituto Nacional da Propriedade Industrial: ora, como se refere no acórdão, "o Tribunal subscreve a conclusão da câmara segundo a qual o artigo 1º do Protocolo nº 1 aplica-se à propriedade intelectual como tal".[63]

2.2. Direito a um Processo Equitativo e um Recurso Efetivo

I. O art. 6º da CEDH estabelece que "qualquer pessoa tem direito a que a sua causa seja examinada, equitativa e publicamente, num prazo razoável por um tribunal independente e imparcial, estabelecido pela lei, o qual decidirá, quer sobre a determinação dos seus direitos e obrigações de carácter civil, quer sobre o fundamento de qualquer acusação em matéria penal dirigida contra ela (...)". Além disso, de acordo com o art. 13º da mesma convenção, "qualquer pessoa cujos direitos e liberdades reconhecidos na presente Convenção tiverem sido violados tem direito a recurso perante uma instância nacional, mesmo quando a violação tiver sido cometida por pessoas que atuem no exercício das suas funções oficiais".

II. Tal como qualquer indivíduo, também as sociedades comerciais têm direito à um *processo equitativo* ("due process of law"), garantindo uma tutela jurisdicional adequada dos direitos e obrigações, fundada no Direito, além de eficaz e em tempo útil.[64]

O caso mais recente e emblemático é o caso *"Yukos"*[65]. A sociedade anónima, "OAO Neftyanaya Kompaniya YUKOS", sociedade aberta da indústria petrolífera, apresentou uma queixa contra o Estado russo por violação do direito a um processo equitativo: entre os fundamentos da petição, destaca-se o facto de as autoridades administrativas e judiciais russas terem condenado aquela empresa ao pagamento de uma avultada quantia de impostos e responsabilidades fiscais

---

[61] Acórdão *Melnytchouk c. Ukraine*, de 5 de julho de 2005.

[62] Acórdão *Anheuser-Busch Inc. v. Portugal*, de 11 de janeiro de 2007.

[63] Acórdão *Anheuser-Busch Inc. v. Portugal*, cit., a § 72.

[64] Assim também, entre nós, Irene Cabral BARRETO: "O artigo 6º estende a sua proteção a toda a pessoa, física ou moral" (*Convenção Europeia dos Direitos do Homem – Anotada*, 143, 4ª edição, Wolters Kluwer/ Coimbra Editora, Coimbra, 2010).

[65] Acórdão *OAO Neftyanaya Kompaniya Yukos v. Russia*, de 20 de setembro de 2011.

relativas aos anos 2000 a 2003 (cerca de 2,9 biliões de euros), ao mesmo tempo que lhe deram apenas quatro dias para responder e contestar um processo com mais de 45 mil páginas. Na sua decisão, o TEDH considerou que "the applicant company's trial did not comply with the procedural requirements of Article 6 of the Convention for the following reasons: the applicant company did not have sufficient time to study the case file at first instance, and the early beginning of the hearings by the appeal court unjustifiably restricted the company's ability to present its case on appeal. The Court finds that the overall effect of these difficulties, taken as a whole, so restricted the rights of the defense that the principle of a fair trial, as set out in Article 6, was contravened. There has therefore been a violation of Article 6 § 1 of the Convention, taken in conjunction with Article 6 § 3 (b)".[66]

III. O espetro das decisões é bastante vasto, abrangendo o *direito de acesso à justiça* – v.g., o caso de uma sociedade propriedade de empresários católicos ("John Tinnely & Sons Ltd.") que, alegando ter sido excluída por motivos religiosos de um mercado público por parte de empresas públicas da Irlanda do Norte, se viu impedida de recorrer desta decisão administrativa junto dos tribunais em virtude de o governo ter considerado tratar-se de uma medida justificada pelo interesse público e da segurança nacional[67] –, o direito ao *contraditório* ("igualdade de armas") – v.g., o caso de uma sociedade que, tendo sido acionada judicialmente por um banco relativamente a um contrato de empréstimo meramente verbal, foi impedida de apresentar como testemunha o único administrador que o tinha celebrado em sua representação[68] –, *a uma decisão em tempo útil* – v.g., o caso de uma sociedade anónima portuguesa que teve de esperar mais de nove anos pela execução judicial de uma letra de câmbio[69] –, e ao direito ao *recurso* das decisões

---

[66] Acórdão *OAO Neftyanaya Kompaniya Yukos v. Russia*, cit., a § 551.

[67] *Tinnelly & Sons Ltd and Others and McElduff and Others v. the United Kingdom*, de 10 de agosto de 1998. Nesta decisão, o TEDH considerou desnecessária apreciar a também alegada violação da proibição de discriminação (art. 14º da CEDH): cf. DICKSON, Brice, *The European Convention on Human Rights and the Conflict in Northern Ireland*, 350 e segs., Oxgford University Press, Oxford, 2010. Para um caso de alegada violação do art. 6º em virtude do pagamento de custas judiciais excessivas, cf. Acórdão *Elcomp sp. z o.o. v. Poland*, de 19 de abril de 2011.

[68] Acórdão *Dombo Beheer B.V. v. the Netherlands*, de 27 de outubro de 1993.

[69] Acórdão *Frotal-Aluguer de Equipamentos, S.A., v. Portugal*, de 4 de dezembro de 2003. A determinação do que seja um "prazo razoável" no sentido do art. 6º da CEDH varia muito em função das circunstâncias dos casos concretos, tais como a complexidade técnica do caso, a conduta das partes, os prazos e instâncias de recurso, etc. Para outros casos similares, vide Acórdão *Clinique Mozart Sarl v. France*, de 8 de junho de 2004; Acórdão *Entreprises Meton and Etep v. Greece*, de 21 de março de 2002; Acórdão *Il Messaggero S.A.S. v. Italy*, de 7 de novembro de 2000.

judiciais – v.g., o caso de duas sociedades holandesas que, tendo sido foram multadas por evasão fiscal, decidiram não recorrer da decisão das autoridades tributárias em virtude de um compromisso da sua revisão, a qual, todavia, viria mais tarde a ser executada pelos tribunais, sem redução da multa, numa altura em que os prazos de recurso já se haviam extinguido.[70]

2.3. O Direito à Liberdade de Expressão

I. O art. 10º, nº 1, da CEDH determina que "qualquer pessoa tem direito à liberdade de expressão", acrescentando que "este direito compreende a liberdade de opinião e a liberdade de receber ou de transmitir informações ou ideias sem que possa haver ingerência de quaisquer autoridades públicas e sem considerações de fronteiras" e salvaguardando que "o presente artigo não impede que os Estados submetam as empresas de radiodifusão, de cinematografia ou de televisão a um regime de autorização prévia".

II. Compreensivelmente, este preceito foi ganhando uma importância acrescida no domínio das empresas de comunicação social, incluindo as empresas jornalísticas – considerando que a liberdade de imprensa constitui uma das projeções fundamentais da liberdade de expressão[71] –, as empresas editoras[72], as empresas de rádio[73], e as empresas de televisão[74]. O seu âmbito de aplicação, todavia, tem extravasado este estrito domínio para se estender a empresas societárias objeto puramente instrumental (v.g., o caso de uma empresa suíça, fabricante e vendedora de antenas parabólicas, que, estribando-se na dimensão objetiva dos direitos humanos, alegou violação da liberdade de expressão perante a introdução de uma nova exigência legal sujeitando a venda daquele material a autorização estadual)[75] ou até à generalidade das empresas quando estejam em causa violações da liberdade de "expressão comercial" (conquanto consabidamente gozando esta de uma proteção mais fraca[76]), sem prejuízo da sujeição, em via geral, às

---

[70] Acórdão *Marpa Zeeland B.V. and Metal Welding B.V. v. the Netherlands*, de 9 de novembro de 1994.

[71] Acórdão *The Sunday Times v. the United Kingdom*, de 26 de abril de 1979; Acórdão *News Verlags GmbH & Co. KG v. Austria*, de 1 de janeiro de 2000.

[72] Acórdão *Ringier Axel Springer Slovakia, a. s. v. Slovakia*, de 26 de julho de 2011; Acórdão *Éditions Plon v. France*, de 18 de maio de 2004.

[73] Acórdão *Sigma Radio Television Ltd v. Cyprus*, de 21 de julho de 2011; Acórdão *Radio France and Others v. France*, de 23 de setembro de 2003; Acórdão *Radio ABC v. Austria*, de 20 de outubro de 1997.

[74] Acórdão *Schweizerische Radio- und Fernsehgesellschaft SRG v. Switzerland*, de 21 de junho de 2012; Acórdão *RTBF v. Belgium*, de 29 de março de 2011; Acórdão *Tele 1 Privatfernsehgesellschaft mbH v. Austria*, de 21 de setembro de 2000.

[75] Acórdão *Autronic AG v. Switzerland*, de 22 de maio de 1990.

[76] Criticando esta hierarquização das dimensões da liberdade de expressão e a subproteção da dimensão comercial na jurisprudência do TEDH, vide TWOMEY, Patrick, *Freedom of Expression for*

ESTUDOS EM HOMENAGEM A MIGUEL GALVÃO TELES

compressões decorrentes do nº 2 do art. 10º (v.g., o caso de uma empresa editorial inglesa a quem as autoridades públicas confiscaram 150 mil exemplares de uma revista contendo material obsceno e pornográfico, tendo o tribunal considerado que tal medida, conquanto limitativa da liberdade de expressão, era justificada pelo objetivo da "proteção da moral").[77]

2.4. Outros

I. Muito embora a litigiosidade envolvendo pessoas coletivas, em especial socie-dades, "se concentre num pequeno grupo de preceitos da CEDH"[78] – aqueles que acabamos de mencionar –, isto não significa que não existam igualmente outros direitos humanos relevantes neste domínio. Entre eles, podem citar-se o direito à liberdade e segurança (art. 7º)[79], ao respeito do domicílio (art. 8º)[80], e à liberdade de reunião (art. 11º).[81]

III. O ESTATUTO JURÍDICO-PASSIVO: AS SOCIEDADES COMO TITULA-RES DE OBRIGAÇÕES EM MATÉRIA DE DIREITOS HUMANOS
1. O Problema
I. Num mundo marcado pela globalização dos mercados e pela hegemonia do "homo oeconomicus", as sociedades comerciais, especialmente as sociedades

---

Commercial Actors, 270 e segs., in: Neuwahl, Nanettte/ Rosas, Allan (eds.), "The European Union and the Human Rights", 265-280, Martinus Nijhoff, The Hague, 1995.

[77] Acórdão *X. Company v. The United Kingdom,* de 5 de março de 1983.

[78] EMBERLAND, Marius, *The Human Rights of Companies,* 14, Oxford University Press, Oxford, 2006.

[79] *Radio France and Others v. France,* de 23 de setembro de 2003, a §§ 17 e segs. (proibição de apli-cação retroativa de leis penais em prejuízo da atividade económica, que, todavia, o tribunal julgou improcedente).

[80] Acórdão *Société Colas Est and Others v. France,* de 16 de abril de 2002; Acórdão *Van Rossem v. Belgium,* de 9 de dezembro de 2004; Acórdão *Sociétés Métallurgique Llotard Frères c. France,* de 5 de maio de 2011, em que o tribunal viria a julgar procedente a queixa apresentada por uma socie-dade francesa de armazenamento de gás doméstico, alvo de buscas à sede social no âmbito de um processo por práticas anticoncurrenciais, embora não com fundamento na alegada violação do direito ao respeito do domicilio (art. 8º), mas do direito a um processo equitativo (art. 6º). Cf. também BURGORGUE-LARSEN, Laurence, *La Protection du Domicile des Personne Morales,* in: Tavernier, Paul (ed.), "La France et la CEDH", 179-190, Bruylant, Bruxelles, 2003; EMBER-LAND, Marius, *Protection Against Unwarranted Searches and Seizures of Corporate Premises under Arti-cle 8 of the European Convention on Human Rights,* in: 25 "Michigan Journal of International Law" (2003), 77-116.

[81] Cf. Acórdão *Barraco v. France,* de 5 de março de 2009, onde o Tribunal reconheceu expressa-mente que a proteção conferida pelo art. 11º em sede da liberdade de reunião abrange os parti-cipantes na reunião e o organizador, inclusive nos casos em que este seja uma pessoa coletiva (a § 41).

multinacionais, transformaram-se elas próprias num ator económico[82], social[83], político[84], e até mesmo cultural[85] *de primeira grandeza.*

Entre as 100 entidades económicas mais poderosas do globo, contam-se cinquenta Estados-nação e cinquenta empresas multinacionais: o volume de negócios das oito maiores empresas multinacionais (entre os quais "Exxon-Mobil", "Shell", "Wal-Mart Stores", "State Grid", "General Electric", e outras) é superior à soma do volume orçamental bruto de seis dos maiores Estados-membros da União Europeia (entre os quais a Alemanha, França, Itália, Bélgica, e Holanda); o número de trabalhadores de algumas delas chega a ser superior ao da população industrial ativa de muitos países (v.g., a empresa norte-americana "Wal-Mart" emprega 2 milhões e 100 mil trabalhadores, número esse superior ao da população industrial ativa portuguesa não há muito tempo atrás); e o volume de negócios de muitas delas chega mesmo, por si só, a ser superior ao produto nacional bruto de mais de 130 nações, entre as quais Portugal (é o caso da empresa petrolífera "Exxon").[86]

II. Protagonistas centrais da globalização, facilmente se compreende que a vida e o funcionamento das sociedades comerciais, em especial as de grande dimensão e de vocação multinacional, possuam *externalidades económicas, sociais e políticas com relevo no plano dos próprios direitos humanos.*

Por vezes, essa repercussão é meramente indireta: basta pensar que são muitas vezes os objetivos e estratégias das empresas que levam frequentemente o poder legislativo e administrativo dos Estados a adotar medidas violadoras dos direitos e liberdades pessoais (v.g., deslocalização, redução dos direitos laborais,

---

[82] Sobre a dimensão económica da empresa, são particularmente importantes os trabalhos dos arautos da "New Institutional Economics", Ronald COASE, *The Nature of the Firm,* in: IV "Economica" (1937), 386-405 (consagrado postumamente com o Prémio Nobel da Economia, em 1997) e Oliver WILLIAMSON, *The Modern Corporation: Origins, Evolution, Attributes,* in: 19 "Journal of Economic Literature" (1981), 1537-1568 (igualmente Prémio Nobel da Economia, em 2009).

[83] Sobre a dimensão sociológica da empresa, vide RAISER, Thomas, *Das Unternehmen als Organisation,* Walter de Gruyter, Berlin/ New York, 1969; TEUBNER, Gunther, *Enterprise Corporatism: New Industrial Policy and the "Essence" of the Legal Person,* in: XXXVI "American Journal of Comparative Law" (1988), 130-155.

[84] Sobre a dimensão política da empresa, vide PRECHEL, Harland, *Politics and the Corporation,* Elsevier, Oxford, 2005; ULRICH, Peter, *Die Großunternehmung als quasi-öffentliche Institution. Eine politische Theorie der Unternehmung,* Poeschel, Stuttgart, 1978.

[85] Sobre a empresa como fenómeno cultural e social num mundo globalizado, vide DAS GUPTA, Ananda, *Corporate Citizenship: Perspectives in the New Century,* Cambridge Scholars Publishing, Cambridge, 2008; GRAY, Colin, *Enterprise and Culture,* Routledge, London, 1998.

[86] Sobre a empresa como ator central do Direito Comercial moderno, vide desenvolvidamente ANTUNES, J. Engrácia, *Direito Comercial,* em curso de publicação.

ESTUDOS EM HOMENAGEM A MIGUEL GALVÃO TELES

flexibilização das regras ambientais). Outras vezes, essa repercussão é direta: sobretudo nos casos de empresas multinacionais com filiais em países de terceiro mundo, não são desconhecidos os casos de cumplicidade em atos de uso de força militar ou paramilitar (mormente, como forma de garantir a segurança das suas próprias instalações e propriedade), de recurso a trabalho infantil, e de supressão da liberdade de expressão, associação ou liberdade religiosa[87]. Ora, perante este protagonismo das grandes sociedades comerciais, são cada vez mais numerosas as vozes que chamam a atenção para a necessidade de ver nelas, não apenas um sujeito *ativo*, mas porventura também um *sujeito passivo em matéria de direitos humanos*: com efeito, constituindo os direitos do homem um bastião da proteção dos direitos e liberdades fundamentais dos indivíduos contra o arbítrio do poder público, e dispondo hoje algumas daquelas sociedades de um poder "privado" similar, senão superior, ao dos próprios Estados, não deveriam elas ser portadoras de obrigações e responsabilidades paralelas em matéria de direitos humanos?[88]

2. As Iniciativas. O Chamado "Efeito Horizontal" da Convenção

I. Trata-se de *questão em aberto*, sobre a qual não tomaremos agora posição, limitando-nos a advertir para a enorme variedade de tentativas de resposta existentes, incluindo de natureza legal ("hard law") – "maxime", leis internas reguladoras das atividades extraterritoriais de empresas nacionais (v.g., o "Alien Torts Claims Act" nos EUA) – ou de natureza autorregulatória ("soft law") – onde se destaca o "Projeto Relativo à Responsabilidade das Sociedades Transnacionais e de outras Empresas em Matéria de Direitos Humanos", elaborado sob os auspícios das Nações Unidas.[89]

---

[87] Para uma panóplia de exemplos de violações de direitos do homem por sociedades multinacionais, vide BEISINGHOFF, Nieals, *Corporations and Human Rights*, 31 e segs., Peter Lang, Frankfurt, 2009; HENNINGS, Anjte, *Über das Verhältnis von Multinationalen Unternehmen zu Menschenrechten*, 77 e segs., Universitätsverlag Göttingen, 2009; KINLEY, David/ JOSEPH, Sarah, *Multinational Corporations and Human Rights: Questions About Their Relationships*, in: 27 "Alternative Law Journal" (2002), 7-11.

[88] Sobre a questão das sociedades multinacionais como sujeitos passivos e garantes dos direitos humanos internacionais, vide HENNEBEL, Ludovic/ DOCQUIR, Pierre-François, *L'Entreprise, Titulaire et Garante des Droits de L'Homme*, 106 e segs., in: AA.VV., "Responsabilités des Entreprises et Coregulation", 80-145, Bruylant, Bruxelles, 2007; JÄGER, Nicolas, *Corporate Human Rights Obligations: In Search of Accountability*, Intersentia, Antwerpen, 2002; JOSEPH, Sarah, *Corporations and Transnational Human Rights Litigation*, Hart, Oxford, 2004; HENNINGS, Anjte, **Über** *das Verhältnis von Multinationalen Unternehmen zu Menschenrechten*, espec. 109 e segs., Universitätsverlag Göttingen, 2009; WOUTERS, Jan/ CHANET, Leen, *Corporate Human Rights Responsibility: A. European Perspective*, in: 6 "Northwestern Journal of International Human Rights" (2008), 262-303.

[89] UN Sub-Commission on the Promotion and Protection of Human Rights, *Draft Norms on the Responsibilities of Transnational Corporations and Other Business Enterprises with Regard to Human Rights*

II. No específico contexto da CEDH, merece especial destaque o chamado *efeito externo ou "horizontal"* ("Drittwirkung"), que aponta justamente para a extensão do âmbito da proteção da Convenção às relações entre os próprios sujeitos privados, ao permitir impor aos Estados obrigações positivas de garantia de respeito dos direitos humanos por parte de todas as pessoas sujeitas à sua jurisdição, com a consequente possibilidade da sua responsabilização internacional por violações de direitos humanos perpetradas por pessoas coletivas privadas, mormente sociedades multinacionais[90]. Exemplo disso é o caso *Wilson, National Union of Journalists v. the United Kingdom*, no qual o TEDH condenou o Estado inglês por omissão dos seus deveres de garantir o respeito da liberdade de associação, consagrada no art. 11º da CEDH, num caso em que uma empresa de comunicação social, proprietária do "Daily Mail", ofereceu condições salariais superiores aos seus jornalistas caso estes aceitassem deixar de estar representados pelos sindicatos do setor.[91]

(U.N.Doc E/CN.4/Sub.2/RES/2001/3). Cf. ainda DEVA, Surya, *Regulating Corporate Human Rights Violations: Humanizing Business*, 100 e segs., Routledge, London/ New York, 2012.

[90] JÄGER, Nicolas, *Corporate Human Rights Obligations: In Search of Accountability,* Intersentia, Antwerpen, 2002; SPIELMAN, Dean, *L'Effet Potentiel de la Convention Européene des Droits de l'Homme entre Personnes Privées,* Bruyllant, Bruxelles, 1995; WIESBROCK, Katj, *Internationaler Schutz der Menschenrechte vor Verletzungen durch Private*, BWV Verlag, Berlin, 1999.

[91] Acórdão *Wilson, National Union of Journalists and Others v. the United Kingdom*, de 2 de julho de 2002.

Contrato a termo: trabalhador à procura de primeiro emprego e renovação do contrato – Anotação aos Acórdãos da Relação de Lisboa de 06 de Junho de 2007 e do Supremo Tribunal de Justiça de 24 de Outubro de 2007

PAULA PONCES CAMANHO*

I. Acórdão da Relação de Lisboa de 6 de Junho de 2007

"**Sumário:** *1. Se é certo que a celebração de contratos de trabalho a termo é excepcional e é determinada, por regra, para satisfazer necessidades temporárias, também é verdade que nem em todos os casos é necessário que se verifique uma necessidade temporária, já que ao admitir a contratação a termo de trabalhadores à procura de primeiro emprego e desempregados de longa duração, a lei está claramente a abrir as portas para que sob o ponto de vista da entidade patronal, não seja exigível para a estipulação do termo, a transitoriedade da necessidade de mão de obra.*

2. A admissibilidade de contratação a termo de trabalhadores à procura de primeiro emprego inscreve-se naquilo que correntemente se designa por política de fomento de emprego e constitui uma das várias medidas tidas como especialmente vocacionadas para agir em situações de crise económica, procurando, através da flexibilização da mão-de-obra, vencer as maiores resistências empresariais ao estabelecimento de vínculos duradouros em conjunturas adversas.

3. Trabalhador à procura de primeiro emprego é aquele que nunca foi contratado por tempo indeterminado, não relevando as contratações a termo anteriores.

4. O contrato de trabalho a termo, com esta motivação, só pode ser celebrado por prazo não inferior a seis meses, mas nada impede que o mesmo seja prorrogado por um prazo de três meses, desde que se verifiquem as exigências materiais da sua celebração e desde que nessa prorrogação sejam observadas as exigências de forma e as formalidades previstas na lei.

5. A duração máxima do contrato a termo certo, com esta motivação, não pode exceder dezoito meses, incluindo renovações.

6. O período de "quarentena" previsto no nº 1 do art. 132º do Código do Trabalho não é aplicável ao trabalhador anteriormente contratado ao abrigo do regime aplicável à contratação de trabalhadores à procura de primeiro emprego.

---

* Assistente da Faculdade de Direito da Universidade Católica Portuguesa – Porto. Advogada.

Acordam na Secção Social do Tribunal da Relação de Lisboa:

I. Relatório

(C), solteira, carteira, residente na Rua... Amora, instaurou acção declarativa de condenação, com processo comum, emergente de contrato individual de trabalho, contra CTT — Correios de Portugal, S.A., com sede em Lisboa, pedindo a condenação desta a reintegrá-la, como carteira efectiva, com efeitos desde 29 de Julho de 2003, bem como a pagar-lhe as retribuições vencidas e vincendas até ao trânsito em julgado da sentença.

Alegou para tanto e em síntese o seguinte:

No dia 28 de Julho de 2003, foi admitida para trabalhar sob a autoridade e direcção da R. pelo prazo de seis meses, para exercer as funções de carteira, no Centro de Distribuição Postal do Seixal, mediante um contrato de trabalho a termo certo;

No dia 28 de Janeiro de 2004, este contrato foi prorrogado pelo período de três meses, tendo continuado a desempenhar as mesmas funções, no mesmo local;

No dia 28 de Abril de 2004, o mesmo contrato foi renovado pelo período de seis meses, para desempenhar as mesmas funções de carteira, no mesmo local;

No dia 15 de Setembro de 2004, a R. comunicou-lhe a não renovação do seu contrato;

Esteve ao serviço da R. ininterruptamente desde 29 de Julho de 2003 até 28 de Outubro de 2004, deixando nesta data de prestar serviço à Ré;

Não obstante o contrato ter sido celebrado ao abrigo da alínea h) do art. 41º da LCCT "contratação de trabalhador à procura de primeiro emprego", o seu trabalho destinava-se a satisfazer uma necessidade permanente da Ré, tendo esta no dia 25/10/2004, admitido pelo prazo de seis meses os trabalhadores (F) e (E) para desempenharem as mesmas funções de carteiro no CDP do Seixal;

No dia 27 de Outubro de 2004, a R. admitiu pelo prazo de seis meses o trabalhador (R) para executar a actividade de carteiro no mesmo CDP;

A falsa justificação do contrato e suas renovações implicam a nulidade dos termos neles apostos;

Ainda que assim se não entenda, ao renovar pela primeira vez o contrato por apenas três meses, a R. violou o disposto no nº I do artigo 142º do CT, pelo que o contrato só poderia caducar em 28 de Janeiro de 2005, tendo direito à quantia de € 2.217,30, correspondente às remunerações dos três meses em falta.

A Ré contestou a acção, alegando em resumo o seguinte:

As funções da A. variaram durante o contrato e suas renovações, conforme as necessidades da Ré;

Foram celebradas duas adendas porque a A. continuava à procura de emprego compatível com a sua formação profissional;

A A. declarou no contrato nunca ter sido contratada por tempo indeterminado, o que é suficiente para a motivação do contrato dado que, de acordo com a legislação especial de política de emprego, trabalhador à procura de primeiro emprego é aquele que nunca foi contratado por tempo indeterminado;

A actividade da R. está sujeita a acréscimos temporários que não são possíveis de prever com a antecedência devida, pelo que recorre à contratação de trabalhadores a termo;

Ao invocar a não justificação dada pela R. para a celebração do contrato e adendas, a conduta processual da A. consubstancia abuso de direito pois, enquanto não caducaram, aproveitou-se deles;

A lei permite a contratação a termo nos casos de primeiro emprego, mesmo que a necessidade de mão-de-obra não seja transitória.

Concluiu pela improcedência da lide e pela sua absolvição do pedido.

A A. respondeu à contestação, alegando que não se encontrava à procura de emprego; que a R. nunca lhe perguntou se já tinha sido contratada por tempo indeterminado; que a R. não cumpriu o seu dever de informação e que se limitou a aderir aos contratos que aquela lhe apresentava, mediante aposição da sua assinatura.

Saneada e julgada a causa, foi proferida sentença que julgou procedente a acção e condenou a Ré reintegrar a A. como carteira efectiva, com efeitos desde 29/07/2003, bem como a pagar-lhe as retribuições vencidas e vincendas até ao trânsito em julgado da sentença, à razão de € 739,10 por mês, incluindo as retribuições de férias, subsídios de férias e de Natal, mas com dedução das importâncias que a mesma tenha auferido com a cessação do contrato e que não receberia se não fosse o despedimento.

Inconformada, a Ré interpôs recurso de apelação da referida sentença no qual formulou as seguintes conclusões:

(...)

Terminou pedindo a revogação da decisão recorrida e a sua substituição por outra que julgue improcedente a acção e a absolva do pedido.

A A., na sua contra-alegação, pugnou pela confirmação da sentença recorrida e pela improcedência do recurso.

Admitido o recurso na forma, com o efeito e no regime de subida devidos, subiram os autos a esta Relação onde, depois de colhidos os vistos legais, cumpre apreciar e decidir.

A questão fulcral que se suscita neste recurso consiste em saber se o contrato de trabalho a termo certo celebrado pelas partes, em 28/7/2003, foi ou não um contrato válido.

II. Fundamentos de Facto

A 1ª instância considerou provada a seguinte matéria de facto:

1. No dia 28 de Julho de 2003, a A. foi admitida para trabalhar sob a autoridade e direcção da R., pelo prazo de seis meses, para exercer as funções de carteira, no Centro de Distribuição Postal (CDP) do Seixal (CDP 2840 Seixal), mediante um denominado contrato de trabalho a termo certo;

2. No dia 15 de Dezembro de 2003, a R. comunicou à A. a não renovação desse contrato de trabalho;

3. No dia 28 de Janeiro de 2004, este contrato foi prorrogado pelo período de três meses, para a A desempenhar as mesmas funções, no mesmo local;

4. No dia 24 de Março de 2004, a A. foi novamente informada pela R. que o seu contrato de trabalho não seria renovado;

5. Contudo, no dia 28 de Abril de 2004, o mesmo contrato foi renovado pelo período de seis meses, para desempenhar as mesmas funções de carteira, no mesmo local;

6. No dia 15 de Setembro de 2004, a R. comunicou à A. a não renovação do seu contrato, cujo prazo terminaria em 28 de Outubro de 2004;

7. Neste dia, a A. deixou de prestar serviço à Ré;

8. AA. esteve ao serviço da R., ininterruptamente, desde 29 de Julho de 2003 até 28 de Outubro de 2004;

9. Durante esse período, a A. sempre exerceu as mesmas funções de carteira;

10. A A. sempre trabalhou no Centro de Distribuição Postal (CDP) do Seixal;

11. No CDP do Seixal prestam serviço 10 contratados a termo, num total de 60 trabalhadores;

12. No contrato celebrado em 28 de Julho de 2003, a R. invoca a alínea h) do artigo 41º do Anexo ao DL nº 64-A189 de 27 de Fevereiro, justificando-o com "*o motivo de contratação de trabalhador à procura de primeiro emprego, em virtude do trabalhador procurar emprego adequado à sua formação e expectativas profissionais, estando disponível para contratação a termo, noutras actividades, por um período que se estima de 6 meses.*"

13. A primeira adenda assinada no dia 28 de Janeiro de 2004, pelo prazo de três meses, foi justificada por a A. não ter logrado encontrar "*emprego compatível com a sua formação profissional e expectativas profissionais, encontrando-se disponível para contratação a termo noutras actividades, por um período que se estima em 6 meses.*"

14. A segunda adenda assinada no dia 28 de Abril de 2004, foi justificada, igualmente, por a A. não ter logrado encontrar "*emprego compatível com a sua formação profissional e expectativas profissionais, encontrando-se disponível para contratação a termo noutras actividades, por um período que se estima em 6 meses*"

15. A A. já tinha mais de 30 anos de idade quando foram assinadas as adendas em 28 de Janeiro e 28 de Abril de 2004, embora tivesse 30 anos de idade à data da celebração do contrato;

16. A própria R. considera "JPPE" (Jovem à Procura de Primeiro Emprego) *"quem: tenha mais de 18 anos e menos de 30 anos à data de celebração do contrato; nunca tenha sido contratado por tempo indeterminado; ainda preenche este requisito quem tenha cessado o contrato no período experimental, tenha efectuado estágios profissionais ou participado em programas ocupacionais; esteja inscrito no Centro de Emprego."*

17. No dia 25 de Outubro de 2004, a R. admitiu, pelo prazo de seis meses, os trabalhadores (F) e (E), para desempenharem as mesmas funções de carteiro no CDP do Seixal;

18. No dia 27 de Outubro de 2004, a R. admitiu, pelo prazo de seis meses, o trabalhador (R), para executar a actividade de carteiro no mesmo CDP;

17. No dia 25 de Outubro de 2004, a R. admitiu, pelo prazo de seis meses, os trabalhadores (F) e (E), para desempenharem as mesmas funções de carteiro no CDP do Seixal;

18. No dia 27 de Outubro de 2004, a R. admitiu, pelo prazo de seis meses, o trabalhador (R), para executar a actividade de carteiro no mesmo CDP;

19. Ultimamente, a remuneração de base mensal era de € 559,80, acrescida de um subsídio de refeição de € 8,15 por cada dia de trabalho prestado;

20. A A. é sócia do Sindicato Nacional dos Trabalhadores dos Correios e Telecomunicações;

21. Consta da cláusula 5ª do contrato assinado em 28 de Julho de 2003 que: *"O 2º contratante declara nunca ter sido contratado por tempo indeterminado."*

III. Fundamentos de Direito

Como dissemos atrás, a questão fulcral que se suscita neste recurso consiste em saber se o contrato de trabalho a termo certo celebrado pelas partes, em 28/7/2003, deve ou não ser considerado um contrato válido.

Está assente que as partes celebraram, em 28/7/2003, um contrato de trabalho a termo certo, pelo prazo de 6 meses. Este contrato foi prorrogado, em 28/01/2004, por mais 3 meses e, em 28/04/2004, foi renovado por mais 6 meses, tendo a apelada continuado a desempenhar as mesmas funções, no mesmo local (CDP 2840 Seixal). A apelada esteve, portanto, ao serviço da apelante, ininterruptamente, desde 29/7/2003 até 28/10/2004.

No referido contrato ficou a constar que o mesmo foi celebrado *"ao abrigo da alínea h) do art. 41º do DL 64-A/89, de 27 de Fevereiro, pelo prazo de 6 meses, com início em 28/07/2003, por motivo de contratação de jovem à procura de primeiro emprego, em virtude do trabalhador procurar emprego efectivo adequado à sua formação e expectativas profissionais, estando disponível para contratação a termo, noutras actividades, por um período que se estima em 6 meses".*

Na cláusula 5ª desse mesmo contrato, o 2º contratante declarou nunca ter sido contratado por tempo indeterminado.

Este contrato foi prorrogado, em 28/01/2004, pelo período de três meses. Tal prorrogação foi justificada com base na referida al. h) do nº 1 do art. 41º da LCCT e por a A. não ter logrado encontrar *"emprego compatível com a sua formação profissional e expectativas profissionais, encontrando-se disponível para contratação a termo noutras actividades, por um período que se estima em 6 meses."*

Em 28/04/2004, o contrato foi renovado por mais seis meses e nessa renovação foi invocada a mesma justificação.

Será esta contratação, nestes termos e durante quinze meses consecutivos, legalmente admissível? É o que vamos ver de seguida.

O contrato de trabalho a termo em causa neste processo foi celebrado e executado, durante os quatro meses iniciais, no domínio do DL 64-A/89, de 27/2 [LCCT]. Os últimos onze meses de execução do contrato e a sua cessação decorreram já no domínio do Código do Trabalho. Assim, nos termos do art. 8º, nº 1 da Lei 99/2003, de 27/8, a questão relacionada com a validade e a motivação do contrato será apreciada e decidida em conformidade com a legislação em vigor à data da sua celebração [LCCT]; as questões relacionadas com a prorrogação e renovação do contrato e com a licitude ou ilicitude da sua cessação serão apreciadas e decididas em conformidade com o disposto nos arts. 132º, 139º, 140º, 141º e 142º do Código do Trabalho.

O art. 41º, nº 1 da LCCT admite a contratação a termo para fazer face a causas acidentais ou excepcionais; a empregos por natureza temporários e para fomento do emprego. Ou noutra classificação possível, a admissibilidade da contratação a termo pode ter um carácter objectivo, ligado à precariedade do posto de trabalho ou um carácter mais subjectivo, resultando de situações específicas dos trabalhadores.

O caso em apreço, integra-se numa dessas situações específicas. Para fomentar o emprego, o art. 41º, nº 1, al. h) da LCCT permite a contratação a termo de trabalhadores que se encontrem à procura de primeiro emprego ou de desempregados de longa duração. Se é certo que a celebração de contratos de trabalho é excepcional e é determinada, fundamentalmente, em função de necessidades temporárias ou excepcionais das empresas, também é verdade que nem em todos os casos é necessário que se verifique uma necessidade temporária, já que ao admitir a contratação a termo de trabalhadores à procura de primeiro emprego e desempregados de longa duração ou equiparados, a lei está claramente a abrir as portas para que sob o ponto de vista da entidade patronal, não seja exigível para a estipulação do termo a transitoriedade da necessidade de mão de obra.

Como afirma Jorge Leite[1], a eventual razoabilidade do contrato a prazo nas situações previstas na alínea h) releva de um tipo de racionalidade diferente, havendo de buscar-se o seu fundamento material em outros horizontes e a sua (controversa) conformação constitucional em distintos argumentos, dado que se não trata de situações de necessidade transitória da empresa. A admissibilidade de contratação a termo de trabalhadores à procura de primeiro emprego ou de trabalhadores desempregados de longa duração ou de trabalhadores em outras situações análogas inscreve-se naquilo que correntemente se designa por política de fomento de emprego e constitui uma das várias medidas tidas como especialmente vocacionadas para agirem em situações de crise económica, procurando, através da flexibilização da mão-de-obra, vencer as maiores resistências empresariais ao estabelecimento de vínculos duradouros em conjunturas adversas.

Em relação a esta motivação, a jurisprudência e a doutrina maioritárias têm entendido que a admissibilidade do contrato de trabalho a termo em relação a trabalhadores à procura de primeiro emprego abrange (apenas) trabalhadores que nunca foram contratados por tempo indeterminado, não relevando as contratações a termo anteriores[2].

Não vemos motivos para nos afastarmos do entendimento que tem sido seguido pela jurisprudência e doutrina dominantes e discordamos do entendimento perfilhado pela sentença recorrida, segundo o qual *"trabalhador à procura de primeiro emprego"* é aquele que nunca trabalhou, aquele que nunca foi contratado para trabalhar quer a termo quer sem termo, não podendo um trabalhador contratado a termo, ser posteriormente considerado trabalhador à procura de primeiro emprego.

Como dissemos atrás, o legislador, com o art. 41º, nº 1, al. h) da LCCT e actualmente com o art. 129º, nº 3, ai. b) do Código do Trabalho, pretende fomentar o ingresso no mercado de trabalho de pessoas que pela sua inexperiência profissional (pessoas à procura de primeiro emprego) ou por estarem há muito tempo afastadas de uma actividade profissional (desempregados de longa duração), tendem a ser preteridas pelos empregadores – permitindo assim que essas pessoas sejam contratadas a prazo mesmo para a satisfação de necessidades permanentes do empregador. Esta intenção vem claramente enunciada no preâmbulo do DL 64-A/89, de 27/2 [LCCT], onde se afirma que *"a amplitude da contratação a termo passa a restringir-se a situações rigorosamente tipificadas, das quais umas resultam de adaptação das empresas às flutuações do mercado ou visam criar condições para absorção de maior volume de emprego, favorecendo os grupos socialmente mais vulneráveis, e outras atendem a realidades concretas pacificamente aceites como justificativas de trabalho de duração determinada"*.

À data da publicação da LCCT, vigorava o DL 257/86, de 27/8, o qual estabelecia um regime de dispensa de contribuições para a Segurança Social das empresas que admitissem trabalhadores em situação de primeiro emprego por tempo indeterminado. Nos termos do nº 1 do artº 3º do referido diploma, este aplicava-se aos *"trabalhadores que à data do requerimento para aplicação de dispensa de contribuições (...) estejam em situação de primeiro emprego e tenham idade compreendida entre os 16 e os 30 anos"*. E nos termos do nº 2 do mesmo artigo *"consideram-se em situação de primeiro emprego os trabalhadores que nunca tenham sido contratados por tempo indeterminado."*

Como se vê, o preceito associa o conceito de trabalhador à procura de primeiro emprego a todos aqueles candidatos ao mercado de trabalho que nunca tenham sido contratados por tempo indeterminado. É certo que a lei, para efeito de atribuir a dispensa de contribuições, exige um segundo requisito que se relaciona com o nível etário do trabalhador contratado (idade compreendida entre os 16 e os 30 anos); no entanto este não integra a situação de primeiro emprego, que a norma enuncia como sendo a primeira das condições exigíveis para a atribuição do referido benefício, e que o legislador define por referência à inexistência de uma anterior contratação por tempo indeterminado.

Este mesmo regime foi depois reafirmado pelo DL 89/95, de 6/5. Portanto, o conceito de trabalhador à procura de primeiro emprego, aplicável para efeito da admissibilidade do contrato de trabalho a termo certo, não é sobreponível ao conceito de jovem à procura do primeiro emprego, que releva apenas para a definição do âmbito pessoal da concessão dos apoios financeiros à criação, pelas empresas, de novos postos de trabalho. Tudo leva a crer, portanto, que a realidade que o legislador teve em vista, ao abrir caminho à possibilidade de contratação a prazo nos termos previstos na alínea h) do nº 1 do art. 41º, é a descrita no art. 3º, nº 2 do DL 257/86, visando assegurar que possam ser contratados a termo os trabalhadores que, independentemente da idade, não tenham ainda obtido um emprego estável.

De qualquer forma, mesmo que se entenda que a idade entre os 16 e os 30 anos constitui um dos requisitos da situação de primeiro emprego, a validade do contrato a que os autos se reportam não fica posta em causa, já que a A. tinha 30 anos de idade quando o mesmo foi celebrado, sendo nessa data e não na data da sua prorrogação ou renovação que este requisito deve ser aferido.

Neste contexto, não poderá deixar de reconhecer-se que a expressão *"não contratado por tempo indeterminado"* representa a situação de facto de um trabalhador que ainda não tem uma posição definida no mercado de trabalho e se encontra "à procura do primeiro emprego". Poderá dizer-se que "à procura do primeiro emprego" e *"não contratado por tempo indeterminado"* são expressões ou fórmulas legais. Mas trata-se de conceitos que incorporam uma realidade empírica cuja concretização por parte do intérprete, não envolve qualquer margem de livre apreciação: "à procura do primeiro emprego" ou *"nunca ter sido contratado por tempo indeterminado"* apenas pode significar que o trabalhador em causa nunca obteve um trabalho efectivo ou trabalhou apenas a título precário ou a prazo. Não estamos em rigor perante conceitos jurídicos indeterminados, mas ainda que se tratasse de conceitos desse tipo, eles correspondem, no caso, a uma definição meramente descritiva que concretiza suficientemente a circunstância que se pretendeu invocar para o efeito de justificar o recurso à contratação a termo.

Temos, assim, de concluir que o motivo justificativo da estipulação do termo do contrato celebrado pelas partes, em 28/7/2003, estava devidamente concretizado e dúvidas não há também de que o motivo invocado era real, uma vez que a sua existência foi expressamente reconhecida pela própria apelada, ao declarar, na cláusula 5ª do referido contrato, que *"nunca tinha sido contratado por tempo indeterminado"*. Tal declaração constitui uma confissão extrajudicial com força probatória plena contra a apelada, nos termos dos arts. 358º, nº 2 e 376º, nºs 1 e 2 do Cód. Civil.

A respeito desta questão, o art. 139º nºs 1 e 3 do Código do Trabalho dispõe o seguinte:

1. O contrato a termo certo dura pelo período acordado, não podendo exceder três anos, incluindo renovações, nem ser renovado mais de duas vezes, sem prejuízo do disposto no número seguinte.

3. A duração máxima do contrato a termo certo, incluindo renovações, não pode exceder dois anos nos casos previstos no nº 3 do art. 129º, salvo quando se tratar de trabalhadores à procura de primeiro emprego cuja contratação a termo não pode exceder dezoito meses.

Por sua vez, o art. 140º, nºs 2, 3, 4 e 5 do mesmo Código estabelece o seguinte:

2. O contrato renova-se no final do termo estipulado, por igual período, na falta de declaração das partes em contrário;

3. A renovação do contrato está sujeita à verificação das exigências materiais da sua celebração, bem como às de forma no caso de se estipular prazo diferente;

4. Considera-se sem termo o contrato cuja renovação tenha sido feita em desrespeito dos pressupostos indicados no número anterior;

5. Considera-se como único contrato aquele que tenha sido objecto de renovação.

Resulta destes preceitos que a prorrogação do contrato por três meses e depois a sua renovação por mais seis meses não enferma de qualquer ilegalidade ou irregularidade. Além de subsistir o motivo que determinou a sua celebração, foram também observadas as exigências de forma e as formalidades previstas na lei. Tanto em 28/1/2004, data da prorrogação do contrato por mais três meses, como em 28/4/2006, data da renovação do contrato por mais seis meses, foram assinadas por ambas as partes adendas ao contrato, nas quais constam todas as menções exigidas por lei, designadamente a indicação do termo e do respectivo motivo justificativo. Sustenta a apelada que a prorrogação do contrato não podia ser inferior a seis meses. Mas não tem razão. É certo que o contrato de trabalho a termo, com esta motivação, só pode ser celebrado por prazo não inferior a seis meses (art. 142º, nº 1 do Código do Trabalho, *a contrario*), como sucedeu no caso em apreço, mas, ao contrário do que sustenta a apelada, nada impede que o mesmo seja prorrogado por um prazo diferente, desde que se verifiquem, como se verificou no caso *sub judice*, as exigências materiais da sua celebração e desde que nessa prorrogação sejam observadas as exigências de forma e as formalidades previstas na lei (art. 140º, nº 3). Verifica-se ainda que no referido prolongamento do contrato, não foram ultrapassadas as duas renovações, nem foi excedido o prazo de dezoito meses de duração máxima que a lei prevê para os contratos com esta motivação, pelo que nenhuma ilegalidade ou irregularidade pode ser imputada ao contrato, nesta parte.

Finalmente, não tem qualquer cabimento sustentar, como sustenta a A. na sua p.i., que a estipulação do termo do contrato é nula, por, segundo alega, o seu trabalho se destinar a satisfazer uma necessidade permanente, e ainda pelo facto da Ré, nos dias anteriores à cessação do seu contrato, ter contratado a termo outros trabalhadores para executar a actividade de carteiro no CDP do Seixal. Em primeiro lugar porque não ficou demonstrado que a A. foi contratada para satisfazer uma necessidade de carácter permanente, e em segundo lugar, porque mesmo que esse facto tivesse ficado demonstrado, o mesmo seria totalmente irrelevante. Como dissemos atrás, na contratação de um trabalhador à procura do primeiro emprego não é exigível para a estipulação do termo a transitoriedade da necessidade a satisfazer, já que a mesma se inscreve naquilo que correntemente se designa por política de fomento de emprego e constitui uma das várias medidas tidas como especialmente vocacionadas para agir em situações de crise económica, procurando, através da flexibilização da mão-de-obra, vencer as maiores resistências empresariais ao estabelecimento de vínculos duradouros em conjunturas adversas. Com este tipo de contratação o legislador pretende fomentar o ingresso no mercado de trabalho de pessoas que pela sua inexperiência profissional tendem a ser preteridas pelos empregadores – permitindo assim que essas pessoas sejam contratadas a prazo mesmo para a satisfação de necessidades permanentes do empregador.

É certo (ainda) que ficou demonstrado que nos dias anteriores à cessação do contrato da A., a Ré contratou a termo outros trabalhadores para executar a actividade de carteiro no mesmo CDP, mas este facto também não tem a relevância jurídica que a apelada lhe atribui, nem converte o seu contrato de trabalho a termo, em contrato sem termo. Além do período de "quarentena" previsto no nº 1 do art. 132º do Código do Trabalho não ser aplicável ao trabalhador anteriormente contratado ao abrigo do regime aplicável à contratação de trabalhadores à procura de primeiro emprego [nº 2, al. d) do mesmo preceito], não se pode olvidar que nos contratos em que esse período de "quarentena contratual" deve ser observado, o seu desrespeito tem efeitos diferentes consoante se trate da contratação de um único trabalhador ou de trabalhadores distintos. No primeiro caso, entende-se que não obstante a celebração de dois contratos, a relação jurídica é uma só, sem termo e sem interrupções quanto à contagem da antiguidade do trabalhador. Na segundo caso (trabalhadores distintos), há apenas lugar a responsabilidade contra-ordenacional (art. 655º, nº 2) não havendo conversão do contrato em contrato sem termo.

Procedem, assim, as conclusões da apelação, devendo a decisão recorrida ser revogada e ser substituída por outra que absolva a apelante do pedido.

IV. Decisão
Em conformidade com os fundamentos expostos, concede-se provimento ao recurso e, em consequência, revoga-se a sentença recorrida e absolve-se a apelante do pedido.

Custas em ambas as instâncias pela apelada.

Lisboa, 6 de Junho de 2007

FERREIRA MARQUES
MARIA JOÃO ROMBA
PAULA SÁ FERNANDES

[1] Cfr. Questões Laborais", Ano 11, nº 5, 1995, pág. 77.
[2] Cfr. Acs. da RC de 16/5/96, BTE, 2ª série, nºs 10-11-12/97, pág. 1564; de 26/3/98, Apelação nº 21/98; da RP de 29/10/01, Apelação nº 508/01 – 4ª Secção; da RE de 24/11/98, CJ, 1998, 5º, pág. 292; da RL de 29/5/02, Apelação nº2.868/02 – 4ª secção; do STJ de 26/4/99, BIVIJ 4860, 217; de 3/10/00, AD 473º, 764; de 28/1/2004, CJ/STJ/2004, 1º, pág. 262; de 7/12/2005, CJ/STJ/2005, 3º, pág. 277; Pedro Romano Martinez e Luís Miguel Monteiro, Código do Trabalho Anotado, Almedina, pág. 232. 13-1 Cfr., entre muitos outros, Acs. do STJ de 26/4/1996, AD 457, pág. 143 e de 7/12/2005, CJ/STJ/2005, 3º, pág. 277".

II. Acórdão do Supremo Tribunal de Justiça de 24 de Outubro de 2007

"**Sumário:** 1. Para efeitos do disposto no artº 129º, nº 3, al. b), do Código do Trabalho, trabalhador à procura de primeiro emprego é aquele que nunca foi contratado sem termo.

2. O contrato de trabalho a termo, celebrado como fundamento de que o trabalhador contratado era *trabalhador à procura de primeiro emprego*, passa a contrato sem termo, se o motivo indicado na *adenda* da sua renovação, por prazo diferente do inicial, for o facto de o trabalhador "*não ter, ainda, por motivo alheio à sua vontade, encontrado emprego compatível com a sua formação profissional e expectativas profissionais*".

3. Tal adenda não satisfaz os requisitos materiais exigidos para a celebração do contrato, uma vez que o motivo indicado não é subsumível a nenhumas das situações em que a lei admite a celebração de contratos de trabalho a termo.

4. Face ao disposto no nº 3 do artº 131º do Código do Trabalho, o motivo assim indicado, sem outros elementos inseridos da *adenda*, não permite, por falta do mínimo de correspondência verbal no texto na *adenda*, que se conclua que o real motivo da renovação foi o facto do trabalhador continuar a ser um *trabalhador à procura de primeiro emprego*.

Acordam na Secção Social do Supremo Tribunal de Justiça:

1. AA propôs, em 8 de Maio de 2006, no Tribunal do Trabalho de Penafiel, a presente acção emergente de contrato individual de trabalho contra **BB de Portugal, S. A.** pedindo que o contrato de trabalho a termo celebrado com a ré, em 20 de Maio de 2004, e suas sucessivas renovações fossem declaradas nulas e convertido em contrato sem termo e a ré condenada a readmiti-lo no seu anterior posto de trabalho e a pagar-lhe as retribuições que deixou de auferir desde 6 de Outubro de 2005 até ao trânsito em julgado da sentença, acrescidas de juros de mora, sendo de € 4.724,80 o montante das já vencidas.

Fundamentando o pedido, o autor alegou, em resumo, o seguinte:

- em 21.10.99 celebrou com a ré um contrato de trabalho a termo para desempenhar as funções de carteiro, pelo prazo de três meses, com início na referida data, cujo motivo justificativo foi o de "suprir necessidades transitórias de serviço, por motivo de férias";
- em 2.5.2000, celebrou novo contrato de trabalho com a ré, pelo prazo de seis meses, com início em 2.5.2000, como mesmo motivo justificativo do anterior;
- em 1.1.2001, as partes celebraram novo contrato de trabalho, pelo prazo de seis meses, como mesmo motivo justificativo;
- em 20.5.2004, celebraram novo contrato, pelo prazo de seis meses, com início naquela data e termo em 19.11.2004, sendo o motivo justificativo do termo "a contratação de trabalhador à procura de primeiro emprego, em virtude do trabalhador procurar emprego efectivo adequado à sua formação e expectativas profissionais, estando disponível para a contratação a termo, por um período que estima em seis meses";
- em 16 de Novembro de 2004, subscreveram uma adenda ao dito contrato, nos termos da qual acordaram "renovar o contrato celebrado em 20/11/2004, por um período de seis meses, com início em 20/11/2004 e término em 19/05/2005, em virtude do segundo outorgante não ter, ainda,

por motivo alheio à sua vontade, encontrado emprego compatível com a sua formação profissional";
- em 17 de Maio de 2005, celebraram nova adenda ao contrato, pelo prazo de 140 dias, com início em 20.5.2005 e término em 6.10.2005, sendo o motivo indicado para a mesma o facto de o autor "não ter, ainda, por motivo alheio à sua vontade, encontrado emprego compatível com a sua formação profissional";
- a última renovação do contrato foi por período inferior a seis meses (140 dias) e, na altura da renovação, a ré comunicou-lhe que só poderia reno-var o contrato por 140 dias, pois se o fizesse por mais seis meses, o autor passaria aos quadros da ré, o que não era desejável;
- procurou a ré contornar o dispositivo legal que proíbe a contratação a termo certo nas situações previstas de trabalhadores à procura de primeiro emprego (artº 139º do Código do Trabalho);
- por outro lado, o facto do contrato ter sido celebrado por um prazo infe-rior a seis, sem que a contratação tivesse sido justificada nos termos do disposto no artº 142º do C.T., implica que o contrato seja considerado celebrado pelo prazo de seis meses, com violação do disposto no nº 3 do artº 139º do C.T, o que acarreta a nulidade do termo e a sua conversão em contrato sem termo;
- sem prescindir, da factualidade referida resulta que a ré usou e abusou do recurso à contratação a termo certo e procurou contornar os dispositivos legais que regulam a contratação a termo, com vista a iludir a lei, configu-rando, claramente, urna fraude à lei, pois, como é sabido, a contratação a termo deve fazer-se em última instância, por respeito ao princípio cons-titucional do direito ao emprego e estabilidade, o que implica a nulidade do termo;
- e, aquando da celebração do contrato outorgado em 20.5.2004, o autor já não podia ser considerado um trabalhador à procura de primeiro emprego, uma vez que, por força dos diplomas relativos à política de emprego (Por-tarias nº 1196-A/2001, de 10/3 e nº 1191/2003, de 10/1), havia ocorrido um estreitamento do conceito de jovem à procura de primeiro emprego, dei-xando de poder ser considerado como tal quem tivesse exercido actividade subordinada ou mesmo autónoma, por um período, seguido ou interpo-lado, superior a seis meses, sendo certo que o autor já havia trabalhado, então, para a ré, durante 18 meses, ao abrigo de três contratos de trabalho a termo.

A ré contestou defendendo a validade dos termos apostos nos contratos e suas adendas e alegando que a conduta do autor configura um caso de abuso do direito, na modalidade do *"venire contra factum proprium"*. E, além disso, impugnou o valor que o autor havia dada à causa (€4.724,80), oferecendo o de €15.000,00

Na resposta à contestação, o autor veio dizer que mantinha tudo o que havia alegado na petição inicial e alegou, ainda, que os motivos que levaram à contratação do autor não eram verdadeiros, que apenas assinou as adendas por tal lhe ter sido imposto como condição para continuar ao serviço, desconhecendo se as razões jurídicas invocadas eram válidas ou não e que, admitir-se que as adendas são uma mera renovação do contrato, esta não respeita os requisitos materiais e formais da celebração do contrato que pretendiam renovar.

A ré insurgiu-se contra o teor da resposta, alegando que a mesma não era admissível, uma vez que a contestação não continha defesa por excepção.

Decidido o incidente do valor, que foi fixado em€ 19.688,74, procedeu-se a julgamento, tendo o M.mo Juiz, no início da audiência, proferido despacho (fis. 94-96) a dar como não escritos os artigos da resposta à contestação, com excepção do 9º, cujo teor era o seguinte: "O A. apenas assinou as ditas adendas contratuais, por tal lhe ter sido imposto como condição para continuar ao serviço da Ré, desconhecendo se as razões jurídicas invocadas eram válidas ou não."

Discutida a causa e decidida a matéria de facto, foi, posteriormente, proferida sentença, julgando a acção improcedente.

O autor recorreu, mas o Tribunal da Relação do Porto julgou improcedente o recurso, o que levou aquele a interpor o presente recurso de revista, cujas alegações concluiu da seguinte forma:

A) O recorrente, quando celebrou com a recorrida o contrato de trabalho a termo certo, já havia trabalhado para esta ao abrigo de contratos de trabalho a termo certo que, no seu conjunto, perfizeram 15 meses de trabalho.

B) A recorrida não provou, conforme lhe competia, que os motivos invocados para a contratação a termo eram autênticos – artº 31, nº 4, da LCCT, na redacção que lhe foi dada pela Lei nº 18/2001.

C) O motivo indicado no contrato de trabalho celebrado em 20 de Maio de 2004 foi "contratação de trabalhador à procura de primeiro emprego".

D) O Recorrente alegou a falsidade dos motivos invocados para a contratação a termo certo.

E) Como já se disse, competia à recorrida provar serem verdadeiros os motivos invocados.

F) Não tendo a Recorrida provado a veracidade do motivo invocado, a renovação tem de ser considerada sem termo.

G) A segunda adenda contratual foi feita pelo prazo de quatro meses "em virtude do segundo outorgante não ter, ainda, por motivo alheio à sua vontade, encontrado emprego compatível com a sua formação profissional e expectativas profissionais, encontrando-se disponível por um período que se estima em 140 dias".

H) O motivo indicado na segunda adenda não faz parte do elenco de casos referidos no nº 1 do artigo 41º da LCCT e art. 129º do Código do Trabalho e, por isso, ainda que tivesse sido dado como provado, não era fundamento válido para a estipulação do termo.

I) Não tendo a recorrida provado a veracidade do motivo invocado e uma vez que o motivo indicado na segunda «adenda» não faz parte do elenco de casos referidos no art. 41º da LCCT, não se verifica a existência de motivo válido para a estipulação do termo na renovação do contrato de trabalho firmada em 17 de Maio de 2005, o que tem como consequência a nulidade da aposição da cláusula acessória do termo, mantendo-se o contrato válido na parte restante, passando o contrato a ter duração indeterminada, o que implica que se considere o recorrente efectivo, a partir de 16 de Novembro de 2004 ou, em alternativa, a partir de 17 de Maio de 2005. (cfr. Acórdão do STJ de 10-05-2006, proc.06S012, nº SJ2006051 00000124, in www.dgsi.pt).

J) A Recorrida não podia fazer cessar unilateralmente, sem justa causa, o contrato, uma vez que este era um contrato sem termo, por ser nulo o termo aposto na «adenda».

K) A declaração judicial dessa nulidade tem eficácia retroactiva, operando ex tunc, até à data do trânsito em julgado da sentença – art. 437º e 438º do Código do Trabalho.

L) Deve, assim, o Recorrente ser reintegrado no seu posto de trabalho de CRT no CDP de Marco de Canaveses.

M) Assim, salvo o devido respeito, a douta sentença proferida violou, além do mais, as normas dos artigos 388º, 139º, 140º, 437º e 438º, todos do Código do Trabalho e art. 41º da LCCT.

A ré não contra-alegou e, neste Supremo Tribunal, a Ex.ma Procuradora--Geral Adjunta pronunciou-se a favor da concessão da revista, em "parecer" a que as partes não responderam.

Colhidos os vistos dos juízes adjuntos, cumpre apreciar e decidir.

2. Os factos

Os factos que, sem qualquer impugnação, vêm dados como provados pela Relação são os seguintes – (1):

A – A Ré tem como objecto a distribuição de correio em Portugal.

B – No dia 21/10/1999, o Autor celebrou com a Ré o acordo escrito junto aos autos a fls. 10, mediante o qual se obrigou a desempenhar as funções de CRT, no

CDP do Marco de Canaveses, pelo prazo de 3 meses, com início em 21/10/1999, mediante a retribuição mensal de 98.865$00.

C – No ponto 4º do referido acordo, foi dado como causa de justificação para a contratação a termo o seguinte: «a fim de suprir necessidades transitórias de serviço, por motivo de férias».

D – Em 02/05/2000, o Autor celebrou coma Ré o acordo escrito de fls. 11, mediante o qual se obrigou a desempenhar as funções de CRT, no CDP do Marco de Canaveses, pelo prazo de 6 meses, com início em 02/05/2000, mediante o salário de 98.865$00, tendo sido dada como justificação para a contratação a termo o facto de «suprir necessidades transitórias de serviço, por motivo de férias».

E – A Ré enviou ao Autor a carta junta aos autos a fls. 87, datada de 16/10/2000, que consta do seguinte teor: «Nos termos do nº 1 do art. 56º do Dec. Leiº 64-A/89, de 12/02/89, comunica-se que o contrato de trabalho em que é 2º contratante e cujo prazo termina em 01/11/2000 não será renovado».

F – Em 01/06/2001, Autor e Ré celebraram o acordo de fls. 12, mediante o qual o Autor se obrigou a desempenhar as funções de CRT, no CDP do Marco de Canaveses, pelo prazo de 6 meses, com início em 01/06/2001, mediante a retribuição mensal de 102.300$00, tendo sido dada como causa justificativa para o termo «as necessidades transitórias de serviço, por motivo de férias».

G- A Ré enviou ao Autor a carta de fls. 88, datada de 15/11/2001, que consta do seguinte teor: «Nos termos do nº 1 do art. 46º do Dec. Lei 64-A/89, de 27/02, comunica-se que o contrato de trabalho em que é 2º contratante e cujo prazo termina em 30/11/2001 não será renovado.»

H – Em 20/05/2004, Autor e Ré celebraram o acordo de fls. 13, mediante o qual o Autor se obrigou a desempenhar as funções de carteiro, no CDP de Marco de Canaveses, pelo prazo de 6 meses, com início em 20/05/2004 e término em 19/11/2004, tendo sido dada como justificação para a contratação a termo o seguinte: «Para a contratação de trabalhador à procura do 1º emprego em virtude do trabalhador procurar emprego efectivo adequado à sua formação e expectativas profissionais, estando disponível para a contratação a termo por um período que estima em 6 meses».

I – Por carta de fls. 89, datada de 08/10/2004, a Ré comunicou ao Autor o seguinte: «Nos termos do art. 388º do anexo à Lei 99/2003, de 27/08, comunica-se que o contrato de trabalho em que é 2º outorgante e cujo prazo termina em 19/11/2004, não será renovado.»

J – Em 16/11/2004, Autor e Ré acordaram na adenda contratual junta aos autos a fls. 14, nos termos da qual: «As partes acordam em renovar o contrato celebrado em 20/05/2004, por um período de seis meses, com início em 20/11/2004 e término em 19/05/2005, em virtude do 2º outorgante não ter ainda, por motivo alheio à sua vontade, encontrado emprego compatível com a sua formação e expectativas profissionais, encontrando-se disponível para a contratação a termo noutras actividades por um período que estima em 6 meses.»

K – Por carta de fls. 90, datada de 05/04/2005, a Ré comunicou ao Autor o seguinte: «Nos termos do art. 388º do anexo A da Lei 99/2003, de 27/08, comunica-se que o contrato de trabalho em que é 2º outorgante e cujo prazo termina em 19/05/2005, não será renovado».

L – Em 17/05/2005, Autor e Ré celebraram nova adenda contratual, junta aos autos a fls. 15, nos termos da qual prorrogaram o contrato celebrado em 20/05/2004, por um período de 140 dias com início em 20/05/2005 e término em 06/10/2005, tendo sido dado como causa justificativa o facto de o Autor «não ter ainda, por motivo alheio à sua vontade, encontrado emprego compatível coma sua formação e expectativas profissionais, encontrando-se disponível por um período que estima em 140 dias .»

M – Por carta de fls. 91, datada de 06/09/2005, a Ré comunicou ao Autor o seguinte: «Nos termos do art. 388º do anexo A à Lei 99/2003, de 27/8, comunica--se que o contrato de trabalho em que é 2º outorgante e cujo prazo termina em 06/10/2005 não será renovado».

N – Em 06/10/2005, o Autor auferia o vencimento mensal de 590,60 Euros.

O – Na cláusula 5ª do contrato celebrado entre as partes, aos 20.05.2005, e que consta de fls. 13, o Autor «declara ter 26 anos de idade e nunca ter sido contratado por tempo indeterminado, encontrando-se inscrito no Centro de Emprego».

P -Na «Adenda Contratual» celebrada entre as partes, aos 16.11.2004, e que consta de fls. 14, refere-se que:

> «BB de Portugal, SA, com sede (...) e AA, como BI (...), que neste acto intervêm, respectivamente, como 1º e 2º contratantes, ajustam entre si, nos termos do nº 3 do artº 140º do Anexo à Lei 99/2003, de 27 de Agosto, a presente adenda ao contrato de trabalho a termo certo celebrado em 20/05/2004 ao abrigo do nº 3 da alínea b) do artº 129º do Código do Trabalho (Lei 99/2003, de 27 de Agosto).

1ª

As partes acordam em renovar o contrato celebrado em 20.05.2004, por um período de 6 meses, com início em 20/11/2004 e término em 19/05/2005, em virtude do segundo outorgante não ter, ainda, por motivo alheio à sua vontade, encontrado emprego compatível coma sua formação e expectativas profissionais, encontrando-se disponível para contratação a termo noutras actividades, por um período que estima em 6 meses.

Q – Na «Adenda Contratual» celebrada, aos 17.05.2005, entre as partes e que consta de fls. 15, refere-se que:

«BB de Portugal, SA, com sede (...) e AA, como BI (...), que neste acto intervêm, respectivamente, como 1º e 2º contratantes, ajustam entre si, nos termos do nº 3 do artº 140º do Anexo à Lei 99/2003, de 27 de Agosto, a presente adenda ao contrato de trabalho a termo certo celebrado em 20/05/2004 ao abrigo do nº 3 da alínea b) do artº 129º do Código do Trabalho (Lei 99/2003 de 27 de Agosto),

1ª

As partes acordam em prorrogar o contrato a termo celebrado em 20.05.2004, por um período de 140 dias, com início em 20-05-2005 e término em 06.10.2005, em virtude do segundo outorgante não ter, ainda, por motivo alheio à sua vontade, encontrado emprego compatível com a sua formação profissional e expectativas profissionais, encontrando-se disponível por um período que estima em 140 dias.»

3. O direito

Como decorre das conclusões formuladas pelo recorrente, as questões suscitadas no recurso são as seguintes:

- saber se o motivo invocado, para justificar o termo aposto no contrato de trabalho celebrado em 20.5.2004, é válido ou não;
- saber se o motivo indicado nas duas *adendas* apostas àquele contrato, para justificar a prorrogação do respectivo termo é válido ou não, quer sob o ponto de vista formal, quer sob o ponto de vista material.

Para além daqueles questões, haverá de conhecer ainda, nos termos do artº 715º, nº 2, do CPC, aplicável ao recurso de revista por força do disposto no artº 726º do mesmo Código, caso a invalidade do termo o venha a ser declarada, das consequências dessa invalidade.

3.1. Da (in)validade do motivo justificativo do termo aposto no contrato celebrado em 20.5.2004

Conforme está provado, em 20.5.2004, o autor celebrou com a ré um contrato de trabalho a termo, pelo prazo de seis meses e o motivo justificativo do termo nele aposto foi o facto do autor ser trabalhador à procura de primeiro emprego.

E, relativamente à validade daquele motivo, na petição inicial o autor alegou que o motivo indicado não era verdadeiro, uma vez que, tendo anteriormente trabalhado para a ré durante 18 meses, ao abrigo de três contratos de trabalho a termo, já não podia ser considerado trabalhador à procura de primeiro emprego, face ao disposto nas Portarias nº 196-A/2001, de 10/3 e nº 1191/2003, de 10/1, nos termos das quais quem tiver exercido actividade subordinada ou mesmo autónoma por um período superior a seis meses deixa de ser trabalhador à procura de primeiro emprego.

Na decisão recorrida entendeu-se, tal como já tinha sido entendido na sentença da 1ª instância, que trabalhador à procura de primeiro emprego era aquele que *nunca foi contratado por tempo indeterminado*, por ser esse o conceito que constava da lei em vigor à data da publicação do Decreto-Lei nº 64-A/89, de 27/2 (o Decreto-Lei nº 257/86, de 27/8) e que, posteriormente, foi mantido no Decreto-Lei nº 64-C/89, publicado na mesma data do D.L. nº 64-A/89 e nos Decretos-Leis nº 89/95, de 6/5 e nº 34/96, de 18/4.

E também se entendeu que, sob pena de quebra da unidade e harmonia do sistema jurídico, era esse o conceito que estava subjacente ao disposto no artº 129º, nº 3, al. b), do Código do Trabalho, que permite a celebração de contratos de trabalho a termo quando os contratados sejam trabalhadores à procura de primeiro emprego ou de desempregados de longa duração ou noutras situações previstas em legislação especial de política de emprego.

E, citando o acórdão do STJ de 7.12.2005 -(2), na decisão recorrida acrescentou-se que as Portarias nº 196-A/2001, de 10/3 e nº 1191/2003, de 10/1, não tinham alterado o referido conceito, uma vez que apenas vieram regular a atribuição de incentivos financeiros concedidos às empresas que criem novos postos de trabalho destinados a *jovens à procura de primeiro emprego*, não sendo o conceito de trabalhador à procura de primeiro emprego, ínsito no artº 41º, nº 1, al. h), da LCCT e no actual artº 129º, nº 3, al. b) do Código do Trabalho, sobreponível ao conceito de *jovem à procura de primeiro emprego* que só releva para a definição do âmbito pessoal da concessão de apoios financeiros à criação, pelas empresas, de novos postos de trabalho, sendo um conceito claramente diferente daquele outro.

No recurso de revista, o autor insiste na invalidade do termo aposto no contrato em apreço, alegando que o motivo invocado era falso, uma vez que já havia trabalhado para a ré, ao abrigo de contratos de trabalhado termo certo, que, no seu conjunto, perfizeram uma duração de 15 meses. Ao contrário do que fizera na petição inicial e no recurso de apelação, o autor não invocou o disposto nas Portarias atrás referidas. Limitou-se a alegar que não era trabalhador à procura de primeiro emprego, por já anteriormente ter trabalhado para a ré durante um período de 15 meses, ao abrigo de contratos de trabalho a termo. Ou seja, o autor não alega, nem nunca alegou no decurso do processo, que o motivo era falso por já ter sido anteriormente contratado por tempo indeterminado (sem termo). Aliás, tal alegação de nada lhe valeria, uma vez que tal alegação o faria incorrer em abuso do direito, na modalidade do *venire contra factum proprium*, por, na cláusula 5ª do contrato em apreço, ter declarado nunca ter sido contratado por tempo indeterminado.

A questão que se coloca é, pois, a de saber se o autor deixou de ser um trabalhador à procura de primeiro emprego pelo facto de anteriormente ter trabalhado para a ré, durante 15 meses, ao abrigo de contratos de trabalho a termo certo (os

ESTUDOS EM HOMENAGEM A MIGUEL GALVÃO TELES

contratos celebrados em 21.10.99, em 2.5.2000 e em 1.6.2001, respectivamente por 3, 6 e 6 meses).

E esta é uma questão sobre a qual este Supremo Tribunal já reiteradamente se tem pronunciado, de forma pacífica e uniforme, coincidindo essa pronúncia com a que foi sufragada nas instâncias, qual seja a de que trabalhador à procura de primeiro emprego é aquele que nunca trabalhou mediante contrato de trabalho sem termo – (3) . Trata-se de uma jurisprudência há longo tempo firmada, que o Código do Trabalho não veio alterar, não só porque a alínea b) do nº 3 do seu artº 129º se limita a reproduzir o teor da al. h) do nº 1 do artº 41º da LCCT – (4), mas também porque o legislador do Código do Trabalho não podia desconhecer aquela jurisprudência, o que significa que ao manter a redacção da lei anterior não quis bulir com aquele entendimento jurisprudencial, pois se outro fosse o seu entendimento não deixaria de lhe dar a correspondente expressão legal.

Não há, por isso, razões para alterar a jurisprudência que tem sido adoptada, a qual assenta nas razões que foram aduzidas não só na decisão recorrida, mas também na sentença da La instância e para as quais remetemos, sendo certo que o recorrente não produziu argumentação nova que justificasse um repensar da orientação que vem sendo perfilhada. E, sendo assim, temos de concluir pela validade do termo aposto no contrato celebrado em 20.5.2004, com a consequente improcedência do recurso nesta parte.

3.2. Das adendas ao contrato

Como está provado, o contrato celebrado em 20.5.2004 foi objecto de duas *adendas*, visando a sua prorrogação no tempo.

A primeira foi outorgada em 16.11.2004 e nela as partes acordaram prorrogar o contrato por mais seis meses, com início em 20.11.2004 e termo em 19.5.2005, como fundamento de que o autor, ora recorrente, "não ter, ainda, por motivo alheio à sua vontade, encontrado emprego compatível coma sua formação e expectativas profissionais, encontrando-se disponível para a contratação a termo noutras actividades, por um período que estima em 6 meses".

A segunda *adenda* foi ajustada em 17.5.2005, tendo as partes acordado em prorrogar o contrato por mais 140 dias, com início em 20.5.2005 e termo em 6.10.2005, "em virtude do segundo outorgante (5) não ter, ainda, por motivo alheio à sua vontade, encontrado emprego compatível com a sua formação e expectativas profissionais, encontrando-se disponível por um período que estima de 140 dias".

Nas conclusões do recurso, o recorrente questiona a validade do motivo aposto nas referidas *adendas*, alegando que o motivo nelas indicado não faz parte do elenco de situações previstas nº 1 do artº 41º da LCCT e no artº 129º do Código do Trabalho, o que determina a nulidade do termo, passando o contrato a ser por tempo indeterminado a partir de 16 de Novembro de 2004 ou, em alternativa, a partir de 17 de Maio de 2005. E, em favor da sua tese, o recorrente invocou o acórdão deste tribunal de 10.5.2006 – (6).

No que toca à primeira *adenda*, importa dizer que a questão da invalidade do termo como fundamento referido só agora foi colocada, o que obsta a que dela se conheça, por se tratar de questão nova, uma vez que não foi apreciada nas instâncias e os recursos visarem, como é sabido, o reexame das questões ajuizadas no tribunal recorrido e não a prolação de decisões *ex novo*, salvo se disserem respeito a questões que sejam do conhecimento ofícios o, o que não é o caso.

No que diz respeito à segunda *adenda*, o artº 140º, nºs 1 e 2 do Código do Trabalho (C.T.), estipula que, na falta de declaração das partes em contrário, o contrato de trabalho a termo renova-se, por igual período, no final do termo estipulado. Só assim não será, se as partes tiverem acordado previamente na sua não renovação. Tal renovação é automática e não carece de qualquer formalismo.

A situação é diferente, porém, quando a renovação pretendida for por prazo diferente do inicialmente acordado, como no caso em apreço aconteceu – (7). Neste caso, a renovação está sujeita à verificação das exigências materiais da celebração do contrato, bem como às de forma (artº 140º, nº 3) e se, estas não forem observadas, o contrato considera-se sem termo (artº 140º, nº 4).

Tal significa que a renovação por prazo diferente do estabelecido no contrato terá de ser obrigatoriamente reduzida a escrito, devidamente assinada e datada pelas partes e terá de indicar o motivo justificativo da renovação, devendo essa indicação "ser feita pela menção expressa dos factos que o integram, devendo estabelecer-se a relação entre a justificação invocada e o termo estipulado", por serem esses os requisitos formais da contratação a termo (artº 131º, nºs 1 e 3, do C.T.).

E significa também que o motivo indicado para justificar a renovação terá de ser um daqueles em que a lei admite a contratação a termo (requisitos materiais); terá de ser um motivo que vise a satisfação de necessidades temporárias da empresa, *nomeadamente*, alguma das previstas no nº 2 do artº 129º do C.T. – (8): "O contrato de trabalho a termo só pode ser celebrado para a satisfação de " ou terá de ser algum dos motivos previstos no nº 3 do mesmo artigo – (9)"

No caso em apreço, recorde-se, o motivo justificativo da renovação do contrato inserido na 2ª adenda, datada de 17 de Maio de 2005, foi o facto de o autor *"não ter, ainda, por motivo alheio à sua vontade, encontrado emprego compatível com a sua formação profissional e expectativas profissionais"*. E, como é fácil de ver, tal motivo nada tem a ver com a satisfação de necessidades transitórias da ré, nomeadamente comas situações referidas no nº 2 do artº 129º, nem se enquadra em nenhuma das situações previstas no nº 3 do mesmo artigo.

A situação agora em apreço é praticamente idêntica àquelas que foram apreciadas nos acórdãos deste tribunal, de 12.9.07, 30.3.2006 e 10.5.2006, proferidos, respectivamente, nos processos nº 1797/06, nº 3921/05 e nº 10/06, todos da 4ª Secção, em que a ré era a mesma destes autos – (10)".

ESTUDOS EM HOMENAGEM A MIGUEL GALVÃO TELES

E, a tal propósito, no mais recente daqueles acórdãos, escreveu-se o seguinte: «Poder-se-ia dizer, à luz do disposto no artº 236º, nº 1, do C.C., que o verdadeiro motivo da prorrogação do contrato foi o facto de o autor continuar a ser um trabalhador à procura de primeiro emprego, por ter sido esse o motivo justificativo do prazo inicial estipulado. E admite-se, até, que essa pudesse ter sido a vontade real das partes. Todavia, [...] o disposto no nº 1 do artº 3º da Lei nº 38/96 não permite que se avance nesse sentido, uma vez que nos termos daquele normativo a indicação do motivo "só é atendível se mencionar concretamente os factos e circunstâncias que objectivamente integram esse motivo, devendo a sua redacção permitir estabelecer com clareza a relação entre a justificação invocada e o termo estipulado".

Além disso, tratando-se de um negócio formal, aquela declaração só podia valer com um sentido que tivesse um mínimo de correspondência no texto da adenda (artº 238º, nº 1, do C.C.), o que manifestamente não acontece.

E sendo assim, com se entende que é, a estipulação do termo aposto na *adenda* é nula, o que significa que o contrato foi prorrogado sem termo, convertendo--se, por isso, em contrato sem termo, o que, por sua vez, torna ilícita a sua cessação por banda da ré, por se tratar de uma cessação sem invocação de justa causa objectiva ou subjectiva.» **(fim de transcrição)**

As considerações feitas naquele acórdão mantêm-se válidas, apesar de a situação em apreço nos presentes autos ter ocorrido já na vigência do Código do Trabalho – (11), uma vez que o teor do nº 1 do artº 3º da Lei nº 38/96 foi praticamente reproduzido no nº 3 do artº 129º do referido Código (vide, supra, nota nº 9) e, não havendo razões para alterar o entendimento perfilhado naquele acórdão, no seguimento, aliás, do entendimento que já havia sido adoptado nos citados acórdãos de 30.3.2006 e de 10.5,2006, teremos de concluir pela invalidade do termo aposto na segunda adenda ao contrato celebrado em 20.5.2004

A situação seria diferente, se na *adenda* se fizesse alguma referência ao normativo legal em que se integrava o motivo justificativo nela indicado, nomeadamente se nela se dissesse que a prorrogação era feita ao abrigo do disposto na al. b) do nº 3 do artº 129º do C.T., que prevê a contratação a termo de trabalhadores à procura de primeiro emprego. Tal referência seria já um elemento a levar em conta na interpretação da vontade das partes e do real sentido do motivo indicado na *adenda* e permitiria sufragar a interpretação que foi perfilhada na decisão recorrida, a qual passaria, então, a ter um mínimo de correspondência no texto da *adenda*. Neste sentido, veja-se o recente acórdão de 26.9.2007, proferido no recurso de revista nº 1934/07, da 4.a Secção – (12).

3.3. Consequências da invalidade do termo

A renovação do contrato sem a verificação das exigências materiais da sua celebração e, no caso da renovação ser por prazo diferente do estipulado no contrato, sem a verificação das exigências formais do contrato tem como consequência a conversão do contrato a termo em contrato sem termo (artº 140º, n.os 3 e 4, do C.T.).

No caso em apreço, aquelas exigências não foram satisfeitas e, por isso, o contrato de trabalho a termo celebrado em 20.5.2005 passou a ser contrato de trabalho sem termo.

E, em consequência disso, a ré não podia promover unilateralmente a sua cessação, salvo tivesse justa causa para o fazer e após a instauração do respectivo procedimento. A sua cessação, por parte da ré, nos termos da carta referida na alínea M) da matéria de facto, traduz-se num despedimento ilícito, com as consequências previstas nos artigos 436º a 440º do C.T. e que, *in casu*, seriam: pagamento da indemnização por todos os danos, patrimoniais e não patrimoniais, causados ao autor; reintegração do autor no seu posto de trabalho sem prejuízo da sua categoria e antiguidade, salvo se ele optasse pela correspondente indemnização, cujo montante seria fixado pelo tribunal, entre 15 e 45 dias de retribuição base e diuturnidades por cada ano completo ou fracção de antiguidade; pagamento das retribuições que o autor deixou de auferir desde a data do despedimento até ao trânsito em julgado da decisão, deduzidas das importâncias que ele comprovadamente tiver obtido coma cessação do contrato e que não teria recebido se não fosse o despedimento, bem como do montante do subsídio de desemprego que eventualmente tiver recebido e das retribuições que teria auferido desde a data do despedimento até 30 dias antes da data da propositura da acção, uma vez que a acção não foi proposta nos 30 dias subsequentes ao despedimento (a acção foi proposta em 8.5.2006).

O autor não optou pela indemnização e não pediu qualquer indemnização por danos patrimoniais ou não patrimoniais. Limitou-se a pedir que o contrato celebrado em 20.5.2004 fosse declarado sem termo e que a ré fosse condenada a reintegrá-lo no seu posto de trabalho no Marco de Canaveses e a pagar-lhe as retribuições que deixou de auferir desde 6.10.2005 até ao trânsito em julgado da sentença, acrescidas dos juros de mora.

Será nesses termos que a ré terá de ser condenada, levando-se em conta, todavia, as deduções a efectuar nos termos supra referidos.

4. Decisão

Nos termos expostos, decide-se:

a) julgar procedente o recurso;

b) declarar que o contrato de trabalho celebrado entre as partes, em 20.5.2004, é um contrato sem termo;

ESTUDOS EM HOMENAGEM A MIGUEL GALVÃO TELES

c) condenar a ré a reintegrar o autor no seu posto de trabalho em Marco de Canaveses, sem prejuízo da sua categoria e antiguidade;

d) condenar a ré a pagar ao autor as retribuições que deixou de auferir desde a data do despedimento, ou seja, desde 6 de Outubro de 2005, até à data do trânsito da presente decisão, deduzidas das importâncias que ele comprovadamente tiver obtido com a cessação do contrato e que não teria recebido se não fosse o despedimento, bem como do montante do subsídio de desemprego que eventualmente tiver recebido e das retribuições que teria auferido desde a data do despedimento (6.10.2005) até 30 dias antes da data da propositura da acção, ou seja, até 8.4.2006, tudo a liquidar em posterior execução de sentença, por falta de elementos bastantes nos autos para proceder a tal liquidação (artº 661º, nº 2, do CPC).

Custas pela ré, nas instâncias e no Supremo.

Lisboa, 24 de Outubro de 2007

SOUSA PEIXOTO (Relator)
SOUSA GRANDÃO
PINTO HESPANHOL

(1) As alíneas 0), P) e Q) foram aditadas pela Relação.
(2) Publicado na revista "Colectânea de Jurisprudência – Acórdãos do Supremo Tribunal de Justiça", ano 2005, tomo III, p. 280.
(3) Vide, para além do recente acórdão de 26.9.2007, proferido no proc. 1934/07, os acórdãos de 12.1.2006 (proc. 3138/05), de 20.9.2006 (proc. 2187/06), de 14.12.2006 (proc. 2187/06), de 17.1.2007 (proc. 3750/06), de 2.5.2007 8Proc. 179/07), de 21.6.2007 (proc. 1157/07) e 12.9.07 (proc. 4720/07), todos da 4.a Secção
(4) Forma abreviada de designar o regime jurídico da cessação do contrato individual de trabalho e da celebração e caducidade do contrato de trabalho a termo.
(5) O segundo outorgante era o autor/recorrente.
(6) Proferido no proc. nº 10/06, da 4.a Secção, in www.dgsi.pt.
(7) Recorde-se que o contrato foi inicialmente celebrado pelo prazo de seis meses, que na primeira adenda foi prorrogado por igual período e que a na segunda adenda foi renovado por 140 dias.
(8) Nos termos do nº 1 do artº 129º do C.T.:
contrato de trabalho a termo só pode ser celebrado para a satisfação de necessidades temporárias da empresa e pelo período estritamente necessário à satisfação dessas necessidades.
E nos termos do seu nº 2:
"Consideram-se, nomeadamente, necessidades temporárias da empresa as seguintes:
a) Substituição directa ou indirecta de trabalhador ausente ou que, por qualquer razão, se encontre temporariamente impedido de prestar serviço;
b) Substituição directa ou indirecta de trabalhador em relação ao qual esteja pendente em juízo acção de apreciação da ilicitude do despedimento;

c) Substituição directa ou indirecta de trabalhador em situação de licença sem retribuição;

d) Substituição de trabalhador a tempo completo que passe a prestar trabalho a tempo parcial por período determinado;

e) Actividades sazonais ou outras actividades cujo ciclo anual de produção apresente irregularidades decorrentes da natureza estrutural do respectivo mercado, incluindo o abastecimento de matérias-primas;

f) Acréscimo excepcional de actividade da empresa;

g) Execução de tarefa ocasional ou s erviço determinado precisamente definido ou não duradouro;

h) Execução de uma obra, projecto ou outra actividade definida e temporária, incluindo a execução, direcção e fiscalização de trabalhos de construção civil, obras públicas, montagens e reparações industriais, em regime de empreitada ou em administração directa, incluindo os respectivos projectos e outras actividades complementares de controlo e acompanhamento."

(9) Nos termos do nº 3 do artº 129º:

"Além das situações previstas no nº 1, pode ser celebrado um contrato a termo nos seguintes casos:

a) Lançamento de uma nova actividade de duração incerta, bem como início de laboração de uma empresa ou estabelecimento;

b) Contratação de trabalhadores à procura de primeiro emprego ou desempregados de longa duração ou noutras situações previstas em legislação especial de política de emprego."

(10) Nos processos referidos, o motivo indicado na adenda para justificar a renovação/prorrogação do contrato de trabalho foi o seguinte:

– Processo nº 1797/06: "As partes acordam em prorrogar o contrato celebrado em 2001- 06.04, pelo período de 12 Meses em virtude de o segundo outorgante continuar na situação de procurar emprego e não ter, por motivo alheio à sua vontade, encontrado emprego compatível coma sua formação profissional";

– Processo nº 3921/05: "As partes acordam em prorrogar o contrato celebrado em 2002-02- 07, por um período de 4 Meses em virtude de o segundo outorgante não ter ainda, por motivo alheio à sua vontade, encontrado emprego compatível com a sua formação profissional e expectativas profissionais";

– Processo 10/96: "As partes acordam em prorrogar o contrato celebrado em 2001-05-23, pelo período de 12 Meses em virtude de o segundo outorgante continuar na situação de procurar emprego e não ter, ainda, por motivo alheio à sua vontade, encontrado emprego compatível coma sua formação profissional".

(11) Anote-se que o contrato foi celebrado em 20.5.2004 e que o C.T. entrou em vigor em 1.12.2003 (vide artº 3º, nº 1, da Lei nº 99/2003, de 27/8).

(12) De que foi relator Pinto Hespanhol e adjuntos Vasques Dinis e Bravo Serra".

Comentário

I. Estes acórdãos, apreciando as mesmas questões jurídicas, chegam, no que a uma delas respeita, a conclusões diferentes.

As questões analisadas são fundamentalmente duas: a noção de trabalhador à procura de primeiro emprego para efeitos de admissibilidade de contratação a termo e as exigências formais para a renovação do contrato a termo por período diferente do inicial.

ESTUDOS EM HOMENAGEM A MIGUEL GALVÃO TELES

II. No que respeita à noção de *trabalhador à procura do primeiro emprego*, os dois arestos coincidem. Trabalhador à procura de primeiro emprego é aquele que *"nunca trabalhou mediante contrato de trabalho sem termo"* (Ac. STJ), abrangendo, assim, tal noção *"(apenas) os trabalhadores que nunca foram contratados por tempo indeterminado, não relevando as contratações a termo anteriores"* (Ac. TRL).

Considerou-se que este era o entendimento existente antes da entrada em vigor do Código do Trabalho[1], sendo que não veio a ser alterado por nenhuma disposição deste diploma que, à semelhança do que sucedia com o DL 64-A/89, de 27 de Fevereiro [artigo 41º, nº 1, al. h)], não nos fornece o conceito de trabalhador à procura do primeiro emprego.

III. Fazendo apelo ao *princípio da unidade e harmonia do sistema jurídico*, foi considerado por ambas as instâncias que a noção de trabalhador à procura de primeiro emprego deveria ser procurada nos diplomas sobre política de emprego. Assim, quando entrou em vigor o DL 64-A/89, de 27 de Fevereiro, o conceito era fornecido pelo DL 257/86, de 27 de Agosto, que considerava *"em situação de primeiro emprego os trabalhadores que nunca tenham sido contratados por tempo indeterminado"* (artigo 3º, nº 2), esclarecendo que *"as situações de estágio profissional em empresa ou de contrato de trabalho a prazo, anteriores à celebração de contrato por tempo indeterminado, não impedem a aplicação de dispensa de contribuições prevista neste diploma"* (artigo 4º/1). Este conceito foi mantido ulteriormente pelo DL 64-C/89, de 27 de Fevereiro (artigo 4º, nº 3), publicado na mesma data do DL 64-A/89, de 27 de Fevereiro.

O DL 89/95, de 6 de Maio (alterado pelo o DL 34/96, de 18 de Abril), que tinha por objeto a atribuição de dispensa temporária do pagamento de contribuições para o regime de segurança social, revogou o DL 257/86 e forneceu novo conceito, passando a fazer apelo à noção de "jovem": *"Para efeitos deste diploma, consideram-se jovens à procura do primeiro emprego as pessoas, com idade superior a 16 anos e inferior a 30, que nunca tenham prestado a sua actividade ao abrigo de contrato de trabalho por tempo indeterminado"* (artigo 3º, nº 1). Por outro lado, *"não releva para efeitos da qualificação de jovens à procura do primeiro emprego a anterior celebração de contratos de trabalho a termo"* (artigo 3º, nº 2).

Mais tarde, o DL 132/99, de 21 de Abril, veio estabelecer os princípios gerais de enquadramento da política de emprego, não contendo nenhuma definição de trabalhador à procura do primeiro emprego. Na sequência deste diploma, foi aprovada a Portaria 196-A/2001, de 10 de Março (alterada pela Portaria 255/2002,

---

[1] Aprovado pela Lei 99/2003, de 27 de Agosto, e aplicável aos casos em análise. Qualquer referência a disposições legais do Código do Trabalho reportam-se, salvo indicação em contrário, ao diploma aprovado pela mencionada Lei 99/2003.

de 12 de Março, e pela Portaria 183/2007, de 9 de Fevereiro)[2], que regulamenta as modalidades de estímulo à oferta de emprego, na componente da criação de emprego, e, ulteriormente, a Portaria 1191/2003, de 10 de Outubro, em matéria de apoios a projetos que originem a criação líquida de postos de trabalho.

De forma não inteiramente coincidente, as duas Portarias citadas alteram o conceito de jovem à procura de primeiro emprego.

Na Portaria 196-A/2001, define-se jovens à procura do primeiro emprego como *"os trabalhadores, com idade compreendida entre os 16 e os 30 anos, que se encontrem inscritos nos centros de emprego e que nunca hajam prestado a sua actividade no quadro de uma relação de trabalho subordinado, cuja duração, seguida ou interpolada, ultrapasse os seis meses"* (artigo 7º, nº 1)[3].

A Portaria 1191/2003[4], mantendo a definição nos termos enunciados, eliminou a referência à natureza subordinada da relação profissional anterior (artigo 4º, nº 1), esclarecendo, no nº 2 do preceito, que ela pode ter consistido numa atividade independente.

Refira-se que a Portaria 196-A/2001 revogou, explicitamente, o DL 34/96, atrás citado (artigo 33º, nº 1), mas nenhuma das referidas portarias revogou, pelo menos em termos expressos, o DL 89/95.

Foi considerado pelo STJ que as mencionadas Portarias não alteraram o conceito de *"trabalhador à procura de primeiro emprego"*. Por um lado, porque estas têm um âmbito de aplicação definido: *"apenas vieram regular a atribuição de incentivos financeiros concedidos às empresas que criem novos postos de trabalho destinados a **jovens à procura de primeiro emprego"*** e considerando, por outro, que *"o conceito de trabalhador à procura do primeiro emprego, ínsito (...) no actual artigo 129º, nº 3, al. b) do Código do Trabalho"*, não é *"sobreponível ao conceito de jovem à procura de primeiro emprego, que só releva para a definição do âmbito pessoal da concessão de apoios financeiros à criação, pelas empresas, de novos postos de trabalho, sendo um conceito claramente diferente daquele outro"*.

IV. Tal como foi considerado pelos Acórdãos citados, julgamos que, não contendo o Código do Trabalho o conceito de trabalhador à procura do primeiro emprego para efeitos de contratação a termo, torna-se necessário recorrer à noção

---

[2] Igualmente alterada pela Portaria 985/2009, de 4 de Setembro (embora esta não estivesse em vigor aquando dos factos em análise). Refira-se que a Portaria 196-A/2001 foi entretanto revogada pela Portaria 58/2011, de 28 de Janeiro.

[3] Refira-se que o artigo 4º da Portaria 985/2009, de 4 de Setembro, definiu jovem à procura do primeiro emprego como *"a pessoa com idade compreendida entre os 18 e os 35 anos, inclusive, com o mínimo do ensino secundário completo ou nível 3 de qualificação ou a frequentar um processo de qualificação conducente à obtenção desse nível de ensino ou qualificação, e que não tenha tido contrato de trabalho sem termo"*.

[4] Esta Portaria foi entretanto revogada pela Portaria 985/2009, de 4 de Setembro.

constante dos diplomas supra mencionados aplicáveis à política de emprego. Tal é imposto, desde logo, pelo princípio da unidade do sistema jurídico; por outro lado, a própria formulação legal aponta para tal solução: pode ser celebrado contrato a termo em caso de *"contratação de trabalhadores à procura de primeiro emprego ou de desempregados de longa duração ou noutras situações previstas em legislação especial de política de emprego"* [Código do Trabalho, artigo 129º, nº 3, alínea b)[5]].

No entanto, como se viu, as noções constantes das Portarias 196-A/2001 e 1191/2003 fazem apelo à idade do trabalhador, pelo que se pode colocar a questão de saber se é relevante a idade do trabalhador (entre 16 e 30 anos de idade) na definição de trabalhador à procura do primeiro emprego.

Entendemos, tal como as duas instâncias nos Acórdãos supra citados e também pelas razões aí aduzidas e supra mencionadas, que não há que fazer apelo à idade do trabalhador quando se apura a noção de trabalhador à procura do primeiro emprego para efeitos do artigo 129º, nº 3, al. b), do Código do Trabalho. Este preceito, tal como sucedia no preceito similar do DL 64-A/89, refere-se à contratação de *trabalhador* à procura de primeiro emprego, ao passo que os diplomas vigentes em matéria de segurança social reportam-se, claramente a partir do DL 89/95, ao *jovem* à procura do primeiro emprego – conceito que envolve, necessariamente, uma ponderação da idade do trabalhador.

Outra questão tem a ver com o requisito de inscrição em centro de emprego para efeitos do âmbito de aplicação das mencionadas Portarias. Encontrando-se esta exigência tipicamente ligada à política legislativa de incentivo ao emprego, a sua aplicação no âmbito da contratação a termo parece-nos desajustada. Este tem sido o entendimento maioritário dos tribunais, que vêm restringindo o juízo sobre a admissibilidade da contratação a termo ao requisito do desempenho de atividade profissional em momento anterior àquela contratação[6].

Por último, e afastados que ficam os requisitos respeitantes à idade e à inscrição no centro de emprego, resta apurar em que consiste o "primeiro emprego" para efeitos da contratação a termo. Até à entrada em vigor das Portarias 196-A/2001 e 1191/2003, a questão era pacífica: trabalhador à procura do primeiro emprego era aquele que nunca tinha celebrado contrato de trabalho por tempo indeterminado. No entanto, as Portarias vieram restringir o conceito de primeiro emprego à inexistência de anterior atividade profissional, subordinada ou autónoma, por período, seguido ou interpolado, superior a 6 meses. Do que se trata,

---

[5] Corresponde, com ligeiras alterações, ao artigo 140º, nº 4, al. b), do Código do Trabalho atualmente vigente, aprovado pela Lei 7/2009, de 12 de Fevereiro.

[6] Ac. STJ 7.05.2003, *AD* nº 505, p. 131, Ac. STJ de 24.09.2003, *AD* nº 507, p. 495 e Ac. STJ de 1.10.2003, *AD* nº 508, p. 639, Ac. STJ de 4.06.2003, *CJ (STJ)* 2003, tomo II, p. 271 e Ac STJ de 28.01.2004 CJ (STJ) 2004, tomo I, p. 262.

por isso, é de saber se elas têm o alcance de impor, para efeitos de contratação a termo, e a partir da data em que entraram em vigor, nova orientação legislativa.

Tem sido entendimento do STJ que *"deve entender-se por trabalhador à procura do primeiro emprego, (...) este Supremo Tribunal já foi muitas vezes chamado a pronunciar- -se sobre esta questão, tendo decidido, de forma uniforme e pacífica, que devem ser considerados como tal os trabalhadores que nunca tenham sido contratados por tempo indeterminado".* E, adiante: *"não vemos razões para alterar a posição que vem sendo perfilhada por este Supremo Tribunal, sendo certo que as considerações transcritas não perderam validade nem actualidade com a publicação das portarias nº 196-A/2001, de 10-03 e nº 1191/2003, de 10/1"* (sublinhado nosso); *"as portarias em questão limitam-se a dar o conceito de* jovens *à procura do primeiro emprego, o que é coisa diferente de* trabalhador à procura de primeiro emprego*" (vd.* Ac. de 7 de Dezembro de 2005, AD , nº 533, p. 899).

V. A outra questão analisada nos Acórdãos, e verificando-se neles uma assinalável divergência de entendimentos, tem a ver com as exigências formais para a renovação do contrato de trabalho a termo por período diferente do inicial.

O problema foi suscitado pelo facto de, aquando das renovações dos contratos de trabalho a termo em causa, se ter redigido uma cláusula com o seguinte conteúdo: *"as partes acordam em renovar o contrato celebrado em (...) por um período de seis meses, com início em (...) e término em (...), em virtude de o 2º outorgante não ter ainda, por motivo alheio à sua vontade, encontrado emprego compatível com a sua formação e expectativas profissionais, encontrando-se disponível para a contratação a termo noutras actividades por um período que se estima em (...) meses (dias)"* (redação do contrato a termo em discussão no Ac. STJ, sendo que a do contrato apreciado pelo Ac. TRL é praticamente igual).

Considerou o TRL que a *"prorrogação do contrato (...) não enferma de qualquer ilegalidade ou irregularidade",* uma vez que, *"além de subsistir o motivo que determinou a sua celebração, foram também observadas as exigências de forma e as formalidades previstas na lei",* sendo que das *"adendas ao contrato (...) constam todas as menções exigidas por lei, designadamente a indicação do termo e do respectivo motivo justificativo",* concluindo que as renovações estão de acordo com as exigências legais, pelo que o vínculo entre as partes não se converteu em contrato sem termo.

Diferente foi o entendimento do STJ que considerou que o motivo alegado na(s) adenda(s) *"não se enquadra em nenhuma das situações previstas no nº 3"* do artigo 129º do Código do Trabalho. Entendeu aquela instância que *"a situação seria diferente, se na adenda se fizesse alguma referência ao normativo legal em que se integrava o motivo justificativo nela indicado, nomeadamente se nela se dissesse que a prorrogação era feita ao abrigo do disposto na al. b) do nº 3 do artº 129º do C.T., que prevê a contratação a termo de trabalhadores à procura do primeiro emprego. Tal referência seria já um elemento a levar em conta na interpretação da vontade das partes e do real sentido do motivo indicado na adenda"*. Assim, considerou o STJ que o contrato se converteu em contrato sem termo, por inobservância das exigências formais no momento da sua renovação.

VI. Não podemos subscrever o entendimento do Ac. do STJ que adota uma posição que consideramos excessivamente formalista do texto legal.

A renovação do contrato de trabalho a termo está sempre sujeita às exigências materiais da sua celebração e, tratando-se de uma renovação por um período diferente do anterior, está sujeita igualmente às exigências de forma (artigo 140º, nº 3 do Código do Trabalho[7]).

Assim, a possibilidade de renovação do contrato a termo, seja automática (por período igual e na ausência de manifestação de vontade das partes) ou resultante de acordo, está sempre dependente da subsistência do motivo que levou à celebração do contrato (previsto no artigo 129º do Código do Trabalho[8]). Por seu turno, se a renovação for feita por período diferente, exige-se ainda a observância da forma exigida para a celebração do contrato, nomeadamente, acordo escrito com indicação do motivo, isto é, da subsistência do mesmo[9].

Nos casos que foram apreciados pelo TRL e pelo STJ houve renovações dos contratos a termo por período diferente do inicial, tendo sido reduzidas a escrito, com a seguinte justificação: *"em virtude de o 2º outorgante não ter ainda, por motivo alheio à sua vontade, encontrado emprego compatível com a sua formação e expectativas profissionais, encontrando-se disponível para a contratação a termo noutras actividades por um período que se estima em (...) meses (dias)"*.

A questão fulcral consiste em apurar se esta redação pode ser considerada como contendo a indicação do motivo concreto que legitima a renovação.

Repare-se que está em causa a renovação de um contrato que já havia sido reduzido a escrito, e não a sua celebração. Julgamos importante que a distinção se faça. Na verdade, se se tratasse de analisar a justificação para a celebração do contrato, a mesma poderia ser insuficiente, pois não havia qualquer referência ao facto de se tratar de um trabalhador à procura do primeiro emprego. No entanto, estamos perante uma renovação de um contrato celebrado com esse fundamento, isto é, nos termos do artigo 129º, nº 3, alínea b), do Código do Trabalho[10].

---

[7] Regra actualmente estabelecida no artigo 149º, nº 3, do Código do Trabalho aprovado pela Lei 7/2009, de 12 de Fevereiro.

[8] Atualmente com previsão no artigo 149º, nº 3, do Código do Trabalho aprovado pela Lei 7/2009, de 12 de Fevereiro.

[9] PAULA PONCES CAMANHO, «O contrato de trabalho a termo», *in A Reforma do Código do Trabalho*, CEJ, IGT, Coimbra Editora, 2004, pág. 300.

[10] Atualmente prevista no artigo artigo 140º, nº 4, al. b), do Código do Trabalho, aprovado pela Lei 7/2009, de 12 de Fevereiro.

Ora, o motivo que justificou a celebração do contrato a termo já constava do contrato de trabalho e foi considerado válido pelas duas instâncias. Tratava-se efetivamente de um trabalhador à procura do primeiro emprego.

No acordo de renovação não se volta a referir expressamente que o trabalhador é, ou melhor, continua a ser, um trabalhador à procura do primeiro emprego. Mas a fórmula utilizada não pode deixar de se interpretar com esse sentido. Com efeito, no contexto em que é proferida (renovação de um contrato a termo celebrado com aquele fundamento), não pode deixar de se considerar justificação suficiente a cláusula em que os termos utilizados são *"não ter ainda, por motivo alheio à sua vontade, encontrado emprego compatível ..."*. Repare-se no advérbio de tempo utilizado da cláusula justificativa da renovação (*ainda*). Como é evidente, este é utilizado por referência ao momento da celebração do contrato e à manutenção (à data da renovação) da situação de desemprego existente no primeiro momento, ou seja, aquando da contratação. Assim, poderemos entender que tal menção implicará necessariamente uma remissão para o contrato celebrado, *rectius* para a justificação constante do mesmo.

As partes, com esta cláusula, pretendiam dizer que o trabalhador "continuava" a ser um trabalhador à procura do primeiro emprego. Este é o sentido que se depreende da mesma atendendo às regras de interpretação da declaração negocial previstas nos artigos 236º ss. do Código Civil.

Pelo exposto, concordamos com a posição do TRL quando considera que as renovações efectuadas se encontram em conformidade com o Código do Trabalho pois, além de subsistir o motivo que levou à contratação do trabalhador – tratar-se de trabalhador à procura do primeiro emprego –, as exigências formais foram respeitadas (forma escrita e fundamentação da renovação)[11].

---

[11] *Nota final*: as conclusões a que chegaram as instâncias não são alteradas com o início de vigência do Código de Trabalho aprovado pela Lei 7/2009, de 12 de Fevereiro, exceto no que respeita à contagem da duração do contrato para efeitos do actual 148º, nº 1, do Código do Trabalho.
Na verdade, tendo, no caso decidido pelo Supremo Tribunal de Justiça, o A. sido contratado anteriormente a termo pelo mesmo empregador, a duração dos contratos anteriores para o mesmo posto de trabalho seriam atendidos no cômputo do tempo de duração do novo contrato a termo, o que levaria a que, caso fosse aplicado o Código do Trabalho aprovado pela Lei 7/2009, o contrato converter-se-ia em contrato sem termo, pelo facto de, com o cômputo dos períodos de duração de contratos a termo anteriores com o mesmo empregador, se ter excedido os limites de duração do contrato [artigo 147º, nº 2, al. b)], isto é, por ter sido excedido o prazo de duração máxima que a lei prevê para os contratos com esta motivação: 18 meses.

A prestação gratuita de garantias e a assistência financeira no âmbito de uma relação de grupo

CARLOS OSÓRIO DE CASTRO

1. Objeto

Neste breve estudo procuraremos apreciar sumariamente as questões que se suscitam na hipótese em que uma sociedade anónima, totalmente dependente de outra (ou a cuja direção a sua gestão se encontre subordinada, ao abrigo de um contrato de subordinação), presta uma garantia em benefício de um banco, credor da sociedade totalmente dominante (ou diretora), a troco da concessão de uma extensão do prazo do cumprimento de uma dívida emergente de um financiamento concedido a essa sociedade com vista à aquisição de ações da sociedade garante.

2. Nulidade à luz do art. 6º do Código das Sociedades Comerciais?

A primeiro dúvida que se coloca é a de saber se a garantia não será nula à luz do art. 6º, nºs 1 e 3, do Código das Sociedades Comerciais (CSC)[1]. É que a capacidade de uma sociedade comercial não compreende os direitos e as obrigações alheios à prossecução do seu fim, como tal se devendo entender a prestação de garantias a dívidas de outras entidades a que não esteja subjacente um interesse próprio da sociedade garante. *Quid juris?*

2.1. A limitação da capacidade da sociedade aos atos necessários ou convenientes à prossecução do seu escopo lucrativo

Em dois artigos publicados na Revista da Ordem dos Advogados, tivemos a oportunidade de nos ocuparmos da problemática do âmbito da capacidade das sociedades[2].

---

[1] Pertencem ao CSC todas as normas citadas sem indicação de fonte.

[2] *Da prestação de garantias por sociedades a dívidas de outras entidades, in Revista da Ordem dos Advogados,* 1996, págs. 565 e segs. e *De novo sobre a prestação de garantias por sociedades a dívidas de outras entidades, in Revista da Ordem dos Advogados,* 1998, págs. 823 e segs..

Defendemos aí que o art. 6º, nº 1, do CSC consagra o princípio da especialidade do fim, embora não com o significado que este reveste à face do art. 160º do Código Civil, e que é o correspondente ao enunciado da *ultra vires theory*[3] – a saber, com o alcance de que "a atividade jurídica não pode ultrapassar os limites do escopo que lhes é assinalado pelos estatutos". O fim aludido no art. 6º, nº 1, do CSC não se identifica com o objeto social, enquanto ramo ou ramos de atividade a desenvolver pela empresa societária (fim imediato), mas antes com a obtenção de lucros através dessa atividade e sua repartição posterior entre os sócios (fim mediato). Daqui vem que, como princípio, se devem considerar nulos os atos de natureza não lucrativa praticados por uma sociedade, em consequência de falta de capacidade jurídica.

Chamámos, porém, a atenção para o facto de que o escopo lucrativo que fornece a medida da capacidade da sociedade não tem de encontrar expressão no conteúdo do próprio ato ou negócio (na veste de uma prestação que seja contrapartida da vantagem propiciada pela dita sociedade), bastando, ao invés, que as "atividades se integrem em objetivos genericamente lucrativos", no sentido de que está presente um interesse económico (um "justificado interesse próprio", na expressão do art. 6º, nº 3). Por outro lado, a existência desse justificado interesse próprio é objeto de uma presunção *juris et de jure*, no caso de entre a sociedade e o beneficiário do ato interceder uma relação de domínio ou de grupo. São estas as conclusões que julgamos serem de retirar da conjugação dos três primeiros números do art. 6º do CSC, sendo certo que não consideramos a solução do art. 6º, nº 3, restrita à prestação de garantias a dívidas de outras entidades (a referência individualizada a tais garantias terá ficado a dever-se unicamente ao facto de ser a respeito desses atos que mais se suscitaram dúvidas, na prática anterior ao Código das Sociedades Comerciais).

Resulta disto que, relativamente a atos onerosos, nunca se colocam problemas de incapacidade (mesmo tratando-se da prestação de garantias a dívidas de outras entidades): a conformidade com o fim social (com o escopo lucrativo) está sem mais assegurada, pelo que a capacidade da sociedade decorrerá logo do disposto no art. 6º, nº 1, do CSC. Faltando uma contrapartida é que será caso para indagar se não haverá porventura um interesse económico alheio ao conteúdo do ato – hipótese em que o ato reentrará, por força do nº 3 do art. 6º, na órbita da capacidade de que o nº 1 o expulsara.

---

[3] Cfr. MANUEL DE ANDRADE, *Teoria Geral da Relação Jurídica*, Coimbra, 1983, vol. I, pág. 124, e, no mesmo sentido, MOTA PINTO, *Teoria Geral do Direito Civil*, Coimbra Editora, 3ª edição, pág. 318.

2.2. Onerosidade *versus* gratuitidade: prestação de garantias gratuitas por sociedade em relação de domínio ou de grupo

Quem subscrever o entendimento que acabámos de sintetizar poderá ser tentado a sustentar, sem mais indagações, a capacidade da sociedade autora da garantia, na hipótese que nos ocupa.

E isto por duas razões.

Em primeiro lugar pelo facto de tal garantia revestir um caráter oneroso, visto que, em contrapartida da mesma, o banco credor aceita conceder uma moratória relativamente a um financiamento preexistente[4]. E, em segundo lugar, porque, encontrando-se as sociedade garante e devedora em relação de grupo, a existência de um justificado interesse próprio por parte desta última é legalmente presumida, nos termos do art. 6º, nº 3, sem admissão de prova do contrário.

Uma tal atitude, porém, seria precipitada.

Desde logo porque a falada garantia deve ser encarada, para efeitos do art. 6º do CSC, como se de garantia gratuita se tratasse, visto que a onerosidade advém apenas de uma atribuição feita em benefício de um terceiro, e não da própria sociedade garante. A razão de ser desta nossa opinião é a que invocámos no segundo dos nossos artigos atrás citados, considerando o caso de uma fiança: "a fidelidade ao critério da conformidade com o fim lucrativo da sociedade garante deve levar-nos (...) a recusar a inclusão, no âmbito da capacidade de gozo, *ao abrigo do art. 6º, nº 1, do CSC,* dos casos em que a fiança é onerosa, por lhe corresponder uma contraprestação do credor, mas em que esta última se traduz, não por exemplo, num qualquer pagamento pecuniário efetuado à fiadora, mas numa atribuição patrimonial que reverta diretamente em favor de uma terceira entidade. Pense-se na hipótese de o credor, em contrapartida da garantia, se comprometer perante a sociedade fiadora à concessão adicional de crédito a um terceiro. Até no plano terminológico, a boa solução salta à vista: se o contrato é apenas *em favor de terceiro* e não da própria sociedade garante, não há razão para dar por adquirido que, por via dele, esta prossegue o seu fim lucrativo e para deixar de condicionar, por conseguinte, a capacidade de gozo dessa sociedade à sujeição, com êxito, ao teste do "justificado interesse próprio"[5].

Quanto, por outro lado, à circunstância de, na data da constituição das garantia, existir uma relação de grupo entre a sociedade garante e a sociedade devedora, entendemos que a mesma não tem o alcance que *prima facie* se poderia atribuir-lhe. Para que essa relação, designadamente, cobrasse relevo para efeitos do art. 6º, nº 3, do CSC, seria necessário que as garantias tivessem sido constituídas

---

[4] Voltaremos mais desenvolvidamente a esta questão da natureza onerosa das garantias (cf., *infra*, o ponto 4).

[5] Cfr. *De novo sobre a prestação de garantias...*, pág. 844 (com omissão das notas de pé de página).

pela sociedade dominante em benefício da sociedade dependente, quando, na hipótese conjeturada, o que sucede é precisamente o contrário[6].

Uma vez mais nos socorremos do segundo dos nossos artigos atrás citados. Escrevemos aí:

> "... o legislador utiliza a expressão "relação de domínio ou de grupo" um pouco acriteriosamente, pretendendo nuns casos conferir relevo à situação de *dependência* (é o caso, indiscutivelmente, do art. 510º, nº 2, do CSC), noutros à situação de *domínio* e noutros ainda a ambas; a indagação da *mens legis* tem de fazer-se caso a caso, à luz dos cânones hermenêuticos gerais.
>
> Destrincemos, então, na aplicação do art. 6º, nº 3, do CSC, os casos de relação de domínio, por um lado, das situações de relação de grupo, por outro lado.
>
> Quanto às primeiras, aceita-se bem que o legislador tenha prescindido de averiguar concretamente da existência de um justificado interesse próprio do ente que presta a garantia, naquelas hipóteses em que a mesma respeita a dívida de uma sociedade dependente. Isto, pelo menos, nos casos em que o instrumento que propicia o domínio seja uma participação no capital social, pois que, como é evidente, essa participação, que constitui um elemento do activo da sociedade garante, é valorizada pelo desempenho económico que a ajuda traduzida na garantia gratuita venha potenciar ou permitir. Há, digamos, na sugestiva expressão de João Labareda, uma "suposição legal de proveito mútuo na contracção ou manutenção da dívida garantida".
>
> Mas já não é correcto dizer o mesmo quando o dador da garantia é, ao invés, a sociedade dependente, a pretexto de que tanto a dominante tem interesse na sobrevivência e desenvolvimento da dominada, como esta o tem relativamente àquela. Não há nenhum interesse na subsistência e prosperidade da dominante por parte da dependente reconhecido por lei, pois que o contrário aniquilaria a máxima de que a actividade de cada sociedade deve visar o seu interesse social próprio, o qual jamais se poderá curvar perante o interesse da sociedade-mãe ou do conjunto formado por sociedade-mãe e sociedade filial, tomado como um todo. Seria, aliás, no mínimo peculiar que a protecção dos credores contra a diminuição da garantia patrimonial emergente de actos gratuitos não se estendesse às situações em que o beneficiário é precisamente aquele que, por dispor de uma influência dominante, se assume, naturalmente, como o destinatário mais *provável* das benesses esconjuradas"[7].

---

[6] Esta nossa opinião, sublinhe-se, não é pacífica. Em sentido contrário pronunciam-se, designadamente, João Labareda e Pedro Albuquerque, para quem a parte final do nº 3 do art. 6º do CSC abrange as relações de domínio ou de grupo tanto em sentido *ascendente* como em sentido *descendente*.

[7] Cfr. *De novo sobre a prestação de garantias...*, págs. 854 e seg. (com omissão das notas de pé de página).

Ora admitindo que as garantias em causa devem ser tratadas como gratuitas para efeitos do art. 6º do CSC, e não assumindo a relação de grupo a configuração que precisaria de ter para que a parte final do art. 6º, nº 3, fosse aplicável *in specie*, será que a inclusão da respetiva constituição no âmbito da capacidade de gozo da sociedade garante depende de que lhe tenha correspondido um "justificado interesse próprio" desta sociedade? Eis uma questão a que procuraremos responder já de seguida.

2.3. A interpretação do art. 6º do CSC no caso de existência de uma relação de grupo

A limitação da capacidade das sociedades comerciais em função de quanto seja necessário ou conveniente à prossecução do seu fim lucrativo tem como objetivo óbvio a proteção dos credores sociais. O legislador português entendeu que os interesses dos beneficiários de um ato gratuito praticado, com espírito de liberalidade e de forma desinteressada (sem o propósito de alcançar vantagens da contraparte ou de terceiro), por uma pessoa coletiva de fim lucrativo, devem ceder perante os interesses dos credores dessa entidade, cujos direitos só podem genericamente satisfazer-se pelas forças do respetivo património, mercê do benefício da responsabilidade limitada atribuída aos sócios.

É todavia de entender que o artigo 6º, nº 1, do CSC não pode valer (sem uma interpretação hábil) nas situações em que exista uma relação de grupo fundada, seja na celebração de um contrato de subordinação, seja no facto da detenção da integralidade do capital social de uma das sociedades pela outra.

Nessas hipóteses, na verdade, a sociedade diretora ou totalmente dominante tem o direito de dar à administração da sociedade subordinada ou dependente instruções vinculantes, mesmo que desvantajosas para esta última, se tais instruções servirem os interesses da primeira ou das outras sociedades do mesmo grupo (art. 503º, nºs 1 e 2, do CSC, aplicáveis à relação de domínio total por força da remissão constante do art. 491º do mesmo diploma)[8]. O interesse social individual de cada um dos entes subordinados ou totalmente dependentes é sacrificado em favor de um interesse empresarial alheio, definido pela sociedade diretora ou totalmente dominante.

Isto significa, ao cabo e ao resto, que o fim de uma sociedade subordinada ou totalmente dependente acaba por ser ele mesmo objeto de uma modificação, por força da integração num grupo de sociedades. Ele já não consiste (necessariamente) na procura de um lucro *individual*; ao impor à sociedade subordinada ou totalmente dependente o dever de acatar instruções desvantajosas para si própria,

---

[8] A não ser que, sendo a relação de grupo baseada num contrato de subordinação, este disponha em sentido contrário.

contanto que benéficas para outras sociedades do grupo, a lei está no fundo a dizer-nos que, nessas situações, o seu fim é o de contribuir para a maximização do interesse do conjunto.

Entendidas as coisas assim, como é mister, concluímos facilmente que o art. 6º, nº 1, do CSC realmente não obsta a que as instruções desvantajosas de que curamos se dirijam à prática de atos gratuitos a favor de outras sociedades do grupo[9]. Assente que o fim das sociedades subordinadas ou totalmente dependentes é também (ou pode ser) o de servir o interesse do grupo, a sua capacidade não poderá deixar de abranger os direitos e as obrigações necessários ou convenientes à prossecução deste interesse.

O interesse dos credores – cuja proteção, como se disse, quanto ao comum das sociedades, a lei tem em vista ao negar a estas últimas capacidade para a prática de atos contrários ao objetivo de potenciarem o seu próprio lucro – é nestes casos acautelado de outro modo, designadamente mediante a responsabilização da sociedade diretora ou totalmente dominante pelas obrigações da sociedade subordinada ou totalmente dependente, constituídas antes ou depois da celebração do contrato de subordinação ou da constituição da relação de domínio total (art. 501º, nº 1, do CSC) e pela investidura da sociedade subordinada ou totalmente dependente no direito de exigir uma compensação pelas perdas anuais que, por qualquer razão, se verifiquem durante a vigência do contrato de subordinação ou da relação de domínio total, sempre que estas não sejam compensadas pelas reservas constituídas durante o mesmo período (art. 502º, nº 1, do CSC)[10].

2.4. A proibição da distribuição oculta de bens no seio das relações de grupo

O que se diz a propósito do art. 6º, nº 1, do CSC, pode ser transposto a respeito da proibição da restituição das entradas, que entre nós se retira dos arts. 31º e

---

[9] Isso mesmo nos casos em que a instrução tem por objeto a transferência de bens do ativo da sociedade subordinada para outras sociedades do grupo, apesar de o art. 503º, nº 4, do CSC estatuir aparentemente em sentido diverso, ao referir-se à necessidade de uma justa contrapartida. Como adverte ENGRÁCIA ANTUNES (*Os Grupos de Sociedades*, 2ª edição, pág. 745), "a circulação e a realocação dos recursos produtivos dos grupos empresariais constitui uma prática frequente da sua vida interna, representando justamente uma das vantagens essenciais que explica o seu sucesso como forma alternativa de organização da empresa moderna". Daí que se deva restringir o art. 503º, nº 4, do CSC aos casos em que a transferência "não possa ser justificada por uma contrapartida vantajosa originada por seu intermédio para outra sociedade do mesmo grupo, ou, de um modo muito particular, sempre que tal transferência possa colocar em causa a sobrevivência económica da sociedade subordinada" (ob. cit., pág. 747). Cf., sobre o limite consistente na sobrevivência económica e na proteção da intangibilidade do capital, o que dizemos *infra*, no ponto 2.7..

[10] Bem como pelos próprios limites estabelecidos ao direito de dar instruções desvantajosas e, por conseguinte, aos termos em que o interesse do grupo pode sobrepor-se ao interesse individual da sociedade subordinada ou totalmente dependente. Cf., *infra*, o ponto 2.6..

segs. do CSC[11] (aos sócios só podem ser distribuídos bens se a assembleia geral assim o deliberar, e sob condição de que isso não seja feito à custa do capital e das reservas que a lei ou o contrato não permitem distribuir aos sócios), ou, mais rigorosamente, da interdição de uma distribuição oculta de bens aos sócios que é corolário deste sistema.

Uma sociedade pode evidentemente celebrar contratos com os seus sócios – ponto, porém, é que o faça nos termos em que, nas mesmas circunstâncias, se disporia a contratar com terceiros (*at arm's length*). Pelo menos quanto aos negócios que não se insiram no comércio da sociedade, haverá uma distribuição ilícita de bens sempre que a prestação da sociedade seja de valor superior à contraprestação do sócio (a menos que a diferença seja contrabalançada por outras vantagens atribuídas à sociedade). Por essa razão, a realização de uma prestação em benefício de um sócio sem uma justa contrapartida (incluindo obviamente a constituição gratuita de garantias a dívidas suas), ainda que porventura situada dentro da capacidade da sociedade, será como regra nula.

Nas relações de grupo, contudo, o princípio em causa não pode manter-se infrangível. A *Aktiengesetz* alemã, por exemplo, é expressa no sentido de que o § 57 (que consagra a proibição da restituição das entradas) não é aplicável às prestações que se baseiem num contrato de subordinação. Assim o impõe aquela que é uma das principais razões de ser da admissibilidade das relações de grupo, qual seja a de permitir que os recursos das diversas empresas possam circular entre elas de forma a obter-se uma "maximização da eficiência produtiva e rentabilidade do todo económico" (GUNTHER TEUBNER). A proibição de distribuição oculta de bens tem consequentemente de recuar, de modo a permitir, dentro de certos limites, que sociedade diretora ou totalmente dominante determine a prática, em seu favor ou de outra sociedade do grupo, de negócios patrimoniais de qualquer tipo pela sociedade subordinada ou totalmente dependente, "por exemplo a colocação à disposição de fundos ou a venda de bens por preço abaixo do seu justo valor"[12].

2.5. Exigência de uma instrução desvantajosa lícita

O elemento mais caraterístico de um contrato de subordinação ou de uma relação de domínio total é a faculdade reconhecida à sociedade diretora ou totalmente dominante de determinar a prática de atos prejudiciais à sociedade subordinada ou totalmente dependente.

Mas só o exercício lícito dessa faculdade autoriza que ao fim individual de cada empresa se sobreponha o interesse do grupo. Para que uma prestação con-

---

[11] Na *Aktiengesetz* alemã, a proibição consta expressamente do § 57, (1): "as entradas não podem ser restituídas aos acionistas".

[12] ALTMEPPEN, *Aktiengesetz, Münchener Kommentar*, 2ª edição, anotação 97 ao § 308.

trária ao interesse da sociedade subordinada ou totalmente dependente se insira no âmbito da sua capacidade, e lhe não seja além disso aplicável a proibição de distribuição oculta de bens, é imprescindível que ela corresponda a uma exigência *legítima* da sociedade diretora ou totalmente dominante, por caber no poder de direção que legalmente lhe assiste[13]. Faltando uma instrução desvantajosa, ou sendo ela ilegal, o órgão de administração da sociedade subordinada ou totalmente dependente tem de orientar as suas decisões pela otimização do resultado da sua própria empresa, e não do resultado do grupo, e não há por conseguinte nenhum motivo para que a capacidade da sociedade deixe de continuar a aferir-se pelo seu fim individual, nem para que o princípio da proibição da restituição das entradas deixe de vigorar de pleno.

2.6. Os limites ao poder de direção (em especial: a proibição de instruções desvantajosas que ponham em causa a sobrevivência económica da sociedade subordinada ou totalmente dependente e a preservação da intangibilidade do capital social)

O poder de direção da sociedade diretora ou totalmente dominante não é irrestrito. Ademais dos limites que, no caso de uma relação de subordinação, lhe sejam impostos contratualmente, da exigência de que a instrução desvantajosa sirva os interesses de outras sociedades do grupo e de outras restrições que aqui não cabe analisar, tal poder, segundo certa orientação doutrinal, cessa lá onde o seu exercício ponha em causa a própria sobrevivência económica da sociedade subordinada ou totalmente dependente. A propósito da relação de subordinação refere ENGRÁCIA ANTUNES: "a sobrevivência económica da sociedade subordinada constitui uma espécie de *limite imanente* ao poder de direção da sociedade diretora, e, por conseguinte também, um limite ao direito que a esta assiste de dar instruções prejudiciais àquela sociedade: significa isto que a liberdade do juízo de adequação ou proporcionalidade, em que está investida a administração da sociedade directora relativamente à gestão das células da molécula multissocietária, não pode chegar até aí onde a execução das instruções seja fonte de um perigo atual e real para a sobrevivência da sociedade subordinada durante o período de vigência do contrato de subordinação".[14]

Na Alemanha, o ponto é controvertido. Contudo, segundo a opinião dominante, a sociedade diretora não pode de facto pôr em perigo a existência da sociedade subordinada durante a vigência do contrato de subordinação, pois isso seria incongraçável com o dever de compensar as respetivas perdas anuais. Daí que sejam ilegítimas quaisquer instruções suscetíveis de frustrar a operacionalidade

---

[13] Em *De novo sobre a prestação de garantias...* limitámo-nos a aventar a questão, sem tomar posição (cfr. a nota 76), o que fazemos agora depois da devida reflexão.

[14] Ob. cit., pág. 743.

dessa obrigação. Mas daí também que não possa falar-se de uma ameaça à existência da sociedade subordinada se e na medida em que a sociedade dominante seja solvente e tenha previsivelmente capacidade de cumprir o citado dever durante a vigência do contrato de subordinação[15].

De acordo com este entendimento, o dever de acatar as instruções desvantajosas da sociedade diretora cessa quando, numa avaliação correta e prudente, existam dúvidas sobre a consistência da pretensão à compensação das perdas anuais, em virtude do risco de insolvência da sociedade diretora[16].

Cremos que estas considerações, são também válidas, no essencial, no quadro da nossa ordem jurídica, devendo a consistência da pretensão à compensação das perdas anuais estar assegurada por referência ao(s) momento(s) em que a mesma se torna exigível nos termos do art. 502º, ficcionando-se, quanto à relação de domínio fundada no domínio total, que a mesma terminará no final do exercício em curso. Isto porque a relação de domínio total, ao contrário do que sucede no contrato de subordinação (que é sempre celebrado por prazo certo – art. 495º, al. *d*), do CSC), não tem uma duração preestabelecida, podendo vigorar indefinidamente. E o direito de dar instruções desvantajosas não funcionaria se estivesse condicionado a que tais instruções não pusessem em causa a sobrevivência económica da sociedade dependente *para todo o sempre*[17-18].

Isto, porém, só por si não basta para assegurar uma tutela adequada dos credores da sociedade totalmente dependente ou subordinada (atente-se, para dar só um exemplo que ilustra a insuficiência dessa proteção, que o direito de exigir a compensação das perdas anuais só é exercitável após o termo da relação de grupo, salvo o caso de declaração de insolvência da sociedade subordinada ou totalmente dependente).

Que outro limite se há-se então apor ao direito de dar instruções desvantajosas? Entendemos que ele deve situar-se na exigência de que tais instruções não contendam com a garantia da intangibilidade do capital social e das reservas que, nos termos da lei e dos estatutos, não possam ser distribuídos aos

---

[15] ALTMEPPEN, ob. cit., anotação 120 ao § 308.

[16] ALTMEPPEN, ob. cit., anotação 123 ao § 308.

[17] Um argumento análogo é usado por ALTMEPPEN para negar uma proteção da existência da sociedade subordinada para o período subsequente ao termo do contrato de subordinação (ob. cit., anotação 126 ao § 308).

[18] Os autores alemães pronunciam-se a favor da admissibilidade de instruções que ponham em causa a sobrevivência económica da sociedade objeto de *Eingliederung* ("anexação"), invocam a ausência de sócios minoritários e o facto de os credores se encontrarem protegidos pelas disposições dos §§ 321, 322 e 324 da *Aktiengesetz* (que, muito sumariamente, dão aos credores por créditos não vencidos na data da *Eingliederung* o direito de exigirem a prestação de garantias, responsabilizam a sociedade principal pelas dívidas da sociedade "anexada" e obrigam-na a compensar as perdas de balanço desta na medida em que as mesmas excedam as reservas de lucros e de capital).

acionistas[19]. Por outras palavras, só bens considerados como lucros, nos termos dos arts. 31º e segs., podem ser distribuídos à sociedade totalmente dominante, tanto de forma declarada como de forma oculta. O princípio da proibição da restituição das entradas, genericamente aplicável a toda a distribuição oculta de bens, não é assim totalmente postergado, continuando a valer para as distribuições (sejam aparentes ou ocultas) que comprometam a integridade do capital social e das reservas não distribuíveis[20].

2.7. A garantia da intangibilidade do capital nos caso de prestação de garantias a dívidas alheias

A prestação por uma sociedade de garantias a dívida de outrem não tem tradução no balanço quando tal dívida não seja de valor superior ao do direito de regresso contra o devedor principal. Para evitar um empolamento do balanço, nem a dívida é levada ao passivo nem o direito de regresso é inscrito no ativo.

Quando, porém, no momento da constituição de garantia, o acionamento desta se afigure como provável, mandam as regras contabilísticas que se proceda à criação de uma provisão, pelo montante em que o quantitativo da dívida exceda aquilo que expectavelmente se possa obter em via de regresso[21].

É neste caso que a constituição da garantia pode pôr em causa a cobertura do capital e das reservas não distribuíveis. Tudo depende de saber se o montante da provisão diminui ou não a situação líquida para cifra inferior à do capital e dessas reservas.

Seguro é, em todo o caso, não poder subordinar-se a admissibilidade da prestação de garantias por uma sociedade subordinada ou totalmente dependente a dívidas da sociedade diretora ou totalmente dominante à condição de que a solvência desta última esteja acima de qualquer suspeita. De outro modo essa prestação nunca seria possível: a exigência da garantia funda-se justamente na existência de um risco de insolvência, por mais ténue que ele seja.

---

[19] Cfr., no mesmo sentido, ENGRÁCIA ANTUNES, ob. cit., pág. 895, a propósito das transferências patrimoniais entre sociedades totalmente dominante e dominada: "deverão ser consideradas lícitas as instruções que as tenham por objeto, ressalvados os limites gerais decorrentes da conservação do capital social desta última (arts. 31º e segs.)".

[20] Recorde-se que a lei alemã é expressa no sentido contrário (§ 57, (1), da *Aktiengesetz)*.

[21] É a orientação largamente dominante na doutrina alemã, a propósito do § 30, (1), da *Gesellschaft mit beschränkter Haftung Gesezt* (lei sobre as sociedades por quotas): cfr., por todos, GOERDELER/ MÜLLER, *in Hachenburg, Großkommentar*, 8ª edição, anotação 54 ao § 30, KARSTEN SCHMIDT, *Gesellschaftsrecht*, págs. 941 e segs, LUTTER/WAHLERS, *in Aktiengesellschft*, 1989, págs. 13 e segs., KOPPENSTEINER, *in Zeitschrift für das gesamte Handelsrecht und Wirtschaftsrecht*, 1991, pág. 104 e seg..

3. Nulidade da garantia por força do art. 322º do CSC

Na situação em apreço, a garantia vem assegurar um financiamento feito por um banco à sociedade totalmente dominante (ou diretora) destinado a liquidar o preço das ações da própria sociedade dependente (ou subordinada), na parte ainda em dívida.

Atento isto, a aplicabilidade do art. 322º, nº 1, do CSC parece à primeira vista indiscutível: "uma sociedade não pode conceder empréstimos ou por qualquer forma fornecer fundos ou prestar garantias para que um terceiro subscreva ou por outro meio adquira ações representativas do seu capital". Pouco importa que o empréstimo garantido tenha sido contraído *depois* da aquisição das ações: a razão da norma leva a que esta deva abranger, "além da assistência financeira prévia, a que seja prestada após a compra, por exemplo, para que o adquirente satisfaça ao banco o crédito que empregou na aquisição"[22]; de outro modo, o preceito poderia ser facilmente contornado mediante o recurso a um financiamento intercalar[23].

Falta apurar, porém, se a existência de uma relação de grupo entre o adquirente das ações e a sociedade que lhe presta assistência financeira tem o condão de afastar a aplicabilidade do comando legal em equação.

3.1. O art. 322º, nº 1, do CSC como norma destinada a evitar circundações à proibição de aquisição de ações próprias?

Qual a *ratio legis* do art. 322º, nº 1, do CSC?

Face aos preceitos paralelos de outras legislações, a doutrina divide-se. A orientação tradicional atribui ao regime em causa um propósito de evitar que a proibição de aquisição de ações próprias seja contornada. Alegadamente, a sociedade, nos casos do art. 322º, nº 1, do CSC, embora não adquirindo ações próprias, incorreria no mesmo tipo de riscos económicos.

Se esta orientação fosse correta, a aplicabilidade do art. 322º, nº 1, no âmbito de uma relação de grupo, seria isenta de dúvidas, já que é aceite por todos que a proibição de aquisição de ações próprias não é afetada pela intercedência de relações daquele tipo.

Mas a boa doutrina é outra. O entendimento tradicional não é capaz de explicar por que razão a proibição do art. 322º, nº 1, é praticamente absoluta, por contraposição com a proibição de aquisição de ações próprias, que admite um conjunto relativamente vasto de exceções. Tal como não encontra justificação para

---

[22] Cfr. MARIA VITÓRIA ROCHA, in *Aquisição de ações próprias no Código das Sociedades Comerciais*, Almedina, pág. 315.

[23] *Vide* OECHSLER, in *Münchener Kommentar* cit., anotação 27 ao § 71a. Note-se que o argumento em sentido contrário tirado da letra do art. 322º, nº 1, perde valor se tal norma for objeto de uma interpretação conforme ao art. 23, nº 1, da 2ª Diretiva CEE, que, em algumas línguas, usa locuções traduzíveis por "relativamente à aquisição", em vez de "para a aquisição".

maior gravidade dos efeitos cominados: nulidade, no caso da assistência financeira, simples ilicitude que não contende com a validade do ato, no caso de aquisição de ações próprias[24]. Ora não é normal que uma disposição destinada a evitar a fraude a outro preceito seja mais *severa* que a própria norma assim tutelada.

Na verdade, os riscos a que a sociedade fica exposta quando adquire ações próprias não são idênticos àqueles em que incorre quando presta assistência financeira a um terceiro *que não atue por sua conta* (dela sociedade). No primeiro caso, a sociedade, em contrapartida do preço, obtém uma participação nela própria, que, do ponto de vista jurídico, é um objeto desprovido de valor: o património da sociedade, no que aos credores diz respeito, fica diminuído em toda a medida do preço pago ao vendedor.

Nas hipóteses de *financial assistance*, diversamente – pelo menos em algumas delas –, a sociedade adquire um direito contra o beneficiário da prestação; há somente uma substituição de ativos: no lugar, por exemplo, de uma determinada importância em dinheiro passa a figurar um direito de crédito. "O dano para os interesses dos credores e dos sócios minoritários só acontece nos casos em que o beneficiário da prestação não tenha a devida liquidez. Se o beneficiário da prestação, adquirente das ações, estiver em situação de restituir o empréstimo, ou se a garantia não for acionada, o património da sociedade permanece inalterado"[25].

O que subjaz ao art. 322º, nº 1, do CSC, é principalmente a preocupação de obviar a um risco para o património societário: como o adquirente das ações não recorre ao mercado de capitais, mas antes ao auxílio da própria sociedade emitente das ações a adquirir, a lei como que presume que ele não dispõe dos meios nem do crédito bastantes para o efeito. "Só esta presunção justifica a conclusão de que nestes casos a prestação realizada – empréstimo, fiança, outras garantias – está exposta a um risco acrescido, não exigível aos sócios minoritários e aos credores; e, por outro lado, de que a sociedade não recebe por essa prestação uma contrapartida adequada (em termos de taxa de juro e de garantias)"[26].

---

[24] Salvo tratando-se de subscrição de ações ou de a aquisição ter por objeto ações próprias não integralmente liberadas, casos em que a sanção é também a da nulidade.

[25] ULRICH SCHRODER, *Finanzielle Unterstützung des Aktienerwerbs*, pág. 98.

[26] ULRICH SCHRODER, ob. lug. cit.. Esta preocupação, como dizemos, é a principal, sem prejuízo de o regime também se destinar subsidiariamente a obviar a que, através do financiamento dos terceiros, a sociedade consiga os mesmos efeitos que adviriam de uma aquisição de ações próprias. Além disso, o regime do art. 322º do CSC tem ainda por objetivo evitar que a sociedade possa influenciar a cotação das ações, reforçar a proteção do capital social e a igualdade dos sócios, não lhe sendo finalmente alheia uma lógica semelhante à que leva a interditar a concessão de empréstimos a administradores (art. 397º, nº 1, do CSC) e a impor um dever de indemnizar por abuso da influência dominante (art. 83º do CSC) – ULRICH SCHRODER, ob. cit., págs. 120 e seg..

3.2. O impacto da aplicação do art. 322º sobre o funcionamento da relação de grupo

Apurado que o regime do art. 322º, nº 1, do CSC não se filia, senão quando muito secundariamente, no mesmo tipo de preocupações que determinam a proibição da aquisição de ações próprias, estamos autorizados a concluir que a vigência desta proibição no âmbito das relações de grupo não é de per si motivo bastante para se considerar igualmente interdita a *financial assistance* em benefício da sociedade diretora ou totalmente dominante.

A previsão de uma regulamentação própria para as relações de grupo advém do facto de se considerar que a possibilidade de uma direção unitária (incluindo em especial o poder de emitir instruções desvantajosas para sociedade subordinada ou totalmente dependente) tem vantagens que sobrelevam os riscos correspondentes, *maxime* o de insolvência da sociedade diretora ou totalmente dominante.

Ora a extensão da proibição da *financial assistance* também às hipóteses de relação de grupo levaria a paralisar o regime próprio dessas relações durante o tempo em que estivesse por liquidar o preço de aquisição das ações representativas do capital social da sociedade subordinada ou totalmente dependente, ou o financiamento contraído com vista ao respetivo pagamento. Pense-se, por exemplo, na organização de um *cash-management* centralizado, por via do qual a sociedade cabeça do grupo pode gerir as reservas de liquidez do conjunto de empresas do grupo, obviando dessa forma a que uma delas tenha de recorrer a um oneroso endividamento externo, ao mesmo tempo que outra dispõe de excedentes financeiros improdutivos. Na situação que figurámos, a sociedade adquirida não poderia participar no *cash-management* existente, sem pelo menos algum risco de que viesse a considerar-se preenchida a hipótese do art. 322º, nº 1, do CSC[27], o mesmo valendo para a alienação de bens a outras sociedades do grupo a *preços de transferência*, etc., etc.[28].

O risco acrescido de insolvência da sociedade de topo, nas hipóteses de *financial assistance,* não parece constituir uma diferença específica suficiente para abandonar a opção legislativa de permitir a restituição oculta de entradas sem atender ao valor relativo destas face ao património global da sociedade subordinada ou totalmente dependente. A proteção dos credores há-de buscar-se ao remédio que, em geral, a lei considera bastante: a proibição de "empréstimos e as garantias para a aquisição de ações próprias" vem à liça quando tais atos puserem em crise a garantia representada pelo capital social e pelas reservas não distribuíveis[29].

---

[27] O que, para cúmulo, tem consequências penais (art. 510º, nº 1, do CSC).

[28] Em sentido análogo cfr., no quadro do direito alemão, ULRICH SCHRODER, ob. cit., pág. 288.

[29] Como vimos, o fim primacial do art. 322º, nº 1, é a proteção do património social em situações especialmente perigosas (não a de obviar a que se contorne a proibição de aquisição de ações próprias). Mas essa proteção considera-a a lei convenientemente assegurada pelos mecanismos

3.3. A génese do art. 23º da 2ª Diretiva CEE

Na preparação da 2ª Diretiva chegou a ser proposta pela delegação britânica uma proposta quanto ao que viria depois a ser o seu art. 23º, nº 1, nos termos da qual a admissão, por parte dos Estados Membros, de hipóteses lícitas de *financial assistance* deveria ser condicionada à observância de um conjunto apertado de requisitos, salvo nas situações que expressamente se ressalvavam – sem que a intercedência de uma relação de grupo entre a sociedade e o beneficiário desse azo a qualquer tratamento de favor. Por parte de muitas delegações foi objetado que a proposta consubstanciava uma incursão no terreno da disciplina das relações do grupo, que extravasava do âmbito da Diretiva. Daí que a redação final acabasse por não contemplar as preocupações britânicas. Admitir a vigência irrestrita do art. 322º do CSC no caso das relações de grupo seria, por conseguinte, aceitar um resultado que o legislador comunitário quis precisamente evitar[30].

3.4. O argumento a *contrario* tirado do art. 325º-B do CSC

Como vimos, o fim primacial do art. 322º, nº 1, do CSC, é a proteção do património social em situações havidas como especialmente perigosas. Mas essa proteção considera-a a lei convenientemente assegurada pelos mecanismos próprios da relação de grupo, na medida em que não esteja em causa a cobertura do capital social e das reservas não distribuíveis.

Em matéria de *financial assistance*, a lei não ignorou os casos particulares de coligação de sociedades: o art. 325º-B refere expressamente que o art. 322º, nº 1 se aplica "à subscrição [e] aquisição (...) de ações nos termos do nº 1 do artigo anterior", ou seja, à subscrição de ações da sociedade dominante pela sociedade dependente. A *contrario* retira-se que o art. 322º, nº 1, do CSC não vale a respeito da aquisição de ações da sociedade dependente pela sociedade dominante (pelo menos intervindo uma relação de domínio total)[31].

4. Natureza subordinada do crédito do banco

Será que o crédito do banco deverá ser considerado subordinado, no caso de insolvência da sociedade garante, em atenção ao disposto nos arts. 47º, nº 4, al. *b)* e 48º, al. *d)*, do Código da Insolvência e da Recuperação de Empresas (CIRE)?

É que, de acordo com o segundo destes preceitos, "Consideram-se subordinados, sendo graduados depois dos restantes créditos sobre a insolvência: (...) *d)* Os créditos que tenham por objeto prestações do devedor a título gratuito".

---

próprios da relação de grupo, na medida em que não esteja em causa a cobertura do capital social e das reservas não distribuíveis.

[30] Ulrich Schroder, ob. cit., págs. 16 e segs. e 293.

[31] Inspiramo-nos nas considerações expendidas por Oechsler a propósito dos §§ 71a e 71d da *Aktiengesetz* (*Münchener Kommentar* cit., anotação 8 ao § 71a).

CARLOS OSÓRIO DE CASTRO

Estamos em crer que deve responder-se negativamente à pergunta formulada, sendo agora o momento oportuno para abordar a questão da onerosidade ou gratuidade das garantias prestadas, para efeitos insolvenciais[32].

É relativamente consensual na doutrina o critério para distinguir, em geral, os negócios jurídicos onerosos dos gratuitos[33]. Em termos muito sucintos, "a ideia matriz da distinção é, *grosso modo*, a de que o contrato oneroso implica, para cada um dos contraentes, a obtenção de uma vantagem patrimonial à custa dum sacrifício correspondente, enquanto o contrato gratuito cria, para um só dos contraentes, uma vantagem patrimonial sem nenhum equivalente"[34].

No caso das garantias prestadas a dívida de terceiro, todavia, a questão ganha contornos particulares, uma vez que existe aí uma relação plurilateral, ou, se se preferir, várias relações bilaterais, podendo certas dessas relações revestir natureza onerosa, e outras natureza gratuita.

Com efeito, a onerosidade e a gratuidade são *conceitos de relação*, tendo por objeto atribuições patrimoniais[35], donde resulta que os "actos jurídicos plurilaterais (como o contrato a favor de terceiro, a constituição de garantia a favor de terceiro, etc.) podem ser *gratuitos* em relação a um dos sujeitos e *onerosos* em relação a outro"[36].

É assim que, no caso de um negócio em que é exigida pelo credor a prestação de garantia através de bens singulares de terceiro, é comummente entendido

---

[32] Que não de inclusão na capacidade jurídica da sociedade. Com efeito, adiantámos já que as garantias em causa, ainda que devam ser tidas por gratuitas no âmbito do art. 6º do CSC, revestem carácter oneroso para os demais efeitos, remetendo a justificação dessa asserção para momento posterior.

[33] Essa convergência entre os autores dispensa que teçamos aqui considerações mais aprofundadas sobre o tema. A título de exemplo, pode ver-se: MOTA PINTO, *Teoria Geral do Direito Civil*, Coimbra, 3ª ed., 1985, págs. 401-404; CARVALHO FERNANDES, *Teoria Geral do Direito Civil*, 1ª ed., vol. II, Lex, 1996, págs. 67-70; INOCÊNCIO GALVÃO TELLES, *Manual dos Contratos em Geral*, 3ª ed., Lex, 1995 (reimpr.), págs. 401-402, e *Direito das Obrigações*, 7ª ed., Coimbra Editora, 1997, págs. 96-100; MENEZES CORDEIRO, *Tratado de Direito Civil Português*, I, Parte Geral, Tomo I, 2ª ed., 2000, págs. 320-322; MENEZES LEITÃO, *Direito das Obrigações*, Vol. I, Almedina, 2000, págs. 181-182; ANTUNES VARELA, *Das obrigações em geral*, vol. I, 10ª ed., Coimbra, 2000, págs. 404-407; ALMEIDA COSTA, *Direito das Obrigações*, 9ª ed., Almedina, 2001, págs. 332-335.

[34] MOTA PINTO, *Onerosidade e gratuidade das garantias de dívidas de terceiro na doutrina da falência e da impugnação pauliana*, in *Estudos em Homenagem ao Prof. Doutor José Joaquim Teixeira Ribeiro*, sep. BFDC, Coimbra, 1980, pág. 103.

[35] Por aqui se distingue a classificação abordada no texto de uma outra classificação que distingue entre os contratos bilaterais e os contratos unilaterais, porquanto esta última "atende à *estrutura jurídica* do contrato, assenta na articulação psicológico-jurídica estabelecida entre as obrigações que o integram; a segunda [aquela de que curamos], que apenas se aplica às *atribuições patrimoniais* (*Zuwendungen*), refere-se à sua *função económica*" (ANTUNES VARELA, cit., pág. 405).

[36] ANTUNES VARELA, *cit.*, pág. 407. Na mesma linha, v. INOCÊNCIO GALVÃO TELLES, *Manual...*, cit., pág. 402, e *Direito...*, cit., pág. 97; MENEZES LEITÃO, cit., pág. 82; ALMEIDA COSTA, cit., pág. 334.

ESTUDOS EM HOMENAGEM A MIGUEL GALVÃO TELES

que "não poderá deixar de se qualificar o negócio, nas relações entre terceiro e credor, como acto *oneroso*, na medida em que nele estão causalmente conexionadas, segundo a intenção das partes duas atribuições de sentido contrário e correspectivo: a *constituição da garantia* e a *concessão do crédito*. (...) O *dador da hipoteca* obteve, como *contrapartida da atribuição feita*, o resultado – querido por ele como *correspectivo* – da atribuição duma vantagem a outrem, isto é, ao devedor principal. (...) Nas relações entre dador da hipoteca e devedor garantido apresentará o negócio, normalmente, embora nem sempre, uma natureza gratuita (...)"[37].

Estes os termos em que, genericamente, se processa a qualificação de atos como onerosos ou gratuitos, em particular no que concerne a atos plurilaterais. De que modo cobram os mesmos aplicação no domínio da insolvência?

A doutrina nacional ocupou-se já *ex professo* do assunto, em termos que reputamos corretos, e suficientes para a dilucidação da questão colocada.

Na vigência do regime falimentar constante do Código de Processo Civil, entendia MOTA PINTO que, no caso das garantias de dívidas de terceiro, tudo está em saber qual das relações deve servir de base para o juízo de onerosidade/gratuidade requerido pela aplicação das normas do direito falimentar, *maxime* – era o aspeto de que tratava –, das respeitantes à resolução/impugnação de atos do falido. Assim, ainda quando a natureza gratuita ou onerosa de cada uma das diversas relações existentes, em si mesma, possa ser apurada nos termos gerais de direito – por apelo ao critério que sinteticamente se enunciou –, já a fixação de qual a relação a que deve atender-se, de entre as várias em presença, para a qualificação do negócio no âmbito do processo de insolvência, exige que sejam tidos em consideração os específicos interesses que neste se visa tutelar.

Para MOTA PINTO, "a destrinça entre actos gratuitos e onerosos releva (...), em sede de eficácia retroactiva da declaração de falência, por, quanto aos segundos, merecerem tutela as expectativas do terceiro e os interesses do comércio jurídico, podendo, em contrapartida, não ser dada relevância a estes aspetos, quanto aos primeiros. *Parece, assim, que a qualificação onerosa ou gratuita de um dado acto em concreto ou de um dado tipo de actos deve fazer-se mediante uma aplicação do ponto de vista do terceiro com quem o falido contratou*"[38].

---

[37] MOTA PINTO, cit., págs. 105-106. Em sentido idêntico, CALVÃO DA SILVA, *Dos efeitos da falência sobre garantias de dívidas de terceiro, in Ab Uno Ad Omnes. 75 Anos da Coimbra Editora*, Coimbra, 1998. Os dois autores referem ser esse também o entendimento de VAZ SERRA, *in Responsabilidade patrimonial, in* BMJ, nº 75, págs. 266 e segs..

[38] Cit., pág. 101 (itálico acrescentado). Mais à frente, o autor volta a sublinhar o ponto, reiterando a necessidade de dirimir o conflito entre os interesses em presença: "Com efeito, a gratuidade e a onerosidade relevam, nesta sede, para o efeito da resolução de um *conflito de interesses* entre os *credores da massa falida* (ou o credor protegido com a impugnação pauliana) e o *destinatário da atribuição* a qualificar. O recurso às categorias da onerosidade e da gratuidade visa permitir determinar

Com base nestas considerações, o autor concluía pela aplicabilidade aos atos em causa, não do regime da resolução em benefício da massa falida – previsto no Código de Processo Civil para os atos praticados pelo falido *a título gratuito* –, mas antes do regime da impugnação pauliana ("facilitada" por meio da presunção de má fé quanto aos que tivessem sido praticados nos 90 dias anteriores à declaração de falência).

Não comungava desta opinião CALVÃO DA SILVA[39], para quem, à qualificação – que toma por pacífica – do ato como oneroso nas relações entre dador da garantia e credor, se sobrepunham outros valores especificamente tutelados neste domínio, que apontavam para a prevalência da tutela dos credores do falido face à dos credores do terceiro cujas dívidas aquele garantira. Segundo este autor, a generalidade dos atos de garantia de dívidas de terceiro deveria seguir o regime paradigmático da fiança, para a qual a lei previa o regime – mais severo – da resolução em benefício da massa falida.

Por paridade de razão, entendia ainda o mesmo autor que, tendo a fiança passado a constar, no Código dos Processos Especiais de Recuperação da Empresa e de Falência, tão-somente do elenco de atos suscetíveis de impugnação, também aí deveriam incluir-se as demais garantias de dívidas de terceiro, fossem elas onerosas ou gratuitas – no que não era acompanhado por OLIVEIRA ASCENSÃO, para quem as garantias gratuitas deveriam antes cair no âmbito da resolubilidade prevista no art. 156º, nº 1, *a)*, desse Código[40].

O CIRE veio abolir a dualidade resolução em benefício da massa falida/impugnação pauliana "facilitada", prevendo um único instituto, de natureza exclusivamente insolvencial, designado "resolução em benefício da massa insolvente"[41]. Não significa isso, porém, que tenha deixado de relevar, nesta sede, a distinção entre atos gratuitos e atos onerosos, pois para os primeiros o designado *período suspeito* é substancialmente mais alargado.

---

se – e em que condições – os interesses do terceiro, co-contratante do devedor que veio a falir, devem ou não ser sacrificados aos interesses dos credores da massa falida. Logo, o diagnóstico sobre a natureza gratuita ou onerosa do acto deve fazer-se do lado do garantido, *a parte creditoris*, atribuindo-se, assim, para efeitos de resolução, impugnação falimentar ou impugnação pauliana, *natureza onerosa* ao negócio de constituição de garantia por terceiro, contextual da concessão do crédito ou correspectiva de outra vantagem" (pág. 109). Reportando-se embora ao problema da resolução/impugnação de atos, as considerações do autor são, a nosso ver, em tudo transponíveis para o problema da qualificação do crédito como (não) subordinado.

[39] No artigo já citado.

[40] *Efeitos da falência sobre a pessoa e negócios do falido*, in RFDUL, 1995, nº 2, pág. 347.

[41] Sobre o sentido desta alteração, em termos sucintos, veja-se o nosso *Preâmbulo não publicado do decreto-lei que aprova o Código*, em co-autoria com DIOGO LORENA BRITO, *in Código da Insolvência e da Recuperação de Empresas*, Ministério da Justiça/Gabinete de Política Legislativa e Planeamento, Coimbra Editora, 2004, págs. 230-232.

Quanto ao concreto problema que ora nos interessa – que é o da qualificação como onerosa ou gratuita da garantia prestada pelo insolvente a dívida de terceiro – os autores estão de acordo: a mesma não pode deixar de ser tida por onerosa, por isso que para o terceiro garantido a constituição da garantia implica a necessidade de realizar uma atribuição patrimonial, ainda que não a favor do garante.

Têm inteira validade, com efeito, as razões substanciais apontadas por Mota Pinto para justificar que "o diagnóstico sobre a natureza gratuita ou onerosa do ato deve fazer-se do lado do garantido, *a parte creditoris*", sendo que o ato deve forçosamente ter-se, dessa perspetiva, por oneroso.

Não há quem não veja, na verdade, quão inoportuna seria a consideração como subordinados dos créditos emergentes da generalidade dos contratos a favor de terceiro e dos atos de prestação de garantia a favor de terceiro.

Isso não parece estar presente, de forma alguma, na intenção do legislador do CIRE.

Quanto a esta categoria de créditos, tivemos já ocasião de escrever o seguinte:[42] "é inteiramente nova entre nós a figura dos créditos subordinados. Ela existe em outros ordenamentos jurídicos, nomeadamente no alemão, no espanhol e no norte-americano[43], ainda que se registem significativas diferenças relativamente à forma como aparece neles configurada. Trata-se de créditos cujo pagamento tem lugar apenas depois de integralmente pagos os créditos comuns. Tal graduação deve-se à consideração, por exemplo, do caráter meramente acessório do crédito (é o caso dos juros), ou de ser assimilável a capital (é o que sucede com os créditos por suprimentos), *ou de se apresentar desprovido de contrapartida por parte do credor*" (itálico ora acrescentado).

Bem se compreende que, na ponderação entre os interesses dos credores do insolvente cujo crédito foi obtido sem que por eles fosse suportado um qualquer encargo, e aqueloutros que o sofreram, devam estes últimos ser mais fortemente tutelados numa situação em que o património do devedor não é, previsivelmente, suficiente para satisfazer todas as dívidas contraídas. Ora, a expressa admissão como credores daqueles que, não tendo embora um crédito pessoal sobre o insolvente, gozem de um direito real de garantia sobre bens deste último não faria qualquer sentido se os seus créditos fossem, *por norma*, tidos como subordinados.

Por outro lado, tal regime seria dificilmente conciliável com os preceitos disciplinadores da extinção de garantias reais operada pela declaração de insolvência, concretamente com o art. 97º, nº 1, *e*), CIRE, onde se prevê a extinção das "garantias reais sobre bens integrantes da massa insolvente acessórias de créditos havidos como subordinados". Que justificação teria, na verdade, admitir como

---

[42] No já citado *Preâmbulo não publicado do decreto-lei que aprova o Código*, pág. 213.
[43] Pode também acrescentar-se, desde 2003, o brasileiro.

credores da insolvência aqueles que apenas o são por serem titulares de créditos garantidos por bens integrantes da massa insolvente, mas pelos quais o insolvente não responde pessoalmente (cfr. art. 47º, nºs 1 e 4, *a)*, do CIRE), para, de seguida, entender que qualquer crédito sobre terceiro garantido pelo insolvente é subordinado e, por isso, a garantia por este prestada se considera extinta com a declaração de insolvência? É patente a ilogicidade de tal entendimento, que não pode, por isso mesmo, ser imputado ao legislador[44].

Refira-se ainda que o art. 48º, *d)*, do CIRE tem como fonte o § 39, (1), 4, da *Insolvenzordnung* alemã, que também considera subordinados os "créditos a uma prestação gratuita do devedor [insolvente]". E a doutrina alemã é unânime no sentido de que a gratuitidade da prestação pressupõe que a transferência de um valor patrimonial do disponente em favor de outrem não tenha como contrapartida uma prestação feita pelo beneficiário, *seja ao próprio disponente, seja, com o acordo deste, a um terceiro*[45].

Deste modo, e para concluir, os atos de prestação de garantia a dívidas de terceiro devem ser qualificados do ponto de vista do terceiro garantido, sendo então tidos por onerosos e, logo, como não subordinados.

5. Conclusões

1ª O fim de uma sociedade subordinada ou totalmente dependente é objeto de uma modificação, por força da integração num grupo de sociedades, não consistindo (necessariamente) na procura de um lucro *individual*; ao impor à sociedade subordinada ou totalmente dependente o dever de acatar instruções desvantajosas para si própria, contanto que benéficas para outras sociedades do grupo, a lei está no fundo a dizer-nos que, nessas situações, o seu fim é o de contribuir para a maximização do interesse do conjunto;

2ª Inserem-se por conseguinte na capacidade de gozo de uma sociedade subordinada ou totalmente dependente, e escapam ao domínio do princípio da proibição da distribuição oculta de bens, os atos que, embora desvantajosos para si própria, sejam praticados ao abrigo de uma instrução lícita emanada da sociedade diretora ou totalmente dominante;

---

[44] É verdade que, em contrário de quanto se vem dizendo no texto, se poderia argumentar que casos haveria de créditos garantidos que não teriam natureza subordinada, quais fossem aqueles em que o titular da dívida garantida pelo insolvente remunerasse este último pela garantia prestada a favor do credor. Sucede, porém – e a doutrina assim o costuma referir –, que tais casos não constituem seguramente a regra, pelo que não pode supor-se que foi à luz deles que o legislador instituiu os regimes em análise.

[45] Cfr. EHRICKE, *Insolvenzordnung, Münchener Kommentar*, vol. I, anotação 23 ao § 39.

3ª   O direito de dar instruções desvantajosas tem como limite que tais instruções não contendam com a garantia da intangibilidade do capital social e das reservas que, nos termos da lei e dos estatutos, não possam ser distribuídos aos acionistas[46];

4ª   A instrução no sentido de que a sociedade dependente ou subordinada preste uma garantia a favor de um credor da sociedade totalmente dominante ou diretora excederá esse limite se, a essa data, o acionamento da garantia se afigurar como provável, e se o montante da provisão cuja criação seja eventualmente necessária (o daquele em que o quantitativo da dívida exceda aquilo que expectavelmente se pudesse obter em via de regresso) acarretasse uma redução da situação líquida da sociedade dependente ou subordinada para cifra inferior à do capital e dessas reservas;

5ª   O regime vertido no nº 1 do art. 322º do CSC não tem como objetivo principal evitar que a proibição de aquisição de ações próprias seja contornada; fosse esse o caso e não se compreenderia o caráter praticamente absoluto da interdição da *financial assistance* e a maior gravidade dos efeitos cominados;

6ª   O que subjaz ao art. 322º, nº 1, do CSC é principalmente a preocupação de obviar a um risco para o património societário: como o adquirente das ações não recorre ao mercado de capitais, mas antes ao auxílio da própria sociedade emitente das ações a adquirir, a lei como que presume que ele não dispõe dos meios nem do crédito bastantes para o efeito;

7ª   A previsão de uma regulamentação própria para as relações de grupo advém do facto de se considerar que a possibilidade de uma direção unitária (incluindo em especial o poder de emitir instruções desvantajosas para as sociedades subordinadas ou totalmente dependentes) tem vantagens que sobrelevam os riscos correspondentes, *maxime* o de insolvência da sociedade diretora ou totalmente dominante;

8ª   Ora a extensão da proibição da *financial assistance* também às hipóteses de relação de grupo levaria a paralisar o regime próprio dessas relações durante o tempo em que estivesse por liquidar o preço de aquisição das ações representativas do capital social da sociedade subordinada ou totalmente dependente, ou o financiamento contraído com vista ao respetivo pagamento;

---

[46] Cfr., no mesmo sentido, ENGRÁCIA ANTUNES, ob. cit., pág. 895, a propósito das transferências patrimoniais entre sociedades totalmente dominante e dominada: "deverão ser consideradas lícitas as instruções que as tenham por objeto, ressalvados os limites gerais decorrentes da conservação do capital social desta última (arts. 31º e segs.)".

9ª O risco acrescido de insolvência da sociedade de topo, nas hipóteses de *financial assistance,* não parece constituir uma diferença específica suficiente para abandonar a opção legislativa de permitir a distribuição oculta de bens sem atender ao valor relativo destas face ao património global da sociedade subordinada ou totalmente dependente; a proteção dos credores há-de buscar-se ao remédio que, em geral, a lei considera bastante: a proibição de "empréstimos e as garantias para a aquisição de ações próprias" vem à liça quando tais atos puserem em crise a garantia representada pelo capital social e pelas reservas não distribuíveis;

10ª Esta solução é igualmente a imposta por uma interpretação conforme à 2ª Diretiva, já que foi recusada a proposta britânica de negar um tratamento de favor às situações de *financial assistance* no quadro das relações de grupo;

11ª Ocorre sublinhar, finalmente, que, em matéria de *financial assistance,* a lei não ignorou os casos particulares de coligação de sociedades: o art. 325º-B refere expressamente que o art. 322º, nº 1, se aplica "à subscrição [e] aquisição (...) de ações nos termos do nº 1 do artigo anterior", ou seja, à subscrição de ações da sociedade dominante pela sociedade dependente; a *contrario* retira-se que o art. 322º, nº 1, do CSC não vale a respeito da aquisição de ações da sociedade dependente pela sociedade dominante (pelo menos intervindo uma relação de domínio total);

12ª A gratuitidade da prestação para efeitos do art. 48º, al. *d),* do CIRE pressupõe que a transferência de um valor patrimonial do insolvente em favor de outrem não tenha como contrapartida uma prestação feita pelo beneficiário, *seja ao próprio disponente, seja, com o acordo deste, a um terceiro;*

13ª A expressa admissão como credores da insolvência daqueles que, não tendo embora um crédito pessoal sobre o insolvente, gozem de um direito real de garantia sobre bens deste último, não faria qualquer sentido se os seus créditos fossem, *por norma,* tidos como subordinados.

14ª Por outro lado, tal regime seria dificilmente conciliável com os preceitos disciplinadores da extinção de garantias reais operada pela declaração de insolvência, concretamente com o art. 97º, nº 1, *e),* do CIRE, onde se prevê a extinção das "garantias reais sobre bens integrantes da massa insolvente acessórias de créditos havidos como subordinados".

O *clipping* e o Direito de autor

ANTÓNIO MENEZES CORDEIRO

SUMÁRIO: I. O Direito de autor e o *clipping*: 1. O Direito de autor; 2. A negociabilidade limitada; 3. A relevância patrimonial dos danos morais; 4. Os direitos de personalidade patrimoniais; 5. O Direito de autor e os direitos conexos; 6. O problema do *clipping*. II. As entidades de gestão coletiva: 7. A evolução do Direito de autor; 8. As entidades de gestão coletiva; 9. Gestão, representação e mandato; 10. A Lei nº 83/2001, de 3 de agosto; 11. Os poderes das entidades de gestão coletiva. III. O Direito de autor nas publicações periódicas coletivas: 12. A cooperação; 13. Diretrizes gerais; o Direito de autor dos nossos dias; 14. Publicações periódicas; evolução; 15. O Direito vigente. IV. Utilização livre e *clipping*: 16. Os limites ao direito de autor; o teste dos três degraus; 17. A exclusão da proteção (7º) e a utilização livre (75º); 18. A revista de imprensa; 19. O *clipping*; 20. Consequências; a remuneração equitativa a acordar; 21. O problema da liberdade de informação; o direito moral de autor. V. Conclusões: 22. Conclusões.

I. O DIREITO DE AUTOR E O PROBLEMA DO *CLIPPING*
1. O Direito de autor
I. O Direito de autor ou, mais latamente, o Direito sobre os bens intelectuais é uma disciplina civil, hoje reconhecida como autónoma. A doutrina sublinha que a sua especificidade resulta, muito vincadamente, da índole do seu objeto.

Afigura-se útil, para os presentes propósitos, recordar os grandes parâmetros do direito (subjetivo) de autor. De acordo com a boa metodologia jurídica, ela deveria assentar na prévia determinação do regime aplicável[1]. Sucede, todavia,

---

[1] Entre nós: OLIVEIRA ASCENSÃO, *Direito civil / Direito de autor e direitos conexos* (1992), 646 ss. e 667 ss.; JOSÉ ALBERTO COELHO VIEIRA, *A estrutura do Direito de autor no ordenamento jurídico português* (1992), especialmente 134 ss.; ALBERTO DE SÁ E MELLO, *Contrato de direito de autor / A*

que o Código do Direito de Autor não vem dar corpo a nenhuma construção coerente. Ele foi fruto das circunstâncias, tendo evoluído ao sabor de instrumentos internacionais díspares e de diversas contingências ligadas a problemas concretos que, bem ou mal, se pretenderam solucionar. A presente rubrica visa chamar a atenção para a existência de valorações unitárias no Direito de autor. Muitas vezes os "dualismos" e os "pluralismos" advêm de se lidar com noções não-compreensivas de direitos subjetivos e de não se atinar na origem do problema.

II. O direito de autor arrancou da aplicação da ideia de propriedade às realidades imateriais. Essa conceção está, de certo modo, ainda subjacente ao artigo 1303º, do Código Civil. Foi a pandetística alemã que, ao reservar a propriedade para as coisas corpóreas, obrigou a repensar o tema dos direitos de personalidade, inicialmente negados por Savigny[2].

Na fase final do pandetismo, os direitos de personalidade foram potenciados e enriquecidos pelo tratamento dogmático alcançado pelos direitos sobre bens imateriais, recém-conquistados para a Ciência do Direito. Trata-se de um aspeto que deve ser enfatizado: os direitos de personalidade desenvolveram-se apoiados na prática e nas necessidades de dar corpo aos vetores humanistas que, perante novas realidades animaram o Direito civil.

No tocante às manifestações "parcelares" que, na periferia, animaram os direitos de personalidade temos, em primeiro lugar, o tema das patentes. Mercê da rápida industrialização surgiu, em 1877, a Lei Alemã das Patentes. Visando explicar a tutela aí dispensada aos seus titulares, Carl Gareis introduz a ideia do "direito individual"[3]. Haveria, depois, um "direito individual geral"[4]:

> (...) a ordem jurídica reconhece a cada pessoa o direito de se realizar como indivíduo, de viver e de desenvolver e valorizar as suas forças.

---

autonomia contratual na formação do direito de autor (2008), especialmente 71 ss.; no estrangeiro, com indicações, referimos FRÉDÉRIC POLLAUD-DULIAN, *Le droit d'auteur* (2005), 30 ss., concluindo que a lei francesa consagra a conceção dualista (ob. cit., 45) e CHRISTIAN CZYCHOWSKI, em FRIEDRICH KARL FROMM/WILHELM NORDEMANN, *Urheberrecht / Kommentar*, 10ª ed. (2008), § 11, Nr. 1 (269), explicando que a lei alemã recebe a teoria monista, de acordo com a doutrina dominante. No mesmo sentido, ULRICH LOEWENHEIM, em GERHARD SCHRICKER/ULRICH LOEWENHEIM, *Urheberrecht / Kommentar*, 4ª ed. (2010), 2531 pp., § 11, Nr. 3 (273) e, pelo prisma do Direito de personalidade, HORST-PETER GÖTTING, em GÖTTING/ /SCHERTZ/SEITZ, *Handbuch des Persönlichkeitsrechts* (2008), § 15 (284 ss.).

[2] FRIEDRICH CARL VON SAVIGNY, *System des heutigen römischen Rechts* 1 (1840), § 53 (335-338).

[3] CARL GAREIS, *Das Deutsche Patentgesetz vom 25. Mai 1877 erläutert*, cit. através da rec. de PAUL LABAND, ZHR 23 (1878), 621-624.

[4] *Apud* LABAND, *Das Deutsche Patentgesetz* cit., 621.

Neste "direito individual geral"[5] tem-se visto o "direito geral de personalidade" depois referido por alguns pandetistas e que floresceria, mais tarde, na sequência da 2ª Guerra Mundial.

III. Paralelamente, Josef Kohler batia-se pelos direitos dos bens imateriais[6]. Eles não dariam lugar a uma "propriedade espiritual" e não se limitariam a possibilitar uma determinada defesa: pela positiva, facultariam a exploração económica de um bem imaterial[7]. Na base, todavia, Kohler acabaria por colocar o "direito individual", patente em ulterior escrito sobre o direito ao nome[8].

Segundo Kohler, o direito ao nome só pode ser bem apreendido como peça ou parte do direito individual. O nome como tal não é objeto do direito; o nome é caracterização tal como o monograma, como o pseudónimo; mas objeto do direito é a própria pessoa porquanto ela pode exigir que ninguém use alguma fórmula que provoque confusão, troca ou diminuição da pessoa, na exteriorização de atos[9].

Também a fotografia não poderia ser usada sem autorização do fotografado[10].

Kohler aprofundaria o seu pensamento a propósito dos direitos relativos a cartas-missivas[11]. Tratar-se-ia de um direito ao substrato geral[12], tendo o autor o direito exclusivo do seu aproveitamento económico e o de preservar a matéria em jogo.

O cultivo destes pontos dogmáticos era dobrado pela análise – sempre apoiada em institutos concretos – do papel dos princípios jurídicos na defesa das instituições e dos ideais[13]. O nome de Kohler deve, assim, ser retido entre os primeiros dogmáticos dos direitos de personalidade[14].

IV. O progressivo domínio dogmático da "periferia" da personalidade permitiu o esforço de abstração necessário para se alcançar a ideia de "bem de personalidade", base de qualquer dogmática coerente de direitos de personalidade.

---

[5] Ao qual, de resto, LABAND, *Das Deutsche Patentgesetz* cit., 622, não se mostra favorável.

[6] JOSEF KOHLER, *Das Autorrecht, eine zivilistische Abhandlung, zugleich ein Beitrag zur Lehre vom Eigenthum, vom Miteigenthum, vom Rechtsgeschäft und vom Individualrecht* I, JhJb XVIII (1879), 129-138 e II, JhJb XVIII (1879), 329-442 (478, com os três anexos), 129 e *passim*.

[7] J. KOHLER, *Das Autorrecht* cit., 130-131, 337 e 338.

[8] J. KOHLER, *Das Individualrecht als Namensrecht*, AbürglR V (1891), 77-110.

[9] J. KOHLER, *Das Individualrecht* cit., 77; quanto à possibilidade de o "eu" dispor da própria personalidade, KOHLER remete para o seu *Autorrecht*.

[10] J. KOHLER, *Das Individualrecht* cit., 89.

[11] J. KOHLER, *Das Recht an Briefen*, AbürglR 7 (1893), 94-149.

[12] J. KOHLER, *Das Recht an Briefen* cit., 94.

[13] J. KOHLER, *Die Ideale im Recht Abürg* V (1891), 161-265 (250 e *passim*).

[14] Cf. LEO BURCKAS, *Eigentumsrecht. Urheberrecht und Persönlichkeitsrecht an Briefen* (1907), 69.

Estes vêm, assim, a ser afirmados, na pandetística tardia, já sem dúvidas ou indecisões. Autores como Regelsberger[15] e Otto von Gierke[16] reportam-se aos direitos de personalidade como direitos subjetivos privados e não patrimoniais[17]. Todavia, o desenvolvimento era ainda escasso, de tal modo que o tema não logrou uma consagração geral no BGB[18].

A doutrina e a jurisprudência subsequentes encarregaram-se disso. Hoje, os direitos de personalidade constituem um património civil nuclear, reconhecido e pacífico. O seu papel no Direito de autor é básico e está assegurado[19]

2. A negociabilidade limitada

I. Já foi entendido que os direitos de personalidade seriam, por essência, *extra commercium*. Não é assim[20]. O artigo 81º/1, do Código Civil, admite, em termos genéricos, a limitação voluntária dos direitos de personalidade, desde que não se mostre atingida a ordem pública. Além disso, o artigo 79º/1, do mesmo Código, refere, a propósito do direito à imagem, a hipótese de o retrato de uma pessoa ser "... lançado no comércio ...", termos esses que são repetidos no nº 3 desse preceito. Também o direito ao nome admite negócios, no âmbito comercial.

II. Os direitos de personalidade representam, como quaisquer outros direitos subjetivos, posições de liberdade, reconhecidas ao seu beneficiário. Nessa qualidade, eles implicam disponibilidade.

As grandes restrições advêm da não-patrimonialidade de vários deles e da inerência de todos: o Direito poderá consentir em limitações graciosas e temporárias: mas não na sua troca por dinheiro ou numa alienação definitiva. Quanto à graciosidade, será o caso dos direitos do círculo biológico e do círculo moral. Todavia, apenas caso a caso será possível formular um juízo definitivo. No tocante à temporalidade: o artigo 81º, do Código Civil, fixa uma regra de livre revogabilidade, "... ainda que com obrigação de indemnizar os prejuízos causados às legítimas

---

[15] FERDINAND REGELSBERGER, *Pandekten*, 1 (1893), § 50 (197-198); diz este Autor que as pessoas têm direitos ao próprio corpo e ao espírito, sem relação com coisas ou com outras pessoas.

[16] OTTO VON GIERKE, *Deutsches Privatrecht* I (1895), § 81 (702 ss.); os direitos de personalidade são os que concedem ao seu sujeito o domínio sobre uma parcela da própria esfera de personalidade; tratar-se-ia de direitos subjetivos, reconhecidos por todos.

[17] OTTO VON GIERKE, *Deutsches Privatrecht* cit., 1, 705-706.

[18] *Vide* BERNHARD WINDSCHEID/THEODOR KIPP, *Lehrbuch des Pandektenrechts* I (1906, reimp., 1984), 173 ss.. Quanto à luta pelos direitos de personalidade antes de 1900, cf. JÜRGEN SIMON, *Das allgemeine Persönlichkeitsrecht und seine gewerblichen Erscheinungsformen/Ein Entwicklungsprozess* (1981), 169 ss..

[19] Uma exposição de Direito de personalidade, pelo prisma do Direito de Autor, pode ser vista em JUDITH MÜLLER, no PETER RAUE/JAN HEGEMANN, *Urheber- und Medienrecht* (2011), § 12 (314 ss.).

[20] *Vide* KARL-NIKOLAUS PEIFER, *Individualität im Zivilrecht* (2001), 270 ss..

expectativas da outra parte". Em rigor, trata-se de denúncia e não de revogação, já que a figura procede em situações duradouras e não tem eficácia retroativa. A indemnização deve ser cabal, tendo em conta as circunstâncias do caso. Ela não poderá ser agravada por cláusula penal compulsória, sob pena de se pôr em causa a livre "revogabilidade" (ou denunciabilidade); já uma cláusula penal que se limite a prever os danos e a inverter o ónus da sua prova[21] parece possível e conciliável com a negociabilidade limitada: denunciado o contrato limitador dos direitos de personalidade do interessado, presumir-se-ia que os "... prejuízos causados às legítimas expectativas da outra parte" seriam os emergentes da cláusula penal. O interessado, querendo e podendo, provaria que seriam inferiores, abrindo às partes a redução da cláusula.

A negociabilidade limitada serve interesses sérios; não pode ser fonte de chicanas e de falta de seriedade nas contratações.

III. Disseminadas na lei, podemos localizar diversas disposições que, traduzindo a referida "negociabilidade limitada", podem visar situações de personalidade ou situações mescladas com elementos de personalidade. Assim, referindo artigos do Código Civil:

- a cessão de créditos é possível, entre outros aspetos, "... quando o crédito não esteja, pela própria natureza da prestação, ligado à pessoa do credor" – artigo 577º/1;
- o credor não pode ser constrangido a receber a prestação de terceiro "... quando a substituição o prejudique" – artigo 767º/2;
- a sanção pecuniária compulsória não é possível nas prestações de facto "... que exigem especiais qualidades científicas ou artísticas do obrigado" – 829º-A;
- a execução de um contrato é possível, designadamente "... sempre que a isso não se oponha a natureza da obrigação assumida" – artigo 830º/1;
- são absolutamente impenhoráveis as coisas ou direitos inalienáveis – 822º, a), do Código de Processo Civil;
- não podem extinguir-se por compensação os créditos impenhoráveis, exceto entre si – 853º/1, b), a interpretar restritivamente, de modo a não abranger os créditos absolutamente impenhoráveis.

Podemos, daqui, retirar vetores de ordem geral. Assim, os direitos de personalidade que assumam natureza creditícia, mercê da negociabilidade limitada, não são cedíveis (sobretudo sem o consentimento do "devedor"), não podem

---

[21] *Vide*, quanto a estas categorias, ANTÓNIO PINTO MONTEIRO, *Cláusula penal e indemnização* (1990), 282, 601 ss. e *passim*.

ESTUDOS EM HOMENAGEM A MIGUEL GALVÃO TELES

ser efetivados por terceiros, não podem ser objeto de sanções pecuniárias compulsórias ou de execução específica, são impenhoráveis e não se extinguem por compensação. Outros vetores surgem em domínios especiais, com relevo para o Código de Trabalho.

IV. Mas sob todas estas regras, pode haver uma patrimonialidade latente que permita negociações. A essência pessoal não é prejudicada, como melhor iremos verificar. Há, sim, que lidar com ambas as realidades, de modo a melhor preservar o essencial.

3. A relevância patrimonial dos danos morais

I. O Direito tradicional, particularmente no Sul da Europa, demonstrava uma certa aversão pela patrimonialidade. Recordamos que, segundo as Ordenações, a prática do comércio era expressamente proibida aos clérigos, aos fidalgos e aos cavaleiros, (...) *porque não convém a suas dignidades* (...)[22]. Essa regra ilustra os preconceitos ancestrais contra o comércio. O Marquês de Pombal tentou remar contra um estado de coisas, que sempre prejudicou o País. Nesse sentido e como exemplo, determinou que quem entrasse para a Companhia Geral do Grão-Pará e Maranhão com 10.000 cruzados tinha vários privilégios, prosseguindo[23]:

> E o commercio, que nella se fizer na sobredita forma, não só não prejudicara à nobreza das pessoas que o fizerem, no caso em que a tenham herdado, mas antes pelo contrário será meio próprio para se alcançar a nobreza adquirida (...).

II. Estas singularidades prolongaram-se no Direito civil. No século XIX, não se conhecia a categoria de danos morais.

De facto, os artigos 2384º a 2387º do Código de Seabra dispunham sobre prejuízos ressarcíveis no caso de homicídio ou de ferimentos: só especificavam danos patrimoniais, abstraindo dos restantes. Os danos morais não seriam ressarcíveis, por falta de base legal. Além disso, veio sustentar-se que as obrigações insusceptíveis de avaliação pecuniária não poderiam, quando violadas, dar lugar a uma sanção[24]. Finalmente e nas palavras de Manuel de Andrade,

> O dinheiro e os danos morais são entidades absolutamente heterogéneas, não podendo, pois, existir qualquer equivalência entre elas. De resto, só numa concepção genericamente materialista da vida é que pode aceitar-se a ideia de saldar com

---

[22] *Ordenações Filipinas*, Liv. IV, Tít. XVI = ed. Gulbenkian, IV e V, 801. *Vide* o nosso *Direito comercial*, 3ª ed. (2012), 87.

[23] *Vide* o nosso *Direito das sociedades* I, 3ª ed. (2011), 114.

[24] Luiz da Cunha Gonçalves, *Tratado de Direito civil*, 4 (1931), 343.

dinheiro quaisquer valores morais sacrificados; de atribuir ao ofendido, no caso de danos morais, o direito de apresentar uma conta ao ofensor[25].

III. Tais asserções não são hoje admitidas. Desde logo surpreende que se venha invocar a intangibilidade da ofensa moral ... para a deixar sem proteção. A indemnização pode ter uma função ressarcitiva, apagando o dano: assim será, em princípio, nos danos patrimoniais. Mas pode, também, ter uma função compensatória: ainda que se saiba ser impossível suprimir determinado dano, é preferível arbitrar uma indemnização que, de certo modo, compense o mal feito, do que nada fazer.

Além disso, sabe-se, hoje, que a responsabilidade civil tem um papel punitivo: visa ressarcir o mal feito e desincentivar, quer junto do agente, quer junto de outros elementos da comunidade, a repetição das práticas prevaricadoras.

Deu-se uma evolução doutrinária e jurisprudencial que, aos poucos, veio a consagrar a ressarcibilidade de danos morais. Esta foi admitida perante leis especiais que a consentissem[26] e, esporadicamente, sob a invocação de preceitos constitucionais retirados da Constituição de 1933[27]. Todavia, a prática anterior ao Código Civil vigente procurava, sempre, acolher-se a leis especiais[28]. Uma viragem favorável ao ressarcimento de danos morais, independentemente de tais constrangimentos, ocorreria já próxima da mudança de códigos[29].

IV. Aquando da preparação do que viria a ser o Código Civil de 1966, o tema da ressarcibilidade dos danos morais foi aprofundado por Vaz Serra[30], que deu uma resposta positiva de princípio. Acabaria por, na parte agora em causa, formular a proposta seguinte[31]:

---

[25] MANUEL DE ANDRADE, *Teoria geral das obrigações*, com a col. de RUI DE ALARCÃO, 3ª ed. (1966), 165. O próprio ANDRADE acabava, depois, por admitir a indemnização por danos morais, quando correspondesse a uma cláusula penal.

[26] Tal o caso do artigo 34º do Código de Processo Penal de 1927; cf. RCb 18-nov.-1947 (CARLOS SAAVEDRA), BMJ 6 (1948), 252-257 (256-257) e STJ 13-dez.-1947 (TAVARES DA COSTA), BMJ 4 (1948), 110-113 (111-112).

[27] STJ 20-jul.-1951 (RAÚL DUQUE), BMJ 26 (1951), 235-238 (237); em concreto, não foi, aí, arbitrada uma indemnização por, segundo o Supremo, não se terem especificado os danos.

[28] STJ 22-jul.-1952 (CAMPELO DE ANDRADE), BMJ 32 (1952), 250-252, STJ 13-mar.-1962 (AMÍLCAR RIBEIRO), BMJ 115 (1962), 429-432 (431), STJ 24-abr.-1962 (ALFREDO JOSÉ DA FONSECA), BMJ 116 (1962), 443-446 (444 e 445), STJ 22-dez.-1964 (ALBUQUERQUE ROCHA), BMJ 142 (1965), 332-337 (337) e STJ 19-jan.-1965 (GOMES DE ALMEIDA), BMJ 143 (1965), 204-207 (207).

[29] STJ 18-nov.-1966 (GONÇALVES PEREIRA), BMJ 161 (1966), 389-392 (391).

[30] ADRIANO VAZ SERRA, *Reparação do dano não patrimonial*, BMJ 83 (1958), 69-111 (106). Esta matéria pode ser comodamente confrontada em JACINTO RODRIGUES BASTOS, *Das obrigações em geral*, II (1972), 116 ss..

[31] ADRIANO VAZ SERRA, *Direito das obrigações*, BMJ 101 (1960), 15-408 (137).

ESTUDOS EM HOMENAGEM A MIGUEL GALVÃO TELES

artigo 759º (Satisfação do dano não patrimonial)

1. O dano não patrimonial é objeto de satisfação pecuniária quando seja suficientemente grave e merecedor de proteção jurídica. Tal acontece, em especial, nos casos de lesão de direitos de personalidade (...)

O preceito passou, com adaptações, ao artigo 496º/1, do Código Civil. Hoje, a responsabilidade (ou a compensabilidade) de danos morais, através de adequadas indemnizações, não oferece dúvidas: no espaço nacional[32] como no de outros países[33]. Apenas há que, entre nós, insistir na dignificação das indemnizações.

4. Os direitos de personalidade patrimoniais

I. A evolução acima apontada, quer na vertente dos direitos de personalidade, quer na da compensabilidade dos danos morais permite apontar a categoria geral dos direitos de personalidade patrimoniais. Essa categoria, ilustrada com o direito ao nome[34] e com o direito à imagem[35], explicaria a existência de direitos relativos a bens de personalidade suscetíveis de, no mercado, serem trocados por dinheiro ou, pelo menos, estilizados de forma economicamente relevante.

II A patrimonialidade não é nenhuma degradação: antes um complemento de vivências humanas. O Direito não pode ignorar essa realidade, nem, muito menos, lamentar a espiritualidade perdida. Deve, antes, corrigir abusos e salvaguardar a dignidade relativa a bens que comportem a dimensão pessoal e patrimonial. Bastará um exemplo: não pagar o salário devido envolve um incumprimento pecuniário; mais grave do que isso: implica uma grave desconsideração pelo trabalho de um ser humano.

III. A possibilidade de, licitamente, colocar no mercado, ainda que com certos limites, os direitos de personalidade ligados à criação intelectual (portanto: os direitos morais de autor) é hoje reconhecida[36]. Resulta, daí, um aspeto do maior relevo: os direitos de autor nunca podem ser tratados como puras realidades patrimoniais. O seu regime é sempre infletido pela componente de personalidade que comporta[37].

---

[32] Vide o nosso *Tratado de Direito civil* II – *Direito das obrigações*, 3 (2010), 513 ss..

[33] P. ex., THORSTEN FUNKEL, *Schutz der Persönlichkeit durch Ersatz immaterieller Schäden in Geld* (2001), XVII + 264 pp..

[34] Vide o nosso *Tratado de Direito civil* I, 4ª ed. (2012), 892 ss..

[35] *Idem*, 233 ss..

[36] LOEWENHEIM, em SCHRICKER/LOEWENHEIM, *Urheberrecht*, 4ª ed. cit., § 32, 13 (699-700) e *passim*.

[37] Vide HAIMO SCHACK, *Urheber- und Urhebervertragsrecht*, 5ª ed. (2010), § 3, II (23 ss.).

442

5. O direito de autor e os direitos conexos

I. A evolução acima apontada é útil para melhor surpreender a natureza do direito de autor. As considerações obtidas são aplicáveis aos direitos conexos.

O direito subjetivo é uma posição vantajosa marcada pela liberdade. O beneficiário dispõe de uma permissão normativa de aproveitamento de um bem[38]. Mas por razões histórico-culturais que se projetam nas normas de hoje, essa permissão é conferida em termos compreensivos (por oposição a analíticos). Tomando o exemplo universal do direito de propriedade: ele implica a concessão de um conjunto infindo de possibilidades, totalmente variável consoante o objeto em jogo e as circunstâncias de cada caso.

II. A esta luz, compreende-se que a doutrina mais aprofundada defenda um monismo do direito de autor, sem preocupações de saber se se trata de "monismo pessoal" ou de "monismo patrimonial". O direito de autor confere, ao titular, uma tutela conjunta dos seus interesses espirituais e materiais[39]. De resto, se bem pensarmos, ambos os aspetos estão interligados:

- o desrespeito pelo "direito moral" do autor atinge a sua capacidade de gerar riqueza;
- o postergar do "direito patrimonial" fere a dignidade da obra e do seu criador.

A doutrina mais recente complementa a conceção unitária assim exposta justamente com o reconhecimento dos direitos de personalidade patrimoniais[40].

III. Poder-se-ia contrapor que os regimes aplicáveis ao "direito moral" são diferentes dos do "direito patrimonial". Mas também isso sucede com o direito de propriedade: o denominado uso e fruição podem ser concedidos a outras pessoas, em termos variáveis sem que, por isso, se introduzam elementos de dualidade no direito real máximo.

O monismo tem, de resto, vindo a ser reconhecido como a melhor via técnica de explicar os esquemas vigentes[41]. Excetua-se o caso francês, onde o dualismo se

---

[38] *Vide* o nosso *Tratado de Direito civil* I, 4ª ed. (2012), 892 ss..

[39] GERNOT SCHULZE, em THOMAS DREIER/GERNOT SCHULZE, *Urheberrechtsgesetz*, 3ª ed. (2008), § 11, Nr. 2 (204); WINFRIED BULLINGER, em ARTUR-AXEL WANDTKE/WINFRIED BULLINGER, *Praxiskommentar zum Urheberrecht*, 3ª ed. (2009), § 11, Nr. 1 e 2 (219-220); CHRISTIAN CZYCHOWSKI, em NORDEMANN/NORDEMANN, *Urheberrecht*, 10ª ed. cit., 269, já referido.

[40] MANFRED REHBINDER, *Urheberrecht*, 16ª ed. cit., 17.

[41] Na Suíça, onde o dualismo fez alguma carreira mercê da influência francesa – *vide* MANFRED REHBINDER/ADRIANO VIGANÒ, *Urheberrecht*, 3ª ed. (2008), 77-78 – surge hoje – cf. DENIS BARRELET/WILLI EGLOFF, *Urheberrecht*, 3ª ed. (2008), 212 – o monismo.

ESTUDOS EM HOMENAGEM A MIGUEL GALVÃO TELES

mantém ativo. Mas essa posição não pode deixar de ser aproximada da fraqueza doutrinária que os direitos de personalidade têm acusado, em França[42].

IV. A interligação entre os aspetos morais e patrimoniais dos direitos de autor, numa síntese de princípio, é aplicável, com as necessárias adaptações, aos direitos conexos. Rejeitando a ancestral (e nociva) tendência para desconsiderar a comerciabilidade: o reconhecimento dessa síntese não é nenhuma despromoção para a espiritualidade das criações.

Ocorre, aqui, afastar a minoração do direito do produtor, por ser uma (mera) empresa. Embora seja claro que o direito do produtor tem uma dimensão patrimonial evidente, devemos admitir que não lhe são indiferentes os aspetos "morais" envolvidos. O produtor, ao fixar uma obra, envolve o seu bom nome e acolhe a dimensão "moral" do autor e do intérprete. A tutela da integridade da obra protege, também, o produtor; a sua paternidade representa, para ele, um bem inestimável. Até por razões pedagógicas, o Direito não pode "condenar" as entidades produtivas a um anátema.

V. Em suma: os direitos sobre bens imateriais traduzem uma síntese frutuosa, entre as dimensões "moral" e "patrimonial". Tal síntese previne contra cortes na realidade, que mesmo quando necessários para efeitos de análise, devem ser superados pela ideia do conjunto

6. O problema do *clipping*

I. O *clipping* (em alemão: *Pressespiegel*) consiste na atividade de selecionar e de recortar, em notícias, comentários e editoriais publicados em jornais, em revistas, na Internet ou em outros meios de comunicação social, determinados troços, ordenados por temas, disponibilizando os "pacotes" assim obtidos[43].

Inicialmente, o *clipping* era feito materialmente, através de recortes e colagens. Depois, passou-se a uma recolha e disponibilização por via eletrónica: *scanner* e comunicação por via eletrónica[44].

---

[42] *Vide* o nosso *Tratado de Direito civil* IV, 3ª ed. (2011), 56 ss..

[43] Além de outra bibliografia, referimos, desde já: JULIA VOGTMEIER, *Elektronische Pressespiegel in der Informationsgesellschaft / Einordnung und Beurteilung nach dem neuen Urheberrecht* (2004), XXV + 344 pp., 7-8, VERA GLAS, *Die urheberrechtliche Zülassigkeit elektronischer Pressespiegel* (2008), XXII + 248 pp., 2 e RAUE/HEGEMANN, *Urheber- und Medienrecht* cit., 91 ss.; *vide* LORETO CORREDOIRA Y ALFONSO, *Press clipping and other information services: Legal analysis and perspectives* (2007), nº 1 (confrontável na Net).

[44] STEFAN LÜFT, em WANDTKE/BULLINGER, *Praxiskommentar zum Urheberrecht*, 3ª ed. cit., § 49, Nr. 3 (747). Distinguindo várias modalidades: TONIA ROGGE, *Elektronische Pressespiegel in urheber- und wettbewerbsrechtlicher Beurteilung* (2001), 4 ss.; traçando a evolução: JULIA VOGTMEIER,

ANTÓNIO MENEZES CORDEIRO

II. A questão não é simples: não pode ser expeditamente solucionada com a afirmação de que a notícia pertence a todos ou de que não há lei expressa sobre esta matéria. A doutrina que toca nestes temas (e que em Portugal é muito escassa) ou exprime dúvidas sérias, inculcando que o *clipping* cai sob o Direito de autor[45] ou entende, depois de alongado estudo, que o *clipping*, para mais sendo remunerado, não dispõe do privilégio de não se submeter ao Direito de autor[46]. O *clipping* remunerado não é livre[47].

III. Com efeito, o *clipping*, para mais quando comercial, permite, a cada interessado, aceder, mediante uma pequena quantia, a todas as notícias, comentários ou editoriais que lhe interessem. No limite, deixará de comprar jornais ou revistas: basta subscrever o *clipping* que, para ele, tenha relevo.

A publicidade é severamente causticada: em princípio, ela não irá surgir em nenhum pacote de *clipping*. Também no limite, faltará quem queira anunciar nos jornais e nas revistas. Para quê? Os anúncios não irão chegar aos clientes mais robustos, que preferem subscrever o *clipping*.

Atentemos, por fim, no plano jornalístico. O jornalismo, particularmente se de qualidade, implica investimentos de diversa ordem. Há que formar profissionais competentes. Estes devem ser dignamente pagos. Cabe financiar viagens, alojamento, seguros e material diverso. Se o produto de todo este trabalho for disponibilizado, pelo *clipping*, através de empresas que não têm quaisquer custos ou despesas, o que restará para os verdadeiros órgãos de informação? Será pensável que o Direito aceita o enriquecimento injusto que tudo isto implica? E os aspetos morais?

IV. Não é credível que, perante uma problemática deste tipo, o Direito nada tenha a dizer. Repare-se que, para além de evidentes aspetos patrimoniais, também o plano moral ou de personalidade inerente às obras envolvidas está em causa. O *clipping* pode fazer associações desprimorosas: o autor de uma notícia poderá não querer ver o seu nome e o seu trabalho lado a lado com *gangsters* ou crimes infames. Os pacotes de *clipping* não se preocupam com tais sensibilidades: visam, tão-só, satisfazer os clientes.

Elektronische Pressespiegel cit., 3 ss.; *vide* GERALD SPINDLER, *Die Archivierung elektronischer Pressespiegel*, AfP 2006, 406-412.

[45] LUÍS MENEZES LEITÃO, *Direito de autor* (2011), 379.

[46] VERA GLAS, *Die urheberrechtliche Zülassigkeit elektronischer Pressespiegel* (2008), 248 pp., 228 ss. e *passim*, como exemplo.

[47] FABIAN NIEMANN, *Pressespiegel de lege ferenda*, CR 2003, 119-126 (126), a propósito do alcance do BGH 11-jul.-2002, abaixo referido e JULIA VOGTMEIER, *Elektronischer Pressespiegel* cit., 256-257 e *passim*.

Em suma: o *clipping* deve ser estudado com humildade, num pano de fundo jurídico. O Direito, para mais nos nossos dias, não deixa situações injustas sem solução. Além disso, deparamos com um plano ético. Na era da digitalização, há que estar atento aos direitos dos criadores intelectuais: ou mataremos as obras[48].

II. AS ENTIDADES DE GESTÃO COLETIVA
7. A evolução do Direito de autor

I. A ideia de que o autor tem um direito sobre o produto da sua criação exige um esforço elevado de abstração. Por isso, ela é relativamente recente[49].

O problema de um direito imaterial a uma obra do espírito pôs-se, inicialmente, a propósito de obras literárias, após a invenção da imprensa. Criou-se um esquema de privilégios: o soberano atribuía a determinado livreiro o privilégio de, em exclusivo, editar certa obra. A posição do autor não era reconhecida. Ainda antes da Revolução Francesa, o Conselho de Estado pôs termo a privilégios perpétuos, reconhecendo o direito do autor à obra criada.

Na Revolução Francesa, admitiu-se o princípio de que, ao autor, cabia a propriedade da sua obra, mantendo-se, nos seus herdeiros, por um período que veio a ser alargado por leis sucessivas.

II. Em Portugal, o tema do Direito de autor foi espoletado pela Constituição de 1838. Esta, no seu artigo 23º relativo à propriedade, dispunha no § 4º[50]:

> Garante-se aos inventores a propriedade das suas descobertas, e aos escriptores a de seus escriptos, pelo tempo e na fórma que a lei determinar.

Apesar de alguns esforços, entre os quais a apresentação, por Almeida Garrett, de um projeto de Lei, na Câmara dos Deputados, em 18 de maio de 1839, apenas o Decreto de 8 de julho de 1851[51] veio ocupar-se do tema.

---

[48] *Vide* o pequeno mas interessante ensaio de PHILIPP THEISON, *Literarisches Eigentum / Zur Ethik geistiger Arbeit im digitalen Zeitalter. Essay* (2012), 137 pp.. O declínio do mercado dos "cd" e dos "dvd", motivado pelas técnicas da pirataria informática é o facto a combater; *vide* ALAN C. CHEN, *Peer-to-Peer Services Facilitate Copyright Infringement*, em AAVV, *Copyright Infringement* (2009), 81-93.

[49] Um apanhado histórico muito interessante sobre o Direito de autor e a sua evolução pode ser confrontado no preâmbulo do Decreto nº 13:725, de 3 de junho de 1927, DG I Série, nº 114, de 3-jun.-1927, 902-906. *Vide* LUIZ DA CUNHA GONÇALVES, *Tratado de Direito civil* IV (1931), 22 ss. e LUÍS FRANCISCO REBELLO, *Introdução ao Direito de Autor* (1994), 251 pp., 29 ss..

[50] Confrontável no BMJ 236 (1974), 12.

[51] *Vide* LUÍS FRANCISCO REBELLO, *Garrett, Herculano e a propriedade literária* (1999), 149 pp., 137 ss..

A matéria teve, depois, acolhimento no Código Civil de Seabra, de 1867, em capítulo intitulado *Do trabalho litterario e artistico* (570º a 612º)[52]. A matéria obteve, aí, a seguinte ordenação:

Secção I – Do trabalho litterario em geral (570º a 593º);
Secção II – Dos direitos de auctores dramaticos (594º a 601º);
Secção III – Da propriedade artistica (602º);
Secção IV – De algumas obrigações communs aos auctores de obras litterarias, dramaticas e artisticas (603º a 606º);
Secção V – Da responsabilidade dos contrafactores da propriedade litteraria ou artistica (607º a 612º).

Como particularidades interessantes, registamos que o artigo 579º reconhecia a propriedade literária aos sucessores do autor durante cinquenta anos, enquanto o artigo 590º determinava:

A propriedade litteraria é considerada, e regida, como qualquer propriedade movel, com as modificações que, pela sua natureza especial, a lei expressamente lhe impõe.

Apesar de pouco desenvolvido, o Código de Seabra marcou uma nova fase no Direito de autor[53].

III. Seguiu-se o Decreto nº 13:725, de 3 de junho de 1927, que veio aprovar o regime da *Propriedade literária, scientifica e artistica*[54]. *Trata-se de um primeiro diploma de fôlego sobre o Direito de autor, antecedido por um longo preâmbulo histórico. Passemos a dar uma breve ideia do seu conteúdo:*

Capítulo I – Disposições gerais (1º a 40º):
Secção I – Do direito de publicação (1º a 11º);
Secção II – Do direito de propriedade literária e artística e do direito de reprodução (12º a 40º).
Capítulo II – Do contrato de edição (41º a 64º);
Capítulo III – Dos contratos de assinatura literária e bibliografia (65º a 68º);
Capítulo IV – Do contrato de representação (69º a 86º);

---

[52] José Dias Ferreira, *Código Civil Portuguez Annotado*, I, 2ª ed. (1894), 404 ss..
[53] Data desta época a obra pioneira do Visconde de Carnaxide (António Baptista de Sousa) (1847-1935), *Tratado da propriedade literária* (1918), 540 pp., 15 ss., quanto à propriedade literária.
[54] Este diploma pode ser confrontado em Carvalho Maia, *Propriedade literária, científica e artística* (1938), 93 pp., 5 ss..

Capítulo V – Disposições especiais sobre propriedade artística (87º a 95º);
Capítulo VI – Das transmissões, onerações e registo (96º a 107º);
Capítulo VII – Do nome literário ou artístico e dos títulos das obras (108º a 125º);
Capítulo VIII – Da violação e defesa dos direitos de autor (126º a 137º).

O Direito de autor surgia com regras próprias. Não obstante, mantinha-se uma especial aderência à propriedade, dispondo o seu artigo 36º:

> A propriedade literária ou artística é considerada e regida como qualquer outra propriedade mobiliária, com as modificações da presente lei.

O Decreto nº 13:725, de 3 de junho de 1927, prestou bons serviços ao Direito de autor português e aos criadores em geral. Todavia, cedo foi ultrapassado pela evolução dos meios de reprodução e de comunicação das obras e pelas revisões da Convenção de Berna. Além disso, também se nos afigura clara uma pressão jurídico-científica advinda da evolução do Direito civil em geral e, particularmente, dos estudos tendentes à revisão do Código Civil.

Assim, uma Portaria de 6 de junho de 1946 designou uma comissão encarregada de elaborar um anteprojeto onde se fizesse uma harmonização do Direito interno com os textos internacionais e com as novas realidades. A Câmara Corporativa ocupou-se, depois, da matéria, vindo a aprovar um novo texto, em 24 de março de 1953.

Entretanto, foi concluída em Roma, a 26 de outubro de 1961, uma Convenção sobre os direitos vizinhos do direito de autor. Tudo isto conduziu, finalmente, à aprovação do Código do Direito de Autor, de 1966, mais precisamente através do Decreto-Lei nº 46 980, de 27 de abril de 1966.

Trata-se já de um verdadeiro Código, assim arrumado:

Título I – Das obras intelectuais e do direito de autor:
Capítulo I – Das obras intelectuais (1º a 3º);
Capítulo II – Do direito de autor (4º a 61º).
Título II – Da utilização de obras intelectuais
Capítulo I – Disposições gerais (62º a 70º);
Capítulo II – Da publicação das obras e do contrato de edição (71º a 101º);
Capítulo III – Da representação, recitação e execução (102º a 121º);
Capítulo IV – Da utilização das obras cinematográficas (122º a 136º);
Capítulo V – Da gravação ou registo fonográfico e da reprodução por meios mecânicos e outros (137º a 146º);
Capítulo VI – Da obra fonográfica (147º a 154º);
Capítulo VII – Da radiodifusão e outros processos destinados à reprodução dos sinais, dos sons e das imagens (155º a 162º);

Capítulo VIII – Da tradução, arranjo e outras transformações das obras intelectuais (163º a 168º);

Capítulo X – Da utilização das criações das artes plásticas, gráficas e aplicadas (169º a 177º).

Título III – Regimes especiais

Capítulo I – Jornais e publicações periódicas (178º a 180º);

Capítulo II – Da utilização livre (181º a 188º).

Título IV – Do registo (189º);

Título V – Da violação e defesa do direito de autor

Capítulo I – Protecção dos direitos patrimoniais (190º a 210º);

Capítulo II – Protecção dos direitos morais (211º a 214º).

O Código do Direito de Autor colocou a matéria num patamar mais elevado. Infelizmente, não houve uma correspondência doutrinária que acompanhasse o progresso legislativo.

V. O Código não atingiria os vinte anos. O Decreto-Lei nº 63/85, de 14 de março, veio aprovar um novo Código. No seu preâmbulo, são referidas as linhas de força seguintes:

- reunir num corpo único e coerente toda a legislação do Direito de autor;
- atualizar a matéria em função da realidade nacional e internacional;
- remodelar e aperfeiçoar a legislação anterior quanto à gestão do Direito de autor e aos vários contratos em jogo;
- assegurar o equilíbrio entre os vários agentes envolvidos na exploração dos direitos de autor.

Trata-se de Direito vigente, ainda que muito alterado. Iremos tomar nota das modificações surgidas, procurando ordenar a matéria em função das necessidades do estudo subsequente.

VI. O Código do Direito de Autor de 1985, muito generoso, não acautelava os direitos dos autores e de outros intervenientes, do ponto de vista destes. Desencadeou-se uma forte reação, que levou à aprovação da Lei nº 45/85, de 17 de setembro, que alterou fortemente diversos aspetos iniciais, republicando o Código em anexo. Oliveira Ascensão, que teve um papel importante na versão inicial, reagiu fortemente[55], passando, na sua obra, a criticar a lei e a defender perspetivas redutoras, nas diversas matérias.

---

[55] *Vide* JOSÉ DE OLIVEIRA ASCENSÃO, *Direito de autor* cit., 20.

VII. O CDA foi, subsequentemente, alterado:

- pela Lei nº 114/91, de 3 de setembro, com incidência nas associações de gestão do direito de autor;
- pelo Decreto-Lei nº 332/97, de 27 de novembro, que transpôs a Diretriz nº 92/100, de 19 de novembro, relativa ao direito de aluguer, ao direito de comodato e a certos direitos conexos;
- pelo Decreto-Lei nº 334/97, de 27 de novembro, que transpôs a Diretriz nº 93/98, de 29 de outubro, sobre prazos de proteção;
- pela Lei nº 50/2004, de 24 de agosto, que transpôs a Diretriz nº 2001/29, de 22 de maio, relativa à harmonização do direito de autor e dos direitos conexos na sociedade de informação;
- pela Lei nº 24/2006, de 30 de junho, relativa ao direito de sequência em benefício do autor;
- pela Lei nº 16/2008, de 1 de abril, que alterou também o Código da Propriedade Industrial; este diploma incidiu particularmente na área da tutela dos direitos de autor e republicou o Código do Direito de Autor.

A evolução geral das fontes legislativas ilustra uma certa procura de equilíbrio. O Direito de autor está sob uma enorme pressão derivada dos meios atuais de comunicação e de divulgação. Trata-se de uma vantagem cultural, se for aproveitada nesse sentido. Mas ela envolve um risco mortal para a criação de obras.

Esta dimensão deve estar presente nas operações de interpretação e de aplicação.

8. As entidades de gestão coletiva

I. A defesa e a gestão dos direitos de autor pode ser feita isoladamente, por cada interessado. Mas tal hipótese, em si comum, levanta várias dificuldades práticas[56]:

- o Direito de autor tem complexidades que recomendam a sua entrega a especialistas, com os custos inerentes;
- um autor isolado pode não ter interesse em defender os próprios direitos: os valores em jogo não justificam os encargos que isso implica;
- certas obras têm uma volatilidade que impede uma ponderação isolada de direitos; por exemplo, uma emissora de rádio utiliza centenas de obras, em moldes objetivamente aleatórios.

---

[56] Quanto à evolução histórica neste domínio, TILO GERLAH, em WANDTKE/BULLINGER, *Praxiskommentar*, 3ª ed. cit., Vor §§ 1 ff. WahrnG, nº 2 (1943).

Desde cedo os autores passaram a associar-se, para defesa dos seus direitos[57]. Assim, constituiu-se em França, no ano de 1777, a *Société des Auteurs et Compositeurs Dramatiques*, por iniciativa de Beaumarchais. Outras iniciativas se seguiram, na primeira metade do século XIX. Na Alemanha, Richard Strauss fundou o *Anstalt für musikalisches Aufführungsrecht*, em 1903, integrado na *Genossenschaft Deutscher Tonsetzer*. Multiplicaram-se as iniciativas[58]. A Sociedade Portuguesa de Autores surgiu em 1925, como cooperativa.

II. As entidades de gestão coletiva encontraram abrigo no Código de 1966, segundo o seu artigo 66º:

> Os poderes relativos à utilização do direito de autor podem ser exercidos pessoalmente pelo seu titular ou por intermédio dos seus representantes, quer legais, quer voluntários.

O artigo 67º explicitava:

> 1. As associações nacionais ou estrangeiras constituídas para o exercício e defesa dos direitos e interesses dos autores desempenham essa função como mandatárias destes, resultando o mandato da simples qualificação de sócio ou de inscrição, sob qualquer designação, como beneficiário do serviço das mesmas associações.

O Código de 1966 punha a tónica das "associações para o exercício e defesa dos direitos e interesses dos autores". Deve ter-se em conta que, na época (ainda não vigorava o Código Civil de 1966, tendo o CDA sido aprontado na década de cinquenta), o mandato envolvia representação. Abaixo iremos recordar, em rubrica própria, a evolução do mandato e da representação, no Direito português.

III. O Código de 1985 já consagrou, à gestão do direito de autor, uma secção específica: artigos 73º a 75º[59]. Vamos consigná-los, para facilidade de análise:

---

[57] *Vide* CHRISTOPH CARON, *Droit d'auteur et droits voisins*, 2ª ed. (2009), 393 ss., com indicações, e MANFRED REHBINDER, *Urheberrecht*, 16ª ed. (2010), 335 ss., também com indicações.

[58] Um apanhado das entidades de gestão coletiva na Alemanha, pode ser confrontado em ROBERT HEINE/ROBERT STAATS, no RAUE/HEGEMANN, *Urheber- und Medienrecht* cit., 168 ss.

[59] *Vide*, entre nós: PEDRO CORDEIRO, *A gestão colectiva na sociedade de informação*, DSI II (2001), 33-39 (37, sublinhando o seu papel relevante no domínio digital); ALEXANDRE DIAS PEREIRA, *Gestão individual e colectiva do direito de autor*, DSI IV (2003), 433-453 (436, com as vantagens para os diversos agentes); LUÍS FRANCISCO REBELLO, *Gestão de direitos no ambiente digital*, DSI VIII (2009), 339-359 (345 ss.).

ESTUDOS EM HOMENAGEM A MIGUEL GALVÃO TELES

Artigo 73º
(Poderes de gestão)

Os poderes relativos à gestão do direito de autor podem ser exercidos pessoalmente pelo seu titular ou por intermédio de representante deste devidamente habilitado.

Artigo 74º
(Mandatários do autor)

As associações e organismos nacionais ou estrangeiros constituídos para gestão do direito de autor desempenham essa função como mandatários dos respectivos titulares, resultando o mandato da simples qualidade de sócio ou da inscrição como beneficiário dos respectivos serviços.

Artigo 75º
(Registo do mandato)

1 – O exercício do mandato a que se refere o artigo anterior, expressamente conferido ou resultante das qualidades nele mencionadas, depende de registo na Direcção-Geral dos Espectáculos e do Direito de Autor, do Ministério da Cultura.

2 – A inscrição no registo far-se-á mediante requerimento do mandatário acompanhado de documento comprovativo do mandato, podendo ser exigida tradução se o mandato estiver redigido em língua estrangeira.

3 – As taxas devidas pelos registos a que este artigo se refere e respectivos certificados são as que constam da tabela anexa ao presente Código e que dele faz parte integrante.

As alterações introduzidas pela Lei nº 45/85, de 17 de setembro, não modificaram esses preceitos; apenas os renumeraram como artigos 72º, 73º e 74º, respetivamente.

IV. A matéria veio a ser alterada pela Lei nº 114/91, de 3 de setembro. Os artigos 73º e 74º (ou 74º e 75º, na numeração original do CDA), receberam a redação seguinte:

Artigo 73º
Representantes do autor

1 – As associações e organismos nacionais ou estrangeiros constituídos para gestão do direito de autor desempenham essa função como representantes dos respectivos titulares, resultando a representação da simples qualidade de sócio ou aderente ou da inscrição como beneficiário dos respectivos serviços.

Artigo 74º
Registo da representação

1 – O exercício da representação a que se refere o artigo anterior, expressamente conferido ou resultante das qualidades nele mencionadas, depende de registo na Direcção-Geral dos Espectáculos e do Direito de Autor.

2 – A inscrição no registo faz-se mediante requerimento do representante, acompanhado de documento comprovativo da representação, podendo ser exigida tradução, se estiver redigido em língua estrangeira.

3 – As taxas devidas pelos registos a que este artigo se refere e respectivos certificados são as que constam da tabela anexa ao presente Código e que dele faz parte integrante.

Oliveira Ascensão sublinha que "mandato" foi substituído por "representação". Imputa essa modificação a uma pressão das sociedades de gestão, com o fito de se reforçarem. Opina no sentido da ineficácia da lei, uma vez que nem sempre haveria representação[60]. Trata-se de um ponto que iremos verificar adiante[61].

A redação dada pela Lei nº 114/91, de 3 de setembro, aos artigos 72º a 74º do CDA, sobreviveu às alterações posteriormente introduzidas nesse Código. Mantém-se, pois, em vigor.

9. Gestão, representação e mandato

I. Os artigos 72º a 74º do CDA, a propósito da gestão do direito de autor, referem as categorias de "gestão", de "representação" e de "mandato". Cumpre contrapor essas noções.

O mandato é um contrato de origem romana, pelo qual uma pessoa pratica atos jurídicos por conta de outra[62]. A representação, de origem relativamente recente, é o instituto pelo qual os atos praticados por uma pessoa, em nome e por conta de outra, se repercutem direta e automaticamente na esfera desta. A gestão, por seu turno, traduz a prática de atos materiais e jurídicos correspondentes a uma determinada função. Trata-se de uma categoria desenvolvida no Direito das sociedades[63]. Estas noções não coincidem, umas com as outras.

II. No sistema francês ou napoleónico, o mandato envolvia poderes de representação. Segundo o artigo 1984º do Código Napoleão:

---

[60] OLIVEIRA ASCENSÃO, *Direito de autor* cit., 694.

[61] *Infra*, nº 9.

[62] Sobre toda esta matéria *vide* o nosso *Tratado de Direito civil* V (2011, 2ª reimp.), 29 ss., com indicações.

[63] *Vide* o nosso *Direito das sociedades*, 1, 3ª ed. (2011), 845 ss..

ESTUDOS EM HOMENAGEM A MIGUEL GALVÃO TELES

O mandato ou procuração é um ato pelo qual uma pessoa dá a outra o poder de fazer qualquer coisa para o mandante e em seu nome.

No Direito alemão, na sequência de Jhering[64] e de Laband[65], vieram a distinguir-se as duas figuras: o mandato é um contrato pelo qual o mandatário se obriga a praticar atos por conta do mandante; a representação deriva de procuração, a qual é um ato unilateral pelo qual o procurador recebe poderes de praticar atos em nome do representado, atos esses que vão produzir efeitos imediatos na esfera deste. Pode haver mandato com ou sem representação. Tem interesse recordar a evolução desta matéria no Direito português.

III. Nas Ordenações do Reino, não havia regras específicas sobre a representação. Regulava-se, com algum pormenor, o tema dos "advogados e procuradores"[66], sendo ainda de referenciar leis extravagantes, sobre esse mesmo assunto[67]. Não se fazia, porém, uso da ideia de representação.

Quanto ao mandato, dizia Pascoal de Mello:

> Por fim, chama-se mandato, outra convenção benéfica, ao contrato pelo qual uma pessoa comete a outra a administração graciosa de um negócio seu. Ora, nós não possuímos título nenhum especial acerca do mandato e dos mandatários, isto é, dos procuradores extrajudiciais; todavia, recebemos em nossas leis e costumes quase todas as disposições que se acham estabelecidas no direito romano, pois foram tiradas do direito das gentes[68].

Na literatura clássica anterior ao Código de Seabra, encontramos referências muito escassas à representação. Em Corrêa Telles e em Coelho da Rocha, o próprio termo "representação" era reportado, apenas, à representação sucessória.

A concessão de esquemas de representação era, todavia, bem conhecida. Efetiva-se através do mandato. Este conferiria poderes ao "procurador" ou "feitor"[69]. Segundo Coelho da Rocha[70],

---

[64] RUDOLF VON JHERING, *Mitwirkung für fremde Rechtsgeschäfte*, JhJb 1 (1857), 273-350 e 2 (1858), 67-180 (2, 131 ss.).

[65] PAUL LABAND, *Die Stellvertretung bei dem Abschluss von Rechtsgeschäften*, ZHR 10 (1866), 193-241 (193 ss.).

[66] Ord. Fil. Liv. I, tit. XLVIII = ed. Gulbenkian I, 85-91.

[67] DUARTE NUNES DO LIÃO, *Leis extravagantes*, 1ª Parte, tit. XXI, ed. 1569, 51-52 = ed. Gulbenkian, 51-52.

[68] PASCOAL DE MELLO, *Instituições de Direito civil português* (trad. MIGUEL PINTO DE MENESES), Liv. 4, tit. 3, § 10 = BMJ 168 (1967), 59.

[69] Cf. J. H. CORRÊA TELLES, *Digesto Portuguez*, tomo III (1909, correspondente à ed. de 1845), 86 ss. (artigos 599 ss.).

[70] M. A. COELHO DA ROCHA, *Instituições de Direito Civil Portuguez*, 8ª ed. (1917, correspondente à 2ª ed., 1848), § 792 (540); o Autor dá, aí, conta da escassez de elementos existentes quanto ao

Mandato é o contracto, pelo qual uma pessoa se encarrega de praticar em nome de outra certo acto, ou de administrar um ou mais negocios alheios. Aquelle, que encarrega o negocio, chama-se *constituinte*, ou *mandante*: e aquelle que o acceita chama-se *procurador*, ou *mandatario*: e o titulo que o mandante entrega para este effeito, chama-se procuração.

A ideia de representação veio a ser desenvolvida pelos jusnaturalistas, tendo sido divulgada, entre nós, por Heineccius[71]. De facto, ela estava presente no Direito comum, sendo frequentemente usada através do mandato. Apenas se impunha um especial esforço de abstração. Aí residiria o papel fundamental das codificações subsequentes.

IV. O Código de Seabra, beneficiando já da elaboração napoleónica e das reflexões anteriores, foi mais longe. Nos artigos 645º e 646º, a propósito da capacidade dos contraentes, veio dispor, respetivamente:

> Os contractos podem ser feitos pelos outorgantes pessoalmente, ou por interposta pessoa devidamente auctorisada

e

> Os contractos feitos em nome de outrem, sem a devida auctorisação, produzem o seu effeito, sendo ratificados antes que a outra parte se retracte.

Há, subjacente, uma ideia de representação, ainda que não referida.

A representação voluntária surgia, de modo direto, a propósito do contrato de mandato ou procuradoria. Dispunha o artigo 1318º,

> Dá-se contracto de mandato ou procuradoria, quando alguma pessoa se encarrega de prestar, ou fazer alguma cousa, por mandado e em nome de outrem. O mandato póde ser verbal ou escripto.

As relações entre o mandato e a procuração resultavam do artigo 1319º, que passamos a recordar:

---

mandato o que, todavia, não era totalmente exato; cf. os elementos reportados por FERNANDO PESSOA JORGE, *O mandato sem representação* (1961), 75 ss..

[71] HEINECCIUS, *Institutiones Iuris Civilis*, ed. JOÃO PEDRO WALDECK (1814), especialmente § 816 (385), onde afirma que é possível a administração de negócios alheios através de procurador; cf. também PESSOA JORGE, *O mandato sem representação* cit., 80-81.

Diz-se procuração o documento, em que o mandante ou constituinte exprime o seu mandato. A procuração póde ser publica ou particular.

A matéria vinha regulada em pormenor, nos artigos subsequentes.

V. A penetração do pensamento pandetista a propósito da representação foi, entre nós, relativamente lenta. Num primeiro momento, apenas podemos sublinhar a passagem de certos desenvolvimentos exegéticos da área do mandato para a dos artigos 645º e 646º[72].

Guilherme Moreira divulgou, na nossa linguagem jurídica, o termo "representação", definindo os seus grandes parâmetros[73]. Por influência manifesta da lei, mantém a representação voluntária como tendo a sua principal origem no mandato ou procuração[74]; todavia, ele logo chama a atenção para o facto de nem sempre o mandato envolver representação: o mandatário poderia encarregar-se de celebrar o negócio jurídico no seu próprio nome[75].

O próprio Manuel de Andrade pouco mais avançou e isso já em plena preparação do Código Civil[76].

Entretanto, temos de contar com o Código Comercial ou Código Veiga Beirão, de 1888. De acordo com os conhecimentos da época, o mandato comercial, aí regulado, envolvia representação.

Assim, o artigo 231º do Código Comercial, a propósito da noção de mandato comercial, dá-nos elementos próprios da representação. Segundo o seu teor,

Dá-se mandato comercial quando alguma pessoa se encarrega de praticar um ou mais actos de comércio por mandato de outrem.

Prosseguindo o § único:

O mandato comercial, embora contenha poderes gerais, só pode autorizar actos não mercantis por declaração expressa.

---

[72] *Vide*, como exemplo, José Dias Ferreira, *Código Civil Portuguez Annotado*, vol. II, 2ª ed. (1895), 8 (sem desenvolvimento) e III, 2ª ed. (1898), 5 ss. e Cunha Gonçalves, *Tratado* cit., 4, 189 ss..

[73] Guilherme Moreira, *Instituições de Direito civil*, 1º vol. (1907), § 38 (449 ss.).

[74] *Idem*, 451. Tem ainda interesse, nesta fase, confrontar o desenvolvimento de José Tavares, *Os princípios fundamentais do Direito civil*, II (1928), 439 ss..

[75] Referindo autores anteriores, Fernando Pessoa Jorge, *O mandato sem representação* cit., 73, nota 96, chama a atenção para uma tradição, radicada em França e, até, entre nós, e anterior a Jhering, de distinguir o mandato da procuração e da representação.

[76] Manuel de Andrade, *Teoria geral da relação jurídica* cit., 2, 285 ss. (293).

Encontramos, pois, uma distinção entre poderes gerais e especiais, relevante para a representação, mas que o próprio Código Vaz Serra, numa cedência ao passado napoleónico, manteve, como vimos, a propósito do mandato – artigo 1159º. A associação entre o mandato comercial e a representação aflora ainda no artigo 233º do Código Comercial:

> O mandato comercial, que contiver instruções especiais para certas particularidades de negócio, presume-se amplo para as outras; e aquele, que só tiver poderes para um negócio determinado, compreende todos os atos necessários à sua execução, posto que não expressamente indicados.

Trata-se de um aspeto básico do mandato mercantil[77]. No Direito comercial, o mandato sem representação diz-se comissão ou contrato de comissão – artigos 266º e seguintes do Código Comercial.

Inferimos daqui que, ao contrário do que se passa no Direito civil, o mandato comercial envolve sempre poderes de representação.

Apenas em meados do século XX, Inocêncio Galvão Telles, ensinando a matéria dos contratos[78] e, pouco depois, Ferrer Correia, estudando o tema da procuração, procederam a uma clara contraposição entre esta e o mandato[79]. O pensamento de Jhering, completado com o de Laband, foram expostos, bem como os esquemas adotados pelo Código Civil alemão e pelo italiano.

Nessa sequência, Galvão Telles, no âmbito da preparação do Código Civil, propôs uma clara distinção entre a procuração, fonte de poderes de representação e o mandato[80]. A proposta foi acolhida também no anteprojeto de Rui de Alarcão[81].

---

[77] Na falta de representação, a pessoa que se obrigue a providenciar contratos poderá ter celebrado um contrato (atípico) dito "mediação"; *vide* STJ 7-mar.-1967 (CARVALHO JÚNIOR), BMJ 165 (1967), 318-322 (321-322).

[78] INOCÊNCIO GALVÃO TELLES, *Dos contratos em geral/Lições proferidas no ano lectivo de 1945-1946* (1947), especialmente 262-263; cf. deste Autor, a 3ª ed. dessa obra, sob o título *Manual dos contratos em geral* (1965), 311. Na 4ª ed., refundida e atualizada, de 2002, *vide* 422-423.

[79] A. FERRER CORREIA, *A procuração na teoria da representação voluntária*, BFD XXIV (1948), 253-293 (258 ss.); trata-se da "lição" proferida pelo seu Autor no concurso para professor extraordinário da Faculdade de Direito de Coimbra. E assim – infelizmente – ele não contém as precisas fontes bibliográficas usadas por FERRER, na sua preparação. No entanto, parece patente o uso de diversos autores italianos, numa asserção confirmada pelas indicações de obras feitas no final.

[80] INOCÊNCIO GALVÃO TELLES, *Contratos civis*, RFDUL X (1954), 161-245 (232-233) = BMJ 83 (1959), 114-283 (174-175).

[81] RUI DE ALARCÃO, *Erro, dolo e coacção – representação – objecto negocial – negócios usurários – condição / Anteprojectos para o novo Código Civil*, BMJ 102 (1961), 167-180 (171 ss.) e *Breve motivação do anteprojecto sobre o negócio jurídico na parte relativa ao erro, dolo, coacção, representação, condição e objecto social*, BMJ 138 (1964), 71-122 (103).

O período concluir-se-ia da melhor forma com o estudo de Pessoa Jorge sobre o mandato sem representação[82].

VI. O Código Civil de 1966, no termo de toda esta evolução, acolheu o sistema germânico da distinção entre procuração, fonte da representação – artigos 262º e seguintes – e o mandato, modalidade de contrato de prestação de serviço – artigos 1157º e seguintes – o qual pode ser com ou sem representação – artigos 1178º e seguintes e 1180º e seguintes, respetivamente. De todo o modo, a passagem de um modelo de tipo napoleónico para o germânico não implicou sobressaltos nem operou passivamente.

Já no âmbito do Código de Seabra, a doutrina sublinhara que o "mandato" era "... um dos raros contratos em que a aceitação da outra parte, neste caso a do mandatário, não figura, em regra, no título em que pelo mandante foram conferidos os poderes, nem tem de ser expressa"[83]. Tudo se predispunha para o surgimento da procuração como um negócio unilateral, a distinguir do mandato[84].

Após a entrada em vigor do Código de 1966, mantiveram-se algumas situações de confusão entre mandatários e procuradores: o chamado mandato judicial envolve sempre poderes de representação enquanto, por exemplo, os "mandatários" referidos no artigo 1253º, c), são, necessariamente, os que atuem no âmbito dum mandato com representação.

Se é certo que estas particularidades, oriundas do regime anterior, permitem dar uma identidade ao Direito português, não é menos seguro que, na falta de claros indícios, prevalecerá a metodologia legal imposta pelo Código Civil e há meio século celebrada pela doutrina.

Podemos de todo o modo afirmar, perante a globalidade do sistema jurídico português vigente, que a receção do esquema pandetístico assente na contraposição entre o mandato e a representação operou, apenas, em termos parciais. O Código Civil, no seu núcleo, faz a distinção. Em áreas mais periféricas, como a do artigo 1253º, c), a referência ao mandato envolve a representação, com vimos. O mandato judiciário, por natureza, comporta representação. E o mesmo sucede com o mandato comercial, datado ainda de 1888.

Inferimos, daqui, que o sistema português vigente é híbrido: exprime, da melhor forma, uma junção criativa entre os dois grandes estilos do Continente: napoleónico e alemão.

---

[82] FERNANDO PESSOA JORGE, *O mandato sem representação* (1961).

[83] CUNHA GONÇALVES, *Tratado de Direito Civil*, 12 (1933), 388.

[84] Na jurisprudência, a contraposição entre a procuração e o mandato consta, por exemplo, de STJ 5-mar.-1996 (TORRES PAULO), CJ/Supremo IV (1996) 1, 111-115 (112/II), de STJ 17-jun.-2003 (MOREIRA CAMILO), CJ/Supremo XI (2003) 2, 109-112 (112/I) e de STJ 22-jun.-2004 (AZEVEDO RAMOS), CJ/Supremo XII (2004) 2, 106-108.

VII. Finalmente, temos a gestão. Esta implica a prática de atos materiais e jurídicos, por conta de certa entidade e no âmbito de determinadas funções. Distingue-se do mandato por ter uma maior extensão: na pureza dos princípios, o mandato envolve, apenas, atos jurídicos. E tal como o mandato, a gestão pode ser acompanhada, ou não, por poderes de representação.

10. A Lei nº 83/2001, de 3 de agosto

I. Antes de abordar, à luz das regras gerais sobre mandato e representação, a posição jurídica das entidades de gestão coletiva do direito de autor, cabe referir a Lei nº 83/2001, de 3 de agosto, que lhes é dedicada.

Essa Lei comporta 36 artigos, assim ordenados:

Capítulo I – Disposições gerais (1º a 17º):
Capítulo II – Organização e funcionamento (18º a 23º);
Capítulo III – Do regime de tutela (24º a 27º);
Capítulo IV – Da comissão de mediação e arbitragem (28º a 34º);
Capítulo V – Disposições finais e transitórias (35º e 36º).

O diploma em causa veio, antes do mais, responder às críticas de que as entidades de gestão coletiva não obedeciam a regras, omitindo a defesa dos seus associados[85].

II. No tocante à gestão coletiva, a Lei nº 83/2001 compreende dois preceitos de relevo: o artigo 11º e o artigo 12º.

O artigo 11º consagra o dever de gestão:

As entidades de gestão colectiva estão obrigadas a aceitar a administração dos direitos de autor e dos direitos conexos que lhes sejam solicitados, de acordo com a sua natureza e atribuições, nos termos dos respectivos estatutos e da lei.

O artigo 12º, epigrafado "contrato de gestão", tem, todavia, um conteúdo mais amplo. O seu nº 1 dispõe, efetivamente, sobre esse tipo de contrato:

A gestão dos direitos pode ser estabelecida pelos seus titulares a favor da entidade mediante contrato cuja duração não pode ser superior a cinco anos, renováveis automaticamente, não podendo prever-se a obrigação de gestão de todas as modalidades de exploração das obras e prestações protegidas, nem da produção futura destas.

---

[85] Vejam-se tais críticas em OLIVEIRA ASCENSÃO, *Direito de autor* cit., 696-698; esta obra é anterior à Lei nº 83/2001.

Por seu turno, manda o nº 2:

A representação normal dos titulares de direitos pela entidade resulta da simples inscrição como beneficiário dos serviços, conforme é estabelecido nos estatutos e regulamentos da instituição e nas condições genéricas enunciadas no número anterior.

III. A interpretação da Lei nº 83/2001, de 3 de agosto, mormente na área em que ela tem a ver com os poderes das entidades de gestão coletiva dos direitos de autor, deve ser feita em conjunto com o Código do Direito de Autor.

Vamos, de seguida, proceder às correspondentes operações.

11. Os poderes das entidades de gestão coletiva

I. Como ponto decisivo, na interpretação da lei, devemos ter em conta a sua finalidade[86]. Toda a literatura da especialidade explica que, como acima foi adiantado, os autores, isoladamente tomados, não têm a possibilidade de, na prática, defender os seus direitos. Pela sua própria natureza, os bens intelectuais são voláteis, requerendo técnicas complexas de vigilância e de proteção. Além dos custos envolvidos, há ainda que contar com a inviabilidade de gerir o uso dos direitos de autor, nos grandes meios de comunicação.

A existência de entidades de gestão é, pois, uma necessidade incontornável, para a tutela de cada um deles. Não se trata, aliás, apenas de tutela em sentido estrito: o seu aproveitamento correto, em termos de colocação no mercado, está também em causa.

Além disso, não está somente em jogo a defesa de cada autor: joga-se o próprio sistema. Numa ambiência em que proliferassem a inobservância dos direitos e a contrafação, perder-se-ia o próprio sentido de legitimidade autoral. As criações do espírito seriam postergadas, com danos finais para a criação.

II. No tocante à atividade das entidades de gestão coletiva, está em causa a gestão. A lei deixou de referir "mandato" porque "gestão" é mais amplo[87]. Além de, como foi dito, ela não abranger, apenas, atos jurídicos mas, também, materiais, a gestão é mais criativa. O gestor deve procurar novas e melhores soluções para, no terreno, fazer frutificar os interesses que lhe sejam confiados.

A essa luz, o artigo 73º/1, do CDA, dispõe que as "associações e organismos nacionais ou estrangeiros constituídos para gestão do direito de autor (portanto: as entidades coletivas de gestão):

---

[86] *Vide* o nosso *Tratado de Direito civil* I cit., 725 ss..

[87] Não aderimos, pois, a uma "teoria da conspiração", segundo a qual as sociedades de gestão teriam promovido a substituição de "mandato", por "representação", através da Lei nº 114/91, na crença de que aumentariam os seus poderes.

- exercem a gestão;
- com poderes de representação;
- resultando esta última da simples qualidade de sócio ou aderente ou da inscrição como beneficiário.

III. A representação aqui em causa visa, apenas, a gestão. A lei fala em "representação normal" (artigo 12º/2, da Lei nº 83/2001, de 3 de agosto): é a representação comum, presente na gestão do direito de autor prevista no artigo 73º/1, do CDA. Haverá uma "representação extraordinária", que permita, por exemplo, transmissões ou onerações do direito de autor e que terá de ser concedida através de instrumento de poderes especiais.

IV. A gestão dos direitos de autor é feita "automaticamente" pelo ente coletivo em que o autor esteja inscrito. Mas este pode confiar a uma entidade diferente a sua gestão; nessa altura, concluirá, com tal entidade, um contrato de gestão, nos termos e com os limites previstos no artigo 12º/1 da Lei nº 83/2001.

Chegamos, assim, a uma construção global e harmónica dos poderes dos entes de gestão coletiva do direito de autor.

III. O DIREITO DE AUTOR NAS PUBLICAÇÕES PERIÓDICAS COLETIVAS
12. A cooperação
I. O CDA prevê a hipótese de obras feitas em colaboração ou coautoria. Tal obra pode ser publicada em nome de todos os colaboradores ou de alguns deles, sendo ou não discrimináveis os contributos individuais – 16º/1, *a*). Nessa eventualidade, foi necessária uma atuação conjunta de duas ou mais pessoas para criar uma obra. Dispõe o artigo 17º do CDA:

> 1. O direito de autor de obra feita em colaboração, na sua unidade, pertence a todos os que nela tiverem colaborado, aplicando-se ao exercício comum desse direito as regras de compropriedade.

A solução parece adequada e vai ao encontro dos princípios gerais do Direito civil. O esforço de cada um dos coautores desemboca num todo indivisível sob pena de se destruir a obra. Esta é apenas uma; mas sobre ela incidem os direitos dos coautores, pelo que temos compropriedade. Na falta de estipulação em contrário, que deve ser concluída por escrito, os direitos dos coautores presumem-se de igual valor (17º/2). Trata-se do aflorar da regra do artigo 1403º/2, do Código Civil.

II. A coautoria simples deve distinguir-se de outras situações que pressupõem, também, uma criação conjunta ou integrada de obras. Assim, temos a considerar[88]:

- a obra subsequente ou derivada: referida no artigo 3º do CDA, em várias modalidades, ela abrange as traduções, arranjos, instrumentações, cinematizações (a), sumários e compilações, tais como seletas, enciclopédias e antologias (b), as compilações sistemáticas ou anotadas de textos de convenções, de leis, de regulamentos e de relatórios ou decisões administrativas, judiciais ou de quaisquer órgãos ou autoridades do Estado ou da Administração (c);
- a obra compósita: o artigo 20º/1 apresenta-a como aquela que incorpore, no todo ou na parte, uma obra preexistente; diferencia-se da obra derivada porque esta envolve "arranjos" ou "mexidas" em obra anterior, ao passo que a compósita limita-se a acolher a já existente, num todo mais vasto;
- a obra coletiva: constante do artigo 16º/1, b), do CDA, a obra coletiva é a organizada por iniciativa de uma entidade singular ou coletiva, sendo divulgada ou publicada em seu nome; a distinção da obra em colaboração ou coautoria levanta dúvidas; pela nossa parte, a tónica reside no seguinte: enquanto, na obra em colaboração, há uma cooperação de autores para se alcançar o resultado criativo, na obra coletiva, surge um organizador[89] (que também pode ser coautor, noutro plano), que dá um teor criativo a um conjunto resultante da junção de várias obras individuais; a constatação da presença do organizador (da empresa) implica um juízo jurídico[90].

III. A lei reconhece os direitos de autor:

- aos colaboradores ou coautores, nos termos indicados;
- ao criador de obras subsequentes ou derivadas, sem prejuízo dos reconhecidos aos autores da obra original (3º/2);
- ao autor da obra compósita, sem prejuízo dos direitos de autor preexistentes (20º/2);
- aos organizadores da obra coletiva (19º/1), sem prejuízo, quando discrimináveis, dos direitos de eventuais autores ou coautores (19º/2).

Adiante veremos a situação dos jornais e de outras publicações coletivas.

---

[88] As diversas categorias surgem um tanto desalinhadas, no CDA; há que proceder à sua rearrumação doutrinária, tendo presente que o esquema alemão não é coincidente.
[89] OLIVEIRA ASCENSÃO, *Direito de autor* cit., 124-125, fez apelo, aqui, à ideia de empresa.
[90] Por isso, a natureza coletiva de uma obra, embora assente em factos, é uma questão-de-direito: STJ 11-out.-2005 (NUNO CARREIRA), Proc. 05A2089.

13. Diretrizes gerais; o Direito de autor dos nossos dias

I. No seu conjunto, as regras acima seriadas permitem reflexões de ordem geral, na base das quais podemos construir diretrizes interpretativas.

O arquétipo do direito de autor é constituído pelo escritor ou pelo compositor que, isolados, criam um original. Subsequentemente, assistem-lhes os direitos morais e patrimoniais próprios dessa condição.

II. Nos nossos dias, todavia, a realidade é outra. Cada vez mais a criação implica conjuntos articulados de autores e outros criadores, devidamente organizados.

Como hipótese: o compositor isolado pouco ou nada fará: ele fica dependente de uma teia mundial de outras pessoas que permitam a plena concretização da sua obra. Essa concretização vem bulir com diversos interesses económicos: os do autor, os dos artistas que porventura intervenham, os do produtor que assegure a sua fixação, os das cadeias de radiodifusão que disponham dos meios técnicos e procedam à competente seleção, os dos anunciantes que coloquem publicidade, a qual é escutada ou visualizada por entremear obras radiodifundidas, os do público consumidor e os do Estado.

Seria de um simplismo *naïf* alijar ou vilipendiar algum destes elos da criação e da difusão das obras. Todos eles são necessários, cabendo apenas prevenir que a preponderância de algum deles possa vir a quebrar o circuito, por aniquilamento prático de outro ou de outros. Isto dito: na origem de todo o mercado de radiodifusão artística e literária está, indiscutivelmente, o autor ou criador da obra.

III. Mantendo o exemplo do compositor: a criação artística corresponde a uma capacidade inata do ser humano. E isso sucede independentemente da busca do lucro material ou, sequer, da sobrevivência. Mas ultrapassado um estádio de arte elementar, a qualidade e a amplidão da criação artística depende, no essencial[91]:

- de um complexo e prolongado processo de aprendizagem, a que o autor se deve sujeitar;
- do nível de vida do próprio autor e do acesso que ele tenha a elementos formativos e à informação;
- da experiência do autor e do esforço de aperfeiçoamento que ela permita;
- da capacidade que o autor tenha de atrair, pela sua obra, os restantes fatores que conduzem à radiodifusão da peça em causa.

Sendo o papel do autor fundamental, cumpre relevar, de seguida, a função do artista ou do intérprete. Tomando como exemplo uma obra musical: apenas a sua

---

[91] GUILLAUME HENRI, *L'évaluation en droit d'auteur* (2007), nº 1 (1). Entre nós, *vide* PEDRO DA COSTA CORDEIRO, *Direito de autor e radiodifusão* (2004), 17-18.

ESTUDOS EM HOMENAGEM A MIGUEL GALVÃO TELES

execução ou a sua interpretação permitem dar corpo à dimensão criativa do autor. Os atores ou intérpretes são agentes fundamentais na radiodifusão e, como tal, têm proteção jurídica[92]. Assim como sucede relativamente ao autor, também o artista ou o intérprete requerem, hoje, para além de dotes inatos: uma aprendizagem de muitos anos, um nível de vida adequado, uma capacidade económica mínima que permita o acesso à informação e à manutenção de uma boa compleição física, uma experiência alargada e um bom relacionamento social. Tudo isso exige meios materiais. Sem artistas adequados e sem intérpretes conhecedores, a obra artística não teria vida.

IV. Estas considerações são aplicáveis às obras literárias. Para além da "grande obra" – o livro auto-suficiente, que apenas requeira um contrato de edição – cada vez mais os autores escrevem para jornais, para revistas, para recolhas de textos e de contos ou, em geral, para obras coletivas. Estas requerem investimentos, publicidade, *know how* e colocação no mercado. Um contributo isolado não teria expressão económica. Mais: em regra, ele nem lograria qualquer publicação, mantendo-se desconhecido do público.

Apenas a existência de equipas profissionais competentes, com os seus custos, a sua formação, a sua manutenção, a publicidade e o nome feito junto do grande público permite o florescimento de boa parte das obras individuais.

O Direito de autor é sensível a esta realidade. Ele deve estar presente na interpretação e na aplicação das suas diversas regras.

14. Publicações periódicas

I. A conjugação dos jornais, revistas e outras publicações periódicas com as regras do Direito de autor dá azo a normas específicas, do maior relevo na presente consulta. Cumpre relevar a sua evolução.

O Decreto nº 13:725, de 3 de junho, começava por sublinhar os direitos dos autores. Assim, segundo o corpo do seu artigo 18º,

> Os autores de artigos, romances, folhetins, novelas, contos, poesias e todas as outras obras literárias, scientíficas ou artisticas, publicadas nos jornais, revistas, colecções, enciclopédias e quaisquer outras publicações periódicas e feitas em colaboração, terão a propriedade das respectivas obras e só êles ou seus sucessores as poderão reproduzir em separado, salvo a convenção em contrário.

Fixado o princípio – que, de resto, é a regra básica do reconhecimento jurídico do autor – passava-se à sua delimitação, através do § 1º desse mesmo artigo 18º:

---

[92] GUNHAR BERNDORFF/BARBARA BERNDORFF/KNUT EIGLER, *Musikrecht / Die häufigsten Fragen des Musikgeschäfts*, 6ª ed. (2010), Nr. 33 (92 ss.).

§ 1º Os editores ou proprietários das publicações periódicas e outras referidas neste artigo poderão, contudo, reproduzir, uma e mais vezes, o número, fascículo, tômo ou volume em que foram publicados os trabalhos dos seus colaboradores, contanto que se conformem com a primeira edição.

A contrario sensu, quem não fosse "editor" ou "proprietário" das publicações periódicas não poderia proceder a tais reproduções. O transcrito § 1º era, de seguida, reforçado e delimitado pelo § 2º:

Com exclusão dos romances, folhetins, novelas, poemas, estudos scientificos e outros trabalhos acima referidos, qualquer artigo político, noticia ou informação de um jornal ou revista poderá ser reproduzido por outro jornal ou revista, se a reprodução não fôr expressamente proibida, e contanto que seja indicada a respectiva origem.

A reprodução por entidade diferente fica proibida. Admitia-se solução inversa perante artigos políticos, notícias ou informações, desde que fosse indicada a origem e a reprodução não fosse proibida (naturalmente: pelo titular da publicação periódica).

II. A lei contemplava, ainda, a situação das pessoas que houvessem celebrado um "contrato jornalístico", isto é, uma prestação de serviço (artigo 23º, § 1º) com o titular da publicação periódica. Segundo o artigo 23º do Decreto nº 13:725, de 3 de junho de 1927,

Os trabalhos produzidos em virtude de contrato jornalístico, embora assinados, constituem propriedade da empresa do jornal ou periódico em que forem publicados, e só com permissão desta poderão ser reproduzidos em *separata* excepto os mencionados no artigo 18º.

O jornal ou a revista, mercê do seu papel na organização e no incentivo à criação da obra ficava investido nos inerentes direitos.

III. O Código do Direito de Autor, de 1966, aperfeiçoou esta matéria. Desde logo, fê-lo introduzindo a noção de obra em colaboração: a que for criada por uma pluralidade de pessoas (10º).

O direito de autor quanto à obra em colaboração é atribuído em comum a todos os que nela colaboraram (11º/1), podendo qualquer deles exercer individualmente os seus direitos relativamente à contribuição própria na obra comum, desde que esse exercício não prejudique a exploração dela como tal (12º).

O preceito fundamental provinha do artigo 13º:

1. O direito de autor sobre a obra colectiva é atribuído à empresa singular ou colectiva que organizou ou dirigiu a sua criação e em nome de quem foi divulgada ou publicada.

O artigo 13º/3 explicitava:

3. Os jornais e outras publicações periódicas consideram-se obras colectivas, pertencendo à respectiva empresa o direito de autor sobre as mesmas.

IV. Fixada a regra básica, o CDA de 1966 consagrava, no seu título III (Regimes especiais) um Capítulo I (178º a 180º), aos jornais e publicações periódicas. Em síntese, fixava-se o seguinte regime, na linha, de resto, do diploma de 1927:

- o direito de autor quanto aos romances, folhetins, novelas e outras obras literárias, artísticas ou científicas pertence aos respetivos autores (178º/1);
- os proprietários ou editores de publicações periódicas ou compilações podem, contudo, reproduzir os exemplares da obra coletiva (178º/2);
- não o podendo fazer as publicações congéneres (178º/3), salvo tratando-se de artigos de atualidade de discussão, se a reprodução não tiver sido expressamente proibida e desde que se mencione a autoria (178º/3, 2ª parte).

Quanto a trabalhos realizados em cumprimento de um contrato de trabalho (179º):

- quando assinados, pertencem ao seu autor; mas estes só podem publicá-los noutro local, sem autorização da empresa proprietária, passados três anos (nº 1);
- quando não assinados, pertencem à empresa proprietária (nº 2).

As notícias do dia e os simples relatos de acontecimentos podem ser livremente reproduzidos (180º).

15. O Direito vigente

I. Os jornais e as publicações periódicas em geral (o seu conteúdo) são obras coletivas: um ponto que podemos dar como assente[93]. De facto, a organização e a publicação de um jornal exigem uma organização especializada, ordenada em

---

[93] OLIVEIRA ASCENSÃO, *Direito de autor* cit., 125; JULIA VOGTMEIER, *Elektronische Pressespiegel* cit., 25 ss.; ARTUR-AXEL WANDTKE/EIKE WILHELM GRUNERT, em WANDTKE/BULLINGER, *Praxiskommentar*, 3ª ed. cit., § 38, Nr. 7 (617) e *passim*; MANFRED REHBINDER, *Urheberrecht*, 16ª ed. cit., Nr. 228 (97); MANFRED HECKER, em JOSEF LIMPER/CHRISTIAN MUSIOL, *Handbuch*

função de critérios de gestão racionais, isto é: uma empresa jornalística. A publicação é feita em seu nome, assim se preenchendo o artigo 16º/1, *b*), do Código do Direito de Autor.

Em termos materiais, a realização de um jornal não é uma tarefa material de justaposição. Jogam regras e critérios de elevada especialização: reunir artigos, editoriais e notícias; articular rubricas; dinamizar contributos literários e científicos; promover coberturas jornalísticas especializadas e, por vezes, investigações; preparar os aspetos gráficos; recolher publicidade e apresentá-la; dinamizar a circulação e as vendas.

Temos, em jogo, importantes aspetos criativos e de execução.

II. A Lei atribui à empresa jornalística um direito de autor sobre o conjunto, dentro das regras próprias das obras coletivas. Várias soluções são possíveis, como a alemã: na dúvida, o editor ou publicador do jornal tem um direito exclusivo de aproveitamento sobre a obra, o qual, nada de diverso se tendo combinado, se mantém durante um ano (§ 38/1/1, do *Urhebergesetz*)[94].

Não parece compaginável com nenhum sistema civilizado e coerente de direito de autor – ou, quiçá, de direito de propriedade – não admitir um direito da empresa jornalística sobre a obra básica de sua criação: o próprio jornal.

III. Os artigos 173º e seguintes do CDA devem ser interpretados dentro da lógica que resulta do Código, no seu conjunto.

O artigo 2º/1, *a*), do CDA, começa por considerar o próprio jornal em si como uma criação intelectual do domínio literário, científico ou artístico.

O artigo 19º/3, do mesmo CDA, manda que os jornais se presumam obras coletivas, pertencendo o direito de autor às respetivas empresas (jornalísticas).

O artigo 173º/1, por seu turno, dispõe:

> O direito de autor sobre obra publicada, ainda que sem assinatura, em jornal ou publicação periódica pertence ao respetivo titular e só ele pode fazer ou autorizar a reprodução em separado ou em publicação congénere, salvo convenção escrita em contrário.

O preceito surge ambíguo: "respetivo titular" tanto pode ser o da obra (singular) publicada como o do jornal ou publicação periódica. O elemento sistemático

---

des Fachanwalts Urheber- und Medienrecht (2011), 3, 121 (57). Na jurisprudência portuguesa: RLx 2-mar.-2004 (ARNALDO SILVA), Proc. 10441/2003-7.

[94] ANKE NORDEMANN-SCHIFFEL, em FRIEDRICH KARL FROMM/WILHELM NORDMANN, *Urheberrecht Kommentar*, 10ª ed. (2008), § 38, Nr. 12 (847-848); THOMAS DREIER/GERNOT SCHULZE, *Urheberrechtsgesetz / Kommentar*, 3ª ed. (2008), § 38, Nr. 8 ss. (692-693).

e, sobretudo, o nº 2 do mesmo artigo 173º permite apurar que se visa o autor da obra inserida em jornal, uma vez que se predispõem os poderes do proprietário ou editor da publicação.

IV. O artigo 173º/1 deve ser tomado à luz do regime sobre as obras coletivas. Nessa eventualidade e segundo o artigo 19º, há que lidar com direitos de autor distintos:

- o direito da empresa dona do jornal (19º/3);
- o direito dos autores sobre a sua "produção pessoal", aplicando-se (sendo o caso), o regime das obras em colaboração (19º/2).

O artigo 173º procede à articulação entre esses dois direitos. Tratando-se de trabalho jornalístico, o artigo 174º altera essa articulação: o que bem se entende, perante a especificidade da matéria. Fundamentalmente:

- a obra pertence ao seu autor (174º/1);
- mas salvo autorização da empresa proprietária do jornal, ele não pode publicá-lo em separado, antes de decorridos três meses (174º/2).

V. Mantendo-nos no campo do Direito de autor, importa reter o seguinte: a existência, no caso da obra jornalística, de dois níveis de reconhecimento e de proteção dirigidos, respetivamente, aos escritos incluídos no jornal, de tutela singular e ao próprio jornal em si, como obra coletiva, indicia um particular cuidado do legislador na tutela dos bens imateriais envolvidos.

Não é possível, daí, retirar a ideia de que não há proteção ou de que a lei pretendeu deixar espaços ao livre-arbítrio de terceiros.

Veremos, adiante, se a expressa referência a zonas sem proteção permite retirar conclusões diferentes.

IV. UTILIZAÇÃO LIVRE E *CLIPPING*
16. Os limites ao direito de autor; o teste dos três degraus

I. Todos os direitos subjetivos têm os seus limites. O direito de autor não é exceção. No entanto, esse fenómeno, dada a particular natureza dos bens em jogo, apresenta, aqui, uma configuração específica.

Em geral, temos três tipos de limites a apontar[95]:

- a licença legal: é dispensada a autorização do titular da obra, mas impõe-se uma retribuição equitativa;

---

[95] Seguimos a ordenação de MANFRED REHBINDER, *Urheberrecht*, 16ª ed. cit., 173 ss..

ANTÓNIO MENEZES CORDEIRO

- a utilização livre: determinados bens admitem, por via legal, uma utilização independente quer de autorização, quer de retribuição;
- o prazo: os direitos de autor não são perpétuos: cessam, pelo menos no plano patrimonial, em certo prazo.

II. Os limites devem ser interpretados de modo restritivo[96]. Além disso, há que ter em conta convenções internacionais e textos comunitários. Vamos recordar alguns troços relevantes:

- *Convenção de Berna*[97], artigo 9º/2:

  Fica reservada às legislações dos países da União a faculdade de permitirem a reprodução das referidas obras, em certos casos especiais, desde que tal reprodução não prejudique a exploração normal da obra nem cause um prejuízo injustificado aos legítimos interesses do autor.

- *Acordo sobre os Aspetos dos Direitos de Propriedade Intelectual Relacionados com o Comércio*, de 1994, artigo 13º:

  Os Membros restringirão as limitações ou exceções aos direitos exclusivos a determinados casos especiais que não obstem à exploração normal da obra e não prejudiquem de forma injustificável os legítimos interesses do titular do direito.

- *Diretriz 2001/29, de 22 de maio, relativa à harmonização de certos aspetos do direito de autor e dos direitos conexos na sociedade da informação*, artigo 5º/5[98]:

  As exceções e limitações contempladas nos números 1, 2, 3 e 4 só se aplicam em certos casos especiais que não entrem em conflito com uma exploração normal da obra ou outro material e não prejudiquem irrazoavelmente os legítimos interesses do titular do direito.

---

[96] Trata-se de jurisprudência uniforme do Tribunal Federal alemão: BGH 24-jan.-2002, BGHZ 150 (2003), 6-12 (8) e BGH 20-mar.-2003, BGHZ 154 (2004), 260-269 (265).

[97] De 1886, revista várias vezes e, por último, pelo Ato de Paris de 24-jul.-1971, modificado em 2-out.-1979.

[98] *Vide* MARTIN SCHIPPAN, *Harmonisierung oder Wahrung der nationalen Kulturhoheit? / Die wundersame Vermehrung der Schrankbestimmungen in Art. 5 der "Multimedia-Richtlinie"*, ZUM 2001, 116-128 e, em especial, FRANK BAYREUTHER, *Beschränkungen des Urheberrechts nach der neuen EU-Urheberrechtslinie*, ZUM 2001, 828-839 (839) e NORBERT P. FLECHSIG, *Grundlage des Europäischen Urheberrechts*, ZUM 2002, 1-21 (13). Quanto à transposição, entre outros: THOMAS DREIER, *Die Umsetzung der Urheberrechtsrichtlinie 2001/29/EG in deutsches Recht*, ZUM 2002, 28-43 (especialmente, 33 ss.) e JÖRG REINBOTHE, *Die Umsetzung der EU- Urheberrechtsrichtlinie in deutsches Recht*, ZUM 2002, 43-51 (46-47).

ESTUDOS EM HOMENAGEM A MIGUEL GALVÃO TELES

III. Na base destes preceitos e dos princípios consignados na lei, a doutrina elaborou o designado teste dos três degraus (*Drei-Stufen-Test*)[99]. Segundo esse "teste", a livre utilização só é possível quando[100]:

(1) se trate de um caso especial determinado, como tal previsto na lei;
(2) que não prejudique a utilização normal da obra
(3) e que não viole, de modo incomportável, o interesse legítimo do autor.

Esses três "degraus" devem ser de verificação cumulativa. No fundo, eles apenas exprimem, em proposições simples, a lógica da tutela dos bens imateriais e dos direitos de autor.

17. A exclusão da proteção (7º) e a utilização livre (75º)

I. A lei portuguesa, no tocante à delimitação negativa da tutela autoral, segue um esquema duplo, nem sempre muito claro. Distingue:

- a exclusão da proteção (7º);
- a utilização livre (75º).

A "exclusão da proteção" advém da Convenção de Berna. Esta, na versão revista, particulariza o seguinte:

- a proteção não se aplica às notícias do dia e aos relatos de acontecimentos diversos (*faits divers*) que tenham o caráter de simples informações de imprensa (2º/8);
- fica reservada à legislação dos países da União, de excluir parcial ou totalmente da proteção os discursos políticos e os discursos pronunciados em debates judiciais (2º bis/1).

Perante isso, segundo o artigo 7º do CDA, não constituem objeto de proteção:

(a) as notícias do dia e os relatos diversos de simples informações;
(b) os requerimentos e similares apresentados perante as autoridades;

---

[99] *Vide*: GERARD SPINDLER, *Europäisches Urheberrecht in der Informationsgesellschaft*, GRUR 2002, 105-120 (115/I); ARTUR-AXEL WANDTKE, em WANDTKE/BULLINGER, *Praxiskommentar*, 3ª ed. cit., Einl. UrhG, Nr. 27 (26); MARCUS VON WELSER, *idem*, § 44a, Nr. 22 (720); NORDMANN-SCHIEFFEL, em FROMM/NORDEMANN, *Urheberrecht / Kommentar*, 10ª ed. cit., Vor §§ 1220 ff. UrhG, Nr. 21 (1896); MANFRED REHBINDER, *Urheberrecht*, 16ª ed. cit., § 33, Nr. 435 (174-175); FERDINAND MELICHAR, em SCHRICKER/LOEWENHEIM, *Urheberrecht / Kommentar*, 4ª ed. (2010), Vor §§ 40a ff., 12 ss. (939 ss.). A matéria é pacífica.

[100] Além das indicações constantes da nota anterior, referimos PEDRO CORDEIRO, *Limitações e escepções sob a "regra dos três passos" e nas legislações nacionais*, DSI III (2002), 211-219 (212) e CHRISTOPHE GEIGER, *The role of the three-step test in the adaptation of copyright law to the information society* (2007), 21 pp., na Net.

(c) os textos e discursos proferidos perante órgãos públicos;
(d) os discursos políticos.

O artigo 7º/2 submete a autorização do autor as compilações de elementos referidos nas alíneas *c*) e *d*) do artigo 7º/1, enquanto o artigo 7º/3 dispõe que a utilização livre das obras deve limitar-se ao fim a atingir com a sua divulgação. Já os requerimentos confidenciais (c) não podem ser comunicados, quando daí possa resultar prejuízo para a honra ou reputação da pessoa, salvo decisão judicial em contrário.

II. Se bem se atentar, o artigo 7º reporta-se a situações jurídicas que não impliquem obras originais criativas (notícias do dia e relatos similares, isoladamente tomados) e obras que, pela sua própria natureza e por decisão do seu autor, sejam tornadas públicas, no sentido de entregues ao público (requerimentos e discursos).

Não há prejuízo para ninguém. E no caso de requerimentos e discursos: a sua divulgação vai ao encontro do pretendido pelo autor[101].

III. Diferente natureza parece ter o artigo 75º do CDA. Vamos examiná-lo. No seu nº 1, esse preceito estipula:

> São excluídos do direito de reprodução os atos de reprodução temporária que sejam transitórios ou acessórios, que constituam parte integrante e essencial de um processo tecnológico e cujo único objetivo seja permitir uma transmissão numa rede entre terceiros por parte de um intermediário, ou uma utilização legítima de uma obra protegida e que não tenham, em si, significado económico. Na medida em que cumpram as condições expostas, incluem-se os atos que possibilitam a navegação em redes e a armazenagem temporária, bem como os que permitem o funcionamento eficaz dos sistemas de transmissão, desde que o intermediário não altere o conteúdo da transmissão e não interfira com a legítima utilização da tecnologia conforme os bons usos reconhecidos pelo mercado, para obter dados sobre a utilização da informação, e em geral os processos meramente tecnológicos de transmissão.

Como se vê, visa-se permitir o acesso à informação por via da Internet. Não está em causa uma apropriação da obra por terceiros, nem uma quebra do exclusivo de aproveitamento económico, reservado ao autor. Este preceito procurou transpor o artigo 5º/1 da Diretriz 2001/29, de 22 de maio.

---

[101] *Vide* o preceito alemão paralelo: o § 48 do *Urhebergesetz*: STEFAN LÜFT, em WANDTKE/BULLINGER, *Praxiskommentar*, 3ª ed. cit., 738 ss..

ESTUDOS EM HOMENAGEM A MIGUEL GALVÃO TELES

IV. Mais extenso é o artigo 75º/2 do CDA, que aqui consignamos para efeitos de comodidade de consulta:

São lícitas, sem o consentimento do autor, as seguintes utilizações da obra:

a) A reprodução, para fins exclusivamente privados, em papel ou suporte similar, realizada através de qualquer tipo de técnica fotográfica ou processo com resultados semelhantes, com exceção das partituras, bem como a reprodução em qualquer meio realizada por pessoa singular para uso privado e sem fins comerciais diretos ou indiretos;

b) A reprodução e a colocação à disposição do público, pelos meios de comunicação social, para fins de informação, de discursos, alocuções e conferências pronunciadas em público que não entrem nas categorias previstas no artigo 7º, por extrato ou em forma de resumo;

c) A seleção regular de artigos de imprensa periódica, sob forma de revista de imprensa;

d) A fixação, reprodução e comunicação pública, por quaisquer meios, de fragmentos de obras literárias ou artísticas, quando a sua inclusão em relatos de acontecimentos de atualidade for justificada pelo fim de informação prosseguido;

e) A reprodução, no todo ou em parte, de uma obra que tenha sido previamente tornada acessível ao público, desde que tal reprodução seja realizada por uma biblioteca pública, um arquivo público, um museu público, um centro de documentação não comercial ou uma instituição científica ou de ensino, e que essa reprodução e o respetivo número de exemplares se não destinem ao público, se limitem às necessidades das atividades próprias dessas instituições e não tenham por objetivo a obtenção de uma vantagem económica ou comercial, direta ou indireta, incluindo os atos de reprodução necessários à preservação e arquivo de quaisquer obras;

f) A reprodução, distribuição e disponibilização pública para fins de ensino e educação, de partes de uma obra publicada, contanto que se destinem exclusivamente aos objetivos do ensino nesses estabelecimentos e não tenham por objetivo a obtenção de uma vantagem económica ou comercial, direta ou indireta;

g) A inserção de citações ou resumos de obras alheias, quaisquer que sejam o seu género e natureza, em apoio das próprias doutrinas ou com fins de crítica, discussão ou ensino, e na medida justificada pelo objetivo a atingir;

h) A inclusão de peças curtas ou fragmentos de obras alheias em obras próprias destinadas ao ensino;

i) A reprodução, a comunicação pública e a colocação à disposição do público a favor de pessoas com deficiência de obra que esteja diretamente relacionada e na medida estritamente exigida por essas específicas deficiências, e desde que não tenham, direta ou indiretamente, fins lucrativos;

j) A execução e comunicação públicas de hinos ou de cantos patrióticos oficialmente adotados e de obras de caráter exclusivamente religioso durante os atos de culto ou as práticas religiosas;

l) A utilização de obra para efeitos de publicidade relacionada com a exibição pública ou venda de obras artísticas, na medida em que tal seja necessário para promover o acontecimento, com exclusão de qualquer outra utilização comercial;

m) A reprodução, comunicação ao público ou colocação à disposição do público, de artigos de atualidade, de discussão económica, política ou religiosa, de obras radio-difundidas ou de outros materiais da mesma natureza, se não tiver sido expressamente reservada;

n) A utilização de obra para efeitos de segurança pública ou para assegurar o bom desenrolar ou o relato de processos administrativos, parlamentares ou judiciais;

o) A comunicação ou colocação à disposição de público, para efeitos de investigação ou estudos pessoais, a membros individuais do público por terminais destinados para o efeito nas instalações de bibliotecas, museus, arquivos públicos e escolas, de obras protegidas não sujeitas a condições de compra ou licenciamento, e que integrem as suas coleções ou acervos de bens;

p) A reprodução efetuada por instituições sociais sem fins lucrativos, tais como hospitais e prisões, quando a mesma seja transmitida por radiodifusão;

q) A utilização de obras, como, por exemplo, obras de arquitetura ou escultura, feitas para serem mantidas permanentemente em locais públicos;

r) A inclusão episódica de uma obra ou outro material protegido noutro material;

s) A utilização de obra relacionada com a demonstração ou reparação de equipamentos;

t) A utilização de uma obra artística sob a forma de um edifício, de um desenho ou planta de um edifício para efeitos da sua reconstrução.

Este preceito equivale ao artigo 5º/2 e 3, da Diretriz nº 2001/29, de 22 de maio. Em tema geral, podemos afirmar que o legislador procurou legitimar a circulação e o aproveitamento não-comerciais das obras, mas sempre de modo a não prejudicar os autores e demais agentes que suportem a existência da própria obra.

V. A tutela das obras, mesmo no domínio da utilização livre, é concretizada através de medidas suplementares, contempladas no artigo 76º do CDA:

– no plano moral (de personalidade): a utilização livre deve ser acompanhada da indicação, sempre que possível, do nome do autor e do editor, do título da obra e demais circunstâncias que o identifiquem – 76º/1, *a*);

– no plano patrimonial, prevendo-se que certas utilizações deem lugar a uma remuneração equitativa, a atribuir:

ESTUDOS EM HOMENAGEM A MIGUEL GALVÃO TELES

(1) ao autor e, no âmbito analógico, ao editor, pela entidade que tiver procedido à reprodução, nos casos das alíneas *a*) e *e*);
(2) ao autor e ao editor, no caso da alínea *h*);
(3) aos titulares de direitos, no caso da alínea *p*), todas do artigo 75º/2, acima transcrito.

VI. Resta acrescentar que o Direito português acolhe, neste domínio – e como não podia deixar de ser, dada a sua vigência internacional –, a regra dos três degraus cumulativos: existência de lei que permita o livre aproveitamento; não atingir a exploração normal; não causar prejuízo injustificado aos interesses legítimos do autor. Vale a pena ter bem presente o artigo 75º/4 do CDA:

> Os modos de exercício das utilizações previstas nos números anteriores, não devem atingir a exploração normal da obra, nem causar prejuízo injustificado dos interesses legítimos do autor.

18. A revista de imprensa

I. Numa aproximação crescente ao objeto do presente estudo, temos a considerar o artigo 75º/2, *c*), cujo teor recordamos. Assim:

> São lícitas, sem o consentimento do autor, as seguintes utilizações da obra:
> *c*) A seleção regular de artigos de imprensa periódica, sob forma de revista de imprensa;

Desta feita, há que remontar à Convenção de Berna, para apurar a origem do preceito. Dispõe o artigo 10º/1 dessa Convenção:

> São lícitas as citações tiradas de uma obra, já licitamente tornada acessível ao público, na condição de serem conformes aos bons costumes e na medida justificada pelo fim a atingir, incluindo as citações de artigos de jornais e recolhas periódicas sob a forma de revistas de imprensa.

II. Não oferece dúvidas construir a ideia de "revista de imprensa", cabendo recordar que a Convenção de Berna, além de ser um útil auxiliar interpretativo, vigora na ordem interna (artigo 8º/1, da Constituição).

A revista de imprensa é a prática de selecionar, pelos títulos ou outras formas de citação, artigos publicados em jornais e revistas. De que proteção goza o autor ou, mais latamente, o titular do direito à reprodução e ao seu aproveitamento económico é matéria versada noutros lugares normativos.

III. Como ponto de partida, deve considerar-se que os "artigos" a selecionar são obras protegidas, para efeitos de Direito de autor[102], nos termos dos artigos 1º e 11º e seguintes, do CDA. A "revista de imprensa" constitui uma exceção à tutela comum das obras pelo que deve ser interpretada de modo restritivo, nos termos que acima foram apurados[103].

Pois bem: fica fora da ideia "revista de imprensa" a transcrição de artigos ou de parte substancial deles; "substancial" é de entender em termos qualitativos e não quantitativos: uma pequena transcrição pode (sobretudo em artigos de qualidade) comportar a totalidade do seu teor criativo. A Convenção de Berna foi sensível a este ponto quando, a propósito da revista de imprensa, fala em (meras) citações.

IV. Ocorre, neste ponto, referir o acórdão do TJE de 16-jul.-2009[104], que se debruçou, entre outros pontos, sobre a dimensão dos troços suscetíveis de proteção. Respigamos os seguintes troços:

38. No que diz respeito às partes de uma obra, cumpre assinalar que nada na Diretiva 2001/29 ou numa outra diretiva aplicável na matéria, indica que estas partes estão sujeitas a um regime diferente do da obra inteira. Por conseguinte, as mesmas são protegidas pelo direito de autor desde que participem, como tal, da originalidade da obra inteira.

Prossegue o nº 40:

40. Quanto à extensão desta proteção da obra, resulta do nono ao décimo primeiro considerandos da Diretiva 2001/29 que o objetivo principal desta é instaurar um elevado nível de proteção a favor, designadamente, dos autores, que lhes permita receber uma remuneração adequada pela utilização das suas obras, incluindo pela sua reprodução, para poderem prosseguir o seu trabalho criativo e artístico.

No que se reporta ao "quantum" de obra protegida, atentemos nos seguintes trechos, tirados igualmente da decisão do Tribunal de Justiça Europeu de 16-jul.-2009:

47. (...) tendo em conta a exigência de uma interpretação ampla do alcance da proteção conferida pelo artigo 2° da Diretiva 2001/29, não se pode excluir que determinadas frases isoladas, ou mesmo determinados elementos de frases do texto em causa, sejam aptos a transmitir ao leitor a originalidade de uma publicação.

---

[102] Tonia Rogge, *Elektronische Pressespiegel in urheber- und wettbewerbsrechtlicher Beurteilung* cit., 25.
[103] *Supra*, nº 16, II.
[104] Proc. C-5/08, confrontável na Net e, em parte, na RDP nº 28 (2009), 38-43.

ESTUDOS EM HOMENAGEM A MIGUEL GALVÃO TELES

48. Atendendo a estas considerações, a reprodução de um excerto de uma obra protegida que, como os que estão em causa no processo principal, compreende onze palavras consecutivas desta é susceptível de constituir uma reprodução parcial (...) contém um elemento da obra que, enquanto tal, exprime a criação intelectual do próprio autor.

IV. A revista de imprensa, para ser permitida à margem da tutela dos direitos de autor envolvidos, deve limitar-se a dar notícia da matéria inserida nos jornais. Transcrevê-la, designadamente no que tenha de mais relevante ou significativo, já não é "uso livre". Terá de haver um encaminhamento pelos carris do Direito de autor e, *maxime*, uma autorização, mediante remuneração equitativa (75º/5, do CDA, *in fine*). A "livre" divulgação (*clipping*) só é possível quando não seja remunerada[105].

V. Uma questão colocada na Alemanha diz respeito à possibilidade de a revista de imprensa ser feita não pelos meios tradicionais, mas por via eletrónica.

Na base, temos o § 49 da lei alemã do Direito de autor, que dispõe (tradução livre)[106]:

(1) É permitida a replicação e a difusão de comentários de rádio e de artigos de jornais e de grafismos conexos, bem como de outras publicações informativas de mero interesse diário, assim como a reprodução pública de tais comentários, artigos e grafismos, quando respeitem a notícias políticas, económicas ou religiosas e não estejam acompanhadas de uma reserva de direitos.

Pela replicação, difusão e publicação deve-se pagar ao autor uma retribuição equitativa, mesmo quando estejam em causa pequenos extratos de vários comentários ou artigos na forma de um apanhado. A pretensão só pode ser feita valer através de entes de gestão coletiva.

(2) É permitida sem limitações a replicação e reprodução pública de notícias várias de conteúdo fáctico e de novidades do dia, que tenham sido publicadas pela imprensa ou pela rádio; não fica prejudicada a proteção concedida por outros dispositivos legais.

---

[105] LAMBERT GROSSKOPF, em JOSEF LIMPER/CHRISTIAN MUSIOL, *Handbuch des Fachanwalts Urheber- und Medienrecht* (2011), 3, 774 (203-204).

[106] Entre os comentadores: WILHELM NORDEMANN, em FROMM/NORDEMANN, *Urheberrecht / Kommentar*, 10ª ed. cit., 957 ss. e THOMAS DREIER, em DREIER/SCHULZE, *Urheberrechtsgesetz*, 3ª ed. cit., § 49 (801 ss.).

A doutrina dividiu-se perante o saber se as facilidades conferidas pelo § 49 (1) se dirigiam, apenas, à publicação escrita ou se envolviam a publicação eletrónica[107]. O BGH, em 17-jul.-2002, equiparou ambas as publicações, ainda que decidindo contra as instâncias[108][109]. Não é correto citar esta decisão como permitindo o *clipping* eletrónico: ela apenas veio equiparar, para efeitos do "privilégio" do § 49 do UrhG, a publicação eletrónica à tradicional[110]. Além disso, a decisão foi criticada por ter alargado, por analogia, um preceito excecional[111].

VI. As múltiplas anotações à decisão do BGH de 17-jul.-2002, como a de Thomas Hoeren, não deixam de ressalvar o direito à remuneração adequada[112] ou como a de Arthur Waldenberger, de salvaguardar o dever das empresas que procedam comercialmente de pagar o equitativo[113]. Christian Berger, defensor (isolado) de um lato entendimento da lei alemã, não deixa de reconhecer que o "teste dos três degraus" não se concilia com o *clipping* comercial[114], numa linha já tomada, de modo ainda mais veemente, por Fabian Niemann[115] e por Thomas Dreier[116].

Em suma: o recurso à digitalização não dispensa a aplicabilidade do Direito de Autor: pelo contrário.

---

[107] *Vide* as indicações de STEFAN LUTP, em WANDTKE/BULLINGER, *Praxiskommentar*, 3ª ed. cit., § 49, Nr. 13 (747).

[108] BGH 11-jul.-2002, I ZR 255/00, BGHZ 151 (2003), 300-316 (309 ss.) = GRUR 2002, 963-967 (965 ss.) = MMR 2002, 739-742 = CR 2002, 827-831 (829 ss.) = AfP 2002, 438-442 (440 ss.) = JZ 2003, 473-477 (475 ss.).

[109] De facto, OLG München 21-mar.-2002, GRUR 2002, 875-877, decidira, com muitos elementos, em sentido contrário.

[110] DIETRICH BEIER, *The Treatment of Electronic Press Clippings under Copyright Law* (2002), em International Law Office, confrontável na Net.

[111] FABIAN NIEMANN, *Pressespiegel de lege lata / Zugleich eine Anmerkung zu BGH v. 11-7-2002 – I ZR 255/00 – "Elektronischer Pressespiegel"*, CR 2002, 817-827 (823 ss.).

[112] THOMAS HOEREN, *Pressespiegel und Urheberrecht / Eine Besprechung des Urteils des BGH "Elektronischer Pressespiegel"*, GRUR 2002, 1022-1028 (1024-1025), numa ideia retomada na anot. publ. em MMR 2002, 742-743.

[113] ARTHUR WALDENBERGER, anot. a BGH 11-jul.-2002, MMR 2002, 743-745 (745/I).

[114] CHRISTIAN BERGER, *Elektronischer Pressespiegel und Informationsrichtlinie / Zur Vereinbarkeit einer Anpassung des § 49 UrhG an die Pressespiegel-Entscheidung des BGH mit europäischen Urheberrecht*, CR 2004, 360-366 (364-365).

[115] FABIAN NIEMANN, *Pressespiegel de lege ferenda / Eine europa-, konventions- und verfassungsrechtliche Betrachtung nach BGH*, Urteil vom 11.7.2002 – I ZR 255/00 – Elektronischer Pressespiegel, CR 2003, 119-125 (120 ss.).

[116] THOMAS DREIER, anot. a BGH 11-jul.-2002, JZ 2003, 477-480 (479).

19. O *clipping*

I. Como foi referido, o *clipping* traduz a atividade de selecionar notícias e comentários em revistas, jornais, Internet e outros meios de comunicação social e de organizar pacotes por temas ou por diversas conexões, vendendo-os a pessoas que os queiram pagar.

O *clipping* é uma atividade comercial, prosseguida por entidades especializadas remuneradas, que prosseguem essa atuação com fitos lucrativos[117]

II. Há que ter presente uma evolução em torno do *press clipping* (*Pressespiegel*, em alemão). Inicialmente, ele tinha a ver, apenas, com a revista de imprensa: equivalia a uma mera indicação dos artigos publicados, normalmente (só) na primeira página. Depois evoluiu: passou a comportar as transcrições integrais dos artigos ou, pelo menos, das suas partes essenciais[118].

Parece-nos inaceitável a asserção de que, do ponto de vista do Direito, a natureza comercial e remunerada do *clipping* seria indiferente; surgiria como sucedâneo dos antigos funcionários que, nos ministérios ou nas empresas, recortavam as notícias relevantes para o setor. Seguramente que não é indiferente: a prática de *clipping* vai bulir com os interesses dos autores, dos editores e dos titulares dos jornais, forçando a composições[119]. Uma admissibilidade do *clipping* comercial, sem qualquer retribuição, tem vindo a ser uniformemente recusada[120].

III. Em face do CDA, o *clipping ad nutum* não é admissível:

- nem perante o artigo 7º/1, *a*): é óbvio que não se trata de notícias do dia ou de relatos de acontecimentos diversos, com caráter de simples informação;
- nem perante o artigo 75º/1, *c*): não se trata de uma revista de imprensa.

Não vemos que seja necessário percorrer as demais alíneas do artigo 75º/1, do CDA: estão fora do contexto aqui relevante.

Dados os princípios e as leis em vigor, não vemos qualquer margem para se liberalizar o *clipping*, deixando em desamparo os direitos dos autores, dos editores e dos titulares de jornais.

---

[117] *Vide* ÁNGELS JIMÉNEZ, *Acceso a información periodística a través de servicios de press clipping*, "Hipertext.net", núm. 1, 2003, nº 3.

[118] *Vide Urheberrecht und Pressespiegel / Schutz von Zeitungen und Zeitschriften*, na Net, com indicações.

[119] LORETO CORREDOIRA Y ALFONSO, *Press clipping and other information services: Legal analysis and perspectives* cit., *passim*.

[120] Além da múltipla bibliografia já referida neste estudo: JULIA VOGTMEIER, *Elektronischer Pressespiegel im zweiten Korb*, MMR 2004, 658-662 (661).

Pelo contrário: desde a jurisprudência do TJE[121] à doutrina dos diversos países[122]: as transcrições não podem ser feitas para integrar pacotes, a vender a clientes com intuitos lucrativos e sem ponderação dos interesses dos autores, editores e jornais.

IV. Se regressarmos ao teste dos três degraus, veremos que o *clipping* reprova em todos eles. Com efeito (75º/4):

- não há nenhuma previsão legal que o permita, uma vez desfeita a confusão entre *clipping* comercial (que tem transcrições) e a revista de imprensa;
- pode atingir a exploração normal da obra;
- pode causar prejuízos injustificados ao interesse do autor (do titular do direito de autor).

Estes dois últimos pontos são ponderados em abstrato. Não é exigível a demonstração de um atentado concreto à exploração normal ou de um prejuízo, também concreto, ao autor. Isso exigiria uma atividade *a posteriori*, muito prolongada e sempre discutível. De acordo com a lógica da tutela dos direitos subjetivos, a prática potencialmente lesiva deve ser detida.

20. Consequências; a remuneração equitativa a acordar

I. O Direito português não permite avocar, a propósito do *clipping*, o sistema dito de licença legal: ele seria permitido, mas mediante o pagamento, a uma entidade de gestão coletiva, de uma remuneração equitativa.

Fica-nos, pois, a licença facultativa. O Código do Direito de Autor não permite que, contratualmente, se prescinda dos direitos relativos às obras protegidas por lei. Mas admite que as partes interessadas acordem livremente nas respetivas formas de exercício (75º/5).

II. Diz, precisamente, o referido artigo 75º/5 do CDA:

É nula toda e qualquer cláusula contratual que vise eliminar ou impedir o exercício normal pelos beneficiários das utilizações enunciadas nos números 1, 2 e 3 deste artigo, sem prejuízo da possibilidade de as partes acordarem livremente nas respetivas formas de exercício, designadamente no respeitante aos montantes das remunerações equitativas.

---

[121] O já referido TJE 16-jul.-2009, Proc. C-5/08.
[122] CHRISTOPH CARON, *Droit d'auteur et droits voisins*, 2ª ed. cit., 314 ss., quanto às citações, a delimitar pela dimensão e pelo fim: VERA GLAS, *Die urheberrechtliche Zülassigkeit elektronischer Pressespiegel* cit., 222 ss. e *passim*, como representativos das atuais doutrinas francesa e germânica. *Vide*, ainda, as obras referidas nas notas anteriores.

Tais remunerações surgem previstas no artigo 76º. Não fica assegurado o *clipping* uma vez que, em relação a este, não opera a licença legal.

Nada impede, todavia, que as partes se ponham de acordo: consentindo o *clipping*, em troca de remuneração equitativa.

III. Apenas a remuneração equitativa permite conciliar as diversas posições em presença. De outro modo, as empresas de *clipping* mais não fariam do que acaparar, em proveito próprio, a atividade, os investimentos e os riscos das empresas jornalísticas.

Mesmo quando (o que não é o caso) o Direito de autor não resolvesse essa situação, através das normas próprias, sempre caberia o recurso ao instituto do enriquecimento sem causa.

21. O prolema da liberdade de informação; o direito moral de autor

I. A propósito de *clipping*, surge ainda referida a garantia constitucional da liberdade de informação (37º/1) e a liberdade de imprensa (38º/1), ambos da Constituição.

Estamos perante uma atividade comercial. O *clipping* visa recolher material elaborado por outros, informativo ou não, e vendê-lo, a terceiros, com lucros. A questão não reside em saber se há ou não liberdade de informação ou de imprensa: antes se traduz em indagar se tais liberdades justificam o enriquecimento dos *clippers* à custa dos autores e dos jornais.

II. A eficácia civil dos direitos fundamentais é questionada[123]. Esses direitos traduzem posições contra o Estado e não contra as pessoas. A adequação axiológica e a adequação funcional obrigam-nos a ter o sentido das proporções e a situar os sujeitos passivos de qualquer vantagem constitucionalmente garantida. Quer os contratantes de *clipping*, quer as empresas que se dedicam a essa atividade procuram (legitimamente) o lucro: não a informação como tal. E que assim não fosse: ninguém pode levar jornais de graça, invocando o artigo 37º/1, da Constituição.

No limite, é a própria liberdade de informação e a de imprensa que exigem o respeito pelos direitos morais e patrimoniais dos autores e dos jornais.

III. A referência a vetores constitucionais constitui o ensejo para referenciar uma dimensão que não deve ficar arredada de qualquer exercício de direitos de autor: a do direito moral.

No Direito de autor como noutras áreas humanas, o uso não-autorizado do que não pertença ao interessado traduz, para além de um prejuízo patrimonial,

---

[123] *Vide* o nosso *Tratado de Direito civil* I cit., 933 ss., especialmente 939 ss., com indicações.

uma desconsideração pessoal. Apenas numa ambiência de desrespeito pela atividade criativa dos autores ou pelo seu suporte logístico (a empresa jornalística) é possível imaginar que entidades comerciais não-autorizadas se apropriem de obras e as vendam lucrativamente.

A dimensão moral do Direito de autor conforta e apoia as conclusões a que fomos chegando.

V. CONCLUSÕES
22. Conclusões

O exposto permite apresentar breves conclusões. Assim:

1ª O *clipping* ou *press-clipping* é uma atividade comercial que consiste em selecionar notícias, editoriais e comentários em revistas, jornais, Internet ou outros meios de comunicação social, efetuando recortes por temas coerentes, para vender os "pacotes" daí resultantes a entidades que os queiram pagar, por via material ou digital.

2ª O tema do *clipping* não pode ser expeditamente resolvido sob a invocação de que a notícia pertence a todos ou de que não há lei expressa (o que nem é exato): a generalidade da doutrina dos vários países dispensa uma tutela quer aos autores, quer às empresas jornalísticas, perante os *clippers*.

3ª As entidades de gestão coletiva são, hoje, agentes incontornáveis no domínio autoral, com vantagens para todos os envolvidos; são reconhecidas por lei e têm quer uma função, quer poderes fixados pelo legislador.

4ª O mandato é o contrato pelo qual uma pessoa deve praticar atos jurídicos por conta de outra; a procuração envolve o poder de praticar atos que se repercutem imediata e automaticamente na esfera de outrem (o representado); a gestão implica a prática de atos jurídicos e, ainda, de atos materiais.

5ª Quer o mandato, quer a gestão podem ser acompanhados (ou não) por poderes de representação: seja por via negocial, seja por via legal.

6ª As entidades de gestão coletiva, por conjugação da Lei nº 83/2001, de 3 de agosto, com o Código do Direito de Autor (73º/1), exercem a gestão dos direitos dos seus sócios ou aderentes, com poderes gerais de representação.

7ª A "representação extraordinária", que envolve, como exemplo, transmissões ou onerações dos direitos do autor já requer um tratamento de poderes especiais.

8ª Os jornais são, tecnicamente, obras coletivas: pressupõem uma organização de tipo empresarial, desenvolvida por uma entidade apetrechada.

9ª A lei atribui os direitos de autor à entidade titular do jornal (19º/1 do CDA), sem prejuízo dos direitos de eventuais autores ou coautores, quando discrimináveis (19º/2).

10ª O Direito de autor dos nossos dias deve ser sensível à facilidade com que se podem copiar e divulgar as obras, à margem de quaisquer regras jurídicas: todos os agentes necessários para a concretização das obras devem ser respeitados.

11ª A Convenção de Berna sobre o Direito de autor, a Diretriz 2001/29, de 22 de maio e o próprio CDA permitem a utilização livre de certas obras, dependente da verificação cumulativa de três requisitos (o teste dos três degraus ou dos três passos): (a) a existência de uma disposição legal específica que faculte um certo uso concreto; (b) a verificação de que tal uso não prejudica a utilização normal da obra; (c) a constatação de que não é atingido, de modo incomportável, o interesse legítimo do titular.

12ª Em qualquer caso, as previsões de uso livre devem ser, pela sua própria natureza, interpretadas restritivamente: nunca de modo extensivo nem, muito menos, aplicadas por analogia.

13ª A "exclusão da proteção" referida no artigo 7º do CDA, retirada do artigo 2º bis/1 da Convenção de Berna, reporta-se às notícias do dia e a relatos diversos de simples informações, sem conteúdo próprio.

14ª A utilização livre prevista no artigo 75º/1, *c*), do CDA, e relativa à "revista de imprensa", computada no artigo 5º/3, *c*), da Diretriz 2001/29, de 22 de maio, e presente no artigo 10º/1 da Convenção de Berna implica selecionar, pelos títulos ou outras formas de citação, artigos publicados em jornais e revistas.

15ª A revista de imprensa é uma exceção à tutela dos direitos de autor: deve ser interpretada de modo restritivo.

16ª Já não beneficia do "privilégio" da revista de imprensa uma transcrição de parcelas criativas de textos incluídos em jornais; segundo o TJE 16-jul.-2002, Proc. C-5/08, onze palavras podem ser suficientes para implicar a violação do direito de autor.

17ª A jurisprudência alemã (BGH 17-jul.-2002) equipara, para efeitos de revista de imprensa, a recolha digital à recolha material; mas não alarga a noção de base.

18ª O *clipping* distingue-se da revista de imprensa por postular transcrições e não meras indicações de títulos ou simples citações; além disso, ele integra uma atividade comercial, visando o lucro.

19ª O *clipping* reprova triplamente perante o teste dos três degraus: (1) não é permitido por nenhuma lei; (2) pode prejudicar a utilização normal da obra; (3) pode atingir, de modo incomportável, o interesse legítimo do titular da obra.

20ª O *clipping* é possível desde que autorizado pela entidade de gestão coletiva do setor considerado, mediante o ajuste de uma retribuição equitativa.

21ª Enquanto atividade comercial que utiliza bens privados, o *clipping* não se legitima com a invocação da liberdade de informação ou de imprensa, pelo contrário: prejudicando os agentes de informação, ele pode pôr tais liberdades em perigo.

22ª A dimensão moral do Direito de autor conflui na ideia básica da consideração e do respeito pelas obras e pelos seus titulares, individuais e coletivos.

Convocação, participação e funcionamento de assembleias gerais de sociedades anónimas[*]

PAULO OLAVO CUNHA[**]

1. Enquadramento do tema

A matéria das assembleias gerais das sociedades anónimas reveste um inegável interesse no domínio das sociedades comerciais, em geral, e das sociedades anónimas, em particular[1], o qual se acentua em especial nas sociedades abertas[2] e cotadas[3]. Trata-se de temática que, desde há muito, tem ocupado os juristas –

---

[*] Homenagem a Miguel Galvão Telles – insigne jurista, advogado, docente universitário e presidente da mesa de assembleias gerais de relevantes associações e sociedades comerciais -, a quem desejo longa vida pessoal e profissional.

O presente estudo, especialmente elaborado para este livro, foi publicado na *Direito das Sociedades em Revista*, ano 4, vol. 7, 2012 (pp. 71-96).

[**] Doutor em Direito. Professor da Faculdade de Direito da Universidade Católica Portuguesa (Lisboa). Advogado.

[1] Recorde-se que estas são reguladas, em geral, pelo Código das Sociedades Comerciais e pelo Código dos Valores Mobiliários (no tocante às sociedades abertas) e, em especial, pelos respetivos estatutos e também, para as que tiverem por substrato uma empresa pública, pelo regime jurídico do setor empresarial do Estado e das empresas públicas (Decreto-Lei nº 558/99, de 17 de dezembro, na red. do Decreto-Lei nº 300/2007, de 23 de agosto) ou pelo regime jurídico do setor empresarial local (Lei nº 53-F/2006, de 29 de dezembro).

[2] Designamos pela expressão abreviada "sociedades abertas" as sociedades anónimas cujo capital se encontra aberto ao investimento do público, isto é, as sociedades definidas segundo os critérios estabelecidos pelo art. 13º do CVM e cujo regime específico se encontra também estabelecido neste diploma (arts. 13º a 29º), ainda que as respetivas ações não estejam cotadas, isto é, não se encontrem admitidas à negociação em mercado regulamentado.

[3] Utilizamos a designação "sociedades cotadas" tendo em mente aquelas cujas participações de capital (ações) se encontram admitidas à negociação em mercado regulamentado e são também disciplinadas pelas regras do CVM, mas com regime diferente do aplicável à sociedade aberta não cotada.

ESTUDOS EM HOMENAGEM A MIGUEL GALVÃO TELES

que lhe têm dedicado particular atenção[4] – sem, contudo, lograr obter uniformidade de soluções e de pontos de vista. Justifica-se, pois, o espaço que dedicamos à apreciação de alguns dos aspetos inerentes às reuniões magnas de sócios que suscitam na prática societária mais polémica.

Afastamos, pois, intencionalmente desta expressão as sociedades emitentes de outros valores negociáveis em bolsa, como obrigações. Com efeito, uma sociedade pode ser uma sociedade anónima subsidiária integral, sendo detida por uma única entidade, e ser emitente de obrigações cotadas em bolsa. A diferença das situações impõe uma distinção clara entre os diversos casos de valores mobiliários negociados em mercado regulamentado e um regime jurídico também diferente para os respetivos emitentes.

[4] É vasta a **bibliografia** portuguesa existente sobre assembleias gerais de sociedades anónimas. Vd. (por ordem alfabética) – e para além do nosso livro de *Direito das Sociedades Comerciais*, 5ª ed., Almedina, Coimbra, 2012, pp. 563-626 –, JORGE COUTINHO DE ABREU, *Curso de Direito Comercial*, vol. II, 4ª ed., Almedina, Coimbra, 2011, pp. 489-579, ANTÓNIO PEREIRA DE ALMEIDA, *Sociedades Comerciais. Valores Mobiliários e Mercados*, 6ª ed., Coimbra Editora, 2011, pp. 197-214, JOSÉ ENGRÁCIA ANTUNES, *Direito das Sociedades*, ed. autor, 2010, pp. 282-309, EDUARDO LUCAS COELHO, *A formação das deliberações sociais. Assembleia geral das sociedades anónimas*, Coimbra Editora, 1994, pp. 38-68, 97-144 e 149-154, ANTÓNIO MENEZES CORDEIRO, *SA: Assembleia Geral e Deliberações Sociais*, Almedina, Coimbra, 2006, em especial pp. 85-145, e *Manual de Direito das Sociedades, II, Das Sociedades em Especial*, 2ª ed., Almedina, Coimbra, 2007, pp. 733-768, LUÍS BRITO CORREIA, *Direito Comercial*, 3º vol. (Deliberações dos Sócios), AAFDL, Lisboa, 1990, em especial pp. 44-49, 50-98, 128-131, 185-191, 192-194, MIGUEL J.A. PUPO CORREIA, *Direito Comercial. Direito da Empresa*, 12ª ed. (com a colab. de António José Tomás e Octávio Castelo Paulo), Ediforum, Lisboa, 2011, pp. 263-267 e 275-276, J. PINTO FURTADO, *Deliberações da Sociedade no Código das Sociedades Comerciais*, Instituto do Emprego e Formação Profissional, Lisboa, 1990, em especial pp. 7-8 e 16-27, *Curso de Direito das Sociedades*, 5ª ed., Almedina, Coimbra, 2004, em especial pp. 395-424, e *Deliberações de Sociedades Comerciais*, Almedina, Coimbra, 2005, em especial pp. 411-438, PEDRO MAIA, «O Presidente das Assembleias de Sócios», AA.VV., *Problemas de Direito das Sociedades*, IDET, Almedina, Coimbra, 2002 (pp. 421-468), em especial pp. 421-426, 434-442, 453-456 e 460, «Deliberações dos sócios», AA.VV., *Estudos de Direito das Sociedades*, 10ª ed. (coord. por Coutinho de Abreu), Almedina, Coimbra, 2010 (pp. 261-301), em especial pp. 261-275, e «Deliberações dos sócios e respetiva documentação: algumas reflexões», AA.VV., *Nos 20 anos do Código das Sociedades Comerciais. Homenagem aos Profs. Doutores A. Ferrer Correia, Orlando de Carvalho e Vasco Lobo Xavier*, vol. I – Congresso Empresas e Sociedades, Coimbra Editora, 2007 (pp. 651-691), M. NOGUEIRA SERENS, *Notas sobre a sociedade anónima*, Coimbra Editora, 1995, pp. 33-40, ARMANDO TRIUNFANTE, *A Tutela das Minorias nas Sociedades Anónimas. Quorum de Constituição e Maiorias Deliberativas*, Coimbra Editora, 2005, em especial pp. 339-504, e PEDRO PAIS DE VASCONCELOS, *A participação social nas sociedades comerciais*, 2ª ed., Almedina, Coimbra, 2006, pp. 112-151 (cfr., em especial, pp. 112-117).
Vd. também os comentários de JORGE COUTINHO DE ABREU aos arts. 53º e 54º do CSC no (seu) *Código das Sociedades Comerciais em Comentário*, vol. I (arts. 1º a 84º), Almedina, Coimbra, 2010, pp. 636-647, de ANTÓNIO MENEZES CORDEIRO, *Código das Sociedades Comerciais Anotado*, 2ª ed., Almedina, 2011, pp. 224-227 (arts. 53º e 54º), 1005-1026 (arts. 373º-389º) e 1037 (art. 386º), de PINTO FURTADO, *Deliberações dos Sócios* (Comentário ao CSC), Almedina, Coimbra, 1993, em especial pp. 111-132, e de ARMANDO MANUEL TRIUNFANTE, *Código das Sociedades Comerciais Anotado*, Coimbra Editora, 2007, pp. 347-361 (arts. 374º-379º).

Se as sociedades em comandita são irrelevantes no nosso ordenamento jurídico[5], as assembleias gerais das sociedades em nome coletivo (cfr. arts. 189º e 190º do Código das Sociedades Comerciais[6]) não têm história porque os assuntos mais relevantes são necessariamente resolvidos por unanimidade (cfr. art. 194º), cabendo um voto a cada sócio (cfr. art. 190º, nº 1).

Já as ditas sociedades de capitais, sob a forma anónima e por quotas, requerem maior atenção. Contudo, o regime jurídico das primeiras é paradigmático, para ele remetendo diretamente uma norma das segundas (cfr. art. 248º, nº 1)[7], às quais se aplica inteiramente apenas com a ressalva de normas específicas (consagradas nos artigos 246º a 251º)[8].

Vamos, pois, concentrar a nossa atenção no domínio das sociedades anónimas em geral e, de entre estas, nas mais relevantes em termos económicos: as abertas e as cotadas[9]. Tomando por referência o universo das sociedades anónimas, identificamos neste diversas questões controversas, com diferente dignidade dogmática. Propomo-nos abordar matérias inerentes à constituição e funcionamento deste órgão, desde a sua convocação até à formação das suas deliberações[10]. Fazemo-lo não ignorando que muitas das deliberações dos sócios e acionistas já não passam por estes fóruns, sendo formadas frequentemente sem que os mesmos se reúnam, limitando-se a tomar conhecimento do teor da deliberação, cuja

---

[5] As sociedades em comandita, para além de seguirem os regimes das sociedades em nome coletivo e das sociedades anónimas – consoante forem simples ou por ações (cfr. arts. 472º, 474º e 478º) – são em número muito reduzido, não justificando, por isso, ponderação autónoma.

[6] A que se reportam todas as disposições legais que não forem especialmente referenciadas neste texto, salvo quando for evidente referirem-se a um diferente diploma legal.

[7] Curiosamente as regras que disciplinam as assembleias gerais das sociedades por quotas são também diretamente aplicáveis às sociedades em nome coletivo (cfr. art. 189º, nº1), salvo no que respeitar às soluções específicas destas.

[8] Sobre as assembleias gerais das sociedades por quotas, vd., para além da doutrina citada na nota 4, BRANCA MARTINS DA CRUZ, *Assembleias gerais nas sociedades por quotas*, Almedina, Coimbra, 1988, em especial, no que se refere ao objeto do presente estudo, pp. 13-25, 26-31, 45-438, 50-55, e o Comentário ao CSC de RAÚL VENTURA, *Sociedades por Quotas*, vol. II, Almedina, Coimbra, 1989, pp. 154-309.

[9] Sem pretender desprezar as *grandes* sociedades anónimas, ou seja, aquelas que, durante dois exercícios consecutivos, ultrapassam dois dos seguintes três limites: balanço de cem milhões de euros, total de vendas líquidas (e outros proveitos) de cento e cinquenta milhões de euros e cento e cinquenta trabalhadores, em média, durante o exercício.
Trata-se de um conceito doutrinário que utilizamos para qualificar as sociedades anónimas que se enquadram no art. 413º, nº 2, alínea a) e noutras disposições que remetem para esta regra legal (como sucede com o nº 3 do art. 396º). Para maior desenvolvimento, vd. o nosso livro citado (*Direito das Sociedades Comerciais*, 5ª ed., 2012), pp. 34-35, 91 e 801.

[10] Deixamos intencionalmente de fora, quiçá para uma outra oportunidade, a análise da composição da assembleia geral, da respetiva mesa e dos poderes dos seus diversos membros.

aprovação frequentemente se solicita sem qualquer explicação. Nalguns casos, nem se compreende a razão pela qual a praxis continua a manifestar clara preferência pelas assembleias gerais totalitárias ou universais – fingindo que todos os acionistas estiveram reunidos numa certa data, num determinado local com a presença e participação de todos, incluindo os membros da mesa – em detrimento de deliberações unânimes por escrito, mais simples, com o mesmo valor deliberativo e reveladoras da realidade: a de que todos estão de acordo em subscrever deliberações de acionistas, sendo frequentemente irrelevante a participação de membros dos órgãos sociais.

Enunciemos então as questões que elegemos:

No que respeita à **convocação**, debruçar-nos-emos sobre o requerimento apresentado, pelos acionistas, nesse sentido e sobre o **prazo** de que o presidente da mesa dispõe para divulgar a convocatória e realizar a reunião de acionistas.

Relativamente ao **local** de realização da assembleia, questionaremos a legitimidade de convocar a assembleia para lugar distante da sede social.

Quanto à **participação** na assembleia, e findo o bloqueio das participações sociais – que impedia o respetivo titular de as transacionar enquanto aguardava pela realização da assembleia geral –, iremos ver por que é que o transmitente de ações, não obstante já não ser o titular, pode participar na assembleia. Ainda a este propósito, ponderaremos a relevância e validade das regras estatutárias que impõem o bloqueio das ações, prazos longos para o efeito e formalidades supérfluas para a participação em assembleia geral.

Finalmente, e no que toca ao **funcionamento da assembleia,** vamos analisar quatro questões diferentes: a primeira referente à condução dos trabalhos, que nos permite reafirmar a competência do secretário da mesa, na falta do presidente, e a subsidiariedade do secretário da sociedade em relação àquele; a segunda sobre a presença dos acionistas na assembleia e respetivo controlo; a terceira relativa à apresentação de **propostas** em assembleia geral e a quarta respeitante ao processo decisório no âmbito destes areópagos. A propósito desta última, procuraremos enfatizar a nossa interpretação em matéria de **quórum deliberativo** e verificar até que ponto o quórum constitutivo pode ser elevado sem prejudicar o normal funcionamento da sociedade.

2. As assembleias gerais das sociedades anónimas: acerca da sua oportunidade

Os acionistas dispõem, enquanto coletivo, do poder de intervir na vida social, reunindo em assembleia geral e exercendo as competências específicas deste órgão.

Com efeito, a lei societária (portuguesa) reconhece à assembleia geral diversas competências (cfr. art. 373º, nºs 2 e 3), que podemos sistematizar nas seguintes categorias:

(i) específica,
(ii) subsidiária e
(iii) extraordinária.

A competência específica exprime-se em reuniões ordinárias e periódicas, que correspondem a deliberações dos acionistas que têm de se formar regularmente, ou em assembleias que ocorrem apenas esporádica ou ocasionalmente. Entre as primeiras ocupam lugar de destaque as assembleias gerais anuais (cfr. art. 376º), nas quais os acionistas apreciam o desempenho dos administradores (e membros do órgão de fiscalização), pronunciam-se sobre as contas que eles apresentam da respetiva atividade e decidem como é que devem ser aplicados os resultados aprovados. Nestas assembleias, os acionistas poderão sempre, mesmo sem expressa previsão na convocatória da assembleia geral, promover a destituição dos administradores (cfr. art. 376º, nº 1, alínea c)). É também nestas assembleias que os acionistas elegem os titulares dos órgãos sociais, ainda que eventualmente com um maior espaçamento, o que acontece sempre que os respetivos mandatos forem superiores a um ano.

Mas entre os direitos que assistem aos acionistas, ainda que sejam exercitados apenas esporadicamente, podemos descortinar outras competências relevantes, designadamente a de modificar o contrato de sociedade (cfr. art. 85º e segs.), distribuir lucros acumulados ou destituir outros membros dos órgãos sociais.

Por último, refira-se que os acionistas poderão também ter competências estatutárias específicas. Tal possibilidade encontra-se especialmente acautelada no nº 2 do artigo 373º, na parte em que este estabelece que os acionistas deliberam sobre as matérias que lhes são especialmente atribuídas pelo contrato. Esta previsão legal torna claro que a competência específica existe para além das situações estabelecidas na lei. Assim sucede quando o contrato de sociedade entrega à assembleia geral a competência para deliberar sobre certos assuntos que, em circunstâncias normais, seriam da competência de outro órgão. Por exemplo, os estatutos de uma sociedade imobiliária reservarem à assembleia geral o poder de dispor sobre o imóvel em que se encontra instalada a sede histórica da sociedade.

Para além das competências que, legal ou contratualmente, sejam especificamente reconhecidas, a assembleia geral tem uma competência subsidiária, relativamente a todos os assuntos que não se enquadram na competência de outros órgãos (cfr. art. 373º, nº 2 in fine)[11]. Ao abrigo desta variante das suas

---

[11] Esta competência não se confunde com a faculdade que qualquer administrador tem de, por sua própria iniciativa, suscitar uma deliberação do conselho de administração (cfr. art. 406º, alínea n)). Neste caso, a matéria a submeter à apreciação do órgão de gestão terá de corresponder a competência deste, tal como, por exemplo, a aprovação do seu próprio regulamento e da antecipação de dividendos (cfr. art. 297º).

prerrogativas, os acionistas poderão aprovar os regulamentos que entenderem, nomeadamente os referentes ao exercício do direito de informação.

Finalmente, a assembleia geral só pode imiscuir-se nos assuntos da gestão societária, se para tal for convocada pelo órgão de administração. Esta limitação – estabelecida no nº 3 do art. 373º – é particularmente relevante porque delimita o direito de informação dos acionistas, impedindo-os de confundir o exercício deste direito fundamental com a interferência na matéria que constitui competência própria da administração societária.

Enquadrado o tema e caracterizada a competência do coletivo dos sócios da sociedade anónima, habitualmente manifestada através da assembleia geral, concentremos agora a nossa atenção em alguns aspetos inerentes à realização e funcionamento desta, começando pela chamada dos acionistas.

3. Convocação da assembleia
3.1. Mediante requerimento acionista

As assembleias gerais de acionistas são habitualmente convocadas pelo respetivo presidente da mesa, normalmente a pedido de titulares de outros órgãos, embora nada impeça que o sejam também por iniciativa do próprio presidente e de outros titulares de órgãos sociais, o que pode acontecer em certas circunstâncias (cfr. art. 377º, nº 1 in fine).

Mas a lei atribui também aos acionistas a possibilidade de solicitarem a convocação de assembleias gerais, devendo, para o efeito, requerer ao presidente da mesa que a promova. Com essa finalidade atribui aos acionistas que, individual ou conjuntamente, sejam detentores de um determinado montante mínimo de capital social (2% ou 5%, consoante a sociedade seja, ou não, cotada) o direito de requerer a convocação (art. 375º, nº 2 do CSC e art. 23º-A, nº 1 do CVM[12]). Quando exercem este direito, os acionistas devem indicar não apenas os assuntos que pretendem venham a constar da convocatória, como apresentar as propostas que lhes estão subjacentes. Trata-se de um requisito obrigatório nas sociedades abertas, mas totalmente lógico, pois o seu cumprimento permite ao presidente da mesa averiguar da bondade e legitimidade do requerimento que lhe é dirigido e ponderar adequadamente a convocação. Decidindo-se por esta[13], o presidente da mesa deverá elaborar o anúncio convocatório e organizar a ordem do dia da assembleia geral, dispondo para o efeito de total discricionariedade na ordenação dos assuntos e temas que irão integrar a lista das questões a discutir. Daqui

---

[12] Que não é isento de críticas, a começar pela própria epígrafe, que confunde o instrumento da convocação (a convocatória) com o ato em si mesmo (a convocação).

[13] Se o presidente da mesa recusar a convocação, deve fundamentar, podendo o acionista, nesse caso, recorrer para o tribunal e requerer a convocação judicial.

resulta que, na enumeração das matérias a abordar, não tem de respeitar a ordem de chegada dos requerimentos acionistas, devendo seguir uma sequência lógica.

3.2. Forma e prazo (de convocação); ordem do dia
3.2.1. Forma de convocação
A convocatória da assembleia geral da sociedade anónima deve ser publicada (cfr. art. 377º, nº 2), salvo se as ações forem nominativas e o contrato de sociedade autorizar que a convocação seja feita por escrito (cfr. art. 377º, nº 3).

As assembleias são, assim, convocadas por aviso divulgado na Internet, no sítio do Ministério da Justiça, ou – quando as ações são nominativas e o contrato de sociedade o permitir – por escrito, por carta registada ou por correio eletrónico enviado aos acionistas que expressamente consintam no recurso a esta última forma de convocação (cfr. art. 377º, nº 3).

Note-se que a lei considera suficiente o registo postal, não exigindo "aviso de receção"[14]. Admite também, em substituição do registo, que a convocatória seja enviada por correio eletrónico (vulgo, *e-mail*), com recibo de leitura, desde que os acionistas comuniquem previamente o seu consentimento. Com esta imposição, a lei pretende assegurar que a sociedade consegue fazer prova de que os acionistas receberam o aviso convocatório, mas bastando-se, na expedição por via postal, com a evidência de que a comunicação foi enviada para o endereço correto.

O âmbito e alcance desta regra é assegurar que os acionistas (detentores de ações nominativas e, consequentemente, pré-identificáveis) são convocados, isto é, tomam conhecimento da realização da assembleia geral e da respetiva convocatória. Por outras palavras: a lei pretende assegurar que, não havendo convocação pública, a sociedade enviou aos acionistas a convocatória, cumprindo as diligências necessárias para que estes se inteirassem da próxima realização da assembleia geral. Por isso, e ainda que o contrato não o preveja, no caso de a sociedade optar por entregar as cartas com protocolo, em mão, o requisito estará devidamente cumprido, desde que a sociedade possa fazer prova dessa entrega. Assim, embora a lei seja omissa, nada impede que a convocatória seja entregue "em mão" (com, ou sem, protocolo), não podendo tal forma de divulgação ser subvalorizada relativamente à comunicação enviada por correio (registado).

Refira-se, ainda, a propósito da convocação por comunicação escrita, que nada impede que os acionistas reforcem, no contrato de sociedade, as garantias da receção da convocatória, impondo, por exemplo, que, para além da convocação por divulgação pública (no sítio do Ministério da Justiça na Internet), os acionistas que forem detentores de ações (nominativas) correspondentes a, pelo menos,

---

[14] Embora seja prática comum os estatutos fazerem-lhe menção e, desse modo, agravarem as condições do envio da convocatória, exigindo a respetiva receção e não apenas a expedição.

cinco por cento do capital social devam ser também convocados por comunicação (escrita) individual.

3.2.2. Prazo de convocação

Tradicionalmente, deparamos com dois prazos para convocar a assembleia geral da sociedade anónima:

– Quando é convocada mediante publicação do aviso convocatório, os acionistas devem ser chamados a reunir com um mês de antecedência (cfr. art. 377º, nº 4).

– Se o contrato de sociedade autoriza que seja feita por escrito – por carta registada ou por correio eletrónico –, a convocação deverá ser efetuada com uma dilação de três semanas (cfr. art. 377º, nº 4 in fine). Neste segundo caso, a lei exige, cumulativamente, que as ações sejam nominativas.

Das regras referidas resulta, numa leitura apressada, mas habitual, que a convocação[15] deve ser feita com um mês ou três semanas de antecedência, o que a ser verdade significaria que a assembleia se deveria reunir no trigésimo dia subsequente à data da divulgação da convocatória ou no vigésimo primeiro após a expedição desta. Assim, se a convocação ocorre no dia 5 de abril, a assembleia deveria realizar-se no dia 5 de maio ou 26 de abril, consoante a via utilizada.

Não cremos que seja este o entendimento adequado, e as modificações ocorridas, no plano do Código dos Valores Mobiliários, há pouco mais de um ano – como consequência da alteração que aprovou a transposição da Diretiva dos direitos dos acionistas das sociedades cotadas através do Decreto-Lei nº 49/2010, de 19 de maio – vieram comprová-lo. Com efeito, o CVM passou a consagrar uma regra sobre convocação de assembleias gerais de sociedades abertas: o artigo 21º-B. Segundo esta norma – que tem por finalidade encurtar o prazo de convocação das assembleias gerais das sociedades abertas em geral e cotadas em particular, permitindo uma reação mais rápida da sociedade quando os acionistas são chamados a reunir e deliberar –, «o período mínimo que pode mediar entre a divulgação da convocatória e da data da reunião da assembleia geral de sociedade aberta é de 21 dias» (itálico nosso).

O legislador português decidiu, pois, reduzir o prazo a observar nas assembleias gerais das sociedades abertas, mantendo inalterado o sistema de convocação das reuniões de acionistas das sociedades fechadas. Ao fazê-lo, recorreu a um critério equivalente para a contagem do prazo idêntico ao anteriormente adotado pela lei societária: o de que entre duas datas relevantes – a da última divulgação

---

[15] Esta – correspondendo ao ato de chamar os acionistas a reunir – não se confunde com a **convocatória**, instrumento pelo qual se divulga a convocação, diversamente do que acontece com a epígrafe do art. 23º-A do CVM. Cfr., supra, nota 12.

da convocatória e a da realização da assembleia – se verificasse um determinado lapso de tempo mínimo. Não estará, assim, em causa uma mera antecedência de 21 dias, mas uma antecedência de 22 dias. Se a (última) publicação da convocatória ocorrer no dia 5 de abril, a assembleia só poderá realizar-se decorridos que sejam vinte e um dias completos a contar dessa data, isto é, no dia 27.

Esta leitura é a única que é compatível com a expressão verbal da norma que, como referimos utiliza o método constante do nº 4 do art. 377º do CSC e que contrasta com a regra aplicável à convocação das assembleias gerais das sociedades por quotas, a qual deve ser feita com quinze dias de antecedência (cfr. art. 248º, nº 3). Neste caso o prazo deve calcular-se desde a expedição da carta, ou seja, sendo a assembleia agendada para o dia 16, deverá a convocatória ser expedida no dia 1.

3.2.3. Ordem do dia

A concluir, impõe-se uma palavra sobre a Ordem do Dia, composta pelos assuntos que se prevê venham a ser objeto de deliberação e cuja inclusão e sequência se encontra na discricionariedade do presidente da mesa da assembleia geral. Entre as funções deste reside precisamente a de ordenar os assuntos que irão ser objeto de apreciação em assembleia geral, ainda que com base nas solicitações que lhe sejam dirigidas pelos órgãos sociais competentes e pelos acionistas que preencham os requisitos para o efeito. Deve fazê-lo, naturalmente, de forma lógica e respeitando, tanto quanto possível, a precedência dos pedidos, cabendo-lhe optar por juntar diversos assuntos numa mesma assembleia geral ou escolher realizar mais do que uma reunião de acionistas se a diversa natureza dos temas a apreciar e a extensão previsível dos trabalhos o justificar.

4. Local de realização da assembleia geral e participação por via telemática
4.1. Local da reunião

A assembleia geral das sociedades comerciais realiza-se tradicionalmente na sede social, local que corresponde ao centro de vida da sociedade.

Contudo, mesmo admitindo que a sede da sociedade deva localizar-se num local físico com condições adequadas para acolher as instalações da sociedade comercial[16], nem sempre essa estrutura logística tem capacidade para albergar todos os sócios, reunidos em assembleia geral. Por isso, a redação originária do CSC (cfr. art. 377º, nº 6) admitia que, quando a sede não reunisse condições, a assembleia se realizasse noutro local do respetivo concelho.

A Reforma Societária de 2006 – aprovada pelo DL nº 76-A/2006, de 29 de março – veio a alterar o nº 6 do art. 377º, continuando a admitir que a assembleia

---

[16] Neste sentido, e com maior desenvolvimento, vd. o nosso *Direito das Sociedades Comerciais*, 5ª ed., cit., 2012, pp. 135-136.

geral seja convocada para local diferente da sede social, mas agora permitindo que possa vir a reunir em qualquer lugar do território nacional (cfr. art. 377º, nº 6, alínea a)) e seja efetuada com recurso a meios telemáticos (cfr. art. 377º, nº 6, alínea b)).

Nestes termos, a assembleia pode realizar-se onde o presidente da mesa entender, mas é essencial justificar a sua convocação para local diferente da sede social, com base na falta de condições satisfatórias das instalações desta (art. 377º, nº 6, alínea a)) – o que se verifica se a sede não tiver capacidade para albergar adequadamente todos os acionistas – e que tal insuficiência corresponda à realidade. Assim, a mudança de local não pode ser consequência de um mero capricho, sem fundamento, do presidente da mesa, nem pode constituir uma opção injustificada deste.

Por sua vez, a escolha do local deve evitar aos acionistas uma longa deslocação para comparecerem na assembleia geral. Ao fixar um lugar alternativo (à sede social), o presidente da mesa deverá ter em consideração o eventual transtorno que irá causar aos acionistas com a sua decisão. Daí que não seja razoável convocar a assembleia para local muito distante da sede social, promovendo a sua realização no Porto, se a sede for em Lisboa, ou nesta cidade, se a sede for em Coimbra. Se tal acontecer, a sociedade deverá custear as deslocações de todos os acionistas que pretendam participar in loco na reunião.

4.2. Assembleias gerais telemáticas

Um outro aspeto, inerente à localização das reuniões magnas dos acionistas, diz respeito ao recurso aos meios telemáticos[17].

O contrato de sociedade pode regular a participação telemática dos acionistas nas reuniões da assembleia geral. Sendo omisso[18], a assembleia geral pode realizar-se por meios telemáticos, o que significa que qualquer acionista pode requerer a sua participação através desses meios. Se tal suceder, ou para o caso de tal eventualidade poder ocorrer, deve a sociedade assegurar a autenticidade das declarações e a segurança das comunicações, registar o seu conteúdo e os respetivos intervenientes (cfr. art. 377º, nº 6, alínea b)).

As declarações acionistas – incluindo as manifestações de vontade dos participantes por via telemática, expressa no exercício do voto – podem revestir

---

[17] A telemática é «o conjunto de serviços e técnicas que combinam a utilização de recursos informáticos com os das telecomunicações» (*Dicionário da Língua Portuguesa Contemporânea da Academia das Ciências de Lisboa*, II Volume, Academia das Ciências de Lisboa/Fundação Calouste Gulbenkian, p. 3531).

[18] O contrato pode proibir o recurso a estes meios e, por maioria de razão, condicioná-lo. Cfr. Luís Manuel Teles de Menezes Leitão, «Voto por correspondência e realização telemática de reuniões de órgãos sociais», *CadMVM* (edição on-line), nº 24, Nov. 2006 (pp. 256-260), p. 260.

diversas formas: telefonema, internet ou videoconferência. Fundamental é que a sociedade garanta que o utilizador é seu acionista.

A realização da assembleia através de meios telemáticos não corresponde a uma forma ou modalidade de deliberação autónoma. Está em causa a reunião da assembleia geral, na qual alguns acionistas, ou mesmo a totalidade, participam por essa via. A mesa, em princípio, encontra-se instalada no local previsto para a efetivação da assembleia, no qual podem, e devem, estar presentes os acionistas que o pretendam. Não se trata, por isso, sequer de uma forma alternativa de realização da assembleia geral. A via telemática, quando utilizada, é meramente complementar[19], podendo ser utilizada conjuntamente com a participação presencial.

5. Participação na assembleia; o bloqueio estatutário[20]

A participação na assembleia geral constitui um direito dos acionistas, dependente da comprovação da titularidade das ações em número suficiente para o respetivo exercício (cfr. arts. 21º, nº 1, alínea b), 379º, nº 1 e 384º, nº 2, alínea a))[21].

A lei dos valores mobiliários considera ser suficiente obter da entidade depositária uma declaração de que se encontram registados em seu nome ou sob sua custódia um determinado número de ações de uma sociedade cotada na

---

[19] Para maiores desenvolvimentos, vd. Paulo de Tarso Domingues, «Os meios telemáticos no funcionamento dos órgãos sociais. Uma primeira aproximação ao regime do CSC», AA.VV., *Reformas do Código das Sociedades*, IDET, Colóquios nº 3, Almedina, Coimbra, 2007 (pp. 87-118), pp. 89-96 e 107-118, embora considerando que estamos perante um modo alternativo de realização da assembleia.

Sobre as assembleias gerais telemáticas, cfr. também, Marisa Catarina da Conceição Dinis, «Da admissibilidade da aplicação do sistema de videoconferência às assembleias gerais das sociedades anónimas», *RCEJ*, Nº 8, 2006 (pp. 177-219), em especial pp. 187-201, e Armando Triunfante, «A revisão do CSC e o regime das reuniões e deliberações dos órgãos de administração e de fiscalização da SA», AA.VV., *Jornadas – Sociedades Abertas, Valores Mobiliários e Intermediação Financeira*, Almedina, Coimbra, 2007 (pp. 181-199), pp. 182-193.

[20] «Sobre os direitos de participação e de voto nas assembleias gerais de sociedades cotadas», em especial, vd. o estudo de João Labareda, com esse título, in *DSR*, ano 3, vol. 5, 2011 (pp. 89-127), Paulo Câmara, *Manual de Direito dos Valores Mobiliários*, 2ª ed., Almedina, Coimbra, 2011, pp. 530-533, e António Menezes Cordeiro, «Novas regras sobre assembleias gerais: a reforma de 2010», *RDS*, ano II, Nº 1-2, 2010 (pp. 11-33).

[21] Recorde-se que «têm direito a estar presentes em assembleia geral e aí discutir e votar os acionistas que, segundo a lei e o contrato, tiverem direito a, pelo menos, um voto» (art. 379º, nº 1), correspondendo, em regra, a cada ação um voto (cfr. art. 384º, nº 1).

Por sua vez, o CVM limita-se a regular o regime de depósito (cfr. art. 99º) e registo (cfr. art. 78º) das ações e a estabelecer que o exercício de direitos inerentes às ações depende da posse do título (que as documenta) ou de certificado emitido pelo depositário, quando forem tituladas ao portador (cfr. art. 104º, nº 1), de integração em sistema centralizado ou do registo da sociedade emitente (cfr. arts. 104º, nº 2, 64º e 83º; arts. 105º e 106º).

ESTUDOS EM HOMENAGEM A MIGUEL GALVÃO TELES

chamada data de registo (0 horas do 5º dia de negociação anterior ao da realização da assembleia) (cfr. art. 23º-C, nº 1 do CVM)[22] e que, com idêntica antecedência, o acionista comunique ao intermediário financeiro no qual foi aberta a conta de registo das ações e ao presidente da mesa a sua intenção de participar na assembleia geral (cfr. art. 23º-C, nº 3).

Como resolver então em relação aos demais casos e situações?

Há que atender ao disposto nos estatutos, que contêm frequentemente, para não dizer invariavelmente, regras que impõem o bloqueio das participações (com alguns dias de antecedência) e a própria comprovação da titularidade das ações bloqueadas até uns dias antes da realização da assembleia. Em acréscimo, exigem muitas vezes que a (eventual) representação do acionista seja também antecipada à sociedade.

O que pensar disto?

Sendo a lei omissa, o problema com que deparamos respeita aos efeitos de uma cláusula estatutária com um alcance dessa natureza. A admissibilidade da imposição estatutária de bloqueio das ações (e da comunicação da intenção de participar na assembleia geral) pode impedir um acionista pouco previdente e atento de participar na assembleia.

A razão de ser desses preceitos estatutários – que exigem bloqueio e comprovação prévia da detenção das ações e, eventualmente, da identificação do representante – é o de permitir que a assembleia geral, em especial nas grandes sociedades, se organize adequadamente e que o elevado número de acionistas existentes, e que previsivelmente compareçam à reunião, não prejudique o seu normal funcionamento. Para que tal seja possível, importa saber com antecedência razoável quem pode assistir à assembleia e, de preferência, quem irá estar presente e, nos casos de representação, quem será o representante.

Deste modo, há que introduzir uma distinção, consoante a dimensão do universo acionista, porque se este for reduzido, não se compreende que se pretenda dificultar a participação na assembleia. Nesses casos, e embora tal esteja na discricionariedade do presidente da mesa, apesar de existir preceito estatutário que exija antecedência relativamente à comprovação da qualidade acionista e à indicação de representante na assembleia, poderá sempre o presidente da mesa admitir a participação de quem reconhecer como acionista (e do respetivo representante), permitindo que na reunião magna participe o maior número possível de acionistas. Em síntese, a aplicação de limitações excessivas e injustificadas à participação acionista afigura-se-nos indefensável.

---

[22] O disposto no nº 2 do art. 23º-C constitui hoje uma exceção à regra do bloqueio estabelecida no art. 72º do CVM.

Nesta matéria – e em reforço da simplificação –, a lei eliminou o bloqueio das ações das sociedades cotadas em bolsa, que anteriormente exigia, para que o acionista pudesse participar na assembleia geral, exigindo apenas que se fixe com antecedência de cinco dias de negociação quem pretende participar na assembleia (cfr. art. 23º-C, nº 1) e quantas ações detém, permitindo que o acionista possa alienar as suas participações na véspera da própria assembleia (cfr. art. 23º-C, nº 2) e possa, não obstante, estar presente. Esta possibilidade que a lei abre agora a quem cede as suas ações viabiliza ao adquirente a participação na assembleia, por intermédio do transmitente das ações que pode assumir, na qualidade de seu representante, esse encargo. Contudo, neste caso, em que mantém o propósito de vir a exercer o direito de voto – apesar de ter entretanto concretizado a transmissão das ações –, o alienante deverá comunicar à CMVM e ao presidente da mesa da assembleia geral da sociedade emitente que irá, não obstante, participar na assembleia geral (cfr. art. 23º-C, nº 7).

Finalmente, e regressando à lei societária geral e, em particular, ao art. 379º, devemos considerar que este é incompatível com limitações estatutárias à participação na assembleia geral ou, admitindo-as – porque não as inviabiliza –, não consente que o contrato de sociedade imponha, nesta matéria, um regime mais rigoroso do que o legalmente estabelecido para as sociedades cotadas[23]. Trata-se de questão que, por agora, nos cingimos a equacionar, mas que revisitaremos oportunamente.

6. Funcionamento da assembleia

Entrando agora no funcionamento propriamente dito das assembleias gerais, iremos abordar sucintamente alguns aspetos que consideramos relevantes.

6.1. Direção dos trabalhos da assembleia geral

A condução dos trabalhos da assembleia geral incumbe à respetiva mesa, sob responsabilidade e direção do seu presidente[24].

Caso este não esteja presente, nem exista vice-presidente – que não só o substitui quando o presidente não puder participar, como o coadjuva em todas as ocasiões em que ambos estejam presentes –, a mesa é dirigida pelo seu secretário. (Só) Na falta deste, cabe ao presidente do órgão de fiscalização (conselho fiscal,

---

[23] Afastamos, consequentemente, a possibilidade de os estatutos de uma qualquer sociedade anónima poderem fazer exigências descabidas, requerendo o bloqueio com excessiva antecipação relativamente à data prevista para a assembleia geral.

[24] Não pretendemos caracterizar o cargo do presidente da mesa da assembleia geral, nem tão pouco os respetivos poderes e funções. Está unicamente em causa analisar a condução dos trabalhos da assembleia geral, determinando, em cada momento e circunstância, a quem incumbe a responsabilidade.

comissão de auditoria ou conselho geral e de supervisão) dirigir a assembleia. Para essa solução aponta inequivocamente o disposto no art. 374º, nº 3[25].

Nas sociedades que não tiverem um órgão de fiscalização colegial, mas apenas um fiscal único, entendemos que este não pode assumir a direção dos trabalhos. A lei não o permite, para uma situação que é excecional, nem o veio a admitir aquando da Reforma de 2006 que alterou esta norma legal. Com efeito, as funções típicas do fiscal único não são compatíveis com a presidência da assembleia geral. Como oportunamente explicámos[26], e repetimo-lo, enquanto o presidente do órgão de fiscalização (conselho fiscal, comissão de auditoria ou conselho geral e de supervisão) representa um corpo social com competências de controlo político da atividade da sociedade, por um lado, e de verificação das respetivas contas, por outro; o fiscal único – que existe em substituição do conselho fiscal e que é composto por um profissional (ROC ou Sociedade de Revisores Oficiais de Contas) – desempenha funções de natureza essencialmente económico-financeira. Trata-se de um técnico, perito em matéria contabilística, com uma formação específica e que não se encontra vocacionado, nem legitimado para dirigir assembleias gerais, diversamente do que sucede com o presidente do órgão colegial de controlo, que é um corpo social intermédio entre a assembleia geral e o órgão de gestão, tradicionalmente preenchido por acionistas.

Quando nenhum dos titulares dos órgãos sociais acima mencionados tiver comparecido, os trabalhos são conduzidos pelo maior acionista presente (cfr. art. 374º, nº 4).

Não se encontrando o secretário da mesa presente ou estando a dirigir os trabalhos, deverá o responsável pela direção da assembleia escolher, de entre os presentes, um que o coadjuve na condução da assembleia (cfr. art. 374º, nº 3 in fine). Sendo esta a regra, afigura-se que nada impede que o presidente da mesa em exercício designe, para essa função, necessariamente transitória, um terceiro, salvo se deparar com a oposição da maioria dos votos.

Por sua vez, o secretário da sociedade, designado pelo órgão de administração (cfr. art. 446º-A, nº 2 in fine), não substitui o secretário da mesa da assembleia geral, embora possa auxiliar o respetivo desempenho. A mesa tem uma composição mínima, que deve ser respeitada, pelo que as soluções contratuais (estatutárias) que passem por substituir o secretário da mesa pelo secretário da socie-

---

[25] Para maiores desenvolvimentos, vd. nosso *Direito das Sociedades Comerciais*, 5ª ed., Almedina, Coimbra, 2012, pp. 572-573.

Sobre o presidente *ad hoc* da assembleia, cfr. PEDRO MAIA, «O Presidente das Assembleias de Sócios», cit., 2002 (pp. 421-468), pp. 425-426, 432-433 e 445-447, embora omitindo a eventualidade de o secretário da mesa substituir o presidente, questão que habilmente evita.

[26] No nosso *Direito das Sociedades Comerciais*, 5ª ed., Almedina, Coimbra, 2012, pp. 572-573, que a este propósito seguimos de muito perto.

dade – que em caso algum poderá assumir a direção dos trabalhos da assembleia – são ilegais.

A terminar este aspeto do funcionamento das assembleias gerais, importa chamar a atenção para o facto de a lei admitir que os estatutos regulem a situação inerente à falta dos membros da mesa (cfr. art. 374º, nº 3, I parte), embora tal seja uma prática muito rara.

6.2. *Quórum* constitutivo e aferição da legitimidade para participar em assembleia geral

Norma geral, as assembleias gerais funcionam sem dependência de quórum constitutivo (cfr. art. 383º, nº 1), isto é, a sua realização não está dependente dos que nela comparecerem e representarem um determinado número mínimo de votos ou do capital social. Por isso, as assembleias podem iniciar os seus trabalhos com qualquer número de presentes, não exigindo a lei portuguesa que sejam pelo menos dois, nem que estes sejam detentores de uma determinada participação mínima no capital social.

Contudo, as deliberações sobre certas matérias – como as que se reportem a modificações do contrato de sociedade, por exemplo – já carecem da presença de acionistas representativos de uma percentagem mínima do capital social (cfr. art. 383º, nº 1 in fine, e nº 2), pelo menos em primeira convocação (cfr. art. 383º, nº 3).

Por esta razão e para controlar a legitimidade das participações em assembleia geral, o presidente da mesa (ou os serviços de apoio, quando existam) deve organizar uma lista de presenças, com referência à qual identifica os participantes – acionistas ou seus representantes –, e na qual estes apõem a sua rubrica, comprovando a sua comparência (cfr. art. 382º). Pela lista de presenças, poder-se-á determinar o montante do capital social presente e verificar se estão reunidas as condições para a assembleia poder legalmente funcionar e deliberar válida e eficazmente.

Cabe ao presidente da mesa – ou a quem o apoie no desempenho das suas funções, desde os demais membros da mesa, o secretário da sociedade ou serviços de apoio de que disponha – decidir sobre a admissibilidade e a presença dos acionistas e de terceiros. Nessa tarefa, a mesa deverá identificar todos aqueles que compareçam, verificar a correção das respetivas cartas mandadeiras[27], designadamente constatando se são adequadamente emitidas, e recusar a entrada no espaço da assembleia geral a todos quantos não reúnam condições para estar presentes. Refira-se que a discricionariedade nesta operação é também grande, cabendo recurso para o presidente da mesa, sempre que este indevidamente se opõe à participação de quem se considera estar devidamente legitimado, e

---

[27] Tratando-se de uma sociedade aberta, cujas ações se encontrem depositadas em instituições de crédito, este controlo faz-se por referência às declarações emitidas pelas entidades depositárias.

ESTUDOS EM HOMENAGEM A MIGUEL GALVÃO TELES

mantendo-se a recusa, poderá sempre o acionista que se viu privado de participar impugnar as deliberações formadas, mas não de agir criminalmente contra o presidente da mesa, salvo se for impedido de participar com violência ou ameaça da prática desta (cfr. art. 516º).

Em suma, é o presidente da mesa que decide sobre quem participa e quem não poderá estar presente na assembleia geral.

6.3. Presença de estranhos e oposição

Para além dos membros dos órgãos sociais, que têm o dever de estar presentes, e dos acionistas, que têm o direito, o presidente da mesa pode admitir a presença de terceiros, o que faz com muita frequência.

Entre as pessoas que podem ser autorizadas a acompanhar os trabalhos da assembleia contam-se seguramente os técnicos de apoio, quer logístico – desde as diversas pessoas afetas ao controlo da admissão, passando pelos que são responsáveis pela luz e som, pelos que recolhem os votos e procedem à sua contagem e por queles que asseguram o *catering* (fornecimento de águas, cafés e outras bebidas, e, eventualmente, de comida), até aos próprios seguranças –, quer técnico (peritos, especialmente economistas e juristas, que apoiam os titulares dos órgãos sociais presentes).

Se, por um lado, a lei societária é omissa sobre a presença de todas essas pessoas, frequentemente baseada numa conveniência da mesa da assembleia e consentida tacitamente, por outro, a sua justificação varia em função da dimensão da assembleia e do próprio subtipo societário em causa. Tratando-se da assembleia geral de uma grande sociedade anónima cotada, a complexidade da organização será significativa; estando em causa uma reunião de sócios de uma pequena sociedade, não será, em rigor, necessária a presença de terceiros.

A lei, a este propósito, limita-se a estabelecer que a presença de estranhos na assembleia «depende de autorização do presidente da mesa», a qual pode ser revogada pela assembleia (cfr. art. 379º, nº 6 in fine)[28]. Por isso, o presidente da mesa, no início dos trabalhos, deverá informar os acionistas sobre as pessoas cuja presença autorizou. Se aqueles não se opuserem, pressupõe-se que concordam e aceitam a decisão do presidente da mesa. Caso discordem, deverão os acionistas solicitar que a presença dos terceiros seja colocada à sua consideração, podendo requerer que a questão seja apreciada em bloco ou individualmente. Nestas circunstâncias, o presidente da mesa deverá decidir como submete a questão à votação dos acionistas, escolhendo se o faz caso a caso ou em conjunto. Estando em causa a presença de terceiros, afigura-se que a votação deverá ser nominal.

---

[28] Sobre a presença de estranhos, vd., com algum desenvolvimento, Luís Brito Correia, *Direito Comercial*, 3º vol. (Deliberações dos Sócios), AAFDL, Lisboa, 1990, em especial pp. 44-49.

6.4. A apresentação de propostas

Vamos agora ver em que termos, e por quem, pode ser apresentada uma proposta (de deliberação para apreciação) em assembleia geral.

6.4.1. A subscrição de propostas[29]

A lei societária é omissa sobre a subscrição de propostas a apresentar em assembleia geral, limitando-se a permitir aos acionistas que, individual ou conjuntamente, sejam detentores de uma percentagem mínima do capital com direito de voto que possam requerer a convocação de assembleias gerais (cfr. art. 375º, nº 2) ou a inclusão de assuntos na ordem do dia de assembleias gerais já constituídas (cfr. art. 378º).

Tem sido entendido que, uma vez convocada a assembleia na sequência de um requerimento com essa natureza ou da aceitação de inclusão de novo ponto na ordem de trabalhos, qualquer acionista pode subscrever as propostas que entender, independentemente do número de votos de que for titular ou representar; só não o podendo fazer se, entretanto, o ponto da ordem do dia for retirado a pedido do seu requerente, sem que nenhum acionista nas mesmas condições – isto é, titular de igual ou maior percentagem mínima de capital – se oponha a essa retirada.

A lógica subjacente a este entendimento é a de que a todos os acionistas (com direito de participação na assembleia geral) deve ser permitido formular as propostas que entenderem, desde que naturalmente recaiam sobre os assuntos constantes da ordem de trabalhos, a qual é, direta ou indiretamente, determinada pelo presidente da mesa.

As assembleias gerais são fóruns de democracia societária, não fazendo sentido introduzir limitações excessivas e injustificadas à intervenção dos pequenos acionistas ou admitir que as mesmas decorrem hoje da lei, como tem vindo a acontecer ultimamente.

6.4.2. A apresentação de propostas em assembleias gerais de sociedades abertas

Na realidade, o novo artigo 23º-B do Código dos Valores Mobiliários, introduzido pelo Decreto-Lei nº 49/2010, de 19 de maio – sobre inclusão de assuntos na ordem do dia e apresentação de propostas de deliberação –, veio a permitir leituras diferentes quanto à legitimidade para subscrição de propostas de deliberação.

Recordemos que, nos termos do nº 1 do art. 23º-A – para onde remete o nº 1 do art. 23º-B –, o acionista (ou acionistas) de sociedade cotada que possua ações correspondentes a, pelo menos, 2% do capital social podem requerer a convocação da assembleia geral e o nº 1 do art. 23º-B atribui a esses acionistas (que estão

---

[29] Neste número reproduzimos *ipsis verbis* o texto que inserimos na recente edição do nosso *Direito das Sociedades Comerciais*, 2012, pp. 601-602.

em condições de requerer a convocatória da assembleia geral) o direito de apresentarem propostas de deliberação relativas aos assuntos referidos na convocatória ou que lhe tenham sido aditados.

Há quem entenda que, neste novo contexto, só os acionistas que representem, pelo menos, 2% do capital social podem subscrever propostas antes e durante a própria assembleia geral. Os demais acionistas deverão limitar a sua intervenção a discutir as propostas apresentadas. Embora discordemos desta leitura, pelas razões que enunciaremos adiante, vamos admitir – como hipótese de trabalho – que ela estaria correta e procurar analisar o seu impacto no sistema jurídico--societário vigente. Assim, e não perdendo de vista que, no âmbito da lei societária, sempre foi pacífico que as propostas poderiam ser subscritas por qualquer acionista com direito de voto, vejamos qual o alcance da redação do citado art. 23º-B do CVM, no pressuposto referido.

São várias as soluções possíveis: a mais radical estende a alteração introduzida no Código dos Valores Mobiliários a todas as sociedades anónimas; uma intermédia consiste em limitar a inovação às sociedades anónimas cotadas, objeto do disposto no art. 23º-B analisado; a mais razoável – e que se afigura ser a correta – confina a modificação ocorrida às propostas que devem sustentar os pontos da ordem de trabalhos cuja inclusão tenha sido requerida em assembleias gerais das sociedades anónimas cotadas, mas sem impedir os acionistas de formularem propostas no âmbito da assembleia geral, ainda que tenham uma participação inferior a 2% do capital social. Esta (nossa) posição é a que melhor satisfaz o disposto na Diretiva Comunitária 2007/36/CE, de 11 de julho, objeto de transposição para as novas regras do CVM, por força do disposto no DL 49/2010, de 19 de maio.

6.5. Quórum deliberativo

Por último, vamos apreciar duas questões relativas ao quórum deliberativo com naturais implicações no funcionamento da assembleia geral, tendo em consideração que esta se destina a aprovar propostas que sejam submetidas à sua apreciação pelo órgão de administração ou pelos acionistas, devendo para o efeito verificar-se um determinado número de votos favoráveis que corresponde ao quórum deliberativo necessário para aprovar deliberações da assembleia geral. A este propósito vamos abordar duas questões diversas: uma relativa à verificação do quórum legal ou contratualmente exigível e outra sobre a fixação de um quórum contratual diferente do quórum legal.

PAULO OLAVO CUNHA

6.5.1. Cômputo dos votos: verificação do quórum deliberativo[30]

Comecemos por analisar o quórum deliberativo aplicável às deliberações em assembleia geral, isto é, a percentagem mínima do capital social que corresponde às participações de sócios presentes ou representados legalmente exigível para que possa formar-se uma deliberação válida.

As deliberações formam-se, em regra, pela maioria simples dos votos, não se contando como emitidos as abstenções, ou seja, a lei satisfaz-se com a maioria relativa (cfr. arts. 386º, nº 1 e 250º, nº 3), isto é, para dar seguimento a uma proposta é necessário que os votos em favor desta sejam em número superior aos votos negativos (contra), sendo que as abstenções não são contadas[31]. Assim sendo, encontrando-se presentes sócios titulares de um milhão de votos, se um ou vários deles se abstiverem e forem titulares de quinhentos mil votos, uma deliberação é aprovada se obtiver, pelo menos, duzentos e cinquenta mil e um votos (isto é, 25% mais um voto dos presentes).

Esta regra, da maioria simples, que se retira do número 1 do artigo 386º é exatamente a mesma regra que vamos encontrar no nº 3 do artigo 250º, para as sociedades por quotas. Não obstante, comporta exceções, como veremos em seguida.

Com efeito, em certos casos por efeito do contrato de sociedade e noutros decorrendo diretamente da lei (arts. 386º, n.ºs 2 a 4, e 265º, n.ºs 1 e 2) é possível chegar a diferente conclusão. Nuns casos requer-se uma maioria qualificada e, excecionalmente, até mesmo a unanimidade ou a aprovação de determinado sócio; noutros, nem a maioria simples se forma sequer por referência à totalidade dos votos favoráveis, mas ao maior número de votos em favor de uma certa proposta. Assim, e nos termos do nº 2 do artigo 386º – que considera nem sequer ser necessário a maioria prevista no nº 1 –, existindo várias propostas em cima da mesa e obtendo uma delas 23% dos votos e registando as demais propostas concorrentes menos votos, vencerá a que obteve maior número de votos, ainda que não tenha logrado sequer a maioria dos votos emitidos.

Outra exceção, de sinal oposto, traduz-se na exigência (legal) de um quórum deliberativo qualificado, isto é, de que a proposta em apreciação reúna um determinado número mínimo de votos para ser aprovada [é o que acontece, regra geral, nas alterações do contrato de sociedade (cfr. art. 386º, nº 3 e art. 265º, nº 1)]. Nalguns casos, verdadeiramente excecionais, a deliberação para ser válida e eficaz relativamente à totalidade dos sócios deve ser aprovada por unanimidade

---

[30] Neste ponto seguimos de perto o nosso *Direito das Sociedades Comerciais*, 5ª ed., Almedina, Coimbra, 2012, pp. 613-615.

[31] Neste sentido, considerando ser possível que uma deliberação seja aprovada pelo voto favorável de um único sócio, cfr. AcSTJ 4 Mar 2004 (FERREIRA DE ALMEIDA), *CJ/AcSTJ*, ano XII, t. I, 2004, pp. 104-105, e AcRelCoimbra 19 Out 2010 (BARATEIRO MARTINS)/Proc. nº 757/10.0T2AVR-A. C1, *www.dgsi.pt*.

ESTUDOS EM HOMENAGEM A MIGUEL GALVÃO TELES

(é o que acontece se, da alteração do contrato de sociedade, decorrerem novas obrigações para todos os sócios) (cfr. art. 86º, nº 2)[32].

Sendo exigida maioria qualificada, as abstenções equivalem, em nossa opinião, à rejeição da proposta, não contribuindo para a formação da deliberação; solução que deve aplicar-se em todos os tipos sociais[33]. Na realidade, a lei apenas considera, a título supletivo, irrelevantes as abstenções nas deliberações a aprovar por maioria de votos (cfr. arts. 386º, nº 1 in fine, e 250º, nº 3 in fine), as quais correspondem, em regra, a matérias que não se compadecem com o impasse que possa resultar da insuficiência de votos favoráveis, pela exigência de um determinado número de votos mínimo num determinado sentido, como sucede com a aprovação de contas, aplicação de resultados ou designação de membros de órgãos sociais. Neste caso, as abstenções favorecem tendencialmente a aprovação das propostas, visto que facilitam o quórum e não são tidas por votos desconformes com a proposta.

---

[32] Ou, para além de recolher o número de votos necessário para o efeito (cfr., p. ex., art. 265º, nº 1), deve obter o consentimento de um sócio em especial, quando tal estiver expressamente previsto no contrato de sociedade (cfr. 265º nº 2).

[33] Temos consciência de que fazemos uma leitura à margem da que é feita pela generalidade, senão mesmo da totalidade, da doutrina. Contudo, afigura-se ser a mais razoável e, por isso, insistimos nela. A lei, ao exigir maioria qualificada – como o faz no nº 3 do art. 386º – pretende que, no sentido da proposta de deliberação, se reúna um determinado número mínimo dos votos presentes. Esta posição vem na linha da que adotámos anteriormente na nossa dissertação de mestrado, *Os direitos especiais nas sociedades anónimas: as ações privilegiadas*, Almedina, Coimbra, 1993 – quando, a propósito das assembleias especiais de acionistas, que seguem o regime aplicável às alterações do contrato de sociedade, afirmámos que «as deliberações (...) têm de ser tomadas por maioria qualificada de dois terços dos votos expressos, sem contar as abstenções (arts. 386º, nº 3 ex vi art. 389º, nºs 1 e 2) (p. 195) –, e é a única que permite alicerçar as deliberações que carecem da maioria qualificada numa votação expressiva, evitando que alterações estruturais relevantes possam vir a ser aprovadas por um número muito pouco significativo de votos.

Em sentido diverso do texto, considerando que a regra da não contabilização das abstenções «deve valer em todas as votações realizadas na assembleia geral da sociedade anónima e não apenas na vigência do art. 386º, nº 1», ARMANDO TRIUNFANTE, *A Tutela das Minorias nas Sociedades Anónimas. Quorum de Constituição e Maiorias Deliberativas*, cit., 2005, p. 193 (e também 190-196). Anteriormente, também haviam apontado neste sentido EDUARDO LUCAS COELHO, *A formação das deliberações sociais. Assembleia geral das sociedades anónimas*, Coimbra Editora, 1994, pp. 151-152 – desconsiderando totalmente as abstenções, por não corresponderem, em sua opinião, a votos emitidos –, e PINTO FURTADO, *Curso de Direito das Sociedades*, Almedina, Coimbra, 2004, p. 422. Não cremos que os ilustres Conselheiros tenham razão. Com efeito, se as abstenções não fossem votos emitidos, não se tornava necessário desconsiderá-las ou declarar a sua irrelevância, como o faz o nº 1 do art. 386º, na sua parte final.

Curiosamente, não se pronunciando sobre a questão, RAÚL VENTURA, no seu primeiro livro do Comentário ao CSC, *Alterações do Contrato de Sociedade*, 2ª ed., Almedina, Coimbra, 1988 pp. 42-54.

No que respeita a alterações estruturais, como o são as modificações contratuais, importa distinguir as soluções dos diferentes tipos societários. Nas sociedades por quotas exige-se uma maioria qualificada formada por um número de votos correspondentes a ¾ do capital social (cfr. art. 265º, nº 1)[34], pelo que as abstenções são, por definição, votos desfavoráveis, que não contribuem para a formação do quórum necessário; ao passo que nas sociedades anónimas, a lei exige que a deliberação seja aprovada por dois terços dos votos emitidos (cfr. art. 286º, nº 3), não fazendo qualquer referência às abstenções que, em nossa opinião, não deixam de corresponder a votos emitidos, embora num sentido neutro, que não é favorável, nem desfavorável, mas de mera indiferença do acionista, que pode ter por base motivos de diferente índole (itálico nosso)[35].

São várias as razões que contribuem para a nossa interpretação.

A primeira radica na conveniência de afirmar a expressividade da aprovação da alteração estatutária, que não se deve bastar com uma maioria simples relativa, não sendo concebível que, num universo de um milhão de votos (presente na assembleia), tal operação pudesse ser aprovada por cinco por cento dos votos presentes, o que aconteceria se as abstenções fossem muito significativas (superiores a noventa e dois e meio porcento dos votos emitidos).

A segunda decorre do facto de a abstenção de quem está presente revelar uma posição clara – de indiferença assumida – do titular do voto, que optou por permanecer na sala e contribuir para o quórum, em vez de se ausentar e facilitar um número de votos suficiente favorável à proposta.

A terceira, de caráter sistemático e literal, aponta no sentido de que, se tivesse pretendido afirmar a irrelevância das abstenções em todas as deliberações dos acionistas, ao legislador português teria bastado reproduzir a parte final do nº 1 do art. 386º no respetivo nº 3 (e no nº 4) ou tê-lo-ia feito num número autónomo no âmbito da norma legal em apreço (art. 386º), para o qual deslocaria a parte final do número 1 («as abstenções não são contadas»).

A quarta resulta do regime criado para a aprovação de modificações estruturais em segunda convocação, quando – num claro intuito de aligeirar o número de votos necessário para o efeito – se considera suficiente a «maioria dos votos emitidos», «se estiverem presentes ou representados accionistas detentores de, pelo menos, metade do capital social» (art. 386º, nº 4). Também nesta circunstância, as abstenções têm de se considerar votos emitidos (ou expressos), como

---

[34] Na sociedade por quotas, o *quorum* deliberativo toma, assim, por referência o capital social existente e não o capital presente ou representado na assembleia (cfr. art. 265º, nº 1).

[35] Por isso, no cômputo dos votos numa deliberação sobre a modificação do contrato de sociedade anónima não é indiferente que o acionista não esteja presente ou se abstenha, porque no primeiro caso o universo dos votantes ficará mais reduzido e a maioria de dois terços dos votos (favoráveis à proposta de alteração) será mais facilmente atingível.

declarações de vontade que são (nem favoráveis, nem desfavoráveis à proposta), de indiferença, ignorância ou, simplesmente, de não comprometimento com qualquer das demais posições manifestadas.

Finalmente, a quinta, e última, baseia-se no facto de o legislador associar as abstenções aos votos desfavoráveis, em matéria de impugnação de deliberações sociais, concedendo idêntica legitimidade aos que votam contra e aos que se abstêm[36] para arguírem a anulabilidade da deliberação da assembleia geral (cfr. art. 59º, nº 1). Ao fazê-lo, está a evidenciar claramente que a irrelevância das abstenções (com o significado, de que estas não se devem contar como votos emitidos, incluindo para efeitos de quórum) tem de ser expressamente reconhecida pela lei. De outro modo, as abstenções, pela sua desconformidade com a proposta, devem ser desconsideradas e assimiladas aos votos desfavoráveis (contra), uma vez que nada impede que o acionista que pretende abster-se se ausente da sala, para não contribuir para a rejeição da proposta (com a elevação do quórum de referência), se lhe for absolutamente indiferente o resultado da votação.

Cremos, assim, que, ao confinar a indiferença das abstenções ao nº 1 do art. 386º, o legislador pretendeu, na realidade, distinguir as situações (ou melhor, as deliberações) em causa, como o fez no âmbito das sociedades por quotas (art. 250º, nº 3 versus art. 265º, nº 1), embora nestas com maior exigência, ao pretender que o quórum se forme por referência ao capital social e não aos presentes (ou representados) na assembleia. Associando as abstenções aos votos desfavoráveis – porque o são de facto, ao não serem conformes com a proposta em apreço –, o legislador pretendeu inequivocamente responsabilizar os abstencionistas (pela eventual não aprovação de uma proposta), como normal contrapartida do direito que lhes reconhece de impugnar a deliberação aprovada. Ao consagrar esta solução está claramente a associar as abstenções aos votos contra (a proposta) [37].

Neste quadro – e retomando o exemplo acima enunciado –, tratando-se de sociedade anónima, uma deliberação de aumento do capital social carece do voto favorável de seiscentos e sessenta e seis mil, seiscentos e sessenta e sete votos favoráveis, sendo irrelevante o número de abstenções que se registe, uma vez que estas se somam aos votos negativos ou desfavoráveis.

---

[36] Reconduzindo todos aos que «não tenham votado no sentido que fez vencimento».

[37] Do exposto resulta que, havendo regra estatutária que, ao arrepio da solução legal, desconsidere as abstenções em todos os casos – dispondo em regra autónoma, não vinculada a qualquer espécie de deliberação, por exemplo, que «as abstenções não são contadas» –, a mesma será (parcialmente) nula, por violação do conteúdo imperativo do disposto no art. 386º, nºs 3 e 4.

6.5.2. Quórum estatutário diverso do quórum legal

A lei estabelece um quórum legal mínimo, fixando no art. 386º o número de votos que se deverá verificar para que uma proposta possa ser aprovada em assembleia geral.

Vimos acima que o quórum deliberativo varia, consoante se trate da aprovação de uma alteração do contrato – caso em que se exige uma maioria qualificada de votos (cfr. art. 386º, nº 2) – ou, simplesmente, da aprovação de uma proposta sobre matéria da competência da assembleia geral, circunstância em que é suficiente a maioria dos votos (cfr. art. 386º, nº 1).

Está em causa agora apreciar a possibilidade de os estatutos exigirem um quórum agravado ou, diversamente, admitirem a aprovação por um número de votos inferior ao mínimo legal.

Começando por este último aspeto, deveremos rejeitar a possibilidade de os estatutos reduzirem o mínimo legalmente estabelecido, no entendimento de que tal limite existe por razões de ordem pública. Em conformidade com esta, não faz sentido reduzir a exigência legalmente estabelecida para a alteração do contrato de sociedade, pelo que nunca os estatutos poderiam acolher a sua alterabilidade por maioria simples, sem prejuízo da regra legal que consagra a inoponibilidade da criação de novas obrigações em vida da sociedade a sócios que não concordem com uma alteração do contrato de sociedade com essa finalidade (cfr. art. 86º, nº 2).

Esta regra do quórum mínimo não pode, assim, ser subvertida, devendo-se ter por não escrita se for acolhida nos estatutos.

Por último, quanto ao quórum máximo admissível, a lei é totalmente omissa, não fornecendo qualquer pista. Impõe-se recorrer ao princípio da cogente alterabilidade do contrato de sociedade[38], que limita a exigência estatutária de um quórum demasiadamente elevado. Relativamente a esta questão, há que distinguir o quórum exigível nas deliberações simples – aquelas que se formam em princípio com a maioria dos votos – do quórum que possa ser estatutariamente requerido nas modificações estruturais, que, em regra, já é agravado e que, dentro de limites razoáveis, pode ser reforçado.

Lisboa, abril de 2012.

---

[38] Para maiores desenvolvimentos sobre este princípio, cfr. Paulo Olavo Cunha, *Direito das Sociedades Comerciais*, 5ª ed., cit., 2012, pp. 111-112, e Raúl Ventura, *Alterações do Contrato de Sociedade*, 2ª ed., cit., 1988 pp. 14-15.

Modelos de rotatividade criados pela *praxis* bancária: Breve excurso pelas soluções conferidas em sistemas jurídicos estrangeiros

JOANA PEREIRA DIAS[*][**]

§ 1º Preliminares

Não é inédita a colocação dos termos da problemática da rotatividade ou da substituição do objecto das garantias mobiliárias no âmbito do Direito bancário: idênticas questões foram suscitadas e debatidas noutros ordenamentos jurídicos. Existe, deste modo, vantagem em analisar, ainda que muito sucintamente, os termos da discussão nesses sistemas. Em temos gerais, o desenvolvimento das garantias mobiliárias não se baseou e não se baseia em critérios homogéneos, sendo antes o resultado de uma grande disparidade de instrumentos jurídicos utilizados para alcançar, em grande medida, as mesmas finalidades. Referimo-nos, obviamente, a uma fase em que, por imperativos económicos, o tradicional direito de penhor entra em crise como direito de garantia único e/ou primordial sobre bens móveis[1]. Uma última nota neste parágrafo para sublinhar que as linhas que se seguem estão longe de pretenderem consubstanciar um estudo de

---

N.E. Por decisão da Autora, este texto é publicado segundo a ortografia anterior ao novo Acordo Ortográfico.

* Advogada. Mestre em Ciências Jurídicas-Civilísticas. Assistente da Faculdade de Direito da Universidade de Lisboa.

** O presente artigo destina-se aos Estudos em Homenagem ao Dr. Miguel Galvão Teles, Ilustre Jurista, Insigne Mestre e Querido Amigo, que tive o privilégio de ser meu patrono durante o estágio de advocacia. Deste modo expresso também a minha sincera e profunda admiração pelas suas extraordinárias qualidades humanas e de jurista.

[1] Como assinala PIEPOLI (*Garanzie sulle Merci e Spossessamento*, Napoli, Jovene, 1980, p. 45), as razões históricas desta disparidade são as mais variadas e partem de um elemento comum: "As diferentes formas das modernas garantias mobiliárias nascem ou afirmam-se essencialmente na fase mais avançada da economia creditícia, que se desenvolve progressivamente após o processo de nacionalização do *ius commune*". Sem podermos entrar numa análise minimamente satisfatória do processo histórico, temos de nos conformar com a indicação sumária de certas coordenadas básicas do moderno desenvolvimento das garantias mobiliárias.

Direito comparado[2]. As funções reais que os diferentes institutos foram chamados a desempenhar como resposta e consagração da rotatividade, substituição, ou, mais latamente, flutuação do objecto da garantia nos direitos estrangeiros que abaixo sumariamente se expõem, justificam-se por apresentarem um interesse inegável para a sua perspectivação no âmbito do Ordenamento Jurídico Nacional, apesar das diferenças estruturais de alguns Direitos que limitam as possibilidades de "osmose" doutrinária.

§ 2º Garantias Mobiliárias Rotativas. A *Floating Charge* no Direito Inglês como Modelo de Rotatividade Criado Pela *Praxis* Bancária

O ordenamento jurídico inglês prevê essencialmente três tipos de garantias convencionais com carácter real: o *pledge*, a *mortegage* e a *charge*[3]. Mas existem diferenças entre elas: o *pledge* (penhor) implica o desapossamento do bem sobre que incide, entendendo-se que existe a cargo do credor a obrigação de o manter até ao cumprimento da obrigação principal; a *mortgage* (hipoteca) implica, ao invés, a transmissão do título de propriedade do bem objecto da garantia até ao cumprimento da obrigação principal; a *charge*, prescindindo do desapossamento e da transmissão da propriedade, atribui ao credor o direito de satisfazer o seu crédito pelo valor da venda do bem dado em garantia, com preferência sobre os demais credores quirografários e sobre aqueles cuja garantia tenha sido constituída em data posterior à data da constituição da *charge*.

A *charge*, não pressupondo o desapossamento ou a transferência da propriedade, e resultando de um mero acordo das partes, poderia parecer precária em face de outras garantias previstas na lei. Todavia, o ordenamento inglês reconhece ao credor, na base da *Equity*, o direito de execução da garantia, isto é, independentemente de qualquer estipulação das partes no título constitutivo, a execução da *charge* funda-se nos princípios da *Equity*.

De acordo com a relação (*attachment*) que assume com o objecto da garantia, a *charge* pode ser *fixed* ou *floating*. A *fixed* ou *specific charge* tem por objecto um bem específico, identificado ou identificável, podendo mesmo ser um bem futuro[4], existente no património do devedor ou em vias de dele vir a fazer parte, do qual o devedor não pode dispor sem o consentimento do credor. A *floating* é carac-

---

[2] Para uma análise do Direito Comparado das Garantias consultar MENEZES LEITÃO, *Garantias das Obrigações*, Coimbra, Almedina, 3ª ed., 2012, pp. 28 e ss.

[3] GOODE, *Commercial Law*, 4ª ed., London, Penguin Books, 2004, pp. 617-618.

[4] O credor será, neste caso, titular de um *ius in itinere* (*inchoate security interest*), pelo que com o acto de aquisição do bem a garantia retroage os seus efeitos ao momento da sua constituição (cfr. Holroyd v. Marshall (1862) 10 H L Cas. 191.); Cfr. GIAN BRUNO BRUNI, "La garanzia «flutuante» nell'esperienza giuridica inglese e italiana", *Banca, Borsa e Titoli di Credito*, Anno XLIX, 1986, Parte Prima, p. 693, nota (8).

terizada pelo facto de o efeito real (resultante do *attachment*, isto é, da afectação da garantia a um objecto específico) ser preterido no tempo, na medida em que não incide sobre um bem ou um conjunto de bens indicados pelo devedor desde o seu nascimento, mas limita-se a «flutuar», como que num estado de suspensão, sobre uma categoria previamente individualizada de bens pertencentes ao património do devedor, ou que no futuro dele farão parte, sem que este fique privado do poder de disposição dos bens objecto da garantia. A manutenção do poder de disposição constitui, com efeito, a pedra de toque de distinção substancial da garantia flutuante. Este poder de livre disposição existe, todavia, até ao momento em que, verificada determinada circunstância, a *charge* passe de *floating* a *fixed*, cristalizando-se sobre todos os bens que naquele momento façam parte do património do devedor e sejam necessários à satisfação da soma mutuada. Saber se estamos perante uma *charge fixed* ou *floating* resulta, independentemente da qualificação dada pelas partes, não tanto do adiamento do efeito real, mas da autorização concedida ao devedor para continuar a dispor do bem objecto da garantia[5].

Feita esta caracterização sumária do sistema de garantias reais de base convencional no ordenamento jurídico inglês, importa centrar a nossa atenção na *floating charge*, que é aquela que maior interesse reveste para o nosso estudo.

No século XIX, o desenvolvimento do tráfego comercial e o nascimento de pequenas e médias empresas em Inglaterra contribuiu, por um lado, para o desenvolvimento das técnicas de financiamento externo das empresas e, por outro lado, colocou em evidência as limitações do sistema de garantias mobiliárias então vigente.

Para as *incorporated companies* era, de facto, possível, proceder a formas de autofinanciamento através da colocação no mercado das suas participações sociais; mas, para as sociedades de pequena dimensão, em especial do tipo familiar, a única fonte de financiamento possível era o recurso a empréstimos garantidos por sólidas garantias[6].

A exigência de uma garantia não possessória que consentisse ao devedor/comerciante a livre utilização das mercadorias e maquinaria objecto da garantia, nasce em contraposição com o *pledge*, a *mortgage* e a *fixed charge*. O primeiro, pressupondo a *traditio* das mercadorias ou dos bens a favor do credor pignoratício, paralisaria, na realidade, a actividade do devedor/comerciante. O segundo, não podia incidir sobre as mercadorias ou maquinaria. O terceiro, tendo por objecto bens móveis, presentes e futuros, não permitia o poder de livre disposição do

---

[5] Cfr. GOODE, *Commercial Law, ob. cit.*, p. 587.
[6] Cfr. ENRICO GABRIELLI/ANDREA DANESE, "Le Garanzie sui Beni dell'Impresa: Profili della *Floating Charge* nel Diritto Inglese", *Banca, Borsa e Titoli di Credito*, Anno LVIII., 1995, Parte Prima, p. 633.

devedor[7]. Pode facilmente compreender-se que o comerciante que não dispusesse de bens imóveis não poderia, na prática, recorrer ao crédito, se não imobilizasse a sua maquinaria e, no limite, a sua actividade. Na verdade, poucos seriam os bens da empresa que poderiam ser imobilizados para efeitos de garantia, sendo o património das empresas constituído sobretudo por matérias-primas, maquinaria e outros utensílios destinados à produção de bens para o mercado e não destinados à constituição de uma *mortgage* ou de um *pledge*[8].

Daí que no mundo dos negócios e na prática contratual se sentisse cada vez mais a necessidade de criar um instrumento que colmatasse as lacunas do sistema de garantias ao tempo existente. Neste sentido, o esforço da prática comercial e a elaboração da jurisprudência, sobretudo através de uma série de *leading cases* decisivos na segunda metade do século XIX, conduziram à individualização de um novo instrumento de garantia face aos tradicionais instrumentos: a *floating charge*[9]. A exigência do tráfego comercial residia, pois, na elaboração de um conceito de garantia geral que permitisse a variabilidade do património das empresas, o qual constituía o objecto da garantia, susceptível de incrementos e modificações. Juridicamente, a sua formulação implicava a admissibilidade de um direito real sobre um «género» ou uma categoria de bens não individualizados[10].

O primeiro e decisivo caso que haveria de ficar conhecido como *Holroyd v. Marshall*[11]. Estava em causa a validade e a eficácia de uma *mortgage* constituída sobre um determinado conjunto de maquinarias, pela qual o devedor hipotecário havia conservado a posse dos bens em nome do credor e com autorização deste para substituir a maquinaria objecto da garantia que estivesse obsoleta por nova. O tribunal, através da aplicação dos princípios da *Equity*, considerou válida e eficaz a configuração da *mortgage* naqueles moldes, entendendo que a garantia se manteria automaticamente sobre os novos bens adquiridos em substituição dos originariamente dados em garantia. No fundo, o tribunal admitiu a manutenção da hipoteca sobre os novos bens, desde o momento da sua aquisição, sem necessidade de qualquer outra formalidade. O único limite a esta construção correspondia à hipótese em que um novo adquirente ou um outro credor tivesse obtido os novos bens em garantia sem que tivesse conhecimento dos *equitable interest* do primeiro credor, caso em que este último não poderia manter a sua posição[12].

---

[7] GOODE, *Legal Problems of Credit and Security*, Sweet & Maxwell, London, 1982, p. 3.

[8] Cfr. GIAN BRUNO BRUNI, *cit.*, p. 695; ENRICO GABRIELLI/ANDREA DANESE, *cit.*, p. 634.

[9] Cfr. ENRICO GABRIELLI/ANDREA DANESE, *cit.*, p. 634.

[10] Cfr. GIAN BRUNO BRUNI, *cit.*, p. 695.

[11] *Holroyd v. Marshall* (1862) 10 H.L. Cas. 191., in GOODE, *Commercial Law, ob. cit.*, p. 676.

[12] GOODE, *ob. cit.*, p. 736; *Legal Problems of credit and security, ob. cit.*, p. 6; ENRICO GABRIELLI/ANDREA DANESE, *cit.*, p. 635.

A decisão obtida neste primeiro caso abriu a porta a uma primeira utilização do instituto da *floating charge*, pese embora sob uma forma particular e limitada, na medida em que ainda não era reconhecido ao devedor o direito de disposição dos bens dados em garantia. Este direito só viria a ser reconhecido no caso *Re Marine Mansions Co.*[13], em que a jurisprudência haveria de dar mais um passo na caracterização da *floating charge* ao reconhecer a possibilidade da empresa devedora dispor dos bens afectos à garantia, com o consentimento do credor garantido.

De assinalar que a intervenção dos princípios da *Equity* no domínio da *mortgage*, sobre os bens adquiridos posteriormente à sua constituição, concretizava-se no facto de que, chegado o momento em que o *mortgagor* não adquirisse a propriedade dos bens, o *mortgagee* apenas lhe poderia opor um *personal contractual right*; quando se verificasse a aquisição da propriedade, surgiria na esfera do *mortgagee* um *equitable proprietary interest*[14]. A protecção conferida pela *Equity* não era contudo completa, uma vez que, em caso de insolvência do devedor, o interesse do *mortgagee* não seria atendido na hipótese de ter ocorrido uma aquisição a favor de um terceiro que desconhecesse o *equitable interest*. Esta consideração não tinha, contudo, relevância para a *floating charge* sobre os bens de uma empresa, caso houvesse registo da *charge*.

Assim, apesar de não conferir ao credor um direito real imediato (*attachment*) até ao momento da cristalização da garantia, a *floating charge* constitui um direito de garantia com eficácia *ex tunc* desde a sua criação. Até à cristalização da garantia, todo e qualquer objecto que entre para o património do devedor vem aumentar o objecto da garantia. Do mesmo modo, o credor que não intervenha atempadamente "cristalizando" a garantia sofre os efeitos da diminuição do património do devedor. O interesse de que o credor é titular é, por isso, qualificado como um *inchoate security interest*[15]. De um modo geral, a *floating charge* não é uma garantia futura, mas uma garantia imediatamente eficaz, que incide sobre todos os bens do devedor expressamente indicados no título constitutivo. Não se trata de uma hipoteca ou de um penhor sobre bens, com autorização de disposição dos mesmos no decurso da normal actividade da empresa (*ordinary course of business*), mas uma hipoteca ou penhor flutuante que incide sobre todos os bens compreendidos na garantia sem os atacar até que certo evento ou certo acto do devedor provoque a sua cristalização numa *fixed charge*.

---

[13] *Re Marine Mansions Co.* (1867) *L.R.4 Eq. 601*, in Enrico Gabrielli/Andrea Danese, cit., p. 635.
[14] Sobre o problema ver Enrico Gabrielli/Andrea Danese, *cit.*, p. 635.
[15] Goode, *Legal Problems of credit and security, ob. cit.*, p. 7.

Deste modo, na evolução da construção dogmática e jurisprudencial da garantia flutuante, o caso *Re Panama, New Zeland and Australian Royal Mail Co.*[16], em que o tribunal delineou pela primeira vez o fenómeno da especificação ou cristalização da garantia assume ainda especial significado: reconhece-se, nesta decisão, a liberdade do devedor dispor do complexo de bens dados em garantia até ao momento em que ocorresse a verificação de um evento, neste caso a insolvência da empresa, que determinasse a consolidação da garantia sobre os bens propriedade da mesma[17].

Todavia, o reconhecimento pleno do instituto da *floating charge*, com todos os seus elementos constitutivos, surgiria apenas em 1903 com a decisão relativa ao caso *Re Yorkshire Woolcombers Association Ltd.*[18], em que se corporizaram os seus três aspectos essenciais: a) que se trata de uma *charge* sobre uma categoria de bens presentes ou futuros; b) que os bens que constituem a categoria sejam considerados fungíveis e susceptíveis de serem substituídos no âmbito do normal decurso da actividade da empresa; c) que enquanto não se verifique um determinado evento que determine a cristalização da garantia, a empresa pode continuar a dispor com plena liberdade de tais bens no âmbito da sua actividade[19].

Esta caracterização da *floating charge* vivia a ser confirmada nas alegações de apelação de LORD MACNAGHTEN, em que a propósito da distinção entre *specific charge* e *floating charge*, afirma: "*a floating charge is ambulatory and shifting in its nature, hovering over and so to speak floating with the property which it is intended to affect until some event occurs or some act is done which causes it to settle and fasten on the subject of the charge within its reach and grasp*"[20].

O elemento caracterizador da *floating charge* é, como se assinalou, a possibilidade de o devedor continuar a poder dispor dos bens da empresa como se não estivessem onerados pela garantia. O conjunto de activos detidos pelo devedor-garante podem continuar a ser livremente geridos no curso normal da determinada actividade da empresa até ao momento em que ocorra um determinado facto que "cristaliza" a garantia, convertendo-a numa *fixed charge*. Cristalizada a garantia, esta (agora *fixed charge*) passa a incidir sobre os bens que em concreto e naquele momento existam na esfera jurídica do devedor e pertençam à classe de activos dados em garantia. Verificado esse facto ou evento que as partes consideram relevante e convertida a "*floating charge*" em "*fixed charge*", o credor pode

---

[16] *Re Panama, New Zeland and Australian Royal Mail Co.* (1870) 5 *Ch. App.* 318, in GOODE, *Commercial Law, ob. cit.*, p. 677.

[17] Cfr. ENRICO GABRIELLI/ANDREA DANESE, *cit.*, p. 636.

[18] *Re Yorkshire Woolcombers Association* (1903) 2 *Ch.* 284, in GOODE, *Commercial Law, ob. cit.*, p. 741.

[19] Cfr. GIAN BRUNO BRUNI, *cit.*, p. 696 e 697; ENRICO GABRIELLI/ANDREA DANESE, *cit.*, p. 636.

[20] LORD MACNAGHTEN, Sub. Nom. *Illingworth v. Houldsworth* (1904) A.C. 355 at 358, in GOODE, *Commercial Law, ob. cit.*, p. 678.

então adoptar as medidas necessárias para a satisfação do seu crédito relativamente aos bens que se encontrarem na esfera jurídica do devedor e pertençam à categoria de bens que foram dados em garantia.

Podem, assim, identificar-se dois elementos essenciais e caracterizadores da figura: (i) a *floating charge* é uma garantia que produz os seus efeitos imediatamente[21] e (ii) incide sobre um *fund of assets*, isto é, sobre um conjunto de bens identificados genericamente por categoria (*revolving assets*), que serão apenas individualizados de modo específico no momento da cristalização[22].

No que respeita ao primeiro elemento caracterizador da garantia, dele decorrem vários aspectos relevantes em termos de regime: a) o credor goza do direito de sequela relativamente aos bens que sejam alienados fora da normal actividade da empresa; b) em caso de execução por parte de terceiros credores (*execution o judgement creditors*), o beneficiário da garantia pode opor o seu direito até à integral satisfação do seu crédito, desde que a cristalização da garantia flutuante se verifique antes de ocorrer a execução por parte de terceiros; c) o credor pode, em qualquer caso, estabelecer, no título constitutivo da garantia, limites vinculantes ao direito de disposição do devedor sobre os bens objecto da garantia, impedindo, por exemplo, determinado tipo de negócios[23], sendo o mais característico a estipulação de uma cláusula de *negative pledge*.

Quanto ao segundo aspecto caracterizador, importa notar que os elementos componentes do *fund* objecto da garantia podem variar na sua dimensão quantitativa, mas a sua identidade permanece inalterada (*open ended fund*), na medida em que a *charge* permanece como um vínculo que onera um conjunto indistinto de bens, vindo a incidir sobre os bens em concreto apenas no momento em que ocorra a cristalização, e produzindo, deste modo, através da especificação, o *attachment* (efeito real)[24].

A constituição da *floating charge* não está sujeita a nenhuma formalidade particular, mas, para efeitos de registo, é necessário um extracto ou um documento escrito do qual conste a estipulação da garantia, denominado *deed of floating charge* ou simplesmente *deed of charge*. Não raras vezes a *floating charge* é acompanhada na sua subsistência por cláusulas limitativas do direito de disposição, sendo a mais característica, como vimos, a cláusula de garantia e/ou segurança denominada "negative pledge", que proíbe o devedor de praticar actos que onerem com outras garantias os bens que compõem a *floating charge*. Exemplifiquemos:

---

[21] GOODE, *Commercial Law, ob. cit.*, p. 683, *Legal Problems of credit and security, ob. cit.*, pp. 11 e 12.

[22] Cfr. GIAN BRUNO BRUNI, *cit.*, p. 697; ENRICO GABRIELLI/ANDREA DANESE, *cit.*, pp. 648 e ss.

[23] GOODE, *Commercial Law, ob. cit.*, pp. 681 e ss.

[24] O *fund* é um património separado (autónomo), constituído por "an asset or collection of assets" com destinação própria. Cfr. GOODE, *Commercial Law, ob. cit.*, pp. 61 e 62.

> *"During the subsistence of the security constituted by this Deed of Charge, otherwise than with the prior written consent of the Bank, the Counterparty shall*
>
> *(i) not create or attempt to create or permit to arise or subsist any Encumbrance on or over the Charged Property or any part thereof; or*
>
> *(ii) not, otherwise than the ordinary course of the business, sell, transfer, lend or otherwise dispose of the Charged Property or any part thereof or redeem, agree to redeem or accept repayment in whole or in part of any Loan or attempt or agree to do so whether by means of one or a number of transactions related or not and whether at one time or over a period of time.*
>
> *None of the foregoing prohibitions in this clause shall be construed as limiting any powers exercisable by any Receiver appointed by the Bank under or pursuant to this Deed of Charge."*

O registo da garantia não tem efeito constitutivo, como acontece entre nós para a constituição da hipoteca. O registo é apenas uma mera condição de oponibilidade face a terceiros e, ao contrário do nosso sistema jurídico, a ordem de preferência entre as várias *charges* é determinada pela data do título (*deed of charge*) e não pela data do registo[25]. A falta de registo determina, contudo, e segundo a melhor doutrina, a inoponibilidade da garantia apenas perante os credores preferenciais, mas não perante os credores comuns ou quirografários, desde que não ocorra ou tenha ocorrido a declaração de insolvência[26].

Olhando para o momento da cristalização, pelo qual se dá o *attachment* sobre os bens do devedor uma vez verificado certo evento ou certo acto do devedor, o credor poderá, na medida do seu crédito, agredir todos os bens existentes no património do devedor. Trata-se de um acto de autotutela privada consentida com função satisfatória[27], que o aproxima em certa medida da figura conhecida no nosso sistema jurídico como o pacto comissório. Todavia, para provocar o congelamento dos bens do devedor e o seu consequente desapossamento, não basta que se verifique o evento que as partes estipularam como essencial, antes é necessário ainda que o credor pratique um qualquer acto positivo que determine a cristalização[28], normalmente uma notificação ao devedor[29]. Ocorrendo o desapossamento, o credor fica habilitado, com preferência sobre todos os outros credores que não gozem de prioridade, a "fazer seus" os bens sobre os quais se consolidou a *charge*, sem necessidade de intervenção da autoridade judiciária[30].

---

[25] Cfr. SEALY, *Company Law and commercial Reality*, London, p. 31 e ss. (*apud* GIAN BRUNO BRUNI, cit., p. 699, nota (44)).

[26] Cfr. GOODE, *Commercial Law, ob. cit.*, pp. 686 e ss.

[27] Neste sentido GIAN BRUNO BRUNI, *cit.*, p. 701.

[28] Cfr. GIAN BRUNO BRUNI, *cit.*, p. 701.

[29] Nada impede que as partes tenham, todavia, previsto uma cláusula de cristalização automática, a qual tornaria a *floating charge* em *fixed charge* com a simples verificação do evento.

[30] Cfr. GIAN BRUNO BRUNI, *cit.*, p. 702.

Consolidada a garantia, a *floating charge* converte-se numa *fixed charge*, tornando ineficazes todos os actos de disposição dos bens objecto da garantia.

A estrutura da *floating charge*, ao permitir a atribuição de uma causa legítima de preferência na satisfação do crédito, é um instrumento privilegiado de garantia nos contratos de financiamento bancário[31]. De facto, as características que reveste tornam a garantia flutuante um instrumento atractivo para a banca, na medida em que permite um controlo constante da actividade do devedor. Mesmo o poder de disposição que se reconhece ao devedor tende a ser restringindo com a consagração de cláusulas de *negative pledge*[32] e, mesmo nos casos em que essa cláusula não existe, a cristalização da garantia funciona como uma espada de Dâmocles que paira sob o devedor[33], levando, na prática, à constituição de monopólios do crédito. Na realidade, o devedor que tenha constituído uma *floating charge* a favor de uma instituição financeira sobre o seu património empresarial terá escassas possibilidades de conseguir novos fundos junto do mercado financeiro, em virtude da garantia flutuante criada[34].

§ 3º A Garantia Flutuante e o Código Comercial de Macau

A garantia flutuante veio a ser acolhida, nas características fundamentais delineadas pelo sistema jurídico inglês, no Código Comercial de Macau. Com efeito, no Capítulo III, sob a epígrafe "Garantia flutuante", o legislador comercial disciplinou nos seus artigos 928º a 941º a figura de origem inglesa, abrindo o capítulo com a definição de garantia flutuante no número 1 do artigo 928º: "*A garantia flutuante é aquela que versa sobre todos ou parte dos bens, exceptuados os imóveis, que estejam ou venham a estar afectados ao exercício de uma empresa, e cujos efeitos ficam suspensos até ao momento em que, verificado o fundamento previsto na lei ou no contrato, o credor provoque a consolidação da garantia*".

A definição dada pelo legislador macaense carece, contudo, de ser completada com outros elementos subjacentes ao regime da garantia flutuante. Com efeito, da definição fornecida pelo legislador resulta apenas a verificação de alguns

---

[31] Cfr. GIAN BRUNO BRUNI, *cit.*, p. 707.

[32] Numa noção mais ampla, a cláusula de *negative pledge* é a cláusula pela qual o mutuário (e/ou fiador) se vincula a não constituir quaisquer garantias reais ou pessoais que oneram os seus bens ou rendimentos. Num sentido mais restrito, o mutuário obriga-se a não criar, sobre os seus bens presentes ou futuros, preferências a favor de terceiros credores, alterando a sua posição relativa em prejuízo do mutante, enquanto não se encontrarem extintas todas as obrigações decorrentes do contrato em questão. Sobre a cláusula de *negative pledge*, cfr. o nosso Contributo para o Estudo dos Actuais Paradigmas das Clausulas de Garantia e/ou Segurança: *A Pari Passu, A Negative Pledge* e a *Cross Default*", in Estudos em Homenagem ao Professor Doutor Inocêncio Galvão Telles, Vol. IV, Novos Estudos de Direito Privado, Coimbra, Almedina, 2003, pp. 930-966 e bibliografia aí citada.

[33] Cfr. GIAN BRUNO BRUNI, *cit.*, p. 708.

[34] Neste sentido ver GIAN BRUNO BRUNI, *cit.*, p. 708.

dos elementos caracterizadores da garantia flutuante: por um lado, delimita-se o objecto da garantia a todos os bens da empresa que não sejam bens imóveis, podendo tratar-se de bens presentes ou bens futuros, desde que se trate de bens "afectados ao exercício da empresa" e, por outro lado, alude-se à suspensão dos efeitos da garantia até ao momento em que se verifique a consolidação da mesma.

A liberdade de disposição dos bens por parte do devedor, elemento característico da garantia flutuante, surge na definição apenas de uma forma indirecta ao ser aludido o "exercício da empresa". O legislador, contudo, não deixou de a regular no disposto no artigo 933º, nº 1, ao estabelecer que "*A constituição da garantia flutuante não impede os actos de disposição e oneração de bens que se enquadrem dentro do exercício normal da empresa*", prevendo mesmo, no nº 2 desse artigo, a possibilidade de as partes estabelecerem restrições ao exercício do referido direito. Como vimos, para o sistema inglês, é comum as partes estabelecerem cláusulas de *negative pledge*, que limitam ou restringem o direito de disposição, de forma a salvaguardar plenamente os direitos do credor.

Também do ponto de vista da posição do beneficiário da garantia o legislador seguiu o figurino do sistema inglês ao estabelecer que "*A garantia flutuante confere ao credor o direito à satisfação do seu crédito, bem como dos juros, se os houver, pelo valor dos bens sobre os quais se consolide a garantia, com preferência sobre os demais credores que não gozem de garantia real constituída antes da inscrição da consolidação no registo*" (artigo 930º). O direito de garantia do credor é, assim, um direito à satisfação do seu crédito pelo valor dos bens, não existindo um direito a fazer seus os bens que existam no património do devedor à data da inscrição da consolidação da garantia. A consolidação da garantia ocorrerá, conforme resulta da definição do artigo 928º, quando se verifique "o fundamento previsto na lei ou no contrato", mas para que ela opere é ainda necessário, tal como vimos no sistema inglês, um acto do credor, que consiste na "notificação do credor ao devedor indicando o fundamento respectivo" (artigo 934º). Para além dos fundamentos contratuais que determinam a consolidação da garantia, o artigo 935º prevê supletiva e exemplificativamente os fundamentos legais de consolidação: a) a perda do benefício do prazo pelo não pagamento pontual das prestações previstas no contrato (al. c) do nº 1 do art 923º, *ex vi* al. a) do artigo 935º); b) a dissolução ou liquidação da empresa colectiva; c) a verificação de um qualquer motivo de falência do empresário; ou d) a cessação do exercício da empresa, salvo nos casos de transmissão da empresa.

A consolidação da garantia flutuante sobre os bens que existam no património do devedor tem, nesse momento, os efeitos de um penhor ou de uma hipoteca, consoante a natureza dos bens (artigo 936º, nº 1). Corresponde, pois, à *fixed charge* do direito inglês, produzindo-se nesse momento o efeito real da garantia flutuante que abrange, inclusivamente, os bens futuros que venham a estar afectos ao exercício da empresa depois de efectuada a consolidação da garantia (artigo 936º, nº 2).

A consolidação da garantia flutuante sobre os bens do devedor não impede, tendo em conta o poder de disposição e oneração do devedor, que outras garantias flutuantes incidam sobre os mesmos bens, gerando um conflito de garantias flutuantes entre vários credores. Neste caso, a consolidação de uma garantia flutuante autoriza os demais credores a consolidarem as suas garantias (artigo 939º), passando a solução do conflito pelo estabelecimento de uma relação de preferência entre credores. Parece evidente que a solução do conflito não poderá passar por dar primazia ao credor que primeiro tiver consolidado a sua garantia, sob pena de deixar sem sentido a autorização legal dada aos demais credores para em seguida consolidarem as suas garantias. Estes seriam sempre preteridos no confronto com o credor que tivesse desencadeado a consolidação da garantia flutuante, ainda que este tivesse constituído a sua garantia com data posterior aos demais. O legislador consagrou, por isso, o critério de preferência mais razoável e que consiste em resolver o conflito entre credores dando primazia àquele que primeiro tiver inscrito no registo comercial a garantia flutuante e não àquele que primeiro tiver inscrito no registo a consolidação (artigo 940º).

Trata-se, com efeito, de uma solução que se aproxima da solução do direito inglês. Como vimos, havendo conflito entre várias *charges*, a ordem de preferência no direito inglês é determinada pela data do título (*deed of charge*). No sistema consagrado pelo legislador comercial de Macau, a ordem de preferência é estabelecida em função do registo da garantia flutuante e não pela data do título. A justificação da diferença é simples: enquanto no sistema inglês o registo é mera condição de oponibilidade, no sistema consagrado no código comercial de Macau, o registo tem um efeito constitutivo, estabelecendo o artigo 931º, nº 2, que a "*garantia flutuante só produz os seus efeitos, mesmo entre as partes, depois de inscrita no registo comercial (...)*".

No que respeita a terceiros, que não os beneficiários de outras garantias flutuantes, a garantia flutuante só é oponível a partir do momento em que a notificação da consolidação da garantia seja inscrita no registo comercial (artigo 931º, nº 3). Equivale isto a afirmar, como faz o legislador comercial, que a "*garantia flutuante confere ao credor o direito à satisfação do seu crédito (...) com preferência sobre os demais credores que não gozem de garantia real constituída antes da inscrição da consolidação no registo*" (artigo 930º).

§ 4º A floating Lien e a Extensão da Garantia no *Uniform Commercial Code*

Numa primeira fase, a evolução sofrida pela temática da rotatividade do objecto da garantia no Direito norte-americano apresenta um tratamento análogo àquele que nos foi dado a conhecer pela *floating charge*. Só num segundo momento, a criação das garantias de objecto variável pelos particulares conduziu à emanação de uma disciplina que facilitou a difusão das garantias flutuantes sobre o património do devedor (*floating lien*[35]), obtendo-se a tutela do credor garantido sem com isso precludir a utilização dos bens onerados na actividade da empresa. Estas garantias podem ter como objecto capital fixo (*equipement*) ou capital circulante (*inventory*) admitindo diferentes configurações, e podendo o objecto incluir todos os bens pertencentes a uma ou mais categorias de bens existentes no património do devedor ou posteriormente adquiridos.

Na verdade, só com a entrada em vigor do *Article 9* do *Uniform Commercial Code*[36-37-38] (de ora em diante "UCC"), sob a epígrafe *Secured Transactions*, se pôs final-

---

[35] *"A lien that is expanded to cover any additional property obtained by the debtor while the debt is outstanding"* ou *"A lien that continues to exist even when the collateral changes in character, classification, or location"* – são estas as duas definições de *floating lien* que nos são dadas pelo *Black's Law Dictionary* (M.A., Abridged 7th ed., Bryan A. Garner, Editor in Chief, St. Paul, Minn., West Publishing Co., 1999). É interessante sublinhar como na primeira definição se ressalta o carácter *omnibus* ou de garantia geral, enquanto na segunda definição se põe o acento tónico naquilo que aproximaríamos do fenómeno da sub--rogação real. Na realidade, consideramos tratar-se de duas distintas modalidades de *floating lien*.

[36] Como consideração preliminar ao UCC, deve desde já assinalar-se que o UCC não é um Código, se por Código consideramos, no sentido actual um corpo legislativo unitário, "segundo critérios sistemático-científicos, que respeitam a todo um importante sector ou ramo do direito e se destinam a regulá-lo duradouramente a partir de certo momento". Basta atentar no § 1-103 para o perceber: " *(a) [The Uniform Commercial Code] must be liberally construed and applied to promote its underlying purposes and policies, which are: (1) to simplify, clarify, and modernize the law governing commercial transactions; (2) to permit the continued expansion of commercial practices through custom, usage, and agreement of the parties; and (3) to make uniform the law among the various jurisdictions.(b) Unless displaced by the particular provisions of [the Uniform Commercial Code], the principles of law and equity, including the law merchant and the law relative to capacity to contract, principal and agent, estoppel, fraud, misrepresentation, duress, coercion, mistake, bankruptcy, and other validating or invalidating cause supplement its provisions."*. Não corresponde, por isso, à ideia da codificação europeia: o sistema do UCC é irreconhecível aos olhos de um jurista de *Civil Law* – alguns negarão inclusivamente que haja um sistema; as normas não se caracterizam pela sua pretensão de generalidade mas, pelo contrário, por uma acumulação de excepções e a sua circunscrição a especiais situações de facto. O tema da codificação é hoje muito debatido (vantagens, inconvenientes, codificação do Direito constante ou não, entre outros aspectos), suscitando um interesse renovado numa época em que se propugna pelo avanço da criação de um Direito privado uniforme através de novas e progressivas formas de "codificação" conhecidas como *creeping codification* (Sobre esta matéria *vide* KLAUS PETER BERGER, "The Principles of European Contract Law and the Concept of the "Creeping Codification" of Law", *in* ERPL, vol. 9, nº 1, 2001, pp. 21-34.), enquanto desenvolvimento das necessidades de um Direito vivo que se quer flexível. Sobre a noção de codificação, seus significados e objectivo e o movimento codificador em geral, consultar, entre outros, WIEACKER, *História do Direito Privado Moderno*, (tradução portuguesa de A. M. Botelho Hespanha), 2ª ed., Lisboa, Fundação Calouste Gulbenkian, 1993, pp. 467 e ss.; BAPTISTA MACHADO, *Introdução ao Direito e ao Discurso Legitimador*, 12ª reimp., Coimbra, Almedina, 2000, pp. 99 e ss.; MENEZES CORDEIRO, *Tratado de Direito Civil Português*, I, *Parte Geral*, Tomo I, 3ª ed., Coimbra, Almedina, 2005, pp. 73 e ss.; BIGOTTE CHORÃO, "Código", *in Temas Fundamentais de Direito*, Coimbra, Almedina, 1991 (reimpressão), pp. 191-196.

mente termo a um quadro de incerteza e assinalável confusão em que coexistiam mecanismos de garantia tão diversos como a reserva de propriedade, as alienações condicionais, os penhores de todo o tipo, as cessões fiduciárias e um sem número de figuras afins[39]. A ideia foi a de criar uma única garantia real (*real security*)[40] sobre bens móveis que eliminasse a multiplicidade de regimes jurídicos existente até à data de aprovação do UCC, através da adopção de um regime geral aplicável a todo o tipo de bens móveis e com as especificações (mínimas) necessárias para adaptar a garantia às especificidades do seu objecto (*collateral*)[41]. Ainda que o esquema original do *Article* 9 tenha sido respeitado, a verdade é que com a revisão de 1999 muitas das regras contidas nas suas *Sections* sofreram relevantes

---

[37] O *Article* 9 não é um artigo no "sentido europeu". Na verdade, e como acima se assinalou, o *Article* 9 equivale a uma lei geral sobre garantias mobiliárias dividida em sete partes: *Part 1* – General *Provisions*; *Part 2 – Effectiveness of Security Agreement; Attachment of Security Interest; Rights of Parties to Security Agreement; Part 3 – Perfection and Priority; Part 4 – Rights of Third Parties; Part 5 – Filing; Part 6 – Default; Part 7 – Transition.* Cada *Part* divide-se em *Subparts* e *Sections*, correspondentes aos nossos artigos, ainda que, em geral, mais amplas e com vários parágrafos. Sobre o *Article* 9 do UCC é muita vasta a literatura jurídica. Entre outros, consultar: GILMORE, "The Secured Transactions Article of the Commercial Code", *in* 16 *Law & Contemporary Problems*, vol. 16, 1951, pp. 27 e ss; HENSON, *Secured Transactions Under the Uniform Commercial Code*, St. Paul Minn., 1979;

[38] Note-se que o *Article* 9 do UCC representou um avanço único no mundo, no domínio da regulação das garantias mobiliárias, sendo sumamente clarificador em terrenos (como o das garantias mobiliárias) em que reina muitas vezes a confusão. Neste sentido, cfr. ROJO AJURIA, "Las Garantias Mobiliarias (Fundamentos del Derecho de Garantías Mobiliarias a la Luz de la Experiencia de los Estados Unidos de América)", *in* ADC, t. 42, nº 3 (1989), p. 72. GILMORE, *Security Interests in Personal Property*, vol. I, Boston-Toronto, The Little Brown Co., 1965, p. 288, ressalta que era previsível, considerando o longo período de desintegração do Direito das garantias mobiliárias que este viesse a suceder um movimento favorável a uma "síntese". O *Article* 9 do UCC viria a realizar esta síntese.

[39] No mesmo sentido, sublinhando que antes da adopção do UCC, o Direito norte-americano das garantias mobiliárias variava de Estado para Estado, e mesmo dentro de um mesmo Estado, CLAUDE WITZ, "Les Sûretés Mobilières Anglo-Américaines au Regard du Droit Français des Sûretés", *in* RDB, nº 32 (Juillet-Août 1992), p. 146: "*Si les mêmes types de garantie avaient généralement cours dans les différents Etats, des divergences souvent notables apparaissaient quant à leur régime juridique. La diversité des sûretés mobilières, au sein d'un même Etat, était perçue comme source de complication et facteur d'incertitude, chaque sûreté obéissant à des conditions et à un régime juridique propre. Ainsi, il était courant de rencontrer, au sein d'un même Etat, une demi-douzaine des registres distincts en fonction des différents types de sûretés.*"

[40] Não pode deixar de referir-se que a tradução literal de *security interest* seria a de "direito de garantia", todavia, a tradução devido à inclusão nesse conceito das garantias pessoais (*sureties*). Contudo, aí não se incluem as garantias pessoais e por isso consideramos ser mais acertada a tradução de "garantia real" (assumindo o princípio geral do UCC sobre a funcionalidade das categorias e conceitos jurídicos).

[41] Ao que parece, como dos dá conta JOSÉ MARIA GARRIDO, *ob. cit.*, p. 69, a ideia terá surgido numa reunião de Llewellyn com Allison Dunham e Grant Guilmore, os redactores do *Article* 9, apesar de outros juristas terem participado *pues la magnitud de la tarea era abrumadora*. Destaca-se, ainda assim, o contributo de Guilmore a quem são atribuídas as inovações mais radicais do texto original.

ESTUDOS EM HOMENAGEM A MIGUEL GALVÃO TELES

alterações, alargando-se a sua aplicabilidade até aos actuais extremos[42]. A primeira característica a ressaltar é o facto de a construção do conceito de garantia real não obedecer a critérios conceptualistas, mas antes a critérios funcionais: garantia real será toda a técnica jurídica que cumpra a função de uma garantia real, independentemente da sua denominação e da intenção das partes (veja-se a definição da *Section* 9-102[43]). Qualquer tipo de operação cuja finalidade ou resultado seja a criação daquilo que substancialmente se define como garantia real ficará submetida às normas do *Article* 9. Este abarca tudo, cobre tudo. A globalidade do *Article* 9 baseia-se, em primeiro lugar, no pressuposto de que uma lei das garantias deve abarcar todas as formas de garantia disponíveis para os credores em cada fase do ciclo distributivo, o que supõe que o objecto da garantia possa ser todo o tipo de bem móvel, corpóreo ou incorpóreo, incluindo os direitos. À semelhança do que sucede com o nosso Código Civil a *personal property* tem carácter residual: são móveis todos os bens que a lei não considera expressamente como imóveis (artigo 205º, nº 1 do Código Civil). Em segundo lugar, a globalidade manifesta-se na superação das distinções formais e na definição de um único direito de garantia sobre bens móveis como eixo básico do sistema. Na perspectiva oposta, esse direito de garantia supõe que não seja possível a "criação" de novos instrumentos de garantia, o que nos levará a analisar a verdadeira dimensão da autonomia da vontade no âmbito das garantias mobiliárias.

Apenas ficam excluídas do âmbito do *Article* 9 as garantias reais imobiliárias[44]. Todas as garantias reais sobre bens móveis estão sujeitas à aplicação do UCC. Por um lado, o conceito de bens móveis é muito amplo, nele se incluem realidades

---

[42] Seguimos o *Uniform Commercial Code*, texto oficial, 2002. Como alerta MENEZES LEITÃO, *Cessão de Créditos*, Coimbra, Almedina, 2004, p. 239, nt. 931, "trata-se de um texto legislativo, que é constantemente actualizado, inclusivamente na numeração dos artigos, de edição para edição, pelo que edições anteriores não têm correspondência. O *Uniform Commercial Code* pode ser considerado como uma lei-modelo, tendo força legislativa em cada Estado em que é publicado, por vezes com variações, sendo completado e integrado pelo Direito Privado desse Estado e subordinado ao Direito Público, quer Estadual, quer Federal". Entre nós, sobre o UCC, em particular o *Article* 9, consultar MENEZES LEITÃO, *Garantia das Obrigações*, ob. cit., pp. 44 e ss. e 312 e ss. e PESTANA DE VASCONCELOS, *Direito das Garantias*, Coimbra, Almedina, 2010, pp. 33 e ss.

[43] *"(1) Except as otherwise provided in Section 9-104 on excluded transactions, this Article applies (a) to any transaction (regardless of its form) which is intended to create a security interest in personal property or fixtures including goods, documents, instruments, general intangibles, chattel paper or accounts; and also (b) to any sale of accounts or chattel paper. (2) This Article applies to security interests created by contract including pledge, assignment, chattel mortgage, chattel trust, trust deed, factor's lien, equipment trust, conditional sale, trust receipt, other lien or title retention contract and lease or consignment intended as security. This Article does not apply to statutory liens except as provided in Section 9-310. (3) The application of this Article to a security interest in a secured obligation is not affected by the fact that the obligation is itself secured by a transaction or interest to which this Article does not apply".*

[44] Cfr. § 9-109, d).

tão diversas como as mercadorias, equipamentos, créditos[45], valores mobiliários, recibos electrónicos ou partes de bens imóveis[46]. Por outro lado, a garantia real estende o seu âmbito de aplicação às quantias resultantes do bem objecto da garantia ou aos bens sub-rogados (*proceeds*)[47].

Em síntese, podemos considerar que a criação de uma garantia real exige um acordo (*security agreement*), e a adstrição (*attachment*) dos bens que constituem o seu objecto, mas a garantia apenas produzirá todos os seus efeitos no momento da *perfection*. O conceito de *perfection* assume assim uma importância fundamental. Para que uma garantia real se torne "*perfeita*" podem seguir-se diferentes vias. A regra geral é a de que as garantias reais se tornam *perfeitas* com a inscrição (*filing*), mas existem métodos alternativos como a posse ou o controlo do bem objecto da garantia.

Assim, e quanto à primeira dessas vias, uma das maiores novidades do *Article 9* é precisamente o sistema de publicidade que estabelece para as garantias reais mobiliárias: as garantias podem tornar-se *perfeitas* com a inscrição no registo de um documento, o *financing statement*, que indica com precisão a identidade do devedor e assinala os bens dados em garantia. Note-se que o *financing statement* pode indicar os bens dados em garantia de uma forma muito ampla, até mesmo incluindo substancialmente todos os bens móveis do devedor[48]. De ressaltar também que a inscrição do *financing statement* não exige que se tenha conferido crédito ao devedor: basta que esse crédito possa surgir posteriormente (cfr. *Section* 9-204 (c); *Section* 9-323). A inscrição é muito simples e pouco onerosa. Mas o aspecto mais inovador e é o da organização das garantias reais mobiliárias em torno de um registo de *base de dados pessoais*, isto é, se um credor deseja saber se existem garantias reais que onerem o património mobiliário de um determinado

---

[45] Sobre este ponto, consultar, SIVIGLIA, "Accounts, Chattel Paper, Instruments and General Intangibles under Current Law and Under the 1998 Revisions to Article 9", *in* UCC LJ, nº 32, 1999, pp. 206 e ss.

[46] Convém assinalar que, não obstante, há zonas de conflito, já que no caso dos direitos de propriedade intelectual e industrial, por exemplo, é possível a constituição de uma garantia conforme ao UCC e conforme com a legislação federal que regula estas matérias, pelo que poderiam constituir-se duas garantias reais potencialmente conflituantes. *Vide* HAEMMERLI, "Insecurity Interests: Where Intellectual Property and Commercial Law Collide", *in* CLR, vol. 96, nº 7, 1996, pp. 1645 e ss.

[47] A noção de *proceeds* não é fácil de traduzir para o português: literalmente, *proceeds* será tudo o que resulta de um bem, mesmo que em linguagem corrente se tenda a identificar este termo com os ingressos monetários resultantes da venda de um bem. Na realidade, consideramos que a ideia a que corresponde este termo jurídico é acolhida com mais exactidão no conceito de sub-rogação real.

[48] É este o problema de fundo que nos é colocado pelo *Article 9* e que se manifesta de uma forma particular na insolvência do devedor, pois é muito natural que a parte substancial do activo seja absorvida pela garantia real (cfr. COOGAN, "Article 9 of the UCC: Priorities Among Secured Creditors and the "Floating Lien"", *in* HLR, vol. 72, 1959, pp. 838 e ss.).

ESTUDOS EM HOMENAGEM A MIGUEL GALVÃO TELES

devedor, basta-lhe realizar uma busca dos *financing statements* desse devedor, tal como constam do registo. Trata-se de um sistema de publicidade pensado sobretudo para os credores que podem, deste modo, conhecer com relativa facilidade a existência de garantias reais anteriores, tendo, para além do mais, a segurança que lhes é conferida pela ordem de preferências fixada em conformidade com o princípio da prioridade temporal da inscrição. Este princípio conhece a famosa excepção do *purchase money security interest* (*Section* 9-103), pelo qual se um devedor recebe um crédito para a aquisição de um bem móvel, e a garantia recai sobre esse mesmo bem, o crédito garantido tem preferência sobre os *financing statements* inscritos num momento anterior, ainda que neles se inclua a categoria de bens a que corresponde o bem adquirido pelo devedor.

Deste modo, o Direito norte-americano resolveu de uma forma original o problema da proliferação das garantias mobiliárias[49]. Em certos casos é possível tornar *"perfeita"* uma garantia real com recurso a outras vias, já acima referidas: a posse ou o controlo. A perfeição mediante a posse responde à lógica do penhor tradicional, e pode afirmar-se que a sua manutenção, ainda que marginal, dentro do sistema do UCC, é apontada como um factor de incoerência[50]. Importância assinalável assume a *perfeição* por controlo: o conceito de controlo (*Sections* 9-104 e seguintes)[51] refere-se à possibilidade de dar instruções relativamente a uma conta bancária ou a uma conta de instrumentos financeiros, à cessão de direitos resultantes de crédito documentário, ou ao controlo de um *electronic chattel paper* (*Section* 9-105)[52]. O controlo é primordial porque, mesmo que seja possível obter a *perfection* mediante a inscrição, a referida inscrição será postergada face ao credor que obtenha o controlo. Por isso, para um credor, o mais seguro será inscrever o *financing statement* e obter o controlo deste tipo de bens objecto de garantia real.

As normas sobre a preferência procuram resolver todos os conflitos entre os diferentes tipos, mas nem sempre o conseguem de uma forma satisfatória. (*vide Sub-part 3, Priority*).

---

[49] Não deixa de ser curioso assinalar como GILMORE, apesar de todo o trabalho realizado, se arrependeu de alguns dos resultados alcançados com o *Article* 9 – "The Good Faith Purchase Idea and the Uniform Commercial Code: Confessions of a Repentant Draftsman", *in* GLR, vol. 15, 1981, pp. 605 e ss.

[50] Neste sentido, COOGAN, "Article 9, An Agenda for the Next Decade", *in* YLJ, nº 87, 1978, pp. 1030 e ss.

[51] *Vide* ROCKS e WHITE, "Getting Control of Control Agreements", *in* UCCLJ, nº 31, 1999, pp. 318 e ss.

[52] O conceito de *electronic chattel paper* foi introduzido na redacção de 1999 e constitui uma interessante adaptação à evolução das práticas comerciais. O conceito original de *chattel paper*, que continua a ser utilizado no Código, corresponde às facturas, recibos e contratos de venda de mercadorias nos quais se inclui uma garantia real sobre as mercadorias vendidas. O UCC permite criar uma garantia real cujo objecto é, na realidade, o crédito resultante da compra e venda subjacente e a garantia real sobre as mercadorias vendidas.

524

O *Article* 9 regula ainda a execução das garantias reais. Neste aspecto o Código é extremamente flexível, porque permite que o credor tome a posse dos bens do devedor sem necessidade de recurso a um processo judicial, sempre que o credor não atente contra a ordem pública (*Section* 9-609); mas o mais usual será a realização de um acto de disposição com recurso a um procedimento judicial ou extra-judicial, para os quais se acham consagradas normas que regulam a publicidade desses actos de disposição. Com efeito, o credor pode escolher entre proceder à venda dos bens objecto da garantia ou à realização de outros actos, como o aluguer desses bens. É também possível que a propriedade dos bens se adjudique ao credor como forma de satisfação total ou parcial dos créditos garantidos.

Em resumo, não deve estranhar-se que o *Article* 9 tenha revolucionado o sistema financeiro norte-americano, favorecendo uma expansão considerável dos financiamentos com garantias reais mobiliárias, o que beneficiou sobretudo a actividade empresarial. Tão pouco deve surpreender-nos o facto de o sistema do *Article* 9, com os ajustes necessários, ser considerado uma referência para as reformas propostas em diferentes países.

O desenvolvimento da *floating lien* foi assim muito facilitado com a introdução da disciplina do *Uniform Commercial Code* (UCC)[53], que adoptou uma configuração de carácter funcional consagrando uma disciplina geral aplicável a cada *security interest in personal property*[54], qualquer que seja a garantia concretamente

---

[53] É curioso ressaltar como, não obstante o art. 9º do UCC ser definido como um *floating lien statute*, a expressão *floating lien* não aparece em nenhuma parte do referido texto normativo. Particularmente significativas são as disposições do § 9-204 (1) que estabelecem a possibilidade de constituir direitos de garantia não só sobre bens já existentes no património do devedor, mas também sobre aqueles que este vier a adquirir no futuro (*after-acquired property*) e as dos §§ 9-203 (3) e 9-306 (2) em que se consagra a extensão da garantia aos *proceedes* do *collateral*. Cfr. EPSTEIN, MARTIN, HENNING AND NICKLES, *Basic Uniform Commercial Code*, St. Paul Minnesota, West Publishing Co., 1988, pp. 48 e ss., entre outros. Antes da entrada em vigor do *Uniform Commercial Code* a constituição de uma garantia que permitisse a utilização dos bens onerados no ciclo produtivo era realizada mediante a utilização do *field warehousing*. Esta operação tinha a vantagem de permitir a continuação da actividade do devedor, sem que este fosse obrigado a transportar os bens para os sujeitar ao controlo do credor garantido ou de um seu encarregado. Os bens onerados mantinham-se nas mãos do devedor sob o controlo de um terceiro especializado – a sociedade de *warehousing* – que autorizava a venda dos bens, desde que o devedor os substituísse com o pagamento de parte do empréstimo. Neste sentido, BAIRD and JACKSON, *Security Interests in Personal Property*, Mineola-New York, The Fondation Press, 1987, pp. 46-47; AA. VV. "Financing Inventory Through Field Warehousing", *in* YLJ, 1960, pp. 663 e ss. Em geral, sobre o regime anterior à entrada em vigor do UCC, GILMORE, *Security Interests in Personal Property*, vol. I, Boston-Toronto, The Little Brown Co., 1965, p. 295; GORDON, "The Security Interest in Inventory under Article 9 of the Uniform Commercial Code and the Preference Problems", *in* CLR, LXII, 1962, pp. 291 e ss.

[54] O § 9-102 prevê que "*this article (9) applies so far as concerns any personal property and fixtures ... (a) to any transactions (regardless of its form) which is intended to create a security interest in personal property*

convencionada pelas partes[55]. Introduziu-se assim um regime extremamente flexível que pode facilmente adaptar-se às novas exigências da realidade económica e, no futuro, permitirá uma adequada disciplina dos modelos de garantia criados pela *praxis*, sem que isso implique uma nova intervenção do legislador[56].

Não deve passar despercebido o facto de o *Uniform Commercial Code* estender a sua influência para lá das fronteiras dos Estados Unidos da América. O *Article 9*[57] que estabeleceu um novel sistema de garantias reais mobiliárias foi adaptado para a sua introdução em parte do Canadá e está a servir de modelo para a reordenação do Direito das garantias reais no México. Há ainda autorizadas vozes que advogam a adopção de um sistema similar no Reino Unido[58].

No que respeita às garantias de objecto variável, o aspecto mais significativo desta disciplina pode encontrar-se no sistema da *notice filing* através do qual se publicita a constituição da garantia, permitindo ao proprietário continuar a utilizar os bens empenhados na actividade da empresa.

Com o objectivo de conciliar as exigências de segurança do tráfico jurídico com o direito de o devedor continuar a ter a disponibilidade dos bens consagra-se

---

or fixtures". Todo o "edifício" do *Article 9* do UCC funda-se numa noção única, a de *security interest*, englobando todos os direitos que tenham por objecto um bem móvel ou imóvel e se destinem a garantir o cumprimento ou a execução de uma obrigação. Assim, a longa história da proliferação de técnicas de garantia independentes parece ter encontrado o seu fim.

[55] Sobre este ponto, consultar TUCCI, *Garanzie sui Crediti Dell'Impresa e Tutela di dei Finanziamenti. L'esperienza Statunitense e Italiana*, Milano, Giuffrè, 1974, p. 105, que ressalta como do § 9-109 do UCC dedica praticamente toda a secção do art. 9º aos acordos de garantia sobre *personal property*. Cfr. ainda BONIFAZI, *Problemi di Interstate Conflicts Relativi a Chattel Mortgage, Conditional Sale e Bailment Lease nel Diritto Statuninense*, *in* RDIPP, 1973, pp. 16 e ss.

[56] Pode afirmar-se que a reforma do *Uniform Commercial Code* começou no dia seguinte ao da sua aprovação pelo primeiro Estado. Os redactores do UCC estavam perfeitamente conscientes de que Código deveria ser actualizado e "afinado" permanentemente para manter-se em contacto com a realidade comercial e responder eficazmente às suas necessidades. Foi por isso criado o Conselho Editorial Permanente (*Permanent Editorial Board*, o PEB) do *Uniform Commercial Code*, cuja missão é a de estudar o aperfeiçoamento e as reformas do texto. Desde então o UCC experimentou notáveis mudanças, nomeadamente através dos aditamentos produzidos (a criação do *Article* 2A, sobre a locação de bens móveis, que incorpora uma complexa regulação deste tipo de contratos; o aditamento do *Article* 4A, que regula a transferência bancária; e a do *Article* 6, revisto, que altera algumas das normas em matéria das vendas em bloco), mas também pelas importantes e numerosas reformas efectuadas, sobretudo a última, de 1999 que reescreveu totalmente o *Article* 9.

[57] Como acima se referiu, o UCC tem uma sistematização totalmente diferente da *ratio* adoptada nos sistemas de Direito continental. Os *Articles* estão divididos em partes (e o *Article* 9, que na sua última redacção cresceu de uma forma assinalável, também em sub-partes), e dentro de cada uma das partes deparamo-nos com as diferentes *sections*. As *sections* são o equivalente aos artigos dos códigos europeus. Quanto à estrutura e forma do UCC, cfr. JOSÉ MARIA GARRIDO, *ob. cit.*, pp. 48 e ss.

[58] Como é assinalado por JOSÉ MARIA GARRIDO, *ob, cit.*, p. 73, nt. 179.

um eficaz sistema de publicidade. A oponibilidade a terceiros está, na verdade, subordinada à inscrição registral de um documento, a designada declaração de financiamento (*Financing Statement*) que contém a descrição dos bens dados em garantia e a indicação das partes[59].

O momento da inscrição, que pode inclusivamente preceder a conclusão de um contrato para a constituição da garantia, assume um papel central na disciplina do UCC. Por um lado, a partir desse momento os terceiros conhecem ou podem conhecer a potencial constituição de um direito de garantia sobre aqueles bens[60]; por outro lado, é o critério que permite determinar a prioridade entre os diferentes direitos de preferência que onerem os mesmos bens nas habituais hipóteses de conflito entre os demais credores de uma empresa em dificuldades financeiras.

As previsões do UCC são, pois, particularmente adequadas à constituição de garantias sobre o capital circulante. Por um lado, a ausência de desapossamento consente a utilização corrente dos bens onerados na actividade da empresa. Por outro lado, a extensão da garantia aquilo que foi obtido com o produto das alienações ou das transformações dos bens onerados (*procedes*)[61] evita que através da realização de operações fraudulentas se possa comprometer a satisfação do credor.

Em síntese, no Direito norte-americano a constituição das garantias rotativas sobre o património das empresas realizou-se através do recurso a um sistema que favorece a manutenção do contrato de garantia sem comprometer os direitos dos terceiros, constituindo por isso um interessante modelo para uma regulação da matéria[62].

---

[59] Sobre o sistema de publicidade consagrado no UCC, consultar, entre outros, GILMORE, *ob. cit.*, pp. 463 e ss.; SHANKER, "The General Transactions Law under Article 9 of the American Uniform Commercial Code and the British Crowther Report (Part 5)", *in Security over Corporal Movables*, coordenação de Sauveplanne, Sijthoff, Leiden, 1974, pp. 49 e ss.; WHITE AND SUMMERS, *Uniform Commercial Code*, vol. 2, St. Paul Minn., West Publishing Co., 1988, pp. 369 e ss.; e, numa perspectiva de Direito comparado, REYMOND, *Les Sûretés Mobilières aux Etats-Unis et en Suisse*, Genève, Droz, 1983, pp. 44 e ss.

[60] Em virtude das limitadas indicações contidas no *financing statement* está consagrada a obrigação de quem obteve a garantia fornecer informações posteriores (§ 9-208). Sobre este ponto, cfr., a título de exemplo, EPSTEIN, *ob. cit.*, p. 99.

[61] No mesmo sentido, VENEZIANO, "La Garanzie Sull'Intero Patrimonio Dell'Imprenditore della Nuova Legge Bancaria al Confronto con I Modelli Starnieri: Una Riforma a Metà?", *in* DCI, 1996, p. 930, em que sublinha como um *security interest* se estende automaticamente aos *procedes* do *collateral*, enquanto que para os *proceedes* resultantes da transformação dos bens objecto da garantia é necessário uma convenção expressa nesse sentido.

[62] O modelo do art. 9º do UCC suscitou um vasto interesse fora dos confins dos Estados Unidos da América, influenciando a redacção do *Personal Property Security Act* de Ontário (Canadá) publicado em 1967, bem como os trabalhos de reforma da matéria das garantias mobiliárias na Grã-Bretanha, Austrália, Nova Zelândia, Suíça, Áustria, e em alguns estados africanos. Para estas considerações,

ESTUDOS EM HOMENAGEM A MIGUEL GALVÃO TELES

§ 5º A Autonomia Privada e a *Sicherheiten mit Revolvierendem Bestand* no Direito Alemão

Também no Direito alemão se assinala uma ampla difusão e refinada elaboração das garantias rotativas, com a via da criação de modelos de garantia dotados de uma maior flexibilidade face aos tradicionais mecanismos de garantia do crédito[63].

O regime do *Pfandrecht an bewelichen Sachen* (§§ 1204 e seguintes do BGB) caracterizado pelo desapossamento do proprietário dos bens onerados mostrou-se desde logo inadequado e tem nos dias de hoje uma limitada esfera de aplicação aos casos em que o dador da garantia pode abdicar da posse (jóias ou metais preciosos, mercadorias depositadas junto de um terceiro, etc...)[64]. A necessidade de utilização dos bens onerados no processo produtivo tem sido satisfeita através do recurso a formas de garantia criadas muitas vezes pelo próprio legislador.

Assim, foram desenvolvidos modelos sempre mais complexos que permitiam a conciliação dos interesses da banca com os interesses das empresas financiadas. Nos contratos bancários, a constituição de garantias rotativas realizou-se através do recurso à alienação em garantia (*Sicherungsübereignung*)[65]: o banco adquire a titularidade dos bens onerados até ao momento da restituição integral do financiamento[66], enquanto se confere à empresa a possibilidade de continuar a utilizar os bens na sua actividade produtiva.

---

consultar SHANKER, *cit.*, p. 51 e Von WILMOWSKY, *Europäisches Kreditsicherungsrecht*, Tübingen, Mohr Siebeck, 1996, p. 155, nt. 5.

[63] As garantias constituem por isso um importante instrumento para a obtenção de financiamentos bem como para fazer face à *Unterkapitalisierung* das sociedades alemãs. Na verdade, sempre que as garantias conferidas para a obtenção de crédito impliquem a indisponibilidade de bens indispensáveis à sua actividade, tornar-se-ia impossível ou muito difícil evitar a paralisação da actividade societária. Para uma aproximação, consultar, entre muitos autores, LUTTER UND HOMMELHOFF, *Nachrangiges Haftkapital und UnterKapitalisierung* in der GmbH, *in* ZGR, 1979, pp. 58 e ss; ULMER "Gesellschafterdarlehen und Unterkapitalisierung bei GmbH und GmbH & Co KG" in Festschrift für K. Duden, München, Beck, 1977, p. 665. Na literatura italiana, *vide* PORTALE, Capitale Sociale e Socièta per Azioni Sottocapitalizatta, *in* RS, 1991, pp. 29 e ss.

[64] O recurso às garantias mobiliárias sem desapossamento (*besitzlose Mobiliarsicherheiten*) está, por outro lado, em harmonia com os interesses do banco credor, já que o exonera dos ónus de administração e/ou de custódia. Por outro lado, a utilização corrente dos bens dados em garantia na dinâmica da actividade da empresa permite uma mais provável/fácil satisfação dos interesses dos demais credores. A probabilidade de incumprimento é correlativa à capacidade de produção e de lucro da empresa devedora e, por conseguinte, à transformação e venda dos bens onerados.

[65] A este propósito, cfr. BÜLOW, *Recht der Kreditsicherheiten*, 4ª ed., Heidelberg, C. F. Müller, 1997, pp. 304 e ss. Para um quadro sintético destas posições, cfr., entre outros, SERICK, *Le Garanzie Mobiliari nel Diritto Tedesco*, Milano, Giuffrè Ed., 1990, pp. 10 e ss.

[66] A posição dos bancos face aos bens dados em garantia foi esclarecida pelo *Bundesgerichtshof* na sentença de 24 de Outubro de 1979, que precisou como a propriedade em garantia não atribui um direito pleno e ilimitado, mas apenas um poder de liquidação dos bens. Em consequência, nas

As técnicas elaboradas com vista a permitir a mutação do objecto da garantia variam consoante as necessidades e as actividades das empresas financiadas. Assim, deparamo-nos muito frequentemente com a aposição de uma cláusula nos contratos de garantia, através da qual o banco permite a utilização no processo produtivo dos bens onerados (*Verarbeitungsklausel*)[67]. Noutros casos, constitui-se uma garantia sobre o conjunto das matérias-primas contidas nos estabelecimentos da empresa (*Raumsicherungsvertrag*), estando por isso o empresário autorizado a utilizar os bens onerados para a normal continuação do processo produtivo, ficando, todavia, obrigado a substituí-los por bens com as mesmas características. Para evitar que em caso de alienação, a aquisição de boa fé (*gutgläubige Erwerber*) prejudique os interesses dos bancos financiadores, é também prevista a extensão da garantia aos créditos resultantes da alienação dos bens onerados.

Por último, é de sublinhar que as técnicas utilizadas na experiência alemã permitiram a criação de um eficiente sistema de extensão do contrato de garantia originariamente constituído (*vertikale Verlängerung*) que reforça a posição dos bancos e facilita a constituição de garantias sobre os bens societários[68].

O estudo do ordenamento jurídico alemão na actualidade possibilita-nos o contacto com um desenvolvimento extremamente articulado das garantias mobiliárias baseado na autonomia privada e na reserva ou alienação do direito de pro-

---

hipóteses de insolvência do devedor da garantia, o credor não pode requerer a cessão dos bens, mas apenas exercer o próprio direito de preferência sobre o mesmo.

[67] Através da estipulação de uma *Verarbeitungsklausel* as partes derrogam o disposto no § 950 do BGB, segundo o qual a coisa produzida na sequência da especificação da matéria é da propriedade de quem a transformou, estabelecendo que a propriedade dos bens alienados em garantia através da *Sicherungsübereignung* é do banco. Para a discussão sobre o conteúdo da *Verarbeitungsklausel*, FLUME, "Der Verlängerte und Erweiterte Eigentumsvorbehalt", *in* NJW, 1950, pp. 841 e ss. Igualmente controversa é a admissibilidade da cláusula com a qual para evitar que o devedor adquira a propriedade dos novos bens resultantes do processo produtivo se prevê que a transformação seja a cargo do proprietário (*Herstellerklausel*). Neste sentido, cfr. SERICK, *Eigentumsvorbehalt und Sicherungsübertragung*, Band IV, pp. 151 e ss; e na jurisprudência RG, 28 de Junho de 1936; e posteriormente, BGH, 28 de Junho de 1954; e BGH, 3 de Março de 1956.

[68] Note-se que a ampliação das garantias não segue apenas a via da extensão do contrato de garantia aos bens resultantes do normal desenvolvimento do ciclo produtivo ou daqueles adquiridos em substituição dos produtos alienados, mas também a via da extensão do direito de preferência a créditos diferentes daqueles originalmente garantidos (*horizontale Herweiterung*). Estabelece-se assim que os bens da empresa estão onerados em garantia das dívidas resultantes do contrato de crédito inicialmente garantido, mas também de todos os contratos já celebrados ou futuros com o mesmo credor. É esta a hipótese da *geschäftsverbindungsklausel* e da *Kontokorrentklausel* que estende a garantia aos créditos resultantes de todas as empresas do grupo a que pertence a empresa devedora (Cfr. Lambdsdorff, Handbuch des Eigentumsvorbehalts im deutschen und Ausländischen Recht, Frankfurt a. M., Athenäum Verlag, 1974, pp. 136 e ss; Thamm, Der Eigentumsvorbehalt im Deutschen Recht, Heidelberg, 4ª ed., 1977, pp. 44 e ss.).

priedade. Este desenvolvimento foi legitimado, e em certa medida controlado, pela jurisprudência. Por último, cabe-nos assinalar a ausência da publicidade.

De referir, todavia, que a capacidade expansiva das *Mobiliarsicherheiten* suscitou algumas críticas. Neste sentido, chegou mesmo a afirmar-se que o sistema centrado na *Verlängerung* era uma das principais causas das crises do processo falimentar (*Konkurs des Konkurses*)[69] e prejudicava os interesses dos credores quirografários que viam subtraído ao processo concursal a parte mais sólida do património societário.

§ 6º Os Modelos que Utilizam o Penhor. *Gage sans Dépossession* e Garantias de Objecto variável no Direito francês

Maiores similitudes com a situação portuguesa apresentam as experiências jurídicas em que a necessidade do recurso a modelos de garantia de objecto variável foi obtida com base no instituto do penhor.

Este desenvolvimento seguiu duas vias distintas: a da introdução *ex lege* do penhor de objecto rotativo ou variável e a da criação e desenvolvimento de modelos de garantia rotativa com base na autonomia privada.

A primeira via foi seguida no ordenamento jurídico francês, onde uma série de intervenções legislativas foram introduzindo derrogações relevantes ao regime do *gage* contido no *Code Civil* e assim afastando a invariabilidade do objecto da garantia[70].

O objectivo de não privar as empresas dos bens necessários à manutenção do seu processo produtivo (máquinas, matérias primas, entre outras) conduziu ao desenvolvimento de uma série de figuras heterogéneas de *gage sans dépossession*[71] ligadas a diferentes factores e contingências. A um olhar mais atento não

---

[69] Não pode, todavia, esquecer-se que o desenvolvimento das garantias mobiliárias rotativas no ordenamento alemão implicou um aumento considerável dos incrementos financeiros externos às empresas e portanto, também em presença de alguns aspectos negativos, fica um ponto de referência fundamental para que deseja aprofundar tal temática.

[70] Consulte-se, PLANIOL ET RIPERT, *Traité Pratique de Droit Civil Français*, tomo XII, *Suretés Réelles, Première Partie* (org. BECQUE) Paris, LGDJ, 1953, pp. 99-100, que assinalam como, nas hipóteses de substituição do objecto onerado, o direito de penhor não pode ser aplicado ao novo objecto da garantia em virtude do carácter excepcional da sub-rogação real. Neste sentido, *vide* também VEAUX-FOURNERIE, "Fungibilité et Subrogation Réelle en Matière de Gage Commercial", *in Études de Droit Commercial: Le Gage Commercial* (org. HAMEL), Paris, Dalloz, 1953, pp. 126 e ss.

[71] Merecem ser chamados à colacção os *warrants sans déplacement* (*warrant hotelier, petrolier, industriel* e *agricole*) nos quais os meios onerados se mantinham na posse do empresário, sendo emitido um título representativo dos mesmos habilitando a mobilização do crédito garantido (Cfr. TENDLER, *Les Sûretes*, Paris, Dalloz, 1983, pp. 81 e ss.). Com motivações análogas são ainda de referir o *nantissement de l'outillage et du matériel d'équipement professionel*, introduzido para facilitar a modernização da indústria francesa nos anos subsequentes no final da Segunda Guerra Mundial, que, depois de

pode, todavia, escapar o *natissement des fonds de commerce*, introduzido pela lei de *17 de Mars 1909*, que adquiriu progressivamente um papel proeminente e constitui nos dias de hoje a garantia mais utilizada nas operações de financiamento às empresas[72].

São numerosas as vantagens oferecidas por esta garantia, que permite evitar a imobilização dos bens da empresa e, ao mesmo tempo, consente que o credor adquira um *droit de suite* nas hipóteses de alienação da totalidade do *fonds de commerce*[73]. A constituição do *natissement* implica de facto que sejam submetidos ao contrato grande parte dos elementos da organização da empresa: a marca, a firma, o direito de arrendamento dos locais onde se desenvolve a actividade, a clientela, o aviamento. É assim possível ampliar o conteúdo da preferência do credor pignoratício, estendendo-o, de comum acordo, aos ónus sobre patentes, marcas, desenhos e modelos ornamentais. Estão necessariamente excluídos do *nantissement* as mercadorias, a fim de evitar conflitos entre o credor garantido e os terceiros adquirentes[74].

As características do instituto asseguram pois a realização dos interesses do credor garantido em harmonia com as exigências da empresa. A constituição em garantia do conjunto dos elementos do *fonds de commerce* implica que o direito do credor possa ser exercido, sem comprimir os poderes de gestão.

Concluindo este bravíssimo excurso, a análise do ordenamento francês revela uma atenção constante às variações do objecto das garantias mobiliárias, que

conhecer um sucesso considerável, tem sido abandonado a favor das garantias caracterizadas por um menor formalismo (Cfr. GROSLIÈRE, "Gage", *in Répertoire de Droit Civil*, tomo V, Paris, Dalloz, 1972, pp. 14 e ss; TENDLER, *ob. cit.*, pp. 105 e ss.).

[72] O *natissement* constitui-se por documento escrito (*acte autentique* ou *seing prive*) que deve ser escrito em 15 dias num registo especial junto do *tribunal de commerce*, p. 983; RIPERT, *Traité de Droit Commercial* (org. ROBLOT), tomo I, 14ª ed., Paris, LGDJ, 1991, p. 517; e na jurisprudência, Tribunal de Paris, de 4 de Março de 1971, *in Gazette du Palais*, 1971, 2, 79. Para a individualização da noção de *fonds de commerce*, *vide* MESTRE, PUTMAN et BILLIAU, *Traité de Droit Civil sous la direction de Jacques Ghestin, Droit Spécial des Sûretés Réelles*, Paris, LGDJ, 1996, pp. 423 e ss.

[73] Neste sentido é importante sublinhar como a difusão das operações de financiamento garantidas pelos *natissements des fonds de commerce* não foi impedida pela circunstância do valor do mesmo não ser constante, mas antes ligado ao desenvolvimento de uma actividade comercial e podendo mesmo diminuir com o decurso do tempo. Na *praxis* bancária, para evitar tal inconveniente requer-se ao credor que confira a tal forma de garantia um *natissement d'outilage*. Sobre o *gage sur fonds de* commerce no Direito belga, cfr. T'KINT, *Sûretés et Principes Généraux du Droit de Porsuite des Créanciers*, 3ª ed., Bruxelles, Ed. Larcier, 2000, pp. 169 e ss.

[74] Talvez seja este o limite mais consistente da disciplina francesa. A impossibilidade de estender o contrato de garantia às mercadorias exclui, na verdade, pelo menos para algumas empresas, que uma parte de relevo do activo circulante possa ser utilizado como objecto de garantia. Por outro lado, estão necessariamente excluídos os livros de comércio, os documentos contabilísticos, os créditos e os contratos, salvo aqueles relativamente aos quais seja expressamente consagrado que possam ser objecto da garantia (*vide*, RIPERT, *ob. cit.* pp. 516-517).

ESTUDOS EM HOMENAGEM A MIGUEL GALVÃO TELES

constituem uma confirmação indirecta do papel central que desempenham num sistema moderno de financiamento às empresas. Noutra perspectiva, não pode descurar-se o estudo da experiência francesa em matéria de garantias mobiliárias[75], já que este oferece importantes contributos para a análise da problemática da rotatividade do objecto da garantia.

§ 7º Cont. Garantias de Objecto Variável e *Senza Desplazamiento* no Direito Espanhol

A acção conjunta da autonomia privada e da intervenção do legislador está na base do processo de adaptação do modelo tradicional do penhor na experiência espanhola.

No que concerne ao primeiro aspecto, é de ressaltar que a problemática da substituibilidade do objecto do penhor tem sido analisada à luz do *principio de especialidad* consagrado no artigo 1860º, IV do *Código Civil*.

O ponto de partida para esta indagação está na constatação de que o silêncio do *Código Civil* sobre a substituição dos bens onerados pode ser colmatado, sempre que seja possível concluir que os modelos de garantia de objecto variável não atentam contra as disposições legais e os princípios de ordem pública. Assim, considerando que uma interpretação rígida do *principio de especialidad* teria como consequência uma assinalável limitação à esfera de aplicação do penhor no domínio dos contratos bancários, consagrou-se a admissibilidade de um penhor de objecto variável (*prenda flotante*). A observância e o respeito do princípio contido no *código civil* (artigo 1860, IV) é, todavia, assegurado através da necessária inscrição no contrato de garantia de um limite mínimo e de um limite máximo entre os quais pode oscilar o valor do objecto da garantia, bem como através da necessária indicação das características dos bens que podem substituir aqueles que foram inicialmente dados em garantia[76].

---

[75] Desde logo, pelas raízes comuns e das afinidades com o Direito italiano, que por sua vez muito influenciou o Direito português.

[76] São assim criados com precisão os casos e as modalidades de substituição do *objecto de la prenda*, delineando-se uma completa disciplina das variações do objecto da garantia. Nesta perspectiva, requer-se a convenção expressa das partes quanto à substituição dos bens onerados (Neste sentido, FELIU REY, "Garantías Posesorias sobre Cosa Mueble en Cataluña (Ley 22/1991) y Unidad del Mercado", *in Derecho de los Negócios*, Año 3, nº 20, 1992, Madrid, La Ley-Actualidad, , pp. 13 e ss; SALINAS ADELANTADO, *El Régimen Jurídico de la Prenda de Valores Negociables*, Valencia, Tirant lo Blanch Ed., 1996, p. 236). Para um quadro geral dos contratos de penhor bancário no Direito espanhol, cfr. os modelos de *prenda de títulos valores* referidos por Garcia BARBON, CASTAÑEDA, GARCIA SOLE Y MANTESANZ GARCIA, *Formulário de Garantias de Operaciones de Crédito (Financiación, Leasing y Factoring)*, Madrid, Civitas, 1992, pp. 47 e ss.). Por outro lado, afirma-se a possibilidade da manutenção da configuração unitária da operação mesmo quando o produto da venda dos bens não é imediatamente reinvestido como sucede nas hipóteses da constituição de penhor sobre carteiras de valores em gestão patrimonial (carteiras dinâmicas). Na realidade, nestes casos, entre a venda

Os referidos limites ao regime do penhor foram posteriormente afastados pela *Ley Catalana de Garantìas Posesorias sobre Cosa Mueble del 29 Noviembre 1991*, onde se acham expressamente reguladas as hipóteses de garantia de objecto variável (artigo 12º). O conteúdo preceptivo dessa disposição representa um importante passo em frente no panorama de Direito comparado da disciplina do penhor[77] e constitui uma importante constatação do papel das garantias de objecto variável nas operações de crédito bancário[78].

Numa outra perspectiva, a evolução do Direito espanhol parece paradigmática no que concerne à necessidade de abandonar os tradicionais modelos a favor de formas mais modernas de garantias mobiliárias[79].

O objectivo de contemplar a tutela do crédito com o recurso aos bens utilizados na actividade da empresa está, de facto, na base da disciplina da *Ley 16 Diciembre de 1954* em matéria de *hipoteca mobiliária y prenda sin desplazamiento*[80] (de

dos títulos empenhados e o reinvestimento posterior do produto obtido existe um hiato temporal durante o qual objecto da garantia é constituído por uma quantia em dinheiro e, portanto, os bens não são da mesma *especie y calidad* durante toda a vida da garantia (Cfr. SALINAS ADELANTADO, *ob. cit.*pp. 229 e ss.). A possibilidade de proceder à substituição do objecto da garantia sem com isso modificar a data da celebração do penhor, como já se referiu, pode dar lugar a abusos, favorecendo acordos entre o banco e os clientes com vista à criação de um "crédito aparente" com o fim de estender o penhor a todos os títulos depositados junto do banco. Para evitar o recurso a este tipo de "expediente" tem sido sustentada a importância da indicação de um limite máximo do valor dos bens (mesmo que muito elevado) que permitem constatar *ab initio* a proporção entre o valor do crédito garantido e os limites fixados e, consequentemente, impedir a ocorrência de manobras fraudulentas (Nesta mesma ordem de ideias, SALINAS ADELANTADO, *ob. cit.*, p. 238).

[77] Nestes termos, SALINAS ADELANTADO, *ob. cit.*, p. 234. Cfr., entre outros, a *Esposición de motivos alla Ley Catalana de Garantias Posesorias sobre Cosa Mueble del 29 Noviembre 1991*, onde se afirma como as suas disposições regulam uma forma de garantia muito "*frequente en el trafico actual*".

[78] A fim de evitar o surgimento de contestações sobre as operações de substituição do objecto da garantia são previstos critérios precisos para a avaliação dos bens, em particular, no caso dos *valores cotizables,* a substituição de um título por outro terá o valor da respectiva cotação oficial de mercado à data da substituição (SALINAS ADELANTADO, *ob. cit.*, p. 233). Não parece necessário, no sentido da *Ley Catalana de Garantias Posesorias sobre Cosa Mueble del 29 Noviembre 1991*, a redacção de um novo *documento público* aquando da substituição do objecto do penhor. Neste sentido parece decisivo o teor da disposição que, exigindo para a substituição de *valores cotizados* (art. 12.2) a menção no título da substituição ocorrida, esclarece que "*non es necessário un nuevo documento público*" (Cfr., SALINAS ADELANTADO, *ob. cit.*, p. 235).

[79] No mesmo sentido, SEBASTIAN HERRADOR ("Apectos Económicos de la Hipoteca Mobiliaria y de la Prenda sin Desplazamiento", *in Anales de la Academia Matritense del* Notariado, 1961, pp. 24 e ss.), sublinha que as garantias mobiliárias sem desapossamento contribuem para o desenvolvimento dos mercados aumentando a capacidade produtiva das empresas.

[80] Não podemos deixar de referir que já na *Ley Española 21 Agosto 1893* relativa à hipoteca naval, o legislador lançando mão de uma operação de ficção legal submetia o navio a um regime jurídico análogo ao consagrado para os bens imóveis (A este repeito, cfr. BOUZA VIDAL, "Los Efectos del Procedimiento de Insolvencia Transfronterizo en los Derechos sobre Valores Anotados en Cuenta:

ora em diante "LHMPSD"), que introduziu um completo sistema de garantias mobiliárias sem desapossamento[81]. Em primeiro lugar, consagra a possibilidade de incluir na *hipoteca de estabilimiento mercantil*, as mercadorias e as matérias-primas destinadas à produção (artigo 22º da LHMPSD). Desta forma amplia-se o objecto da garantia sem impedir a transformação e a venda dos bens onerados, uma vez que o empresário não tem que subtrair os referidos bens ao ciclo normal de produção, sendo-lhe apenas exigido que conserve uma quantidade mínima nos estabelecimentos da empresa (artigo 22º LHMPSD)[82], substituindo os bens transformados ou vendidos por outros de qualidade e quantidade *igual o superior*[83].

Às mesmas exigências responde, afinal, a *prenda sin desplazamiento* (artigos 52 e ss. LHMPSD) que permite a manutenção dos bens onerados depositados junto do proprietário e, consequentemente, contribui para a redução dos custos do crédito[84].

Distintos Modelos de Regulación", *in Estudos em Homenagem à Professora Doutora Isabel de Magalhães Collaço*, org. por Rui Manuel de Moura Ramos,[et al.], Coimbra, Almedina, 2002, p. 30), visando assim superar os inconvenientes resultantes do *desplazamiento posesorio*.

[81] A criação de uma garantia deve ser inscrita no *Registro de hipoteca mobiliaria e de prenda sin desplazamiento*. Contudo, o sentido desta inscrição é controverso. Enquanto alguns consideram tratar-se de uma *conditio iuris* aposta no momento da celebração do contrato de garantia e, portanto, sem a inscrição fica suspenso o seu efeito (neste sentido, Vallet de Goytisolo, "Esbozo de la Hipoteca Mobiliária y de la Prenda sin Desplazamiento", *in Estúdios sobre Garantias Reales*, Madrid, Montecorvo, 1984, pp. 395 e ss.), outros atribuem importância central à redacção do documento escrito e, assim, consideram que na falta de inscrição, a garantia apenas produz efeitos *inter partes*. Sublinhe-se que o Direito espanhol tem uma posição mais liberal quanto à celebração deste tipo de contrato de garantia, não impondo a observância de especiais requisitos relativos às partes. Por outro lado, não existem limites quanto ao crédito garantido, exigindo-se apenas que o seu valor seja expresso na moeda nacional.

[82] Com o fim de tutelar o direito à satisfação do credor estabelece-se que o credor poderá considerar a obrigação vencida, sempre que o valor dos bens onerados diminua vinte e cinco por cento e o devedor não reforce a garantia (art. 29.8 LHMPSD):

[83] Para a análise dos problemas resultantes da extensão da *hipoteca de estabilimiento mercantil*, vide Garcia Pita y Lastres,"La Hipoteca Mobiliária y la Prenda sin Desplazamieto en el Derecho Mercantil, *in Tratado de Garantias en la Contratación Mercantil* (org. Nieto Carol, Muñoz Cervera), tomo II, *Garantías Reales*, vol. 1, *Garantías Mobiliárias*, Madrid, Editorial civitas, 1996, p. 274, que ressalta que as mercadorias e as matérias primas são bens sujeitos a transformação e consumíveis e, por isso, é difícil conseguir alcançar a determinabilidade necessária para a constituição de uma *gravamen real*.

[84] *Vide*, por todos, Garcia Pita y Lastres, *cit.*, pp. 308 e ss; Lopez Beltran de Herédia, "La Hipoteca Mobiliaria y la Prenda sin Desplazamiento de la Posesión", *in* AA. VV., *Derechos Reales y Derecho Inmobiliario Registral* (org. Lopez e Montés Penadés), Valencia, Tirant lo Blanch, 1994, p. 758. Por outro lado, numa perspectiva de Direito comparado, cfr. as reflexões de Hundertmark, *Besitzlose Mobiliarsicherheiten und Insolvenzverfahren nach Spanischem Recht*, Berlin, Duncker & Humblot, 1996, pp. 156 e ss.. Facto emblemático das características peculiares da *prenda sin desplazamiento* é a controvérsia sobre a qualificação de tais institutos, dado que a LHMPSD não se

Actualmente há que atender à Ley 19/2002, de 5 de Julho, sobre *Derechos Reales de Garantía*[85], que veio substituir a até então em vigor Ley 22/1991, de 29 de Novembro, sobre *Garantías Posesorias sobre Cosas Muebles* a que acima se aludiu, que logo no seu preâmbulo estabelecia a paridade entre o conceito de prenda objecto ao de prenda valor, sendo assim possível admitir que existe um penhor rotativo sobre coisas fungíveis[86]. A regulação do direito de penhor é muito similar à da Ley 22/1991. Acresce que o artigo 16º da actual lei sobre *Derechos Reales de Garantía* sublinha que: "*Si se ha pactado así expresamente, la persona deudora puede sustituir la totalidad o parte de las cosas fungibles dadas en prenda, entendiendo por cosas fungibles las que pueden sustituirse por otras de la misma especie e y calidad*". Assim, analogamente ao que se previa, a nova lei consagra a livre disposição da coisa objecto de penhor e a transmissão da sua posse para o credor ou para um terceiro de acordo com o devedor pignoratício – os quais devem conservá-la com a diligência necessária, sem poder fazer outro uso para além daquele que seja necessário para a sua conservação (artigo 18).

Daqui resulta que a Lei Catalã permite a substituição dos elementos que integram o objecto do penhor, sempre que as partes o tenham expressamente convencionado, mas não consente que se altere o valor global da garantia[87]. Esta imutabilidade da

---

pronuncia explicitamente sobre a questão. Por um lado, nega-se a existência de um verdadeiro e próprio *derecho real*, já que não há uma *res* determinada sobre a qual possa exercer-se o "poder directo e imediato". Na verdade, é característica da *prenda sin desplazamiento* a de incidir sobre os bens móveis corpóreos que não são susceptíveis de ser em individualmente considerados. Em consequência, qualifica-se o instituto como um privilégio (neste sentido, VALLET DE GOYTISOLO, *cit.* p. 406). Por outro lado, sublinha-se que na *prenda sin desplazamiento* há elementos que podem pesar no sentido de qualificar diversamente o instituto: celeridade do procedimento de execução, regime jurídico das alienações não permitidas (Cfr. LACRUZ BERDEJO, LUNA SERRANO, DELGADO ECHEVARRIA Y MENDOZA OLIVAN, *Elementos de Derecho Civil. Derechos Reales*, tomo II, vol. 2., *Posésion y Propriedad*, Barcelona, Bosch Ed., 1991, p. 426).).

[85] A denominação da nova Lei, *Derechos Reales de Garantia*, quando a anterior se designava *Garantías Posesorias sobre Cosas Muebles*, põe imediatamente em relevo a amplitude do alcance do novo diploma legal que, juntamente com o penhor e o direito de retenção sobre coisa móvel, introduz no Direito catalão a regulamentação da anticrese e o direito de retenção sobre bens imóveis. Para mais desenvolvimentos, cfr., entre outros, RIPLEY, "Derechos Reales de Garantia en el Derecho Civil de Catalunya", *in* www.indret.com, Working Paper de Dret Catalã, nº 11, Barcelona, Abril de 2004.

[86] Basta uma leitura do disposto no art. 11.2 e 3 da referida Lei para o sustentar: "*Se considerará como único objeto de prenda el conjunto de cosas cuyo valor en el tráfico se determine en consideración a su número, peso o medida (...) Podrán configurarse como objetos unitarios de prenda los conjuntos o paquetes de valores, como pueden ser acciones, obligaciones, bonos, créditos o efectos en general...*".

[87] Assim sucede com as normas de unificação bancária em Itália em que as matérias da *anticipazione bancaria* e da abertura de crédito garantido dispõe que o dador do penhor pode substituir durante a vida do contrato, com o consentimento do banco, os bens dados em garantia por outros que tenham as mesmas características, os quais continuam sujeitos ao contrato originário de

variação do valor global é favorável a ambas as partes. É habitual que uma instituição de crédito exija do seu cliente uma garantia cujo valor ou margem da garantia substitutiva exceda entre 10% a 15% o montante total do crédito ou créditos garantidos face a eventuais e previsíveis deteriorações ou diminuições do valor do objecto empenhado, sobretudo se se tratam de acções cotadas em bolsa, uma vez que as oscilações ou flutuações da cotação podem provocar estas descidas. Mas, por outro lado, o facto de se incluir esta margem de garantia normalmente no clausulado de todos os contratos de empréstimo com penhor de valores mobiliários ou antecipação bancária, faz com que o devedor se obrigue a manter constante a relação entre o preço que resulta da cotação no mercado dos valores mobiliários empenhados e o valor do preço/custo total do crédito, obrigando-o a repor a garantia quando se atinja uma depreciação por volta dos 10% ou procedendo-se, na sua falta, à execução da garantia (artigo 1129º, nº 3 do *Código Civil*).

Com a Lei Catalã introduzem-se duas novas e importantes alterações ao regime geral do penhor. Por um lado, introduz-se o princípio da sub-rogação real (artigo 17º), com o fim de pôr termo à questão relativa aos créditos empenhados cujo vencimento se produza antes do vencimento do crédito garantido pelo penhor, caso em que a garantia recai sobre o objecto recebido como consequência do pagamento. Por outro lado, elimina-se o princípio da especialidade no penhor. Há que ter em consideração que num sistema de publicidade que se funda principalmente na posse e, de forma secundária, na existência de um *"instrumento público, el principio de especialidad puede ser de difícil concreción en la prática. En este sentido, la distribución de responsabilidad entre los distintos objectos dados en prenda debe ser meramente voluntaria, en vez de venir impuesta por la Ley*[88]*"*.

§ 8º Cont. *As Garanzie «Rotative» Convenzionali* no Direito Italiano: A Elaboração Doutrinal e Jurisprudencial e o *«Pegno Rotativo»*

Em Itália, a figura do penhor rotativo deve o seu nascimento às exigências de financiamento externo às actividades da empresa. É neste sentido que se afirma que "o direito dos negócios exige, no momento presente, que alguns tipos de garantia mobiliária persistam e continuem no tempo, independentemente do objecto sobre que incidem e independentemente da sua existência material: exige, por outras palavras, uma garantia rotativa[89].

Antes de se enunciarem as principais posições doutrinais e o importante papel da jurisprudência quanto à admissibilidade e requisitos específicos do "*patto di*

---

penhor, excluindo-se assim todo e qualquer efeito novatório. Cfr., entre outros, GABRIELLE, *Il Pegno «Anomalo»*, Pádua, Cedam, 1990, pp. 216 e ss.

[88] Parágrafo 10º ao Preâmbulo da *Ley* 19/2002, de 5 de Julho, sobre *Derechos Reales de Garantia*.

[89] GABRIELLI, Il Pegno «Anomalo», *ob. cit.*, p. 182.

rotatività" aposto nos contratos bancários, deve avançar-se uma noção de *pegno rotativo*, geralmente aceite, ainda que com algumas reservas, como se dará nota, no que concerne ao exacto conteúdo e aos limites formais impostos à cláusula tipo. Assim, acompanhando GABRIELLI, trata-se de *"una forma di garanzia che consenta la sostituibilità e mutabilità nel tempo dell'oggetto senza comportare, ad ogni mutamento, la rinnovazione del compimento delle modalità richieste per la constituzione della garanzia o per il sorgere del diritto di prelazione, ovvero senza dar luogo alle condizioni di revocabilità dell'operazione económica in tal modo posta in essere"*[90].

À doutrina sucedeu, mais recentemente, a jurisprudência, considerando que a peculiaridade deste tipo de penhor consiste no facto de no contrato de garantia se atribuir a uma ou ambas as partes o poder ou a faculdade de substituir o bem originalmente dado em garantia por outro de valor equivalente, sem que isso determine a novação do contrato de garantia original[91].

No sistema jurídico italiano, a jurisprudência, através de seis sentenças – duas de "legitimidade" e quatro de "mérito"[92] – removeu os obstáculos que impediam a autonomia negocial de construir uma garantia mobiliária cujo objecto – nos casos *sub iudice* estavam em causa um penhor de títulos depositados junto dos bancos credores – pudesse ser mudado ou substituído, de acordo com o programa contratual estipulado pelas partes.

O raciocínio judicial seguido, ainda que acentuando aspectos diversos, fundou-se numa série de indicadores normativos dos quais se retirou a conclusão da inexistência de obstáculos à licitude, à oponibilidade e à continuidade da garantia nos casos em que as partes tivessem convencionado cláusulas que permitiam a substituição do objecto original da mesma. As normas co Código Civil Italiano em causa são: os artigos 2742º e 2743º sobre a sub-rogação da indemnização sobre coisa objecto da garantia em caso de perda ou deterioração desta e sobre a integração da garantia em caso idêntico; o artigo 2795º sobre a deterioração ou perecimento da coisa dada em penhor; os artigos 2802º e 2803º sobre o penhor de créditos; os artigos 2815º e 2816º em caso de conversão da hipoteca sobre o direito do concedente

---

[90] GABRIELLI, Sulle Garanzie Rotative, Napoli, Jovene, 1998, pp. 22.

[91] Neste sentido, cfr. a sentença do Tribunal de Milão, de 17.11.1997, in Foro Italiano, 1998, I, p. 1309.

[92] No que respeita à jurisprudência de legitimidade, ver Cass., 28 de Maio de 1998, *Banca, Borsa, Titoli di Credito*, vol. 51, fase V, Parte Seconda, 1998, p. 485, com anotação de AZZARO, *Il pegno «rotativo» arriva in Cassazione, ovvero «come la dottrina diventa giurisprudenza»*; Cass., 27 de Setembro de 1999, n. 10685 in *Il Fallimento*, 2000, p.777, com anotação de FINARDI, *Efficacia reale del pegno rotativo: posizione consolidata della giurisprudenza*. Na jurisprudência de mérito, ver sentença do Tribunal de Génova, 30 de Maio de 1997, *Banca, Borsa, Titoli di Credito*, Parte Prima, 1998, p. 578, com anotação de LENER, *Pegno di titoli in gestione patrimoniale: nuove indicazioni dalla giurisprudenza*; sentença do Tribunal de Milão, de 17 de Dezembro de 1997, in *Foro Italiano*, 1997, I, col. 1389; sentença do Tribunal de Roma, 29 de Janeiro de 2000, in *Il Fallimento*, 2000, p. 1056.

ou do enfiteuta em caso de devolução e sobre o direito do superficiário em caso de extinção do direito; o artigo 2825º sobre a transferência da hipoteca de bens indivisíveis.

A partir de tais normas a jurisprudência veio sustentar que, do ponto de vista sistemático, seria admissível a construção convencional de uma garantia real cujo bem fosse considerado não na sua individualidade, mas pelo seu valor económico.

Partindo da negação da tese, sobretudo pelo primeiro acórdão do "Supremo Tribunal", de que a hipótese em questão pudesse ser considerada como um penhor consensual ou uma garantia mobiliária atípica, abriu-se a porta ao reconhecimento jurisprudencial da figura típica da garantia mobiliária rotativa: aquilo que é reconhecido à autonomia privada é, de facto, a possibilidade de fixar um objecto da garantia, em que as partes não se limitem a individualizar de modo específico e exclusivo uma coisa móvel, mas de contemplar a possibilidade da sua alteração sem prejuízo da continuidade da garantia. Dito de outro modo, a mutação da coisa objecto da garantia implicaria a constituição de um novo penhor, com todas as consequências que daí advêm, designadamente em termos de observância de todo o formalismo legal para a sua constituição, de perda da data de prioridade do penhor inicialmente constituído e de eventual perda da garantia em caso de insolvência.

Todavia, o espaço reconhecido à autonomia privada, apoiado em exemplos normativos, não foi concebido pela jurisprudência como uma liberdade indiscriminada. Na verdade, o "Supremo Tribunal", perante uma cláusula bancária típica de rotatividade constante de uma garantia mobiliária, em que se previa que "os títulos que, com o consentimento do banco, fossem depositados em substituição dos títulos originariamente depositados e/ou em reintegração da garantia ficam sujeitos ao originário vínculo do penhor", rejeitou que tal pudesse configurar-se como uma garantia rotativa. Faltaria a esta cláusula os requisitos pelos quais se especificasse a modalidade, inclusive de ordem cronológica, de substituição do bem objecto da garantia e os limites que a substituição do bem deve respeitar, muito especialmente que a substituição se contenha dentro dos limites do valor do bem originariamente dado em penhor, ou seja, que haja uma predeterminação do valor dentro do qual a substituição do objecto pode ocorrer[93].

Os dois limites à autonomia privada enunciados pela jurisprudência na construção da garantia mobiliária rotativa encontram o seu fundamento jurídico no facto de serem nesses limites ou pressupostos que se movem as hipóteses previstas no código civil italiano de mutação do objecto da garantia real. Todavia, a sentença do Tribunal de Milão[94], no sentido de não evitar o problema deixado

[93] Cfr. Cass., 28 de Maio de 1998, cit., pp. 489 e 490.
[94] Sentença do Tribunal de Milão, de 17 de Dezembro de 1997, cit., col. 1312.

em aberto pela jurisprudência inicial, adicionou ao requisito do valor um outro aspecto relativo à construção formal do instituto, o que representa, na verdade, a justificação, do ponto de vista prático, da *Interessenjurisprudenz* da solução acolhida. Somente se a rotatividade do objecto da garantia mobiliária se mantivesse inteiramente dentro do valor do objecto inicial se poderia considerar que a posição dos credores quirografários seria fundadamente sacrificada. Deste modo, o Tribunal de Milão procurou superar o obstáculo da rotatividade do objecto do penhor pelo limite do valor do objecto originário, conferindo, de certo modo, um excesso de tutela dos credores quirografários, os quais, sem tal requisito adicional, não poderiam desligar-se do facto da persistência do privilégio do credor pignoratício sobre os bens que, embora diversos dos inicialmente empenhados, não cumpriam a paridade de valor.

Perante a linha jurisprudencial seguida em Itália, podemos, de facto, retirar alguns efeitos da construção que viria a ser permitida, sobretudo se tivermos em conta as disposições do código civil italiano que regula o destino da garantia mobiliária em caso de extinção, física ou jurídica, ou deterioração ou perda do valor do bem objecto da garantia. Por um lado, deixa-se à autonomia privada um espaço no modo de configuração da rotatividade sem prescindir, contudo, de limites objectivos à substituição do bem seja por limite de valor, seja através de um montante pré-determinado; por outro lado, a tradicional reconstrução de algumas das normas do código civil italiano invocadas como indício sistemático da admissibilidade da garantia rotativa mostra que nem sempre é assegurada a continuidade da garantia quando ocorre a mudança do seu objecto. Se o único limite à rotatividade negocial fosse a sujeição do penhor a um complexo de bens de idêntico valor, abrir-se-ia a porta à utilização da rotatividade do penhor para que o credor pudesse satisfazer-se quer pela via do bem objecto da garantia originária, quer pelo seu objecto ulterior que não fosse substituir o anterior, com a consequência de que a rotatividade se poderia transformar não já na possibilidade de conservar, com carácter de continuidade, um privilégio sobre bens do mesmo valor mas mutáveis no tempo, mas de beneficiar de um privilégio indefinido no tempo, dentro de um certo limite de valor, sobre bens que se cristalizaram na data inicial da constituição da garantia mobiliária. Servem estas considerações não para negar a validade à garantia rotativa, mas para contribuir para a fixação dos exactos termos do problema no momento em que o intérprete é chamado a reconstruir a figura e o regime da garantia rotativa de base convencional.

A Permuta no Direito Romano
Breve referência a alguns direitos
de base romanista[*]

A. SANTOS JUSTO

SUMÁRIO: 1. Antelóquio; 2. Caracterização: 2.1. Noção. Etimologia; 2.2. Objecto; 2.3. Características; 3. História; 4. Contratos inominados: 4.1. Preliminares: o contrato em Roma: 4.1.1. Introdução no direito romano. A *voluntas* das partes; 4.1.2. Contratos e pactos; 4.1.3. Tipicidade civil; 4.2. Contratos inominados: 4.2.1. Denominação. Origem. Tutela; 4.2.2. Requisitos. Caracterização; 5. Regime jurídico: 5.1. Posição das partes: 5.1.1. Considerações preliminares; 5.1.2. Responsabilidade por evicção; 5.1.3. Responsabilidade por vícios ocultos; 5.1.4. Lesão enorme; 5.2. Compra e venda: analogia e diferenças; 6. Tutela: 6.1. Na época arcaica: 6.2. Na época clássica: 6.3. Nas épocas pós-clássica e justinianeia; 7. Tradição romanista. Breve referência ao: 7.1. direito medieval, francês e espanhol; 7.2. direito português; 7.3. direito brasileiro; 8. Conclusão

1. Antelóquio

A permuta (*permutatio*) é uma figura jurídica primitiva a que se recorria para transferir onerosamente a propriedade de coisas quando não existia a moeda cunhada como elemento reconhecido de troca.

Posteriormente, com a introdução da moeda, a sua importância diminuiu significativamente, substituída pela figura da compra e venda. Nunca deixou, porém, de ser utilizada especialmente em tempos de grande inflação e, portanto, de erosão monetária.

Está hoje consagrada em alguns direitos como contrato nominado; noutros, como figura contratual inominada, a que se pode recorrer por virtude do princípio da liberdade contratual.

N.E. Por decisão do Autor, este texto é publicado segundo a ortografia anterior ao novo Acordo Ortográfico.

* Com este estudo participamos na justa homenagem ao Dr. Miguel Galvão Teles, Ilustre Jurista que muito prezamos e admiramos.

A influência do direito romano é, também na permuta, muito clara, motivo que, além de outros de natureza histórica, justifica o seu estudo. Partiremos do direito romano da época de Justiniano recolhido no *Corpus Iuris Civilis* que influenciou decisivamente os nossos direitos, embora não deixemos de percorrer as épocas anteriores sempre que as fontes permitam e se afigure necessário.

Afinal, como observa Carlo Alberto MASCHI, *"la storia è sempre presente nel metodo non solo del romanista, ma in genere del giurista"*[1].

Procuraremos dialogar com as fontes, sem ignorar que há, na permuta, temas particularmente difíceis que continuam a dividir os romanistas.

E, porque nos dirigimos fundamentalmente ao jurista não romanista, não se deve estranhar a subalternização de discussões que, embora de inegável e importante interesse romanista, dificultam o seu entendimento.

2. Caracterização
2.1. Noção. Etimologia

A permuta tem sido definida como um contrato inominado pelo qual uma das partes transfere a propriedade de uma coisa para receber, da outra parte, a propriedade de outra coisa[2].

Etimologicamente, assinalam-se ao vocábulo *permutatio* três sentidos: 1) genérico, de troca; 2) técnico-jurídico de permuta; 3) operação por letra de câmbio bancário[3].

Ou seja, *permutatio* teve, antigamente, um significado genérico de *permutare*, ou seja, atécnico de troca. Nota-se que *"solo quando lo scambio di una cosa contra un prezzo verrà a configurare* l'empio – venditio *anche la* permutatio *si circoscriverà allo scambio di una cosa contra un'altra cosa"*[4].

---

[1] Vide Carlo Alberto MASCHI, *Impostazione storica della compravendita e della permuta nel libro 33 ad edictum di Paolo* em *Studi in onore di Pietro De Francisci* II (Dott. Antonino Giuffrè – Editore / Milão, 1956) 358. O mesmo Autor (*ibidem*, 360) questiona se *"è possibile essere giuristi, nel senso alto della parola, quali furono i romani, essendo negati al senso della storia"*.

[2] Neste sentido, vide: José Carlos Moreira ALVES, *Direito romano*[14] (Editora Forense / Rio de Janeiro, 2008) 547; A. BURDESE, *Manuale di diritto privato romano*[3] (Utet / Turim, 1982) 485; Ricardo PANERO GUTIÉRREZ, *Derecho romano*[3] (Tirant lo Blanch / Valência, 2004) 641; Pasquale VOCI, *Istituzioni di diritto romano*[5] (Giuffrè Editore / Milão, 1996) 464; Edoardo VOLTERRA, *Instituciones de derecho privado romano*, trad. espanhola de Jesús Daza Martínez (Editorial Civitas, S. A. / Madrid, 1988) 535; e Pedro BONFANTE, *Instituciones de derecho romano*[5], trad. espanhola da 8ª. edição italiana por Luis Bacci y Andres Larrosa (Editorial REUS, S. A. / Madrid, 2002) 510.

[3] Vide Pelayo DE LA ROSA DÍAZ, *La permuta (desde Roma al derecho español actual)* (Editorial Montecorvo, S. A. / Madrid, 1976) 32, que cita, entre outros Autores: CÍCERO, *Pro P. Sestio Oratio*, 73; *Paradoxa*, 51; VIRGILIO, *Aeneis*, 9,37; PLINIO, *Naturalis historia*, 6,198; -34,163; Tito LIVIO, *Ab urbe condita*, 22,23,6; CÍCERO, *Epistulae ad familiares* 2,17,7; -3,5,4. Relativamente ao último significado, DE LA ROSA DÍAZ (*ibidem*, 35) entende que *"quizá tenga su explicación en que los banqueiros de la época se dedicaban al cambio de monedas, y a esta ocupación le llamaban* permutatio *y también* collybus".

[4] Transcrevemos Carlo Alberto MASCHI, *Il diritto romano I. La prospettiva storica della giurisprudenza classica* (Dott. A. Giuffrè – Editore / Milão, 1966) 577.

2.2. Objecto

Todas as coisas susceptíveis de compra e venda podem ser objecto de permuta. Portanto, pode permutar-se um imóvel por imóvel, uma coisa móvel por outra móvel, um imóvel por um móvel, etc[5].

De fora, ficam objectos que, pela sua natureza ou disposição legal, são insusceptíveis de comércio: *v.g.*, um homem livre, um imóvel objecto de dote, um edifício afectado a serviço público, os objectos sagrados[6], etc. São também insusceptíveis de permuta os direitos pessoais e as coisas futuras[7].

Permite-se a permuta não do uso de sepulcros, mas dos próprios sepulcros[8]. E também a troca do objecto dotal[9].

Por outro lado, tendo por efeito a transferência da propriedade de coisas que se permutam[10], não se pode permutar uma coisa alheia, como refere PAULO:

D. 19,4,1,3: *"E por isto, Pédio diz que quem dá uma coisa alheia não existe permuta alguma"*[11].

2.3. Características

A permuta é um contrato inominado[12], sinalagmático, oneroso, comutativo e de boa fé, cuja causa é a transferência da propriedade das coisas trocadas[13].

É um contrato sinalagmático, porque as partes ocupam posição idêntica, com as mesmas obrigações e direitos, como refere ARISTÃO:

D. 2,14,7,2: *"... respondeu acertadamente Aristão a Celso que havia obrigação; v.g., deu-te uma coisa para que desses outra; dei, para que faças algo, isto é sinalagma, e daqui nasce uma obrigação civil..."*[14].

---

[5] Cf. D. 19,5,5,1; C. 8,45(44),29.

[6] Cf. N. 120,10. Vide DE LA ROSA DÍAZ, *ibidem* 122. Relativamente a bens imóveis das Igrejas, o Imperador pode permitir a sua permuta: N. 7,2,1. Sobre as *res extra commercium*, vide A. Santos JUSTO, *Direito privado romano – I. Parte geral (Introdução. Relação jurídica. Defesa dos direitos[5]* em *Studia iuridica* 50 (Coimbra Editora / Coimbra, 2011) 162-166.

[7] Vide DE LA ROSA DÍAZ, *ibidem* 130-131.

[8] Não se deve profanar com permutas o uso de sepulcros. Cf. D. 11,7,12,1. Sobre os sepulcros (familiares e hereditários), vide JUSTO, ibidem, 165-166; e Rui Manuel de Figueiredo MARCOS, *Em torno do "ius sepulchry" romano. Alguns aspectos de epigrafia jurídica* no *BFD* 63 (1987) 153-179.

[9] Cf. D. 23,3,25; -23,3,26. Vide DE LA ROSA DÍAZ, *ibidem* 123.

[10] Vide Pablo FUENTESECA, *Derecho privado romano* (Madrid, 1978) 292.

[11] D. 19,4,1,3: *"Ideoque Pedius ait, alienam rem dantem nullam contrahere permutationem"*. Vide Francesco SITZIA *Permuta (diritto romano)* em *ED* XXXIII (1985) 112; VOLTERRA, *o.c.* 536; e FUENTESECA, *ibidem*, 292.

[12] Vide *infra*, nº. 4.2.

[13] Vide FUENTESECA, *ibidem* 292.

[14] D. 2,14,7,2: *"... eleganter Aristo Celso respondit, esse obligationem; utputa dedi tibi rem, ut mihi aliam dares, dedi, ut aliquid facias, hoc synallagma esse, et hinc nasci civilem obligationem..."*.

É também oneroso, porque as prestações das partes se equivalem ou equilibram[15]; e de boa fé, porque a sua tutela é consequência do princípio de equidade que levou a autoridade romana a oferecê-la[16].

É manifesta a sua aproximação aos contratos reais, falando-se, por vezes, dum "contrato real inominado"[17]. Haja em vista que, para se considerar perfeita e, portanto, produzir os seus efeitos jurídicos, não basta o acordo dos permutantes: é também necessária que uma das partes faça a *datio* da coisa prevista; só a partir deste momento, a contraparte fica obrigada à sua prestação. Assim ensina PAULO:

> D. 19,4,1,2: *"A compra e venda ocorre pela nua vontade dos que nela consentem; mas a permuta cria a obrigação com a coisa entregue; de outra sorte, se a coisa ainda não tiver sido entregue, diremos que a obrigação se constitui só pelo consentimento, o que somente está admitido nos contratos que têm nome próprio, como na compra, na venda, na condução e no mandato"*[18].

3. História

A origem e evolução da permuta perdem-se na longa noite dos tempos[19]: não se pode determinar com a necessária precisão.

Fala-se acertadamente do modo mais antigo de comércio humano[20], utilizado por todos os povos antes da cunhagem da moeda como instrumento valorativo que, reconhecido como preço, transformou a permuta em compra e venda[21].

Relativamente à Grécia, um texto célebre de PAULO fala de SABINO que *"cita o testemunho de Homero que refere que o exército dos Gregos comprava vinho com bronze, ferro e homens naqueles versos:*

---

[15] Vide Federico FERNÁNDEZ DE BUJÁN, *Sistema contractual romano*[2] (Dykinson / Madrid, 2004) 117-118; e JUSTO, *o.c.* 230.

[16] Vide *infra*, nº 6; DE LA ROSA DÍAZ, *o.c.* 121-122; e MASCHI, *Il diritto romano I. La prospettiva storica della giurisprudenza clássica*, cit. 587. Sobre as acções de boa fé, vide JUSTO, *o.c.* 247-249. Quanto aos contratos de boa fé, vide FERNÁNDEZ DE BUJÁN, *ibidem*, 118-119.

[17] Vide Emilio BETTI, *Istituzioni di diritto romano II. Parte prima* (CEDAM – Casa Editrice Dott. Antonino Milani / Pádua, 1962) 320; SITZIA, *ibidem*, 109; Alvaro D'ORS, *Derecho privado romano*[9] (EUNSA, Ediciones Universidad de Navarra, S. A. / Pamplona, 1997) § 498; Pablo FUENTESECA, *ibidem*, 189; e *infra*, nº 4.2.4.

[18] D. 19,4,1,2: *"Item emtio ac venditio nuda consentientium voluntate contrahitur; permutatio autem ex re tradita initium obligationi praebet, alioquin si res nondum tradita sit, nudo consensu constitui obligationem dicemus, quod in his duntaxat receptum est, quae nomen suum habent, ut in emtione, venditione, conductione, mandato".*

[19] Neste sentido, vide TROPOLONG *apud* DE LA ROSA DÍAZ, *o.c.* 26.

[20] Assim observa Pascoal José de Melo FREIRE, *Instituições de direito civil português*, trad. do latim do livro IV, título II, § XIII por Miguel Pinto de Meneses no *BMJ* 166 (1967) 64.

[21] Vide DE LA ROSA DÍAZ, *o.c.* 31.

> *"Todo o vinho compraram os Aqueus*
> *E uns davam em troca fino bronze*
> *Outros, brilhante ferro e outros, peles*
> *Outros, as próprias vacas, e ainda alguns*
> *Os seus escravos vendiam".*

Mas parece que estes versos significam a permuta, não a compra e venda, como aqueles:

> *"E Júpiter a Glauco naquele dia*
> *Privou da razão, porque as armas*
> *Trocando com o filho de Tideo..."*[22].

Neste fragmento, CELSO, que fala como sociólogo e economista[23], distingue a permuta da compra e venda, referindo que *"uma coisa é vender e outra, comprar, um o comprador e outro o vendedor; assim uma coisa é o preço, e outra, a mercadoria, e na permuta não se pode discernir qual seja o comprador e qual o vendedor"*[24].

Se, diferenciando as partes, a moeda tornou possível a criação da compra e venda[25], é óbvio que, no comércio jurídico anterior, a permuta desempenhou um papel fundamental e exclusivo na transferência onerosa da propriedade das coisas.

Também no antigo Egipto, antes da introdução da moeda, assinala-se a troca de casa mobilada rodeada de um parque fechado por 2.735 metros quadrados de terra; e uma casa por móveis[26]. Mais tarde, há coisas trocadas por certo peso de ouro ou prata e, na maioria dos casos, por cabeças de gado, jóias e móveis, que funcionavam como preço[27]. São tempos que já pré-anunciam a figura da compra e venda e, portanto, revelam importante progresso.

Em Roma, antes da introdução da moeda[28], *"sembra doversi ricacciare, se mai, nella notte dei tempi la fase nella quale gli scambisi siano fatti principalmente, come nei*

---

[22] D. 18,1,1,1: *"... Sabinus Homero teste utitur, qui exercitum Graecorum aere, ferro hominibusque vinum emere refert versibus:* "Hinc quidem vinum parabent comati Achaei, alii quidem aere, alii autem splendido ferro, alii vero pellibus, aiii autem ipsis vaccis, alii autem mancipis". *Sed hi versus permutationem significare videntur, non emtionem sicut illi:* "Hinc rursus Glauco Saturnius mente exemit Iupiter, qui cum Tydide Diomede arma permutavit...".

[23] Neste sentido, vide Vincenzo ARANGIO-RUIZ, *La compravendita in diritto romano* I (Casa Editrice Dott. Eugenio Jovene / Nápoles, 1956) 4.

[24] D. 18,1,1,1: *"nam ut aliud est vendere, aliud emere, alius emtor, alius venditor, sic aliud est pretium, aliud merx, quod in permutatione discerni non potest, uter emtor, uter venditor sit".*

[25] Neste sentido, vide Marco BALZARINI, *Permuta (diritto romano)* no *NNDI* XII (1957) 993.

[26] Vide DE LA ROSA DÍAZ, *o.c.* 25[3].

[27] Vide ARANGIO-RUIZ, *ibidem* 6.

[28] Segundo ARANGIO-RUIZ, a verdadeira moeda cunhada de cobre, a que os Romanos chamam *pecunia numerata*, terá sido instituída pouco depois da Lei das XII Tábuas, enquanto a moeda de

testi omerici, mediante il grosso e piccolo bestiame, principalmente buoi e pecore" de onde *"gli antichi vedevano la traccia nel nome stesso di* pecunia, *la cui origine da* pecus *è fuori di discussione"*, observa ARANGIO-RUIZ[29].

Não havia um elemento valorativo comummente aceito (como preço), aliás desnecessário nesses tempos antigos pautados por economias auto-suficientes em que se trocavam produtos excedentes por outros que faltavam[30]. Assinala-se também que a passagem a uma economia dita "monetária" não foi rápida: depois da troca de coisa por coisa, passou-se, sucessivamente, à troca de coisas por cabeças de gado, por lingotes de cobre não cunhados (*aes rude*) e depois marcados com sinal (*aes signatum*)[31] até se chegar à moeda cunhada de prata e de ouro[32].

No entanto, a introdução e a larga difusão da compra e venda jamais afastaram a permuta a que nunca deixou de se recorrer[33]. Aliás, a própria compra e venda começou por não se distinguir claramente da permuta, podendo *"entrambi i negozi essere ugualmente qualificati quali negozi reali e contestuali di scambio"*, observa Marco BALZARINI[34].

Com efeito, se observarmos o formalismo da venda arcaica, denominada *mancipatio*, antes de ter adquirido o carácter de *imaginaria venditio*, notaremos uma troca de coisa por pedaços de cobre (*aes rude*) pesados numa balança na presença de certo número de testemunhas e com a pronúncia de certas palavras rituais[35]. Numa palavra: o *aes rude* constituía uma coisa que também funcionava como preço[36].

4. Contratos inominados

4.1. Preliminares: o contrato em Roma

4.1.1. Introdução no direito romano. A *voluntas* das partes

Modernamente tem-se definido contrato como negócio jurídico bilateral, ou seja, em que *"há duas ou mais declarações de vontade, de conteúdo oposto, mas convergente, ajustando-se na sua comum pretensão de produzir resultado jurídico unitário, embora com*

---

prata e de ouro terá sido criada só no século III. Vide ARANGIO-RUIZ, *La compravendita in diritto romano* I (Casa Editrice Dott. Eugenio Jovene / Nápoles, 1956) 12.

[29] Vide ARANGIO-RUIZ, *ibidem*, 11.

[30] Neste sentido, vide HUVELIN *apud* DE LA ROSA DÍAZ, *o.c.* 27; e BALZARINI, *ibidem* 992.

[31] Segundo PLINIO, *Nat. Hist.* 33,43, o *aes signatum* terá sido introduzido por Sérvio Túlio. Vide BALZARINI, *o.c.* 993[4].

[32] Vide BALZARINI, *ibidem* 993; e LA ROSA DÍAZ, *o.c.* 30.

[33] A propósito, Melo FREIRE observa que *"inventada a moeda, nem por isso se deixou de praticar a permuta"*. Vide Melo FREIRE, *o.c.* 64.

[34] Vide BALZARINI, *ibidem* 993.

[35] Sobre a *mancipatio*, vide JUSTO, A *"fictio iuris" no direito romano ("actio fictícia")*. Época clássica I no suplemento do vol. XXXII do BFD (1988) 443-444.

[36] Continuamos a seguir BALZARINI, *o.c.* 993. Vide também Manuel Jesús GARCIA GARRIDO, *Derecho privado romano. Acciones. Casos. Instituciones*[4], reimpressão (Dykinson / Madrid, 1989) 625.

um significado para cada parte"[37]. No seu cerne encontram-se as vontades dos contraentes que concordam na produção de determinados efeitos jurídicos.

Esta ideia de contrato nem sempre existiu no direito romano. Durante muito tempo, os jurisconsultos romanos ignoraram a categoria geral e abstracta, conhecendo apenas figuras concretas de *contractus*[38].

Etimologicamente, o vocábulo *contractus* relaciona-se com o verbo *contrahere* que significa contrair; por isso, *contractus* poder-se-á traduzir por "o contraído"[39]. Transportado para a linguagem jurídica, *contractus* significaria uma fonte de obrigações, como observamos em GAIO:

> 3,88: *"Passemos agora às obrigações cuja principal divisão compreende duas classes, pois toda a obrigação nasce de contrato ou de delito"*[40].

> 4,89: *"E tratemos primeiro das que nascem de contrato. Destas há quatro géneros, pois uma obrigação contrai-se por coisa ou por palavras ou pelos escritos ou por consentimento"*[41].

Todavia, tem-se assinalado que durante muito tempo, quiçá ainda na época clássica[42], a vontade não teria desempenhado a sua função de elemento propulsor e nuclear e, por isso, a palavra *contractus* raramente terá sido utilizada[43] e, quando foi, a *voluntas partium* desaparecia perante o acordo objectivado: *contractus* seria o *"acto vinculante mediante el cual la* obligatio *queda* contracta *y, en este sentido objectivo* contractus *será sinónimo de vínculo o* negotium contractum *"*[44]. Um texto atribuído a ULPIANO em que é referida a opinião de LABEÃO, jurisconsulto do século I a. C., parece abonar esta ideia:

---

[37] Transcrevemos Carlos Alberto da Mota PINTO, *Teoria geral do direito civil*⁴ por António Pinto Monteiro e Paulo Mota Pinto (Coimbra Editora / Coimbra, 2005) 385. Vide também JUSTO, *Direito privado romano – I. Parte geral*, cit. 228.

[38] Vide FUENTESECA, *o.c.* 184; FERNÁNDEZ DE BUJÁN, *o.c.* 109; Moreira ALVES, *o.c.* 471; e PANERO GUTIÉRREZ, *o.c.* 635.

[39] Vide FERNÁNDEZ DE BUJÁN, *o.c.* 103.

[40] GAIO 3,88: *"Nunc transeamus ad obligationes. Quarum summa divisio in duas species diducitur: omnis enim obligatio vel ex contractu nascitur vel ex delicto".*

[41] GAIO 3,89: *"Et prius videamus de his quae ex contractu nascuntur. Harum autem quattuor genera sunt: aut enim re (con)trahitur obligatio aut verbis aut litteris aut consensu".* A doutrina reconhece que não existe, aqui, uma classificação dos contratos, mas a referência aos modos de criação de obrigações contratuais. Vide FUENTESECA, *o.c.* 185.

[42] Esta época decorre entre os anos 130 a.C. e 230 da nossa era e caracteriza-se pela exactidão, precisão e perfeição das figuras jurídicas romanas, sabiamente elaboradas pela ciência jurídica (*iurisprudentia*). Constitui a época áurea do direito romano. Vide Sebastião CRUZ, *Direito romano (Ius Romanum). I. Introdução. Fontes*⁴ (Ed. do Autor / Coimbra, 1984) 46-47; e JUSTO, *A evolução do direito romano* no volume comemorativo do 75º. tomo do BFD (Coimbra, 2003) 53-61.

[43] Vide FERNÁNDEZ DE BUJÁN, *o.c.* 108.

[44] Transcrevemos FUENTESECA, *o.c.* 185.

D. 50,16,19 (Ulpiano): "*Labeão define no livro primeiro do pretor urbano (...) que contrato significa obrigação de uma e da outra parte, o que os Gregos chamam synallagma, como a compra e venda, a locação condução e a sociedade...*"[45].

Todavia, cremos que esta temática, agitada depois de os romanistas se terem dedicado à descoberta das interpolações dos textos clássicos, carece de reapreciação. Consideramos improvável que, na época clássica do direito romano, a *iurisprudentia* não tenha reconhecido à *voluntas* a sua função verdadeiramente nuclear nos negócios jurídicos em geral e nos contratos em particular.

Segundo Álvaro D'ors, a ideia de contrato só se afirmou na época pós-clássica quando, em consequência do relevo atribuído ao acordo de vontades (*conventio*)[46], da ampliação do conceito de *creditum*[47], e da extensão de *pecunia* a todas as classes de coisas[48], os jurisconsultos acabaram por confundir a velha categoria do *creditum* com a nova do *contractus*[49].

Absorvida a relação creditícia pela relação contratual, importa não ignorar que começaram por ser muito diferentes: enquanto o *creditum* foi sempre unilateral, o contrato começou por ser bilateral (ou sinalagmático); naquele falava-se de *fides* e, neste, de *bona fides*[50]. Por isso, a ideia de *contrahere* não podia nascer no campo do *creditum*, que lhe é estranho. O seu gérmen encontra-se, sim, no campo dos *iudicia bonae fidei*[51].

Opinião diferente é a de Albanese, para quem "*dobbiamo in primo luogo esser certi che mutuo, commodato e contratto de pegno costituiscono, per Ulpiano, omnes contractus che si pongono in essere da certi soggetti i quali "seguono l'altrui* fides" "[52]. E, numa

---

[45] D. 50,16,19: "*Labeo libro primo Praetoris urbani definit (...) contractum autem ultro citroque obligationem, quod Graeci synallagmam vocant, veluti emptionem, venditionem, locationem, conductionem, societatem...*".

[46] Vide Pablo Fuenteseca, *Los sistemas expositivos de las obligaciones contractuales en la jurisprudencia romana y la idea de contractus* no *AHDE* XXIII (1953) 574.

[47] Segundo D'ors, na época clássica, o *creditum* é um núcleo homogéneo e *credere* é dar com certeza: é uma *datio* que espera restituição. Vide d'ORS, *Creditum" y "contractus"* no *AHDE* XXVI (1956) 198. Vide também Cannata, *"Creditum" y "obligationes"* em *Labeo* 20 (1974) 105; e Enrique Gómez Royo, *El mutuo en las fuentes postclásicas bizantinas* (Tirant lo blanch / Valencia, 1992) 30.

[48] Vide D'ors, *"Creditum" y "contractus"*, cit. 199-200; e Royo, *o.c.* 23.

[49] Vide D'ors, *Creditum" y "contractus"*, cit 197 e *Creditum*, cit. 363; Fuenteseca, *o.c.* 576; Cannata, *o.c.* 105; Fernández de Buján, *o.c.*108; e Frezza, *o.c.* 89-90.

[50] Segundo D'ors, "*la* fides *supone aquella confianza del acreedor en el deudor, pero la* fides *sigue siendo aqui una lealtad unilateral*". Por sua vez, "*el adjetivo* bona*, al agregarse a* fides*, tiene el efecto específico de hacerla recíproca. De este modo, la* fides *es a las relaciones unilaterales del* creditum *lo que la* bona fides *es a las relaciones sinalagmáticas del* contractus". Vide D'ors, *"Creditum" y "contractus"*, cit 206 e *Creditum* no *AHDE* XXXIII (1983) 345-346 e 353.

[51] Vide Fuenteseca, *o.c.* 562 e 573-574; e Fernández de Buján, *o.c.* 108.

[52] Transcrevemos Bernardo Albanese, *Ancora su D. 12,1,1: Celso e o credere* em *Scritti giuridici* II (Palumbo / Palermo, 1991) 1290 e 1294.

breve síntese, conclui: *"per Celso ed Ulpiano sono res creditae editalli tutti quei contractus nei quali una parte – richiesta dalla controparte di dare alcunchè – dà quanto le è chiesto, aderendo alla proposta negoziale, seguendo l'altrui lealtà e nella porspettiva di riavere ciò que essa ha dato"*[53]. Em causa está o seguinte fragmento de ULPIANO, que ALBANESE considera genuíno:

> D. 12,1,1: *"... Como o pretor compreendeu neste título* (de rebus creditis, si certum petetur et de condictione) *muitos direitos pertencentes a vários contratos, por isso antepôs (este) título; porque compreende todos os contratos que fazemos atidos à boa fé do outro, pois, como diz Celso (...) a denominação de prestar* (credendi) *é geral..."*[54].

A referência de ULPIANO a vários contratos (*contractus varios*) e a denominação geral de *credere* atribuída a CELSO leva ALBANESE a considerar que *contractus* e *creditum* são coincidentes na época clássica[55].

Sem referirmos outros romanistas que se pronunciaram sobre esta temática – inexistente na época de Justiniano – importa também não ignorar o seguinte texto em que ULPIANO refere a opinião de PÉDIO:

> D. 2,14,1,3: *"... mas de tal modo é genérica a palavra* conventio *que, como discretamente diz Pédio, não há nenhum contrato, nenhuma obrigação, que em si não contenha convenção..."*[56].

Por isso, e porque a referência de ULPIANO a PÉDIO é, no nosso entendimento, um sinal de autenticidade -- seria absolutamente incompreensível que os compiladores de Justiniano (ou algum jurista anterior) tivessem mantido e alterado aquela citação, transmitindo um pensamento errado --, e ainda de acordo com a nossa posição de que a ênfase dada à vontade nos negócios jurídicos já se encontra na época clássica[57], afigura-se-nos mais correcta a doutrina que reconhece a existência dos contratos na época clássica.

Reconhecida à *voluntas* dos contraentes a sua função essencial em qualquer contrato, o acordo (*conventio*) torna-se elemento fundamental. Ou seja, esta palavra, que deriva do verbo *convenire* que materialmente significa reunir-se, juntar-se, estendeu-se para significar juridicamente acordar, pôr-se de acordo em alguma coisa[58].

---

[53] Voltamos a transcrever ALBANESE, *ibidem* 1294.

[54] D. 12,1,1: *"... Quoniam igitur multa ad contractus varios pertinentia iura sub hoc titulo Praetor inseruit, ideo rerum creditarum titulum praemisit; omnes enim contractus, quos alienam fidem secuti instituimus, complectitur, nam (...) Celsus ait, credendi generalis appellatio est"*.

[55] Vide ALBANESE, *o.c.* 1292 e 1294.

[56] D. 2,14,1,3: *"Adeo autem conventionis nomen generale est, uteleganter dicat Pedius, nullum esse contractum, nullam obligationem, quae non habeat in se conventionem..."*.

[57] Vide JUSTO, *A vontade e o negócio jurídico no direito romano. Breve referência aos direitos português e brasileiro* em *A autonomia da vontade e as condições gerais do contrato. De Roma ao direito atual. Anais do V Congreso Internacional y VIII Iberoamericano de derecho romano* (Fortaleza / Brasil, 2002) 59-93.

[58] Vide FERNÁNDEZ DE BUJÁN, *o.c.* 105.

4.1.2. Contratos e pactos

Caracterizados os contratos como acordos (*conventiones*) de vontades, importa referir que os pactos (*pacta*) são igualmente *conventiones* cuja eficácia começou por se limitar, no campo processual, à paralisação, em via de excepção (*exceptio*) duma *actio*[59]. Ou seja, nos primeiros tempos, não criavam obrigações, mas tão--só excepções que paralisavam as acções em que fosse exigido o cumprimento daquelas. Dois textos referem claramente este princípio:

> D. 2,14,7,2 (ULPIANO): "... *O simples pacto não produz obrigação, mas produz excepção*"[60].

> PS II,14,1: "... *Do simples pacto entre cidadãos romanos não nasce acção*"[61].

Todavia, com o tempo, a *iurisprudentia* passou a considerar os pactos como convenções e, portanto, aproximou-os dos contratos[62].

4.1.3. Tipicidade civil

Como referimos[63], durante muito tempo, os jurisconsultos romanos ignoraram a categoria geral e abstracta, tendo apenas conhecido figuras concretas de *contractus*. E distribuíram-nas por quatro espécies, fora das quais não reconheciam nenhum contrato: vigorava o princípio da tipicidade (ou do *numerus clausus*), com sacrifício da liberdade contratual[64].

Ainda na época clássica, assinalam-se somente quatro figuras contratuais: reais, verbais, literais e consensuais. Recordamos GAIO:

> 4,89: "*E tratemos primeiro das que nascem de contrato. Destas há quatro géneros, pois uma obrigação contrai-se por coisa ou por palavras ou pelos escritos ou por consentimento*"[65].

Compreende-se que, em face da impossibilidade de celebrar contratos diferentes, as exigências do comércio jurídico dos romanos acabassem por levar a *iurisprudentia* a reconhecer outros contratos à margem do *ius civile* e,

---

[59] Constitui paradigma o *pactum de non petendo* do qual surge a *exceptio pacti* que paralisa a *actio* instaurada contra o que foi acordado. Vide JUSTO, *Direito privado romano – II (direito das obrigações)*[4] em *Studia iuridica* 76 (Coimbra Editora / Coimbra, 2011) 142.

[60] D. 2,14,7,2: "... *Igitur nuda pactio obligationem non parit, sed parit exceptionem*".

[61] PS II,14,1: "... *ex nudo enim pacto inter cives Romanos actio non nascitur*".

[62] Para esta aproximação contribuíram a supressão do pretor e a importância crescente atribuída aos pactos. Vide JUSTO, *ibidem* 142; FUENTESECA, *o.c.* 185; e Fernando BETANCOURT, *Derecho romano clásico* (Universidad de Sevilla / Sevilha, 1995) 628.

[63] Vide *supra*, nº 4.1.1.

[64] Vide BETTI, *o.c.* 320.

[65] GAIO 3,89: "*Et prius videamus de his quae ex contractu nascuntur. Harum autem quattuor genera sunt: autenim re (com)trahitur obligatio aut verbis aut litteris aut consensu*".

portanto, tutelados por instrumentos processuais diferentes das *actiones in ius concepta*[66].

E, porque diferentes dos contratos consagrados no direito civil, os novos contratos foram, mais tarde, denominados inominados.

A permuta insere-se nesta categoria e, portanto, justifica-se uma referência.

4.2. Contratos inominados
4.2.1. Denominação. Origem. Tutela

Como referimos, estamos perante contratos diferentes das figuras típicas reconhecidas pelo direito[67].

Etimologicamente, o vocábulo inominado equivale a "sem nome" e contrapõe-se aos contratos que têm *proprium* ou *verum nomen*. No entanto, alguns têm nome próprio[68], pelo que a expressão "contrato inominado" deve compreender-se como contrato atípico que não integra nenhuma das espécies previstas e tuteladas pelo direito civil[69].

São contratos de boa fé e na sua base encontra-se o princípio da equidade, segundo o qual ninguém deve enriquecer-se injustamente em prejuízo de alguém[70]. Com efeito, na sua origem está a ausência de tutela relativamente a quem transferiu a propriedade de uma coisa e não obteve a prestação correspondente.

Na sua história há uma evolução longa e controversa[71], mas que revela e genialidade dos jurisconsultos romanos que, passando pelo *ius praetorium*, acabaram por integrar os contratos inominados no âmbito do *ius civile*[72]

O seu conteúdo é diversificado e deve-se provavelmente aos compiladores de Justiniano a sua sistematização em quatro categorias: dou para que dês (*do ut des*);

---

[66] Trata-se de acções previstas no direito civil (*ius civile*). Vide JUSTO, *Direito privado romano – I. Parte geral*, cit. 238.

[67] Vide BURDESE, *o.c.* 481; P. DE FRANCISCI, *Synallagma. Storia e dottrina dei cosiddetti contratti innominati* I (Mattei & C. – Editori / Pavia, 1913) 6; Vincenzo ARANGIO-RUIZ, *Instituciones de derecho romano*, trad. espanhola da 20ª. edição italiana por José M. Caramés Ferro (Ediciones Depalma / Buenos Aires, 1986) 352-353; Mario TALAMANCA, *Istituzioni di diritto romano* (Dott. A. Giuffrè Editore / Milão, 1990) 555; e VOLTERRA, *o.c.* 535.

[68] Sucede, *v.g.,* com a *permutatio* e o *aestimatum*. Neste contrato, uma pessoa entrega a outra uma coisa ou mercadoria determinada para que a venda pelo valor acordado, comprometendo-se esta a, num prazo determinado, pagar e devolver as coisas respectivamente vendidas e não vendidas. Vide JUSTO, *Direito privado romano – II (direito das obrigações)*, cit. 102-104; e VOLTERRA, *o.c.* 535.

[69] Vide Moreira ALVES, *o.c.* 472.

[70] Vide LA ROSA DÍAZ, *o.c.* 107; e Javier BELDA MERCADO, *Tipicidad causal, contractos inominados y sistema contractual romano* em *O sistema contratual romano: de Roma ao direito actual* (Faculdade de Direito da Universidade de Lisboa / Lisboa, 2010) 469.

[71] Vide P. DE FRANCISCI, *o.c.* 5; e FUENTESECA, *o.c.* 290.

[72] Vide Pasquale VOCI, *Istituzioni di diritto romano*[5] (Giuffrè Editore / Milão, 1996) 461; e BELDA MERCADO, *o.c.* 463.

ESTUDOS EM HOMENAGEM A MIGUEL GALVÃO TELES

dou para que faças (*do ut facias*); faço para que dês (*facio ut des*); e faço para que faças (*facio ut facias*)[73].

Relativamente à sua tutela, urge considerar diversos momentos. Nos tempos mais antigos, o direito romano não dispunha de tutela. Por isso, se uma das partes transferisse a propriedade da coisa acordada e a outra não cumprisse a sua obrigação, aquela não a podia recuperar nem, tão-pouco, exigir o cumprimento do contrato.

Depois, ainda na época arcaica[74], a notória injustiça da ausência de tutela jurídica levou o pretor a conceder a quem cumpriu a *condictio ob causam*, que lhe permitia obter a restituição da coisa entregue. Se se tratasse dum *facere*, a parte que cumpriu podia obter uma indemnização dos danos sofridos através da *actio doli*.

Na época clássica, foi-lhe concedida uma acção para exigir o cumprimento (interesse positivo) da prestação acordada[75].

E, finalmente, nas épocas pós-clássica ou justinianeia surge uma *actio* denominada *praescriptis verbis*. Podia, todavia, optar pelo pedido de rescisão do contrato, obtendo a restituição da coisa cuja propriedade transferiu (mantém-se a possibilidade de recorrer à *condictio*)[76]. E havia, ainda, a possibilidade de, enquanto a outra parte não cumprisse, a parte cumpridora pedir a rescisão do contrato, obtendo a restituição da prestação adiantada, independentemente de culpa ou mora, através da *condictio ex poenitentia*[77].

Pode, portanto, dizer-se que, na fase final da sua evolução, "*os contratos inominados formam uma categoria abstracta na qual se podem enquadrar convenções do mais variado conteúdo as quais, sancionadas por acções comuns, geram obrigações quando ocorre a mesma causa; uma das partes realiza a sua prestação para obter, da outra, a contraprestação*"[78].

4.2.2. Requisitos. Caracterização

Os contratos inominados apresentam os seguintes requisitos[79]:

---

[73] Cf. D. 19,5,5pr. Vide BETTI, *o.c.* 321 e 330; Juan IGLESIAS SANTOS, *Derecho romano*[16] (Ariel Derecho / Barcelona, 2007) 279; e Moreira ALVES, *o.c.* 544.

[74] Esta época decorre entre os anos 753 (data da fundação de Roma, segundo a tradição) e 130 a.C. e caracteriza-se pela imprecisão, não sendo fácil distinguir o jurídico, o religioso e o moral. Vide CRUZ, *o.c.* 43-46; e JUSTO, *A evolução do direito romano*, cit. 50-53.

[75] É grande a disputa sobre a natureza desta acção, havendo quem a considere pretória (*actio in factum*) e quem entenda que é civil (*actio civilis*). Vide *infra*, n.º 6.2

[76] Trata-se duma faculdade que distingue os contratos inominados dos contratos típicos: nestes, as acções só visam a execução do contrato. Vide Moreira ALVES, *o.c.* 547; e VOLTERRA, *o.c.* 536.

[77] Vide *infra*, n.ºs 6.3 e 6.4; e PANERO GUTIÉRREZ, *o.c.* 637-638.

[78] São palavras de Moreira ALVES, *o.c.* 542.

[79] Vide Moreira ALVES, *o.c.* 545-546. Este Autor fala da controvérsia romanista sobre a bilateralidade como requisito e inclina-se para o seu reconhecimento. Vide também: DE LA ROSA DÍAZ, *o.c.* 108.

1. Acordo de vontades (*conventio*) sobre prestação e contraprestação;
2. Causa: realização, por uma das partes, da sua prestação, ou seja, execução unilateral do acordo de vontades.

Os contratos inominados dos tipos *do ut des* e *do ut facias* aproximam-se muito dos contratos reais, não faltando quem, como Emilio BETTI, fale de *"contratos reais inominados"*[80]. Com efeito, a *permuta* só está perfeita e, portanto, só produz os seus efeitos jurídicos, a partir da *datio* da coisa prevista por uma das partes, como observámos no fragmento de PAULO acima referido[81], reforçado pela seguinte *constitutio* dos Imperadores Diocleciano e Maximiano:

> C. 4,64,3: "É constante que, em virtude do pacto de permuta, não tendo seguido coisa alguma, não compete *acção a ninguém se uma subsequente estipulação não tiver adquirido para as partes acção em virtude de obrigação verbal*"[82].

Esta característica, que encontramos na permuta, não se apresenta nos restantes contratos inominados, relativamente aos quais não se pode falar, portanto, de característica real[83].

5. Regime jurídico
5.1. Posição das partes.
5.1.1. Considerações preliminares
A permuta é, como referimos, um contrato inominado do tipo *do ut des*[84] e um dos mais importantes[85]. Cada parte dá uma coisa à outra, para receber desta a propriedade de outra coisa.

Por isso, se uma das partes cumpre, dando à outra a coisa prevista, o contrato torna-se perfeito, produzindo os seus efeitos jurídicos. A partir daí, a outra parte deve cumprir a sua obrigação: transferir à que já cumpriu a propriedade da outra coisa acordada.

De contrário, a parte que cumpriu pode, na fase final da evolução da permuta, exigir o cumprimento do contrato ou, em alternativa, pedir a restituição da coisa dada a que acresce a possibilidade de, antes do cumprimento da outra

---

[80] Vide BETTI, *o.c.* 320. Vide também: VOCI, *o.c.* 462; PANERO GUTIÉRREZ, *o.c.* 635-636; e DE LA ROSA DÍAZ, *o.c.* 110.

[81] Vide *supra*, nºs 2.3 e nota nº 18.

[82] C. 4,64,3: *"Ex placito permutationis, nulla re secuta, constat nemini actionem competere, nisi stipulatio subiecta ex verborum obligatione quaesierit partibus actionem"*.

[83] Vide BONFANTE, *o.c.* 506-507; e BELDA MERCADO, *o.c.* 481, que fala de *figuras afins aos contratos reais*.

[84] Vide BURDESE, *o.c.* 485.

[85] Vide DE LA ROSA DÍAZ, *o.c.* 117.

parte, demandá-la com a *condictio ex poenitentia*, com que, independentemente de culpa ou mora, pedirá a rescisão do contrato e, em consequência, obterá a restituição da coisa dada[86].

Portanto, a permuta opera a transferência da propriedade das coisas permutadas e, porque não se admite a aquisição da propriedade *ad tempus*, a aquisição desta não fica condicionada à outra *datio*[87]. Tratando-se de *res mancipi*, na época clássica as partes deviam fazer uma *mancipatio* ou *in iure cessio*, actos idóneos segundo o *ius civile*. Tratando-se de *res nec mancipi*, bastaria a simples *traditio*[88].

5.1.2. Responsabilidade por evicção

Transferida a propriedade, cada parte é responsável por evicção e por vícios ocultos da coisa cuja propriedade transferiu para a outra parte[89].

Relativamente à evicção, vejamos os seguintes fragmentos:

> C. 4,64,1: "... *Mas se, não estando em venda a propriedade, se fez uma permuta e o que a parte contrária entregou foi objecto de evicção, com razão pedirás que se restitua (se assim tiveres preferido) o que se deu*"[90].

Nesta *constitutio* do Imperador Gordiano, determina-se que, havendo evicção, a outra parte pode pedir a restituição da coisa dada se assim preferir. Poder-se-á concluir que, se não optar pela restituição, pode demandar a parte que deu a coisa evicta, pedindo o ressarcimento do dano. E, situando-se e permuta no âmbito do *ius praetorium*, é muito provável que se tratasse duma *actio in factum*, a que o fragmento seguinte se refere:

> D. 19,4,1,1 (PAULO): "*Pelo qual, se a coisa que tiver recebido ou dada for reivindicada depois, responde-se que tem de dar-se a acção pelo facto*".

A responsabilidade por evicção é, insiste-se, uma consequência da transferência da propriedade. Por isso, ocorre, com normalidade, na compra e venda: o vendedor responde, para com vendedor, se um terceiro reivindicar a coisa vendida

---

[86] Vide *supra*, nº 4.2.1.

[87] Vide DE LA ROSA DÍAZ, *o.c.* 132.

[88] Suprimidas a *mancipatio* e a *in iure cessio*, impôs-se a prática, no direito justinianeu, de transferir a propriedade de bens imóveis através de um acto escrito redigido perante funcionários, magistrados municipais, o *defensor civitatis* ou notários, depositando-se uma cópia nos arquivos públicos. Sobre estes actos jurídicos, vide JUSTO, *Direito privado romano – III (direitos reais)*, reimpressão, em *Studia iuridica* 26 (Coimbra Editora / Coimbra, 1997) 94-106.

[89] Vide DE LA ROSA DÍAZ, *o.c.* 73-75, 132 e 141-142.

[90] C. 4,64,1: "... *At enim, si cum venalis possessio non esset, permutatio facta est, idque, quod ab adversário praestitum est, evictum est, quod datum est (si hoc elegeris) cum ratione restitui postulabis*". Note-se que a *possessio* aqui referida é a propriedade bonitária. Vide JUSTO, *ibidem*, 25-29.

e a propriedade lhe for reconhecida, responsabilidade que só cessa decorrido o tempo necessário para o comprador se tornar proprietário por usucapião[91]. E, como veremos, há profundas analogias entre a permuta e a compra e venda[92].

5.1.3. Responsabilidade por vícios ocultos

Outra consequência da transferência da propriedade das coisas permutadas é a responsabilidade dos transmitentes por vícios ocultos[93], como observamos nos seguintes textos:

D. 19,4,2 (PAULO): *"Aristão diz que, como a permuta é semelhante à compra e venda, tem de se responder também de que a coisa está sã e isenta de furtos e de danos e de que o escravo, que se tenha dado por causa de permuta, não é fugitivo"*[94].

Com base na semelhança entre compra e venda e permuta, ARISTÃO responsabilizava cada um dos permutantes pelos vícios ocultos da coisa transferida para o outro. A referência à opinião de ARISTÃO por parte de PAULO constitui, na nossa opinião indício da autenticidade deste fragmento[95].

D. 21,1,19,5 (ULPIANO): *"Depois, dizem os edis: "Daremos acção ao comprador e a todos a quem o negócio corresponda (...) Por comprador devemos entender aquele que comprou por preço; mas se alguém tiver permutado, tem de dizer-se que um e outro são considerados no lugar de comprador e de vendedor e que um e outro podem reclamar em virtude deste Edicto"*[96].

Os edis curuis (*aediles curules*), responsáveis pela polícia na cidade, pela organização e vigilância dos jogos, pela disciplina dos preços e pela ordem nos mercados, preocuparam-se com a atitude dos vendedores, combatendo as falácias utilizadas para enganar os compradores. Daí a atenção especial que dedicaram aos vícios ocultos, permitindo aos compradores que demandassem os vendedores com a *actio rehibitoria* e a *actio quanti minoris* (ou *aestimatoria*)[97]. Tratando-se de

---

[91] Cf. D. 21,1,39; -21,2,53,1; -21,2,62; -45,1,139; C. 8/44(45),8; PS. II,17,1; -II,17,3. Vide JUSTO, *ibidem* 55.

[92] Cf. D. 19,4,2. Vide *infra*, nº 5.2.

[93] Vide SITZIA, *o.c.* 113; DE LA ROSA DÍAZ, *o.c.* 132 e 142; e VOLTERRA, *o.c.* 536[218].

[94] D. 19,4,2: *"Aristo ait, quoniam permutatio vicina esset emtioni, sanum quoque, furtis noxisque solutum, et non esse fugitivum servum praestandum, qui ex causa daretur".*

[95] Efectivamente, não se justificaria que, se pretendessem alterar o texto, os interpoladores deixassem intacta a citação de um jurista (por outro) e, alterando-a, lhe fizessem dizer algo diferente. Mais fácil e honesto seria a eliminação daquela citação. Por isso, se citam outro jurista, entendemos que a opinião do jurista citado é autêntica.

[96] D. 21,1,19,5: *"Deinde aiunt Aediles: "emtori omnibusque, ad quos ea res pertinet, iudicium dabimus (...) Emtorem accipere debemus eum, qui pretio emit; sed si quis permutaverit, dicendum est, utrumque emtoris et venditoris loco haberi, et utrumque posse ex hoc Edicto experiri".*

[97] A *actio redhibitoria* produzia a resolução da compra e venda e a condenação do vendedor no pagamento do dobro da *pecunia* recebida, a menos que quisesse restituir o preço com juros. A *actio*

ESTUDOS EM HOMENAGEM A MIGUEL GALVÃO TELES

permuta, contrato do *ius praetorio*, não parece ousado sustentar a possibilidade duma *actio utilis*, elaborada *ad exemplum* daquelas *actiones*[98]. Os textos seguintes confirmam estas funções:

D. 21,1,1,1 (ULPIANO): "*Dizem os Edis: "Os que vendem escravos façam saber os compradores da enfermidade ou vício que cada um tenha, se algum é fugitivo ou vagabundo (...) e expressem todas estas coisas claramente e com verdade quando estes escravos forem vendidos. Mas se, contrariando isto, tiver sido vendido um escravo ou o foi contra o que se tiver dito ou prometido, quando se vendesse (...) daremos acção ao comprador (...) para que seja devolvido o escravo..."*[99].

D. 21,1,1,2 (ULPIANO): "*A causa de propor isto no Edicto é combater as falácias dos vendedores e proteger os compradores quaisquer que tenham sido enganados pelos vendedores..."*[100].

5.1.4. Lesão enorme

A grande analogia que aproxima a permuta da compra e venda não afasta as suas diferenças que as distinguem como figuras jurídicas autónomas. Ocorre com a figura da lesão enorme (*laesio enormis*) criada no direito justinianeu para satisfazer a exigência do preço justo. Por isso, se um imóvel fosse vendido por preço inferior a metade do seu valor, o vendedor podia pedir a rescisão da venda, a menos que o comprador preferisse pagar a diferença que faltasse para o *pretium* ser *iustum*[101].

A *laesio enormis* está afastada na permuta, provavelmente porque não existe um preço (necessariamente em *pecunia*)[102], mas duas coisas que se trocam e cujos valores podem, para cada uma das partes, não se reduzir à simples valoração pecuniária[103].

As fontes omitem esta figura jurídica, permitindo o silêncio argumentar que não foi admitida na permuta. À parte que avançasse com a sua prestação, restava-lhe pedir a restituição da coisa enquanto a outra não cumprisse dando a coisa acordada[104].

---

quanti minoris (ou *aestimatoria*) permitia ao comprador obter a diminuição do preço relativamente ao valor menor que a coisa tinha em consequência do vício. Vide JUSTO, *Direito privado romano – II (direito das obrigações)*, cit. 59-60.

[98] Sobre as *actiones ad exemplum*, *vide* JUSTO, *A "fictio iuris" no direito romano*, cit. 289-346.

[99] D. 21,1,1,1: "*Aiunt Ediles: "Qui mancipia vendunt certiores faciant emtores, quid morbi vitiive cuique sit, quis fugitivus errove sit (...) eademque omnia, cum ea mancipia venibunt, falam recte pronuntiatio, quod si mancipium adversus ea venisset (...) emtori (...) iudicium dabimus, ut id mancipium redhibeatur...".* Cf. igualmente: D. 21,1,38pr.; -21,1,38,5.

[100] D. 21,1,1,2: "*Causa huius edicti proponendi est, ut occurratur fallaciis vendentium, et emtoribus succurratur, quicunque decepti a venditoribus fuerint...".*

[101] Cf. C. 4,44,2; -4,44,8. Vide JUSTO, *ibidem* 53; VOLTERRA, *o.c.* 536; e DE LA ROSA DÍAZ, *o.c.* 88-89 e 133.

[102] É a opinião da escola proculeiana que viria a impor-se. Cf. GAIO 3,141; I. 3,23,2; D. 18,1,1pr.-1.

[103] Vide SITZIA, *o.c.* 113.

[104] Vide *infra*, nº 6.

556

5.2. Compra e venda: analogia e diferenças

Como já referimos, antes da introdução da moeda cunhada a permuta era o negócio jurídico a que se recorria com grande frequência. Depois, surgiu e impôs-se paulatinamente a compra e venda sem que, todavia, a permuta desaparecesse totalmente[105].

Durante algum tempo, a *iurisprudentia* romana divergiu entre quem via na permuta uma compra e venda e quem, pelo contrário, sustentava a sua autonomia, distinguindo-as. Aconteceu com os jurisconsultos das Escolas Sabiniana e Proculeiana: aqueles consideravam que a permuta não passava duma modalidade da compra e venda e, por isso, protegiam-na com as correspondentes acções; estes entendiam que, na troca, não se podia distinguir a coisa vendida da coisa que funcionava como preço e, por isso, também o vendedor não se distinguia do comprador; assim, viam na permuta outra figura, preocupando-se com a sua diferente tutela. GAIO, jurista próximo da Escola Sabiniana, refere:

> 3,141: *"Ademais, o preço deve consistir em dinheiro contado. Muito se tem discutido se o preço deve consistir noutras coisas, como se, v.g., um escravo, uma toga ou um fundo podem ser preço de outra coisa. Os nossos mestres estimam que o preço pode consistir também noutra coisa, de que resulta aquilo que se crê vulgarmente que mediante a permuta de coisas se contrai compra e venda e que esta espécie de compra e venda seria a mais antiga (...) Os autores da escola contrária discordam e pensam que uma coisa é a permuta de coisas e outra, distinta, a compra e venda; de contrário, não se poderia explicar, efectuada a permuta, que coisa se considera vendida e qual a entregue a título de preço, já que parece absurdo que uma e outra coisa apareçam como vendidas e uma e outra entregues a título de preço..."*[106].

Exposta esta divergência, importa referir que os jurisconsultos da Escola Sabiniana procuraram ultrapassar a dificuldade, afirmando que a coisa oferecida funcionava como vendida e a outra cumpria a função de preço. Voltemos a GAIO:

> 3,141: *"... Mas Célio Sabino diz que tendo tu uma coisa em venda, v.g., um fundo, eu o tiver aceitado e tiver entregado a título de preço, v.g., um escravo e tiver recebido de ti este fundo, parece que se vendeu o fundo e que o escravo, em contrapartida, foi dado a título de preço para que o fundo fosse entregue"*[107].

---

[105] Vide *supra*, nº 3.

[106] GAIO 3,141: *"Item pretium in numerata pecunia consistere debet;;... in ceteris rebus an pretium esse possit, veluti homo aut toga aut fundus alterius rei (pretium), valde quaeritur. Nostri praeceptores putant etiam in alia re posse consistere pretium. Unde illud est quod vulgo putant per permutationem rerum emptionem et vendeiditionem contrahi, eamque speciem emptionis venditionisque vetistissimam esse (...) Diversae saholae auctores dissentiunt aliudque esse existimant permutationem rerum, aliud emprionem et venditionem; alioquin non posse rem expediri permutatis rebus, quae videatur res venisse et quae pretii nomine data esse, sed rusus utramque rem videri et venisse et utramquepretii nomine datam esse absurdum videri..."*.

[107] GAIO 3,141: *"... Sed ait Caelius Sabinus, si rem tibi venalem habenti, veluti fundum (acceperim et) pretii nomine hominem forte dederim (eumque fundum a te acceperim), fundum quidem videri venisse, hominem autem pretii nomine datum esse, ut fundus acciperetur"*.

Esta explicação afigura-se redutora: pressupõe que uma coisa se encontrasse em venda e que, depois, surgia alguém a oferecer, como preço, outra. Não sendo assim, a troca de coisa por coisa dificilmente se poderia considerar compra e venda. Por isso, acabou por prevalecer a doutrina proculeiana, como observamos nos seguintes textos:

D. 18,1,1,1: (PAULO): *"... Mas é mais verdadeira a opinião de Nerva e de Próculo, porque como uma coisa é vender e outra comprar, um o comprador e outro o vendedor, assim uma coisa é o preço e outra a mercadoria e na permuta não se pode discernir qual seja o comprador e qual o vendedor"*[108].

Dir-se-á que PAULO se enquadra na Escola Proculeiana e, por isso, refere que *"verior est Nervae et Proculi sententia"*. Mas entre NERVA, PRÓCULO e PAULO decorreu mais do que uma centúria, tempo bastante para justificar aquela afirmação, aliás confirmada, muito mais tarde, por Justiniano:

I. 3,23,2: *"...Mas com razão prevaleceu o parecer de Próculo que afirmava que a permuta era uma espécie própria de contrato diferente da venda..."*[109].

Afastada da compra e venda, há, no entanto, profundas semelhanças e algumas diferenças que as aproximam e separam. Aliás, se não houvesse semelhanças, não se explicaria a famosa *quaestio* que opôs jurisconsultos notáveis de duas correntes ou escolas.

Relativamente às semelhanças, já observámos que a responsabilidade por evicção e por vícios ocultos é comum à compra e venda e à permuta. Todavia, quanto à lesão enorme, está afastada na permuta[110]. Mas acrescem outros aspectos:

a) enquanto a compra e venda é um contrato consensual no qual o vendedor se obriga a transferir a posse livre e pacífica da coisa vendida e o comprador a dar o preço[111], na permuta uma das partes dá para que a outra dê, ou seja, há transferência de propriedade das coisas permutadas;

---

[108] D. 18,1,1,1: *"... Sed verior est Nervae et Proculi sententia, nam ut aliud est vendere, aliud emere, alius emtor, alius venditor, sic aliud est pretium, aliud merx, quod in permutatione discerni non potest, uter emtor, uter venditor sit"*.

[109] I. 3,23,2: *"... Sed Proculi sententia dicentis permutationem propriam esse speciem contractus a venditione separatam* mérito *praevaluit"*. Cf. também: D. 41,3,4,17.

[110] Vide *supra*, nºs 5.1.2-4.

[111] Cf. D. 19,1,30,1; I. 2,1,41. Vide DE LA ROSA DÍAZ, *o.c.* 83-84. Sobre o contrato de compra e venda vide: FERNÁNDES DE BUJÁN, *o.c.* 143-263; PANERO GUTIÉRREZ, *o.c.* 642; JUSTO, *Direito privado romano – II (direito das obrigações)*, cit. 54 e *Breviário de direito privado romano* (Coimbra Editora / Coimbra, 2010) 177-180; e António Alberto Vieira CURA, O *fundamento romanístico da eficácia obrigacional e da eficácia real da compra e venda nos códigos civis espanhol e português* em *Studia iuridica* 70.

b) a compra e venda é um contrato consensual[112], enquanto a permuta se aproxima dos contratos reais: só é perfeita após a *datio* de uma das coisas previstas[113];

c) enquanto a compra e venda é insusceptível de resolução (*resolutio*), o mesmo não ocorre na permuta: a parte que cumpriu tem a possibilidade de pedir a restituição da coisa dada, se a outra recusar transferir a propriedade da coisa acordada[114];

d) na compra e venda, o vendedor e o comprador são tutelados, respectivamente, pela *actio venditi* (ou *ex vendito*) e pela *actio empti* (ou *ex empto*)[115], enquanto na permuta a parte cumpridora goza da *actio praescriptis verbis* e, em alternativa, da *condictio* (*causa data, causa non secuta*) e da *condictio ex poenitentia*[116].

As diferenças assinaladas não afastam, convém enfatizar, as semelhanças que permitem falar de apreciável analogia entre a permuta e a compra e venda ou duma relação íntima, a ponto de já se ter observado que a compra e venda não é mais do que uma permuta aperfeiçoada, na qual um dos objectos consiste em dinheiro[117]. Mas vejamos as seguintes fontes:

D. 19,4,2 (PAULO): *"Aristão diz que, como a permuta é semelhante à compra, tem de responder-se também que está são e isento de furtos e danos e que não é fugitivo o escravo que se desse por causa de permuta"*[118].

ARISTÃO justifica a responsabilidade por vícios ocultos na permuta por ser semelhante à compra e venda, ideia que é repetida no seguinte texto. Trata-se duma opinião lógica se aceitarmos, como alguns autores, que ARISTÃO está

Colloquia – 11 (Coimbra Editora / Coimbra, 2002) 73-79, 81 e 96-99 e *Compra e venda e transferência da propriedade no direito romano clássico e justinianeu (A raiz do "sistema do título e do modo")* no volume comemorativo do 75º tomo do *BFD* (2003) 98-108.

[112] Cf. D. 18,1,1,2; -18,1,2,1; e GAIO 3,139. Vide MASCHI, *Il diritto romano I. La prospettiva storica della giurisprudenza clássica*, cit. 586; VOLTERRA, *o.c.* 536[219]; e PANERO GUTIÉRREZ, *o.c.* 641-642.

[113] Vide *supra*, nº 4.2.2; PANERO GUTIÉRREZ, *o.c.* 642; e DE LA ROSA DÍAZ, *o.c.* 82.

[114] Vide SITZIA, *o.c.* 995; VOLTERRA, *o.c.* 536; PANERO GUTIÉRREZ, *o.c.* 642[22]; e DE LA ROSA DÍAZ, *o.c.* 82.

[115] Vide JUSTO, *ibidem*, 63.

[116] Referimo-nos à tutela no direito justinianeu. Na época clássica, gozava da *condictio*, da *actio doli* e, provavelmente, duma *actio in factum*. Vide *infra*, nº 6; e DE LA ROSA DÍAZ, *o.c.* 86.

[117] Vide ACCARIAS *apud* DE LA ROSA DÍAZ, *o.c.* 68.

[118] D. 19,4,1,2: *"Aristo ait, quoniam permutatio vicina esset emtioni, sanum quoaue, furtis noxisque solutum, et non fugitivum servum praestandum, qui ex causa daretur"*.

ligado à escola sabiniana. Mas, mesmo que esta filiação seja duvidosa, a analogia com a compra e venda é clara[119].

D. 42,4,15 (Ulpiano): *"O que na permuta recebeu uma coisa é semelhante a um comprador..."*[120].

C. 4,64,2: *"Não é desconhecido do direito que na realidade a permuta, como feita de boa fé, obtém, segundo dizes, consideração de compra"*[121].

E nesta *constitutio* dos anos 287 a 305, Diocleciano e Maximiano mantêm-se na mesma orientação, a propósito de boa fé[122].

6. Tutela
6.1. Na época arcaica

Nos primeiros tempos, antes da introdução da moeda cunhada, ou seja, antes da compra e venda, só existia a permuta. Vivia-se numa sociedade de subsistência (dominada quase exclusivamente pela agricultura e pesca). Quem tinha determinados bens em excesso e carecia de outros trocava-os.

Não havia tutela que reparasse o incumprimento, aliás desnecessária em sociedades ligadas por profundo espírito de solidariedade e por grande sentimento religioso: sempre vigilante, a deusa *Fides* não deixaria de carregar a sua ira sobre os incumpridores.

Simplesmente, a sociedade romana evoluiu, alargou a actividade económica e a crença nos deuses decresceu. Impunha-se que o direito interviesse fornecendo os meios adequados de tutela.

O mais elementar e simples terá sido a *condictio* e provavelmente também a *actio doli*: a primeira, denominada *ob causam datorum*, permitia a quem cumpriu, dando a coisa e não obtendo a outra em troca, a faculdade recuperar a coisa dada.

---

[119] Neste sentido, vide De La Rosa Díaz, *o.c.* 72.

[120] D. 42,4,15: *"Is, qui rem permutatam accepit, emtori similis est..."*.

[121] C. 4,64,2: *"Permutationem re ipsa, utpote bona fide constitutam, sicut commemoras, vicem emtionis obtinere, non est iuris incogniti"*.

[122] Vide De La Rosa Díaz, *o.c.* 69-70, para quem nos primeiros anos do direito romano pós-clássico, ainda não estava claramente delimitada a permuta que interferia no campo da compra e venda. Ainda segundo este Autor (*o.c.* 65-66), há casos cuja natureza está inicialmente bem delimitada (como permuta ou como compra e venda) que posteriormente se convertem ora de permuta em compra e venda ora de compra e venda em permuta, dando, por vezes, lugar ao aparecimento de um novo negócio que não coincide com o celebrado originariamente, adoptando uma natureza a que se pode chamar ecléctica: em parte permuta, em parte compra e venda. De La Rosa Díaz cita Molitor para quem é necessário atermo-nos sempre ao momento em que o contrato é celebrado. Aliás, tratando-se de compra e venda, Ulpiano (D. 18,1,2,1) refere que *"a convenção torna perfeita a compra e venda"* ou seja, surge quando as partes acordam sobre a coisa e preço.

A segunda tinha lugar quando, por qualquer motivo, esta *res* não pudesse ser restituída: a parte inadimplente respondia por dolo.

Não havia *actio* para exigir o cumprimento à parte incumpridora, como ainda se observa no seguinte fragmento de PAULO[123]:

> D. 19,4,1,4: *"Assim, feita a entrega por uma das partes, se a outra não quiser entregar a coisa, não intentaremos acção pelo que nos importa ter recebido aquela coisa sobre a qual se acordou, senão que, para que a coisa nos seja devolvida, tem lugar a* condictio, *como se a permuta não se tivesse verificado"*[124].

6.2. Na época clássica

Consagrada a *condictio*, que toma o nome de *condictio ob rem datio re non secuta* ou *causa data causa non secuta*[125], e a *actio doli*, faltava, como acabámos de observar, uma acção que permitisse, a quem cumpriu, demandar a parte inadimplente, para que lhe exigisse o cumprimento da obrigação contraída: *dare* a coisa acordada à parte que já tinha cumprido. O seguinte texto de CELSO é elucidativo:

> D. 12,4,16: *"Dei-te dinheiro para que me desses Estico. Acaso esta espécie de contrato é em parte compra e venda ou não há aqui outra obrigação do que a do dado por uma causa que não se verificou? (Esta posição) é a que mais me inclino; e, portanto, se morreu Estico, posso repetir o que te dei para que me desses Estico..."*[126].

Neste texto, a relação da permuta com a compra e venda é muito intensa. Há dinheiro que funciona como preço dado antecipadamente com vista à entrega duma coisa (no caso, o escravo *Estico*).

Simplesmente, CELSO tem dúvida e inclina-se para uma permuta (embora entre dinheiro e coisa), referindo que só existe uma obrigação que deixou de ter causa e, portanto, resta a quem entregou o dinheiro pedir a sua restituição, obviamente, com a *condictio*. Não existe uma *actio* que permitisse obter o cumprimento da obrigação. Note-se, aliás, que se o jurisconsulto considerasse compra e venda, a morte da coisa vendida (o escravo *Estico*) não desresponsabilizava o comprador: o risco onera-o sempre (*periculum est emptoris*)[127], mesmo quando a coisa ainda não lhe tenha sido entregue.

---

[123] Vide KASER, *o.c.* 263.

[124] D. 19,4,1,4: *"Igitur ex altera parte traditione facta, si alter rem nolit tradere, non in hoc agemus, quod interest nostra, illam rem accepisse, de qua convenit, sed, ut res contra nobis reddatur, condictioni locus est, quasi re non secuta".*

[125] Vide ARANGIO-RUIZ, *Instituciones de derecho romano*, cit. 353.

[126] D. 12,4,16: *"Dedi tibi pecuniam, ut mihi Stichum dares; utrum id contractus genus pro portione emtionis et venditionis est, an nulla hic alia obligatio est, quam ob rem dati re non secuta ? In quod proclivor sum...".*

[127] Cf. D. 23,2,15,1; I. 3,23,3; C. 4,48,2. Vide JUSTO, *Direito privado romano – I (direito das obrigações)*, cit. 57-58.

São tempos em que a *iurisprudentia* romana, preocupada com a carência dessa acção, terá sugerido ao pretor a concessão de uma *actio in factum* em cada situação litigiosa, talvez descrita na *demonstratio*[128] da correspondente fórmula processual[129]. Todavia, os romanistas dividem-se acerca da data em que esta acção teria sido concedida[130] e, principalmente, sobre a sua natureza (civil ou pretória, ou seja, *in ius* ou *in factum*)[131].

Parece-nos particularmente importante a posição de BETTI que, a propósito dos contratos inominados, distingue duas orientações nos jurisconsultos romanos: a *anomalista*, seguida por Sabinianos, que renuncia à construção de novos *contractus* e tutela a composição de interesses com uma simples *actio in factum*; e a *analogista* que elabora novos contratos utilizando a analogia com os tipos tradicionais já reconhecidos e, por isso, estende-lhes a tutela prevista no *ius civile* (a *actio civilis incerti*)[132]. E esta *contaminatio* prova que, no direito clássico, houve esse desacordo entre juristas, como observa BETTI: "*Tale* contaminatio (*a* actio civilis in factum) *costitui la prova migliore che c'è stato, in diritto classico, un disaccordo fra giuristi nel tratamento dei nova negotia, Dall'un canto, gli anomalisti, non riuscendo ad inquadrare il* novum negotium *nei tipo di* contractus, *si limitavano a suggerire al pretore di concedere un'*actio in factum; *dall'altro canto, gli analogisti com tendenza più o meno accentuata e coerente elaboravano sugli elementi del* novum negotium un nuevo tipo de *contractus*[133].

Seguiram a orientação anomalista, *v.g.*, CELSO[134], GAIO[135], JULIANO[136], e ULPIANO[137]. Pelo contrário, optaram pela orientação analogista *v.g.*, LABEÃO[138],

---

[128] A *demonstratio* é uma parte eventual da fórmula processual (sistema denominado *agere per formulas*) na qual é referido o facto (ou factos) em que o demandante baseia a sua pretensão. Cf. GAIO 4,40. Vide JUSTO, *Direito privado romano – I Parte geral*, cit. 319-320 e 333-334.

[129] Vide KASER, *o.c.* 263.

[130] Segundo DE LA ROSA DÍAZ, *o.c.* 134-141 e 144 esta *actio* não foi concedida na época clássica. Pelo contrário, MASCHI, *Il diritto romano I. La prospettiva storica della girisprudenza clássica*, cit. 601-618 atribui a sua origem à época clássica. Também TALAMANCA, *o.c.* 555-556, VOCI, *o.c.* 461-464, PEROZZI, *o.c.* 352-354 e GARCIA GARRIDO, *o.c.* 662, inclinam-se para a origem clássica. Vide igualmente BELDA MERCADO, *o.c.* 474-479.

[131] Segundo MASCHI *ibidem* 606, *la tutela del rapporto non consiste in una* actio in factum (*il rapporto fa sorgere una* obligatio (civilis), *ma in una* actio civilis incerti". Recordemos que as *actiones in ius* são concedidas pelo *ius civile*, enquanto as *actiones in factum* são outorgadas pelo pretor em situação não protegidas pelo direito civil. Vide JUSTO, *Direito privado romano – I. Parte geral*, cit. 238.

[132] Vide BETTI, *o.c.* 320-330.

[133] Transcrevemos BETTI, *o.c.* 327.

[134] Cf. D. 12,4,16.

[135] Cf. D. 19,5,22.

[136] Cf. D. 19,5,13pr.-1.

[137] Cf. D. 19,5,13pr.-1.

[138] Cf. D. 19,5,17,1; -19,5,19pr.

ARISTÃO[139], MAURICIANO[140], PAPINIANO[141] e NERÁCIO[142]. Seleccionamos os seguintes textos:

D. 2,14,7,2 (ULPIANO): *"Mas se a coisa não passasse a outro contrato e subsistir, no entanto, a causa, Aristão respondeu acertadamente a Celso que havia obrigação; v.g., dei-te uma coisa para que me desses outra; dei para que faças algo, isto é contrato e daqui nasce uma obrigação civil. E por isso, opino que, com razão, Juliano foi repreendido por Mauriciano nisto: dei-te Estico para que manumitas Pânfilo; manumitiste-o. Estico foi reivindicado. Juliano escreve que o pretor tem de dar a acção pelo facto; aquele diz que basta a acção civil de coisa incerta, isto é, a praes-criptio verbis, pois há um contrato a que Aristão chama sinalagma, do qual nasce esta acção"*[143].

Este fragmento é muito importante, porque refere a disputa jurisprudencial que vimos referindo. Dum lado, ARISTÃO considera que existe obrigação civil, porque o caso assinalado (permuta) constitui um contrato. Esta ideia é seguida por MAURICIANO que, consequentemente, fala duma *actio civilis incerti*. Do outro lado, JULIANO entende que o pretor deve conceder uma *actio in factum*, o que pressupõe a inexistência duma *actio civilis*.

Considerando este fragmento genuino, quer pela citação do seu Autor (ULPIANO) de outros jurisconsultos, quer pelo carácter histórico que, no tempo de Justiniano esta querela reveste, os seguintes textos de PAULO revelam ine-quivocamente a marca dos compiladores de Justiniano, ou sejam, foram inter-polados[144]. Vejamos:

D. 19,4,1,1 (PAULO): *"Pelo qual, se a coisa que tiver recebido ou dada for reivindicada depois, responde-se que tem de dar-se a acção pelo facto"*[145].

---

[139] Cf. D. 2,14,7,2.

[140] Cf. D. 2,14,7,4.

[141] Cf. D. 19,5,7; -19,5,8.

[142] Cf. D. 19,5,6.

[143] D. 2,14,7,2: *"Sed et si in alium contractum res non transeat, subsit tamen causa, eleganter Aristo Celso respondit, esse obligationem; utouta dedi tibi rem, ut Mihi aliam dares, dedi, ut aliquid facias, hoc (contractus) esse, et hinc nasci civilem obligationem. Et ideo puto recte Iulianum a Mariciano reprehensum in hoc: dedi tibi Stichum, ut Pamphilium manumitas; manumisisti; evictus est Stichus. Iulianus scribit in factum actionem a Praetore dandam; ille ait, civilem incerti actionem, id est praescriptis verbis, sufficere; esse enim contractum, quod Aristo synallagma dicit, unde haec nascitur actio".*

[144] Neste sentido, vide PEROZZI, *o.c.* 354; DE LA ROSA DÍAZ, *o.c.* 141; e VOCI, *o.c.* 463.

[145] D. 19,4,1,1: *"Unde si ea res, quam acceperim, vel dederim, postea evincatur, in factum dandan actionem respondetur".*

D. 19,5,5,2 (Paulo): *"... Mas se te dei um escravo para manumitires um escravo teu e o manumitiste e o (escravo) que dei foi reivindicado, se o dei sabendo, Juliano escreve que se tem de dar contra mim a acção de dolo e, se ignorar, a acção civil pelo facto"*[146].

D. 19,5,5,1 (Paulo): *"E se verdadeiramente desse dinheiro para receber uma coisa, é compra e venda, mas se dou uma coisa para receber outra, como não parece bem que a permuta de coisas seja compra, não há dúvida de que nasce obrigação civil, em cuja acção se compreenderá não que devolvas o que tiveres recebido, mas que sejas condenado a meu favor em quanto me interessa receber o que foi acordado..."*[147].

No primeiro, Paulo insere-se na orientação anomalista: fala duma *actio in factum*, porque não vê nenhuma figura contratual na permuta. No segundo, cita Juliano, mas a referência a *actio in factum civilem* é um absurdo na época clássica[148]. E, no último, Paulo aproxima-se da orientação analogista, reconhecendo uma obrigação civil, e, portanto, tutelada por uma *actio in ius*.

Efectivamente, as *actiones in factum* eram concedidas pelo pretor na ausência de tutela fornecida pelo direito civil, ou seja, em situações não tuteladas por *actiones in ius conceptae*. Tratando-se de acções perfeitamente diferenciadas, desde logo nas suas fontes (*ius praetorium* e *ius civile*), na estrutura das correspondentes fórmulas processuais e também nos seus efeitos[149], compreende-se que a expressão *actio in factum civilis* seja uma interpolação, porventura feita quando os dois ordenamentos jurídicos (pretório e civil) se fundiram num único ordenamento (civil).

6.3. Nas épocas pós-clássica e justinianeia

Durante estas épocas[150] prepara-se e concretiza-se a fusão dos ordenamentos jurídicos pretório e civil. Doravante, só existe o ordenamento jurídico civil e, portanto, só um tipo de acções: as *actiones civiles* ou *in ius conceptae*.

---

[146] D. 19,5,5,2: *"...Sed si dedi tibi servum, ut servum tuum manumitteres, et manimisti, e tis, quem dedi, evictus est, si sciens dedi, de dolo in me dandam actionem Iulianus scribit, si ignorans, in factum civilem"*.

[147] D. 19,5,5,1: *"Et si quidem pecuniam dem, ut rem accipiam, emtio et venditio est, sina utem rem do, ut rem accipiam, quia non placet, permutationem rerum emtionem esse, dubium non est, nasci civilem obligationem; in qua actione id veniet, non ut reddas, quod acceperis, sed ut damneris Mihi, quanti interest mea, illud, de quo convenit, accipere..."*.

[148] Neste sentido, vide Voci, *o.c.* 463, para quem *"nessun giurista classico poteva parlare di* a. in factum civilis". Também De La Rosa Díaz, *o.c.*141, refere que *"rechazamos la existência en la época clásica de tales acciones con carácter civil, ya que como justamente opina Iglesias, y nosotros con él, e sen sí una contradicción el decir* actio in factum civilis, *ya que el término* civilis *se opone al de* in factum".

[149] Vide Justo, *Direito privado romano – I. Parte geral*, cit. 238, 265 e 333-334 e A *"fictio iuris" no direito romano*, cit. 384-385, onde ce cita a posição de Pokrowsky para quem a expressão *in factum civilis*, que parece uma *contradictio in adiecto* absurda, porque remexe todas as noções dos juristas clássicos, é fruto do trabalho dos compiladores que introduziram, na *actio in factum*, o adjectivo civilis".

[150] A época justinianeia é praticamente o prolongamento da época pós-clássica no Império Romano do Oriente. Mantém, como característica, o classicismo e a helenização e destaca-se pela compilação

Mantém-se a tutela da parte que realizou a sua prestação dando a coisa acordada enquanto a outra não cumprir a sua, através da *condictio* e da *actio doli*. Relativamente à *condictio*, duas *constitutiones* de Diocleciano e Maximiano, estabelecem o seguinte:

C. 4,64,3: "É constante que, em virtude do pacto de permuta, não tendo coisa alguma, não compete *acção a ninguém, se uma estipulação subsequente não tiver adquirido para as partes acção em virtude de obrigação verbal*"[151].

C. 4,64,7: "*Já antigamente se estabeleceu que não se pode fazer uma compra e venda com coisas. Assim, como asseguras que deste a Calímaco e a Acamato certa quantidade de trigo para que te entregassem o peso designado de azeite, se não cumpriram o pactuado sem a solenidade da estipulação, podes reclamar pela* condictio, *conforme o teu desejo, não se tendo verificado a causa, tudo quanto disseste*"[152].

Estamos perante dois textos que parecem negar, ainda na época de Diocleciano (início da época pós-clássica), a existência de uma *actio* derivada da permuta, situação que contraria as fontes clássicas já expostas[153]. Os permutantes não disporiam da *actio civilis* se, juntamente com a permuta, não tivessem celebrado também uma *stipulatio*[154].

Todavia, noutra *constitutio*, os mesmos Imperadores concedem uma *actio civilis incerti* denominada *praescriptis verbis*:

C. 4,64,6: "*Entregues umas coisas sob certa condição, se esta não se cumprir, mostra a auto-ridade do direito que se tem de dar a acção civil incerta do expressado com palavras*"[155].

---

do direito romano no *Corpus Iuris Civilis*. A época pós-clássica decorre entre os anos 230 e 530; e a justinianeia situa-se entre os anos 530 e 565 (ano da morte do Imperador Justiniano). Vide CRUZ, *Direito romano*, cit. 48-51; e JUSTO, *A evolução do direito romano*, cit. 61-68.

[151] C. 4,64,3: "*Ex placito permutationis, nulla re secuta, constat nemini actionem competere, nisi stipulatio subiecta ex verborum obligatione quaesierit partibus actionem*".

[152] C. 4,64,7: "*Emtionem rebus fieri non posse, pridem placuit. Igitur cum frumenti certam modiationem Callimacho et Acamato te dedisse, ut tibi repraesentent olei designatum pondus, asseveres, si placitis citra stipulationis solenniatatem non exhibeant fidem, quantum dedisti, causa non secuta condicere pro desiderio tuo potes*".

[153] Vide DE LA ROSA DÍAZ, *o.c.* 135, para quem "*del análisis de estos textos se deduce claramente que durante la época clásica, a la que pertenecen, no se podía, en caso de realizar una convención de permuta, entablar acción por la parte que cumple la prestación para exigir la contraprestación a la otra parte, sino unicamente cabía, que quien había hecho la entrega, si la otra parte no realizaba la suya, pudiera mediante esta* condictio *pedir la devolución de lo entregado*".

[154] Haja em vista que estamos perante um contrato formal, verbal, a que os Romanos recorriam muito frequentemente para a satisfação de fins muito diversificados. Constituindo um contrato previsto no *ius civile*, as obrigações criadas eram tutelas por uma *actio (civilis) ex stipulatu*. Vide JUSTO, *Direito privado romano – (direito das obrigações)*, cit. 84-90.

[155] C. 4,64,6: "*Rebus certa lege traditis, si huic non pareatur, praescriptis verbis incertam civilem dandam actionem, iuris auctoritas demonstrat*".

ESTUDOS EM HOMENAGEM A MIGUEL GALVÃO TELES

É evidente uma contradição, que indicia uma interpolação[156]. Todavia, se os primeiros textos constituem um obstáculo à doutrina que reconhece, na época clássica, a concessão de uma *actio in factum* ou duma *actio civilis*[157], parece certo que a referência expressa à *condictio* (*ob rem dati re non secuta* ou *causa data causa non secuta*) mostra que ainda persiste nas épocas pós-clássica (e também) justinianeia[158]. Assinala-se, todavia, uma diferença: enquanto na época clássica a *condictio* dispensava a culpa da parte inadimplente, agora exige-se a sua culpa[159].

Mas a grande dificuldade prende-se com a referência a uma nova acção, denominada *actio praescriptis verbis* (e também *actio incerti, actio civilis incerti, actio in factum civili*) relativamente à qual os romanistas estão divididos sobre a época da sua introdução no direito processual romano[160] e sobre a sua própria natureza. E há quem assinale um longo processo evolutivo que, passando pela *actio in factum* e pela *actio in ius*, culminou na expressão incorrecta *actio in factum civilis* e na *actio praescriptis verbis* que, no caso da permuta, recebia o nome de *actio praescriptis verbis ex permutatione*[161].

No direito justinianeu, a concessão da *actio praescriptis verbis* é inequívoca, como também o seu carácter de boa fé[162]. Vejamos:

> D. 19,5,2 (CELSO): *"Porque quando faltem os nomes vulgares e usuais das acções, tem de se intentar a* actio praescriptis verbis*"*[163].

Estamos perante uma acção de carácter geral, bem distinta das acções concedidas na época clássica para cada caso.

Relativamente à acção de dolo, PAULO refere-a em:

> D. 19,5,5,3: *"Ma se fizesse para que dês e depois que fiz deixas de dar, não haverá nenhuma acção civil e por isto se dará a de dolo"*[164].

---

[156] Neste sentido, vide DE LA ROSA DÍAZ, *o.c.* 135.

[157] Vide *supra*, n.º 6.2.

[158] Vide TALAMANCA, *o.c.* 558; FUENTESECA, *o.c.* 292; DE LA ROSA DÍAZ, *o.c.* 147 e 151; e SITZIA, *o.c.* 109-110. Este Autor, *o.c.* 110, cita GRADENWITZ, que atribui aos jurisconsultos justinianeus a criação da *actio praescriptis verbis*.

[159] Cf. D. 19,5,5,2 *in* fine. Vide PEROZZI, *o.c.* 353; e DE LA ROSA DÍAZ, *o.c.* 147.

[160] Vide PEROZZI, *o.c.* 353; TALAMANCA, *o.c.* 558; SITZIA, *o.c.* 110; e DE LA ROSA DÍAZ, *o.c.* 146.

[161] Neste sentido, vide DE FRANCISCI e PEROZZI *apud* SITZIA, *o.c.* 110-111. Nesta orientação, SITZIA aponta precedentes clássicos. Vide também: BALZARINI, *o.c.* 995.

[162] Cf. I. 4,6,28.

[163] D. 19,5,2: *"Nam, cum deficiant vulgaria atque usitata actionum nomina, praescriptis verbis agendum est"*.

[164] D. 19,5,5,3: *"Quodsi faciam, ut des, et posteaquam feci, cessas dare, nulla erit civilis actio, et ideo de dolo debitur"*.

Trata-se de um contrato inominado do tipo *facio ut des*. Satisfeita a prestação de *facere* e não cumprida a de *dare*, a parte cumpridora tem a faculdade de demandar a outra com a *actio doli*. Não há lugar para a *condictio* porque em causa não está a transferência de propriedade cuja devolução seja reclamada.

Finalmente, reconhece-se, provavelmente no direito justinianeu[165], a quem cumpriu a faculdade de, independentemente de culpa ou mora da parte incumpridora, a demandar com uma *condictio* dita *ex poenitentia*. Assim se permite a rescisão unilateral da permuta enquanto a parte em falta não cumprir[166].

Em conclusão, a parte que cumprisse a sua prestação podia demandar a outra parte inadimplente, através dos seguintes expedientes: *condictio* (*ob rem dati re non secuta* ou *causa data causa non secuta*); *actio doli*; *actio praescriptis verbis* e *condictio ex poenitentia*. Existe ainda a possibilidade de uma das partes demandar a outra por evicção e por vícios ocultos da coisa dada[167]. A coexistência destes meios mostra, sobretudo o último, uma peculiaridade dos contratos inominados em geral e da permuta em particular[168].

7. Tradição romanista. Breve referência ao:
7.1. direito medieval, francês e espanhol

Na tradição romanista[169], encontramos na Idade Média, antes da recepção do direito romano na Escola dos Glosadores que ocorreu no século II em Bolonha[170], o direito romano consagrado, na sua dimensão *"vulgar"*, nos diversos códigos e leis dos reis germânicos[171].

Sem ciência jurídica e confiado à prática e ao empirismo tabeliónico, o direito romano, já vulgarizado sobretudo no Império Romano do Ocidente, entrou em profunda decadência com significativos reflexos nas diversas instituições.

---

[165] Vide Sitzia, *o.c.* 110; e De La Rosa Díaz, *o.c.* 148-149, para quem esta *condictio* já foi concedida pela *iurisprudentia* clássica em casos muito especiais.

[166] Vide Sitzia, *o.c.* 110.

[167] Vide De La Rosa Díaz, *o.c.* 151.

[168] Vide De La Rosa Díaz, *o.c.* 150.

[169] Segundo Sebastião Cruz, *o.c.* 38 trata-se do direito romano *"lato sensu"*: *"abrange o período de 15 séculos (sécs. VI-XXI, mas sobretudo o período que vai desde o fenómeno de "recepção" do direito romano até aos nossos dias"*.

[170] Sobre esta Escola, vide Cruz, *ibidem* 96-97; Mário Júlio de Almeida Costa, *História do direito português*[5], com a colaboração de Rui Manuel de Figueiredo Marcos (Almedina / Coimbra, 2011) 236-244; Ruy de Albuquerque / Martim de Albuquerque, *História do direito português (1140-1145)* I[10] (Ed. Pedro Ferreira / Lisboa, 1999) 245-253; Nuno J. Espinosa Gomes da Silva, *História do direito português. Fontes de direito*[5] (Fund. C. Gulbenkian / Lisboa, 2011) 208-231; e Justo, *Nótulas de história do pensamento jurídico* (Coimbra Editora / Coimbra, 2005) 26-28.

[171] Sobre essa legislação, que acolheu o "direito romano vulgar", vide Almeida Costa, *o.c.* 124-130, 142-148 e 157-163. Vide também De La Rosa Díaz, *o.c.* 157.

Por isso, não surpreende que também a permuta tenha sofrido oscilações que ora a afastam ora aproximam do direito romano do *Corpus Iuris Civilis*. Por outro lado, a velha concorrência com a compra e venda reacendeu-se em momentos de escassez monetária e de inflação[172], a que acresce a influência do direito canónico que, proibindo as alienações de bens eclesiásticos, permitiu a permuta desde que vantajosa para as entidades eclesiásticas[173]. Como assinala BRUNNER, o gado constituía o único ponto de controlo da vida económica dos povos germânicos: funcionava como dinheiro[174].

Após o renascimento do direito romano em Bolonha (século XII), a permuta (também denominada *cambium, viganuem, vegareum, vegasalio, vicariatio, commutatio*) recuperou a sua dimensão de contrato inominado em que o vínculo obrigacional só surge no momento em que o consenso é acompanhado da execução de uma das prestações acordadas. Todavia, esta configuração chocava com o relevo, sempre mais atribuído sobretudo por influência do direito canónico, ao elemento consensual: ao contrato romano do tipo real opunha-se, agora, o contrato consensual[175].

Esta dimensão consensual iria reaproximar a permuta da compra e venda em França, País em que, no termo dum longo processo evolutivo, DOMAT afirmou que todas as regras do contrato de venda têm lugar na permuta, excepto as que são conformes à natureza de tal contrato, como as respeitantes ao pagamento do preço[176]. E também POTHIER considerou que a permuta, também antes de ter recebido execução e logo que o consenso das partes existe, produz obrigações civis, sendo um contrato consensual como o contrato de venda. Estas posições doutrinais viriam a influenciar o legislador francês que, no *Code Civil*, configurou a permuta como contrato consensual[177] e estendeu-lhe as regras da compra e venda[178], exceptuando a aplicação da rescisão por lesão enorme[179].

Em Espanha, a permuta é considerada um contrato inominado no *Fuero Real* e nas *Siete Partidas*: a influência do direito romano renascido em Bolonha é manifesta. Todavia, mais tarde, a *Novísima Recopilación* do ano 1380 admite a rescisão

---

[172] Vide DE LA ROSA DÍAZ, *o.c.* 155 e 169.

[173] Vide SITZIA, *o.c.* 114, que, ainda no direito romano, refere uma *constitutio* dos Imperadores Leão e Antémio (C. 1,2,17; N. 7,1; -46; -55; -120). E, já na Idade Média, refere o sínodo romano do ano 502 que proibiu a alienação de bens eclesiásticos, mas permitiu as permutas de fundos urbanos (*o.c.* 114[65]).

[174] Vide BRUNNER *apud* DE LA ROSA DÍAZ, *o.c.* 156.

[175] Vide SITZIA, *o.c.* 114; e DE LA ROSA DÍAZ, *o.c.* 159.

[176] Vide DOMAT *apud* SITZIA, *o.c.* 114.

[177] Cf. art. 1703.

[178] Cf. art. 1707.

[179] Cf. art. 1706.

por lesão na permuta. O afastamento do direito romano é notório, quiçá consequência do fenómeno de vulgarização que frequentemente misturou a compra e venda e a permuta, sem delimitação clara das suas fronteiras[180]. E, num passo mais, a *Novísima Recopilación* atribuiu à permuta carácter consensual[181]. Hoje, o Código Civil espanhol consagra a permuta como contrato (nominado), definindo-a como *"contrato por el cual cada uno de los contratantes se obliga a dar una cosa para recibir outra"*[182]. Estamos perante um contrato que produz efeitos obrigacionais, consagra a responsabilidade por evicção[183] e estende as disposições da compra e venda *"en todo lo que no se halle especialmente determinado en este título"*[184]. Por outro lado, afasta a rescisão por lesão[185].

7.2. direito português

No domínio das Ordenações Filipinas, MELO FREIRE observa que *"todos os contratos hoje são consensuais"*; que *"não se dá lugar ao arrependimento, porquanto aquele que prometeu dar ou fazer alguma coisa obriga-se a cumprir"*. E insiste, referindo que *"na permuta basta só o consenso para tornar a obrigação perfeita, mesmo antes do cumprimento da outra parte"*[186].

E COELHO DA ROCHA define a permuta (também denominada troca ou escambo) como *"o contrato pelo qual duas pessoas se obrigam a dar reciprocamente uma coisa por outra"*. E acrescenta: *"É necessário que não se dê dinheiro, aliás, confunde-se com a compra e venda"*[187].

Ainda segundo COELHO DA ROCHA, "à permutação são aplicáveis as mesmas regras da compra, *excepto no que diz respeito ao preço"*. Por isso, os permutantes respondem por evicção e, citando as nossas Ordenações (Filipinas)[188], refere que *"pode ser rescindida por lesão enorme"*[189].

Na verdade, as nossas Ordenações determinam que *"e todo o que dito he, há lugar não somente nos contractos das compras, e vendas mas ainda nos contractos dos arrendamentos, aforamentos, escaimbos, transauções, e quaisquer outras avenças em que se dá, ou deixa huma cousa por outra"*[190].

---

[180] Seguimos DE LA ROSA DÍAZ, *o.c.* 233-234.

[181] De novo seguimos DE LA ROSA DÍAZ, *o.c.* 236-237.

[182] Cf. art. 1538.

[183] Cf. art. 1540.

[184] Cf. art. 1541.

[185] Cf. art. 1293. Vide DE LA ROSA DÍAZ, *o.c.* 337-349 que enuncia as analogias e diferenças da permuta romana e espanhola.

[186] Vide Pascoal José de MELO FREIRE, *o.c.* 43, 44 e 64.

[187] Vide M. A. COELHO DA ROCHA, *Instituições de direito civil portuguez*[8] (Livraria Clássica Editora A. M. Teixeira / Lisboa, 1917) 562.

[188] De fora fica a troca comercial (C. Com., art. 510).

[189] Vide COELHO DA ROCHA, *ibidem* 563.

[190] Cf. Ord. Filipinas IV,13,6.

Esta disposição insere-se no título (III) que se ocupa *do que quer desfazer a venda, por ser enganado em mais da metade do justo preço*". Consagra, como limite da lesão, metade do justo preço, verificada a qual o vendedor pode recuperar a coisa e restituir o preço que recebeu ou adquirir o que falta para o justo preço[191].

Ademais, produzindo a compra e venda efeitos obrigacionais[192], a permuta há-de produzir os mesmos efeitos por virtude da remissão para aquele contrato que há pouco referimos. Ou seja, nas nossas Ordenações Filipinas, a permuta afastou-se do direito romano: é um contrato consensual, produz efeitos obrigacionais e pode ser rescindida por lesão enorme. É notória a sua aproximação ao direito espanhol e, exceptuando a lesão enorme, ao direito francês da época.

O Código Civil de 1867 consagrou, na linha do Código Civil francês[193], a permuta como contrato nominado. Com efeito, dedica-lhe os artigos 1592º a 1594º. Chama-lhe *"escambo ou troca"*.

Consagra a evicção[194] e manda aplicar à permuta as *regras do contrato de compra e venda, excepto na parte relativa ao preço"*[195]. Daqui resulta que, sendo a compra e venda um contrato em que *"a cousa comprada pertence ao comprador, desde o momento em que o contrato é celebrado, bem como, desde esse momento, fica o vendedor com direito a haver do comprador o preço estipulado"*[196], igual regime se deve aplicar na permuta: é um contrato consensual, que produz efeitos reais. A influência do Código de Napoleão é manifesta: também aqui, o contrato de compra e venda é consensual e transfere a propriedade da coisa vendida[197]; e a permuta, também consensual[198], produz os mesmos efeitos por virtude da remissão para *"toutes les autres règles prescrites pour le contrat de vente"*[199].

O único desvio relativamente ao direito português das Ordenações Filipinas encontra-se no facto de a compra e venda e a permuta produzirem, agora, efeitos reais: estes contratos transferem, só por si, a propriedade das coisas vendidas ou permutadas.

---

[191] Cf. Ord. Filipinas IV,13,1.

[192] Cf. Ord. Filipinas IV,7pr.: *"Se o que fôr senhor de alguma cousa, a vender duas vezes a desvairadas pessoas, o que primeiro houver a entrega della será della feito verdadeiro senhor, se della pagou o preço, por que lhe foi vendida ou se se houve o vendedor por pago della, porque concorrendo assi na dita venda entrega da cousa e paga do preço, o fazem ser senhor della"*.

[193] Cf. arts. 1702 a 1707.

[194] Cf. art. 1593º.

[195] Cf. art. 1594º.

[196] Cf. art. 1549º. Segundo este artigo, *"em relação a terceiro, a venda, sendo de bens imobiliários, só produzirá efeito, desde que for registada nos termos declarados no título respectivo"*.

[197] Cf. art. 1583.

[198] Cf. art. 1703.

[199] Cf. art. 1707.

O actual Código Civil conserva o mesmo regime: a compra e venda transfere a propriedade das coisas vendidas para o comprador[200] e, tratando-se de venda de coisa alheia, além de nula[201], atribui ao comprador de boa fé o direito de exigir a restituição integral do preço[202] e uma indemnização no caso de dolo[203]. Prevê-se igualmente a venda de coisas defeituosas[204] e, relativamente a outros contratos onerosos, determina-se que "*as normas da compra e venda são aplicáveis aos outros contratos onerosos, pelos quais se alienem bens (...) na medida em que sejam conformes com a sua natureza e não estejam em contradição com as disposições legais respectivas*"[205].

Esta remissão aplica-se à permuta que, ao contrário do velho Código Civil de 1867, não foi agora consagrada como contrato nominado: trata-se, portanto, dum contrato inominado (como no direito romano), que pode ser celebrado por efeito do princípio da liberdade contratual[206].

7.3. direito brasileiro

Influenciado, quiçá, pela maior vigência das Ordenações Filipinas[207] e sobretudo pela doutrina civilista brasileira, com destaque especial para Augusto TEIXEIRA DE FREITAS – considerado "*um dos maiores jurisconsultos da latinidade moderna*" nas palavras de Orlando de CARVALHO[208] que defendeu intransigentemente a nossa tradição jurídica, criticando, por vezes com palavras ácidas, o Autor do primeiro Código Civil português[209] – o legislador brasileiro atribuiu à compra e venda efeitos obrigacionais[210] e consagrou a permuta como contrato nominado, embora se limitasse a mandar aplicar-lhe as disposições referentes à compra e venda, exceptuando: o pagamento das despesas com o instrumento da troca; e

---

[200] Cf. arts. 874º e 879º a).

[201] Cf. art. 892º.

[202] Cf. art. 894º, nº 1.

[203] Cf. art. 898º. Há ainda a possibilidade de indemnização, não havendo dolo nem culpa para reparar danos emergentes que não resultem de despesas voluptuárias: art. 899º.

[204] Cf. arts. 913º a 922º.

[205] Cf. art. 939º.

[206] Cf. art. 405º.

[207] Estiveram em vigor até ao primeiro Código Civil brasileiro (de 1916), que entrou em vigor em 1 de Janeiro de 191. Em Portugal, vigoraram até ao Código Civil de 1867, promulgado em 1 de Julho de 1867, que entrou em vigor decorridos seis meses após a sua publicação. Portanto, as Ordenações Filipinas vigoraram no Brasil durante cerca de 50 anos mais do que em Portugal.

[208] Vide Orlando de CARVALHO, *Teixeira de Freitas e a unificação do direito privado* na separata do vol. 60 do BFD (1984) 3.

[209] Vide JUSTO, *O código de Napoleão e o direito ibero-americano* no BFD LXXI (1995) 41-42.

[210] Cf. art. 1122, no qual se lê: "*Pelo contrato de compra e venda um dos contraentes se obriga a transferir o domínio de certa coisa e o outro, a pagar-lhe certo preço em dinheiro*". Também o art. 530 determina que a propriedade imóvel adquire-se pela transcrição do título de transferência no registo do imóvel; pela acessão; pela usucapião; pelo direito hereditário.

considerando nula a troca de valores desiguais entre ascendentes e descendentes, sem consentimento expresso dos outros descendentes[211].

A remissão para a compra e venda implica que também a permuta produz efeitos obrigacionais e, uma vez transferida a propriedade das coisas permutadas, cada parte responde por evicção[212] e por vícios ocultos[213].

O actual Código Civil não se afastou desta orientação: mantém a permuta como contrato nominado[214]. E conserva a mesma redacção, apenas acrescentando, na proibição de venda entre ascendentes e descendentes sem consentimento dos outros descendentes, a referência *"e do cônjuge do alienante"*[215].

Como a doutrina brasileira tem observado, a troca produz, no direito brasileiro, efeitos obrigacionais. Orlando GOMES define-a como *"contrato bilateral, oneroso, comutativo e simplesmente consensual"*; e refere que *"é, circunstancialmente um contrato solene (se uma ou as duas coisas permutadas forem imóveis de valor superior ao estipulado na lei, o contrato tem de se celebrar por escrito"*[216].

Ainda segundo Orlando GOMES, *"não é da essência da troca que as coisas tenham igual valor"*; e esclarece que *"a desigualdade só desfigura a permuta, quando o contraente, que dá coisa de valor menor, completa a sua prestação com dinheiro e o complemento é mais valioso"*[217].

Finalmente, fala da analogia entre a troca e a compra e venda e observa que *"as legislações prescrevem que se apliquem as mesmas regras: os permutantes* têm as mesmas obrigações do vendedor quanto à garantia de evicção e cada qual responde pelo defeito oculto da coisa"*[218]. Simplesmente, observa que " *a analogia entre a compra e venda e a troca não significa identidade"* e, por isso, justificam-se as pequenas diferenças legalmente consagradas[219].

Caio Mário da Silva PEREIRA fala-nos igualmente da troca, *"também chamada permuta, escambo ou barganha"* e aponta os seus caracteres jurídicos que são os mesmos da compra e venda: *"bilateral; oneroso; comutativo; translativo de domínio, no sentido de acto causal da transferência da propriedade; e consensual, via de regra e só por excepção solene"*[220].

---

[211] Cf. art. 1164.

[212] Cf. arts. 1107 a 1117.

[213] Cf. arts. 1101 a 1106.

[214] Cf. art. 533.

[215] Cf. art. 533. II.

[216] Transcrevemos Orlando GOMES, *Contratos*[26] (Editora Forense / Rio de Janeiro, 2009) 326.

[217] Vide GOMES, *ibidem* 327.

[218] Vide GOMES, *ibidem* 327.

[219] Vide GOMES, *ibidem* 327-328.

[220] Vide Caio Mário da Silva PEREIRA, *Instituições de direito civil. III. Contratos*[11], actualização de Regis Fichtner (Forense / Rio de Janeiro, 2004) 200.

Segundo este Autor, a sua extensão económica é da maior amplitude e todas as coisas *in commercio* podem ser permutadas[221]. E, na verdade, observa-se, em épocas de grave crise monetária, a tendência para substituir a compra e venda pela permuta. Por isso, a permuta não desapareceu.

8. Conclusão

A história da permuta mostra-nos um instituto com avanços e recuos. Antes da invenção da moeda cunhada e, portanto, da figura da compra e venda, a permuta foi o único expediente utilizado na troca de coisas móveis ou imóveis.

Depois, com a criação da figura da compra e venda, a permuta está intimamente ligada à evolução daquele contrato, dificilmente se distinguindo as peças de cobre, que funcionavam como preço, de meras coisas que se trocavam.

Com a moeda cunhada, a permuta distinguiu-se da compra e venda, embora as grandes semelhanças suscitassem a disputa entre os jurisconsultos da Escola Sabiniana e da Escola Proculeiana: aqueles, que viam na permuta uma espécie de compra e venda, tutelavam-na com as acções deste contrato; estes, que a consideravam uma figura jurídica distinta, preocuparam-se com uma tutela específica. Nos primeiros momentos, recorreram à velha *condictio* que penalizava o enriquecimento injusto; depois, aperfeiçoaram a tutela criando uma acção adequada, discutindo-se hoje a sua natureza (civil ou pretória).

De todo o modo, a evolução da permuta está intimamente ligada à história dos contratos ditos inominados, definidos e tutelados com uma acção geral (a *actio praescriptis verbis*) nas épocas pós-clássica e justinianeia.

A permuta, figura paradigmática do tipo *do ut des*, nunca deixou de ser realizada, sobretudo quando, em momentos de crise monetária, a moeda foi frequentemente substituída por outras coisas[222]. Este fenómeno, que também ocorreu no Império Romano, repetiu-se na Idade Média e chegou aos nossos dias.

Por isso, a permuta continua presente nos direitos contemporâneos, ora como contrato nominado ora como contrato inominado. E sempre com grande influência romana.

---

[221] Vide PEREIRA, *ibidem* 201.
[222] Vide DE LA ROSA DÍAZ, *o.c.* 371-397.

ESTUDOS EM HOMENAGEM A MIGUEL GALVÃO TELES

ABREVIATURAS

AHDE   Anuario de Historia del Derecho Español (Madrid)

BFD   Boletim da Faculdade de Direito da Universidade de Coimbra (Coimbra)

BMJ   Boletim do Ministério da Justiça (Lisboa)

C.   Codex (*Corpus Iuris Civilis*), edição de D. Ildefonso L. García del Corral (Editorial *Lex Nova*, S. A. / Valladolid)

D.   Digesto (*Corpus Iuris Civilis*), edição de D. Ildefonso L. García del Corral (Editorial *Lex Nova*, S. A. / Valladolid)

ED   Enciclopedia del Diritto (Milão)

Gaio   Gaio. Instituciones (Civitas / Madrid, 1985)

I   Instituições de Justiniano (*Corpus Iuris Civilis*), edição de D. Ildefonso L. García del Corral (Editorial *Lex Nova*, S. A. / Valladolid)

Labeo   Labeo. Rassegna di Diritto Romano (Nápoles)

N.   Novelas (*Corpus Iuris Civilis*), edição de D. Ildefonso L. García del Corral (Editorial *Lex Nova*, S. A. / Valladolid)

NNDI   Novissimo Digesto Italiano (Turim)

PS.   Sentenças de Paulo (*Fontes Iuris Romano Antejustiniani. Pars Altera. Auctores* (S. A. G. Barbèra / Florença, 1964)

Acordos parassociais e *corporate governance*[1]

ADELAIDE MENEZES LEITÃO[2]

SUMÁRIO: I. A prática societária. II. A jurisprudência portuguesa. III. Ordenamentos estrangeiros. IV. Direito da União Europeia. V. Direito português VI. Os acordos parassociais omnilaterais VII. Sinopse.

I. A prática societária

Os acordos parassociais assumem significativa importância em Portugal sobretudo ao nível das grandes sociedades, em especial nas reprivatizações, devido à fraqueza económica de muitos participantes e à necessidade de promover a recomposição mobiliária. As privatizações dirigiam-se essencialmente a pequenos investidores e a grupos de gestores descapitalizados. A dispersão do capital permitia manter o poder empresarial em gestores afectos ao Estado ou a partidos políticos. Neste quadro, a fim de combater os desequilíbrios que se criavam, são celebrados frequentemente acordos parassociais[3].

O mercado mobiliário português, em razão da sua fraqueza, manifestou sempre alguma dificuldade em captar para a bolsa os pequenos aforradores. Os acordos parassociais procuram ultrapassar esta dificuldade através da associação de

---

N.E. Por decisão da Autora, este texto é publicado segundo a ortografia anterior ao novo Acordo Ortográfico.

[1] O presente texto corresponde à conferência proferida com o mesmo título no I Curso de Pós-Graduação em Direito Empresarial no dia 15 de Dezembro de 2011. Deixa-se consignada um palavra de agradecimento à Professora Doutora Maria do Rosário Palma Ramalho pelo respectivo convite. Trata-se de um texto com o propósito de síntese das doutrina e jurisprudência portuguesas actuais no cruzamento de dois temas: os acordos parassociais e a *corporate governance*. Oferece-se respeitosamente o presente artigo aos Estudos em Homenagem ao Dr. Miguel Galvão Teles.

[2] Professora Auxiliar da Faculdade de Direito da Universidade de Lisboa.

[3] António Menezes Cordeiro, *Direito das Sociedades*, I, Parte Geral, 3ª ed ampliada e actualizada, 2011, 710.

interessados com a finalidade de preverem novas aquisições, permutas e alienações programadas. Visa-se, assim, com estes acordos combater um desequilíbrio das participações sociais ao longo do tempo[4].

Na prática, o âmbito objectivo dos acordos parassociais pode extravasar o âmbito da sociedade no quadro da qual são celebrados, podendo conter cláusulas que pouco têm a ver com ela, como é o caso quando as partes se obrigam a adquirir outras sociedades, a trocar participações de sociedades terceiras e/ou a não concorrer com outras sociedades. O âmbito subjectivo dos acordos parassociais pode igualmente extravasar a sociedade, uma vez que, por vezes, são celebrados com não sócios, normalmente com o objectivo de assegurarem opções de compra. Há ainda a possibilidade de os acordos parassociais serem subscritos pela própria sociedade. Assim, quer a amplitude do âmbito objectivo quer a do âmbito subjectivo apontam para a existência de acordos parassociais celebrados *a latere* do art. 17º do Código das Sociedades Comerciais (CSC), fundamentados na autonomia privada, o que permite distinguir entre acordos parassociais típicos e atípicos, discutindo-se a aplicação analógica do regime do artigo 17º do CSC a estes últimos[5].

A atipicidade de certos acordos parassociais impõe uma análise sobre se se encontram no estrito campo da autonomia privada[6] ou se, diferentemente, invadem a heterovinculação societária. É no domínio da limitação das regras societárias que se coloca o problema da eficácia e da vinculatividade para os respectivos subscritores[7]. Caso sejam contrários a normas societárias imperativas, cumpre averiguar se podem os acordos parassociais valer como acordos de cavalheiros[8].

No direito societário encontra-se uma ordem de vinculatividade hierárquica: lei, estatutos e deliberações. Cumpre saber qual o impacto nesta vinculatividade hierárquica da celebração de um acordo parassocial, que cria, de certa forma, uma ordem paralela e concorrencial daquela. Coloca-se, assim, consequentemente, a necessidade de equacionar as relações entre a lei e o acordo parassocial, o/os contrato social/estatutos e o acordo parassocial, e as deliberações e o acordo parassocial[9].

---

[4] *Código das Sociedades Comerciais Anotado*, (coordenação António Menezes Cordeiro), Almedina, Coimbra, 2011, anotação ao art. 17º do CSC, 127.

[5] *Vide* António Menezes Cordeiro, *Direito das Sociedades*, I, 711, e Ana Filipa Leal, *Algumas notas sobre a parassocialidade no Direito português*, RDS, Ano I, 2009, nº 1, 147 e ss.

[6] Maria da Graça Trigo, *Acordos Parassociais – Síntese das questões jurídicas mais relevantes*, 172, refere-se, neste domínio, aos "limites inerentes à parassocialidade".

[7] *Código das Sociedades Comerciais Anotado*, 127.

[8] Maria da Graça Trigo, *Acordos Parassociais – Síntese das questões jurídicas mais relevantes*, Problemas do Direito das Sociedades, Instituto do Direito das Empresas e do Trabalho, Almedina, Coimbra, 2008, 170, enquadrando os acordos parassociais entre as realidades sociais jurídicas e não jurídicas.

[9] Ana Filipa Leal, *Algumas notas sobre a parassocialidade no Direito português*, 145, refere-se a um modelo tetrapartido de forma de ajustamento de interesses ligados à sociedade.

Pondo de lado, para já, as relações com a lei, no que concerne ao contrato de sociedade e ao acordo parassocial têm-se apontado vários enquadramentos teóricos possíveis: a existência de uma relação de complementaridade entre ambos os negócios, de acessoriedade[10], de subordinação e até de concurso. Mais recentemente, tem-se admitido a existência de "conexões particulares" entre o acordo parassocial e as disposições estatutárias[11].

Convém referir, para melhor equacionar estas relações, que através dos acordos parassociais se pode alterar a distribuição interna dos poderes societários, retirando as decisões das estruturas e órgãos societários, pelo que se verifica uma inegável dimensão de *corporate governance*, que leva, muitas vezes, à erosão do poder da Assembleia Geral[12], mas também a actuações em áreas ligadas ao controlo da sociedade e à protecção dos sócios minoritários[13]. Normalmente, os acordos parassociais são celebrados com o objectivo de alguns sócios manterem o controlo da sociedade nos seus diferentes órgãos. Aliás, existe um núcleo comum entre os domínios normalmente abrangidos nos acordos parassociais e os que englobam a *corporate governance*.

O governo das sociedades surge essencialmente como um tema de origem norte americana ligada às sociedades anónimas abertas, tendo o seu movimento originado grande produção normativa, na qual que salientam, nos Estados Unidos da América, o *Corporate Director's Guidebook* da *American Bar Association* (1978), os *Principles of Corporate Governance: Analysis and Recomendations* do *American Law Institute* (1994) e a Lei *Sarbanes-Oxley* (2002), no Reino Unido, o Relatório *Cadbury* (1992) e, na Alemanha, o *Deutscher Corporate Governance Kodex* (2002)[14].

Nos contratos internacionais, muito em especial nos contratos de *joint venture*, são frequentes acordos parassociais que operam em áreas tão variadas como o estabelecimento de regras quanto ao órgão de administração, fixando o número de administradores a indicar por cada parte, as respectivas funções, a periodicidade das reuniões e o seu quórum, à estrutura da gestão corrente com comissão executiva ou administrador-delegado, à designação da Mesa da Assembleia

---

[10] António Menezes Cordeiro, *Código das Sociedades Comerciais Anotado*, 127, refere-se a uma ligação funcional ainda que o contrato de sociedade e o acordo parassocial se mantenham formalmente autónomos. Neste sentido, igualmente, Jorge Henrique Pinto Furtado, *Curso de Direito das Sociedades*, 5ª ed, Almedina, Coimbra, 2004, 170.

[11] Ana Filipa Leal, *Algumas notas sobre a parassocialidade no Direito português*, 147.

[12] O fenómeno de desvalorização da assembleia geral resultou da profissionalização das sociedades anónimas, segundo Maria da Graça Trigo, *Acordos Parassociais – Síntese das questões jurídicas mais relevantes*, 170.

[13] Ana Filipa Leal, *Algumas notas sobre a parassocialidade no Direito português*, 141.

[14] Cfr. Rui Pinto Duarte, *Escritos sobre Direito das Sociedades*, Coimbra Editora, Coimbra, 2008, 75-76, e Pedro Caetano Nunes, *Corporate Governance*, Almedina, Coimbra, 2006, 114-115.

Geral, dos órgãos de fiscalização e auditores externos, reuniões das partes fora da Assembleia Geral, às restrições à transmissão de acções, aos modos de saída da sociedade dos accionistas minoritários, à não concorrência entre sócios e sociedade, à política de dividendos e às contribuições de sócios como fornecedores e como clientes. Outros aspectos como a confidencialidade, a duração do acordos e a lei aplicável encontram-se amiúde previstos[15]. É inegável que aspectos que actualmente se localizam no domínio do conceito lasso de governo societário são abrangidos nos acordos parassociais, pelo que seria de esperar que a problemática dos acordos parassociais não ficasse alheia dos documentos que surgiram no contexto do movimento de *corporate governance*.

Sob a temática do governo de sociedade encerram-se perspectivas tão diversas que vão desde o conjunto de direitos e sistemas de relações, o sistema de governo e estruturas de poder, os valores e padrões de comportamento, aos sistemas normativos. De certa forma, algumas regras de *corporate governance* dobram as da disciplina societária que já se encontra na maioria dos sistemas continentais, ficando, muitas vezes, aquém destas. Outras vezes, as regras de *corporate governance* incorporam novas dimensões, algumas extrajurídicas, que não se deparam no clássico direito societário. Porém, estas regras consubstanciam um núcleo de matérias que encerram uma nova perspectiva do Direito societário.

Finalmente, salienta-se a particular relevância dos acordos parassociais nas sociedades anónimas, na medida em que o elemento pessoal pode invadir o elemento patrimonial, permitindo uma dissociação entre o risco e o capital[16].

Pelo exposto, conclui-se que a figura do acordo parassocial se encontra marcada por uma profunda *heterogeneidade* e *polifuncionalidade*[17] que, por essa razão, aponta para uma variedade significativa dos problemas práticos e respectivos enquadramentos teóricos em seu torno, problemas estes que não têm ficado arredados das decisões judiciais, como se verá de seguida, ainda que tais problemas sejam muitas vezes resolvidos por decisões arbitrais.

II. A jurisprudência portuguesa

Apesar do número de decisões judiciais não ser muito significativo, as questões tratadas ilustram de forma clara a diversidade de problemas que podem colocar-se nos acordos parassociais, tanto nas suas relações com a lei, como em relação à *corporate governance* e aos efeitos *inter partes*, como se verificará de seguida[18].

---

[15] Rui Pinto Duarte, *Formas Jurídicas de Cooperação entre Empresas*, disponível ww.fd.unl.pt/docentes_docs/ma/rpd_MA_15167.pdf

[16] Ana Filipa Leal, *Algumas notas sobre a parassocialidade no Direito português*, 138.

[17] Ana Filipa Leal, *Algumas notas sobre a parassocialidade no Direito português*, 140. Referindo-se às diferentes funções dos acordos parassociais na economia de mercado, Maria da Graça Trigo, *Acordos Parassociais – Síntese das questões jurídicas mais relevantes*, 169.

[18] António Menezes Cordeiro, *Direito das Sociedades*, I, 712.

O Acórdão do STJ 11-Mar.-1999 (Garcia Marques) decidiu num caso em que o A. reclamou o pagamento de uma cláusula penal por incumprimento do acordo parassocial por parte do R. O acordo parassocial previa que as partes votariam no sentido de se manterem ambas na gerência. O R. foi condenado em 1ª e 2ª instâncias, mas o Supremo absolveu o R., pois considerou que foi o afastamento de A. da gerência da sociedade que levou à sua destituição, pelo que não haveria culpa do R. no incumprimento do acordo parassocial (art. 790º do CC)[19].

Por sua vez, o Acórdão do STJ 16-Mar.-1999 foi no sentido de os acordos parassociais só poderem ser celebrados entre sócios de uma sociedade, não ficando a sociedade vinculada. Tratava-se, por isso, de delimitar o âmbito subjectivo dos acordos parassociais, bem como a respectiva eficácia *inter partes*.

No domínio da relação entre o contrato de sociedade e o acordo parassocial o Acórdão da RLx 25-Out.-2001 defendeu que os acordos parassociais se caracterizam pela autonomia em relação ao contrato de sociedade e pela existência de um nexo funcional em relação com o mesmo.

No que concerne à relação entre as deliberações sociais e o acordo parassocial, o Acórdão da RGm 13-Nov.-2002 não considerou abusiva a deliberação tomada na base de um sindicato de voto.

---

[19] Cita-se do Acórdão do STJ 11-Mar.-1999 uma resenha histórica da questão da validade dos pactos parassociais:*"Sabe-se quão debatida foi, na doutrina e na jurisprudência nacionais, a questão da validade de tais acordos, havendo, entre nós, antes da publicação do Código das Sociedades Comerciais, muitas vozes autorizadas que se pronunciaram em qualquer dos sentidos (2) Foi em 1954, como consequência do interesse suscitado por um importante processo judicial, que a matéria em apreço foi colocada no centro das atenções dos juristas nacionais. O Acórdão da Relação de Lisboa de 18 de Maio de 1955, que pôs termo a tal processo, orientou-se decididamente no sentido da nulidade dos sindicatos de voto. Igual posição adoptaram depois todas as outras decisões dos nossos tribunais superiores que se pronunciaram sobre a questão: os acórdãos do STJ de 31 de Julho de 1963 e de 4 de Abril de 1967, e da Relação de Lisboa de 19 de Junho de 1979. Também os Autores que publicaram os primeiros estudos acerca do tema começaram por se manifestar naquele mesmo sentido: foi o caso dos Profs. Barbosa de Magalhães, Cavaleiro de Ferreira, Fernando Olavo e , mais tarde, do Prof. Palma Carlos. A tese oposta principiou por ser sustentada apenas pelo Prof. Ferrer Correia, em parecer dado para o referido processo de 1954. Aderiram também à tese da validade os Profs. Vaz Serra, Raúl Ventura e Vasco Xavier, e os Drs. Amândio de Azevedo, Mário Raposo, Fernando Galvão Teles e Pinto Furtado. Para maiores detalhes, cfr. Vasco Xavier, loc. cit. na nota anterior, págs. 642 e 643.). Dissertando, ainda antes da publicação do Código das Sociedades Comerciais, a respeito dos sindicatos de voto, modalidade mais importante das chamadas convenções de voto, escreveu Vasco Xavier: O problema da validade das convenções de voto (e, designadamente, dos sindicatos de accionistas), tal como se tem posto em Portugal, não diz respeito à validade ou invalidade do voto emitido a favor ou contra o pactuado, pois entende-se aqui unanimemente (...) que a convenção não é oponível à sociedade, a qual aparece perante ela como terceiro: diz respeito, sim, às relações entre os membros do sindicato. O problema traduz-se, por conseguinte, em saber se o incumprimento da convenção por um votante pode fundar uma obrigação de indemnização em favor dos outros membros do grupo; ou fundar a sujeição do faltoso a uma pena convencional – pena que normalmente se haverá de estipular, pois a dificuldade do cômputo dos danos do incumprimento obstará quase sempre à praticabilidade da indemnização tendente a ressarci-los. Foi no plano geral da contrariedade dos bons costumes e da ordem pública que os tribunais portugueses foram encontrar o fundamento da condenação dos pactos de voto".*

O Acórdão da RLx de 2 de Março de 2003 (Rosa Ribeiro Coelho) admitiu o recurso a uma providência cautelar não especificada para obstar ao incumprimento de um acordo parassocial. Lê-se no referido Acórdão que o receio de que venha a não ser cumprido um acordo parassocial pelo qual uma sociedade (que comprou acções de uma outra sociedade) se obrigou para com accionistas desta última (que lhe venderam essas acções) a ouvi-los sobre as decisões estratégicas e de desenvolvimento relativas a essa mesma sociedade, permite a estes accionistas que requeiram uma providência cautelar não especificada destinada a acautelar o cumprimento daquele acordo. A venda de activos importantes de uma sociedade envolve uma decisão estratégica a ela relativa. Para acautelamento deste direito é viável a proibição da venda desses activos e da destituição do conselho de administração, do qual fazem parte os accionistas vendedores das referidas acções.

Há ainda jurisprudência que aplica as regras sobre vícios da vontade aos acordos parassociais, em especial o Acórdão da RPt 1-Jul.-2008 (Guerra Banha), que aplica a figura dos negócios usurários a um acordo parassocial celebrado entre as partes e opera a redução da cláusula penal estabelecida para o seu incumprimento.

Mais recentemente, o RCb 26-Jan-2011 enunciou que o art. 17º do Código das Sociedades Comerciais admite a validade dos acordos parassociais respeitantes ao exercício do direito de voto, com efeitos limitados às partes intervenientes, sem que possam servir de fundamento para a impugnação de actos da sociedade ou dos sócios para com a sociedade.

Note-se que a maioria das convenções de voto visa assegurar a estabilidade da gestão social e acautelar o risco de maiorias flutuantes ou, então, garantir a manutenção de uma política comum reconhecida como benéfica para os interesses societários. O fim do acordo parassocial só pode ser o de conseguir o que licitamente poderá ser obtido pelo direito de voto.

Por fim, o Acórdão do STJ 22-Set.-2011 (Serra Baptista) preconizou que o acordo parassocial deve observar o regime geral dos contratos, recorrendo-se às normas de interpretação da declaração negocial. No caso deste Acórdão, o Autor pretendia utilizar o acordo parassocial como um título executivo, mas, na data do vencimento da dívida, o acordo já estava resolvido, pelo que não podia ser utilizado para esse efeito.

No universo exposto, a jurisprudência portuguesa centra-se na relevância dos acordos parassociais nas seguintes situações: no exercício do direito de voto; na eleição dos administradores; na relação com o contrato social e com as deliberações sociais; no regime de interpretação, incumprimento do acordo e consequente aplicação da cláusula penal[20].

---

[20] Maria da Graça Trigo, *Acordos Parassociais – Síntese das questões jurídicas mais relevantes*, 172, considera que a jurisprudência portuguesa tem chegado a "soluções pouco certeiras".

III. Ordenamentos estrangeiros

Também nos ordenamentos jurídicos estrangeiros as relações dos sócios se definem em três níveis distintos, que passam pela lei, pelo contrato de sociedade e pelos acordos parassociais. Como se referiu anteriormente, através dos acordos parassociais os sócios podem contornar as regras legais e as próprias regras estatutárias. Por isso, os diferentes ordenamentos jurídicos regulam-nos para evitar as referidas situações[21].

Foi nos ordenamentos anglo-saxónicos que surgiu primeiramente a figura dos acordos parassociais (*shareholders'agreements*), para cuja emergência contribui decisivamente uma conceção patrimonial do direito de voto mais permissiva destes acordos parassociais[22]. Com efeito, naqueles ordenamentos o direito de voto é enquadrado como um *right of property* sem limites. Apenas em situações extremas – de utilização contra accionistas minoritários – se admite que haja abuso[23]. A experiência norte-americana é próxima da inglesa no que concerne à admissão dos acordos parassociais. Funciona, assim, *prima facie,* uma regra de permissão da figura, desenhando-se apenas, num segundo nível, algumas regras imperativas que a limitam.

A experiência francesa desenvolveu-se sobretudo em torno das convenções de voto, às quais era dada pouca publicidade, pelo que só eram conhecidas em caso de conflito grave entre os accionistas. A jurisprudência admitia convenções de voto em nome do interesse social e invalidava as que fossem puramente egoístas. A primeira regulação francesa desta matéria surge com o Decreto-Lei de 31-Ago.-1937, que no seu art. 10º proibiu totalmente as convenções de voto. A jurisprudência, contudo, interpretou restritivamente esta disposição e tolerou algumas. No Código de Comércio, um preceito penal (L. 242-9, 3) pune com multa e prisão a pessoa que aceite vantagens para votar em determinado sentido[24].

Assim, o direito francês é considerado pouco permissivo em relação aos acordos parassociais, sobretudo quando colocado em confronto com a experiência anglo-americana e alemã, esta última considerada mais favorável aos referidos acordos.

Note-se que a tendência germânica assinalada, de maior permissão aos acordos parassociais, não foi constante ao longo da história, tendo havido oscilações. Com efeito, no início do séc. XX encontram-se algumas decisões jurisprudenciais contrárias à admissão destes acordos (RG 16-Mar.-1904 e RG 7-Jun.-1908). As duas decisões jurisprudenciais citadas fundamentam-se no facto de estes acordos

---

[21] António Menezes Cordeiro, *Direito das Sociedades*, I, 688.

[22] Maria da Graça Trigo, *Acordos Parassociais – Síntese das questões jurídicas mais relevantes*, 170.

[23] António Menezes Cordeiro, Direito das Sociedades, I, 689, e Ana Filipa Leal, *Algumas notas sobre a parassocialidade no Direito português*, 136, nota de roda pé 3.

[24] António Menezes Cordeiro, *Direito das Sociedades*, I, 690.

serem contrários ao interesse social e aos bons costumes. Porém, mais tarde, a jurisprudência veio alterar esta posição, começando a admitir os acordos parassociais, fundamentando-se, para tal, na necessidade de organização económica e numa concepção empresarial das sociedades anónimas que permitiria, através da celebração destes acordos, uma administração estável independentemente da dispersão do capital[25].

De forma idêntica à jurisprudência, a doutrina comercial alemã orientou-se no sentido de uma maior admissibilidade da figura. Salientam-se nomes como Karsten Schmidt, Christine Windblicher, Kubles/Assmann e Raiser/Weil[26].

Embora num modelo de maior permissibilidade da figura do que a da experiência francesa, também no sistema alemão se desenvolveram algumas restrições específicas, a saber:

Na lei das sociedades anónimas (1965), o § 405 (3), 5 e 6 proíbe o exercício do direito de voto contra a concessão de determinadas vantagens ("compra de voto"). Esta proibição fundamenta-se na desvirtuação do ente colectivo e na existência de prejuízos para outros sócios e para os credores sociais[27].

Uma segunda restrição encontra-se no § 136 (2) AktG que estabelece que é *nulo o contrato pelo qual o accionista se obrigue a votar de acordo com instruções da sociedade, da direcção, do conselho de vigilância ou duma empresa subordinada*[28].

Para além destas proibições específicas, existem também proibições genéricas que *invalidam* os acordos parassociais que atentem contra deveres de lealdade entre os sócios. Uma proibição genérica, assente na boa fé, surgiu na decisão do BGH de 1-Fev.-1988 (caso Linotype), que estabeleceu que não é possível alcançar por via do acordo parassocial aquilo que não seria lícito alcançar pelo exercício do direito de voto. Deveres de lealdade, manifestação da técnica germânica no domínio societário, vinculam essencialmente os grandes accionistas para protecção dos pequenos[29].

Com maior influência francesa, o direito italiano posterior à codificação proibiu os acordos parassociais. A matéria não foi tratada no Código Civil de 1942, deixando-se a questão à jurisprudência e à doutrina italianas, as quais, em parte influenciadas pela doutrina alemã, vieram posteriormente a admitir os acordos parassociais[30].

A doutrina italiana distingue entre efeitos externos e efeitos internos dos acordos parassociais. Os efeitos externos referentes às relações com a sociedade

---

[25] António Menezes Cordeiro, *Direito das Sociedades*, I, 691.

[26] Estas e outras referências *apud* António Menezes Cordeiro, *Direito das Sociedades*, I, 692-693.

[27] António Menezes Cordeiro, *Direito das Sociedades*, I, 694.

[28] António Menezes Cordeiro, *Direito das Sociedades*, I, 694.

[29] António Menezes Cordeiro, *Direito das Sociedades*, I, 695.

[30] António Menezes Cordeiro, *Direito das Sociedades*, I, 695.

seriam irrelevantes, não sendo possível impugnar deliberações sociais com base em acordos parassociais, nem tão pouco estes acordos ser objecto de execução específica. Nas relações internas os acordos parassociais seriam admitidos[31].

Em 2003, uma reforma do Código Civil de 1942 regulou a matéria dos acordos parassociais. Com efeito, o artigo 2341 bis passa a conter uma noção de acordos parassociais *como aqueles que estipulados por qualquer forma tenham como fim estabilizar a titularidade ou o governo das sociedades*. O legislador italiano reconhece, deste modo, a íntima ligação entre acordos parassociais e o governo societário. Estes acordos podem ter como objeto o exercício do direito de voto, o estabelecimento de limites à transferência de participações sociais e à influência dominante sobre sociedades controladas. Os acordos têm um período máximo de validade de cinco anos. Porém, se não tiver sido estipulado qualquer prazo, as partes podem sempre denunciá-los com pré-aviso de seis meses.

O art. 2341 ter estabelece ainda que *nas sociedades que emitam acções cotadas em bolsa os pactos devem ser comunicados à sociedade e declarados no início de cada assembleia*. A declaração deve ser transcrita para a acta e depositada na conservatória do registo das empresas. Se faltar esta declaração, os titulares de acções abrangidos por um pacto parassocial não podem exercer o seu direito de voto e, se o exercerem, as deliberações são impugnáveis nos termos do art. 2377. Trata-se de um preceito que visa assegurar a transparência do governo das sociedades[32].

A nível europeu e americano, podemos assim concluir pela existência de dois sistemas: um, que abrange os ordenamentos que proíbem os acordos parassociais ou que só excepcionalmente os aceitam, designadamente ao nível da jurisprudência (proibição-excepção), de que são exemplo a França e a Itália (antes de 2003); outro que admite os acordos parassociais, mas com restrições (liberdade--restrição), de que são exemplo o Reino Unido, o EUA e a Alemanha. De qualquer forma, parece desenhar-se uma tendência geral no sentido da sua admissibilidade, embora esta assuma diferentes graus.

IV. Direito da União Europeia

A matéria dos acordos parassociais mereceu atenção na Proposta da 5ª Directiva de 19-Ago.-1983, que foi ligeiramente alterada em 1989, mas que não chegou a ser aprovada, e cujo art. 35º estabelece a nulidade das convenções em que um acionista se compromete a votar segundo instruções da sociedade ou do seu órgão de administração, de direção ou de fiscalização; ou a votar aprovando sempre as propostas feitas por estes órgãos; ou a votar ou ou abster-se em contrapartida de vantagens pessoais.

---

[31] António Menezes Cordeiro, *Direito das Sociedades*, I, 695-696.
[32] António Menezes Cordeiro, *Direito das Sociedades*, I, 697.

ESTUDOS EM HOMENAGEM A MIGUEL GALVÃO TELES

O artigo 35º é influenciado pelos §§ 136 (2) e 405 (3) 5 e 6 da Lei das Sociedades Anónimas Alemã. Não obstante a Proposta de Diretiva nunca ter sido aprovada, esteve na origem da redacção do art. 17º do CSC[33], o que é comentado como
tratando-se de um caso insólito pela doutrina estrangeira[34].

V. Direito português

A expressão *acordo parassocial* terá sido utilizada em Portugal pela primeira vez em
1951 por Fernando Galvão Teles (*União de contratos e contratos parassociais* ROA 11
(1951). Na jurisprudência salienta-se como marco inicial o acórdão da Rel. Lx de
18-Mai.-1955, que decidiu no sentido da invalidade dos acordos parassociais da
Sociedade Industrial de Imprensa, SARL. Em relação a este caso houve pareceres
que se pronunciaram pela invalidade do acordo parassocial, como os de Barbosa
de Magalhães, Cavaleiro de Ferreira e Fernando Olavo, enquanto outros, como
os de Manuel de Andrade e Ferrer Correia, foram em favor da sua validade[35].

A jurisprudência subsequente manteve-se desfavorável aos acordos parassociais, com base na ausência de apoio legal e na orientação da maioria da doutrina,
bem como por influência do sistema francês e italiano, assente num modelo de
proibição. Entretanto, alguma doutrina comercialista portuguesa começou, por
influência do modelo de permissão alemão, a mostrar-se mais permissiva com os
acordos parassociais, designadamente Manuel de Andrade, Ferrer Correia, Vaz
Serra, Pinto Furtado e Vasco Lobo Xavier[36].

O art. 17º do CSC veio admitir a figura dos acordos parassociais. As suas fontes
de inspiração são os artigos da lei alemã das sociedades anónimas e a Proposta de
5ª Directiva, como já foi mencionado. Porém, o nº 1 do art. 17º, diferentemente
do direito alemão, apenas confere eficácia obrigacional aos acordos parassociais.
Assim, para alguma doutrina, estes acordos parassociais não podem ser objecto
de execução específica[37]. Em sentido contrário têm-se pronunciado Graça Trigo
e Ana Filipa Leal[38].

Na Alemanha, os acordos parassociais têm sido considerados úteis, na medida
em que permitem dar coerência ao funcionamento das sociedades.

---

[33] Maria da Graça Trigo, *Acordos Parassociais – Síntese das questões jurídicas mais relevantes*, 171.

[34] António Menezes Cordeiro, *Direito das Sociedades*, I, 699.

[35] António Menezes Cordeiro, *Direito das Sociedades*, I, 700.

[36] António Menezes Cordeiro, *Direito das Sociedades*, I, 700-701. Maria da Graça Trigo, *Acordos Parassociais – Síntese das questões jurídicas mais relevantes*, 170, sublinha os estudos de Ferrer Correia e Vasco Lobo Xavier no desenvolvimento do interesse doutrinário em torno da figura dos acordos parassociais.

[37] António Menezes Cordeiro, *Direito das Sociedades*, I, 702.

[38] Cfr Carolina Cunha em anotação ao artº 17º, *Código das Sociedades Comerciais em Comentário*, volume I (artigos 1º a 84º) (Coord. Jorge M. Coutinho de Abreu), Almedina, 2010, 304.

No que respeita ao nosso país, em que se verifica uma grande pulverização do capital social, os acordos parassociais traduzem muitas vezes esquemas de controlo de poder à margem dos sócios minoritários, pelo que, tal como ocorre em outros direitos latinos, a lei seja mais contida em admitir os acordos parassociais. É esta a razão pela qual os acordos parassociais só têm uma eficácia *inter partes*[39], não podendo ser objecto de execução específica de modo a não perturbar o funcionamento da sociedade. As partes podem, contudo, estabelecer pesadas cláusulas penais com vista ao seu cumprimento, cabendo aos tribunais a sua redução equitativa nos casos em que tal se justifique (art. 812º do CC)[40].

No tocante às sociedades abertas, o art. 19º do Código de Valores Mobiliários (CVM) determina que os acordos parassociais que visem adquirir, manter ou reforçar uma participação qualificada em sociedade aberta, ou assegurar ou frustrar o êxito de oferta pública de aquisição, devem ser comunicados à Comissão de Mercado de Valores Mobiliários (CMVM) por qualquer dos contraentes no prazo de três dias após a sua celebração. A CMVM pode determinar a publicação total ou parcial do acordo (nº 2). As deliberações sociais tomadas na base de acordos não comunicados ou não publicados são anuláveis, salvo se os votos em causa não tiverem sido determinantes (nº5). Trata-se do regime consagrado em 2003 no Código Civil Italiano, ao qual já fizemos referência[41], o qual não pode deixar de ser entendido como uma regra de transparência acrescida de *corporate governance*[42].

Devido à já mencionada característica de heterogeneidade dos acordos parassociais[43], são teoricamente admitidas inúmeras classificações em relação a estes. A principal classificação distingue os seguintes acordos: relativos ao regime das participações sociais; relativos ao exercício do direito de voto; e relativos à organização da sociedade[44]. Ora, em torno de todos estes acordos parassociais se joga uma dimensão de governo societário, sendo essa dimensão mais significativa nos acordos relativos à organização da sociedade.

Os acordos parassociais podem visar proibições de alienação: absolutas, temporárias ou fora de um determinado círculo de pessoas; direitos de preferência mútuos; direitos de opção na compra ou na venda das participações sociais;

---

[39] Maria da Graça Trigo, *Acordos Parassociais – Síntese das questões jurídicas mais relevantes*, 178, admite a eficácia dos acordos parassociais em relação à sociedade nos casos de levantamento da personalidade jurídica.

[40] António Menezes Cordeiro, *Direito das Sociedades*, I, 703.

[41] António Menezes Cordeiro, *Direito das Sociedades*, I, 704.

[42] Paulo Olavo Cunha, *Direito das Sociedades*, 5ª ed., Almedina, Coimbra, 2012, 173-173, referindo uma tendência crescente de divulgação dos acordos parassociais por razões de transparência do mercado.

[43] Ana Filipa Leal, *Algumas notas sobre a parassocialidade no Direito português*, 141.

[44] António Menezes Cordeiro, *Direito das Sociedades*, I, 704.

obrigações de subscrição de aumentos de capital; obrigações instrumentais quanto ao manuseio de acções ou dos títulos que representem; predeterminação do sentido de voto; concertação futura para aprovação de certos assuntos; e reunião em separado antes da assembleia geral para concertação do sentido de voto[45].

Através da celebração dos acordos parassociais, as partes podem adotar um plano para a sociedade e comprometer-se a pô-lo em prática (votações concertadas, eleições de administradores de confiança e influências extra-societárias); a repartir os órgãos sociais; a obrigar-se a investir, aumentando o capital social e subscrevendo-o; a obrigar -se a enfrentar um concorrente, não lhe alienando ações; e a obrigar-se a prever certas auditorias internas ou externas.

Os acordos parassociais não podem respeitar à conduta de intervenientes ou de outras pessoas no exercício da função de administração ou de fiscalização (17º/2). Admitir acordos com incidência na administração e fiscalização significaria *a latere* admitir uma organização diferente da do pacto social, o que violaria a tipicidade societária, iludindo também as regras relativas às alterações estatutárias. É sobretudo neste ponto que se colocam as questões de *corporate governance*.

Uma interpretação restritiva da regra ínsita no art. 17º/2 poderá ser defendida de modo a que os acordos parassociais possam exercer alguma influência no âmbito da administração e fiscalização. Neste sentido, Carneiro da Frada entende que esta norma não respeita à conduta daqueles que ocupem cargos sociais, mas tão somente à sua conduta no exercício da função de administração e fiscalização.

De forma semelhante, também Rui Pinto Duarte refere que na medida em que a competência para administrar cabe ao órgão de administração poder-se-ia admitir que os sócios não poderiam estabelecer cláusulas sobre a matéria ou só o poderiam fazer nos casos em que a lei admitisse a intervenção dos sócios na gestão das sociedades. Porém, o Autor referido discorda da interpretação referida, dado que a regra que reserva a gestão ao órgão de administração é específica das sociedades anónimas e nem sequer abrange todos os subtipos com igual intensidade, pois nas sociedades de modelo germânico os estatutos podem atribuir ao conselho geral e de supervisão competência para autorizar certas categorias de actos de gestão (art. 442, nº 1)[46].

Por outro lado, o art. 83º/4 do CSC parece mostrar que corresponde a um padrão frequente um sócio poder determinar a conduta de um administrador, bem como que esse poder pode resultar de um acordo parassocial. Assim, para

---

[45] António Menezes Cordeiro, *Direito das Sociedades*, I, 704.

[46] Rui Pinto Duarte, Formas Jurídicas de Cooperação entre Empresas, disponível ww.fd.unl.pt/docentes_docs/ma/rpd_MA_15167.pdf

o Autor, o que o legislador rejeita é que essa influência seja causa de justificação de maus actos de gestão, como resulta do art. 74º/1 do CSC[47].

Assim, segundo Rui Pinto Duarte, o art. 17º/2 do CSC deve ser interpretado no sentido de não impedir que nos acordos parassociais se estabeleçam cláusulas sobre a gestão de sociedade, sendo só proibidos os acordos parassociais que vinculem as pessoas que exercem funções de administração ou os que as exonerem de responsabilidade[48].

Os acordos parassociais em que os sócios votariam seguindo sempre as instruções dos órgãos sociais ou aprovando sempre as propostas por ele feitas são também proibidos (art. 17º/ 3, a) e b)). A delegação do voto implica uma dissociação entre capital e risco. Tudo se passaria como se a sociedade fosse titular de ações próprias.

São igualmente proibidos os acordos pelos quais alguém se comprometa a votar ou a não votar em certo sentido mediante vantagens (compra de votos) (art. 17º/3, c)).

Com estas limitações procura-se fazer corresponder o risco ao capital e não permitir graves ataques ao interesse social e ao interesse comum dos sócios. Com efeito, não se pretende nem que os sócios condicionem ou desresponsabilizem os órgãos societários, nem que os titulatres dos órgãos societários condicionem os sócios.

Apesar de não se encontrarem disposições específicas sobre a matéria dos acordos parassociais no Código do Governo das Sociedades da CMVM[49], não podemos deixar de defender que as regras destes se lhes apliquem sempre que o seu objeto seja coincidente.

VI. Os acordos parassociais omnilaterais

O art. 17º do CSC admite que os acordos parassociais sejam subscritos por alguns sócios ou por todos os sócios. Quando subscritos por todos os sócios os acordos parassociais designam-se omnilaterais. Esta temática dos acordos omnilaterais foi introduzida na doutrina portuguesa por Graça Trigo[50] e, mais recentemente, por Carneiro da Frada, que coloca as seguintes questões: Podem os acordos omnilaterais ultrapassar as regras jussocietárias? Pode um sócio invocar as regras de

---

[47] Rui Pinto Duarte, *Formas Jurídicas de Cooperação entre Empresas*, disponível ww.fd.unl.pt/docentes_ docs/ma/rpd_MA_15167.pdf

[48] Rui Pinto Duarte, *Formas Jurídicas de Cooperação entre Empresas*, disponível ww.fd.unl.pt/docentes_ docs/ma/rpd_MA_15167.pdf

[49] *Código do Governo das Sociedades Anotado* (Paulo Câmara e outros, Almedina, Coimbra, 2012.

[50] Maria da Graça Trigo, *Os Acordos Parassociais sobre o Exercício do Direito de Voto*, Verbo, Lisboa, 1988, 152 e ss, e *Acordos Parassociais – Síntese das questões mais relevantes*, Problemas do Direito das Sociedades, Idet, Coimbra, 2002, 178.

Direito societário para se furtar às consequências de um acordo parassocial subscrito por todos os sócios?[51] A esta discussão podem acrescentar-se as seguintes perguntas: podem os acordos parassociais omnilaterais ultrapassar as regras de *corporate governance*? E como é que estas regras devem ser entendidas atendendo à sua natureza jurídica plural?

Com efeito,. algumas destas regras serão societárias, outras serão civis e deveres acessórios, outras ainda apontam para princípios e regras de gestão e postulados morais e de bom senso[52].

Paulo Câmara considera que a relação entre socialidade e parassocialidade não é bipolar[53]. O cumprimento do acordo não pode ser recusado a pretexto da observância do Direito Societário que as partes pretenderam afastar. Não se deve, por isso, considerar que haja uma acessoriedade ou subordinação indiscutível entre o acordo parassocial e o contrato social. Entre o contrato de sociedade e o acordo parassocial verifica-se um concurso de determinações jurídicas que não se resolve por um critério hierárquico ou de preferência temporal[54]. Deve, por isso, segundo Carneiro da Frada haver uma ponderação específica para os acordos parassociais omnilaterais, defendendo-se a redução teleológica ou a interpretação restritiva do art. 17º do CSC[55] e reconhecendo que, nestes casos, deve ser reequacionado o *princípio da separação* entre o pacto social, as regras societárias e o acordo parassocial[56], bem como superado qualquer dogma da acessoriedade.

É questionável a possibilidade de converter normas estatutárias inválidas em cláusulas de um acordo parassocial (através de conversão). Por exemplo, há normas imperativas que se aplicam ao contrato de sociedade, mas não aos acordos parassociais. O acordo parassocial pode funcionar como um acordo-quadro do contrato social. Neste caso, para Carneiro da Frada, deve prevalecer o acordo parassocial quando não estão em causa interesses de terceiros. Ora, isto deve abranger, segundo o referido Autor, os acordos parassociais que condicionem a administração, por exemplo por imporem uma certa política comercial, tornando-se vinculativo para os administradores desde que não ponham em causa interesses de terceiros[57].

---

[51] Manuel Carneiro da Frada, *Acordos Parassociais "omnilaterias" – Um novo caso de desconsideração da personalidade jurídica*, Estudos em Homenagem ao Professor Doutor Carlos Ferreira de Almeida, vol IV, Almedina, Coimbra, 2011, 122, e António Menezes Cordeiro, *Direito das Sociedades*, I, 706.

[52] António Menezes Cordeiro, *Direito das Sociedades*, I, 901-902.

[53] Paulo Câmara, *Parassocialidade e transmissão de valores mobiliários*, FDL, 1996, 454.

[54] Maria da Graça Trigo, *Acordos Parassociais – Síntese das questões jurídicas mais relevantes*, 177-178, enquadra esta temática sob a perspectiva de um "conflito de deveres", devendo o sócio cumprir o contrato de sociedade em detrimento do acordo parassocial.

[55] Manuel Carneiro da Frada, *Acordos Parassociais "omnilaterias"*, 126, 129, 133

[56] Manuel Carneiro da Frada, *Acordos Parassociais "omnilaterias"*,130.

[57] Manuel Carneiro da Frada, *Acordos Parassociais "omnilaterias"*, 136-137.

Se o contrato social e o acordo parassocial estabelecerem regras diferentes, cabe optar pelo cumprimento de uma ou de outra. O posicionamento recíproco das regras societárias e dos acordos parassociais funciona, assim, nos termos de um sistema móvel, não obedecendo sempre à ideia do carácter acessório e secundário destes em relação ao contrato social.

Os acordos parassociais omnilaterais também podem servir para invalidar deliberações abusivas por o contrariarem quando não há quaisquer interesses de terceiros (art. 58º/1, b) CSC). Há que enquadrar esta invalidade na violação de deveres de lealdade entre os sócios[58].

Assim, mesmo que um acordo parassocial omnilateral seja contrário às regras societárias, desde que não estejam em causa interesses de terceiros (eficácia externa), deve prevalecer o acordo parassocial (concurso), não podendo o sócio furtar-se às suas obrigações com fundamento em que há violação das regras jussocietárias.

VII. Sinopse

O modelo português relativo aos acordos parassociais é um modelo de permissão com restrições. Novas orientações hermenêuticas se discutem relativamente às restrições e ao seu âmbito. Através da interpretação jurídica – com recurso à interpretação restritiva e à redução teleológica do art. 17º do CSC – permite-se que novas soluções sejam engendradas quer quanto à eficácia do acordo parassocial, quer quanto às relações entre contrato social e acordo parassocial. Estas interpretações justificam-se essencialmente no caso dos acordos omnilaterais, mas não se limitam a estes.

Com efeito, quer os deveres de lealdade quer a configuração de um sistema móvel nas relações entre o contrato social, o acordo parassocial e as próprias deliberações permitem ponderações específicas para alcançar soluções diferenciadas segundo o problema concreto a resolver.

Os acordos parassociais podem funcionar, assim, num quadro mais alargado daquele que resultaria de uma leitura fechada do artigo 17º do CSC concedendo um flexibilidade às áreas de *governação societária* que poderiam ser consideradas mais rígidas em resultado de uma leitura mais exigente da tipicidade societária e das próprias restrições legais que lhes são aplicáveis. Há assim uma regulação "alternativa" de interesses resultante do acordo parassocial que, no quadro da autonomia privada societária, tem de ser acrescentada e compatibilizada com a hetero-regulação do direito societário e a auto-regulação do pacto social. Porém, quer os deveres de lealdade, *rectius, in limine*, a boa fé, quer as próprias regras de *corporate governance* entretanto codificadas devem ser consideradas como um padrão de boa conduta que norteia os limites dos acordos parassociais.

---

[58] Sobre a importância dos deveres de lealdade neste domínio, Maria da Graça Trigo, *Acordos Parassociais – Síntese das questões jurídicas mais relevantes*, 177.

O dano da vida

LUÍS MANUEL TELES DE MENEZES LEITÃO[*]

> "To be, or not to be: that is the question:
> Whether 'tis nobler in the mind to suffer
> The slings and arrows of outrageous fortune,
> Or to take arms against a sea of troubles,
> And by opposing end them?".
> Shakespeare, *Hamlet*, Acto 3, Cena 1,
>
> "Não ter nascido prevalece a todo o argumento".
> Sofócles, *Édipo em Colono*, v. 1225.

1. Generalidades

O tema que pretendemos abordar corresponde a uma das inovações mais interessantes na dogmática da responsabilidade civil: o de saber se a vida de uma pessoa pode ser encarada como um dano, sendo solicitada em consequência uma indemnização pelo facto de alguém se encontrar vivo. O problema prende-se com a evolução das técnicas de diagnóstico pré-natal, que hoje em dia permitem chegar com segurança a conclusões sobre os problemas de saúde existentes no feto e que poderiam tornar medicamente aconselhável a realização do aborto. Caso o médico venha a ser negligente no diagnóstico pré-natal, o resultado pode ser naturalmente a ocorrência de nascimentos indesejados, os quais podem causar danos aos pais, em virtude dos inúmeros encargos que são obrigados a assumir, mas também em relação aos próprios filhos, que em certos casos podem ter uma existência de puro sofrimento.

N.E. Por decisão do Autor, este texto é publicado segundo a ortografia anterior ao novo Acordo Ortográfico.

[*] Doutor e Agregado em Direito. Professor Catedrático da Faculdade de Direito de Lisboa. Advogado e Jurisconsulto.

ESTUDOS EM HOMENAGEM A MIGUEL GALVÃO TELES

Surgiram por isso na prática judicial americana acções instauradas pelos pais contra os médicos em consequência dos erros de diagnóstico que levaram a nascimentos indesejados (*wrongful birth*) mas, também acções instauradas pelos próprios filhos, reclamando indemnização por não ter sido impedido o seu nascimento, sendo em consequência condenados a uma vida de sofrimento (*wrongful life*). Ambas partem do mesmo paradigma de se considerar o nascimento de uma criança como um dano, mas enquanto que nas primeiras o dano resultante do nascimento se verifica na esfera dos pais, no caso das segundas é o próprio filho a considerar a sua existência como um dano, reclamando uma indemnização por esse facto.

No âmbito deste estudo restringiremos a nossa análise às acções de *wrongful life*, procurando avaliar se as mesmas poderão ou não ser admissíveis.

2. Análise da experiência dos diversos países
2.1. A experiência norte-americana

Na América a solução tradicional era a de que apenas os pais poderiam reclamar indemnização pelos próprios danos sofridos em consequência do nascimento da criança deficiente, sendo assim admitidas apenas as acções de *wrongful birth*. Nesses danos incluíam-se os custos médicos dos próprios pais e os desgostos emocionais resultantes da descoberta da deficiência do filho. No entanto, não era reconhecida à própria criança o direito de reclamar indemnização pelos seus próprios danos, os quais seriam bastante mais substanciais, pois poderiam envolver os custos da assistência de uma terceira pessoa e a educação especial[1]. Em muitos casos, argumentava-se mesmo com a existência de uma *public policy* contrária a estas acções[2].

A primeira decisão a rejeitar a *wrongful life* aparece no caso *Gleitman v. Cosgrove*, decidido pelo Supreme Court of New Jersey em 1967[3], o qual dizia respeito a

---

[1] Para uma análise detalhada desta jurisprudência norte-americana cfr. GEORG FAERBER, *"Wrongful life". Die deliktsrechtliche Verantwortlichkeit des Arztes dem Kind gegenüber. Eine rechtsvergleichende Dartstellung des amerikanischen, britischen und deutschen Rechts*, Hamburg, Lottbek, 1988, pp. 47 e ss. e ANDREAS REINHART, *Familienplanungsschaden. Wrongfulbirth, wrongful life, wrongful conception, wrongful pregnancy. Eine rechstvergleichende Untersuchung anhand des deutschen und des anglo-amerikanischen Rechts*, Frankfurt, Peter Lang, 1999, pp. 181 e ss.

[2] Cfr. REINER R. GAY, *Schadensersatzklagen wegen der Verletzung des "Rechtes aud die eigene Nichtexistenz"("Wrongful Life"). Eine rechtsvergleichende Untersuchung an Hand des deutschen und des angloamerikanischen Zivil rechts*, Diss. Friedrich-Alexander-Universität-Erlangen-Nürnberg, 1990, p. 22 e ULRICH DREIHAUPT, *Schadenersatz für das unerwünschte Kind*, Diss. Universität Hannover, 2001, pp. 147 e ss.

[3] A expressão *wrongful life* é pela primeira vez usada em 1963 no caso *Zepeda v. Zepeda* (Ill. Ct. App. 1963), mas esse caso dizia respeito a uma questão completamente diferente, o facto de um filho ter processado o pai por ter nascido ilegítimo.

uma criança nascida cega e surda em virtude de uma rubéola diagnosticada à mãe durante a gravidez, mas que os médicos informaram ser insusceptível de acarretar qualquer risco para a criança. Proposta acção pelos pais em seu nome pessoal e do próprio filho, o Supreme Court considerou que nenhum deles tinha danos susceptíveis de indemnização (*"does not give rise to damages cognizable at law"*). Isto porque o Tribunal, para lhe atribuir indemnização, teria que comparar a existência da criança com deficiência com a sua não existência, comparação que seria impossível de realizar (*"This court cannot weigh the value of life with impairments against the non existence of life itself. By asserting that he should not have been born, the infant plaintiff makes it logically impossible for a court to measure his alleged damages because of the impossibility of making the comparison required by compensatory remedies"*). E mesmo em relação aos danos sofridos pelos pais, o tribunal considerou que o direito à vida da criança seria superior aos seus danos emocionais e patrimoniais (*"Though we sympathize with the unfortunate situation in which their parents find themselves, we firmly believe the right of their child to live is greater and precludes their right not to endure emotional and finantial injury"*)[4].

Esta decisão foi seguida pelo Court of Appeals of New York no caso *Stewart v. Long Island College Hospital*, de 1968, igualmente um caso em que uma criança nasceu com uma deficiência congénita, em virtude de contracção de rubéola pela mãe, tendo-se o Hospital se recusado a fazer o aborto a pedido da mãe, apesar de saber desse diagnóstico. O tribunal revogou um veredicto que tinha atribuído uma indemnização de 100.000 USD à criança admitindo apenas conceder indemnização à mãe e uma indemnização simbólica ao pai. A fundamentação é muito semelhante ao caso *Gleitman v. Corsgrove*, abundamente citado[5].

Decisão idêntica foi tomada em 1975 pelo United States District Court of Ohio no caso *Smith v. United States of America*. Neste caso, tratava-se igualmente de uma criança que nasceu com multideficiência devido a uma rubéola não diagnosticada por parte dos médicos da força aérea americana, tendo o tribunal rejeitado a indemnização à criança por falta de nexo de causalidade, por considerar que a negligência médica não seria causa próxima da deficiência e que em qualquer caso os danos causados pela existência da criança não seriam mensuráveis[6].

Da mesma forma, em 1978 o Supremo Tribunal do Alabama, no caso *Elliot v. Brown*, rejeitou a acção do filho que foi concebido devido a uma deficiente

---

[4] Cfr. *Jeffrey Robert Gleitman, an infant, by his guardian ad litem, Irwin Gleitman and Sandra Gleitman v. Robert Corsgrove Jr. and Jerome Dolan*, (1967) 49 NJ 24-65.

[5] Cfr. *Rosalyn Stewart, an infant, by her parent, Robert Stewart, et al., v. Long Island College Hospital*, 296 N.Y.S. 2d 41 (1968) aff'd 313 N.Y.S. 2d 502 (1970) aff'd 283 N.E. 2d 616, 332 N.Y.S. 2d 640 (1972.)

[6] Cfr. *Connie Smith as mother and next friend of Scott Smith, v. United States of America*, 392 F. Supp. 654 (Ohio 1975).

esterilização realizada ao seu pai, com o argumento de que a criança não tinha nenhum direito à não existência[7].

A situação veio, no entanto, a ser alterada, uma vez que alguns estados americanos começaram a admitir as acções de *wrongful life*.

Em Nova Iorque, no caso *Park v. Chessin*, o Tribunal de 1º instância atribuiu a uma criança que faleceu aos dois anos e meio, tendo passado uma vida de sofrimento devido a rins policísticos e outras doenças, não tendo os médicos feito testes aos pais para despistar essa doença congénita, o direito a uma indemnização pela vida indevida com base no direito de qualquer criança a nascer saudável (*to be born as a whole, functionable human being*)[8]. A decisão veio a ser, porém, revogada pelo Court of Appeals, que considerou não ter sido atingido qualquer interesse legítimo da criança em virtude do seu nascimento com deficiência, uma vez que a alternativa seria a não existência. Ora, o Court of Appeals qualificou a opção entre a existência com deficiência ou a não existência como uma *Hobson's choice*, designação dada na América a uma opção entre duas alternativas igualmente insatisfatórias[9].

O primeiro estado a admitir definitivamente uma acção de *wrongful life* foi a Califórnia, numa decisão de 1980 do Court of Appeal da Califórnia, no caso *Curlender v. Bio-Science Laboratories*[10]. Neste caso, tratava-se de uma criança que nasceu com deficiência mental profunda em resultado da doença Tay Sachs, que não foi detectada em teste genético realizado no embrião. O Tribunal considerou que a criança tinha direito a ser indemnizada, uma vez que o seu dano tinha sido causado pela negligência alheia, sendo que a sua esperança de vida por ter nascido com essa doença era apenas de quatro anos. O Tribunal especificou que o fundamento da acção de *wrongful life* não era a violação de um direito a não nascer, mas antes o facto de a negligência médica ter conduzido a uma existência de sofrimento[11]. Em *obiter dicta*, o Tribunal teve o cuidado de esclarecer que seria inadmissível uma acção de *wrongful life* posta pela criança contra os seus pais, uma vez que seria sempre a sua livre decisão ter ou não a criança. Isso não impediu,

---

[7] Cfr. *Elliot v. Brown*. 361 *So*. 2d 546 (Alabama 1978).

[8] Cfr. *Steven M. Park et al., Individually and as Administrators of The Estate of Lara E. Park, an Infant, v. Herbert Chessin et al.*, 88 Misc.2d 222 (1976) 387 N.Y.S. 2d 204 (1976) aff'd 400 N.Y.S. 2d 110 (1977).

[9] Cfr. *Becker v. Schwarz, Park v. Chessin*, 413 N.Y.S. 2d 895 (1978), 386 N. E. 2d 807: *"a cause of action brought on behalf of an infant seeking recovery for wrongful life demands a calculation of damages dependent upon a comparison between the Hobson's choice of life in an impaired state and nonexistence"*.

[10] *Curlender v. Bio-Science laboratories*, 165 Cal. Rptr. 477 (1980)

[11] *"The reality of the "wrongful-life" concept is that such a patient both **exists** and **suffers**. (...) We need not to be concerned with the fact that had the defendants not been negligent, the plaintiff might not have come into existence at all"*.

porém, o estado da Califórnia de ter o cuidado de legislar, excluindo que uma acção deste tipo fosse intentada contra os próprios pais[12].

Posteriormente surge o caso *Turpin v. Sortin*, também na Califórnia, respeitando a uma criança que nasceu totalmente surda, tendo os médicos omitido aos pais que existia uma elevada probabilidade de tal ocorrer devido a uma doença genética de que os pais padeciam[13]. Neste caso o outro Court of Appeal da Califórnia criticou a decisão do caso *Curlender* por a considerar contrária aos princípios jurídicos e ter invadido a competência do poder legislativo[14]. Em consequência negou o direito de indemnização à criança por não conseguir determinar em que medida o nascimenton com deficiência corresponderia a um dano indemnizável. Devido à discordância entre os dois Court of Appeals, o caso subiu ao Supreme Court of California. Este considerou procedente a acção de *wrongful life* instaurada pela criança, mas não na extensão em que a indemnização era solicitada[15]. Recusou assim que a indemnização abrangesse todos os custos da vida da criança (*general damages*), uma vez que não reconhecia qualquer direito à não existência. Atribuiu, no entanto, uma indemnização pelo acréscimo de despesas resultante da sua situação de deficiência (*special damages*): "*In sum, we conclude that while a plaintiff-child in a wrongful life action may not recover general damages for being born impaired as opposed to not being born at all, the child – like his or her parents – may recover special damages for the extraordinary expenses necessary to treat the hereditary ailment*"[16]. Para julgar procedente a acção de *wrongful life*, o tribunal argumentou que seria ilógico e anormal conceder uma indemnização por esses custos aos pais e negá--la ao filho, entendendo, no entanto, que, para não duplicar a indemnização, este só deveria ter direito a ela após a maioridade[17]. O tribunal considerou ainda que a criança não deveria ter direito a danos morais, já que a sua vida não teria apenas prejuízos, mas também vantagens que os compensariam (*benefit doctrine*)[18].

---

[12] Efectivamente, em 1 de Janeiro de 1982 foi alterado o *Civil Code of California*, cuja Section 43.6. passou a dispor o seguinte: "*(a) No cause of action arises against a parent of a child based upon the claim that the child should have been not conceived or, if conceived, should not have been born alive.*
(b) The failure of refusal of a parent to prevent the live birth of his or her child shall not be a defense in any action against a third party, nor shall the failure or refusal be considered in awarding damages in any such action".

[13] Cfr. *Turpin v. Sortin*, 174, Cal.Rptr. 128, 182 Cal. Rptr. 337 , 31 Cal. 3d 220 (1982).

[14] Cfr. *Turpin v. Sortin*, 174, Cal.Rptr. 128, 129: "*we reject Curlender as unsound under established principles and as a sortie into areas of public policy clearly within the competence of the legislature*".

[15] Cfr. *Turpin v. Sortin*, 182, Cal.Rptr. 337 (1982).

[16] Conforme salienta REINER R. GAY, *op. cit.*, pp. 41 e ss., a distinção entre *general* e *special damages* tem sido comum nas acções de *wrongful life*, ainda que os conceitos sejam utilizados em sentido distinto do tradicional. Normalmente fala-se em *general damages* para abranger todos os danos resultantes directamente do facto danoso, o que é típico da responsabilidade contratual. Já os *special damages* seriam uma categoria específica de danos que surgem como consequência de determinado facto ilícito.

[17] Cfr. *Turpin v. Sortin*, 182, Cal.Rptr. 337, 348 (1982),

[18] Cfr. *Turpin v. Sortin*, 182, Cal.Rptr. 337, 347 (1982),

ESTUDOS EM HOMENAGEM A MIGUEL GALVÃO TELES

A este caso seguiu-se em 1983 o Supreme Court of Washington no caso *Harbeson v. Parke Davis, Inc.* Tratava-se de um caso em que uma mãe teve severas crises epilépticas durante a gravidez, que foram tratadas pela administração de um anti-epiléptico, *Dilantin,* que causou malformações ao feto. Os pais nunca foram avisados das possíveis consequências dessa terapia e teriam interrompido a gravidez se o tivessem sido. O tribunal decidiu atribuir indemnização também à criança e não apenas aos pais, por considerar que a solução contrária seria ilógica e que a mesma iria suportar custos acrescidos por ter nascido com deficiência, que tinham sido causados pelo médico, sendo injusto remeter para os pais ou para o Estado o pagamento desses custos. Por outro lado, considerou expressamente existente um nexo de causalidade entre os danos sofridos e a conduta do médico, uma vez que sem a sua negligência o seu nascimento não teria ocorrido, o que teria evitado os danos[19].

Finalmente, há ainda a salientar o caso *Procanik v. Cillo,* de 1984, relativo a um caso de uma criança nascida com múltiplas deficiências, em virtude de a mãe ter contraído rubéola durante a gravidez, que os médicos foram incapazes de diagnosticar. Neste caso, o Supreme Court of New Jersey assumiu claramente a admissibilidade das acções de *wrongful life,* considerando admissível a acção da criança, mesmo após ter prescrito uma acção de *wrongful birth* por parte dos pais. O Tribunal limitou, porém, a indemnização aos *special damages,* resultantes das despesas médicas acrescidas, recusando indemnizar os *general damages* consistentes nos danos morais e nas dificuldades da infância[20].

2.2. A experiência inglesa

Na Inglaterra tem-se entendido que o *Congenital Disabilities Act* de 1976, Section 1, preclude a possibilidade de uma criança reclamar indemnização pelos danos resultantes do seu nascimento, na medida em que apenas admite essa indemnização no caso de nascimento de crianças deficientes, caso a deficiência seja imputável à culpa de outra pessoa[21].

No caso *McKay v. Essex Area Health Authority,* o Court of Appeal indicou quatro argumentos contra a atribuição de indemnização a uma criança que nasceu com uma multideficiência causada por uma infecção de rubéola sofrida pela mãe durante a gravidez. Em primeiro lugar, o dever do médico em relação ao feto não

---

[19] Cfr. *Harbeson v. Parke Davis, Inc.* 656 p. 2d. 483 (1983)

[20] Cfr. *Petter Procanik, an infant by his guardina ad litem, Rosemarie Procanik and Rosemarie Procanik and Michae Procanik v. Joseph Petter Cillo, Herbert Langer and Ernest P. Greenberg, and Hardol A. Sherman, Lee S. GoldsmitGoldsmith and Greenstone, Greenstone & Naishuller,* (Procanik v. Cillo) 478 A. 2d 755.

[21] Cfr. REINHART, *op. cit.,* p. 192 e SABINE HAUBERICHS, *Haftung für neues Leben im deutschen und englischen Recht. Eine Darstellung am Beispiel der unerwünschten Geburt eines gesunden Kindes,* Berlin. Springer, 1998, p. 4.

596

abrangeria um dever de pôr termo à sua vida. Em segundo lugar, admitir essa acção comprometeria o valor da vida humana e desvalorizaria a vida de uma criança deficiente por forma a considerar que não valeria a pena preservá-la, o que se apresentaria como contrário ao princípio da santidade da vida. Em terceiro lugar, seria impossível comparar o dano da vida existente com uma hipotética não existência. Por último, o sucesso destas acções encorajariam os médicos a recomendar sempre a interrupção da gravidez em casos duvidosos[22]. Um dos juízes, Lord Ackner, chegou mesmo a questionar a existência de nexo de causalidade entre os danos sofridos pela criança e a actuação do médico[23]. Outro juiz, Lord Stephenson afirmou ser impossível a quantificação dos danos, o que seria suficiente para rejeitar a indemnização[24]. Em consequência, o Court of Appeal indemnizou a mãe por *wrongful birth*, mas rejeitou unanimemente a acção de *wrongful life*.

2.2. A experiência alemã

Na Alemanha a questão da *wrongful life* foi rejeitada numa célebre decisão do BGH, proferida em 1983[25]. Este caso dizia respeito a uma mulher que contraiu rubéola nas primeiras semanas de gravidez, tendo o médico negligentemente falhado esse diagnóstico, o que motivou que a mãe não tivesse tido a opção de interromper a gravidez, como seria seu desejo. Em consequência teve uma criança com deficiência profunda e graves problemas de saúde. Tanto a criança como os pais instauraram acções contra o médico solicitando indemnização pelos danos já sofridos e que no futuro iriam sofrer. O BGH reconheceu aos pais o direito à indemnização por violação do contrato, mas rejeitou a indemnização ao próprio filho por considerar que uma responsabilidade do médico perante este não teria base delitual nem contratual, uma vez que não se poderia aplicar ao caso a doutrina do contrato com eficácia de protecção contra terceiros. No entender do BGH, o médico não teria causado o dano sofrido pela criança e a impossibilidade de tomar uma decisão sobre a sua existência ou não existência não corresponderia a um dano em sentido jurídico sofrido pela criança, já que a decisão

---

[22] Cfr. *MacKay and another v. Essex Area Health Authority and another* [1982] 1 *QB* 1166-1193. Cfr. Georg Faber, *op. cit.*, pp. 85 e ss., Ewoud Hondius, "The Kelly Case – Compensation for Undue Damage for Wrongful Treatment", em J. K. M. Gevers E. H. Hondius J. H. Hubben (org.), *Health Law, Human Rights and the Biomedicine Convention. Essays in Honour of Henriette Roscam Abbing*, Leiden Boston, Martinus Nijhoff, 2005, pp. 105-116 (112) e Reinhart, *op. cit.*, pp. 192 e ss..

[23] Cfr. Lord Ackner, em [1982] 1 *QB* 1184-1189 (1189): *"The disabilities were caused by the rubella and not by the doctor (...). What then are their injuries, which the doctor's negligence has caused? The answer must be that there are none in any accepted sense".*

[24] Cfr. Lord Stephenson, em [1982] 1 *QB* 1171-1184 (1182): *"If difficulty in assessing damages is a bad reason for refusing the task, impossibility of assessing them is a good one. A court must have a starting point for giving damages for a breach of duty".*

[25] Cfr. BGH 18/1/1983, em *BGHZ* 86 (1983), pp. 240-255 = *JZ* 1983, pp. 447-452.

ESTUDOS EM HOMENAGEM A MIGUEL GALVÃO TELES

de interrupção da gravidez não lhe competiria. O BGH argumentou ainda que o actual direito alemão não poderia aceitar uma concepção nacional-socialista que permitisse uma discussão sobre o valor da vida humana.

Em consequência desta decisão, o BGH tem sistematicamente rejeitado as acções de *wrongful life*[26]. Diferentemente, as acções de *wrongful birth* têm sido admitidas pelo BGH, que atribui nestes casos indemnizações consideráveis. Assim, na sua decisão de 18/6/2002, o BGH condenou um médico que, por má interpretação de uma ecografia, levou os pais a não interromperem a gravidez, levando ao nascimento de uma criança sem os membros superiores e com severas deficiências nos membros inferiores, devendo indemnizar todos os custos suplementares que os pais suportam em consequência da deficiência do filho[27].

A doutrina alemã dominante tem seguido esta posição do BGH, negando em consequência as acções de *wrongful life*[28]. Há, porém, alguns autores que se afastam da corrente dominante, admitindo estas acções. É o caso, por exemplo, de DEUTSCH[29], de HAGER[30], de WAGNER[31], e de SPICKHOFF[32].

A reforma do Direito das Obrigações alemão efectuada pela Schuldrechtsmodernisierungsgesetz[33] e pela Zweites Gesetz zur Änderung schadensersatzrechtlicher Vorschriften[34], não provocou grandes alterações na responsabilidade civil

---

[26] Encontra-se uma referência detalhada a esta jurisprudência em ULRICH DREIHAUPT, *Schadenersatz für das unerwünschte Kind*, Diss. Universität Hannover, 2001, pp. 10 e ss,

[27] Cfr. BGH 18/6/2002, em *NJW* 2002, pp. 2636-2639. Encontra-se uma análise crítica deste caso em ANNA GRUB, *Schadensersatzansprüche bei Geburt eines behinderten Kindes nach fehlerhafter pränataldiagnostik in der Spätschwangerschaft*, Diss. Rechstwissenschaftlichen Fakultät der Alter-Ludwigs-Universität Freiburg, 2006, pp. 1 e s., que sustenta ser anti-ético e até inconstitucional a qualificação da "criança como dano" em virtude do surgimento de obrigações de alimentos que não surgiriam sem o seu nascimento.

[28] Cfr. HERMANN SCHÜNEMANN, "Schadensersatz für mißgebildete Kinder bei fehlerhafter genetischer Beratung Schwangerer?", em *JZ* 1981, pp. 574-577, GERFRIED FISCHER "Schadensersatz wegen unterbliebener Abtreibung", em *NJW* 1981, pp. 1991-1992, e "Wrongful life": Haftung für die Geburt eines behinderten Kindes – BGHZ 86, 240", em *JuS* 1984, pp. 434-439, HENNING ARETZ, "Zum Ersatz des Schadens, nicht abgetrieben worden zu sein", em *JZ* 1984, pp. 719-721, REINHARD ZIMMERMANN, "«Wrongful life» und «wrongful birth»", em *JZ* 1997, pp. 131-132 e ANNA GRUB, *op. cit.*, pp.182 e ss.

[29] Cfr. DEUTSCH, "Anmerkung BGH 18/1/1983", em *JZ* 1983, pp. 451-452 e "Das behindert geborene kind als Anspruchsberechtigter", em *NJW* 2003, pp. 26-28, ERWIN DEUTSCH / ANDREAS SPICKHOFF, *Medizinrecht. Arztrecht, Arzneimittelrecht, Medizinprodukterecht und Transfusionsrecht*, 5ª ed., Berlin, Springer, 2005, nº 344, pp. 223 e ss..

[30] Cfr. STAUDINGER/HAGER, 13ª ed., 1999, § 823, nº B51, p. 89.

[31] Cfr. MÜNCHENER KOMMENTAR/WAGNER, 5ª ed., 2009, § 823, nºs 93 e ss., pp. 1780 e ss.

[32] Cfr. ANDREAS SPICKHOFF, "Die Entwicklung des Arztrechts 2001-2002", em *NJW* 2002, pp. 1758-1767 (1764).

[33] BGBl 2001 I p. 3138, em vigor desde 1 de Janeiro de 2002.

[34] BGBl 2002 I, p. 2674, em vigor desde 1 de Agosto de 2002.

médica. Neste âmbito, manteve-se a responsabilidade contratual enquadrada no § 280 I, tendo a nova redacção do § 253 II sido relevante para uma extensão da indemnização dos danos imateriais à responsabilidade contratual e à responsabilidade pelo risco. No quadro da responsabilidade delitual, mantém-se a exigência da violação de bens jurídicos prevista no § 823 I, anda que se tenha alterado o regime da prescrição previsto nos §§ 199 II e III, cujos prazos passaram a ficar dependentes do bem jurídico violado[35].

2.3. A experiência francesa

Em França ficou célebre o Arrêt Perruche, proferido pela Cour de Cassation em 17 de Novembro de 2000. O caso dizia respeito a Nicolas Perruche, que nasceu gravemente deficiente em virtude de a mãe ter sofrido uma rubéola não diagnosticada, por erro nas análises que levou a dizer-lhe que estaria imunizada contra essa doença, não tendo por esse motivo tido possibilidade de interromper a gravidez. Os pais instauraram uma acção em nome pessoal e em nome do filho, a qual, em 13 de Janeiro de 1992, foi julgada procedente pelo Tribunal de Grand'Instance d'Evry, que condenou solidariamente o médico e o laboratório a indemnizarem os pais e a criança pelos danos causados. Interposto recurso, a Cour d'Appel de Paris revoga parcialmente a decisão, anulando a condenação a favor da criança e limitando a indemnização aos danos causados aos pais. Essa decisão foi, no entanto, cassada pela Cour de Cassation em 26 de Março de 1996, que considera terem sido demonstrados os danos causados à criança pelo facto de não ter sido diganosticada a rubéola da sua mãe. Reenviado o processo, em 5 de Fevereiro de 1999 a Cour d'Appel d'Orléans sustenta que os danos sofridos por Nicolas não foram devidos à culpa do laboratório e do médico, mas antes devido à infecção por rubéola da sua mãe. Tendo ocorrido novo recurso para a Cour de Cassation, esta vem declarar em 17 de Novembro de 2000 que, dado que a negligên-·cia do médico e do laboratório na execução dos contratos celebrados com Mme. Perruche, a tinham impedido de exercer a sua escolha de interromper a gravidez, em ordem a evitar o nascimento de uma criança deficiente, esta última poderia reclamar indemnização do prejuízo resultante da sua deficiência e causado por essa conduta[36].

Perante uma reacção violenta da comunidade médica, o Parlamento decidiu reagir através da aprovação da denominada lei anti-Perruche (*Loi 2002-313 du 4 mars 2002 relative aux droits des malades et à la qualité du système de santé*), cujo artigo 1º, ao mesmo tempo que proclama a solidariedade em relação às pessoas deficientes

---

[35] Cfr. SABINE SZONN, *Die Haftung wegen Rechtsgutverletzungen in den Fällen der (so) nicht verhinderten und der vorsätzlich herbeigeführten Empfängnis*, Frankfurt, Peter Lang, 2005, p. 8.
[36] Cfr. Cass. Plen. Arrêt 17/11/2000 (*Perruche*).

refere enfaticamente que ninguém se pode prevalecer de um prejuízo resultante do facto de ter nascido:

> " Nul ne peut se prévaloir d'un préjudice du seul fait de sa naissance.
>
> La personne née avec un handicap dû à une faute médicale peut obtenir la réparation de son préjudice lorsque l'acte fautif a provoqué directement le handicap ou l'a aggravé, ou n'a pas permis de prendre les mesures susceptibles de l'atténuer.
>
> Lorsque la responsabilité d'un professionnel ou d'un établissement de santé est engagée vis-à-vis des parents d'un enfant né avec un handicap non décelé pendant la grossesse à la suite d'une faute caractérisée, les parents peuvent demander une indemnité au titre de leur seul préjudice. Ce préjudice ne saurait inclure les charges particulières découlant, tout au long de la vie de l'enfant, de ce handicap. La compensation de ce dernier relève de la solidarité nationale.
>
> Les dispositions du présent I sont applicables aux instances en cours, à l'exception de celles où il a été irrévocablement statué sur le principe de l'indemnisation".

Segundo mais tarde se explicou, a lei surge essencialmente para dar resposta à indignação que o *Arrêt Perruche* causou na comunidade médica, especialmente os especialistas em ecografia e obstetrícia que ameaçaram com greves e demissões se a sua actividade pudesse ser sujeita a uma responsabilidade tão elevada[37].

A lei suscitou, no entanto, controvérsia, uma vez que o Estado francês decidiu aplicá-la retroactivamente aos processos em curso, em que ainda não tivesse sido estabelecida em termos definitivos a indemnização. Tal levou a que o Estado francês fosse condenado no Tribunal Europeu dos Direitos do Homem, por violação do art. 1º do Protocolo nº1 da Convenção Europeia dos Direitos do Homem, que proíbe a privação arbitrária da propriedade[38].

Posteriormente, através da *Loi du 11 février 2005 relativa aux handicapés et à l'egalité des chances*, esta disposição foi introduzida no artigo L-114-5 do *Code de l'action sociale et des familles*, que eliminou no entanto a sua aplicação retroactiva.

A questão viria a ser posteriormente apreciada pelo *Conseil Constitutionnel* francês, que numa decisão de 11 de Junho de 2010 validou a lei anti-Perruche, com excepção da sua aplicação retroactiva aos processos em curso[39].

Recentemente, no entanto, a Cour de Cassation, num *Arrêt* de 15/12/2011, considerou que a lei anti-Perruche não se poderia aplicar às crianças que nasceram anteriormente à sua entrada em vigor, uma vez que tal constituiria igualmente uma

---

[37] B. Pitcho, "Wrongful birth and wrongful life regarding French Law", em S. C. J. J. Kortmann B. C. J. Hamel, *Wrongful birth en Wrongful life*, Deventer, Kluwer, 2004, pp. 93-107 (103-104), refere que os custos das apólices de seguro destes médicos foram multiplicadas por seis, e que a greve levaria a deixar as mães sem assistência no parto.

[38] Cfr. Ac. TEDH 6/10/2005 (Draon c. France e Maurice c. France).

[39] DC n°2010-2 QPC 11/6/2010, Viviane L, cons. 23.

privação retroactiva da indemnização, podendo as mesmas exigir uma indemnização seguindo a jurisprudência estabelecida no *Arrêt Perruche*[40].

2.4. A experiência holandesa
Na Holanda, a *wrongful life* foi admitida pela Hoge Raad na sua decisão de 18 de Março de 2005 sobre o caso *Kelly*. O caso dizia respeito à situação de uma criança (Kelly) que nascera com uma deficiência severa devido a um defeito hereditário num cromossoma existente na família do pai. A mãe tinha informado o médico da possibilidade de transmissão desse defeito genético para a criança, tendo o médico ignorado o aviso. O médico e o hospital que o empregava admitiram a sua responsabilidade perante a mãe, mas rejeitaram que ela existisse perante a criança. A Hoge Raad reconheceu a existência dessa responsabilidade perante a criança[41].

2.5. A experiência portuguesa
Em Portugal a questão surge pela primeira vez tratada no Acórdão do Supremo Tribunal de Justiça de 19 de Junho de 2001 (PINTO MONTEIRO), que indeferiu uma acção instaurada pelo pais em nome do filho, reclamando indemnização pelo facto de este ter nascido. Neste acórdão, o STJ considera que ninguém tem um direito à não existência, atenta a liberdade de procriação, e mesmo que esse direito existisse, a indemnização pela sua violação só poderia ser exigida pelo próprio filho, quando atingisse a maioridade e nunca pelos próprios pais em sua substituição[42]

Esta posição foi igualmente seguida no recente Acórdão da Relação do Porto de 1 de Março de 2012 (NUNES CAROÇO), que, perante o nascimento de uma

---

[40] Cfr. Cass. Civ. 1ére, 15/12/2011.

[41] Cfr. Hoge Raad 18 de Março 2005, em *Rechtspraak van de Week* 2005, p. 42. Sobre este caso, veja-se S. C. J. J. KORTMANN, "Geld voor lebven. Schadevergoeding voor 'niet beoogd' leven", em S. C. J. J. KORTMANN B. C. J. HAMEL, *Wrongful birth en Wrongful life*, Deventer, Kluwer, 2004, pp. 5-20 e EWOUD HONDIUS, "The Kelly Case – Compensation for Undue Damage for Wrongful Treatment", em J. K. M. GEVERS E. H. HONDIUS J. H. HUBBEN (org.), *Health Law, Human Rights and the Biomedicine Convention. Essays in Honour of Henriette Roscam Abbing*, Leiden Boston, Martinus Nijhoff, 2005, pp. 105-116.

[42] Cfr. Ac. STJ 19/6/2001 (FERNANDO PINTO MONTEIRO), na *RLJ* 134 (2000-2001), pp. 371-377, com anotação favorável de ANTÓNIO PINTO MONTEIRO, "Direito a não nascer?", *ibid*, pp. 377-384. O relator do acórdão viria posteriormente a justificar a sua posição em FERNANDO PINTO MONTEIRO, "Direito à não existência, direito a não nascer", em FACULDADE DE DIREITO DA UNIVERSIDADE DE COIMBRA, *Comemorações dos 35 anos do Código Civil e dos 25 anos da reforma de 1977*, II – *A parte geral do Código e a Teoria Geral do Direito Civil*, Coimbra, Coimbra Editora, 2006, pp. 131-138. A pp. 133 pronuncia-se claramente contra estas acções: "As acções ditas de *"vida indevida"* (...) também chegaram aos Tribunais Portugueses. Não que fizessem cá falta, já que os Tribunais Portugueses estão cheios de acções, designadamente, de muitas que lá não deviam estar".

criança com multideficiência, que não lhes foi revelada nas ecografias, considerou que a mãe poderia reclamar indemnização pelos danos que ela própria sofreu, atendendo à lesão do seu direito à autodeterminação pessoal, que passaria pela interrupção da gravidez. No entanto, foi negado à própria criança idêntico direito a indemnização por considerar não existir qualquer direito à não existência por parte do autor[43].

É ainda de salientar o Acórdão da Relação de Lisboa de 10 de Janeiro de 2012 (RUI VOUGA), o qual, no entanto, apenas se pronuncia favoravelmente em relação a uma acção de *wrongful birth*, uma vez que o pedido de *wrongful life* tinha sido indeferido no saneador sendo que o recurso interposto na altura pelos Autores viria a ficar deserto por falta de alegações[44].

Na doutrina portuguesa a indemnização pelo dano da vida tem sido examinada e liminarmente rejeitada sucessivamente por ANTÓNIO PINTO MONTEIRO, CARNEIRO DA FRADA e MARTA NUNES VICENTE. ANTÓNIO PINTO MONTEIRO salienta a inviabilidade da indemnização, dado que não foi o médico que causou a deficiência, e que a alternativa seria a não existência, não se podendo reconhecer um direito a não nascer, cuja violação desencadeasse responsabilidade civil. O autor sustenta ainda a insusceptibilidade de representação do menor pelos pais nesta situação, atento o conflito de interesses existente. Defende, por isso, que a tutela da criança deficiente deve ser realizada através da segurança social e não da responsabilidade civil, devido ao perigo da multiplicação deste tipo de acções, até contra os próprios pais[45]. MANUEL CARNEIRO DA FRADA sustenta a inexistência de um direito ao aborto, o que afastaria a protecção de qualquer interesse da criança no seu próprio aborto, ou de responsabilização do médico por não adoptar a conduta que a ele conduzisse[46]. Já MARTA NUNES VICENTE, admitindo existir acção culposa, dano e nexo de causalidade, exclui apesar disso a existência de indemnização por considerar que "um julgamento favorável de uma pretensão semelhante atenta, ainda que mediatamente, contra o espaço subjectivo de liberdade que é, *a priori*, facultado à mãe na decisão por si tomada de dar ou não seguimento à gravidez"[47].

---

[43] Cfr. Ac. RP 1/3/2012 (NUNES CAROÇO), em http://www.dgsi.pt

[44] Cfr. Ac. RL 10/1/2012 (RUI VOUGA), em *CJ* 37 (2012), 1, pp. 71-78.

[45] Cfr. ANTÓNIO PINTO MONTEIRO, "Direito a não nascer?", na *RLJ* 134 (2000-2001), pp. 377-384.

[46] Cfr. MANUEL CARNEIRO DA FRADA, "A própria vida como dano? Dimensões civis e constitucinais de uma questão limite", na *ROA* 68 (2008), pp. 215-253 (224 e ss.). A pp. 228 o autor questiona ainda se, sendo a vida considerada um dano, a acção adequada contra o médico não deveria ser antes a de "proporcionar-lhe uma morte assistida, por isso que o nosso sistema se decidiu pelo primado da reconstituição natural (art. 566º, nº1)?" ou por que razão "o sujeito não põe termo pelas suas próprias mãos à própria vida para eliminar o dano que diz experimentar (...)".

[47] Cfr. MARTA NUNES VICENTE, "Algumas reflexões sobre as acções de *wrongful life*: a Jurisprudência *Perruche*", em Lex Medicinae, ano 6, nº 11 (2009), pp. 117-141 (140).

Já Fernando Araújo, não tomando uma posição expressa sobre o assunto, considera incorrecto que "contra a regra jurídica comum se [admita] a irresponsabilidade de médicos e cientistas num domínio onde o potencial de dano é tão vasto, e as consequências individuais podem ser tão onerosas como permanentes"[48].

Manifestamente a favor da indemnização pelo dano da vida pronunciam-se Paulo Mota Pinto e Fernando Dias Simões. Para Paulo Mota Pinto "dando-se, em consequência de erro médico, um nascimento de uma criança deficiente, o primeiro e mais directo lesado é *a própria criança* (pelo menos pelas suas necessidades acrescidas", sendo "inaceitável a consequência, a que leva a rejeição de uma indemnização à própria criança, de acrescentar à dependência *natural* e geral desta uma *dependência*, para obter indirectamente uma reparação, no plano *jurídico*, do exercício pelos pais do direito a uma indemnização e do cumprimento do seu dever de alimentos, bem como logo da própria existência destes"[49] Para Fernando Dias Simões constitui mesmo um "truque legal" que as acções por *wrongful life* apresentadas pelos pais sejam geralmente rejeitadas, enquanto as acções por *wrongful birth* sejam aceites[50].

3. As objecções à admissibilidade do dano da vida

As acções de *wrongful life* têm sido objecto de grandes dúvidas e objecções. Elas colocam antes de tudo a questão de determinar se a própria vida do lesado pode ser vista como um dano. A resposta a essa questão pressupõe que a alternativa entre o ser e o não-ser seja resolvida no sentido de considerar a primeira situação como pior do que a segunda, e consequentemente uma desvantagem para o lesado[51]. Esta situação acarreta, porém, o risco de uma comercialização da existência humana, na medida em que a mesma se torna objecto de um litígio, o que pode ser fonte de posterior estigmatização[52].

A doutrina maioritária considera por isso extremamente difícil configurar a própria vida como dano. Na verdade, considerando-se o dano como a frustração de uma utilidade juridicamente tutelada, é complexo considerar a não existência como uma situação preferível à da existência, ainda que acompanhada de

---

[48] Cfr. Fernando Araújo, *A procriação assistida e o problema da santidade da vida*, Coimbra, Almedina, 1999, p. 100.

[49] Cfv. Paulo Mota Pinto, "Indemnização em caso de "nascimento indevido" e de "vida indevida" (*"Wrongful Birth"* e *"Wraongful Life"*)", em *Lex Medicinae*, ano 4, nº 7 (2007), pp. 5-25 (13 e ss.).

[50] Cfr. Fernando Dias Simões, "Vida indevida? As acções por *wrongful life* e a dignidade da vida humana." em *Tékhne. Revista de Estudos Politécnicos*, Vol VIII (2010), nº13, pp. 187-203 (202).

[51] Cfr. Eduard Picker, *Schadensersatz für das unerwünschte eigene Leben "Wrongful Life"*, Tübingen. Mohr, 1995, p. 4.

[52] Cfr. Sabine Szonn, *op. cit.*, pp. 222 e ss.

ESTUDOS EM HOMENAGEM A MIGUEL GALVÃO TELES

sofrimento. Nas palavras de PICKER tal "implica estabelecer uma ilimitada relativização perante um tipo de eutanásia pré-natal"[53].

Uma outra questão coloca-se em relação à própria ilicitude da conduta, que teria que passar pela violação do direito do lesado. Ora, esse direito só poderia ser assim um direito à não existência, o qual não é reconhecido. Mas esse direito à não existência da criança teria que ter correspondência numa obrigação dos pais de investigar a possível deficiência da criança e de interromper a gravidez, pelo que, se ela não existe, não poderia existir tal direito. Só que esse tipo de obrigação seria tributária de uma concepção nacional-socialista do direito, impondo obrigações de tutela da eugenia nos nascimentos[54]. Argumenta-se ainda com a célebre falácia da ladeira escorregadia (*slippery slope*). A criança a quem é reconhecido o direito a não nascer poderia propor uma acção indemnizatória contra os próprios pais, responsabilizando-os pela decisão de não interromper a gravidez.

Um outro problema coloca-se em relação ao nexo de causalidade entre negligência médica e a existência da criança. Sustenta-se que faltaria, neste caso, a própria *conditio sine qua non* entre a negligência médica e o nascimento da criança, uma vez que não é o médico que gera a criança e a decisão de interromper a gravidez pode ser influenciada pelo diagnóstico médico, mas em última análise pertence sempre à mãe, que pode decidir seguir ou não a opinião médica. Salienta-se, por outro lado, que a afirmação de uma *conditio sine qua non* entre a negligência médica e a própria existência da criança implica considerar a criança como fonte de danos, seria contrário ao direito e mesmo inconstitucional[55].

4. Justificação para a admissibilidade do dano da vida

Não vemos, no entanto, razão para afastar a possibilidade de interpor acções de *wrongful life*. Como bem se salientou no caso *Curlender*, a essência da responsabilidade civil é que qualquer pessoa tem um dever de cuidado para evitar a causação de danos a outrem. Se esse dever é violado, há naturalmente a obrigação de indemnizar os danos causados.

Ora, havendo essa obrigação, não há nenhuma razão para a indemnização não ser dirigida em relação ao principal lesado. É ele o principal atingido pela negligência profissional do médico, pelo que naturalmente a responsabilidade profissional deve estender-se em relação a ele, estando aberta à criança a via da responsabilidade contratual, em virtude da doutrina do contrato com eficácia de protecção para terceiros[56].

---

[53] Cfr. PICKER, *op. cit.*, p. 11.

[54] Cfr. REINER R. GAY, *op. cit.*, pp. 66 e ss.

[55] Neste sentido, PICKER, *op. cit.*, p. 34.

[56] Entre nós neste sentido, veja-se PAULO MOTA PINTO, *Lex Medicinae*, ano 4, nº 7 (2007), p. 16, e MARTA NUNES VICENTE, *Lex Medicinae*, ano 6, nº 11 (2009), pp. 129 e ss..

A doutrina do contrato com eficácia de protecção para terceiros abre caminhos muito promissores nesta matéria, e permite inclusivamente ultrapassar a questão de um pretenso reconhecimento de um direito à não existência. Como bem afirma RONEN PERRY, é possível configurar no diagnóstico pré-natal uma prestação de garantia aos pais de que iriam ter um filho saudável, garantia essa que motiva a sua decisão de levar a gravidez a seu termo. A descoberta da deficiência do filho funcionaria assim como um incumprimento dessa promessa, sendo os danos sofridos pelo próprio filho indemnizáveis por o mesmo ser um terceiro abrangido pelo círculo de protecção do contrato[57].

A configuração da própria vida como dano tem vindo a ser rejeitada apenas com um argumento sofista de que a alternativa seria uma situação pior: a da não existência. Tal implica, no entanto, estabelecer uma comparação que, a partir do nascimento da criança, deixa de fazer qualquer sentido[58]. Não se trata de discutir se a criança deveria ou não ter nascido, mas apenas o de discutir se o seu nascimento lhe causou danos susceptíveis de ser indemnizados. E não há dúvida que esses danos ocorreram, quer em virtude dos inúmeros custos que a necessidade de assistência permanente exige, quer em relação aos danos não patrimoniais que a situação de deficiência necessariamente lhe causa[59]. Como bem afirma PAULO MOTA PINTO, a negação da indemnização à criança perante o evidente erro médico existente "quase envolve, nos *resultados* a que chega (que são evidentemente o teste decisivo), como que uma *renovada afirmação* da ofensa que lhe foi feita: não só a criança nasceu com uma grave deficiência, como, na medida em que *não teria podido existir de outro modo*, é-lhe vedado *sequer comparar-se* a uma pessoa "*normal*", para o efeito de obter uma reparação pelo erro médico..."[60].

Na verdade, em todas as acções de responsabilidade civil se efectua uma comparação desse tipo. Numa acção de responsabilidade civil por dano-morte compara-se a morte da vítima com a vida que ela poderia ter tido. Numa acção de responsabilidade civil por lesões corporais, compara-se a situação da vítima com lesões à de uma pessoa normal que não as tivesse. Por que razão uma criança nascida com deficiência em virtude de erro médico há-de estar impedida de realizar o mesmo tipo de comparação?

---

[57] Cfr. RONEN PERRY, "It's a wonderful life", na *Cornell Law Review*, vol. 93 (2008), pp. 329-400.
[58] Conforme salienta THOMAS WINTER, *"Bébé prejudice" und "Kind als Schaden". Eine rechtsvergleichende Untersuchung zur Haftung für neues Leben in Deutschland und Frankreich*, Berlin, Duncker & Humblot, 2002, p. 161, a tentativa de considerar a não existência como base de comparação não pode ter êxito. A não existência não é susceptível de ser vivida, nem é possível retirar quaisquer características objectivas desta situação. A comparação com ela é assim absurda.
[59] Cfr. THOMAS WINTER, *op. cit.*, p. 54.
[60] Cfr. PAULO MOTA PINTO, *Lex Medicinae*, ano 4, nº7 (2007), p. 17.

O risco de comercialização da existência ou de estigmatização futura do lesado não parece ser muito diferente do que ocorre nas outras acções de responsabilidade civil. Também se alegou durante muitos anos que não se deveria conceder indemnização por danos morais, uma vez que tal levaria a uma comercialização do sentimento. Quanto à estigmatização, não parece que a mesma ocorra automaticamente em resultado de os pais declararem a sua opção por interromper a gravidez se tivessem sabido dos riscos da mesma. Efectivamente, essa eventual decisão é um caso hipotético e a concessão de indemnização nada tem a ver com o estabelecimento dos laços afectivos entre a criança e os pais que ocorrem naturalmente após o nascimento. A estigmatização resultante dessas acções parece ser assim um falso argumento. A atribuição de uma indemnização à criança em nada representa uma desvalorização da sua existência ou uma violação dos seus direitos fundamentais, antes pelo contrário.

A solução a que chega a doutrina tradicional de aceitar as acções de *wrongful birth* e negar as acções de *wrongful life* é absolutamente insatisfatória. Na verdade, a base essencial para considerar o nascimento da criança como um dano para os pais resulta das obrigações de alimentos com que estes são onerados durante a sua vida, o que se considera um encargo patrimonial susceptível de indemnização[61]. Mas então, porque não ponderar a situação do credor dessa obrigação de alimentos, a própria criança, e reconhecer-lhe directamente o direito a essa indemnização? Tal tem, além do mais, a vantagem de garantir que a indemnização toma por referência as necessidades da própria criança e não é afectada por vicissitudes estranhas a esta, como a morte dos pais, que transferiria a obrigação de alimentos para terceiro, em relação ao qual o médico não teria qualquer dever de indemnização.

Efectivamente, é manifesto que as acções de *wrongful birth* são extremamente limitadas para tutelar o interesse da criança. Em primeiro lugar, embora os pais possam utilizar essas acções para reclamar os custos e o sofrimento que lhes causou o nascimento da criança deficiente, não podem reclamar os danos morais sofridos pela própria criança nem os custos que a deficiência lhe causa, a partir do momento em que a obrigação de sustento dos pais cessa, ou pela maioridade ou pelo falecimento destes[62].

Uma criança que, devido a um erro de diagnóstico do médico, nasce com severas deficiências físicas ou mentais não tem a possibilidade de autodeterminação pessoal, não estando em condições de gerir a sua vida autonomamente,

---

[61] Cfr. SABINE SZONN, *op. cit.*, p. 3.

[62] Cfr. RONEN PERRY, *Cornell Law Review*, vol. 93 (2008), p. 333. Não parece, por isso, ter razão FERNANDO DIAS SIMÕES, Tékhne, 2010, Vol VIII, nº 13, quando considera que os advogados têm à sua disposição o "truque legal" de usar as acções de *wrongful birth* para ultrapassar as dificuldades colocadas às acções de *wrongful life*.

tendo uma dependência absoluta de terceiros. Ora, a perda da possibilidade de autodeterminação constitui naturalmente um dano que poderia ter sido evitado se não tivesse ocorrido a negligência médica[63].

Por outro lado, o nexo de causalidade é absolutamente evidente[64]. Na verdade, quem argumenta com o facto de que o médico não é responsável pelos danos, uma vez que não foi ele que causou a deficiência da criança, esquece que a discussão não reside em saber se a deficiência poderia ter sido evitada, mas antes se o nascimento nessas condições poderia ter sido evitado[65]. A *conditio sine qua non* é evidente se se pensar que a função do dever de informação dos médicos é precisamente o de permitir aos doentes tomar as decisões mais adequadas ao seu estado de saúde, entre as quais pode naturalmente incluir-se a da interrupção da gravidez[66]. Dando o médico um diagnóstico falso, que leve o doente a tomar decisões prejudiciais para a sua saúde, ninguém excluiria a *conditio sine qua non* entre o conselho médico e os danos causados para o doente. Um decisão de não interromper a gravidez, causada por má informação médica, não é naturalmente diferente dos outros casos de danos causados por erro de diagnóstico. Como reconhece MANUEL CARNEIRO DA FRADA, "o comportamento alternativo lícito do médico teria evitado o nascimento e, deste modo, a vida gravemente deficiente"[67].

E muito menos se pode excluir a existência de causalidade adequada não só porque a negligência médica é em abstracto adequada a permitir o nascimento da criança com multideficiência, o que poderia ter sido evitado com a interrupção da gravidez, como também o dano se verifica precisamente no círculo de danos incluídos na esfera de protecção do dever que exige qualidade no diagnóstico pré-natal precisamente para permitir aos pais tomar a decisão de evitar o nascimento da criança[68]. É claramente previsível que, se o médico vier a falhar um diagnóstico pré-natal por erros num exame genético ou numa ecografia, o resultado irá ser o nascimento da criança deficiente[69].

Ora, a verdade é que no dano da vida há uma criança que vive em sofrimento em consequência de negligência médica. Responder a esse argumento com a questão metafísica de que é sempre melhor a existência do que a não existência não elide o problema da existência com sofrimento, que é o dano que está em causa. E, para além disso, há um dano económico elevadíssimo sofrido pela criança que,

---

[63] Cfr. GEORG FAERBER, *op. cit.*, p. 114.

[64] No sentido igualmente da existência de nexo de causalidade, cfr. MARTA NUNES VICENTE, *Lex Medicinae*, ano 6, nº 11 (2009), pp. 126 e ss.

[65] Cfr. RONEN PERRY, *Cornell Law Review*, vol. 93 (2008), p. 377.

[66] Cfr. WINTER, *op. cit.*, pp. 56 e ss.

[67] Cfr. MANUEL CARNEIRO DA FRADA, *ROA* 68 (2008), p. 217.

[68] Cfr. DEUTSCH, *JZ* 1983, pp. 451-452 e DEUTSCH SPICKHOFF, *op. cit.*, nº 344, p. 224.

[69] Cfr. WINTER, *op. cit.*, pp. 60-61.

ao nascer com uma deficiência profunda, nunca terá condições para auferir por si própria meios de subsistência, o que poderia ter sido evitado se a mãe tivesse podido interromper a gravidez.

Não havendo dúvida que alguém sofreu um dano em consequência de um ilícito, negar o direito de indemnização ao filho implica violar o princípio geral do art. 2º CPC de que a todo o direito deve corresponder uma acção. Por outro lado, o receio da desproporcionada extensão da indemnização pode ser mitigado por via do art. 494º CC. Aliás, parte da indemnização será em bom rigor destinada a compensar os danos não patrimoniais que a criança sofrerá, cabendo ao tribunal fixar a indemnização com base nos critérios previstos no art. 496º, nº3.

A argumentação de que é a segurança social que deve suportar a indemnização nestes casos ofende o princípio da responsabilidade subjectiva. É inaceitável ocorrer um ilícito que causou danos a outrem, que não tem qualquer consequência indemnizatória para o principal lesado. A assistência pela segurança social aos deficientes existe sempre, tenha ou não ocorrido uma hipótese de responsabilidade civil. Em consequência, negar a responsabilidade civil nessa situação implica estabelecer uma situação de impunidade legal, em que é toda a sociedade a pagar os danos resultantes da negligência médica.

Ora, sabendo-se que, especialmente no caso dos danos morais, a responsabilidade civil não tem apenas uma função compensatória, mas também uma função de desagravo ao lesado, impõe-se que este não deixe de ser indemnizado perante casos de negligência com tão graves consequências.

E também não se pode aceitar a falácia da ladeira escorregadia, com o risco de acções contra os pais. Na verdade, o que se está a reconhecer na indemnização do dano da vida não é um direito a não nascer, que pudesse ser exercido contra os pais, os quais possuem um direito à procriação. O que está em causa é antes ressarcir o principal lesado por um erro de diagnóstico, que lhe acarreta uma vida de sofrimento. Os deveres que impõem a regularidade do diagnóstico pré-natal dirigem-se contra o médico, não contra os pais, sendo por isso apenas em relação a ele que a questão se coloca, em virtude do seu dever profissional de aconselhamento[70].

Recusamos igualmente o entendimento de que as acções de *wrongful life* não poderiam ser interpostas pelos pais em representação do filho, mas apenas pelo próprio, uma vez atingida a maioridade. Na verdade, não há qualquer razão para excluir o poder de representação dos pais neste caso[71], que, nos termos do art. 1881º, nº1, CC compreende o exercício de todos os direitos e o cumprimento de todas as obrigações do filho, exceptuados os actos puramente pessoais, aqueles

---

[70] Cfr. GEORG FAERBER, *op. cit.*, p. 115.
[71] Neste sentido igualmente MARTA NUNES VICENTE, *Lex Medicinae*, ano 6, nº 11, 2009, pp. 137 e ss.

que o menor tem o direito de praticar pessoal e livremente e os actos respeitantes a bens cuja administração não pertença aos pais". A interposição de uma acção por responsabilidade civil constitui naturalmente o exercício de um direito patrimonial, não havendo neste caso qualquer situação de conflito de interesses que a impeça. Deixar o menor durante 18 anos sem qualquer indemnização não só facilita a prescrição (cfr. art. 320º CC), e aumenta as dificuldades de prova em juízo, passados tantos anos, como também o condena a ficar sem indemnização precisamente na altura em que ela é mais necessária para compensar as dificuldades de desenvolvimento resultantes da sua deficiência.

5. Conclusão

Não existe assim qualquer razão que impeça as acções de *wrongful life*, tendo as mesmas pleno cabimento no nosso sistema de responsabilidade civil. Espera-se por isso que, à semelhança do que tem ocorrido noutros países, a nossa jurisprudência possa abandonar a desconfiança com que tem vindo a receber estas acções.

Seguro de responsabilidade civil dos advogados
Algumas considerações

PEDRO ROMANO MARTINEZ

1. Enunciação do problema

Tendo em conta o regime legal dos seguros – mormente a designada Lei do Contrato de Seguro aprovada pelo Decreto-Lei nº 72/2008, de 16 de abril, em especial as regras respeitantes ao seguro de danos (arts. 123º e ss. da LCS) com destaque para o princípio indemnizatório (arts. 128º e ss. da LCS) e o seguro de responsabilidade civil (arts. 137º e ss. da LCS) – conjugado com as disposições sobre responsabilidade civil e seguro constantes do art. 99º do Estatuto da Ordem dos Advogados (Lei nº 15/2005, de 26 de janeiro) e do art. 37º do Regime Jurídico das Sociedades de Advogados (Decreto-Lei nº 299/2004, de 10 de dezembro), importa atender às soluções consagradas na Apólice de Seguro de Responsabilidade Civil Profissional subscrita pela Ordem dos Advogados.

Na referida apólice, atendendo em especial às versões anteriores, encontram-se vários erros e imprecisões jurídicos, assim como erros de gramática e de ortografia que não abonam muito para a segurança e certeza na aplicação do Direito, podendo redundar em injustiças.

2. Seguro facultativo ou obrigatório

I. Para efeito de determinação de regras aplicáveis cabe, em primeiro lugar averiguar se o seguro de responsabilidade civil dos advogados e das sociedades de advogados é facultativo ou obrigatório. A questão reveste especial importância tendo em conta que, sendo obrigatório, a este seguro aplicam-se as disposições constantes dos arts. 146º a 148º da LCS, implicando nomeadamente que o lesado possa exigir diretamente o pagamento da indemnização ao segurador – mediante a designada ação direta – e que o segurador responda por atos ou omissões dolosos do advogado.

ESTUDOS EM HOMENAGEM A MIGUEL GALVÃO TELES

Para esta qualificação ter-se-á de analisar as correspondentes disposições do Estatuto da Ordem dos Advogados e do Regime Jurídico das Sociedades de Advogados.

II. No art. 99º do Estatuto da Ordem dos Advogados lê-se:

Artigo 99º
Responsabilidade civil profissional

1. O advogado com inscrição em vigor deve celebrar e manter um seguro de responsabilidade civil profissional tendo em conta a natureza e âmbito dos riscos inerentes à sua actividade, por um capital de montante não inferior ao que seja fixado pelo Conselho Geral e que tem como limite mínimo 250.000 euros, sem prejuízo do regime especialmente aplicável às sociedades de advogados.

2. Quando a responsabilidade civil profissional do advogado se fundar na mera culpa, o montante da indemnização tem como limite máximo o correspondente ao fixado para o seguro referido no número anterior, devendo o advogado inscrever no seu papel timbrado a expressão "responsabilidade limitada".

3. O disposto no número anterior não se aplica sempre que o advogado não cumpra o estabelecido no nº 1 ou declare não pretender qualquer limite para a sua responsabilidade civil profissional, caso em que beneficia sempre do seguro de responsabilidade profissional mínima de grupo de 50.000 euros, de que são titulares todos os advogados portugueses não suspensos.

A solução legal suscita algumas dúvidas, tanto no plano das regras gerais de responsabilidade civil como no que respeita à natureza do seguro.

Quanto à responsabilidade civil, procede-se a uma inusitada distinção entre responsabilidade civil do advogado fundada em mera culpa ou negligência e responsabilidade civil decorrente de ato doloso. Por via de regra, no âmbito civil não se distingue a responsabilidade fundada em dolo ou negligência, sendo idêntica a consequência independentemente da maior ou menor gravidade do comportamento imputado ao agente. Há evidentemente exceções, como no art. 494º do Código Civil (CC) em que pode haver limitação da indemnização em caso de mera culpa. Contudo, esta limitação funda-se na equidade, devendo atender-se à situação económica do agente e do lesado e às circunstâncias justificativas do caso. Na situação em análise, a limitação da responsabilidade do advogado é *ope legis*, sendo, por isso, uma solução inusitada. O advogado que tenha seguro de responsabilidade civil, tendo atuado com negligência não responde pela totalidade dos danos causados ao lesado, pois, nesse caso, a indemnização tem como limite máximo 250 000 €.

Em segundo lugar, coloca-se a dúvida da obrigatoriedade do seguro. Começa por se prescrever que «O advogado com inscrição em vigor deve celebrar e manter um seguro de responsabilidade civil profissional (...)» (nº 1), mas no nº 3 admite-se que o advogado declare não querer limitar a sua responsabilidade. Neste aspeto, o seguro é facultativo, podendo qualificar-se o dever instituído no nº 1 do preceito como um ónus. Todavia, tendo o advogado emitido a tal declaração de não limitar a sua responsabilidade ou não tendo celebrado o seguro beneficia de um seguro de grupo da Ordem dos Advogados com uma responsabilidade de 50 000 €. Pode, assim, concluir-se que, neste limite, o seguro é obrigatório; todos os advogados beneficiam ainda que não tenham celebrado o seguro.

III. Por seu turno, no Regime Jurídico das Sociedades de Advogados determina-se:

Artigo 37º
Seguro obrigatório de responsabilidade civil

1. As sociedades de advogados que optem pelo regime de responsabilidade limitada devem obrigatoriamente contratar um seguro de responsabilidade civil para cobrir os riscos inerentes ao exercício da actividade profissional dos seus sócios, associados, advogados estagiários, agentes ou mandatários.

2. O capital mínimo obrigatoriamente seguro não pode ser inferior ao valor correspondente a 50% do valor de facturação da sociedade no ano anterior, com um mínimo de (euro) 50.000 e um máximo de (euro) 5.000.000.

3. No ano de constituição da sociedade de advogados, o valor do seguro de responsabilidade civil corresponde ao limite mínimo referido no número anterior.

4. O não cumprimento do disposto no presente artigo implica a responsabilidade ilimitada dos sócios pelas dívidas sociais geradas durante o período do incumprimento do dever de celebração do seguro.

Na epígrafe começa por se qualificar o seguro como obrigatório, mas importa atender ao respetivo teor. Dá-se a opção de as sociedades de advogados escolherem o regime de responsabilidade limitada, caso em que «(...) devem obrigatoriamente contratar um seguro de responsabilidade civil (...)» (nº 1). Caso não queiram celebrar o referido seguro, haverá responsabilidade ilimitada dos sócios. É claro que no nº 3 do preceito se indica que tal responsabilidade ilimitada decorre do incumprimento, podendo entender-se que se trataria de uma sanção, mas tal entendimento contraria a «opção» – que assenta na autonomia privada – prescrita no nº 1. Deste modo, pese embora o Instituto de Seguros de Portugal incluir este seguro entre os seguros obrigatórios e essa interpretação se poder retirar da epígrafe e do nº 3, parece que, diversamente, este é um seguro de responsabilidade civil facultativo.

3. Apólice de seguro de responsabilidade civil subscrita pela Ordem dos Advogados

I. A apólice de Seguro de Responsabilidade Civil Profissional (por Erros e Omissões) subscrita pela Ordem dos Advogados suscita algumas dúvidas, mas importa distinguir a que se pode designar por "Apólice I", em que foi segurador a Arch Insurance Europe da, ora denominada "Apólice II", que tem como segurador a Tranquilidade. Dir-se-á que, neste último contrato, algumas das falhas jurídicas e de redação foram eliminadas, mas ainda assim subsiste parte das inconsistências de regime.

II. Começando por analisar a Apólice I, que vigorou até 31 de dezembro de 2010, aplicando-se aos sinistros ocorridos até esse termo.

Para se perceber muitas das inconsistências jurídicas e até de redação importa atender às vicissitudes históricas relacionadas com esta apólice. O contrato de seguro de responsabilidade civil dos advogados, titulado na mencionada apólice, foi subscrito pela Ordem dos Advogados tendo como segurador uma entidade inglesa, concretamente a Arch Insurance Europe, com sede em Londres, que integra o Arch Capital Group, Ltd., com sede nas Bermudas. O referido contrato de seguro foi celebrado com a mediadora Dual Ibérica, com sede em Madrid, associada do segurador (Arch Insurance Europe), indicando-se que o seguro foi subscrito pela Dual Ibérica "por conta da Arch Insurance Company (Europe) Ltd.", tendo por base um modelo de contrato de seguro de responsabilidade civil inglês, traduzido para espanhol e, seguidamente, para português.

Estas vicissitudes indiciam uma multiplicidade de incongruências, para além das referidas falhas jurídicas e de português. Sem ser exaustivo importa atender a algumas dessas soluções menos felizes, distinguindo os erros de escrita da utilização de termos jurídicos de modo impreciso.

Como falhas de escrita veja-se, a titulo de exemplo, a frase "ficará à cargo do Segurado" (art. 1º, nº 16, das Condições Especiais) ou "renovando-se automaticamente no respectivo vencimento anual às mesmas condições" (art. 9º, IV, das Condições Especiais) e ainda "não seria celebrado ou o seria concluído em condições mais gravosas" (art. 6º, I, das Condições Gerais). Como erros de ortografia cite-se exemplificativamente o verbo "surtir" – no sentido de originar – aparece escrito com "o" e com "u", no futuro e no condicional, confundido com o verbo "sortir" (abastecer, misturar), no art. 11º das Condições Gerais e nesta mesma cláusula o "Corretor de Seguros" foi transformado em "corrector". Em versões anteriores da apólice, mostrando bem a origem na tradução, via espanhol, a propósito do objeto do seguro, aludia-se a "Gastos de defensa" (art. 3º das Condições Particulares).

No plano técnico jurídico, não parece adequada a utilização de expressões traduzidas do inglês sem um sentido preciso em português. Assim, as expressões "prejuízos patrimoniais primários" (art. 2º, I, das Condições Particulares e art. 1º, nº 11, e art. 2º das Condições Especiais) e "prejuízos consequenciais" (art. 1º, nº 11, das Condições Especiais), referidas por alguma doutrina portuguesa, representam uma significativa imprecisão e têm dificuldade de enquadramento no regime comum da obrigação de indemnizar (arts. 562º e ss. do CC) para onde remete o princípio indemnizatório (art. 128º da LCS). De igual modo, o termo "fiança" – aludindo a "fianças civis" (art. 2º, V, das Condições Particulares, e art. 2º, IV, das Condições Especiais), em vez de caução, que pode ser prestada por fiança ou outras garantias (art. 623º do CC), é desajustado. Também não parece correta do ponto de vista jurídico a remissão para diplomas legais já revogados à data da celebração do contrato de seguro (artigo Preliminar das Condições Especiais). Resulta de uma tradução desatenta, sem atender à terminologia jurídica portuguesa, a alusão a "pessoa física ou jurídica" (art. 1º, nº 2, das Condições Especiais), a "cargas administrativas e impostos" (art. 1º, nº 6, das Condições Especiais) ou a "bens tangíveis" (art. 1º, nº 11, das Condições Especiais). Encontram-se também expressões juridicamente pouco precisas, como permitir "à seguradora declinar o sinistro" (art. 8º, c), III, das Condições Especiais) ou "na data em que a sentença se produziu" (art. 8º, c), XI, das Condições Especiais).

Também não parece aceitável que numa apólice, a propósito do pagamento do prémio, se remeta para o Decreto-Lei nº 72/2008, de 16 de abril (art. 1º das Condições Gerais), quando este diploma nada prescreve quanto à matéria, pois trata-se do diploma de aprovação da Lei do Contrato de Seguro onde, aí sim, se encontra regulada tal matéria. Seria como, ao referir uma questão regulada no Código Civil, em vez de se aludir a este diploma, se remetesse para o Decreto--Lei nº 47 344, de 25 de novembro de 1966.

Refira-se ainda que algumas das cláusulas contratuais se encontram descontextualizadas; por exemplo nas exclusões (art. 3º das Condições Especiais) não se justificaria excluir a responsabilidade civil do advogado no exercício da sua atividade em caso de guerra, invasão, rebelião, terrorismo, fenómenos da natureza ou danos por fusão nuclear, pois parece difícil de sustentar que os danos ocasionados em tais circunstâncias se pudessem relacionar com a advocacia.

Quanto a soluções jurídicas que podem suscitar dúvidas de conformidade à lei ou que, atendendo à qualificação do seguro em causa, não se adequam ao regime legal, cabe primeiro atender à regra, reiterada, de limitação da cobertura deste seguro ao primeiro sinistro (art. 2º, I, da Condições Particulares, art. 1º, nº 3, e art. 4º das Condições Especiais), desconforme ao disposto no art. 117º da LCS. Por outro lado, o entendimento no sentido de não constituir oposição à renovação do contrato por parte do segurador quando este apresente condições diversas para a renovação que o tomador não aceite (art. 5º, III, das Condições Especiais), particularmente porque a não renovação tem efeitos na cobertura posterior à cessação do contrato, nos termos do art. 139º da LCS. Refira-se também que a solução em caso de pluralidade de seguros de este seguro funcionar apenas em excesso de outros seguros (art. 8º, c), XII, das Condições Especiais), não se coaduna bem com a regra constante do art. 133º da LCS. Admitindo, por último, que o seguro de responsabilidade civil do advogado é obrigatório, pode questionar-se a exclusão de cobertura em caso de atuação dolosa ou fraudulenta do segurado (advogado), como decorre do objeto do seguro – limitado ao erro ou falta profissional (art. 2º, I, das Condições Particulares) – e, mais explicitamente, das exclusões da cobertura (art. 3º, v), das Condições Especiais) e do agravamento do risco (art. 6º, III, das Condições Gerais). A este propósito, a equiparação de soluções em caso de dolo ou culpa grave no que respeita à declaração de risco (art. 5º, II, das Condições Gerais) não corresponde ao regime estatuído nos arts. 24º a 26º da LCS.

Por fim, parece implicar discrepância de soluções, por um lado, a previsão nas Condições Particulares que o âmbito territorial é "Todo o mundo, excluindo Estados Unidos, Canadá e Territórios sob sua jurisdição" e na delimitação geográfica (art. 6º das Condições Especiais) se prescrever que se estende "às actividades profissionais realizadas na União Europeia, salvo se for acordada uma Delimitação Geográfica diferente nas Condições Particulares" e, por outro lado, o facto de se admitir que os litígios são dirimidos por via arbitral (art. 11º das Condições Especiais) e determinar-se que, em caso de litígio, o foro competente será o da lei processual portuguesa aplicável (art. 13º das Condições Gerais).

III. Algumas das objeções apontadas no ponto anterior foram eliminadas na designada Apólice II. Neste seguro, subscrito pela Ordem dos Advogados, surge como segurador a Tranquilidade e corretor de seguros a Marsh – Portugal. Porém, este seguro teve por base o anterior e muitos dos lapsos transitaram para a nova apólice, mesmo lapsos de escrita, como "efeitos que sortiriam" ou "Corrector de Seguros" (art. 11º das Condições Gerais) repetem-se nesta apólice.

Interessa atender especialmente a dúvidas no plano jurídico que esta Apólice II continua a suscitar.

Mantém a utilização das expressões ambíguas, semelhantes às da anterior Apólice, de "prejuízos financeiros puros" e "prejuízos consequenciais" (art. 1º, nº 10, das Condições Especiais), a que se aludirá no número seguinte. E continua, nomeadamente, a referenciar-se a caução como "fiança civil" (art. 2º, III, das Condições Especiais) ou a remeter para o Decreto-Lei nº 72/2008 em vez de indicar a Lei do Contrato de Seguro (art. 1º das Condições Gerais). Subsistem igualmente as discrepâncias de soluções já apontadas na versão anterior da apólice.

Há, contudo, dois aspetos que, denotando alguma evolução, fica-se na dúvida qual a solução preconizada nesta nova versão do seguro.

Começando pela questão do primeiro sinistro. Era óbvia a solução anterior – ainda que eventualmente desconforme ao disposto no art. 117º da LCS – no sentido de a cobertura se circunscrever à primeira reclamação. Parte das regras da anterior versão de onde era patente esse entendimento foram suprimidas. Mas, a propósito da delimitação temporal (art. 4º das Condições especiais) indica-se que "a presente Apólice será competente exclusivamente para as Reclamações que sejam apresentadas pela primeira vez no âmbito da presente Apólice". Apesar de não se tratar de um problema de "competência", pode entender-se que se está a limitar a cobertura a um sinistro. Esta interpretação também se deduz do disposto no âmbito temporal das Condições Particulares ao estipular-se que "A Seguradora assume a cobertura da responsabilidade do segurado por todos os sinistros reclamados pela primeira vez contra o Segurado (...)". Não se trata verdadeiramente de uma cessação do contrato após sinistro, como prescreve o art. 117º da LCS, mas de uma limitação do objeto, determinando que o seguro só cobre um sinistro, ao abrigo da liberdade contratual. Não é, contudo, pacífico, principalmente no entendimento de o seguro ser obrigatório, que esteja na autonomia privada limitar a cobertura a um sinistro; nada obsta – mesmo em caso de seguro obrigatório – que exista um limite decorrente do capital seguro (art. 128º da LCS), mas é duvidosa a limitação a um sinistro.

A segunda dúvida, especialmente relacionada com a natureza do seguro – facultativo ou obrigatório – tem que ver com a cobertura de atos dolosos. Na versão anterior parecia evidente a exclusão da cobertura de atos dolosos, mas na Apólice II a questão é controversa. Mantém-se o subtítulo anterior "por erros ou omissões" e determina-se que "O Segurador garante a responsabilidade decorrente de reclamações apresentadas contra Sociedades e Escritórios de Advogados (...) sempre que resultem de erro profissional praticado pelo Advogado segurado (...)". Mas, no âmbito temporal, alude-se a "reclamações (que) tenham fundamento em dolo, erro, omissão ou negligência profissional (...)". De igual modo, no artigo Preliminar das Condições Especiais indica-se que a cobertura respeita "às Reclamações de terceiros com base em Dolo, Erro, Omissão ou Negligência (...)" e, nas definições (art. 1º, nº 9, das Condições Especiais) define-se "Erro ou Falta Profissional" como "Dolo, Erro, Omissão ou Negligência cometidos no exercício da actividade profissional (...)". Parece poder concluir-se que, na sequência do disposto no art. 148º da LCS, entendendo-se como seguro obrigatório de responsabilidade civil profissional, há cobertura de atos ou omissões dolosos. A dificuldade reside, depois, na limitação comum, em sede de seguros, da cobertura do dolo (art. 46º da LCS) e da consequente inviabilidade de resseguro.

4. Determinação do montante indemnizatório

A dificuldade de fixar o valor da indemnização não é específica deste seguro, sendo comum em sede de responsabilidade civil, regime aplicável por remissão do princípio indemnizatório (art. 128º da LCS).

Mas o seguro de responsabilidade civil profissional do advogado, tendo em conta a atividade profissional objeto da cobertura, suscita acrescidas dificuldades de apuramento do montante e as cláusulas contratuais que aludem a "prejuízos consequenciais" e a "prejuízos financeiros puros", pese embora as definições contratuais, não facilitam a aplicação do regime. Repare-se que, anteriormente, aludia-se a "prejuízos consequenciais" e a "prejuízos patrimoniais primários" e, na versão da Apólice II, mantendo inalterada a primeira expressão, passou a indicar-se "prejuízos financeiros puros". Esta mudança é puramente terminológica, pois as definições coincidem.

Os "Prejuízos consequenciais" constituem "As perdas económicas que são consequência directa dos danos pessoais ou materiais sofridos pelos reclamantes" e os "Prejuízos financeiros puros" encontram-se definidos como "A perda económica que não tem como causa directa um dano material ou corporal sofrido pelo reclamante da dita perda". Estas definições são pouco elucidativas.

Pense-se nas seguintes duas situações, já analisadas em tribunais portugueses. Um advogado deixou passar o prazo para a contestação numa ação que o autor reclamava de indemnização um milhão de euros; a reclamação do cliente, condenado a pagar a dita indemnização, poder-se-ia enquadrar na noção de "prejuízo consequencial", mas não é líquido que fosse devida segundo o princípio indemnizatório. Segunda hipótese: um advogado deixou passar o prazo de caducidade para propor uma ação, em que o seu cliente reclamava um milhão de euros de um potencial devedor. Recorrendo à definição de "prejuízo financeiro puro" constante da apólice poder-se-ia ser levado a concluir que o cliente teve uma perda económica igual ao valor que ia reclamar do potencial devedor, mas, mais uma vez, tal conclusão extravasa do que decorre do princípio indemnizatório.

Em suma, as tentativas contratuais de resolver a questão do apuramento do valor a indemnizar, em vez de facilitar em uma solução, trazem maior complicação e dúvida. Posto o que, para o referido apuramento, não obstante as conhecidas dificuldades de aplicação, ter-se-á de recorrer à tradicional regra do nexo de causalidade (art. 563º do CC). O seguro cobre o dano do reclamante que provavelmente não teria sofrido se não fosse a atuação negligente (ou dolosa) do advogado.

Com este estudo, o autor pretende homenagear muito justamente o Senhor Dr. Miguel Galvão Teles, antigo docente da Faculdade de Direito de Lisboa, que se destacou especialmente como causídico multifacetado, com uma brilhante cultura jurídica.

O Regime Jurídico da informação privilegiada no Brasil

ARY OSWALDO MATTOS FILHO | MARIANA MAGALHÃES SANTOS

1. Introdução

O presente capítulo tem por objetivo analisar o uso indevido de informação privilegiada no mercado de valores mobiliários no Brasil. O uso indevido de informação privilegiada no mercado de valores mobiliários é um delito comum, mundialmente conhecido como *"insider trading"*, e, por essa razão, poderá ser assim referido neste capítulo.

Serão aqui abordados os aspectos conceituais da definição de informação privilegiada, bem como as principais normas brasileiras que versam sobre a prevenção e a repressão do uso indevido desta. Este capítulo não objetiva esgotar nenhum dos aspectos aqui abordados, mas apenas apresentar ao leitor o panorama brasileiro atual sobre a informação privilegiada e sua utilização.

2. Informação privilegiada: conceito, origem e aplicação no Direito Brasileiro

2.1. O conceito de informação privilegiada

Como veremos a seguir, a temática referente à informação privilegiada é originária do direito norte-americano e é atualmente utilizada para designar a realização de operações com valores mobiliários por aqueles que detêm informações desconhecidas pelos demais investidores[1].

Mais especificamente, consiste no aproveitamento de fatos ou atos relevantes sobre valores mobiliários por parte de pessoas que, em decorrência de sua atividade profissional, têm acesso a informações privilegiadas sobre a companhia

---

[1] Proença, José Marcelo Martins. *Insider Trading* – regime jurídico do uso de informações privilegiadas no mercado de capitais. São Paulo : Quartier Latin, 2005, p. 41.

ESTUDOS EM HOMENAGEM A MIGUEL GALVÃO TELES

emissora desses valores, antes que estas se tornem de conhecimento público. Ao transacionar valores mobiliários a preços que ainda não refletem o impacto das informações das quais somente um indivíduo, ou grupo restrito de indivíduos, possui conhecimento, o denominado *insider* atua em posição de vantagem sobre os demais investidores do mercado de valores mobiliários[2].

Com vistas a evitar latente desequilíbrio gerado pela atuação dos *insiders* no mercado de valores mobiliários, os normativos brasileiros, em linha com as regras emanadas do direito norte-americano, buscam coibir a utilização de informações privilegiadas para a obtenção de vantagens indevidas no mercado de valores mobiliários, por meio de normas repressivas e preventivas, bem como estabelecer o princípio da transparência aos participantes desse mercado, como veremos a seguir.

2.2. A origem da informação privilegiada

Um dos princípios basilares do direito dos valores mobiliários e, portanto, comum às diversas legislações onde esse mercado está em desenvolvimento ou já está desenvolvido, é o da difusão para conhecimento público de fatos que possam afetar positiva ou negativamente o investimento, direto ou indireto, em uma companhia que possua valores mobiliários de sua emissão em circulação no mercado. A publicidade de tais fatos ou atos é relevante na medida em que afetam diretamente o preço de valores mobiliários negociados por diversos investidores, e, portanto, influenciam a decisão de compra ou de venda dos mesmos.

Assim, o uso da informação privilegiada permite que o detentor dessa informação possa comprar ou vender valores mobiliários com o conhecimento de fatos ou atos que, se a sua contraparte na negociação deles tivesse conhecimento, não realizaria essa venda ou compra, pelo menos ao preço ajustado com o *insider*.

Uma vez que, como regra geral, os valores mobiliários que foram objeto de oferta pública se encontram detidos por um universo pulverizado de investidores, as vedações existentes para o uso indevido de informação privilegiada justificam-se pelo princípio do tratamento equitativo que deve imperar entre compradores e vendedores de valores mobiliários e presidir às transações realizadas nesse mercado.

Contudo, a vedação ao uso indevido de informação privilegiada, muito embora possa ser caracterizada como uma regra de conduta, dotada de teor ético, aceita e agasalhada pelos ordenamentos jurídicos, encontra algumas vozes discordantes no universo econômico. O argumento fundamental dessa corrente econômica prende-se à constatação de que o aparato empresarial e governamental para

---

[2] Eizirik, Nelson; Gaal, Ariádna B.; Parente, Flávia; Henriques, Marcus de Freitas. Mercado de capitais – regime jurídico, 3ª ed. Revisada e ampliada. Rio de Janeiro : Renovar, 2011, p. 554.

fiscalizar os gestores dos investimentos coletivos, bem como daqueles que transitam pelos ambientes onde o privilégio da informação possa circular, é extremamente elevado e de razoável ineficiência. Dessa forma, a variação do preço, ocasionada pela utilização da informação indisponível junto ao mercado secundário, teria um efeito muito mais rápido de reajustar o preço de negociação dos valores mobiliários e acarretaria perdas financeiras menores do que o custo do aparato necessário para evitar tal ação.

Muito embora a conclusão dos defensores dessa corrente econômica possa ser verdadeira enquanto fato econômico, ela pressupõe que se afaste do mercado de valores mobiliários qualquer resquício de comportamento ético. Se tal conduta fosse aceita, além de seus aspectos morais, teria o condão de trazer para o mercado de valores mobiliários a exacerbação competitiva, a corrupção para a obtenção da informação privilegiada e a quebra da confiança nas transações. Assim, o que os defensores dessa corrente econômica não revelam, ou não conseguiram quantificar, é a perda de valor dos ativos negociados nos mercados secundários de valores mobiliários em que o uso de informação privilegiada fosse permitido.

Como vários institutos jurídicos concernentes ao direito dos valores mobiliários, também a punição pela utilização indevida da informação privilegiada foi inicialmente construída nos Estados Unidos da América ("Estados Unidos"). Essa construção, que foi primeiramente doutrinária[3], depois jurisprudencial e somente mais tarde incorporada ao texto legal, teve início no plano estadual, sendo mais tarde aproveitada no plano federal. Foi em decisão da Corte Suprema da Geórgia, em 1903, que o primeiro precedente estabeleceu que, quando um diretor, em virtude de sua posição em uma companhia, obtém informação que venha a afetar o valor das ações da sua companhia, deve ele deter tal informação em confiança, para benefício dos acionistas[4].

Posteriormente, em 1909, a Suprema Corte dos Estados Unidos, ao julgar o processo *Strong v. Rapide*[5], estabeleceu o princípio da apuração de fatos ou circunstâncias especiais, pelo qual, muito embora o diretor não tenha o dever de dar conhecimento de *fatos materiais* quando ele transacione com o acionista, tal obrigação poderá surgir em *circunstâncias especiais*. A decisão apresenta duas hipóteses para o que seriam tais circunstâncias especiais: a primeira seria o ato de esconder

---

[3] Segundo nos dá conta Stephen M. Bainbridge *"Prior to 1900 it was a treatise Law that '[t]he doctrine that officers and directors [of corporations] are trustees of the stockholders ... does not extend to their private dealing with stockholders or others, though in such dealings they take advantage of knowledge gained through their official position'"*, citando H. L. Wilgus, Purchase of Shares of a Corporation by a Director from Shareholder, 8 Michigan Law Rev. 267, 267, (1910). Bainbridge, Stephen M.. Corporation. Law and Economics, Foundation Press, 2002, p. 520.

[4] Oliver v. Oliver 4S.E. 232 (Ga. 1903). Stephen M. Bainbrain, Ob. Cit., p. 521.

[5] U.S. 213 419 (1909).

ESTUDOS EM HOMENAGEM A MIGUEL GALVÃO TELES

a identidade do agente e a segunda seria a hipótese de não divulgação de fato que tenha impacto relevante no preço da ação.

A decisão da Suprema Corte dos Estados Unidos abrange as transações realizadas entre o diretor de uma companhia e seus acionistas. Mas teria o administrador dessa companhia o mesmo dever fiduciário quando transaciona com terceiro desconhecido no mercado secundário de valores mobiliários?

No processo *Goodwin v. Agassiz*[6], a Suprema Corte de Massachusetts analisou se os administradores de uma empresa que realizaria pesquisas minerárias que se mostravam promissoras poderiam ter adquirido ações dessa empresa no mercado, sem informar sobre a aquisição de terras em áreas que se mostravam positivas. A diferença é que nessa decisão a negociação fora realizada junto ao mercado de valores mobiliários, tendo a Suprema Corte de Massachusetts concluído que os referidos administradores não eram obrigados a dar conhecimento dessa transação ao público antes da sua efetiva conclusão, em face da impessoalidade da transação levada a efeito junto à bolsa de valores, e não em uma negociação "face a face", na qual o adquirente procura determinado acionista para que este aliene suas ações. Essa decisão, curiosamente, diferencia as hipóteses de aquisição de valores mobiliários quando feita por oferta a um acionista determinado, daquela realizada no âmbito do mercado secundário a qualquer comitente vendedor, visto que, afinal, ambos os vendedores são acionistas.

Em 1933 houve a edição do *Securities Act* de 1933, com dois objetivos básicos: exigir que os investidores recebessem informações financeiras e outras informações relevantes referentes a valores mobiliários que fossem ofertados publicamente, e proibir informações falsas, enganosas, e outras fraudes na venda de valores mobiliários.

Um ano após a edição do *Securities Act* de 1933, ocorreu a edição do *Securities and Exchange Act* de 1934, que criou a *U.S. Securities and Exchange Commission* ("SEC"), a comissão de valores mobiliários dos Estados Unidos, e a esta concedeu ampla autoridade sobre todos os aspectos da indústria de valores mobiliários norte-americana. O *Securities and Exchange Act* de 1934 trata fundamentalmente das bolsas de valores e das transações de valores mobiliários no mercado secundário. Em seu bojo foi editado o inciso 10.b[7], com o objetivo de proteger o investidor e assegurar sua confiança na integridade do mercado de valores mobiliários, então marcado pela desconfiança em decorrência da quebra da bolsa de Nova

---

[6] 186 N.E. 659 (Mass. 1933).

[7] *"It shall be unlawful for any person, directly or indirectly, by use of any means or instrumentality of interstate commerce or of the mails, or of any facility or any national securities exchange – (a) [...] (b) To use or employ, in connection with the purchase or sale of any security registered on a national security exchange or any security not so registered, any manipulative or deceptive device or contrivance of such rules and regulations as the Commission may prescribe as necessary or appropriate in the public interest or for protection of investors".*

622

York em 1929. Esse artigo delegou poderes para a SEC estabelecer, ao seu critério, as situações que caracterizariam o ato enganoso ou o ardil intentado contra o interesse público ou a proteção do investidor do mercado de valores mobiliários.

Em 1942 o Congresso dos Estados Unidos aprovou um acréscimo ao inciso 10.b do *Securities and Exchange Act* de 1934, qual seja, o inciso 10.b.5[8], que tornou ilegal qualquer procedimento, declaração falsa ou omissão de fato material tendente a ludibriar qualquer pessoa no âmbito de transações com valores mobiliários. Assim, apenas dezoito anos após a edição do *Securities and Exchange Act* de 1934 a SEC passou a considerar que a utilização de informação privilegiada transgredia o contido no inciso 10.b.5.

Porém, muito embora não criasse diretamente a proibição, o *Securities and Exchange Act* de 1934 determinava, em seu inciso 16, que qualquer pessoa que fosse proprietária, beneficiária ou administradora de companhia emitente de valores mobiliários deveria revelar tal situação à SEC, além das variações ocorridas em suas posições frente aos valores mobiliários emitidos pelas companhias a que estivesse relacionada. Em sua letra (b) já se previa que o mecanismo constante do inciso 16 se destinava a prevenir o uso não equitativo de informação não disponível junto ao público[9], e concedia aos prejudicados o direito de recuperação da perda em juízo. Contudo, o inciso 10.b.5. criminalizou o uso de informação privilegiada não disponível ao público para transacionar com valores mobiliários (*to employ any device, scheme, or artifice to defraud* ou *to engage in any act, practice, or course of business wich operates or would operate as a fraud or deceit upon any person*), causando prejuízo a terceiro.

Tem-se como aplicação inicial da regra a decisão do processo administrativo aberto pela SEC contra a *Cady, Roberts & Co.*[10]. Esta decisão tem por base o fato de os administradores da companhia decidirem diminuir os dividendos que seriam distribuídos aos acionistas. Um dos membros do conselho que tomou a decisão era também sócio de uma corretora de valores, e deu notícia da deliberação ao

---

[8] *"It shall be unlawful for any person, directly or indirectly, by the use of any means or instrumentality of interstate commerce, or of the mails or any facility of any national security exchange, (a) To employ any device, scheme, or artifice to defraud, (b) To make any untrue statement of a material fact or omit to state a material fact necessary in order to make the statement made, in the light of the circumstances under which they made, not misleading, or (c) To engage in any act, practice, or course of business which operates or would operate as a fraud or deceit upon any person in connection with the purchase or sale of any security".*

[9] *" (b) For the purpose of preventing the unfair use of information which may have been obtained by such beneficial owner, director, or officer by reason of his relationship to the issuer, any profit realized by him from any purchase and sale [...] within any period of less than six months, unless such security was acquired in good faith [...] shall inure to and be recoverably by the issuer, irrespective of any intention of the part of such beneficial owner, director, or officer [...] Suit to recover such profit may be instituted at law in any court of competent jurisdiction by the issuer [...]".*

[10] 40 S.E.C. 907 (1961).

seu sócio na corretora. Este, antes que o fato fosse noticiado, vendeu ao mercado vários milhares de ações que seus clientes detinham, já que a corretora detinha poderes discricionários de compra e venda das ações de seus clientes. Uma vez vindo a público a decisão de corte dos dividendos, o valor da ação caiu no mercado secundário, tendo a corretora transferido o prejuízo de seus clientes para terceiros desavisados. Em sua decisão a SEC julgou o sócio da corretora culpado por violação da regra 10.b.5., criando a regra ainda conhecida como *"disclose or abstain"*[11].

Em 1969, nasce com a decisão do processo judicial aberto pela SEC contra a *Texas Sulphur Company*[12] o primeiro precedente judicial emanado da Suprema Corte. Neste caso a companhia localizou, no ano de 1959, lotes de terra com grande capacidade minerária em cobre e zinco. Seu presidente ordenou a exploração e que a mesma fosse feita em estrito segredo. Entretanto, entre 1963 e 1964 várias pessoas ligadas direita ou indiretamente à companhia tomaram conhecimento dos fatos e, em consequência, passaram a adquirir não só ações, mas como opções de ações. Na decisão da instância inferior[13] ficou decidido que quando alguém detém "informação material" não disponível junto ao mercado deve abster-se de negociar ou informar ao público, adotando o supracitado bordão da SEC *"disclose or abstain from trading"*, agora com a força de um precedente da Suprema Corte.

Esses foram os paradigmas que vieram a servir de motivação para a adoção, em inúmeros países, fundamentalmente a partir do início da década de 1960, da punição da negociação de valores mobiliários por aqueles que detém informação privilegiada. Na realidade, se deve considerar a decisão do caso *Texas Sulphur Company*, por sua grande repercussão, como o fundamento para o início das restrições à utilização da informação privilegiada no mundo externo aos Estados Unidos.

De forma similar ao desenvolvimento norte-americano, o Brasil também adotou inicialmente a punição financeira (até três vezes o valor do prejuízo que evitou ou do ganho obtido com a utilização da informação privilegiada) e mais tarde criminalizou o uso indevido de informação privilegiada.

2.3. Informação privilegiada: aplicação no Direito Brasileiro

No Brasil, o primeiro comando relativo à vedação da utilização de informação privilegiada nasceu com a edição da Lei Federal nº 4.728, de 14 de julho de 1965, conforme alterada ("Lei 4.728/65"), que atribuiu ao Banco Central do Brasil ("Banco Central") a competência para *"fiscalizar a utilização de informação não divulgada ao público em benefício próprio ou de terceiro, por acionista ou pessoa que, por força do cargo que exerçam, a elas tenham acesso"*[14].

---

[11] *"An insider in possession of a material non public information must disclose such information before trading or, if disclosure is impossible or improper, abstain from trading"*. Iden Stephen M. Bainbridge, p. 528.
[12] SEC v. *Texas Sulphur Co.*, 401 U.S. 976 (1969).
[13] A corte de Apelação do 2º Circuito, F.2d 883 (2d Cir. 1.968), certiorari denied, 394.
[14] Lei 4.728/65, artigo 3º, inciso X.

Esse preceito legal foi de pouca utilização, se de alguma o foi, em decorrência de duas realidades. De um lado, porque o Banco Central se encontrava extremamente atarefado em afirmar sua competência, visto que o mesmo fora criado em 1965, contra a vontade explícita do Banco do Brasil, que até então exercia as funções de um banco central brasileiro, por meio do seu braço operacional, a Superintendência da Moeda e do Crédito. De outro lado, o mercado de valores mobiliários ainda era bastante incipiente para merecer maior cuidado da legislação. Eram poucas as empresas que efetivamente gozavam de liquidez junto às bolsas de valores então existentes.

Em 1976 foi editada a Lei nº 6.385, de 7 de dezembro de 1976, conforme alterada ("Lei 6.385/76"), que dispõe sobre os fundamentos do mercado de valores mobiliários brasileiro e cria a Comissão de Valores Mobiliários ("CVM"). Em seu artigo 4º, ao detalhar um pouco mais a competência do Conselho Monetário Nacional e da recém-nascida CVM, a Lei 6.385/76 prevê que a ambas as instituições compete *"[...] VI – assegurar o acesso do público a informações sobre os valores mobiliários negociados e as companhias que os tenham emitido; VII – assegurar a observância de práticas comerciais equitativas no mercado de valores mobiliários"*.

Concomitantemente à edição da Lei 6.385/76, foi também editada a Lei 6.404/76, de 15 de dezembro de 1976, conforme alterada ("Lei 6.404/76"), que dispõe sobre os princípios e regras aplicáveis às sociedades por ações. A Lei 6.404/76 introduziu substanciais alterações ao regime das sociedades por ações no Brasil, mantendo, entretanto, a mesma estrutura organizacional existente na legislação societária anterior[15].

Dentre as inovações introduzidas pela Lei 6.404/76, já em face do tímido desenvolvimento do ainda incipiente mercado de valores mobiliários no Brasil, a Lei 6.404/76 determinou, ao tratar do conflito de interesses entre o administrador, a companhia e seus acionistas, que *"os administradores de companhias abertas são obrigados a comunicar e a divulgar pela imprensa qualquer deliberação de assembleia-geral ou dos órgãos de administração da companhia, ou fato relevante ocorrido nos seus negócios, que possa influir, de modo ponderável, na decisão dos investidores do mercado de vender ou comprar valores mobiliários emitidos pela companhia"*[16].

A Lei 6.404/76 dispõe sobre o uso de informação privilegiada em dois momentos: em seu artigo 155, e seus respectivos parágrafos, ao abordar o dever de lealdade dos administradores de companhias abertas, e em seu artigo 157, § 4º, ao dispor sobre o dever de informar o dever de lealdade dos administradores de companhias abertas.

---

[15] Até a edição da Lei 6.404/76, as sociedades por ações eram reguladas pelo Decreto-Lei 2.627/1940.

[16] Lei 6.404/76, artigo 157, § 4º.

2.3.0.1. O dever de lealdade

O artigo 155, § 1º, da Lei 6.404/76 estabelece como infração ao dever de lealdade que deve ser observado por administradores de companhias abertas o uso de informação privilegiada para obter vantagem indevida mediante a compra ou venda de valores mobiliários. O § 2º do mesmo artigo determina que referido administrador, deve, também, zelar para que tais informações não sejam utilizadas de forma indevida por seus subordinados ou terceiros de sua confiança[17].

Dessa forma, não apenas os administradores de companhias abertas estão impedidos de usar indevidamente informações relevantes não divulgadas ao público, mas também os subordinados e terceiros de sua confiança (os denominados *tipees* no direito norte-americano) que venham a ter acesso a tais informações e que não possuam vínculo de lealdade para com a companhia. Deve ser ressaltado que o §4º do artigo 155 da Lei 6.404/76 foi adicionado pela Lei 10.303/01, e estendeu a vedação do uso de informações privilegiadas para obtenção de vantagem ilícita a quaisquer pessoas que tenham acesso a tais informações.

Sobre o tema, a doutrina pátria ensina que a expressão "qualquer pessoa" deve ser interpretada de forma restritiva, pois deve existir nexo profissional entre o vazamento de informações e eventuais terceiros, de forma que apenas aqueles que *"no exercício de sua atividade profissional (auditores, advogados, analistas financeiros, etc.) têm acesso às informações podem ser considerados insiders"*[18].

---

[17] Lei 6.404/76, "Art. 155. O administrador deve servir com lealdade à companhia e manter reserva sobre os seus negócios, sendo-lhe vedado: I – usar, em benefício próprio ou de outrem, com ou sem prejuízo para a companhia, as oportunidades comerciais de que tenha conhecimento em razão do exercício de seu cargo; II – omitir-se no exercício ou proteção de direitos da companhia ou, visando à obtenção de vantagens, para si ou para outrem, deixar de aproveitar oportunidades de negócio de interesse da companhia; III – adquirir, para revender com lucro, bem ou direito que sabe necessário à companhia, ou que esta tencione adquirir. § 1º Cumpre, ademais, ao administrador de companhia aberta, guardar sigilo sobre qualquer informação que ainda não tenha sido divulgada para conhecimento do mercado, obtida em razão do cargo e capaz de influir de modo ponderável na cotação de valores mobiliários, sendo-lhe vedado valer-se da informação para obter, para si ou para outrem, vantagem mediante compra ou venda de valores mobiliários. § 2º O administrador deve zelar para que a violação do disposto no § 1º não possa ocorrer através de subordinados ou terceiros de sua confiança. § 3º A pessoa prejudicada em compra e venda de valores mobiliários, contratada com infração do disposto nos §§ 1° e 2°, tem direito de haver do infrator indenização por perdas e danos, a menos que ao contratar já conhecesse a informação. § 4° É vedada a utilização de informação relevante ainda não divulgada, por **qualquer pessoa que a ela tenha tido acesso, com a finalidade de auferir vantagem**, para si ou para outrem, no mercado de valores mobiliários." (grifamos).

[18] Eizirik, Nelson. A Lei das S/A Comentada. Volume II – Arts. 121 a 188. São Paulo: Quartier Latin, 2011. P. 372.

2.3.0.2. O dever de informar

O artigo 157, § 4º, da Lei 6.404/76 impõe ao administrador de companhias abertas o dever de informar (i) imediatamente ao mercado qualquer deliberação ou fato relevante capaz de influir na decisão dos investidores de comprar ou vender valores mobiliários emitidos pela companhia administrada e (ii) suas posições acionárias na companhia administrada[19].

Conforme os ensinamentos de Nelson Eizirik, o artigo 155, § 4º, da Lei 6.404/76 contempla a divulgação de fato relevante pelas companhias abertas, para que todos possam ter acesso às informações relevantes ao mesmo tempo, "*de forma a tornar mais eficiente o processo de formação de preços dos valores mobiliários negociados e a reduzir as possibilidades de insider trading*"[20]. Da mesma forma, o artigo 155, § 6º, introduzido na Lei 6.404/76 por meio da Lei 10.303/01, conforme abaixo

---

[19] Art. 157. O administrador de companhia aberta deve declarar, ao firmar o termo de posse, o número de ações, bônus de subscrição, opções de compra de ações e debêntures conversíveis em ações, de emissão da companhia e de sociedades controladas ou do mesmo grupo, de que seja titular. § 1º O administrador de companhia aberta é obrigado a revelar à assembleia-geral ordinária, a pedido de acionistas que representem 5% (cinco por cento) ou mais do capital social: (sic) a) o número dos valores mobiliários de emissão da companhia ou de sociedades controladas, ou do mesmo grupo, que tiver adquirido ou alienado, diretamente ou através de outras pessoas, no exercício anterior; b) as opções de compra de ações que tiver contratado ou exercido no exercício anterior; c) os benefícios ou vantagens, indiretas ou complementares, que tenha recebido ou esteja recebendo da companhia e de sociedades coligadas, controladas ou do mesmo grupo; d) as condições dos contratos de trabalho que tenham sido firmados pela companhia com os diretores e empregados de alto nível; e) quaisquer atos ou fatos relevantes nas atividades da companhia. § 2º Os esclarecimentos prestados pelo administrador poderão, a pedido de qualquer acionista, ser reduzidos a escrito, autenticados pela mesa da assembleia, e fornecidos por cópia aos solicitantes. (sic) § 3º A revelação dos atos ou fatos de que trata este artigo só poderá ser utilizada no legítimo interesse da companhia ou do acionista, respondendo os solicitantes pelos abusos que praticarem. **§ 4º Os administradores da companhia aberta são obrigados a comunicar imediatamente à bolsa de valores e a divulgar pela imprensa qualquer deliberação da assembleia-geral ou dos órgãos de administração da companhia, ou fato relevante ocorrido nos seus negócios, que possa influir, de modo ponderável, na decisão dos investidores do mercado de vender ou comprar valores mobiliários emitidos pela companhia. (sic)** § 5º Os administradores poderão recusar-se a prestar a informação (§ 1º, alínea e), ou deixar de divulgá-la (§ 4º), se entenderem que sua revelação porá em risco interesse legítimo da companhia, cabendo à Comissão de Valores Mobiliários, a pedido dos administradores, de qualquer acionista, ou por iniciativa própria, decidir sobre a prestação de informação e responsabilizar os administradores, se for o caso. **§ 6º Os administradores da companhia aberta deverão informar imediatamente, nos termos e na forma determinados pela Comissão de Valores Mobiliários, a esta e às bolsas de valores ou entidades do mercado de balcão organizado nas quais os valores mobiliários de emissão da companhia estejam admitidos à negociação, as modificações em suas posições acionárias na companhia." (grifamos).**

[20] Eizirik, Nelson. A Lei das S/A Comentada. Volume II – Arts. 121 a 188. São Paulo: Quartier Latin, 2011. P. 392.

definida, ao disciplinar o dever de informar as modificações nas posições acionárias dos administradores, objetiva prevenir o uso indevido de informação privilegiada.

Portanto, até 1976 a premissa da legislação brasileira era a de que a utilização de informação privilegiada era algo suscetível de acontecer somente no âmbito das transações com valores mobiliários emitidos por sociedades por ações[21], fundamentalmente com ações emitidas por companhias abertas e pela prática não equitativa dos administradores da companhia.

Em 2001 foi editada a Lei 10.303, de 31 de outubro de 2001 ("Lei 10.303/01"), que acrescentou o artigo 116-A à Lei 6.404/76. Esse artigo criou a obrigação de que "*o acionista controlador de companhia aberta e os acionistas, ou grupo de acionistas, que elegerem membro do conselho de administração ou membro do conselho fiscal deverão informar imediatamente sua posição acionária na companhia à Comissão de Valores Mobiliários e às Bolsas de Valores ou entidades do mercado de balcão organizado nas quais os valores mobiliários de emissão da companhia estejam admitidos à negociação, nas condições e na forma determinadas pela Comissão de Valores Mobiliários [...]*". Isso porque as variações dos volumes de valores mobiliários detidos pelas pessoas mencionadas no supra transcrito artigo 116-A, *vis a vis* a variação de preço desses valores mobiliários no mercado secundário, pode ser um indicador do vazamento de informação privilegiada ainda não disponível aos demais investidores do mercado.

Ainda, a mesma Lei 10.303/01 incluiu o artigo 27-D na Lei 6.385/76, por meio do qual o uso indevido de "*informação relevante ainda não divulgada ao mercado de que tenha conhecimento e da qual se deva manter sigilo, capaz de propiciar para si ou para outrem vantagem indevida, mediante negociação, em nome próprio ou de terceiro, com valores mobiliários*"[22] foi tipificado como crime contra o mercado de valores mobiliários. A pena prevista para quem incorrer nesse crime é de 1 a 5 anos e multa de até 3 (três) vezes o montante da vantagem ilícita obtida em decorrência do crime.

À luz dessa redação, para que se possa caracterizar o crime previsto no artigo 27-D da Lei 6.385/76, os seguintes fatores devem ser cumulados: (i) a informação cuja divulgação não foi realizada aos investidores em geral deve ser relevante; (ii) a relevância da informação será mensurada pela capacidade que o detentor dessa informação terá para obter uma vantagem indevida ao utilizá-la; e (iii) referida vantagem indevida poderá ocorrer pelo ganho de determinado valor ou por se ter evitado uma perda que ocorreria se houvesse a publicação do fato relevante.

A Lei 10.303/01 representa um grande avanço na legislação brasileira ao criminalizar o uso indevido de informação privilegiada e punir esse uso indevido com reclusão e multa. Cumpre notar que a sua edição teria sido uma resposta

---

[21] No Brasil apenas sociedades constituídas sob a forma de sociedades anônimas podem obter o registro de companhia aberta perante a CVM e ter ações negociadas no ambiente bursátil.

[22] Lei 6.385/76, artigo 27-D.

aos apelos sociais para a repressão penal ao uso indevido de informação privilegiada, gerados por escândalos mundialmente disseminados na década de 1990, em decorrência de fraudes empresariais de grande magnitude, tais como a *Enron* e a *WorldCom*[23]. Como resultado, ocorreu uma onda de apelos sociais para a criação de mecanismos de proteção dos investidores no mercado de valores mobiliários, que culminaram na edição do *Sarbanes-Oxley Act* nos Estados Unidos e na Lei 10.303/01 no Brasil[24].

3. A regulamentação aplicável à informação privilegiada no Brasil

Em complemento à legislação descrita no item anterior, a prevenção e a repressão ao uso indevido de informação privilegiada no Brasil é realizada por meio de regras editadas, primordialmente, pela CVM, autoridade responsável por disciplinar e fiscalizar, no âmbito administrativo, os participantes do mercado de valores mobiliários brasileiro, bem como por aplicar sanções administrativas aos infratores das regras desse mercado.

3.1. A evolução das regras da CVM sobre informação privilegiada

Desde a sua criação, por meio da Lei 6.385/76, a CVM editou diversas regras para prevenir e combater o uso indevido de informação privilegiada no mercado de valores mobiliários brasileiro. A mais antiga, e ainda em vigor, dessas regras é a Instrução CVM nº 08, de 08 de outubro de 1979 ("Instrução CVM 08/79"), uma norma abrangente que veda aos administradores e acionistas de companhias abertas, intermediários e outros participantes do mercado a criação de condições artificiais, manipulação de preços, realização de operações fraudulentas ou utilização de práticas não equitativas no mercado de valores mobiliários.

Para fins da Instrução CVM 08/79, "prática não-equitativa" significa aquela que resulte, de forma direta ou indireta, efetiva ou potencialmente, em um tratamento que coloque uma das partes de uma negociação de valores mobiliários em posição de desequilíbrio ou desigualdade em face dos demais. Portanto, a Instrução CVM 08/79 veda o uso de informação privilegiada no âmbito do mercado de valores mobiliários brasileiro, com o objetivo de prevenir situações de desequilíbrio ou desigualdade nas operações nele realizadas.

---

[23] Souza, Felipe Drumond Coutinho de Souza. Pontifícia Universidade Católica do Rio de Janeiro. Rio de Janeiro, 2010. A Criminalização do *Insider Trading* no Direito Brasileiro. Disponível em http://www.maxwell.lambda.ele.puc-rio.br/16207/16207.PDF. Acessado em 15 de março de 2012.

[24] Vale notar que, segundo João Carlos Castelar *"no Brasil, o primeiro corpo legal que se ocupou do assunto foi a Lei nº 4.728/65, que disciplinava o Mercado de Capitais, a qual, em seu artigo 3º, inciso X, estabelecia ser competência do Banco Central 'fiscalizar a utilização de informações não divulgadas ao público em benefício próprio ou de terceiros, por acionistas ou pessoas que, por força de cargos que exerçam, a elas tenham acesso'"* (*in* Castellar, João Carlos. *Insider Trading* e os Novos Crimes Corporativos. Rio de Janeiro : Editora Lumen Juris. 2008. P. 90.

Em 1984 a CVM editou a Instrução CVM nº 31, de 08 de fevereiro de 1984 ("Instrução CVM 31/84"), atualmente revogada, que à época reforçou a previsão da Lei 6.404/76 de vedar a utilização de informações privilegiadas para obter vantagem com a negociação de valores mobiliários pelos administradores e controladores de companhias abertas. A Instrução CVM nº 31 estendeu essa vedação para quaisquer pessoas que, em virtude de seu cargo, função ou posição, tenham conhecimento de informações ainda não divulgadas ao mercado[25].

A Instrução CVM nº 31 foi revogada em 2002, por meio da edição da Instrução CVM nº 358, de 03 de janeiro de 2002, conforme alterada ("Instrução CVM 358/02"), a qual representa a principal regra para combate ao uso indevido de informação privilegiada atualmente em vigor no Brasil. Essa instrução estabelece as regras para divulgação de informações relevantes por companhias abertas, bem como as vedações e condições para a negociação de valores mobiliários de emissão de companhia aberta na pendência de fato relevante não divulgado, dentre outros assuntos.

A Instrução CVM nº 358/02 proibiu de forma objetiva a negociação de valores mobiliários de emissão de companhia aberta por controladores, administradores, membros do conselho fiscal e pessoas que participem de quaisquer outros órgãos com função técnica ou consultiva da companhia[26], anteriormente à divulgação ao mercado de fatos relevantes, demonstrações financeiras e operações societárias.

Para fins da Instrução CVM 358/02, é relevante qualquer decisão de acionista controlador, deliberação de assembleia geral ou dos órgãos de administração da companhia, ou qualquer ato ou fato de caráter político-administrativo, técnico, negocial ou econômico-financeiro ocorrido ou relacionado aos seus negócios que possa influir, de modo ponderável: *"(i) na cotação dos valores mobiliários de emissão de companhia aberta ou a eles referenciados; (ii) na decisão dos investidores de comprar, vender ou manter aqueles valores mobiliários; e (iii) na decisão dos investidores de exercer quaisquer direitos inerentes à condição de titular de valores mobiliários emitidos pela companhia ou a eles referenciados"*[27].

Nos termos do artigo 3º da Instrução CVM 358/02, qualquer ato ou fato relevante ocorrido ou relacionado aos negócios de uma companhia aberta deverá ser ampla e imediatamente divulgado, de forma simultânea em todos os mercados em que os valores mobiliários emitidos por companhias abertas sejam admitidos à negociação. Esse comando representa a regulamentação do artigo 157, § 4º, da Lei 6.404/76, o qual também determina a divulgação de ato ou fato relevantes pelas companhias abertas no Brasil.

---

[25] Instrução CVM 31/84, artigo 11.
[26] Instrução CVM 358/02, artigo 13.
[27] Instrução CVM 358/02, artigo 2.

As supra referidas disposições da Instrução CVM 358/02 tem por objetivo proporcionar o acesso às informações relevantes de companhias abertas de forma igualitária a todos os investidores do mercado de valores mobiliários brasileiro, evitando, dessa forma, a utilização indevida de informação privilegiada por poucos investidores, em detrimento dos demais.

Em sintonia com a determinação da Suprema Corte dos Estados Unidos de que aquele que detém "informação material" não disponível ao mercado sobre uma companhia deve abster-se de negociar valores mobiliários de emissão dessa companhia ou informar ao público sobre a informação material da qual possui conhecimento[28], o artigo 8º da Instrução CVM nº 358/02 estabelece o dever administrativo de guardar sigilo que acionistas controladores, diretores, membros do conselho de administração, conselho fiscal e de quaisquer órgãos técnicos ou consultivos, bem como empregados de companhias abertas, devem observar com relação a ato ou fato relevante aos quais tenham acesso privilegiado, em razão do seu cargo ou posição, até sua divulgação ao mercado.

O mesmo artigo 8º obriga as pessoas supra mencionadas a zelar para que subordinados e terceiros de sua confiança observem o dever de guardar sigilo e, ainda, estabelece responsabilidade solidária dessas com seus subordinados e terceiros de sua confiança na hipótese de descumprimento do dever de guardar sigilo, ampliando, dessa forma, o uso indevido de informação privilegiada por *insiders* externos à companhia, mas com quem mantém essa relação comercial, profissional ou de confiança[29].

Ainda, o artigo 13 dessa Instrução veda a negociação de valores mobiliários emitidos por companhias abertas por pessoas (i) ligadas a tais companhias e (ii) que possuam acesso a tais informações privilegiadas. A redação do artigo 13 em questão abrange aqueles que possuem qualquer relação comercial, profissional ou de confiança com a companhia, com o intuito de evitar que pessoas que possuam qualquer vínculo com uma companhia aberta possam negociar valores mobiliários de emissão dessa companhia em posição de vantagem sobre os demais investidores do mercado, zelando, assim, pela equidade no mercado de valores mobiliários brasileiro.

---

[28] Conforme vimos no item 2.2. deste artigo, em 1969 a Suprema Corte dos Estados Unidos proferiu decisão em uma ação movida pela SEC contra a *Texas Sulphur Company*, da qual surgiu a expressão *"disclose or abstain from trading"*.

[29] Nesse sentido vale destacar que em 2006 a CVM condenou um advogado externo que participou da renegociação de dívidas do Grupo AES, por adquirir ações no início do processo de renegociação e aliená-las após o encerramento desse processo, infringindo, dessa forma, o artigo 155, § 4º, da Lei 6.404/76 e o artigo 13, §1º, da Instrução CVM 358/02. Processo Administrativo Sancionador CVM nº 04/04, julgado em 28 de junho de 2006.

ESTUDOS EM HOMENAGEM A MIGUEL GALVÃO TELES

3.2. A informação privilegiada e o serviço de administração de valores mobiliários

Será aqui brevemente abordada a regra referente à administração de valores mobiliários no Brasil que, muito embora não esteja diretamente relacionada com a informação privilegiada e o seu uso, trata da segregação de atividades pelas instituições que desenvolvem a atividade de administração de valores mobiliários, o que representa um dos mecanismos para prevenção do uso indevido de informação privilegiada.

Nesse sentido deve ser destacada a Instrução CVM 306, de 05 de maio de 1999 ("Instrução CVM 306/99"), que estabelece as regras para administração de carteiras de valores mobiliários por pessoas físicas e jurídicas, incluindo as carteiras de fundos de investimento.

Essa Instrução determina que os administradores de carteiras de valores mobiliários devem assegurar a completa segregação da atividade de administração das demais atividades por eles eventualmente desenvolvidas, por meio de segregação física e funcional, com o objetivo, dentre outros, de preservar informações confidenciais por todos os seus administradores, colaboradores e funcionários e proibir a transferência de tais informações a pessoas não habilitadas ou que possam vir a utilizá-las indevidamente, em processo de decisão próprio ou de terceiros.

Ainda, a Instrução CVM 306/99 prevê que a instituição que preste os serviços de administração ora descritos deverá atribuir diretor responsável pela administração de carteira de valores mobiliários perante a CVM, o qual deverá ser autorizado pela CVM a exercer essa atividade e não poderá ser responsável por nenhuma outra atividade da instituição[30]. Essa segregação é também aplicável às atividades de administração e gestão de fundos de investimento, nos termos do artigo 21-A da Instrução CVM 306/99.

4. A atuação da CVM

Conforme vimos, a CVM foi criada pela Lei 6.385/76 para exercer as funções de órgão regulador e fiscalizador do mercado de valores mobiliários, que, até a edição dessa lei, eram atribuídas ao Banco Central. Em linhas gerais, compete à CVM a regulação e a fiscalização das atividades previstas na Lei 6.385/76, dentre as quais a emissão, distribuição, negociação, intermediação, administração de carteiras e custódia de valores mobiliários, bem como sancionar aqueles que infringirem as regras ligadas a essas atividades.

Desde 2007, a CVM vem passando por alterações estruturais e tecnológicas com o objetivo de alterar seu modelo de atuação para ser uma instituição que

---

[30] Art. 7º, II e § 5º, da Instrução CVM 306/99.

atua de forma mais preventiva do que reativa[31]. Nesse novo contexto de atuação, a CVM celebrou acordos de cooperação técnica com diversas autoridades brasileiras e estrangeiras, visando, em linhas gerais, fortalecer os meios de prevenção, apuração e pressão de práticas lesivas ao mercado de valores mobiliários brasileiro, bem como desenvolver e compartilhar tecnologias e informações, dentre os quais destacamos o acordo de cooperação técnica celebrado com o Ministério Público Federal ("MPF").

O acordo de cooperação técnica entre a CVM e o MPF foi celebrado em 2008 à luz de diversas razões, tais como o potencial caráter transnacional dos ilícitos no mercado de valores mobiliários brasileiro, o fato de que diversas práticas lesivas ao mercado de valores mobiliários também constituem infrações contra a coletividade de investidores difusos, bem como que a atuação articulada entre a CVM e o MPF proporciona maior efetividade à prevenção, apuração e repressão às práticas lesivas ao mercado de valores mobiliários. Aproximadamente 1 (um) ano após a celebração desse acordo, o MPF e a CVM, na qualidade de assistente de acusação, propuseram a primeira ação penal por uso indevido de informação privilegiada no Brasil[32].

Cumpre notar que, nos termos do artigo 12 da Lei 6.385/76, quando os inquéritos administrativos conduzidos pela CVM concluírem pela ocorrência de crime de ação civil pública, a CVM oficiará o MPF, para que este proponha a ação penal cabível. Ainda, nos termos da Lei nº 7.193 de 7 de dezembro de 1989 ("Lei 7.193/89"), a CVM poderá sugerir ao MPF a proposição de ação civil pública de responsabilidade por danos causados aos investidores no mercado de valores mobiliários, especialmente quando decorrerem de *"operação fraudulenta, prática não equitativa, manipulação de preços e criação de condições artificiais de procura, oferta*

---

[31] Conforme entrevista concedida por Maria Helena Santana, à época, presidente da CVM, ao Espaço Jurídico da BM&FBOVESPA S.A. – Bolsa de Valores, Mercadorias e Futuros. Disponível em http://www.bmfbovespa.com.br/juridico/noticias-e-entrevistas/Noticias/071019NotA.asp. Acessado em 03 de julho de 2012.

[32] Em fevereiro de 2011 ocorreu a primeira condenação penal pelo crime de uso de informação privilegiada. A sentença condenatória foi proferida pela 6ª Vara Criminal da Cidade de São Paulo. O ex-diretor de finanças e relações com investidores da então Sadia S.A. ("Sadia"), empresa de alimentos com ampla atuação no Brasil, foi condenado à pena de (i) reclusão de 1 (um) ano e 9 (nove) meses, em regime inicial aberto, e (ii) multa no valor de R$ 349.711,53. Um dos ex-membros do conselho de administração da Sadia também foi condenado, à pena de (i) reclusão de 1 (um) ano, 5 (cinco) meses e 15 (quinze) dias, em regime inicial aberto, e (ii) multa no valor de R$ 374.940,52. Em ambos os casos, as penas de reclusão foram substituídas por penas restritivas de direito e pela proibição do exercício do cargo de administrador e/ou conselheiro fiscal em companhias abertas, pelo prazo de cumprimento da pena. O segundo processo analisado pelo Judiciário brasileiro referente ao crime de uso de informação privilegiada no Brasil foi suspenso em 05 de julho de 2007, quando sócios e executivos da Randon Participações S.A. aceitaram a proposta do MPF de pagar multas individuais que, somadas, atingem o valor de aproximadamente R$ 51.000.000,00.

ou preço de valores mobiliários", dentre outras hipóteses. Sem prejuízo da ação de indenização que o prejudicado por tais ações poderá pleitear, os valores obtidos por meio dessa ação civil pública serão revertidos aos investidores lesados, na proporção de seu prejuízo.

Com relação à atuação da CVM frente a casos de uso indevido de informação privilegiada, a partir da análise das decisões proferidas pelo Colegiado[33] da CVM sobre o tema, interessante se faz notar que prevalece o princípio do livre convencimento motivado do julgador, no sentido de que é possível a condenação com base em indícios[34], desde que haja um robusto corpo de indício que, no conjunto e por sua credibilidade, seja capaz de convencer o julgador[35]. Dessa forma, a punição administrativa daquele que utiliza informação privilegiada no mercado de valores mobiliários brasileiro poderá ocorrer, ainda que com base exclusivamente em indícios dessa utilização.

Similarmente, pode-se verificar que a mera observância do texto legal ou das regras aplicáveis pode não ser suficiente para comprovar a não utilização de informações privilegiadas de forma indevida pelos acusados em processos administrativos. Esse fato pode ser verificado, especificamente, nas hipóteses em que o uso indevido de informação privilegiada ocorreu em função de falhas na segregação de atividades que deveria ser observada por determinada empresa ou participante do mercado.

Nesse sentido, os participantes do mercado de valores mobiliários brasileiros devem ser capazes de demonstrar que as normas internas referentes à segregação de atividades são aplicadas na prática e, na ocorrência de um evento específico, deve haver demonstração de que essas regras foram utilizadas para controlar o fluxo de informações no caso concreto. Deve-se evitar, assim, a adoção de medidas genéricas[36].

Interessante também notar que a CVM ampliou a celebração de termos de compromisso para tratar de casos de uso indevido de informação privilegiada,

---

[33] A CVM é um órgão de deliberação colegiada, cujas decisões são tomadas pelo denominado Colegiado, composto por um presidente e quatro diretores, nomeados pelo presidente do Brasil.

[34] A título de ilustração, no Brasil é admitida a denominada prova "indiciária", a qual está, inclusive, prevista no artigo 239 do Decreto-Lei nº 3.689, de 3 de outubro de 1941 (o Código de Processo Penal).

[35] Nesse sentido, vide os votos proferidos pelo Colegiado da CVM no (i) processo administrativo sancionador CVM nº 11/09, julgado em 03 de abril de 2012; (ii) processo administrativo sancionador CVM nº 13/09, julgado em 13 de dezembro de 2011; (iii) processo administrativo sancionador CVM nº 15/04, julgado em 04 de agosto de 2009; e (iv) processo administrativo sancionador CVM nº 24/05, julgado em julgado em 7 de outubro de 2008.

[36] Nesse sentido, vide a decisão proferida pelo Colegiado da CVM no processo administrativo sancionador 2009/13459, julgado em 30 de outubro de 2010, e no processo administrativo sancionador CVM nº 17/2003, julgado em 1º de agosto de 2006.

demonstrando que a solução consensual se vem mostrando como alternativa para gerenciar os casos de uso indevido de informação privilegiada pela CVM. Sem prejuízo, cumpre também destacar que a principal punição aplicada pela CVM àqueles que utilizam informação privilegiada de forma indevida é a multa, seguida das penas de advertência e inabilitação.

5. Tendências e expectativas: a informação privilegiada no Brasil

O desenvolvimento do mercado de valores mobiliários no mundo, bem como o desenvolvimento de novas tecnologias que permitem ao mercado e às autoridades monitorarem as transações realizadas com valores mobiliários contribuiu para o fortalecimento da fiscalização ao uso indevido de informação privilegiada, bem como para a conscientização dos investidores sobre os prejuízos que esse uso pode ocasionar[37].

No contexto brasileiro, em face da crescente sofisticação das operações de *insider trading*, a CVM começou a utilizar um novo *software* que irá permitir o acompanhamento em tempo real da negociação de ações, debêntures e derivativos nos mercados de balcão organizado no Brasil. Esse *software*, denominado de *Eagle*, começou a ser utilizado pela CVM no começo de 2012. A expectativa da CVM é de que um milhão de transações por dia possam ser analisadas e a utilização do *software Eagle* facilitará a coleta e armazenamento de provas que possam respaldar pedidos de quebra de sigilo a serem formuladas ao Poder Judiciário e fortalecerá as provas em eventuais processos sancionadores, contribuindo, assim, no fortalecimento e aprimoramento da fiscalização e do combate ao uso indevido de informação privilegiada[38].

Este fato, aliado à recente criminalização do uso indevido de informação privilegiada no Brasil nos faz crer que o endurecimento contra a prática do uso indevido de informação privilegiada será acompanhado do aumento do número de ações penais sobre o caso no Brasil.

Por fim, a expectativa é de fortalecimento do aparato empresarial e governamental com a finalidade de prevenir o uso indevido de informações privilegiadas, de forma a auxiliar o mercado de valores mobiliários brasileiro a se consolidar em posição de destaque mundial por seu potencial não apenas econômico, mas também ético, de forma a maximizar a sua atratividade para investidores brasileiros e estrangeiros.

---

[37] Ora, os valores expressivos envolvidos em escândalos relacionados ao uso indevido de informação privilegiada despertam a atenção de investidores em todo o mundo. Vale aqui lembrar, por exemplo, o caso do Sr. Raj Rajaratnam, do Galleon Group, que obteve aproximadamente de US$ 63.800.000,00 em transações ilegais com o uso indevido de informações privilegiadas.

[38] "CVM usa software Eagle contra insiders em tempo real". Matéria publicada na revista exame em 1º de março de 2012. Disponível em http://exame.abril.com.br/tecnologia/noticias/cvm-ira-detectar-crimes-no-mercado-de-capitais.

O penhor de créditos – notas sobre o seu conteúdo

RUI DE OLIVEIRA NEVES

1. Introdução

O penhor de créditos não tem merecido, no plano nacional, uma análise cuidada pela doutrina, sendo exíguas as referências que se encontram – e que se limitam a breves alusões ao regime legal e à natureza jurídica da figura – tanto no domínio do direito das obrigações, como no domínio dos direitos reais[1]. Para esse estado de coisas talvez contribua a idiossincracia desta garantia que parece encontrar-se na intersecção desses ramos do direito, o que conduz a acesa controvérsia (em especial, na doutrina estrangeira) quanto ao seu enquadramento dogmático, ou, porventura, à relativa ausência de situações concretas que levem os nossos tribunais a pronunciar-se sobre a matéria[2].

N.E. Por decisão do Autor, este texto é publicado segundo a ortografia anterior ao novo Acordo Ortográfico.

[1] Este artigo destina-se a homenagear um homem que se distinguiu na sua vida não só enquanto superior cultor do Direito, mas sobretudo enquanto humanista de grande visão quanto à realidade e à evolução dos tempos. É de forma grata e com sentido de tributo a um amigo que participamos nesta publicação, com um texto que trata uma parte da temática a que dedicámos, no âmbito do curso de mestrado na Faculdade de Direito de Lisboa, uma monografia em 2004.

A excepção a este *status quo* respeita a VAZ SERRA que, no âmbito dos trabalhos preparatórios do Código Civil de 1966, dedicou um extenso e aprofundado estudo ao penhor de coisas e ao penhor de direitos, publicado nos BMJ nºs 58 e 59, e que continua a constituir, apesar de decorrido cerca de meio século, o estudo nacional de referência acerca da matéria. A situação é diversa no plano do direito comparado em que existem obras de referência, tais como, PASQUALE DI PACE, *Il pegno dei crediti*, CEDAM, Padova, 1939 e, mais contemporaneamente, ARANDA RODRÍGUEZ, *La prenda de créditos*, Marcial Pons, Madrid, 1996.

[2] São raríssimos os exemplos de arestos que abraçam o tema do penhor de créditos, sendo que aqueles (dos poucos casos recentes) que o fazem, para além dos citados *infra*, respeitam, em regra e com limitado interesse, ao penhor de conta bancária: cf., nomeadamente, Ac. Tribunal da Relação de Lisboa, de 11 de Maio de 2004 e Ac. Tribunal da Relação do Porto, de 4 de Maio de 2004, in www.dgsi.pt. A escassez de jurisprudência acerca do penhor de créditos verifica-se igualmente

Pode ainda justificar algum desinteresse no penhor, em geral, e no penhor de créditos, em particular, a propalada crise das garantias reais derivada da alegada falta de operatividade prática que permita compatibilizar os interesses do financiador e do financiado. A necessidade de desapossamento para a constituição do penhor e a proibição do pacto comissório são os principais óbices apontados para a inoperacionalidade do penhor e para a invocação do seu tendencial desuso[3].

Contudo, a realidade económica hodierna em que o dinheiro e o crédito desempenham um papel central na criação e circulação de riqueza, aconselham a uma ponderação mais aprofundada acerca da eficácia garantística de uma figura como o penhor de créditos, em que o bem dado em garantia consiste num activo de ampla utilização na actividade económica e financeira: o direito a receber de outrém uma prestação[4].

O ponto de partida do presente artigo consiste em reconsiderar a importância do penhor de créditos no contexto das *garantias especiais das obrigações*. Atentas as limitações próprias de um artigo desta dimensão, focalizamos a nossa atenção no conteúdo da situação jurídica pignoratícia que tem por objecto o direito a uma prestação, estando certos que em momento posterior traremos a lume uma análise integrada deste instituto.

---

noutros ordenamentos jurídicos, remetendo-se, por exemplo, para uma análise da situação no ordenamento espanhol, para ARANDA RODRÍGUEZ, *La prenda de créditos*, pp. 64 a 67.

[3] Acerca da alegada crise das garantias reais e das suas causas, cf. o artigo precursor de DIOGO LEITE DE CAMPOS, *A alienação fiduciária em garantia*, in "Estudos em homenagem ao Banco de Portugal", pp. 7 a 23, Banco de Portugal, Lisboa, 1998.

[4] Na economia actual, o dinheiro e os valores monetários e mobiliários constituem o paradigma da riqueza, dado que estes bens, enquanto realidades abstractas e fungíveis, permitem uma rápida e massiva circulação dessa riqueza. Este paradigma conduz a que o acesso ao dinheiro adquira um relevo fundamental no funcionamento do sistema económico que, de um ponto de vista jurídico, se expressa na constituição de um miríade de relações creditícias. Por outro lado, a prossecução das actividades económicas, de um modo geral, bem como as relações comerciais que se estabelecem entre os diversos elementos da cadeia de produção ou de prestação de serviços, dependem da disponibilidade de recursos financeiros, cuja escassez implica o recurso ao crédito. Aliás, importa notar que os mais recentes desenvolvimentos ao nível dos instrumentos de financiamento (*v.g.* a titularização de créditos) consistem precisamente na reformulação dos mecanismos de transmissão de créditos, tendo em vista permitir que o direito de crédito possa circular com a celeridade típica daqueles bens abstractos e fungíveis. Esta realidade assume, de tal forma, relevo nos mercados financeiros que, em 2002, o legislador comunitário interveio no sentido da harmonização de regras aplicáveis aos contratos de garantia financeira nos diversos Estados-Membros da União Europeia, as quais foram recentemente transpostas para a ordem jurídica interna pelo Decreto-Lei nº 105/2004, de 8 de Maio. Trata-se de aspectos que não podem deixar de ser tomados em consideração numa análise substancial do penhor em geral, e do penhor de créditos em especial.

2. A estrutura da situação jurídica pignoratícia

Embora não constitua uma estrutura exclusiva (nem obrigatória) desta figura[5], o penhor de créditos pode apresentar uma estrutura básica assente numa triangulação de relações ou situações jurídicas: a *relação de base ou creditória* que se estabelece entre o devedor do crédito garantido que constitui o penhor em benefício do seu credor; a *relação de segurança ou debitória* que corresponde à relação jurídica entre o devedor (enquanto empenhador) e o devedor do crédito empenhado[6], e a *relação de garantia ou de afectação creditória* que respeita à relação entre o credor pignoratício e o devedor do crédito atribuído em garantia[7].

As relações fundadoras da operação pignoratícia apresentam, na verdade, uma especial interdependência decorrente da dinâmica associada à realidade creditória que conduz à projecção dos efeitos ocorridos no âmbito de uma relação nas outras relações, podendo mesmo originar a eventual extinção do penhor. A título ilustrativo, refira-se que a estrutura pignoratícia triangular pode perder

---

[5] A caracterização triangular de determinadas garantias tem sido utilizada pela doutrina para enquadrar os negócios e as relações inerentes à constituição e execução de garantias com este tipo de arquitectura, particularmente no que tange a garantia bancária autónoma e a fiança. Em relação à primeira cf., por todos, GALVÃO TELLES, *Garantia bancária autónoma*, in O Direito, ano 120, 1988, pp. 289 e ss. e MÓNICA JARDIM, *A garantia autónoma*, Almedina, Coimbra, 2002, pp. 46 e ss., e em relação à segunda, cf., igualmente por todos, JANUÁRIO COSTA GOMES, *A estrutura negocial da fiança*, in "Estudos em memória do Professor Doutor João de Castro Mendes", s/d (mas 1995), pp. 349 e ss. e *Assunção fidejussória de dívida. Sobre o sentido e o âmbito da vinculação como fiador*, Almedina, Coimbra, 2000, pp. 360 e ss. Não obstante, esta caracterização impressiva é também aplicável aos aspectos estruturais de outras garantias (ainda que reais) como sucede com o penhor ou a hipoteca.

[6] A *relação de segurança ou debitória* não constitui necessariamente uma relação autónoma entre diferentes sujeitos jurídicos, atendendo a que pode existir coincidência subjectiva entre o empenhador e o devedor do crédito empenhado, designadamente quando se esteja perante o *pignus debiti*. De modo inverso, a estrutura do penhor pode complexificar-se mediante a intervenção de um outro sujeito, o empenhador, que constitua o penhor. Nesta situação, a estrutura modela-se para uma forma quadrangular, dado que existirá ainda uma relação entre o devedor inicial e o empenhador, a qual podemos designar de *relação de cobertura* pela similitude com as funções que essa relação desempenha na fiança ou na garantia bancária autónoma (mas também na hipoteca prestada por terceiro). Nesta *relação de cobertura*, um terceiro vincula-se perante o devedor a constituir um penhor em favor de um determinado credor deste último, mediante um *pactum de contrahendo cum tertio* que, do ponto de vista dinâmico, envolve um contrato de prestação de serviços. Aderimos, portanto, à concepção defendida por JANUÁRIO COSTA GOMES em relação à fiança que tem neste âmbito igualmente cabimento – cf. *Assunção fidejussória de dívida*, pp. 364 e ss. Na exposição constante do presente número tomamos como matriz de raciocínio o penhor constituído pelo devedor inicial sobre créditos devidos por um terceiro.

[7] As expressões utilizadas no texto para designar as relações integrantes do triângulo pignoratício tomam por base a função primordial de cada uma dessas relações creditícias, variando, por exemplo, da terminologia utilizada em relação à garantia autónoma. Acerca desta última, cf. *v.g.* MENEZES LEITÃO, *Direito das obrigações*, II, 3ª edição, Almedina, Coimbra, 2003, p. 330.

ESTUDOS EM HOMENAGEM A MIGUEL GALVÃO TELES

um dos seus pilares (sem que ocorra a extinção do penhor) no caso de realização da prestação afecta em garantia pelo terceiro devedor.

Nesta situação, as vicissitudes da *relação de garantia ou de afectação creditória* para além de produzirem efeitos jurídicos extintivos dessa relação têm impacto nas outras duas relações, na medida em que cessa igualmente a *relação de segurança ou debitória* em virtude da satisfação do crédito afecto em garantia, modificando-se a *relação de base ou creditória* para passar a abranger *uma relação de garantia* em que a afectação garantística passa a incidir sobre uma coisa móvel[8].

Apesar de existir essa interdependência de efeitos, cada uma das "arestas" da estrutura poligonal apresenta autonomia quer na sua constituição, quer no seu desenvolvimento. Ao contrário do que sucede na fiança ou na garantia bancária autónoma, a *relação de garantia* (ou de cobertura naquelas figuras) não se constitui por efeito de qualquer acordo tácito[9] ou expresso entre o terceiro devedor e o empenhador, mas por efeito de um acto de oneração do crédito que este detém sobre aquele, sem necessidade de qualquer consentimento ou aprovação daquele terceiro. A razão de ser desta desnecessidade de um acto voluntário do terceiro devedor reside essencialmente na ausência de alteridade do património garantístico, pois o reforço patrimonial deriva da afectação de um bem de que o empenhador é titular[10].

Do mesmo modo, cada uma das relações em apreço desenvolve-se de forma específica e autónoma através da atribuição e realização das posições jurídicas activas e passivas que preenchem o conteúdo de cada uma das situações jurídicas abrangidas. Pela sua especificidade na economia da figura jurídica em apreço, importa dedicar especial atenção à posição jurídica do credor pignoratício, não obstante apresentarem-se algumas notas acerca do conteúdo dos outros sujeitos desta situação jurídica complexa.

---

[8] No caso do *pignus debiti*, a estrutura passa a ser bipolar pela intervenção exclusiva de dois sujeitos jurídicos, embora seja possível identificar ainda os feixes jurídicos definidores de cada uma das relações indicadas.

[9] Em relação à informalidade na constituição das "fianças de amigos ou parentes" e à desconsideração da configuração contratual da relação de cobertura *vide* JANUÁRIO COSTA GOMES, *Assunção fidejussória de dívida*, pp. 361 e 362.

[10] Pelo contrário, na fiança ou na garantia bancária autónoma a garantia do crédito é conferida por um terceiro em benefício do credor, pelo que é indispensável a aceitação do fiador ou do garante como forma de assegurar a vinculação debitória heterónoma que autoriza o alargamento da massa patrimonial responsável pela satisfação do crédito. Acerca da prestação de fiança *vide* JANUÁRIO COSTA GOMES, *ob. cit.*, pp. 467 e ss.

3. A posição jurídica do credor pignoratício de créditos
3.1. Considerações gerais. Opção por uma análise dinâmico-funcional

A doutrina tende a apreciar o conteúdo da posição do credor pignoratício por referência ao penhor de coisas, indicando que integra (no que releva para os efeitos do presente artigo), quanto a elementos activos ou positivos, a faculdade de exigir a substituição ou o reforço da garantia em caso de perecimento da coisa ou da sua insuficiência para segurança da dívida [artigo 670º, alínea c)[11]], de aproveitar a frutificação normal da coisa, imputando os frutos ao pagamento do capital em dívida (artigo 672º, nº 1) e de satisfazer o seu crédito pela venda da coisa empenhada (artigo 675º)[12]; quanto a elementos passivos ou negativos, o dever de guarda e administração [artigo 671º, alínea a)], de abstenção do uso [artigo 671º, alínea b)] e de restituição, extinta a obrigação garantida, da coisa empenhada [artigo 671º, alínea c)][13].

Já quanto ao penhor de créditos são raras as referências doutrinais ao conteúdo da posição jurídica do credor pignoratício creditório[14]. Na nossa opinião, a determinação e aferição do âmbito do acervo de poderes e deveres que compõem a posição jurídica do titular de um penhor de créditos deve ser realizada de forma individualizada para permitir detectar eventuais especificidades da figura que

---

[11] As disposições referidas no presente artigo sem indicação do respectivo diploma legislativo referem-se ao Código Civil.

[12] A faculdade de recurso às acções de defesa da posse (artigo 670º, alínea a)) e a indemnização por benfeitorias necessárias e úteis (artigo 670º, alínea b)) integram igualmente o conteúdo positivo do direito.

[13] Quanto ao conteúdo da posição jurídica do credor pignoratício de coisas, cf. no direito português, ALMEIDA COSTA, *Direito das obrigações*, 9ª edição, Almedina, Coimbra, 2001, pp. 865 a 867, ANTUNES VARELA, *Das obrigações em geral*, II, (reimp. da edição de 1997), Almedina, Coimbra, 2001, pp. 533 a 537, MENEZES CORDEIRO, *Direitos reais*, (reprint), Lex, Lisboa, 1993, pp. 752 e 753, PINTO DUARTE, *Curso de direitos reais*, Principia, Cascais, 2002, pp. 223 e 224, ROMANO MARTINEZ/FUZETA DA PONTE, *Garantias de cumprimento*, 4ª edição, Almedina, Coimbra, 2003, pp. 171 a 174, VAZ SERRA, *Penhor de coisas*, in BMJ 58, Julho 1956, pp. 150 e ss. No direito comparado, cf., por todos, quanto ao direito espanhol VEIGA COPO, *La prenda de acciones*, Civitas, Madrid, 2002, pp. 80 a 85, quanto ao direito italiano GORLA/ZANELLI, *Del pegno. Delle ipoteche. (art. 2784-2899)*, in "Commentario del Codice Civile Scialoja-Branca, a cura di Francesco Galgano", Zanichelli Editore, Bolonha, 1992, pp. 96 e ss. e 118 e ss., quanto ao direito alemão WALTER GERHARDT, *Mobiliarsachenrecht*, Verlag C. H. Beck, Munique, 2000, pp. 114 e ss., quanto ao direito francês SAINT-ALARY/BOCCARA – *Les garanties du credit*, Editions du Journal des Notaires et des Avocats, Paris, 1995, pp. 467 a 470 e DOMINIQUE LEGEAIS, *Sûretés et garanties du crédit*, LGDJ, Paris, 1996, pp. 209 a 213.

[14] Em Portugal, as únicas referências ao conteúdo do direito do credor pignoratício surgem em ANTUNES VARELA, *Das obrigações em geral*, II, pp. 546 a 548 e em VAZ SERRA, *Penhor de direitos*, BMJ 59, Outubro 1956, pp. 198 e ss. Em Espanha, cf., por todos, ARANDA RODRÍGUEZ, *La prenda de créditos*, pp. 126 e ss., em Itália, cf., por todos, GORLA/ZANELLI, *Pegno. Ipoteche*, pp. 148 e ss., na Alemanha, cf., por todos, WALTER GERHARDT, *Mobiliarsachenrecht*, pp. 179 e ss., em França, cf., por todos, DOMINIQUE LEGEAIS, *Sûretés et garanties du crédit*, pp. 230 e ss.

ESTUDOS EM HOMENAGEM A MIGUEL GALVÃO TELES

possam surgir, sem prejuízo da aplicabilidade, por efeito da proposição jurídica remissiva do artigo 679º, das normas respeitantes ao penhor de coisas.

Para tanto, torna-se fundamental proceder à análise do conteúdo do direito de penhor de créditos tendo em consideração que este se encontra directamente relacionado com a dinâmica dos direitos de crédito, variando, portanto, em função das circunstâncias concretas que permitam a realização desse direito.

Tomando a conjugação destas coordenadas como ponto de partida, no presente artigo analisa-se a posição jurídica do credor pignoratício em função da sua configuração em três momentos ou fases da vida da garantia: primeiro, a fase anterior ao vencimento do crédito empenhado; depois, uma fase intermédia, compreendida entre o vencimento do crédito empenhado e o vencimento do crédito garantido; por último, a fase subsequente ao incumprimento pelo devedor[15].

3.2. A fase anterior ao vencimento do crédito empenhado
Antes do vencimento do crédito empenhado, a posição jurídica do credor pignoratício é orientada fundamentalmente no sentido da manutenção e conservação da sua garantia patrimonial. Contudo, nesta fase, os interesses do credor pignoratício não assumem ainda prevalência de uma forma decisiva, intervindo ponderosas razões de tutela do direito do *solvens* à efectiva obtenção da prestação que justificam que aquele credor pignoratício fique adstrito a poderes funcionais.

Esta duplicidade de interesses resulta na sujeição do credor pignoratício ao poder funcional[16] de conservação e administração do direito afecto em garantia

---

[15] Acresce que a estrutura funcional dicotómica do penhor a que aludimos *supra*, conduz a que, na *fase dinâmica ou de execução* da garantia, exista uma expansão ou efectivação dos poderes ou faculdades ao dispor do credor pignoratício, por contraste com a *fase estática ou de segurança* em que a atribuição de poderes creditícios ao beneficiário da garantia é orientada primordialmente para a conservação e manutenção do direito de garantia e do seu objecto. Isto não quer dizer que as posições activas não existam desde o momento da constituição do penhor, pois o direito subjectivo em causa dispõe de todos os poderes necessários para a sua efectivação, embora a forma de efectivação varie em função de determinados eventos externos ao direito. Acerca do conceito de direito subjectivo e da sua adequabilidade substancial, cf. PAIS DE VASCONCELOS, *Teoria Geral do Direito Civil*, 2ª edição, Almedina, Coimbra, 2003, pp. 650 e ss., em especial, pp. 652 a 654. A este propósito MARTÍN WOLFF, *Tratado de derecho civil*, tomo III, vol. 2º, 3ª edição, Bosch, Barcelona, 1971, p. 511 alude ao robustecimento dos direitos do credor pignoratício com o vencimento do crédito assegurado pelo penhor. Esclareça-se ainda que a opção por uma análise dinâmico-funcional é a que melhor permite apreender o conteúdo da posição jurídica do credor pignoratício, embora não signifique que os direitos e deveres existentes na fase anterior não se mantenham durante as fases subsequentes. A título meramente ilustrativo, refira-se que o *ius prelationis* que constitui uma das características definidoras da figura expressa na atribuição preferencial da prestação para satisfação creditória, existe desde o momento constitutivo do penhor, embora assuma maior relevo prático na *fase dinâmica*.

[16] Os poderes funcionais «– *ou poderes-deveres, ou direito-deveres – podem definir-se genericamente como obrigações específicas de aproveitamento de um bem. Vê-se como têm natureza híbrida: há aproveitamento de*

(artigo 683º, primeira parte), como forma de manutenção quer do seu direito de garantia, quer do direito de crédito do *solvens*. Passa, então, a competir ao credor pignoratício zelar activamente pela não extinção, nem modificação do direito de crédito[17].

O dever de manutenção abrange todos os elementos integrantes do direito de crédito, tais como eventuais garantias e rendimentos periódicos, bem como o exercício dos meios de defesa necessários contra agressões externas, como sejam direitos de terceiros que coloquem em perigo a manutenção do crédito. Incluem-se nomeadamente entre esses meios de defesa a interrupção da prescrição ou caducidade e a conservação das garantias de que o crédito afecto em garantia, por sua vez, beneficie.

Por outro lado, este poder funcional, perspectivado na vertente da administração do activo, envolve ainda a cobrança dos juros e demais prestações acessórias compreendidas no crédito empenhado. O cumprimento deste dever apresenta uma clara importância para ambos os credores por efeito do pacto anticrético supletivo. De facto, resulta do artigo 672º, aplicável ao penhor de créditos *ex vi* do artigo 679º, que o credor pignoratício faz seus os rendimentos periódicos originados pelo crédito, imputando-se os respectivos montantes ao cumprimento da prestação que tenha a receber do *solvens*[18].

Este poder-dever não é contrário à proibição do pacto comissório dado que se pretende beneficiar o titular do crédito empenhado, consentindo-lhe a redução

---

um bem, no que surge como uma vantagem; esse aproveitamento não é, porém, permitido, mas obrigatório: o titular deve agir – e muitas vezes, dentro de certos limites.» – cf. MENEZES CORDEIRO, *Tratado de Direito Civil Português*, I, Parte Geral, Almedina, Coimbra, 2000, pp. 181 e 182.

[17] Trata-se, afinal, da aplicação, com as devidas adaptações, no domínio do penhor de créditos da obrigação de conservação da coisa prevista no artigo 671º, alínea a), desta feita, considerada sob a perspectiva de conservação jurídica do direito empenhado. Idêntica posição é assumida, no direito italiano, por GORLA/ZANELLI, *Pegno. Ipoteche*, p. 152, face a idêntica técnica legislativa remissiva. A imposição deste dever ao credor pignoratício não pode deixar de sujeitar o *solvens* a um dever simétrico de abstenção da prática de actos modificativos ou extintivos do crédito empenhado que conflituem com o direito do credor pignoratício, sem embargo da manutenção de poderes de disposição (*rectius*, da faculdade de cessão) do direito de crédito. Na verdade, a possibilidade de cumprimento deste dever tem como correspectivo a atribuição ao credor pignoratício das faculdades que antes se encontravam na titularidade exclusiva do *solvens* e que após a constituição do penhor foram investidas no credor pignoratício. Neste sentido, cf. ARANDA RODRÍGUEZ, *La prenda de créditos*, p. 128.

[18] No plano do direito comparado constata-se que é comum a opção legal pela supletividade do pacto anticrético, estando previsto, por exemplo, no código civil italiano – artigo 2802 – e no código civil francês – artigo 2081. Acerca da questão cf. GORLA/ZANELLI, *ob. cit.*, pp. 156 e 157 e DOMINIQUE LEGEAIS, *Sûretés et garanties du crédit*, p. 230. Apesar de não existir regime legal para o penhor de créditos, no direito espanhol, ARANDA RODRÍGUEZ, *ob. cit., loc. cit.*, defende a mesma solução de imputação dos juros ao cumprimento das obrigações que integrem o direito de crédito.

ou cumprimento da sua dívida mediante a atribuição antecipada de rendimentos produzidos por créditos frugíferos, na medida em que o seu valor seja claramente determinável[19].

Acresce que a atribuição de tal poder funcional representa, *summo rigore*, que o credor pignoratício não dispõe apenas de poderes creditícios[20] em relação ao crédito empenhado, mas que se encontra também investido de poderes de gozo[21] (ainda que limitados) sobre esse mesmo crédito, de forma excludente dos poderes do seu titular.

Embora o credor pignoratício tenha a responsabilidade pela conservação e administração do crédito – sendo-lhe, por esse motivo, imputados, nos termos da alínea a) do artigo 671º (aplicável *ex vi* do artigo 679º), os danos para o *solvens* decorrentes da extinção ou modificação desse crédito –, julgamos que intervêm aqui as mesmas razões que justificam que no penhor de coisas caiba a este último suportar, nos termos da alínea b) do artigo 670º, os custos necessários e úteis incorridos no exercício da administração do direito. Assim, a posição jurídica do credor pignoratício integra igualmente, do ponto de vista das situações activas, a faculdade de ressarcimento pelas despesas resultantes do cumprimento dos referidos poderes funcionais.

O credor pignoratício fica igualmente sujeito a deveres respeitantes ao cumprimento da obrigação pelo devedor do crédito empenhado como seja a quitação do cumprimento ou a restituição do título da obrigação quando o credor pignoratício o tenha recebido do titular do direito empenhado, nos termos do artigo 682º.

Também por virtude da natureza do direito de crédito afecto em garantia, o credor pignoratício passa a partilhar com o empenhador o risco da impossibilidade de cumprimento, da mora no cumprimento e da falta de cumprimento respeitantes ao crédito afecto em garantia.

---

[19] Acerca do pacto comissório, da *ratio* da sua previsão, da sua valoração no contexto das garantias e da possibilidade de superação das limitações do pacto comissório através do pacto marciano, cf., em especial, NICOLA CIPRIANI, *Patto commissorio e patto marciano*, Edizioni Scientifiche Italiane, Nápoles, 2000, pp. 167; a propósito da aplicação do pacto comissório a figuras especiais, em particular ao penhor de créditos, cf. ANGELO LUMINOSO, *Alla ricerca degli arcani confini del patto commissorio*, in "Rivista di Diritto Civile", Ano XXXVI, nº 2, pp. 219 a 242, 1990pp. 235 e ss.

[20] Adere-se aqui à classificação de poderes jurídicos que integram os direitos subjectivos proposta por PAIS DE VASCONCELOS, segundo o qual «*os poderes creditícios traduzem-se na possibilidade de exigir licitamente de outrem uma certa conduta, activa (acção) ou passiva (omissão).*» – *Teoria geral do direito civil*, p. 637.

[21] De acordo com a mesma classificação, «*os poderes de gozo traduzem-se na disponibilidade do uso e da fruição de certo bem. O uso é a utilização da coisa, isto é, o aproveitamento da sua utilidade com vista a certo fim; a fruição é a apropriação (percepção) dos seus frutos. O uso e a fruição compõem o gozo.*» – cf. *idem, ibidem*, p. 636. Na situação em apreço, os poderes de gozo do credor pignoratícios são, como se refere, limitados, integrando apenas a fruição.

O principal poder creditício do credor pignoratício nesta fase é exercível quando se verifique uma situação de extinção do crédito empenhado ou de insuficiência deste crédito para garantia do montante da dívida do *solvens*. Em qualquer destes casos, o credor pignoratício, à semelhança do credor hipotecário (ou do credor pignoratício de coisas), dispõe da possibilidade de exigir que o *solvens* adopte uma das seguintes medidas: *(i)* substituição do crédito empenhado; *(ii)* reforço do penhor ou *(iii)* realização do pagamento antecipado da dívida garantida[22].

Para além do aludido poder creditício, com a notificação do penhor de créditos ao respectivo devedor[23] o credor pignoratício passa a dispor de um dos principais poderes que integram o núcleo de elementos activos da sua posição jurídica: o *ius prelationis*. O direito de satisfação preferencial do crédito do beneficiário da garantia estabelecido no artigo 666º passa a operar com a notificação do devedor, podendo, nomeadamente, assumir relevo para efeitos de determinação da prioridade do penhor no confronto com outros penhores que tenham sido constituídos sobre o mesmo objecto.

No caso de concurso de pretensões pignoratícias, o número 3 do artigo 685º tutela a posição do primeiro credor através do reconhecimento da prioridade do seu direito perante os direitos dos subsequentes credores pignoratícios, consagrando, desta forma, uma das principais dimensões da eficácia do penhor nas relações externas, reveladora da oponibilidade do mesmo face a terceiros.

Assim, embora as situações de complexidade subjectiva pignoratícia aumentem o feixe de pretensões creditícias que incidem sobre o crédito empenhado, essas pretensões estruturam-se de forma subordinada com base num critério temporal respeitante ao momento da notificação ao (ou aceitação pelo) devedor. Apenas o credor pignoratício cujo direito haja sido primeiro notificado pode e deve exercer os direitos e obrigações que integram a posição jurídica pignoratícia na relação com o devedor, estando o exercício do direito dos demais credores pignoratícios condicionado à existência do penhor preferente[24].

De acordo com a primeira parte do número 3 do artigo 685º, a legitimidade para a cobrança do crédito empenhado é atribuída em exclusivo ao credor pignoratício preferente. Consequentemente, se apenas este pode cobrar, apenas este

---

[22] Nos termos da alínea c) do artigo 670º aplicável por remissão do artigo 679º.

[23] Estamos a considerar a hipótese de uma operação pignoratícia triangular em que a reserva do objecto de satisfação é realizada através da afectação de um crédito do *solvens* sobre um terceiro devedor.

[24] A lei não distingue (e bem) o conteúdo do penhor em função da prioridade creditícia que lhe é atribuída, pelo que as posições jurídicas dos credores pignoratícios sucessivos são idênticas. O que existe é uma contracção do âmbito de actuação por efeito da prevalência de um direito anterior, cuja extinção legitima a expansão do direito do credor pignoratício subsequente que passa então a exercer a sua posição jurídica de credor pignoratício preferente.

pode exercer os poderes de gozo permitidos pelo penhor de créditos, ou seja, apenas este dispõe da faculdade de satisfazer o seu crédito através da imputação dos juros ao cumprimento da obrigação garantida[25].

Mais debatível é a questão de saber se apenas o credor pignoratício preferente está sujeito ao dever de conservação jurídica do crédito. Imagine-se o caso em que um credor pignoratício de segundo grau tem conhecimento e dispõe dos meios para interromper o decurso do prazo prescricional do direito empenhado. Neste tipo de situações e sem prejuízo do dever de administração do crédito que está a cargo do credor pignoratício preferente entendemos que os fins visados pela norma do artigo 683º conjugados com os da norma da segunda parte do número 3 do artigo 685º justificam a imposição a cada um dos credores pignoratícios do dever de conservação do crédito empenhado. Desta forma, consegue-se proteger o interesse do *solvens* de que cada oneração do seu crédito não redunde numa perda patrimonial, mas também o interesse dos diversos credores pignoratícios aos quais é reconhecida a faculdade de interpelação do terceiro devedor para o cumprimento, tendo em vista a consolidação da garantia sobre o objecto do crédito.

3.3. A fase intermédia

Na segunda fase, ou seja, durante a fase compreendida entre o vencimento do crédito empenhado e o vencimento do crédito garantido, o principal poder funcional a que o credor pignoratício está sujeito respeita à cobrança do crédito empenhado: trata-se do *ius exigendi*[26]. Assim, após o vencimento da prestação dada em

[25] Em rigor, o credor pignoratício preferente apenas tem a faculdade de se apropriar dos juros do crédito empenhado, imputando-os à satisfação do seu crédito na medida do necessário para a realização desse crédito. Assim, a graduação preferencial das posições jurídicas pignoratícias deve permitir que o credor pignoratício subsequente passe a dispor de idênticas faculdades (mas também fique sujeito a idênticos deveres) a partir do momento em que seja satisfeito o interesse do credor preferente.

[26] Francesco Galgano qualifica o *ius exigendi* como «*una facoltà corrispondente ad un mandato a riscuotere il credito del proprio debitore*» – cf. *Diritto civile e commerciale*, Vol. II, Tomo II, 3ª edição, CEDAM, Pádova, 1999, p. 446. Ainda que a aproximação deste poder creditício ao mandato seja ilustrativa, não nos parece que, do ponto de vista técnico-jurídico, a situação pignoratícia creditória possa ser considerada como um negócio misto que integre um mandato de cobrança. A nosso ver, a atribuição daquele poder creditício decorre da constituição de um direito limitado que integra poderes de que tipicamente apenas dispõe o seu titular, mas que, por efeito de uma atribuição patrimonial garantística, confere ao credor pignoratício uma permissão de aproveitamento limitado da utilidade prestacional. A constituição do penhor de créditos cria uma situação de concorrência de pretensões creditícias, em que o credor pignoratício, embora não detenha a titularidade do direito, adquire um conjunto de faculdades pertencentes à esfera do direito de crédito afecto em garantia. Adoptando uma posição idêntica quanto ao conteúdo do direito do credor pignoratício, cf. Aranda Rodríguez, *La prenda de créditos*, pp. 126 e ss., em particular, p. 148.

garantia o credor pignoratício deve exigir que o devedor realize a prestação a que se encontra adstrito (artigo 685º, nº 1)[27].

A cobrança do crédito empenhado constitui, em bom rigor, um dever e um direito, pois só o credor pignoratício é que pode cobrar o crédito, estando obrigado a fazê-lo como corolário da aplicação do dever de administração do crédito empenhado a que já nos referimos. Acresce ainda que a cobrança do crédito empenhado constitui a forma mais eficaz de conservação da garantia pignoratícia porque permite passar a exercer o controlo possessório sobre o objecto desse crédito, alcançando, desse modo, a manutenção da garantia. É o que se designa de *sub-rogação real*[28].

Antes de avançarmos, importa, todavia, distinguir, neste âmbito, dois tipos de direitos de crédito: por um lado, os direitos de crédito cujo objecto consista numa prestação pecuniária ou na prestação de uma outra coisa fungível[29], e, por outro lado, os direitos de crédito respeitantes a outras prestações de coisa móvel.

Em ambos os casos competirá ao credor pignoratício exigir a realização da prestação, tendo em vista observar o dever de administração (incluindo cobrança) do crédito a que se encontra adstrito. Também em ambos os casos a realização da

---

[27] Nas situações pignoratícias subjectivamente complexas, como vimos, o *ius exigendi* é susceptível de exercício cumulativo pelos diferentes credores pignoratícios, se bem que de forma limitada no que se refere aos credores de grau inferior. Enquanto o credor pignoratício preferente pode exigir e cobrar a prestação afecta em garantia, os remanescentes apenas podem exigir o cumprimento perante aquele credor preferente. Este regime vem ainda modificar o modo de liberação do terceiro devedor, o qual apenas consegue extinguir a sua obrigação na medida em que efectue a prestação ao credor pignoratício preferente (sem prejuízo dos casos de cumprimento cumulativo perante o *solvens*). Trata-se afinal de um dos casos enquadráveis na alínea f) do artigo 770º.

[28] Adoptando a classificação proposta por OLIVEIRA ASCENSÃO, a situação em análise consubstancia uma *sub-rogação especial* pois refere-se à subsistência do direito independentemente das variações materiais ou vicissitudes jurídicas que atinjam o respectivo objecto – cf. *Direitos civil. Reais*, 5ª edição, Coimbra Editora, Coimbra, 1993, pp. 633 e 634. A *sub-rogação real* constitui um exemplo típico da inseparabilidade do direito e da coisa, sendo habitual a referência ao fenómeno previsto no número 1 do artigo 692º quanto à incidência da hipoteca sobre o direito a indemnização pelo exaurimento ou perda de valor da coisa hipotecada – cf. *idem, ibidem*. Neste caso da hipoteca que é igualmente aplicável ao penhor de coisas *ex vi* do artigo 678º, a *sub-rogação real* opera apenas no sentido de assegurar a prevalência e o grau de prioridade do direito real anterior, pois, *summo rigore*, deixa de poder existir um direito real em virtude do perecimento da coisa e da natureza creditícia do objecto. No que concerne o penhor de créditos, a *sub-rogação real* produz precisamente o efeito inverso por efeito da materialização do objecto prestacional, constituindo, assim, um direito real. Em qualquer dos casos, o efeito jurídico salvaguardado pela norma consiste na manutenção da preferência creditória conferida pelo direito anterior, cuja modificação se fica a dever a um facto externo e imanente à natureza do objecto afecto em garantia: quanto às coisas, o seu perecimento material; quanto aos direitos de créditos, o cumprimento do programa prestacional.

[29] Por exemplo, a entrega de valores mobiliários que, nos termos do artigo 45º do Código dos Valores Mobiliários, integrem uma mesma categoria.

prestação conduz à conversão do penhor de créditos em penhor de coisas para salvaguarda da garantia patrimonial atribuída ao credor pignoratício, relevando a aplicabilidade do princípio da sequela da garantia. Por efeito desse fenómeno de sub-rogação real, o penhor de créditos convola-se, no primeiro caso, em penhor irregular e, no segundo caso, em penhor de coisa.

Mas apenas no segundo caso é atribuída ao credor pignoratício a posse do objecto prestacional, como é, aliás, característico do penhor de coisa, cuja constituição pressupõe o desapossamento. Como explica VAZ SERRA «(...) *a cobrança, quando o crédito não tem por objecto dinheiro ou outras coisas fungíveis, sendo favorável aos interesses do credor pignoratício, não prejudica o empenhador, visto ser de presumir que aquele também teria a coisa em seu poder se o penhor tivesse logo sido constituído sobre ela»*[30].

No caso da prestação de uma quantia pecuniária ou de um outro objecto fungível intervêm já considerações de tutela do interesse do *solvens* perante a susceptibilidade de indiferenciação do bem fungível no património do credor pignoratício. Acompanhando mais uma vez VAZ SERRA, «*quando o objecto da prestação é dinheiro ou outras coisas fungíveis, afigura-se que, ainda nesse caso, deve reconhecer-se ao credor pignoratício o direito e impor-se-lhe a obrigação da cobrança (...): mas, como esse credor pode dissipar o dinheiro ou as outras coisas fungíveis podem desaparecer ou confundir-se tudo no seu património, há que acautelar os interesses do empenhador»*[31].

Numa situação de cumprimento da obrigação afecta em garantia, opera a *sub-rogação legal especial* (*res succedit in locum nominis*), pelo que o penhor passa a incidir sobre a coisa prestada, havendo uma conversão legal do negócio, atributiva da posição jurídica de credor pignoratício de coisa móvel. Cumpre observar a este respeito que a *sub-rogação real* constitui uma característica típica dos direitos reais, decorrente da inerência do direito real enquanto afectação funcional de uma coisa à satisfação dos interesses de um sujeito. Ora, sendo o objecto do penhor de créditos precisamente o direito a uma prestação, esta característica é, por si só, reveladora de mais uma proximidade que a figura apresenta com o penhor de coisas no que respeita ao seu modo operativo típico[32].

Enfim, importa ainda considerar que o *ius exigendi* funciona igualmente em caso de incumprimento do programa prestacional[33]. O credor pignoratício pode e deve, enquanto responsável pela administração do crédito empenhado, fazer uso da competente acção declarativa ou executiva para cobrança do crédito junto do terceiro devedor.

---

[30] Cf. *Penhor de direitos*, p. 214.

[31] Cf. *Penhor de direitos*, p. 215.

[32] Cf. nota 28 *supra*.

[33] No mesmo sentido, vide GORLA/ZANELLI, *Pegno. Ipoteche*, p. 158, que constatam ainda a existência de similitude entre a atribuição dos meios restitutórios da posse no penhor de coisas e a legitimidade declarativa e executiva do credor pignoratício na cobrança do crédito afecto em penhor.

3.4. A fase de incumprimento do devedor

Na última fase em análise – a fase de incumprimento do devedor – o credor pignoratício passa a dispor ainda do direito ao produto da venda do crédito após o vencimento da obrigação garantida. Torna-se, portanto, exercível o *ius distrahendi* ou *ius vendendi*. O *ius distrahendi* constitui uma das principais faculdades da garantia pignoratícia pois intervém na fase de execução da garantia, em que esta cumpre a finalidade axial da sua constituição e que consiste na satisfação do crédito garantido.

O modo de exercício do *ius distrahendi* pode, ainda assim, ser diferenciado por efeito de vicissitudes entretanto ocorridas na *relação de segurança* ou na *relação de garantia*. Interessa, por esse motivo, distinguir os efeitos consoante o crédito empenhado tenha sido satisfeito ou não pelo terceiro devedor e, no caso em que tenha sido satisfeito, consoante a *sub-rogação real* decorrente desse cumprimento tenha conduzido à constituição de um penhor de coisas ou de um penhor irregular.

Se o vencimento do crédito empenhado apenas tem lugar após o vencimento do crédito garantido, o *ius distrahendi* apenas poderá ser exercido sobre o crédito afecto em garantia, uma vez que o benefício do prazo corra pelo terceiro devedor. Neste tipo de hipóteses, o credor pignoratício poderá (nos termos do artigo 675º aplicável *ex vi* do artigo 679º) dispor de três alternativas para realizar o valor do crédito garantido: *(i)* promover a venda executiva do direito de crédito através da propositura da competente acção executiva; *(ii)* realizar a venda extraprocessual do direito de crédito, no caso de as partes da *relação de base ou creditória* terem previsto essa faculdade; ou *(iii)* igualmente no caso de convenção das partes daquela relação, receber o crédito empenhado pelo valor que seja fixado pelo tribunal.

Quando o vencimento do crédito garantido apenas tenha ocorrido em momento posterior ao vencimento do crédito empenhado, o penhor de créditos transformou-se já em penhor de coisas em resultado do fenómeno da *sub-rogação real* a que aludimos anteriormente. Neste caso, convém distinguir as sub-hipóteses em que o processo metamórfico tenha conduzido à convolação em penhor de coisas ou em penhor irregular. Na primeira sub-hipótese, as faculdades alternativas do credor pignoratício correspondem às indicadas na hipótese anterior com a diferença que a venda executiva ou extraprocessual ou a adjudicação tem por objecto a coisa corpórea que passou a constituir objecto de satisfação preferencial (artigo 675º).

É em relação à segunda sub-hipótese, sobretudo quando se trate de quantia pecuniária, que se colocam as principais indagações. Tratando-se de um penhor de dinheiro deverá (ou poderá sequer) haver lugar a venda processual ou extraprocessual do mesmo? A venda processual destina-se a tornar líquido, isto é, consubstanciar em numerário, uma coisa ou um direito para permitir, com o produto dessa venda, efectuar a prestação devida pelo devedor. No penhor de dinheiro, o próprio objecto do penhor já dispõe da liquidez e *ultrafungibilidade* que permite a satisfação do interesse do credor sem necessidade de intermediação de um processo de alienação[34], pelo que o recurso ao *ius distrahendi* se apresenta inadequado.

Nesta matéria, intervém, porém, a tutela do devedor face a comportamentos usurários do credor por via da proibição do pacto comissório (artigo 694º), aplicável ao penhor de coisas *ex vi* do artigo 678º e ao penhor de créditos *ex vi* do artigo 679º. A proibição do pacto comissório e a cominação da nulidade da respectiva estipulação visa essencialmente sancionar o aproveitamento da situação de especial necessidade económica em que o devedor provavelmente se encontrará ao tempo da constituição da obrigação e da atribuição da garantia[35].

Todavia, quando o objecto do penhor consiste em dinheiro desvanecem-se as razões que obstariam à apropriação do objecto do penhor pela possibilidade de exacta coincidência valorativa entre o objecto do penhor e a *res debita*[36]. O credor pignoratício poderá, assim, a nosso ver, apropriar-se legitimamente da quantia

---

[34] Segundo VÍTOR NEVES, «*o dinheiro, ao contrário do que se passa com a generalidade dos demais bens, não proporciona ao seu titular qualquer utilidade directa. Ao invés, (...) aquele revela-se como um mero bem de mediação, destinado a servir ao seu titular como meio especialmente vocacionado para a obtenção (aquisição) de outros bens que lhe possibilitem, esses sim, a satisfação das suas necessidades.*» – *A protecção do proprietário desapossado de dinheiro*, in ASSUNÇÃO CRISTAS / MARIANA FRANÇA GOUVEIA / VÍTOR NEVES, "Transmissão da propriedade e contrato", Almedina, Coimbra, 2001, pp. 147 a 149. Assim, a liquidação da coisa móvel que constitua objecto do penhor constituirá o modo de o titular do direito de crédito aceder a um *instrumento geral de troca* que representa a *bitola de valor dos bens* – cf. MENEZES CORDEIRO, *Direito bancário*, Almedina, Coimbra, 1998, p. 49 – e de assim satisfazer o seu interesse creditício.

[35] Cf. ANTUNES VARELA, *Das obrigações em geral*, II, p. 555. Para uma análise dos diversos fundamentos do pacto comissório, cf., por todos, NICOLA CIPRIANI, *Patto commissorio e patto marciano*, pp. 167. Uma justificação da proibição do pacto comissório com base na proibição do enriquecimento injustificado pode ser encontrada em ROCA TRÍAS, *Rasgos básicos de la regulación española en materia de negocios de garantia*, in "Tratado de Garantias en la Contratación Mercantil", Tomo I, Parte general y garantias personales, Civitas, Madrid, 1996, pp. 156 e ss., em especial, 161.

[36] Favorável a este entendimento cf. VÍTOR NEVES, *A afectação de receitas futuras em garantia*, p. 180, de acordo com o qual quando exista «*uma indissociável ligação entre o bem objecto da garantia constituída (dinheiro ou créditos pecuniários) e o seu valor, em termos tais que um e outro são absolutamente equivalentes sem que seja viável qualquer tentativa de distinção, resulta em absoluto prejudicada qualquer necessidade de acautelar que o direito a um não se transforme no direito ao outro. Ambos coincidem.*». Do mesmo modo, no direito comparado verifica-se a aceitação da apropriação do dinheiro sobre o qual recai o penhor irregular. Assim, no direito espanhol, CRUZ MORENO, *La prenda irregular*, Centro de Estudios Registrales, Madrid, 1995, p. 160, afirma que «*en la prenda irregular se assegura una perfecta concordancia entre el valor del crédito garantizado y el efectivo incremento del patrimonio del acreedor con cargo a la garantía, una vez que ésta se ejecuta. Por ello queda situada fuera de los límites de la prohibición que se trazaron mediante la averiguación de su ratio*». Do mesmo modo, DOMINIQUE LEGEAIS, *Sûretés et garanties du crédit*, p. 216, sustenta a validade da satisfação do interesse do credor através da *datio in solutum*.

pecuniária empenhada até ao exacto montante necessário para a realização do valor do capital e dos juros respeitantes à prestação garantida, devendo restituir o *tantundem* ao devedor.

Conforme analisámos noutro âmbito, a admissibilidade da apropriação do objecto garantístico passou mesmo a beneficiar de previsão legal com o Decreto--Lei nº 105/2004, de 8 de Maio, que procedeu à transposição para o direito interno da Directiva nº 98/26/CE, do Parlamento Europeu e do Conselho, de 19 de Maio, relativa ao carácter definitivo da liquidação nos sistemas de pagamento e liquidação de valores mobiliários.

Para além dos casos de penhor irregular já aludidos, o artigo 11º desse diploma, permite que em relação ao *penhor financeiro* que tenha por objecto instrumentos financeiros – isto é, *«valores mobiliários, instrumentos do mercado monetário e créditos ou direitos relativos a quaisquer instrumentos financeiros referidos»* (artigo 5º, alínea a) do referido diploma) –, o beneficiário da garantia possa fazer seus os instrumentos financeiros dados em garantia desde que tenha havido acordo pelas partes quanto ao exercício dessa faculdade e quanto à avaliação daquele objecto (artigo 11º, nº 1 do Decreto-Lei nº 105, 2004, de 8 de Maio).

Atendendo à definição de instrumentos financeiros apresentada, esta norma viabiliza inclusive a apropriação de direitos de crédito que o beneficiário da garantia detenha, desde que relativos a instrumentos financeiros (*v.g.* o direito ao recebimento do juro de determinada obrigação), o que pode permitir a admissibilidade da apropriação do crédito quando tenha por objecto uma coisa móvel fungível[37].

Em todo o caso, não deixou de se salvaguardar o direito do prestador do *penhor financeiro* ao *tantundem*, o que representa, em última análise, a consagração legal da validade do *pacto marciano* neste tipo de situações[38].

4. A posição jurídica do credor-empenhador
4.1. Considerações gerais
Numa estrutura pignoratícia triangular, o *solvens* intervém na *relação de base ou creditória* e na *relação de segurança ou debitória*, assumindo, nesse âmbito, um conjunto

---

A mesma posição é assumida no direito italiano por GORLA/ZANELLI, *Pegno. Ipoteche*, pp. 42 e 43 e por NICOLA CIPRIANI, *Patto commissorio e patto marciano*, pp. 92 e ss..

[37] A título preliminar, parece-nos que essa extensão da faculdade de apropriação só será aceitável em situações em que intervenham considerações especiais de protecção como as que subjazem ao regime deste decreto-lei. Parece-nos que a brecha que este diploma poderá ter criado no regime de direito civil é meramente aparente pois a *ratio* destas disposições consiste na protecção do mercado financeiro e dos investidores em relação a operações de liquidação das transacções realizadas nesse mercado, conforme se pode confirmar logo pelo primeiro parágrafo do preâmbulo do diploma.

[38] Acerca do pacto marciano e da sua justificação, cf. JANUÁRIO COSTA GOMES, *Assunção fidejussória de dívida*, p. 95, e NICOLA CIPRIANI, *Patto commissorio e patto marciano*, pp. 11 e ss. e 97 e ss..

ESTUDOS EM HOMENAGEM A MIGUEL GALVÃO TELES

de direitos e obrigações que apresentam igualmente relevo, embora de forma diferenciada, na economia da figura em apreço.

Ainda que as vicissitudes ocorridas na *relação de base* sejam susceptíveis de produzir efeitos jurídicos capazes de afectar as demais relações da operação pignoratícia (em especial, o incumprimento da obrigação inicial), mercê do fenómeno da interdependência acima aludido, a posição jurídica assumida pelo *solvens* nessa relação não apresenta particular relevo para a análise do penhor de créditos, dado que pode corresponder a qualquer tipo de vínculo obrigacional susceptível de beneficiar da tutela de uma garantia.

Pelo contrário, no plano da *relação de segurança ou debitória*, as faculdades e os deveres que possam ser exercidos pelo *solvens* apresentam especial importância. Na medida em que o penhor recaia sobre um crédito do *solvens* em relação a um seu devedor, a conduta que aquele assume nessa relação pode conservar ou fazer perigar a garantia creditícia, o que, obviamente, interessa ao credor pignoratício. Desta forma, o aspecto primordial que cumpre indagar acerca da posição jurídica do *solvens*, enquanto empenhador, respeita à eventual existência de uma obrigação de conservação ou, pelo menos, de abstenção da prática de actos atentatórios da manutenção do crédito empenhado enquanto a garantia subsista.

4.2. Direitos e deveres do *solvens*

Cumpre começar por notar que apesar da constituição do penhor, o credor-empenhador continua a ser titular do crédito empenhado, o qual integra o seu acervo patrimonial. Por este motivo, não pode deixar de se reconhecer que o credor-empenhador mantém poderes de disposição sobre o objecto afecto em garantia, podendo, nomeadamente, proceder à alienação (*rectius*, cessão) do direito de crédito empenhado, definindo os termos e condições em que essa alienação pode ocorrer.

A aplicação subsidiária, em primeira instância, das disposições do penhor de coisas que não sejam desconformes à natureza do penhor de créditos, e, em segunda instância, das disposições da hipoteca, conduz à conclusão de que o titular de um crédito empenhado não está impedido de transmitir esse crédito (cf. artigo 695º, aplicável *ex vi* do artigo 678º, o qual, por sua vez, se aplica ao penhor de créditos por efeito do disposto no artigo 679º).

Com efeito, embora o credor pignoratício passe a dispor do leque alargado de poderes jurídicos que analisámos, a causa ou função garantística (e não translativa) que é prosseguida com a constituição do penhor tem por efeito a manutenção do *solvens* como titular do direito de crédito e, por conseguinte, da faculdade de disposição daquele direito em termos exclusivos[39]. Nesta medida, a resposta

---

[39] A este propósito é interessante referir que no direito inglês o penhor pressupõe a atribuição ao credor pignoratício de uma "propriedade especial" que integra exclusivamente a posse do

quanto à admissibilidade da transmissão do direito de crédito empenhado deve ser afirmativa.

Contudo, a admissibilidade dessa transmissão não pode conduzir a que o credor pignoratício seja despojado da garantia do seu crédito. Deve entender-se que a cessão do crédito afecto em penhor limita-se a produzir uma modificação subjectiva em relação a esse crédito, não tendo impacto no conteúdo desse direito que se mantém inalterado. Assim, se o credor pignoratício dispunha das faculdades de administração, conservação e fruição do crédito, a prevalência do direito pignoratício que, como vimos, é oponível a terceiros credores pignoratícios, é, por identidade de razões, igualmente oponível ao novo titular do crédito. À luz do princípio *nemo pluris iuris in alienum transferre potest quam ipse habet*, o cessionário fica sujeito às limitações do direito que o anterior titular tenha constituído, nomeadamente o penhor do crédito[40][41].

O exposto aponta no sentido da possibilidade de sequela no penhor de créditos, mantendo-se o gravame sobre o direito e a posição jurídica do respectivo credor pignoratício, enquanto titular de uma pretensão creditícia de garantia sobre o direito de crédito, apesar da variação subjectiva ocorrida. A eficácia dessa faculdade depende, porém, da publicidade que constitui o meio para assegurar a sequela e a prevalência nos direitos reais.

Como se sabe, a publicidade quanto à constituição do penhor de créditos decorre da notificação ao devedor que passa, então, a conhecer a existência de uma situação creditícia concorrente relativa à *res debita*. Ora, ocorrendo a cessão do crédito afecto em penhor e *"malgré"* a ausência de um registo centralizado de direitos de crédito, julgamos que existe um dever de publicitação da situação jurídica pignoratícia pelo cedente (empenhador), ao abrigo do princípio da boa-fé na execução dos contratos decorrente do n.º 2 do artigo 762.º[42].

---

bem empenhado e o poder de proceder à sua venda em caso de incumprimento pelo devedor. A propriedade "geral" sobre os bens empenhados permanece na esfera jurídica do empenhador. Acerca do *modus operandi* do penhor no direito inglês, cf. GUEST, *Chitty on Contracts*, vol. II, Specific Contracts, "The common law library", Sweet & Maxwell, Londres, 1989, pp. 166 e ss.

[40] Não obstante o exposto, o credor pignoratício tem ainda a faculdade de estabelecer no contrato de penhor que a alienação do direito de crédito afecto em garantia produz o vencimento antecipado do seu crédito sobre o empenhador, passando, dessa forma, a poder exercer o *ius distrahendi* em relação a esse crédito.

[41] Um outro argumento igualmente favorável à manutenção do penhor de créditos respeita à admissibilidade da constituição desse penhor por um terceiro, mediante a afectação de um seu direito a receber uma determinada prestação de terceiro.

[42] Ao abrigo do princípio da boa fé na execução do contrato, o *solvens* encontra-se adstrito não só ao dever de informação, mas também a outros deveres acessórios na medida em que o conhecimento do credor pignoratício não permita a satisfação desses interesses no exercício do poder funcional de administração e conservação jurídica do crédito. Esses deveres acessórios destinam-se,

Esse dever reveste, aliás, duas dimensões: numa vertente, o empenhador, enquanto sujeito do negócio constitutivo do penhor, tem o dever de não actuar em detrimento da posição jurídica do credor pignoratício em benefício do qual constituiu a garantia, o que envolve, nomeadamente, a comunicação a terceiros com os quais celebre negócios relativos ao crédito afecto em garantia[43]; noutra vertente, o cedente, enquanto transmitente de um direito de crédito, está sujeito a deveres informativos na formação do contrato para permitir esclarecer as limitações a que se encontra sujeito o direito a transmitir[44].

Mais. Por identidade de razões, a tutela atribuída pelo Direito para assegurar a eficácia da garantia constituída não pode permitir que a cessão possa operar a extinção do crédito empenhado. Imagine-se o caso em que o credor-empenhador cede o crédito afecto em garantia a um terceiro que, por sua vez, é devedor de um crédito de idêntico montante ao devedor do crédito empenhado. Poderá o terceiro declarar a compensação entre os dois créditos? A resposta deve ser claramente negativa. O devedor apenas pode opor ao credor pignoratício os meios de defesa de que dispunha antes da notificação relativa à constituição do penhor. A compensabilidade creditícia encontra-se excluída em virtude de o seu exercício ser susceptível de causar prejuízo para direitos de terceiro previamente constituídos, pelo que se os pressupostos da compensação não se verificavam e esta não foi exercida até à data da *denuntiatio* deixa de poder operar os seus efeitos.

---

designadamente, a evitar a extinção do crédito, a informar o credor pignoratício do prazo em que se produz a extinção do crédito ou a provocar a interrupção da prescrição do crédito.

[43] Entendemos com CARNEIRO DA FRADA que «*o contrato represent[a] um importantíssimo Tatbestand de confiança: para além de acto de autonomia privada criador de normas de comportamento que se impõem às partes, ele configura indiscutivelmente um elemento de confiança e de estabilização de expectativas.*» – *Teoria da confiança e responsabilidade civil*, Almedina, Coimbra, 2004, p. 666. Para protecção dessa confiança, a boa fé ética impõe que na execução de um contrato sejam observados deveres acessórios de lealdade e cuidado para evitar a lesão da posição jurídica alheia, tendo em vista a cabal satisfação dos interesses presentes numa situação jurídica obrigacional. No caso específico do penhor de créditos, a faculdade de cessão do crédito empenhado não pode constituir uma forma de lesão da posição do credor pignoratício, por ser contrário ao princípio da boa fé que o devedor beneficie das vantagens inerentes à obtenção de determinado crédito para o qual constituiu uma garantia e subsequentemente adopte uma conduta destinada a fazer perigar a manutenção dessa garantia. Sobre os deveres acessórios, cf., para além da obra citada, CARNEIRO DA FRADA, *Contrato e deveres de protecção*, Separata do volume XXXVIII do Suplemento ao Boletim da Faculdade de Direito da Universidade de Coimbra, Coimbra, 1994, pp. 55 e ss. e 155 e ss., MENEZES CORDEIRO, *Da boa fé no direito civil*, pp. 603 e ss. e *Tratado de Direito Civil Português*, I, pp. 233 e ss. MENEZES LEITÃO, *Direito das obrigações*, I, pp. 121 a 124 e RUI DE ALARCÃO, *Direito das obrigações*, Coimbra, 1983, pp. 56 e 57.

[44] De acordo com CARNEIRO DA FRADA, «*o dever de informação pré-contratual favorece uma esclarecida e consciente formação da vontade de contratar daquele que estava carenciado de elucidação.*» – *Teoria da confiança e responsabilidade civil*, p. 486.

Para finalizar, refira-se ainda, no que concerne os elementos activos da posição do *solvens* na *relação de segurança ou debitória*, que apesar dos poderes funcionais atribuídos ao credor pignoratício já salientados, o credor originário não cessa o seu interesse na realização da prestação, tendo o direito legítimo de exercer os poderes creditícios e potestativos que integram a sua posição jurídica face ao devedor, no limite da não intervenção na esfera do credor pignoratício, face à situação concorrencial de pretensões em que se encontram ambos os credores em relação ao devedor do crédito afecto em garantia.

5. A posição jurídica do terceiro devedor

No contexto da situação jurídica pignoratícia, a relevância da posição do terceiro devedor respeita essencialmente a elementos negativos, *maxime*, à *res debita*. Previamente à constituição do penhor, o terceiro devedor encontra-se adstrito, por efeito de um negócio jurídico realizado com o *solvens*, a efectuar a este uma determinada prestação de coisa móvel. Com a *denuntiato*, passa a haver uma concorrência de pretensões na realização da prestação que altera, desde logo, as regras relativas ao destinatário do cumprimento[45].

Em princípio, a *res debita* deverá ser entregue pelo terceiro devedor ao credor pignoratício, com a inerente eficácia liberatória resultante da realização da obrigação, a qual deve ser atestada pelo credor pignoratício mediante a entrega da correspondente quitação. Só assim não será quando a *res debita* consista em dinheiro ou numa outra coisa fungível; nestes casos, o efeito liberatório do cumprimento é, em princípio, alcançado pela realização da prestação a ambos os credores (o credor inicial e o credor pignoratício), constituindo-se, dessa forma, uma situação de composse sobre o objecto prestado. Alternativamente, se a prestação não puder ser realizada a ambos os credores, o devedor dispõe ainda da possibilidade de cumprir a sua obrigação mediante a consignação em depósito da *res debita* (artigo 685º, nº 2).

Para além da modificação que o penhor de créditos gera no modo de cumprimento, o terceiro devedor passa ainda a estar vinculado a uma nova obrigação, desta feita, de carácter informativo. No ponto anterior, fizemos já notar que o *solvens* fica sujeito a deveres acessórios de informação e esclarecimento de terceiros, no contexto da realização do programa pignoratício. Porém, numa operação triangular de constituição do penhor de créditos, o devedor não intervém em qualquer dos negócios subjacentes a esse penhor, donde resulta que, por essa via, não poderá estar sujeito à observância de deveres de informação específicos.

---

[45] Note-se a este propósito que o devedor não só não assume a posição de garante da obrigação do *solvens*, como se encontra responsável pelo cumprimento de uma obrigação própria e não de uma obrigação alheia, como sucede, por exemplo, na fiança.

Em sentido diverso estatui, contudo, o número 2 do artigo 856º do Código de Processo Civil. Essa norma determina que, em sede de acção executiva que compreenda um penhor de créditos, «*cumpre ao devedor declarar se o crédito existe, quais as garantias que o acompanham, em que data se vence e quaisquer outras circunstâncias que possam interessar à execução*».

Esta obrigação declarativa no âmbito processual revela a existência de deveres de comunicação a cargo do terceiro devedor quando existam situações de potencial conflito de direitos de terceiro que recaiam sobre o crédito a cuja satisfação se encontra obrigado. Como vimos, o penhor do direito de crédito atribui ao credor pignoratício um direito de preferência na satisfação do crédito garantido com o produto do crédito empenhado, o que constitui, de forma indiscutível, uma circunstância de interesse para a execução pela eventual prevalência desse direito sobre direitos de outros credores. Desta forma, o dever de comunicação da existência de ónus sobre o crédito penhorado visa tutelar não só a posição do credor pignoratício, evitando a agressão do crédito por credores cujo direito não prefira ao daquele, como também a posição do exequente e dos demais credores, permitindo a nomeação à penhora de outros bens do *solvens*.

Numa situação de insolvência do terceiro devedor ou do *solvens*, ainda que possam existir situações de conflito de direitos, deixa, compreensivelmente, de existir um dever de informação pelo devedor quanto à dívida e ao respectivo credor, salvo na medida em que, de acordo com o artigo 83º do Código da Insolvência, seja solicitada a cooperação do devedor. A identificação do rol de créditos e dívidas da massa insolvente passa, em primeiro lugar, para a responsabilidade do administrador da insolvência e, em segundo, para os credores em geral que devem proceder à reclamação dos respectivos créditos (artigo 128º do Código da Insolvência), bem como para os representantes dos credores nomeados para a comissão de credores que devem, entre outras funções, pronunciar-se sobre as impugnações das listas de créditos reconhecidos e não reconhecidos (artigo 135º do Código da Insolvência)[46]. Visa-se, deste modo, salvaguardar os interesses de todos os credores da massa insolvente em relação à intervenção do insolvente e à sua eventual influência no processo.

Apesar das modificações introduzidas por efeito da constituição da *relação de garantia*, a posição do terceiro devedor não deixa de ser tutelada nos mesmos termos em que o é na *relação de segurança*, sendo-lhe reconhecida a faculdade de opor ao credor pignoratício os mesmos meios de defesa que pode opor ao *solvens*. A *ratio* desta faculdade prende-se com a tutela do devedor face aos negócios que

---

[46] Sobre esta matéria, cf. MENEZES LEITÃO, *Código da Insolvência e da Recuperação de Empresas Anotado*, pp. 126 a 130 e CATARINA SERRA, *O novo regime português da insolvência. Uma introdução*, Almedina, Coimbra, 2004, pp. 56 e 57.

o credor faça com o crédito em dívida. Se o credor pode dispor ou onerar o crédito sem necessidade de intervenção do devedor, não pode contudo prejudicar, por essa via, a posição jurídica do devedor.

Semelhantemente ao que sucede na cessão de créditos, o devedor não pode ser colocado «*em pior situação do que aquela em que ele anteriormente se encontrava. Assim toda e qualquer excepção, seja ela temporária ou definitiva, que o devedor, antes da cessão, possuísse contra o cedente (v.g., prazo da prestação, excepção de não cumprimento do contrato, prescrição ou compensação) é oponível ao cessionário, permitindo ao devedor recusar-se a efectuar-lhe o cumprimento*»[47].

Assim, a constituição do penhor não afecta (nem poderia afectar) a utilização pelo devedor dos meios que tenha ao seu dispor para defesa face à pretensão creditícia do credor pignoratício que radiquem na relação com o empenhador até ao momento do conhecimento da constituição do penhor[48].

A salvaguarda dos interesses do devedor conferida pelo artigo 684º introduz, todavia, um elemento adicional de risco na performance da garantia, podendo o credor pignoratício descobrir "*at the end of the day*" que o crédito entregue em garantia não robustece efectivamente a sua posição jurídica creditícia por se verificarem factos impeditivos, extintivos ou modificativos da reserva de utilidade *ad nominis*. A existência desses factos impede inevitavelmente a operacionalidade da garantia, repercutindo-se *ab initio* ou durante a vida da operação pignoratícia e de forma total ou parcial na sua eficácia garantística[49].

---

[47] MENEZES LEITÃO, *Direito das obrigações*, II, p. 30.

[48] É idêntica a solução no plano do direito comparado. No ordenamento jurídico italiano, o artigo 2805 do *codice civile* permite ao devedor do crédito dado em penhor opor ao credor pignoratício as excepções que aquele pudesse opor ao seu credor. Para GORLA/ZANELLI, *Pegno. Ipoteche*, p. 165, «*lo scopo di garanzia esige che il pegno sia independiente dai rapporti patrimoniali di dare ed avere fra terzo e costituente, così come è reso insensibile ai raporti di debito verso altre persone (mediante la prelazione)*». Em Espanha, apesar da ausência de regime legal a que já nos referimos, a doutrina sustenta a aplicação ao penhor de créditos do mesmo princípio da oponibilidade das excepções que vigora na cessão de créditos, cf. ARANDA RODRÍGUEZ, *La prenda de créditos*, pp. 178 e ss. No direito alemão, os números 1 e 2 do §1276 do BGB prevêem que a extinção do crédito empenhado ou a sua alteração em termos que afectem o direito do credor pignoratício dependem do acordo deste.

[49] No caso em que se verifique uma uma perturbação genética do crédito afecto em garantia em virtude da nulidade ou anulabilidade do negócio de que emerge esse crédito, esse vício não poderá deixar de contaminar a situação pignoratícia que é nula por impossibilidade legal da prestação (em virtude do efeito retroactivo da invalidade). Acerca da invalidade dos negócios subsequentes, cf. MENEZES CORDEIRO, *Tratado de Direito Civil Português*, I, Tomo I, p. 660. A consequência da invalidade do crédito no penhor de créditos revela-se diferente da ineficácia gerada na fiança, pelo facto de o vício do crédito não afectar a constituição da relação fidejussória que é independente da obrigação garantida – cf. JANUÁRIO COSTA GOMES, *A assunção fidejussória de dívida*, pp. 336 e ss. No caso do penhor de créditos, essa ineficácia verificar-se-á, em termos semelhantes aos da fiança, perante a invalidade do negócio jurídico que integra a *relação de base*. Por outro lado, o crédito afecto em

Contudo, relembre-se que fica afastada a oponibilidade ao credor pignoratício *(i)* das excepções que decorram de factos supervenientes em relação à notificação do penhor e *(ii)* do cumprimento da prestação ou da realização de negócios relativos ao crédito que tenham ocorrido posteriormente ao conhecimento pelo devedor da constituição do penhor de créditos (por aplicação remissiva do disposto no número 2 do artigo 583º *ex vi* do artigo 684º).

---

garantia encontra-se exposto às vicissitudes que se tenham verificado na *relação de segurança* até à *denuntiato*, tais como a compensabilidade de créditos a que já nos referimos, ou a prescrição. Em relação a esta última, cumpre distinguir dois tipos de situações: por um lado, o *pignus debiti* produz um efeito suspensivo da prescrição [artigo 318º, alínea f)]; nos demais casos, os efeitos da prescrição não se interrompem ou suspendem com a constituição do direito de penhor por interpretação extensiva do nº 1 do artigo 308º.

A pena e o dano[*]

ANTÓNIO PINTO MONTEIRO[**]

1. Introdução

A pena e o dano é um tema que poderia ser objeto de tratamento por um penalista ou que, em todo o caso, poderia merecer a reflexão (também) de um civilista sobre as finalidades da sanção penal em confronto com as preocupações da sanção civil. Neste contexto, poderia ainda, por exemplo, discutir-se se e em que medida comunga a responsabilidade civil da índole sancionatória ou se, ao invés, se tratará de um instituto destinado apenas à reparação de danos[1].

Não é este o caminho que vamos seguir. Situamo-nos no universo do direito civil e identificamos o problema da pena e o dano, *grosso modo*, com o da cláusula

---

[*] "A pena e o dano" foi o tema que tratámos no Seminário dos Cadernos de Direito Privado sobre "Responsabilidade Civil", na Universidade do Minho, em Braga, no passado dia 18 de maio. A partir dos tópicos que serviram de apoio à nossa exposição oral redigimos agora o presente texto, que dedicamos a Miguel Galvão Teles, ilustre Jurista e prezado Amigo a quem, em boa hora, se decidiu promover esta justa Homenagem.

[**] Professor Catedrático da Faculdade de Direito da Universidade de Coimbra e da Universidade Portucalense.

[1] A este respeito, de entre a vastíssima bibliografia sobre o tema, saliente-se, só na doutrina nacional, a monografia de FRANCISCO PEREIRA COELHO, *O enriquecimento e o dano*, Almedina, Coimbra, 1999 (reimp.), pp. 20,ss, 27,ss e nota 69, a *Nótula*, de ANTÓNIO CASTANHEIRA NEVES (*A propósito do "Estudo sobre a responsabilidade civil", de Guilherme Moreira – e justificativa da sua seleção para a "Antologia do Boletim da Faculdade de Direito de Coimbra"*), separata do "Boletim da Faculdade de Direito", vol. LIII, Coimbra, 1977, pp. 8-9, os *Estudos sobre a responsabilidade civil*, de JORGE SINDE MONTEIRO, Almedina, Coimbra, 1983, pp. 7,ss, bem como os Manuais de *Direito das Obrigações*, mormente o de MÁRIO JÚLIO DE ALMEIDA COSTA, 12ª ed., Almedina, Coimbra, 2009, pp. 521,ss, e 532, de ANTUNES VARELA, vol. I, 10ª ed., Almedina, Coimbra, 2000, pp. 518,ss, e de LUÍS MENEZES LEITÃO, vol. I, 9ª ed., Almedina, Coimbra, 2010, pp. 291,ss, além do *Tratado de Direito Civil Português, II, Direito das Obrigações*, tomo III, Almedina, Coimbra, 2010, pp. 419,ss, de ANTÓNIO MENEZES CORDEIRO.

ESTUDOS EM HOMENAGEM A MIGUEL GALVÃO TELES

penal e indemnização, visto que a pena é o objeto da cláusula penal e o dano é aquilo que a indemnização visa remover.

É claro que, mesmo no contexto da cláusula penal, poderia o nosso percurso levar-nos a analisar a importância da sanção civil em confronto com o *recuo* da sanção penal e, a esse propósito, envolvermo-nos no debate sobre o sentido e a atualidade da *pena privada*. Mas não é também esse o rumo que vamos tomar, pese embora o interesse que esta abordagem do tema poderia merecer[2].

Do que vamos aqui tratar, em termos muito sucintos[3], é do *relacionamento* entre a cláusula penal/pena e a indemnização/dano. Neste sentido, iremos deter-nos nos principais *momentos* em que essa *relação* ocorre e refletir sobre alguns dos aspetos mais importantes da respetiva *disciplina jurídica*.

2. A pena como avaliação convencional do dano – a cláusula de fixação antecipada da indemnização

I. E começamos logo pela *noção* de cláusula penal constante do nº 1 do art. 810º[4] e pela *função indemnizatória* que lhe está subjacente.

Diz a lei, no referido preceito legal, poderem as partes "fixar por acordo o montante da indemnização exigível", acrescentando ser a isso "o que se chama cláusula penal". É fácil concluir ter a lei identificado a cláusula penal com a *cláusula de fixação antecipada da indemnização* e claramente privilegiado a função indemnizatória. Não é esta, porém, a única *função* suscetível de ser atuada através da

---

[2] Também aqui, de entre a imensa bibliografia sobre este tema, tão rico e tão multifacetado, destacamos, além dos trabalhos clássicos de HUGUENEY, de STARCK e de GROSSFELD sobre a pena privada, o grosso volume publicado sob a direção de BUSNELLI e de SCALFI, *Le pene private*, Milano, 1985, com contributos de grande valia. Na doutrina penalista, sobre a *estratégia diferenciada contra o crime*, onde a *tutela civilista* ocupa o seu lugar, recorde-se o *recuo* do ilícito penal em favor do ilícito de natureza administrativa e de outras alternativas: sobre o ponto, EDUARDO CORREIA, *Direito penal e direito de mera ordenação social*, separata do "Boletim da Faculdade de Direito de Coimbra", vol. XLIX, Coimbra, 1973, J. FIGUEIREDO DIAS/M. COSTA ANDRADE, *Problemática geral das infrações antieconómicas*, in BMJ, nº 262, pp. 35,ss, e J. FARIA COSTA, *Diversão (desjudiciarização) e mediação: que rumos?*, sep. do vol. LXI do "Boletim da Faculdade de Direito de Coimbra", Coimbra, 1986, pp. 52,ss. A este respeito, atente-se ainda na pertinência e atualidade das reflexões de FRANCISCO PEREIRA COELHO, in *Culpa do lesante e extensão da reparação*, "Revista de Direito e de Estudos Sociais", ano VI, pp. 68,ss, 78, n. (2). Sobre toda esta problemática, pode ver-se ainda, mais recentemente, JÚLIO GOMES, *Uma função punitiva para a responsabilidade civil e uma função reparatória para a responsabilidade penal?*, in "Revista de Direito e Economia", ano XV, pp. 105,ss, e PAULA MEIRA LOURENÇO, *A função punitiva da responsabilidade civil*, Coimbra Editora, 2006, além da nossa dissertação de doutoramento sobre *Cláusula penal e indemnização*, Almedina, Coimbra, 1990, reimp. 1999, pp. 659,ss, notas 1536 e 1537.

[3] Pois para maiores desenvolvimentos mantém-se o que dizemos na nossa dissertação, cit., *passim*.

[4] Pertencem ao Código Civil em vigor os preceitos legais que citemos sem indicação da sua proveniência.

cláusula penal nem é esta a única *espécie* de que a figura se reveste. Por isso temos criticado a lei, perante a noção *redutora* e *acanhada* que apresenta da cláusula penal. Iremos referir-nos a isso[5]. Mas por enquanto detenhamo-nos no figurino indemnizatório acolhido na lei.

II. A cláusula penal pode efetivamente ser utilizada para, *através de acordo prévio, fixarem as partes o montante da indemnização*. Nisto consiste a tradicionalmente chamada *função indemnizatória* da cláusula penal.

As *vantagens*, deste ponto de vista, são óbvias. Chegando os interessados a acordo prévio sobre o montante da indemnização, *furtam-se* eles, assim, aos *inconvenientes, incertezas* e *dificuldades*, de vária ordem, de uma *avaliação judicial* dos prejuízos sofridos: o credor sabe antecipadamente o que pode vir a exigir, *a título de indemnização*, caso o devedor não cumpra (ou cumpra tardia ou defeituosamente, consoante a modalidade de cláusula penal acordada), e este, por sua vez, fica também desde logo a saber qual o *custo* da violação do contrato.

Em síntese, através da cláusula de fixação antecipada da indemnização visam as partes liquidar antecipadamente, de modo *ne varietur*, o dano que preveem poder vir a resultar da violação contratual.

Ora, sendo assim, pergunta-se, quais são as *consequências*, do ponto de vista do *regime jurídico* aplicável, de as partes haverem acordado esta espécie de cláusula penal?

2.1. A pena substitui a indemnização

I. A primeira nota para que chamamos a atenção é, justamente, a de que a pena acordada entre as partes *substitui* a indemnização a que haveria lugar, nos termos gerais.

Na verdade, não faria realmente sentido que, tendo as partes acordado previamente no montante da indemnização exigível (nº 1 do art. 810º), viesse depois o credor recorrer à indemnização nos termos gerais, ou seja, pretendendo depois o credor, apesar da cláusula penal, ser reparado em conformidade com o prejuízo efetivo.

O sentido da cláusula penal, enquanto cláusula de fixação antecipada da indemnização, é precisamente o de um *acordo sobre o montante da indemnização que o credor poderá vir a reclamar do devedor*, em caso de inadimplemento, *em vez* da indemnização a que, na falta desse acordo prévio, haveria lugar[6].

---

[5] Cfr., *infra*, nº 3.

[6] Parte-se do princípio de que o incumprimento será imputável ao devedor, pois se este provar que não teve *culpa* afastará o direito do credor à pena. Só não seria assim se, em vez de uma cláusula penal, as partes tivessem acordado uma *cláusula de garantia* (ou, no mínimo, que houvesse sido acordada uma figura híbrida ou mista).

Daí que o credor *não possa*, repete-se, *optar* pela indemnização nos termos gerais[7], *em vez* da soma prefixada, pois isso implicaria *violar* o acordo anterior, onde se estabelece a *indemnização* a que ele tem direito. A pena é, ela própria, *a indemnização* convencionada entre as partes, que *substitui* a que o tribunal liquidaria se não existisse esse *acordo prévio* sobre o *montante da indemnização exigível*. Numa palavra, a pena é, ela mesma, *a indemnização*, só que, em vez de ter sido avaliada pelo juiz, foi *predeterminada* pelas partes.

2.2. O credor não tem de provar o dano

I. Estreitamente ligado ao que acabamos de dizer está o regime sobre o ónus da prova.

Como se sabe, em princípio, para fazer jus à indemnização, terá o credor de alegar e provar o prejuízo efetivamente sofrido. Todavia, existindo cláusula penal[8], *fica o credor dispensado da alegação e da prova do dano*, da sua existência e montante.

É este um ponto pacífico, tendo mesmo sido expressamente acolhido por lei, em alguns casos[9]. Corresponde à natureza *invariável* – "à forfait" – da cláusula penal. Pois se o credor tivesse de alegar e provar o prejuízo sofrido, de que serviria ter ele acordado com o devedor uma cláusula penal?! O sentido de uma avaliação prévia e convencional do dano, o sentido de um acordo das partes sobre o montante indemnizatório predeterminado é o de este montante *substituir* a indemnização, *sem que o credor tenha de alegar e/ou de provar quaisquer danos*.

Isso não significa, contudo, que o devedor fique impedido de se defender provando um dano efetivo *inferior* ao montante indemnizatório fixado na pena. Mas isso só relevará para efeitos de redução da pena, nos termos do art. 812.º[10], não podendo o devedor pretender que *qualquer superioridade* do montante da pena em relação ao dano efetivo justifique a sua redução, assim como não podendo o devedor pretender que, havendo lugar à redução equitativa da pena, esta tenha que vir a *coincidir* com o valor do dano efetivo. É que a cláusula penal *não constitui nem se identifica com uma mera convenção sobre o ónus da prova do dano, rectius*, com um acordo sobre a *inversão do ónus da prova*, nos termos do qual não teria de ser o credor a provar o dano, mas a prova, pelo devedor, de um dano efetivo menor levaria a que o tribunal reduzisse a pena até ao exato montante do dano provado.

---

[7] A não ser que haja sido acordada a reparação pelo dano excedente (*infra*, n.º 2.3.).

[8] Esclareça-se, desde já: seja qual for, neste aspeto, a espécie de cláusula penal acordada.

[9] Assim, por exemplo, no art. 416.º do (novo) Código Civil brasileiro ("Para exigir a pena convencional, não é necessário que o credor alegue prejuízo") e, já antes, no art. 1382 do *Codice Civile* italiano ("A pena é devida independentemente da prova do dano"). Trata-se, no entanto, de um aspeto desde sempre destacado pela doutrina: por todos, pode ver-se INOCÊNCIO GALVÃO TELLES, *Direito das Obrigações*, 7ª ed., Wolter Kluwer/Coimbra Editora, 2010 (reimp.), pp. 439-440.

[10] Cfr., *infra*, n.º 2.4.

Como dissemos, não é assim que as coisas se passam. A prova de um dano inferior só justificará a redução da pena *nos termos e de acordo com os pressupostos estabelecidos no art. 812º*.

II. Uma questão mais delicada é de colocar, no entanto: *quid iuris* se o devedor provar que o credor *não sofreu qualquer prejuízo?* Relevará essa prova só em sede de *redução* da pena ou *afastará*, mesmo, o direito do credor à pena?

Efetivamente, questão diversa da anterior é a de saber se, não tendo o credor que provar quaisquer danos, ou o seu montante, poderá o devedor, ainda assim, provar, ele próprio, a *inexistência* dos mesmos, a fim de se *libertar* do pagamento da pena e já não somente para obter a redução desta.

A nosso ver, tudo dependerá da *espécie de cláusula penal* acordada entre as partes, que o mesmo é dizer, do *escopo* visado por estas: se a pena for estipulada a fim de facilitar a indemnização, *predeterminando o seu montante*, a prova, pelo devedor, da inexistência de qualquer prejuízo efetivo libertá-lo-á do pagamento daquela; mas se a pena for acordada *a título sancionatório*, então, sim, de nada valerá ao devedor (a não ser, também aqui, para efeitos de uma eventual redução) alegar e provar a falta de danos[11].

E isto, muito sinteticamente, porque, no primeiro caso, tratando-se de uma *indemnização* cujo *montante* foi predeterminado, a ausência de danos evidencia que falha o *pressuposto*, o *quid* determinante de uma liquidação prévia e convencional da indemnização; já no segundo caso, porém, sendo a pena uma *sanção*, compreende-se que continue a ser devida mesmo que se prove a inexistência de danos. É este o sentido e razão de ser da distinção entre a *cláusula de fixação antecipada da indemnização* e a cláusula penal compulsória, seja, neste caso, a *cláusula penal em sentido estrito* ou a *cláusula penal pura ou exclusivamente compulsória*[12].

2.3. Convenção sobre o dano excedente

I. E se o dano for *superior* ao montante da pena? *Quid iuris*, na realidade, se o valor do dano efetivo vier a *exceder* a quantia pré-fixada pelas partes? Terá o credor o direito de alegar e provar esse dano superior ou excedente e, em conformidade, de obter a indemnização integral, correspondente ao dano efetivo?

Por exemplo, tendo **A** e **B** acordado que aquele que não cumprisse teria de pagar ao outro a indemnização de 1 milhão de euros, *quid iuris* se, perante o

---

[11] Esta distinção não é feita pela doutrina tradicional, que entende ser a pena devida independentemente do dano, não relevando a prova, pelo devedor, da ausência de danos senão para efeitos de redução da pena. Mas não pode ser assim, não fazendo sentido esta posição se o escopo das partes tiver sido, tão-só, o de fixar antecipadamente o *montante* da indemnização, no *pressuposto* de que houvesse danos.

[12] Voltaremos a este ponto mais à frente, no nº 3.

incumprimento de **B**, vier **A** alegar e provar que o prejuízo efetivo causado pelo incumprimento de **B** foi de 2 milhões de euros? A que importância terá ele direito?

A lei é clara a este respeito: "O estabelecimento da cláusula penal obsta a que o credor exija indemnização pelo dano excedente, salvo se outra for a convenção das partes" (nº 2 do art. 811º)[13].O que significa, portanto, no nosso exemplo, que o credor (**A**) só terá direito ao montante da pena (1 milhão de euros), a não ser que tenha ficado *ressalvada*, no acordo das partes, a possibilidade de o credor obter *a indemnização pelo dano excedente*, que é como quem diz, a não ser que tenha ficado ressalvada a possibilidade de o credor, apesar da cláusula penal, *poder socorrer-se da indemnização nos termos gerais.*

Na verdade, a convenção sobre o dano excedente mais não significa do que a atribuição ao credor da possibilidade de recorrer à indemnização nos termos gerais, *prescindindo* da cláusula penal. E isto porque, para provar um "dano excedente", terá o credor de provar o dano efetivo; ora, esta prova e a consequente reparação integral corresponde a ser indemnizado *nos termos gerais*, o que, em princípio, lhe estaria *vedado*, uma vez que, como dissemos atrás, a indemnização predeterminada pelas partes *substitui* a indemnização nos termos gerais.

A convenção sobre o dano excedente tem, pois, este significado, de autorização a que o credor possa *prescindir* da cláusula penal e recorrer à indemnização, nos termos gerais. Claro que se ele fracassar na prova do "dano excedente", terá sempre direito, ainda assim, ao montante pré-fixado a título de pena, como *montante mínimo da indemnização*, independente da prova do dano[14].

II. Resta dizer, para concluir este ponto, que *na convenção sobre o dano excedente* não pode acordar-se mais do que aquilo que for necessário para a reparação integral do credor. É este o sentido com que interpretamos o nº 3 do art. 811º.

Esta norma tem dado azo, porém, a severas críticas e suscitado interpretações divergentes[15]. Pelo nosso lado, é com este sentido que a vimos interpretando, entendendo que o limite estabelecido pelo nº 3 do art. 811º se *restringe* às

---

[13] É a mesma a solução do direito italiano (art. 1382, 1, do *Codice*). Já no direito alemão a solução é a inversa (§340,2, do BGB).

[14] Inocêncio Galvão Telles chega mesmo a distinguir esta cláusula pela qual se fixa uma *"indemnização mínima"* da cláusula penal: *Direito das Obrigações*, 7ª ed., cit., pp. 427-428 e 435,ss.

[15] Cfr., designadamente, Antunes Varela, *Das Obrigações em geral*, vol. II, 7ª ed., Almedina, Coimbra, 1997, pp. 146,ss; Maria Ângela Bento Soares/Rui Moura Ramos, *Cláusulas penais em contratos internacionais*, separata do "Boletim de Documentação e de Direito Comparado", Coimbra, 1984, pp. 301-303; *Idem, Contratos Internacionais*, Coimbra, 1986, pp. 309-310; I. Galvão Telles, *Direito das Obrigações*, cit., pp. 445-447; Ana Prata, *Cláusulas de exclusão e limitação da responsabilidade contratual*, Almedina, Coimbra, 1985, p. 630, nota 1142; Calvão da Silva, *Cumprimento e sanção pecuniária compulsória*, Almedina, Coimbra, 1987, p. 268, nota 484.

situações em que haja sido acordada uma cláusula penal com convenção sobre o dano excedente.

Pretende a lei que, tendo sido acordada uma cláusula penal destinada a fixar o "montante da indemnização exigível" (nº 1 do art. 810º) e tendo ficado acautelada a possibilidade de o credor vir a obter a indemnização por um dano excedente (nº 2 do art. 811º), pretende a lei que, dizíamos, neste cenário, não possa o credor, através da convenção sobre o dano excedente, obter uma indemnização superior ao que se mostre necessário para a reparação integral do prejuízo efetivo.

A não ser assim, se se desse a esse nº 3 do art. 811º um alcance geral (como alguma doutrina parece admitir, ainda que criticando a lei), além de esta norma entrar em aberta *contradição* com o art. 812º, o legislador de 1983, ao prescrever aquela norma, teria consagrado uma *singular originalidade*: a cláusula penal, pese embora o seu *enorme interesse prático* e de ser uma figura *de todos os tempos e lugares*, teria agora sido *varrida* da ordem jurídica portuguesa! Quando muito, haveria lugar, apenas, para uma cláusula de *inversão do ónus da prova...*[16].

---

[16] Uma vez que não teria de ser o credor a provar o dano, mas a prova, pelo devedor, de um dano menor do que o montante estipulado na pena faria com que esta fosse reduzida até ao exato montante do dano efetivo! O que atentaria, *decisivamente*, contra o carácter *invariável* ("à forfait") da cláusula penal, *convertendo-a* numa mera *cláusula de inversão* do ónus da prova! E *anularia* tanto a função *indemnizatória* como a função *compulsória* da cláusula penal.

Recorde-se que este nº 3 do art. 811º foi introduzido apenas em 1983, pelo Decreto-Lei nº 262/83, de 16 de junho. ANTUNES VARELA é fortemente crítico desta norma, mas discorda da interpretação que lhe damos, ao restringirmos o seu âmbito de aplicação às cláusulas penais indemnizatórias com convenção sobre o dano excedente. E acrescenta: "Além disso, a solução conduzia a um verdadeiro *absurdo*, como facilmente se verifica por este exemplo: Imagine-se que A e B incluem no seu contrato, para garantia de uma obrigação assumida por B, uma cláusula penal de 1.000 e que o dano efetivamente resultante do não cumprimento é de 750.

E suponha-se que, em circunstâncias paralelas, C e D convencionaram a mesma pena negocial de 1.000 e que o dano real é também de 750, mas que as partes, prevendo *expressis verbis* a possibilidade de o dano ser superior a 1.000, estipularam para essa hipótese uma pena (cláusula penal) de 2.000. De acordo com a solução por nós rejeitada (que parece ser a de PINTO MONTEIRO, *ob. cit.*, nº 47.3, pág. 457 e segs.), A teria direito à pena convencionada de 1.000, porque a cláusula do seu contrato não seria abrangida pela nova doutrina do nº 3 do artigo 811º; enquanto C, que foi mais cauteloso e mais previdente, mas caiu na armadilha do novo preceito, teria apenas direito a 750, valor do prejuízo por ele realmente sofrido" (*Das Obrigações em geral*, vol. II, cit., pp. 147-148, nota 1).

Mas não é assim, com o devido respeito por este saudoso Mestre. No exemplo do Professor ANTUNES VARELA, C teria direito, dizemos nós, não a 750, *mas a 1.000*, tal como A. Pela simples mas óbvia razão de que o dano efetivo é *inferior* ao montante da pena (a pena é de 1.000 e o dano é de 750). Já se, pelo contrário, no mesmo exemplo, o dano real, no negócio entre C e D, fosse superior ao montante da pena – pena de 1.000 e dano efetivo, por hipótese, de 1.500 –, então, sim, C só teria direito a 1.500, correspondente à indemnização pelo dano sofrido, e não à pena de 2.000. Ou seja, haveria, neste caso, um *dano excedente* (o que não sucede no exemplo do Professor ANTUNES VARELA, em que o dano é inferior ao montante da pena), dano excedente esse que pode ser ressarcido, mediante

Mas não pode ser assim! O pressuposto metodológico do *legislador razoável* (art. 9º, nº 3) impede-nos de sufragar tal posição, que seria única e absurda. Imbuídos deste espírito construtivo, entendemos que o art. 812º *não foi revogado* e que, portanto, é *a ele que se deve recorrer quando a pena for "manifestamente excessiva"* (não bastando que a pena seja superior ao dano, como sucederia se fosse de recorrer ao nº 3 do art. 811º, o que, além do mais, deixaria sem aplicação o art. 812º...).

Daí que *só na hipótese de haver uma cláusula penal com convenção sobre o dano excedente* (nº 2 do art. 811º) é que será aplicável *o limite* estabelecido pelo nº 3 da mesma norma, não podendo o credor, neste caso, "exigir uma indemnização que exceda o valor do prejuízo resultante do incumprimento da obrigação principal", que é como quem diz, não podendo o credor, se o dano efetivo vier a superar o montante indemnizatório predeterminado (por ex., o dano é no valor de 1 milhão de euros e a pena é de 500.000 euros), exigir mais do que a *indemnização destinada a ressarci-lo do valor do prejuízo efetivo*.

Recorde-se que isto só é possível se houver uma *convenção sobre o dano excedente*, pois na falta desta convenção terá o credor de contentar-se, pura e simplesmente, com o montante indemnizatório predeterminado na pena. Ora bem, no nosso exemplo de há pouco, existindo tal convenção, terá o credor o direito de ser indemnizado nos termos gerais – *mas só isto* e, portanto, *de acordo com o prejuízo efetivo*. Se o credor tivesse acordado uma pena de 500.000 euros e houvesse previsto, ao mesmo tempo, que se o dano efetivo viesse a superar este montante teria ele direito a exigir uma indemnização de 2 milhões de euros, não seria isso possível, tendo em conta o *limite* estabelecido pelo nº 3 do art. 811º. Restar-lhe--ia, neste caso, o direito a exigir uma indemnização de 1 milhão de euros, *correspondente ao dano efetivo*, graças à *convenção prévia sobre o "dano excedente"* e atento o *limite* prescrito no referido nº 3 daquela norma.

Numa palavra, tendo as partes tido a preocupação de fixar, por acordo, o "montante da indemnização exigível" (art. 810º, nº 1) – e, portanto, estando nós perante uma *cláusula de fixação antecipada da indemnização*[17] –, só haverá lugar a uma "indemnização pelo dano excedente" mediante uma "convenção" apropriada (nº 2 do art. 811º), mas não podendo o credor, através dessa convenção, exigir mais do que o estritamente necessário para o indemnizar do "valor do prejuízo resultante do incumprimento da obrigação principal" (nº 3 do mesmo art. 811º).

---

convenção nesse sentido (nº 2 do art. 811º), *mas não podendo o credor pretender mais do que isso*: portanto, o credor só teria direito a 1.500 e não a 2.000, montante este que as partes tinham previsto como pena na hipótese de haver um dano excedente (nº 3 do art. 811º).

[17] Na verdade, o art. 811º só é aplicável a esta modalidade de cláusula penal, não fazendo ele sentido para a cláusula penal em sentido estrito nem para a cláusula penal pura ou exclusivamente compulsória. Trata-se de um aspeto já por nós defendido em 1990, na nossa *Cláusula penal e indemnização*, cit., pp. 703,ss, e *passim*.

2.4. Redução da pena

I. Como acabamos de dizer, a norma que continua a ser o fundamento da redução da pena é o art. 812º[18]. É neste preceito que se fixam os *pressupostos* e o *critério* de redução judicial da pena. E o art. 812º, adiante-se desde já, é *aplicável a todas as espécies de cláusulas penais* (e não só).

Portanto, se, no ponto anterior, analisámos as situações em que o *dano é superior à pena*, agora são as hipóteses inversas a merecer a nossa atenção, ou seja, as situações em que é a *pena que supera o valor do dano* (por exemplo, a pena é de 2 milhões de euros e o valor do dano não chega a 1 milhão). *Quid iuris*, em tal caso?

II. A solução consta do art. 812º, norma que consagra o controlo *especificamente* dedicado ao combate a penas *abusivas*, para além do controlo *geral* a que está sujeita qualquer manifestação da autonomia privada. E esse controlo específico traduz-se no poder conferido ao juiz de *reduzir* penas[19] manifestamente excessivas, de acordo com a equidade.

A nosso ver, trata-se de uma norma da maior importância, em sede de controlo de manifestações excessivas ou abusivas da liberdade contratual, ao nível da fixação das consequências do inadimplemento das obrigações. Temos defendido que o art. 812º tem um *largo âmbito de aplicação*, abrangendo não só *todas as espécies de cláusulas penais*[20] como ainda o *sinal*[21] e outras figuras *afins* ou *similares*[22].

---

[18] Temos em vista, naturalmente, cláusulas penais incluídas em contratos negociados, pois se as mesmas constarem de contratos de adesão há legislação específica que lhes é aplicável (o Decreto-lei nº 446/85, de 25 de outubro), sem prejuízo, todavia, de, num segundo momento, poderem também estas penas ser fiscalizadas pelo art. 812º: cfr., *infra*, neste mesmo nº 2.4, o ponto V.

[19] É da redução da *pena* que se trata, como se dizia, e bem, na versão inicial desta norma, e não da redução da *"cláusula* penal", como reza agora a mesma norma, após a alteração de 1983.

[20] Ou seja, o art. 812º é suscetível de ser aplicado, uma vez verificados os seus pressupostos, à cláusula de fixação antecipada da indemnização, à cláusula penal em sentido estrito e à cláusula penal pura ou exclusivamente compulsória: cfr., a este respeito, a nossa *Cláusula penal e indemnização, cit.*, pp. 730,ss. Daí termos discordado da decisão tomada pelo STJ no seu Acórdão de 3 de novembro de 1983 (Relator: Conselheiro Santos Silveira), pese embora a importância do mesmo do ponto de vista da aceitação de outras cláusulas penais para lá da que a lei define no art. 810º (cfr. a nossa dissertação, cit., pp. 474,ss). No bom sentido, recentemente, o Acórdão do STJ de 27 de setembro de 2011 (Relator: Conselheiro Nuno Cameira), por nós anotado na RLJ, ano 141º, nº 3972, assim como, já antes, por exemplo, o Acórdão do mesmo Tribunal de 12 de outubro de 1999 (Relator: Conselheiro Afonso Melo), in http://www.dgsi.pt

[21] Cfr. o nosso *Cláusula penal e indemnização*, cit., pp. 195,ss, e, na jurisprudência, por ex., os Acórdãos do STJ de 8 de março de 1977 (in BMJ nº 265, pp. 210,ss, Relator: Conselheiro Rodrigues Bastos), de 1 defevereiro de 1983 (in BMJ nº 324, pp. 552,ss, Relator: Conselheiro Manuel dos Santos Carvalho, e de 27 de setembro de 2011 (in RLJ ano 141º, cit., pp. 177,ss, Relator: Conselheiro Nuno Cameira).

[22] Como as denominadas "cláusulas de rescisão" dos jogadores de futebol: cfr., a propósito, o nosso artigo *Sobre as "cláusulas de rescisão" dos jogadores de futebol*, in "Estudos em Homenagem ao

E isto, numa palavra, porque nos parece que esta norma encerra um *princípio de alcance geral* destinado a *corrigir* excessos ou abusos decorrentes do exercício da liberdade contratual, ao nível da fixação contratual dos direitos do credor.

III. Mas não basta que a pena venha a revelar-se superior ao dano para que ela possa ser reduzida. Se assim fosse, anular-se-ia a principal característica da cláusula penal, que é a sua natureza *invariável*. A possibilidade de redução da pena é excecional[23], *depende de pedido do devedor*[24] e está condicionada a apertados limites: efetivamente, o tribunal só poderá reduzir a pena, de acordo com a *equidade*, caso ela seja *manifestamente excessiva*, ainda que por causa superveniente, tenha a obrigação sido ou não parcialmente cumprida.

O que significa, a nosso ver, que lei faz depender a redução, quer de requisitos de ordem *objetiva*, quer de fatores de ordem *subjetiva*. Além da expressa referência à *equidade* – que reputamos constituir o pressuposto decisivo —, a própria fórmula por que optou o legislador – pena "manifestamente *excessiva*" – mostra que não bastará a sua mera superioridade, maior ou menor, em face do dano efetivo, para legitimar, de *per se*, a redução, antes terá o tribunal de ponderar *outro tipo de fatores*, entre os quais alguns que revestem uma índole subjetiva, para saber se, e em que medida, a pena constitui um excesso e traduz um exercício abusivo, pelo credor, do direito à pena. O que implica, ao mesmo tempo, que o tribunal tenha de apurar a *finalidade* com que a pena foi estipulada, ou seja, a *espécie* prevista pelos contraentes, uma vez que a pena poderá não ser "manifestamente excessiva", se houver sido determinada por um intuito compulsório, mas já poderá sê-lo, todavia, se ela tiver sido acordada a título de mera liquidação prévia do *quantum respondeatur*.

Muito interessante, a este respeito, é, atualmente, o art. 413º do (novo) Código Civil brasileiro, ao consagrar a redução equitativa da pena, quer em caso de cumprimento parcial, quer no caso de ela ser manifestamente excessiva, "tendo-se em vista a *natureza* e a *finalidade* do negócio"[25].

Prof. Doutor Manuel Henrique Mesquita", vol. II, Boletim da Faculdade de Direito de Coimbra, Coimbra Editora, 2009 (pp. 227,ss), pp. 259-260.

[23] Cfr., na jurisprudência, entre muitos, os Acórdãos do STJ de 4 de maio de 2004 (in http://www.dgsi.pt, Relator: Conselheiro Fernando Pinto Monteiro) e de 23 de abril de 2008 (*idem*, Relator: Conselheiro Mário Pereira), bem como os Acórdãos da Relação de Lisboa de 12 de outubro de 2010 (*idem*, Relator: Desembargador Rosário Gonçalves) e da Relação de Coimbra de 27 de abril de 2004 (*idem*, Relator: Desembargador Rui Barreiros).

[24] Ainda que esse pedido não tenha de ser expresso ou explícito, bastando que o devedor dê a entender, pelo seu comportamento, que reputa a pena manifestamente excessiva ou abusiva.

[25] Cfr., a propósito, Judith Martins-Costa, *Comentários ao Novo Código Civil*, vol. V, tomo II, *Do Inadimplemento das Obrigações*, 2ª ed. (Coordenador: Sálvio de Figueiredo Teixeira), Editora Forense, Rio de Janeiro, 2009, pp. 683,ss, esp. pp. 702,ss.

Ao decidir que a pena é manifestamente excessiva, o tribunal dá por verificado o *pressuposto* de que depende o exercício da sua atividade sindicante, o qual já constitui, porém, ao mesmo tempo, o *resultado* de uma ponderação equilibrada de todos esses fatores que devem intervir na formação do seu juízo. O que significa, assim, que, decidindo reduzir a pena, por se acharem preenchidas as respetivas condições, o tribunal decide, de igual forma, sobre a *medida* em que a redução se justifica. O *critério* que deve nortear o tribunal é, portanto, o mesmo.

IV. Ora, qual será o critério que deve pautar a atuação do juiz, quer para decidir se *pode* reduzir a pena, quer para determinar, simultaneamente, em caso afirmativo, a *medida* dessa redução?

Naturalmente que a diferença entre o valor do prejuízo efetivo e o montante da pena é, desde logo, o primeiro fator, de cariz objetivo, a considerar.

Não basta, porém, repete-se, uma mera superioridade da pena em relação ao prejuízo. Sendo ela estipulada a título indemnizatório, a sua índole de liquidação *forfaitaire* justifica que pequenas variações não deem lugar à redução; sendo acordada como sanção compulsória, a *eficácia* da mesma pressupõe, igualmente, que só em casos de evidente e flagrante desproporção haja lugar a um controlo judicial. É necessário, no dizer de Carbonnier, que essa desproporção *saute aux yeux*[26].

Nem poderá, a este respeito, estabelecer-se qualquer critério, capaz de *quantificar* a medida dessa superioridade ou o *limiar* a partir do qual se verifica o excesso que legitima a redução.

Trata-se, com efeito, de uma questão que dificilmente se compadecerá com o estabelecimento de critérios ou índices de índole *quantitativa*. Perante a superioridade de determinada pena, o juiz só poderá concluir pelo seu caráter "manifestamente excessivo" após *ponderar* uma série de outros fatores, à luz do *caso concreto*, que um julgamento por *equidade* requer. Assim, a gravidade da infração, o grau de culpa do devedor, as vantagens que, para este, resultem do incumprimento, o interesse do credor na prestação, a situação económica de ambas as partes, a sua boa ou má fé, a índole do contrato, as condições em que foi negociado e, designadamente, eventuais contrapartidas de que haja beneficiado o devedor pela inclusão da cláusula penal, são, entre outros, fatores que o juiz deve ponderar para tomar uma decisão. É um *juízo de valor* que o tribunal deve formular.

Julgamos importante acentuar, porém, de novo, um aspeto, o qual requer particular atenção: o tribunal não pode deixar de ter em conta a *finalidade* prosseguida com a estipulação da cláusula penal, para averiguar, a essa luz, se existe uma *adequação* entre o montante da pena e o escopo visado pelos contraentes. Significa isto, por conseguinte, que os mencionados fatores, ou outros, terão uma

---

[26] Cfr. JEAN CARBONNIER, *Droit Civil. 4/Les Obligations*, 13ª ed., Paris, 1988, p. 323.

ESTUDOS EM HOMENAGEM A MIGUEL GALVÃO TELES

importância relativamente *diferente,* consoante o escopo das partes, ou seja, consoante a *espécie* de pena acordada[27].

V. Resta, para concluir este ponto, recordar que a cláusula penal, em certos aspetos, é objeto de um regime específico, quando incluída em *contratos de adesão.*

Efetivamente, a celebração destes contratos, "maxime" quando concluídos através de *cláusulas contratuais gerais,* suscita problemas específicos, designadamente ao nível da formação do contrato, do seu conteúdo e dos mecanismos de reação. A lei em vigor prevê medidas adequadas para tutela do aderente, mormente no tocante à proteção do consentimento, à proibição de cláusulas abusivas e ao controlo preventivo, medidas que, naturalmente, valem também para a cláusula penal[28]. Limitamo-nos aqui, por isso, a destacar três aspetos.

O primeiro é que as cláusulas penais, em contratos de adesão, quando abrangidas pelo Decreto-Lei nº 446/85, se forem desproporcionadas aos danos a ressarcir, não são meramente redutíveis, antes feridas de *nulidade,* por conjugação do disposto no art. 19º, al. c) com a doutrina do art. 12º.

Além deste desvio, outro há, não menos significativo, em relação ao controlo estabelecido para o comum dos contratos, no art. 812º do Código Civil: em contratos de adesão, prevalece um critério de índole mais *objetiva,* assente na desproporção

---

[27] Para maiores desenvolvimentos, cfr. ANTÓNIO PINTO MONTEIRO, *Cláusula penal e indemnização, cit.,* pp. 717,ss, esp. pp. 724,ss.

[28] Cfr., respetivamente, os arts. 5º,ss, 15º,ss, e 25º,ss do Decreto-Lei nº 446/85, de 25 de outubro, com as modificações introduzidas pelos Decretos-Leis nº 220/95, de 31 de agosto, e 249/99, de 7 de julho. Na doutrina, além de M. J. ALMEIDA COSTA/A. MENEZES CORDEIRO, *Cláusulas contratuais gerais. Anotação ao Decreto-Lei nº 446/85, de 25 de Outubro,* Almedina, Coimbra, 1986, v. principalmente M. J. ALMEIDA COSTA, *Síntese do regime jurídico vigente das cláusulas contratuais gerais,* 2ª ed., Lisboa, 1999, OLIVEIRA ASCENSÃO, *Cláusulas contratuais gerais, cláusulas abusivas e boa fé,* in ROA, ano 60, 2000, pp. 573,ss, SOUSA RIBEIRO, *Cláusulas contratuais gerais e o paradigma do contrato,* Coimbra, 1990, *Idem, O problema do contrato. As cláusulas contratuais gerais e o princípio da liberdade contratual,* Coimbra, 1999, INOCÊNCIO GALVÃO TELLES, *Das condições gerais dos contratos e da Directiva europeia sobre as cláusulas abusivas,* in "O Direito", ano 127º, 1995, pp. 297,ss., e ANTÓNIO PINTO MONTEIRO, *O novo regime jurídico dos contratos de adesão/Cláusulas contratuais gerais,* in "Revista da Ordem dos Advogados" (ROA), ano 62, Lisboa, 2002; *Idem, Contratos de adesão: o regime jurídico das cláusulas contratuais gerais instituído pelo Decreto-Lei nº 446/85, de 25 de Outubro,* in ROA, ano 46, Lisboa, 1986, pp. 733,ss.

Entretanto, em 2001 houve novas alterações, introduzidas, desta vez, pelo Decreto-Lei nº 323/2001, de 17 de dezembro, diploma esse que procedeu à conversão em euros de valores expressos em escudos em legislação da área da justiça, mas não tendo o legislador sido feliz: cfr., a este respeito, o nosso trabalho sobre *Cláusulas contratuais gerais: da desatenção do legislador de 2001 à indispensável interpretação correctiva da lei,* in RLJ, ano 140º, nº 3966, pp. 138,ss, bem como nos Estudos em Homenagem ao Prof. Doutor Heinrich Ewald Hörster, em curso de publicação.

da pena relativamente aos danos a ressarcir, sem que considerações de equidade sejam aqui (pelo menos num primeiro momento) de tomar em conta[29].

Note-se, finalmente, que o juízo sobre a desproporção da pena deve fazer-se *em abstrato* e, por isso, reportar-se ao momento em que a cláusula penal é estabelecida, devendo considerar-se, para esse efeito, a *desproporção entre a pena estipulada e os danos previsíveis*. Sendo a pena desproporcionada a esses danos, é *nula*; caso contrário, é *válida*.

Mas isso não significa que, sendo a cláusula penal válida, não possa a pena vir depois a ser *reduzida*, por aplicação do disposto no art. 812º, se ela vier a revelar-se "manifestamente excessiva", *em concreto*, em face do incumprimento, tendo em conta, para este efeito, não só os danos efetivamente causados como também os demais fatores que atrás referimos, essenciais para a formação de um juízo de valor e no respeito pela equidade (que neste segundo momento já será de considerar)[30].

2.5. A proibição do cúmulo

I. Falta tratar, neste contexto do relacionamento entre a cláusula penal e a indemnização, do problema de saber se poderá a pena *acrescer* à indemnização, assim como se poderá a pena *acrescer* ao cumprimento coercivo da obrigação.

A resposta não suscita dúvidas, quando a cláusula penal tiver sido estabelecida para o atraso da prestação. Neste caso, é a própria lei a deixar isso claro: nº 1 do art. 811º. Mas parece-nos, desde logo por igualdade de razão, que a ressalva consagrada nesta norma abrange, além da cláusula penal *moratória*, também a cláusula penal pelo *cumprimento defeituoso* da prestação.

II. Mas vamos mais longe. Temos defendido que a lei *não proíbe* que o credor possa exigir o cumprimento coercivo da obrigação principal e o pagamento da pena, ou, mesmo, o pagamento desta e da indemnização, *salvo quando existir cúmulo*.

As situações de mora e de cumprimento defeituoso, atrás mencionadas, são situações em que não existe cúmulo, por isso *não são proibidas* pelo nº 1 do art. 811º; mas outras situações há em que a pena *acresce* à execução específica ou à indemnização pelo não cumprimento, *sem que deva falar-se em cúmulo* e, portanto, *sem que as mesmas sejam abrangidas pela proibição* daquela norma.

Repare-se que a lei só proíbe que o credor exija uma coisa e outra quando houver *cúmulo*: "O credor não pode exigir *cumulativamente* (...)": nº 1 do art. 811º. Daí, justamente, que a pena possa *acrescer* à execução específica ou à indemniza-

---

[29] Neste sentido, também ALMEIDA COSTA/MENEZES CORDEIRO, *op. cit.*, anot. nº 4 ao art. 19º, p. 47.

[30] Em sentido próximo, veja-se NUNO MANUEL PINTO OLIVEIRA, *Cláusulas acessórias ao contrato: cláusulas de exclusão e de limitação do dever de indemnizar e cláusulas penais*, 3ª ed., Almedina, Coimbra, 2008, pp. 173,ss.

ção pelo não cumprimento desde que *não haja cúmulo*. O desafio do intérprete é, então, o seguinte: quando é que há *"cúmulo"*?

Temos entendido que o critério adequado, para o efeito, é o da *identidade de interesses*: só haverá cúmulo quando o interesse visado pelas partes, na cláusula penal, for o mesmo que a execução específica, ou a indemnização pelo não cumprimento, visam tutelar.

Sirvamo-nos, para ilustrar o que acabamos de dizer, do exemplo do Professor Antunes Varela. A trespassa a **B** o seu estabelecimento comercial, obrigando-se o primeiro a não abrir outro estabelecimento de igual ramo no mesmo bairro, sob pena de, se vier a violar essa obrigação de não concorrência, ter de pagar ao segundo o montante de 1.000 euros por cada mês em que o novo estabelecimento estiver aberto, além de poder exigir o encerramento deste. Criticando a imperatividade conferida pelo legislador de 1980 ao nº 1 do art. 811º, pergunta Antunes Varela: "Por que razão (de interesse e ordem pública) não há-de ser permitido ao adquirente, caso o trespassante viole a obrigação contraída, requerer ao mesmo tempo o encerramento do estabelecimento (correspondente ao cumprimento coercivo da obrigação) e a execução da cláusula penal?"[31]

Partilhamos do mesmo sentimento e *teria razão* Antunes Varela se o nº 1 do art. 811º não permitisse ao adquirente, no caso de o trespassante violar a obrigação assumida, requerer ao mesmo tempo o encerramento do estabelecimento e o pagamento da pena. Mas não é assim.

É que, vendo bem as coisas, *não há aqui cúmulo*. A cláusula penal destina-se, no exemplo figurado, a assegurar uma obrigação de prestação de facto negativo, com efeitos continuados. Assim, por um lado, violada essa prestação de *non facere*, há, desde logo, uma situação de incumprimento, não de simples mora; o que acontece, todavia, é que os efeitos dessa violação não se confinam ao momento em que ela é cometida, antes o decurso do tempo os renova e multiplica. Daí que, ao exigir-se o encerramento do estabelecimento (cumprimento coercivo da obrigação) e o pagamento da pena, *não haja cúmulo*, uma vez que a pena se reporta aos efeitos (danos) já produzidos, *antes* de ser ordenado o encerramento, enquanto esta decisão vale só para o *futuro*, pretende evitar *outros – novos –* danos, ainda que provenientes do mesmo facto ilícito. *Não há identidade de interesses*.

Poderá acrescentar-se, na mesma linha, que a decisão que ordena o fecho do estabelecimento atua sobre a *causa* ou *fonte* dos danos, destina-se a *suprimir a situação ilícita*, a fim de impedir que os danos entretanto ocorridos se multipliquem indefinidamente; a pena, pelo contrário, reporta-se ao *passado*, aos prejuízos já sofridos pelo credor, pelo que o encerramento do estabelecimento comercial,

---

[31] Pires de Lima/Antunes Varela, *Código Civil Anotado*, vol. II, 4ª ed., Coimbra Editora, 1997, p. 78 (anot. nº 7 ao art. 811º).

por si só, deixaria por reparar esses danos. Eis por que também aqui o credor não incorre na proibição do cúmulo, ao exigir o cumprimento da obrigação de não--concorrência e a pena convencionada.

Daí que se torne fundamental apurar a *finalidade concretamente visada pelos contraentes*, a fim de saber se o credor, ao exigir o cumprimento da prestação e o pagamento da pena, estará, com isso, a incorrer na proibição do cúmulo. Esta pode *acrescer, juntar-se* ao cumprimento daquela, sem que isso implique um verdadeiro *cúmulo*. Tal só sucederá, a nosso ver, quando existir uma *identidade de interesses*: se o credor, ao exigir o cumprimento, visa satisfazer *o mesmo interesse* para que foi convencionada a pena, obtido aquele, não poderá reclamar esta última, assim como, exigindo a pena, não poderá reclamar, ao mesmo tempo, o cumprimento, pois haveria cúmulo; isso só não sucederá, portanto, se a pena visar outros danos, que o cumprimento deixe subsistir, pois então já não ocorrerá a referida *identidade de interesses*.

E o mesmo se diga a respeito do cúmulo da pena com a indemnização. Cúmulo haverá, quando esta for exigida para reparar o dano que a fixação da pena visou acautelar. O critério a ter em conta é, pois, repete-se, o da *identidade de interesses*[32].

III. O que acabamos de dizer é particularmente relevante no que diz respeito à modalidade de cláusula penal a que chamamos *cláusula penal pura ou exclusivamente compulsória*. Utilizemos, para o efeito, um exemplo real: "*Para além do legalmente previsto no caso de incumprimento do contrato, aquele que se negar ao cumprimento do mesmo ou [a] alguma das suas cláusulas terá de pagar ao outro o triplo do valor total do contrato, o que estabelecem e aceitam como cláusula penal*". Será válida esta cláusula?

O Supremo Tribunal de Justiça ainda recentemente decidiu que sim. E com inteira razão[33]. Nós próprios o vimos dizendo de há muito. Trata-se, por força do acordo das partes, de um montante (pequeno ou grande) que *acresce* à execução específica ou à indemnização pelo não cumprimento, ou, como nesse caso concreto, de um montante "*para além do legalmente previsto no caso de incumprimento do contrato*".

E a cláusula penal é exclusivamente compulsória porque o seu escopo é apenas esse, *não substituindo* a indemnização a que houver lugar, em caso de não cumprimento. As partes acordam que se o credor tiver de recorrer à execução específica ou à indemnização pelo não cumprimento, poderá ainda exigir um *plus*, um montante (ou algo) que *acrescerá* à realização daqueles direitos. A pena é, assim, *exclusivamente* compulsória, pois o seu único objetivo é *compelir* o devedor ao cumprimento e não o de dispensar o recurso à indemnização em caso de não cumprimento.

---

[32] Para maiores desenvolvimentos, cfr. o nosso *Cláusula penal e indemnização*, cit., pp. 424,ss, e 448,ss.
[33] Trata-se do Acórdão do STJ de 27 de Setembro de 2011 (Relator: Conselheiro Nuno Cameira), que anotamos na RLJ ano 141º, nº 3972, pp. 177,ss, e 188,ss.

Evidentemente que esta espécie de cláusula penal *não cabe no figurino* definido pelo nº 1 do art. 810º. Mas isso não significa que ela seja proibida, constituindo o art. 405º *fundamento legal* bastante para permitir às partes estipularem *outras modalidades de cláusulas penais*, para lá daquela que o legislador definiu no art. 810º e regulou nas normas seguintes – como as partes vêm efetivamente fazendo e os tribunais reconhecem. Mas não deporá contra a *validade* da cláusula penal pura ou exclusivamente compulsória a regra da *proibição do cúmulo*? De modo algum!

Muito sinteticamente: como vimos, esta pena não é convencionada como *reparação* pelo dano do incumprimento, ela é *estritamente compulsória* exatamente porque não se destina a *substituir* o cumprimento da prestação ou a indemnização pelo não cumprimento, o que significa que *esse interesse* do credor não é considerado ao estipulá-la, ela *não coenvolve* esse interesse, não constitui uma *sua* avaliação; assim, não cumprindo o devedor *sponte sua*, o facto de a pena *acrescer* à execução específica ou à indemnização pelo inadimplemento não conduz a uma situação de *cúmulo,* pois o interesse que o credor satisfaz, por qualquer destas vias, *não coincide nem absorve* o que o levara a estipular a pena – essa falta de *identidade de interesses* exclui o cúmulo, razão por que a pena não é abrangida pela proibição constante do art. 811º, nº 1. Recorde-se que o que esta norma efetivamente proíbe é o cúmulo ("O credor não pode exigir *cumulativamente* (...)")[34].

E evidentemente que eventuais injustiças ou abusos da pena exclusivamente compulsória serão sempre combatidos através do art. 812º, norma que é aplicável a *todas* as espécies de cláusulas penais.

3. A pena como sanção – cláusulas penais compulsórias

Posto isto, para finalizarmos, algumas questões importa ainda suscitar: terá a pena que *consistir sempre* numa *avaliação da indemnização*? Servirá a cláusula penal *só para avaliar o dano*? Não poderá a pena, por acordo das partes, constituir uma *sanção*, a cargo do devedor, se este não cumprir? E terá a *sanção* que ser exercida *através da indemnização*? Repare-se que até aqui ocupámo-nos fundamentalmente com a *cláusula de fixação antecipada da indemnização*, isto é, com a *espécie* de cláusula penal que privilegia a *função indemnizatória*[35], analisando, nesse contexto, alguns dos principais aspetos do *relacionamento* entre a pena e o dano[36].

---

[34] Também não depõe contra a validade da cláusula penal pura ou exclusivamente compulsória o disposto nos nºs 2 e 3 do art. 811º: a este respeito, v. a nossa *Anotação*, cit., RLJ ano 141º, pp. 193,ss, e já antes, desenvolvidamente, o nosso *Cláusula penal e indemnização*, cit., pp. 601,ss. Em sentido contrário, porém, cfr. Calvão da Silva, *Cumprimento e sanção pecuniária compulsória*, 4ª ed., Almedina, Coimbra, 2002, p. 259, nota 471.

[35] Cfr., *supra*, nº 2.

[36] Se bem que sempre fomos relevando alguns pontos onde o regime é *comum* às várias espécies de cláusulas penais: o credor não tem que provar o dano, a pena não é devida se o devedor provar

Mas evidentemente que a cláusula penal *não serve só para pré-avaliar o dano* nem tem que constituir sempre uma *indemnização predeterminada pelas partes*. De entre a *multiplicidade de funções*[37] que a cláusula penal está vocacionada a desempenhar, *consoante a intencionalidade prático-normativa das partes*[38], ocupa lugar de especial destaque a *função compulsória*[39].

Efetivamente, a cláusula penal pode constituir um poderoso instrumento de *coerção* ao cumprimento, de *pressão* sobre o devedor, de *estímulo* ao respeito dos compromissos assumidos. Para o efeito, a pena consistirá numa *ameaça* que pesa sobre aquele que não cumprir. Destina-se a *zelar* pelo cumprimento das obrigações assumidas, podendo constituir, nessa medida, um importante instrumento de *moralização*, de *reforço* do mecanismo contratual e da *confiança* das partes[40].

Ninguém duvida que a cláusula penal pode desempenhar esta função. Mas, pergunta-se: *terá a função compulsória de ser necessariamente exercida através da indemnização?* Terá a pena de constituir *sempre* uma *indemnização*?

Os defensores da tese tradicional da *dupla função* responderiam que sim – pelo nosso lado, *rejeitamos* em absoluto essa posição[41]!

Na verdade, não concordamos que a função compulsória da cláusula penal seja *corretamente* exercida *através* da indemnização – pelo *sacrifício* que isso acarretaria a princípios fundamentais da obrigação de indemnização[42] – nem concordamos que *tenham* as partes de recorrer à *indemnização* para que a pena possa atuar como medida compulsória. Além de não ser a indemnização a via *adequada* para exercer a função compulsória, também não é a indemnização a via *necessária* para cumprir tal finalidade!

---

que não teve culpa e a pena é suscetível de ser judicialmente reduzida se for "manifestamente excessiva". Dissemos já também, pelo contrário, que o regime do art. 811º se restringe à modalidade de cláusula penal definida na norma antecedente (nº 1 do art. 810º), ou seja, à cláusula de fixação antecipada da indemnização.

[37] Chamando expressamente a atenção para a *"multifuncionalidade da cláusula penal"*, v. Judith Martins-Costa, no tomo II, vol. V, dos *Comentários ao Novo Código Civil*, cit., pp. 625-627.

[38] Efetivamente, é de um problema de *interpretação* negocial que se trata, este de apurar a *espécie* de cláusula penal acordada, pelo que há-de ser decidido à luz do disposto nos arts. 236º e ss.

[39] Terá a cláusula penal também uma função *punitiva*? E uma função *disciplinar*? Pode ver-se, a propósito, António Pinto Monteiro, *Cláusula penal e indemnização*, cit., pp. 41-43, 71-74 e 139,ss.

[40] Evidentemente que eventuais *excessos* serão sempre combatidos pelo recurso aos instrumentos jurídicos adequados, principalmente ao art. 812º; por outro lado, recorde-se, o devedor *não incorre na pena* se provar que não teve culpa (competindo-lhe a ele, naturalmente, ilidir a presunção de culpa que sobre si recai: art. 799º, nº 1).

[41] Pode ver-se a justificação na nossa dissertação de doutoramento, cit., pp. 299,ss, 419,ss e *passim*, mas esp. pp. 577,ss.

[42] Cfr. a nossa *Cláusula penal e indemnização*, cit., esp. pp. 626-629.

Porque é que as partes *hão-de ter de recorrer à indemnização* para forçar o devedor a cumprir?! Porque é que a função compulsória há-de ter de ser exercida *através* da indemnização?! Não será a *cláusula penal exclusivamente compulsória*, desde logo, prova *evidente* de que esta função *não é exercida através da indemnização*, pois a pena *acresce*, por acordo das partes, à indemnização a que houver lugar?! Não será claro que a pena é uma *sanção*?! E porque não haveriam de poder as partes acordar *numa outra prestação* – por exemplo, transmissão das ações de determinada sociedade, entrega de um quadro de Picasso ou de um valioso automóvel de coleção, pagamento de uma soma pecuniária elevada, etc. – se o devedor não cumprir a prestação a que se vinculou?

Comecemos pela cláusula penal exclusivamente compulsória.

3.1. Cláusula penal pura ou exclusivamente compulsória

Já atrás dissemos em que consiste esta *espécie* de cláusula penal, que designamos de *cláusula penal pura ou exclusivamente compulsória*, assim como já mostrámos que não há obstáculos legais à sua validade e que ela tem sido aceite pela jurisprudência[43].

Ora, é fácil concluir que a função compulsória *não é aqui exercida através da indemnização*, pela simples mas óbvia razão de que a pena estipulada pelas partes *não substitui* a indemnização, antes *acresce* à indemnização a que houver lugar nos termos gerais. A pena destina-se *exclusivamente* a *compelir* o devedor ao cumprimento, pelo que, não cumprindo o devedor, ela será devida a título meramente *sancionatório*, sem qualquer escopo ou finalidade indemnizatória. Prova evidente de que *a função compulsória não é exercida através da indemnização*.

3.2. Cláusula penal em sentido estrito ou propriamente dita

I. Maiores dificuldades suscita a modalidade de cláusula penal em sentido estrito ou propriamente dita. E isto porque, tal como a cláusula de fixação antecipada da indemnização, também ela *substitui* a indemnização a que tem direito o credor em caso de incumprimento do devedor.

Podemos, assim, desde já concluir que há cláusulas penais em que a pena *substitui* a indemnização: a cláusula de fixação antecipada da indemnização e a cláusula penal em sentido estrito; e há outra espécie de cláusula penal em que a pena não substitui, antes *acresce* à indemnização: a cláusula penal pura ou exclusivamente compulsória.

II. Há que distinguir, no entanto, as duas primeiras espécies de cláusulas penais. Têm de *comum* o facto de ambas *substituírem* a indemnização devida ao credor; mas são *diferentes*, porque a primeira destina-se a *pré-avaliar o dano*, a fixar

---

[43] Cfr., *supra*, ponto 2.5. – III.

antecipadamente o montante da indemnização, ao passo que a segunda visa *pressionar* o devedor a cumprir.

Assim, enquanto a primeira substitui a indemnização porque é, ela própria, afinal, *a indemnização*, com a particularidade de ter sido prévia e convencionalmente fixada, já a segunda, pelo contrário, *não é a indemnização*, embora substitua esta, porque e na medida em que constitui *uma outra prestação* destinada a *satisfazer o interesse do credor*, razão por que, satisfeito este interesse com o cumprimento da pena, *não há dano a reparar*, não havendo lugar, por conseguinte, para a indemnização.

Decorre do exposto, repete-se, que a cláusula de fixação antecipada da indemnização e a cláusula penal em sentido estrito têm de *comum* o facto de ambas *substituírem* a indemnização, embora por razões diferentes: a primeira é, ela própria, a *indemnização*, enquanto que a segunda constitui uma *sanção*.

Por outro lado, qualquer destas espécies de cláusulas penais difere, por sua vez, da *cláusula penal pura ou exclusivamente compulsória*, exatamente porque esta *não substitui*, antes *acresce* à indemnização, ao contrário das duas primeiras.

Finalmente, a cláusula penal pura ou exclusivamente compulsória tem de comum com a cláusula penal em sentido estrito o facto de ambas se destinarem a *compelir* o devedor ao cumprimento – e não a fixar a indemnização –, sendo devidas, em caso de incumprimento, a título de *sanção*. Por isso estão ambas compreendidas na cláusula penal compulsória, se bem que uma *acresça* e outra *substitua* a indemnização, nos termos já referidos.

III. Resta dizer que compreendemos a cláusula penal em sentido estrito no quadro de uma *obrigação com faculdade alternativa em benefício do credor* ("a parte creditoris"). Daí que a pena seja aqui devida independentemente da *existência* ou do *montante* do dano.

Trata-se, numa palavra, de uma *sanção*, cujo *modus operandi* não é o da indemnização, nem esta se afigura, de resto, como via ou mecanismo adequado para a atuação da primeira. Assim se explica, pois, sem dificuldade, a *irrelevância* do dano efetivo para a exigibilidade da pena. Em sentido estrito, esta não é mais do que uma sanção acordada entre as partes e que é atuada por via de uma outra prestação, que o credor, em certas condições, tem a faculdade de exigir, em alternativa à prestação inicial; se, ao invés, o escopo das partes for a liquidação do dano, trata-se, tão só e apenas, de disciplinar previamente a obrigação de indemnizar, não de criar uma *nova sanção*, em *substituição* ou em *aditamento* à que a lei prevê. Assim se explica, igualmente, que a pena funcione como *meio de pressão*, que possa ser estipulada com uma finalidade *coercitiva*, representando, todavia, ao mesmo tempo, uma forma de *satisfazer o credor* – sem, com isso, repete-se, a considerarmos uma indemnização predeterminada ou a confundirmos com a indemnização[44].

4. Conclusão

Em suma, numa síntese final, decorre de tudo o que dissemos que a noção de cláusula penal constante da lei (nº 1 do art. 810º) é demasiado *acanhada*, pois não abrange todas as possíveis espécies que as partes podem eleger, ao abrigo do *princípio da liberdade contratual* (art. 405º). Por outro lado, como também já sublinhámos, o regime prescrito no art. 811º só faz sentido para a cláusula de fixação antecipada da indemnização, definida na norma antecedente.

Assim, para concluir, entendemos que é de definir a cláusula penal, em sentido amplo, como a estipulação em que qualquer das partes, ou uma delas apenas, se obriga antecipadamente, perante a outra, a efetuar certa prestação, normalmente em dinheiro, em caso de não cumprimento ou de não cumprimento perfeito (*maxime*, em tempo) de determinada obrigação, a fim de proceder à liquidação do dano ou de compelir o devedor ao cumprimento.

Desejando as partes proceder à liquidação do dano, recorrem a uma *cláusula de fixação antecipada da indemnização*[45], cláusula através da qual, por acordo prévio, estabelecem o montante da indemnização que o devedor terá de pagar no caso de violar a obrigação assumida.

Mas se o escopo das partes for outro, se a intenção delas for a de criar um instrumento compulsório, de duas uma: ou acordam numa cláusula penal *pura ou exclusivamente compulsória*[46] ou numa *cláusula penal em sentido estrito*[47]: no primeiro caso, a pena é um *plus*, é algo que *acresce* à execução específica ou à indemnização que for devida, nos termos gerais; no segundo caso, a cláusula penal visa *compelir* o devedor ao cumprimento através da ameaça de uma outra prestação, que o credor terá a faculdade de exigir, em vez da primeira, a título *sancionatório*, no caso de o devedor se recusar a cumpri-la, e que *substituirá* a indemnização, visto que o seu valor contempla já a *satisfação* do interesse do credor.

---

[44] Para outros pontos do regime jurídico da cláusula penal em que a distinção é relevante, cfr. a nossa *Cláusula penal e indemnização*, cit., pp. 631,ss.

[45] Corresponde, designadamente, à *Schadensersatzpauschalierung* ou *pauschalierter Schadensersatz*, do direito alemão, à *clause de dommages-intérêts*, do direito francês, e à *liquidated damages clause*, do direito anglo-americano.

[46] Sobre as várias espécies de cláusulas penais e sobre as razões, critérios e efeitos desta diferenciação, pode ver-se, desenvolvidamente, o nosso *Cláusula penal e indemnização*, cit., pp. 601,ss, e 619,ss, onde pode igualmente colher-se a posição do direito comparado a tal respeito, nas pp. 497,ss.

[47] Corresponde à *Vertragsstrafe* alemã, à *clause pénale* francesa e à *penalty clause* dos países de "common law" (cfr. a nota anterior).

Assim se explica, neste último caso, sem recorrer a ficções ou artifícios, que a cláusula penal funcione como *meio de pressão* ao cumprimento e, simultaneamente, como forma de o credor, através dessa outra prestação – isto é, repete-se, da pena –, *satisfazer o interesse* que o levara a contratar. O que permite, igualmente, compreender que a pena seja devida *ainda que não haja danos,* pois ela não é uma indemnização[48]. Assim como se percebe, de igual modo, que, satisfeita a pena, a pedido do credor, este não possa exigir indemnização pelo não cumprimento da prestação devida, uma vez que esta foi já substituída por outra prestação.

---

[48] Ao contrário do que sucede na cláusula de fixação antecipada da indemnização, em que a prova, pelo devedor, de que não há danos, afasta o direito do credor à pena: cfr. *supra*, nº 2.2. – II.

Sobre a lei aplicável ao contrato de seguro perante o Regulamento Roma I[*]

LUÍS DE LIMA PINHEIRO[**]

SUMÁRIO: Introdução. I. Âmbito material de aplicação do Regulamento Roma I. II. Quadro dos regimes aplicáveis ao contrato de seguro perante o Regulamento Roma I. III. Contratos de seguro que cubram um grande risco. IV. Contratos de seguro que cubram riscos de massa situados no território dos Estados-Membros. A) Aspetos gerais. B) Designação pelas partes. C) Lei aplicável na falta de designação. V. Contratos de seguro obrigatório. VI. Contratos de seguro não abrangidos pelo art. 7º do Regulamento. VII. Relações com o regime interno. VIII. Considerações Finais.

Introdução

A determinação do Direito aplicável constitui um dos problemas de regulação jurídica específicos dos contratos internacionais. Enquanto os contratos internos são diretamente disciplinados pelo Direito material vigente na ordem jurídica portuguesa, a definição do regime material aplicável aos contratos internacionais pressupõe uma operação prévia de determinação do Direito aplicável[1]. Estas asserções podem constituir lugares-comuns, mas, perante uma prática jurídica que frequentemente as ignora, não parece despiciendo reiterá-las.

---

* Texto que serviu de base à comunicação apresentada no Curso de Pós-Graduação em Direito dos Seguros, na Faculdade de Direito da Universidade de Lisboa, em janeiro de 2012, reformulado com vista à sua publicação nos *Estudos em Homenagem ao Dr. Miguel Galvão Teles*.

** Professor Catedrático da Faculdade de Direito da Universidade de Lisboa.

[1] Problema que, tradicionalmente, se colocava exclusivamente em termos de determinação da ordem jurídica estadual competente, mas que, perante os avanços realizados pela unificação supraestadual do Direito material aplicável e os fenómenos de internacionalpublicização e transnacionalização de muitos contratos internacionais, deve ser formulado de modo mais amplo, uma vez que o Direito aplicável pode não ser estadual e, porventura, nem integrar uma ordem jurídica.

Quando é que o contrato de seguro se pode considerar internacional? Num plano muito geral pode dizer-se que é internacional quando apresenta contactos juridicamente relevantes com mais de um Estado soberano. Mas quais são os contactos juridicamente relevantes? Tem-se revelado muito difícil a formulação de um critério de internacionalidade aplicável a todos os contratos e, mesmo, a uma particular categoria contratual, como o contrato de seguro[2].

A tarefa do intérprete está facilitada quando um dos elementos de conexão utilizados pelas normas de conflitos aplicáveis esteja situado no estrangeiro. Mas mesmo aqui as generalizações são perigosas. Por exemplo, a nacionalidade estrangeira do tomador do seguro será um elemento de estraneidade suficiente para considerar o contrato de seguro de vida internacional, mas já não para impor essa qualificação relativamente a outras modalidades de seguro. O lugar da celebração do contrato no estrangeiro será relevante num seguro de viagem ou de férias, mas poderá não ser suficiente noutras modalidades de seguro.

Em casos-limite terá de se fazer uma valoração face ao conjunto das circunstâncias do caso concreto. Trata-se de saber se as finalidades prosseguidas pela norma de conflitos em causa e, mais em geral, os valores e princípios do sistema de Direito de Conflitos em que se integra justificam que um determinado contrato lhe seja submetido e, designadamente, que as partes possam escolher uma lei estrangeira para o reger[3].

O Direito de Conflitos em matéria de contratos obrigacionais nos Estados-Membros da União Europeia foi unificado, primeiro pela Convenção de Roma sobre a Lei Aplicável às Obrigações Contratuais (1980) e em seguida pelo Reg. (CE) nº 593/2008 sobre a Lei Aplicável às Obrigações Contratuais (Roma I).

A Convenção de Roma entrou em vigor para Portugal em 1 de setembro 1994. A Convenção aplica-se, em Portugal, aos contratos celebrados após a sua entrada em vigor no nosso país (art. 17º) que não caiam dentro do âmbito de aplicação do Regulamento Roma I.

---

[2] Ver, designadamente, o critério defendido por NUNO PISSARRA – "Breves considerações sobre a lei aplicável ao contrato de seguro", *Cuadernos de Derecho Transnacional* vol. 3 nº 2 (2011) 10-51, 22, e "Direito aplicável", *in Temas de Direito dos Seguros*, org. por Margarida Lima Rego, 65-102, Coimbra, 2012, 72 e segs.

[3] Ver, com mais desenvolvimento e referências, Luís de LIMA PINHEIRO – *Direito Comercial Internacional*, Coimbra, 2008, § 20, e Eduardo SANTOS JÚNIOR – "Sobre o conceito de contrato internacional", *in Est. Marques dos Santos*, vol. I, 161-192, Coimbra, 2005.

O Regulamento Roma I substituiu a Convenção de Roma entre os Estados-Membros por ele vinculados[4]. O Regulamento Roma I vincula todos os Estados-Membros com exceção da Dinamarca[5].

Quando o Regulamento se refere a "Estado-Membro" entende-se apenas os Estados-Membros por ele vinculados, com exceção do disposto nos arts. 3º/4 e 7º (art. 1º/4). Portanto, para efeitos de aplicação do art. 7º, sobre contratos de seguro, a Dinamarca é considerada um Estado-Membro. Acresce que nos termos do art. 178º da Diretiva 2009/138/CE, os Estados-Membros não sujeitos à aplicação do Regulamento aplicam o disposto no Regulamento para determinar a lei aplicável aos contratos de seguro abrangidos pelo art. 7º do mesmo Regulamento[6].

O Direito de Conflitos contido no Regulamento é aplicável aos contratos celebrados a partir de 17 de dezembro de 2009 (art. 28º).

O problema da determinação do Direito aplicável ao contrato de seguro pode colocar-se quer no caso em que as partes tenham celebrado uma convenção de arbitragem quer naquele em que os tribunais competentes para a resolução de litígios sejam estaduais. Embora o ponto não seja pacífico, entendo que os critérios de determinação do Direito aplicável não são necessariamente os mesmos e, por conseguinte, exigem um exame diferenciado[7]. No presente estudo vou

---

[4] Com exceção dos territórios dos Estados-Membros que são abrangidos pelo âmbito de aplicação territorial da Convenção e que ficam excluídos do Regulamento por força do art. 355º do Tratado sobre o Funcionamento da União Europeia (ex-art. 299º do Tratado da Comunidade Europeia) (art. 24º/1 do Regulamento).

[5] Segundo os Considerandos nºs 45 e 46 do Regulamento, nos termos dos arts. 1º e 2º dos Protocolos relativos à posição do Reino Unido e da Irlanda, e da Dinamarca, o Reino Unido e a Dinamarca não participaram na aprovação do Regulamento e não são por ele vinculados. Já a Irlanda comunicou a sua intenção de participar na aprovação e na aplicação do Regulamento (Considerando nº 44). Todavia, por força da Decisão da Comissão de 22 de dezembro de 2008 relativa ao pedido apresentado pelo Reino Unido com vista a aceitar o Regulamento (2009/26/CE) [*JOCE* L 10/22, de 15/1/2009], o Regulamento vincula o Reino Unido.

[6] Esta Diretiva foi estendida aos Estados-Membros do Espaço Económico Europeu que não são Membros da UE. É, no entanto, controversa, a aplicabilidade do art. 7º do Regulamento aos riscos situados nestes Estados (Islândia, Liechtenstein e Noruega) – cf. Dieter MARTINY, *in Münchener Kommentar zum Bürgerlichen Gesetzbuch*, vol. X – *Internationales Privatrecht*, 5ª ed., Munique, 2010, Rom I-VO Art. 7 nº 15; Anton SCHNYDER, *in Internationales Vertragsrecht*, org. por REITHMANN/MARTINY, 7ª ed., Colónia, 2010, nº 4735; e Richard PLENDER e Michael WILDERSPIN – *The European Private International Law of Obligations*, 3ª ed., Londres, 2009, nº 10-118. Ver ainda Paola PIRODDI – "I contrati di assicurazione tra mercato interno e diritto internazionale privato", *in La nuova disciplina comunitaria della legge applicabile ai contratti (Roma I)*, org. por Nerina Boschiero, 247-297, Turim, 2009, 278.

[7] O que não exclui que na arbitragem de litígios emergentes de relações com consumidores se deva recorrer ao Direito de Conflitos geral, i.e., ao Direito de Conflitos aplicável pelos tribunais estaduais – ver Luís de LIMA PINHEIRO – *Direito Internacional Privado*, vol. II – *Direito de Conflitos/ Parte Especial*, 3ª ed., Coimbra, 2009, § 77 *in fine*.

cingir-me à determinação do Direito aplicável na falta de uma convenção de arbitragem[8].

Uma vez que o Regulamento constitui a principal fonte de Direito de Conflitos geral vigente na ordem jurídica portuguesa em matéria de seguros, o estudo incidirá sobre o regime nele contido. No entanto, será feita referência a outras fontes de regulação na ordem interna que tenham relevância no quadro do Regulamento.

O âmbito de aplicação da lei reguladora do contrato, que resulta do disposto nos arts. 10º/1, 12º e 18º/1 do Regulamento, abrange, designadamente:

- a formação e a validade substancial (art. 10º/1)[9];
- a interpretação (art. 12º/1/a);
- o cumprimento das obrigações dele decorrentes (art. 12º/1/b);
- nos limites dos poderes atribuídos ao tribunal pela respetiva lei de processo, as consequências do incumprimento total ou parcial dessas obrigações, incluindo a avaliação do dano, na medida em que esta avaliação seja regulada pela lei (art. 12º/1/c);
- as diversas causas de extinção das obrigações (art. 12º/1/d);
- as consequências da invalidade do contrato (art. 12º/1/e);
- as presunções legais e a repartição do ónus da prova (art. 18º/1).

O Regulamento dispõe ainda de normas de conflitos para determinadas questões parciais, mormente a validade formal (art. 11º), os modos de cumprimento e as medidas que o credor deve tomar no caso de cumprimento defeituoso (art. 12º/2). Certas questões parciais deverão ser apreciadas segundo a lei designada por normas de conflitos de fontes, como é o caso da capacidade (art. 1º/2/a), e da sub-rogação legal da seguradora contra terceiro responsável pelos danos causados ao segurado (art. 19º do Regulamento Roma II) ([10]).

Estas normas de conflitos não são privativas do contrato de seguro, razão por que não se justifica proceder ao seu exame no presente estudo.

Quanto ao Direito aplicável à ação direta do lesado contra a seguradora, limitar-me-ei a referir que o art. 18º do Regulamento Roma II determina que o "lesado pode demandar diretamente o segurador do responsável pela reparação, se a lei aplicável à obrigação extracontratual ou a lei aplicável ao contrato de seguro assim o previr".

---

[8] Sobre a determinação do Direito aplicável ao mérito da causa na arbitragem transnacional, ver Luís de Lima Pinheiro – *Arbitragem Transnacional. A Determinação do Estatuto da Arbitragem*, Coimbra, 2005, 234 e segs., 263 e segs. e 552 e segs., e (n. 8) 553 e segs., com mais referências.

[9] Ver, porém, art. 10º/2.

[10] Ver, porém, art. 13º.

À luz destas considerações, importa principiar pelo exame do âmbito material de aplicação do Regulamento Roma I (I) e pelo quadro dos regimes aplicáveis ao contrato de seguro no mesmo instrumento (II); seguir-se-á o estudo de cada um destes regimes: seguro de grandes riscos (III), seguro de riscos de massa situados no território de Estados-Membros (IV), seguro obrigatório (V), seguro não abrangido pelo art. 7º do Regulamento (VI). Por último, serão escrutinadas as relações com o regime de fonte interna (VII) e tecidas algumas considerações finais (VIII).

I. Âmbito material de aplicação do Regulamento Roma I

O Regulamento aplica-se às obrigações contratuais em matéria civil e comercial. Não se aplica, designadamente a matérias administrativas (art. 1º/1/§ 2º), o que exclui a segurança social e relações de seguro com natureza jurídico-pública[11].

O Regulamento exclui do seu âmbito de aplicação determinadas obrigações em matéria civil e comercial (art. 1º/2). No que toca aos contratos de seguro, apenas são excluídos os decorrentes de atividades levadas a efeito por organismos que não as empresas referidas no artigo 2º da Diretiva 2002/83/CE Relativa aos Seguros de Vida cujo objetivo consiste em fornecer prestações a assalariados ou a trabalhadores não assalariados que façam parte de uma empresa ou grupo de empresas, a um ramo comercial ou grupo comercial, em caso de morte ou sobrevivência, de cessação ou redução de atividades, em caso de doença profissional ou de acidente de trabalho (j).

O art. 2º desta Diretiva regula o seu âmbito de aplicação, que abrange a atividade de seguro de vida direto praticada por empresas estabelecidas num Estado-Membro ou que nele pretendam estabelecer-se, bem como o exercício de determinadas atividades[12]. A Diretiva 2002/83/CE foi revogada pela Diretiva 2009/138/CE,

---

[11] Cf. *MünchKomm.*/MARTINY (n. 6) Art. 7 nº 7.

[12] O art. 2º da Dir. 2002/83/CE na versão consolidada de 20/3/2008 tem a seguinte redação:
"A presente diretiva diz respeito ao acesso à atividade não assalariada do seguro direto praticada por empresas estabelecidas num Estado-Membro ou que nele pretendam estabelecer-se, bem como ao exercício das seguintes atividades:
1. Os seguintes seguros, quando decorram de um contrato:
a) O ramo "Vida", isto é, o que inclui, nomeadamente, o seguro em caso de vida, o seguro em caso de morte, o seguro misto, o seguro em caso de vida com contra-seguro, o seguro de nupcialidade, o seguro de natalidade;
b) O seguro de renda;
c) Os seguros complementares praticados por empresas de seguros de vida, isto é, os seguros de danos corporais, incluindo-se nestes a incapacidade para o trabalho profissional, os seguros em caso de morte por acidente, os seguros em caso de invalidez por acidente ou doença, sempre que estes diversos seguros forem complementares dos seguros de vida;
d) O seguro praticado na Irlanda e no Reino Unido, denominado "permanent health insurance" (seguro de doença a longo prazo), não rescindível.

com efeitos a partir de 1 de novembro de 2012 (parece que a partir desta data a remissão se deve considerar feita para o art. 2º desta Diretiva).

A Convenção de Roma só regula uma parte dos contratos de seguro: os que cubram riscos situados fora do território de um Estado-Membro (art. 1º/3), bem como os contratos de resseguro (art. 1º/4) ([13]).

Relativamente aos contratos de seguro que cubram riscos situados no território de um Estado-Membro celebrados antes de 17 de dezembro de 2009, é aplicável o Direito de Conflitos de fonte interna, que resulta, em parte, da transposição das diretivas relevantes na matéria ([14]).

Já o Regulamento Roma I se aplica à generalidade dos contratos de seguro celebrados a partir de 17 de dezembro de 2009, com exceção dos referidos no art. 1º/2/j.

Dentro do seu âmbito de aplicação, o art. 7º do Regulamento Roma I afasta as soluções contidas noutras disposições de Direito europeu (art. 23º). Prevalece,

---

2. As seguintes operações, quando decorrem de um contrato, desde que estejam submetidas à fiscalização das autoridades administrativas competentes para a fiscalização dos seguros privados:
a) As operações de tontinas, que se traduzem na constituição de associações que reúnam aderentes com o objetivo de capitalizar em comum as suas quotizações e de repartir o capital assim constituído, quer entre os sobreviventes, quer entre os herdeiros dos falecidos;
b) As operações de capitalização baseadas numa técnica atuarial, que se traduzam na assunção de compromissos determinados quanto à sua duração e ao seu montante, como contrapartida de prestações únicas ou periódicas, previamente fixadas;
c) As operações de gestão de fundos coletivos de reforma, isto é, as operações que consistem na gestão, pela empresa em causa, de investimentos e, nomeadamente, dos ativos representativos das provisões de organismos que liquidam prestações em caso de morte, em caso de vida, ou em caso de cessação ou redução de atividades;
d) As operações indicadas na alínea c), quando conjugadas com uma garantia de seguro respeitante quer à manutenção do capital, quer à obtenção de um juro mínimo;
e) As operações efetuadas pelas empresas de seguros, tais como as previstas no «Code Français des Assurances» – Livro IV, título4, capítulo 1.
3. As operações dependentes da duração da vida humana, definidas ou previstas na legislação dos seguros sociais, desde que sejam praticadas ou geridas em conformidade com a legislação de um Estado-Membro por empresas de seguros, suportando elas próprias o risco inerente."
[13] Para determinar se um risco se situa no território de um Estado comunitário aplica-se o Direito material da *lex fori* (art. 1º/3/2ª parte). No Direito português ver art. 2º/1/j do DL nº 94-B/98, de 17/4, com a redação dada pelo DL nº 2/2009, de 5/1.
[14] Designadamente, a partir de 1 de janeiro de 2009, as normas de Direito Internacional Privado do Regime Jurídico do Contrato de Seguro. Anteriormente, a transposição das Diretivas comunitárias nesta matéria foi visada primeiro, pelo DL nº 102/94, de 20/4, e em seguida, pelo DL nº 94-B/98, de 17/4. Ver, sobre o regime conflitual contido nestes diplomas, FLORBELA PIRES – "Da Lei Aplicável ao Contrato de Seguro", *RJ* 18/19 (1996) 259-323; Id. – *Seguro de Acidentes de Trabalho*, Lisboa, 1999, 51 e segs.; Luís de LIMA PINHEIRO – *Direito Internacional Privado*, vol. II – *Direito de Conflitos/Parte Especial*, 2ª ed., Coimbra, 2002, 226 e segs.; e NUNO PISSARRA (n. 2 [2011]) 15 e segs., e (n. 2 [2012]) 67 e segs.

por conseguinte, sobre as normas de conflitos contidas na Segunda Diretiva 88/357/CEE Relativa à Coordenação das Disposições Legislativas, Regulamentares e Administrativas Respeitantes ao Seguro Direto Não Vida[15], e na Diretiva 2002/83/CE, Relativa aos Seguros Vida, bem como sobre as normas internas que as transponham. Com efeito, as normas de conflitos contidas nestas Diretivas são aplicáveis aos contratos que cobrem riscos situados no território de um Estado comunitário quando a empresa seguradora está estabelecida na Comunidade[16]. De resto, o art. 7º baseia-se em vasta medida nas normas de conflitos contidas nas diretivas europeias.

As diretivas anteriormente referidas foram entretanto revogadas pela Diretiva 2009/138/CE (art. 310º), mas com efeitos reportados a 1 de novembro de 2012.

II. Quadro dos regimes aplicáveis ao contrato de seguro perante o Regulamento Roma I

O Regulamento contém uma disposição sobre contratos de seguro (art. 7º). Mas o art. 7º não regula todos os contratos de seguro que caem dentro do âmbito de aplicação do Regulamento.

O art. 7º regula (nº 1):

– os *seguros que cubram um grande risco*, tal como definido na alínea d) do artigo 5º da Primeira Diretiva 73/239/CEE Relativa à Coordenação das Disposições Legislativas, Regulamentares e Administrativas Respeitantes ao Acesso à Atividade de Seguro Direto Não Vida e ao seu Exercício (parece que a partir de 1 de Novembro de 2012 esta remissão deve entender-se como sendo feita para o art. 13º/27 da Diretiva 2009/138/CE, que revogou a Primeira Diretiva, embora a correspondência não conste do Anexo VII desta Diretiva) ([17]);
– os outros seguros – ditos *seguros de riscos de massa* – que cubram riscos situados no território dos Estados-Membros.

Nos termos do art. 5º/d da Primeira Diretiva 73/239/CEE (versão consolidada de 1/1/2007) consideram-se grandes riscos:

– os riscos relativos a veículos ferroviários; aeronaves; embarcações marítimas, lacustres ou fluviais; mercadorias transportadas (incluindo bagagens);

---

[15] Alterada pela Dir. do Conselho 92/49/CEE, de 18/6.

[16] Cf. *Max Planck Institute for Comparative and International Private Law* – "Comments on the European Commission's Proposal for a Regulation of the European Parliament and the Council on the law applicable to contractual obligations (Rome I)", *RabelsZ.* 71 (2007) 225-344, 278. Ver ainda, sobre o Direito de Conflitos contido nestas Diretivas, PIRODDI (n. 6) 261 e segs.

[17] Ver art. 310º da Dir. 2009/138/CE.

e à responsabilidade resultante da utilização de aeronaves e embarcações marítimas, lacustres e fluviais;
- os riscos relativos ao crédito e à caução, sempre que o tomador do seguro exerça a título profissional uma atividade industrial, comercial ou liberal e o risco seja relativo a essa atividade;
- os riscos relativos a veículos terrestres (não ferroviários), incêndio e elementos da natureza (com exceção da tempestade), outros danos em coisas, responsabilidade resultante da utilização de veículos terrestres motorizados, qualquer outra responsabilidade civil e perdas pecuniárias diversas, desde que se verifiquem determinados requisitos relativos ao total do balanço, ao montante líquido do volume de negócios e ao número médio de empregados, i.e., basicamente, que o tomador do seguro seja uma empresa de grande ou média dimensão.

De um ponto de vista de técnica legislativa, seria preferível que a disposição definisse diretamente os grandes riscos, em lugar de remeter para outro diploma. Esta opção poderia ser acompanhada de ajustamentos porventura reclamados pelas finalidades prosseguidas pelo Direito de Conflitos e ser alinhada com o disposto, em matéria de competência internacional, no art. 14º do Regulamento Bruxelas I.

O regime estabelecido para os contratos que cubram *grandes riscos* – onde quer que estejam situados –, corresponde, em princípio, ao estabelecido pelas regras gerais do Regulamento (art. 7º/2).

Já o regime aplicável aos seguros que cubram *riscos de massa situados no território de Estados-Membros* visa *proteger o tomador do seguro*, introduzindo soluções divergentes das que decorreriam das regras gerais do Regulamento (art. 7º/3). Estas divergências traduzem-se numa limitação da liberdade de escolha pelas partes da lei reguladora do contrato e na remissão, na falta de escolha válida, para a lei do Estado-Membro em que o risco se situa, que é, em regra, o Estado da residência habitual ou estabelecimento do tomador do seguro.

Os *seguros que cubram riscos de massas situados fora do território dos Estados-Membros* ficam submetidos às outras disposições do Regulamento (não só às gerais, mas também, à relativa aos contratos celebrados com consumidores).

O Considerando nº 33 assinala que quando um contrato de seguro que não cubra um grande risco cobrir mais do que um risco dos quais pelo menos um se situe num Estado-Membro e pelo menos um num país terceiro, o art. 7º apenas se deverá aplicar ao risco ou aos riscos situados no Estado-Membro ou nos Estados-Membros relevantes. Por exemplo, um seguro de multi-riscos habitação cobrindo uma habitação situada em Portugal e uma habitação situada no Brasil, será fracionado, aplicando-se à parte relativa ao risco situado em Portugal o art. 7º e à parte relativa ao risco situado no Brasil as outras disposições do Regulamento.

Perante o Regulamento Roma I, a escolha pelas partes do Direito aplicável ao contrato só pode incidir sobre um sistema jurídico estadual ou local. Já anteriormente tive ocasião de me pronunciar em sentido crítico com respeito a esta limitação[18]. *De iure condito*, porém, importa assinalar que, na falta de uma convenção de arbitragem, as partes de um contrato de seguro não podem, por exemplo, escolher os Princípios de Direito Europeu do Contrato de Seguro[19]. Nada obsta, porém, a que a União Europeia adote um instrumento opcional, neste domínio, que possa ser escolhido pelas partes como Direito regulador do contrato (possibilidade já prevista no Considerando nº 14 do Regulamento).

III. Contratos de seguro que cubram um grande risco

Quanto aos seguros que cubram um grande risco, o regime estabelecido pelo nº 2 corresponde – como já assinalei – às regras gerais do Regulamento:

- as partes podem escolher a lei aplicável nos termos do art. 3º;
- na falta de escolha, aplica-se a lei do país em que o segurador tem a sua residência habitual;
- esta solução é flexibilizada por uma cláusula de exceção idêntica à do art. 4º/3.

Ao abrigo do art. 3º, as partes podem escolher a lei de qualquer Estado (ou sistema local vigente dentro de um Estado – art. 22º/1) para reger o contrato. Não se exige uma conexão objetiva entre o contrato e a lei escolhida nem, segundo o entendimento dominante, há lugar a qualquer controlo sobre o interesse que preside à escolha de determinada lei[20].

A designação pelas partes do Direito aplicável pode ser expressa ou tácita. Neste segundo caso tem de resultar de "forma clara das disposições do contrato ou das circunstâncias do caso" (art. 3º/1/2ª parte). Por exemplo, o contrato que se baseie num modelo inspirado por determinado sistema jurídico ou adotado por instituição reguladora da atividade seguradora de certo país[21].

---

[18] Ver LIMA PINHEIRO (n. 7) § 65 B, com mais referências.

[19] Ver Helmut HEISS – "Insurance Contracts in Rome I: Another Recent Failure of the European Legislature", *Yb. PIL* 10 (2008) 261-283, 273. Os "Princípios" estão acessíveis *in http://www.restatement.info*. Diferente é a possibilidade de incorporação dos "Princípios" como cláusulas do contrato dentro dos limites traçados pelas normas imperativas do sistema jurídico competente (referência material), a que alude o Considerando nº 13 do Regulamento.

[20] Ver LIMA PINHEIRO (n. 7) § 65 B, com mais referências.

[21] Ver Mario GIULIANO e Paul LAGARDE – "Rapport concernant la convention sur la loi applicable aux obligations contractuelles", *JOCE* C 282, 31/10, 1980, 17, referindo como exemplo uma apólice de seguro marítimo da Lloyd's; e NUNO PISSARRA (n. 2 [2011]) 24 e 44, e (n. 2 [2012]) 78-79.

Na falta de escolha, aplica-se a lei do país em que o segurador tem a sua residência habitual. Esta solução corresponde à doutrina da prestação característica que inspira, em vasta medida, o disposto nas regras gerais do art. 4º. Segundo esta doutrina, o contrato deve ser regulado, na falta de designação feita pelas partes, pela lei do devedor da prestação característica. A prestação característica, no contrato de seguro, é a do segurador. Isto é assim, mesmo que na maioria dos casos a prestação do segurador seja uma prestação pecuniária, uma vez que é a obrigação de realizar esta prestação em caso de ocorrência de um sinistro que caracteriza o contrato[22].

Por residência habitual do segurador, que é em toda a regra um ente coletivo, entende-se o local onde se situa a sua administração central (art. 19º/1).

Caso o contrato seja celebrado no âmbito de exploração de um estabelecimento situado num país diferente daquele onde se situa a administração central, ou se, nos termos do contrato, o cumprimento das obrigações dele decorrentes é a da responsabilidade desse estabelecimento, considera-se que a residência habitual corresponde ao lugar da situação do estabelecimento (art. 19º/2).

O momento relevante para determinar a residência habitual é a data da celebração do contrato (art. 19º/3).

Esta solução supletiva é flexibilizada por uma cláusula de exceção, i.e., por uma proposição segundo a qual se resultar claramente do conjunto das circunstâncias do caso que o contrato apresenta uma conexão manifestamente mais estreita com um país que não é o da residência habitual do segurador, é aplicável a lei desse outro país.

Isto pode verificar-se, por exemplo, quando a residência habitual do tomador do seguro e o risco se situem nestoutro país[23]. Mas é sempre necessário ter em conta o conjunto das circunstâncias do caso.

Observe-se, porém, que também são aplicáveis a estes contratos as regras adicionais estabelecidas pelo art. 7º/4 relativamente ao seguro obrigatório (cf. art. 7º/4/b). Parece ser esta a principal razão por que o legislador comunitário autonomizou o nº 2 do art. 7º[24]. Em todo o caso, a exclusão global destes contratos do âmbito de aplicação do regime dos contratos com consumidores (art. 6º) pode ter constituído uma razão adicional para esta autonomização.

---

[22] Ver art. 1º do Regime Jurídico do Contrato de Seguro e Pedro ROMANO MARTINEZ et al. (org.) – *Lei do Contrato de Seguro Anotada*, 2ª ed., Coimbra, 2011, art. 1º an. IV por ROMANO MARTINEZ; e J. MOITINHO DE ALMEIDA – "O Contrato de Seguro e a Convenção de Roma Sobre a Lei Aplicável às Obrigações Contratuais", *in Est. Paulo de Pitta e Cunha*, vol. III, 163-181, Coimbra, 2010, 170-171, com mais referências. Sobre a solução para os casos em que o seguro seja contratado com uma pluralidade de seguradores com residência habitual em diferentes países, ver PLENDER/WILDERSPIN (n. 6) nº 10-044.

[23] Ver *MünchKomm.*/MARTINY (n. 6) nº 22.

[24] Ver HEISS (n. 19) 268.

IV. Contratos de seguro que cubram riscos de massa situados no território dos Estados-Membros

A) Aspetos gerais

A *localização do risco* coberto pelo seguro assume dupla importância no Regulamento. Primeiro, delimita, relativamente aos seguros de riscos de massa, o âmbito de aplicação do art. 7º. Segundo, releva como elemento de conexão para a determinação do Direito aplicável aos seguros que cubram riscos de massa situados no território dos Estados-Membros na falta de escolha válida pelas partes.

Justifica-se, por isso, começar por referir as regras aplicáveis à localização do risco.

A situação do risco não é um conceito fáctico, mas um conceito técnico-jurídico, que tem de ser interpretado com recurso a normas jurídicas que exprimem uma valoração.

O nº 6 do art. 7º dispõe sobre a determinação do país em que os risco se situa para efeitos dos números anteriores, distinguindo entre seguros não vida e seguros vida. No entanto, pode afirmar-se que, em regra, o risco se situa no país da residência habitual do tomador do seguro, ou, caso se trate de pessoa coletiva, no país onde se situa o estabelecimento a que o contrato diz respeito.

Esta regra só conhece exceções com respeito aos *seguros não vida*. Com efeito, quanto a estes seguros, o país no qual o risco se situa é determinado nos termos da alínea d) do artigo 2º da Diretiva 88/357/CEE.

Segundo este preceito, considera-se como Estado-Membro onde o risco se situa:

"– O Estado-Membro onde se encontrem os bens, sempre que o seguro respeite, quer a imóveis, quer a imóveis e ao seu conteúdo, na medida em que este último estiver coberto pela mesma apólice de seguro,

– o Estado-Membro de matrícula, sempre que o seguro respeite a veículos de qualquer tipo,

– o Estado-Membro em que o tomador tiver subscrito o contrato, no caso de um contrato de duração igual ou inferior a quatro meses relativo a riscos ocorridos durante uma viagem ou férias, qualquer que seja o ramo em questão,

– o Estado-Membro onde o tomador tenha a sua residência habitual ou, quando o tomador for uma pessoa coletiva, o Estado-membro onde se situe o estabelecimento da pessoa coletiva a que o contrato se refere, em todos os casos não explicitamente referidos nos travessões anteriores".

Esta última previsão abrange, designadamente, os seguros de acidentes pessoais, de saúde, de responsabilidade civil, de crédito, de proteção jurídica e de assistência.

Quanto ao *seguro vida*, o país no qual o risco se situa é o país do compromisso na aceção da al. g) do nº 1 do artigo 1º da Diretiva 2002/83/CE. Segundo este preceito, considera-se como Estado-Membro do compromisso aquele "em que o tomador reside habitualmente ou, quando se trate de pessoa coletiva, o Estado-Membro em que está situado o estabelecimento da pessoa coletiva a que o contrato diz respeito".

Como já sabemos, estas diretivas foram revogadas pela Diretiva 2009/138/CE com efeitos a partir de 1 de novembro de 2012, pelo que no futuro haverá que ter em conta os arts. 13º/13 e 14 desta Diretiva.

Relativamente a estes seguros, estabelece-se um regime especial que visa proteger os tomadores do seguro (nº 3)[25].

Com este fim, por um lado, limita-se a liberdade de designação do Direito aplicável pelas partes, (nº 3/§ 1º) e, por outro, estabelece-se que na falta de escolha válida se aplica a lei do Estado-Membro em que o risco se situe no momento da celebração do contrato (nº 3/§ 3º), que é, em regra, o Estado da residência habitual ou estabelecimento do tomador do seguro.

Este regime especial protetor do tomador de seguro diverge do regime geral estabelecido para a proteção do consumidor, estabelecido no art. 6º, e que não é aplicável aos seguros abrangidos pelo art. 7º do Regulamento (cf. art. 6º/1). Esta divergência diz respeito quer ao âmbito de proteção quer ao modo de proteção.

Quanto ao âmbito de proteção, há seguros que seriam considerados contratos com consumidores à luz do art. 6º e que não são abrangidos pelo nº 3 do art. 7º (por exemplo, o seguro relativo a uma embarcação de recreio), mas também há seguros abrangidos por este último preceito que não constituem contratos com consumidores (por exemplo, certos seguros de responsabilidade civil celebrados com empresas de pequena dimensão) ou que, sendo contratos com consumidores, não beneficiariam da proteção do respetivo regime, por não se verificar a conexão entre atividade do profissional e o Estado da residência habitual do consumidor exigida pelo art. 6º/1.

No que se refere ao modo de proteção, o regime do art. 7º/3 diverge do regime do art. 6º (ver *infra* VI), por um lado, ao limitar a liberdade de escolha da lei aplicável e, por outro, ao não assegurar o padrão mínimo de proteção concedido ao tomador do seguro pela lei supletivamente aplicável.

Isto conduz também a uma diferença de tratamento dos tomadores de seguros de massa conforme os riscos estejam situados dentro ou fora da União Europeia, podendo ocorrer casos em que o tomador de seguro que cobre riscos situados fora da União Europeia – beneficiando da aplicação do regime contido no art. 6º

---

[25] Cf. Considerando nº 32. Cp. considerações críticas de Paul LAGARDE e Aline TENENBAUM – "De la convention de Rome au règlement Rome I", *R. crit.* 97 (2008) 727-780, 774-775.

(*infra* VI) –, seja mais protegido que o tomador de seguro que cobre riscos situados dentro da União Europeia.

Admito que possam existir razões para a formulação de um regime especial para os contratos de seguro, mas a justificação do regime adotado não é suficientemente clara, o que tem gerado críticas em setores importantes da doutrina[26]. É particularmente difícil de entender, à luz dos valores e princípios gerais do Direito de Conflitos, a diferença de tratamento dos tomadores de seguro de massa conforme os riscos estão situados dentro ou fora da União Europeia.

B) Designação pelas partes

O § 1º do nº 3 delimita as leis que podem ser escolhidas pelas partes (nº 3/§ 1º). Primeiro, *a lei de qualquer Estado-Membro em que se situe o risco no momento da celebração do contrato* (a). Parece difícil encontrar sentido útil nesta previsão uma vez que, na falta de escolha, é aplicável a lei do Estado-Membro em que o risco se situa.

A versão portuguesa do preceito – que se refere à "lei de qualquer dos Estados-Membros em que se situa o risco " –, poderia levar a pensar que ele permitiria escolher, quando o contrato cubra uma pluralidade de riscos que se situam em mais de um Estado-Membro, a lei de um destes Estados, para reger o conjunto do contrato (em lugar do fracionamento do contrato e da sujeição de diferentes partes a leis diversas nos termos do nº 5). Sucede que esta interpretação tem pouco apoio noutras versões linguísticas, que se referem designadamente à "loi de tout État membre où le risque est situé", ao "law of any Member State where the risk is situated" e ao "Recht eines jeden Mitgliedstaats, in dem (...) das Risiko belegen ist". Além disso, retiraria sentido útil à previsão contida na al. e), que só admite esta possibilidade quando o tomador de seguro exerça uma atividade independente e o contrato cubra dois ou mais riscos relativos a essa atividade[27].

Existe outra possibilidade: interpretar o preceito no sentido de admitir a escolha da lei de um dos Estados-Membros em que está situado um mesmo risco plurilocalizado[28]. Mas esta interpretação também não deixa de suscitar dúvidas – no plano da coerência intrassistemática – dada a restrição introduzida na al. e) em

---

[26] Ver HEISS (n. 19) 263 e segs.; e PIRODDI (n. 6) 289 e segs. e 292 e segs., com mais referências. Cf., em sentido favorável ao sistema de regulação contido no art. 7º, mas crítico da diferença de tratamento em função da localização do risco dentro ou fora da União Europeia, Urs GRUBER – "Insurance Contracts", *in Rome I Regulation. The Law Applicable to Contractual Obligations in Europe*, org. por Franco Ferrari e Stefan Leible, 109-128, Munique, 2009, 116 e segs.

[27] Ver também PLENDER/WILDERSPIN (n. 6) nº 10-060; PIRODDI (n. 6) 284, argumentando ainda que o nº 5 só se refere ao terceiro parágrafo do nº 3 e ao nº 4; e *MünchKomm.*/MARTINY (n. 6) Art. 7 nº 31.

[28] Neste sentido, HEISS (n. 19) 269; PLENDER/WILDERSPIN (n. 6) nº 10-061; e NUNO PISSARRA (n. 2 [2011]) 40.

caso de pluralidade de riscos (exercício de uma atividade independente pelo tomador de seguro)[29].

Segundo, *a lei do país em que o tomador do seguro tiver a sua residência habitual* (b). A residência habitual determina-se nos termos do art. 19º. Além do já exposto quanto à residência habitual dos entes coletivos, deve observar-se que a residência habitual de uma pessoa singular que celebra o contrato no exercício da sua atividade profissional é o local onde se situa o seu estabelecimento principal.

Não se exige que a lei escolhida seja a de um Estado-Membro[30]. Esta previsão tem sentido útil quando o risco não se considera situado no país da residência habitual do tomador do seguro (por exemplo, o seguro relativo a um imóvel situado num país diferente do da residência habitual do tomador do seguro).

Terceiro, *no caso do seguro de vida, a lei do Estado-Membro da nacionalidade do tomador de seguro* (c)[31]. Esta possibilidade verifica-se quando o tomador do seguro é uma pessoa singular que tem nacionalidade de um Estado-Membro diferente daquele onde tem residência habitual à data da celebração do contrato[32].

Quarto, *no caso de contratos que cubram riscos limitados a eventos que ocorram num Estado-Membro diferente daquele em que o risco se situa, a lei desse Estado-Membro* (d). Esta alínea visa os casos em que o risco se situa num Estado-Membro diferente daquele em que o sinistro pode ocorrer, i.e., o evento cuja ocorrência desencadeia a obrigação de o segurador realizar uma prestação. Por exemplo, vimos que num contrato de seguro de viagem com duração igual ou inferior a 4 meses o risco considera-se localizado no Estado-Membro em que o tomador tenha subscrito o contrato. Se o contrato cobrir riscos que ocorram exclusivamente no Estado-Membro para onde se viaja as partes podem escolher o Direito deste Estado-Membro[33].

Quinto, *nos casos em que o tomador de seguro exerça uma atividade comercial, industrial ou uma profissão liberal e o contrato cubra dois ou mais riscos relativos a essas atividades e profissão e situados em diversos Estados-Membros, a lei de qualquer dos Estados-Membros em causa ou a lei do país em que o tomador do seguro tiver a sua residência habitual* (e).

Por acréscimo, se os Estados-Membros em que se situa o risco, em que o tomador de seguro tiver a residência habitual ou em que situa um dos riscos relati-

---

[29] Bem como com a circunstância de não ter sido acolhida a redação proposta pelo *Max Planck Institute* (n. 16) 277, que apontava explicitamente neste sentido.

[30] Ver também PLENDER/WILDERSPIN (n. 6) nº 10-064; PIRODDI (n. 6) 285; e Celia CAAMIÑA DOMÍNGUEZ – "Los contratos de seguro del art. 7 del Reglamento Roma I", *Cuadernos de Derecho Transnacional* vol. 1 nº 2 (2009) 30-51, 40. Ver ainda HEISS (n. 19) 271 e segs.

[31] Ver ainda NUNO PISSARRA (n. 2 [2011]) 41.

[32] Cf. REITHMANN/MARTINY/SCHNYDER (n. 6) nº 4752. Sobre a justificação desta solução e a interpretação do preceito em caso de plurinacionalidade, ver GRUBER (n. 26) 119-120. Cp. HEISS (n. 19) 270 e 272, e PLENDER/WILDERSPIN (n. 6) nº 10-066.

[33] Ver também CAAMIÑA DOMÍNGUEZ (n. 30) 41.

vos a uma atividade económica independente concederem uma maior liberdade de escolha da lei aplicável, as partes podem invocar essa liberdade (nº 3/§ 2º)[34].

É o caso do Direito português, nos termos dos arts. 6º e 7º do Regime Jurídico do Contrato de Seguro, com respeito ao seguro de danos que cubra riscos situados em território português ou ao seguro de pessoas em que o tomador do seguro tenha em Portugal a sua residência habitual ou o estabelecimento a que o contrato respeita, consoante se trate de pessoa singular ou coletiva. Como são também estes os seguros de pessoas em que o risco se situa em Portugal, pode dizer-se que este regime é aplicável aos seguros que cubram riscos situados em território português.

Nos termos destes preceitos, as partes podem escolher a lei de qualquer Estado que esteja em conexão com alguns dos elementos do contrato atendíveis no domínio do Direito Internacional Privado ou, mesmo que não se verifique esta conexão, se a escolha corresponder a um interesse sério das partes (art. 7º).

A escolha deve ser expressa ou resultar de modo inequívoco das cláusulas do contrato (art. 6º/3) e pode dizer respeito apenas a uma parte separável do contrato (art. 6º/4).

A consagração desta ampla liberdade de escolha com respeito aos seguros que cubram riscos de massa situados no território português pode suscitar dúvidas[35]. Será coerente que nos seguros que cubram riscos de massa situados no território português o tomador do seguro seja privado da proteção que, em princípio, lhe seria concedida pelo art. 7º do Regulamento e que, no caso de riscos situados fora de um Estado-Membro, poderia resultar da aplicabilidade do art. 6º do Regulamento com respeito aos contratos com consumidores?

Na resposta a esta questão deverá ter-se em conta que o disposto nos arts. 6º e 7º do Regime Jurídico do Contrato de Seguro parece ser permitido pelo art. 7º/3/§ 2º do Regulamento, que derroga as disposições contidas a este respeito nas Diretivas (art. 23º do Regulamento), e que a ampla liberdade de escolha que daí resulta tem de ser conjugada com o limite que resulta do art. 9º do mesmo Regime.

O art. 9º/1 do Regime Jurídico do Contrato de Seguro estabelece que as "disposições imperativas em matéria de contrato de seguro que tutelem interesses públicos, designadamente de consumidores ou de terceiros, regem imperativamente

---

[34] Cf. *MünchKomm.*/MARTINY (n. 6) Art. 7 nºs 32 e segs. Sobre a natureza jurídica deste preceito, ver NUNO PISSARRA (n. 2 [2011]) 41. Cp. PLENDER/WILDERSPIN (n. 6) nºs 10-067 e segs.; PIRODDI (n. 6) 287-288; e REITHMANN/MARTINY/SCHNYDER (n. 6) nº 4744.

[35] Ver, designadamente, HEISS (n. 19) 274, e José MOITINHO DE ALMEIDA – "O novo regime jurídico do contrato de seguro. Breves considerações sobre a protecção dos segurados", *Cadernos de Direito Privado* 26 (2009) 3-17, 15-16. Para um panorama das soluções adotadas noutros sistemas, ver GRUBER (n. 26) 121-123.

a situação contratual, qualquer que seja a lei aplicável, mesmo que a sua aplicabilidade resulte de escolha das partes".

E o nº 2 acrescenta que o "disposto no número anterior aplica-se quando o contrato de seguro cobre riscos situados em território português ou tendo o tomador do seguro, nos seguros de pessoas, a sua residência habitual ou estabelecimento a que o contrato respeita em Portugal".

Parece que a liberdade de escolha concedida pelos arts. 6º e 7º não pode ser dissociada do limite estabelecido pelo art. 9º, por forma que esta disposição não deve ser apenas relevante nos quadros dos arts. 9º ("Normas de aplicação imediata") e 21º ("Ordem pública do foro") do Regulamento, mas também sempre que os arts. 6º e 7º do Regime Jurídico do Contrato de Seguro sejam aplicáveis por remissão operada pelo art. 7º/3/§ 2º do Regulamento.

Por outras palavras, as normas de aplicação necessária na aceção do art. 9º do Regime Jurídico do Contrato de Seguro devem ser aplicadas não só por um tribunal português, mas também pelo tribunal de outro Estado-Membro, quando as partes tenham escolhido uma lei que não seja uma das referidas no art. 7º/3/§ 1º do Regulamento, ao abrigo do disposto nos arts. 6º e 7º do Regime Jurídico do Contrato de Seguro, independentemente de se verificarem os pressupostos dos arts. 9º/1 e /3 ou 21º do Regulamento.

Será esta a solução preferível? Nesta sede não é possível examinar detidamente o ponto. Farei apenas uma breve observação sobre o art. 9º do Regime Jurídico do Contrato de Seguro. O nº 2 indica as conexões com o Estado português que podem fundamentar a aplicação necessária de certas regras imperativas, o que é de louvar, mas o nº 1 delimita estas normas imperativas com base num critério geral: a tutela de interesses públicos[36]. Em minha opinião, seria mais conveniente, por razões de previsibilidade e certeza jurídicas, especificar as regras que são objeto desta "autolimitação".

C) Lei aplicável na falta de designação

Na falta de escolha válida pelas partes, aplica-se *a lei do Estado-Membro em que o risco se situe no momento da celebração do contrato* (art. 7º/3/§ 3º do Regulamento).

Como o risco se situa, nos seguros de vida e, em regra, nos seguros não-vida, no país da residência habitual do tomador do seguro ou, tratando-se de pessoa coletiva, no do estabelecimento do tomador do seguro, a lei deste país é, regra geral, a supletivamente aplicável aos seguros que cobrem riscos de massa.

Em todo o caso, esta técnica remissiva não parece ser a mais apropriada, não só porque dificulta a determinação do regime aplicável, mas também porque

---

[36] Ver, sobre o art. 9º do Regime Jurídico do Contrato de Seguro, NUNO PISSARRA (n. 2 [2011]) 33 e segs., e (n. 2 [2012]) 87 e segs.

torna menos transparentes as razões por que em certos casos se introduzem desvios a essa regra[37].

Por acréscimo, esta solução suscita dificuldades quando o risco for plurilocalizado ou quando o seguro cubra uma pluralidade de riscos situados em diferentes países[38]. Estas dificuldades são resolvidas, pelo art. 7º/5 do Regulamento, mediante o fracionamento do contrato: "se o contrato de seguro cobrir riscos que se situam em mais do que um Estado-Membro, o contrato é considerado como constituindo vários contratos relativos, cada um deles, a um só Estado-Membro". De onde decorre que se aplicam, a diversos aspetos do mesmo contrato, leis diferentes. Ora esta solução introduz novas dificuldades, relativas à conjugação destas leis com vista à definição de um regime coerente para o contrato[39]. Seria preferível remeter, nestes casos, para a lei do Estado-Membro que apresenta a conexão mais estreita com o contrato.

Com respeito aos seguros de massa, o legislador europeu não consagrou uma cláusula de exceção que permita afastar a lei do Estado em que se localiza o risco quando o contrato apresente uma conexão manifestamente mais estreita com outro Estado. A consagração desta cláusula parece defensável, sobretudo quando limitada às leis que nos termos do art. 7º/3/§ 1º podem ser escolhidas pelas partes[40].

V. Contratos de seguro obrigatório

O art. 7º/4 estabelece regras adicionais com respeito aos seguros que cubram riscos relativamente aos quais um Estado-Membro imponha a obrigação de seguro[41], quer sejam grandes riscos ou outros riscos situados no território dos Estados-Membros.

Nos termos da al. a), o "contrato de seguro não dá cumprimento à obrigação de subscrever um seguro, a menos que respeite as disposições específicas relativas a esse seguro que tenham sido estabelecidas pelo Estado-Membro que impõe a obrigação. Caso haja uma contradição entre a lei do Estado-Membro onde o

---

[37] Ver LAGARDE/TENENBAUM (n. 25) 770-771 e 776.

[38] Ver PLENDER/WILDERSPIN (n. 6) nºs 10-053 e segs. e 10-074 e segs.; e REITHMANN/ MARTINY/SCHNYDER (n. 6) nº 4748.

[39] Ver também LAGARDE/TENENBAUM (n. 25) 771, e PIRODDI (n. 6) 289.

[40] Ver CAAMIÑA DOMÍNGUEZ (n. 30) 47. Já no sentido da consagração desta cláusula, ver Hélène GAUDEMET-TALLON – "Le principe de proximité dans le Règlement Rome I", *Revue hellénique de droit international* 61 (2008) 189-203, 198.

[41] Ver as considerações críticas de LAGARDE/TENENBAUM (n. 25) 768-769. Também para este efeito, se o contrato de seguro cobrir riscos que se situam em mais do que um Estado-Membro, o contrato é considerado como constituindo vários contratos relativos, cada um deles, a um só Estado-Membro (nº 5).

risco se situa e a do Estado-Membro que impõe a obrigação de subscrever um seguro, prevalece esta última"[42].

Nos termos da al. b), em "derrogação dos nºs 2 e 3, um Estado-Membro pode estabelecer que o contrato de seguro é regulado pela lei do Estado-Membro que impõe a obrigação de subscrever um seguro"[43]. Isto permite não só a atuação de uma norma de conflitos de fonte interna com natureza bilateral (i.e., suscetível de desencadear a aplicação quer do Direito do foro quer de Direito estrangeiro)[44], mas também a de uma norma de conflitos que se limite a determinar a aplicabilidade do Direito do foro aos seguros por ele impostos (norma unilateral). Foi esta segunda via a consagrada pelo art. 10º do Regime Jurídico do Contrato de Seguro quando estabelece que os contratos de seguro obrigatórios na ordem jurídica portuguesa são regidos pela lei portuguesa. Em todo o caso, não parece vedada a bilateralização desta norma pelo intérprete, por forma que se aplique a lei de outro Estado-Membro que imponha a obrigação de subscrever o seguro[45].

VI. Contratos de seguro não abrangidos pelo art. 7º do Regulamento

O art. 7º não regula os seguros que não cubram um grande risco nem riscos de massa situados no território dos Estados-Membros. Também não regula os contratos de resseguro (nº 1 *in fine*). A estes contratos, com exceção dos referidos no art. 1º/2/j, são aplicáveis as regras gerais do Regulamento[46]. Apesar de o Considerando nº 32 poder sugerir o contrário, tem-se entendido que também será aplicável a estes seguros o regime especial dos contratos com consumidores[47].

Por conseguinte, quando se trate de seguros celebrados para uma finalidade que diga respeito a uma atividade económica independente aplicam-se as regras gerais do art. 3.º e 4º, que permitem a escolha pelas partes de qualquer lei estadual

---

[42] Parece que esta lei deve prevalecer também sobre qualquer das outras leis designadas ao abrigo dos nºs 2 ou 3 – neste sentido, NUNO PISSARRA (n. 2 [2011]) 43 n. 166. Cp. LAGARDE/TENENBAUM (n. 25) 768-769.

[43] Este preceito não é, pelo menos diretamente, aplicável no caso de a obrigação de seguro ser imposta pela lei de um terceiro Estado – cf. *MünchKomm.*/MARTINY (n. 6) Art. 7 nº 41. No caso de a obrigação de seguro ser prescrita por duas ou mais leis, parece que deve ser aplicada aquela que também for designada pelos critérios subsidiários dos nºs 2 e 3 do art. 7º – neste sentido, NUNO PISSARRA (n. 2 [2011]) 43 n. 165; ver também (n. 2 [2012]) 101-102.

[44] Ver, por exemplo, art. 46º-C/1 da Lei de Introdução do Código Civil alemão.

[45] Ver também NUNO PISSARRA (n. 2 [2012]) 101.

[46] Ver, quanto ao Direito aplicável aos contratos de resseguro, PLENDER/WILDERSPIN (n. 6) nºs 10-101 e segs.; GRUBER (n. 26) 113-114; MünchKomm./MARTINY (n. 6) Art. 7 nºs 17-18; REITHMANN/MARTINY/SCHNYDER (n. 6) nº 4753; e MOITINHO DE ALMEIDA (n. 22) 171-172.

[47] Neste sentido, LAGARDE/TENENBAUM (n. 25) 776; PLENDER/WILDERSPIN (n. 6) nºs 10-023, 10-088 e 10-094; *MünchKomm.*/MARTINY (n. 6) Art. 7 nºs 12 e 53; e REITHMANN/MARTINY/SCHNYDER (n. 6) nº 4736.

ou local e, na falta de escolha pelas partes, mandam aplicar, em princípio, a lei da residência habitual do segurador[48].

Por exemplo, a um seguro entre um segurador com sede e estabelecimento relevante em Portugal e um tomador do seguro com residência habitual em França, que cubra um risco de massa profissional situado em Angola, é aplicável, na falta de escolha pelas partes, a lei portuguesa.

Caso se trate de seguros celebrados por uma pessoa singular para uma finalidade estranha a uma atividade económica independente, aplica-se o regime dos contratos celebrados com consumidores estabelecido no art. 6º[49]. De acordo com este regime, a escolha da lei aplicável não priva o tomador do seguro da proteção que lhe concedam as normas imperativas do país da sua residência habitual (art. 6º/2). Na falta de escolha aplica-se a lei do país em que o consumidor tem a sua residência habitual (art. 6º/1).

A aplicabilidade deste regime pressupõe, porém, que o segurador (art. 6º/1 e 3)[50]:

- exerça as suas atividades no país em que o consumidor tem a sua residência habitual; ou
- por qualquer meio, dirija essas atividades para o país da residência habitual do consumidor ou para vários países, incluindo esse país, e o contrato seja abrangido pelo âmbito dessas atividades.

Caso contrário, aplica-se o regime geral dos arts. 3º e 4º.

Por exemplo, num contrato de seguro de vida, celebrado entre um tomador com residência habitual no Brasil e uma seguradora com administração central em Portugal e sucursal no Brasil, no âmbito da atividade dessa sucursal, as partes podem escolher a lei portuguesa, mas esta não afasta a aplicação das normas imperativas brasileiras, se forem mais protetoras do tomador de seguro.

---

[48] Quer se qualifique o contrato de seguro como um contrato de prestação de serviço no sentido do art. 4º/1/b – como sugere *MünchKomm*/MARTINY (n. 6) Art. 7 nº 26 – , quer se reconduza o contrato ao art. 4º/2, visto que, nos termos anteriormente expostos, a prestação do segurador deve ser considerada a prestação característica do contrato de seguro. Ver também PLENDER/ WILDERSPIN (n. 6) nº 10-090.

[49] Ver ainda MOITINHO DE ALMEIDA (n. 22) 173.

[50] Relativamente à aplicabilidade da exclusão contida no art. 6º/4/a (prestação de serviço ao consumidor exclusivamente num país diferente daquele em que este tem residência habitual) aos contratos de seguro, ver MOITINHO DE ALMEIDA (n. 22) 178, defendendo (em relação ao correspondente preceito da Convenção de Roma) que tal se verifica quando o risco coberto se situe fora do país da residência habitual do tomador do seguro e fora deste deva ter lugar o cumprimento da prestação prometida em caso de sinistro.

ESTUDOS EM HOMENAGEM A MIGUEL GALVÃO TELES

Cumpre ainda assinalar que, relativamente a estes contratos, não são afastadas as disposições sobre determinação do Direito aplicável contidas em diretivas reguladoras de matérias específicas (cf. art. 23º), razão por que deverão ser tidas em conta, designadamente, as normas que transpõem as Diretivas sobre cláusulas abusivas e sobre comercialização à distância de serviços financeiros[51].

VII. Relações com o regime interno

No seu conjunto, *as regras do Regulamento prevalecem sobre o Direito de Conflitos de fonte interna*, designadamente os arts. 5º a 10º do Regime Jurídico do Contrato de Seguro. Todavia, como foi assinalado, os arts. 6º, 7º, 9º e 10º podem ser relevantes por força das regras contidas no art. 7º do Regulamento.

O art. 9º do Regime Jurídico do Contrato de Seguro ("*Normas de aplicação imediata*") também pode ser relevante para efeito da aplicação dos arts. 9º e 21º do Regulamento. Os nºs 1 e 2 do art. 9º do Regime Jurídico do Contrato de Seguro já foram anteriormente examinados em ligação com o art. 7º/3/§ 2º do Regulamento (*supra* IV). Neste momento importa salientar que mesmo quando as partes não fizeram uso da liberdade de escolha do Direito aplicável permitida pelos arts. 6º e 7º do Regime Jurídico do Contrato de Seguro, o art. 9º deste Regime poderá ser relevante no quadro das disposições do Regulamento relativas às "normas de aplicação imediata" e à "ordem pública do foro".

Em princípio, a competência atribuída a uma lei estrangeira afasta a aplicabilidade das normas imperativas da lei portuguesa. Mas se estas normas forem "normas de aplicação imediata" (ou, como prefiro dizer, normas suscetíveis de aplicação necessária) no sentido do art. 9º/1 do Regulamento, elas sobrepõem-se à lei estrangeira competente, quando o litígio for apreciado por um tribunal português (art. 9º/2 do Regulamento)[52].

Mais limitadamente, o art. 9º/3 do Regulamento também permite ter em conta certas normas suscetíveis de aplicação necessária de terceiros Estados (i.e., que não são o Estado do foro nem o Estado cuja lei é aplicável ao contrato).

---

[51] Cf. HEISS (n. 19) 280. Sobre as normas em causa, ver LIMA PINHEIRO (n. 7) § 66 C, e "Direito aplicável às operações sobre instrumentos financeiros", *in Centenário do Nascimento do Professor Doutor Paulo Cunha – Estudos em Homenagem*, 661-712, Coimbra, 2012 (=*in Direito dos Valores Mobiliários*, vol IX, 141-192, Coimbra, 2009), V, com mais referências.

[52] Quando estas normas imperativas resultarem da transposição de diretivas europeias, a sua aplicabilidade também pode resultar, nas relações intracomunitárias, do disposto no art. 3º/4 do Regulamento. Neste sentido, também PIRODDI (n. 6) 275 e 277. Sobre o referido preceito do Regulamento, ver Luís de LIMA PINHEIRO – "Rome I Regulation: Some Controversial Issues", *in Grenzen überwinden – Prinzipien bewahren – Festschrift für Bernd von Hoffmann*, 242-257, Bielefeld, 2011, I, com mais referências.

Da definição de normas de aplicação imediata que consta do art. 9º/1 do Regulamento resulta o seu caráter excecional, mas deve entender-se, embora o ponto não seja pacífico[53], que pode abranger certas normas imperativas protetoras do tomador do seguro ou do segurado.

Assim, por exemplo, parece defensável que a menção obrigatória à lei aplicável na apólice de seguro (art. 37º/2/1 do Regime Jurídico do Contrato de Seguro) seja exigível nos contratos que cubram riscos de massa situados em território português, mesmo que a lei reguladora do contrato não seja a portuguesa[54].

O art. 9º/4 do Regime Jurídico do Contrato de Seguro considera inválido o contrato de seguro, sujeito a lei estrangeira, que cubra os riscos identificados no art. 14º.

O art. 14º do Regime Jurídico do Contrato de Seguro proíbe o contrato de seguro que cubra os seguintes riscos:

- Responsabilidade criminal, contra-ordenacional ou disciplinar (nº 1/a), salvo quanto à responsabilidade civil eventualmente associada (nº 2);
- Rapto, sequestro e outros crimes contra a liberdade pessoal (nº 1/b), salvo o pagamento de prestações estritamente indemnizatórias (nº 3);
- Posse ou transporte de estupefacientes ou drogas cujo consumo seja interdito (nº 1/c);
- Morte de crianças com idade inferior a 14 anos ou daqueles que por anomalia psíquica ou outra causa se mostrem incapazes de governar a sua pessoa (nº 1/d), salvo o pagamento de prestações estritamente indemnizatórias (nº 3).

O art. 14º/4 estabelece que não "é proibida a cobertura do risco de morte por acidente de crianças com idade inferior a 14 anos, desde que contratada por instituições escolares, desportivas ou de natureza análoga que dela não sejam beneficiárias".

Trata-se de uma cláusula especial de ordem pública internacional que, por força do art. 9º/4 do Regime Jurídico do Contrato de Seguro, também constitui uma norma de aplicação imediata no sentido do art. 9º/1 do Regulamento e que, por conseguinte, será sempre aplicável pelos tribunais portugueses[55].

---

[53] Cp. REITHMANN/MARTINY/SCHNYDER (n. 6) nºs 4762, 4766 e 4768, e *MünchKomm./* MARTINY (n. 6) Art. 7 nº 54. Em geral, sobre o ponto, ver LIMA PINHEIRO (n. 52) V, com mais referências.

[54] Ver ainda art. 18º/1 do mesmo diploma. Ver também NUNO PISSARRA (n. 2 [2011]) 25, e (n. 2 [2012]) 80. Nos termos do art. 13º/2 do mesmo diploma estes preceitos não são imperativos nos seguros de grandes riscos.

[55] Cp. NUNO PISSSARRA (n. 2 [2012]) 99.

Em qualquer caso, outras normas ou princípios fundamentais da ordem jurídica portuguesa que não sejam abrangidos pelo art. 9º do Regulamento poderão ser relevantes nos termos do art. 21º do Regulamento (reserva de ordem pública internacional). Este preceito permite, também em casos excecionais, o afastamento da lei designada pelas normas de conflitos do Regulamento quando essa aplicação seja manifestamente incompatível com a ordem pública internacional portuguesa.

VIII. Considerações finais

O Regulamento Roma I representou um progresso do Direito de Conflitos dos Seguros vigente na ordem jurídica portuguesa, principalmente na medida em que codificou soluções que se encontravam dispersas por diversos instrumentos e que, até certo ponto, parecem justificadas. Mas não só esta justificação se deve tornar mais transparente, como também se afiguram necessários desenvolvimentos e aperfeiçoamentos do regime adotado.

Em especial, entendo que a designação da lei aplicável aos seguros de massa, na falta de escolha válida pelas partes, deve resultar de elementos de conexão devidamente expressos na norma de conflitos e justificados à luz das finalidades por ela prosseguidas, e que não deve estabelecer-se um regime diferenciado em função da localização do risco dentro ou fora da União Europeia.

O art. 27º/1 do Regulamento determina que até 17 de junho de 2013 a Comissão apresentará um relatório relativo à aplicação do Regulamento que deve ser acompanhado, se necessário, de propostas de alteração ao mesmo. Este relatório deve incluir um estudo sobre a legislação aplicável aos contratos de seguro e uma avaliação do impacto das disposições a introduzir, se for caso disso.

De harmonia com as considerações anteriores, numa próxima revisão do Regulamento deveriam ser introduzidas alterações nesta matéria.

No que toca ao regime interno, também se me afiguram desejáveis alterações, destinadas designadamente a tornar mais claras as relações entre este regime e o do Regulamento e a determinar as normas imperativas que devem ser aplicadas sempre que o seguro, apesar de regido por uma lei estrangeira, apresente certos laços especialmente significativos com Portugal.

julho de 2012

A prestação restitutória em valor na resolução do contrato por incumprimento

CATARINA MONTEIRO PIRES

I. Introdução

A resolução do contrato (cf. artigo 432º e ss) visa a reposição do *status quo ante contractum*, sendo esta finalidade prosseguida através de um efeito liberatório, de caráter necessário, e de um efeito recuperatório ou restitutório, de caráter eventual, reservado aos casos em que haja prestações cumpridas[1].

Nesta última esfera funcional, vigora, tal como em outros domínios (cf. artigo 566º), um princípio de prioridade natural, segundo o qual a restituição em espécie precede a restituição em valor. É assim que o artigo 289º, nº 1, (cf. também o artigo 433º) refere um dever primário de restituição em espécie (a restituição de «tudo o que tiver sido prestado») e um dever secundário de restituição do «valor correspondente», substitutivo do primeiro[2]. O nosso estudo visa, precisamente, determinar os contornos desta última vinculação debitória de restituição em valor, através de uma delimitação do âmbito normativo dos artigos 289º, nº 1, e 289º, nº 3 (e da eventual ligação deste último preceito ao artigo 1269º), aplicáveis à resolução do contrato por força da remissão do artigo 433º.

Abreviaturas utilizadas (além das comuns, em língua portuguesa): AcP – *Archiv für die civilistische Praxis*; BGB – *Bürgerliches Gesetzbuch* (Código Civil alemão); FS – *Festschrift*; JURA – *Juristische Ausbildung*; JuS – *Juristische Schulung*; JZ – *Juristen Zeitung*; NJW – *Neue Juristische Wochenschrift*; n.m. – número de margem; PDEC – Princípios de Direito Europeu dos Contratos; PQCR – *Projeto de Quadro Comum de Referência* (tradução de DCFR, *Draft Common Frame of Reference*); SMG – *Schuldrechtsmodernisierungsgesetz* (lei alemã de modernização do Direito das Obrigações); ZGS – *Zeitschrift für das gesamte Schuldrecht*.

[1] São do Código Civil português todas as disposições citadas sem referência da respetiva fonte.

[2] Por vezes, a expressão «prestação restitutória secundária» é utilizada para referir os frutos e outros valores devidos, como os proventos do uso – assim, ELENA BARGELLI, *Il sinallagma rovesciato*, Giuffrè Editore, 2010, p. 396 ss. Não há, contudo, confusão entre esta designação e o sentido referido no texto. Neste estudo, não trataremos especificamente dos problemas relacionados com os artigos 1270º e ss.

ESTUDOS EM HOMENAGEM A MIGUEL GALVÃO TELES

Considerando a extensão limitada deste estudo e sendo, além disso, intuiti-
vas as dificuldades de uma construção dogmática unitária nesta matéria, restringiremos a nossa análise à resolução do contrato por incumprimento (cf. artigos
432º, nº 1, e 801º, nº 2).

Os problemas da restituição resolutória têm estado no centro das preocupações da dogmática do Direito das perturbações da prestação e do «Direito
Europeu das Obrigações»[3]. Procuraremos refletir estes aspetos nas páginas que
se seguem, com especial destaque para o ordenamento jurídico alemão, cujo
regime da resolução contratual foi objeto de profunda alteração com a «Lei para
a Modernização do Direito das Obrigações», que entrou em vigor, para a generalidade das situações, no dia 1 de janeiro de 2002.

Esta reforma não se limitou, aliás, aos aspetos que versaremos neste estudo.
Abrangeu também, por exemplo, a relação entre o exercício da resolução e a
impossibilidade de restituição em espécie, através da imposição de um princípio
geral de restituição de equivalente (cf. §346/2 do BGB)[4], os fundamentos da reso-

---

[3] A bibliografia sobre o tema é já bastante rica. Quanto a monografias recentes *vide*, por exemplo,
na Alemanha, a tese de agregação de YVES DÖLL, *Rückgewährstörungen beim Rücktritt. Eine
Untersuchung der Rücktrittsfolgen, insbesondere der Wert-und Schadensersatzpflichten*, Mohr Siebeck, 2011,
e, em Itália, ELENA BARGELLI, *Il sinallagma*, em particular p. 328 ss. Numa perspetiva comparada,
cf., ainda, as dissertações de ROBERT BOELS, *Der Rücktritt vom Vertrag trotz Rückgabeunmöglichkeit.
Ein Vergleich der Regelungen des BGB mit dem UN-Kaufrecht, den Lando-Prinzipien und den UNIDROIT-
Prinzipien*, Peter Lang, 2008 e de PHILLIP HELLWEGE, *Die Rückabwicklung gegenseitiger Verträge als
einheitliches Problem. Deutsches, englisches und schottisches Recht in historisch-vergleichender Perspektive*,
Mohr Siebeck, 2004. No Direito alemão pretérito, mas com bastante interesse, veja-se JÜRGEN
KOHLER, *Die gestörte Rückabwicklung gescheiterter Austauschverträge*, 1989. Este Autor retomou,
aliás, o tema da restituição fundada em resolução num vasto conjunto de artigos publicados
depois da SMG, entre os quais se destacam *Rücktrittsrechtliche Bereicherungshaftung*, JZ 2002,
p. 682 ss, *Rücktrittsrechtliche Schadensersatzhaftung*, JZ 2002, p. 1127 ss, *Rücktrittsausschluss im
Gewährleistungsrecht bei nachträglicher Nacherfüllungsunmöglichkeit – Wiederkehr des §§ 350, 351 BGB
a.F.?*, AcP, 2003, p. 539 ss e *Bereicherungshaftung nach Rücktritt – eine verdrängte Verdrängung und ihre
Folgen*, AcP 4/2008, p. 417 ss. *Vide* ainda, também depois da SMG, as reflexões de DAGMAR KAISER,
Die Rechtsfolgen des Rücktritts in der Schuldrechtsreform, JZ 2001, p. 1057 ss, além da detalhada anotação
da Autora ao §346 no *J. von Staudingers Kommentar zum Bürgerlichen Gesetzbuch mit Einführungsgesetz
und Nebengesetz*, Sellier, De Gruyter, 2012, Livro 2, *Recht der Schuldverhältnisse*, §§ 346-361 (cit.
STAUDINGERS 2012/KAISER, §346), e o estudo de GERHARD WAGNER, *Mortuus Redhibetur
im neuen Schuldrecht?*, FS für Ulrich Huber, Mohr Siebeck, 2006, p. 591 ss, entre outros citados ao
longo deste artigo.
[4] Assim, por exemplo, STEPHAN LORENZ/ THOMAS RIEHM, *Lehrbuch zum neuen Schuldrecht*, Beck,
2002, n.m. 420, GAIER, Anotação ao §346, *Münchener Kommentar zum Bürgerlichen Gesetzbuch*, vol.
2, §§241-432, Beck, 2007 (cit. MüKo/GAIER, §346) n.m. 12, HELMUT GROTHE, anotação ao
§346, em *Kommentar zum Bürgerlichen Gesetzbuch*, vol. I, org. Heinz Georg Bamberger, Herberth
Roth, Beck, 2012, 3ª ed., (cit. BAMBERGER/ ROTH/ GROTHE, §346) n.m. 3, JOHANNES HAGER,
Der Wert und Schadensersatzanspruch beim Rücktritt, FS für Hans Joachim Musielak, Beck, 2004, p. 195 ss.

lução legal (cf. §323 e ss do BGB) e, finalmente, a conjugação entre a resolução e outros meios ao dispor do credor, como a indemnização (cf. §325 do BGB)[5]. Quanto a uns e outros, representou um avanço significativo, deixando de forma indelével a sua marca na dogmática europeia da resolução do contrato.

II. Critérios de determinação do «valor correspondente»

1. Comecemos por analisar o conteúdo da prestação restitutória em valor, à luz do disposto na norma do artigo 289º, nº 1. A letra da lei apenas impõe que seja restituído o «valor correspondente», omitindo qualquer outra referência ao conteúdo do mesmo. Importa, por isso, situar o problema, mediante o recurso a outros elementos.

Ora, a propósito da concretização do valor da prestação restitutória, o Direito Comparado oferece-nos dois modelos distintos: o modelo da prevalência do valor objetivo e o modelo da prevalência do valor da contraprestação.

Dentro do modelo do valor objetivo, os Princípios Unidroit preveem a possibilidade de restituição de uma compensação pecuniária, quando a restituição em espécie não seja possível ou adequada, desde que esta solução seja razoável (cf. artigo 7.3.6.)[6]. Com base nesta norma, tem-se entendido que o valor da compensação deve corresponder ao valor de mercado da prestação na data em que a restituição é devida[7], independentemente da causa da impossibilidade restitutória, sendo ainda irrelevante que o *accipiens* seja a parte adimplente ou inadimplente[8].

Nos PDEC, as disposições relevantes constam dos artigos 9:307 e 9:309, os quais fixam as regras sobre restituição de quantias pecuniárias, de propriedade e de prestações insuscetíveis de restituição. Ora, neste último caso – que, segundo os comentadores, se aplica tanto a prestações *ab initio* irrestituíveis, como a hipóteses em que a restituição se tenha tornado impossível ou excessivamente onerosa –[9], os PDEC preveem que o credor possa exigir uma quantia razoável, correspondente ao valor da prestação.

---

[5] Cf., por exemplo, CLAUS-WILHELM CANARIS, *Die Reform des Rechts der Leistungsstörungen*, JZ 2001, (p. 499 ss) p. 514, BEATE GSELL, *Das Verhältnis von Rücktritt und Schadensersatz*, JZ 2004, p. 643 ss e, em dissertação e numa ótica comparatística, THOMAS BACHMANN, *Die elektive Konkurrenz. Eine systematische Untersuchung der Gläubigerrechte bei Leistungsstörungen im BGB, CISG, in den PECL und im DCFR*, Duncker & Humblot, 2010, p. 255 ss.

[6] Cf. PETER HUBER, Anotação ao artigo 7.3.6., *Commentary on the Unidroit Principles of International Commercial Contracts (PICC)*, ed. STEFAN VOGENAUER/ JAN KLEINHEISTERKAMP, Oxford University Press, 2009, (p. 818 ss), p. 857 ss.

[7] *Idem*, p. 859.

[8] ELENA BARGELLI, *Il sinallagma*, p. 392.

[9] *Principi di Diritto europeo dei contratti*, parte I e II, edição italiana, org. CARLO CASTRONOVO, Giuffrè, 2001, p. 479.

Em sentido oposto às formulações acabadas de examinar, a regra do modelo alemão atual (cf. §346/2, 2ª parte, do BGB) consagra, segundo a visão dominante, um «conceito de valor contratual e subjetivo»[10], impondo que o cálculo do valor da prestação secundária de restituição se baseie ou, pelo menos, tome em conta, o valor na contraprestação (cf. §346/2, parte final)[11]. O recurso ao método do valor objetivo parece, assim, ser subsidiário, aplicando-se, desde logo, nos casos em que não tenha sido fixada contraprestação[12]. Esta opção por um modelo contratual harmoniza-se com a conceção atualmente dominante na Alemanha, segundo a qual a resolução modifica (mas não destrói) a relação contratual e produz efeitos *ex nunc*[13].

Perante este quadro legal, CANARIS concretizou o critério normativo do BGB através da alusão a um «prolongamento do sinalagma» e propôs, baseando-se nos trabalhos preparatórios do §346/2, uma construção de aferição do valor da prestação restitutória baseada numa «presunção de equivalência subjetiva» entre prestação e contraprestação[14].

[10] Assim, CLAUS-WILHELM CANARIS, *Einführung*, em *Schuldrechtsmodernisierung*, Beck, 2002, p. XXXVI, FLORIAN FAUST, *Die Durchführung des Rücktritts*, em HUBER / FAUST, *Schuldrechtsmodernisierung. Einführung in das neue Recht*, Beck, 2002, (p. 237 ss), p. 241 (reconhecendo a solução contratual, embora não parecendo concordar inteiramente com a opção do legislador), STAUDINGERS 2012/KAISER, §346, n.m. 107 e 160 (embora a Autora criticasse o projeto de reforma, propondo uma redação alternativa – cf. KAISER *Die Rechtsfolgen*, p. 1059 e 1070), DÖLL, *Rückgewährstörungen*, p. 113 ss, HELLWEGE, *Die Rückabwicklung*, p. 54 e BOELS, *Der Rücktritt*, p. 191 ss. Em sentido diverso, propondo uma redução teleológica do §346/2, 2ª parte, KOHLER, *Rücktrittsrechtliche*, p. 687. De acordo com este último Autor, nas hipóteses em que o fundamento da resolução radica numa perturbação da equivalência das prestações, o aludido critério não será aplicável, convocando-se antes a regra do §818/2 do BGB (*idem*, pp. 689-690). KOHLER reconhece, porém, que, à luz do §346, não é possível arredar em absoluto o modelo do valor contratual. Criticando a tese de KOHLER, e aderindo à posição dominante, YVES DÖLL, *Rückgewährstörungen*, 118 ss. Segundo DÖLL, além de o critério do §346/2, 2ª parte não merecer correções (p. 118 ss), não haveria também fundamento perante o modelo restitutório do BGB para confundir a restituição por enriquecimento sem causa com a restituição fundada em resolução (*idem*, p. 126).

[11] DIETER MEDICUS/ STEPHAN LORENZ, *Schuldrecht*, I, *Allgemeiner Teil*, Beck, 2008 (18ª ed.), p. 274, HELLWEGE, *Die Rückabwicklung*, p. 54, MüKo/GAIER, §346, n.m. 21 ss.

[12] REINER SCHULZE, *Bürgerliches Gesetzbuch*, org. REINER SCHULZE [et al] 7ª ed., 2012, anotação ao §346 (cit. SCHULZE, §346), n.m. 15. Cf., porém, KOHLER, *Rücktrittsrechtliche*, p. 688 ss.

[13] Assim, cf. STAUDINGERS 2012/KAISER, §346, n.m. 4 e 69, BAMBERGER/ ROTH/ GROTHE, §346, n.m. 9, DÖLL, *Rückgewährstörungen*, p. 12, 57 e 89, HELLWEGE, *Die Rückabwicklung*, p. 53, MEDICUS/ LORENZ, *Schuldrecht*, p. 272, SCHULZE, §346, n.m. 9.

[14] CLAUS-WILHELM CANARIS, *Äquivalenzvermutung und Äquivalenzwahrung im Leistungsstörungsrecht des BGB*, *FS für Herbert Wiedemann*, Beck, 2002, (p. 3 ss), p. 13 e, do mesmo Autor, *Einführung*, p. XXXIX. Referindo, de igual modo, que a equivalência subjetiva se mantém, apesar da resolução, HELLWEGE, *Die Rückabwicklung*, p. 54 e DÖLL, *Rückgewährstörungen*, p. 113. A equivalência subjetiva corresponde à relação entre prestação e contraprestação fixada pelas partes – sobre esta definição, cf. CLAUS-WILHELM CANARIS, *Äquivalenzvermutung*, p. 6 ss.

Contudo, no sistema germânico a regra do valor contratual e subjetivo comporta algumas limitações. Desde logo as que resultam da aplicação do regime do enriquecimento sem causa aos casos previstos no §346/3 do BGB, destacando-se a hipótese de inversão do risco contemplada no §346/3, 1ª parte, nº 3, traduzida numa verdadeira uma «quebra» do sinalagma[15].

O modelo do PQCR aproxima-se, em parte, da regra germânica, mas adota um nível de detalhe superior ao do §346/2 do BGB. Assim, o artigo III, 3:512, nº 2, distingue consoante as partes tenham, ou não, acordado um preço. Na primeira situação, havendo preço, será este o valor atendível (cf., também, artigo III, 3:512, nº 4). Na falta de fixação do preço, o valor do bem corresponderá ao montante hipotético que dois contraentes capazes e de boa fé poderiam ter acordado, conhecendo a eventual falta de conformidade do mesmo.

2. Entre nós, o artigo 289º, nº 1, aplicável à resolução *ex vi* artigo 433º, impõe que seja restituído «tudo o que tiver sido prestado ou, se a restituição em espécie não for possível, o valor correspondente».

Partindo da citada norma, a doutrina portuguesa entende que o modelo restitutório na resolução do contrato por incumprimento é distinto do modelo restitutório do enriquecimento sem causa. A tese (dominante) da autonomia da prestação restitutória fundada em invalidade do negócio[16] tem, assim, sido reconhecida,

---

[15] Cf. MEDICUS/ LORENZ, *Schuldrecht*, p. 274. Os casos de «privilégio» do devedor da prestação restitutória previstos no §346/3 do BGB correspondem: (*i*) a situações em que o defeito que legitima a resolução se manifesta apenas durante a modificação ou transformação do bem (§346/3, 1ª parte, nº 1), (*ii*) a casos de responsabilidade do credor pela deterioração ou perda do bem ou nos quais os danos se tivessem igualmente produzido com o bem em poder do credor (§346/3, 1ª parte, nº 2) e, finalmente, (*iii*) a casos de resolução legal, quando a deterioração do bem se produziu estando este em poder do legitimado, apesar de ele ter observado a diligência que emprega nos seus próprios assuntos (§346/3, 1ª parte, nº 3). Nestas hipóteses, o devedor da prestação restitutória pode reclamar a «contraprestação» restitutória sem ter de restituir em valor além da medida do seu enriquecimento. *Vide*, por todos, STAUDINGERS 2012/ KAISER, §346, n.m. 171 ss.

[16] Assim, CARLOS MOTA PINTO, *Teoria geral do Direito Civil*, 4ª ed. por ANTÓNIO PINTO MONTEIRO e PAULO MOTA PINTO, Coimbra Editora, 2005, pp. 625-626, PIRES DE LIMA/ ANTUNES VARELA, *Código civil anotado*, I, Coimbra Editora, 1987 (4ª ed.), p. 265, INOCÊNCIO GALVÃO TELLES, *Direito das Obrigações*, Coimbra Editora, 1997 (7ª ed.), p. 204, ANTÓNIO MENEZES CORDEIRO, *Tratado de Direito Civil português*, II, III, Almedina, 2010, pp. 262-263, LUÍS MENEZES LEITÃO, *O enriquecimento sem causa no Direito Civil. Estudo dogmático sobre a viabilidade da configuração unitária do instituto face à contraposição entre as diferentes categorias de enriquecimento sem causa*, Almedina, 2005, p. 442 ss, em particular pp. 446-447, DIOGO LEITE DE CAMPOS, *A subsidiariedade da obrigação de restituir o enriquecimento*, Almedina, 2003 (reimp.), p. 194 ss, MOTA PINTO, *Interesse contratual negativo e interesse contratual positivo*, Coimbra Editora, 2008, II, p. 976 ss, JOSÉ ALBERTO VIEIRA, *Negócio jurídico. Anotação aos artigos 217º a 295º do Código Civil*, Almedina, 2009 (reimp.), p. 108.

perante a «equiparação» do artigo 433º, no que respeita à restituição fundada na resolução do contrato[17]. Na verdade, afastada a proposta de Vaz Serra[18], o regime do artigo 289º, nº 1, parece realmente consagrar uma regra de restituição de tudo o que tiver sido prestado, independentemente de existir, ou não, enriquecimento e da medida do mesmo[19].

Fixado este pressuposto, os Autores têm procurado densificar um critério de determinação do «valor correspondente». Segundo Brandão Proença, este cálculo deveria realizar-se tendo em atenção o valor da contraprestação e, na sua falta, com base no valor objetivo da prestação[20]. Em relação à resolução por incumprimento, Paulo Mota Pinto considera também ser de atender prioritariamente ao critério da contraprestação. Não havendo razão para ilidir a «presunção de equivalência subjetiva das prestações» a favor do critério do valor objetivo, respeitar-se-ia a relação de troca originária. Esta orientação geral não dispensaria, porém, segundo o Autor, que se verificasse, caso a caso, se a avaliação traduzida no acordo sobre a contraprestação teria sido, de algum modo, perturbada pelo próprio fundamento da resolução[21].

Na jurisprudência, o cenário é, porém, diverso, registando-se decisões que determinam o conteúdo da restituição de acordo com o valor objetivo do bem

---

Contra, entendendo que o regime de restituição das prestações na invalidade do negócio se funda em enriquecimento sem causa (muito embora não seja necessária uma ação autónoma), Júlio Gomes, *O conceito de enriquecimento, o enriquecimento forçado e os vários paradigmas do enriquecimento sem causa*, UCP, 1998, p. 608 ss. Cf. tb. Adriano Vaz Serra, Anotação ao Acórdão do STJ de 12 de Fevereiro de 1980, RLJ 114, (p. 200 ss), p. 201.

[17] Assim, Brandão Proença, *Lições de cumprimento e não cumprimento das obrigações*, Coimbra Editora, 2011, p. 297, Menezes Leitão, *O enriquecimento*, p. 454 ss, Mota Pinto, *Interesse*, p. 991 ss.

[18] Cf. o artigo 3º da proposta de Vaz Serra, *Resolução do contrato*, BMJ, nº 68, 1957, p. 382 e p. 153 ss.

[19] No Direito alemão, apesar do regime «autónomo» do §346/1 e 2 do BGB, são vários os problemas deixados em aberto pelo §346/3, o que dificulta uma compreensão clara das relações entre restituição fundada em resolução e restituição baseada em enriquecimento sem causa. Sobre estas questões, cf. *infra*, III, nº 4 e, para outros desenvolvimentos, Jürgen Kohler, *Bereicherungshaftung*, p. 417 ss e, do mesmo Autor, *Rücktrittsrechtliche*, p. 682 ss, Andreas Thier, *Rücktrittsrecht und Bereicherungshaftung: Zur Reichweite um §346. Abs. 3 S 1 Nr. 3 BGB und seinen Wirkungen für die bereicherungsrechtliche Rückabwicklung gegenseitiger Verträge, FS für Andreas Heldrich*, Beck, 2005, (p. 439 ss), Döll, *Rückgewährstörungen*, p. 334 ss e Herbert Roth, *Rücktrittsrecht und Leistungskondiktion, FS für Claus-Wilhelm Canaris*, Beck, 2007, (p. 1031 ss), em particular p. 1134 ss.

[20] José Brandão Proença, *A resolução do contrato no Direito Civil. Do enquadramento e do regime*, Coimbra Editora, 1996, p. 169.

[21] Mota Pinto, *Interesse*, p. 996 ss.

– nesse sentido, vejam-se os Acs. do STJ de 12 de junho de 2012[22] e de 25 de novembro de 1999[23].

Quanto a nós, um aspeto decisivo a tomar em consideração é o de que no nosso sistema, apesar da regra do efeito retroativo (cf. artigo 434º, nº 1, 1ª parte), a resolução do contrato não destrói integralmente a relação contratual[24], nem afasta completamente o sinalagma, como resulta, com clareza, do artigo 290º[25]. Neste âmbito, e considerando ainda o relevo do princípio da autonomia privada das partes (cf. artigo 405º, nº 1), parece-nos ser de aceitar a ideia de «prolongamento do sinalagma», proposta por CANARIS[26] e, entre nós, por PAULO MOTA PINTO[27]. O nosso ponto de partida é, também, o de que, estando contratualmente fixado o valor da contraprestação, deverá este constituir o ponto de referência do cálculo do valor da prestação restitutória, na medida em que o mesmo continue a refletir a equivalência subjetiva entre prestações convencionada pelas partes. Cremos, ainda, que a diferente natureza da resolução no ordenamento português e alemão não obsta a uma comparação, nem a uma aproximação, entre o critério do §346/2, 2ª parte, do BGB e o que subjaz à norma do artigo 289º, nº 1.

Nos casos em que não tenha sido fixado o valor da contraprestação, nem o modo por que este deve ser determinado, haverá que atender à regra supletiva prevista no artigo 883º, nº 1, analogicamente aplicável à prestação restitutória. Note-se, porém, que, em qualquer caso, o valor em causa reportar-se-á ao valor

---

[22] Relator GREGÓRIO JESUS, processo nº 521-A/1999.L1.S1. Neste Acórdão, transparece uma conceção da resolução como mecanismo de correção patrimonial da autonomia privada das partes. Segundo o Tribunal «jamais seria de acolher que a solução mais justa para atribuir ao valor do terreno seria atender ao preço que as partes acordaram livremente», considerando ainda que «o preço acordado pelas partes (...) pode não traduzir o valor real e objetivo da coisa, por regra definido pelo mercado, mas sim um qualquer valor subjetivo acertado pelo vendedor e comprador, sem correspondência em qualquer avaliação precisa e ponderada daquela realidade», concluindo depois que «o valor que aqui se procura (...) é o valor atual do prédio, a apurar em termos objetivos, precisos e rigorosos».

[23] Relator DUARTE SOARES, processo nº 99B602. Neste Acórdão, o STJ considerou que na resolução do contrato pelo vendedor, tendo o bem sido utilizado pelo comprador durante dois anos, percorrendo 60.000 km, deveria atender-se ao valor do bem à data da resolução, e não ao valor da contraprestação.

[24] Segundo ANTÓNIO MENEZES CORDEIRO, a resolução «implica a supressão das prestações principais», muito embora se mantenha «uma relação entre os contraentes, em parte decalcada do contrato existente» e traduzida, em particular nos deveres acessórios e no dever de indemnizar aplicáveis ao caso (*Tratado de Direito Civil português*, vol. II, *Direito das Obrigações*, tomo IV, Almedina, 2010, p. 139). Cf., tb. JOÃO BAPTISTA MACHADO, *A resolução por incumprimento e a indemnização*, *Obra dispersa*, I, *Scientia Iuridica*, 1991, (p. 195 ss), p. 210 ss e BRANDÃO PROENÇA, *Lições*, p. 196.

[25] Cf. tb. MOTA PINTO, *Interesse*, cit., p. 988.

[26] *Äquivalenzvermutung*, p. 13.

[27] *Interesse*, p. 996.

ESTUDOS EM HOMENAGEM A MIGUEL GALVÃO TELES

razoável ou equitativo do bem à data da celebração do contrato, e não à data do cumprimento da obrigação restitutória.

3. Havendo fixação contratual da contraprestação, a regra da avaliação segundo o contrato não pode, porém, ser absolutizada, como também reconhece CANARIS[28].

Com efeito, nos casos de impossibilidade parcial (qualitativa) do cumprimento, o critério da contraprestação pode carecer de alguns ajustamentos. Num estudo dedicado à restituição na resolução do contrato em caso de cumprimento parcial, ainda que num prisma diferente do que nos ocupa, HENRY MATHER distinguiu cinco possibilidades abstratas de cálculo do valor da prestação restitutória: (*i*) valor de mercado da prestação parcial; (*ii*); valor de mercado da prestação parcial limitado pelo preço acordado: (*iii*) montante correspondente à proporção do valor da prestação parcial no preço global; (*iv*) custos incorridos pelo vendedor e (*v*) ganhos económicos do comprador[29].

No Direito alemão, uma visão largamente difundida – embora sem lograr consenso[30] – defende que, nos casos de resolução fundada em cumprimento defeituoso, o valor a restituir deverá corresponder a uma contraprestação reduzida, por aplicação analógica da regra do §441/3 do BGB[31]. Segundo CANARIS, a redação do §346/2, ao referir que, estando determinada contratualmente uma contraprestação, deve a mesma ser «tomada em consideração» na determinação da prestação restitutória (e não que *é* este o valor desta prestação), visa precisamente permitir alguma «flexibilidade» quanto aos casos de resolução baseada em defeito do objeto do contrato[32].

No Direito português, há razões para preferir o critério contratual e, portanto, para procurar manter esta bitola até onde for possível. Quer isto dizer que, na proposta de MATHER, as escolhas (*i*) ou (*ii*) só são de aceitar se não for possível

---

[28] CANARIS, *Äquivalenzvermutung*, p. 13 ss.

[29] HENRY MATHER, *Restitution as a remedy for breach of contract: the case of the partially performing seller, Yale Law Journal*, 92, 1982, p. 14 ss.

[30] Considerando que o legislador pretendeu omitir a referência ao §441/3 e que, portanto, estaria excluída a correspondente redução da contraprestação, KOHLER, *Rücktrittsrechtliche*, p. 688 ss.

[31] Nesse sentido, CANARIS, *Äquivalenzvermutung*, p. 19. No mesmo sentido, DÖLL, *Rückgewährstörungen*, p. 127 ss, STAUDINGERS 2012/ KAISER, §346, n.m. 161, MEDICUS/ LORENZ, *Schuldrecht*, p. 274, FAUST, *Die Durchführung*, p. 242, MüKo/GAIER, §346, n.m. 45, DIRK LOOSCHELDERS, *Schuldrecht. Allgemeiner Teil*, Carl Heymanns, 2011 (9ª ed.), p. 287, BOELS, *Der Rücktritt*, p. 192 ss.

[32] CANARIS, *Äquivalenzvermutung*, p. 19. Já para KOHLER, a circunstância de o legislador, no §346/2, não ter remetido para o §441/3 seria elucidativa no sentido do afastamento da regra deste preceito, em benefício de um critério de determinação objetiva do valor da prestação restitutória, nos termos do §818/2 do BGB – KOHLER, *Rücktrittsrechtliche*, p. 681 ss.

defender, ou concretizar, o critério apontado em (*iii*). Tendo presente esta ideia, a construção de CANARIS pode, com benefícios, ser transposta, com algumas adaptações, para o Direito português. Com efeito, no caso de resolução do contrato pelo comprador com base em defeito do bem, a equivalência subjetiva sofre uma perturbação, pelo que dificilmente se poderá dizer que o valor exato, e não reduzido, da contraprestação deva servir de bitola para aferir a prestação substitutiva em valor. A presunção de equivalência entre prestações só se mantém se o bem objeto do contrato tiver a identidade e as qualidades acordadas pelas partes.

Concretizando, suponhamos que A vende a B um veículo automóvel para a empresa deste e, na mesma data, o entrega a B, recebendo o pagamento do preço acordado de 16.000 Euros. Na data da celebração do contrato, o valor de mercado do bem, sem defeito, seria de 15.000 Euros. Algum tempo depois, B apercebe-se da existência de um problema, que prejudica a circulação do veículo, mas A recusa remover o defeito (reparando o veículo ou substituindo-o). O valor do veículo defeituoso é de 12.000 Euros. B pretende resolver o contrato, mas o veículo foi, entretanto, furtado da sua garagem, onde estava estacionado[33].

Pressupondo que o comprador pode resolver o contrato (cf. artigo 432º, nº 2), deve concluir-se que B não está obrigado a entregar ao vendedor 16.000 Euros, mas apenas 12.000 Euros, se for este o resultado da avaliação realizada nos termos dos artigos 884º, nº 2, e 911º, nº 1 (cf. artigo 913º, nº 1)[34].

4. Além dos casos de cumprimento defeituoso, pode haver outras situações em que o valor objetivo do bem à data da restituição não corresponda ao valor da contraprestação. Se essa falta de correspondência exprimir, sem vícios, a equivalência subjetiva fixada pelas partes, deverá a mesma manter-se em sede restitutória, ainda que a contraprestação seja superior ao valor objetivo do bem[35]. Nos casos em que a divergência advenha de uma circunstância superveniente, por exemplo, da oscilação do valor de mercado ou do desgaste provocado pelo uso do bem, o efeito recuperatório da resolução do contrato poderá não lograr

---

[33] Adaptado do caso de LORENZ/ RIEHM, *Lehrbuch*, n.m. 425.

[34] Note-se que o critério do artigo 911º, nº 1, e, sobretudo, o do artigo 884º, nº 2, ao remeter para uma avaliação, diverge da fórmula prevista no §441/3 do BGB. Segundo a regra da redução do preço prevista neste último preceito, esta operação traduz-se na multiplicação do resultado da proporção entre o valor que a coisa teria tido livre de vícios à data da celebração do contrato e o valor real da mesma pelo valor da contraprestação. Assim, por exemplo, se uma mercadoria comprada pelo preço de 12.000 Euros valer 10.000 Euros e tiver um defeito que implique uma redução do seu valor para 7.500 Euros, o comprador poderá exigir ao vendedor a redução do preço para 9.000. É, portanto, menos claro no Direito português em que termos é que a situação exemplificada no texto exige um aperfeiçoamento da regra do prolongamento do sinalagma.

[35] Cf. STAUDINGERS 2012/KAISER, §346, n.m. 163.

uma exata reposição do *status quo ante*. Ainda assim, o valor da prestação deve ser calculado por referência ao valor da contraprestação contratualmente fixada, se a equivalência subjetiva não for perturbada pela causa da resolução. A restituição não se confunde, assim, com as correções patrimoniais que possam ser devidas em sede de responsabilidade civil e, eventualmente, de enriquecimento sem causa, verificadas as respetivas condições[36].

5. Ainda neste âmbito, defendeu CANARIS uma restrição teleológica do critério do §346/2, 2ª parte, do BGB quando o credor da prestação restitutória seja a parte que resolve o contrato com fundamento na violação de um dever e sempre que a contraprestação acordada seja inferior ao valor objetivo do bem[37]. Segundo o Autor, nestes casos, deveria prevalecer o critério do valor objetivo[38].

Suponhamos que A vende e entrega a B um veículo automóvel para a empresa deste pelo preço de 16.000 Euros. Na data de vencimento da dívida, B não paga o preço, nem o faz no prazo posteriormente fixado por A. O valor objetivo do bem é de 20.000 Euros. A pretende resolver o contrato, mas o veículo foi, entretanto, furtado da garagem da empresa de B, onde estava estacionado. Seguindo a tese de CANARIS, e admitindo que a perda do bem corresponde a um caso fortuito (é, aliás, esta a hipótese de raciocínio do Autor), o «lucro do negócio», de 4.000 Euros, deveria ser atribuído ao vendedor, ficando o comprador obrigado a pagar-lhe 20.000 Euros (valor objetivo do bem), e não 16.000 Euros (preço acordado). Não seria admissível que o vendedor suportasse a perda do «mau negócio», quando é certo que pode tê-lo concluído apenas para obter liquidez, o que não veio a verificar-se em virtude do incumprimento do comprador. As disposições constantes dos números 2 e 3 do §346/2, 1ª parte seriam, assim, limitadas em função do montante do valor objetivo do bem.

Em sentido contrário, entendeu KAISER que esta proposta CANARIS não é sustentável à luz do critério legal[39]. No mesmo sentido, depôs YVES DÖLL, aduzindo ainda que o critério do §346/2, 2ª parte só pode ser corrigido se existir alguma falha quanto à equivalência subjetiva das prestações, o que não é o caso em hipóteses análogas à que acima ilustrámos[40].

---

[36] Em sentido diverso, cf., porém, o Ac. do STJ de 25 de Novembro de 1999, processo nº 99B602, relator DUARTE SOARES.

[37] CANARIS, *Äquivalenzvermutung*, pp. 22-23.

[38] No mesmo sentido, MÜKo/GAIER, §346, n.m. 45.

[39] STAUDINGERS 2012/ KAISER, §346, n.m. 164 e, desenvolvidamente, DÖLL, *Rückgewährstörungen*, p. 129 ss. Com indicações jurisprudenciais, também em sentido contrário a CANARIS, LOOSCHELDERS, *Schuldrecht*, pp. 286-287.

[40] DÖLL, *Rückgewährstörungen*, p. 130.

A resolução deste caso no Direito português tem, desde logo, que atender à restrição imposta pelo artigo 886º quanto ao exercício do direito de resolução. Abstraindo desta regra (ou pressupondo que a mesma foi afastada através de convenção em contrário), parece-nos que, não havendo razões para excluir a equivalência subjetiva entre as prestações, tal como fixada pelas partes – e, a nosso ver, o desejo de liquidez do vendedor não constitui razão bastante para tanto –, esta relação continuará a projetar-se na fase restitutória. A resolução não deve, portanto, corrigir o «mau negócio» do vendedor. Quer dizer, a perda *fortuita* do bem não deve servir de pretexto para repor uma relação de valor que não existia à data do contrato. A circunstância de o incumprimento ter sido motivado pela conduta do comprador também não é aqui suficiente para impor uma solução diversa ou para considerar que a equivalência subjetiva deve ser afastada[41].

6. Antes de terminarmos este ponto, salientemos ainda que, segundo alguma doutrina[42] e jurisprudência[43], a prestação de restituição do «valor correspondente» na resolução do contrato constitui uma dívida de valor, justificando-se a sua imunidade relativamente ao princípio nominalista com base no «sentido reintegrador da resolução».

Na formulação de ANTUNES VARELA, as dívidas de valor correspondem a «dívidas que não têm diretamente por objeto o dinheiro, mas a prestação correspondente ao valor de certa coisa ou ao custo real e mutável de determinado objeto, sendo o dinheiro apenas um ponto de referência ou um meio necessário de liquidação da prestação»[44]. Ainda na definição de BAPTISTA MACHADO, são obrigações «em que o que está primariamente em causa é a reintegração de um património ou a substituição do valor de um bem»[45].

No nosso entendimento, a qualificação da prestação de restituição como uma dívida de valor significa que a mesma é fixada de acordo com as regras anteriormente enunciadas e, portanto, de acordo com a intervenção preferencial do critério contratual, *muito embora o valor final possa ser corrigido em virtude da depreciação monetária*[46]. Mas não quer dizer que o respetivo conteúdo corresponda ao valor

---

[41] Cf. tb. as considerações a este respeito de MOTA PINTO, *Interesse*, p. 997, nota 2788.

[42] BRANDÃO PROENÇA, *A resolução*, p. 170, MOTA PINTO, *Interesse*, p. 1000 ss, nota 2793.

[43] Assim, cf., por exemplo, e com indicações de jurisprudência anterior no mesmo sentido, o Ac. do STJ de 12 de Junho de 2012, relator GREGÓRIO JESUS, processo nº 521-A/1999.L1.S1

[44] JOÃO ANTUNES VARELA, *Das Obrigações em Geral*, I, Almedina, 2000 (10ª ed.), p. 859.

[45] JOÃO BAPTISTA MACHADO, *Nominalismo e indexação*, em *Obra dispersa*, I, Scientia Iuridica, 1991, (p. 425 ss) p. 433.

[46] Se bem interpretamos a construção do Autor, designadamente quanto às sequelas da adesão à tese de CANARIS no que respeita à determinação do valor da prestação restitutória, parece ser este o sentido a que faz alusão MOTA PINTO, *Interesse*, pp. 999-1000. Segundo o Autor, «a maior

ESTUDOS EM HOMENAGEM A MIGUEL GALVÃO TELES

real do bem à data da restituição, isto é, ao valor atualizado que a coisa teria se fosse restituída materialmente[47]. Com efeito, embora possa ser razoável, em certos casos, que o valor da restituição fixado por referência à contraprestação não fique sensível ao risco de inflação, não nos parece ser de aceitar, à luz dos fundamentos expostos nos números anteriores, um afastamento do critério preferencial de conformação do conteúdo da prestação restitutória de acordo com a equivalência subjetiva entre prestação e contraprestação.

III. Aplicabilidade da norma do artigo 1269º à resolução do contrato por incumprimento

1. O artigo 433º estabelece um princípio geral de equiparação dos efeitos (*inter partes*) da resolução aos efeitos da invalidade do negócio jurídico previstos nos artigos 289º e ss. Ora, além do artigo 289º, nº 1, que já analisámos, o artigo 289º, nº 3, contempla uma remissão para o regime jurídico dos artigos 1269º e ss. Pode, porém, questionar-se se o artigo 1269º deve ser aplicado à resolução do contrato por incumprimento. Se for esse o caso, a consequência será a de que a parte de «boa fé» que não tenha agido «com culpa» não estará obrigada a restituir de acordo com as regras enunciadas no ponto anterior, mas apenas, se for o caso, nos termos do enriquecimento sem causa (artigos 473º e ss).

2. De acordo com o artigo 1269º, o possuidor de boa fé só responde pelos danos causados pela perda ou deterioração do bem em termos limitados, aferindo-se esta limitação em função da sua culpa. Na dogmática dos Direitos Reais, tem-se entendido que a boa fé é apreciada à data da aquisição da posse (cf. artigo 1260º, nº 1) e corresponde à boa fé subjetiva ética[48] e que o possuidor de boa fé será culpado quando *provocar* a perda ou deterioração do bem[49].

A interpretação da citada norma segundo um argumento *a contrario sensu* tem conduzido a doutrina a notar que o possuidor de má fé responde *em qualquer*

---

proximidade destas obrigações [de restituição em valor na resolução] ao contrato não parece aqui fundar a impossibilidade de as subtrair ao império do princípio nominalista» (*idem*, p. 1001, nota 2793).

[47] Neste sentido, cf., porém, o entendimento do Ac. do STJ de 12 de junho de 2012, Relator GREGÓRIO JESUS, processo nº 521-A/1999.L1.S1.

[48] Cf., por exemplo, JOSÉ ALBERTO VIEIRA, *Direitos Reais*, p. 571.

[49] JOSÉ OLIVEIRA ASCENSÃO, *Direito Civil. Reais*, Coimbra Editora, 1993 (5ª ed.), p. 107. A doutrina não coloca, porém, em causa que o possuidor de boa fé, em certos casos, *responde* pela perda ou deterioração do bem. Aliás, como notou MANUEL RODRIGUES, o possuidor, estando de boa fé, não deveria responder, mas não foi essa a opção do Código Civil – *A posse. Estudo de Direito Civil português*, Almedina, 1980 (3ª ed.), p. 315.

caso pela perda ou deterioração do bem[50], uma vez que a sua responsabilidade é objetiva[51].

3. Perscrutados os contornos do artigo 1269º, importa averiguar se este preceito deve aplicar-se à resolução do contrato. Ora, nesta sede, é possível distinguir entre conceções que recusam a referida aplicação e orientações que procuram conciliar os requisitos do citado artigo 1269º com a lógica própria da liquidação resolutiva.

A recusa de aplicação da norma do artigo 1269º parece estar implícita no raciocínio de ANTUNES VARELA e PIRES DE LIMA quando consideram, quanto à remissão do artigo 289º, nº 3, que «tem especial relevo a matéria da restituição de frutos e das benfeitorias»[52]. No mesmo sentido, omitindo qualquer referência específica ao regime do artigo 1269º, e limitando-se, a propósito da remissão do artigo 289º, nº 3, quanto à resolução, a aludir aos artigos 1270º e 1271º, encontramos ainda as reflexões de LUÍS MENEZES LEITÃO[53].

---

[50] Nesse sentido, OLIVEIRA ASCENSÃO, *Direito Civil*, p. 107. O regime acabado de mencionar difere do que resultava do Código de Seabra. Neste Código, a responsabilidade do possuidor pela deterioração ou perda da coisa constava dos artigos 494º e 496º. O primeiro preceito dispunha que o possuidor de boa fé não respondia pelas deteriorações ou perda da coisa, não tendo dado causa a isso. A doutrina entendia, assim, que o possuidor de boa fé não respondia se não fosse culpado, negligente ou imprudente quanto ao uso da coisa que se perdeu ou deteriorou (assim, CUNHA GONÇALVES, *Tratado de Direito Civil*, III, Coimbra Editora, 1931). O artigo 496º, por seu turno, estabelecia que o possuidor de má fé respondia por perdas e danos, exceto provando que não procederam de culpa ou negligência sua, e que o mesmo respondia tb. por perdas e danos acidentais, provando-se que estes não se teriam dado se a coisa estivesse na posse do vencedor.

[51] Luís MENEZES LEITÃO, *Direitos Reais*, Almedina, 2011 (2ª ed.), p. 150. Contudo, é duvidosa a aceitação desta responsabilidade nos casos em que seja possível concluir que os danos se teriam, de igual modo, verificado, se a coisa estivesse na posse do titular do direito. A ideia da relevância negativa da causa virtual foi proposta por MANUEL HENRIQUE MESQUITA, *Direitos Reais*, Coimbra, 1967, p. 119, e seguida, embora com algumas variações, por vários Autores, entre os quais PIRES DE LIMA e ANTUNES VARELA, *Código civil anotado*, III, Coimbra Editora, 1987 (2ª ed.), p. 36, ANTÓNIO MENEZES CORDEIRO, *A posse: perspectivas dogmáticas actuais*, Almedina, 1999 (2ª ed.), pp. 125-126, Luís MENEZES LEITÃO, *Direitos Reais*, p. 150 e JOSÉ ALBERTO VIEIRA, *Direitos Reais*, Coimbra Editora, 2008, pp. 618-619.

[52] *Código Civil anotado*, I, Coimbra Editora, 1987 (4ª ed.), p. 265. JOSÉ ALBERTO VIEIRA, embora refira a remissão para os artigos 1269º a 1275º, não alude concretamente à aplicação do artigo 1269º – *Negócio jurídico*, p. 109.

[53] MENEZES LEITÃO, *O enriquecimento*, p. 456. Tb. DIOGO BÁRTOLO parece entender que o artigo 289º, nº 1, não se encontra limitado pelo disposto no artigo 1269º, apesar da remissão do artigo 289º, nº 3 (*Venda de bens alheios*, em *Estudos em Homenagem ao Professor Doutor Inocêncio Galvão Telles*, vol. IV, Almedina, 2003, p. 409 ss. O Autor refere que «o que o artigo 894/1 visa não é conceder ao comprador de boa fé o direito à restituição integral do preço, visto que este direito já resulta do disposto no art. 289/1, que não distingue, aliás, entre sujeitos de boa ou má fé» (p. 410).

ESTUDOS EM HOMENAGEM A MIGUEL GALVÃO TELES

Diversamente, segundo Pedro Romano Martinez, nas situações em que a perda ou deterioração do objeto da prestação não tenha sido «causada» pelo contraente de boa fé (que «não imaginava que o contrato ia ser resolvido e consequentemente a prestação devolvida»), não haverá responsabilidade pelo prejuízo[54].

Finalmente, na orientação de Paulo Mota Pinto, o artigo 1269º é aplicável à resolução do contrato[55], mas a «culpa» do *accipiens* deve ser compreendida em sentido impróprio, como a «culpa do lesado»[56]. Quando o *accipiens* conhece (ou deve conhecer?) o fundamento da resolução deve «encetar diligências para a sua restituição imediata» e evitar riscos quanto à mesma[57]. Estando o *accipiens* de boa fé, impõe-se uma limitação da ideia de «culpa», através do recurso ao critério do cuidado que o sujeito coloca nos seus próprios assuntos (*diligentia quam in suis rebus adhibere solet*)[58]. Esta conceção de Mota Pinto encontra raízes nos argumentos da «teoria da *condictio* da contraprestação» de Canaris a propósito da restrição do §818/3 do BGB[59] e tem também pontos de contato com algumas interpretações em torno do critério hoje consagrado no §346/3, 1ª parte, nº 3 do BGB[60].

4. O problema da aplicabilidade do artigo 1269º às prestações restitutórias suscitou-se também no que respeita à invalidade do contrato, em particular perante a disposição especial do artigo 894º, relativa à restituição do preço na venda de bens alheios. Esta norma prescreve que o comprador de bens alheios de boa fé pode exigir a restituição integral do preço, «ainda que os bens se hajam perdido, estejam deteriorados ou tenham diminuído de valor por qualquer outra causa»[61].

Na esteira da diferenciação preconizada por Antunes Varela e Pires de Lima[62], Luís Menezes Leitão entende que o artigo 894º se afasta do artigo

---

[54] Pedro Romano Martinez, *Da cessação do contrato*, Almedina, 2006 (2ª ed.), p. 196.

[55] Mota Pinto, *Interesse*, p. 985.

[56] *Idem*, p. 985, nota 2758.

[57] *Idem*, p. 985.

[58] Mota Pinto, *Interesse*, p. 986.

[59] Claus-Wilhelm Canaris, *Die Gegenleistungskondiktion, FS für Werner Lorenz*, J.C.B. Mohr, 1991, p. 19 ss. Criticando a tese de Canaris, Júlio Gomes, considerou que o fundamento do artigo 1269º, no que respeita à restituição devida no negócio inválido, seria o *venire contra factum proprium (O conceito*, p. 649 ss).

[60] *Vide* infra, ponto III, nº 4.

[61] Pelo contrário, havendo má fé do comprador, este não pode pedir ao vendedor que lhe devolva o preço, quando não pode restituir o bem, só lhe sendo lícito o recurso às regras do enriquecimento sem causa – assim, por exemplo, Manuel Carneiro da Frada, *Perturbações típicas do contrato de compra e venda, Direito das Obrigações*, AAFDL, 1991, (p. 49 ss), p. 55, Luís Menezes Leitão, *Direito das Obrigações*, III, Almedina, 2010 (7ª ed.) p. 103. Em sentido diverso, Diogo Bártolo, *Venda*, p. 409 ss.

[62] *Código Civil anotado*, II, Coimbra Editora, 1986 (3ª ed.), p. 191 ss.

289º e permite que o comprador de boa fé possa sempre reaver, na íntegra, o preço pago, sem restituir o bem[63]. O artigo 894º aproximar-se-ia, assim, da restituição por enriquecimento sem causa, prevista nos artigos 479º e 480º «na medida em que faz variar o conteúdo da obrigação de restituição, consoante exista ou não boa fé do obrigado»[64]. Para além desta diferenciação entre a solução do citado artigo 894º e o regime da invalidade, MENEZES LEITÃO considera ainda não ser possível restringir aquela norma em função do disposto no artigo 1269º[65]. Ora, se bem interpretamos as reflexões do Autor, parece-nos que se pode extrair desta tese uma conclusão mais geral segundo a qual a convocação do artigo 289º não implica necessariamente a aplicação do artigo 1269º. É esta a leitura que retiramos das palavras de MENEZES LEITÃO, quando escreve que «a restrição da parte final do nº 1 [do artigo 894º] é dificilmente compreensível em sede de invalidade, uma vez que, no âmbito dos arts. 289º e 290º, uma situação deste tipo [perda, deterioração ou diminuição de valor dos bens por qualquer outra causa] não impede o comprador de exigir a restituição do preço, obrigando-o apenas a restituir simultaneamente o valor correspondente à coisa recebida»[66]. Esta interpretação parece-nos também plausível no que respeita à opinião expressa por ANTUNES VARELA e de PIRES DE LIMA[67].

Numa perspetiva diversa, considerou ANTÓNIO MENEZES CORDEIRO que, havendo *traditio*, só fará sentido «beneficiar» o comprador de boa fé, permitindo-lhe reaver o preço sem devolver o bem, se aquele não tiver culpa quanto à perda ou deterioração[68]. A solução seria, portanto, análoga à que resultaria da aplicação do artigo 1269º, o que faria sentido, dado que, além de o comprador ser possuidor de boa fé, o artigo 289º, nº 3 remeteria expressamente para aquele preceito[69].

Por último, PAULO MOTA PINTO propôs uma restrição do âmbito de tutela do comprador ao abrigo do artigo 894º, enfatizando que o comprador de boa fé,

---

[63] *Direito das Obrigações*, III, *Contratos em especial*, Almedina, 2010 (7ª ed.), p. 104. Pode tb. ver-se, do mesmo Autor, *O enriquecimento*, p. 451 ss, em particular nota 1336.

[64] *Idem*, p. 103.

[65] *Idem*, p. 104.

[66] *Direito das Obrigações*, III, p. 103.

[67] *Código*, II, p. 191 ss. Salientando tb. este aspeto (e interpretação), JÚLIO GOMES, *O conceito*, p. 644, nota 1023.

[68] *Da boa fé no Direito Civil*, Almedina, 2001, p. 501. Aproximando os resultados da tese de MENEZES CORDEIRO à orientação de MENEZES LEITÃO, NUNO PINTO OLIVEIRA, *Contrato de compra e venda. Noções fundamentais*, Almedina, 2007, p. 173 ss, muito embora entendendo que «caso o comprador de boa fé não conheça, nem deva conhecer, a alienidade da coisa, não há, *não pode haver*, culpa sua na lesão de um direito de outrem» (*idem*, p. 174), enquanto MENEZES CORDEIRO considera que a culpa é compatível com a compra de boa fé (*Da boa fé*, p. 501).

[69] Em sentido análogo – muito embora sem aludir ao artigo 289º, nº 3, pronunciou-se também MANUEL CARNEIRO DA FRADA, *Perturbações típicas*, p. 55.

ao deitar fora ou destruir o bem, teria a consciência de uma dupla perda (do bem e da contraprestação), pelo que não poderia, mais tarde, vir pedir a restituição integral do preço invocando aquele preceito[70].

5. Do ponto de vista do Direito Comparado, um contributo útil para a elucidação do problema em apreço pode ser extraído da discussão gerada em torno da norma do §346/3, 1ª parte, nº 3, do BGB. Este preceito do Código alemão consagra, em matéria de resolução legal, um desvio às regras gerais de distribuição de risco, ao suprimir o dever de restituição a cargo da parte resolvente (cf. §346/2), sempre que, apesar da perda ou deterioração do bem, esta tenha observado a diligência que emprega nos seus próprios assuntos (§346/3, 1ª parte, nº 3). O mencionado afastamento do dever de restituir, muito embora não precluda as transferências patrimoniais que devam ser feitas ao abrigo das regras do enriquecimento sem causa (§346/ 3, 2ª parte, e §818 ss), traduz-se, em princípio, num «benefício» para a parte resolvente que recebeu o bem.

Esta norma tem gerado acesa discussão quanto à sua pertinência, quanto à densificação do critério de diligência empregada nos seus próprios assuntos e, ainda, quanto à relevância do conhecimento ou desconhecimento culposo do fundamento resolutivo pelo *accipiens*.

Quanto ao primeiro aspeto, em defesa da solução do preceito tem-se referido – e parece ser essa a justificação do legislador[71] – ser razoável e justo impor o risco à parte cuja conduta dá azo à resolução do contrato[72]. A parte inadimplente não poderia confiar na transmissão do risco para a contraparte, não tendo cumprido integralmente a sua prestação, como devido[73]. Esta justificação está, aliás, subjacente às construções que defendem uma restrição teleológica do preceito em causa, aplicando-o apenas a casos em que a resolução legal se funda numa violação de um dever, e não já, por exemplo, na resolução em virtude de perturbação da base do negócio (cf. §313 do BGB)[74].

É, porém, distinta a perspetiva defendida por KAISER. No julgamento desta Autora, a mencionada explicação não seria, de modo algum, conjugável com a distinção entre fundamento da resolução e imputação da perturbação restitutória subjacente ao modelo atual do BGB e contenderia, ainda, com a lógica subjacente ao §346, nos termos da qual a restituição seria independente da «culpa» do

---

[70] MOTA PINTO, *Interesse*, II, pp. 977-978, nota 2738.

[71] MEDICUS/ LORENZ, *Schuldrecht*, p. 275.

[72] Assim,WAGNER, *Mortuus*, p. 610 ss.

[73] MüKo/GAIER, §346, n.m. 54.

[74] No sentido da restrição, cf., por exemplo, LOOSCHELDERS, *Schuldrecht*, p. 284 ss, MüKo/GAIER, §346, n.m. 54, BAMBERGER/ ROTH/ GROTHE, §346, n.m. 54, SUDABEH KAMANABROU, *Haftung des Rücktrittsberechtigten bei Untergang der empfangenen Leistung*, NJW 2005, (p. 30 ss), p. 31.

obrigado[75]. Antes de ter conhecimento do fundamento da resolução, o devedor da prestação restitutória seria pleno titular do direito, uma vez que não teria de contar com a devolução do bem. Além disso, realça KAISER, culpar o devedor em função da preterição do cuidado que observa nos seus próprios assuntos seria incorrer num critério incerto e subjetivo[76].

Relativamente ao critério da diligência, a doutrina encontra-se dividida[77]. Segundo a posição maioritária é de aplicar a bitola da *diligentiam in quam suis*, do §277 do BGB[78]. Entre as teses minoritárias, encontramos a orientação de GAIER, segundo a qual estaria em causa um conceito de culpa em sentido não técnico ou de culpa do lesado[79], e a posição preconizada por DÖLL, no sentido de uma aproximação da conduta da parte resolvente prevista no citado §346/3, 1ª parte, nº 3 a uma vantagem decorrente do cumprimento de um ónus[80].

Finalmente, a regra em análise motivou dissenso quanto à sua delimitação, no confronto com o §346/2, por um lado, e com o §346/4, por outro. De acordo com uma orientação bastante difundida, o benefício previsto no §346/3 cessaria com o conhecimento (ou, para alguns, também com o desconhecimento negligente) da existência de um fundamento resolutivo[81]. A partir deste momento, a impossibilidade de restituição por perda ou deterioração do bem deveria ser enquadrada no §346/4, conjugado com os §§241/2 e 276 do BGB[82]. Esta posição não é, porém,

---

[75] KAISER, *Die Rechtsfolgen*, p. 1063 ss e STAUDINGERS 2012/KAISER §346, n.m. 202 ss.

[76] KAISER, *Die Rechtsfolgen*, p. 1063.

[77] Sobre estas conceções, e a sua crítica, *vide*, por todos, DÖLL, *Rückgewährstörungen*, p. 274 ss.

[78] Cf. por exemplo, LORENZ/ RIEHM, *Lehrbuch*, n.m. 429 e 431, MEDICUS/ LORENZ, *Schuldrecht*, pp. 275-276, GUIDO PERKAMS, *Die Haftung des Rücktrittsberechtigten im neuen Schuldrecht*, JURA 2003, p. 151, MARTIN SCHWAB, *Schuldrechtsmodernisierung 2001/2002 – Die Rückabwicklung von Verträgen nach §§ 346 ff. n.F.*, JuS, (p. 630 ss), p. 635.

[79] Nesse sentido, MüKo/GAIER, §346, n.m. 56 e 61.

[80] DÖLL, *Rückgewährstörungen*, p. 309.

[81] Assim, MüKo/GAIER, §346, n.m. 56 e 57, RHEINLÄNDER, *Die Haftung des Zurücktretenden bei Kenntnis der Rücktrittsberechtigung*, ZGS 5/2004, p. 178 ss, PERKAMS, *Die Haftung*, p. 150 ss, SCHWAB, *Schuldrechtsmodernisierung*, pp. 635-636, ANDREAS THIER, *Rücktrittsrecht*, p. 439 ss, HAGER, *Der Wert*, p. 202, WOLFGANG FIKENTSCHER/ ANDREAS HEINEMANN, *Schuldrecht*, De Gruyter, 2006 (10ª ed.), p. 274. Não é, porém, consensual o meio pelo qual a conclusão referida no texto é alcançada. Enquanto alguns (RHEINLÄNDER, *Die Haftung*, p. 180, PERKAMS, *Die Haftung*, p. 151 ss) referem a necessidade de uma restrição teleológica do preceito, outros entendem que a desaplicação do §346/3, 1ª parte, nº 3, nos casos em que a parte resolvente conhece a existência de um fundamento resolutivo resulta de uma interpretação declarativa do preceito (MüKo/GAIER, §346, n.m. 57, MARTIN SCHWAB, *Schuldrechtsmodernisierung*, p. 635 ss). O conceito impróprio de culpa só se imporia no momento em que o devedor não conhece, nem deve conhecer, o fundamento resolutivo. Depois deste conhecimento (ou da sua possibilidade), aplicar-se-ia o §326/4 (n.m. 56).

[82] Nesse sentido, MüKo/GAIER, §346, n.m. 57 e 61, FIKENTSCHER / HEINEMANN, *Schuldrecht*, p. 275.

consensual, contando com a oposição dos Autores que negam a necessidade de restringir o âmbito de aplicação do privilégio do devedor, bem como daqueles que realçam que o dever a cargo do *accipiens* é independente do conhecimento (ou desconhecimento culposo) da existência de um fundamento resolutivo[83].

6. De um prisma puramente literal, o artigo 1269º refere um dever de indemnizar, e não um dever secundário de restituir em valor[84]. Mas a verdade é que o argumento literal é, também aqui, pouco revelador ou mesmo insuficiente.

Situando-nos, por hipótese de raciocínio, da perspetiva das teses que entendem ser de aplicar o artigo 289º, nº 3, à resolução do contrato, parece-nos difícil, descortinar razões que permitam restringir a norma do artigo 1269º à situação da parte resolvente de boa fé na resolução legal, pelo que, no nosso sistema, o «benefício» em causa, a ser concedido, deverá revestir contornos mais amplos do que aqueles que são reconhecidos ao §346/3, 1ª parte, nº 3 do BGB[85].

Do ponto de vista teleológico, é possível sustentar que a norma do artigo 1269º tem subjacente a ideia segundo a qual quem é titular de uma posição jurídica provisória ou, de algum modo, não plena, deve, ainda que de boa fé, observar determinados deveres de diligência e de cuidado, sob pena de responder perante o verdadeiro titular do direito. Assim, o possuidor de boa fé pode usar a coisa[86],

---

[83] Assim, cf. STAUDINGERS 2012/KAISER §346, n.m. 205, BAMBERGER/ ROTH/ GROTHE, §346, n.m. 53, WAGNER, *Mortuus*, p. 618 ss, KAMANABROU, *Haftung*, p. 31, CHRISTIAN GRÜNEBERG, anotação ao §346, *Palandt Bürgerliches Gesetzbuch*, Beck, 2012 (71ª ed.), n.m. 13. Note-se ainda que o problema da definição do âmbito temporal do privilégio do devedor do §346/3, 1ª parte, nº 3, reflete-se, depois, na interpretação da norma do §346/4 do BGB e na relação entre dever de restituir em valor e o dever de indemnizar, podendo, desde logo, distinguir-se entre as posições que aceitam a aplicação do §326/4 logo após conhecimento ou desconhecimento culposo pela «parte resolvente» da existência de um fundamento resolutivo (*vide* MüKo/GAIER, §346, n.m. 60) e as que exigem, para o efeito, que o contrato tenha já sido resolvido, pois só a partir deste momento existiria um dever de restituição ao abrigo do §346/1, suscetível de ser violado (assim, STAUDINGERS 2012/ KAISER §346, n.m. 229, BAMBERGER/ ROTH/ GROTHE, §346, n.m. 37, PERKAMS, *Die Haftung*, p. 152, WAGNER, *Mortuus*, pp. 617-618). Sobre o problema pode ainda ver-se HAGER, *Der Wert*, p. 195 ss RHEINLÄNDER, *Die Haftung*, p. 178 ss, DÖLL, *Rückgewährstörungen*, p. 375 ss.

[84] Ainda que as figuras se aproximem quanto a alguns aspetos. Basta pensar que a restituição não coloca o resolvente na situação em que estaria se não tivesse celebrado o contrato – não o pode ressarcir das oportunidades alternativas perdidas, nem dos dispêndios realizados para celebrar o contrato – nem visa ressarci-lo pelo interesse contratual positivo. São ainda evidentes as diferenças entre o cálculo do dano na responsabilidade civil contratual e o cálculo do valor da prestação restitutória. A complementaridade teleológica entre resolução e indemnização tem, aliás, servido de fundamento para justificar a cumulação entre aquela e a indemnização pelo interesse contratual positivo – sobre este aspeto *vide*, por todos, MOTA PINTO, *Interesse*, p. 974 ss e 1604 ss.

[85] Cf., porém, MOTA PINTO, *Interesse*, p. 984 ss.

[86] Cf. JOSÉ ALBERTO VIEIRA, *Direitos Reais*, pp. 613-614.

mas não deve fazer dela um uso imprudente, sob pena de responder pelos danos causados. À luz deste fundamento será, porém, duvidoso que a norma em apreço possa aplicar-se à resolução, na medida em que, pelo menos até à data da verificação de um fundamento resolutivo, o direito do contraente não é precário, nem temporário. Antes do conhecimento do fundamento resolutivo não fará sentido aludir a quaisquer deveres restitutórios (*stricto sensu*) de um contraente perante o outro, tanto mais que, no nosso Código Civil, não parecem existir indícios legais que sugiram essa valoração, ao contrário do que consigna o BGB. Pelo contrário, parece-nos que a pedra angular do nosso sistema assenta na ideia da irrelevância da valoração ética da conduta das partes na conformação do conteúdo das prestações restitutórias e aponta para um modelo de liquidação resolutiva independente de uma função sancionatória[87].

A favor da aplicação do artigo 1269º à restituição poderia depor um argumento invocado por KAISER (na sua crítica à solução do §346/2 do BGB): dir-se-ia que, tanto quanto possível, seria de respeitar-se a regra segundo a qual o risco deve ser atribuído à parte que beneficia dos frutos e dos proventos do bem[88]. Não cremos, contudo, que as considerações acabadas de referir suscitem qualquer aporia perante o regime aplicável aos frutos a restituir, desde que não se enverede por uma via de aplicação literal dos artigos 1270º e ss. Não sendo esta a sede própria para uma reflexão acabada sobre o assunto – a qual deverá começar por examinar se o modelo português acolhe, ou não, um regime restitutório unitário, uma vez que, pelo menos formalmente, a nosso Código, ao contrário do BGB (cf. §346/1), parece distinguir entre prestação restitutória *stricto sensu* e restituição dos frutos, e não poderá também dispensar uma análise do tratamento a conferir a outras *vantagens* resultantes do uso do bem (não abrangidas pelo artigo 212º, nº 1) –, não podemos deixar de registar que mesmo as teses que, entre nós, aceitam a aplicação dos artigos 1270º e ss à resolução do contrato, impõem, para o efeito, certas condições, de modo a compatibilizar o alcance daqueles preceitos com o sistema restitutório e com a natureza não sancionatória da resolução do contrato. Assim, BRANDÃO PROENÇA propõe uma restrição dos deveres a cargo da parte resolvente de boa fé, considerando que a mesma não está obrigada a deveres de frutificação até adquirir conhecimento da resolução do contrato e que a contraparte também só deverá ser considerada «possuidora de má fé» a partir do momento da turbação ou mesmo até à declaração de resolução[89]. Também PAULO MOTA PINTO defende uma restrição teleológica da remissão legal do artigo 289º, no

---

[87] Assim, cf. BRANDÃO PROENÇA, *A resolução*, p. 125 e tb. MOTA PINTO, *Interesse*, II, p. 997. A ideia da resolução como *pena (civil)* imposta ao contraente que não executou culposamente o contrato foi defendida, entre outros, por GALVÃO TELLES, *Direito das Obrigações*, p. 460.

[88] DAGMAR KAISER, *Die Rechtsfolgen*, p. 1060.

[89] BRANDÃO PROENÇA, *A resolução*, pp. 173-174.

que respeita aos artigos 1270º e 1271º, de modo a permitir que o contraente de má fé possa manter os frutos que a contraprestação produziu até ao montante daqueles gerados pela sua prestação, reduzindo-se a sua obrigação de entrega à diferença entre uns e outros[90].

Finalmente, *do ponto de vista sistemático*, importa conjugar a interpretação do artigo 1269º com as exigências do artigo 289º, nº 1, a que já nos referimos. Nesta sede, é de sublinhar que, tanto a ideia de autonomia das regras aplicáveis à restituição na resolução do contrato como o conteúdo dos critérios de determinação da prestação restitutória em valor atrás propostos seriam fortemente limitados (senão anulados) se admitíssemos que, através da liquidação resolutiva, certas situações pudessem ser corrigidas com base na valoração ética da conduta das partes ou que o *accipiens* de boa fé «sem culpa» apenas devesse restituir na medida do seu enriquecimento sem causa.

Em suma, perante os argumentos teleológico e sistemático acabados de referir, parece-nos defensável uma interpretação restritiva das normas constantes dos artigos 433º e 289º, nº 3, no sentido de excluir a aplicação do artigo 1269º à resolução do contrato fundada em incumprimento.

[90] *Interesse*, p. 989, nota 2763.

Responsabilidade civil dos intervenientes no processo de construção[*]

JOSÉ LUÍS BONIFÁCIO RAMOS

1. O Processo de Construção

O processo de construção é uma expressão polissémica, geradora de equívocos. Basta abrir o computador, pesquisar no Google para deparar com uma multiplicidade de sentidos, de aceções. Desde a vertente filosófica, ao procurar a construção do conhecimento, à vertente técnica, em áreas tão diversas, desde a engenharia à paleontologia ou à arqueologia, encontramos de tudo um pouco.

Pela nossa parte, assumimos o propósito de refletir sobre determinadas questões jurídicas ligadas à atividade de construção, em sentido amplo, sem a limitar a uma obra nova, mas abrangendo a modificação, a ampliação, a reconstrução, a remodelação, a reabilitação e, inclusivamente, a demolição. Assim, se o edifício constitui o resultado da construção, reconstrução, ampliação, alteração ou conservação de um imóvel destinado à intervenção humana, bem como qualquer outra construção que se incorpore no solo com caráter de permanência, nos termos da alínea a) do artigo 2º do Decreto-Lei nº 555/99 de 16 de dezembro, na redação dada pela Lei nº 26/2010 de 30 de março, parece-nos que tanto as obras de criação de novas edificações como as alterações ou de destruição de uma edificação pré-existente devem ser abrangidas no sentido amplo acima mencionado.

Entendemos o processo construtivo como um *iter* que culmina na realização de uma nova edificação, na demolição da existente ou outras atividades relacionadas, *v.g.* as de reconstrução, de ampliação ou de conservação. Não abordaremos, no entanto, as implicações jurídicas de âmbito urbanístico ou administrativo, no que tange à aplicação da legislação relativa à emissão de licenças e de outras restrições próprias da atividade construtiva. Trataremos, apenas, no tempo limi-

---

[*] O presente texto corresponde à intervenção proferida na Faculdade de Direito, no âmbito do Curso de Pós Graduação em Direito do Urbanismo e da Construção, promovido pelo ICJP.

tado de que dispomos, de aspetos conexos com a responsabilidade civil dos intervenientes no processo construtivo.

2. Os intervenientes no *iter* construtivo

Como se imagina, os intervenientes na atividade construtiva devem possuir legitimidade para atuar sobre o imóvel considerado. Ora, a legitimidade é lhes conferida, antes do mais, pela titularidade sobre o imóvel objeto de construção. No entanto, importa saber que titularidade justifica a iniciativa do processo construtivo.

Em primeiro lugar, a titularidade relativa ao direito de propriedade. Assim, no âmbito dos poderes que integram o direito de propriedade, a faculdade de construir insere-se no quadro de modificação da coisa-objecto, permitido, nos termos do conteúdo daquele direito real de gozo. Efetivamente, a propriedade é, como sabemos, o direito real máximo sobre a coisa imóvel. Se atentarmos no artigo 1305º do Código Civil relativo ao conteúdo do direito de propriedade, constatamos que o proprietário goza, de modo pleno e exclusivo, dos direitos de uso e fruição das coisas que lhe pertencem. Ou seja, a edificação, como atividade ou resultado de uma construção integra, a priori, o âmbito de poderes atribuídos pela respetiva titularidade.

Porém, a faculdade construtiva não se restringe ao âmbito do direito real maior – a propriedade – mas inclui determinados direitos reais menores. Convém recordar, sobre este assunto, a controvérsia relativa ao direito de usufruto. Sendo certo de que o usufrutuário assume os poderes de usar, fruir e administrar a coisa como o faria um pai de família, respeitando o seu destino económico[1], coloca-se a questão sobre a alteração da forma e da substância, tendo em conta a noção legal de usufruto – o artigo 1439º –, bem como o regime de benfeitorias úteis e voluptuárias. Tais cominações legais, que tiveram origem no próprio Digesto, no brocardo *salva rerum substantia*, motivaram posterior reflexão doutrinária, tendo em conta a consagração de expressão equivalente nos Códigos Civis francês de 1804 e italiano de 1865. Ao invés, os Códigos alemão e italiano de 1942, ao aludirem, em sede de usufruto, ao respeito do destino económico da coisa, omitindo a forma e a substância, motivaram elogios da doutrina que até a considerou a versão moderna daquele brocardo[2]. Nesta perspetiva, o usufrutuário não está limitado a uma postura eminentemente estática, mas pode promover o desenvolvimento do imóvel, orientado para a prossecução da função social do imóvel, em coerência com a fruição do proprietário[3].

---

[1] Cf. o artigo 1446º do Código Civil.
[2] Cf. Lodovico Barassi, *I Diritti Reali Limitati*, Milão, 1947, p. 161
[3] Cf. Lodovico Barassi, *I Diritti Reali Limitati*, Milão, 1947, p. 161

O atual Código Civil português consagra o respeito pelo destino económico da coisa, a propósito do conteúdo dos direitos do usufrutuário, mas a noção de usufruto assenta ainda, como se disse antes, no respeito da forma e da substância. Perante a contradição ou antinomia, nem por todos reconhecida como tal[4], Oliveira Ascensão, apesar de atribuir poderes de transformação ao usufrutuário, defende que a exigência mais genérica é a consagrada no artigo 1439º – o acautelar da respetiva forma e substância – ao passo que o respeito pelo destino económico pode ser afastado, tendo em conta a natureza supletiva das disposições onde tal orientação se insere.[5] Diferentemente, Menezes Cordeiro não só critica a permanência da expressão "sem alterar a forma ou substância", como discorda da supremacia daquele limite porque, se assim for, não será admissível que um usufrutuário venha a demolir um prédio e a construir outro, embora lhe seja permitido transformar uma exploração pecuária numa exploração hortícola[6]. O que, em sua opinião, se afigura contraditório. Em sua opinião, o artigo 1439º consiste numa mera definição legal, não assume a natureza imperativa atribuída ao dever de respeito do destino económico[7]. Assim, o poder de transformação do usufrutuário revelaria maior amplitude, permitindo realizar benfeitorias, sem os constrangimentos de forma e substância, bem como realizar reparações ordinárias e extraordinárias, se o proprietário as não quiser fazer, nos termos dos artigos 1472º e 1473º[8].

Enquanto Menezes Leitão e José Alberto Vieira concordam, de um modo geral, com a leitura de Oliveira Ascensão[9], Carvalho Fernandes, reconhecendo o direito de transformação do usufrutuário, convoca os limites da manutenção da forma, substância e destino económico da coisa, para reconhecer a obrigação de efetuar reparações ordinárias e extraordinárias e ainda outras obras que não eram, nos termos dos artigos 1472º e 1473º, meras reparações[10].

Pela nossa parte, ao aceitar o poder de transformação da coisa que deriva da plenitude dos poderes de gozo atribuídos ao usufrutuário, consideramos contraditória a insistência na preservação da forma e da substância. Aliás, se o usufruto é um tipo de direito real aberto, julgamos admissível que o poder de transformação seja ampliado no título constitutivo, sem que isso o descaracterize ou sequer abale a tipicidade dos direitos reais. Em nossa opinião, consideramos difícil entender

---

[4] Cf. Pires de Lima e Antunes Varela, *Código de Processo Civil Anotado*, Vol. III, p. 417.

[5] Cf. Oliveira Ascensão, *Direito Civil: Reais*, 5ª ed., Coimbra, 1993, pp. 475-6.,

[6] Cf. Menezes Cordeiro, Direitos Reais, Vol. II, Lisboa, 1979, pp. 929 e segs.

[7] Cf. Menezes Cordeiro, Direitos...op. cit., pp. 932 e segs.

[8] Cf. Menezes Cordeiro, Direitos...op. cit., p. 935.

[9] Cf. Menezes Leitão, *Direitos Reais*, 3ª ed.,Coimbra 2012, p. 320; José Alberto Vieira, *Direitos Reais*, Coimbra, 2008, p. 755.

[10] Cf. Carvalho Fernandes, *Lições de Direitos Reais*, 3ª ed., 1999, pp. 387 e segs.

que o usufrutuário disponha de poderes de transformação mas que, simultaneamente, não lhe seja possível alterar a forma e substância, quando é titular, não de uma mera faculdade ou permissão, mas de um verdadeiro direito real de gozo. Devemos ainda acrescentar que nos parece inaceitável que uma simples obra ou melhoramento, admitida pelos defensores do limite da forma e da substância, não implique, verdadeiramente, uma alteração da forma originária da coisa. Assim, aderir àquela posição encerra, em nossa opinião, um paradoxo difícil de sanar. Daí que entendamos mais coerente a opinião contrária.

No que respeita ao direito de superfície, temos a faculdade de construir ou manter, perpétua ou temporariamente, um obra em terreno alheio, podendo abranger parte do solo, não necessária à implantação, desde que apresente utilidade para o uso da obra, nos temos dos artigos 1524º e 1525º do Código Civil. O titular deste direito real menor assume evidente poder de transformação do imóvel, pois pode construir em terreno alheio. Algo de semelhante ocorre no direito de sobre-elevação, previsto no artigo 1526º do Código, caracterizado, como sabemos, por certo hibridismo entre a superfície e a propriedade horizontal[11].

Todavia, o universo dos intervenientes na construção não se limita aos titulares de direitos reais de gozo. Podemos configurar a atuação de titulares de direitos pessoais de gozo, designadamente do locatário. Basta pensar nas obras a realizar pelo locatário, se autorizado pelo senhorio, ou nas reparações urgentes, previstas nos artigos 1036º e 1074º nº 3.

Convém ainda não ignorar a atuação de terceiros que, através de contrato de prestação de serviços celebrado com titulares de direitos reais ou pessoais de gozo, são incumbidos de executar trabalhos de índole construtiva. Pensemos no contrato de empreitada e, assim, nos trabalhos efetuados pelo empreiteiro ou subempreiteiro, pelos seus funcionários, na colaboração prestada por engenheiros, arquitetos projetistas, promotores, mediadores imobiliários e muitos outros.

3. A Construção e a Responsabilidade Civil

Perante a pluralidade de intervenientes no processo construtivo, diremos não ser menos plural a teia de normas suscetíveis de prefigurar consequências sancionatórias, desde o ilícito de mera ordenação social, ao ilícito criminal ou de natureza cível. Nestes termos, apenas no que respeita à infração de normas relativas à segurança de estaleiros de obras, podemos imaginar situações que contendem com a responsabilidade contraordenacional, a responsabilidade criminal e a responsabilidade civil.

Procuraremos abordar este último patamar de imputação: a responsabilidade civil, onde, a propósito da construção, podemos configurar um amplo leque de

[11] Cf. Oliveira Ascensão, *Direito...*op. cit., p. 526.

situações suscetíveis de merecerem a nossa atenção, *v.g.* a violação de deveres contratuais assumidos entre os titulares do terreno e os encarregados de executar a obra, os danos causados a outros titulares do mesmo imóvel. A este propósito, pensemos nas relações entre o proprietário e o usufrutuário, entre o proprietário e o superficiário. Teremos, assim, situações geradoras de responsabilidade motivadas por violação de deveres contratuais, desde o incumprimento ao cumprimento defeituoso, ao incumprimento de deveres, consagrados na lei ou no título constitutivo, pelos titulares de diversos direitos reais sobre a mesma coisa .

As relações jurídicas reais, sobretudo as relações de vizinhança, também são geradoras de responsabilidade, não entre titulares de uma mesma coisa, mas de imóveis contíguos ou numa relação de proximidade. Pensemos nos conflitos emergentes das relações de vizinhança, tendo em conta a emissão de ruídos ou cheiros, provocados pelos trabalhos construtivos de um determinado imóvel. Pensemos ainda nas trepidações, fissuras ou derrocada parcial ou total, causadas por uma obra. Isto para não falar nos danos causados a outros sujeitos, sejam eles transeuntes ocasionais ou trabalhadores do próprio estaleiro.

Como se compreende, não podemos assumir, tendo em conta o tempo disponível, o propósito de abordar as diversas situações geradoras de responsabilidade civil dos diversos intervenientes no processo construtivo, mas apenas referir aspetos que consideramos de especial relevância, atendendo à controvérsia dogmática, no propósito de suscitar a reflexão e de promover o debate.

4. Os Planos da Responsabilidade Civil Contratual e Extra Contratual

É frequente autonomizar-se a responsabilidade contratual e a responsabilidade extracontratual ou delitual. Não só os Códigos Civis, designadamente o português, tratam dessas categorias de imputação separadamente, como se aceita a diversidade de regime, apesar da divergência sobre a concretização de tal diversidade[12]. Pela nossa parte, atentando no Direito positivo, consideraremos os planos da responsabilidade civil contratual e extracontratual, buscando não apenas antinomias mas, sobretudo, os contributos no sentido de esclarecer o alcance de alguns aspetos que pretendemos sublinhar.

Quanto à responsabilidade contratual, encontramos as situações atinentes ao incumprimento do contrato de empreitada, do contrato de compra e venda e até do título constitutivo de um direito real de gozo menor. No que respeita à empreitada, indicamos o incumprimento definitivo ou temporário, bem como o cumprimento defeituoso da obrigação de resultado. Relativamente à compra e venda, sem prejuízo do incumprimento específico atinente às diversas

---

[12] Sobre este assunto, cf. Vaz Serra, "Responsabilidade Contratual e Responsabilidade Extracontratual" in *Boletim do Ministério da Justiça*, nº 85, 1959, pp. 117 e segs.

modalidades, indica-se ainda a responsabilidade relativa ao não cumprimento da obrigação de entrega por causa imputável ao vendedor, a falta de conformidade jurídica, a falta de conformidade material e o bem defeituoso. Em sede de direitos reais, indicamos a violação de prescrições legais ou consagradas no título constitutivo. Indicamos, a título de exemplo, os deveres de relação de bens e de prestação de caução, por parte do usufrutuário, previsto no artigo 1468º onde se estipulam consequências para uma sua atuação culposa, procurando acautelar o pagamento de uma indemnização devida.

Quanto à responsabilidade extracontratual, além do princípio geral no sentido de acautelar a violação do direito de outrem ou de uma disposição legal destinada a proteger interesses alheios, existem preceitos autónomos, tanto no Código como em legislação avulsa, aplicáveis a situações que decorrem do processo construtivo. Basta pensar em danos causados por vício de construção, por defeito de conservação ou ainda devido ao exercício de atividades perigosas, por natureza ou pela natureza dos meios empregados. Podemos imaginar ainda outras situações passíveis de responsabilidade extracontratual. Pensemos nos danos causados a transeuntes, em consequência da atividade construtiva do dono da obra, do empreiteiro ou de um seu comissário. Ou nos danos causados a trabalhadores independentes, não abrangidos pela proteção que deriva do próprio contrato de empreitada[13].

Atentando nas diferenças entre a responsabilidade contratual e extracontratual, sublinhamos os prazos ou a atenção dada ao sinalagma. Quanto à responsabilidade contratual, compreende-se a ligação dada ao cumprimento e a inexigibilidade de suportar os prejuízos. Sublinhamos ainda os prazos extremamente limitados para a denúncia dos defeitos no contrato de empreitada –trinta dias seguintes ao seu descobrimento – sob pena de caducidade, de acordo com o artigo 1220º do Código Civil. Também os direitos de eliminação dos defeitos, redução do preço ou resolução do contrato ou indemnização caducam, se não forem exercidos dentro de um ano a contar da recusa ou da aceitação com reserva, nos termos do artigo 1224º Algo de semelhante sucede no contrato de compra e venda de imóvel, em que o comprador tem o ónus de denunciar o vício ou a falta de qualidade, dentro de um ano após a entrega da coisa, sem prejuízo do prazo mais amplo de cinco anos, após o conhecimento do defeito, nos termos dos números 1 e 3 do artigo 916º. Além disso, subsistem outras importantes diferenças. Ou seja, presume-se a culpa na responsabilidade obrigacional, não na responsabilidade extracontratual. Também é distinto o regime de responsabilidade por atos de terceiro ou de responsabilidade plural.

---

[13] Cf. Pedro Romano Martinez, "Responsabilidade Civil do Empreiteiro por Danos Causados a Terceiros na Execução da Obra" in Estudos em Homenagem ao *Professor Pedro Soares Martinez*, Vol. I, Coimbra, 2000, p. 792..

Perante estas diferenças, seria lógico presumir a clareza na delimitação entre responsabilidade contratual e extracontratual. Porém, assim não acontece. Não só encontramos concurso ou conflito de normas relativas à responsabilidade contratual e extracontratual, como o assunto continua a merecer densificação na doutrina e na jurisprudência[14]. Assim, enquanto uns defendem a prevalência da responsabilidade contratual, tendo em conta o regime mais gravoso para o lesante[15] ou considerando a desadequação dos mecanismos da responsabilidade delitual,[16] outros alegam a disparidade do tratamento dos lesados intervenientes, exatamente com o propósito de recusar uma perspetiva desse jaez[17]. Aliás, neste último sentido, Romano Martinez, ao referir o exemplo de, por defeito de construção, uma cobertura provisória de um parque de estacionamento cair sobre veículos lá estacionados, onde, entre eles, se encontra o automóvel do dono da obra, entende não se justificar que as regras de responsabilidade relativas a este automóvel possam ser distintas dos automóveis dos demais[18]. De modo diferente, outra orientação defensora da liberdade de concurso entre as pretensões contratual e extracontratual[19], sustenta que o credor tem direito a uma pretensão indemnizatória, com base num concurso de normas, pois que a responsabilidade contratual não abrange danos para além do interesse do cumprimento.

Todavia, como se disse anteriormente, reconhecendo as diferenças entre a responsabilidade contratual e extracontratual, não pretendemos proceder a uma enumeração dos diversos regimes jurídicos suscetíveis de imputação nos intervenientes do processo construtivo, mas somente destacar alguns aspetos que consideramos importantes. Escolhemos a responsabilidade nos imóveis de longa duração, a responsabilidade do projetista, do arquiteto e demais intervenientes no processo construtivo, a responsabilidade por danos causados por edifícios, por outras obras e atividades perigosas, a responsabilidade do comitente e no bem de consumo.

---

[14] Sobre este aspeto cf. Pedro Romano Martinez, *Cumprimento Defeituoso: Em Especial na Compra e Venda e na Empreitada*, Coimbra, 1994, pp. 274 e segs.

[15] Carneiro da Frada, *Contrato e Deveres de Protecção*, Coimbra, 1994, pp. 155 e segs.

[16] A este propósito, Carneiro da Frada sublinha a existência de obstáculos à recondução da responsabilidade pela confiança aos deveres de prevenção do perigo delituais. Em especial, destaca a inadequação dos instrumentos dogmáticos da tutela delitual, bem como a incorreção do enquadramento da responsabilidade pela confiança como derivada de um facto ilícito culposo. Cf. *Teoria da Confiança e Responsabilidade Civil*, Coimbra, 2004, p. 261.

[17] Cf. Claus-Wilhelm Canaris, *Pensamento Sistemático e Conceito de Sistema na Ciência do Direito*, Lisboa, 1989, p. 19.

[18] Cf. Romano Martinez, *Cumprimento...op. cit.*, p. 282

[19] Cf. Mota Pinto, Cessão da Posição Contratual, p. 411; Romano Martinez, Cumprimento...285

5. A Responsabilidade do empreiteiro e do vendedor nos imóveis de longa duração

O artigo 1225º respeita à designada garantia suplementar dos imóveis destinados a longa duração[20]. Efetivamente, aquele preceito promove o alargamento da responsabilidade a 5 anos, a contar da entrega, ou até a prazo superior, desde que contratualmente convencionado, em virtude da verificação de defeitos, de erros, de ruína total ou parcial, na execução dos trabalhos, vícios no solo ou na construção, em resultado de contrato de empreitada ou de compra e venda.

Este preceito, alterado em 1994[21], no propósito de consolidar o regime especial aplicável à realização de obras em imóveis de longa duração, deixou de exigir um especial grau de gravidade ou o conhecimento da origem do defeito. Além disso, o prazo de denúncia é alargado para um ano, de acordo com o nº 2 do artigo 1225º, e o limite do exercício de direitos, fixado em cinco anos, em vez do anterior prazo de dois anos.

Existem outras especificidades a sublinhar. Uma delas, a seguinte: a responsabilidade do construtor não se limita ao estrito âmbito contratual, mas efetiva-se perante o terceiro adquirente, nos termos no nº 1 do artigo 1225º. Ora, sendo certo de que alguns insistem na subsistência da responsabilidade contratual, tendo em conta a má execução do contrato[22], a violação contratual positiva[23], a cessão de créditos imposta por lei[24], outros reconhecem uma responsabilidade extracontratual[25]

Por nossa parte, tendo em conta o alargamento da previsão do preceito – antes destinado ao contrato de empreitada, agora abrangendo a compra e venda, de acordo com o nº 4 – consideramos, no entanto, que isso não justifica a erosão do plano contratual. No entanto, algo de decisivo sucede na responsabilidade perante o adquirente. Efetivamente, atentando nos termos do preceito, o construtor pode ser responsabilizado por qualquer terceiro, não, necessariamente, por um subadquirente. Ou seja, o imóvel ao ser alienado, sucessivamente, não evita

---

[20] Expressão utilizada por Menezes Leitão, cf. Direito...Vol. II, op. cit., p . 559

[21] Cf. o Decreto-Lei nº 267/94 de 25 de outubro

[22] Por essa razão, Vaz Serra classifica-a como responsabilidade contratual, embora reconheça que ela se aproxima da responsabilidade por ato ilícito extracontratual, dado o interesse público na boa construção de imóveis destinados a longa duração. Cf. *Boletim do Ministério da Justiça*, nº 146, 1965, pp. 98-99.

[23] Cf. Moitnho de Almeida, *A Responsabilidade Civil do Projectista e o Seu Seguro*, Lisboa, 1973, pp. 27-8

[24] Cf. Pires de Lima e Antunes Varela, Código Civil Anotado, Vol. II, p. 902

[25] Para José Manuel Vilalonga, o vendedor construtor não tem, na fase de construção, qualquer obrigação específica para com o futuro adquirente do imóvel. Por isso, a responsabilidade emergente do dano resultante do vício da coisa não assenta no incumprimento de uma obrigação contratualmente assumida, pelo que se trata de responsabilidade extracontratual: Cf. "Compra e venda e empreitada" in *Revista da Ordem dos Advogados*, ano 57, 1997, pp. 220.

que um terceiro responsabilize o construtor, no decurso do prazo de cinco anos, contado a partir da entrega ao primitivo titular[26]. Além disso, terceiro adquirente não deve ser apenas aquele que adquiriu, sucessivamente, em virtude da celebração de um contrato de compra e venda, a propriedade de um imóvel, mas, de igual sorte, os titulares de um direito real de gozo menor, v.g. o usufrutuário, o superficiário, ou ainda aquele que goza de um direito pessoal, v.g., o locatário[27].

Além disso, a responsabilidade prevista, no artigo 1225º é uma responsabilidade isenta de culpa, pois que o preceito ao referir a factualidade atinente aos defeitos ou à ruína do imóvel, não alude à culpa do empreiteiro. Reconhecendo, no entanto, que alguma doutrina continua a considerar a responsabilidade subjetiva[28], ou pelo menos, no que respeita à execução dos trabalhos[29], outros sustentam a responsabilidade objetiva em quaisquer circunstâncias[30]. Pela nossa parte, entendemos que a garantia suplementar deste regime especial não amplia apenas o prazo temporal suprarreferido, como permite responsabilizar o empreiteiro ou o vendedor, fora dos estritos limites contratuais, independentemente de atuação culposa de qualquer deles. Quando muito, o empreiteiro ou o vendedor só poderiam afastar a responsabilidade em determinadas situações exógenas à realização da obra, como seria o caso de um sismo, ato de vandalismo ou de terrorismo.

6. A responsabilidade do projetista, arquiteto e de outros intervenientes no processo de construção

O alargamento da previsão do artigo 1225º do Código Civil não bastou para abranger a responsabilidade de outros intervenientes no processo de construção,

---

[26] Cf. José Manuel Vilalonga, "Compra...in op. cit., pp. 224-5.

[27] Vaz Serra entende que os adquirentes a favor de quem exista responsabilidade do empreiteiro podem ser, não apenas os proprietários mas também os que sejam titulares de algum direito real limitado sobre ele. Admite ainda a proteção do próprio locatário, tendo em conta a perspetiva extracontratual admitida por muitos. "Empreitada" in op. cit., p. 107; No mesmo sentido, cf. João Cura Mariano, *Responsabilidade Contratual do Empreiteiro pelos Defeitos da Obra*, Coimbra, 2011, p. 160

[28] Cf. Pedro Romano Martinez, Obrigações, pp. 463-464

[29] Segundo José Manuel Vilalonga, a responsabilidade por vícios do solo, construção ou modificação implica responsabilidade do empreiteiro, não obstante ter havido cuidada e diligente execução dos trabalhos. Será, nesta medida, responsabilidade objetiva. Ao passo que a execução de trabalhos de forma errada, pressupõe uma conduta do agente merecedora de um juízo de censurabilidade, na medida em que lhe é exigível a realização da obra de modo diligente e sem erros. Haverá, assim, por causa dos erros de execução, responsabilidade subjetiva. Cf. "Compra..." in op. cit., p. 220-221.

[30] Menezes Leitão, assentando na garantia concedida ao dono da obra que lhe permite responsabilizar o empreiteiro pela ruína ou pelos defeitos, provados estes, considera que o empreiteiro é obrigado a indemnizar, não podendo afastar a responsabilidade com a ausência de culpa. Todavia, a responsabilidade não ocorrerá se a ruína ou os defeitos resultarem de fatores estranhos, v.g. a verificação de um tremor de terra. Cf. *Direito das Obrigações*, Vol. III, Contratos em Especial, 7ª ed., Coimbra, 2010, p. 561.

ESTUDOS EM HOMENAGEM A MIGUEL GALVÃO TELES

designadamente o arquiteto ou o projetista, ao contrário de outros Códigos Civis, designadamente o espanhol, onde o artigo 1591º, consagra, *expressis verbis*, aquela responsabilidade.

No Direito português teve de ser a legislação avulsa a colmatar a falta de adaptação do Código à atividade construtiva, no que respeita à responsabilidade civil. Por isso, a Lei nº 31/2009 de 3 de julho, ao aprovar o regime jurídico que estabelece a qualificação profissional exigível aos técnicos responsáveis pela elaboração e subscrição de projetos, pela fiscalização e direção de obra, aplicável aos projetos previstos no regime jurídico da urbanização e edificação, no regime das obras públicas, considerando as definidas no Código de Contratos Públicos, bem como algumas obras particulares, consagra um regime de responsabilidade civil aplicável a técnicos e a outros intervenientes no processo construtivo. Entende--se, assim, por técnico toda a pessoa singular com inscrição válida e obrigatória em organismo ou associação profissional, cuja qualificação, formação e experiência o habilita a desempenhar funções no processo de elaboração de projeto, fiscalização ou direção de obra da empresa responsável pela respetiva execução[31]. Sucede que o nº 1 do artigo 19º aplica o regime próprio da responsabilidade civil não apenas a técnicos mas a outros intervenientes. Por isso, perante a expressão "os técnicos e pessoas a quem a presente lei seja aplicável", também se incluem, pelo menos, o coordenador de projeto, o concessionário ou o dono da obra, responsáveis pelo ressarcimento de danos causados a terceiros, decorrentes da violação de deveres no exercício da respetiva atividade.

No entanto, a responsabilidade por danos causados a terceiros no exercício da atividade construtiva parece ser de índole subjetiva, uma vez que o artigo citado a faz depender de violação culposa, por ação ou por omissão, de deveres a que estejam obrigados por contrato ou por norma legal ou regulamentar. Mas a responsabilidade de técnicos e de outros intervenientes não se limita ao estrito âmbito contratual[32], uma vez que o nº 4, determina que a responsabilidade abrange os danos causados a terceiros adquirentes de direitos sobre projetos, construções ou imóveis, elaborados, construídos ou dirigidos por técnicos e por outros intervenientes mencionados no diploma legal. Nos termos do nº 2, a responsabilidade dos técnicos e outros intervenientes abrange os danos causados pelos mandatários, agentes, funcionários ou outras pessoas que com eles colaborem, não excluindo a responsabilidade de pessoas por conta de quem atuem, nem a de outras entidades que tenham violado deveres contratuais ou legais, nos termos gerais[33].

---

[31] Cf. artigo 3º da Lei nº 31/2009 de 3 de julho.

[32] A questão tem merecido animado debate e ampla controvérsia. Na doutrina portuguesa, sustentando a responsabilidade contratual do projetista, cf. Moitinho de Almeida, *A Responsabilidade Civil do Projectista e do seu Seguro*, Lisboa, 1973, pp. 10 e segs.

[33] Cf. o nº 3 do artigo 19º..

A ideia de responsabilizar outros intervenientes, não apenas o vendedor e o empreiteiro, representa uma importante e significativa evolução que deve ser registada. No entanto, aquele diploma é omisso relativamente a outros aspetos. Um deles, como prefigurar a responsabilidade extracontratual dos técnicos e demais intervenientes face a terceiros lesados. Trata-se de uma responsabilidade subjetiva ou, diferentemente, uma responsabilidade objetiva, em termos idênticos à que decorre dos imóveis de longa duração, prescrita no artigo 1225º do Código Civil? Numa primeira leitura, a responsabilidade perante terceiros, prevista no nº 4, parece assentar numa violação culposa dos deveres de técnico ou de outro interveniente no processo de construção. Porém, tendo em conta a ampliação da garantia do artigo 1225º, assumindo o empreiteiro e o vendedor uma responsabilidade, independentemente de culpa, de índole objetiva, entendemos carecer de sentido que os técnicos causadores do dano, v.g. engenheiros, arquitetos, sejam responsabilizados somente se tiverem agido com culpa. Há uma contradição a resolver. Por isso, somos de opinião de que o nº 4 do artigo 19º representa a ampliação compatível com a garantia de conformidade do artigo 1225º do Código Civil, em linha com outros países europeus. Ou seja, o arquiteto, engenheiro e demais técnicos abrangidos pela previsão do diploma citado são responsáveis, nos mesmos termos do que o empreiteiro. Assim, independentemente de culpa, por causa de uma construção que, atendendo aos vícios ou erros na execução, apresente defeitos ou sofra uma ruína total ou parcial.

Pretendemos levar a coerência mais longe. Se o nº 4 do artigo 19º adapta a garantia suplementar dos imóveis de longa duração, através da responsabilidade dos arquitetos, engenheiros e demais técnicos, entendemos que as regras e o prazo de prazo de caducidade se lhes aplicam, sob pena de haver sujeitos – empreiteiro ou dono da obra – subordinados a uma garantia superior (5 anos) e os técnicos sujeitos a uma garantia inferior.

Este raciocínio também se afigura pertinente em sede do regime jurídico de reabilitação urbana, pois o artigo 53º, subordinado à epígrafe responsabilidade e qualidade da construção, comina o seguinte: as operações urbanísticas incluídas numa operação de reabilitação urbana devem respeitar o disposto no regime jurídico da urbanização e edificação, aprovado pelo Decreto-Lei nº 555/99 de 16 de dezembro, relativamente à responsabilidade e qualidade de construção, sem prejuízo dos regimes jurídicos que regulam a qualificação exigível aos técnicos responsáveis pela coordenação, elaboração e subscrição do projeto, pelo desempenho das funções de fiscalização e de direção da obra.

Devemos ainda considerar o regime do Decreto-Lei nº 69/2011 de 15 de junho relativo ao exercício de atividades de construção, mediação e angariação mobiliária, pois que consagra alterações ao regime de empreitada, ao de mediação e de angariação imobiliárias, regulados pelo Decreto-Lei nº 211/2004 de 20 de agosto.

Entendemos a mediação por atividade exercida no sentido de obter um interessado na realização de negócio que vise a aquisição de direitos reais sobre imóveis, o trespasse, o arrendamento ou a cessão da posição contratual, e a angariação, a atividade desenvolvida por pessoa singular no sentido da recolha de informações no sentido de encontrar um determinado imóvel ou prestar serviços necessários à preparação e cumprimento do contrato de mediação. Ora, nos termos do artigo 22º, as empresas de mediação são responsáveis pelo cumprimento pontual das obrigações resultantes do exercício da sua atividade e, ainda, pelos danos causados por factos praticados por angariadores, nos termos do artigo 500º do Código Civil, no âmbito dos contratos de prestação de serviços entre eles celebrados. Haverá também responsabilidade solidária por danos causados a terceiros, em consequência da violação de deveres prescritos nas alíneas a) e e) do nº 1 do artigo 16º. Entre eles, destacamos os seguintes: certificar-se de que as pessoas intervenientes no negócio têm capacidade e legitimidade para contratar; assegurar-se, por todos os meios, da correspondência entre as características do imóvel objeto do contrato de mediação e as fornecidas pelos interessados contratantes, informar-se dos eventuais ónus ou encargos a recair sobre o imóvel; comunicar aos interessados qualquer facto que ponha em causa a concretização do negócio.

Além disso, existem proibições, previstas nas alíneas b) e c) do nº 2 do artigo 16º, cuja violação se afigura geradora de responsabilidade. São elas as seguintes: receber remuneração de ambos os interessados; intervir como parte interessada em negócio cujo objeto coincida com o objeto material do contrato de mediação do qual seja parte, nomeadamente comprar ou constituir outros direitos reais, arrendar e tomar de trespasse, para si ou para a sociedade de que sejam sócios, bem como para os seus sócios, administradores ou gerentes e seus cônjuges e descendentes e ascendentes do 1º grau. De sublinhar que se consideram terceiros, especialmente para efeitos de responsabilidade civil, todos aqueles que, em resultado de um ato de mediação, venham a sofrer danos patrimoniais, ainda que não tenham sido parte no contrato de mediação imobiliária.

No entanto, se, para além do dono da obra, do empreiteiro, dos técnicos e outras pessoas abrangidas na Lei nº 31/2009, ainda encontramos a responsabilidade dos mediadores, existem outros intervenientes no processo de construção que, segundo as informações de que dispomos, não dispõem de base legal no sentido de uma estrita responsabilização, além do princípio geral do artigo 483º do Código Civil atinente ao comportamento culposo. Estamos a pensar, de modo particular, na atividade de promoção imobiliária, entendida como a atividade de programar, dirigir e financiar, com recursos próprios ou alheios, obras de construção de prédios urbanos, no intuito de uma posterior transmissão ou cedência.

Segundo o que conseguimos apurar, existe um projeto relativo ao regime jurídico do exercício de atividade de promoção imobiliária, onde se prevê uma garantia de boa construção de imóveis novos. Portanto, sem prejuízo do previsto no nº 4 do artigo 1225º do Código Civil, aplicável ao vendedor do imóvel, o promotor imobiliário garantiria a boa execução de obras de construção e seria responsável pelo ressarcimento dos danos materiais decorrentes de faltas de conformidade ou defeitos no edifício ou nas respetivas frações.

A garantia de boa construção de imóveis novos encontra-se submetida a um prazo que varia, de acordo com a natureza de falta de conformidade ou do defeito. Naqueles termos, teríamos um prazo de dez anos, para faltas de conformidade ou defeitos relativos a elementos construtivos estruturais; um prazo de cinco anos, relativo a faltas de conformidade ou defeitos próprios de elementos construtivos não estruturais ou a instalações técnicas e um prazo de dois anos para faltas de conformidade ou defeitos de acabamentos e equipamentos afetos à obra, mas dela autonomizáveis. Ou seja, os prazos variariam, de acordo com os elementos construtivos em causa.

Segundo o projeto, não seriam entendidas faltas de conformidade ou defeitos as depreciações normais decorrentes do uso ou as deteriorações relativas ao mau uso ou que resultem da inobservância das recomendações de manutenção constantes do Manual de Inspeção e Manutenção (MIME), previsto no Regime Geral de Edificações. Também não seriam faltas de conformidade ou defeitos aqueles de que o adquirente tenha conhecimento à data da transmissão, que não possa razoavelmente ignorar ou que resultem da aplicação de materiais fornecidos pelo adquirente.

Assume especial significado o nº 3 do artigo 12º quando determina que os prazos de garantia se aplicam, de igual modo, ao construtor que tenha construído o edifício, por conta do promotor imobiliário, designadamente em execução de um contrato de empreitada, e, ainda, ao alienante de edifício promovido pelo promotor imobiliário ou das suas frações, que, no âmbito da sua atividade profissional, os tenha revendido no decurso dos prazos de garantia supra-indicados. Ou seja, este projeto alterará, profundamente, a garantia de conformidade do artigo 1225º do Código Civil, não só quanto à extensão do prazo máximo, de cinco para dez anos, como no que concerne à natureza da falta de conformidade e à extensão da responsabilidade civil aos promotores imobiliários.

Em síntese, resulta da última versão do artigo 1225º e do teor deste projeto o decaimento da ideia de que a garantia de conformidade é adstrita à responsabilidade contratual. Por outro lado, a responsabilidade não cessa depois de ter sido efetuada uma venda a outrem, pois que a garantia não se encontra indissociavelmente ligada ao direito dos contratos. Estas questões, amplamente discutidas na doutrina e jurisprudência, a propósito da responsabilidade do arquiteto,

ESTUDOS EM HOMENAGEM A MIGUEL GALVÃO TELES

projetista e dos outros técnicos, configurando, por vezes, o alargamento a título excecional[34], começam a sensibilizar a comunidade para adequar as normas da responsabilidade civil às necessidades atuais.

7. A responsabilidade civil por danos causados por edifícios, outras obras e atividades perigosas

A responsabilidade civil abrange outras situações que anteriormente não mereciam uma imputação responsabilizadora. Tal tendência acentua-se na perspetiva da responsabilidade extracontratual e da imputação objetiva que, como evidencia Menezes Cordeiro, não é neutra, assume uma valoração, de modo a promover determinada conduta[35]. Esta tendência de abertura também se verifica na prevenção do perigo, tendo em conta o alargamento de danos causados a terceiros, assumindo os deveres no tráfego um papel extremamente relevante, *v.g.* no que respeita à causação do perigo, à titularidade de um bem, ou à realização de uma tarefa determinada. Nesta perspetiva, ainda segundo Menezes Cordeiro, justifica-se que o arquiteto ou construtor não respondam apenas perante o contratante, mas garantam a segurança de terceiros[36].

Podemos afirmar, no entanto, que isso já sucede, nos termos do artigo 1225º, uma vez que se trata de responsabilidade extracontratual e de uma imputação independente de culpa. Porém, aí existe uma apreciável restrição: o prazo de 5 anos. Após aquele prazo deixa de haver garantia de conformidade por parte do vendedor, do empreiteiro, do projetista, do arquiteto e demais técnicos envolvidos no processo construtivo.

Daí a importância do artigo 492º, relativo aos danos causados por edifícios ou outras obras. Naqueles termos, o proprietário ou possuidor de edifício ou de outra obra que ruir, no todo ou em parte, por vício de construção ou defeito de conservação, responde pelos danos causados, salvo se provar que não houve culpa de sua parte ou que, mesmo com a diligência devida, os danos não teriam sido evitados.

Devemos sublinhar que nos encontrarmos num regime de responsabilidade extracontratual, devendo a culpa ser provada pelo lesado, a menos que haja presunção de culpa, tendo em conta o artigo 487º. Sendo certo que se pretendeu

---

[34] A propósito, cumpre referir a posição de Luís Diez Picazo, acérrimo defensor da doutrina contratualista da responsabilidade dos arquitetos e outros técnicos, que, a propósito do artigo 1591º do Código Civil, considera que o preceito resolve um problema de cumprimento dos contratos que se afigura estranho aos terceiros lesados. Cf. *Fundamentos de Derecho Civil Patrimonial*, Vol. I, Madrid, 1972, pp. 688 e segs. Adotando idêntica perspetiva, de natureza contratualista, Antonio Gullón Ballesteros, defende que o preceito citado consagra uma responsabilidade *ex lege*, tendo em conta razões de interesse público. Cf. *Curso de Derecho Civil: Contratos en especial*, Madrid, 1972, p. 268.

[35] Cf. Menezes Cordeiro, *Tratado...*op. cit., p. 422.

[36] Cf. Menezes Cordeiro, *Tratado...*op. cit., p. 573.

evoluir de um sistema dependente de culpa provada, do Código de Seabra[37], para um sistema de culpa presumida por danos resultantes de vício de construção ou de defeito de manutenção, há que saber se o artigo 492º consagra, efetivamente, a culpa presumida[38]. Entendemos, por nossa parte, que a alegada presunção apresenta assinaláveis diferenças, em contraste com outras presunções consagradas no Código. A título de exemplo, comparemos o artigo 492º e o nº 2 do artigo 1260º, onde se determina que a posse titulada se presume de boa fé, a não titulada, de má fé. Ora, no artigo 492º não se diz que se houver ruína por vício de construção ou por defeito de conservação se presume a culpa do construtor, do empreiteiro ou dono do imóvel. Mais do que uma presunção, do que uma facilitação de prova, como refere Carnelutti[39], trata-se de uma exigência de determinada conduta que, como se compreende, não se entende culposa. Aliás, não é por acaso que, a propósito da interpretação do artigo 492º, Menezes Cordeiro considera inviável o juízo de culpa, preferindo sublinhar o comportamento danoso[40].

Em segundo lugar, recordamos a opinião segundo a qual é excessivo e exagerado adotar, nesta sede, a responsabilidade objetiva, independente de culpa, por se entender excessivo impor a responsabilidade a quem não tem culpa do dano[41]. Por outro lado, também é verdade que as causas excludentes são generosas, uma vez que se aceita não ser possível censurar o proprietário pela ruína de um prédio arrendado, em resultado de não ter realizado obras de conservação, devido ao facto de receber rendas de valor reduzido ou insuficiente para fazer face a tais encargos[42].

Em terceiro lugar, tendo em conta a abrangência da imputabilidade, recordemos que diversos códigos, entre os quais o Código de Seabra, responsabilizavam apenas o proprietário. Ao passo que o de 66 alude ao proprietário e possuidor. Ora, naquela previsão inclui-se o usufrutuário, o superficiário, o locatário e outra situação possessória correspondente à titularidade de um direito real de gozo. No que respeita aos direitos pessoais de gozo, onde não há posse mas detenção, podemos admitir ainda a responsabilidade nos casos referidos por Vaz Serra, em

---

[37] Cf. Vaz Serra, "Responsabilidade pelos Danos Causados Por Edifícios ou Outras Obras" in *Boletim do Ministério da Justiça*, nº 88, 1959, p. 26.

[38] Cf. Pedro Romano Martinez, "Responsabilidade..." in op. cit., p. 797.

[39] Cf. Carnelutti, Sistema...Vol. II, p. 547.

[40] Menezes Cordeiro coloca entre aspas a expressão, duvidando do conteúdo e da viabilidade do juízo de culpa. Aponta como elemento substancial que dá corpo ao artigo 492º, a clara obrigação de prevenir desmoronamentos, de evitar vícios de construção, de observar regras de arte, de proceder à conservação. Ora, perante tal variabilidade, existiria um resultado comum: o desmoronamento danoso. *Tratado...op. cit.*, p. 580.

[41] Cf. Vaz Serra, "Responsabilidade..." in op. cit., p. 27

[42] Cf. Menezes Cordeiro, *Tratado...op. cit.*, p. 580.

ESTUDOS EM HOMENAGEM A MIGUEL GALVÃO TELES

que o comodatário assumiu o encargo de manutenção do imóvel ou o serviço público se encarregou de determinado monumento histórico[43].

Como se percebe, temos fundadas dúvidas de que o empreiteiro possa ser responsabilizado nos termos deste preceito legal[44], pois ele não é nem possuidor ou titular do imóvel onde efetua a atividade construtiva. Recordemos que, na empreitada de imóveis, sendo o solo ou a superfície pertença do dono da obra, os materiais são adquiridos por ele, na medida da incorporação no solo, nos termos do nº 2 do artigo 1212º. O empreiteiro adquire, quando muito, o direito de retenção, em caso de não pagamento do preço[45], com a correspondente titularidade do direito real de garantia sobre o imóvel. A questão coloca-se durante a execução da obra ou após a conclusão dos trabalhos. Nestas situações, o empreiteiro pode ser responsabilizado, nos termos e para os efeitos do artigo 492º? Na execução da obra, se ocorrer um dano, o empreiteiro ainda pode ser responsabilizado, sobretudo se tal responsabilidade tiver sido inscrita no contrato de empreitada. Algo diverso sucede depois da conclusão dos trabalhos. Em nossa opinião, se depois da conclusão da empreitada, houver desmoronamento, o empreiteiro não será responsabilizado pelos danos causados, pois não é proprietário nem possuidor. Portanto, só haveria responsabilidade do empreiteiro, nos termos do artigo 1225º, no decurso do prazo de cinco anos. Decorrido o prazo, não poderia ser responsabilizado, nos termos de qualquer dos dois preceitos legais.

Cumpre ainda mencionar o nº 2 do artigo 493º, relativo à atividade perigosa por natureza ou pela natureza dos meios utilizados. Aí incluem-se atividades conexas com a construção, mesmo as atividades que não empreguem engenhos explosivos ou outros meios de particular perigosidade. Basta pensar no funcionamento de uma retroescavadora, de uma betoneira, de um camião carregado de ferro ou de vigas de cimento. Ora, tendo em conta os perigos potenciados por qualquer das atividades referidas, o causador dos eventuais danos é obrigado a repará-los, exceto se mostrar que empregou as providências exigidas pelas circunstâncias com o intuito de os prevenir.

Logo, a responsabilidade causada por obras, as atividades perigosas em si, ou pelos meios empregados, no que à atividade construtiva respeita, integra a responsabilidade extracontratual mas não acompanha a imputação objetiva assumida pelos artigos 1225º e demais legislação citada. Também não estamos perante uma responsabilidade de índole subjetiva, *qua tale*. Isso nem surpreende. Outros

---

[43] Cf. Vaz Serra, "Responsabilidade..." in op. cit., p. 14

[44] Ao contrário, Pedro Romano Martinez aplica o artigo 492º ao empreiteiro, nos casos de defeitos ou vício de construção. Cf. "Responsabilidade..." in op. cit., p. 787.

[45] Apesar de ter sido um aspeto controverso na doutrina, hoje em dia tem merecido crescente adesão. Cf. Pedro Romano Martinez, Obrigações..pp. 376 e segs; Luís Menezes Leitão, *Direito...* Vol III, op. cit., p. 532.

Códigos já haviam adotado esta solução intermédia, conservando a culpa como fundamento de responsabilidade, pondo, no entanto, a cargo do agente, um especial dever de evitar o dano[46].

Talvez nos pareça mais adequado enquadrar no âmbito dos deveres no tráfego, ou seja uma situação potencialmente danosa, do que, propriamente no âmbito de uma responsabilidade pelo risco. Aliás, ainda seria eventualmente admissível a qualificação no exercício de algumas atividades perigosas, que nem parece ser esse o caso da construção. Não estamos a ver como integrar a ruína de edifício naquele tipo de responsabilidade.

8. A Responsabilidade pelo Risco

A responsabilidade pelo risco desenvolveu-se em áreas onde o dever de indemnizar já não se compatibiliza, necessariamente, com a culpa do agente. Por isso, assume natureza diferente, assentando numa responsabilidade objetiva, tendo em conta o perigo criado. Independentemente da bondade das soluções previstas, deve dizer-se que também só existe obrigação de indemnizar, independentemente de culpa, nos casos previstos na lei, de acordo com a extensão do artigo 499º, do Código Civil.. Ora, tendo em conta a conceção de risco, o sujeito respondia pelos riscos por si criados[47], previstos no Código ou em legislação avulsa.

No que tange à matéria em apreço – a responsabilidade dos intervenientes no processo de construção – e tendo em conta o tempo de que dispomos, julgamos preferível destacar a responsabilidade do comitente e, no âmbito da responsabilidade do produtor, a obra como bem de consumo.

8.1. A Responsabilidade do Comitente

A responsabilidade do comitente pelos atos do comitido mereceu ampla reflexão doutrinária. Embora tenha sido equacionada a possibilidade de vir a ser baseada na culpa, na ideia de representação ou na relação de autoridade[48], acabou por ser incluída na responsabilidade pelo risco. Assim, o nº 1 do artigo 500º determina que aquele que encarrega outrem de qualquer comissão responde, independentemente de culpa, pelos danos que o comissário causar, desde que sobre

---

[46] O especial dever de diligência é explicado pelo caráter perigoso das atividades Cf. Vaz Serra, "Responsabilidade pelos Danos Causados por Coisas ou Actividades", in *Boletim do Ministério da Justiça*, nº 85, 1959, pp. 375 e segs..

[47] Segundo Menezes Leitão, na conceção de risco-proveito, a pessoa responde pelos danos causados resultantes da atividade da qual tira proveito. Na conceção do risco de autoridade, responde pelos danos resultantes das atividades sob seu controlo. Cf. *Direito*...Vol. I, op. cit., p. 381

[48] Sobre a reflexão que esta matéria mereceu anteriormente, a propósito da elaboração do Código atual, cf. Vaz Serra, "Responsabilidade Contratual e Responsabilidade Extracontratual", in *Boletim do Ministério da Justiça*, nº 85, 1959, pp. 151 e segs.

ele recaia a obrigação de indemnizar. Porém, a responsabilidade só se verifica se o facto danoso tiver sido praticado no exercício de função confiada ao comissário, mesmo que intencionalmente ou contra as suas instruções, nos termos do nº 2 do mesmo preceito legal.

Tendo em conta aquela abrangência, mesmo em caso de atuação contra as instruções do comitente, compreende-se a desnecessidade de uma relação de subordinação e a reflexão sobre os limites da atividade do comissário imputável ao comitente. Se parece aceitável que ao comitente não lhe seja imputável toda e qualquer atuação do comissário, mas apenas a atuação praticada no seu interesse, resta saber qual o núcleo de atividades a incluir no âmbito da responsabilidade.

Menezes Leitão, adotando uma leitura restritiva, entende que os atos praticados pelo comissário devam ser por conta do comitente, suportando este as despesas e os proveitos da atividade[49]. Aceita as atividades diretamente repercutidas na esfera do comitente e as que derivam do contrato de trabalho, do contrato de mandato, recusando funções exercidas autonomamente, tais como as decorrentes do contrato de empreitada[50].

De outro modo, Menezes Cordeiro inclui a atividade desempenhada por um empreiteiro que atua desastradamente, sob pena de o lesado não ser tutelado[51]. Romano Martinez também integra a atividade danosa decorrente da empreitada na responsabilidade do comitente, embora considere que nem toda a tarefa executada pelos que colaboram com o empreiteiro pode ser abrangida por tal responsabilidade[52]

8.2. A Obra como Bem de Consumo

Como se referiu, a responsabilidade pelo risco, de índole objetiva, tem vindo a ser fixada não apenas no Código Civil mas, de igual sorte, em legislação avulsa. Ora, atendendo à temática em apreço, cumpre salientar as normas relativas à responsabilidade do produtor por danos causados por produtos colocados em circulação. Realmente a ampla noção de bem de consumo, consagrada no Decreto-Lei nº 67/2003 de 8 de abril, na redação do Decreto-Lei nº 84/2008 de 21 de maio, inclui qualquer bem imóvel corpóreo, mesmo o bem em segunda mão[53].

Termina, assim, a restrição a uma coisa móvel. Logo, o imóvel resultante de um processo construtivo ou reconstrutivo pode integrar-se na categoria de bem de consumo Por isso, podemos pensar que a responsabilidade objetiva se aplica

[49] Cf. Luís Menezes Leitão, *Direito...*Vol. I, p. 384
[50] Cf. Luís Menezes Leitão, *Direito...*Vol. I, p. 384
[51] Acrescenta ainda, de modo a justificar a sua ideia, que a maioria das obras são realizadas por pequenos empreiteiros ou subempreiteiros sem condições. Cf. *Tratado...*op. cit., p. 610.
[52] Cf. Pedro Romano Martinez, "Responsabilidade..." in op. cit., p. 791.
[53] Cf. a alínea b) do artigo 1º B do Decreto-Lei nº 84/2008 de 21 de maio.

aos intervenientes no processo construtivo. Porém, isso não sucede, uma vez que tal imputação só funciona no âmbito das designadas relações de consumo, nas quais o consumidor será aquele a quem sejam fornecidos bens, prestados serviços ou transmitidos direitos, destinados a uso não profissional, por pessoa que exerça com caráter profissional uma determinada atividade económica.

Porque a responsabilidade pelo risco visa proteger o sujeito consumidor, entendido como parte contratual mais vulnerável, excluindo o sujeito que atua no âmbito de uma atividade profissional, nem todos os defeitos do processo construtivo devem merecer idêntico tratamento. Por isso, a responsabilidade de índole objetiva é limitada a determinados intervenientes do processo construtivo: a um empreiteiro ou vendedor profissional que contrate com comprador ou dono de obra não profissional. Ficam excluídos, pelo menos, os contratos celebrados entre o empreiteiro e o dono da obra profissional; o comprador e o vendedor profissional; o empreiteiro-não-profissional e o dono da obra-não-profissional; o comprador-não-profissional e vendedor-não-profissional; o empreiteiro não profissional e o dono da obra profissional e o comprador profissional e o vendedor não profissional[54].

Se o comprador ou o dono da obra pode ser o sujeito que contrate sem intenção de lhe dar uma utilização profissional, a utilização posterior não deve condicionar a aplicação do regime mas somente o destino querido aquando da contratação[55]. Ou seja, promove-se uma ampliação do termo consumidor, excluindo apenas aquele que possui intenção de uma utilização profissional, sua ou de terceiro

Há ainda quem amplie o termo, de modo a nele incluir determinadas pessoas coletivas[56], o uso não profissional[57] ou aquele que, apesar de destinar a obra a utilização profissional, tal utilização se situe fora do âmbito da sua especialidade[58].

---

[54] João Cura Mariano, que limita o seu estudo aos contratos de empreitada de consumo, exclui os contratos celebrados entre o empreiteiro profissional e o dono da obra profissional, entre o empreiteiro não profissional e o dono da obra profissional, entre o empreiteiro não profissional e o dono da obra não profissional e entre o empreiteiro não profissional e o dono da obra profissional. Cf. *Responsabilidade Contratual do Empreiteiro pelos Defeitos da Obra*, 4ª ed., Coimbra, 2011, p. 207

[55] Cf. João Cura Mariano, *Responsabilidade...op. cit.*, p. 207

[56] Paulo Duarte parte da expressão "todo aquele", de modo a incluir determinadas pessoas coletivas, designadamente associações de consumidores e entidades que não desempenhem uma atividade económica. Cf. "O Conceito Jurídico de Consumidor Segundo o Art. 2/1 da Lei de Defesa do Consumidor" in *Boletim da Faculdade de Direito de Coimbra*, nº 75, 1999, pp. 661 e segs.

[57] A esse propósito, Paulo Duarte sublinha que os bens podem não ser destinados a um uso privado mas obterem uma utilização não profissional, legitimando a aplicação da lei. Cf. "O Conceito..." in op. cit., pp. 674-5.

[58] Paulo Duarte entende que a qualidade de consumidor não se deve recusar a quem, apesar de atuar no pleno exercício da sua atividade económica opere, aquando da conclusão do contrato, fora do domínio da sua especialidade, enfrentando outro agente económico de superior peso económico.

ESTUDOS EM HOMENAGEM A MIGUEL GALVÃO TELES

Outros recusam tal atribuição[59]. Pela nossa parte, aceitamos a ampliação do termo consumidor às situações acima indicadas. Tanto mais que a qualidade de consumidor não se pode afigurar incompatível com o exercício de uma profissão. Daí que importe ponderar, cuidada e casuisticamente, a aplicação daquele regime, pois que a recusa liminar, tendo em conta o exercício de uma profissão, pode afigurar-se injusta e desproporcionada.

8.2. Uma garantia de conformidade mais exigente

O bem de consumo deve corresponder ao que havia sido convencionado. Se não corresponder à descrição do vendedor, se não possuir as qualidades apresentadas na amostra ou modelo, se não for adequado ao uso específico para o qual o consumidor o tenha destinado e disso tenha informado o vendedor, se não for adequado às utilizações habitualmente dadas a bens do mesmo tipo, se não apresentar as qualidades e o desempenho habituais que o consumidor pode razoavelmente esperar, atendendo à natureza do bem e às declarações públicas feitas pelo vendedor, produtor ou representante, designadamente na publicidade ou rotulagem, presume-se que o bem não apresenta conformidade com o acordado.

Ora, se atentarmos no regime das coisas defeituosas, do artigo 913º do Código Civil, constatamos que a proteção relativa ao bem de consumo se afigura mais ampla, porque não é necessário que o bem possua propriamente um vício que desvalorize ou que impeça a realização do fim a que o bem se destina, nem que não corresponda às qualidades asseguradas por outro vendedor ou outro contratante. A propósito, Menezes Leitão recorda as sugestões e recomendações legítimas, de acordo com as conceções do comércio jurídico ou a convenção ou uso que permita entender que a amostra serve para indicar, de modo aproximado, as qualidades do objeto[60].

Se pensarmos na adequação ao uso específico, por contraste com a função normal dos bens da mesma categoria, nos termos do nº 2 do artigo 913º, encontramos outras dissemelhanças. Relativamente à não adequação à utilização habitualmente dada a bens do mesmo tipo, também se pode verificar uma exigência mais ampla do que a consagrada no Código Civil, tanto mais que a norma relativa à função normal ainda pode ser afastada por vontade das partes.

Quanto a não apresentarem as qualidades e o desempenho habituais nos bens do mesmo tipo que o consumidor pode razoavelmente esperar, é bom sublinhar

A esse propósito, dá o exemplo de um pequeno comerciante que adquire um sistema de alarme para o instalar no seu estabelecimento comercial. Cf. "O Contrato..." in op. cit., pp. 681 e segs.

[59] Cf. João Cura Mariano, Responsabilidade...op. cit., p. 208; Menezes Leitão, *Direito das Obrigações: Contratos em Especial*, 7ª ed., 2010, p. 141..

[60] Cf. Luís Menezes Leitão, "O Novo Regime da Venda de Bens de Consumo" in *Direito Comparado: Perspectivas Luso-Americanas*, Vol. I, Coimbra, 2006, p. 107.

que se atende às expectativas criadas por declarações produzidas não apenas pelo vendedor, pelo produtor, pelo seu representante, mas, inclusivamente, pelo autor da rotulagem ou publicidade do produto. Promove-se, assim, uma enorme ampliação da responsabilidade do vendedor pois que nem se restringe às declarações do próprio, mas antes a indicações de outrem, a declarações de um terceiro, esteja ele na cadeia distributiva ou na promoção publicitária de um produto.

Se as diferenças são assinaláveis face à contraposição do contrato de compra e venda, algo de semelhante sucede no regime da empreitada. Efetivamente a garantia de conformidade também se afigura mais ampla do que a que resulta dos preceitos consagrados no Código Civil. Nos termos do artigo 1208º, o empreiteiro deve executar em conformidade com o convencionado, afastando os vícios que excluam ou reduzam o valor. Depois, a propósito da verificação da obra, deparamos, no artigo 1218º, com referências relativas ao convencionado e à ausência de vícios. Daí que a garantia de conformidade para bens de consumo assuma uma outra exigência. Basta pensar no último requisito mencionado, integrante da alínea d) do artigo 2º, quando uma obra não desempenhar as qualidades e o desempenho habituais para bens do mesmo tipo que o consumidor pode razoavelmente esperar, atendendo à natureza do bem e às declarações públicas, incluindo a publicidade.

A garantia é afastada, nos termos do nº 3 do artigo 2º, se, no momento da celebração do contrato, o consumidor tiver conhecimento da falta de conformidade ou não puder ignorá-la, de modo razoável, ou se decorrer dos materiais fornecidos pelo consumidor. Daqui também ressaltam diferenças para a nossa contraposição. Por um lado, não existe algo semelhante à aceitação sem reservas e consequente irresponsabilidade do empreiteiro, nem à presunção de conhecimento dos defeitos aparentes. Por outro lado, uma simples verificação da construção ou até a falta de verificação por parte do consumidor não parece poder isentar a garantia de conformidade. Claro que a falta de conformidade pode ser percetível para o consumidor, de modo a que ele conheça ou possa conhecer a desconformidade. No entanto, a verificação ou a falta dela não podem afastar, por si só, a garantia da desconformidade[61]. Do que se trata é de saber se tal desconformidade não pode ser ignorada pelo consumidor se tiver sido diligente na anterior verificação. Aliás, o entendimento inverso implicaria uma desproteção do consumidor que não parece estar no espírito, nem na letra da lei.

O momento relevante para verificar a falta de conformidade é o da entrega do bem, nos termos do nº 1 do artigo 3º. Nestes termos, o vendedor ou empreiteiro

---

[61] Diversamente, Menezes Leitão entende que se a coisa tiver sido colocada à disposição do consumidor para ele a examinar e o consumidor nada fizer, o vendedor poderia ficar isento de responsabilidade. Cf. *Direito...*op. cit., p. 153.

continua a responder pelos defeitos ocorridos entre a celebração do contrato e a entrega do bem, ao contrário da regra geral de distribuição do risco do nº 1 do artigo 796º, em que o risco corre por conta do comprador: Acresce que, de acordo com o nº 2 do artigo 3º, a falta de conformidade que for detetada numa coisa imóvel no prazo de cinco anos a contar da sua entrega presume-se existente no momento da entrega, salvo se for incompatível com a natureza da coisa ou com as características da falta de conformidade. Ora, não só o regime de compra e venda de coisas defeituosas é diferente, como compete ao comprador o ónus da prova do defeito e da respetiva anterioridade à celebração do contrato.

9. Conclusões

Se prosseguirmos a contraposição entre o regime da responsabilidade do produtor e os regimes da compra e venda e da empreitada, ainda ficará mais nítida a ideia de que existem diferenças assinaláveis em sede de responsabilidade civil. Além disso, suscitam-se fundadas dúvidas no sentido de entender que este novo regime possui uma aplicação muito reduzida na temática em apreço, como pretendem certos autores de acordo com algumas das exclusões assinaladas.

Por nossa parte, tendo em conta os novos desafios da responsabilidade civil, reconhecidamente aceites, e a inclusão, primeiramente do bem imóvel, depois da empreitada, apesar de restritivamente, no âmbito do regime aplicável aos bens de consumo, entendemos que este regime deve ser objeto de melhor atenção, exatamente no que respeita aos intervenientes do processo construtivo.

Claro que as razões desta chamada de atenção não podem estar em maior evidência. Elas ressaltam, em nossa opinião, de modo gritante, do estudo a que procedemos, ainda que de modo esquemático sobre a responsabilidade civil dos intervenientes no processo de construção. Efetivamente, além da pluralidade complexa dos intervenientes numa mesma obra ou construção, temos o entre-cruzar dos planos da responsabilidade contratual e da responsabilidade extracontratual que não apresentam, como evidenciámos, uma nítida delimitação. Basta atentar no exemplo da cobertura de um parque de estacionamento que atinge vários automóveis, de entre os quais o automóvel do dono da obra.

Além disso, a designada garantia suplementar dos imóveis de longa duração, consagrada no artigo 1225º do Código Civil, apesar de reformulada em 1994, necessita, como se viu, de alteração, no sentido de abranger a responsabilidade de outros intervenientes no processo de construção. Sendo certo que a alguns deles, v.g. o arquiteto e o projetista, já se lhes aplica um regime legal avulso, também é verdade que o diploma é omisso relativamente à responsabilidade objetiva de tais intervenientes.

Por outro lado, o prazo atinente à garantia suplementar revela-se muito limitado, tendo em conta o direito estrangeiro vigente. Aliás, nem se compreende por que motivo o projeto relativo ao regime jurídico do exercício da atividade de promoção imobiliária ainda não viu a luz do dia, uma vez que previa prazos mais longos, para faltas de conformidade ou defeitos relativos a elementos construtivos estruturais e, sobretudo, porque consagrava a extensão da responsabilidade civil aos promotores imobiliários. Acresce a isso que a responsabilidade civil por obras ou atividades perigosas também necessita de uma revisão, tendo em conta as dificuldades hermenêuticas assinaladas.

Daí que, como dissemos inicialmente, deva ser em sede de responsabilidade pelo risco que o futuro da responsabilidade dos intervenientes no processo de construção se expandirá, tendo presente a atualidade da dogmática da responsabilidade do comitente e da obra como bem de consumo.

30 de maio de 2012

O seguro por conta de outrem em Portugal, Angola e Moçambique

MARGARIDA LIMA REGO[*]

Neste texto, exponho de forma sucinta as principais conclusões da análise do «seguro por conta de outrem» nos direitos português, angolano e moçambicano.[1] Este não é um estudo de direito comparado. No entanto, o modo de expor tais conclusões parte da premissa de que, não obstante as diferenças entre os preceitos aplicáveis em cada um dos ordenamentos, no essencial a figura mantém os seus traços em cada um deles, não sendo identificáveis diferenças substanciais de regime.

1. Em Portugal, só em 1 de janeiro de 2009 seria revogado o regime geral dos contratos de seguro constante dos arts. 425º a 462º do Código Comercial de 1888 («CCom 1888»), com a entrada em vigor da nova lei do contrato de seguro aprovada pelo DL nº 72/2008, de 16.04 («LCSP»).

Em Angola, a nova sede do direito contratual dos seguros é o Decreto nº 02/02, de 11.02 («DCSA»), que entrou em vigor na data da sua publicação (art. 57º). Ao contrário do que sucedeu em Portugal, este diploma não revogou, antes veio regulamentar o disposto nos arts. 425º a 462º CCom 1888. A primeira Lei Constitucional Angolana, de 1975, salvaguardara a vigência da legislação em vigor, ao dispor que as leis aplicáveis em Angola continuariam em vigor até a sua revogação por diploma posterior (art. 64º).[2] Não obstante o disposto no art. 56º DCSA quanto

---

* Professora Auxiliar da Faculdade de Direito da Universidade Nova de Lisboa. Advogada.

[1] Conhecido no Brasil como «seguro à conta de outrem» (cfr. o art. 767º do Código Civil Brasileiro aprovado pela Lei nº 10.406, de 10 de janeiro de 2002.

[2] Nas palavras de MIGUEL GALVÃO TELES, «O problema da continuidade da ordem jurídica e a revolução portuguesa», Separata de (1985) 345 BMJ 5-37, a pp. 33-36: «Apesar de significar a negação da pretensão de validade do direito que a precede, a revolução não conduz necessariamente

à revogação da legislação anterior contrária ao novo diploma, este não teve por efeito a revogação, no todo ou em parte, dos arts.425º a 462º CCom 1888. Para essa conclusão apontam, quer a inexistência de prévia autorização legislativa da Assembleia Nacional, quer a referência legitimadora à alínea d) do art. 112º da atual Lei Constitucional Angolana no preâmbulo do DCSA, quer a referência, também no preâmbulo, à tomada em consideração do disposto no Título XV do Livro 2º do CCom 1888 e à «necessidade de regulamentar esta matéria», quer as remissões para o CCom 1888 no corpo do DCSA. Assim, o direito contratual dos seguros angolano é neste momento, em grande medida, o resultado de uma interpretação conjugada do CCom 1888 e do DCSA.

Em Moçambique, é ainda mais recente a nova lei dos seguros aprovada pelo DL nº 1/2010, de 31.12 («LSM»), com base em autorização da Assembleia da República constante do art. 1º da Lei nº 5/2010, de 07.07. A LSM, onde se concentram as regras de direito institucional relativas às condições de acesso e exercício da atividade seguradora e de mediação de seguros e o direito contratual dos seguros, também contém uma disposição revogatória da legislação que a contrarie (art. 10º do respetivo Decreto Preambular). Paralelamente, determina a subsidiariedade das disposições da lei comercial e da lei civil (art. 8º/2 do Decreto Preambular). Esta remissão tanto nos conduz ao velho CCom 1888 quanto nos leva ao novo Código Comercial de Moçambique aprovado pelo DL nº 2/2005, de 27.12, atualmente na versão resultante do DL nº 2/2009, de 24.04 («CCom 2006»). O CCom 1888, cuja manutenção em vigor fora assegurada pelo disposto no art. 71º da primeira Constituição da República Popular de Moçambique, de 1975, viria a ser maioritariamente revogado pelo CCom 2006 (art. 2º/1 do respetivo Decreto Preambular). Permaneceria em vigor pouco mais do que o Livro 3º (dedicado

a que todas as normas que compõem aquele se tornem irrelevantes. (...) A que título, porém, vigoram essas normas passadas? Serão, em verdade, as normas passadas que vigoram, ou tratar-se-á, em rigor, de normas novas (...)? Tomando como ponto de referência a ordem fundada na nova pretensão de validade, o direito precedente não pode valer senão com fundamento numa norma, explícita ou implícita, da ordem subsequente. (...) [U]ma explicação adequada das relações entre direito pós-revolucionário e direito pré-revolucionário terá de preencher duas condições: reconhecer que a vigência do direito precedente não é separável dos factos ou atos que o produziram e que o direito anterior vigora como direito passado, não como direito novo. (...) Quer isto significar, em última análise, que o direito anterior à revolução não é *re-posto* por esta, mas sim por ela, além de reinterpretado, *fundamentado*. Não vale por força já da pretensão de validade ao abrigo da qual foi produzido, sim ao abrigo da nova pretensão de validade. Esta não reconhece a anterior pretensão de validade – ao contrário, nega-a – mas tem-na em conta, embora com limites.». O problema da continuidade colocou-se também em Portugal. Sobre ele versa o texto ora citado. A permanência em vigor do direito ordinário anterior à Constituição da República Portuguesa de 1976, em tudo o que não a contrarie, resulta do disposto no respetivo art. 293º (na versão originária, citada pelo autor a p. 20).

ao comércio marítimo, nele se incluindo a regulação do «seguro contra riscos de mar»). Não obstante a revogação dos arts. 425º a 462º CCom 1888, o CCom 2006 contém uma única referência aos seguros, no art. 476º/2 (sobre cláusulas contratuais gerais). A lacuna só seria preenchida em 31 de março de 2011, com a entrada em vigor da LSM (art. 12º do Decreto Preambular). O contrato de seguro vem regulado no Livro 2º da LSM, em cuja redação é patente a influência da LCSP.

O Código Civil de 1966 («CC») ainda se mantém em vigor em Portugal, Angola e Moçambique.[3] Embora as versões em vigor em cada um dos ordenamentos não sejam inteiramente coincidentes, fruto das alterações ocorridas desde 1975, os preceitos mais relevantes para o tema em apreço ainda ostentam, em todos eles, a sua redação originária.

2. Começo pelo que há de comum nos três ordenamentos sob escrutínio. Como melhor se verá ao longo deste comentário, em todos o seguro por conta de outrem é o seguro em que há, ou se admite que haja, pelo menos um segurado – ou cossegurado – distinto da pessoa do tomador. Ou seja, é um seguro que conta, no mínimo, com três intervenientes: o segurador, o tomador do seguro e o terceiro-segurado. É uma conclusão que se retira, no essencial, das disposições aplicáveis à identificação de tais intervenientes, cuja designação também coincide nos direitos português, angolano e moçambicano.[4]

As partes, num contrato de seguro, são o «segurador» e o «tomador do seguro».[5] Ambas são de designação relativamente pacífica em língua portuguesa. As diferenças são mínimas e sem consequências teóricas ou práticas: nas várias leis há referências, por um lado, a «tomador do seguro» e a «tomador de seguro», por outro lado, a «segurador» ou «seguradora» e a «empresa de seguros».[6]

---

[3] A aplicação do CC em Angola e Moçambique depois da independência resulta das disposições já referidas das primeiras leis constitucionais angolana e moçambicana. Importa agora acrescentar que a extensão do CC ao ultramar fora obra da Portaria nº 22 869, de 04.09.1967.

[4] Para um maior desenvolvimento deste tema, embora sem as referências ao direito angolano ou moçambicano, cfr. o meu *Contrato de seguro e terceiros. Estudo de direito civil*, Coimbra 2010, a pp. 41-61 e 688-777.

[5] Cfr. o art. 1º LCSP, o art. 5º/1 e 3 DCSA e o art. 79º/1 LSM.

[6] O uso generalizado da expressão «tomador do seguro» é muito recente, em língua portuguesa, embora o seu uso remonte, pelo menos, a P. Martinez, *Teoria e prática dos seguros*, Lisboa 1953, pp. 6 e 39. O CCom 1888 utiliza o termo «segurado», indistintamente, quer no sentido de tomador do seguro, quer no de segurado *proprio sensu*. Cfr., por exemplo, os arts. 429º («factos ou circunstâncias conhecidas pelo segurado ou por quem fez o seguro») e 430º («o segurado pode ressegurar por outrem o prémio do seguro»). A expressão «tomador do seguro» é de origem germânica (*Versicherungsnehmer*). Cfr., por exemplo, V. Ehrenberg, *Versicherungsrecht*, I, Leipzig 1893, p. 182.

Para além das partes, existe ainda em todo o contrato de seguro um outro interveniente principal, que é o «segurado». Na expressão da lei, o segurado seria aquele «em cujo interesse» o seguro seria celebrado.[7] Esta definição, comum aos três ordenamentos, parece ser de afastar, não só pela sua inerente imprecisão, uma vez que desloca o problema para a determinação do que seria o interesse relevante para este efeito, mas também, e sobretudo, porque não se pode definir o segurado como aquele que tem interesse no seguro e ao mesmo tempo exigir-lhe que tenha interesse no seguro para que este seja válido.[8]

A figura do segurado pode definir-se por referência ao seguro por conta de outrem: segurado é aquele por conta de quem o seguro é celebrado. Para fugir à circularidade de tais definições, defini noutra sede o segurado, nos seguros de danos, como aquele em cuja esfera se buscam os danos e, nos seguros de capitais, como aquele em cuja esfera se buscam os beneficiários. Releva nestes últimos a titularidade do direito de designar o beneficiário, ou a circunstância de se ser referência da categoria genérica estipulada pelas partes como critério para a identificação dos beneficiários – por vezes, em lugar de se conferir aos segurados o direito de designar os beneficiários, consagra-se simplesmente a regra de que estes serão os herdeiros das pessoas seguras, caso em que estas correspondem ainda aos segurados, na medida que são os *seus* herdeiros, e não os de outro qualquer, os beneficiários do contrato.[9] Já não releva, para este efeito, a mera titularidade do direito de exigir a prestação do segurador. Nos seguros de danos, releva a determinação do sujeito em função de cujo prejuízo se calcula, juridicamente, o montante da indemnização a pagar pelo segurador, mas já não a determinação do sujeito que, por via do pagamento, acabará por ver o seu prejuízo ressarcido com o dinheiro pago pelo segurador – que, nos seguros de responsabilidade civil, será tipicamente o terceiro lesado, com ou sem direito a exigir a prestação, e não o segurado, que se limita, tipicamente, a ser poupado de incorrer em despesas.

Em suma, o segurado é o *titular da cobertura*. É o sujeito que se situa dentro da esfera de proteção direta, e não meramente reflexa, do seguro, de quem pode afirmar-se que está coberto pelo seguro. Os seguros por conta de outrem são normalmente, embora não necessariamente, contratos a favor de terceiro, sujeitando-se, a esse título, ao disposto nos arts. 443º ss CC.

---

[7] Cfr. o art. 47º/1 LCSP (*a contrario*); o art. 5º/2 DCSA; e o nº 46 do Anexo à LSM (Glossário).

[8] Art. 43º/1 LCSP. Em Angola, cfr. os arts. 428º/1 e 456º CCom 1888. Em Moçambique, cfr. o art. 88º/1 LSM.

[9] Cfr. o art. 239º/3 LSM. O preceito explicita a possibilidade de as partes definirem critérios para a determinação do beneficiário em lugar de fazerem recair a sua escolha diretamente sobre uma ou mais pessoas nomeadas no contrato, mas essa possibilidade estende-se aos demais ordenamentos estudados, por força do princípio da liberdade contratual a que alude, designadamente, o art. 11º LCSP, numa remissão implícita para o art. 405º/1 CC.

3. Os três ordenamentos em apreço consagram o chamado «princípio do interesse».[10] O «interesse» é elevado à condição de requisito de validade do contrato de seguro, no momento da sua celebração. Complementarmente, a perda superveniente de «interesse» dá azo à caducidade do contrato de seguro por impossibilidade do objeto.[11]

Historicamente, o requisito do interesse surgiu primeiro no direito inglês em virtude da necessidade, que cedo se fez sentir, de traçar a fronteira entre o seguro e o jogo, alargando-se depois, embora com contornos algo distintos, aos demais ordenamentos jurídicos.[12] Em termos muito simples, se alguém celebra um contrato de seguro sobre a vida de uma qualquer figura pública, como em tempos chegou a estar em voga, esse ato reconduz-se a um jogo. Quem o faz pode agir com intuitos lúdicos ou especulativos mas não busca o efeito positivo característico do verdadeiro seguro: a satisfação de uma necessidade eventual a custo certo parcial – em suma, a segurança de que, em caso de necessidade, haverá dinheiro para fazer-lhe face.

Assim, para que um contrato de seguro seja válido, exige-se do segurado que tenha «interesse» no seu objeto, ou seja, exige-se que a possibilidade de ocorrência do sinistro não lhe seja indiferente, juridicamente falando, devendo esta estar associada a um juízo de desvalor, ainda que este se resuma a uma preocupação com os custos de um evento globalmente visto como positivo pelo segurado – de que é exemplo paradigmático a sobrevivência, num seguro de sobrevivência. Esse juízo de desvalor reconduz-se à identificação da necessidade que o seguro visa satisfazer.

Seria demasiado restritivo exigir do segurado a titularidade de um direito, de um dever ou de qualquer outra situação jurídica, ativa ou passiva, que pudesse estar na base do seguro, pois a história demonstra à saciedade que é frequente a necessidade existir onde tais figuras jurídicas não existem. O requisito quer-se amplo. Nesse sentido, a lei limita-se a fazer referência à «dignidade de proteção legal».[13]

Na encruzilhada entre o seguro por conta de outrem e o contrato a favor de terceiro, juntam-se várias referências ao conceito de interesse. Começando pelo direito dos contratos em geral, podemos encontrar as seguintes exigências:

---

[10] Cfr. os artigos referidos na n. 8. Cfr. uma análise muito crítica das definições tradicionais de «interesse» em P. Múrias, «O que é um interesse, no sentido que geralmente interessa aos juristas?» em *Estudos em Memória do Prof. Doutor J. L. Saldanha Sanches*, II, Coimbra 2011, pp. 829-857.

[11] Art. 110º/1 LCSP. Em Moçambique, cfr. o art. 158º/a) LSM. Em Angola, na falta de norma especial, a mesma conclusão retira-se do disposto no art. 790º/1 CC.

[12] Cfr. M. Lima Rego, cit. *supra* n. 4, texto a partir da n. 421.

[13] No preâmbulo da LCSP, fala-se antes em «interesse legítimo» (V).

(i) de um interesse do estipulante na promessa do promitente;[14] e (ii) de um interesse do credor na prestação.[15] A estas referências ao interesse junta-se, no direito contratual dos seguros, como se viu, a exigência (iii) de um interesse do segurado na cobertura.[16]

Não há sobreposições entre as várias exigências de interesse:[17] (i) ao tomador, na sua qualidade de contraente, exige-se que tenha um interesse na promessa do segurador e, mais amplamente, na sua vinculação a cobrir um risco do terceiro--segurado; (ii) na sua qualidade de credor, se o for, exige-se que tenha um interesse na prestação – não no seu recebimento, entenda-se, mas no seu aproveitamento; (iii) ao terceiro-segurado também se exige, enquanto credor, que tenha um interesse na prestação; e finalmente (iv) que tenha um interesse na cobertura do seguro. As leis portuguesa e moçambicana exigem-lhe que tenha um interesse «digno de proteção legal». A expressão não é nova: tem origem no art. 398º/2 CC.[18]

O seguro por conta de outrem não regula a relação por conta mas sim o seu *resultado*: o contrato de seguro é o contrato celebrado por conta. Não deverá retirar-se do texto da lei qualquer conclusão sobre quem irá suportar os custos do seguro.[19] Salvo estipulação em contrário, é ao tomador que cabe pagar o prémio ao segurador, não respondendo o segurado perante o segurador nem a título subsidiário.[20] A questão de saber quem irá suportar os custos do seguro é deixada em aberto, tudo dependendo do que sobre o tema se dispuser em sede de relação entre o tomador do seguro e o segurado.[21] A expressão «por conta de outrem» é usada, neste contexto, como significando «com destino para outrem»: o seguro é celebrado «por conta de outrem» quando é um terceiro o titular da cobertura.[22]

---

[14] Cfr. o art. 443º/1 CC. Cfr. ainda o art. 448º/2 CC. A promessa pode ainda ser feita no interesse de ambos os contraentes. Só não se admite que seja feita unicamente no interesse do promitente, pois nesse caso reconduzir-se-ia a uma ficção a presença do estipulante no contrato como parte.

[15] Cfr. o art. 398º/2 CC.

[16] Cfr. *supra* a n. 8.

[17] Neste sentido, para o direito italiano, A. DONATI, *Trattato del diritto delle assicurazioni private*, II, Milão 1954, pp. 207-210.

[18] Cfr. ainda o disposto no art. 443º/1 CC. Não é este o local adequado a uma contraposição entre este preceito e o art. 398º/2 CC. Remete-se, quanto ao tema, para o que se disse em M. LIMA REGO, cit. *supra* n. 4, caps. 3.1.3, 3.3.2, 6.2.4 e 6.2.6.

[19] Nalguns contextos, que não este, a expressão «por conta de outrem» é usada com o sentido de «à custa de outrem». Cfr. F. PESSOA JORGE, *O mandato sem representação*, Coimbra 1961, p. 192.

[20] Neste sentido, M. N. KRAUSE, *Der Begriff des versicherten Interesses und seine Auswirkungen auf die Versicherung für fremde Rechnung*, Karlsruhe 1997, p. 38. Cfr. os arts. 1º, 51º/1, 55º/1 e 80º/1, todos da LCSP. Em Moçambique, é claríssimo o art. 126º LSM. Cfr. ainda a definição do nº 69 do Anexo à LSM. Em Angola, também é o que resulta do disposto no art. 5º/3 DCSA. Cfr., no entanto, os arts. 17º e 18º DCSA.

[21] Sublinha-o E. DEUTSCH, *Versicherungsvertragsrecht*, 5ª ed., Karlsruhe 2005, p. 65.

[22] Cfr. M. LIMA REGO, cit. *supra* n. 4, texto a partir da n. 1970.

No direito angolano, a conclusão de que no seguro por conta de outrem o segurado também corresponde a um terceiro, e não à parte contratual a quem cabe pagar o prémio, resulta da contraposição entre o disposto no nº 2 e no nº 3 do art. 5º DCSA (partes contratantes).[23] Uma interpretação literal do art. 6º DCSA pareceria conduzir-nos numa outra direção.[24] Causam alguma estranheza as referências, neste preceito, à necessidade de ratificação do contrato pelo segurado. No entanto, a perplexidade dissipa-se se se concluir que, na verdade, este preceito regula, não os seguros por conta de outrem, mas os seguros em nome de outrem.[25] A exigência de ratificação, e o regime a aplicar na sua falta ou enquanto ela não ocorre, são em parte uma decorrência do regime geral sobre representação sem poderes consagrado no art. 268º CC. A vinculação do representante ao pagamento do prémio, quer enquanto a ratificação não tem lugar, quer quando esta é negada, parece dever aplicar-se apenas aos casos em que o segurador *desconhecia* a falta de poderes, em linha com o que sucede nos outros dois ordenamentos em apreço.[26]

---

[23] Art. 5º/2 DCSA: «A pessoa singular ou coletiva no interesse da qual o contrato de seguro é celebrado designa-se segurado.» Nº 3: «A pessoa singular ou coletiva que, por sua conta ou por conta de uma ou mais pessoas, celebra o contrato de seguro com a empresa de seguros, sendo responsável pelo pagamento do prémio, designa-se por tomador de seguro.».

[24] A letra do art. 428º/3 CCom 1888 também poderá causar alguma perplexidade. Da última parte deste parágrafo parece poder retirar-se o reconhecimento legal de um direito do tomador a haver a parte proporcional do prémio dos restantes segurados por conta de quem celebra o contrato. Semelhante interpretação deve ser afastada, por contrária ao espírito do regime no seu conjunto, devendo antes concluir-se que o preceito ressalva esse direito nos casos em que o mesmo resulte já da relação entre o tomador e os restantes segurados, não o criando nos casos em que tenha sido diversa a alocação dos custos do seguro. Neste sentido, J. M. BRITO, *Contrato de seguro por conta de outrem. O seguro por conta de outrem nos seguros de danos*, dissertação de mestrado não publicada, Lisboa 2005, p. 149. A lei italiana também aparenta responsabilizar o segurado pelo reembolso dos prémios de seguro ao tomador, em caso de sinistro, conferindo-lhe, inclusivamente, para esse efeito, um privilégio sobre o montante de eventuais indemnizações devidas pelo segurador ao segurado. Cfr. o art. 1891 do Código Civil italiano (quarto período). Sobre este preceito, cfr. G. SCALFI, *I contratti di assicurazione. L'assicurazione danni*, Turim 1991, p. 49. Similarmente, sustenta alguma doutrina italiana, a este propósito, que a obrigação de reembolso é meramente eventual, só existindo nos casos em que o justifica «uma relação interna de natureza onerosa» entre o tomador e o segurado. Cfr. D. PURCARO, *L'assicurazione per conto altrui*, Milão 1996, p. 53. Veja-se, de resto, um exemplo em que é criado pela própria lei o direito do tomador a reaver dos restantes segurados a respetiva quota-parte do prémio, no art. 1429º/2 CC.

[25] Mais rigorosas, por conseguinte, são as referências constantes do nº 2 e do nº 4 do art. 6º DCSA à conclusão do seguro «em nome» próprio ou «em nome» do segurado. No nº 1, não obstante a referência inicial à possibilidade de contratação de seguros «por conta própria ou por conta de outrem que nele tenha interesse», a sua parte final já diz respeito à contratação em nome de outrem. Já a regra constante do nº 5 tem novamente aplicação aos verdadeiros seguros por conta de outrem (ou, consoante os casos, aos seguros celebrados simultaneamente por conta própria e alheia).

[26] Cfr. o o art. 17º/2 e 3 LCSP e o art. 85º/2 e 3 LSM.

Com efeito, negando-se o representado a ratificar o contrato, este não chega a produzir efeitos.[27] Antes de se saber se o contrato será ou não ratificado, o risco é precisamente o de este não chegar a produzir efeitos. A ratificação, quando ocorre, tem uma eficácia retroativa, pelo que tudo se passa, a partir dela, como se o contrato houvesse vinculado desde logo o representado. Na falta de ratificação, a falta de efeitos do contrato não permite uma efetiva cobertura dos riscos seguros. Do mesmo modo, a responsabilidade do representante pelo pagamento do prémio não deve qualificar-se como uma obrigação de prestar, antes como uma obrigação de indemnizar o segurador, já que, embora juridicamente não seguros, do ponto de vista estritamente financeiro os riscos terão sido tratados como se o fossem, desde o momento da celebração do contrato até o do conhecimento da sua ineficácia.[28] Esta obrigação de indemnizar só se justifica se o representante não tiver dado conhecimento da sua falta de poderes ao segurador. De contrário, o risco de ineficácia do contrato será um risco partilhado por ambos os contraentes.

São de rejeitar formulações que pretendam dar a ideia de que se segurariam coisas e não apenas as posições jurídicas das pessoas relativamente às coisas, ou que poderiam segurar-se, quer as coisas, quer os direitos sobre as coisas, como parece decorrer da letra de alguns dos preceitos analisados.[29] Uma das principais conquistas do requisito do «interesse» em direito dos seguros, desta feita de origem germânica, está na separação conceptual entre o objeto da proteção do seguro – a relação de interesse – e o objeto da posição de que o segurado é titular – a própria coisa segura.[30] Essa separação é mais nítida nos seguros em

---

[27] Art. 268º/1 CC.

[28] O problema foi identificado por H. TAPP BARROSO, «Representação» em *Temas de direito dos seguros. A propósito da nova lei do contrato de seguro*, M. LIMA REGO (coord.), Almedina 2012, pp. 143-190, a pp. 161-162.

[29] Cfr. os arts. 43º/2 e 123º LCSP; os arts. 432º a 435º CCom 1888; os arts. 27º/2 e 28º DCSA; e os arts. 88º/3, 181º e 187º LSM.

[30] Sobre a possibilidade de se segurarem vários interesses sobre uma única coisa, cfr., por todos, V. EHRENBERG, «Das "Interesse" im Versicherungsrecht» em *Festgabe der Leipziger Juristenfakultät für Dr. Rudolph Sohm*, Munique 1915, pp. 1-70, a pp. 7-8 e 62-70. A tomada de consciência de que nos seguros de coisas não se seguram coisas, mas interesses sobre coisas constituiu um passo decisivo na evolução do direito dos seguros. Em Portugal, podemos encontrar alguns exemplos das consequências, por vezes desastrosas, da convicção errónea de que se segurariam as próprias coisas. Veja-se o Ac. STJ 01.04.1955, Baltasar Pereira, (1955) 48 BMJ 667-672. Certa coisa havia sido dada em penhor, sucessivamente, a dois credores do respetivo proprietário. A dada altura, a coisa ardeu. O segundo credor pignoratício contratara um seguro de incêndio, pelo que, na sequência do sinistro, foi-lhe paga uma indemnização pelo seu segurador. A ação em apreço foi proposta pelo primeiro contra o segundo credor, que entendia ter direito à indemnização, que dizia ter substituído a coisa empenhada (por aplicação do art. 692º/1 CC *ex vi* o art. 678º CC). Inexplicavelmente, o tribunal deu razão ao autor, entendendo que a indemnização devia ter sido paga ao proprietário da coisa segura – o devedor – e não ao segundo credor, pelo que estaria sujeita

que, em acréscimo ao requisito do interesse, comum à generalidade dos contratos de seguro, se pede, num segundo momento, a avaliação do interesse, a sua quantificação.[31] Nesses casos, o interesse corresponderia, não já, simplesmente, à relação entre o sujeito e o bem, mas antes à *relação de valor* entre o sujeito e o bem.[32] Nessa exigência entronca o limite à prestação do segurador que vem a ser imposto pelo princípio indemnizatório, que está na base da distinção entre os seguros de danos e os seguros de capitais.[33] Não parece isto suficiente para que se autonomizem dois conceitos distintos de interesse de seguro: na medida em que há uma apreciação objetiva da relação, em todos os casos o direito lhe reconhece um valor, mas só nalguns requer a sua quantificação.

O caso paradigmático de tal relação de interesse é o da relação que o proprietário estabelece com o objeto da sua propriedade. Mas as diferenças entre ambas as realidades compreendem-se melhor recorrendo a um exemplo com um direito real menor. Pensemos num direito de usufruto sobre um prédio urbano. O objeto da proteção do seguro a contratar será o interesse seguro – neste caso o direito de usufruto – e não o prédio urbano – a coisa segura. O valor que interessa apurar seria o do direito de usufruto. É esse que irá estar na base do capital seguro. Porque o prédio urbano, tal como os restantes objetos materiais, não tem um valor intrínseco. O único objeto de avaliação são as diversas posições de que possa ser-se titular em face de tais objetos materiais. Ou, noutros termos, as posições que *de facto* se ocupam em face de tais objetos materiais, ou imateriais, desde que avaliáveis em dinheiro, ainda que *de jure* não se seja seu titular. Aqui o interesse corresponde a um termo genérico para designar, na perspetiva da sua valia

a concurso de credores, com a consequência de que deveria ser entregue, na íntegra, ao primeiro credor, cujo penhor precedia o do segundo credor. De nada valeu ao segundo credor explicar que era ele o tomador e único segurado daquele seguro, que havia celebrado em nome e por conta própria, suportando por inteiro os respetivos custos, para se proteger contra o eventual desaparecimento da sua garantia. Resposta do tribunal: «Não se seguram créditos, sejam ou não assegurados por penhor; seguram-se coisas. E, como já se disse, e repete, os objectos dados em penhor, segurados pelo credor, não eram deste.» (p. 670).

[31] Cfr. as referências ao valor do interesse nos arts. 127º/4, 130º/1, 131º/1 e 2 e 132º/1, todos da LCSP, e no art. 186º/1 LSM. Em Angola, a lei faz referência ao valor da coisa. Cfr., por exemplo, os arts. 433º e 435º CCom 1888 e os arts. 27º/2 e 28º DCSA. Encontramos referência similar no art. 184º/2 LSM. No entanto, em direito dos seguros como em qualquer outra área do direito, em bom rigor o que se avalia é sempre o interesse do segurado na coisa, sendo as referências ao valor da coisa normalmente um modo simples de lhe fazer referência. Cfr. *infra* o texto junto à n. 20.

[32] Neste sentido, por exemplo, F. v. FÜRSTENWERTH/ A. WEISS, *Versicherungsalphabet. Begriffserläuterungen der Versicherung aus Theorie und Praxis*, 10ª ed., Karlsruhe 2001, p. 342.

[33] Cfr. o art. 128º LCSP; o art. 439º/1 CCom 1888; o art. 27º/2 DCSA; e os arts. 182º e 184º/1 LSM (no primeiro caso, sob a designação alternativa de princípio da não especulação). Sobre a *summa divisio* entre os seguros de danos e os seguros de capitais, cfr. M. LIMA REGO, cit. *supra* n. 4, texto junto à n. 571.

económica, toda a posição ativa, jurídica ou pelo menos juridicamente reconhecida, de que um sujeito possa ser titular por referência a um qualquer ativo. Na perspetiva da sua valia económica, porque se trata necessariamente da *relação de valor* a que se refere a doutrina alemã. Isto é válido no domínio dos seguros como nos demais – o património das pessoas não inclui coisas, apenas direitos ou outras situações jurídicas sobre tais coisas.[34]

Pode dizer-se que o conceito de risco já encerra a ideia de um desvalor.[35] Contudo, onde o conceito de interesse vem acrescentar algo de novo ao conceito de risco é sobretudo na consciência de que também se perspetiva no seguro uma relação entre o sujeito do risco e a prestação do segurador, e que é nesta última relação, objetivamente apreciada, que se situa a finalidade de satisfação de uma necessidade eventual. Daí as dificuldades que enfrenta a possibilidade de celebração de seguros para a cobertura de danos morais.[36] A necessidade de que trata o seguro deve ser de natureza económica, embora não necessariamente pecuniária, pois tem de poder ser satisfeita pela prestação do segurador.[37]

4. No seguro por conta de outrem, o segurado pode ter sido identificado no contrato ou pode a sua identificação ocorrer em momento posterior ao da celebração do contrato. Assim será, designadamente, quando o seguro se celebrar «por conta de quem pertencer».[38] É esta uma figura geral do direito dos seguros: em abstrato, pode dizer-se que podem celebrar-se seguros por conta de outrem ou de quem pertencer em todas as classes de seguros. Assim é mesmo nos seguros de vida ou de acidentes pessoais, se bem que, nestes, a necessidade de obtenção do consentimento da pessoa segura possa introduzir algumas dificuldades práticas à celebração dos seguros por conta de quem pertencer, nos casos em que a sua flutuação acompanhe a dos segurados.

---

[34] A. DONATI, cit. *supra* n. 18, pp. 189 e 212-213, afirmou, nesta linha, que esta exigência colocava o contrato do seguro em uníssono com a teoria geral que considera objeto de tutela, não os bens, mas os interesses («direitos subjetivos», «interesses legítimos», «interesses ocasionalmente protegidos»).

[35] Para uma distinção entre os casos de invalidade por falta de risco e de invalidade por falta de interesse, cfr. M. LIMA REGO, «O risco e suas vicissitudes» em *Temas de direito dos seguros. A propósito da nova lei do contrato de seguro*, M. LIMA REGO (coord.), Almedina 2012, pp. 275-297.

[36] Cfr. M. LIMA REGO, cit. *supra* n. 4, texto junto à n. 696.

[37] Cfr., a este respeito, o Ac. STJ 22.03.2007, Silva Salazar, www.dgsi.pt (integral). Segundo este tribunal, «o interesse no seguro deve ser específico, actual, lícito e de natureza económica –, uma vez que o contrato de seguro se destina a cobrir um risco de carácter patrimonial –, derivado de uma relação juridicamente relevante do segurado com o objecto do seguro que origine para ele a possibilidade de extrair da coisa segura utilidades ou vantagens de natureza económica, ou de sofrer dano também económico em consequência do exercício de actividade que com ou sobre esse objecto a sua relação jurídica que o abranja lhe permita exercer».

[38] Cfr. o art. 48º/6 LCSP.

O seguro «por conta de quem pertencer» não se caracteriza por cobrir, simultaneamente, as pessoas do tomador e de terceiros, como por vezes se diz, mas antes por prescindir da identificação direta do segurado, que se identifica unicamente por via indireta – *per relationem* – sendo o sentido dessa referência o da «fungibilização» do segurado. Nesta modalidade de seguro por conta, o segurado identifica-se pela sua relação com algum aspeto da realidade que o rodeia. Muitas vezes, tratar-se-á da própria coisa segura.[39] Esta pode identificar-se em absoluto – certos lotes de amendoins, embarcados em certo dia num dado porto, em determinado navio, ainda em trânsito – ou de forma relativa – o recheio de um dado edifício. Mas pode o seguro não ser um seguro de coisas, circunstância em que a coisa a partir da qual se identifica o segurado não será, naturalmente, uma coisa segura, funcionando todavia a identificação do segurado em moldes muito semelhantes. Por exemplo, num seguro de responsabilidade civil por acidentes de viação, são segurados todos os condutores do veículo com a matrícula xx-xx--xx.[40] Num seguro de acidentes pessoais de passageiros, são segurados todos os ocupantes da aeronave com a matrícula yy-yyy. É este um seguro em que a qualidade de segurado é muitas vezes transitória, visto que os seus titulares se sucedem com a transmissão da titularidade do interesse seguro.[41]

---

[39] Cfr. V. SALANDRA, «Dell'assicurazione» em *Commentario del codice civile*, A. Scialoja e G. Branca (eds.), IV, 3ª ed., Bolonha 1966, pp. 172-441, a p. 229; e F. ANGELONI, «Del contrato a favore di terzi» *em Commentario del codice civile Scialoja-Branca*, F. Galgano (ed.), IV, Arts. 1411-1413, Bolonha 2004, p. 316. Para C. DIERYCK, «L'interet d'assurance dans les polices au porteur et pour compte de qui il appartiendra» em *Mélanges offerts à Marcel Fontaine*, B. Dubuisson, P.-H. Delvaux, H. de Rode, D. Philippe, G. Schamps e P. Wery (eds.), Bruxelas 2003, pp. 725-748, a p. 730, o seguro por conta de quem pertencer celebra-se *in re* mais do que *in persona* – como que incorporando-se, por assim dizer, na mercadoria, de que o segurado se torna acessório (p. 747). Na mesma linha, A. PINHEIRO TORRES, *Ensaio sobre o contrato de seguro*, Porto 1939, pp. 93-95, sustentara que o seguro de responsabilidade civil por acidentes de viação seria um seguro real e não um seguro pessoal, porque o âmbito da cobertura se circunscreve, não em função do tomador, mas em função do veículo, na medida em que respeita aos acidentes causados pelo veículo a que o seguro se refere, independentemente de quem o conduz, ou seja, a cobertura acompanha o veículo e não a pessoa do seu condutor.

[40] Em Portugal, neste caso, apesar da fungibilidade de segurados, que serão todos quantos vierem a conduzir o veículo, é de notar que o seguro não se transmite com a transmissão da propriedade do veículo, cessando por efeito da alienação. Cfr. o art. 21º/1 do DL nº 291/2007, de 21.08.

[41] E. HOFMANN, *Privatversicherungsrecht*, 4ª ed., Munique 1998, p. 198, afirma que aos contratos por conta de quem pertencer não se aplicam os preceitos relativos à transmissão da coisa segura, pelo simples facto de que, nestes seguros, a posição de segurado se adquire, de imediato, por efeito da aquisição da coisa segura – e não por cessão dessa posição do anterior para o novo proprietário. Em Portugal, também assim é: não se aplica aos seguros por conta de quem pertencer o disposto no art. 95º/2 e 3 LCSP. Este último deixa-o bem claro, fazendo referência ao segurado determinado. Estes preceitos destinam-se a regular os demais seguros. No caso dos seguros por conta de quem

Note-se que não basta uma qualquer identificação *per relationem*. É preciso que resulte do teor do contrato que a qualidade de segurado se transmite com a titularidade do interesse seguro. Por outro lado, a circunstância de num mesmo contrato serem segurados, quer o próprio tomador, quer terceiros, nem por isso o transforma, necessariamente, num seguro por conta de quem pertencer. Pense-se no seguro de incêndio celebrado pelo administrador do condomínio por conta de todos os condóminos, um dos quais é o próprio administrador.[42] Será um seguro parcialmente por conta própria e parcialmente por conta de outrem, e não um seguro por conta de quem pertencer, se as respetivas condições não aceitarem a sucessão automática na posição de segurado em caso de transmissão da proprie-dade de uma fração autónoma. Será um seguro por conta de quem pertencer se o contrato for redigido de forma a cobrir o risco dos atuais e futuros condóminos, quaisquer que eles sejam. Este raciocínio estende-se aos casos em que o segurado é ainda indeterminado no momento da celebração do contrato mas em que no contrato se descreve o modo de o determinar. Nesta última situação, poderemos falar num seguro por conta própria e/ou de outrem.

O seguro «por conta de quem pertencer» é uma figura geral do direito dos seguros: em abstrato, pode dizer-se que podem celebrar-se seguros por conta de outrem ou de quem pertencer em todas as classes de seguros. Assim é mesmo nos seguros de vida ou de acidentes pessoais, se bem que, nestes, a necessidade de obtenção do consentimento da pessoa segura possa introduzir algumas dificul-dades práticas à celebração dos seguros por conta de quem pertencer, nos casos em que a sua flutuação acompanhe a dos segurados.

Em todos os ordenamentos examinados, em caso de dúvida, considera-se que o seguro foi celebrado por conta do próprio tomador do seguro.[43] Assim já não será se outra coisa resultar «do contrato ou do conjunto de circunstâncias atendíveis».

---

pertencer, a sucessão dos vários titulares do interesse sobre a coisa segura pertence à própria natureza da figura.

[42] Arts. 1429º e 1436º/c) CC. Embora a obrigação de segurar conste formalmente do CC, crê-se que o regime do seguro de incêndio só tem real aplicação em Portugal. O dever de contratar este seguro é, em primeira linha, dos condóminos. Se os condóminos não o fizerem, deve o administrador, subsidiariamente, fazê-lo. Muitas vezes, é isso que acaba por acontecer, dado ser esta a solução mais prática, embora seja também frequente a sua celebração individual, sobretudo por quem recorra ao crédito à habitação. Tenha-se em conta que o seguro deve cobrir as frações autónomas e as partes comuns (nº 1). O administrador tem o direito de reaver dos condóminos a respetiva quota-parte do prémio (nº 2). A lei nada diz sobre se este será um seguro em nome próprio e por conta dos condóminos ou antes um seguro em nome e por conta dos condóminos. Todavia, julgo ser de entender que a lei não confere, neste caso, poderes de representação ao administrador, devendo concluir-se que o seguro por si celebrado deverá ser sempre celebrado em nome próprio e por conta dos condóminos.

[43] Art. 47º/2 LCSP; art. 428º/§ 2 CCom 1888; e art. 84º/4 e 5 LSM.

Um exemplo é o do seguro-caução, que, por definição, se celebra sempre por conta de outrem.[44] Tendo-se fixado o capital seguro por referência a um valor mais elevado do que o da posição que o tomador ocupa perante o objeto seguro, essa presunção também não funciona, considerando-se antes que o tomador celebrou o contrato, simultaneamente, por conta própria e de terceiro. Imagine-se que, num contrato de seguro de incêndio, se fixou o capital do seguro como se o tomador do seguro fosse o único proprietário do imóvel, quando na verdade era apenas um dos seus comproprietários. Nesse caso, nos direitos português, angolano ou moçambicano, o contrato considera-se celebrado por conta de todos os comproprietários.[45]

5. Em todos os ordenamentos em análise, a lei faz referência ocasional aos «deveres» ou «obrigações» do segurado. Nos seguros por conta de outrem, correspondendo o segurado a um terceiro, será todavia mais correto qualificar tais situações jurídicas como *ónus* ou *encargos*.[46] O princípio é o de que aos terceiros podem atribuir-se efeitos positivos, não negativos. E a imposição de ónus ou encargos, ao contrário da imposição de deveres, não se qualifica como a atribuição de um efeito negativo mas antes como a imposição de limites a um efeito positivo.[47] A «violação» de um ónus corresponde na verdade à produção, pelo terceiro-segurado ou pelo beneficiário, de um pressuposto negativo do dever de prestar do segurador.[48]

Em Portugal, este uso terminológico impreciso terá contribuído em parte para a ideia errada de que no seguro por conta de outrem caberiam ao tomador os efeitos passivos do contrato, cabendo ao segurado os seus efeitos ativos.[49] Felizmente, a letra da lei flexibilizou a dicotomia, permitindo às partes estipulação em sentido distinto, e à doutrina a atenuação das repercussões mais nefastas dessa dicotomia, levada às últimas consequências.[50] Muito embora haja referências legais aos «deveres» do segurado em todos os ordenamentos analisados, esta dicotomia não encontra reflexos nos direitos angolano ou moçambicano.

Em virtude dessa flexibilidade da dicotomia lusa, devemos concluir que não se proibiu a estipulação de uma pretensão independente do tomador ao cumprimento

---

[44] Nesse sentido, embora a propósito da lei espanhola, J. GARRIGUES, *Contrato de seguro terrestre*, 2ª ed., Madrid 1983, p. 351.

[45] Art. 47º/3 LCSP; art. 428º/§ 3 CCom 1888 e art. 6º/5 DCSA; e art. 88º/2 LSM. Para os seguros de um conjunto de coisas, cfr. ainda a regra paralela do art. 125º/2 e 3 LCSP.

[46] Cfr. M. LIMA REGO, cit. *supra* n. 35, a p. 280.

[47] Cfr. M. N. KRAUSE, cit. *supra* n. 19, a p. 39. O autor rejeita a qualificação destes seguros como contratos em prejuízo de terceiro (*Vertrag zu Lasten Dritter*).

[48] Cfr. P. LENNÉ, *Das Versicherungsgeschäft für fremde Rechnung*, Marburgo 1911, pp 128 e 130-133.

[49] Cfr. o art. 48º/2 e 3 LCSP.

[50] Para maior desenvolvimento, cfr. M. LIMA REGO, cit. *supra* n. 4, cap. 7.3.

da obrigação de prestar do segurador, e que muito menos se afastou a aplicação do regime geral do contrato a favor de terceiro, segundo o qual, nada se dizendo a esse respeito, se presume a existência de um direito do tomador a exigir a prestação do segurador, não para si próprio, mas para o seu destinatário – que pode ou não ser o segurado.[51] O reconhecimento dessa pretensão do tomador afigura-se essencial, porquanto parece corresponder ao pretendido pelas partes na vasta maioria dos casos. Com efeito, se o princípio indemnizatório impediria que, nos seguros de danos, o direito à indemnização fosse atribuído a pessoa distinta do lesado, já *o direito a exigir que a prestação seja feita ao lesado* não viola quaisquer princípios ou regras de direito dos seguros.[52] O art. 48º/2 e 3 LCSP deve assim interpretar-se no sentido de que se veda ao tomador a *perceção* da indemnização sem o consentimento do segurado, mas não a exigência de que esta seja paga a quem de direito.

Em segundo lugar, o preceito não impõe a atribuição ao terceiro-segurado da titularidade dos direitos materiais fundados no contrato, em que se inclui uma pretensão direta contra o segurador relativamente à sua obrigação de prestar. Podendo as partes conferir ao terceiro uma pretensão direta contra o segurador, também poderão, naturalmente, não o fazer. Resultaria algo artificial, julga-se, uma construção que entre nós pretendesse identificar, em todos os casos, a presença de um direito de crédito na esfera do segurado, ainda que sem a correspondente faculdade de exigibilidade. Permite-se, designadamente, no nosso ordenamento, que o tomador reserve para mais tarde a decisão sobre se contempla ou não o segurado com o benefício da cobertura. Assim sendo, deverá ainda concluir-se pela admissibilidade de seguros por conta que não sejam, em simultâneo, seguros a favor de terceiro.[53] No entanto, na grande maioria dos casos, os seguros por conta de outrem serão, simultaneamente, contratos a favor do terceiro por conta de quem foram celebrados.[54]

De acordo com o chamado princípio da não vinculação perpétua, a regra geral em matéria de vigência é a de que qualquer das partes pode opor-se livremente à

---

[51] Cfr. o art. 444º/2 CC.

[52] Por conseguinte, não tem um alcance significativo a ressalva que se faz no art. 48º/3 quanto ao disposto no art. 43º, ambos da LCSP.

[53] Não lhes sendo de aplicar, nesse caso, o disposto no art. 48º/5 LCSP. Com efeito, esta regra, que reproduz o art. 449º CC, só tem sentido no contexto dos contratos a favor de terceiro, em que ao terceiro se confere uma pretensão contra o segurador. Não sendo esse o caso, não surge ocasião para o segurador opor ao terceiro o que quer que seja, visto não carecer de meios de defesa contra este, para além do argumento de que o seguro em apreço não é um contrato a favor de terceiro.

[54] Não será esse o caso do seguro obrigatório de responsabilidade civil por acidentes de viação, na parte em que é celebrado por conta de outrem, isto é, na parte que cobre, não o próprio tomador, mas pelo menos alguns dos demais «legítimos detentores e condutores do veículo». Cfr. o art. 15º/1 do DL nº 291/2007, de 21.08. Não cabe aqui desenvolver este tema. Para mais desenvolvimentos, cfr. M. LIMA REGO, cit. *supra* n. 4, texto a seguir à n. 2120.

renovação de um contrato de seguro celebrado por período determinado e com prorrogação automática, podendo naturalmente as partes afastar esta regra geral, ampliando, contratualmente, a liberdade de denúncia do tomador, estipulando por exemplo, num contrato celebrado por período determinado, que o tomador é livre de o denunciar a todo o tempo. O contrato celebrado por período indeterminado pode ser denunciado a todo o tempo por qualquer das partes.[55]

Num desvio às regras de direito comum, fundado numa necessidade de tutela reforçada que a lei reconhece ao terceiro-segurado, a lei restringe a liberdade das partes nos contratos de seguro individuais celebrados por conta de outrem, reconhecendo ao terceiro-segurado um direito à manutenção da cobertura até ao final do período do seguro em curso, ao atribuir ao tomador apenas o direito de se opor à prorrogação automática do contrato, denunciando-o, mesmo contra a vontade do segurado, salvo se também este direito for afastado por estipulação das partes.[56] Esta restrição não se aplica aos seguros de grupo, em que é menor a tutela dos terceiros-segurados.[57] A proteção do terceiro-segurado no decurso de um período de seguro estende-se à cessação por acordo.[58]

Em conformidade com o regime geral dos contratos a favor de terceiro, na falta de disposição em contrário, são oponíveis ao segurado os meios de defesa derivados do contrato de seguro, mas não, naturalmente, aqueles que advenham de outras relações entre o segurador e o tomador do seguro.[59] Tais meios de defesa incluem as reações, não somente ao incumprimento de deveres contratuais por parte do tomador, como ainda ao incumprimento de ónus ou encargos contratuais, por este ou pelos terceiros – como vimos, os ónus ou encargos, ao contrário dos deveres, podem ser impostos pelos contraentes, quer a si próprios, enquanto partes, quer aos terceiros beneficiários, sejam eles segurados ou beneficiários do seguro.

---

[55] Cfr. o disposto no art. 112º LCSP.

[56] Art. 111º/2 LCSP e art. 159º/2 LSM. Nesse caso, também perante o terceiro-segurado, o tomador tem apenas a possibilidade de se opor à renovação do contrato, conforme o disposto no art. 48º/4 LCSP e no art. 160º LSM. Em Portugal, não deverão esquecer-se, em acréscimo, as restrições adicionais, para certas circunstâncias, do art. 114º LCSP.

[57] Cfr. os arts. 84º e 111/2º LCSP; e os arts. 153º/1 e 159º/2 LSM. Sobre o tema, cfr. M. Lima Rego, cit. *supra* n. 4, cap. 8.2.3.

[58] Cfr. o nº 2 do art. 111º LCSP.

[59] Art. 48º/5 LCSP. Cfr. ainda o art. 449º CC. Cfr. M. Hübsch, anotação ao § 75 da lei do contrato de seguro alemã de 30.05.1908 em *Berliner Kommentar zum Versicherungsvertragsgesetz. Kommentar zum deutschen und österreichischen VVG*, Heinrich Honsell (ed.), Berlim 1998, pp. 1274-1284, a p. 1276 m. 4. Já ao beneficiário de um contrato de seguro aplicar-se-á diretamente o regime geral constante do art. 449º CC, com a ressalva, em Portugal, constante do art. 204º/2 LCSP. Cfr. G. Winter, «Lebensversicherung. a) Bezugsberechtigter» em Hans Moller (dir), «Die Rechte Dritter gegen den Versicherer» (1970) 59 *ZVersWiss* 17-62, pp. 39-49, a pp. 46-47.

ESTUDOS EM HOMENAGEM A MIGUEL GALVÃO TELES

6. Todas as leis analisadas consagram a exigência do consentimento da pessoa segura para a celebração de um contrato de seguro de vida, sob pena de nulidade.[60] Se se celebrar um contrato de seguro sobre a vida do próprio tomador, o consentimento consome-se na sua declaração de parte contratual. A exigência de consentimento só se aplica aos casos em que a pessoa segura é um terceiro, ainda que, como sucederá na maioria dos casos, a pessoa segura assuma também o papel de segurado. E bem. A circunstância de o contrato se celebrar por conta do terceiro não impede as partes de estipularem as regras que entenderem no que respeita à determinação do beneficiário em caso de morte, que poderá ser, não a pessoa ou pessoas designadas pelo segurado, mas aqueles que resultarem da aplicação das regras estipuladas, ainda que supletivamente, no contrato, *v.g.* os seus herdeiros, ou o seu cônjuge e descendentes, pelo que se justifica o requisito do consentimento do próprio.[61] A pessoa segura também pode não desempenhar mais nenhum papel. Assim será no chamado *key-person insurance*.[62]

As leis portuguesa e moçambicana ressalvam ainda de forma expressa os casos em que a pessoa cuja vida se segura é também o beneficiário do seguro, só exigindo o consentimento quando assim não suceda. Não obstante a inexistência de uma ressalva expressa nesse sentido na legislação angolana, não parece que a sua interpretação deva ser distinta.[63] O perigo de criação, com a celebração de um contrato de seguro de vida, de um potencial incentivo ao homicídio da pessoa segura apenas existe nos casos em que esta seja pessoa distinta *do beneficiário*. Trata-se, pelo menos em parte, indiscutivelmente, de uma resposta do sistema

---

[60] Art. 43º/3 LCSP; art. 38º/2 DCSA; e arts. 88º/4 e 244º/1 LSM. Em Portugal a proibição estende-se aos seguros de acidentes pessoais (art. 212º/2 LCSP). Sobre o consentimento da pessoa segura, cfr. W.-T. Schneider em E. R. Prölss/ A. Martin (fund.), *Versicherungsvertragsgesetz*, 28ª ed., Munique 2010, anotação ao § 150, pp. 852-855, mm. 4-15.

[61] Outro era o entendimento de A. Donati, *Trattato del diritto delle assicurazioni private*, III, Milão 1956, pp. 588-589. Em relação ao direito italiano, o autor sustentava que a exigência do consentimento não se aplicaria quando o interessado no seguro fosse o próprio terceiro cuja vida se segura, ou seja, que a exigência não se aplicaria aos seguros sobre a vida de terceiro celebrados por conta desse terceiro.

[62] O «seguro de elemento-chave» é um seguro sobre a vida dos colaboradores de particular importância para o negócio de uma dada empresa, normalmente celebrado pela empresa por sua própria conta, para cobertura do risco de o negócio se ressentir da morte ou incapacidade de tais colaboradores. Sobre o tema, cfr. M. Lima Rego, cit. *supra* n. 4, texto junto à n. 500.

[63] No regime anteriormente vigente em Portugal, cfr. o art. 11º/1 do DL nº 176/95, de 26.07. Este preceito, cuja redação era demasiado ampla, à semelhança do que sucede hoje com o art. 38º/2 DCSA, era objeto de uma interpretação restritiva, sustentando a doutrina que apenas no seguro sobre a vida de um terceiro não beneficiário deveria exigir-se o consentimento da pessoa segura. Neste sentido, J. C. Moitinho de Almeida, *O contrato de seguro no direito português e comparado*, Lisboa 1971, p. 318; e M. Lima Rego, cit. *supra* n. 4, n. 1701.

762

à preocupação de eliminar incentivos excessivos ao homicídio.[64] Os obstáculos criados pela lei atuam em dois momentos distintos: (i) num primeiro momento, dificultando, preventivamente, a celebração de seguros que constituam um incentivo demasiado forte ao homicídio da pessoa segura; (ii) num segundo momento, postumamente, negando o direito à prestação a quem, ainda assim, cometeu ou de algum modo participou no homicídio da pessoa segura.[65]

A exigência do consentimento da pessoa segura é um *maius* em relação ao requisito do interesse de seguro.[66] A lei aponta claramente nesse sentido, ao dispor que a pessoa segura tem «ainda» de dar o seu consentimento à cobertura do risco.[67] Contudo, mais do que de qualquer outra explicação, a exigência do consentimento da pessoa segura parece dever explicar-se como decorrência da dignidade da pessoa humana: impõe-se como reconhecimento de um direito de personalidade, a ter uma palavra a dar na questão de saber quem ficará a ganhar com a nossa morte. Afinal, o contrário seria um exemplo acabado de instrumentalização de um ser humano por outro – um atentado ao imperativo kantiano de tratamento de cada ser humano como um fim em si mesmo e não como um meio para o uso arbitrário desta ou daquela vontade.[68]

[64] A explicação tradicional da razão de ser da exigência legal do consentimento da pessoa segura encontra-se, por exemplo, em N. DREWS, «Die Zustimmung des Versicherten in der Lebensversicherung» (1987) 38 *VersR* 634-642, a pp. 634 e 637. O seu propósito é o de impedir a celebração de seguros que possam constituir um incentivo à provocação do sinistro, exigindo-se o consentimento para assegurar: (i) que o visado toma conhecimento do seguro; e (ii) que pode ele próprio aferir da oportunidade de um tal seguro.

[65] Cfr. o disposto no art. 192º LCSP; no art. 458º/2 CCom 1888 e no art. 42º DCSA; e no art. 243º/2 LSM. Em sentido convergente, cfr. o art. 46º/2 LCSP e o art. 143º/2 LSM. Já os perigos de fraude ou de seleção adversa não se resolvem de todo por este meio, pelo menos nos casos em que o tomador-segurado coincida com a pessoa segura. Pense-se, por exemplo, no caso do doente terminal que celebra um seguro de vida milionário depois de saber que tem apenas alguns meses de vida, sonegando esta informação ao segurador. Ou ainda no insolvente que, desesperado com a sua situação, celebra ou faz celebrar por terceiro um seguro sobre a sua vida, milionário ou nem isso, com o intuito de logo em seguida cometer suicídio. Para obviar a estes últimos ímpetos fraudulentos, estabeleceu-se na lei o «período de carência» do art. 191º LCSP, do art. 45º DCSA e do art. 247º LSM.

[66] Não seria precisa muita imaginação para conceber numerosas hipóteses de obtenção do consentimento dos visados através do recurso a meios impróprios, designadamente, a qualquer uma das formas de usura a que faz referência o art. 282º/1 CC.

[67] Nesse sentido, T. BAKER, *Insurance law and policy: cases, materials and problems*, 2ª ed., Austin TX 2008, p. 239, fazendo referência às ameaças implícitas de retaliação, por parte da entidade empregadora, que subverteriam o requisito do consentimento das pessoas seguras nos COLI (*corporate owned life insurance policies*).

[68] Referência a I. KANT, *Fundamentação da metafísica dos costumes*, orig. 1785, trad. P. Quintela, Lisboa 1995, p. 69. Cfr. o art. 1º da Constituição da República Portuguesa e o art. 2º da atual Lei Constitucional Angolana. Não há referência equivalente na atual Constituição da República de

Exige-se a emissão, pela pessoa segura, de uma declaração unilateral que autorize a celebração, pelo tomador, de um contrato de seguro sobre a sua vida.[69] Podemos distinguir duas modalidades de consentimento: (i) a pessoa segura assina a proposta de seguro, ou outro documento constitutivo da apólice de que conste a designação beneficiária, juntamente com o tomador do seguro; (ii) em documento à parte, a pessoa segura presta o seu consentimento à celebração, pelo tomador, de um contrato de seguro sobre a sua vida.[70] Esta última modalidade bastará para cumprir o requisito legal.[71] Todavia, a primeira será porventura a mais prudente e o caso mais frequente no mercado.

Estas modalidades correspondem a diferentes graus de concretização do consentimento da pessoa segura. Na primeira, o consentimento faz-se quanto àquele contrato de seguro, com aquele conteúdo e aquela designação beneficiária, pelo que quaisquer alterações a esta última carecerão de novo consentimento da pessoa segura. Deverá considerar-se que este visa abranger também os casos em que ocorre a revogação de uma designação beneficiária e a sua substituição por uma nova. Por identidade de razão, deverá estender-se este regime à cessão do direito ao capital seguro.[72] Ou seja, carecem do consentimento da pessoa segura todos os casos em que há uma modificação subjetiva na titularidade do benefício. Na segunda modalidade de consentimento, este far-se-á em abstrato, relativamente à celebração de um qualquer seguro sobre a vida da pessoa segura, sem ter em atenção a identidade do beneficiário, pelo que as alterações à designação beneficiária deverão apenas ser-lhe comunicadas – entenda-se, para que lhe seja dada a oportunidade de, querendo-o, revogar o seu consentimento.[73]

Moçambique. Este direito de personalidade goza ainda da proteção genericamente conferida a todos os bens de personalidade pelo art. 70º/1 e 2 CC.

[69] Em defesa da sua qualificação como uma declaração unilateral, A. Donati, cit. *supra* n. 61, p. 589; W.-T. Schneider cit. *supra* n. 60, pp. 853-854, mm. 9-10; e N. Drews, cit. *supra* n. 64, pp. 641-642. Schneider e Drews analisam a natureza jurídica do consentimento escrito da pessoa segura, notando que a lei utiliza a palavra *Einwilligung*, definida no § 183 BGB como significando consentimento prévio (*vorherige Zustimmung*). Por este motivo, não admitem a posterior convalidação de um seguro de vida celebrado sem o necessário consentimento. O último sustenta que este é uma declaração unilateral de vontade recetícia, no sentido do § 130 BGB.

[70] Cfr. o art. 199º/4 e 5 LCSP; o art. 38º/2 DCSA; e o art. 244º LSM. Se for a própria pessoa segura a designar o beneficiário isso significa que esta será também o segurado, pelo que, naturalmente, será ela própria a alterar a cláusula beneficiária, se e quando entender, de acordo com a regra do art. 199º/1 LCSP.

[71] As leis angolana e moçambicana exigem que conste do contrato o consentimento escrito da pessoa segura, mas quando este é dado em documento à parte o requisito também se cumpre, desde que aquele passe a integrar o conjunto de documentos que compõem a apólice.

[72] Permitida nos termos do disposto no art. 196º/1 LCSP e no art. 229º LSM.

[73] A lei moçambicana parece não admitir a segunda hipótese, ao exigir, em todos os casos, o acordo escrito da pessoa segura para a substituição do beneficiário. Cfr. o art. 244º/2 LSM. O

O consentimento da pessoa segura pode ser revogado a todo o tempo, na medida em que o direito de decidir sobre a celebração, ou manutenção em vigor, de um contrato de seguro sobre a própria vida deve qualificar-se como um direito de personalidade, cuja limitação é sempre revogável.[74]

A lei portuguesa ressalva os casos em que a celebração do contrato resulta do cumprimento de disposição legal ou de instrumento de regulamentação coletiva de trabalho.[75] Estão em causa, designadamente, os seguros de grupo celebrados por entidades empregadoras com o intuito de prover complementos de reforma para os respetivos trabalhadores.[76] Ficam de fora os casos em que o seguro se cele-bre para garantir uma responsabilidade do tomador perante a pessoa segura que não resulte diretamente da lei mas antes, designadamente, de contrato. O mesmo não sucede na lei moçambicana, que ressalva, mais amplamente, a celebração do contrato «para garantia de uma responsabilidade do tomador do seguro relativa-mente à pessoa segura em caso de ocorrência dos riscos cobertos pelo contrato de seguro».[77] A lei angolana não contempla nenhum desvio à regra da necessi-dade do consentimento da pessoa segura.

---

preceito faz referência à «transmissão» da posição de beneficiário, à semelhança do que sucedia em Portugal com o art. 11º/2 do DL nº 176/95, de 26.07 (revogado pela LCSP). É certo que se contemplam no preceito os casos de transmissão *inter vivos* e *mortis causa* do direito ao benefício mas já então se entendia que a regra ia muito para além desses casos. A. Vaz Serra, «Contratos a favor de terceiro. Contratos de prestação por terceiro» (1955) 51 *BMJ* 29-229, a pp. 135 e 138-139, pronunciara-se genericamente contrário à transmissibilidade supletiva da posição do terceiro beneficiário, em quaisquer circunstâncias. D. Leite de Campos, *Contrato a favor de terceiro*, orig. 1969, 2ª ed., Coimbra 1991, pp. 148-150, mostrara-se favorável à ideia de que o terceiro beneficiário de um contrato a favor de terceiro podia em geral transmitir *inter vivos* a sua posição a outrem, mas entendia não ser esse o caso na generalidade dos seguros de vida, dado o seu caráter previdencial. A transmissibilidade ou intransmissibilidade, *inter vivos* ou *mortis causa*, da posição do terceiro beneficiário deve resultar da interpretação do contrato. É meramente supletiva, quanto a esta última, a regra do art. 451º/2 CC. Em Portugal, as dúvidas que pudessem subsistir foram afastadas pelo disposto no art. 196º/1 LCSP.

[74] Em virtude do disposto no art. 81º/2 CC. Uma precisão: se, em lugar de assinar a proposta de seguro, a pessoa segura assinar um documento à parte, de cuja interpretação resulte que o seu consentimento se refere àquele contrato de seguro, com aquele conteúdo e aquele beneficiário, deverá aplicar-se-lhe o regime do art. 199º/4 e não o do art. 199º/5 LCSP.

[75] Art. 43º/3 LCSP.

[76] Na Alemanha, a ressalva aponta mais explicitamente para tais instrumentos. Cfr. o § 150 II da atual lei do contrato de seguro alemã, de 23.11.2007, que entrou em vigor em 01.01.2008.

[77] Art. 244º/1 LSM. Uma vez mais, a redação corresponde à do art. 11º/1 do DL nº 176/95, de 26.07 (revogado pela LCSP).

Firma de sociedade comercial com firma(s) de sociedade(s) sócia(s)?

M. NOGUEIRA SERENS[*]

1. Qualquer sociedade comercial, independentemente do seu tipo, pode hoje compor a sua firma com o *nome* de todos, algum ou alguns dos seus sócios[1]. Quando tal aconteça, e no pressuposto de que os sócios com cujos nomes a sociedade compõe a sua firma são pessoas humanas, existirá inquestionavelmente uma firma-nome. E será este o único caso em que uma sociedade comercial pode validamente dizer-se titular de uma firma-nome?

A resposta este quesito pressupõe que antes se responda a um outro, o qual é: Uma sociedade comercial pode compor a sua firma com a(s) firma(s) de sociedade(s) sua(s) sócia(s)?

Este último quesito pode, à primeira vista, parecer estranho, néscio mesmo. Na verdade quando se olha para os arts. 177º, nº 1 (firma da sociedade em nome coletivo[2]), 200º, nº 1 (firma da sociedade por quotas[3]), 275º, nº 1 (firma da sociedade anónima[4]) e 467º, nº 1 (firma da sociedade em comandita simples e por ações[5]) –

---

[*] Professor da Faculdade de Direito da Universidade de Coimbra.

[1] Cfr. notas 2, 3, 4 e 5.

[2] "A firma da sociedade em nome coletivo deve, quando não individualizar todos os sócios, conter, pelo menos, o *nome* ou *firma* de um deles, com o aditamento, abreviado ou por extenso, 'e Companhia' ou qualquer outro que indique a existência de outros sócios".

[3] "A firma destas sociedades deve ser formada, com ou sem sigla, pelo *nome* ou *firma* de todos, algum ou alguns dos sócios, ou por uma denominação particular, ou pela reunião de ambos esses elementos, mas em qualquer caso concluirá pela palavra 'Limitada' ou pela abreviatura 'L.da'".

[4] A firma destas sociedades será formada , com ou sem sigla, pelo *nome* ou *firma* de todos, algum ou alguns dos sócios, ou por uma denominação particular, ou pela reunião de ambos esses elementos, mas em qualquer caso concluirá pela expressão 'sociedade anónima' ou pela abreviatura 'S. A.'".

[5] "A firma da sociedade é formada pelo *nome* ou *firma* de um, pelos menos, dos sócios comanditados e o aditamento 'em comandita' ou '& Comandita', 'em comandita por acções' ou '& Comandita por ações'".

todos estes preceitos são obviamente do Código das Sociedades Comerciais (doravante, CSC) –, fica a ideia de que as sociedades comerciais têm inteira liberdade para compor a respetiva firma com as *firmas* dos sócios, que, como todos sabemos, podem ser (e, frequentemente, são) outras sociedades comerciais. De resto, não cremos que tivesse sido outra a vontade do legislador. Diferente é, porém, a questão de saber se essa vontade pode ser acatada, tendo em conta (alguns d)os princípios reitores da firma, a cujos ditames o mesmo legislador se quis manter fiel.

2. Comecemos pelo *princípio da vinculação,* plasmado no art. 44º, nº 4, RNPC (uma norma copiada da do art. 15º, nº 4, do Decreto-Lei nº 42/89, de 2 de fevereiro, a qual, por sua vez, fora copiada do art. 24º, §único, CCom). Por força deste princípio, é vedado ao titular da firma fazer dela objeto autónomo de negócios; não se lhe nega, é verdade, a possibilidade de realizar o valor (de *goodwill*) que a firma tem no tráfico – a transmissão da firma é, desde há muito, expressamente admitida[6] –, mas não tem outra forma de lograr esse objetivo que não seja através da realização do valor da empresa a que a firma *"se achar ligada"*, é dizer, através da transmissão dessa empresa: é a transmissão deste bem, digamos, principal, que viabiliza a transmissão, em conjunto, do bem, digamos, acessório, que a firma é (consequentemente, ninguém pode aproveitar do *goodwill* de que uma certa firma goza no tráfico se não se tornar titular da empresa a que essa firma "se achar ligada").

Cuida-se, assim, de evitar o engano do público sobre a *identidade da empresa* (sendo a firma, como de facto é, percebida pelo público também como sinal distintivo da empresa, admitindo-se a sua *transmissão isolada* – à maneira da marca, pois: art. 262º CPI –, os bens ou serviços, que antes provinham de uma determinada empresa, continuariam a ser adquiridos na convicção de que provinham dessa mesma empresa quando, na verdade, tinham passado a provir de uma empresa diferente). Cuida-se de evitar esse engano, e não, como à primeira vista poderia parecer, o engano sobre a identidade do titular da firma: fora este outro tipo de engano que estivesse em causa bastaria fazer depender a transmissão da firma da obrigação de esta ser acompanhada da firma do novo titular.

3. Referido o essencial do princípio da vinculação, vejamos então as restrições que dele podem resultar para a liberdade, enunciada nos textos legais pertinentes, de uma sociedade comercial compor a sua firma com a firma de outra sociedade comercial (do mesmo tipo ou de tipo diferente) que dela seja sócia. Suponhamos, em primeiro lugar, que a sociedade comercial *A* adquire a qualidade de

---

[6] Sobre o enquadramento dogmático dessa solução, cfr. o nosso *A monopolização da concorrência e a (re-)emergência da tutela da marca,* Almedina, Coimbra, 2007, p.817 s.

sócia da sociedade comercial *B*, realizando a sua entrada com a própria empresa (*apport en société*), para de seguida se dissolver. Em tal hipótese, se a sociedade comercial *B* compusesse a sua firma com a firma da sociedade comercial *A*, mesmo que se houvesse de concluir no sentido de existir *transmissão da firma*, sempre se poderia dizer que essa transmissão ocorrera com respeito pelo princípio da vinculação. Porém, exatamente por ter havido transmissão da firma, o novo titular desta (a sociedade comercial *B*) estava obrigado a dar cumprimento ao disposto no art. 44º, nº 1, RNPC, impondo-se-lhe, por conseguinte, que constituísse uma outra firma à qual poderia aditar "a menção de haver sucedido na firma do anterior titular do estabelecimento" (se a firma da sociedade *A* integrasse o nome de sócios-pessoas humanas, poder-se-ia questionar a aplicação, ao caso, do art. 44º, nº 2, RNPC[7]). Consequentemente, a sociedade *B* só poderia *juntar* à sua própria firma a firma da sociedade *A*[8], que se tornara sócia daquela, e já não compor a sua firma apenas com a firma da sociedade sócia.

Suponhamos agora que a sociedade comercial *A* adquire a qualidade de sócia da sociedade comercial *B*, realizando a sua entrada em dinheiro ou em espécie (*apport en société* excluído, é claro), e sem cessação da sua atividade; nesta outra hipótese, se a sociedade comercial *B* compusesse a sua firma com a firma da sociedade comercial *A*, caso se houvesse de concluir no sentido de existir um acordo de transmissão da firma – cabe lembrar que a norma do art. 32º, nº 5, RNPC apenas aproveita aos sócios-pessoas humanas[9] –, a sua nulidade seria inquestionável (violação do

---

[7] "Tratando-se de firma de sociedade onde figure o nome de sócio, a autorização deste [entenda-se: para a transmissão da firma] é também indispensável". As nossas considerações (*críticas*) sobre o âmbito de aplicação do art. 32º, nº 5, RNPC (cfr. *infra*, nota 9) valem, *mutatis mutandis*, no quadro do preceito transcrito.

[8] Ocorrendo a *junção* das duas firmas, sobrevém a seguinte questão: não podendo a firma da sociedade adquirente do estabelecimento omitir o aditamento próprio do respetivo tipo (cfr. notas 2, 3, 4 e 5), será de exigir que a firma da sociedade alienante do estabelecimento continue a ostentar o aditamento próprio do respetivo tipo? Essa exigência implicará, é claro, que, sendo as sociedades comerciais envolvidas na *transmissão* do estabelecimento de tipo diferente, caso a adquirente queira continuar a usar a firma da alienante, terá de fazer uso de uma firma contendo *aditamentos* que se contradizem...

[9] "Quando, por qualquer causa, *deixe de ser* associado ou *sócio pessoa singular* cujo nome figure na firma ou denominação da pessoa coletiva, deve tal firma ou denominação ser alterada no prazo de um ano, a não ser que o associado ou sócio que se retire ou os herdeiros do que falecer consintam por escrito na continuação da mesma firma ou denominação" – assim se lê no referido preceito (os sublinhados são nossos, é claro). Sendo apenas aplicável à perda (forçada ou voluntária) da qualidade de sócio por banda de uma pessoa humana, cujo nome integrava a firma da sociedade comercial relativamente à qual essa qualidade existia, o art. 32º, nº 5, RNPC não pode, porém, cobrar aplicação em todos os casos em que essa perda ocorre.

Como escrevemos em outro lugar (cfr. "O direito da firma das sociedades comerciais", in: *Colóquio 'Os 15 anos de vigência do Código das Sociedades Comerciais'*, Fundação Bissaya Barreto, Coimbra, 2001, p.199 s.), o princípio da verdade da firma, não obstante o caráter nuclear que se lhe atribui, sofre algumas *restrições*. Sofre-as no direito atual e já as sofria no direito antigo. Tais restrições refletem a tensão existente entre o próprio princípio da verdade e o princípio da *continuidade*: por força daquele primeiro princípio, todos os elementos constantes da firma deveriam manter-se *sempre* conformes com a realidade que lhes cabe evidenciar e, por conseguinte, qualquer alteração dessa realidade deveria implicar uma (correspondente) alteração da firma; por sua vez, o princípio da continuidade reclama que a firma fique imune a essas alterações, e isto para evitar a pulverização do respetivo *goodwill*.

Refletindo essa *tensão* entre o princípio da verdade e o princípio da continuidade, o art. 25º CCom permitia que a sociedade mantivesse na sua firma o nome de um sócio que falecesse ou que dela se apartasse. Exigido era, porém, e consoante os casos, que o sócio que se apartava ou os herdeiros do sócio falecido dessem o seu assentimento, sendo que o respetivo acordo deveria ser reduzido a escrito e *publicado* (com esta última exigência o legislador cuidava de arredar ou, pelo menos, atenuar a possibilidade de enganos dos terceiros). Valeria a doutrina deste preceito para todos os tipos de sociedades?

Em relação às sociedades anónimas, nós – este plural refere-se a mim próprio e também ao Professor Ferrer Correia – entendíamos que não. E isto por várias razões, que aqui referiremos de modo muito sucinto.

Por um lado, se é verdade que a firma da sociedade anónima (a partir da promulgação do Decreto nº 19638, de 21 de abril de 1931) tinha passado a poder incluir o nome de pessoas – sócias ou não sócias –, tal só seria possível se essas pessoas ou os seus representantes dessem a sua *autorização*. Quer isto dizer que, integrando a firma de uma sociedade anónima o nome de uma pessoa, esse nome não fora aí integrado por essa pessoa ser sócia, mas porque a pessoa em causa ou um seu representante o *autorizara*. Desta sorte, não teria sentido que a perda da qualidade de sócio da pessoa cujo nome integrasse a firma fizesse surgir o direito de essa pessoa se opor à continuação do seu nome na firma.

De resto, a necessidade de a sociedade anónima, que pretendesse integrar o nome de pessoas na sua própria firma, obter a (prévia) autorização dessas pessoas ou dos seus representantes, era uma *forma sábia* de acautelar os interesses da sociedade sem afrontar o direito das pessoas em causa sobre o seu próprio nome. Com efeito, à sociedade anónima, podendo interessar-lhe obter o direito de usar o nome de uma certa pessoa na sua firma, seguramente que não lhe interessava obter esse direito *apenas* para o período por que essa pessoa mantivesse a qualidade de sócio. E isto por causa do risco de, *a todo o momento*, poder ser confrontada com a necessidade de alterar a firma, surgindo assim aos olhos do público como um *novo empresário*, recém-chegado ao mercado, com a consequente perda do *goodwill* condensado na firma que antes usava. A origem desse risco está, obviamente, no regime da livre transmissibilidade da participação social, que é apanágio das sociedades anónimas – *maxime*, das de maior dimensão, que são também aquelas em que a preservação do *goodwill* das respetivas firmas é mais premente.

Contra a aplicação da doutrina do art. 25º CCom às sociedades anónimas poder-se-ia ainda invocar, por outro lado, a *história* do art. 23º CCom. Na sua redação originária (1888), este último preceito proibia a inclusão do nome de pessoas na firma da sociedade anónima (ou, nas próprias palavras do legislador de 1888, essa firma não podia *"em caso algum conter nomes de sócios ou de outras pessoas"*). O art. 25º CCom, esse, manteve sempre a sua redação originária. Relevava, por isso, da pura evidência que a doutrina deste último preceito não tinha sido pensada para a sociedade anónima. E seria essa mesma doutrina aplicável às sociedades por quotas, pois que também elas podiam compor as respetivas firmas com o nome de sócios (art. 3º, 1º, 1ª parte, da Lei de 11 de abril de 1901)?

A circunstância de a inclusão do nome de pessoas humanas-sócias na firma da sociedade por quotas não ter que ser precedida de uma autorização dessas pessoas – uma autorização com o sentido daquela que era exigida no art. 23º CCom, é claro – constituía um argumento a favor da aplicação do art. 25º CCom às sociedades deste tipo. Conquanto reconhecêssemos algum peso a este argumento, por nossa parte sempre entendemos que ele não era decisivo, ficando mesmo a perder no confronto com os argumentos que se podiam alinhar para sustentar a solução adversa – a da não aplicação do art. 25º CCom às sociedades por quotas. Estes outros argumentos eram os seguintes. 1) Por um lado, e à semelhança do que vimos acontecer em relação às sociedades anónimas, o regime do art. 25º CCom não fora pensado para a sociedade por quotas, cuja lei só foi aprovada em 1901. 2) Por outro lado, não estando os sócios da sociedade por quotas – diversamente do que se verificava (e verifica) nas sociedades em nome coletivo e em comandita (cfr. *supra*, nota 2 e nota 5, respetivamente) – obrigados a compor a firma com os seus próprios nomes – *a firma com nomes era uma pura opção* –, não se justificava que ao deixarem a sociedade, e em prejuízo dos interesses desta, pudessem exigir a alteração da respetiva firma. No caso de não quererem que os seus nomes viessem a ficar ligados à sorte de uma sociedade, à qual podiam deixar de pertencer, os sócios de uma sociedade por quotas – todos os sócios – tinham um meio simples de evitar uma tal consequência: não consentir na inclusão dos seus nomes na firma dessa sociedade. Não obstante uma tal recusa, que podia partir de todos os sócios, a "empresa coletiva" continuava a ser possível, porque possível continuava a ser a constituição regular da sociedade, que podia adotar uma firma-denominação.

Resulta do até agora dito que, em nossa opinião, o art. 25º CCom só era aplicável às sociedades em nome coletivo e às sociedades em comandita, que eram os tipos de sociedade cuja firma era *obrigatoriamente* composta com nomes de sócios. Em tais sociedades – *e só nelas* –, os sócios não tinham, pois, outra alternativa que não fosse a seguinte: ou algum ou alguns deles aceitavam que os seus nomes figurassem na firma, ou recusando todos, não haveria "empresa coletiva", pois que não seria então possível a constituição regular da própria sociedade por lhe faltar uma firma composta com nomes de sócios.

Dir-se-ia, assim, que os sócios de uma sociedade em nome coletivo ou em comandita, cujos nomes viessem a integrar a firma da sociedade em causa, tinham sido, afinal, *obrigados* a isso. Mas, como é evidente, essa *obrigação* só poderia valer enquanto fossem sócios. Perdendo esta qualidade que era a *"fonte"* da referida obrigação, a inclusão (manutenção) dos seus nomes na firma da sociedade só podia fundar-se em *acto de vontade* – e daí a necessidade do seu *assentimento* (ou, no caso de morte, dos seus herdeiros).

O art. 25º CCom foi revogado pelo DL nº 42/89, de 3 de fevereiro. E com este diploma vieram as *más-novidades*. Referimo-nos, é claro, ao art. 1º, nº 3, desse diploma que preceituava o seguinte: "Quando, *por qualquer causa*, deixe de ser associado ou sócio pessoa cujo nome integre a firma ou denominação de *uma pessoa colectiva*, deve tal firma ou denominação ser alterada no prazo de um ano, a não ser que o associado ou sócio que se retire ou os herdeiros do sócio que falecer consintam, por escrito, na continuação da mesma firma ou denominação". Ao DL nº 42/89, de 3 de fevereiro, sucedeu o DL nº 129/98, de 13 de maio, que aprovou o atual regime do Registo Nacional de Pessoas Coletivas. *Mas não houve nenhum milagre*. E a norma há pouco transcrita manteve-se inalterada – para sermos mais precisos, a expressão "por escrito" deixou de estar entre vírgulas... —, tendo passado a constar, primeiro, do nº 3 do art. 33º e, depois do DL nº 111/2005, de 8 de julho, do nº 5 do art. 32º daquele novo regime do Registo Nacional de Pessoas Colectivas (cfr. *supra*, no início desta nota).

A doutrina, que assim obteve consagração legal, é profundamente errada na parte em que pretende abranger as sociedades por quotas e as sociedades anónimas – e não é outro o sentido da expressão

ESTUDOS EM HOMENAGEM A MIGUEL GALVÃO TELES

art. 44º, nº 4, RNPC – um preceito que releva da ordem pública económica) e, por conseguinte, existiria *"uso ilegal"* da firma (art. 62º RNPC).

4. Para afastar esse resultado, ou seja, para evitar que o acordo (expresso ou tácito), que a composição da firma da sociedade *B* com a firma da sociedade *A* necessariamente envolve, seja havido como de transmissão da firma – assim se arredando a aplicação do regime do art. 44º, nº 4, RNPC – só vislumbramos um caminho, que se traduz na aceitação do seguinte entendimento: A sociedade comercial que, sendo sócia de outra sociedade comercial, autoriza (*e, autorizando, acorda com*) esta última compor a sua firma com a firma daquela, *não está a dispor da sua firma, mas do seu nome, que essa firma também é*[10]. É um caminho dogmaticamente

---

"pessoa coletiva". De resto, a nossa *desaprovação* da norma em causa não se cinge ao facto de se ter pretendido aplicar aos dois referidos tipos societários um regime que manifestamente não lhes calha bem – e esse regime não lhes calha bem exatamente porque foi pensado apenas para as sociedades cujos sócios estão *obrigados* a incluir os seus nomes nas respetivas firmas. E esse não é o caso das sociedades por quotas (cfr. supra, nota 3) e das sociedades anónimas (cfr. *supra*, nota 4). Na verdade, o legislador, tendo feito essa má opção, podia não abranger os casos de *saída forçada* do sócio. Não estamos a pensar, é claro, no caso da *morte* do sócio cujo nome integra a firma, mas naqueles outros em que pode igualmente ocorrer *uma perda forçada da qualidade de sócio:* a penhora e a arrematação das quotas ou das ações por terceiro e a exclusão do sócio com fundamento em justa causa são os dois exemplos mais marcantes. Mas nem isso se fez. Muito pelo contrário, pretendeu-se que não ficasse qualquer dúvida sobre a aplicação do preceito a esses casos. Outro não é, obviamente, o sentido do uso da locução *"quando, por qualquer causa"*, inserida no preceito.
Enquanto o legislador, ele próprio, não alterar o art. 32º, nº 5, RNPC, impõe-se, pois, excluir do âmbito de aplicação da norma, com base na teleologia que lhe é imanente, os casos de alteração das firmas das sociedades por quotas e das sociedades anónimas – *redução teleológica*.
[10] Uma pessoa humana, que se *torna* comerciante – ou seja: titular de uma empresa mercantil (art. 13º, nº 1, CCom) –, não deixa de ter uma *esfera privada* por ter passado a ter uma *esfera mercantil*. E daí que à titularidade do seu nome civil *acresça* então a titularidade de um *nome comercial*, que a sua firma é, e a cuja adopção está obrigado. As sociedades comerciais, essas, não têm outro nome que não seja a sua firma, é dizer, o nome que as identifica como titulares de uma empresa mercantil.
Afirmando, desde há muito – disso também se deu conta o Professor Ferrer Correia; cfr. *Lições de direito comercial*, reprint, Lex, Lisboa, 1994, p.163 s.–, essa diferença (de *sentido*) entre a firma dos comerciantes em nome individual e a firma das sociedades comerciais, a generalidade da doutrina e da jurisprudência alemãs extrai dela uma consequência deveras importante: o *princípio da unidade da firma* (que não tem, é certo, consagração legal expressa, mas que se entende decorrer do princípio da verdade) assume um significado diverso conforme se trate de comerciantes em nome individual ou de sociedades comerciais. O que não significa, note-se, que haja unanimidade de vistas sobre o sentido do falado princípio em cada um desses domínios. Vejamos.
Relativamente ao comerciante em nome individual, a maioria da doutrina e da jurisprudência defende que, sendo ele titular de uma única empresa, não poderá fazer uso senão de uma firma (nas palavras de KARSTEN SCHMIDT, *Handelsrecht*, 5. Aufl., 1999, p. 355, um dos defensores de tal entendimento, o princípio da unidade da firma significa : *"ein Unternenhmen – eine Firma"*; no mesmo sentido, cfr., por exemplo, EMMERICH, in: *Heymann/HGB*, Band 1, 1989, §17, anot.

23, Hüffer, in: *Staub-HGB/Großkommentar*, 4. Aufl., 1989, §17, anot. 27, Zimmer, in: *Ebenroth/ Boujong/Joost/Zimmer-Handelsgesetzbuch*, 2. Aufl., 2008, §17, anot.7, Heidinger, in: *Münchener Kommentar zum HGB*, 3. Aufl., 2010, §17, anot. 8, Burgard, in: *Staub-HGB/Großkommentar*, 5. Aufl., 2009, Vor §17, anot. 39, Baumbach/Hopt, *Handelsgesetzbuch*, 35. Aufl., 2012, §17, anot. 8, e acórdão do BGH, de 8 de abril de 1991, *NJW* 1991, p.2023s.). Várias são, porém, as vozes – algumas muito autorizadas – contrárias àquele entendimento, que, segundo Claus-Wilhem Canaris, *Handelsrecht*, 24. Aufl., 2006, p. 215 (uma das referidas vozes), restringe, sem fundamento, a liberdade (constitucionalmente tutelada) de organização da empresa por banda do comerciante em nome individual; a argumentação do Autor pode ser assim resumida: ao comerciante em nome individual, que exerça *comércios diferentes*, cabe decidir se, para esse efeito, institui várias empresas ou, ao invés, se organiza esses comércios como "Secções" (*Sparten*) de uma única empresa, não podendo essa sua decisão determinar o modo como há de apresentar-se no tráfico, ou seja, admitindo-se (e sobre isso falaremos a seguir) que, exercendo várias empresas (referimo-nos, lembre-se, ao comerciante em nome individual), faça uso de várias firmas, admitido deve ser o uso de várias firmas quando, exercendo uma única empresa, esta comporta várias "Secções" (as "Secções" que poderiam constituir empresas autónomas caso tivesse sido esse o interesse do titular da empresa em causa); esta posição de Canaris, *negatória* do princípio da unidade da firma em relação ao comerciante em nome individual, à qual adere Wulff-Henning Roth, in: *Koller/ Roth/Mork, Handelsgesetzbuch*, 7. Aufl., 2011, §17, anot. 15, vem já de Niperdey, "Die Zulässigkeit doppelter Firmenführung für ein einheitliches Handelsgeschäft", in: *Festschrift für A. Hueck*, 1959 (cfr. Ferrer Correia, *ob. cit.*, p. 165, nota 1).

Como antes vimos, K. Schmidt sintetiza o princípio da unidade da firma na máxima: "uma empresa– uma firma". E, consequentemente, defende (cfr. *Handelsrecht*, cit., p. 355; no mesmo sentido, cfr. Emmerich, in: *Heymann/HGB*, cit., §17, anot. 24, e Heidinger, in: *Münchener Kommentar zum HGB*, cit., §17, anot. 9) a obrigatoriedade do comerciante em nome individual fazer uso da várias firmas no caso de ser titular de várias empresas (como sucederá se explorar *negócios* diferentes, em locais também diferentes, mantendo para cada um deles uma contabilidade autónoma, bem como quadros de pessoal, números de telefone e contas bancárias próprios – cfr. Heidinger, in: *Münchener Kommentar zum HGB*, cit., §17, anot. 9). Não falta, contudo, quem conteste esta posição. E defenda que o uso de várias firmas por banda de um comerciante em nome individual titular de várias empresas releva exclusivamente do seu interesse e da sua vontade, constituindo, pois, uma faculdade de que ele pode ou não lançar mão; neste sentido, cfr., por exemplo, Hüffer, in: *Staub-HGB/GroßKommentar*, cit., §17, anot. 26, e Baumbach/Hopt, in: *Handelsgesetzbuch*, cit., §17, anot. 8.

Contra os diferentes entendimentos até agora referidos – ou seja: contra o uso de várias firmas por banda de um comerciante em nome individual que exerça uma única empresa e também contra o uso (obrigatório ou facultativo) de várias firmas por banda desse mesmo comerciante que exerça várias empresas – pronunciou-se recentemente Burgard, in: *Staub-HGB/Großkommentar*, cit., Vor §17, anots. 40 s. Segundo o Autor, o princípio da unidade da firma não significa (como diz K. Schmidt) "uma empresa – uma firma", significa, sim, "um empresário – uma firma" (*"ein Unternehmensträger – eine Firma"*): a firma não é o nome da empresa, mas o nome do empresário, servindo para identificar este e não aquela. Este outro entendimento sobre o princípio da unidade é, na opinião de Burgard, reclamado pelos interesses do tráfico; adotando-o, esconjura-se o perigo, que é inerente ao uso de várias firmas, de engano sobre a identidade do "dono do negócio" (*Geschäftsinhaber*) e, consequentemente, sobre a pessoa do devedor. Tal perigo – e como também é referido por Burgard – foi agravado pela reforma do HGB de 1998, que veio permitir o uso de

ESTUDOS EM HOMENAGEM A MIGUEL GALVÃO TELES

firmas de fantasia aos comerciantes em nome individual (e também, diga-se, a todas as sociedades comerciais): antes, fazendo um destes comerciantes uso de várias firmas, todas elas teriam de ser compostas com (elementos d)o seu nome, ao passo que agora cada uma das firmas poderia ser composta com uma expressão de fantasia diferente da das restantes.

Em relação às sociedades comerciais (a todas as sociedades comerciais, note-se), a esmagadora maioria da doutrina e da jurisprudência alemãs sempre repudiou a possibilidade de uso de várias firmas (entre os autores mais recentes, cfr., K. Schmidt, *Handelsrecht,* cit., p.356s., Claus-Wilhem Canaris, *Handelsrecht,* cit., 216s., Emmerich, in: *Heymann/HGB,* cit., §17, anot. 26, Hüffer, in: *Staub-HGB/Großkommentar,* cit., §17, anot. 37, Zimmer, in: *Ebenroth/Boujong/ Joost/Zimmer-Handelsgesetzbuch,* cit., §17, anot.7, Heidinger, in: *Münchener Kommentar zum HGB,* cit., §17, anot. 11, Burgard, in: *Staub-HGB/Großkommentar,* cit., Vor §17, anot. 43, e Baumbach/ Hopt, *Handelsgesetzbuch,* cit., §17, anot. 9; na jurisprudência, cfr., por último, a *Beschluß* do BGH, de 21 de setembro de 1976, *NJW* 1976, p.2163 s., com múltiplas indicações de autores mais antigos). A solução é, em regra, justificada com base na ideia, já antes referida, de que a firma da sociedade comercial é o seu único nome (como se lê na referida *Beschluß* do BGH. "Die Gesellschaftsfirma sei nicht nur, wie die Firma des Einzelkaufmanns, der Name, unter dem die Gesellschaft im Handel ihre Geschäfte betreibe, sondern zugleich ihr alleiniger Name, die Bezeichnung, die sie als Rechtssubjekt des privaten und öffentlichen Rechts von anderen Rechtssubjekten unterscheide; *Firma und Name seien mithin bei Handelsgesellschaften gleichbedeutend"*). E, por conseguinte, o uso de várias firmas redundaria, afinal, no uso de vários nomes, sendo que as obrigações contraídas sob cada um desses nomes gravariam um único património, quando era suposto (pelo tráfico) que as obrigações contraídas sob nomes diferentes gravassem patrimónios diferentes (em relação ao comerciante em nome individual, os seus credores, não podem ignorar que as obrigações contraídas sob nomes diferentes – ou seja: sob o *nome civil* e o *nome comercial* desse comerciante – gravavam um único património). Sem negar validade a esta argumentação, que releva da *clareza das Haftungsverhältnisse* (a expressão é de Canaris, *Handelsrecht,* cit., p. 216), K. Schmidt, *Handelsrecht,* cit., p.356 s., avança uma outra justificação para a proibição do uso de várias firmas por banda de uma sociedade comercial: esta pode, é certo, ser titular de vários estabelecimentos autónomos, mas, ainda que assim aconteça, existirá uma única empresa em sentido jurídico – e, existindo uma única empresa, não pode haver mais que uma firma (lembre-se que K. Schmidt sintetiza o princípio da unidade da firma na máxima: "uma empresa – uma firma".

E que dizer, entre nós, sobre o princípio da unidade da firma?

Escrevendo na época em que, à semelhança do que ainda hoje acontece no direito alemão, não havia na lei qualquer referência ao aludido princípio, o Professor Ferrer Correia aderia às posições que vimos serem ainda hoje as prevalecentes no seio da doutrina e da jurisprudência alemãs. Ou seja: (*i*) Em relação aos comerciantes em nome individual, o princípio da novidade significava que um desses comerciantes, se tivesse vários estabelecimentos (caso das sucursais à parte), só podia usar em cada um deles uma única firma; (*ii*) Para as sociedades, o princípio era mais rigoroso. Elas não poderiam adotar mais que uma firma, ainda que porventura possuíssem vários estabelecimentos autónomos (cfr. *ob. cit.,* p.163–164; omitimos as notas de pé-de-página).

O quadro normativo, a cuja luz o Mestre de Coimbra escrevia, foi entretanto alterado. E isto em consequência da promulgação do Decreto-Lei nº 425/83, de 6 de dezembro, em cujo art. 12º, nº 5, era expressamente afirmado que "o empresário individual não pode usar mais que uma firma". Seguiu-se-lhe o Decreto-Lei nº 42/89, de 2 de fevereiro, cujo art. 9º, nº 1, tinha exatamente os mesmos dizeres do art. 38º, nº 1, do atual RNPC (aprovado pelo Decreto-Lei nº 129/98, de 13 de maio); lê-se aí o seguinte: "O comerciante individual deve adoptar uma só firma, composta pelo

774

MANUEL NOGUEIRA SERENS

seu nome, completo ou abreviado, conforme se tornar necessário para identificação da pessoa, podendo aditar alcunha ou expressão alusiva à actividade exercida".

Tem-se olhado para este preceito (e também para aqueles outros, antes referidos, que o antecederam) de um modo que pode não ser o mais conforme com a sua *ratio*. É inquestionável que nele encontramos consagrado o princípio da unidade da firma, no que respeita, é claro, aos comerciantes em nome individual. Mas será que a proibição se refere apenas ao uso de várias firmas por banda de um comerciante em nome individual que seja titular de uma única empresa? Ou referir-se-á ao uso de várias firmas por banda do comerciante em nome individual que seja titular de várias empresas? Perguntando de outro modo: No quadro do referido preceito, o princípio da unidade da firma significa "um comerciante individual – uma firma"? Ou significa "uma empresa – uma firma"?

O primeiro dos referidos significados, que já havia sido acolhido por OLIVEIRA ASCENSÃO, *Direito comercial – Direito industrial*, vol. II, Lisboa, 1988, p.108 s., à luz do art. 12º, nº 5, do Decreto-Lei nº 425/83, tem em COUTINHO DE ABREU, *Curso de direito comercial*, vol. I, 7ª ed., Almedina, Coimbra, 2009, p.169 s., um defensor incondicional; MENEZES CORDEIRO, *Direito comercial*, 3ª ed., Almedina, Coimbra, 2012, p.396 s., dado o modo como critica o art. 38º, nº 1, RNPC, deixa claramente intuído que considera que o princípio da unidade da firma nele consagrado significa "um comerciante individual – uma firma", não se afastando, pois, neste ponto, dos dois Autores antes referidos.

Atribuindo-se ao princípio da unidade da firma, consagrado no art. 38º, nº 1, RNPC, esse significado, teríamos, desde logo, que um comerciante em nome individual, que compusera a respetiva firma com o seu nome (completo ou abreviado), aditando-lhe uma expressão alusiva ao objeto da empresa (por exemplo: *Alberto A. Abrantes, Comércio de Pronto-a-Vestir*), não podendo fazer uso dessa mesma firma no exercício de uma nova empresa, por si instituída, com um objeto diverso – a tanto obstava o princípio da verdade (art. 32º, nº 1, RNPC) –, estaria igualmente impedido de fazer uso de uma *nova firma* composta com o seu nome (completo ou abreviado) e uma expressão alusiva ao objeto da sua nova empresa (por exemplo: *Alberto A. Abrantes, Comércio de Automóveis*; com efeito, e ao contrário do que defende COUTINHO DE ABREU, *ob. cit.*, p. 170, nota 176, *in fine*, para se concluir no sentido da existência de *várias firmas*, basta que elas se diferenciem em relação às expressões alusivas às atividades exercidas). Confrontado com este dilema, ao nosso (imaginário) Alberto A. Abrantes restaria alterar a sua primeira firma, suprimindo a expressão "Comércio de Pronto-a-Vestir", para assim dela poder fazer uso na exploração das suas duas empresas, ou organizar a nova empresa sob forma societária (ao caso calharia bem a sociedade unipessoal por quotas: arts. 270º-A s. CSC), com a consequente adoção de uma firma própria.

Pensemos agora noutra hipótese. É ela a seguinte: Um comerciante em nome individual, titular de uma empresa cujo objeto é o comércio de bicicletas, usa, no exercício dessa empresa, uma firma composta com o seu nome e com uma expressão alusiva ao objeto da empresa (imaginemos: *António A. Aguiar, Comércio de Bicicletas*); em dada altura, resolve adquirir uma empresa cujo objeto é o comércio de flores, obtendo do alienante autorização para continuar a usar a firma deste (imaginemos: *Bento B. Bessa, Comércio de Flores*). Por força do art. 44º, nº 1, RNPC, a licitude (da continuação) do uso dessa firma (adquirida) dependia de uma outra circunstância: a essa firma havia que juntar a própria firma do atual titular da empresa acompanhada da menção de haver sucedido na firma adquirida. Na hipótese que estamos a considerar, o atual titular da empresa (cujo objeto era o comércio de flores), exatamente porque exercia uma outra empresa (cujo objeto era o comércio de bicicletas) tinha já uma firma. E, por conseguinte, poder-se-ia supor que a resposta à referida exigência legal seria dada pela junção dessa firma á firma adquirida, chegando assim ao seguinte conjunto nominativo: *António A. Aguiar, Comércio de Bicicletas, Sucessor de Bento B. Bessa, Comércio de Flores.*

Esta seria, porém, uma firma ilegal. Dela constavam *elementos* que induziam em erro sobre a atividade do respetivo titular (no caso, as palavras "Comércio de Flores"), com a consequente violação do princípio da verdade (art. 32º, nº 1, RNPC). De resto, atribuindo-se ao princípio da unidade da firma o significado de "um comerciante individual – uma firma" – e é, lembre-se, nesse quadro que estamos a raciocinar —, o nosso (imaginário) António A. Aguiar também não poderia continuar a usar a firma adquirida (vendo-se, pois, impedido de aproveitar do *goodwill* nela condensado, e que lhe podia, até, ter custado uma soma avultada...), caso decidisse adotar uma nova firma, composta exclusivamente com o seu nome (completo ou abreviado), firma, essa, que depois juntaria àquela outra, podendo agora chegar-se ao seguinte conjunto nominativo: *António A. Aguiar, Sucessor de Bento B. Bessa, Comércio de Flores.* Com efeito, esta nova firma não poderia passar a ser usada para o exercício da sua primitiva empresa (cujo objeto era, recorde-se, comércio de bicicletas) e, nessa medida, não podia *substituir* a firma constituída para o exercício dessa mesma empresa – explicite-se: a firma *António A. Aguiar, Sucessor de Bento B. Bessa, Comércio de Flores* não podia substituir a firma *António A. Aguiar, Comércio de Bicicletas* –, não havendo, pois, maneira de, *querendo continuar a usar a firma adquirida*, fugir ao uso de mais do que uma firma. Mas há mais. Vendo-se forçado a prescindir (da continuação) do uso da firma adquirida, o nosso (imaginário) António A. Aguiar tão pouco poderia continuar a usar a sua primeira firma, que era, recorde-se, *António A. Aguiar, Comércio de Bicicletas*. A atividade por ele exercida deixara de ser apenas o comércio de bicicletas (empresa primitiva), e passara a ser também o comércio de flores (empresa adquirida), o que *tornava* essa firma enganosa. Em suma: se quisesse manter ambas as empresas na sua *titularidade direta* – ou seja, não querendo, não importa por que razão, organizar alguma delas sob forma societária –, não lhe restaria outra solução que não fosse a de adotar uma *nova firma* exclusivamente composta com o seu nome completo ou abreviado.

As hipóteses que foram por nós figuradas – e, por certo, outros, com uma imaginação mais rica que a nossa, não terão dificuldade em figurar outras – ilustram os *estorvos* causados pelo princípio da unidade da firma – se a este fosse dado, é claro, o significado "um comerciante individual – uma firma" – à liberdade de organização económico-empresarial de todos quantos continuam apostados em cumprir o *ideal liberal* de associar a máxima liberdade à máxima responsabilidade – e esses são, obviamente, os comerciantes em nome individual. Impõe-se, também por isso – quem não enjeita a ilimitação da responsabilidade deve ser encorajado, e não estorvado –, que dêmos ao princípio da unidade da firma do comerciante em nome individual um outro significado. Que só pode ser, é claro, o de "uma empresa – uma firma". Permitindo-se-lhe pois que adopte firmas diversas para empresas diversas, ou seja, que use o seu nome, no exercício de várias empresas, com aditamentos diversos, de modo a individualizar e a conferir notoriedade às respetivas atividades (cfr. FERRER CORREIA, *ob. cit.*, p.165). Esta solução, respeitadora da liberdade de organização económico-empresarial dos comerciantes em nome individual, é, obviamente, a mais conforme com os seus interesses. Adivinham-se, porém, duas objeções. A primeira respeita ao texto do art. 38º, nº 1, RNPC. É verdade, como antes vimos, que aí se diz que "o comerciante individual deve adotar uma única firma". Mas também se acrescenta que essa firma pode conter "expressão alusiva à actividade exercida". A conjugação de ambos os segmentos normativos permite que, sem afrontar a *ratio* do preceito, se conclua que a proibição do uso de várias firmas respeita apenas à hipótese de o comerciante em nome individual exercer uma única empresa. Seria, de facto, estranho que, depois de se ter permitido que esse comerciante *enriquecesse* a sua firma com uma "expressão alusiva à atividade exercida", se tivesse querido obrigá-lo a abrir mão da *riqueza*, inerente ao *goodwill*

escorreito, sem dúvida. Mas, optando por ele, corre-se o risco de "saltar da frigideira para cair no lume". Figuraremos diferentes hipóteses:

1) Uma sociedade comercial, titular de uma firma composta com os nomes de pessoas humanas suas sócias, autoriza que essa firma componha a firma de uma outra sociedade comercial, da qual se tornou sócia;
2) Uma sociedade comercial, titular de uma firma-de-fantasia pura (uma sociedade por quotas ou uma sociedade anónima, pois[11]), autoriza que essa firma componha a firma de outra sociedade comercial, da qual se tornou sócia;

---

entretanto adquirido pela firma em causa, se acaso decidisse alargar a sua atividade a um comércio diferente, instituindo para o efeito uma nova empresa.

A segunda objeção contra o uso de várias firmas pelo comerciante em nome individual titular de várias empresas respeita aos perigos que para terceiros resultariam dessa situação. Não se nega, é certo, a existência desses perigos, que respeitam à possibilidade de engano sobre a identidade do "dono do negócio" e, nessa medida, sobre a *pessoa* do devedor. De todo o modo, na *ponderação*, que importa fazer, entre as (possíveis) *desvantagens* que podem advir para o tráfico do uso de várias firmas pelo comerciante individual titular de várias empresas e as (efetivas) *vantagens* que este pode retirar desse uso, estas últimas devem levar a dianteira (não pensa assim, entre nós, COUTINHO DE ABREU, *ob. cit.*, p.179 s. – v., em particular, p. 170, nota 176 —, por isso que atribui ao princípio da unidade da firma, consagrado no art. 38º, nº 1, RNPC, o significado de "um comerciante individual – uma firma"; na Alemanha, conquanto seja uma voz isolada, é também esse, como antes vimos, o entendimento de BURGARD, in: *Staub-HGB/Großkommentar*, cit., Vor §17, anots. 42 e 43). Como escreveu o Professor Ferrer Correia, respondendo o património da empresa singular, não só pelas dívidas desta, mas ainda pelas demais obrigações do empresário (mesmo pelas não mercantis), os terceiros que entrem em relações negociais com uma firma individual terão sempre de averiguar qual a situação patrimonial do respetivo titular. *Não poderá, pois, dizer-se que o ónus de averiguação resulta muito agravado pelo facto de o devedor poder comerciar sob várias firmas* (cfr. *ob. cit.*, p. 165; MENEZES CORDEIRO, *ob. cit.*, p.397, *relativiza*, também ele, os perigos que poderão resultar para os terceiros do uso de várias firmas por banda do comerciante em nome individual, acentuando que "ninguém obtém crédito, exibindo, apenas, a firma – uma investigação elementar poderá, pois, esclarecer com prontidão qualquer credor suspeitoso").

Terminaremos esta nota com uma breve referência ao princípio da unidade da firma das sociedades comerciais. Neste outro âmbito, poderemos sintetizar esse princípio na máxima "uma sociedade comercial – uma firma". Não é outro, como antes vimos, o entendimento da esmagadora maioria da doutrina e da jurisprudência alemãs – Ferrer Correia, como atrás também dissemos, afinava pelo mesmo diapasão; e, neste ponto, Coutinho de Abreu não dissente, descortinando (mais) um argumento nos arts. 9º, nº 1, alínea *c*), e 171º, nº 1, CSC (cfr. *ob. cit.*, p.170) —, sendo que as razões que uma e outra aduzem cobram inteira validade à luz da nossa lei.

[11] Cfr. arts. 1º e 3º, nº 3, alínea *b*), do Decreto-Lei nº 111/2005, de 8 de julho (vulgo "Empresa na Hora"; por nossa banda, diremos que o regime é de "Empresa na Hora, Fraude ao Minuto e a Firma Flor do Espanto, L.da ou S. A."

ESTUDOS EM HOMENAGEM A MIGUEL GALVÃO TELES

3) Uma sociedade comercial, titular ou de uma firma-denominação ou de uma firma-mista ou de uma firma-de-fantasia impura[12], autoriza que essa firma componha a firma de outra sociedade comercial, da qual se tornou sócia.

4.1. No quadro da primeira hipótese, pôr-se-ia em causa o *princípio da novidade*[13], por isso que passariam a existir no tráfico *duas firmas idênticas* – dizendo "idênticas", não estamos, obviamente, a esquecer que, podendo as duas sociedades ser de tipos diferentes, a respetivas firmas teriam de conter *aditamentos* (infalíveis) diferentes; acontece é que, só por si, tais aditamentos são insuficientes para arredar a identidade das firmas[14] –, firmas, essas, da titularidade de dois sujeitos jurídicos distintos. Talvez se objete que, resultando essa situação (de *duplicação*, ou melhor, de *fissiparidade* da firma) de uma *acordo* entre esses mesmos sujeitos jurídicos – isto é: entre a sociedade comercial-sócia, que aceitava que a sua firma passasse a integrar a firma da sociedade da qual era sócia, e esta mesma sociedade, que aceitava que a sua firma fosse (exclusivamente) composta com a firma de um dos seus sócios –, faleceria qualquer violação do princípio da novidade. A objeção só procederia se houvéssemos de admitir que a tutela contra riscos de confusão não releva da ordem pública (económica), admitindo-se, pois, a sua *despublicização*, à semelhança do que já hoje se verifica em matéria de marcas (art. 243º CPI[15])

[12] Cfr. art. 10º, nº 1, do Decreto-Lei nº 111/2005, de 8 de julho ("Nos casos previstos na alínea *b*) do nº 3 do artigo 3º, o serviço competente deve completar a composição da firma com os aditamentos legalmente impostos *assim como qualquer expressão alusiva ao objecto social* que os interessados optem por inserir entre a expressão de fantasia escolhida e os referidos aditamentos").

[13] Com a consequente aplicação do art. 60º, nº 1, RNPC (*perda do direito ao uso da firma* por violação do princípio da novidade).

[14] Cfr. o nosso "Firma e língua portuguesa (Parecer)", *Revista do Notariado*, 1994/1-3, p.137 s.

[15] "O registo de marca suscetível de confusão com marcas ou outros direitos de propriedade industrial anteriormente registados exige declaração de consentimento dos titulares desses direitos e dos possuidores de licenças exclusivas, se os houver e os contratos não dispuserem de forma diferente".

Havia no Código da Propriedade Industrial de 1995 uma norma equivalente. Constava do art. 189º, nº 2, e dizia assim: "Para a concessão de registo de marca confundível com outra anteriormente registada, *que não induza o público em erro sobre a qualidade do produto ou serviço*, é exigível autorização do titular desse registo e do possuidor de licença exclusiva, se a houver, e o contrato não dispuser de forma diferente". Este preceito resultou da transposição do art. 4º, nº 5, da Diretiva 89/104/ CEE do Conselho, de 21 de dezembro de 1988 (atual Diretiva 2008/95/CE do Parlamento e do Conselho, de 22 de outubro de 2008), no qual se lê: "Os Estados-Membros podem permitir que, *em circunstâncias adequadas,* o pedido de registo de uma marca não tenha de ser recusado ou o registo de uma marca não tenha de ser declarado nulo uma vez que o titular da marca anterior ou do direito anterior *consinta* no registo da marca posterior".

Escrevendo na vigência do referido preceito do Código da Propriedade Industrial de 1995 (cfr. "Aspectos do princípio da verdade da marca", in: *Volume Comemorativo do 75º Tomo do Boletim da Faculdade de Direito (BFD)*, Coimbra, 2003, p.587-588), dissemos que, à luz dele, a marca, à qual faltasse a novidade – por ser igual ou semelhante a outra anteriormente registada para contradistinguir produtos ou serviços idênticos ou produtos ou serviços semelhantes –, não seria havida, só por isso, como *(intrinsecamente)* decetiva. Para ser assim considerada, tornando-se, por conseguinte, insuscetível de registo mesmo que houvesse autorização do titular da marca anterior(mente registada), a marca posterior, exatamente porque criava riscos de confusão sobre a proveniência empresarial dos respetivos produtos ou serviços, haveria de ser susceptível de induzir o público em erro *sobre a qualidade* desses mesmos produtos ou serviços. Na hipótese de dois (ou mais) empresários usarem marcas iguais para contradistinguir os respetivos produtos ou serviços – supondo, é claro, que se tratava de produtos ou serviços idênticos ou de produtos ou serviços semelhantes –, não se poderia excluir que cada um deles oferecesse no mercado produtos ou serviços com um padrão de qualidade diferente. E, se o fizessem, o risco de o público ser induzido em erro sobre a *qualidade* dos produtos ou serviços, decorrente da sua indução em erro sobre a sua proveniência empresarial, seria inevitável: satisfeito com a qualidade do produto ou serviço contradistinguido com determinada marca, o consumidor, pretendendo repetir essa sua experiência aquisitiva, voltaria a dar a sua preferência ao produto ou serviço contradistinguido com a marca em causa, mas, ao fazer assim, podia, afinal, estar a adquirir um produto ou serviço com um padrão de qualidade diferente.

Esta decetividade das marcas – *decetividade superveniente*, diga-se, e que atingia, quer a marca que fora objeto de registo, quer a(s) marca(s) que o titular desse registo autorizara que fosse(m) registada(s) a favor de terceiros –, que ocorria no seguimento do uso que delas faziam os seus titulares, implicava a caducidade dos respetivos direitos [art. 216º, nº 2, alínea *b*), do Código da Propriedade Industrial de 1995, a que corresponde o art. 269º, nº 2, alínea *b*), do atual Código da Propriedade Industrial; cfr. ainda art. 12º, nº 2, alínea *b*), da Diretiva 89/104 CEE (atual Diretiva 2008/95/CE].

Com a norma do art. 189º, nº 2, o legislador cuidava, pois, de impedir o registo de uma marca à qual faltasse a novidade e que, logo no momento em que a autoridade administrativa se pronunciava sobre a sua registabilidade, se apresentasse como decetiva no sentido acabado de expor, ou seja, cuidava de impedir o registo de uma marca igual ou semelhante a outra anteriormente registada para contradistinguir produtos ou serviços idênticos ou produtos ou serviços semelhantes de *qualidade diferente* daqueles que a marca anterior(mente registada) contradistinguia. Podia acontecer que a marca, à qual faltava a novidade, já estivesse a ser usada à data em que a autoridade administrativa era chamada a decidir sobre o pedido de registo (formulado pelo respectivo utente com autorização do titular da marca igual ou semelhante anteriormente registada para contradistinguir produtos ou serviços idênticos ou produtos e serviços semelhantes – e, se essa marca tivesse sido objeto de um contrato de licença exclusiva, e este não dispusesse de forma diferente, também com autorização do licenciado). Afora esta hipótese, não se vislumbrava como é que a autoridade administrativa tinha condições para apurar se a marca (posteriormente registada) era ou não suscetível de induzir o público em erro sobre a qualidade dos produtos ou serviços. Se, por exemplo, o titular da marca anterior(mente registada) pertencesse ao mesmo "grupo de empresas" do requerente do registo de marca confundível, poder-se-ia presumir que um e outro não viessem a oferecer no mercado produtos ou serviços com um diferente padrão de qualidade. Mas não seria possível ir além disso.

Com este nosso *discurso* sobre a norma do art. 189º, nº 2 (do Código da Propriedade Industrial de 1995), pretendíamos, afinal, evidenciar o seu escasso ou nulo conteúdo, constituindo, pois, uma espécie de *mostrança*. Nesta perspetiva, não se pode, pois, deixar de aplaudir a norma do art. 243º do atual CPI (cfr. *supra*, no início desta nota). Dela decorre uma clara *descamuflagem* da despublicização do risco de confusão (sobre a origem dos produtos ou serviços): o registo de uma marca igual ou

e também em matéria de logótipos (art. 304º-J CPI[16]). Não cremos, porém, que essa espécie de *licença para enganar,* outorgada pelo próprio legislador, no quadro da disciplina daqueles dois últimos sinais distintivos, deva ser aceite (também) em matéria de firmas. É que estas, que são, é verdade, sinais distintivos, não são sinais distintivos como aqueles outros: as firmas, conquanto passem a contradistinguir também *coisas* (as coisas que as empresas são), constituem em primeira linha sinais distintivos dos sujeitos – os sujeitos-comerciantes, que podem ser singulares ou coletivos. O ponto reclama, decerto, um tratamento aprofundado. Falta-nos aqui tempo e espaço para o fazer[17].

4.2. Relativamente à segunda hipótese, ocorre o mesmo fenómeno de *fissiparidade* da firma, que contende (acabámos de o dizer) com o princípio da novidade. Mas, no quadro dela, sobrevém outra questão: Se a sociedade comercial, titular da firma-de-fantasia pura, se fizer sócia de uma sociedade em nome coletivo ou se fizer *sócia comanditada* de uma sociedade em comandita simples ou por ações, poderão estas duas últimas sociedades compor a respetiva firma com a firma da sua sócia, passando assim, também ela, a *ostentar* uma firma-de-fantasia pura?

A resposta afirmativa a esta questão implicaria que as firmas-de-fantasia puras, que o legislador apenas quis que valessem para as sociedades por quotas e para as sociedades anónimas[18], passassem também a valer para as sociedades em nome coletivo e para as sociedades em comandita simples e por ações. Particularmente problemática será a situação em que uma sociedade por quotas ou uma sociedade anónima, titular de uma firma-de-fantasia pura, se apresenta como *único sócio comanditado* de uma sociedade de comandita simples ou por ações (art. 465º,

---

semelhante a outra anteriormente registada para contradistinguir produtos ou serviços idênticos ou produtos ou serviços semelhantes *deixou de estar condicionado à não indução do público em erro sobre a qualidade dos produtos ou serviços.*
Não é, porém, líquido que, por ter feito assim, o legislador não possa ser acusado de uma transposição incorreta (ou melhor, *inconveniente,* à luz da tão propalada preocupação com a defesa do consumidor...) do art. 4º, n° 5, da Diretiva 89/104/CEE (atual Diretiva 2008/95/CE) – lembre-se que este preceito deixava aos Estados-membros liberdade para *despublicizarem* o já tão falado risco de confusão *"em circunstâncias adequadas".* Mas esta é outra questão.

[16] "Aos registos dos logótipos é aplicável o disposto no art. 243º, com as necessárias adaptações" – assim se lê no referido preceito.

[17] Mas deixamos já exarado que não abraçamos a solução acolhida no acórdão do Supremo Tribunal de Justiça, de 17 de abril de 2007 (acessível no domínio com o nome www.dgsi.pt), em cujo sumário se lê: "Não prevendo o D.-L. nº 129/98 ou o CSC qualquer prazo para reagir contra uma denominação social considerada confundível há que lançar mão do preceituado no art. 287º do CC para tal efeito" (o sumário refere o art. 278º do Código Civil, mas é manifesto que se trata de lapso).

[18] Cfr. *supra,* nota 12.

nº 2, CSC: *Kapitalgesellschaften & Co.*[19]). É que, em tal situação, é a própria lei que obriga a que a firma desta última sociedade seja formada pela firma da sócia comanditada (art. 467º, nº 1, CSC). Parece-nos que a solução deste *dilema* só pode competir ao legislador. E, já agora, há um outro ponto que reclama a sua atenção: impõe-se encontrar um *modo de fazer transparecer* na firma de uma sociedade em nome coletivo a inexistência, no respetivo substrato pessoal, de pessoas humanas e/ou de sociedades de responsabilidade ilimitada por cujas dívidas respondam pessoas humanas; e o mesmo se diga no que respeita à firma de uma sociedade em comandita simples ou por ações, que não tenha sócios comanditados pessoas humanas e/ou sociedades de responsabilidade ilimitada por cujas dívidas respondam pessoas humanas.

4.3. E chegamos à terceira hipótese, respeitante, recorde-se, à composição da firma de uma sociedade comercial com uma firma-denominação, uma firma-mista ou uma firma-de-fantasia impura de uma outra sociedade comercial, que é sua sócia. Também nesta hipótese, à semelhança do que vimos acontecer nas duas anteriores, poderia haver violação do princípio da novidade: seria esse o caso se as sociedades em causa fossem titulares de empresas do mesmo ramo ou de ramos próximos. Diversamente, se essas empresas fossem de ramos não-próximos, haveria violação do *princípio da verdade*: uma sociedade comercial adotaria uma firma – que era a firma da sociedade comercial sua sócia – que *sugeria* atividade diferente da que constituía o seu objeto social (art. 10º, nº 1, CSC e art. 32º, n.ºs 1 e 2, RNPC)[20].

5. Em conclusão: As normas dos arts. 177º, nº 1, 200º, nº 1, 275º, nº 1, e 467º, nº 1, CSC têm de ser objeto de *redução teleológica*. Por sobre a vontade do legislador, que nessas normas se revela, de permitir que uma sociedade comercial componha a sua firma com a(s) firma(s) de sociedade(s) sua(s) sócia(s), estão os princípios reitores (da constituição) do sinal. E a verdade é que só com desrespeito por esses princípios aquela vontade poderia ser acatada.

---

[19] Sobre a origem dessas *"miscigenações societárias"*, cfr. o nosso *A monopolização...*, cit., p.155s.
[20] Impondo-se, por conseguinte, a aplicação do art. 60º, nº 1, RNPC (*perda do direito ao uso da firma por violação do princípio da verdade*).

Nótula sobre *passivity rule* e *optimal default* nacional em tempo de revisão da directiva das OPA

JOÃO SOARES DA SILVA

A Miguel Galvão Teles, meu Mestre, patrono, amigo e sócio fraterno de muitas décadas e inspiração e exemplo de toda a vida

1. A Directiva nº 2004/25/CE do Parlamento e do Conselho datada de 21 de Abril de 2004 (doravante "13ª Directiva", "Directiva das OPA" ou simplesmente "Directiva")[1] teve, ao longo de três décadas de elaboração, uma longa e atribulada história, que é bem conhecida[2].

O seu artigo 20º contém uma cláusula de revisão, do seguinte teor (citamos da versão inglesa):

> *"Five years after the date laid down in Article 21(1), the Commission shall examine this Directive in the light of the experience acquired in applying it and, if necessary, propose its revision. That examination shall include a survey of the control structures and barriers to takeover bids that are not covered by this Directive."*

Esta data de revisão, estabelecida a partir da data limite de transposição fixada no artigo 21(1), era 20 de Maio de 2011.

N.E. Por decisão do Autor, este texto é publicado segundo a ortografia anterior ao novo Acordo Ortográfico.

[1] Na versão de língua inglesa, *Directive 2004/25/EC of the European Parliament and of the Council of 21 April 2004 on takeover bids, OJ L 142/12 of 30.03.2004, p. 38 (amended by Regulation (EC) n. 219/2009 of the European Parliament and of the Council of 11 March 2009*, disponível em *http://ec.europa.eu/ internal_market/company/official/index_en.htm.*

[2] Fizemos uma resenha dessa história, com algumas interrogações sobre o seu desfecho, em JOÃO SOARES DA SILVA, *O Action Plan da Comissão Europeia e o contexto da Corporate Governance no início do séc. XXI*, in Cadernos do Mercado de Valores Mobiliários, nº 18, Agosto 2004, pág. 72 e ss.

2. Cumprindo o estabelecido na Directiva, a Comissão Europeia desencadeou o processo de revisão encomendando, ainda em 2010, um estudo externo à firma *Marccus Partners*, que foi efectuado em articulação com o *Center for European Policy Studies* ("CEPS") e veio a ser publicamente divulgado no final de 2011 (doravante "Marccus Report")[3]

Eram objectivos fixados pela Comissão Europeia a esse estudo externo, designadamente:

(i) *To analyse the current implementation of the EU Takeover Directive in national laws and in practice;*

(ii) *To evaluate the view of various market participants on the provisions of the EU Takeover Directive, in particular in comparison with provisions applied in relevant non-EU countries; and*

(iii) *To determine, in consideration of the situation in relevant non-EU countries, the control structures and barriers to takeover bids that have not yet been addressed by the EU Takeover Directive.*

3. Na sequência do Marccus Report, a Comissão veio a publicar muito recentemente, em 28 de Junho de 2012, o seu Relatório (doravante "Relatório da CE de Junho de 2012") sobre a revisão da Directiva, intitulado *"Report from the Commission to the European Parliament, the Council, the European Economic and Social Committee and the Committee of the Regions – Application of Directive 2004/25/EC on takeover bids"*[4].

Este Relatório da CE de Junho de 2012 encontra-se agora aberto a comentários e observações que a Comissão solicitou ao Parlamento Europeu, Comité Económico e Social e quaisquer partes interessadas.

4. Para além de todo o intenso debate que precedeu e sempre acompanhou a vida da Directiva, têm surgido também – agora com proximidade ou a propósito da sua revisão pré-estabelecida – diversos inquéritos e estudos recentes importantes[5].

---

[3] MARCCUS PARTNERS in cooperation with the Centre for European Policy Studies (June 2012), *Study on the application of Directive 2004/25/EC on takeover bids*. Available at: http://ec.europa.eu/internal_market/company/takeoverbids/index_en.htm.

[4] Disponível em http://ec.europa.eu/internal_market/company/official/index_ex.htm.

[5] Entre muitos outros, FRESHFIELDS BRUCKHAUS DERINGER, *Reform of the EU Takeover Directive and of German Takeover Law*, Survey Report, November 2011, disponível em www.freshfields.com, EDDY WYMEERSCH, *A new look at the debate about the Takeover Directive*, Financial Law Institute, Ghent University, 2012, disponível em http://ssrn.com/abstract=1988927 e G. TSAGAS, *EU Takeover Regulation: one size can't fit all*, in International Journal of Private Law, Vol. 4, No. 1, 2011, disponível em http://ssrn.com/abstract=1922295. Da mesma autora e integrado na onda de reacções que em Inglaterra suscitou o *takeover* da Kraft sobre a Cadbury, G. TSAGAS, *Reflecting on the Value of Socially*

5. O Relatório da CE de Junho de 2012, louvando-se em larga medida no teor do Marccus Report (e do inquérito a *stakeholders* e participantes no mercado neste último integrado), sustenta quatro conclusões principais:

a) A primeira é a de entender que em geral a Directiva se mostra satisfatoriamente clara e reforçou a protecção dos accionistas minoritários, tendo contribuído positivamente para o correcto e eficiente funcionamento do mercado (embora os *stakeholders* inquiridos manifestassem que não produziu alterações significativas nos estados-membros, por muitas das suas disposições já constarem dos respectivos ordenamentos);

b) A segunda, a de que, no que toca às disposições de adopção opcional (artigos 9º e 11º respeitantes à chamada *board neutrality rule* e à *breakthrough rule*, respectivamente) [6] elas tiveram impacto reduzido, quer por muito diminuta adopção quanto à *breakthrough rule*, [7] quer pela subsistência de muitas defesas pré-oferta (que, todavia, o inquérito parece considerar susceptíveis de em geral serem ultrapassadas);

c) A terceira, na esteira de múltiplas críticas doutrinárias que se vinham acumulando [8], que as normas que instituem OPA obrigatória (*mandatory bid rule*), sendo susceptíveis de actuar como desincentivadoras de ofertas públicas, são neste momento as únicas que carecem de alguma revisão, designadamente quanto à incerteza e insegurança da noção de "*action in concert*" e à ampla diversidade e discricionariedade do leque de derrogações permitidas pelas diversas leis nacionais, bem como a alguns dos seus tipos;

Responsible Practices Post Takeover of Cadbury's Plc by Kraft Foods Inc: Implications for the Revision of the EU Takeover Directive, University of Oslo Faculty of Law Legal Studies Research Paper Series No. 2012-06, disponível em http://ssrn.com/abstract=2083451.

[6] O Relatório da CE de 21 de Junho de 2012 sintetiza assim as duas regras: quanto à primeira, "*the board neutrality rule (Article 9 of the Directive) provides that during the bid period the board of the offeree company must obtain prior authorization from the general meeting of shareholders before taking any action which might result in the frustration of the bid*". E quanto à segunda, "*the breakthrough rule (Article 11 of the Directive) neutralizes pre-bid defences during a takeover by making certain restrictions (e.g. share transfer or voting restrictions) inoperable during the takeover period and allows a successful offeror to remove the incumbent board of the offeree company and modify its articles of association.*" Como referimos adiante, a primeira síntese é pelo menos de exactidão questionável.

[7] O Relatório refere que apenas três estados-membros, a Estónia, Lituânia e Letónia adoptaram a *breakthrough rule* prevista no artigo 11º da Directiva.

[8] Vejam-se as violentas críticas de EDDY WYMEERSCH, *A new look at the debate about the Takeover Directive*, cit., que ultrapassam em muito os aspectos que o Relatório da CE de Junho de 2012 considera carecerem de revisão, questionando mesmo, além do carácter desincentivador da norma, o próprio bom fundamento da regra de OPA obrigatória em todos os casos em que não há um explícito pagamento de prémio de controlo que deva ser estendido à generalidade dos accionistas.

ESTUDOS EM HOMENAGEM A MIGUEL GALVÃO TELES

d) A quarta, pese embora a linguagem trabalhosamente rebuscada, pode talvez dizer-se que é no fundo a de que as **normas opcionais não são verdadeiramente necessárias**. Diz-se, com efeito, que *"although the board neutrality is a relative success, the breakthrough rule was not so successful*[9], não se tendo verificado a esperada pressão de accionistas para que essas regras opcionais fossem adoptadas, pelo que *"the Directive is not very effective in regulating the use of defensive measures"*, vindo a propor-se – com base na justificação expressa de que isso não parece ter trazido obstáculos de maior à actividade das OPAs – manter as disposições opcionais actuais inalteradas, de novo com a significativa expressão: *"it does not, therefore, seem appropriate at this stage to propose to make the optional articles of the Directive mandatory"*[10].

6. A avaliar pelo Relatório da CE de Junho de 2012, é muito provável, pois, que as questões em torno da *mandatory bid rule* venham a estar – aliás a justo título – no centro do processo vindouro de revisão da 13ª Directiva, mas elas estão fora do objecto do presente trabalho.

Esse objecto é antes a primeira daquelas regras opcionais, a da obrigação de abstenção de medidas susceptíveis de frustrar a oferta pública que impende sobre o órgão de administração da sociedade visada – a *passivity rule*, também por vezes designada como *neutrality rule*.

Tudo apontará, como resulta do exposto, para que esta regra, bem como o seu actual carácter opcional, permaneçam intocados na revisão em curso da Directiva.

Mas não será despiciendo aproveitar o ensejo do debate sobre a revisão da Directiva para alguma brevíssima reflexão sobre precisamente a *opção* subjacente à transposição efectuada pela legislação nacional.

7. Embora na última fase já juntamente com a *breakthrough rule* – esta, porém, uma invenção pouco feliz mais recente, trazida à ribalta pelo chamado *Winter Report* de 2002 [11-12] – a *passivity rule* esteve durante décadas no cerne das polémicas,

---

[9] Ambas as coisas medidas pelo critério simplista do número de estados membros adoptantes.

[10] O optimismo ou ligeireza do Relatório da CE de Junho de 2012 não se limita, aliás, às normas opcionais. Também no que respeita a alguns dos principais mecanismos dificultadores de OPA actualmente fora do objecto da Directiva, mas que o Marccus Report fora encarregado de estudar (as chamadas estruturas piramidais e as participações cruzadas em sociedades), o Relatório desvaloriza sumariamente a relevância num simples parágrafo, dizendo que *"both mechanisms are considered weak defences against takeovers"*.

[11] Segundo um projecto colocado em consulta pública pela CMVM ao Outono de 2011 (felizmente ao que parece, deixado cair entretanto), Portugal terá corrido o risco de vir a ter a duvidosa honra de se juntar aos 3 países bálticos citados como 4º país dos 27 a adoptar a *breakthrough rule*.

[12] WINTER, J., SCHANS, C., G. HOPT, K., RICKFORD, J., ROSSI, G. and SIMON, J. (2002) *Report of the High Level Group of Company Law Experts on Issues Related to Takeover Bids in the European Union*, disponível

discussões e atribulações do processo de aprovação da 13ª Directiva, que só veio a alcançar a luz do dia através do expediente [13] de a considerar (bem como à *breakthrough rule* e ainda à chamada *reciprocity rule*) como regra de adopção opcional pelos estados-membros.

Neste equilibrismo pragmático, a Directiva veio a contemplar um complexo encadeado de opções, segundo as quais (artigo 12º, intitulado *"Optional arrangements"*), no que concerne à *passivity rule,* e muito em síntese:

a) Os estados membros podem escolher não obrigar as sociedades com sede no seu território a adoptar a regra da abstenção de conduta do órgão de administração susceptível de frustrar uma oferta sem autorização da assembleia geral constante dos artigos 9 (2) e (3) da Directiva;

b) Se fizerem essa escolha (*opt out*) de não aplicação obrigatória da *passivity rule* os Estados membros devem dar às sociedades em causa – em segundo grau de opcionalidade – o direito de optarem elas próprias (*opt in*) pela sua sujeição a essa regra de passividade, opção que é sempre reversível;

c) Se, por alguma das vias anteriores, uma sociedade vier a estar sujeita à regra da passividade do órgão de administração, o estado-membro pode ainda assim autorizá-la a optar por não aplicar essa regra na hipótese de ser alvo de oferta pública por sociedade que a essa regra não esteja sujeita (excepção de reciprocidade ou *reciprocity rule*).

8. Para efeitos da reflexão a que nos propomos sobre a *passivity rule,* será especialmente relevante centrar a atenção em três disposições da Directiva.

A primeira faz parte das traves-mestras da Directiva e consta do artigo 3º, nº 1, (c), que consagra os *General Principles* a que os estados-membros devem obediência [14]:

> *"1. For the purpose of implementing this Directive, Member States shall ensure that the following principles are complied with:*

---

em http://ec.europa.eu/internal_market/company/docs/takeoverbids/2002-01-hjg-report_en.pdf. Trata-se de relatório de um grupo de sábios liderado pelo professor e advogado holandês Japp Winter, encomendado pela CE com vista à reforma do direito societário no quadro europeu. Abordámos a génese deste relatório em JOÃO SOARES DA SILVA, *O Action Plan da Comissão Europeia e o contexto da corporate governance no início do Séc. XXI,* cit. pág. 75 e ss.

[13] Aliás, como se sabe, por sugestão de última hora da delegação portuguesa.

[14] Continuamos no presente a citar a versão inglesa da Directiva. Na versão portuguesa o artigo 3º, nº 1, c), diz: *"O órgão de administração da sociedade visada deve agir tendo em conta os interesses da sociedade no seu conjunto e não pode impedir os titulares de valores mobiliários de decidirem o mérito da oferta".* Salvo o devido respeito, esta tradução não parece reproduzir o exacto sentido da norma e deveria antes ser: *"O órgão de administração da sociedade visada deve agir no interesse da sociedade como um todo e não pode impedir os titulares de valores mobiliários de decidirem sobre o mérito da oferta."*

(...)

(c) the board of an offeree company must act in the interest of the company as a whole and must not deny the holders of securities the opportunity to decide on the merits of the bid." (sublinhados nossos)

A segunda, em concretização desse princípio geral, é o **próprio enunciado da *passivity rule* previsto no nº 2 do artigo 9º:**

"During the period referred to in the second subparagraph, the board of the offeree company shall obtain the prior authorisation of the general meeting of shareholders given for this purpose before taking any action, other than seeking alternative bids, which may result in the frustration of the bid and in particular before issuing any shares which may result in a lasting impediment to the offeror's acquiring control of the offeree company." (sublinhado nosso)

Finalmente, importará para a exposição subsequente ter presente a norma do nº 5 do mesmo artigo 9º sobre a **obrigatória tomada de posição** do órgão de administração:

"The board of the offeree company shall draw up and make public a document setting out its opinion of the bid and the reasons on which it is based, including its views on the effects of implementation of the bid on all the company's interests and specifically employment, and on the offeror's strategic plans for the offeree company and their likely repercussions on employment and the locations of the company's places of business as set out in the offer document in accordance with Article 6(3)(i). (...)" (sublinhado nosso)

9. Do conjunto destas disposições da Directiva ressalta desde logo uma questão terminológica, que não queremos deixar de assinalar.

De facto, parece de todo *inexacta*, à luz da Directiva, a expressão *"neutrality rule"* que muito frequentemente se emprega em sinonímia com *"passivity rule"*.

Na verdade, se bem atentarmos, a Directiva está muito longe de impor – ou sequer permitir – que o órgão de administração da sociedade visada adopte, perante uma oferta pública que a tenha como alvo, uma atitude *neutral*.

Bem ao invés, *impõe-lhe*, antes, desde logo, como princípio geral, o estrito dever de actuar segundo os interesses da sociedade visada como um todo (*"must act in the interest of the company as a whole"*) e impõe-lhe também que tenha e publicite uma *opinião própria sobre a oferta* – que poderá ser, à luz daquele princípio geral, *favorável, neutra ou desfavorável* à oferta (sendo bem sabido esta última situação ocorrer frequentemente na prática, por vezes de forma violentíssima). E também lhe torna lícito – senão mesmo obrigatório – que (embora só quando considere que uma tomada de controlo através de oferta alternativa serve melhor o *interesse da sociedade como um todo*, como resulta da necessária compatibilização de normas) procure estimular os promotores de uma oferta alternativa (usualmente designado por procura de *white knight*).

Estamos muito longe, pois, de qualquer dever de neutralidade – pelo contrário, existe para o órgão de administração um *dever de não ser neutral*, quando seja esse o caminho que exijam aos interesses da sociedade como um todo.

O que se passa, verdadeiramente, na Directiva (*recte*, na imposição que esta traz às legislações nacionais que optem por acolher a regra) é algo muito diverso: ainda quando da consideração do interesse da sociedade como um todo resulte o dever de não ser neutral, o órgão de administração está *fulminado* por uma *obrigação de abstenção ou passividade* relativamente à adopção de certas condutas (incluindo aquela que, não fora a obrigação de abstenção, poderia e deveria decidir tomar à luz do interesse da sociedade).

Ou seja, o órgão de administração pode ser, simultaneamente, *aberta e declaradamente contrário* à oferta e obrigado à abstenção de actos que a possam frustrar.

Por isso preferimos resolutamente adoptar, para aludir a esta regra, a designação de *passivity rule* (obrigação de abstenção ou passividade), afastando a, embora também muito usada, *neutrality rule*.

10. Há, porém, questões mais importantes do que a terminologia que ressaltam igualmente do mero cotejo de normas acima transcritas.

Na verdade, é manifesto que há uma *evidente contradição* entre o dever fundamental de actuar segundo o interesse da sociedade como um todo – consagrado no artigo 3º como princípio geral, a que todas as demais normas deveriam ser subordinadas – e a norma subsequente que impõe abstenção ou passividade, pois, mesmo quando a defesa daquele interesse da sociedade exigisse porventura combater uma concreta oferta julgada a elas contrária, o órgão de administração está, pela norma do artigo 9º, nº 2 – nas legislações que tiverem optado por aceitar a *passivity rule* – impedido de o fazer (salvo verbalmente, atacando o mérito da oferta no seu relatório, ou buscando uma tomada de controlo alternativa que seja boa – ou apenas menos má – à luz dos interesses da sociedade).

Neste sentido, e perante esse tipo de conflito, a regra da passividade não poderá deixar de ser vista como *anómala*.

Mas é manifesta também a *origem* da contradição: ela provém do propósito de compatibilizar o princípio geral de que o órgão de administração *"must act in the interest of the company as a whole"* com o outro princípio geral contido na mesma norma do artigo 3º de que o órgão de administração *"must not deny the holders of securities the opportunity to decide on the merits of the bid"* – ambos consagrados com igual dignidade.

11. A *passivity rule* está longe de constituir uma aberração ou absurdo.

Ela representa, simplesmente, *um dos modos típicos tradicionais* de enfrentar uma questão indiscutivelmente real e importante: a do violento *conflito de interesses* que atinge os administradores da sociedade sujeita a uma oferta pública visando a aquisição do controlo, cujo sucesso, usualmente, representará, com grande probabilidade ou mesmo certeza, a perda dos seus cargos e inerentes benefícios – e o consequente risco de que, na reacção à oferta, o órgão de administração acabe por actuar predominantemente movido pelo interesse próprio no seu insucesso.

Será a melhor reacção para esse problema?

A questão excede o objecto do presente trabalho e tem sido seguramente a mais intensa e apaixonadamente discutida, ao longo das últimas quatro décadas, a respeito das ofertas de aquisição, sobretudo nos Estados Unidos e também crescentemente na Europa – e por isso, aliás, esteve no centro do bloqueio e demora do processo de aprovação da 13ª Directiva.

Numa síntese muito apertada, e em larga medida, estão antes de mais em causa posições filosóficas e sobre grandes questões de direito das sociedades: a sociedade como instituição ou como nexo de contratos, o interesse da sociedade como correspondente ao interesse dos accionistas ou mais amplo do que ele, a relevância dos interesses dos demais *stakeholders* (trabalhadores, credores, meio social), os accionistas como donos da sociedade ou simples titulares de participações transmissíveis e *residual claims*, bem como questões económicas e políticas relativas ao papel e valor do chamado *mercado de controlo*, frequentemente influenciado pelas susceptibilidades nacionais quanto a operações transfronteiriças.

Outro tipo de questões gerais que influenciam o debate é também ligado aos benefícios que se reconheçam ou não aos *takeover* (ou ao simples receio ou ameaça deles) como elemento disciplinador da gestão, e, bem assim, às diferenças que a respeito deste (e de muitos dos demais) aspecto resultam entre situações de estruturas accionistas muito dispersas no mercado (e tipos de accionistas que as integram) e estruturas accionistas concentradas, ainda quando sem um único accionista maioritário.

Os adversários da regra da passividade esgrimem tradicionalmente, *inter alia*, com o papel e os deveres dos administradores, o seu superior grau de conhecimento e informação (sobre a sociedade, as suas perspectivas e o mérito da oferta), a ineficiência dos mercados, o *bargaining power* que um órgão de administração autorizado a resistir pode ter na elevação do preço da oferta, o risco de prevalência de uma perspectiva de curto prazo com prejuízo dos interesses de longo prazo da sociedade, os riscos de *shareholder coertion* resultantes da incapacidade de acção colectiva coordenada dos accionistas, e com o próprio risco de que a proibição de agir perante uma oferta leve a uma maior profusão – e rigidez – de mecanismos de defesa pré-oferta.

Devem, por isso, sustentam, a reacção perante a oferta e mesmo o eventual combate dela ser antes de mais deixados ao juízo próprio em moldes adequados (*business judgement rule*) do órgão de administração, admitindo-se, porque o conflito de interesses é especialmente forte [15], que o *standard* de apreciação deva ser agravado e mais exigente – uma *modified business judgement rule* – cabendo em última instância aos tribunais fiscalizar a correcção legal do comportamento dos administradores.

Entendem por seu turno os defensores da regra da passividade que, havendo que salvaguardar que a decisão final seja dos accionistas, e se há necessariamente um tão óbvio e intenso conflito de interesses dos administradores das sociedades alvo de *takeover*, então a solução deverá ser uma solução radical e aliás com a sedução adicional de ser a típica dos conflitos de interesses: proibição absoluta de agir.

Terá também, como todas as soluções radicais, a vantagem de ser relativamente simples e clara – e reduzir a necessidade de intervenção dos tribunais – ainda que à custa da postergação do dever de agir no interesse da sociedade que constitui o núcleo dos deveres dos administradores.

Passivity rule versus *modified business judgement rule* é, assim, o grande contraponto que na literatura jurídica, económica e de *corporate governance* se vê enunciado, frequentemente também dispondo, embora entendamos que com impropriedade, *shareholder's primacy* versus *director's primacy*.

12. Nos Estados Unidos, a polémica foi especialmente acesa a partir dos anos 80, no auge de intensa actividade de *takeovers*, e está longe de estar esgotada.

Do ponto de vista doutrinário, foi e continua especialmente pujante uma grande corrente, sobretudo de académicos, que sustentaram e desenvolveram a tese da defesa da passividade do órgão de administração e inadmissibilidade do *board veto* [16], opondo-se-lhe, em vivíssimo debate, outra corrente de pensamento, onde obteve proeminência MARTIN LIPTON, um nome lendário da advocacia societária americana (e inventor de um dos mais eficazes mecanismos de defesa, a

---

[15] Embora por vezes se defenda, mas pouco convincentemente, que o conflito de interesses pode ser pelo menos atenuado se se estabelecer uma política remuneratória que compense os administradores em caso de sucesso da oferta hostil.

[16] Veja-se, vinte anos depois, uma panorâmica do debate na obra central de LUCIEN ARYE BEBCHUK, *The case against the board veto in corporate takeovers*, in University of Chicago Law Review, Vol. 69, 973-1035 (2002), disponível em http://papers.ssrn.com/abstract id=314703. Este autor começa por referir-se à fundamentação da tese na obra clássica de FRANK H. EASTERBROOK e DANIEL R. FISCHEL, *The Proper Role of a Target's Management in Responding to a Tender Offer*, 94, Harv.L.Review 1161 (1981) que defendia a completa passividade, aludindo depois à sua própria defesa de que deveria ser permitido ao órgão de administração solicitar ofertas alternativas, em LUCIEN ARYE BEBCHUCK, *The Case for Facilitating Competing Tender Offers* 95 Harv.L.Rev. 1028, 1054-56 (1982).

chamada *poison pill*) defendendo que é direito e dever do órgão de administração poder decidir apoiar ou combater ofertas, como *gatekeeper* do interesse social [17][18].

A orientação prevalecente no ordenamento jurídico norte-americano veio a consolidar-se neste último sentido, muito por influência e actuação dos tribunais do Estado do Delaware, onde se concentram as sedes de muitas das principais sociedades americanas cotadas [19].

As orientações jurisprudenciais consagradas no Estado do Delaware foram cristalizadas em duas decisões fundamentais:

a) No caso *UNOCAL* (*Unocal Corp. v. Mesa Petroleum Co.*) decidido em 1985, o *Delaware Supreme Court* (após decisão inicial contrária do *Delaware Court of Chancery*) decidiu serem lícitas medidas de combate a oferta decididas pelo órgão de administração, mas que os administradores têm o ónus de demonstrar (*i*) que uma apreciação e investigação de boa fé os levou a considerar que a oferta representava uma ameaça "*to the corporate policy and effectiveness*" e (*ii*) que as medidas defensivas usadas são razoáveis e proporcionadas ("*reasonable in relation to the threat posed*"). Para essa avaliação, o Supremo Tribunal considerou que os administradores podem ter em consideração factos como a existência de *shareholder coercion*, a inadequação do preço oferecido, questões de legalidade, o impacto em *stakeholders* diversos dos accionistas, como os trabalhadores, credores e clientes, o risco de não concretização, e a qualidade da contrapartida em espécie oferecida. O Tribunal rejeitou explicitamente que houvesse um dever de abstenção ou passividade impendendo sobre os administradores, mas con-

---

[17] Cfr. MARTIN LIPTON, *Twenty-Five years after Takeover Bids in the Target's Boardroom: Old Battles, New Attacks and the Continuing War,* Business Lawyer, Vol. 60, No.4, 2005, disponível em http://papers.ssrn.com/sol3/papers.cfm?abstract id=2017093. A obra clássica inicial aí referida é MARTIN LIPTON, *Takeover Bids in the Target's Boardroom*, 35 Bus Law 101 (1979), considerada por BEBCHUK, *The case against the board veto in corporate takeovers*, ob. cit. , pág. 975, como a verdadeira iniciadora do debate dos anos 80.

Este autor – que se mantém muito activo, aos 81 anos, designadamente em *blog* da *Harvard Law School* – voltaria diversas vezes à liça após o seu artigo nuclear inicial.

[18] Outros autores, embora em menor número, têm procurado defender posições mitigadas, visando discernir casos em que a abstenção da oferta pelo órgão de administração seria admissível de outros em que o não seria. Cfr ARTEM SHTATNOV, *Just Say No: The Effects of Delaware Antitakeover Law on Shareholder Wealth,* 2011, disponível em http://papers.ssrn.com/sol3/papers.cfm?abstract_id=1860316

[19] Esta concentração de sedes de sociedades no Estado do Delaware, motivada por legislação estadual tida como mais *friendly,* foi ela própria objecto de controvérsia, discutindo-se se a arbitragem de localização pelas sociedades é uma *race to the bottom* ou uma *race to the top.* Cfr., entre outros, JOHN ARMOUR e DAVID A. SKEEL, *Who writes the rules for hostile takeovers, and why? –The divergence of U.S. and UK takeover regulation,* University of Pennsylvania Law School, 2007, disponível em http://www.cato.org/pubs/regulation/regv30n3/v30n3-8.pdf.

siderou – um dos seus aspectos mais relevantes – que, perante o risco de conflito de interesses, a apreciação judicial da licitude da defesa face aos *fiduciary duties* dos administradores deve ser mais exigente aplicando-se um *enhanced scrutiny*, uma *modified business judgment rule*, mais severa e estrita do que a normal *business judgment rule*;

b) No caso *REVLON (Revlon v. Mac Andrews and Forbes Holdings, Inc.)*, de 1986, o *Delaware Supreme Court* considerou, porém, que, uma vez chegadas as coisas a um estado em que se torne certo que a sociedade vai inevitavelmente ser adquirida, então o órgão de administração deixa de poder atender a quaisquer outros interesses, ou sequer à própria protecção da empresa societária, e fica limitado exclusivamente a procurar que a venda ocorra ao melhor preço possível para os accionistas.

E as linhas jurisprudenciais definidas por estes dois arestos fundamentais mantêm-se (com afinações pontuais trazidas por um ou outro caso concreto) como as grandes orientações prevalecentes nos EUA, não obstante permanecerem também muito vivas as críticas e oposição da corrente doutrinária adversa a que acima aludimos [20].

13. Em Inglaterra as coisas estabilizaram relativamente bastante mais cedo e com um panorama de discussão bastante menos agitado, com origem remota num caso célebre.

No final de 1958, a batalha pelo controlo da *British Aluminium*, entre a *Reynolds* e a *Alcoa* teve uma intervenção inesperada de um sindicato de instituições

---

[20] Para melhor descrição da *business judgment rule* aplicada às transacções de controlo, veja-se a obra monográfica de DENNIS J. BLOCK, NANCY E. BARTON e STEPHEN A. RADIN, *The Business Judgment Rule: Fiduciary Duties of Corporate Directors*, Aspen Law, 1987, Vol. I, págs. 637 e ss. Um balanço crítico e proposta de modificação da jurisprudência *UNOCAL* é feito por RONALD J. GILSON, *Unocal Fifteen Years Later (And What We Can Do About It)*, Columbia Law School Working Paper No. 177, 2000, disponível em http://papers.ssrn.com/paper.taf?abstract_id=235417, com contundente resposta de MARTIN LIPTON, *Pills, Polls and Professors: a reply to Professor Gilson*, New York University Center for Law and Business, 2001, disponível em http://papers.ssrn.com/sol3/papers. cfm?abstract id=268520.

Sem aqui poder desenvolver o tema, é no entanto importante notar que mesmo autores que continuam, após *UNOCAL*, a defender vigorosamente a regra da abstenção, acabam por se ver forçados a defender modelações. Por exemplo, na obra fundamental acima referida, LUCIEN ARYE BEBCHUK, *The case against the board veto in corporate takeovers*, cit., este autor, que enumera e rebate, ponto por ponto, os argumentos da corrente defensora da licitude de defesa do órgão de administração, sustenta que é *pre-requisite* dessa sua posição que possa estar assegurada uma *undistorted shareholder's choice*, acabando por sustentar que, para assegurar esse pré-requisito pode ser aconselhável e lícito um bloqueio temporário da oferta pelo órgão de administração.

bancárias da City aliado ao *management* da BA em favor da *Alcoa* com invocação do interesse nacional e da permanência do *target* em mãos britânicas, vindo essa estratégia a sofrer uma estrondosa derrota (com um coro intenso de críticas ao comportamento da administração, que teria actuado com menosprezo dos interesses dos accionistas, que vieram a aceitar massivamente a oferta da *Reynolds*).

A onda gerada por este caso veio a originar uma forte tomada de posição de investidores institucionais através da *Association of Investment Trusts*, no sentido de que *"it is wrong for directors to allow any change in control or the nature of the business without referring to shareholders"*, orientação que prevaleceu na elaboração, nos anos subsequentes, sob a égide do *Bank of England*, do *City Code on Takeovers and Mergers*, que permaneceu até hoje (com algum retoque formal e de natureza em 2008, por via das necessidades de transposição da 13ª Directiva) como grande corpo normativo regulador da actividade das ofertas públicas [21]

Só muito recentemente os alicerces do *City Code* abalaram limitadamente, na esteira da onda de críticas que rodeou em 2009 a tomada de controlo de uma das mais tradicionais empresas britânicas, a *Cadbury* pela multinacional *Kraft Foods*, com profunda alteração do seu perfil cultural tradicional e incumprimento de alguns anúncios de intenção feitos pelo oferente, nomeadamente em matéria de preservação de fábricas em Inglaterra e de níveis de emprego.

Essa reacção, com forte eco no Governo, no Parlamento britânicos e na opinião pública, esteve na origem da recente, mas algo tímida, reforma do *City Code* em 2010, num sentido geral *target friendly* de maior protecção dos interesses da sociedade alvo em diversos aspectos (clarificação de que os interesses a prosseguir pelo órgão de administração não estão circunscritos à obtenção de melhor preço, na esteira do *"interest of the company as a whole"* da 13ª Directiva, regras mais exigentes dos chamados *shadow bids* através de maior exigência da regra *put up or shut up*, proibição geral das chamadas *deal protection mesures*, designadamente os *inducement fees*, etc.)[22].

14. O prestígio granjeado ao longo de décadas pelo *City Code on Takeovers and Mergers* levou a que ele tenha servido manifestamente de modelo na elaboração da 13ª Directiva, que recolheu muitas das suas orientações e regras, entre as quais a *passivity rule* – embora despertando, a propósito desta, uma vaga de dúvida e

---

[21] Esta resenha histórica é retirada de JOHN ARMOUR e DAVID A. SKEEL, *Who writes the rules for hostile takeovers, and why? –The divergence of U.S. and UK takeover regulation*, cit.

[22] Pode ver-se notícia mais desenvolvida desta reforma de 2010 nem MARCCUS REPORT, cit. e em, entre diversos outros, G. TSAGAS, *Reflecting on the Value of Socially Responsible Practices Post Takeover of Cadbury's Plc by Kraft Foods Inc: Implications for the Revision of the EU Takeover Directive*, cit., predominantemente numa perspectiva de chamada de atenção para as lacunas do *City Code* e da Directiva em matéria de protecção da responsabilidade social.

reacção em diversos países, que levou a que não pudesse ser consagrada senão com o assinalado carácter opcional.

Tal como já havia, antes mesmo da Directiva, influenciado diversas legislações europeias, levando designadamente a que várias delas – porventura com menor grau de ponderação das diferenças dos seus mercados relativamente ao mercado inglês – adoptassem a *passivity rule* na sua ordem interna, entre elas Portugal, logo a partir do Código do Mercado de Valores Mobiliários de 1991.

Mas a verdade é que, no que se refere à *passivity rule*, embora a escolha de *opt in* tenha sido feita por uma maioria numérica de países, o *opt out* – eleição de não aplicar na ordem interna a *passivity rule*, não impondo ao órgão de administração obrigações de abstenção diversas ou contrárias das que possam resultar da disciplina dos seus direitos e deveres decorrentes da lei societária interna – foi, e continua a ser, a escolha de legislações europeias tão importantes como as da Alemanha, Holanda, Bélgica, Dinamarca, Luxemburgo e Polónia.

15. Conforme já referido, não é propósito do presente procurar defender uma escolha entre o regime *anómalo* (mas alegadamente necessário) da *passivity rule* e o regime *normal* (mas alegadamente insuficiente) de actuação do órgão de administração no quadro exclusivo da disciplina traçada pela lei societária. Não queremos esconder que, reconhecendo embora vantagens de segurança e certeza na regra radical de passividade absoluta – ao jeito de quem defende que cortando preventivamente as mãos a um potencial ladrão se dificultará que roube eventualmente no futuro – e reconhecendo mesmo que a solução alternativa depende de tribunais muito preparados e eficazes, nos impressiona sobremaneira que essas vantagens sejam alcançadas à custa da *entorse violenta no sistema de normas* que representa a forçada postergação dos deveres dos membros do órgão de administração de actuar no interesse da sociedade – muito mais quando pensamos numa ordem jurídica como a portuguesa onde a lei (artigo 64º do Código das Sociedades Comerciais, na Reforma de 2006) comina aos administradores um dever de lealdade *"no interesse da sociedade, atendendo aos interesses de longo prazo dos sócios e ponderando os interesses dos outros sujeitos relevantes para a sustentabilidade da sociedade, tais como os seus trabalhadores, clientes e credores"*.

Seja como for, o que agora nos move é antes e apenas procurar aproveitar o ensejo aberto pelo processo de revisão da Directiva para suscitar o repensar do quadro de opcionalidade adoptado pela lei portuguesa – quadro que, conforme já referido, comporta um *degrau duplo* de opções situadas uma no plano da lei e outra no de cada sociedade.

16. Numa obra célebre sobre *optimal defaults* a considerar pelos legisladores em caso de dúvida ou incerteza, BEBCHUCK e HAMDANI sustentam com brilho que *"when public officials must choose between two or more default arrangements and face significant uncertainty as to which one would best serve shareholders, they should err in favor of the arrangement that is less favorable to managers"* [23].

Sem discutir aqui o mérito e as limitações da tese em abstracto – nem a impropriedade da contraposição entre accionistas e administradores –, há porém vários elementos que nos inclinariam sempre a duvidar do bem fundado da sua aplicação à situação que nos ocupa, a que seguidamente – sem poder aqui desenvolver o tema, como sem dúvida se justificaria – fazemos breve e quase telegráfica alusão.

O primeiro destes elementos é desde logo o de que duvidamos seriamente de um princípio e ponto de partida que enforma toda a 13ª Directiva, o de que se possa afirmar um princípio de "bondade" geral das OPA.

Já o afirmámos noutro lugar [24]. Mas é muito significativo notar que é agora o próprio Relatório da CE de Junho de 2012 que, depois de enunciar o de *"Facilitation of Takeover Bids"* como um dos objectivos fundamentais da Directiva (apocrifamente, pois em vão o procuraríamos no texto da Directiva, mas com indesmentível verdade substancial), vem afinal a, na esteira do MARCCUS REPORT e do Estudo da *CEPS* a ele anexo, *abrir uma surpreendente brecha* ao escrever:

> *"More generally, economic analysis shows that although takeover bids promote economic efficiency in theory, this is not always the case in practice because the conditions of rational behaviour, fully informed market participants and absence of transaction costs are not always met (e.g. takeover bids might be made for empire building purposes and shareholders might face incomplete information, high transaction costs and pressure to tender)."*

Por isso se têm ouvido opiniões na doutrina não apenas reclamando a transposição para o âmbito europeu da *modified business judgement rule* [25], mas sobretudo – e por vozes especialmente autorizadas como a de LUCA ENRIQUES – [26], a reclamar uma *neutral approach* na legislação europeia.

Em segundo lugar, importa atentar que ao contrário do por vezes sugerido até na terminologia corrente (e por isso recusámos acima a propriedade do contraponto entre *shareholders supremacy* e *management supremacy*), um regime

---

[23] LUCIAN ARYE BEBCHUK and ASSAF HAMDANI, *Optimal defaults for corporate law evolution*, 96 Northwestern University Law Review, Vol. 96, No. 2 (2002), disponível em http://papers.ssrn.com/sol3/papers.cfm?abstract_id=293585.

[24] JOÃO SOARES DA SILVA, *O Action Plan da Comissão Europeia e o contexto da Corporate Governance no início do séc. XXI*, cit.

[25] Cfr., com algumas limitações de operacionalidade evidentes, CHRISTIAN KIRCHNER and RICHARD W.PAINTER, *Towards a European Modified Business Judgment Rule for Takeover Law*, disponível em http://journals.cambridge.org/abstract_S1566752900000185.

[26] LUCA ENRIQUES, *European Takeover Law: The Case for a Neutral Approach*, University College Dublin, 2008, disponível em http://papers.ssrn.com/sol3/papers.cfm?abstract_id=1523307.

que autorize a actuação defensiva do órgão de administração não o autoriza por isso – muito menos necessariamente – a postergar o direito dos accionistas de decisão última sobre a aceitação da oferta, antes simplesmente reconduz o dever de não postergar esse direito aos quadros e regras gerais do direito societário aplicável, designadamente ao quadro dos deveres fundamentais dos administradores.

Ou seja, como têm salientado diversos autores, *os princípios são essencialmente os mesmos* [27], sendo a *passivity rule* apenas uma *técnica diferente* de os servir.

Basta atentar no que acima se disse quanto aos acórdãos *UNOCAL* e *REVLON* nos Estados Unidos para verificar facilmente que, longe de permitirem arbitrariedade, eles são particularmente exigentes no que respeita precisamente à observância dos *fiduciary duties* pelos administradores quando confrontados com uma oferta pública.

Em terceiro lugar, e articulando estreitamente com o ponto anterior, tem também sido insistentemente posto em evidência pela melhor doutrina que – ao contrário do que se passa nos Estados Unidos, em que os direitos de intervenção e voto dos accionistas, designadamente na eleição e destituição de administradores, são ainda limitados e onde a combinação entre *staggered board* e *poison pill* representa uma combinação de medidas de defesa quase inultrapassável (embora com restrições que a jurisprudência lhe vai apondo – como o veto das chamadas *dead hand poison pill*, insusceptíveis de modificação por um novo *board*) – a generalidade das ordens jurídicas europeias disciplina os poderes dos administradores e dos accionistas de modo a impor um grau de controlo por parte destes [28] que impossibilitaria já por si muitos dos abusos que a *passivity rule* visa, de forma radical, evitar.

Isto tem sido reconhecido mesmo no próprio Reino Unido – onde a actuação dos administradores está severamente limitada pela doutrina do *proper purpose* e entendimentos judicialmente definidos [29] – mas é-o mais ainda em ordens jurídicas continentais [30].

---

[27] Cfr., entre muitos outros, MARCO VENTORUZZO, *The thirteenth directive and the contrasts between European and U.S. takeover regulation: Different (Regulatory) means, not so different (Political and Economic) ends*, Università Commerciale Luigi Bocconi, 2006, disponível em http://papers.ssrn.com/sol3/papers.cfm?abstract_id=819764.

[28] Muito especialmente em legislações, como a portuguesa, em que os accionistas podem destituir *ad nutum* e substituir os administradores a todo o tempo por maioria simples.

[29] DAVID KERSHAW, *The Illusion of Importance: Reconsidering the UK's Takeover Defence Prohibition*, disponível em http://journals.cambridge.org/abstract_S0020589300070123.
Veja-se ainda, por exemplo, RHYS PIPPARD, *A Takeover Too Far: Can the UK prohibition on board defensive action be justified any longer*, 2011, disponível em *http://papers.ssrn.com/sol3/papers. cfm?abstract_id=1962291.*

[30] CARSTEN GERNER-BEUERLE, DAVID KERSHAW, MATTEO SOLINAS, *Is the Board Neutrality Rule Trivial? Amnesia About Corporate Law in European Takeover Regulation*, disponível em *http://papers. ssrn.com/sol3/papers.cfm?abstract_id=1799291* .

Em quarto lugar, e ainda de muito perto ligado aos dois anteriores, será particularmente impressivo para um observador português atentar na realidade da observação feita por muita doutrina internacional de que a *passivity rule* pode estimular a subsistência e uso de mecanismos de defesa (ou mecanismos diversos, mas susceptíveis de em certas circunstâncias funcionarem como tais) em termos bem mais fortes e adversos para uma oferta pública – incluindo no que concerne a uma limitação ou denegação prática do direito fundamental dos accionistas de se pronunciarem sobre a oferta – do que aqueles que seriam permitidos ao órgão de administração na ausência da *passivity rule* [31].

Em quinto lugar, e talvez sobretudo, impressiona sobremaneira o modo como boa parte da doutrina mais recente tem também defendido, com razões ponderosas, a conveniência de permitir a cada sociedade, à luz dos seus valores e circunstâncias próprios – entre os quais avulta muito particularmente a protecção da possibilidade de investimento com segurança do seu pessoal chave na valorização e comprometimento com uma estratégia de longo prazo – escolher o seu *own degree of contestability*, isto é, escolher, *inter alia*, até que ponto os seus accionistas preferem subordinar eventuais ganhos de curto prazo à criação de condições de valor a longo prazo através da redução do seu próprio grau de *contestability*. Dizem a este respeito DAVIES, SCHUSTER e GHELCKE em estudo recente [32]:

> *"We propose a simplified and more coherent board neutrality rule, solely based on shareholder decision making. Acknowledging that a system allowing management to prevent unwanted bids might have advantages over a pure board neutrality rule in certain circumstances, we argue that shareholders are in a better position to decide on the optimal rules for a particular company than legislation".*

E é também especialmente significativo atentar no que diz uma voz tão autorizada como a de EDDY WYMEERSCH[33] a propósito já da revisão em curso da Directiva:

> *"The 2004 directive was conceived in times where the company paradigm was mainly based on the dispersed ownership model in which since individual shareholders are unable to exercise*

---

[31] Lembrem-se os casos das ofertas públicas sobre a Portugal Telecom e o BPI em 2006 e o papel que em ambas, de modos diferentes, desempenhou a dificuldade de remoção de limitações estatutárias à contagem de votos.

[32] PAUL DAVIES, EDMUND-PHILIPP SCHUSTER and EMILIE VAN DE WALLE DE GHELCKE, *The Takeover Directive as a Protectionist Tool*, 2010, disponível em http://papers.ssrn.com/sol3/papers. cfm?abstract_id=1554616.

[33] EDDY WYMEERSCH, *A new look at the debate about the Takeover Directive*, Financial Law Institute, Ghent University, 2012, cit.

power, the management mainly dominates the company, and the takeover instrument was needed to discipline that management. (...) Since then much has changed: the corporate governance movement was still in its infancy and its ideas are almost entirely absent from the Directive. The financial crisis has shaken our belief in several aspects of the prevailing thinking of the late 1990s: the efficient market hypothesis is put into doubt or at least is not the only explanation theory put forward. (...) the beneficial influence block holders and even controlling shareholder as elements of growth, stability and long term investment are being rediscovered. All these elements are likely to have a profound influence on the revision of the Takeover Directive. (...)

A new regime should strive to strike a balance between flexibility including contestability and stability and long term value creation, including in terms of human capital".

Temos infelizmente, conforme já acima referimos, uma dose maior de cepticismo do que a de WYMEERSCH quanto ao que se pode com realismo esperar da revisão da Directiva.

Mas isso não impedirá – antes deverá estimular – que a legislação nacional aproveite o ambiente de discussão em curso para ponderar algum passo próprio.

17. Aqui chegados, dir-se-ia porventura que iríamos sugerir o abandono pela legislação portuguesa da opção pela *passivity rule*, substituindo-a por uma escolha de *opt out* (que nos termos do artigo 12 (2) da Directiva implicaria a necessária outorga às sociedades nacionais do direito de optarem elas pela adopção da *passivity rule*).

Essa sugestão – que colocaria as sociedades portuguesas na situação em que se encontram as alemãs, holandesas, dinamarquesas, polacas ou belgas – seria porventura a mais consentânea com a reflexão efectuada, mas essa reflexão não pôde aqui ser levada ao ponto necessário para avaliar e ajuizar suficientemente sobre todas as implicações de uma alteração radical da regra que tem vigorado em Portugal nos últimos vinte anos.

Por outro lado, não pode ser ignorado o dado da experiência de que a faculdade teórica de as sociedades daqueles países onde vigora o *opt out* decidirem pelo *opt in* não tem revelado consistência prática, não tendo até hoje nenhuma sociedade, nos Estados membros em que o poderiam fazer, optado pela adopção estatutária da *passivity rule*.

Isso poderá levar aqui a seguir inclinação próxima da de BEBCHUK e HAMDANI, embora por razões diferentes, quanto à definição do *optimal default* em caso de dúvida.

Optaríamos, assim, pela sugestão de um mais pequeno – e mais prudente – passo, mas que julgamos já seria de alcance e evolução muito significativos.

ESTUDOS EM HOMENAGEM A MIGUEL GALVÃO TELES

É ele o de seguir o exemplo da Itália, cuja recente reforma de Setembro de 2009 [34], entrada em vigor em 1 de Julho de 2010, optou pelo regime da *passiity rule* como o regime legal regra (regime de *default*), *mas autorizando expressamente as sociedades italianas a, por alteração estatutária, escolherem derrogar a regra da passividade, que deixa nesse caso de lhes ser aplicável.*

Sem pejo de modificar por três vezes o regime legal do passivity rule após a entrada em vigor da Directiva em 2004, o legislador italiano veio a assentar num regime de *default* que não impõe a passividade perante escolha diversa das sociedades permitindo a estas um largo grau de escolha quanto ao seu *own degree of contestability.*

Mesmo para quem seja defensor da pura passividade como regra, esta abertura e escolha no plano societário parece um passo importante, prudente e sensato, que ao legislador português não ficará mal seguir.

Estará o legislador português disponível para este desafio?

Lisboa, Setembro de 2012

---

[34] *Decreto Legislativo 25 Settembre 2009, n. 146, Disposizioni integrative e correttive del decreto legislativo 19 novembre 2007, n. 229, recante attuazione della direttiva 2004/25/CE concernente le offerte publiche di acquisto.* Este diploma veio alterar pela segunda vez o regime da *passivity rule* em Itália após a 13ª Directiva, que começou por ser de *opt in*, passou em 2008 (em plena crise financeira e de desvalorização das acções das sociedades cotadas e movida por um assumido e explicitado receio de vulnerabilidade das empresas italianas a ataques) a ser de *opt out*, e é desde 1 de Julho de 2010 o regime descrito no texto, que manteve a opcionalidade para as sociedades italianas, mas agora com inversão de sentido.

Uma expressa defesa desta orientação foi feita, com carácter geral e com a dupla autoridade académica e de presidente da *CONSOB* italiana, por LUCA ENRIQUES, *European Takeover Law: The Case for a Neutral Approach*, ob cit. p. 21.

A noção de normas de aplicação imediata no Regulamento Roma I: Uma singularidade legislativa[1]

EUGÉNIA GALVÃO TELES

1. O Regulamento nº 593/2008, de 17 de junho de 2008, sobre a lei aplicável às obrigações contratuais (RRI) substitui em Portugal e em todos os Estados membros[2] a Convenção de Roma de 1980 sobre a lei aplicável às obrigações contratuais. No art. 9º, com origem no art. 7º da Convenção, encontramos o regime das normas de aplicação imediata, com várias diferenças relativamente ao anterior regime.

Entre estas, destaca-se a introdução de uma noção de normas de aplicação imediata no nº 1 do art. 9º, sem paralelo na Convenção de Roma. Esta noção apresenta elementos inovadores, se não únicos, na medida em que pela primeira vez um legislador estabelece critérios materiais para identificar esta categoria de normas. O texto que segue pretende precisar melhor os termos desta noção e analisar as suas consequências nos Estados-membros em geral, e em Portugal em particular.

I. Introdução de uma noção comum e uniforme de normas de aplicação imediata

2. O art. 9º do RRI abre com a noção de normas de aplicação imediata: "As normas de aplicação imediata são disposições cujo respeito é considerado fundamental por um país para a salvaguarda do interesse público, designadamente a sua organização política, social ou económica, ao ponto de exigir a sua aplicação em qualquer

---

[1] O meu tio, Miguel Galvão Teles, sempre gostou de longas conversas sobre temas jurídicos complexos. Como ele sabe de certeza, mas é sempre bom lembrar, foi muito pelo contágio do seu entusiasmo e por admiração pelo imenso jurista que é, mas também por ser aquela pessoa especial de que tanto gosto, que, para o bem e para o mal, acabei nestas lides do Direito. Por isso, e por tudo o resto, obrigada.

[2] Com exceção da Dinamarca.

ESTUDOS EM HOMENAGEM A MIGUEL GALVÃO TELES

situação abrangida pelo seu âmbito de aplicação, independentemente da lei que de outro modo seria aplicável ao contrato, por força do presente regulamento".

A introdução de uma noção de normas de aplicação imediata no art. 9º nº 1 constitui um elemento original do Regulamento, não só relativamente ao art. 7º da Convenção de Roma, mas em relação aos instrumentos legislativos que tratam a figura[3]. Temos agora, pelo menos no domínio dos contratos[4], uma noção comunitária, uniforme e comum, da categoria de normas de aplicação imediata. Enquanto tal, o sentido, a aplicação e os efeitos desta noção poderão ser objeto da competência interpretativa do Tribunal de Justiça das Comunidades (TJC).

É verdade que o art. 7º integrava alguns elementos caraterizadores da noção, em particular no nº 1, a propósito do regime das normas imperativas de uma terceira lei[5], a partir dos quais a doutrina e a jurisprudência construíram uma noção de normas de aplicação imediata[6]. No entanto, este artigo limitava-se a uma descrição do seu mecanismo conflitual típico – as "disposições imperativas ... aplicáveis, qualquer que seja a lei reguladora do contrato" –, na linha da solução utilizada nas disposições legais nesta matéria[7]. Em contraste no art. 9º nº 1 encontra-se uma tentativa de definição dos aspetos materiais das normas de aplicação imediata, como as "disposições cujo respeito é considerado fundamental por um país para a salvaguarda do interesse público, designadamente a sua organização política, social ou económica" – matéria até agora deixada à doutrina e à jurisprudência.

Tal não quer dizer que o legislador não tivesse noção da importância dos aspetos materiais das normas de aplicação imediata, pois estas constituem primariamente realidades oriundas e ancoradas no Direito material, cujo conteúdo e função são determinantes na sua forma específica de aplicação a situações com elementos de internacionalidade. No entanto, estes aspetos eram referidos de forma indireta, a propósito da ligação entre a forma característica de aplicação

---

[3] Marcando o caráter singular desta iniciativa: FRANCQ-JAULT-SESEKE, «Les lois de police, une approche de droit comparé» in Le réglement communautaire «Rome I» et le choix de la loi dans les contrats internationaux, Corneloup- Joubert (eds), Paris, Litec, 2011, pp. 357-393 (p.360); BONOMI, «Le régime des règles impératives et des lois de police dans le Règlement Rome I sur la loi applicable aux contrats» in Le nouveau règlement européen «Rome I» relatif à la loi applicable aux obligations contractuelles. Actes de la 20ème Journée de droit international privé du 14 mars 2008 à Lausanne, Cashin-Ritaine- Bonomi (eds), Genebra/Zurique/Basileia, Schultess, 2008, pp. 217-237 (p.224).

[4] Compare-se com o Regulamento nº 864/2007 relativo à lei aplicável às obrigações extracontratuais, cujo artigo 16º, reconhecendo a aplicabilidade das normas de aplicação imediata do foro, não fornece qualquer critério definidor desta noção.

[5] Que não é nem a lei do foro, nem a lei do contrato.

[6] Nomeadamente para as distinguir de outras referências a aplicação de normas imperativas na Convenção de Roma – ver infra.

[7] Vejam-se os artigos 17º nº 1, 20º e 18º e 19º das leis de DIP italiana, belga e suíça.

802

no espaço das normas de aplicação imediata e os seus fins e objetivos materiais[8], nunca se tendo o legislador aventurado a estabelecer os contornos substantivos desta noção.

3. A ideia de introduzir uma noção de normas de aplicação imediata remonta ao início do processo legislativo do RRI, isto é, ao Livro Verde onde a Comissão lançou uma consulta sobre a transformação da Convenção de Roma num instrumento comunitário e a sua modernização[9]. Um dos objetivos da Comissão era uma clarificação da noção, designadamente em relação a outras disposições que faziam referência à noção de disposições imperativas[10]. Sobretudo numa primeira fase de vigência da Convenção de Roma, assistiu-se a alguma confusão entre as duas noções, sobretudo nos Estados-membros onde o conceito de normas de aplicação imediata não tinha tradição, nomeadamente nos países da *common law*[11]. Esta proposta foi geralmente bem acolhida nas várias respostas à Consulta[12].

Na versão final do RRI, há uma inequívoca distinção entre a noção de normas imperativas em geral, ou "disposições não derrogáveis por acordo", referidas nos arts. 3º nº 3 e nº 4, 6º nº 2 e 8º nº 1, e as normas de aplicação imediata cujo regime consta do art. 9º. As normas de aplicação imediata são normas imperativas, mas nem todas as normas imperativas são normas de aplicação imediata; as normas de aplicação imediata constituem uma subclasse das normas imperativas que apresentam um elemento adicional em relação à generalidade das normas imperativas – elemento adicional que o art. 9º nº 1 procura identificar. Esta distinção é revelada na alteração da epígrafe do artigo, com a substituição da alusão

---

[8] Para uma noção legal que liga os objetivos das normas de aplicação imediata e a sua forma característica de aplicação no espaço, veja-se o artigo 21º do C.C. de Macau: "As normas da lei de Macau que pelo seu objeto e fim específicos devam ser imperativamente aplicadas prevalecem sobre os preceitos da lei exterior designada nos termos da Secção seguinte".

[9] COMISSÃO DAS COMUNIDADES EUROPEIAS, *Livro Verde relativo à transformação da Convenção de Roma de 1980 sobre a lei aplicável às obrigações contratuais num instrumento comunitário* – COM(2002) 654 final, Bruxelas, 2003 (Livro Verde), pp.36-37.

[10] No Livro Verde, a Comissão formula a seguinte pergunta para consulta: "Será conveniente precisar a acepção da expressão "disposições imperativas" nos artigos 3º, 5º, 6º e 9º, por um lado, e no artigo 7º, por outro?".

[11] Revelando alguma confusão perante a Convenção de Roma : JACKSON, "Mandatory Rules and Rules of «Ordre Public»" *in Contract Conflicts*, North (ed), Amsterdão, North-Holland, 1982, p.65.

[12] Neste sentido, entre outros, MAGNUS-MANKOWSKI, *Joint Response to the Green Paper on the Conversion of the Rome Convention on the law applicable to contractual obligations into a Community instrument and its modernization* – University of Hambourg, 2003, p.31; MAX PLANCK, *Comments*, p. 59.

ESTUDOS EM HOMENAGEM A MIGUEL GALVÃO TELES

às "disposições imperativas" por uma menção às "normas de aplicação imediata", sendo ainda marcada na parte final do Considerando (37)[13].

Em consequência, para que uma norma imperativa seja aplicável em exclusão da lei escolhida pelas partes nos termos do art. 3º nº 3 é suficiente demonstrar que o contrato, não obstante a escolha de lei, está exclusivamente conectado com esse país. Da mesma forma, nos termos do art. 3º nº 4, para que uma norma imperativa com origem comunitária[14] seja aplicada ao contrato em exclusão da lei – extracomunitária – escolhida, é suficiente demonstrar que o contrato, apesar de internacional, é intracomunitário, ou seja, só apresenta conexões com a União Europeia. Verificados estes pressupostos, as normas materiais imperativas – nacionais e comunitárias – são aplicáveis independentemente de serem ou não normas de aplicação imediata.

Em relação aos contratos de consumo e de trabalho, também é agora claro que a aplicabilidade das normas imperativas protetoras do consumidor e do trabalhador da lei supletivamente aplicável são geralmente aplicáveis em exclusão da lei escolhida, se mais favoráveis do que a lei escolhida. Ou seja, as normas materiais protetoras da parte mais fraca no contrato que intervêm em exclusão da lei escolhida nos termos dos arts. 6º nº 2 e 8º nº 1 não têm de ser normas de aplicação imediata. Podem sê-lo, mas para o funcionamento do limite à autonomia estabelecido nestas disposições é suficiente demonstrar a sua imperatividade[15].

II. A recuperação do critério de identificação conflitual tradicional.

4. A definitiva clarificação da distinção entre as normas imperativas em geral e as normas imperativas que podem atuar como normas de aplicação necessária é um dado positivo do RRI. A definição constante do art. 9º nº 1 contribui para tornar claro serem as normas de aplicação imediata uma subclasse das normas imperativas, que pretendem aplicação nos termos de uma conexão unilateral própria, independentemente da lei reguladora do contrato.

Neste ponto, o critério essencial de identificação da categoria é a sua distintiva técnica conflitual. Enquanto as normas materiais em geral, mesmo imperativas, seguem em princípio a competência da ordem jurídica a que pertencem nos termos das normas de conflitos bilaterais, as normas de aplicação imediata

---

[13] "O conceito de «normas de aplicação imediata» deverá ser distinguido da expressão «disposições não derrogáveis por acordo» e deverá ser interpretado de forma mais restritiva".

[14] Incluindo aqui as normas nacionais de transposição de Diretivas.

[15] Questão diferente, abordada mais abaixo, é se as normas materiais protetoras do consumidor e do trabalhador, quando não sejam aplicáveis nos termos dos arts. 6º e 8º, podem ser consideradas nos termos do artigo 9º, tendo em conta a noção material de normas de aplicação imediata constante do nº 1.

caracterizam-se por poderem aplicar-se de forma unilateral, nos termos de conexão unilateral própria, à margem da norma de conflitos bilateral e da competência da ordem jurídica em que se integram. Daí a sua descrição como normas «autolimitadas»[16], no sentido de normas que autoestabelecem o seu domínio de aplicação no espaço, ou como normas internacionalmente imperativas[17], porquanto pretendem aplicação a situações com elementos de internacionalidade à margem da lei competente.

Encontramos aqui um primeiro critério, mais clássico e relativamente consensual, de identificação das normas de aplicação imediata, que descreve o seu modo de funcionamento particular no plano do Direito dos Conflitos. Este critério já constava do art. 7º da Convenção de Roma, mas a propósito do regime das normas de aplicação imediata estrangeiras. Ora, o nº 1 do art.7º não está em vigor nos países que fizeram reserva ao nº 1, entre os quais se conta Portugal. Tal não impediu o desenvolvimento pela doutrina e jurisprudência de um conceito de normas de aplicação imediata que integra o mecanismo conflitual descrito. No entanto, com o RRI, o elemento conflitual típico das normas de aplicação imediata passa a valer como critério uniforme na sua identificação, sem deixar qualquer margem para equívocos, podendo ainda ser controlado pelo TJC, no âmbito da sua competência interpretativa.

III. A introdução de um critério material uniforme de identificação

5. Se os critérios conflituais de identificação das normas de aplicação imediata não representam uma grande novidade, já a introdução de uma noção material é claramente uma inovação que pode ter consequências no regime destas normas em vários Estados membros, incluindo Portugal.

Materialmente, o art. 9º nº 1 define as normas de aplicação imediata como as "disposições cujo respeito é considerado fundamental por um país para a salvaguarda do interesse público, designadamente a sua organização política, social ou económica".

---

[16] LIMA PINHEIRO, L., *Direito Internacional Privado, Introdução e Direito de Conflitos. Parte Geral,* 3ª ed., vol. I, Coimbra, Almedina, 2008, p.245-246, para quem as normas de aplicação imediata correspondem a um modo de atuação das normas «autolimitadas».

[17] MOURA VICENTE, *Da Responsabilidade Pré-contratual em Direito Internacional Privado,* Coimbra, Almedina, 2001, p.627.

Esta noção tem inspiração direta[18] na definição constante do acórdão *Arblade*[19], ela própria baseada na noção belga de «leis de polícia»[20], influenciada pelos trabalhos de FRANCESCAKIS nesta matéria[21].

Para além da clarificação da distinção com as normas materiais imperativas simples, temos um efeito de total uniformização da noção[22], onde se conjugam critérios conflituais, relativamente consensuais, com critérios substantivos, bastante mais polémicos[23]. A principal questão que se coloca na sequência desta noção

[18] Livro Verde, p. 37; a noção transitou tal qual para a proposta de Regulamento da Comissão de 2005, no – então – artigo 8º nº 1.

[19] TJC, 23.11.1999, processos C-369/96 e C-374/96: a lei de polícia é "uma disposição nacional cuja observância foi considerada crucial para a salvaguarda da organização política, social ou económica do Estado-Membro em causa, a ponto de impor o seu respeito a qualquer pessoa que se encontre no território nacional desse Estado-Membro ou a qualquer relação jurídica neste localizada" – ponto 30. No RRI, esta noção material foi mantida, com algumas transformações – em particular a referência ao "interesse público" –, tendo sido reformulada a noção conflitual nos termos acima descritos.

[20] Na realidade, o acórdão *Arblade*, fonte de inspiração do artigo 9º nº 1, recebe a noção nacional das "leis de polícia" do Direito de conflitos belga, porque a questão principal se referia à compatibilidade dessas normas com as liberdades comunitárias.

[21] Sobre esta filiação: LIMA PINHEIRO, "Rome I Regulation: Some Controversial Issues" *in Grenzen überwinden – Prinzipien bewahren. Festschrift für Bernd von Hoffmann zum 70. Geburtstag*, Kronke-Thorn (eds), Bielefeld, Gieseking, 2011, pp. 242-257 (p.254); BONOMI, *Le nouveau règlement européen «Rome I»*, 2008, p.224.

[22] BONOMI, *Le nouveau règlement européen «Rome I»*, 2008, p. 226.

[23] Note-se que, logo no momento inicial, a integração desta – se não de qualquer – noção material foi posta em causa. Nas respostas ao Livro Verde, o NORDIC GROUP considerou a receção da noção constante do acórdão *Arblade* "too cumbersome ... to be included in a legal text", constituindo a descrição do mecanismo conflitual "informação suficiente" – NORDIC GROUP FOR PRIVATE INTERNATIONAL LAW, *Proposals for Amendments to the Convention on the Law Applicable to Contractual Obligations*, 2003, p. 48. Em sentido próximo, considera bastante uma referência à intensidade dos interesses em causa: UNIVERSITÉ LIBRE DE BRUXELLES (UNITÉ DE DROIT INTERNATIONAL PRIVÉ) ET UNIVERSITÉ DE LIÈGE (DÉPARTEMENT DE DROIT INTERNATIONAL PRIVÉ), *Observations sur la transformation de la Convention de Rome sur la loi applicable aux obligations contractuelles en instrument communautaire ainsi que sur sa modernisation*, 2003, p. 14 e p. 21. A favor da introdução de uma noção material de normas de aplicação imediata próxima daquela que acabou por ser recebida no artigo 9º nº 1, em ordem a uniformizar o conceito nos vários Estados membros: MAX PLANCK INSTITUTE, *Comments*, p.35. Após a integração da noção material no Regulamento, são vários os autores que mantêm uma posição crítica, em particular se a noção for interpretada em termos restritivos – entre outros, BIAGIONI, "Art. 9. – Norme di applicazione necessaria" *in Regolamento CE n. 593/2008 del Parlamento europeo e del Consiglio del 17 giugno 2008 sulla legge applicabile alle obbligazionicontrattuali («Roma I»). Le nuove leggi civile commentate*, Salerno-Franzina (eds), Milão, CEDAM, 2009, pp. 788-804, (p.789); BONOMI, *Le nouveau règlement européen «Rome I»*, 2008, pp.231-232; FRANCQ-JAULT-SESEKE, *Le réglement communautaire «Rome I»*, 2011, pp.366-371. Apesar de concordar com a intenção restritiva, reprova a técnica utilizada para realizar este objetivo, nomeadamente o recurso a um conceito material: LIMA PINHEIRO, *Rome I Regulation: Some Controversial Issues*, 2011, pp.254-255.

legal uniforme refere-se à sua potencial eficácia restritiva aquando da qualificação de uma norma imperativa como sendo de aplicação imediata.

IV. Efeitos da introdução de uma noção material uniforme

6. Do art. 9º nº 1, nomeadamente dos elementos materiais de identificação, retira-se uma intenção restritiva relativamente à intervenção das normas de aplicação imediata. Esta postura encontra eco noutros pontos do Regulamento, designadamente no Considerando (37), onde se sublinha a excecionalidade da figura, colocada inclusive ao lado da reserva de ordem pública, instituto excecional por excelência, referindo-se ainda a necessária interpretação restritiva da categoria. No mesmo sentido, assiste-se a uma redução do campo de intervenção das normas de aplicação imediata estrangeiras em relação à Convenção de Roma[24].

A posição desfavorável à intervenção das normas de aplicação imediata justifica-se, geralmente, na sua visão como um elemento suscetível de perturbar o processo de determinação da lei aplicável. No quadro de um Regulamento cujo objetivo essencial é a uniformização do regime dos contratos internacionais no espaço europeu, aumentam as razões para limitar a intervenção deste elemento perturbador.

A intervenção de normas singulares à margem da lei do contrato afeta a certeza e previsibilidade da lei aplicável ao contrato, potencia uma maior fragmentação do estatuto contratual e enfraquece a faculdade de escolha da lei. Ora, a segurança[25], a autonomia conflitual[26] e a unidade da lei do contrato[27] constituem elementos fundamentais do Regulamento. Os próprios objetivos centrais de uniformização da lei reguladora do contrato nos vários Estados membros e de promoção da harmonia internacional de julgados[28] são postos em causa com a intervenção das normas de aplicação imediata.

Todavia, verifica-se uma tensão entre esta posição restritiva e o reconhecimento da existência de normas materiais que perseguem objetivos fundamentais e cuja realização efetiva requer determinado âmbito de aplicação no espaço, realidade

---

[24] Vejam-se as diferenças entre o artigo 7º nº 1 da Convenção de Roma e o artigo 9º nº 3..

[25] No Considerando (16), a segurança jurídica e a previsibilidade da lei aplicável são descritas como elementos centrais do Regulamento.

[26] No Considerando (11), a autonomia conflitual é elevada à qualidade de "pedra angular" do sistema do Regulamento.

[27] Apesar de não se encontrar uma referência expressa à preferência do legislador do Regulamento por soluções suscetíveis de evitar a fragmentação do estatuto contratual, esta pode retirar-se do desaparecimento da faculdade de *dépeçage* objetivo, quando esta era aceite na Convenção de Roma, assim como da referência no Considerando (20) à conexão acessória como um elemento relevante na determinação da lei supletivamente aplicável ao contrato.

[28] Considerando (6).

ESTUDOS EM HOMENAGEM A MIGUEL GALVÃO TELES

reconhecida pelo próprio legislador comunitário e visível no novo fenómeno das normas de aplicação necessária com origem comunitária[29]. O legislador do Regulamento não pode deixar de aceitar um espaço para as normas de aplicação imediata, espaço que também tem de reconhecer às normas com origem nacional[30].

Contudo, o art. 9º nº 1, conjugado com os restantes elementos acima referidos, revela um propósito dissuasor[31] na caraterização das normas materiais nacionais como normas de aplicação imediata em ordem a evitar a sua proliferação. Neste sentido, terá um efeito restritivo atenuado. Requer-se uma atitude de cautela, do legislador e da jurisprudência, quando confrontados com a tentação de aplicar o Direito do foro a contratos internacionais regulados por uma lei estrangeira[32].

Se for esta a função do conceito material constante do art. 9º nº 1, o seu efeito vinculativo, em particular em relação ao legislador, é limitado, se não nulo. Tal interpretação tem apoio na própria letra do artigo: as normas materiais acedem à qualificação de normas de aplicação imediata quando um país – o que não pode deixar de incluir o correspondente legislador – as considerar fundamentais para a salvaguarda do interesse público, designadamente a sua organização política, social ou económica[33]. Há uma clara remissão da opção em qualificar as normas como sendo de aplicação imediata para uma opção do legislador nacional. Não nos parece que o TJC possa, de alguma forma, pôr em causa esta decisão, salvo quando estejam em causa normas de aplicação imediata com origem comunitária.

Ou seja, perante uma norma material que pretende aplicação nos termos de uma conexão unilateral *ad hoc* expressa, o TJC não poderá recusar essa qualificação

---

[29] O exemplo mais conhecido é constituído pelas várias Diretivas de proteção do consumidor, que – com algumas variações – integram regras sobre a sua aplicação no espaço. Sobre estas, ver GALVÃO TELES, "A Lei Aplicável aos Contratos de Consumo no «Labirinto Comunitário»" *in Estudos em Homenagem ao Prof. Doutor Inocêncio Galvão Teles*, Menezes Cordeiro – Menezes Leitão – Costa Gomes (eds), Lisboa, Almedina, 2002, pp.683-754. O próprio TJC também já recorreu a esta figura, embora não o reconhecendo expressamente, ao atribuir natureza de aplicação imediata às disposições da Diretiva 86/653 que atribuem ao agente o direito a uma indemnização de clientela aquando da cessação do contrato sempre que o contrato tenha uma "conexão estreita" com a Comunidade, nomeadamente quando o agente desenvolva a sua atividade no território comunitário – 9.11.2000, *Ingmar GB Ltd / Eaton Loanard Technologies Inc*, processo C-381/98.

[30] Espaço que o TJC reconhece, aliás, às «leis de polícia» belgas no próprio acórdão *Arblade*.

[31] BONOMI, *Le nouveau règlement européen «Rome I»*, 2008, p.226; FRANCQ-JAULT-SESEKE, *Le réglement communautaire «Rome I»*, 2011, p.369.

[32] Não se vê razão para este convite não se estender também ao legislador comunitário e ao próprio TJC.

[33] Refere a introdução de um "elemento subjetivo" no processo de identificação das normas de aplicação imediata: DICKINSON, "Third-Country Mandatory Rules in the Law Applicable to Contractual Obligations: So Long, Farewell, Auf Wiedersehen, Adieu", *JPIL*, 2007, pp. 53-88 (p.67). No sentido de que a remissão para o contexto interno como o contexto decisivo acaba por minorar a intenção restritiva, BIAGIONI, *Roma I*, 2009, p.792.

com fundamento na sua não subsunção ao conceito material constante do art. 9º nº 1. Esta solução impõe-se mesmo que se venha a optar por uma interpretação restritiva da noção de "interesse público" nos termos abaixo referidos: a partir do momento em que o legislador nacional prescreve a aplicação de uma norma material à margem da lei competente, estabeleceu de forma definitiva, incluindo perante o art. 9º nº 1, tratar-se de uma disposição essencial à salvaguarda dos seus interesses públicos.

O conceito material de normas de aplicação imediata acaba assim por se desintegrar, pelo menos em relação às normas de aplicação imediata expressas, numa aproximação das posições que consideram ser impossível caracterizar substantivamente a categoria[34].

7. O conceito material poderá ser mais operacional em relação à identificação pelos tribunais dos Estados-membros de normas de aplicação imediatas implícitas. Até porque o verdadeiro problema das normas de aplicação imediata não é tanto a sua noção, em particular a sua forma de atuação do ponto de vista conflitual, mas decidir se determinada norma imperativa que nada diz sobre o seu âmbito de aplicação no espaço deve ser considerada uma norma imperativa comum, cuja aplicação depende da competência da ordem jurídica onde se integra, ou uma norma internacionalmente imperativa, que pretende aplicação à margem da lei do contrato. O art. 9º nº 1 pretende ajudar o intérprete-aplicador, indicando as características materiais justificativas da qualificação das normas imperativas como sendo suscetíveis de aplicação necessária[35].

Neste domínio, o conceito material constante do art. 9º nº 1 já poderá ter um efeito restritivo efetivo. As normas materiais nacionais que pretendam aplicar-se à margem da lei do contrato nos termos de uma conexão unilateral *ad hoc*, quando

---

[34] Neste sentido, GALVÃO TELES, "A Lei Aplicável aos Contratos de Consumo no «Labirinto Comunitário»" in *Estudos em Homenagem ao Prof. Doutor Inocêncio Galvão Teles*, Cordeiro- Leitão- Gomes (eds), Lisboa, Almedina, 2002, pp. 683-754: "a opção por associar uma conexão unilateral específica a uma norma material imperativa corresponde a uma opção livre do legislador – não há normas de aplicação imediata por natureza". No mesmo sentido, acentuando a heterogeneidade material destas normas, LIMA PINHEIRO, *Rome I Regulation: Some Controversial Issues*, 2011, pp.254-255; BRITO, *A representação em direito internacional privado. Um contributo para o estudo do princípio da coerência em direito internacional privado*, Coimbra, Almedina, 1999, pp.701-708.

[35] Tipicamente, esta questão colocar-se-á em relação à aplicação de normas materiais foro, nos termos da autorização prevista no artigo 9º nº 2, mas não está excluído que se possa colocar em relação à aplicação de normas imperativas estrangeiras, nos termos do mecanismo previsto no nº 3. Não pode, contudo, deixar de se considerar que o processo de estabelecer uma norma de aplicação imediata implícita, já difícil perante o Direito do foro, se afigura altamente complexo perante o Direito estrangeiro, com consequências negativas para a previsibilidade das soluções. Impõe-se, em consonância, um redobrar de cuidado no reconhecimento de normas de aplicação imediata implícitas nos termos do artigo 9º nº 3.

ESTUDOS EM HOMENAGEM A MIGUEL GALVÃO TELES

tal conexão não se encontre expressamente estabelecida, terão de passar pelo «crivo» do art. 9º nº 1 e preencher o conceito aí estabelecido[36]. A dimensão desta consequência não é displicente, em particular se considerarmos que ainda é frequente o fenómeno das normas de aplicação imediata implícitas[37]. Este efeito será tanto mais restritivo quanto mais restritiva for a interpretação do conceito constante do art. 9º nº 1.

O principal elemento a considerar nesta interpretação está na referência no art. 9º nº 1 à prossecução do "interesse público" e à garantia da "organização política, económica e social" dos Estados.

Numa interpretação mais branda, estas noções serão pouco mais do que uma reformulação da referência geral à particular intensidade valorativa das normas suscetíveis de atuar como normas de aplicação imediata[38]. Numa interpretação mais dura, que marca a importância da ligação ao "interesse público", este conceito fecha-se, e pode impedir a consideração no quadro do art. 9º de toda uma

---

[36] BONOMI fala, a este propósito, de um potencial novo nível de controlo, a acrescentar ao controlo da compatibilidade das normas de aplicação imediata com as liberdades comunitárias, resultante da jurisprudência *Arblade* – BONOMI, *Le nouveau règlement européen «Rome I»*, 2008, p. 227.

[37] Neste sentido, a título de exemplo, veja-se a jurisprudência portuguesa sobre a aplicabilidade das normas que proíbem os despedimentos sem justa causa, assim como as considerações de MOURA RAMOS, *Da Lei Aplicável ao Contrato de Trabalho Internacional*, Coimbra, Almedina, 1991, p. 790 ss e LIMA PINHEIRO, *Direito Internacional Privado. Introdução e Direito de Conflitos. Parte Geral*, 3ª ed., vol. I, Coimbra, Almedina, 2008, p. 248, considerações que ainda permitem reconhecer algum espaço de intervenção à aplicabilidade unilateral destas normas mesmo perante as normas de conflitos especiais para os contratos de trabalho da Convenção de Roma e do RRI. Alguns autores portugueses consideram ainda a possibilidade de o regime protetor do arrendatário ser de aplicação imediata, quando o imóvel arrendado se situe em Portugal – neste sentido, MARQUES DOS SANTOS, "Arrendamento urbano e arbitragem voluntário" in *Estudos em Homenagem ao Prof. Doutor Inocêncio Galvão Teles*, Menezes Cordeiro – Menezes Leitão – Costa Gomes (eds), vol.III, Lisboa, Almedina, 2002, p.585 ss; LIMA PINHEIRO, *DIP, Parte Geral*, 2008, p.252; defendendo uma solução próxima perante o Direito alemão: MAX PLANCK, *Comments*, p. 78. No estrangeiro, pode citar-se a jurisprudência nacional que, na sequência do acórdão *Ingmar*, ele próprio correspondente à identificação de uma norma de aplicação imediata implícita, vem atribuir natureza de aplicação necessária às normas nacionais que reconhecem um direito de indemnização de clientela ao agente: OLG Munique, 17.05.2006; High Court, 30.10.2009; Cass. Belge 16.11.2006 – em sentido oposto, veja-se a decisão francesa Cass., 28.11.2000, JDI, p. 511. Veja-se também a jurisprudência francesa que estabelece a aplicabilidade das normas da lei nº 75-1334 de 31.12.1975 que reconhecem ao subcontratante um direito de ação direta contra o dono da obra, desde esteja em causa um imóvel situado em França: Cass. Ch. Mixte, 30.11.2007; Cass. Civ, 3e, 30.01.2008, RCDIP, 2009 – PIRODDI, "The French Plumber, Subcontracting, and the Internal Market", *Yearbook of Private International Law*, 2008, pp. 593-616.

[38] Neste sentido, BONOMI, *Le nouveau règlement européen «Rome I»*, 2008, pp. 231-232; FRANCQ-JAULT-SESEKE, *Le réglement communautaire «Rome I»*, 2011, pp.366-369.

série de normas frequentemente associadas a esta categoria, nomeadamente aquelas que visam a proteção da parte mais fraca no contrato.

Esta conceção restritiva das normas de aplicação imediata tem tido particular desenvolvimento na doutrina e jurisprudência alemã com a distinção entre *Eingriffsnormen* e *Parteischutzvorschriften*. As *Eingriffsnormen* intervêm nos contratos para realizar diretamente objetivos de interesse público, como a proteção da concorrência, a proteção do património cultural, a proteção da moeda nacional, e os vários limites às exportações e importações, embargos e semelhantes. Já as *Parteischutzvorschriften* têm, primariamente, como objetivo preservar ou restabelecer o equilíbrio na posição relativa das partes no contrato. Destaca-se aqui a proteção do consumidor e do trabalhador, mas também pode ser considerada a proteção de outros sujeitos que tendem a encontrar-se numa posição de maior vulnerabilidade no contrato, como, entre outros, o agente e o franquiado, o subcontratante e o autor. Segundo uma opinião que encontra eco em vários elementos da doutrina e foi recebida na jurisprudência alemã, só as *Eingriffsnormen* podiam ser aplicadas nos termos do art. 7º da Convenção de Roma, sendo as *Parteischutzvorschriften* aplicadas nos termos dos arts. 5º e 6º da Convenção de Roma[39]-[40]. Ou seja, só as *Eingriffsnormen*, que se dirigem à proteção de interesses públicos em sentido estrito, podem ser qualificadas como verdadeiras normas de aplicação imediata, tendo esta restrição sido recebida no conceito material constante do art. 9º nº 1[41].

---

[39] Sobre esta distinção na doutrina alemã e a sua receção na jurisprudência, ver: MAX PLANCK, *Comments*, pp. 78-80; MAGNUS-MANKOWSKI, *Joint Response*, pp. 33-34, ambos favoráveis a uma interpretação restritiva da noção material de normas de aplicação imediata ligada à realização dos "interesses públicos". Veja-se ainda a defesa por MANKOWSKI, no quadro do regime conflitual dos contratos de trabalho, de uma interpretação restritiva do artigo 9º nº 1 como aplicável apenas às *Eingriffsnormen*: MANKOWSKI, "Employment Contracts under Article 8 of the Rome I Regulation" in *Rome I Regulation. The Law Applicable to Contractual Obligations in Europe*, Ferrari- Leible (eds), Munique, Sellier, 2009, pp. 171-216 (pp. 204-206).

[40] Também é possível encontrar elementos próximo nalguma doutrina francesa que distingue as verdadeiras «leis de polícia» e as meras normas de aplicação imediata. Perante a Convenção de Roma, alguns autores franceses retiravam desta distinção a limitação do artigo 7º – até por ser esta a sua epígrafe – às verdadeiras *lois de police*, que se destinam à proteção de interesses coletivos, interpretando no entanto esta noção de forma mais ampla: KASSIS, *Le nouveau droit européen des contrats internationaux*, Paris, LGDJ, 1993; POMMIER, *Principe d'autonomie et loi du contrat international privé conventionel*, Paris, Economica, 1992.

[41] Fora da Alemanha, defendem esta interpretação restritiva do artigo 9º nº 1: GARCIMARTIN ALFÉREZ, F. J., "The Rome I Regulation: Much ado about nothing?", *The European Legal Forum*, 2008, p. 1-16 – "Article 9 Rome I only encompasses "ordo-political rules" or Eingriffsrechte, i.e. it can only be invoked when "public interests" are at stake [...] Rules such as those aimed at the protection of a party to the contract (consumers, agents, and so on) are not included in this concept"; D'AVOUT L., "Le sort des règles impératives dans le règlement Rome I", Recueil Dalloz, 2008, p. 2167.

ESTUDOS EM HOMENAGEM A MIGUEL GALVÃO TELES

A favor desta interpretação mais restritiva, no próprio texto do Regulamento, pode invocar-se, para além da referência expressa ao "interesse público", o apelo no Considerando (37) à natureza excecional das normas de aplicação imediata e à sua interpretação restritiva.

Do ponto de vista sistemático, há ainda que considerar a consagração no Regulamento de normas de conflitos bilaterais específicas para várias categorias contratuais caraterizadas pela especial vulnerabilidade de uma das partes no contrato: os contratos de consumo e trabalho, e agora também os contratos de seguro e transporte de pessoas[42]. As normas protetoras de uma categoria de sujeitos já têm o seu espaço de intervenção, e não é necessária uma proteção suplementar nos termos do art. 9º. Note-se inclusive que o Regulamento reduziu de forma expressiva uma das zonas onde a questão era mais problemática, com a extensão do âmbito de aplicação da norma de conflitos relativa aos contratos de consumo[43]. Os Considerandos (23) e (32) vêm reforçar esta conceção, pois parece pretender o legislador uma remissão integral da proteção da parte mais fraca nos contratos para um conjunto de regras de conflitos específicas, retirando-a do mecanismo das normas de aplicação imediata. Também será aqui relevante o art. 3º nº 4 acima referido: porquanto muitas normas nacionais de proteção da parte mais fraca no contrato têm origem no Direito comunitário derivado[44], estas normas serão aplicáveis a todos os contratos intracomunitários, mesmo quando haja escolha de uma lei extracomunitária, sem necessidade de recorrer ao art. 9º.

Uma receção pelo TJC da interpretação restritiva dos critérios materiais de identificação, nomeadamente da referência ao "interesse público", corresponderá à introdução de um novo conceito de normas de aplicação imediata no Direito de conflitos de muitos Estados membros, incluindo em Portugal. Implicará também a condenação da jurisprudência nacional que recorreu ao conceito de normas de aplicação imediata para aplicar normas de proteção da parte mais fraca constantes do Direito do foro[45].

Contra esta interpretação é, no entanto, possível levantar várias objeções.

---

[42] Sendo que a técnica de proteção prevista nos artigos 5º nº 2 e 7º nº 3 é diferente da utilizada nos artigos 6º nº 2 e 8º nº 1: enquanto nestes se estabelece que a escolha de lei não pode privar o consumidor ou trabalhador do nível de proteção constante da lei supletivamente competente; naqueles limita-se diretamente a escolha a um leque limitado de leis.

[43] Foi sobretudo na delimitação do âmbito de aplicação do artigo 5º e do artigo 7º da Convenção de Roma que a questão da aplicabilidade de normas protetoras foro se colocou, dado o âmbito de aplicação relativamente restrito do artigo 5º – com referências à doutrina e jurisprudência alemã, ver: MAGNUS-MANKOWSKI, *Joint Response*, p.34.

[44] As Diretivas «Consumidores» são aqui o exemplo mais típico, mas pode também considerar-se a proteção do agente, nos termos da Diretiva 86/653, tal como interpretado pelo acórdão *Ingmar*.

[45] Neste sentido, veja-se a jurisprudência nacional acima referida.

Em primeiro lugar, o papel atribuído à referência ao "interesse público" no art. 9º nº 1 é discutível perante as circunstâncias da sua introdução. Segundo alguns autores, esta expressão, que não constava do acórdão *Arblade* nem da proposta inicial da Comissão, foi, na realidade, introduzida para evitar uma noção excessivamente restritiva das normas de aplicação imediata[46] – indo num sentido oposto àquele que lhe é atribuído. Por outro lado, a referência à interpretação restritiva no Considerando (37) é feita no contexto da distinção entre normas de aplicação imediata e normas imperativas simples acima referida. Usá-la para excluir as normas que protegem a parte mais fraca no contrato parece-nos ir para lá do pretendido.

Do ponto de vista sistemático, as normas de conflitos bilaterais específicas, para além de não cobrirem necessariamente todas as situações[47], não esgotam todas as categorias contratuais onde pode intervir uma parte mais fraca cuja proteção implica determinado âmbito de aplicação no espaço. Assim, tem vindo a ganhar terreno a ideia de proteção de uma das partes no contrato na área da distribuição, *maxime* na agência e franquia[48]. Também se encontram apelo à proteção do arrendatário[49], do autor[50] e do subcontratante[51]. Por outro lado, a técnica utilizada para a pessoa transportada e o tomador de seguro não se articula tão bem com o art. 9º como a técnica utilizada para os contratos de consumo e de trabalho.

A recusa em reconhecer a natureza de normas de aplicação imediata às normas que visam a proteção da parte mais fraca no contrato perante o art. 9º nº 1 entra, aliás, em completa contradição com a posição comunitária nesta matéria. No próprio acórdão *Arblade* são, precisamente, qualificadas como «leis de polícia» as normas – nacionais – de proteção do trabalhador, numa linha de raciocínio que se encontra também na Diretiva 96/71/CE relativa ao destacamento de

---

[46] FRANCQ-JAULT-SESEKE, *Le réglement communautaire «Rome I»*, 2011, p.369.

[47] No sentido de que a questão da aplicabilidade de normas materiais de proteção do consumidor e do trabalhador nos termos do artigo 9º continua a ser pertinente perante o RRI, vejam-se os exemplos referidos por LANDO-NIELSEN, "The Rome I Regulation", *CMLRev*, 2008, pp. 1687–1725 (pp.1723-1724).

[48] Neste sentido, veja-se a justificação para a competência, a título supletivo, nas alíneas e) e f) do artigo 4º, da lei da residência habitual do distribuidor e do franquiado na Proposta da Comissão: "As soluções adotadas explicam-se pelo facto de o direito comunitário material se destinar a proteger o franqueado e o distribuidor enquanto partes vulneráveis".

[49] Ver *supra*.

[50] Esta ideia justifica, em parte, a proposta pela Comissão, nos contratos sobre a propriedade intelectual ou industrial, da competência supletiva da lei do país onde quem transfere ou concede os direitos tem a sua residência habitual – que acabou por não transitar para a versão definitiva do RRI. Para um exemplo de aplicação das normas de proteção do autor como normas de aplicação imediata, veja-se a decisão francesa Cass. civ. lère, 28.05.1991, *RCDIP*, 1991, p.752.

[51] Neste sentido, veja-se a jurisprudência francesa acima citada.

ESTUDOS EM HOMENAGEM A MIGUEL GALVÃO TELES

trabalhadores. Por outro lado, o legislador comunitário tem defendido a aplicação das normas protetoras do consumidor com exclusão da escolha de uma lei extracomunitária em todas as Diretivas nesta matéria. Por fim, o acórdão *Ingmar* corresponde, na realidade, à atribuição de natureza de normas de aplicação imediata aos arts. 17º e 18º da Diretiva 86/653, relativas à proteção do agente no caso de cessação do contrato[52].

Não se pode sequer considerar que, de qualquer forma, a aplicação destas normas esteja garantida pelo art. 3º nº 4. Os factos em causa no acórdão *Ingmar* não integram a previsão desta disposição, na medida em que a situação não era intracomunitária[53]. Também não está garantida a aplicação das Diretivas de proteção do consumidor, porquanto estas tipicamente pretendem aplicação quando se verifique uma "conexão estreita" com o território comunitário, o que não exclui uma ligação extracomunitária do contrato.

Mas definitiva parece-nos ser a profunda interligação entre a proteção de uma categoria de sujeitos e o interesse público[54]. Na realidade, as normas em causa dirigem-se, não só à proteção da parte mais fraca no contrato, mas também à realização, mais ou menos direta, de interesses que podem ser qualificados como públicos. Não é, normalmente, possível encontrar uma univocidade de sentido em todos estes regimes; há uma prossecução conjunta de interesses privados e coletivos[55]. A confluência num mesmo regime entre a proteção da parte mais fraca e

---

[52] "Os artigos 17º e 18º da Directiva 86/653, relativa à coordenação do direito dos Estados-Membros sobre os agentes comerciais, que garante determinados direitos ao agente comercial após a cessação do contrato de agência, devem aplicar-se quando o agente comercial exerceu a sua atividade num Estado-Membro, mesmo que o comitente esteja estabelecido num país terceiro e que, por força de uma cláusula do contrato, este se reja pela lei desse país".

[53] O estabelecimento do principal situava-se na Califórnia.

[54] Neste sentido, LIMA PINHEIRO, "O Novo Regulamento Comunitário Sobre a Lei Aplicável às Obrigações Contratuais" *in Estudos de Direito Internacional Privado. Contratos, Obrigações Extracontratuais, Insolvência, Operações Bancárias, Operações sobre Instrumentos Financeiros e Reconhecimento de Decisões Estrangeiras*, vol. II, Coimbra, Almedina, 2009, pp. 401-471 (p.465); FRANCQ-JAULT-SESEKE, *Le réglement communautaire «Rome I»*, 2011, pp.366-368; BONOMI, *Le nouveau règlement européen «Rome I»*, 2008, pp. 230-231; BARIATTI, «Les limites au choix de la loi applicable dans les contrats impliquant une partie faible» *in Le réglement communautaire «Rome I» et le choix de la loi dans les contrats internationaux*, Corneloup-Joubert (eds), Paris, Litec, 2011, pp. 325-340 (p. 327); BIAGIONI, *Roma I*, 2009, p. 792; BEHR, "Rome I Regulation. A – Mostly – Unified Private International Law of Contractual Relationships Within – Most – of the European Union", *Journal of Law and Commerce*, 2011, pp. 233-272 (p. 257); UNIVERSITÉ LIBRE DE BRUXELLES, *Observations*, 2003, pp. 12-13.

[55] Vários autores falam, a este propósito, de uma proteção mediata ou reflexa dos interesses públicos, em contraposição com a proteção direta de interesses individuais. Na nossa opinião, pode ir-se mais longe: há muitas vezes uma verdadeira convergência dos dois numa mesma legislação. Em sentido próximo: NORDIC GROUP, *Proposals*, p. 49 – "it is often impossible to determine whether a particular rule has been enacted to protect the interests of the state or those of individual par-

a realização dos interesses da coletividade é particularmente visível nos Estados que lhe dão assento constitucional, como acontece em Portugal.

A concatenação num único regime entre os interesses privados e públicos é reconhecida pelo próprio TJC. Na decisão *Ingmar*, o Tribunal considerou que "o regime previsto nos arts. 17º a 19º da diretiva ... tem por objetivo proteger, através da categoria dos agentes comerciais, a liberdade de estabelecimento e o jogo de uma concorrência não falseada no mercado interno, de modo que essas disposições devem ser aplicadas quando a situação apresente um nexo estreito com a Comunidade". Ainda mais claramente, no acórdão *Mostazo Claro*, o TJC, perante a Diretiva 93/13/CEE, relativa às cláusulas abusivas, afirma "a natureza e a importância do interesse público sobre o qual se baseia a proteção que a Diretiva concede aos consumidores"[56].

Por fim, parece-nos que a introdução do critério limitativo dos interesses públicos acaba, na realidade, por introduzir ainda mais incerteza. Isto porque mesmo os autores que defendem esta restrição reconhecem não se dever excluir, de forma genérica, a ligação das normas que regulam estes contratos à realização do interesse público. A decisão terá de ser tomada perante cada norma material concreta, com critérios que se reconhece não serem nem definitivos, nem óbvios[57].

---

ties or both. The state may have a strong interest in protecting individuals ... in the end all public interests are based on interests of individuals and only individuals exist in the real world and are capable of having interests". Neste sentido, particularmente ilustrativo, veja-se o Preâmbulo do Decreto-lei português relativo ao regime jurídico do direito real de habitação periódica, tanto na sua versão inicial (DL nº 275/93, de 05/08), como na sua última versão (DL nº 37/2011, de 10/03): são aqui colocadas lado a lado a garantia da qualidade dos empreendimentos turísticos em Portugal, tendo em conta a importância deste sector na economia portuguesa, e a proteção do adquirente, que é considerado como parte mais fraca na relação contratual. Também é representativa desta interligação a análise feita por FRANCQ-JAULT-SESEKE do regime francês relativo aos atrasos nos pagamentos, em relação ao qual já se colocou a possível e aplicação a contratos entre fornecedores franceses e devedores estrangeiro à margem da *lex causae*, que se dirige à proteção das pequenas e médias empresas, mas considera também as consequências negativas de prazos de pagamentos excessivamente longos na economia em geral – FRANCQ-JAULT-SESEKE, *Le réglement communautaire «Rome I»*, 2011, p.367. Pode fazer-se uma análise semelhante perante os objetivos do Decreto--Lei português nº 32/2003 de 17/02.

[56] 26.10.2006, C-168/05, *Mostaza Claro v. Centro Móvil Milenium.*

[57] Neste sentido, MANKOWSKI, defensor da limitação do artigo 9º às *Eingriffsnormen*, reconhece a complexidade da distinção entre éstas e as *Parteischutzvorschriften*, em particular no regime dos contratos de trabalho, devido à sua dimensão política, social e económica. Em consequência, no lugar de uma rejeição genérica da aplicabilidade do regime do contrato de trabalho nos termos do artigo 9º, o autor apela a uma consideração norma a norma. Não nos parece que este raciocínio deva ser um exclusivo do regime dos contratos de trabalho, podendo também aplicar-se ao regime de outras categorias contratuais onde se pretende a proteção da parte mais fraca – MANKOWSKI, *Rome I Regulation*, 2009 (pp.204-206).

Na nossa opinião, esta dificuldade exprime, na realidade, a dificuldade em desarticular a interligação entre os interesses privados e públicos que atravessa toda esta matéria. Tentar separá-los parece-nos ser uma tarefa inglória, e com resultados que acabarão por não ser vantajosos perante as razões fundamentais que justificam a restrição das normas de aplicação imediata, nomeadamente, a certeza e previsibilidade da lei aplicável, a não fragmentação do estatuto do contrato e a uniformidade de soluções.

8. A abertura da noção material de normas de aplicação imediata às normas de proteção da parte mais fraca não impede um efeito restritivo, mesmo se mais atenuado, da noção de normas de aplicação imediata. E a questão que se coloca aqui é se, para além de uma declaração de intenção em evitar a proliferação das normas de aplicação imediata, que poderá ser mais ou menos recebida nos Estados-membros, o TJC poderá controlar a conformidade à noção material de normas de aplicação imediata, agora reduzida à ideia de «particular intensidade valorativa».

Em relação às normas com origem comunitária e quando a referida imperatividade agravada estiver ligada ao Direito comunitário, o TJC tem clara competência para decidir sobre a atribuição de natureza de normas de aplicação imediata. Mas aqui, o mais provável, não será tanto a recusa de reconhecer uma norma de aplicação imediata, mas a sua imposição, à maneira do que já aconteceu no acórdão *Ingmar*.

Já nos parece ser difícil sustentar um controlo deste tipo em relação a normas ligadas à realização de interesses nacionais dos Estados-membros.

É verdade que o Regulamento em geral e o art. 9º em particular revelam uma pretensão de atuar como elemento dissuasor, se não limitativo, da facilidade dos tribunais nacionais em atribuir a natureza de aplicação imediata a normas imperativas do foro que nada dizem sobre a sua aplicação no espaço. No entanto, esta conceção restritiva contrasta com os termos do art. 9º nº 2, onde se consagra uma permissão de aplicação, aparentemente irrestrita, de todas normas de aplicação imediata do foro. Esta redação do art. 9º nº 2 vai, no mínimo, contra um controlo muito apertado da atuação dos tribunais do foro.

Na realidade, a identificação de uma norma de aplicação imediata implícita é, essencialmente, uma questão de Direito interno, que implica a apreensão do conteúdo, da função e dos objetivos de cada ordem jurídica nacional, escapando por natureza à intervenção do TJC. As normas de aplicação necessária são, fundamentalmente, normas de proteção de interesses nacionais, como a noção do art. 9º nº 1 reconhece, que só os tribunais nacionais podem considerar, como o nº 2 do mesmo artigo parece reconhecer.

Tal conceção encontra apoio na própria jurisprudência *Arblade*. Nesta decisão, o TJC não se imiscuiu na qualificação das normas materiais do foro como normas de aplicação imediata, apenas controlou a sua compatibilidade perante um limite externo, resultante das liberdades comunitárias[58].

9. O que pode então ser controlado pelo TJC nos termos da noção material do art. 9º nº 1? Com o afastamento da interpretação restritiva da noção de "interesse público" e a conclusão de que, em geral, só os tribunais nacionais, no contexto do Direito nacional, podem identificar as normas materiais que pretendem aplicação à margem da *lex contractus*, o conceito material de normas de aplicação imediata parece ter ficado esvaziado de qualquer sentido útil.

Alguns autores referem que os tribunais nacionais têm agora de justificar a sua decisão sempre que identifiquem uma norma de aplicação imediata[59], o que, supõe-se, poderá ser controlado pelo TJC – a existência de uma justificação, não os seus termos. Com esta obrigação de justificação espera-se que os tribunais nacionais resistam à tentação de qualificar como normas de aplicação imediata implícitas todas as normas imperativas consideradas particularmente importantes.

Na nossa opinião, a intervenção mais provável do TJC nos termos do art. 9º nº 1 não será num sentido restritivo, mas sim num sentido positivo, sancionando a legitimidade da norma de aplicação imediata em causa, se não mesmo de impondo-a, na linha da decisão *Ingmar*. A jurisprudência do TJC poderá aqui servir como critério de referência para a identificação das várias categorias de normas têm aptidão para ser qualificadas como normas de aplicação imediata.

V. Consequências da existência de um critério uniforme de identificação conflitual das normas de aplicação imediata

10. A maior parte dos autores, quando analisa as consequências restritivas que podem resultar do art. 9º nº 1 do RRI, concentra-se sobretudo nos critérios materiais de identificação das normas de aplicação imediata. Isto porque a noção, para além de ser uma novidade total, integra elementos que permitem uma interpretação restritiva da noção, nomeadamente a referência ao "interesse público". Como acabamos de ver, parece-nos ser pouco provável que este conceito material funcione efetivamente num sentido restritivo.

Note-se, no entanto, que os elementos conflituais constantes da 2ª parte do art. 9º nº 1 também são condição de aplicação da generalidade das normas imperativas à margem da *lex contractus*. Assim, perante o RRI, não parece ser possível invocar a aplicabilidade de normas imperativas constantes do Direito do foro ou

---

[58] Note-se, contudo, que esta situação é diferente de um pedido de interpretação baseado na noção de normas de aplicação imediata constante do artigo 9º nº 1 do RRI.

[59] FRANCQ-JAULT-SESEKE, *Le réglement communautaire «Rome I»*, 2011, p. 369; BONOMI, *Le nouveau règlement européen «Rome I»*, 2008, p. 226.

ESTUDOS EM HOMENAGEM A MIGUEL GALVÃO TELES

de uma terceira lei, se estas não se apresentarem, expressa ou implicitamente, como normas de aplicação imediata[60].

Por comparação com o critério material de identificação, não se trata propriamente de novidade. Perante o art. 7º da Convenção de Roma, a generalidade da doutrina já considerava ser a associação de uma conexão unilateral *ad hoc* às normas materiais uma condição de aplicabilidade das normas estranhas à *lex causae*[61].

Há, todavia, um elemento novo a considerar. O critério conflitual de definição da categoria normas de aplicação imediata integra atualmente uma noção comunitária, uniforme e autónoma, o que implica a competência interpretativa do TJC na sua aplicação[62]. Quando esteja em causa, num tribunal de um Estado-membro, a aplicabilidade de uma qualquer norma imperativa, verificando-se dúvidas quanto à sua pretensão de aplicação à margem da *lex contractus*, poderá haver lugar à intervenção do TJC. Em última análise, tal justificaria a intervenção controladora do TJC em relação a todo o processo de identificação das normas de aplicação imediata implícitas, incluindo a enunciação da conexão unilateral *ad hoc*[63].

À semelhança do referido a propósito da noção material, parece-nos que tal tarefa só pode ser levada a cabo pelos tribunais nacionais, perante as suas concretas normas materiais, e tendo em conta as razões sistemáticas e valorativas justificativas da atribuição a essas normas de natureza de aplicação imediata. Todo o processo de identificação das normas de aplicação imediata implícitas é profundamente integrado no sistema onde estas se encontram, tanto material como conflitual. Dificilmente se vê que o TJC se possa substituir aos tribunais do foro nessa função. Esta conclusão é aliás conforme ao próprio conceito de normas de aplicação imediata, onde se marca a existência de uma ligação intrínseca e incidível entre o conteúdo e os objetivo materiais da norma e a conexão unilateral *ad hoc*.

Também aqui, o art. 9º nº 1 terá sobretudo consequências numa maior exigência na justificação da identificação de uma norma de aplicação imediata

---

[60] Tal não impede a tomada em consideração das normas imperativas que não são normas de aplicação imediata no quadro da *lex contractus*: LIMA PINHEIRO, *DIP, Parte Geral*, 2008, pp. 281-283.

[61] Defendendo a aplicabilidade de normas meramente imperativas oriundas de um sistema com uma conexão particularmente significativa, nomeadamente da *lex loci solutionis*: Garofolo, "Volontà delle parti e norme imperative nella convenzione di Roma sulla legge applicabile ai contratti e nel nuovo sistema italiano di diritto internazionale privato", RCDIP, 1996, p.483. No mesmo sentido, criticando a limitação da relevância às normas de aplicação imediata perante o artigo 7º nº 1 da Convenção de Roma: LIMA PINHEIRO, *DIP, Parte Geral*, pp. 271-272 – por considerar que a solução implica um tratamento desigual de normas materiais com um mesmo conteúdo e função, só porque umas são configuradas, do ponto de vista conflitual, como normas de aplicação imediata e outras não.

[62] BONOMI, *Le nouveau règlement européen «Rome I»*, 2008 (pp. 226-227).

[63] Sobre o processo de identificação das normas de aplicação imediata implícitas, desenvolvidamente, LIMA PINHEIRO, *DIP, Parte Geral*, pp. 247-253.

implícita. Do art. 9º nº 1 resulta, essencialmente, uma regra com função interpretativa para os tribunais quando confrontados com normas imperativas com aquela particular intensidade valorativa que funda tipicamente as normas de aplicação imediata mas não integram uma conexão unilateral *ad hoc* expressa. Esta regra interpretativa requer não só uma atitude de precaução, como a necessidade de o tribunal justificar a sua decisão perante os elementos estabelecidos pelo legislador do Regulamento, incluindo os elementos conflituais. O tribunal deverá justificar por que razão o âmbito de aplicação espacial que atribui à norma material é necessário para a realização dos seus fins materiais – sendo este suscetível de ser controlado pelo TJC.

Por esta via, algo indireta, poderá acabar por entrar no RRI um elemento cuja não introdução no art. 9º é lamentada por alguns autores: a ideia de que as normas de aplicação imediata do foro também não devem pretender um âmbito de aplicação no espaço excessivo ou exorbitante, que poderá ser controlada pelo TJC[64], temperando a aparente permissividade do nº 2.

Temos dificuldades em ver este limite a atuar perante uma norma de aplicação imediata expressa, contra a opção do legislador nacional. Mas já em relação às normas de aplicação imediata implícitas, esta forma de controlo não é inconcebível. A noção de normas de aplicação imediata estabelecida no art. 9º nº 1, ao ligar o conteúdo material da norma e a sua exigência de aplicação em determinado âmbito de aplicação espacial, abre a porta a uma fiscalização pelo TJC da razoabilidade da conexão unilateral *ad hoc* assacada pelo tribunal nacional ao seu regime material. Se a fiscalização não pode nunca ser muito apertada tendo em conta o texto do art. 9º nº 2 e a natureza profundamente nacional desta questão, parece-nos contudo existir alguma margem de manobra para o controlo das competências exorbitantes pelo TJC.

Também não está excluído o recurso pelo TJC a critérios de equivalência funcional para recusar a intervenção das normas de aplicação imediata do foro sempre os seus fins e objetivos sejam adequadamente realizados pela lei competente nos termos das normas de conflitos bilaterais. A ideia de equivalência funcional encontra-se no acórdão *Arblade* e em toda a jurisprudência do TJC que trata da compatibilidade das normas de aplicação imediata nacionais com as liberdades comunitárias, quando recusa a intervenção das «leis de polícia» do país de acolhimento do trabalhador destacado com fundamento na «equivalência funcional» do Direito da lei do país de origem. Apesar de estarmos aqui num contexto

---

[64] Neste sentido, Francq-Jault-Seseke, *Le réglement communautaire «Rome I»*, 2011, p.370. A maior parte dos autores considera que a aplicação das normas de aplicação imediata do foro, particularmente implícitas, depende sempre de uma conexão suficiente com o foro; a diferença está em a atuação dos tribunas nacionais passar a ser controlável por um órgão externo – o TJC.

diferente – da relação entre a lei do contrato e as normas de aplicação imediata –, esta solução corresponde à intenção restritiva do RRI, ao limitar a intervenção das normas de aplicação imediata à margem da lei do contrato.

Parece-nos assim que, paradoxalmente se considerarmos os receios manifestados pela doutrina perante o art. 9º, a intervenção restritiva do conceito de normas de aplicação imediata não vai tanto passar pelos critérios substantivos de identificação estabelecidos na primeira parte do nº 1. Poderá é conseguir entrada no RRI, de forma mais sub-reptícia, um controlo das normas de aplicação imediata ditas «exorbitantes» e a recusa em aplicar normas imperativas à margem da lei do contrato quando os seus fins sejam adequadamente realizados pela *lex contractus*.

Pacto de permanência, liberdade de trabalho e desvinculação do Trabalhador

JOANA VASCONCELOS*

1. Pacto de permanência, estabilização da relação laboral e limitação da liberdade de trabalho 2. Requisitos da sua lícita celebração: as despesas avultadas com a formação profissional do trabalhador 3. Requisitos da sua lícita celebração (cont.): a transitoriedade da limitação pactuada 4. Reversibilidade da situação criada: o direito do trabalhador revogar o pacto de permanência 5. Reversibilidade da situação criada (cont.): a obrigação de pagar ao empregador as quantias despendidas na sua formação profissional 6. Pacto de permanência e art. 81º, nº 2, do CódCiv: as "legítimas expectativas da outra parte", critério e medida da obrigação imposta ao trabalhador 7. Fixação do quantum indemnizatório através de cláusula penal?

1. Através da celebração com o empregador de um pacto de permanência, o trabalhador renuncia temporariamente ao seu direito de denúncia, comprometendo-se a não fazer cessar por tal forma[1] o contrato de trabalho, durante o período naquele ajustado, com vista a permitir a prossecução de relevantes interesses daquele.

Não é outro, com efeito, o objetivo visado com o pacto de permanência: estabilizar a relação laboral, fixando-lhe uma duração mínima, como meio para a realização de interesses do empregador relacionados com o retorno de um seu significativo investimento na formação profissional do trabalhador[2]. Mais exatamente,

---

* Professora Auxiliar da Faculdade de Direito da Universidade Católica Portuguesa.

[1] Mas não por outras ao seu alcance, como, *v.g.*, a resolução com justa causa ou a revogação por acordo outorgado com o empregador.

[2] Sobre os interesses do empregador que justificam a celebração do pacto de permanência, v., entre outros, Monteiro Fernandes, *Direito do Trabalho*, 15ª ed., Almedina, Coimbra, 2010, pp. 659-660; Júlio Gomes, *Direito do Trabalho*, Vol. I, Coimbra Editora, Coimbra, 2007, pp. 624-626; Romano Martinez, *Direito do Trabalho*, 5ª ed, Almedina, Coimbra, 2010, pp. 691-692; Bernardo Xavier, *Manual de Direito do Trabalho*, Verbo-Babel, Lisboa, 2011, pág. 602.

ESTUDOS EM HOMENAGEM A MIGUEL GALVÃO TELES

o pacto de permanência destina-se a assegurar que o contrato "dure o suficiente para que certas despesas importantes do empregador" feitas com tal finalidade, resultem "compensadas"[3] pelo benefício que lhe advém da atividade prestada com o "acréscimo de competência"[4] fruto da maior qualificação obtida pelo trabalhador.

Há muito que o nosso ordenamento valoriza e, por isso, viabiliza tal pretensão do empregador, permitindo-lhe a estabilização do vínculo com recurso à solução[5] prevista e regulada, primeiro no art. 36º, nº 3, da LCT e, mais recentemente, nos arts. 147º e 137º dos articulados de 2003 e de 2009 do CT.

Porém, e porque o pacto de permanência, enquanto "compromisso de estabilidade assumido pelo trabalhador em benefício do empregador"[6], tem como reverso a restrição da sua liberdade de trabalho, constitucionalmente consagrada[7],

---

[3] Monteiro Fernandes, *Direito do Trabalho*, 2010 cit., pág. 659.

[4] Júlio Gomes, *Direito do Trabalho*, Vol. I, Coimbra Editora, Coimbra, 2007, pág. 625, n. 1590.

[5] E unicamente a esta, no direito vigente. No domínio da LCT, o mesmo objetivo obtinha-se também – e, até, de forma mais satisfatória para o empregador, porque por um período mais longo, de quatro anos (opção só inviabilizada pelo DL nº 781/76, de 28/10, que limitou a duração máxima do contrato a termo a três anos) – através da aposição ao contrato de trabalho de um termo inicial a cuja observância ficava, igualmente, vinculado o trabalhador, que o não podia denunciar (arts. 100º, 108º e 110º da LCT), só se tendo esta situação alterado com o DL nº 64-A/89, de 27/2, que admitiu a denúncia com aviso prévio de todos os contratos a termo (art. 52º, nºs 5 a 7). Sobre este ponto, considerando, à data, ter a norma permissiva constante do nº 3 do art. 36º "pouca utilidade", Bernardo Xavier, *Regime Jurídico do Contrato de Trabalho – Anotado*, 2ª ed., Atlântida, Coimbra, 1972, pág. 78; Mário Pinto/Pedro Furtado Martins/António Nunes de Carvalho, *Comentário às Leis do Trabalho*, Vol. I, Lex, Lisboa, 1994, pp. 173 e 283-284.

Diante do atual quadro normativo, se é certo que o pacto de não concorrência limita, também, a liberdade de desvinculação do trabalhador (sendo a perspetiva de inatividade subsequente à cessação do contrato dissuasora da iniciativa daquele em tal sentido), não o é menos que se trata de um mero efeito acessório e que muito dificilmente a estipulação do mesmo constituirá um meio apto a obter, diretamente, a estabilização do vínculo laboral, por determinado período: a tal obstam, quer a ausência de um inequívoco e adequado nexo causal entre um e outra, quer os exigentes requisitos de que a lei faz depender a sua válida estipulação (art. 136º, nº 2, als. a) a c), do CT), cujo mais que provável não preenchimento em tais hipóteses comprometerá o recurso das partes a tal mecanismo.

[6] Monteiro Fernandes, *Direito do Trabalho*, 2010 cit., pág. 660.

[7] O ponto é sublinhado por Júlio Gomes, *Direito do Trabalho*, Vol. I, 2007 cit., pág. 624; Rosário Palma Ramalho, *Direito do Trabalho*, Parte II, 3ª ed, Almedina, Coimbra, 2010, pág. 232; Bernardo Xavier, *Manual de Direito do Trabalho* cit., pág. 602.

Sobre o princípio da liberdade de trabalho, sua expressão constitucional – no art. 47º (Bernardo Xavier, Jorge Miranda/Rui Medeiros) ou, diversamente, enquanto "parte do direito geral de liberdade, que é próprio da dignidade humana (art. 1º) num Estado de direito democrático (art. 2º)", não estando "explicitamente consagrada de forma autónoma" (Gomes Canotilho/Vital Moreira) – e seus principais reflexos no plano do contrato de trabalho, com destaque para "a proibição de vinculação perpétua ou muito prolongada do trabalhador à mesma entidade empregadora", que o facto de ser consentida não torna menos problemática, a sua admissão justifica especiais cautelas, bem expressas na sua conformação legal. Nesse sentido, e desde a LCT que a disciplina do pacto de permanência procura conciliar a promoção dos apontados interesses do empregador, que constituem a sua razão de ser, com uma adequada tutela da situação do trabalhador, traduzida na preservação do conteúdo essencial da sua liberdade de trabalho[8] – seja circunscrevendo as situações e os termos em que aquele é, excecionalmente, admitido, seja garantindo a pronta e (quase) incondicionada reversibilidade da situação pelo mesmo criada, de renúncia pelo trabalhador ao seu direito de denunciar o contrato.

A mesma liberdade de trabalho que impregna todas estas soluções intervém ainda decisivamente na sua interpretação e aplicação, facilitando a sua compreensão e, sobretudo, obstando a leituras e práticas que desvirtuem a composição de interesses contrastantes nelas plasmado e, nessa medida, envolvam uma sua excessiva e inadmissível compressão.

Todos estes aspetos serão versados no presente estudo, o qual percorrerá as duas apontadas vertentes do regime laboral do pacto de permanência – a sua excecional e condicionada admissibilidade e a livre desvinculação latamente consentida ao trabalhador –, com especial destaque para esta última, procurando determinar o sentido e alcance das várias opções legislativas e, relativamente a cada uma delas, abordar e esclarecer questões há muito subsistentes ou mais recentemente suscitadas.

---

estreitamente relacionada com a preservação ao trabalhador "de uma ampla liberdade de desvinculação", v. Bernardo Xavier, *Manual de Direito do Trabalho* cit., pág. 602 e, ainda, Gomes Canotilho/Vital Moreira, *Constituição da República Portuguesa Anotada*, Vol. I, 4ª ed., Coimbra Editora, Coimbra, 2007, pp. 653-654 e 765; Jorge Miranda/Rui Medeiros, *Constituição Portuguesa Anotada*, Tomo I, 2ª ed., Wolters Kluwer – Coimbra Editora, Coimbra, 2005, pp. 967, 973, 1139 e 1143.

[8] A qual supõe, para além do "carácter restritivo das restrições" legais (Jorge Miranda/Rui Medeiros), a "salvaguarda do núcleo essencial do direito" (Gomes Canotilho) por imposição, respetivamente, dos nºs 2 e 3 do art. 18º da Constituição. Para mais desenvolvimentos sobre estes dois pontos, v. Gomes Canotilho, *Direito Constitucional e Teoria da Constituição*, 7ª ed., Almedina, Coimbra, 2003, pp. 457 segs.; Jorge Miranda/Rui Medeiros, *Constituição Portuguesa Anotada*, Tomo I, 2005 cit., 363 segs. e 392 segs.

No que se refere especialmente ao primeiro aspeto, o princípio da "proibição do excesso" (ou da "proporcionalidade em sentido amplo"), consagrado na parte final do nº 2 do referido art. 18º postula que qualquer limitação "feita por lei ou com base na lei" em matéria de direitos, liberdades e garantias deve ser adequada, necessária e proporcional (em sentido restrito), *i.e.*, respetivamente, "apropriada para a prossecução dos fins invocados", "exigível", dada a inexistência de alternativas menos gravosas, e "com justa medida", não sendo desmedida na compressão que opera "em relação aos resultados obtidos". Neste sentido, Gomes Canotilho, *Direito Constitucional e Teoria da Constituição*, 7ª ed., Almedina, Coimbra, 2003, pág. 457.

ESTUDOS EM HOMENAGEM A MIGUEL GALVÃO TELES

2. O pacto de permanência supõe a realização pelo empregador[9] de despesas com a formação profissional do trabalhador[10] – não evidentemente de quaisquer despesas, mas apenas daquelas que justifiquem a limitação do direito de denúncia deste, ajustada de modo a proporcionar àquele a estabilização do vínculo que lhe possibilitará tirar proveito, nos termos expostos, do investimento efetuado.

A LCT (art. 36º, nº 3) e a versão inicial do CT (art. 147º, nº 1), não permitiam a celebração de um pacto de permanência senão na hipótese de serem tais despesas "extraordinárias", requisito que inequivocamente exprimia a sua excecionalidade, *i.e.*, o representarem gastos não normais ou não correntes face ao comum programa contratual. Tendo o CT consagrado, ainda, um genérico dever do empregador de "contribuir para a elevação da produtividade e empregabilidade do trabalhador, nomeadamente proporcionando-lhe formação profissional adequada a desenvolver a sua qualificação" [art. 120º, nº 1, al. d), do articulado de 2003; art. 127º, nº 1, al. d), do vigente][11], constituía entendimento pacífico não serem as despesas impostas pelo seu cumprimento de molde a preencher aquele[12].

---

[9] E apenas por este: conforme nota Júlio Gomes, é "imprescindível que o empregador tenha suportado um custo real e efetivo com a formação e que esta não tenha sido simplesmente realizada com fundos ou subsídios públicos" (*Direito do Trabalho*, Vol. I, 2007 cit., pág. 625).

[10] A referência à "formação profissional" remonta a 2003, tendo o CT substituído a "preparação profissional" constante da LCT por esta designação, mais conforme com a terminologia atualmente utilizada e adotada nas suas demais normas (Joana Vasconcelos, Anotação ao artigo 147º in Pedro Romano Martinez/Luís Miguel Monteiro/Joana Vasconcelos/José Manuel Vilalonga/Pedro Madeira de Brito/Luís Gonçalves da Silva/Guilherme Dray, *Código do Trabalho Anotado*, 6ª ed., Almedina, Coimbra, 2008).

[11] Sobre o dever de formação profissional referido *supra* no texto e as suas várias concretizações, bem como sobre o dever, com este relacionado, que vincula o trabalhador a "participar de forma diligente em acções de formação profissional que lhe sejam proporcionadas pelo empregador" – cuja consagração, em 2003, representou uma relevante inovação em matéria de conteúdo do contrato de trabalho, o qual "deixou de estar circunscrito à mera prestação de actividade remunerada, para abranger, também, a obtenção e desenvolvimento de qualificações e competências por parte do trabalhador" com vista àquela, v., por todos, Bernardo Xavier, *Manual de Direito do Trabalho*, 2011 cit., pp. 983 segs.

[12] Pelo que em caso algum tais despesas legitimavam a celebração de um pacto de permanência – mesmo que fosse elevado o respetivo montante: neste sentido, Júlio Gomes, Júlio Gomes, *Direito do Trabalho*, Vol. I, 2007 cit., pp. 626-627; Joana Vasconcelos, Anotação ao artigo 147º in Pedro Romano Martinez/Luís Miguel Monteiro/Joana Vasconcelos/José Manuel Vilalonga/Pedro Madeira de Brito/Luís Gonçalves da Silva/Guilherme Dray, *Código do Trabalho Anotado*, 2008 cit.; Rosário Palma Ramalho, *Direito do Trabalho, Parte II*, 2ª ed., Almedina, Coimbra, 2008, pp. 210 segs; e, bem assim, o Ac. RE de 9-2-2010 (Proc. nº 185/08), que julgou nula a cláusula que impunha uma obrigação de permanência ao trabalhador, por não revestirem carácter extraordinário as despesas com a sua formação profissional invocadas em sua justificação e o Ac. RL de 28-4-2010 (Proc. nº 812/07). Este entendimento não era, contudo, incontroverso na sua aplicação prática, tendo os nossos tribunais superiores, em mais de uma ocasião, e reportando-se ainda ao texto de 2003 do CT,

A revisão de 2009 do CT alterou de forma significativa o sentido e o alcance deste requisito (agora constante do nº 1 do art. 137º). Ao prescrever que devem ser, sem mais, "avultadas" as despesas com a formação profissional do trabalhador que motivam o recurso ao pacto de permanência, a nova formulação adotada atende unicamente ao montante elevado dos gastos em que incorreu o empregador, abstraindo do carácter normal ou não normal dos mesmos. Porque tais quantitativos podem resultar – e, não raro, resultam[13] – do mero cumprimento do dever de proporcionar formação profissional adequada ao trabalhador (nos termos dos arts. 127º, nº 1, al. d), e 130º segs.)[14], passou a admitir-se, também nestas situações, a celebração de um pacto de permanência.

Significa isto que a nova orientação quanto a este ponto definida resultou num efetivo alargamento da correspondente previsão normativa e, consequentemente, do elenco de casos em que o recurso àquele é consentido[15] – o qual, por se conformar com as apontadas exigências de adequação, necessidade e proporcionalidade face aos interesses contrastantes em presença[16], não parece suscitar problemas de conformidade constitucional[17].

---

assimilado o facto de ser "significativo e de montante elevado o custo da formação ministrada" ao seu carácter extraordinário, considerando o seu "valor de tal modo importante" que excluiria o tratar-se da "formação profissional normal" a que o CT obriga genericamente os empregadores: assim decidiram o Ac. STJ de 30-6-2011 (Proc. nº 2779/07) e, bem assim, os Acs. RL de 27-10-2010 (Proc. nº 2779/07), STJ de 24-2-2010 (Proc. nº 556/07) e STJ de 13/10/2010 (Proc. nº 185/08), todos integralmente acessíveis (tal como os referidos no parágrafo anterior) em www.dgsi.pt.

[13] São, a este propósito, especialmente ilustrativos os casos que deram origem aos cits. Acs. RE de 9-2-2010 (Proc. nº 185/08), RL de 27-10-2010 (Proc. nº 2779/07), STJ de 13/10/2010 (Proc. nº 185/08) e STJ de 30-6-2011 (Proc. nº 2779/07), envolvendo pilotos de aviação civil e cursos de formação muito dispendiosos, os quais visavam habilitá-los a operar com determinados modelos de aeronave e, como tal, a desempenhar as funções para que haviam sido contratados (ou a prosseguir as mesmas, ocorrendo renovação de frota) e nos quais a mesma questão – qualificação, ou não, de tais despesas como "extraordinárias" – recebeu respostas não convergentes, quer quanto ao relevo a atribuir ao "elevado custo" da formação ministrada (cfr. a nota anterior), quer quanto ao facto de, em virtude desta, ter o trabalhador "ficado habilitado com uma qualificação que não detinha", no que representou uma "mais valia profissional que foi fundamental" para sua contratação por outro empregador antes de findo o prazo estipulado.

[14] Cfr. *supra* a n. 11.

[15] Porque a norma desde 2009 constante do nº 1 do art. 137º do CT inovou quanto a este ponto relativamente à de 2003 que a antecedeu são de afastar a sua natureza interpretativa e a sua consequente aplicação retroativa: esta a orientação uniforme dos nossos tribunais superiores, das várias vezes em que foram confrontados com a questão: v., entre outros, com desenvolvida argumentação, os Acs. RL de 27-10-2010 (Proc. nº 2779/07), STJ de 24-2-2010 (Proc. nº 556/07) e STJ de 13-10-2010 (Proc. nº 185/08) cits.

[16] Cfr. *supra* o nº 1, em especial a n. 8.

[17] Em sentido diverso, considerando que diante da "actual redacção do preceito", onde não surge "tão clara" a distinção entre despesas "extraordinárias" e despesas "normais" com a formação

3. A limitação do direito de denúncia do trabalhador através do pacto de permanência é necessariamente temporária[18] – e não pode exceder três anos (art. 137º, nº 1, do CT, numa opção que desde a LCT se mantém) ou a duração do termo aposto ao contrato, sendo o caso[19].

A eventual estipulação pelas partes de um prazo superior não gera, contudo, a invalidade da correspondente cláusula, ocorrendo, antes, a substituição *ipso iure* daquele pelo máximo legalmente fixado, o qual prevalece assim sobre a vontade das partes, por força do disposto no art. 121º, nº 1, do CT[20].

A imperatividade da duração máxima admitida para o pacto de permanência obsta, naturalmente, à sua prorrogação, bem como à sua renovação, sem mais – mas não já à celebração de novo/s pacto/s de permanência, havendo acordo das partes e estando mais uma vez preenchido o requisito do dispêndio pelo empregador de elevadas quantias na formação profissional do trabalhador[21].

profissional do trabalhador, se "justifica uma interpretação restritiva" do mesmo, "neste ponto, como única forma de evitar uma limitação excessiva do princípio constitucional da liberdade de trabalho", Rosário Palma Ramalho, *Direito do Trabalho*, Parte II, 2010 cit., pág. 233.

[18] Sobre a "limitação temporal" das cláusulas que se traduzem numa restrição à liberdade de trabalho como relevante condição (entre outras) da sua conformidade constitucional, v. o Ac. TC nº 256/2004 (acessível em www.tribunalconstitucional.pt), referindo-se ao pacto de não concorrência, mas em termos no essencial transponíveis para o pacto de permanência.

[19] Com efeito, e apesar de a lei não estabelecer a este propósito qualquer distinção, entendemos que a duração do pacto de permanência aposto a um contrato a termo certo deverá conter-se na duração para aquele fixada, a qual constituirá, no caso, o limite máximo admitido – irrelevando, para o efeito, ser o contrato renovável ou a estabilização pactuada inferior a três anos. Não nos parece, com efeito, defensável uma obrigação de permanência de duração superior à do contrato cuja estabilização visa promover – seja no plano da liberdade de trabalho (duplamente comprimida por tal estipulação, que faria o trabalhador renunciar, não apenas ao seu direito de denúncia, como ao de invocar a caducidade, atingido o termo), quer das próprias exigências de que a lei faz depender as válidas celebração e renovação do contrato a termo (com destaque para a transitoriedade do motivo que justifica uma e, sendo o caso, a outra). Sobre este ponto, considerando "muito duvidoso que o termo de uma cláusula acessória seja à partida superior ao da duração do contrato em que é enxertada", Júlio Gomes, *Direito do Trabalho*, Vol. I, 2007 cit., pp. 627-628.

[20] Que para a hipótese de violação de norma imperativa por cláusula contratual prescreve, como regra, a solução que Carvalho Fernandes designa "eficácia imediata da norma imperativa" e que se contrapõe à eficácia meramente "sancionatória" da mesma: assim, enquanto esta última (baseada no art. 294º do CódCiv) atua num "papel negativo", assegurando, através da invalidação da cláusula e/ou do negócio desconforme, "que a violação convencional da norma imperativa não prevaleça", a "eficácia mediata" desempenha um "papel positivo", de "efectiva aplicação da composição de interesses imperativamente consagrada na norma". Neste sentido, para mais desenvolvimentos, v. Carvalho Fernandes, *A Conversão dos Negócios Jurídicos Civis*, Quid Iuris, Lisboa, 1993, pp. 536 segs.; *Teoria Geral do Direito Civil*, Vol. II, 4ª ed., Universidade Católica Editora, Lisboa, 2007, pp. 397 segs.

[21] A celebração de vários pactos de permanência entre os mesmos sujeitos, ao longo de um mesmo contrato de trabalho, por ocasião de diversos processos de formação é admitida por Júlio Gomes, *Direito do Trabalho*, Vol. I, 2007 cit., pág. 628.

4. Um dos traços mais marcantes da disciplina do pacto de permanência é a reversibilidade da situação através deste criada.

Desde a LCT que ao trabalhador é concedida uma latíssima faculdade de unilateralmente dele se desvincular – a todo o tempo, qualquer que tenha sido o período de duração ajustado e a parte deste já decorrida, sem aviso prévio, de forma discricionária, *i.e.*, sem ter de invocar um motivo justificativo, e com consequências no plano patrimonial limitadas *ex lege*[22].

Apesar das evidentes afinidades desta revogação pelo trabalhador do pacto de permanência[23] com o "direito de arrependimento" que o CT lhe atribui nas mais diversas situações – passagem de trabalho a tempo completo a tempo parcial e vice-versa (art. 155º), teletrabalho (art. 167º, nº 2), acordo extintivo do contrato de trabalho (art. 350º) – um ponto existe que a diferencia e obsta à sua qualificação como tal: o não ter de ser exercida num prazo curto, subsequente à celebração (ou à produção de efeitos) do acordo firmado, cujo decurso, sem ter o trabalhador recuado na sua decisão de se vincular, a torna irrefragável[24]. Bem diversamente,

---

[22] Este último ponto será desenvolvido adiante, nos nºs 5 e 6.

[23] Trata-se, em nosso entender, de verdadeira e própria revogação unilateral de um negócio jurídico bilateral, estribada numa específica previsão legal, em conformidade com o prescrito no nº 1, *in fine*, do art. 406º do CódCiv.

Retomando o essencial da síntese noutro local elaborada (Joana Vasconcelos, *A Revogação do Contrato de Trabalho*, Almedina, Coimbra, 2011, pág. 335, n. 1510), lembrar-se-á, a este propósito, que a revogação, enquanto forma de cessação do contrato, tanto pode ser bilateral como unilateral. A primeira resulta de um novo acordo entre as respetivas partes (*contrarius consensus*) e é, em geral, permitida, nos termos do art. 406º, nº 1, do CódCiv; a segunda, porque representa uma derrogação à regra, só excecionalmente é admitida, dependendo de previsão legal expressa. Em qualquer das hipóteses, a revogação é, em regra, livre (*ad nutum*, discricionária) e actua *ex nunc*, fazendo cessar os efeitos do negócio para o futuro e mantendo os efeitos já produzidos (podendo, não obstante, ser-lhe, por lei ou por vontade das partes, atribuída eficácia retroativa).

A nossa doutrina, convergindo embora quanto aos traços essenciais da figura, divide-se, quanto à sua caracterização, entre os que a entendem como livre destruição dos efeitos de um ato jurídico pelo seu próprio autor ou autores, *i.e.*, unilateral ou bilateral, consoante se trate de negócio unilateral ou bilateral (Romano Martinez, Galvão Telles, Antunes Varela, Pais de Vasconcelos) e os que a concebem como "unilateral *proprio sensu*", admitindo embora que possa, por vezes, operar "por comum acordo" (Carvalho Fernandes, Mota Pinto). Sobre a categoria geral da revogação, enquanto forma de cessação dos efeitos negociais, v., entre outros, Carvalho Fernandes, *Teoria Geral do Direito Civil*, Vol. II, 2007 cit., pp. 475-476; Romano Martinez, *Da Cessação do Contrato*, 2ª ed., Almedina, Coimbra, 2006, pp. 50 segs. e 111 segs.; Mota Pinto, *Teoria Geral do Direito Civil*, 4ª ed. (por António Pinto Monteiro e Paulo Mota Pinto), Coimbra Editora, Coimbra, 2005, pp. 629-630; Galvão Telles, *Manual dos Contratos em Geral*, 3ª ed. (1965), Lex, Lisboa, 1995 (*reprint*), pp. 350 segs.; Antunes Varela, *Das Obrigações em Geral*, Vol. II, 7ª ed., Almedina, Coimbra, 1997, pp. 279 segs.; Pais de Vasconcelos, *Teoria Geral do Direito Civil*, 5ª ed., Almedina, Coimbra, 2008, pp. 771-772.

[24] Para uma análise mais detalhada deste "direito de arrependimento", em geral, v. Romano Martinez, *Da Cessação do Contrato*, 2006 cit., pp. 54-57, 114 e 160-166, reportando-se ao direito

este direito do trabalhador mantém-se por todo o tempo que durar a limitação à sua liberdade de desvinculação em que se traduz o pacto de permanência, garantindo a imediata e (quase) incondicionada reposição da sua situação, em termos muito próximos dos prescritos no art. 81º, nº 2, do CódCiv, do qual representa uma particular concretização[25].

A revogabilidade pelo trabalhador da sua anuência à compressão ao seu direito de denúncia através do pacto de permanência obsta a que ao empregador seja reconhecido um direito ao seu cumprimento pontual: este tem uma mera expectativa quanto ao mesmo[26], juridicamente tutelada, é certo, mas com a significativa atenuação decorrente da transitoriedade daquele e dos confinados termos em que pode (e deve) relevar a sua frustração[27].

5. Ao trabalhador que decida "desobrigar-se"[28] do pacto de permanência é imposta uma única e limitada obrigação[29] – o pagamento ao empregador do valor das despesas com a sua formação que justificaram a celebração do mesmo[30].

---

de revogação pelo trabalhador do acordo de cessação do contrato de trabalho outorgado com o empregador, seus requisitos, efeitos e natureza jurídica, v. Joana Vasconcelos, *A Revogação do Contrato de Trabalho*, 2011 cit., pp. 337 segs.

[25] O ponto será retomado no nº 5 e desenvolvido mais adiante no nº 6.

[26] Neste sentido, referindo-se ao disposto no nº 2 do art. 81º, sublinhando ainda o carácter "necessariamente precário" desta expectativa (com imediatos reflexos na fixação da indemnização devida pela sua frustração), decorrente do facto de a contraparte saber que o titular do direito "se pode a todo o tempo desvincular", Pais de Vasconcelos, *Teoria Geral do Direito Civil*, 2008 cit., pp. 55-56.

[27] V., *infra*, com mais detalhe, o nº 6.

[28] Esta a expressão utilizada pela LCT e mantida pelo CT nas suas duas versões.

[29] O trabalhador que se desvincula do pacto de permanência retoma o direito de extinguir o contrato através da sua denúncia, que aquele limitava – e fica, consequentemente, adstrito a observar o prazo de aviso prévio aplicável, nos termos do art. 400º, nº 1, do CT. Trata-se, contudo, de uma obrigação em geral inerente ao exercício daquele direito, logo não decorrente do direito de revogação unilateral do pacto de permanência que lhe é conferido pelo art. 137º, nº 2.

[30] Muito embora a diferença entre as formulações adotadas em 2003 e 2009 pareça, num primeiro relance, suportar entendimentos díspares quanto ao alcance de tal obrigação – a primeira impondo a restituição da "soma das importâncias despendidas", a segunda o "pagamento do montante correspondente às despesas nele referidas" – é mais de forma que de substância o contraste entre as duas normas que quanto a este ponto se sucederam.

A questão foi repetidamente suscitada na jurisprudência dos nossos tribunais superiores, para fundar a genérica admissibilidade, não tanto da aposição ao pacto de permanência de uma cláusula penal, mas da sua redução equitativa (pontos que serão desenvolvidos adiante, no nº 7), face ao articulado originário do CT para o qual, independentemente da quantia ajustada pelas partes, "o valor a considerar, em caso de desoneração, é o valor correspondente às despesas realmente efectuadas e demonstradas" (Acs. RL de 27-10-2010, Proc. nº 2779/07, STJ de 24-2-2010, Proc. nº 556/07, STJ 13-10-2010, Proc. nº 185/08, todos acessíveis em www.dgsi.pt).

Porque legalmente consentida, esta atuação do trabalhador não envolve violação do pacto de permanência, nem constitui um facto ilícito que o faça incorrer em responsabilidade civil perante o empregador, nos termos do art. 798º do CódCiv[31]. A obrigação que neste caso recai sobre o trabalhador representa, antes, uma mera hipótese de responsabilidade por facto lícito, através da qual se procura acautelar a situação do empregador diante da livre desvinculação que àquele é latamente permitida: neste, como noutros planos, o ordenamento laboral adota uma perspetiva diferenciada quanto ao peso relativo a atribuir aos interesses contrastantes de trabalhador e empregador[32].

E é justamente a clara prevalência neste contexto conferida à retoma pelo trabalhador do seu direito de denúncia, corolário da sua liberdade de trabalho[33], que marca a conformação legal da obrigação a que este fica adstrito, a qual exprime um incontornável desígnio de evitar que, através desta, resulte aquela excessivamente coartada. Não é outro o sentido da definição *ex lege* do elenco dos danos indemnizáveis, circunscritos às despesas com a formação profissional do trabalhador[34], e, bem assim, da opção de não erigir o pagamento de tal quantia em condição de eficácia da revogação por este do pacto de permanência[35].

Contudo – e contrariamente ao sugerido nas aludidas decisões – o texto de 2009 não "parece apontar para solução diferente, quando por um lado já não usa a expressão (...) comprovadamente feitas e por outro lado se reporta ao montante das despesas referidas no acordo." Com efeito, e cingindo-nos ao plano estritamente literal, não se vislumbra diferença de monta entre o estatuído numa e noutra norma, a partir do momento em que continuam a válida celebração do pacto de permanência a depender de terem sido tais despesas "feitas" e a quantia a pagar pelo trabalhador a ser "de montante correspondente" a tais despesas (supõe-se que por tal motivo) "referidas no acordo".

[31] Contra, em termos cujo acerto nos parece muito questionável, afirma o Ac. STJ de 13-10-2010 (Proc. nº 185/08) cit. que tal situação "configura, em rigor, um caso de incumprimento contratual, em que o réu, por via da denúncia do contrato, antes de cumprido o período de permanência acordado, se torna responsável pela reparação do prejuízo causado, nos termos do artigo 798º do Código Civil, sendo certo que o montante da indemnização exigível foi previamente definido mediante cláusula penal" (ponto que será tratado mais adiante, no nº 7).

[32] Como sucede, *v.g.*, em matéria de proteção na cessação do contrato. Sobre este ponto, mais desenvolvidamente, v. Bernardo Xavier, *Manual de Direito do Trabalho*, 2011 cit., pp. 668 segs.

[33] Cfr. *supra* o nº 1.

[34] Com exclusão de outros danos porventura sofridos pelo empregador – como, *v.g.*, lucros cessantes, desde logo expectativas de ganho assentes no *plus* de qualificação adquirido pelo trabalhador e da prestação de atividade por este ao longo de todo o período de estabilização inicialmente ajustado. Do que se trata é, essencialmente, de assegurar que o valor a pagar não seja de tal modo avultado "que impeça, de facto, o exercício do poder de revogação" atribuído (Pais de Vasconcelos, *Teoria Geral do Direito Civil*, 2008 cit., pág. 56). Retomaremos este ponto já em seguida, no nº 6.

[35] Contrariamente ao que se prescreve em sede de revogação unilateral pelo trabalhador do acordo revogatório do contrato de trabalho, no art. 350º, nº 3. Para mais desenvolvimentos sobre este ponto, v. Joana Vasconcelos, *A Revogação do Contrato de Trabalho*, 2011 cit., pp. 342 segs.

A mesma ordem de considerações tem levado a doutrina e a jurisprudência a questionar o acerto da solução que, no silêncio quanto a este ponto das normas que na matéria se sucederam, parece resultar da indiscriminada alusão "ao montante correspondente às despesas"[36] efetuadas: pagamento ao empregador da sua totalidade, qualquer que seja o momento em que ocorra a desvinculação, irrelevando, para o efeito, a parte cumprida do período de estabilização ajustado[37]. E, bem assim, a sustentar, por diversas vias[38], que o *quantum* a pagar pelo trabalhador se limite "à proporção do tempo em falta", relativamente à duração do contrato "garantida pelo pacto"[39].

Concordando, no essencial, com o que antecede, afigura-se-nos, contudo, que a questão se situa num outro plano: o da conformidade constitucional da norma em apreço que, se entendida nos termos expostos, redunda num injustificado e excessivo entrave à livre desvinculação do trabalhador, restringindo,

---

Em sentido diverso do expresso no texto *supra*, os Acs. RL de 27-10-2010 (Proc. nº 2779/07) e STJ de 24-2-2010 (Proc. nº 556/07) – partindo da premissa, muito contestável porque desprovida de qualquer suporte legal, de que a restituição das quantias a que alude presentemente o nº 2 do art. 137º (mais exatamente, a expressão da intenção de proceder à mesma) constitui condição de licitude da desvinculação unilateral permitida ao trabalhador – distinguiram duas situações: "a desoneração" do trabalhador "do dever de permanência", a qual pressupõe que aquele se proponha "restituir" ao empregador "as importâncias despendidas (...) com a formação extraordinária" e o "incumprimento contratual", decorrente de o trabalhador "denunciar o contrato antes de esgotado o prazo de permanência a que se obrigara, sem se propor restituir" tais quantias: ao proceder em tais termos, o trabalhador incorre em "responsabilidade contratual, tornando-se responsável pela reparação do prejuízo causado", sendo o valor da correspondente indemnização "previamente definido através da fixação de cláusula penal".

[36] Art. 137º, nº 2, do CT. Com idêntico alcance, o art. 147º, nº 1, do articulado inicial referia-se à "soma das importâncias despendidas".

[37] Ou seja, mesmo que o trabalhador "já tenha estado ao serviço do empregador durante parte substancial do prazo a que se vinculou", solução que Júlio Gomes considera "desproporcionada e infeliz" (*Direito do Trabalho*, Vol. I, 2007 cit., pág. 630).

[38] As quais variam entre uma genérica (conquanto que indemonstrada) "perspectiva de ressarcimento adequado" do empregador subjacente à consagração legal e à disciplina do pacto de permanência (Monteiro Fernandes, *Direito do Trabalho*, 2010 cit., pág. 660) e a aplicação, tendo trabalhador e empregador fixado o montante a pagar por aquele no caso de pretender desvincular-se do pacto outorgado, do regime da redução equitativa da cláusula penal, previsto no art. 812º, nº 2, do CódCiv também para o "caso de a obrigação ter sido parcialmente cumprida" (neste sentido, entre outros, v. os Acs. RL de 27-10-2010, Proc. nº 2779/07 e STJ de 24-2-2010, Proc. nº 556/07, ambos com texto integral disponível em www.dgsi.pt). Para uma crítica a esta última abordagem que, antecipando parte do que adiante se demonstrará, envolve a subversão dos modelos legalmente estabelecidos em matéria, tanto de cláusula penal, como de pacto de permanência – com destaque para o significativo agravamento da posição do trabalhador decorrente da inversão do ónus da prova face ao disposto no art. 137º do CT, v., *infra*, o nº 7.

[39] Monteiro Fernandes, *Direito do Trabalho*, 2010 cit., pág. 660.

nessa medida, "de forma constitucionalmente intolerável a liberdade de trabalho" deste[40].

Fazer depender a retoma pelo trabalhador do seu direito de denúncia do pagamento, em qualquer caso, de um montante fixo, correspondente à totalidade das "avultadas" despesas feitas pelo empregador com a sua formação profissional, montante esse insuscetível de variar consoante o tempo de serviço prestado em cumprimento do pacto de permanência e o benefício assim obtido pelo empregador, implica atribuir a este uma dupla e infundada vantagem[41], cujo reverso é o desproporcionado gravame imposto ao trabalhador[42]. E, sobretudo, priva

---

[40] Ac. TC nº 256/2004 que, pronunciando-se sobre a conformidade constitucional da disciplina laboral do pacto de não concorrência, considerou "em balanço global" não restringir esta "de forma constitucionalmente intolerável a liberdade de trabalho" – para tal conclusão concorrendo, além de todas as "cautelas e restrições" que rodeiam a figura, expressas nos vários requisitos de que a lei faz depender a sua válida estipulação, o facto de o trabalhador não ficar "em rigor, absolutamente privado do seu direito ao trabalho", pois a limitação voluntária ao exercício desse direito é sempre revogável" por força do art. 81º, nº 2, do CódCiv, que expressamente invoca.

Proferido com base na apreciação de uma matéria e de um regime diversos e chegando a um resultado concreto que, no que ao pacto de permanência respeita, há muito é acolhido na sua regulação (a reversibilidade da situação, pela atribuição ao trabalhador de um direito de revogação) o cerne da doutrina deste Ac. TC nº 256/2004 mostra-se, não obstante, utilmente transponível para este – em particular para a questão versada no texto *supra*, ao acentuar que a conformidade constitucional da disciplina legal das cláusulas de limitação da liberdade de trabalho não se basta com a previsão de exigentes requisitos (*v.g.*, relativos à sua limitação temporal) a observar na sua celebração, sendo, ainda, essencial que por via da mesma o trabalhador não fique "absolutamente privado do seu direito ao trabalho" – o que sucederá quando "a limitação voluntária ao exercício desse direito", não seja *de facto* revogável por lhe ser excessivamente oneroso o exercício de tal direito. Sobre a doutrina deste Ac. TC nº 256/2004 – que, apesar de referida à regulação constante do artigo 36º, nº 2, da LCT, mantém plena atualidade, dada a continuidade de soluções, que o próprio TC salienta –, reiterada em várias decisões de tribunais superiores, ainda relativas à LCT (Acs RL de 20-10-2010, Proc. nº 4883/07, e STJ de 7-5-2008, Proc. nº 08S322) mas também já ao articulado do CT (Acs. RL de 16-3-2011, Proc. nº 5227/07, STJ de 10-12-2009, Proc. nº 09S0625), todos com texto integral disponível em www.dgsi.pt, v., com indicações de doutrina e jurisprudência, Joana Vasconcelos, Anotação ao artigo 136º, *in* Pedro Romano Martinez/Luís Miguel Monteiro/Joana Vasconcelos/Pedro Madeira de Brito/Luís Gonçalves da Silva/Guilherme Dray, *Código do Trabalho Anotado*, 8ª ed., Almedina, Coimbra, 2009.

[41] Pois para além de "recuperar" o seu investimento na formação do trabalhador, beneficiando, através da atividade prestada, do acréscimo de qualificação por este obtida – tanto mais, quanto maior for a porção da duração pactuada pelo mesmo observado – recebe ainda, em caso de desvinculação, o valor integral daquele.

[42] Tanto mais desproporcionado quanto se considere que a nova e alargada previsão normativa resultante da revisão de 2009 do CT dissociou a celebração do pacto de permanência da realização pelo empregador de investimentos extraordinários, *i.e.*, não normais ou não correntes, na formação profissional do trabalhador, podendo aquela, doravante, constituir um simples meio para o empregador "amortizar" despesas – desde que "avultadas" – feitas em observância do dever a

ESTUDOS EM HOMENAGEM A MIGUEL GALVÃO TELES

de sentido útil a garantia ínsita na revogação do pacto de permanência que ao trabalhador é consentida, tornando *de facto* irreversível a renúncia[43] deste à sua liberdade de trabalho.

Importa, pois, fazer uma leitura do preceito em causa que garanta a consistência prática da livre desvinculação que ao trabalhador é permitida (sem, naturalmente, descurar os relevantes interesses do empregador que o pacto de permanência visa acautelar[44]) e, por tal via, a sua conformidade constitucional. Mostra-se, para tanto, especialmente adequado o recurso ao art. 81º, nº 2, do CódCiv, relativo à limitação voluntária dos direitos da personalidade. É o que veremos já em seguida.

6. A disciplina jurídico-laboral do pacto de permanência constitui uma especial concretização do regime comum relativo à limitação voluntária dos direitos da personalidade constante do art. 81º do CódCiv[45], que "sem contrariar substancialmente o princípio" neste contido, o "adapta a um domínio particular"[46] – no caso, a restrição pactuada do direito de denúncia do trabalhador, corolário da sua liberdade de trabalho constitucionalmente consagrada[47]. Este o

---

que, em geral, está adstrito, de proporcionar ao trabalhador "formação profissional adequada" e "desenvolver a sua qualificação" (o ponto foi tratado *supra* no nº 2, para o qual se remete).

[43] Para mais desenvolvimentos sobre este ponto, cfr. *supra* os nºs 1 e 3 e *infra* o nº 6.

[44] Cfr. *supra* os nºs 1 e 2.

[45] O art. 81º do CódCiv regula a limitação voluntária (*i.e.*, consentida pelo seu titular) aos direitos da personalidade, prescrevendo, no seu nº 2, com particular interesse para a presente análise, que esta, quando legal – porque não "contrária aos princípios da ordem pública" – é "sempre revogável" pelo seu titular, "ainda que com obrigação de indemnizar os prejuízos causados às legítimas expectativas da outra parte". Sobre este regime, que preserva a indisponibilidade do direito da personalidade, permitindo ao seu titular recuperá-lo a todo o tempo e em condições especialmente favoráveis (*v.g.*, quanto ao montante da indemnização) v. Carvalho Fernandes, *Teoria Geral do Direito Civil*, Vol.I, 5ª ed., Universidade Católica Editora, Lisboa, 2009, pp. 224-225; Mota Pinto, *Teoria Geral do Direito Civil*, 2005 cit., pp. 101 e 215 segs.; Pais de Vasconcelos, *Teoria Geral do Direito Civil*, 2008 cit., pp. 53-56.

[46] Oliveira Ascensão, *O Direito. Introdução e Teoria Geral*, 13ª ed., Almedina, Coimbra, 2008, pág. 528.

[47] Porque a liberdade de trabalho é um direito fundamental, mas é também um direito da personalidade, a sua compressão, através do pacto de permanência, tanto convoca o regime constitucional das restrições legais aos primeiros (cfr. *supra* a n. 8), como o regime civil da limitação voluntária dos segundos. Sobre a relação entre direitos fundamentais e direitos da personalidade, sublinhando que "muitos dos direitos fundamentais são direitos de personalidade", abarcando estes "certamente", os "direitos de estado", os "direitos sobre a própria pessoa" e "os direitos de liberdade", v. Gomes Canotilho, *Direito Constitucional e Teoria da Constituição*, 2003 cit., pág. 396; no mesmo sentido, Carvalho Fernandes, *Teoria Geral do Direito Civil*, Vol. I, 2009 cit., pág. 230 e Jorge Miranda, *Manual de Direito Constitucional*, Tomo IV, 4ª ed., Coimbra Editora, Coimbra, 2008, pp. 66-69.

entendimento convergente da doutrina e da jurisprudência que sobre o ponto se pronunciaram[48].

Remonta, com efeito, à LCT a sujeição desta específica cláusula limitativa da liberdade de trabalho a um conjunto de regras norteado por um particular desígnio de tutela do trabalhador, expresso na regulação detalhada das condições de que depende a sua válida estipulação[49] e, bem assim, na limitação *ex lege* das consequências da desvinculação unilateral a àquele expressamente consentida[50], ao pagamento das despesas com a sua formação profissional que àquele deram causa[51].

Este regime deixa, naturalmente, reduzido espaço à intervenção, nos termos gerais, da regra de direito comum do art. 81º do Cód Civ, a qual será, ainda assim, aplicável, sempre que tal se mostre necessário.

É o que sucede – conforme fomos já antecipando[52] – com a determinação do *quantum* a pagar pelo trabalhador que revogue o pacto de permanência no decurso da sua execução, *i.e.*, antes de findo o período de duração ajustado, mas tendo cumprido parte deste. Porque o entendimento que parece desprender-se da letra da lei – a qual não estabelece qualquer distinção, sugerindo um montante fixo e invariável[53] – envolve, em nosso entender e nos termos *supra*

---

[48] A saber, Romano Martinez, *Direito do Trabalho*, 2010 cit., pág. 692 e, entre outros, os Acs. RL de 28-4-2010 (Proc. nº 812/07) e STJ de 30-6-2011 (Proc. nº 2779/07), todos com texto integral disponível em www.dgsi.pt

[49] Cfr. *supra* os nºs 2 e 3. Muito embora o art. 81º do CódCiv pareça condicionar a licitude da restrição voluntária dos direitos da personalidade à sua mera não contrariedade "aos princípios da ordem pública", é evidente que da sua articulação com o disposto no art. 280º do CódCiv resulta a necessidade de conformação também com a lei e os bons costumes (Pais de Vasconcelos, *Teoria Geral do Direito Civil*, 2008 cit., pág 53) – sendo tal lei, no caso dos pactos de permanência, a norma laboral que imperativamente define as apertadas condições de validade referidas *supra* no texto.

[50] Diversamente do que sucede em matéria de pacto de não concorrência, tendo a falta de uma permissão normativa expressa de tal desvinculação na sua específica disciplina laboral levado o TC, no seu Ac. nº 256/2004, a proclamar a genérica aplicabilidade àquele da livre desvinculação e da consequente obrigação de indemnizar as legítimas expectativas da contraparte previstas no nº 2 do art. 81º do CódCiv, garantia da sua conformidade constitucional, ao assegurar que o trabalhador não fique "absolutamente privado do seu direito ao trabalho". Sobre este Ac., v. *supra* a n. 40.

[51] Ou, como refere ROMANO MARTINEZ, cotejando este ponto com o regime comum constante do nº 2 do art. 81º do CódCiv, "o legislador circunscreveu os prejuízos relacionados com as legítimas expectativas do empregador às importâncias despendidas na formação do trabalhador" (*Direito do Trabalho*, 2010 cit., pág. 692).

[52] No nº 5, *supra*.

[53] Como se de uma pena convencional se tratasse, o que explica o atrativo, num primeiro relance, da tese que admite a reconduçção do (eventual) acordo das partes no pacto de permanência quanto ao montante efetivamente despendido pelo empregador em formação profissional que justifica a sua celebração a uma cláusula penal – redutível segundo a equidade nos termos do art. 812º do CódCiv – e que foi objeto de análise mais detalhada e de crítica *supra* no nº 6.

expostos[54], uma inaceitável compressão da liberdade de trabalho do trabalhador, impõe-se fazer uma leitura mais consonante com a Constituição da norma em apreço no que a este ponto se refere[55]. E, para tanto, recorrer à norma geral, em particular à noção de "legítimas expectativas da outra parte", a partir da qual esta define os contornos da obrigação que faz recair sobre a parte que opta por se desvincular.

Na transposição deste critério para a realidade do pacto de permanência, importa atentar, antes de mais, em que a estabilização do vínculo laboral deste decorrente é sempre transitória[56]. Donde, é unicamente quanto ao período em concreto convencionado pelas partes que pode o empregador acalentar "legítimas expectativas" de recuperar o seu investimento na formação do trabalhador, através do proveito que retira do desempenho por este da sua atividade, valorizado pelos novos conhecimentos e/ou competências adquiridos[57]. Paralelamente, e apesar de ser tal recuperação a finalidade última visada com o pacto de permanência[58], o que este na realidade proporciona ao empregador é a mera estabilização do vínculo, que a torna possível, mas que de modo algum a proporciona diretamente[59]. Ora, esgotando-se a sua eficácia na garantia de determinada duração

---

[54] V. o nº 5.

[55] Seguindo a orientação em mais de uma ocasião definida pela jurisprudência dos nossos tribunais superiores, bem ilustrada pelo Ac. STJ de 30-6-2011 (Proc. nº 2779/07) que, reportando-se ainda ao art. 147º do texto de 2003 do CT, concluiu que a correspondente norma "não viola o artigo 58º" da Constituição, pois representando o pacto de permanência "uma limitação voluntária e legal dos direitos de personalidade do trabalhador (...) é seguro que a sua revogação é livre desde que se indemnizem os prejuízos causados às expectativas legítimas do empregador, conforme resulta da parte final do preceito".

[56] Cfr. *supra* o nº 3.

[57] Cfr. *supra* o nº 1.

[58] Cfr. *supra* o nº 1.

[59] Mais exatamente, o pacto de permanência não só não garante a efetiva recuperação do investimento realizado pelo empregador, através de um desempenho que reflita o acréscimo de habilitações adquirido pelo trabalhador, como não assegura, sequer, a prestação de atividade por este, a qual pode não ocorrer, durante a totalidade ou parte do período convencionado, devido, *v.g.*, a doença ou acidente.

Aparentemente contra, afirmando que "o objectivo da cláusula parece só ficar satisfeito se a permanência do trabalhador na empresa for acompanhado da prestação do trabalho que garante o efectivo retorno do investimento", Júlio Gomes (*Direito do Trabalho*, Vol. I, 2007 cit., pág. 629), que invoca, a este propósito, "um sector da doutrina" para o qual a contagem do prazo se suspende "ao menos quando a prestação do trabalho deixa de ser realizada por motivos da esfera do trabalhador (por exemplo, quando o contrato se suspende por doença do trabalhador)" – solução que nos suscita as maiores reservas, que o paralelo com o art. 113º, nº 2, relativo à contagem do período experimental, não logra dissipar, dada a patente disparidade das situações em causa (seja quanto aos objetivos num e noutro caso prosseguidos, seja à no tocante à disparidade da duração temporal máxima de uma e de outra). Acrescente-se que o eventual suporte que tal entendimento poderia

para o contrato de trabalho, de novo é relativamente a esta, e só a esta, que se formam "legítimas expectativas" do empregador.

O que antecede permite concluir que a vantagem que o pacto de permanência comporta para o empregador se vai produzindo à medida que se completa o prazo nele fixado, logo, que a simples observância do período de duração convencionado implica o progressivo preenchimento de tais "legítimas expectativas" do empregador – as quais, completado aquele, devem ter-se por totalmente satisfeitas. Mais, que o preenchimento das "legítimas expectativas" do empregador assentes na estabilização do vínculo deve considerar-se proporcional ao tempo de cumprimento do pacto de permanência – como proporcional ao tempo em falta será a frustração das mesmas decorrente do exercício pelo trabalhador do seu direito de o revogar. E é justamente nesta proporção que deverá basear-se, quer a determinação das "legítimas expectativas" a indemnizar em cada momento, quer a quantificação da soma a pagar, tomando, num e noutro caso, o todo que é, respetivamente, a duração máxima pactuada para o contrato de trabalho e o total de despesas com a formação profissional realizadas pelo empregador.

Significa isto que o montante a pagar ao empregador pelo trabalhador que se desvincula do pacto de permanência depende do *quantum* de tais despesas e da duração para aquele fixada, mas também de outros factos a ponderar na determinação das "legítimas expectativas" a indemnizar – como o período durante o qual aquele foi cumprido e o remanescente à data da sua cessação, a duração fixada para o contrato de trabalho, se a termo (ainda que renovável)[60] ou a diversa relação, sendo o caso, entre a permanência do vínculo e o efetivo retorno do investimento por via da prestação do trabalho -, cabendo ao empregador, em qualquer caso, a respetiva prova[61].

7. A questão da admissibilidade da "fixação prévia, por acordo das partes"[62], através de uma cláusula penal, da quantia a pagar pelo trabalhador que pretenda

reclamar na letra dos arts. 36º, nº 3, da LCT e 147º, nº 1, do texto de 2003 do CT, que previam que as partes convencionassem "a obrigatoriedade de prestação de serviço", desapareceu com a revisão de 2009 deste, que passou a esclarecer que o trabalhador se compromete "a não denunciar o contrato" no período acordado.

[60] E contendo-se, evidentemente, a duração do pacto de permanência na do contrato a termo à qual foi aposta. Sobre este ponto, v. *supra* o nº 3, n. 19.

[61] Joana Vasconcelos, Anotação ao artigo 137º *in* Pedro Romano Martinez/Luís Miguel Monteiro/Joana Vasconcelos/Pedro Madeira de Brito/Luís Gonçalves da Silva/Guilherme Dray, *Código do Trabalho Anotado*, 2009 cit._
É diverso do exposto – e, em nosso entender inaceitável – o resultado a que, em matéria de repartição do ónus da prova conduz a proposta de solução do problema da rigidez do *quantum* a pagar pelo trabalhador versada no texto *supra*, a qual será analisada já em seguida, no nº 7.

[62] Acs. STJ de 24-2-2010 (Proc. nº 556/07) e STJ de 13-10-2010 (Proc. nº 185/08) cits.

ESTUDOS EM HOMENAGEM A MIGUEL GALVÃO TELES

desvincular-se do pacto de permanência, em mais de uma ocasião submetida aos nossos tribunais superiores, que a resolveram em sentidos divergentes[63] mas, sobretudo, em termos e com consequências que justificam que neles nos detenhamos.

A maior parte das decisões sobre este ponto disponíveis, se começa por afirmar a licitude da aposição ao pacto de permanência de tal cláusula, logo adverte que tal montante constitui um "limite máximo"[64] e que essa fixação não "dispensa ou torna irrelevante a comprovação de que foi esse o valor efectivamente despendido"[65] e a consideração "do tempo em falta relativamente à duração do contrato que foi garantida pelo pacto"[66]. Ou seja, importa, em cada caso, "averiguar da razoabilidade do montante fixado em cláusula penal", atento o disposto no art. 812º, nº 2, do CódCiv, "que permite a redução, de acordo com a equidade, quando a indemnização pré-estabelecida for manifestamente excessiva, ainda que por causa superveniente, e no caso de a obrigação ter sido parcialmente cumprida"[67].

Trata-se de uma abordagem que de modo algum podemos subscrever. Assente num muito contestável entendimento da função e do regime da cláusula penal, bem como da obrigação que o nosso ordenamento laboral impõe ao trabalhador que revogue o pacto de permanência, conduz a resultados a vários títulos desacertados. É o que passamos a demonstrar.

Começando pela cláusula penal, esta, qualquer que seja a sua espécie, em razão da função que desempenha[68] tende a ser imutável, aplicando-se tal como

---

[63] A favor da aposição ao pacto de permanência de uma cláusula penal fixando o montante a pagar pelo trabalhador em caso de denúncia antes de decorrido o prazo nele fixado, decidiram os Acs. RL de 24-3-2010 (Proc. nº 455/08), RL de 27-10-2010 (Proc. nº 2779/07), STJ de 24-2-2010 (Proc. nº 556/07), STJ de 13-10-2010 (Proc. nº 185/08). Contra a possibilidade "de uma cláusula penal negociada em termos aleatórios e que fixe uma sanção pecuniária desfasada do efectivo dispêndio suportado pelo empregador com a formação profissional ministrada" pronunciaram-se os Acs. RE de 9-2-2010 (Proc. nº 185/08) e RL de 28-4-2010 (Proc. nº 812/07). Todos estes acs. estão integralmente disponíveis em www.dgsi.pt.
Na doutrina juslaboral, a questão é muito sucintamente aflorada por Júlio Gomes, que se limita a admitir genericamente tal solução, advertindo, porém, que "a referência da lei ( ) à soma das importâncias despendidas ( ) parece acarretar a redução de uma eventual cláusula penal àquele montante (*Direito do Trabalho*, Vol. I, 2007 cit., pág. 629).

[64] Acs. RL de 27-10-2010 (Proc. nº 2779/07), STJ de 24-2-2010 (Proc. nº 556/07) e STJ de 13-10-2010 (Proc. nº 185/08).

[65] Ac. RL de 27-10-2010 (Proc. nº 2779/07).

[66] Acs. RL de 27-10-2010 (Proc. nº 2779/07), STJ de 24-2-2010 (Proc. nº 556/07) e STJ de 13-10-2010 (Proc. nº 185/08).

[67] Acs. RL de 27-10-2010 (Proc. nº 2779/07), STJ de 24-2-2010 (Proc. nº 556/07) e STJ de 13-10-2010 (Proc. nº 185/08).

[68] À abordagem tradicional da cláusula penal, que a concebe segundo um modelo unitário, ao qual corresponderia uma "dupla função", indemnizatória ou de liquidação prévia e sancionatória

fixada pelas partes[69], não se admitindo a redução do seu montante senão a título excecional[70], quando este, à luz das circunstâncias do caso[71], se mostre manifestamente excessivo, hipótese em que o tribunal intervém para "corrigir o valor acordado, mediante um juízo de adequação que se pauta pela equidade"[72]. E se é inquestionável que para haver excesso manifesto daquele "não bastará a mera superioridade, maior ou menor em face do dano efectivo"[73], igualmente a redução não se destina a fazê-lo coincidir com este[74].

Dificilmente, pois, a cláusula penal poderia ser mais estranha à singular realidade do pacto de permanência – em particular ao lato direito que ao trabalhador é reconhecido de o fazer cessar, enquanto limitação da sua liberdade de trabalho, e aos atenuados termos em que se lhe exige que, em tal hipótese, compense o empregador[75].

Nada do que antecede parece ser levado em conta por estas decisões, as quais, alheias a fundadas advertências doutrinais e jurisprudenciais em contrário[76], se

ou compulsória (Calvão da Silva, Antunes Varela), tem vindo a ser contraposta uma outra, que distingue, consoante a "finalidade prosseguida pelas partes, diversas espécies ou tipos de cláusulas", designadamente entre uma cláusula de fixação antecipada da indemnização, uma cláusula penal em sentido estrito e uma cláusula penal puramente compulsória, tratando em seguida de determinar, das várias normas que no Código Civil se referem à clausula penal, quais as que se aplicam exclusivamente à primeira espécie, definida no nº 1 do art. 810º – caso do art. 811º, nºs 2 e 3 – e as que se aplicam também "a todas as espécies de penas convencionais, ainda que indirectamente ou por analogia" – como o art. 810º, nº 2 e o art. 812º (Menezes Leitão, Pinto Monteiro, Mota Pinto). Sobre este ponto, v. Menezes Leitão, *Direito das Obrigações*, Vol. II, 6ª ed., Almedina, Coimbra, 2008, pp. 287 segs.; Pinto Monteiro, *Cláusula Penal e Indemnização*, Almedina, Coimbra, 1990, pp. 299 segs. e 419 segs.; Mota Pinto, *Teoria Geral do Direito Civil*, 2005 cit., pp. 590 segs.; Calvão da Silva, *Cumprimento e Sanção Pecuniária Compulsória*, 4ª ed., Almedina, Coimbra, 2002, pp. 251-252; Antunes Varela, *Das Obrigações em Geral*, Vol. II, 1997 cit., pp. 139-140.

[69] Sobre este ponto, justificando a imutabilidade de princípio da cláusula penal com "o respeito devido ao princípio da autonomia das partes", Pinto Monteiro, *Cláusula Penal e Indemnização*, 1990 cit., pág. 731; no mesmo sentido, Calvão da Silva, *Cumprimento e Sanção Pecuniária Compulsória*, 2002 cit., pág. 269.

[70] Pinto Monteiro, *Cláusula Penal e Indemnização*, 1990 cit., pág. 725; Mota Pinto, *Teoria Geral do Direito Civil*, 2005 cit., pág. 596; Calvão da Silva, *Cumprimento e Sanção Pecuniária Compulsória*, 2002 cit., pág. 273.

[71] Em especial da finalidade visada pelas partes com a estipulação da cláusula penal, salienta Pinto Monteiro, *Cláusula Penal e Indemnização*, 1990 cit., pág. 744.

[72] Pinto Monteiro, *Cláusula Penal e Indemnização*, 1990 cit., pág. 723.

[73] Pinto Monteiro, *Cláusula Penal e Indemnização*, 1990 cit., pág. 739; no mesmo sentido, Mota Pinto, *Teoria Geral do Direito Civil*, 2005 cit., pág. 596; Calvão da Silva, *Cumprimento e Sanção Pecuniária Compulsória*, 2002 cit., pág. 274.

[74] Calvão da Silva, *Cumprimento e Sanção Pecuniária Compulsória*, 2002 cit., pág. 277.

[75] O ponto foi desenvolvido nos nºs 4, 5 e 6 *supra*, para os quais se remete.

[76] Referimo-nos às objeções de Pinto Monteiro (*Cláusula Penal e Indemnização*, 1990 cit., pp. 720-721 e n. 1615) relativamente "à possibilidade de utilização de cláusulas penais em matéria (...) de

ESTUDOS EM HOMENAGEM A MIGUEL GALVÃO TELES

aferram à indemonstrada premissa de que "no âmbito da legislação laboral não existem normas que excluam a aplicabilidade da cláusula penal"[77], para fazer desta e do correspondente regime uma interpretação e uma aplicação que não só as desvirtuam, como conduzem a resultados inadmissíveis no plano juslaboral.

Diante do obstáculo aparentemente intransponível que é a imposição, constante da versão inicial do CT e mantida em 2009, de que o *quantum* a pagar pelo trabalhador corresponda às despesas efetivamente realizadas, os acórdãos que temos vindo a apreciar lançam mão da redução da cláusula penal "de acordo com a equidade", tornando-a sistematicamente aplicável ao pacto de permanência, de modo a assegurar, caso a caso, o controlo da "razoabilidade do montante" naquela fixado[78]. Sucede, porém, que esta abordagem, além de dificilmente suportada pela letra do art. 812º do CódCiv[79], implica a transmutação de algo que surge como *ultima ratio* no regime da cláusula penal[80] no modo normal de esta operar quando

contrato de trabalho", quando estas "prejudiquem as soluções que a lei consagra" em favor do trabalhador e que "exprimem a tutela social" que a ordem jurídica lhe confere. Seria este, segundo o A., um dos casos em que a lei veda a utilização de cláusulas penais, não expressamente, mas "de modo implícito, em razão da tutela especial que, em determinados domínios, confere a certos contraentes, por motivos de ordem pública de protecção social".
E, bem assim, aos Acs. RE de 9-2-2010 (Proc. nº 185/08) e RL de 28-4-2010 (Proc. nº 812/07), os quais, que conforme houve ocasião de referir supra na n. 63, recusaram a possibilidade de fixação através de cláusula penal do *quantum* a pagar pelo trabalhador que se desvincula do pacto de permanência, sublinhando que nesta matéria "não pode prevalecer qualquer hipotética autonomia da vontade das partes", pois, nos termos gerais, a norma legal reguladora do pacto de permanência "só poderia ser afastada por contrato individual de trabalho se este estabelecesse condições mais favoráveis para o trabalhador, o que não é manifestamente o caso".

[77] Ac. RL de 24-3-2010 (Proc. nº 455/08) cit., em sentido idêntico, reportando-se ainda ao articulado de 2003 do CT, afirmam os Acs. RL de 27-10-2010 (Proc. nº 2779/07) e STJ de 24-2-2010 (Proc. nº 556/07) cit. não ser "minimamente detectável na letra da lei o escopo de impedir a aplicação das normas de direito comum que disciplinam os efeitos da estipulação de uma cláusula penal" e o Ac. STJ de 13-10-2010 (Proc. nº 185/08) não ser a utilização da cláusula penal "afastada pelo disposto" nos respetivos arts. 4º, n. º 3, e 147º, nº 1.

[78] Ac. RL de 27-10-2010 (Proc. nº 2779/07), o qual prescreve, em geral, a necessidade de ter presente, quer o facto de a lei ter consagrado "o reembolso dos encargos suportados pelo empregador como ressarcimento adequado", quer "a proporção do tempo em falta" face ao estipulado, quando se trate de proceder a tal averiguação acerca "do montante fixado em cláusula penal, em ordem a apurar se ele é ou não excessivo". No mesmo sentido, v. os Acs. STJ de 24-2-2010 (Proc. nº 556/07) e STJ de 13-10-2010 (Proc. nº 185/08).

[79] Que patentemente exprime a "intenção legislativa de limitar o poder de intervenção judicial" nesta matéria, admitindo-o, não perante qualquer cláusula "excessiva *tout court*", mas apenas tratando-se de "uma cláusula *manifestamente excessiva*" (Calvão da Silva, *Cumprimento e Sanção Pecuniária Compulsória*, 2002 cit., pp. 272 segs.).

[80] O ponto é desenvolvido por Calvão da Silva, *Cumprimento e Sanção Pecuniária Compulsória*, 2002 cit., pp. 272-273, acentuando o A., quer a necessidade de o controlo judicial da cláusula penal "ser

esteja em causa a revogação pelo trabalhador do pacto de permanência – subvertendo, em consequência, o correspondente mecanismo.

Bem mais sombrias se mostram, contudo, as repercussões no plano juslaboral de tal orientação e das decisões em que esta se concretiza, as quais distorcem o modelo há muito vigente entre nós, em claro detrimento do trabalhador – quando o julgam obrigado a pagar o montante ajustado, sempre que o empregador não tenha logrado provar as quantias efetivamente despendidas na sua formação[81] ou quando limitam a redução "segundo a equidade" a uma estrita subtração a esse mesmo montante, proporcional ao tempo decorrido[82].

Porque forçam o trabalhador que pretenda evitá-las a requerer a redução "segundo a equidade" da cláusula penal firmada e, para tanto, a evidenciar o seu patente excesso face ao valor realmente gasto na sua formação, estas e outras soluções implicam, *de facto*, uma inversão do ónus da prova que exonera, da mesma, o empregador[83]. Ou seja, agravam, e muito, a situação do trabalhador, forçado a um acrescido esforço probatório para não ter de pagar mais do que lhe é *ex lege* exigido, e dificultam significativamente a sua desvinculação, rompendo um equilíbrio há várias décadas gizado pelo legislador e atingindo a liberdade de trabalho, por este preservada[84].

Chegados a este ponto, forçoso se torna concluir que a orientação jurisprudencial favorável à aposição ao pacto de permanência de uma cláusula penal se baseia numa interpretação e se traduz em resultados contrários, não apenas à lei, civil e laboral, mas à própria Constituição.

---

excepcional e em condições e limites apertados", quer, sobretudo, os riscos de uma "intervenção judicial sistemática, neutralizadora e aniquiladora da cláusula penal".

[81] Acs. STJ de 24-2-2010 (Proc. nº 556/07) e STJ de 13-10-2010 (Proc. nº 185/08).

[82] Acs. STJ de 24-2-2010 (Proc. nº 556/07) e STJ de 13-10-2010 (Proc. nº 185/08).

[83] A quem cabe, nos termos gerais, a prova do valor das despesas efetivamente realizadas com a formação profissional do trabalhador, cuja falta ou insuficiência têm como consequência a não condenação deste a pagar-lhes qualquer montante, em conformidade com o disposto no art. 137º, nº 2: v., assim decidiu o Ac. RL de 28-4-2010 (Proc. nº 812/07) cit. que, ao contrário dos referenciados nas n. 81, julgou irrelevante, para a resolução do caso, a fixação pelas partes, através de uma "cláusula penal" aposta ao pacto de permanência, da quantia a pagar pelo trabalhador no caso de rescindir o contrato de trabalho "antes do tempo".

[84] Cfr. *supra* os nºs 1 e 5.

Parte V
Vária

Ainda o *napalm*: novos documentos

ANTÓNIO ARAÚJO

1. Introdução

Em Junho de 2009, em co-autoria com António Duarte Silva, publiquei no nº 22 da revista *RI – Relações Internacionais*, o artigo «O uso de napalm na guerra colonial. Quatro documentos».

Nesse texto divulgavam-se quatro documentos localizados no Arquivo da Defesa Nacional, em Paço de Arcos[1], os quais atestavam, sem margem para grande dúvida, que Portugal utilizara *napalm* na guerra colonial, facto que fora negado por várias individualidades ao longo dos anos.

O acervo documental então publicado compunha-se, no essencial, de um relatório da autoria do tenente-coronel José Luís Ferreira da Cunha (ainda que não assinado), o qual, sendo anterior ao 25 de Abril de 1974, descrevia e justificava o uso de *napalm* nos teatros de operações de Angola, Moçambique e Guiné. Como sustentámos na altura, o citado relatório destinar-se-ia, muito provavelmente, a apoiar a diplomacia portuguesa num contexto em que o país vinha sendo condenado sistematicamente pela Organização das Nações Unidas (ONU) por utilizar armas químicas e biológicas e exortado a deixar de a elas recorrer na guerra então levada a cabo em África.

Outro documento então publicado revestia-se de particular interesse. Tratava-se de um ofício dirigido, em 27 de Maio de 1974 (ou seja, já após o 25 de Abril), pelo Comandante-Chefe das Forças Armadas da Guiné, o brigadeiro Carlos Fabião, ao Chefe do Estado-Maior General das Forças Armadas. Nesse ofício, afirmava-se existirem na Guiné 1.170 bombas de *napalm* de 350 litros e 790 de 100 litros. Carlos Fabião sustentava que este arsenal deveria ser retirado da

---

[1] Na altura, com a cota Cx. 1011, 1011/12, atualmente F3/15/Cx. 3235.

ESTUDOS EM HOMENAGEM A MIGUEL GALVÃO TELES

Guiné, mantendo-se apenas uma «dotação de emergência», uma vez que, dado o seu volume, não seria possível subtraí-lo da vista de observadores, o que era prejudicial para a defesa dos interesses portugueses. Propunha um plano: as bombas deveriam ser transferidas para a Ilha do Sal, em Cabo Verde. Neste ofício, Costa Gomes exarou um despacho de concordância, mas desconhece-se se o plano de Carlos Fabião chegou a ser posto em prática.

De qualquer modo, o citado documento confirmava que as autoridades militares portuguesas, ao mais alto nível, conheciam a existência e a utilização de *napalm* na guerra colonial e, pelo menos na Guiné, estavam dispostas a manter uma «dotação de emergência» no teatro de operações mesmo após o 25 de Abril de 1974. Sustentámos, então, que era altamente improvável que Francisco da Costa Gomes e António de Spínola desconhecessem o uso de *napalm* em África, ainda que o primeiro tivesse afirmado desconhecer o seu uso na Guiné – quando, na verdade, autorizou a deslocação do arsenal aí existente para Cabo Verde – e o segundo sustentasse, em 1973, que «estas bombas podem ter dezenas de proveniências».

2. Novos documentos: o uso de napalm desde 1961

Uma investigação posteriormente realizada no Arquivo da Defesa Nacional permitiu, entretanto, obter nova documentação, que se julga ser relevante levar a conhecimento público.

Desde logo, importa salientar um documento do Estado-Maior da Força Aérea, datado de 28 de Fevereiro de 1961 e classificado de «Muito Secreto», que, tendo por destinatário o Comandante da 2ª Região Aérea (Luanda), indica, como assunto, «Emprego de bombas NAPALM em operações contra sublevações dentro do território de Angola ou Moçambique» (Arquivo da Defesa Nacional, Cx. 7013.1).

Aí se afirma, em dois pontos:

«1 – O uso de bombas NAPALM é absolutamente vedado, em operações contra sublevações ou outros incidentes passados em território português do Ultramar, sem ordem expressa do CEMFA.

2 – Nestas condições, mesmo que tal uso seja solicitado, deve o Comandante da 2ª R. A. recusá-lo até que receba ordem do CEMFA autorizando-o, o que não é de crer que venha a suceder».

Ainda que não assinado, este documento é da autoria do Chefe do Estado-Maior da Força Aérea, general João de Freitas, e, de acordo com o carimbo nele existente, uma cópia deu entrada no Gabinete do Ministro da Defesa Nacional em 20 de Março de 1961. Está aposto, à mão, um despacho do seguinte teor: «Visto. Em 10-3-1961». Não tendo sido possível determinar o autor da respetiva assinatura, é possível que a mesma pertença ao então titular da pasta da Defesa, o general Júlio Botelho Moniz. O documento ostenta ainda outra marca de carimbo,

844

que determina: «Por ordem de S. Ex.ª o Ministro é transferido para o S.G.D.N.».
Datado de 10 de Março de 1961, é assinado pelo Chefe do Gabinete do Ministro.
O documento deu entrada no Secretariado-Geral da Defesa Nacional em 20 de
Março do mesmo ano.

Trata-se de um documento importante pois permite concluir, por um lado,
que desde o início da guerra colonial Portugal dispunha de bombas *napalm*, sendo
até possível – diríamos mesmo, provável – que estas já estivessem nos territórios
ultramarinos (pelo menos, de Angola e de Moçambique) antes do eclodir do conflito. Por outro lado, existiu a determinação inequívoca no sentido desse tipo de
armamento não ser utilizado sem ordem expressa do Chefe do Estado-Maior da
Força Aérea, acrescentando-se mesmo que não era de crer que aquela entidade
viesse autorizar solicitações feitas para o efeito.

Tudo indicia que a Força Aérea – até por uma questão operacional – era, no
seio das Forças Armadas, a entidade responsável pelo uso de *napalm* (ver, porém, o
ponto seguinte) e, por outro lado, não é descabido supor que o tenha usado antes
de Fevereiro de 1961, o que seria o motivo para esta diretriz, que visa concentrar
de forma total no CEMFA a autorização para a utilização deste tipo de bombas.
Por outras palavras, nem sequer o Comandante da 2ª Região Aérea dispunha de
competência para autorizar os pedidos de uso de *napalm*, o que demonstra bem
que desde muito cedo existiu a clara perceção da delicadeza e melindre deste
assunto, o qual implicaria decisões – *decisões políticas* – ao mais alto nível.

3. Novos documentos: a aquisição de napalm pelo Exército

Outra documentação de grande relevância diz respeito à aquisição de *napalm*.
Possuímos documentos relativos ao que tudo sugere ser uma das compras, sendo
provável que outras tenham sido efetuadas, quer em Portugal, quer junto de fornecedores estrangeiros. Assim, de acordo com os citados documentos (in Arquivo
da Defesa Nacional, Cx. 139/1), em Novembro de 1970 foi solicitada a dispensa de
formalidades legais para a aquisição de explosivos *napalm* no valor de 312.500$00.
A aquisição seria feita através de concurso limitado, mediante consulta à Sociedade Luso-Americana de Representações, à CUF, à C. Santos, à SPEL, à CPMB, à
Norte Importadora, Lda., à Maveril e à Macedo Silva, Lda. Justificava-se o pedido
de dispensa de formalidades do seguinte modo: «Trata-se de Napalm e não se
considera conveniente dar publicidade, através da publicação nos jornais, dos
anúncios de abertura de concurso da respetiva aquisição. As firmas indicadas são
aquelas que se consideram em condições de efetuar o fornecimento previsto».

O Ministro da Defesa, Horácio Sá Viana Rebelo, concorda com a proposta de
dispensa de formalidades, tendo o Ministro das Finanças, João Dias Rosas, expri-
mido igualmente a sua concordância, por despachos de 28 de Novembro e de 7
de Dezembro de 1970, respetivamente.

No processo de aquisição, acabariam por ser consultadas as seguintes firmas: Sociedade Luso-Americana de Representações, C. Santos, S.P.E.L., C.P.M.B., Norte Importadora, Macedo Silva, Melco, tendo apresentado propostas a C. Santos e a S.P.E.L. A Repartição de Estudos Técnicos do Serviço de Material do Exército emitiu parecer no sentido de que a S.P.E.L. – Sociedade Portuguesa de Explosivos, Lda., era aquela que se encontrava em melhores condições para proceder ao fornecimento de 2.400kg de óleo gelatinoso incendiário M4, com um custo total de 308.160$00 e um prazo de entrega de 120 dias. Previa-se que o material fosse testado em lancha-chamas portátil e em lança-chamas mecanizado.

Por vicissitudes várias (*v.g.*, atrasos na entrega devido a problemas nos testes ao óleo gelatinizador), este processo só estará concluído em 13 de Julho de 1973, quando é autorizada a libertação da garantia bancária prestada pela Sociedade Portuguesa de Explosivos, uma vez que esta cumprira todas as obrigações contratuais a que se encontrava adstrita. É de notar que, na vasta documentação existente sobre esta aquisição, se detecta, a dado passo, que as Forças Armadas portuguesas manifestaram a intenção de vir a adquirir *napalm* em volume superior àquele que a firma agora fornecia, propondo-se mesmo «a aquisição de mais 20%, o que do ponto de vista de necessidades é ainda insuficiente».

Por aqui se vê, por um lado, que, a menos que se tratasse de um mero uso para efeito de testes, também na guerra terrestre, envolvendo o Exército, se previa a utilização de napalm, através de lança-chamas, o que infirma a ideia de que o mesmo só teria sido usado pela Força Aérea. Sublinhe-se, no entanto, que, como várias fontes afirmam que o *napalm* foi usado através de meios aéreos, é possível que a referência a lancha-chamas se destinasse a um mero uso para efeito de testes. Ou, então, as forças terrestres podem ter ponderado utilizar também *napalm* – e daí a aquisição feita, em nome do Exército, à Sociedade Portuguesa de Explosivos. E, em face disso, poderemos conjeturar: o *napalm* já era utilizado pelo Exército nas ações terrestres, sendo esta utilização, naturalmente, muito menos «visível» do que a do lançamento de bombas por via aérea, ou, pelo contrário, através da compra à Sociedade Portuguesa de Explosivos, procurava recorrer pela primeira vez a este tipo de armamento. Existe uma derradeira possibilidade: o Exército adquiria o *napalm* para que o mesmo servisse no fabrico de bombas, na Metrópole ou nas colónias, que posteriormente seriam lançados por meios aéreos. Tudo aponta, no entanto, para outra hipótese: o Exército pretendia utilizar – ou já utilizava, porventura pontual e esporadicamente – *napalm* ou componentes químicos nos seus lança-chamas, os quais aumentavam de modo muito significativo o poder de fogo daqueles dispositivos.

Verifica-se, por outro lado, que em 1970 novas remessas de *napalm* ainda eram adquiridas – e usadas em teatros de operações –, considerando-se mesmo que os fornecimentos efetuados ficavam aquém das necessidades operacionais.

De realçar, por último, que a aquisição de *napalm*, que tem sido atribuída a fornecedores estrangeiros, também teve lugar junto de empresas portuguesas, não sendo descabido supor que estas tiveram um papel de grande relevância atento o crescente isolamento de Portugal na cena internacional e, em consequência, as dificuldades de aquisição de armamento – em particular, de armamento desta natureza.

4. Novos documentos: a defesa de Portugal no plano diplomático

Em resultado deste isolamento na cena internacional, intensificou-se a necessidade de defesa das posições portuguesas junto de organizações como a ONU. É nesse sentido que um outro núcleo documental, entretanto localizado no Arquivo da Defesa Nacional (Cx. 5702.1), permite enquadrar e compreender de uma forma mais precisa e rigorosa a documentação que, em conjunto com António Duarte Silva, publiquei em 2009.

A nova documentação permite confirmar a hipótese, que avançámos na altura, segundo a qual o relatório de Ferreira da Cunha se destinava a sustentar a defesa diplomática das posições portuguesas nas instâncias internacionais.

À luz dos documentos agora descobertos no Arquivo da Defesa Nacional, estamos, na verdade, em condições de reconstituir com mais fidedignidade o processo que levou à elaboração do referido relatório por parte de Ferreira da Cunha – do qual, ademais, possuímos agora um exemplar assinado.

Tudo indicia que este processo começou pelo envio de um ofício, datado de 29 de Dezembro de 1972, da Direcção-Geral dos Negócios Políticos do Ministério dos Negócios Estrangeiros ao Gabinete do Ministro da Defesa Nacional, do «documento das Nações Unidas A/8803 e Corr.l, com o relatório do Secretário-Geral, sobre o Napalm e outras armas incendiárias, elaborado por um grupo de peritos governamentais, em conformidade com o parágrafo operativo 5, da resolução 2852 da 26ª Assembleia Geral».

Acrescentava-se que, «de acordo com os esclarecimentos contidos na sua introdução o presente relatório destina-se a "informar indivíduos e governos acerca dos efeitos do Napalm e outras armas incendiárias e de outros aspectos dos seus possíveis usos"». Refira-se ainda que o relatório se encontrava dividido em quatro grandes capítulos: «o primeiro, com a descrição dos principais tipos de armas e agentes incendiários, como existentes actualmente; o segundo referente à acção das armas incendiárias, propagação de fogo e seus efeitos não-médicos em diferentes meios; o terceiro, sobre os efeitos dessas armas no corpo humano e nas populações; o quarto, relativo aos meios actuais e passados da guerra incendiária e o quinto que contém as conclusões dos peritos».

Nada mais se afirmava neste ofício do Ministério dos Negócios Estrangeiros, que é recebido a 8 de Janeiro de 1973 e distribuído ao Secretariado Geral da Defesa Nacional (SGDN).

Confirma-se, pois, a hipótese, sustentada no texto que publicámos com António Duarte Silva (e que era perfilhada por Aniceto Afonso e Carlos Matos Gomes), segundo a qual a documentação sobre o *napalm* se destinava a apoiar a defesa de Portugal junto das instâncias internacionais, encontrando-se a posição portuguesa quanto a esta questão do uso de armas químicas particularmente enfraquecida por sucessivas resoluções da ONU, anteriores e posteriores a esta questão em concreto, podendo citar-se, naquele período, as resoluções 2444 (XXIII), de 1968, 2932 A (XXVII), de 1972 ou 3076 (XXVIII), de 1973[2].

Na sua reunião plenária nº 2027, realizada em 20 de Dezembro de 1971, a XXVI Assembleia Geral das Nações Unidas aprovara um conjunto de três resoluções: duas sobre o respeito pelos direitos humanos nos conflitos armados (resoluções 2852 e 2853) e outra sobre a proteção de jornalistas envolvidos em missões de risco em áreas de conflito armado (resolução 2854). Interessa reter a resolução 2852, a qual, sem visar diretamente Portugal, era inequívoca na condenação do uso de *napalm*. Nas considerações introdutórias, afirmava: «although negotiations are going on in the field of disarmament concerning general and complete disarmament and the limitation and elimination of nuclear, biological and chemical weapons, those deliberations do not deal with the question of prohibting and restricting the use of other methods of warfare that are cruel, *such as napalm*, or that indiscriminately affect civilians and combatants» [itálico acrescentado]. Depois, no ponto 5., exortava o Secretário-Geral: «Requests the Secretary-General [...] to prepare as soon as possible, with the help of qualified governamental consultant experts, a report on napalm and other incendiary weapons and all aspects of their possible use».

Em resultado disso, o Secretário-Geral da ONU apresentará, em 19 de Outubro de 1972, o relatório «Napalm and other incendiary weapons and all aspects of their possible use»[3]. Os membros do grupo de peritos – ponto que será criticado na documentação militar portuguesa – eram um coronel da Nigéria, um cientista da Roménia, o diretor do Instituto Militar da Higiene, Epidemiologia e Microbiologia da Checoslováquia, um consultor do Ministério dos Negócios Estrangeiros da Suécia, um membro da Academia das Ciências da União Soviética, um membro da Força Aérea do Perú e um consultor científico do Ministro

---

[2] Cf. uma súmula em Ingrid Detter, *The Law of War*, 2ª ed., Cambridge, 2000, p. 224, em esp. nota 101.

[3] Cf. *Napalm and other incendiary weapons and all aspects of their possible use. Report of the Secretary-General.* Vol. 14. s.l.: United Nations, 1973.

da Defesa do México. Com várias dezenas de páginas, o relatório possuía, naturalmente, um conteúdo técnico, não fazendo referência desenvolvida a casos particulares daquele tempo (os exemplos referidos tinham por objeto situações ocorridas na I Guerra, na guerra da Etiópia, na Guerra Civil espanhola e na 2ª Guerra, sendo o Vietname citado fugazmente). As descrições dos efeitos do *napalm* eram, pese a sua natureza técnica, extremamente impressionantes, nomeadamente no Capítulo III do relatório, que se debruçava sobre as consequências médicas (*v.g.*, queimaduras) daquele tipo de armas, quer em termos individuais, quer sobre o conjunto das populações afetadas, incluindo efeitos ambientais, económicos e sociais.

A Assembleia Geral das Nações Unidas, pela resolução 2932 A (XXVII), solicitou aos diversos Estados que se pronunciassem sobre o relatório do Secretário-Geral. Crê-se que é no âmbito da preparação da resposta do Estado Português que o Ministério dos Negócios Estrangeiros solicitou a intervenção do Ministério da Defesa.

Entretanto, no Reino Unido, a Câmara dos Lordes discutia, na sua sessão de 26 de Outubro, se deveria ser aprovada uma proibição genérica do uso de *napalm* e outras armas incendiárias[4]. A Cruz Vermelha dava conta do trabalho do grupo de peritos[5] e preparava, ela própria, o seu relatório. Uma instituição não-governamental, o *Stockholm International Peace Research Institute* (SIPRI) publica igualmente um relatório sobre *napalm* e outras armas incendiárias, poucos dias depois de o Secretário-Geral da ONU divulgar o seu documento. Publicado em 1973, o relatório do Comité Internacional da Cruz Vermelha apoiava-se num grupo muito vasto e plural de especialistas – do Japão, do Iraque, do Irão, da Síria, da Suécia, da União Soviética, do Reino Unido, do Brasil, da Noruega, da República Federal da Alemanha, da Suíça, do México, do Líbano, dos Estados Unidos, de Espanha, dos Países Baixos, da Dinamarca[6]. À semelhança do relatório das Nações Unidas, descreviam-se os efeitos do uso de vários tipos de armas, incluindo o *napalm*, sem referir casos particulares da atualidade. Em todo o caso – e esse é o ponto que importa realçar –, é indiscutível que entre finais da década de sessenta e os alvores da década de setenta, muito provavelmente por efeito da Guerra do Vietname, a questão do uso de *napalm* era objeto de especial atenção por parte das organizações internacionais e da opinião pública de todo o mundo. Sintomaticamente, em Portugal as Publicações Dom Quixote publicavam a tradução de uma obra

---

[4] In http://hansard.millbanksystems.com/lords/1972/oct/26/napalm-ban-proposal

[5] Cf. «Meeting of Expert Group on Napalm and Other Incendiary Weapons», *International Review of the Red Cross*, nº 12, Outubro de 1972, pp. 584-586.

[6] Cf. International Committee of the Red Cross, Weapons *that may Cause Unnecessary Suffering or have Indiscriminate Effects. Report on the Work of Experts*, Genebra, 1973.

coletiva, com textos sobre a ação dos desfolhantes ou a posição das Nações Unidas relativamente à guerra química e bacteriológica[7].

Portugal encontrava-se numa posição particularmente difícil no seu relacionamento com as Nações Unidas[8]. Desde logo, era essencial ter consciência das implicações do amplo movimento que, à escala internacional, se desenvolvia em torno do uso de *napalm* e outras armas incendiárias. Não por acaso, por ordem de Costa Gomes, então Chefe do Estado-Maior General das Forças Armadas, o relatório dos peritos da ONU será transmitido aos comandantes-chefes da Guiné, de Angola e de Moçambique.

Neste contexto, importa salientar um documento, de 8 de Março de 1973, classificado de «Muito Secreto» e da autoria de Francisco da Costa Gomes (ainda que não assinado), dirigido aos comandantes-chefes das Forças Armadas da Guiné, de Angola e de Moçambique, particularmente ilustrativo. Sob a epígrafe «Napalm e Outras Armas Incendiárias», dizia o referido ofício:

> «1. A resolução 2852 (XXVI) da Assembleia Geral das Nações Unidas deu origem à elaboração por um grupo de peritos de um relatório sobre o napalm e outras armas incendiárias, assim como sobre todos os aspectos do seu emprego.
>
> 2. Esse relatório chama a atenção dos indivíduos e governos sobre os efeitos dessas armas e procura-se que sejam adoptadas novas medidas pela Organização das Nações Unidas com vista a limitar ou suprimir mesmo o seu emprego por virem a ser classificadas como armas inumanas.
>
> 3. A ONU deseja que os Estados membros lhe transmitam os comentários que tiverem por mais oportunos sobre o referido documento a fim de preparar um relatório que será apresentado à 28ª Assembleia Geral.
>
> 4. Solicita a Direcção-Geral dos Negócios Políticos do Ministério dos Negócios Estrangeiros que o SGDN a habilite com os elementos que tiver por mais convenientes, para poder elaborar os comentários que terá que apresentar.

---

[7] Cf. Seymour Hersh, A. Minowski, Nguyen-Dang Tâm et all., *Guerra Química e Bacteriológica*, trad. portuguesa, Lisboa, s.d. [mas 1973].

[8] Cf., por todos, a síntese de António Ernesto Duarte Silva, «O litígio entre Portugal e a ONU (1960-1974)», *Análise Social*, nº 130 (1995), pp. 5-50. A documentação a que foi possível aceder no Arquivo Histórico-Diplomático do Ministério dos Negócios Estrangeiros [cf. POI, 543, 10.3 (566) e POI, 605-606, 10.3 (630 e 631)] permite concluir que, no que respeitava ao uso de armas bacteriológicas, Portugal apoiava claramente os esforços tendentes à sua proibição, existindo mesmo a indicação na altura de que o Presidente do Conselho nada tinha a objetar relativamente à resolução 2826, tendo o Estado português subscrito a Convenção sobre a proibição do desenvolvimento, produção e armazenamento de armas bacteriológicas (biológicas) e tóxicas e sua destruição, a qual foi aprovada para ratificação em 12 de Abril de 1973. Não é descabido supor que esta total abertura à proibição de armas biológicas pretendeu servir de argumento diplomático em face das críticas sofridas pelo uso de armas químicas, com destaque para o *napalm*.

5. Nestes termos deverá esse Comando-Chefe informar se nesse TO:
a. são empregues Napalm ou quaisquer outras armas incendiárias.
b. Em caso afirmativo, quais os tipos e circunstâncias em que são utilizadas».

O Comandante-Chefe das Forças Armadas de Moçambique, Kaúlza de Arriaga, em 4 de Abril de 1973, informou que desde 1968 até fins de Fevereiro de 1973 foram lançados por meios aéreos na 3ª Região Aérea bombas Napalm de 80kg/100 litros e de 300kh/350 litros e granadas INC. M/64 (as quais, advertia--se, poderiam ser lançadas por meios terrestres e aéreos).

Os valores totais apontavam para 2.840 bombas de 80kg, 820 bombas de 300kg e 1742 granadas INC. M/64. Do ponto de vista da evolução temporal, estas últimas só começaram a ser usadas em 1970, com valores que registam uma evolução do seguinte tipo: 892 bombas e 1970, 280 bombas em 1971 e 480 bombas em 1972. Este ano regista um acréscimo muito significativo do uso de armamento desta natureza, porquanto também quanto a bombas a evolução vai nesse sentido. Assim, há um uso intenso de bombas de 80kg no período inicial (889 bombas em 1968 e 764 em 1969), a que se assiste um decréscimo muito sensível no período 1970-1971 (com 290 e 357 bombas, respetivamente), seguindo-se um aumento em 1972: 514 bombas. Quanto às bombas de maior potência (300kg), a evolução é similar: 126 bombas em 1968, 100 em 1969, nenhuma em 1970, 312 em 1971 e 282 em 1972.

O relatório, sucinto, terminava dizendo: «As referidas munições têm sido utilizadas contra bases e acampamentos de guerrilheiros».

De Angola, tardavam a responder. O SGDN envia, em 23 de Abril de 1973, uma mensagem solicitando uma resposta, a qual será emitida dois dias depois – precisamente um ano antes da revolução de 25 de Abril de 1974. O relatório enviado a Lisboa, assinado pelo general Joaquim da Luz Cunha, não especifica o volume de armamento utilizado ao longo dos anos, limitando-se a afirmar:

«1. Tem sido feito uso muito restrito de NAPALM, na medida em que este tipo de munição é muito pouco eficaz contra os objectos existentes no TO de ANGOLA.

2. Por se tratar do único tipo de bombas cujo lançamento não tem limitações de carácter meteorológico, o seu emprego tem sido praticamente reservado às situações em que, por carência de "tectos", se torna proibitivo o uso de outras bombas».

Da Guiné, António de Spínola respondia, em 17 de Março de 1973:

«1. No T.O. da GUINÉ é utilizado armamento aéreo com NAPALM e fósforo dos seguintes tipos:
– Bomba incendiária 300kh/350L
– Bomba incendiária 80kh/100L
– Granada incendiária M/64

ESTUDOS EM HOMENAGEM A MIGUEL GALVÃO TELES

2. Este armamento é utilizado pela Força Aérea, em especial durante a época seca:
– com vista à destruição pelo fogo de acampamentos camuflados, In ou suspeitos;
– contra locais ocupados ou de presença provável de forças In.

Em qualquer dos casos, procede-se sempre ao estudo e referenciação dos prováveis objectivos, a fim de se evitar na medida do possível que as populações sejam afectadas pelo emprego deste armamento aéreo.

3. A título complementar, esclarece-se que o citado armamento tem as seguintes vantagens operacionais:
– durante a época seca é o armamento mais eficiente para a destruição de acampamentos;
– actua contra pessoal abrigado em valas a descoberto, o que não acontece com as bombas explosivas;
– é de grande efeito psicológico;
– a técnica de largada é fácil e a precisão é boa;
– é de utilização económica.

4. O consumo médio anual no T.O. da GUINÉ é o seguinte:
Bombas incendiárias 300kg/350L.......... 501
Bombas incendiárias 80kg/100L............864
Granadas incendiárias M/64.................3280

5. Julga-se que as vantagens de natureza operacional superam largamente os eventuais inconvenientes de ordem política».

Esta última frase, subscrita por António de Spínola, é particularmente elucidativa, já que envolve um juízo – um juízo político – sobre o uso do *napalm*: «Julga-se que as vantagens de natureza operacional superam largamente os eventuais inconvenientes de ordem política».

Como se vê, admitindo que a «média anual» a que se refere Spínola abrange o período 1968-1972, a Guiné parece ter sido o teatro de operações em que o *napalm* foi utilizado com mais intensidade (ponto que, aliás, é sublinhado no relatório de Ferreira da Cunha).

Comparando com Moçambique, aqui foi usada uma média anual de 164 bombas de 300kg entre 1968 e 1972, sendo essa média de 501 bombas na Guiné. Quanto a bombas de 80kg, a média foi de 864 na Guiné e 563 em Moçambique. Quanto a granadas incendiárias M/64, a média é de 152 em Moçambique e 3280 na Guiné, uma diferença de grandes proporções. Note-se que, em Moçambique, não foram usadas granadas incendiárias em 1968 e 1969 (porventura, por não estarem disponíveis), e não foram usadas bombas de 300kg no ano de 1970.

O relatório de Ferreira da Cunha procede a uma contabilização do consumo médio mensal de bombas incendiárias, de 1968 até finais de Fevereiro de 1973. As diferenças são significativas: 42 bombas de 300kg na Guiné para 14 em Moçambique; 72 bombas de 100kg na Guiné para 47 em Moçambique; e, enfim, 273 granadas incendiárias M/64 na Guiné para 29 em Moçambique. É nestas últimas que a disparidade se torna mais evidente: 273 granadas incendiárias/mês na Guiné para 29 em Moçambique, o que, em termos de média anual, dá valores de 3280 (Guiné) e 152 (Moçambique).

Do ponto de vista de evolução temporal só dispomos de números discriminados para o território de Moçambique, os quais apontam para um uso intenso de bombas de 80kg em 1968 e 1969, a que se segue uma quebra significativa em 1970, tendo-se registado um aumento em 1971 e, em especial, em 1972 (ainda que sem regresso aos valores de 1968 e 1969). Já quanto a bombas de 300kg, há uma evolução sensível tendente a incrementar o seu uso: 126 bombas em 1968, 100 bombas em 1969 e 312 em 1971 e 282 em 1972. Quanto a granadas incendiárias, há um uso muito intenso em 1970 (982 granadas), a que se segue uma quebra muito significativa em 1971 (280 granadas) e a um aumento em 1972, com 480 granadas.

Com base nos elementos fornecidos pelos comandantes-chefes de Angola, de Moçambique e da Guiné, o tenente-coronel José Luís Ferreira da Cunha elaborou, no SGDN, em 9 de Maio de 1973, um relatório de nove páginas, que publicámos em 2009. Dispomos agora da versão assinada deste relatório, na qual – e o ponto é de extrema relevância – Francisco da Costa Gomes exarou o seguinte despacho, datado de 18 de Abril de 1973: «Concordo. Transfira-se para a 2ª Rep., digo 2ª Direcção».

E, efetivamente, a 2ª Direção do SGDN envia, com data de 26 de Maio de 1973, um documento ao Diretor-Geral dos Negócios Políticos do Ministério dos Negócios Estrangeiros o relatório final. Trata-se de um documento extenso, subscrito pelo general José Augusto da Costa e Almeida (mas cujo exemplar de que dispomos não se encontra assinado), o qual se limita a reproduzir o relatório de Ferreira da Cunha – o qual havia sido objeto de uma alteração marginal, de escassa relevância, do punho de Costa Gomes.

Nesse relatório – e como dissemos no texto que publicámos em 2009 – procede-se a uma defesa do uso de *napalm*, considerando-se, na conclusão 6., que a tentativa de proscrição dessas armas se inscrevia numa estratégia de «luta contra o Ocidente («não é difícil concluir-se que a proibição ou estigmatização do napalm e outros meios incendiários é importante na luta contra o Ocidente»). Não por acaso, impugnava-se a imparcialidade do grupo de peritos designados pela ONU: «para quem, ingenuamente, tenha dúvidas da conclusão (6) a origem dos membros do "EXPERT GROUP" parece esclarecedora: Nigéria, Roménia, Checoslováquia, Suécia, Rússia, Peru e México». Falava-se ainda de uma «campanha

ESTUDOS EM HOMENAGEM A MIGUEL GALVÃO TELES

da ONU contra os meios incendiários» e dizia-se mesmo que «em guerra, todas as armas são para matar e ferir e, em relação às vítimas, pouco interessa discutir o nível de crueldade da arma que as atingiu». Sustentava-se, assim, que, mais do que proibir o uso destas armas, se deveria discipliná-lo, com o seguinte argumento: «Utilizar napalm ou uma arma nuclear táctica sobre um posto militar parece mais tolerável do que apunhalar ou fuzilar homens, mulheres ou crianças não empenhadas na luta, do que colocar uma bomba, uma mina ou uma armadilha ou qualquer arma capaz de criar vítimas indiscriminadas».

De seguida, Ferreira da Cunha analisa a utilização de *napalm* nos três teatros de guerra, notando-se existirem algumas discrepâncias relativamente às informações veiculadas pelos comandantes-chefes. Assim, por exemplo:

- o relatório do SGDN afirma que em Angola existia uma *«utilização interdita* do NAPALM, na medida em que é pouco eficaz...» (itálico acrescentado). Ora, a informação de Joaquim da Luz da Cunha não alude a qualquer interdição, mas tão-só a um uso «muito restrito», ditado por razões de (in)eficácia operacional;
- o relatório do SGDN sustenta que, na Guiné, existia «ordens rigorosas para a redução ao mínimo» da utilização de *napalm*. Ora, a informação de António de Spínola não refere a existência de quaisquer instruções desse tipo; o que se afirma, isso sim, é que a utilização era procedida do «estudo e referenciação dos prováveis objectivos», com vista a minimizar, «na medida do possível», danos colaterais sobre as populações;
- o relatório do SGDN sustenta que em Moçambique se procedia a uma «utilização muito parcimoniosa em condições idênticas ao T.O. Angola». Ora, a referência a uma utilização parcimoniosa de *napalm* não consta da informação transmitida por Kaúlza de Arriaga. O que se afirma, tão-só, é que «as referidas munições têm sido utilizadas contra bases e acampamentos de guerrilheiros». Muito menos se poderia dizer que as condições de utilização de *napalm* eram idênticas em Angola e Moçambique. De facto, enquanto Luz Cunha falava de um «uso muito restrito» de *napalm*, Kaúlza de Arriaga não emite qualquer apreciação de tipo quantitativo sobre o recurso àquele armamento. Mais: se se afirma que o uso de *napalm* era «interdito» (*sic*) em Angola não se poderia dizer, depois, que idêntica regra vigorava em Moçambique, tanto mais que a seguir se apresentam as estatísticas das bombas e granadas incendiárias utilizadas neste território: uma média mensal de 14 bombas de 300kg, 47 de 80kg e 29 granadas incendiárias M/64.

Trata-se, em todo o caso, de uma argumentação compreensível num contexto em que as Forças Armadas procuravam assegurar o uso de *napalm* e justificá-lo no plano interno, junto do poder político e de outros departamentos do Estado (*v.g.*, o Ministério dos Negócios Estrangeiros), e, reflexamente, no plano externo. Mais do que isso: o SGDN não nega a existência e utilização de bombas *napalm* nem sequer escamoteia os números que lhe foram fornecidos pelos comandantes-chefes.

No âmbito desta breve nota, não cabe indagar que utilização foi feita, por parte da nossa diplomacia, da informação veiculada pelas Forças Armadas, ponto que bem merece uma investigação aprofundada e autónoma. Por ora, importa tão-só extrair algumas conclusões:

- a Força Aérea portuguesa dispunha de armamento *napalm* em África desde, pelo menos, Fevereiro de 1961, ou seja, numa fase anterior ao eclodir dos conflitos ultramarinos;
- pelo menos nessa fase, a utilização de *napalm* por meios aéreos era objeto de uma estrita disciplina, só sendo autorizada mediante intervenção do Chefe do Estado-Maior da Força Aérea;
- em 1970, o Exército adquiriu armamento *napalm* a uma firma portuguesa;
- é possível aventar a hipótese segundo a qual, com o decorrer do conflito, e até por necessidades de natureza operacional e exigências imediatas de ação/reação, o uso de *napalm* ter deixado de estar condicionado à autorização do Chefe do Estado-Maior da Força Aérea, tendo sido transferido para os comandantes-chefes;
- mesmo que a autorização para o uso de *napalm* não estivesse dependente dos comandantes-chefes, sendo delegadas em entidades de nível inferior, aqueles possuíam conhecimento de tal uso – pelo menos, tinham possibilidade de *a posteriori* determinar as condições e até as quantidades em que o *napalm* era utilizado nos territórios sob seu comando direto;
- assim, Kaúlza de Arriaga (Moçambique), Joaquim da Luz Cunha (Angola) e António de Spínola (Guiné), subscreveram informações que revelam conhecimento da utilização de *napalm* nos territórios sob seu comando;
- por sua vez, Francisco da Costa Gomes acompanhou de muito perto a questão do uso de *napalm*. É ele que, em Março de 1973, determina aos diversos comandantes-chefes que o informem sobre o uso de *napalm*; é ele que exara um despacho de concordância na informação de carácter geral – mas com indicação dos números exatos de armamento utilizado – elaborada por Ferreira da Cunha; é ele, enfim, que, em Maio de 1974, manifesta concordância com o plano, apresentado por Carlos Fabião, para transferir para Cabo Verde parte substancial do arsenal de *napalm* existente na Guiné;

ESTUDOS EM HOMENAGEM A MIGUEL GALVÃO TELES

– o conhecimento sobre o uso deste tipo de armas é extensível, naturalmente, ao Secretário Adjunto da Defesa Nacional, general José Augusto da
Costa Almeida, ao tenente-coronel José Luís Ferreira da Cunha e, enfim,
aos diplomatas que, no Ministério dos Negócios Estrangeiros, receberam
e tiveram de gerir este processo.

A questão só adquire relevância porquanto o uso de *napalm* por parte das Forças Armadas portuguesas na guerra colonial suscitou controvérsia após o 25 de
Abril de 1974 e não foi até hoje objeto de um estudo aprofundado. Se excetuar-
mos a literatura memorialística, um dos raros textos que se refere explicitamente
à questão foi publicado em *Mais Alto. Revista da Força Aérea*, em Março-Abril de
1989. O seu autor, Mário Canongia Lopes refere aí que o napalm era carregado em
depósitos de origem portuguesa ou norte-americana, sendo o combustível fornecido por Israel. Luís Alves Fraga, no seu estudo *A Força Aérea na Guerra de África –
Angola, Guiné, Moçambique (1961-1974)* (Lisboa, 2004), refere que nas operações
com o nome de código «Resgate» (1965) e «Estoque» (1966), contra o PAIGC,
foram utilizadas bombas de 50 quilos e de 60 litros de *napalm*. Ora, a informação
disponível, ainda que se refira a um período posterior a 1968, menciona bombas
de 80 e de 300 quilos, com capacidade, respetivamente, de 100 e de 350 litros.

Por outro lado, entrevistado pela historiadora Manuela Cruzeiro[9], Costa
Gomes afirmou desconhecer o uso de *napalm* na Guiné («na Guiné, não sei» –
p. 139). Ora, não só Costa Gomes teve conhecimento da utilização destas armas
antes como depois do 25 de Abril: antes, ao determinar a Spínola (e aos outros
comandantes-chefes, de Angola e de Moçambique) que o informasse sobre as
condições em que era utilizado o *napalm*, ao receber o relatório de Spínola, ao
exarar um despacho de concordância com a informação de Ferreira da Cunha;
depois do 25 de Abril, ao concordar com o plano de Carlos Fabião para transferir para Cabo Verde o arsenal existente na Guiné. Nessa mesma entrevista, Costa
Gomes nega ter utilizado *napalm* em Angola, quando aí exercia as funções de
comandante-chefe («todos os métodos que pudessem prejudicar as populações,
como, por exemplo, a utilização de produtos químicos ou de bombas *napalm*, iam
contra os meus princípios» – p. 138).

Admite, todavia, a possibilidade de utilização de armas químicas[10]. Assim:
«nunca a ordenei. Não posso garantir que nunca se tivessem utilizado "desfolhantes"» (*ob. cit.*, p. 138). No entanto, noutras obras o depoimento de Costa Gomes

---

[9] Cf. Manuela Cruzeiro, *Costa Gomes. O Último Marechal*, Lisboa, 1998, pp. 138-139.
[10] Cf. Luís Nuno Rodrigues, *Marechal Costa Gomes. No centro da tempestade. Biografia*, Lisboa, 2008,
pp. 87-88.

é algo diverso: «foram usados desfolhantes só no Leste [de Angola]»[11]. E, noutra ocasião, Costa Gomes é ainda mais afirmativo: «Claro que foi utilizado! No Leste de Angola eu próprio usei *desfolhantes*!»[12].

Quanto a António de Spínola, numa entrevista concedida a Peter Hannes Lehman, da revista alemã *Stern*, reconheceu o uso de armas químicas na Guiné, «para limpar o mato de ambos os lados das estradas, para evitar emboscadas. Ninguém podia ou iria indicar qual o seu país de origem»[13]. Simplesmente, o relatório que Spínola envia a Lisboa, com data de 17 de Março de 1973, revela um uso muito mais extenso e com objetivos muito mais amplos do que o da limpeza das matas para evitar emboscadas. De facto, o napalm era usado, no dizer do próprio António de Spínola, «com vista à destruição pelo fogo de acampamentos camuflados, In ou suspeitos» e, por outro lado, «contra locais ocupados ou de presença provável de forças In».

Spínola mostra-se, aliás, um defensor do uso de *napalm*, enaltecendo as suas vantagens operacionais: «durante a época seca é o armamento mais eficiente para a destruição de acampamentos», «actua contra pessoal abrigado em valas a descoberto, o que não acontece com as bombas explosivas», «é de grande efeito psicológico», «a técnica de largada é fácil e a precisão é boa», «é de utilização económica». De todos os comandantes-chefes, Spínola é, aliás, o que mais abertamente defende a utilização de *napalm*, concluindo o seu relatório dizendo: «Julga-se que as vantagens de natureza operacional superam largamente os eventuais inconvenientes de ordem política».

Numa reportagem sobre o uso de *napalm* publicada em 1994 no jornal *Expresso*, o jornalista Frederico Carvalho narra episódios de lançamento de bombas incendiárias em Moçambique, em Angola e na Guiné[14]. Refere que a morte de Nharabate Na Mam, uma velha camponesa da Guiné, vítima das queimaduras do *napalm*, foi fotografada, sendo as imagens divulgadas em publicações do PAIGC distribuídas na Europa. Num filme sobre a guerrilha, provavelmente da autoria do PAIGC, um médico explicava os efeitos do *napalm* no corpo de um combatente, cujo braço esquerdo, carbonizado, teve de ser amputado. O guerrilheiro havia sido vítima de um bombardeamento na ilha do Como, em 1963. Diz ainda aquele jornalista, cuja reportagem mostra fotografias desse guerrilheiro e de Nharabate Na Mam, que o PAIGC chegou a levar um ferido a Nova Iorque, exibindo-o na

---

[11] Cf. Hélder Santos e Drumont Mafuta (orgs.), *Angola: Depoimentos para a História Recente*, 1º Vol. Luanda, 1999, p. 291.

[12] Cf. António de Sousa Duarte, *Acerto de Contas*, Lisboa, 2012, p. 86.

[13] *Apud* António Araújo e António Duarte Silva, «O uso de *napalm* na guerra colonial. Quatro documentos», *RI – Relações Internacionais*, nº 22, Junho de 2009, p. 130, nota 16; e, com base na informação aí constante, Luís Nuno Rodrigues, *Spínola. Biografia*, Lisboa, 2010, p. 111.

[14] Cf. Frederico Carvalho, «A Guerra do Fogo», *Expresso/Revista*, de 26-III-1994, pp. 24-29.

sede das Nações Unidas. Entre nós, o *Boletim Anti-Colonial*, no seu número de Agosto-Setembro de 1973, falará da morte de Nharabate Na Mam, ocorrida em 1969, e o fotógrafo húngaro Bara Isvtán, que acompanhou as forças do PAIGC entre 1969-1970, publica a fotografia de um guerrilheiro vítima de *napalm*, a qual foi já divulgada na Internet.

Entre os testemunhos recolhidos por Frederico Carvalho, muito mantiveram o anonimato: «os oficiais que estão no activo e aceitam relatar sem reservas a sua experiência põem como condição o anonimato», refere o jornalista. Uma exceção, o então alferes pára-quedista António Ramos. Menciona a operação «Terceiro Ano», em Moçambique, de Março de 1964, na qual foi utilizada amplamente armamento incendiário. Encontrando-se na floresta, recebe uma mensagem via rádio: «Abriguem-se, vai ser lançado material incendiário». Na Guiné, sustenta que «com o general Spínola, na fase de conquista das populações, a sua utilização [de *napalm*] praticamente acabou». No entanto, a documentação que publicámos, quer em 2009, quer no presente texto, mostra que a Guiné continuou a ser o teatro de operações em que o *napalm* foi usado com mais intensidade e que Spínola advogava a sua utilização, argumentando com as «vantagens operacionais» daí resultantes.

Na reportagem de Frederico Carvalho, um piloto com várias missões explicou: «Em terreno limpo e com o avião a 700 km/h, uma bomba destas [de 300 litros] provocava uma língua de fogo de 200 metros de comprimento por 15 ou 20 de largura». Um operacional de Cavalaria, por seu turno, afirmou que «Não há ninguém que não tenha andado na selva à custa do napalm». E Álvaro Neves, antigo sargento pára-quedista, refere que «Nas bases de Negage e Luanda todos víamos as ogivas armazenadas e a serem carregadas, sem quaisquer preocupações de camuflagem». Ao que parece, em festivais aéreos realizados em Luanda algumas aeronaves lançavam *napalm* sobre locais escolhidos, à vista de todos. De igual modo, na Guiné não parece terem sido tomadas especiais medidas para camuflar a existência de um armamento que, não sendo proibido, era altamente controverso. Segundo um testemunho prestado a Frederico Carvalho, os invólucros para bombas «estavam armazenados ao ar livre, sem cuidados especiais, e toda a gente sabia que eram bombas de napalm, para incendiar capim ou plantações».

A calda incendiária era preparada nas próprias bases aéreas, à medida das necessidades. Fontes ligadas à fabricação do armamento salientam que o pó químico era adquirido à Alemanha e uma quantidade reduzida de bombas era carregada na Metrópole, na Fábrica de Explosivos da Trafaria. «O carregamento fazia-se numa sala protegida com água e havia controlo de qualidade para determinar a mistura ideal», afirmou um técnico daquela empresa.

Dos depoimentos divulgados por Frederico Carvalho, o mais interessante é, sem dúvida, o de Baltazar Rebelo de Sousa, antigo Ministro do Ultramar de Marcello

Caetano (de 7-XI-1973 a 25-IV-1974), que recorda uma viagem a Moçambique: «Em Tete, houve chefes militares que me pediram autorização para bombardear, com napalm, uma zona onde estava um comando terrorista a metralhar. Acharam que era a única solução. Recusei-me a isso. Disse-lhes que atacassem o posto a pé»[15].

Ora, a documentação publicada demonstra uma utilização «corrente» de *napalm* em Moçambique, com uma média mensal de lançamento de 14 bombas de 300kg e de 47 bombas de 80kg (a que acresciam 29 granadas incendiárias M/64). Assim, o pedido feito ao Ministro do Ultramar era assaz singular – e pode revelar que Baltazar Rebelo de Sousa desconhecia em absoluto o que efetivamente ocorria no teatro de operações. Em todo o caso, nos arquivos do antigo Ministério do Ultramar existe documentação relativa ao uso de armamento químico. Trata-se de um *dossier* intitulado «Guerra Química em África», com elementos relativos ao período 1970-1973, inclui correspondência do Gabinete do Ministro do Ultramar, dos Serviços de Centralização e Coordenação e Informação (SCCI), telegramas da Missão de Portugal junto das Nações Unidas, em Nova Iorque, e recortes de imprensa[16].

---

[15] Sobre esta viagem do Ministro do Ultramar a Angola e Moçambique, iniciada em Dezembro de 1973 (ou seja, menos de um mês após tomar posse), cf. Marcelo Rebelo de Sousa, *Baltazar Rebelo de Sousa. Fotobiografia*, Venda Nova, 1999, pp. 398ss.

[16] A documentação referida encontra-se atualmente no Arquivo Histórico-Diplomático do Ministério dos Negócios Estrangeiros, com a referência PT/AHD/MU/GM/GNP/RNP/0195/08923. Entre ela, pode salientar-se a informação prestada, em 4 de Janeiro de 1971, pelo governador-geral de Moçambique, Eduardo Arantes e Oliveira, ao Ministro do Ultramar, dando conta de que a Rádio Moscovo noticiava o uso de «armas químicas» naquele território. Num telegrama de Nova Iorque, António Patrício dava conta de que, em Novembro desse ano, Amílcar Cabral denunciara o uso de *napalm*, sendo curioso que nesse documento, com assinatura ilegível, estão inscritas as palavras «Vamos desmentir sempre». Existe ainda um telegrama do governador-geral de Moçambique ao Ministro do Ultramar, reenviado para os Negócios Estrangeiros em 2-V-1972, no qual se transcrevia uma mensagem de Eduardo Mondlane, que fora intercetada e dizia: «Conseguimos dados sobre produtos químicos. Não são bombas, Não se tem muita certeza se é pó ou líquido mas parece mais pó com cheiro de medicamentos [...]». Por despacho desse dia, o Ministro Joaquim da Silva Cunha remete esta informação às Necessidades. Entre recortes de imprensa, destaque-se uma notícia do *Sunday Post Herald* (Ásia), de 16-VII-1972, com o título «Portuguese are now turning to chemical war in Mozambique». É percetível, por outro lado, a pressão internacional, com o *Independent Labour Party*, os delegados soviéticos na ONU ou Barbara Rogers (representante de diversas organizações não-governamentais) a relatarem casos de uso de *napalm* e desfolhantes em África, nomeadamente em redor de Cabora Bassa. O *The Toronto Star*, de 30-VIII-1973, veiculava notícias provindas de Dar-es-Salam dando conta do uso de *napalm* pelas tropas portuguesas.

5. Epílogo

Das considerações anteriores não resulta, de modo algum, a emissão de qualquer juízo de valor sobre as declarações proferidas pelos diversos intervenientes neste processo, mas tão-só a constatação de que o uso de *napalm* era do seu conhecimento, como o comprovam, crê-se agora que sem margem para dúvidas, os documentos referidos quer no artigo que publicámos em 2009, quer no presente texto.

Importa sublinhar, de igual modo, que a constatação do conhecimento do uso de *napalm* não implica um juízo sobre a atuação das Forças Armadas na guerra colonial, devendo ter-se presente que o Direito Internacional da altura não interditava, de forma clara e inequívoca, o uso de armas bacteriológicas (ou biológicas) e, muito menos, de armas químicas – ponto que já deixámos claro no artigo publicado em 2009 com António Duarte Silva.

A utilização de *napalm* era, em todo o caso, extremamente sensível e controversa, sobretudo a partir da Guerra do Vietname. Não por acaso, os documentos agora recolhidos demonstram a cautela e a reserva que sempre rodearam a utilização deste tipo de armamento. Na diretriz do Estado-Maior da Força Aérea, de Fevereiro de 1961, proíbe-se absolutamente o seu uso sem autorização do Chefe do Estado-Maior. Nos documentos que visavam a aquisição de *napalm* justifica-se o recurso à figura do concurso limitado, com dispensa de formalidades legais, do seguinte modo: «Trata-se de Napalm e não se considera conveniente dar publicidade, através da publicação nos jornais, dos anúncios de abertura de concurso da respectiva aquisição». Por fim, toda a documentação sobre o uso de *napalm* que servirá de base à resposta dirigida pelo Secretariado Geral da Defesa Nacional ao Ministério dos Negócios Estrangeiros possuía a classificação máxima de segurança.

Em síntese, sem negar a existência de *napalm*, as autoridades portuguesas, civis e militares, estavam plenamente conscientes do melindre que o seu uso suscitava. Melindre que se prolonga no tempo e que, ainda nos nossos dias, perturba memórias e suscita controvérsias. Tudo aconselhava, pelo contrário, que o tema fosse tratado com distanciamento e objetividade, com base em factos e documentos, sem apreciações de carácter pessoal ou juízos de intenções. Foi o que procurei fazer nesta breve nota, em homenagem a uma pessoa de carácter, e com o meu melhor juízo de intenções – para Miguel Galvão Teles.

Lisboa, Maio de 2012

África de novo

EDUARDO PAZ FERREIRA

1. O recente e mais do que compreensível desencanto com os rumos da União Europeia, a par com a perceção da necessidade de encontrar alternativas para uma economia asfixiada, vieram colocar, de novo, no centro das atenções os países africanos de língua oficial portuguesa. Tal movimento ocorre num momento em que se verifica um crescente interesse dos meios económicos pelo Continente Africano.

Esta revisitação dos temas de relacionamento de Portugal e Europa com África é naturalmente cara a quantos se empenharam na oposição ao colonialismo, defendendo ligações de um tipo diferente entre os dois Continentes, ao mesmo tempo que se não pode deixar de ver nela um certo e irónico reflexo póstumo do terceiro-mundismo, entretanto praticamente varrido da cena política europeia.

Gostaria, a esse propósito, de aqui evocar comovidamente e em preito de gratidão, o seu mais esclarecido teórico, Ernesto Melo Antunes, protagonista maior da história de Portugal e amigo caro meu, tal como do Miguel Galvão Teles.

É sabido que não foi essa a linha política que prevaleceu e as eleições de 1976 vieram a permitir a criação do primeiro governo legitimado constitucionalmente que, quase de imediato, apresentou a proposta de adesão às Comunidades Económicas Europeias, após um trabalho prévio de visita às capitais comunitárias por parte do Ministro dos Negócios Estrangeiros, Medeiros Ferreira, tal como Mário Soares, um europeísta convicto, ainda que dotado de uma rara sensibilidade para a dimensão atlântica de Portugal, fruto talvez da sua origem açoriana, mas sobretudo da sua mundividência esclarecida.

A adesão às Comunidades Europeias, então ainda identificáveis como um espaço de solidariedade, aparecia como um instrumento fundamental para a consolidação da Democracia e para o desenvolvimento económico. Foi, portanto, lógica a opção e, quaisquer que sejam as dificuldades atuais do processo de integração europeia, devemos continuar a felicitar-nos e a sublinhar o quanto essa decisão contribuiu para a modernização e crescimento económico do País.

Nunca a opção europeia deveria, no entanto, ter levado ao desinteresse pelas relações com o Continente africano que marcou muitos anos da Democracia portuguesa e que, agora, se dissipa rapidamente.

Eduardo Souto Moura, um daqueles portugueses sobre os quais devemos construir o nosso orgulho nacional e a nossa esperança de um futuro digno, ao receber o prémio Pritsker afirmava: "com dez séculos de história, Portugal encontra-se hoje numa crise social e económica, como já aconteceu em vários períodos anteriores. Hoje como ontem, a solução para a arquitetura portuguesa é emigrar. Em África e noutras economias emergentes não nos faltarão essas oportunidades. O futuro é já aí".

Creio bem que Souto Moura expressou, de forma exemplar, aquilo que muitos portugueses hoje sentem, ao olhar para uma Europa encerrada sobre a sua auto-glorificação, incapaz de resolver os seus problemas e de se empenhar na procura de novas formas de relacionamento entre Continentes e civilizações.

Por isso, não acompanhei a irritação de muitos portugueses quando o *Financial Times*, num breve comentário, sugeriu a Portugal a integração no Brasil como uma solução para os problemas com que o país se confronta, sobretudo quando o seu autor recordou o impasse europeu e confirmou que, caso a Europa assim continuasse, também sugeriria à Inglaterra a integração na Índia.

2. Cinquenta anos atrás, Basil Davidson publicou **Mãe Negra**, um livro que rapidamente se tornou uma obra de referência para todos quantos, num ou no outro continente, se interrogaram sobre as relações entre Europa e África e procuraram que elas se estabelecessem e perdurassem de um modo diferente daquele que, ao longo dos séculos vários séculos que durou a colonização, permitiu que a Europa enriquecesse com o comércio com África, ao mesmo tempo que se afirmava um sentimento de superioridade racial.

Afirmava, então, Basil Davidson: "Já decorreram cerca de quinhentos anos desde que a Europa e a África – o continente africano, a terra dos negros – se encontraram pela primeira vez e deram início a contactos comerciais.

Depois deste primeiro encontro, africanos e europeus conheceram quatro séculos de amizades e hostilidades várias, o bom e o mau, os lucros e as perdas; e, durante todos esses anos, os destinos da África e da Europa foram-se entretecendo numa tessitura cada vez mais apertada. Veio depois a escalada das conquistas europeias e agora, já nos nossos dias, o fim do sistema colonial e o dealbar da África independente. E assim se completa o ciclo. As relações de igualdade e de respeito próprio que prevaleceram nos primeiros tempos desta longa ligação estão restabelecidas ou em vias de o serem".

A história dos últimos cinquenta anos demonstra que não foi tão fácil o estabelecimento de relações de igualdade, quanto previa Davidson. A conclusão do processo de descolonização foi um fator da maior importância, lamentavelmente complicado pela posição do governo ditatorial português.

3. Nestes tempos desenvolveram-se, de todo o modo, importantes relações entre os dois Continentes. A política de cooperação para o desenvolvimento conduzida pela Comunidade Europeia e que beneficiou basicamente países africanos, apesar de todos os aspetos mais questionáveis, representou uma alternativa mais independente do que aquela que provinha dos blocos envolvidos na Guerra Fria.

Não se deverá esquecer a importância de que se reveste a cooperação com África no próprio Tratado de Roma nem a menção explícita da **Declaração Schuman** ao desenvolvimento do continente africano, entendido como uma das tarefas fundamentais da Europa. Em 1963, a celebração da convenção de Yaoundé corporizou um modelo especial de relacionamento entre os dois continentes. Quando Portugal aderiu às então Comunidades Europeias veio, aliás, a encontrar as suas antigas colónias entre os Estados membros da convenção de Lomé que substituíra a de Yaoundé.

O alargamento da União Europeia a países sem tradição de relacionamento com o continente africano, a aposta em horizontes geográficos diferentes e um certo desencanto com os resultados da política de cooperação levaram a uma menor intensidade do relacionamento entre Europa e África.

Provavelmente que, neste ano de 2012, estamos bastante mais perto de o conseguir do que no período em que a descrença nas possibilidades de desenvolvimento do Continente Africano mais não fez do que alimentar o sentimento de superioridade que, ainda há poucos anos, o então presidente francês, Nicolas Sarkozy, expressou de forma particularmente desastrada numa intervenção que ficou conhecida como o discurso de Dakar, em que apresentou o homem africano como um ser desinteressado do progresso e da História.

As condições para o desenvolvimento de um relacionamento mais igualitário ficam a dever-se à conjugação de várias circunstâncias. Por um lado, a Europa debate-se com uma crise que tem conduzido à sua fragilização na cena internacional, com a consequente crise do eurocentrismo. Por outro, o Continente Africano foi progredindo de uma forma nem sempre percetível mas com sinais de consolidação nos últimos anos.

4. Países membros da União Europeia interrogam-se, então, sobre se não se encontrará no relacionamento privilegiado com a África uma possibilidade mais efetiva de resposta a uma crise com que a União Europeia não consegue lidar.

ESTUDOS EM HOMENAGEM A MIGUEL GALVÃO TELES

Houve, sempre, um caminho para fazermos juntos. Não aquele que impusemos pela violência e pelo preconceito, mas aquele que construímos na luta comum contra a opressão política e colonial e na afirmação da idoneidade dos nossos valores.

Com grande felicidade, o génio criador de Medeiros Ferreira definiu como objetivos para a Revolução Portuguesa a Democratização, Descolonização e Desenvolvimento. Com mais ou menos dificuldades, Portugal cumpriu os três DDD: descolonizou, democratizou e desenvolveu.

A insatisfação, a certa altura patente em sectores da sociedade portuguesa, quanto ao modelo de descolonização não deixou qualquer rasto significativo que ultrapasse a nostalgia de tempos de vidas irreais e conforto fácil.

A democratização, mesmo quando confrontada com a atual crise da democracia representativa ou com as imposições de uma cada vez mais opressiva limitação da soberania, é inegável.

O desenvolvimento assente, é certo, numa distribuição desigual de riqueza e na acentuação da natureza da sociedade dualista portuguesa, é inquestionável e só a ignorância ou má fé podem justificar as loas que por vezes se ouvem aos bons velhos tempos. Que eram, de facto, velhos mas não eram bons.

Em paralelo, o que se passou com a África e, em especial, com as antigas colónias portuguesas?

A promessa das independências cumpriu-se. Nalguns casos, foi acompanhada da manutenção ou eclosão de sangrentas guerras civis, noutros de uma instabilidade política e social que tarda a extinguir-se. Neste contexto, a democratização e o desenvolvimento não foram fáceis, mas é deles que é preciso falar e é sobre eles que importa refletir.

Como nos recordava, em 1986, Renato Cardoso, um dos mais promissores dirigentes africanos, assassinado em circunstâncias ainda não esclarecidas a África teve de resolver problemas prévios, " resolveu a questão do "ser". Ser entidade, ser país, ser parte na história".

No caso das antigas colónias portuguesas não se pode, de resto, esquecer que, dada a persistência da colonização, a independência não teve lugar no período dos anos 60 em que houve sinais de otimismo e de crescimento económico.

Os africanos conhecem bem as razões que estiveram na base de décadas de estagnação. Ha-Joon Chang, professor de economia de Cambridge e um dos mais estimulantes pensadores alternativos na interessante monografia **23 coisas que nunca lhe contam sobre a economia**, explica de modo convincente que as políticas erradas conduzidas pelo FMI e Banco Mundial levaram aos péssimos resultados económicos do Continente, sujeito a aplicação de regras únicas e de forte condicionalidade. Em Stiglitz podem-se encontrar algumas explicações que se não afastam muito da mesma matriz.

864

5. A última década do século passado corresponde a um período especialmente negativo para a África, com um sentimento generalizado de descrença a atingi-la, parecendo que os benefícios que a globalização trouxera a outros continentes não chegariam até ela. Em 2000, o *The Economist*, numa das suas célebres capas – esta a preto e branco – não hesitava em falar no **Hopeless Continent.**

Diversamente, a Europa vivia uma época de aparente expansão e auto-satisfação. Ultrapassada a divisão do Continente, prosseguido com aparente sucesso o reforço da integração económica, criada a moeda única num conjunto significativo de países, pode falar-se num euro-otimismo em vivo contraste com o afro-pessimismo.

Coerentemente com as ideologias dominantes, a Europa procurou, sobretudo, criar uma rede de proteção do exterior, aproximou-se crescentemente do modelo espelhado no consenso de Whashington e a generosidade da sua política de apoio ao desenvolvimento desceu significativamente.

Não se deverá, todavia, esquecer que, na viragem do século, cinquenta e cinco por cento da ajuda ao desenvolvimento e dois terços das doações a África provinham da União ou dos seus Estados membro.

O continente africano conheceu, contudo, uma significativa evolução ao longo da primeira década do século XXI, que acabou por ser exuberantemente reconhecida pelo **The Economist** que, quase doze anos volvidos, intitulou uma capa bastante mais colorida e com a bela imagem de uma criança brincando com um papagaio **Africa is Raising**, alertando os distraídos para uma discreta evolução que, entretanto, ocorrera e que teve como sinal mais visível o facto de a Europa ter resistido à crise financeira melhor do que outras áreas geográficas e, sobretudo, a Europa

Aquilo que o **The Economist** fez foi trazer para o grande público um movimento que vinha sendo assinalado em múltiplos relatórios económicos, análises de consultoras e instituições financeiras internacionais, incluindo o muito recente estudo do FMI de Abril deste ano.

Impressiona na interessante cobertura que a revista britânica faz das transformações em África a especial importância que é atribuída ao facto de o *tycoon* do cimento nigeriano, Aliko Dangote, ter passado a ser a pessoa de raça negra mais rica do mundo, ultrapassando a afro-americana Oprah Winfrey. Com objetivos mais ou menos sensacionalistas, vários órgãos de informação têm dado conta da existência de um significativo conjunto de grandes fortunas africanas que parecem indiciar o sucesso das políticas de *black empowerment* levadas a cabo em diversos países.

Se este tipo de informação parece favorecer a leitura de que o modelo de desenvolvimento que está a ser implementado em muitos países africanos assenta numa profunda desigualdade na distribuição do rendimento, ele representa simultaneamente a imagem mais visível de um fenómeno que justifica muito do otimismo económico em torno do continente, ou seja o aparecimento de uma classe média com um apreciável poder de compra que atrai investimento estrangeiro e cria emprego.

Algumas previsões apontam, aliás, para que em 2015 a classe média africana possa atingir a dimensão da classe média indiana, o que não deixa de representar uma boa notícia, num domínio em que todos gostaríamos de passos espetaculares mas em que temos, provavelmente, que nos alegrar com pequenos passos.

Mesmo que, no contexto do investimento direto, a África continue a ser destinatária de uma pequena parcela, que em pouco excederá os cinco por cento, os inquéritos conduzidos junto de empresários mostram um consistente otimismo quanto ao futuro.

Dois fatores merecem ser especialmente realçados: o primeiro consiste no facto de começar a existir investimento africano feito no próprio continente e não apenas no exterior, o segundo traduz-se na diversificação do investimento, que deixa de se concentrar nas áreas tradicionais das indústrias extrativas e das infraestruturas para se estender às áreas dos serviços, das telecomunicações e da agricultura.

De repente, parece ter-se acordado para que sessenta por cento da área de terras aráveis se encontra em África e que a sua exploração permitirá aliviar extremamente o problema da escassez alimentar. Importará, claro está, que o investimento no sector se não destine apenas à exportação mas sim a satisfazer as carências alimentares africanas.

O desenvolvimento, relativamente recente, do comércio inter-africano está também a constituir uma das explicações para o sucesso africano e a contribuir para a até agora demonstrada resiliência á crise financeira ocidental.

A expansão do sistema financeiro africano, assente numa acrescida sofisticação tecnológica e no desenvolvimento de mercados de capitais, tem vindo a criar condições progressivamente mais favoráveis ao investimento.

A entrada em força de um novo *player* – A China – que reavivou os seus laços com África especialmente a partir de 2006, aproveitando o vazio criado pela distração de outros investidores diversificou e aumentou radicalmente as possibilidades de financiamento e de obtenção de investimento. A apreciação dos problemas que o investimento desta origem cria e que têm sido alvo de tão acesa polémica em meios de comunicação ocidental, não podem naturalmente aqui ser apreciados, tal como não o podem os dos restantes investimentos, provenientes de origens mais tradicionais.

Num cenário em que o otimismo quanto ao futuro económico da África praticamente só conhece reticências relacionadas com a evolução da economia mundial e, especialmente da europeia, tem sido assinalada a alta taxa de crescimento da África sub-sahriana, acima dos cinco por cento em 2011.

Muitos dirão que o retrato que aqui se apresenta é demasiado cor de rosa, avivando ainda mais as cores da já bastante colorida capa do *The Economist*. Não ignoro a manutenção das múltiplas dificuldades e das situações de miséria e fome que interpelam a nossa consciência. Não esqueço o espetáculo dos Estados falhados, das tensões étnicas, das perseguições cruéis.

Mas, por uma vez, há fortes e continuados sinais positivos. O Banco Mundial considera necessário aumentar o crescimento para mais de 7 por cento ao ano para eliminar a pobreza mas, apesar de toda a tradicional prudência, considera que a África pode estar no limiar de um *take off* semelhante ao da China de há trinta anos ou da Índia de há vinte.

A referência e comparação é, de resto, necessariamente a Ásia e, desse ponto de vista, é bastante sugestiva a referência que crescentemente vem sendo feita nos meios económicos aos leões africanos em comparação com os tigres asiáticos do século passado.

Provavelmente, eles estão apenas em movimento, como afirma um relatório muito recente de uma prestigiada consultora económica internacional. Mas quem nos diria a nós e àqueles que pensavam que o homem africano se tinha desinteressado do progresso, que a imagem dos leões surgiria?

The legal education click

JOÃO TABORDA DA GAMA*

I. The Clique

If there is such a thing as a legal elite, Miguel Galvão Teles sits high within that exclusive clique of the world's brightest legal minds. Rarely does one come across a man capable of arguing, with equal analytical accuracy, rigor and enthusiasm, the faults of Raz's concept of authority, the rationale of a recent ICC award and the line-up of the Sporting soccer team – often in the course of the same conversation.

If I allow myself a personal note it is because I could not find a better or more fitting way to honor someone from whom I have benefited tremendously and have given almost nothing in return. It all started on the fall semester of my second year at law school with his "Inconstitucionalidade Pretérita", the first serious piece of legal scholarship I read, on the recommendation of a dear friend[1]. I read his other articles in quick succession: one about revolution and continuity of the legal

---

* In part, this contribution is based on my presentation entitled "The Legal Education Click," which was delivered on June 7, 2012 to the Young Scholars Lab Summer School, held in Florence, Italy at the European University Institute. I benefited greatly from the critical comments made by Joseph H. H. Weiler during his presentation, and from the discussion with the researchers participating in the seminar. Miguel Maduro and Robert van Gestel also provided me with valuable insight and suggestions. I thank them for their comments, which I have tried to incorporate into this piece. I also owe a great deal of gratitude to Alina Mason for her help in the editing process. Due to previous commitments, this contribution will be relatively succinct. Catholic University of Portugal Law School, Lisbon, joaogama@ucp.pt.

[1] Following a tip from João Geraldes, I read, Miguel Galvão Teles, *Inconstitucionalidade Pretérita, in* NOS DEZ ANOS DA CONSTITUIÇÃO 267 (Jorge Miranda ed., 1986). Though largely ignored by tax scholars, "Inconstitucionalidade Pretérita" uses a constitutional tax law example to address the difficult question of constitutionality under constitutional change.

ESTUDOS EM HOMENAGEM A MIGUEL GALVÃO TELES

order[2] and another on the relationship between international and domestic law[3] (which still is, after forty five years, arguably the finest piece of international public law scholarship written in Portuguese). In typical Baader-Meinhof phenomenon fashion[4], after reading his articles, I began finding references to this genial lawyer, fierce litigator and authoritative arbitrator everywhere I looked. The most striking testimonies invariably came from those who have met him, especially from his former students. All of his students remember his thought-provoking classes and the freshness he brought to ultra-conservative academia. Curiously, he seems to remember every one of his students' names and marks.

In my third year, I made up my mind: if I was ever going to practice law, I would try to do it at Miguel Galvão Teles' law firm under his pupillage. The decision to learn in the shadow of such sheer intelligence has proven to be one of the most important decisions of my life. Training to become a lawyer under his supervision meant a demanding and close scrutiny of one's work, which lead to substantial editing and rewriting. Frustrating at first, all of us could immediately see the truth behind the old adage that the pleasure of reading has an inverse relationship to the pain of writing. Sometimes we would present him with an idea for a brief that we had been working on, and, seated at his desk, surrounded by books and a dense cloud of cigarette smoke, and without looking up from what he was scribbling on the paper before him, "Dr. Miguel" would curl his upper lip and its moustache and emit an audible sniff as if he was smelling something. He would then raise his head and smile contemptuously at us. When we left his office, we knew we had better start looking for a different solution or reasoning. Dr. Miguel's olfaction was never wrong. Despite the initial dismissal, on subsequent visits to his office, he took the time to listen and discuss matters with us. Owner of a nearly universal legal literacy, Miguel Galvão Teles always came up with some obscure law review article, a footnote in a dusty casebook or the latest arbitral award, which would turn out to be decisive in solving the problem at hand. The question we always asked ourselves was, "How does he know it all?"

As great and rare as his intelligence is, everyone who has worked for Miguel Galvão Teles knows that it is more than matched by his bigheartedness. He never denied his young lawyers the time they needed to pursue their academic goals. I personally experienced his touching generosity on many crucial occasions.

[2] Miguel Galvão Teles, *Revolution, Lex Posterior and Lex Nova, in* SHAPING REVOLUTION 69 (Elspeth Attwooll ed., 1991).

[3] MIGUEL GALVÃO TELES, *Eficácia dos Tratados na Ordem Interna Portuguesa: Condições, Termos e Limites* (1967).

[4] The Baader-Meinhof phenomenon is the name given to the common perception that, after hearing of a word, a place or a name for the first time, one suddenly notices references to these things in other subsequent circumstances.

Looking back, his humanism and warmth defined the ethos of the firm. Everyone was influenced by it to act with kindness and cooperation. It was in this environment that I met the woman I would eventually marry[5]. For this, and for everything else, *ad multos annos*, Dr. Miguel!

II. The Clicker

Legal education is starting to change all over the world, mainly to keep up with the changes in the law itself, which has become increasingly global, transnational and plural. Legal pluralism is everywhere and new areas of law are emerging, as is the modern mobile generation of law students[6]. These changes have brought the digital age to the classroom, paving the way for new types of course books, curricula and teaching methods[7]. Clickers, despite being part of the recent stream of new technology in the classroom, can be part of either a traditional or a reformed approach to legal education .

Though largely unknown to Portuguese law schools, clickers are increasingly being used in legal education in other parts of the world[8]. In this short contribution I will present some thoughts on the use of clickers based on my own teaching

---

[5] Vicki Schultz, *The Sanitized Workplace*, 112 YALE L.J. 2061 (2003) presents very strong arguments against the view of the workplace as a sanitized environment from which feelings are totally excluded. The sanitized workplace, the author claims, is constructed by modern feminist theorists in a strange allegiance with neo-Taylorist managerial doctrines (Schultz argues that this sanitized approach is detrimental to feminist goals).

[6] *See* Miguel Poiares Maduro, *O Ensino do Direito Face à Europeização e Globalização do Direito, in* ESTUDOS EM MEMÓRIA DO PROF. DOUTOR J. L. SALDANHA SANCHES 937, (Paulo Otero et al. eds., 2011).

[7] For a deep analysis of the challenges to traditional legal education posed by the digital age see, LEGAL EDUCATION IN THE DIGITAL AGE (Edward Rubin ed., 2012). For an extensive bibliography on the use of clickers in higher education, see Derek Bruff, *Classroom Response System ("Clickers") Bibliography*, VANDERBILT U. , http://cft.vanderbilt.edu/docs/classroom-response-system-clickers-bibliography/ (last visited July 31, 2012).

[8] Audience response systems have been around in classrooms for at least fifty years. *See, e.g.*, Ian D. Beatty, *Transforming Student Learning With Classroom Communication Systems*, Educause Center for Applied Research, Research Bulletin (February 3, 2004), *available at* http://arxiv.org/pdf/physics/0508129.pdf (dwelling on the historical importance of the *Classtalk* system that was commercialized between 1992 and 1999); *see also* Eugene Judson & Daiyo Sawada, *Learning From Past and Present: Electronic Response Systems in College Lecture Halls*, 21 J. COMPUTERS MATHEMATICS & SCI. TEACHING 167, 169-173 (2002) (discussing primitive devices used since the 1960s). One of the most recent technological innovations in teaching is *Backstage*, a collaborative platform that allows students to interact amongst themselves in backchannel fashion during class. *See* François Bry, Vera Gehlen-Baum & Alexander Pohl, *Promoting Awareness and Participation in Large Class Lectures: The Digital Backchannel Backstage, in* PROCEEDINGS OF THE IADIS INTERNATIONAL CONFERENCE E-SOCIETY 2011 27, 27-34 (Piet Kommers et al. eds, 2011) *available at* http://www.pms.ifi.lmu.de/publikationen/PMS-FB/PMS-FB-2011-2/PMS-FB-2011-2-paper.pdf).

ESTUDOS EM HOMENAGEM A MIGUEL GALVÃO TELES

experience with this form of audience response system (ARS) and discuss how clickers can enhance the teaching and learning of law.

Clickers are handheld devices similar to a small TV remote control, connected to a computer via a radio frequency receiver. The receiver is a USB pen-type device, plugged into the professor's computer, onto which there must be loaded the appropriate clicker software. In a typical clicker class, each student uses a clicker to answer specific questions related to the professor's ongoing lecture that have been projected onto a screen at the front of the classroom[9]. After all students have clicked their answers, or a fixed amount of time has elapsed, the correct or most appropriate answer and the results of how everyone in the class voted are immediately displayed on the screen. This allows both the class and the professor to get instant feedback on the individual and general mastery of the subject of the lecture. Clickers can be used to ask different types of questions, but the most common are multiple choice and true or false[10]. Clickers can be used anonymously or on an identifiable basis. ARS is also useful in polling student opinions in a large classroom, and in ascertaining general feelings on sensitive topics that, if addressed by students raising their hands before the entire class, would attract far less participation.

After reading about and witnessing Paul Caron's experience with ARS in the tax classroom[11], I used clickers during the Fall 2011 semester in the General Tax Law required 8 ECTS course at the Law School of the Catholic University of Portugal, in Lisbon. I believe this was the first time clickers were used in Portuguese legal education. The class of 110 students met twice a week for 75 minutes for 25 classes. An average of 85 students attended each class (quite high, considering we

---

[9] Contrary to common belief, clicker classes need not be PowerPoint classes, as professors may choose to project only questions. *See* Kelley Burton, *Interactive Powerpoints: Is There Any Point in Giving Power to Students?*, 11(4) MURDOCH U. ELEC. J. L. 38 (2004) (pointing out that some professors fear that the use of clickers necessarily brings with it the use of PowerPoint in class).

[10] ARS are appropriate both for complex questions with more than one plausible answer and for analytical type questions where one answer is clearly more appropriate. In fact, a well designed multiple choice question can be a very useful tool in revealing the subtleties of a question that is being discussed in class through the Socratic or other type of method. *See* Roger C. Park, *Reflections on Teaching Evidence With an Audience Response System*, 75 BROOK. L. REV. 1315, 1322 (2010) (noting that clickers are useful with different types of questions, including hypotheticals); Paul L. Caron & Rafael Gely, *Taking Back the Law School Classroom: Using Technology to Foster Active Student Learning*, 54 J. LEGAL EDUC. 551, 564-565 (2004) (arguing that clickers are appropriate for doctrinal issues).

[11] My first contact with clickers was through Paul Caron's excellent blog, TaxProf Blog, http://taxprof.typepad.com/, and the seminal article, Caron, *supra* note 10. Subsequently, in 2010, Paul Caron kindly let me sit in on one of his classes at the University of Cincinnati College of Law. Based on this experience I published a short editorial note in Portugal (João Gama, *Quem Quer Ser Milionário Fiscal?* [Who Wants to be a Tax Millionaire?], 44 FISCALIDADE 3 (2011)).

872

met at 8:15 am...). The class was taught in Portuguese and was composed largely of Portuguese students with approximately 20 non-Portuguese students (European and Brazilian exchange students, Chinese students from Macau, and a few from lusophone Africa). Clicker use was factored into grading as 30% of the final grade (the other 50% was based on a final written exam and 20% on in–class, non-clicker participation).

As John Palfrey points out, "we should use technology in our teaching and casebook development only where it serves an express, stated pedagogical purpose."[12] In this spirit, my main objective with the clickers was to have a better prepared classroom, one in which the maximum number of students could participate and benefit from a more informed class discussion.[13] All of this was explained to the students at the beginning of the semester.

III. Technological Warfare

One argument for the use of this technological gadget in the classroom is, counterintuitively, to fight the abundance of other technology in the classroom. As students become more technologically equipped and dependent, and the risks for classroom distraction increase concomitantly[14], clickers help to focus the digital student's attention[15]. Of course classroom distraction may also arise from many other sources (e.g., the class and classroom size, the teacher's methods of trying to engage the students) and it may even occur for no reason at all, when student minds simply drift away from the student-professor interaction that is taking place around them. But one cannot deny the added potential distraction presented by the laptops and tablets connected to the internet sitting in front of many students. One way to fight this fountainhead of diversion is to ban laptops and/or internet in class, a solution that has gained far from unanimous support.[16]

---

[12] John Palfrey, *Smarter Law Casebooks, in* LEGAL EDUCATION IN THE DIGITAL AGE 106, 115 (Edward Rubin ed., 2012).

[13] This idea is developed in sections IV and V , *infra*.

[14] Caron & Gely, *supra* note 10, at 551. Since the publication of this article in 2004, a new and even more wired generation has arrived at the law school, and they now have Facebook, Twitter and online dating social networks to continually provide them with opportunities for distraction.

[15] *See* Palfrey, *supra* note 12, at 112-14 (providing an overview of the digital natives' characteristics such as the tendency to multitask, short attention span and adherence to a multiple source information gathering procedure and feedback loop); *but see* Joan Catherin Bohl, *Generations X and Y in Law School: Practical Strategies for Teaching the 'MTV/Google' Generation*, 54 LOY. L. REV. 1, 22, 29 (2009) (arguing that Generation X Y students learn better from collegial, guru-like professors, and claiming that bringing technology into the classroom will not impress students).

[16] I will not elaborate here on the laptop ban question, but for a defense of the ban, based on the author's experience in a tax class, see Kevin Yamamoto, *Banning Laptops in the Classroom: Is It Worth the Hassles?*, 57 J. LEGAL EDUC. 477 (2007). Also informative is Eugene Volokh's personal

ESTUDOS EM HOMENAGEM A MIGUEL GALVÃO TELES

In any case, a ban on laptops would not address the ever greater blur between computers and smartphones. Another approach would be to bring pedagogical technology into the classroom, to make students immune to the "siren song" of their laptops[17].

Though I have not read any empirical study describing a substantial decrease in off-task behavior with the use of clickers, teachers who have used ARS's have reported anecdotally a greater engagement from students. Since asking questions during class redirects students' attention to the class[18], clicker-based questions add an extra enhancement to this traditional pedagogical method.

In any case, the best argument for clicker use in the classroom, as we will see in the next section, comes from evidence that ARS promotes active learning.

IV. Learning by Clicking

As active learning[19] has become mainstream in other academic disciplines, law must not lock itself into a pedagogical apartheid. Clickers are well-suited to facilitate the active learning experience among law students. As Catherine Easton puts it, "a discipline such as law, not only due to recent focus on transferable skills, but also due to a traditional focus upon analytical problem solving should therefore be at the forefront of clicker use and experimentation."[20]

Clicker questions can be used as a means of peer instruction, where students, after having committed to an answer, discuss it with other students who have given different answers and try to persuade them to change their views[21].

experience at UCLA, as described in Eugene Volokh, *Results of Student Survey About My No-Laptop-in-Class Experiment*, THE VOLOKH CONSPIRACY (Mar. 4, 2009, 6:38 PM), http://www.volokh.com, and its accompanying memo. Most arguments against laptop use in class are critically analyzed in Kristen E. Murray, *Let Them Use Laptops: Debunking the Assumptions Underlying the Debate Over Laptops in the Classroom*, 36 OKLA. CITY U. L. REV. 185 (2011). Recently Kim Morse conducted an empirical study showing that laptop misuse is not as pervasive as it is thought to be, and that it has not impact on a student's final course grade. Kevin Ramakrishna, *Before You Ban: Empirical Data on Student Laptop Use*, BEST PRAC. FOR LEGAL EDUC. (Feb. 25, 2012), http://bestpracticeslegaled. albany lawblogs.org/ (posting a part of Kim Novak Morse's Ph.D. dissertation).

[17] Caron & Gely, *supra* note 10, at 552.

[18] Kim Morse's empirical research, Ramakrishna, *supra* note 16, shows that posing frequent questions to the class is one means of interrupting off-task behavior.

[19] *See* Caron, & Gely, *supra* note 10, at 561-562.

[20] Catherine Easton, *An Examination of Clicker Technology Use in Legal Education*, JOURNAL OF INFORMATION, LAW & TECHNOLOGY, at pt. 4 (Dec. 22, 2009), http://www2.warwick.ac.uk/fac/soc/ law/elj/jilt/2009_3/easton (last visited July 31, 2012)..

[21] Catherine H. Crouch, Jessica Watkins, Adam P. Fagen & Eric Mazur, *Peer Instruction: Engaging Students One-on-One, All at Once*, *in* RESEARCH-BASED REFORM OF UNIVERSITY PHYSICS (Edward F. Redish et al. eds., 2007) *available for download at* http://www. compadre.org/Repository/document/ServeFile.cfm?ID=4990&DocID=241 (last visited July 31, 2012). *But see* Nathaniel Lasry,

An ARS allows for prompt, universal and formative feedback. Having committed to an answer, students know immediately[22] whether it is correct, and how they rank in relation to their classmates. Looking at the aggregate results also gives instructors a view of the class' overall understanding and allows for immediate action to counteract confusion regarding any widely misunderstood concept, rule or decision. It also enables the professor to better prepare his subsequent classes on the same subject.

V. Managing the Large, Unprepared Classroom

In my experience, the benefits of clicker use are most clear when facing a large classroom[23]. In many countries, traditional legal education involves at least some courses being taught lecture-style, in a large classroom, sometimes with between two and three hundred students. Clickers may be the most effective way to accurately record class attendance, assess how students are learning and extend the opportunity for class participation to all students.

With clickers, students not only attend class more often[24] (and more punctually), they also come to class prepared, as they know that clicker questions will focus on the pre-class readings. In some countries, Portugal among them, there does not exist a culture of pre-class assignments and readings. In these settings, the first time a student has contact with a new subject is during class. As class preparation is undeniably paramount to the teaching and learning process, clickers function as a device that helps to accelerate this cultural revolution in countries without such tradition. In my experience, student preparation invariably leads to increased quality in class participation. Students have also reported that clickers made them prepare more for each class than they normally would and therefore reduce the stress inherent in final exam preparation[25]. Even where class preparation is common, an ARS can improve the efficiency of class preparation[26].

Clickers or Flashcards: Is There Really a Difference?, 46 PHYSICS TCHR 242, 243 (2008) (noting that clickers used in peer instruction benefit the instructor, but to the students it is irrelevant where they record their answers).

[22] Diana R. Donahoe, *An Autobiography of a Digital Idea: From Waging War Against Laptops to Engaging Students with Laptops*, 59 J. LEGAL EDUC. 485, 491 (2010) ("digital students demand immediate feedback").

[23] For more praise of clickers in large classrooms, see, e.g., Robert Webking & Felix Valenzuela, *Using Audience Response Systems To Develop Critical Thinking Skills*, *in* AUDIENCE RESPONSE SYSTEMS IN HIGHER EDUCATION 127, 130 (David A. Banks ed., 2006).

[24] Studies consistently show that clickers improve attendance. For a review of the literature on this subject and possible causes of the phenomenon, see Jane E. Caldwell, *Clickers In The Large Classroom: Current Research and Best-Practice Tips*, 6 LIFE SCI. EDUC. 9, 13-14 (2007). *See also* Easton, *supra* note 20, at pt. 2.1.7.

[25] I took an informal survey of my class, in which 94% of the students reported having studied more during the semester than they would have normally done.

[26] Caron, *supra* note 10, at 33.

ESTUDOS EM HOMENAGEM A MIGUEL GALVÃO TELES

Allowing for universal class participation, clickers are a boon to those students who, for one reason or another, do not participate as much as others.[27] Female students, for instance, have been shown to have voluntary participation levels lower than those of their male counterparts.[28] Minority students[29] or non-native language speakers may also feel reluctant to participate in a class taught via the traditional Socratic method. ARS also enables students with special needs to participate in class, helping them to feel more engaged and gain a better understanding of the course material. Thus, clickers can serve as the active voice of the passive student[30].

VI. Drawbacks, Perceptions and Stigma

The biggest drawback of clickers is that learning and implementing the technology is time-consuming for educators. That is, instructors must invest time learning and adapting to clicker technology, and must allow more time in the classroom for new pre- and post-class routines. An ARS also consumes lecturing time, thus effectively reducing the coverage of course content[31]. However, this reduction in course coverage is partially compensated by students' pre-class preparation, induced by the knowledge that clickers will be used during lecture. As students are better prepared, there is less need for lecturing on background material[32]. Thus, while eating into traditionally allocated coverage time, clickers also provide an invaluable opportunity to take a fresh look at stale syllabuses and lecture more selectively on the most difficult concepts. Overall then,

[27] *But see* Charles R. Graham, Tonya R. Trpipp, Larry Seawright & George L. Joeckel, *Empowering or Compelling Reluctant Participators Using Audience Response Systems*, 8(3) ACTIVE LEARNING HIGHER EDUC. 233 (2007) (showing that hesitant students who do not participate often in class have the same level of clicker acceptance as other students). In my opinion, similar clicker acceptance levels among participative and non-participative students is not a negative finding; since the non-participative were compared with students willing to participate, the results suggest that clickers helped to equalize the level of participation in the two groups.

[28] *See, e.g.*, Adam Neufeld, *Costs of an Outdated Pedagogy? Study on Gender at Harvard Law School*, 13(3) AM. U. J. GENDER, SOC. POL'Y & L. 511, 517, 530-31 (2005) (reviewing findings in the literature surrounding gender disparities in classroom participation and presenting the results of research conducted at Harvard Law School confirming a higher rate of male student participation in class).

[29] Elizabeth Mertz, *Inside the Law School Classroom: Toward a New Legal Realist Pedagogy*, 60 VAND. L. REV. 483, 508 (2007) (citing literature showing even lower class participation levels for minority students in comparison to female students).

[30] Paul Caron, *Teaching with Technology in the 21st Century Law School Classroom, in* THE FUTURE OF LAW LIBRARIES 7 (Paul Caron ed., 2006).

[31] Coverage problems are reported in the literature (see various references in Robin H. Kay & Ann LeSage, *Examining The Benefits And Challenges Of Using Audience Response Systems: A Review Of The Literature*, 53 COMPUTERS & EDUCATION 819, 824 (2009).

[32] *See also* Park, *supra* note 10, at 1320 (reporting more efficient classes with the use of clickers).

876

clickers encourage educators to reflect on the real role of class time in legal education[33].

While student feedback from clicker use is substantially positive,[34] it is not unanimously so[35]. In fact, studies show that in a large classroom there is always a small percentage of students that did not appreciate the ARS experience. There are many reasons for this, ranging from students complaining that clickers made them study more (as I experienced!)[36], to students feeling unnecessarily monitored by being assigned to a clicker[37]. I saw this ambiguousness reflected in my own experience with clickers: while 90% of the students felt positively about the use of clickers, only 62% wanted to repeat the experience in other courses.

Students' biggest legitimate concern about ARS use is the perception that clickers allow for cheating, normally in the form of a student bringing to class an absent classmate's clicker[38]. Indeed, clicker misuse has been reported often in the literature on ARS's in classrooms[39]. The potential for abuse calls for reflection on how best to use clickers, especially in deciding the level of weight to assign clicked answers in students' overall course grade[40]. When I was alerted to the fact that

[33] Louis Abrahamson, *A Brief History Of Networked Classrooms: Effects, Cases, Pedagogy, and Implications, in* AUDIENCE RESPONSE SYSTEMS IN HIGHER EDUCATION 1, 10 (David A. Banks ed., 2006) (noting that the coverage-time critique that arose when clickers were first introduced came largely from "university faculty who regarded the status quo of passive regurgitative lectures as acceptable pedagogy").

[34] Marc Patry, *Clickers In Large Classes: From Student Perceptions Towards an Understanding Of Best Practices*, 3(2) INT'L J. SCHOLARSHIP TEACHING & LEARNING 1, 7 (2009); Darlene Cardillo, *The Use of Clickers in the Law School Classroom*, 15(1) LAW TCHR 13, 13 (2008).

[35] *See, e.g.*, Caldwell, *supra* note 24, at 15.

[36] Similarly, Eric Mazur, a physics professor at Harvard, quoted the following student feedback: "Professor Mazur didn't teach us anything, we had to learn it all on our own." To this, Mazur replied, 'That'll be perfectly all right with me." William J. Cromie, *Harvard Launches Wireless Classroom*, HARV. GAZETTE (Feb. 23, 2006), http://www.news.harvard.edu/gazette/2006/02.23/05-eclassroom.html (last visited July 31, 2012).

[37] Abrahamson, *supra* note 33, at 5 (reporting that the Big Brother fear brought about in the mid-1980s by technology in the classroom has abated). For a detailed review of the literature on students' perception of being monitored by ARS, see Robin H. Kay & Ann LeSage, *Examining the Benefits and Challenges of Using Audience Response Systems: A Review of the Literature*, 53 COMPUTERS & EDUC. 819, 825 (2009).

[38] Students sometimes reported the fear that students may look or speak to each other as they click their answers, but I do not see this as a major concern when compared with the problem of one student using more than one device.

[39] Peter White, David Syncox & Brian Alters, *Clicking For Grades? Really? Investigating the Use of Clickers for Awarding Grade-Points in Post-Secondary Education*, 19 INTERACTIVE LEARNING ENVIRONMENTS 551, 557-58 (2011); *see also* Caldwell, *supra* note 24, at 17.

[40] DEREK BRUFF, *Teaching With Classroom Response Systems: Creating Active Learning Environments* 138 (2009) (suggesting that lower relevance be attached to ARS answers in order to prevent cheating).

cheating might be happening in my classes, I instructed the students on clicker fraud, and performed a random count that showed less students than clickers recorded as active in the computer system. However, after this initial warning, on a subsequent random count, the number of clickers and students matched[41].

Finally, clickers may also affect an instructor's image within an institution. In law schools in which ARS use is not widespread, instructors who use the system may be labeled as "clicker professors." Whether this is a good thing or a bad thing, an ARS disciple runs the risk that clickers will disproportionately effect his image among students and faculty[42].

VII. Conclusion

Clickers are a boon to legal education that should be used as a pedagogical means and not as a technological end. Clickers are especially well-suited to transform the large, unprepared and passive classroom into an active and engaging learning experience. The adoption of clickers makes professors reflect upon traditional law curricula and methods and, hopefully, will help pave the way for the coming of the digital revolution in law schools.

[41] Park, *supra* note 10, at 1318, note 11 (reporting a curious example in which there were less clickers than students in class).
[42] Also the ARS pioneer will invariably be called to assist other colleagues in using clickers for the first time...

Amílcar Cabral e o direito da descolonização

ANTÓNIO E. DUARTE SILVA

SUMÁRIO: I. Um revolucionário entre juristas ; II. Um encontro afim (via jurisdição internacional); III. Os textos (I): ponto de partida; IV. Os textos (II): a luta; V. A preparação da independência; VI. Testamento e teses

I. UM REVOLUCIONÁRIO ENTRE JURISTAS

Amílcar Cabral (Bafatá, 1924 – Conacri, 1973) foi um revolucionário e mesmo, segundo um qualificado admirador, «*la plus belle figure révolutionnaire avec Nelson Mandela produite par l'Afrique*»[1]. Ora, o direito – porque é conservador – tem aversão à revolução, tanto ao nome como à coisa[2]. Assim também a maioria dos juristas, mas não o Miguel Galvão Teles – como tanto teorizou na sequência do "25 de Abril de 1974".

Engenheiro agrónomo de formação académica (e primeira vida profissional), foi enquanto africano anticolonialista que Amílcar Cabral teve de intervir na ordem internacional e operar juridicamente – apesar de considerar que a abordagem jurídica da luta de libertação nacional não passava de «uma maneira vaga e subjectiva de exprimir uma realidade complexa»[3]. Aliás, na adolescência, até «estivera para ir estudar Direito»[4]. Veio a ser doutorado *honoris causa* em ciência sociais.

N.E. Por decisão do Autor, este texto é publicado segundo a ortografia anterior ao novo Acordo Ortográfico.

[1] Gérard Chaliand, *Les Bâtisseurs d'Histoire*, Paris, Arléa (Le Seuil), 1995, p. 8.

[2] Cfr. Mohammed Bedjaoui, "Révolution et décolonisation: rapport d'identité et rapport d'exclusion", in AAVV, *Révolution et Droit International*, Paris, Pedone, 1990, p. 373.

[3] Palavras do discurso conhecido como *A arma da teoria*, Havana (1966), apud *Obras Escolhidas de Amílcar Cabral*, Vol. I, 2ª ed., Lisboa, Seara Nova, 1978, p. 208.

[4] Cfr. Julião Soares Sousa, *Amílcar Cabral – Vida e morte de um revolucionário africano*, Lisboa, Nova Veja, 2011, p. 84, nota 293.

ESTUDOS EM HOMENAGEM A MIGUEL GALVÃO TELES

Ao mudar de vida, em 1960, associando a teoria à prática, elaborou estudos e formulou teses em três áreas da ordem jurídica: a) administração colonial (matéria em que, de resto, conhecia «de perto o que Marcelo Caetano dizia nas suas lições na Faculdade de Direito em Lisboa a propósito dos povos coloniais»[5], tendo mesmo redigido um extenso relatório sobre "as leis portuguesas de dominação colonial"[6]); b) quanto à formulação do direito internacional da descolonização (de que foi, simultaneamente teórico e criador, ou seja, "pai fundador"); e c)quanto à construção do Estado (cuja teoria deixou incompleta, pois foi fazendo tal construção «passo a passo»).

Quanto a esta última – e além do contributo inovador no âmbito do reconhecimento internacional do Estado (sobretudo quanto ao papel do princípio da efectividade) –, Amílcar Cabral defendia o desenvolvimento progressivo de um Estado soberano, criado de baixo para cima, mediante a instalação de uma «democracia cooperativa» radicada em assembleias populares descentralizadas, com limitação das funções do Estado, dispersão dos ministérios, redução do papel do Partido Africano da Independência da Guiné e Cabo Verde (PAIGC) a guia ideológico, desvalorizando Bissau como sede do poder.

A sua teoria da revolução (na dialéctica colonização/libertação ou, quanto à estratégia política, democratização/descolonização), deve ser cotejada, no mundo lusófono, com o pensamento e obra de Oliveira Salazar (1889-1970) e de Álvaro Cunhal (1913-2005), estes, de resto, de formação jurídica. De mundivências distintas, foram, em tal espaço, os três (maiores) "homens de Estado" do século XX mas divergiram radicalmente quanto ao destino do Império português, quanto à conservação/destruição do fascismo e do colonialismo, quanto à auto-determinação (interna e externa) do Estado. Obreiros de diferentes revoluções, todos procuraram criar um Homem, um Estado e um Partido novos. Nenhum foi luso-tropicalista.

Antes de mais, oposto a Oliveira Salazar – a quem, no início da década de sessenta propôs negociações, directas ou via ONU – até porque ambos morreram firmes dos seus ideais (um de morte "morrida", outro de morte "matada"). Salazar fora, em 1930, o fautor do Acto Colonial, a "Magna Carta" do Império Colonial Português. Amílcar Cabral será o principal fautor do seu fim. Mas, enquanto o salazarismo – talvez porque sustentasse que, enquanto civilização, «a África não existe» e fosse avesso a concessões, mesmo fictícias, aos africanos – «morreu,

---

[5] Apud *Polémica*, nº 3, Dezembro71-Março72, p. 83. Ver, a propósito, José Medeiros Ferreira, "Aspectos do pensamento político de Amílcar Cabral (à luz de uma entrevista concedida em Londres, em Outubro de 1971, à revista *Polémica)*", in AAVV, *Continuar Cabral*, Lisboa, Grafedito/Prelo-Estampa, 1984, pp. 171 e segs.

[6] In *Obras...*, cit. , pp. 78 e segs.

880

como se sabe, doente de África»[7], já Amílcar Cabral – que se definia como «um simples africano» e defendia uma teoria de "Unidade e Luta" – teve na libertação da Guiné-Bissau a sua *via crucis*.

No entanto, o pensamento e a obra de Amílcar Cabral também devem ser, noutro plano, confrontados com as posições do secretário-geral do Partido Comunista Português (PCP), Álvaro Cunhal. Ter-se-ão cruzado apenas algumas vezes e Amílcar Cabral nunca aderiu à estratégia ou sequer a organizações promovidas pelo PCP[8]. Em 1957, quando o PCP aceitou o direito à «imediata e completa independência» dos povos das colónias, acrescentando que essa independência se poderia realizar independentemente das modificações na situação política em Portugal, Álvaro Cunhal estava a cumprir uma longa pena de prisão e silêncio[9]. Ora, em 1961, apreciando globalmente, em tese, a situação política nas colónias portuguesas e, portanto, a conexão entre fascismo (metropolitano) e colonialismo, Amílcar Cabral vaticinava que «a queda do fascismo em Portugal» não significaria necessariamente «o fim do colonialismo português» (como, aliás, afirmavam alguns dirigentes da Oposição) mas «a liquidação do colonialismo português arrastará a destruição do fascismo português em Portugal»[10].

De facto, logo na década de cinquenta, estabelecera-se nos meios oposicionistas uma discussão decisiva à volta da prioridade estratégica entre democratização e descolonização e, em 1960, o *Manifesto do MAC* concluía que pretender «uma prévia revolução político-social progressista em Portugal» como condição necessária da descolonização correspondia à imposição da «teoria da assimilação colonial revestida de um vocabulário que se pretendia revolucionário»[11]. A tese anunciada por Amílcar Cabral em 1961 culminava politicamente o projecto cultural de "regresso a África" (ou, como preferia dizer, de «reafricanização dos espíritos») e consagrava a autonomia dos movimentos de libertação e, consequentemente, a ruptura sobre a prevalência da "unidade anti-fascista".

Não obstante, no texto que se segue, Salazar e Cunhal serão "ausentes presentes" pois a teorização de Amílcar Cabral será, dialecticamente e em boa medida,

---

[7] Amílcar Cabral, "O povo da Guiné....", in *Obras...*, cit., Vol. II, p. 196.

[8] Sobre o "envolvimento" de Amílcar Cabral na "luta antifascista" em Portugal, ver Julião Soares Sousa, *op. cit.*, pp. 119 e segs.. O último encontro comum terá sido, em 1971, durante um almoço, em que também participaram Agostinho Neto e Samora Machel, em Moscovo, aquando do XXIV Congresso do Partido Comunista da União Soviética.

[9] A partir de 1964 (cfr. Álvaro Cunhal, *Rumo à Vitória*, Porto, s.d., pp. 89 e segs.) o PCP passará a entender que a questão da prioridade da libertação do povo português (quando ao fascismo) ou dos povos coloniais (quanto ao colonialismo) dependia de factores internos e internacionais.

[10] Cfr. Amílcar Cabral, "Relatório geral sobre a luta de libertação", apresentado na *Conferência das Organizações Nacionalistas da Guiné e das Ilhas de Cabo Verde*, realizada em Dacar, de 12 a 14 de Julho de 1961 (resumidamente publicado in *Partisans*, nº 7, Paris, 1962, e in *Obras...*, cit., Vol. I, pp. 71/72).

[11] Sobre o referido *Manifesto do MAC*, ver *infra*.

ESTUDOS EM HOMENAGEM A MIGUEL GALVÃO TELES

feita contra eles ou apesar deles. Neste artigo pretende-se apenas mostrar como Amílcar Cabral, embora não sendo «propriamente um paladino do direito internacional»[12], ocupou um lugar central na formação e afirmação do direito da descolonização. Ocupou tal lugar não só porque colocou sempre a problemática da luta armada, da luta política e da construção do Estado «dentro do quadro internacional»[13], mas também porque desenvolveu «uma diplomacia actuante» que revelou a sua «capacidade de se referir aos conceitos de direito internacional e de utilizar as novas normas desse direito»[14]. Ou seja, por outras palavras, apesar do cepticismo sobre a normatividade, subsistia em Amílcar Cabral «ainda que em sínteses práticas, a crença na validade e mesmo numa certa eficácia do Direito Internacional»[15].

II. UM ENCONTRO AFIM (VIA JURISDIÇÃO INTERNACIONAL)

O direito à autodeterminação e independência dos povos coloniais teve uma criação e desenvolvimento controversos e, enquanto «direito executório»[16], apresentou especificidades: (1) foi *constitutivo*, porque «emancipatório» e «subversivo»[17]; (2) foi *indivisível*, definindo-se e exercendo-se interna e internacionalmente[18]; (3) foi *tripolar*, abrangendo quer a "potência administrante" quer o povo colonial quer a comunidade internacional, designadamente a ONU[19]; (4) foi *imperativo*, porque «verdadeiramente imprescritível e insusceptível de caducidade»[20].

Tais foram, no fundo, a lição, a prova e o contributo de Amílcar Cabral, para quem – independentemente das «fórmulas adoptadas ao nível internacional» – o «fundamento da libertação nacional» residia no «direito inalienável» de um povo

---

[12] Luís Mendonça, "Direito e Luta de Libertação Nacional", in *Economia e Socialismo*, nº 56, Lisboa, 1982, pp. 23 e segs.

[13] Lucio Luzzato, "Os movimentos de libertação nacional no direito internacional e a obra de Amílcar Cabral a esse respeito", in AAVV, *Continuar Cabral*, cit., p. 532.

[14] Paulette Pierson-Mathy, "La contribution d'Amilcar Cabral au droit de la libération des peuples", in AAVV, *Continuar Cabral*, cit., p. 506.

[15] Manuel Duarte, "Cabral e a legalidade internacional (Cabral e a luta pelo Direito)", in *Caboverdianidade, Africanidade e outros textos*, Mindelo, Spleen edições, 1999, pp. 84/85.

[16] Monique Chemilier-Gendreau, *Le role du temps dans la formation du droit international*, Paris, Pedone, 1987, pp. 78/79.

[17] Miguel Galvão Teles, "Que modelos de autodeterminação?", in AAVV, *Colóquio de Direito Internacional – Comunidade dos Países de Língua portuguesa*, Coimbra, 2003, pp. 163 e 162, e in "Processo verbal da sessão de 15 de Março de 1988 – Matin – PV3" do *Tribunal Arbitral entre a Guiné-Bissau e o Senegal*, p. 95.

[18] Charles Chaumont, "Le droit des peuples a temoigner d'eux mêmes", in *Annuaire du Tiers Monde*, II, 1975-1976, Paris, Berger-Levrault, p. 27.

[19] José Manuel Sérvulo Correia, "Uma Comunidade das Gentes – os Ausentes Presentes", in AAVV, *Colóquio...*, cit., p. 146, e Mohammed Bedjaoui, "Révolution et...", cit., in *loc. cit.*, p. 400.

[20] Miguel Galvão Teles, "Timor Leste", in AAVV, *Colóquio...*, cit., p. 668.

à «sua própria história»[21]. Como também considerava que tal luta de libertação era sempre, em última instância, «um facto essencialmente político», concluía que, no seu desenvolvimento, só podiam «ser utilizados métodos políticos (incluindo a violência para liquidar a violência, sempre armada, do domínio imperialista)»[22].

Estas breves considerações invocam-se aqui porque confirmadas pela *Sentença de 31 de Julho de 1989*, proferida pelo *Tribunal Arbitral para a determinação da fronteira marítima entre a Guiné-Bissau e o Senegal*, onde Miguel Galvão Teles desempenhou funções de "expert" na delegação da República da Guiné-Bissau e eu fui seu "conseil"[23].

No litígio sob apreciação deste Tribunal, a República da Guiné-Bissau sustentou que o *Acordo por troca de notas, de 26 de Abril de 1960*, concluído entre a França e Portugal (o qual visava definir «a fronteira no mar entre a República do Senegal e a Província portuguesa da Guiné»), lhe era inoponível. Para tal (e além do mais), a Guiné-Bissau apoiou-se no carácter imperativo (*jus cogens*) do direito à autodeterminação dos povos coloniais e seus corolários, no princípio da soberania permanente sobre os recursos naturais e na regra segundo a qual, após o desencadeamento de um processo de libertação, o Estado colonizador não pode celebrar tratados relativos a elementos essenciais dos direitos dos povos.

Todavia, na sentença, o *Tribunal Arbitral* não se pronunciou sobre o (eventual) carácter imperativo do princípio da soberania permanente sobre os recursos naturais, considerando, «num ponto de vista lógico», que «quem pretende ter sido espoliado de uma parte do seu território ou das suas riquezas naturais deve, antes de tudo, demonstrar que elas lhe pertenciam».

Já foi mais explícito quanto à restrição do *jus tratactus* do Estado colonizador, a partir do início do processo de libertação: considerou que tal norma existe em direito internacional, não integra o *jus cogens* e tem um conteúdo que não pode ser deduzido do direito à autodeterminação e está, antes, ligada ao princípio da efectividade e às regras sobre a formação do Estado na esfera internacional». Quanto à aplicação à Guiné-Bissau (rigorosamente, à Guiné «Portuguesa») da norma restritiva da capacidade do Estado colonizador após o desencadeamento de um processo de libertação – embora também não tivesse tomado posição sobre o alcance, na época, do direito à autodeterminação – aprofundou alguns aspectos (jurídicos) do processo de libertação. Entendeu, em suma, que no processo de formação de um movimento de libertação, a questão que juridicamente se coloca reside em determinar o momento em que a sua actividade passa a ter «alcance internacional», que ocorrerá quando a potência colonial recorre a meios

---

[21] Amílcar Cabral, "Libertação nacional e cultura", in *Obras...*, cit., Vol. I, p. 225.
[22] Idem, "O papel da cultura na luta pela independência", in *loc.cit.*, p. 244.
[23] Publicada apud *Revue générale de droit international public* (RGDIP), 1990/1, pp. 204 e segs. Há múltiplos comentários (e sequelas) sobre o caso.

ESTUDOS EM HOMENAGEM A MIGUEL GALVÃO TELES

repressivos diversos dos que utiliza ordinariamente para fazer face a perturbações ocasionais.

Depois – e ainda baseando-se na interpretação das intervenções na arbitragem e da Sentença Arbitral de 14 de Fevereiro de 1985 [24] –, o Tribunal concluiu que tal norma restritiva não era aplicável à situação existente em 1960 na Guiné. Partiu do postulado de não ter de examinar se o processo de libertação já tinha, ou não, começado em Abril de 1960, mas apenas de investigar se as acções por que então se manifestava tinham «alcance internacional». Frisou ainda que só em Novembro de 1973 (ou seja, depois da proclamação unilateral da independência) a ONU aprovou uma resolução segundo a qual Portugal já não representava o povo da Guiné-Bissau.

Salvo o devido respeito, afiguram-se insuficientes os pressupostos ou características com que o Tribunal Arbitral se bastou para resumir o estatuto jurídico do processo de libertação (aliás, largamente baseadas em alguns aspectos históricos do movimento nacionalista na Guiné-Bissau) e os elementos ponderados para medir o alcance internacional da luta de libertação. Por exemplo, o "massacre do Pindjiguiti" ocorreu em 3 de Agosto de 1959, não correspondia propriamente a uma «medida ordinária» da repressão portuguesa e teve, de imediato, significativa projecção internacional nos meios de comunicação social. Por outro lado, a omissão da incidência histórica do estatuto do direito à autodeterminação, propriamente dito, assentou apenas num cómodo raciocínio de natureza lógico-formal (o Tribunal limitou-se a julgar que a norma restritiva do *jus tratactus* era independente do direito à autodeterminação e fazia parte do regime da formação do Estado sem, sequer, abordar os tópicos deste último).

Assim sendo, reitero o que, neste ponto e em síntese, Miguel Galvão Teles e eu sustentámos no processo-verbal, ou seja que:

(1) em Abril de 1960, o processo de libertação nacional do povo guineense já tinha sido claramente desencadeado (*"entamé et engagé"*);

(2) em Abril de 1960, a luta política já se encontrava irreversivelmente estabelecida e a passagem à luta armada devidamente ponderada;

(3) desde o início, e apesar da utilização dos meios adequados, o objectivo da luta foi sempre a independência total;

(4) o processo de libertação que decorria em 1960 é precisamente o mesmo que, sem interrupção nem desvios, conduzirá o povo guineense à independência em 1973[25].

---

[24] Proferida pelo *Tribunal Arbitral para a Delimitação da Fronteira Marítima Guiné/Guiné-Bissau* e publicada apud *RGDIP*, 1985/2, pp. 484 e segs. Também neste Tribunal Arbitral Miguel Galvão Teles desempenhou funções de "expert" na delegação da República da Guiné-Bissau, tendo Armindo Ribeiro Mendes desempenhado as funções de "conseil".

[25] In "Processo verbal da sessão de 15 de Março de 1988 – Matin – PV3" do *Tribunal..*, cit., pp. 71/72.

ANTÓNIO E. DUARTE SILVA

De qualquer forma, importa, de momento, sublinhar o reconhecimento (pelo menos, aparente) pela jurisprudência internacional da natureza jurídica do processo dc libertação nacional e, portanto, da formação da República da Guiné--Bissau. Foi obra de Amílcar Cabral.

III. OS TEXTOS (I): PONTO DE PARTIDA
III.1. O Manifesto do MAC

O surto do nacionalismo nas colónias portuguesas data de meados da década de cinquenta e os "estudantes do Império" desempenharam um papel fulcral. As primeiras referências sobre a aplicação do princípio da autodeterminação às colónias portuguesas são vagas e mínimas. Constam do *Manifesto* do Movimento Anti-Colonialista (MAC) e da II Conferência dos Povos Africanos, ou seja, da fase da definição e organização do nacionalismo. Nesta fase, os textos não eram radicais nem ameaçavam com a violência.

Aquele *Manifesto do MAC* foi um texto de formulação demorada (cerca de três anos) e resultou da "Reunião de consulta e de estudo para o desenvolvimento da luta contra o colonialismo português", realizada em Paris, em Novembro de 1957. Divulgado aquando da Conferência de Tunes, em Janeiro de 1960, foi logo considerado ultrapassado. Obra de autoria colectiva, os seus principais redactores foram Viriato da Cruz e Amílcar Cabral[26].

Embora muito extenso, aborda a temática da autodeterminação de forma dispersa (em cinco passagens). Sobretudo, contraria quer a argumentação jurídica e a posição política do Governo português perante o nacionalismo africano quer a tese da «imaturidade para a autodeterminação», defendida pelos «democratas--progressistas portugueses». Em conclusão, o *Manifesto do MAC* – afirmando-se inspirado pelo disposto na Carta das Nações Unidas, na Declaração Universal dos Direitos do Homem e nas decisões das Conferências de Bandung, de Solidariedade Afro-Asiática do Cairo, dos Países Independentes Africanos e dos Povos Africanos de Acra – proclamava, em primeiro lugar, o direito dos povos de Cabo Verde, Guiné, Angola, S. Tomé e Príncipe e Moçambique à «autodeterminação e independência imediata».

No *relatório* sobre o périplo (que já resultava de «uma etapa nova e decisiva») feito em Agosto e Setembro de 1959 com vista ao reforço da «nossa unidade» e ao «regresso a África», Amílcar Cabral considerava «fundamental» a presença na próxima Assembleia Geral da ONU e ser indispensável «provar que lutamos e queremos lutar decididamente»[27].

---

[26] A história (e o texto) do "Manifesto do MAC" podem consultar-se apud Lúcio Lara, *Documentos e Comentários para a história do MPLA – até Fev 1961*, Lisboa, Dom Quixote, 1999.
[27] Apud *loc. cit.*, pp. 153/155. Neste *relatório* Amílcar Cabral emite uma opinião muita negativa sobre Holden Roberto, sendo «preciso não deixá-lo representar-nos na ONU».

III.2. A II Conferência dos Povos Africanos e o "Relatório sobre o colonialismo português" (Tunes, Janeiro de 1960)

Além de ter aprovado a primeira resolução internacional sobre as colónias portuguesas e proporcionado o aparecimento público do Partido Africano da Independência (PAI) e do Movimento Popular de Libertação de Angola (MPLA), as reuniões, documentos e deliberações de Tunes, em Janeiro de 1960, consumaram a transformação das várias associações anticolonialistas em organizações de carácter nacional e revolucionário, agrupadas numa Frente Revolucionária Africana para a Independência Nacional (FRAIN). A *Declaração* constitutiva desta última, depois de anunciar a luta pela «inalienável soberania dos nossos povos», invocava em termos idênticos aos do *Manifesto do MAC* a autodeterminação como fundamento das suas reivindicações.

Todavia, o *Relatório sobre o Colonialismo Português*, apresentado por Amílcar Cabral, também não destacava expressamente a questão da autodeterminação, limitando-se a referir que a luta, prosseguida sob condições extremamente difíceis, obteve algum êxito ao conseguir quebrar «o muro do silêncio que o colonialismo-fascista português colocou à volta dos povos sob seu domínio»[28].

A propósito do papel da violência na revolta dos colonizados, ou seja sobre a "autêntica força revolucionária" (camponeses ou assimilados) e, portanto, sobre a organização, a mobilização e a metodologia da luta armada, agudizam-se, nas conversações paralelas, as divergências dos dirigentes nacionalistas com Frantz Fanon. Este apoia a UPA de Holden Roberto e irá ser «o arquitecto do 15 de Março de 1961», desencadeado no norte de Angola[29].

III.3. Londres (Dezembro de 1960): "A verdade sobre o colonialismo português"

Já mais sistematicamente, na *conferência* que pouco depois pronunciou em Londres, Amílcar Cabral centrou as pretensões dos «africanos das colónias portuguesas» no respeito das obrigações constantes da Carta das Nações Unidas, exigindo que Portugal «siga o exemplo da Inglaterra, da França e da Bélgica e reconheça o direito dos povos que domina à autodeterminação e à independência»[30].

---

[28] Cfr. "Relatório do MAC à Segunda Conferência dos Povos Africanos", apud Lúcio Lara, *op. cit.*, pp. 339 e segs.

[29] In João Paulo N'ganga, *O Pai do Nacionalismo Africano – As memórias de Holden Roberto (1923-1974)*, Editora Parma, São Paulo, 2008, pp. 87 e segs, pela outra corrente, ver, sobretudo, Lúcio Lara, *op. cit.*, p. 335, e Mário Pinto de Andrade, "Fanon et l'Afrique Combattante", comunicação no Memorial Internacional Frantz Fanon, datado de Fort-de-France, Abril de 1982, apud "Documentos Mário Pinto de Andrade", *Fundação Mário Soares,* Pasta: 04330.008.016.

[30] Salvo indicação expressa, todos os textos de Amílcar Cabral a seguir citados neste artigo encontram-se apud Amílcar Cabral, *Obras Escolhidas de Amílcar Cabral*, 2 Vols., Lisboa, Seara Nova, 1976 e 1977.

Em Maio de 1960, Amílcar Cabral saiu da clandestinidade, passando a viver em Conacri. A viagem realizada então a convite das autoridades chinesas foi determinante para o PAI e o MPLA, sobretudo pela preparação para a guerra de guerrilha proporcionada por «[a]ltos responsáveis, ligados à Grande Marcha e à luta armada»[31].

Nos primeiros dias de Outubro, em Dacar, o PAI reorganizou-se através de uma reunião de dirigentes, intitulada *Conferência de Quadros das Organizações Nacionalistas*. Foram tomadas várias medidas de preparação da luta («total e irreversível») pela independência e, nomeadamente, adoptada a nova sigla PAIGC em substituição da anterior PAI, sobretudo para reafirmar, por um lado, o seu carácter nacional e, por outro, a política da Unidade Guiné-Cabo Verde.

Pouco depois, em Dezembro de 1960, numa conferência de imprensa num gabinete da Câmara dos Comuns, uma delegação da FRAIN leu um "Comunicado à Imprensa" em que os nacionalistas, além de anunciarem um próximo encontro em Marrocos [será, como veremos, a I Conferência das Organizações Nacionalistas das Colónias Portuguesas (CONCP)], ameaçaram, pela primeira vez publicamente, com o «recurso à acção directa» se o Governo português não acatasse as resoluções da ONU. Era uma pré-declaração de guerra (que, aliás, seria desencadeada em Angola, no início de 1961, fora do controlo desta "geração da CONCP").

IV. OS TEXTOS (II): A LUTA

IV.1. O Memorandum do PAI ao Governo português (Novembro de 1960)

Em finais de 1960, o PAIGC, após a referida reunião de Dacar, enviou um *Memorandum ao Governo português*, assinado com «pseudónimos de luta» e contendo um conjunto de medidas concretas com vista à «liquidação pacífica da dominação colonial» na Guiné e Cabo Verde. Referia que o PAIGC continuava à espera, «com paciência», que o Governo português reconhecesse «o direito à autodeterminação, consagrado pela Carta das Nações Unidas», lamentava, «com profundo desgosto», que, em vez de acatar as «leis internacionais e a moral do nosso tempo», o Governo português mantivesse e reforçasse o seu domínio. Tanto mais que a recente resolução do Conselho de Tutela, aprovada pela ONU em 12 de Novembro, ao definir a Guiné e Cabo Verde como «territórios não autónomos e, *a fortiori*, colónias» significava «uma vitória completa», enterrando o «mito das "províncias ultramarinas"». Abria-se, assim, um novo contexto internacional, visto que «a esmagadora maioria dos Estados representados na ONU, est[ava] decidida a intervir eficazmente na solução do conflito existente entre os povos das colónias portuguesas e o Governo português».

---

[31] Mário Pinto de Andrade, *Uma entrevista dada a Michel Laban*, Lisboa, Sá da Costa, 1997, p. 16.

ESTUDOS EM HOMENAGEM A MIGUEL GALVÃO TELES

Por isso, o PAI/PAIGC propunha doze medidas, que culminariam na eleição («por sufrágio universal, directo e secreto, em eleições gerais e livres, controladas por uma Comissão Especial da ONU») de órgãos representativos (ditos «Câmaras de Representantes») dos povos da Guiné e de Cabo Verde. Logo depois de tais eleições, realizar-se-ia uma reunião conjunta de ambas as Câmaras para «[e]studar e decidir das possibilidades, das bases e da forma de realizar, no quadro da unidade africana, a união orgânica dos povos da Guiné e Cabo Verde, com fundamento nos laços de sangue e nos laços históricos que ligam esses povos». Por fim, os dois últimos pontos da proposta indicavam a sequência para cada uma das alternativas (isto é, decisão favorável ou decisão desfavorável à União).

Como se sabe, logo depois, a Assembleia Geral, a ONU preparou o "assalto à fortaleza colonial" e o "contorno de um *plano de guerra*» contra Portugal[32], mediante três resoluções: (1) a resolução 1514 (XV), de 14 de Dezembro (*Declaração sobre a concessão de independência aos países e aos povos coloniais*, também conhecida por *Declaração Anticolonialista*); (2) a resolução 1541 (XV), de 15 de Dezembro [*Princípios que devem orientar os Estados membros ao determinarem se existe ou não a obrigação de transmitir as informações previstas no artigo 73º, e), da Carta das Nações Unidas*]; (3) a resolução 1542 (XV), da mesma data, que *enumerava os territórios sob administração portuguesa*.

Este desenvolvimento do direito à autodeterminação dos povos coloniais veio alterar substancialmente a perspectiva defendida no citado *Memorandum*. O movimento nacionalista passou a tentar (e a defender) que a pressão internacional obrigasse o Governo português a negociar a transferência de poderes.

IV.2. A preparação (diplomática) da luta armada (1961)

Durante o ano de 1961, Amílcar Cabral fez uma série de intervenções junto de instâncias internacionais, apresentando os seguintes documentos [33]:

- *Memorandum au Conseil de Solidarité Afroasiatique*, Conacri, 18 de Janeiro de 1961;
- *Texto integral do discurso do nosso camarada Amílcar Cabral* (sessão extraordinária do Conselho de Solidariedade dos Povos Afro-Asiáticos), Cairo, 22 de Janeiro de 1961;
- *Discurso proferido à III Conferência dos Povos Africanos*, Cairo, 25-31 de Março de 1961;
- *Memorandum à Assembleia Geral da Organização das Nações Unidas*, 26 de Setembro de 1961.

---

[32] Franco Nogueira, *Salazar – A Resistência (1958-1964)*, Porto, Civilização, 1984, p. 174.
[33] Todos apud Ronald H. Chilcote, *Emerging Nationalism in Portuguese Africa. Documents*, Califórnia, Stanford University, Hoover Institution Press, 1971.

Entretanto, realizara-se em Casablanca, de 18 a 20 de Abril de 1961, organizada pelo MPLA, o PAIGC e a Liga de Goa, a I Conferência das Organizações Nacionalistas das Colónias Portuguesas (CONCP). A reunião destinava-se «a atear outros fogos de luta de libertação», tendo como objectivos «manifestar a solidariedade com o MPLA [...] e sensibilizar a opinião internacional»[34]. Na Conferência compareceram 13 delegados, em representação de dez organizações nacionalistas (duas por Angola, duas pela Guiné e Cabo Verde, quatro por Goa, uma por Moçambique e uma por S. Tomé e Príncipe), alargando a frente de luta contra o colonialismo português a todas as colónias. Amílcar Cabral não pôde estar presente e o PAIGC foi representado por Aristides Pereira.

Além de pressionada pelos acontecimentos de Angola, esta I CONCP visava institucionalizar a unidade de acção. Ratificando o caminho da luta armada como única alternativa para a independência das colónias portuguesas, culminava o processo unificador tentado pelo MAC e desenvolvido pela FRAIN, concretizando a transformação dos movimentos nacionalistas em movimentos de libertação nacional, iniciada em Tunes, em Janeiro desse ano.

A I CONCP também reafirmou que a luta dos povos coloniais não era contra o fascismo português, mas sim contra o colonialismo português. Por isso, demarcou-se das teses do PCP que nem sequer fora convidado.

IV.3. O Relatório ao Comité Especial da ONU (Junho de 1962)

A 19 de Dezembro de 1961, a Assembleia Geral da ONU criou um *Comité Especial de Sete Membros* destinado a examinar as informações disponíveis sobre os territórios portugueses e «formular observações, conclusões e recomendações».

A 5 de Junho de 1962, em Conacri, Amílcar Cabral apresentou a este Comité uma "petição escrita" sobre a situação na Guiné e Cabo Verde. É um documento histórico pois, além de uma extensa análise do colonialismo português nesses territórios, enunciava os factores condicionantes da sua descolonização e as vias para um processo pacífico de autodeterminação e independência (mediante a activa colaboração do Governo português e a eventual participação da ONU) [35].

a) As leis portuguesas de dominação colonial

Começava pela abordagem das fases históricas da colonização, passando depois a descrever a «situação actual» na Guiné e em Cabo Verde, distinguindo, quanto a ambas, as alterações trazidas pela aprovação das resoluções da ONU de

---

[34] Mário Pinto de Andrade, *Entrevista...*, cit., p. 167.

[35] Cfr. *Relatório apresentado na 4ª reunião do Comité Especial da ONU para os Territórios Administrados por Portugal*, Conakry, 5 de Junho de 1962 (também intitulado *Le peuple de la Guinée "portugaise" devant l'Organisation des Nations Unies: presentée au Comité Spécial de l'ONU pour les territoires administrés par le Portugal*).

Dezembro de 1960 e pela adopção, em 1961, das reformas promovidas pelo Ministro do Ultramar português, Adriano Moreira (especialmente, a abolição do estatuto do indigenato).

Tratou, sucessiva e desenvolvidamente, dos seguintes temas:

1. Estatuto político
2. Organização política e participação dos autóctones no funcionamento das instituições
3. Partidos políticos e organizações sindicais
4. Direito de voto
5. Direitos do homem e liberdades fundamentais
6. Organização administrativa
7. Situação judicial

Baseando-se em todas essas «leis e na realidade concreta», concluía que a situação constitucional, política, jurídica, administrativa e judicial da Guiné "portuguesa", longe de ser a de uma "província de Portugal" era a de «país não autónomo, conquistado e ocupado pela força das armas, dominado e administrado por uma potência estrangeira», pelo que o povo da Guiné se encontrava «incontestavelmente privado do direito à autodeterminação».

Seguidamente, expunha a situação política nas Ilhas de Cabo Verde (onde não vigorara o regime do indigenato). Chegava às mesmas conclusões: tratava-se de «um país não autónomo, dominado e governado por uma potência estrangeira» cujo povo não gozava dos direitos e liberdades fundamentais, pelo que era «um povo colonizado e privado, há séculos, do direito à autodeterminação».

b) Os factores da descolonização

Por fim, passava à análise dos factores determinantes do «restabelecimento da legalidade internacional» na Guiné em Cabo Verde: em suma, «respeito pelo direito à autodeterminação, liquidação do colonialismo e acesso à independência nacional». Estamos perante uma abordagem fundamental não só para entender as razões do desencadeamento da guerra colonial como para descobrir os «factores determinantes», internos e internacionais, da luta de libertação nacional. Lê-la, hoje, permite situar "o tempo e o modo" do acesso à independência da Guiné--Bissau e do modelo da descolonização portuguesa.

Segundo Amílcar Cabral, a descolonização da Guiné e de Cabo Verde dependia essencialmente de quatro factores: (1) a vontade popular; (2) a política portuguesa; (3) a política internacional; (4) o decurso do tempo.

Estes quatro factores não tinham todos a mesma relevância pois, de todos eles, «o tempo é não só a única variável independente mas também aquela de que dependem todos os outros» – como, note-se, haveria de ser histórica e unanimemente reconhecido.

Com efeito, as resoluções aprovadas na ONU, em Dezembro de 1960, nomeadamente a resolução 1514 (XV), tinham alterado substancialmente a natureza da intervenção dos demais factores e, portanto, os dados da questão, visto que:

a) a luta do povo da Guiné passou a dispor também «de uma base legal»;

b) o Governo português passara a estar «não só em falta para com a Carta das Nações Unidas, mas também em manifesta infracção para com a lei internacional»;

c) finalmente, a ONU e os Estados e organizações anticolonialistas já dispunham do «instrumento legal necessário» para «agir concretamente contra o Estado português».

Ora, como «a influência do tempo, no condicionamento das transformações inerentes à evolução de um dado fenómeno, não é nem pode ser infinita, porque conduz necessariamente a transformações de natureza diferente e, portanto, a novos fenómenos», o estádio de crise poderia vir a ser atingido no espaço onde realmente se processava o fenómeno, isto é, «no interior da Guiné».

Em conclusão: não só era urgente encontrar uma solução pacífica como, de momento, a maior responsabilidade cabia aos factores internacionais.

IV.4. O discurso perante a IV Comissão (Dezembro de 1962)

Meses depois, na sua primeira intervenção na ONU, falando na qualidade de "peticionário", Amílcar Cabral abordou, em sete alíneas, os seguintes temas:

- as razões e os objectivos da comparência;
- a situação concreta na Guiné e em Cabo Verde;
- a legalidade do combate travado pelo PAIGC;
- as alternativas à situação e as correspondentes propostas do PAIGC.

Desentendeu-se com a delegação oficial portuguesa, mas não alcançou muita atenção nos corredores nem perante a IV Comissão. A comunicação baseava-se no relatório apresentado, em Junho, ao Comité Especial. Substancialmente, recordou as posições do PAIGC em favor de uma solução pacífica e negociada e a recusa do Governo português em dar «o menor sinal» positivo. Reafirmou os termos e as condições dos três «caminhos para a realização das nossas aspirações que, insistimos, são também as da ONU»:

a) uma mudança radical da posição do Governo português;

b) uma acção imediata e concreta por parte da ONU;

c) lutar unicamente pelos próprios meios.

IV.5. Os fundamentos jurídicos da luta de libertação

O recurso à luta armada foi prenunciado pela reunião de Bissau, em 19 de Setembro de 1959, na sequência do "massacre do Pindjiguiti" – a «mais decisiva reunião» da história do PAIGC. Esta reunião – melhor, vários encontros clandestinos – preparou a passagem da agitação nacionalista para uma estratégia de luta de libertação nacional, adoptando três importantes decisões: a) deslocar a acção para o campo, mobilizando os camponeses; b) preparar-se para a luta armada («esperar o melhor, sem deixar de se preparar para o pior»; c) transferir parte da direcção para o exterior.

Dois anos depois – já o PAIGC se transformava em "movimento de libertação nacional" –, realizou-se em Dacar, de 12 a 14 de Julho, uma *Conferência das Organizações Nacionalistas da Guiné e das Ilhas de Cabo Verde*, onde tentou juntar as organizações existentes no exterior (Senegal e Conacri), chamados "movimentos fora da terra". Nessa conferência, Amílcar Cabral apresentou um *Relatório Geral sobre a Luta de Libertação Nacional*, contendo uma extensa e aprofundada análise, na convicção não só de que «os colonialistas portugueses só serão expulsos de África pela força» como de que a luta seria «difícil e bastante longa».

Estas conclusões foram confirmadas, em 1961, por duas outras declarações públicas: a *Proclamação da acção directa*, em 3 de Agosto, ou seja, a passagem da «revolução nacional da fase da luta política à da insurreição nacional, à acção directa contra as forças colonialistas» e depois, perante as já referidas "reformas de Setembro de 1961", uma *Nota Aberta* ao Governo português, datada de 13 de Outubro (onde retomava a iniciativa de negociações mas ameaçava que o PAIGC cumpriria a sua missão histórica: «a de desenvolver a nossa luta de libertação nacional, responder pela violência à violência das forças colonialistas portuguesas e liquidar completamente, por todos os meios, a dominação colonial na Guiné e em Cabo Verde»).

A teorização de Amílcar Cabral e a posição do PAIGC sobre o recurso à luta armada foram defendidas e desenvolvidas durante as citadas intervenções perante o Comité Especial e a IV Comissão da Assembleia Geral da ONU. Foi, ainda, sistematizada por Amílcar Cabral no *Discurso à Segunda Conferência de Juristas Afro-Asiáticos*, realizada em Conacri, de 15 a 22 de Outubro de 1962[36].

---

[36] A questão, numa óptica favorável aos movimentos de libertação, será tratada sistematicamente por Paulette Pierson-Mathy, "Legalité des luttes de libération nationale – le cas des colonies portugaises et des territories d'Afrique australe", *IXème Congrès de l'Association Internationale des Juristes Democrates* [Bruxelas], *Helsínquia*, 15-19 de Julho de 1970 (in *Arquivo Amílcar Cabral*, Fundação Mário Soares, 4.321.002, imagem 11) e, também, *La naissance de l'Etat par la guerre de libération nationale: le cas de la Guinée-Bissau*, UNESCO, 1980.

Em síntese, segundo Amílcar Cabral, a luta armada tornara-se a via necessária para a liquidação do colonialismo português e assentava nos seguintes fundamentos:

a) antes de mais, decorria, historicamente, da «tradição de resistência patriótica dos povos da Guiné e das Ilhas de Cabo Verde», que, no caso da Guiné e até à década de 1930, «nunca cessou de se manifestar»;

b) derivava do "direito legítimo" à insurreição contra o domínio estrangeiro, com base no qual fora desencadeada a luta política de libertação;

c) legitimava-se não só mediante o "direito" e princípios consagrados originariamente na Carta das Nações Unidas como através da "base legal" conferida pela resolução 1514 (XV);

d) assim, a luta de libertação não era apenas legal, era mesmo uma luta para restabelecer a legalidade internacional no «nosso país» e, consequentemente, os combatentes do PAIGC agiam como «combatentes anónimos da causa da ONU».

V. A PREPARAÇÃO DA INDEPENDÊNCIA
V.1. O reconhecimento internacional das lutas de libertação

Após ampla polémica, em 1965, na sequência da inspecção no terreno por uma delegação militar da OUA, formada por quatro oficiais, o Conselho de Ministros da OUA concluiu pelo reconhecimento formal do PAIGC como único movimento nacionalista representativo da Guiné.

No mesmo ano, de 3 a 8 de Outubro, realizou-se em Dar Es-Salam a II Conferência da CONCP (quatro anos depois da I CONCP, em Casablanca). Tinha agora como objectivos confrontar e consolidar, nos domínios político, ideológico, militar e de «reconstrução nacional», a luta contra a «dominação colonial» portuguesa. Esta II Conferência reforçará significativamente a via da luta armada, as vinculações à "linha anti-imperialista" e aos países comunistas[37]. Amílcar Cabral apresentou dois importantes documentos: o primeiro, elaborado conjuntamente com Mário Pinto de Andrade, sobre "A África e a luta de libertação nacional nas colónias portuguesas"; o segundo, o discurso pronunciado na sessão plenária de 5 de Outubro de 1965, intitulado "As opções da CONCP".

Na resolução particular referente à Guiné e a Cabo Verde, destacava-se – pela primeira vez – que na Guiné o PAIGC promovia «novas estruturas» na administração das regiões libertadas pelo que a situação podia ser comparada à de «um Estado de que uma parte do território nacional (sobretudo os principais centros urbanos)» se encontrasse «ocupada por forças militares estrangeiras». Tal especificidade, além de impor a harmonização da «situação jurídica internacional do

---

[37] Cfr. CONCP, *La conférence de Dar Es-Salam*, Argel, Information CONCP, 1967.

povo guineense com a situação concreta deste país», era, no conjunto das colónias portuguesas, uma «situação específica [que poderia] acelerar o processo de liquidação do colonialismo português em África». Pode dizer-se que esta qualificação da Guiné como «situação específica» prenunciou dois acontecimentos históricos: a declaração unilateral de independência em 24 de Setembro de 1973 e, no ano seguinte, a "Revolução dos Cravos" em Portugal.

Nestes meados da década de sessenta, a descolonização estava a levar à adaptação do princípio da proibição do recurso à força, recurso que, vedado aos Estados, se admitiria aos povos coloniais. Tal reconhecimento foi progressivo. A Carta das Nações Unidas nem explícita nem implicitamente declarara ilegal o colonialismo e não abrira a excepção da autodeterminação ao princípio da abstenção do recurso à ameaça ou ao uso da força nas relações internacionais nem, tão-pouco, a resolução 1514 (XV) sancionara o uso da força. A mudança de atitude da ONU confirmou-se na Assembleia Geral através da acção do bloco soviético e do crescente número de novos Estados. Em 12 de Dezembro de 1965 (pouco depois da proclamação unilateral da independência da Rodésia do Sul), a Assembleia, através da resolução 2105 (XX), reconheceu, pela primeira vez, no quadro da acção pela aplicação da resolução 1514, «a legitimidade da luta que os povos sob dominação colonial travam para exercer o seu direito à autodeterminação e independência». Esta legitimidade foi logo depois – pela resolução 2107 (XX) – expressamente reconhecida «aos povos dos territórios africanos administrados por Portugal». Era acompanhada pelo apelo «a todos os Estados para que concedam às populações dos territórios administrados por Portugal, por intermédio da OUA, a ajuda moral, política e material» adequada e necessária.

Considerando as posições assumidas nos diferentes órgãos da ONU, pode concluir-se que, a partir de 1965, existiu consenso sobre a legitimidade da luta de libertação nacional e mesmo os Estados ocidentais acabaram por aceitar a existência de uma obrigação jurídica de não uso da força para impedir o exercício do direito à autodeterminação. Mas já não existia consenso entre, por um lado, os países ocidentais e, por outro, os comunistas e afro-asiáticos quanto à sua classificação como guerras civis ou guerras internacionais, nem quanto ao fundamento da ilegalidade do uso da força pela potência administrante, nem, ainda, quanto ao carácter legal ou ilegal da ajuda (humanitária e material, de uma banda, e militar, de outra) fornecida aos movimentos de libertação.

Além disso, a partir de 1970 abriu-se uma fase caracterizada pela progressiva definição de um estatuto dos movimentos de libertação nacional junto das organizações internacionais. Como veremos, foi na sequência da visita da Missão Especial da ONU às "regiões libertadas da Guiné-Bissau", em Abril de 1972, que o PAIGC obteve o estatuto de *observador* sucessivamente na Comissão de Descolonização, na IV Comissão e na Assembleia Geral (onde seria, pela primeira vez, nominativamente identificado). Em especial, a resolução em causa qualificou mesmo os movimentos de libertação como «os representantes autênticos das verdadeiras aspirações dos povos destes territórios», muito embora o Conselho de Segurança continuasse a ouvir os delegados destes movimentos na qualidade de pessoas privadas e não como observadores.

V.2. O discurso perante o Conselho de Segurança (Fevereiro de 1972) e a visita da Missão Especial (Abril de 1972)

A partir de 1968, a guerra na Guiné alterou-se. A estratégia de António de Spínola, novo Governador e Comandante-Chefe, subordinou a manobra militar ao desenvolvimento político-social, susteve a ofensiva do PAIGC e equilibrou a situação militar. O impasse político-militar manteve-se até 1972, quando quatro acontecimentos transformaram significativamente o contexto interno e internacional: a visita da Missão Especial da ONU, a acção diplomática do PAIGC, o fracasso das tentativas de negociação (Spínola/Senghor, sobretudo) e as eleições para a Assembleia Nacional Popular (ANP).

Amílcar Cabral mantinha a comparação (inicialmente formulada em 1965) da situação na Guiné com a de «um Estado independente que tem uma parte do seu território nacional, nomeadamente os centros urbanos, ocupada por forças militares estrangeiras». Esta constatação de que o PAIGC libertara «mais de dois terços» do território, onde prosseguia a construção de um Estado «passo a passo», levava-o à conclusão de que o povo da Guiné-Bissau adquirira «o direito a uma personalidade própria no plano internacional». A reivindicação de Amílcar Cabral visaria não apenas o (imediato e inovador) reconhecimento como movimento de libertação nacional como prenunciava o (futuro e clássico) reconhecimento de Estado – embora estivesse por esclarecer o procedimento da declaração de independência.

Na formulação de Amílcar Cabral, o PAIGC já não necessitaria «do acordo do Governo português para consumar a independência do nosso país» pois, apesar do direito internacional vigente exigir a «concessão de independência pela "potência administrante"», no caso da Guiné tal exigência desaparecera porque «aqui a potência administrante encontra-se nos abrigos dos campos fortificados, limita-se a administrar a sua guerra colonial».

Tratava-se de dar solução política a um «problema novo e difícil». A formulação apontava para a independência unilateral e Amílcar Cabral demonstrou imaginação política e capacidade diplomática. Não havia, em África, qualquer precedente (não o é, pelo contrário, o caso da Rodésia do Sul, de Ian Smith) e a proclamação teria não só decisivas consequências como grande impacto internacional, político e jurídico.

Procurando reunir «todas as condições» e sabendo que «para subir a uma árvore é necessário começar por baixo»[38], o PAIGC decidiu, promover, primeiro a eleição de uma assembleia representativa com poderes constituintes. Gérard Chaliand fala mesmo de «golpe genial» praticado «nas barbas» das forças portuguesas, «impotentes, na propaganda, de vender convincentemente a sua efectiva ocupação do terreno»[39].

Para isso, foi, em Janeiro de 1969, determinado o recenseamento das populações nas "áreas libertadas" com vista à futura eleição de delegados a uma «Assembleia Nacional Popular» (opção que prevaleceu sobre um eventual Congresso do PAIGC) a qual, além da proclamação da independência e aprovaria a Constituição (transformando o "Estado de facto" em "Estado de direito", dizia-se). Não se previa uma capital (pois a estratégia militar do PAIGC não visava a conquista e ocupação de cidades) e excluía-se a via do "governo no exílio"[40]. Este plano foi, depois, acertado nos dois órgãos dirigentes do PAIGC: o Conselho Superior da Luta (CSL), reunido entre 7 e 17 de Agosto de 1971, e o Comité Executivo da Luta (CEL), reunido em Dezembro.

Em Junho de 1971, Amílcar Cabral intervindo na 8ª. Conferência dos Chefes de Estado e de Governo Africanos (Cimeira da OUA), em Adis-Abeba, começara a preparar o "cenário internacional". O plano avançou em várias direcções, incluindo capitais europeias[41]. No início de 1972, compareceu (a título individual) na primeira sessão que o Conselho de Segurança realizava em África, reiterando o convite para uma visita oficial da ONU ao território da Guiné.

Como, décadas depois, recordou o chefe da *Missão* tratou-se de uma acção inédita e mesmo «uma revolução nos anais da ONU» pois, pela primeira vez, esta fora convidada por um movimento de libertação (e não pela própria "potência administrante"). Em suma, o êxito da visita, comprovando não só o controlo do

---

[38] Basil Davidson, "Dans le maquis de la Guinée-Bissau", in *Le Monde Diplomatique*, Fevereiro de 1972, e *No fist is big enough to hide the sky*, Londres, Zed Press, \1981, pp. 131/132.

[39] Gérard Chaliand (entrevista) apud Aristides Pereira, *O Meu Testemunho (versão documentada)*, Lisboa, Editorial Notícias, 2003, pp. 433/434.

[40] A criação de um governo (provisório) no exílio foi a fórmula sugerida pelos dirigentes argelinos (pois também a tinham adoptado) mas terminantemente rejeitada por Amílcar Cabral – cfr. José Vicente Lopes, *Aristides Pereira – minha vida, nossa história*, Cidade da Praia, Edições Spleen, 2012, p. 197. Em 1971, em Bucareste, o Presidente Nicolae Ceausescu propôs formalmente à FRELIMO «a possibilidade de criar um *Governo Provisório* ou *no Exílio*», mas, na posterior resposta, a FRELIMO recusou tal sugestão, argumentando com 14 «pontos essenciais», dos quais dois abordavam expressamente o (diferente) projecto do PAIGC – cfr. Sérgio Vieira, *Participei, Por Isso Testemunho*, Maputo, Ndjira, 2011, pp. 318/320.

[41] A revista *Jeune Afrique*, nº. 619, de 18/11/1972, publicou, a propósito, uma desenvolvida e destacada investigação. Ver, também, a entrevista concedida a Aquino de Bragança, "Demain l'État Independant de la Guinée-Bissao", in *Afrique-Asie*, nº 18, de 27/11/1972, pp. 24/26.

território como a organização da sociedade pelo PAIGC, alterou «totalmente o quadro político na Guiné-Bissau e por isso foi uma tremenda vitória diplomática do PAIGC e dos seus líderes»[42].

V.3. O discurso perante a IV Comissão (Outubro de 1972)

Como referimos, a Comissão de Descolonização, pela extensa resolução A/AC 109/400), de 13 de Abril de 1972, reconheceu expressa e nominalmente o PAIGC como «representante único e autêntico» do povo da Guiné e de Cabo Verde, concedendo-lhe o estatuto de *observador*. Mais ainda, neste crescendo diplomático, a maioria anticolonialista tentou abrir as portas da Assembleia Geral a Amílcar Cabral. Porém, foi o próprio quem em carta ao Presidente da Assembleia Geral – depois de considerar que a «sequência de várias consultas» mostrara «uma confortável maioria» pelo que «no caso de ter havido um debate e uma votação sobre esta questão, a Assembleia Geral ter-nos-ia convidado a usar a palavra» – a pedir que não se realizassem tais debate e votação pela simples razão de não desejar «que nesta etapa da nossa luta países verdadeiramente amigos ou potencialmente solidários» se vissem publicamente obrigados a abster-se ou votar contra (como, acrescente-se, seria o caso dos países nórdicos). Ou seja, concluía Amílcar Cabral «uma vitória política é um bem demasiadamente precioso» pelo que, «no caso vertente», renunciava a tal sucesso[43].

Foi, pois, a título de *observador*, isto é, em nome do PAIGC, que Amílcar Cabral fez, em 16 de Outubro de 1972, perante IV Comissão, uma «notável»[44] intervenção sobre o passado, o presente e o futuro da luta de libertação da Guiné.

Comparada com a caracterização feita dez anos perante esta mesma IV Comissão, a situação interna e internacional era «completamente diferente», visto que, agora, «o nosso povo é livre e soberano na maior parte do seu território nacional» e, para impor essa soberania, «dispomos não só das nossas forças armadas mas também de todos os instrumentos que definem um Estado», como comprovavam dois recentes «acontecimentos importantes, mesmo transcendentes»: a visita da Missão Especial da ONU e a eleição de uma assembleia representativa, a qual seria «chamada a proclamar a existência do nosso Estado e a dotá-la de um executivo, que funcionará no interior do nosso país».

E mais: esta nova relação de forças significava que o Governo português não podia «representar o nosso povo no seio da ONU ou de qualquer outra organização

---

[42] Entrevista de Horacio Sevilla Borja a José Vicente Lopes in *A Semana*, Cabo Verde, de 20/01/2010.

[43] Carta de Amílcar Cabral ao Presidente da Assembleia Geral da ONU, publicada in *PAIGC – actualités*, n.º 48, de Dezembro de 1972, reproduzida e traduzida in "Guiné 64/74 – P4384: PAIGC Actualités (Magalhães Ribeiro) (5)"(http://blogueforanada.blogspot.com, 20 de Maio de 2009).

[44] Na qualificação insuspeita de AAVV, *A Descolonização Portuguesa: Aproximação a um Estudo*, Vol. I, Lisboa, Instituto Democracia e Liberdade, 1979, p. 194.

ESTUDOS EM HOMENAGEM A MIGUEL GALVÃO TELES

ou organismo internacional»[45]. Assim, os pedidos de ajuda efectiva e as propostas concretas que o PAIGC submetia à ONU referiam-se, primeiro, a «diligências junto do Governo português para a abertura imediata de negociações»[46], depois, à «participação de delegados do PAIGC em todos os organismos especializados da ONU» e, por fim, ao apoio material, moral e político à declaração unilateral de independência da Guiné-Bissau[47].

V.4. A "Mensagem de Ano Novo" (Janeiro de 1973)

Segundo Amílcar Cabral, desde finais de 1972 o povo da Guiné passara a dispor de um órgão de soberania, «a sua Assembleia Nacional Popular» (ANP), que iria reunir durante esse ano de 1973. Alterar-se-ia significativamente o estatuto jurídico e político da Guiné-Bissau, quer nacional quer internacional, pois da (actual) situação de uma colónia representada por um movimento de libertação nacional passaria à (futura) situação de «um país que dispõe do seu Estado e que tem uma parte do seu território nacional ocupado por forças armadas estrangeiras».

O processo de independência, além de anunciado publicamente e solidamente construído, estava pronto. A morte de Amílcar Cabral, na noite de 20 de Janeiro de 1973, não alterou a sua sequência essencial. Todavia, o consequente II Congresso do PAIGC, de 18 a 22 de Junho, se bem que confirmando tal programação, realizou-se sob forte tensão e com tergiversações quanto à Unidade Guiné-Cabo Verde.

Naquela "Mensagem de Ano Novo", Amílcar Cabral – analisando a situação concreta e conformando-se (também) ao "direito vivente"[48], ou seja, assumindo a relação entre direito, moral e política – limitou-se a invocar uma futura criação da 1ª ANP de Cabo Verde, prevendo que, depois, «em reunião conjunta» fosse formada a «Assembleia Geral do Povo da Guiné e Cabo Verde». Em causa de momento, só estava a independência da Guiné-Bissau.

---

[45] Efectivamente, na XXVIII sessão, a Assembleia Geral, por decisão de 17 de Dezembro de 1973, aprovou os poderes da delegação de Portugal apenas «tal como ele existe no interior das suas fronteiras na Europa», sublinhando expressamente que esses poderes não se estendiam aos «territórios sob dominação portuguesa de Angola e de Moçambique», nem à Guiné-Bissau, «que é um Estado independente».

[46] Com se sabe, embora sem intervenção da ONU, tais negociações viriam a realizar-se (secretamente) em Londres em 26 e 27 de Março de 1974.

[47] Assim, a Assembleia Geral aprovou a resolução 3061 (XXVIII), de 2 de Novembro de 1973, felicitando o «recente acesso à independência do povo da Guiné-Bissau» e a República da Guiné-Bissau (em lugar do PAIGC) foi convidada a participar na *III Conferência das Nações Unidas sobre o Direito do Mar*. A proclamação teve, internacionalmente, grande impacto político e jurídico, havendo vasta bibliografia sobre o tema.

[48] Cfr. Claudius Messner, "«Diritto vivente» – performativo, non discursivo", in *Politica del Diritto*, Vol. XLII, nº 3, Setembro de 2011, pp. 413 e segs.

ANTÓNIO E. DUARTE SILVA

Em obra póstuma, Filinto de Barros veio sustentar que a imediata proclamação de uma "República Federativa da Guiné e Cabo Verde" teria sido «positiva» enquanto «grande oportunidade de dar um salto qualitativo e justificar de vez a sigla do Partido!», insinuando ainda que fora «a componente crioula cabo-verdiana» a opor-se-lhe, por defender «um nacionalismo mais estreito»[49]. Diferentemente José Luís Hopffer Almada recorda que Cabo Verde «não fazia nem podia fazer parte, quer por razões conexas com o direito à autodeterminação (...) quer, por outras, irrenunciáveis, porque fundadas na identidade própria do povo das ilhas e na intangibilidade das fronteiras do seu arquipélago»[50].

Há versões de que o assassinato de Amílcar Cabral procurou impedir ou, pelo menos, atrasar a declaração de independência ou, mesmo, sido por ela «precipitado»[51]. Mas tal versão não parece verosímil tanto mais que os conjurados visavam, sim, o afastamento dos cabo-verdianos.

VI. TESTAMENTO E TESES

Enquanto teórico dos movimentos de libertação da África portuguesa e dirigente revolucionário Amílcar Cabral aprofundou sistematicamente os parâmetros jurídicos da independência das colónias africanas portuguesas (sobretudo, Guiné e Cabo Verde), a análise das leis portuguesas de dominação colonial, o fundamento e relevo dos direitos dos povos coloniais, a legitimidade da luta armada, a defesa dos direitos humanos, a representação política e, na fase final, a formação do Estado soberano.

Um dos últimos textos que ainda contou com a sua redacção foi a *Proclamação do Estado da Guiné-Bissau*. Na primeira das três partes que se podem considerar no texto, constituída pelos seis parágrafos iniciais, expõem-se as etapas e os fundamentos da luta de libertação nacional e da declaração de independência. O estatuto jurídico-internacional da Guiné é expressamente abordado no parágrafo 4 (sobre a ilegalidade da presença portuguesa) e no parágrafo 5 (sobre o direito à autodeterminação e independência do povo guineense e o reconhecimento internacional do PAIGC como único e autêntico representante do território). Ou seja: nesta "declaração básica", Amílcar Cabral insistia e não esquecia que a independência se legitimava também nos princípios do direito internacional.

«Militante nº 1» do PAIGC e «fundador da nacionalidade», como se conclamará *post-mortem*, no dia da proclamação da República da Guiné-Bissau (em que voltou a ser ouvida a "Mensagem de Ano Novo", de Janeiro de 1973, doravante conhecida como seu "testamento político"), o pensamento e a intervenção de

---

[49] Filinto de Barros, *Testemunho*, Bissau, INACEP, 2011, p. 10.
[50] José Luís Hopffer Almada, "O caso Amílcar Cabral", 2ª parte, in *A Semana, on line*, de 20/05/2007.
[51] Na opinião de Aristides Pereira, *op. cit.*, p. 396.

ESTUDOS EM HOMENAGEM A MIGUEL GALVÃO TELES

Amílcar Cabral no enquadramento jurídico do nacionalismo, do processo de libertação nacional e da independência política da Guiné-Bissau – ou seja, em síntese, do direito da descolonização – podem sintetizar-se nas seguintes proposições:

(1) A autodeterminação e independência dos povos coloniais enquanto princípio político-jurídico e enquanto norma de direito internacional consuetudinário criada pela prática dos Estados e da ONU foi fundamento do processo de libertação nacional da Guiné Portuguesa e de Cabo Verde.

(2) O correspondente exercício foi constitutivo e executório, comprovando que não foi a libertação nacional a nascer do direito, antes foi o direito que surgiu da libertação[52].

(3) Há, portanto, que distinguir vários estádios quanto à incidência do direito da descolonização na formação da República da Guiné-Bissau e, em vida de Amílcar Cabral, sobretudo três.

(4) Até 1960, a descolonização era quase exclusivamente encarada no terreno político, privilegiava os factores internos e a concessão de independência pela potência colonial. Não estava expressamente prevista na Carta das Nações Unidas. Os nacionalistas das colónias portuguesas procuravam agir unitariamente e afirmar-se internacionalmente e logo nas primeiras declarações a autodeterminação foi invocada numa formulação embrionária e imediata, ou seja, meramente reivindicativa.

(5) Uma fase intermédia decorre (quanto à Guiné "portuguesa") de 1960 a Janeiro de 1963, ou seja, até ao início efectivo da luta armada. Então, Amílcar Cabral e o PAIGC, em «transição para a fase revolucionária» e procurando o «amparo na legalidade internacional»[53] – decorrente, em especial, do "pacote anticolonialista" aprovado pela ONU, em Dezembro de 1960, e da prática descolonizadora das "potências" europeias – baseavam a descolonização (perante a ONU e o Governo português) nos seguintes fundamentos:

a) o direito à autodeterminação constituía-se instrumento jurídico e legitimador do processo de independência;

b) o conflito com o Governo português deixara de ser fundamentalmente político e bilateral, tornando-se jurídico-internacional e solucionável no quadro da ONU e do direito internacional;

c) o PAIGC propunha uma intervenção imediata e concreta por parte da ONU e a sua luta não só era legítima e legal como defendia a própria legalidade internacional;

---

[52] Cfr. Charles Chaumont,"Le droit des peuples..", cit., in *loc. cit*, p. 27.
[53] V. g., Julião Soares Sousa, *op. cit.*, pp. 307 e segs.

ANTÓNIO E. DUARTE SILVA

d) o PAIGC procurava impor-se como representante (único) do povo da Guiné e de Cabo Verde e os seus esforços diplomáticos visavam não só quebrar o "muro do silêncio" como isolar e pressionar o Governo português no plano internacional.

(6) Finalmente, na década de setenta, pouco antes da morte de Amílcar Cabral, a situação era completamente diferente. A formação da República da Guiné-Bissau tornara-se vanguarda e motor no âmbito do direito da descolonização e apresentava os seguintes traços fundamentais:

a) os factores externos deixaram de ser determinantes no acesso da Guiné-Bissau à independência pois a evolução no interior levara ao desenvolvimento de um Estado ("de facto") a que apenas faltava personalidade internacional;

b) a evolução do processo de independência era irreversível e o PAIGC solicitava (à ONU) a imediata abertura de negociações directas com o Governo português;

c) o PAIGC – previamente reconhecido pela OUA, por vários Estados e por organismos especializados da ONU – obtinha o mesmo reconhecimento pela Assembleia Geral (mas não pelo Conselho de Segurança) como representante único e legítimo do povo da Guiné-Bissau e de Cabo Verde;

d) a independência da Guiné-Bissau continuava o seu «andamento» e – apesar de certas visões tradicionalistas do direito internacional – a sua declaração unilateral, contando com múltiplos apoios, passara a levantar um único «verdadeiro problema»: a integração do novo Estado na ONU.

(7) A original eleição de uma assembleia constituinte promovida pelo PAIGC antes de assumir formalmente o poder visava três importantes objectivos jurídico-políticos:

a) aperfeiçoar o sistema de governo, iniciando a separação de funções entre o Partido e o Estado, consolidando um Estado construído, no campo, de baixo para cima, em cerco da cidade;

b) conjugar a legitimidade revolucionária com a legitimidade eleitoral e a autodeterminação interna com a autodeterminação externa, fundamentando o exercício do direito à autodeterminação, através da declaração unilateral de independência, na vontade popular;

c) servir de meio de prova à não efectividade da "potência administrante" e, consequentemente, legitimar o reconhecimento internacional da independência.

(8) Na declaração unilateral da República da Guiné-Bissau convergiram a autodeterminação interna e externa e o direito da descolonização manifestou-se em três grandes áreas do processo de libertação nacional, que se sucederam progressivamente e convergiram na independência política:

a) estatuto do direito à autodeterminação e independência;

b) reconhecimento da legalidade da luta armada;

c) reconhecimento do PAIGC como movimento de libertação nacional.

(9) Considerando que a descolonização prevaleceu sobre a democratização e que a independência da Guiné-Bissau foi a chave da descolonização portuguesa, o "25 de Abril de 1974" foi a última vitória de Amílcar Cabral.

Redução dos custos de regulamentação das empresas: o método SCM

JOSÉ ANTÓNIO VELOSO*

1. Generalizou-se na Europa, na última década, o reconhecimento de que a redução dos custos de regulamentação das empresas deve ser elemento nuclear das políticas de crescimento e competitividade[1]. Este princípio encontrou consagração na chamada Estratégia de Lisboa, aprovada no Conselho Europeu de Março de 2000, e foi objecto de desenvolvimento nos Conselhos Europeus subsequentes e nos Planos de Acção publicados pela Comissão Europeia[2].

N.E. Por decisão do Autor, este texto é publicado segundo a ortografia anterior ao novo Acordo Ortográfico.

* Advogado.

[1] Extracto de um relatório preparado para a conferência de apresentação do Relatório da Competitividade AIP-CIP realizada na Assembleia da República em 25 de Outubro de 2006. Para não extravasar dos limites de espaço, eliminámos as partes relativas à aplicação da metodologia SCM em vários países europeus, mantendo apenas a relativa à Holanda, país em que ela foi desenvolvida e primeiro aplicada. Os dados coligidos reportam-se a Junho de 2006. O leitor interessado não terá dificuldade em obter informação actualizada sobre a aplicação do SCM na Europa e indicações exaustivas de legislação e literatura por simples consulta dos sítios de rede oficiais dos Governos e da Comissão Europeia; muito útil também o sítio da rede europeia de cooperação SCM Network.

[2] O Plano de Acção *Simplificar e melhorar o ambiente regulador*, integrado na "Estratégia de Lisboa", foi publicado pela Comissão Europeia em Junho de 2002 (Comunicação da Comissão Europeia de 5 de Junho de 2002, COM (2002) 276). Este Plano de Acção teve por base as conclusões e recomendações do relatório de grupo de trabalho presidido por Dieudonné Mandelkern, e que foi publicado em Novembro de 2001. Em Março de 2005, a Comissão apresentou um Plano revisto, com o título *Legislar melhor para o crescimento e o emprego na União Europeia* (Comunicação da Comissão ao Conselho e ao Parlamento Europeu de 16 de Março de 2005, COM (2005)97), e que constitui um dos frutos do exame de consciência determinado nas instâncias comunitárias pelo fracasso evidente, a meio do prazo de execução, da estratégia de Lisboa e pelos desastres plebiscitários do projecto de constituição europeia. (As questões da "qualidade" das leis foram também consideradas no programa sobre *governance* que a Comissão desenvolveu paralelamente a este, e por isso fazem parte do conteúdo do *Livro Branco sobre a Governança Europeia* publicado em Julho de 2001).

Dispensa sublinhado a evidência de que uma política racional de redução dos encargos das empresas só será possível se o casuísmo avulso e os défices de *impact assessment* que têm caracterizado os processos de regulamentação em toda esta vasta área forem substituídos por métodos seguros de detecção e quantificação de custos, fundamentados nos – hoje em dia mais que suficientes – conhecimentos científicos e técnicos disponíveis.

2. Para este fim de conhecer e reduzir os custos de regulamentação das empresas, número crescente de países europeus está a adoptar um modelo desenvolvido na Holanda, e que apresenta a vantagem de não oferecer apenas uma matriz de análise e cálculo dos custos relevantes – como o poderia fazer qualquer estudo académico – porque constitui também uma metodologia de aplicação prática, elaborada tendo em conta as necessidades da acção política e até as condições de pedagogia e *user-friendliness* que mudanças dos hábitos de trabalho de classes extremamente heterogéneas de funcionários públicos não podem deixar de satisfazer. Não foram precisos mais do que dois ou três anos para que o modelo holandês, designado *Standard Cost Model* ou abreviadamente *SCM*, fosse recebido em grande número de países europeus [3]. No Outono de 2004, a OCDE decidiu apoiar a divulgação internacional desta metodologia, e em 2005 a Comissão e o Conselho Europeu adoptaram-na para a legislação comunitária e recomendaram que os Estados-membros a utilizassem igualmente. Uma rede de cooperação intergovernamental, que promove o estudo e aplicação do SCM, está em funcionamento desde 2003, com a participação daqueles países e da OCDE. Razões mais do que bastantes para que deva ser atentamente ponderada a possibilidade de a introduzir em Portugal, acompanhada naturalmente de todos os ensinamentos adicionais que facultem as experiências estrangeiras que se vão multiplicando.

Característica gerais do SCM

3. Os fundamentos do SCM não se distinguem essencialmente dos métodos familiares da análise de gestão e da investigação operacional (em particular das

---

Entre nós, há que ter em conta o que foi feito (infelizmente apenas como estudo preparatório, pois que se seguiu logo a consueta estagnação) com os trabalhos da Comissão para a Simplificação Legislativa, presidida por José Robin de Andrade: cfr. Relatório da Comissão para a Simplificação Legislativa (Relator José Robin de Andrade), in Ministério da Reforma do Estado e da Administração Pública, Para uma Melhor Legislação, vol. II, Lisboa, Março de 2002. Permitimo-nos remeter também para o nosso estudo Notas para a reforma do processo legislativo, in Direito e Justiça 16 (2002) 137-186, com versão resumida na Revista do Ministério Público nº 89, Março 2002, 79-105.

[3] O SCM aproveita algumas ideias e práticas do General Account Office da Administração federal americana, mas é em substância um euro-nativo; e coisa provavelmente inédita, estava em 2006 em vias de ser importado por aquele Office federal e por vários estados da União.

suas componentes de análise dos fluxos de informação). Adaptam-nos, porém, às características dos actos e procedimentos que originam os encargos administrativos de modo que se tem revelado extremamente produtivo[4]. Os dados que fornece são suficientemente rigorosos e pormenorizados para tornar possível a definição de orientações claras e a avaliação passo a passo da execução dos programas, não só nos aspectos agregados mas também com um grau muito considerável de diferenciação e *fine-tuning*. Os custos intrínsecos da aplicação do método, quer financeiros quer em recursos humanos, são despiciendos: na Holanda, o inventário dos encargos totais da regulamentação existente, feito ministério por ministério, foi concluído em 4 meses, teve o surpreendente custo total de 3 milhões de euros, e mobilizou quase exclusivamente funcionários do quadro interno, sem necessidade de colaborações exteriores ou *outsourcing*; os planos de redução dos custos que foram traçados a partir desse inventário inicial ficam também a cargo dos departamentos ministeriais, como parte das suas rotinas básicas. A este respeito o Governo holandês informa que

> "... the SCM is not seen as a very demanding methodology. In the Netherlands we were able to make a zero-based inventory of all legislative areas within a few months. Only once every 4 years a new inventory is required. In between, the data only have to be updated on behalf of new legislation, or simplification of existing legislation. This takes not much time"[5].

Outro dos grandes méritos que são atribuídos a esta metodologia é a simplicidade das qualificações técnicas que exige – parece de facto não requerer qualificações que ultrapassem as que nas nações civis a generalidade dos funcionários públicos possui (e até, nas incivis, a generalidade dos funcionários superiores) –, o que facilita muito a compreensão e colaboração tanto dos agentes do Estado como das empresas abrangidas nos inquéritos e consultas. Quanto aos resultados dos programas que utilizam o SCM, as estimativas – abonadas pelos resultados intercalares já comprovados – são impressionantes: na Holanda e na Dinamarca considera-se muito provável que venham de facto a ser alcançados os objectivos, à primeira vista extraordinariamente ambiciosos, de redução em 25% do total dos

---

[4] Sobre o SCM, tal como foi elaborado na Holanda, v. esp. Nijsen, André, Information Obligations in the Dutch Constitutional State. Strategic Study B0001, EIM, Zoetermeer 2000; – Meten van informatienalevingskosten. Verborgen kosten van regelgeving bit het bedrijfsleven. Strategische Verkenning B200203, EIM, Zoetermeer september 2002; . and Nico Vellinga, MISTRAL, A Model to Measure the Administrative Burden, Research Report H200110, EIM, Zoetermeer, march 2002; Meten is Weten. Handleiding van administratieve lasten voor het bedrijfsleven, Interdepartementale Projectdirectie Administratieve Lasten, Den Haag, December 2003; outra lit. e informação periódica no site do Governo holandês www.administratievelasten.nl.
[5] What are the advantages of using the Standard Model?, no site do Governo holandês cit..

ESTUDOS EM HOMENAGEM A MIGUEL GALVÃO TELES

encargos nos primeiros quatro anos dos respectivos programas, com um efeito de crescimento do PIB não inferior a 1,5% no médio/longo prazo; da mesma ordem de grandeza é o objectivo fixado pelo Governo inglês (em certos pormenores ainda mais exigente, dada a dimensão da economia e algumas ampliações do âmbito do programa) [6]. E note-se que se trata de três das economias mais desreguladas da OCDE, o que torna estas estimativas ainda mais surpreendentes.

4. A filosofia do SCM assenta no diagnóstico de que para tornar possível uma *acção sistemática* e *à escala global do Estado*, com o fim de reduzir os custos de regulamentação das empresas (e depois – o que a experiência tem demonstrado ser ainda mais difícil – manter, ano por ano, os efeitos líquidos de contenção, face aos novos encargos que a actividade regulamentar inevitavelmente continuará a produzir), é necessário assegurar um conjunto de parâmetros metodológicos que os muitos planos de desburocratização e desregulamentação até agora ensaiados não têm sido capazes de satisfazer. Entre os que a literatura sublinha como mais importantes contam-se os seguintes:

a) O modelo deve ir muito além dos níveis de desagregação que têm sido habituais nos planos de desregulamentação e desburocratização, que tendem a adoptar como unidades de análise os sectores funcionais da máquina do Estado, as áreas de regulamentação, ou ainda grupos de empresas definidos por ramos de actividade económica ou por volume de negócios ou outros atributos de dimensão: em contraste com essas metodologias muito compactas, é preciso desagregar até aos *componentes mínimos* tanto a análise das normas como a dos procedimentos das empresas e dos custos gerados por estes, de modo a poder determinar *nexos de causa-efeito precisos e individualizados* entre os elementos da regulamentação e os custos a que dão origem;

b) O modelo deve *isolar rigorosamente* a identificação e quantificação dos encargos de todas e quaisquer *questões de valoração e justificação das normas*: esta neutralidade total do ponto de vista da *policy* permitirá escapar às dificuldades de harmonização de pontos de vista sobre o que caso por caso seja mais importante, ou prioritário, e muito especialmente eliminar os obstáculos que resultam de razões menos confessáveis de defesa de territórios burocráticos ou de privilégios orçamentais;

---

[6] Sobre os efeitos induzidos da redução de encargos administrativos, v. esp. Paul Tang and Gerard Verweij, Reducing the administrative burdens in the European Union, CPB-Netherlands Bureau for Economic Policy Analysis, 2004; estes AA. calculam que para a UE-25 uma redução de ¼ dos encargos, como a programada na Holanda, produziria 1,4% de crescimento do PIB europeu e 1,6% de aumento da eficiência do trabalho (com *spillovers* de R&D, o crescimento do PIB seria 1,7%). Para a Dinamarca, estudos análogos prevêem um crescimento de 1,4% do PIB.

c) Os custos considerados devem ser *objectivos e facilmente mensuráveis*, segundo parâmetros perfeitamente *estandardizados*, de modo a garantir dados robustos, comparáveis e imunes a manipulações;

d) O modelo deve ser capaz de suportar não só a medição *ex post* de encargos resultantes das normas já em aplicação, mas também *avaliações precisas, ex ante, dos efeitos previsíveis* de propostas de leis e regulamentos e de soluções alternativas;

e) O modelo deve ter uma *estrutura aberta*, que permita revisões e melhoramentos, e deve assegurar sem descontinuidades tanto a medição do *stock* como a das novas regulamentações;

f) O modelo deve possibilitar a definição de *objectivos bem definidos* de redução de encargos e o conhecimento preciso, a todo o tempo, dos *resultados realmente produzidos* na execução dos programas.

O objectivo metodológico mais ambicioso é naturalmente o primeiro, que postula a *desagregação total dos encargos e dos custos,* até às unidades mínimas que seja possível identificar e quantificar. O modelo pretende nada mais nada menos do que assegurar rotineiramente que se fique a saber, *não* os custos agregados de complexos de regulamentação, por tipos de empresas ou por sectores da actividade económica – que tantas vezes têm sido estimados, com maior ou menor rigor – mas os custos de *cada um* dos múltiplos e variados actos e procedimentos administrativos que as empresas têm de executar para coligir, processar, transferir etc. as informações requeridas por *cada um* dos deveres/ónus de informação que lhes são impostos por *cada uma* das normas ou partes de normas em que se possa decompor *cada um* dos textos de lei ou de regulamento. Pretende portanto que se fique a saber, com o máximo de precisão e de minúcia possíveis,

- *que* norma ou parte de norma,
- *de que* lei ou regulamento
- *da responsabilidade de que* órgão/serviço legislativo/executivo),

determina

- *para que* empresa/tipo de empresa
- *que* dever/ónus de informação,
- *com que* dados de informação,
- coligidos estes *mediante que* actos/actividades administrativas,
- *a que* custo.

São imediatamente evidentes as imensas possibilidades de intervenção e controlo que a transparência criada com a realização deste programa – mesmo em casos (que os tem de haver sempre) de *performance* não-óptima ou apenas mediana

ESTUDOS EM HOMENAGEM A MIGUEL GALVÃO TELES

– facultaria a uma acção política determinada, nesta zona até agora tão obscura da actividade reguladora do Estado.

Entretanto, e além disso – porque se trata de fundamentar racionalmente uma reforma da legislação – o modelo terá de satisfazer igualmente parâmetros específicos da *acção política*: ponto este tão decisivo como a qualidade das análises e cálculos para que possa servir com eficácia um programa que não é um exercício académico, mas uma acção colectiva – e de muito grande envergadura. A utilidade política pressupõe que os critérios de análise e os dados coligidos sejam os relevantes para os fins do programa – todos os relevantes, mas também *só* os relevantes –, de modo que possam vir a fundamentar as medidas de simplificação legislativa de modo claro e convincente. Não pode haver desajustamentos, nem por excesso nem por defeito, entre o *output* do modelo e o *input* de que o programa político necessita para concitar a aprovação e o compromisso de todos os participantes. O excesso não seria menos prejudicial do que o defeito, sobretudo porque desincentivaria a colaboração dos empresários, que seriam os primeiros a detectá-lo e passariam a ver no programa apenas uma – mais uma – de tantas tentativas que redundam em pouco ou nada, e paradoxalmente significam, para as empresas que façam parte das amostras, um novo acréscimo de encargos administrativos e de *annoyance costs*.

Esta definição de critérios metodológicos imprime ao SCM o seu característico aspecto prático, eminentemente *action-oriented*. Os resultados da experiência holandesa e de outros países revelam que a metodologia assegura de facto um alto grau de realização simultânea de todos estes parâmetros, em contraste com os conflitos de atributos que costumam ser a praga oculta, e muitas vezes fatal, de outras metodologias. Daí as múltiplas vantagens que o SCM tem provado poder oferecer, e que explicam a extraordinária proliferação, em apenas três ou quatro anos, de experiências nacionais de recepção do modelo holandês.

I. A experiência holandesa

5. A Holanda é, como se disse, uma das economias mais desregulamentadas da OCDE e da Europa. Tem uma história de desregulamentações sectoriais bem sucedidas (no que faz grupo com os países escandinavos, a Grã-Bretanha e a Irlanda); e tem também, como muitos outros países, uma história de esforços de desburocratização – desde 1975, se não antes – de resultados ora modestos, ora nulos.

Em 1993, durante um dos exercícios periódicos de reflexão sobre os escassos frutos da actividade de sucessivas comissões de desburocratização, surgiu a ideia de desenvolver uma metodologia o mais possível exacta, e ao mesmo tempo de fácil aplicação, para medir os encargos legais das empresas – trabalho que foi encomendado pelo Ministério da Economia a um instituto de investigação económica.

Na sequência de uma primeira avaliação global, o Governo veio a determinar que todos os ministérios elaborassem planos anuais de emagrecimento dos encargos das empresas, sob a coordenação do Ministério das Finanças, fixando como objectivo a redução do agregado em 10% em quatro anos. Os resultados, mais uma vez, não corresponderam às expectativas, embora as providências tomadas não tenham sido inteiramente ineficazes: entre 1994 e 2002, os encargos terão sido reduzidos em 6,5%.

Entretanto, neste período, foi elaborado e passou os primeiros testes um método de medição, denominado *Mistral* (*Meetinstrument Administratieve Lasten*), que permitia coligir dados precisos sobre a natureza, dimensão e origem dos custos burocráticos em todos os sectores e níveis da administração pública, e calcular *ex ante* os efeitos de propostas alternativas. Este método, com alguns enriquecimentos posteriores, é hoje um dos elementos constitutivos do SCM.

O momento decisivo da transição para a metodologia actual ocorreu em 1998, com as recomendações apresentadas ao Governo por uma comissão de perfil empresarial, chefiada por um ex-Presidente da companhia Shell Oil. O principal conselho dado ao Governo foi o de que *atendesse exclusivamente aos custos dos deveres de informação* (relatórios, formulários, dados estatísticos), *abstraindo por completo do conteúdo das regulamentações e dos objetivos de "policy"* – para poder escapar aos problemas atrás referidos [7]. Os aspectos de substância e de valoração relativa não seriam considerados, e ficariam para debate em outros contextos de planeamento; deixando pois de bloquear, como tendia a acontecer nas metodologias anteriores, a fixação de metas quantitativas globais de redução dos encargos. No respeitante à orgânica, a Comissão recomendava que, a par de uma unidade de coordenação interministerial com capacidade de controlo efectivo, fosse criado um conselho *independente* que acompanhasse e avaliasse publicamente a execução, e assistisse com pareceres o Governo e o Parlamento. Estes dois organismos vieram de facto a ser instituídos em 2000, ano em que o programa teve o seu início formal.

Um inventário nacional dos encargos das empresas

6. A primeira fase do programa consistiu em levar a cabo um *inventário de âmbito nacional* com a medição de *todos* os encargos administrativos decorrentes da regulamentação em vigor, e que passaria a servir de *baseline* para a sequência.

O cálculo desta *baseline*, chamado na terminologia do programa *zero-based measurement*, foi feito por ministérios. Foi determinado o valor dos encargos decorrentes de *todas e cada uma* das normas que compunham a regulamentação da esfera de competência de cada ministério, à data em número de dez. O *zero-base measurement* indicou que o valor total dos encargos criados às empresas pela regulamentação

---

[7] Cfr. supra nº 4 a).

em vigor na Holanda em 31 de Dezembro de 2002 era 16,3 biliões (mil milhões) de euros – o equivalente a 3,6% do produto interno bruto.

O quadro seguinte apresenta os valores apurados para a regulamentação correspondente a cada ministério:

Total dos encargos por Ministérios em 2002

Ministério	Encargos (bil. E)
Finanças	4325
Saúde, Bem-estar e Desporto	3181
Assuntos Sociais e Emprego	2533
Justiça	2500
Habitação, Ordenamento Territorial e Ambiente	1714
Transportes, Obras Públicas e Gestão da Água	917
Economia	672
Agricultura, Natureza e Qualidade Alimentar	430
Instrução Pública e Ciência	18
Interior	17
Total	16360

Quadro 1 [8]

Estes números – vale a pena repeti-lo, porque se não fosse assim não se justificaria o tempo perdido com o assunto – não resultam de cálculos do valor agregado de complexos de regulamentação, por sector de actividade, mas do cálculo do custo, *norma por norma, procedimento por procedimento*, de cada um dos *information chunks* em que se resolve *cada um* dos requisitos legais e regulamentares impostos à empresas. Os gestores do programa garantem que podem dar resposta cabal a perguntas como, por exemplo, *"quanto custa às empresas que produzem parafusos de cabeça decorativa de ligas de cobre-níquel não sujeitas a regulamentação comunitária, que têm menos de 10 empregados e turnover inferior a X milhões euros/ ano, e que não exportam, a parte final da alínea a), terceiro travessão, do nº 2 do art. 65º do regulamento 30/97 do Ministério M sobre segurança dos equipamentos de utilização doméstica, relativa ao formulário Z-3 a preencher por ocasião das inspecções periódicas do*

---

[8] Fonte: Cabinet Letter de 2005 cit., 10. As informações da sequência, incluindo os quadros, são extraídos desta e da Cabinet Letter de 2004, podendo encontrar-se também na generalidade da literatura que informa sobre o modelo holandês.

produto no local do fabrico ?" Tal é o pormenor de análise e de cálculo de custos a que o modelo pretende chegar.

Que seja possível fazer isto para todas as leis e regulamentos em vigor num país como a Holanda (ou a Dinamarca, ou o Reino Unido, ou qualquer outro país europeu), em meia dúzia de meses, e por três milhões de euros – é o que há de surpreendente, e à primeira vista inverosímil, nos resultados das experiências de aplicação do SCM.

O ponto essencial: imputação de causalidade/responsabilidade

7. Com níveis de desagregação desta ordem, passa a ser possível dar resposta à questão que verdadeiramente decide da possibilidade de intervir eficazmente nos custos: a da *imputação de causalidade/responsabilidade*. Como sublinha um folheto da Bertelsmann Stiftung, que tem propagado o SCM na Alemanha, *"partir dos deveres de informação não tem só a vantagem de obter de maneira eficiente dados consideravelmente precisos: permite, além disso, imputar responsabilidades"*. Enquanto os estudos de custos baseados em inquéritos fornecem apenas visões de conjunto, de que não é fácil (se de todo for possível) extrair conclusões acerca de causas específicas, o ponto de partida do SCM possibilita tanto diagnósticos de carga global como imputações directas de responsabilidade pelos custos. Constitui-se deste modo "a transparência que permite uma definição clara de objectivos e que estimula a atenção e o empenhamento dos participantes, condições necessárias para a aplicação pronta e consequente dos programas".

Assim, por exemplo, o *zero-based measurement* de 2002 permitiu verificar que nesse ano *mais de metade dos encargos administrativos* impostos pela regulamentação nacional (abstraindo, pois, das leis e regulamentos comunitários) eram criados por *apenas 60 deveres/ónus de informação*, impostos por *apenas 10 leis*. Todos os outros encargos de informação tinham efeitos de custo comparativamente diminutos – menos de 1 milhão de euros à escala total da economia. E a esta concentração num pequeno número de leis correspondia concentração paralela em alguns ministérios: os Ministérios das Finanças, da Saúde, do Bem-Estar e Desporto, dos Assuntos Sociais e Emprego e da Justiça respondiam por mais de ¾ do total. O quadro 2 indica os custos agregados dessas leis, os ministérios a que respeitavam e os deveres/ónus de informação que eram a causa principal dos custos:

Leis com maiores encargos (2002)

Legislação[9]	Ministério	Encargos (bil.E)	Deveres/ónus de informação
Annual Accounts Act	Justiça	1,5	Elaboração de contas anuais e fornecimento da informação resultante
Turnover Tax Act	Finanças	1,4	Lançamento dos valores de IVA em facturas, reembolsos e pagamentos à Admin. Fiscal
Commodities Act	Saúde	1,2	Qualidade e segurança de produtos, incluindo etiquetagem e empacotamento
Environmental Mangmt Act	Ambiente	1,0	Autorizações, informações obrigatórias
Wages and Salaries Tax Act	Finanças	0,7	Gestão de salários e pagamento do imposto sobre os salários
Compulsory Health Insurance Act	Saúde	0,7	Declarações obrigatórias para financiamento do tratamento médico de empregados
Social Security (Coordination) Act	Assuntos Sociais	0,6	Gestão de salários e pagamento de prémios de seguros do trabalho (incluindo seguros de invalidez e de desemprego)
Income Tax Act	Finanças	0,6	Processar reembolsos de imposto sobre o rendimento
Prices Act	Economia	0,5	Afixação obrigatória de preços
Working Conditions Act	Assuntos Sociais	0,5	Informação dos empregados; inventários de risco, incluindo planos de ação para riscos nas condições de trabalho
Total		8,7	

Quadro 2

Com este levantamento inicial dos custos totais da regulamentação de uma economia nacional – sem precedente em país algum, nem sequer nos E.U.A., onde até agora não se foi além da medição de encargos de certas leis ou certos conjuntos de leis – ficaram disponíveis dados de referência que servirão para quantificar adequadamente os efeitos de propostas de redução dos encargos e terão também grande utilidade na descoberta de alternativas para leis e regulamentos em projecto.

---

[9] Traduzir o título das leis sem conhecimento directo do conteúdo é imprudente; preferimos por isso reproduzir a tradução em inglês que consta das fontes holandesas.

O planeamento da redução dos encargos

8. Concluído o inventário-base, a segunda fase do programa pôde começar, com a aprovação pelo Governo, em 2003, de um plano que tem por objectivo *reduzir em 25% o valor total dos encargos administrativos das empresas até ao fim de 2007*.

Foram identificadas as áreas de regulamentação em que podiam ser feitos melhoramentos imediatos, o que se traduziu na aprovação de 160 medidas, com o efeito esperado de reduzir o *stock* dos encargos em 18% – quase 3 biliões de euros. Em certas áreas, a redução esperada é bem superior: assim, por exemplo, prevê-se redução de 30% na área da supervisão financeira, com medidas como a simplificação dos fluxos de informação entre bancos comerciais e autoridades públicas e o uso mais racional dos dados já existentes no serviço nacional de estatística.

Parte do plano encontra-se já executado, com economia efectiva, até Maio de 2005, de 1,3 biliões de euros. Entretanto, em 2004 o "pacote" de medidas imediatas foi expandido para o total de 190, para levar a redução ao objectivo último de 25% no quadriénio, com o valor estimado de 4 biliões de euros.

O quadro 3 representa o faseamento programado para cada um dos quatro anos de execução do plano. A aceleração nos últimos anos resulta do diferimento de muitas medidas que exigem mais longa preparação, e cuja entrada em vigor se acumula no fim do quadriénio.

Programação da redução líquida de encargos por anos

Em percentagem (2002=100)

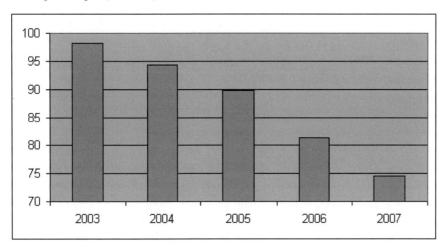

Em valores absolutos 0,3 0,9 1,7 3,0 4,1
(Biliões euros)

Quadro 3

ESTUDOS EM HOMENAGEM A MIGUEL GALVÃO TELES

Estes objectivos anuais são decompostos em sub-objectivos para cada ministério. Os sub-objectivos traduzem-se em *net burden ceilings*, tectos líquidos que terão de ser mantidos em absoluto no ano a que dizem respeito, o que significa que todos os aumentos que ocorram terão de ser compensados – no âmbito do mesmo ministério e não por agregações de contas com outros departamentos – por reduções de dimensão suficiente para que o total dos encargos não ultrapasse o limite. Sublinhe-se esta característica do programa, que tem importância crucial na prática. A estruturação e a execução do programa têm como unidade de referência o ministério: *ficam pois excluídos os trade-offs entre departamentos,* que naturalmente levariam, ao fim de pouco tempo, a uma completa perda de visibilidade e controlo dos resultados efectivamente alcançados.

A firmeza da programação transparece bem dos tectos fixados para o período 2005 a 2007:

Net burden ceilings por ministérios/anos (milhões de euros)

	2005	2006	2007
Finanças	3627	3433	3385
Saúde, Bem-estar e Desporto	3106	2613	2528
Assuntos Sociais e Emprego	2138	2004	1900
Justiça	2434	2024	1579
Habitação, Ordenamento Territorial e Ambiente	1576	1563	1209
Transportes, Obras Públicas e Gestão da Água	765	700	644
Economia	635	553	553
Agricultura, Natureza e Qualidade Alimentar	322	322	322
Instrução Pública e Ciência	18	18	13
Interior	36	35	30

Quadro 5

Para avaliar devidamente o significado real da fixação destes tectos, é preciso ter em conta que neles se encontram já contabilizados alguns importantes *aumentos de encargos* que se sabia viriam a resultar, no período considerado, tanto da transposição de directrizes comunitárias (*v.g.* sobre segurança de produtos, direitos de poluição negociáveis, política europeia de substâncias químicas) como de um somatório apreciável de novas leis nacionais em matérias como pensões, defesa dos consumidores, energia, telecomunicações, correios e instalação de redes de cabos e de canalizações. Não menos digno de atenção é o facto de o total das reduções previstas como efeito das providências tomadas *exceder* o objectivo dos 25%, deixando pois uma margem de segurança para lidar com incrementos inesperados ou falhanços sectoriais. Com essa margem de segurança e outras medidas em estudo, o Governo holandês afirmava-se optimista quanto à possibilidade de obter, no fim de contas, resultados ainda melhores do que os 25% programados.

O quadro seguinte regista os efeitos de redução alcançados em 2003 e 2004 e os tectos definidos para o período 2005 a 2007:

Reduções líquidas realizadas/previstas por ministérios/anos (milhões de euros)

Ministério	2003	2004	2005[10]	2006	2007	Resultado final (2002=100)
Finanças	128	397	698	892	940	22%
Saúde, Bem-estar e Desporto	33	50	75	568	653	21%
Assuntos Sociais e Emprego	42	233	395	529	633	25%
Justiça	58	60	66	476	921	37%
Habitação, Ord. Territ. e Ambiente	7	49	138	151	505	29%
Transp., Ob. Púb. e Gestão da Água	10	50	152	217	273	30%
Economia	7	27	37	119	119	18%
Agricult., Natureza e Qual. Alimentar	36	82	108	108	108	25%
Instrução Pública e Ciência	0	0	0	0	5	28%
Interior	-20	-20	-19	-18	-13	-76%
Total acumulado	300	927	1650	3042	4144	25%

Quadro 6

9. A responsabilidade pela execução do programa cabe em princípio aos Ministérios, que estão obrigados a apresentar ao Parlamento planos anuais de redução dos encargos nas respectivas esferas de competência. No Ministério das Finanças existe uma unidade de coordenação em que estão representados todos os Ministérios. Para acompanhar o processo de modo independente, como recomendara a Comissão de 1998, foi criado um Conselho Consultivo, que emite parecer público sobre os planos anuais dos Ministérios e, além disso, avalia todas as propostas legislativas susceptíveis de criarem encargos administrativos para as empresas,

[10] Os dados disponíveis em Junho de 2006 indiciavam que o objectivo de 2005 teria sido realizado, pelo menos aproximadamente.

ESTUDOS EM HOMENAGEM A MIGUEL GALVÃO TELES

verificando os cálculos feitos *ex ante* pelos departamentos que as preparam. As propostas legislativas que entram no Parlamento são sempre acompanhadas dessa avaliação independente.

Em 2007, proceder-se-á a novo *zero-base measurement*, que servirá de referência para programas subsequentes. O Governo holandês dedica agora especial atenção às possibilidades de reduzir também alguns dos encargos associados à *legislação comunitária*, matéria de coordenação crescente entre vários países da União, e destes com os serviços de Bruxelas.

Efeitos de crescimento do PIB

10. Segundo estimativas do instituto holandês de análise e política económica, a redução dos encargos administrativos das empresas em 25%, objectivo do programa, produzirá a longo prazo um crescimento de 1,5% do PIB e de 1,7% da produtividade do trabalho. Os resultados a longo prazo serão superiores aos iniciais, devido à deslocação de recursos para investimento adicional. A deslocação de recursos para a investigação e desenvolvimento poderá até induzir efeitos superiores aos estimados. Um dos aspectos mais importantes da evolução prevista é "a libertação para os sectores produtivos, pelo emagrecimento da burocracia, de 24.000 pessoas anteriormente ocupadas no sector público: o que por sua vez contribuirá também para melhorar a qualidade e a produtividade dos próprios serviços públicos. Além disso, com a redução da burocracia os empregadores poderão responder mais rapidamente à flutuação das situações de mercado, facilitando as retomas do crescimento"[11].

II. A metodologia SCM

11. É um tanto temerário pretender fazer aqui descrição da metodologia do SCM e da sua aplicação, ainda que só limitada a alguns dos seus pontos principais; mas arriscaremos, no propósito de conferir a este texto um mínimo de auto-suficiência como elemento de informação.

1. Os conceitos de "information obligation" e "administrative burden"

12. Os manuais do SCM definem os *administrative burdens* como todos os custos que decorrem de *information obligations* impostas às empresas nas relações com autoridades públicas.

O conceito de *information obligation* abrange todos os actos e actividades que consistem em *prestar informações* às autoridades – isto é, em transferir informação mediante mensagens específicas (carta, formulário, suporte digital, correio electrónico, etc.) – ou em pô-la à disposição das autoridades por qualquer outro

---

[11] V. lit. cit. supra, nota 4.

916

JOSÉ ANTÓNIO VELOSO

modo – por exemplo conservando-a em documentos e registos que serão facultados quando as autoridades o desejarem, ou franqueando a inspectores as instalações, os equipamentos e os arquivos da empresa, ou cedendo amostras de produtos para testes de segurança ou de qualidade, ou submetendo-se a auditorias e cooperando com os auditores. Além desses actos e actividades de prestação de informações, o conceito abrange, sem quaisquer limites, todos os outros actos e actividades de recolha, registo, processamento, transferência, etc., de dados *que sejam meio necessário para poder praticar utilmente* os primeiros. São exemplos de *information obligations*

> "... corporate tax returns, drawing up and registering annual accounts, applying for permits, general obligations to retain business records, provision of information on sick employees to working conditions services, annual statements of employee insurance to social security bodies, on-site control of employee permits".

Em princípio, é indiferente que cada um dos actos considerados seja, em si mesmo, objecto de um *dever* no sentido jurídico estrito, ou constitua apenas matéria daquilo a que os juristas chamam *ónus*, isto é, uma condição de vantagens ou benefícios de livre escolha – por exemplo subsídios ou isenções fiscais[12]. O termo *obligation* tem aqui o sentido lato de requisito, exigência, encargo, com que é usado na linguagem quotidiana, quando se diz que quem quiser um benefício de livre escolha "tem de", "deve", "é obrigado a" preencher um formulário, obter certas informações, consultar um funcionário público, pagar uma taxa.

É também indiferente que os actos de informação sejam regulados enquanto tais de modo explícito e autónomo, ou meramente inferidos como meios necessários para satisfazer os deveres/ónus explicitamente regulados; e do mesmo modo não importa que os deveres/ónus regulados explicitamente tenham por objecto, em vez de informações, actos e actividades de qualquer outra natureza: por exemplo, pagar um imposto, ou prestar um serviço, ou adquirir e instalar, numa fábrica ou num edifício, determinado equipamento obrigatório, ou vacinar animais, ou receber um subsídio. Ainda que não incidam, em si mesmos, sobre actos de informação, todos os deveres e ónus implicam algum fluxo de informações. Para pagar o IVA de certo período ou de certa operação, por exemplo, é preciso que a autoridade fiscal fique a saber a que período e a que operação se reporta o pagamento; e antes disso, muitas outras actividades terão de ser executadas para criar e processar a informação relevante – tal como outras se seguirão ao cumprimento, no mínimo para conservação de prova, e possivelmente também

---

[12] A doutrina do Direito civil distingue ainda entre condições substantivas ou *encargos*, e condições processuais, ou *ónus* em sentido estrito: sobre estes conceitos v. António Menezes Cordeiro, Tratado de Direito Civil. Parte Geral I, Coimbra 1999, § 44.

para correcção de erros, reclamações, etc. Os custos das actividades que satisfaçam deveres ou ónus cujo objecto específico não sejam informações (v.g., aquisição e instalação de equipamentos obrigatórios) não contam como *administrative burdens*, mas são *administrative burdens* os custos de todos os actos e actividades de informação necessários para poder satisfazer esses deveres e esses ónus.

13. Todos os custos assim definidos são considerados qualitativamente no SCM. Na quantificação, porém, pretende-se ir mais longe, e seleccionar ainda uma parte desse conjunto como objecto próprio dos programas de simplificação de leis e regulamentos.

Com efeito, nem todos os custos gerados por requisitos legais de recolha e processamento de informação desapareceriam realmente se as normas que os prevêem fossem abolidas. Muitas dessas actividades continuariam a existir, independentemente da revogação dos deveres e ónus legais, porque são pura e simplesmente necessárias à actividade normal da empresa, nas condições do tempo e do lugar. É preciso portanto distinguir ainda entre os procedimentos de recolha e tratamento de informação *que as empresas só executam porque são requeridos pelas leis e regulamentos* – e que deixariam de executar se as normas correspondentes fossem revogadas – e os procedimentos *que continuariam a existir, com os concomitantes custos, por serem necessários à actividade normal da empresa.* A um programa político de redução dos custos empresariais pela via da reforma da regulamentação não interessam, ou não interessam primariamente, todos os custos administrativos, mas sim e só a parte deles que seja de facto sensível a uma revogação das normas que os determinam.

O quadro 7 representa este critério de delimitação adicional:

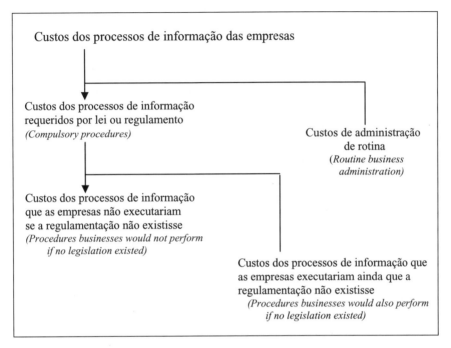

Quadro 7 [13]

Os *administrative burdens* ou "encargos administrativos" de que o SCM se ocupa não são portanto todos os custos administrativos, nem todos os custos administrativos de observância de normas, nem sequer a parte destes que tem origem em actividades de informação determinadas por normas jurídicas: são só os custos das actividades de *informação* que se prevê não seriam executadas pelas empresas *se* não existissem essas normas. É aos custos decorrentes de actividades de informação (recolha, processamento, transferência, etc.) requeridas por lei ou regulamento, mas *ceteris paribus* desnecessárias à vida normal das empresas que se dá a designação – em boa verdade assaz opaca – *administrative burdens* ou "encargos administrativos" [14]. O critério é essencialmente pragmático, não conceptual (no

---

[13] Adaptado de A. Nijsen and N. Vellinga, Mistra: A Model to Measure the Administrative Burden of Businesses, EIM: Zootermeer 2002, 10. O termo "compulsory" abrange aqui tudo o que seja *information obligation* no sentido que já vimos, e portanto também os ónus. Em literatura mais recente, o termo é reservado para as normas de dever propriamente dito.

[14] Seria desejável encontrar termo que marcasse mais intuitivamente a distinção entre os custos administrativos e os chamados "encargos". Expressões como *sobre*cargas, *sobre*custos, ou até

ESTUDOS EM HOMENAGEM A MIGUEL GALVÃO TELES

sentido de que tivesse fundamento em uma qualquer teoria económica ou contabilística dos custos empresariais): o que está em causa é determinar o alvo de um programa de purga legislativa capaz de produzir resultados imediatos, ou quase imediatos, e segundo nexos de causa-efeito individualmente determináveis, nos custos suportados pelas empresas [15].

A desnecessidade, *ceteris paribus*, dos procedimentos de recolha e tratamento de informação, com a concomitante previsão de que se não manteriam se os requisitos legais fossem abolidos, é avaliada à luz de um padrão razoável e aceite de normalidade empresarial. De todas as convenções básicas do modelo, esta é a que apresenta maior grau de subjectividade, mas o SCM permite explicitar exaustivamente todas as estipulações adicionais que sejam introduzidas para resolver dúvidas, e nada mais é preciso para assegurar o rigor dos resultados para o universo que delas resulte.

14. As relações quantitativas entre as grandes classes em que se decompõem os custos administrativos das empresas têm sido estudadas para as economias mais desenvolvidas. No que toca ao peso relativo dos custos de observância no total dos custos administrativos, os resultados convergem para uma relação 40%:60% entre os custos de observância e os custos dos procedimentos de administração que não são determinados por requisitos de leis e regulamentos. A metodologia holandesa permitiu acrescentar a estes dados uma indicação importante acerca do peso relativo dos custos de deveres/ónus de informação no conjunto dos custos administrativos de observância[16]. A percentagem daqueles (sempre com a res-

---

imposições teriam talvez vantagem. Outra possibilidade seria designar os "encargos" como custos administrativos *legais*, e os restantes custos administrativos, pois que necessários à actividade das empresas independentemente das normas jurídicas, como custos administrativos *naturais*. Mas haveria risco de confusão para os custos de procedimentos administrativos que tenham ambos os atributos – o de serem regulados e o de serem *ceteris paribus* necessários à actividade empresarial, e portanto insensíveis à revogação das normas. Outros equívocos poderiam resultar do facto de "custos legais" ser termo já cativo, para os custos judiciários e de documentação pública. A questão da terminologia, no entanto, acaba por ser ociosa: é fácil prever que, como costuma acontecer, se imponha entre nós sem resistência possível a tradução literal. E, neste caso, nem será provavelmente a pior ideia.

[15] Outras actividades e outros custos poderão ser sensíveis – e são-no de facto – a mudanças da regulamentação, mas com efeitos difusos e não imediatos. Os resultados a curto prazo e o conhecimento do nexo de causa-efeito com um elemento precisamente determinado da regulamentação são, como se disse supra (supra, nº 4), objectivos metodológicos fundamentais do SCM e dos programas de redução de custos que o utilizam.

[16] Os nossos economistas costumam traduzir *compliance costs* por *custos de cumprimento*; se preferimos traduzir por *custos de observância*, não é por capricho de gosto pessoal, mas para evitar a repetição de consonâncias irritantes em contextos de uso em que aparece constantemente, a seguir a "custos de cumprimento", a palavra "regulamento". Em vez de "custos de cumprimento do regulamento" teremos assim "custos de observância do regulamento", o que soa muito melhor.

trição: procedimentos *ceteris paribus* desnecessários à actividade das empresas) é 60%, e a dos outros custos 40%. Isto sugere que *os custos que são sensíveis, de modo imediato, a alterações regulamentares andam por 1/4 dos custos de* compliance *totais*. É uma fracção muito significativa, e que explica plenamente não só os valores que vêm sendo calculados para o agregado dos encargos administrativos das empresas de uma economia, mas também os efeitos globais de crescimento e produtividade que são atribuídos aos programas em curso na Holanda e em outros países.

O quadro 8, que reproduz uma análise comum na literatura do SCM, ilustra a posição dos encargos no conjunto dos custos de observância administrativos e a posição destes no universo dos custos de observância:

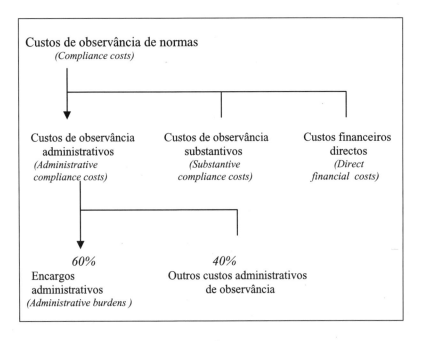

Quadro 8

O quadro seguinte, também reproduzido da literatura corrente, apresenta uma classificação dos custos administrativos das empresas e mostra a parte que neles têm os custos administrativos de observância, em que se incluem os encargos de que se ocupa o SCM:

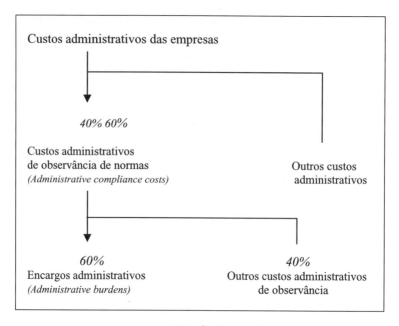

Quadro 9

A este respeito, terá cabimento ainda uma observação mais. Poder-se-ia estranhar que se não dê importância, ou pareça não se dar, às obrigações legais que incidem sobre processos administrativos que, por serem *ceteris paribus* necessários a uma actividade empresarial eficiente, sempre seriam executados pelas empresas, ainda que a obrigação legal não existisse. Não deveria o programa considerar também essas normas, que afinal se revelam como supérfluas?

Muito haveria a dizer sobre este assunto, e nem todos os argumentos seriam desprovidos de interesse económico: pois que a supressão de uma norma jurídica que desnecessariamente regule um procedimento que na sua ausência se manterá, com os respectivos custos, pode por si só acarretar redução de outros custos – v.g. custos de conhecimento, de incerteza, de litigação, do lado das empresas; custos de inspecção, do lado das autoridades. (Por isso mesmo sempre se preferiu, nas regulamentações, o simples ao complexo, e o conciso ao prolixo e redundante: e esses custos menos tangíveis têm sido bem estudados na análise económica da regulamentação). Mas compreende-se que haja aqui uma divisão de trabalho, e que se trate como matéria à parte, e de intervenção prioritária, esses custos que são exclusivamente determinados pelas normas jurídicas. Para eles se põe com maior acuidade a questão de saber se as razões e os benefícios que determinaram, na origem, a imposição legal dos procedimentos continuam a subsistir no momento presente, e se, subsistindo, compensarão ainda os efeitos negativos que tenham na competitividade e no crescimento económico: e sabe-se como a resposta a estas duas perguntas, na economia actual, muda muitas vezes de sentido num curtíssimo intervalo de tempo. Acresce que os benefícios de redução de custos que se obterão sempre que for possível fazer uma purga legislativa neste campo serão muito maiores e mais quantificáveis do que os que decorram da eliminação de outras normas. Justifica-se pois a enfatização dos *administrative burdens* relativamente a todos os demais custos de administrativos de observância, e a sua escolha como alvo específico de uma política e de uma metodologia de intervenção.

2. Alguns aspectos da metodologia

15. O modelo holandês, como já se disse, distingue-se de outros ensaios de avaliação de *regulatory costs* sobretudo por determinar em pormenor as relações entre as actividades das empresas e cada uma das normas ou elementos das normas que compõem uma regulamentação, e de que decorrem os encargos de informação e correspondentes *data requirements*. Os métodos de amostragem, de inquérito e consulta de campo, de validação de resultados, etc. não se distinguem essencialmente dos de quaisquer outros modelos com finalidades semelhantes [17]; os aspectos verdadeiramente característicos manifestam-se na combinação das análises dos encargos de informação, dos *data requirements* em que estas se decompõem, e das actividades administrativas necessárias. Por isso, quem pretenda resumir, em poucas palavras, o que o modelo tem de específico, sublinhará de preferência essas componentes do modelo:

- *a)* a metodologia de "segmentação"das normas relevantes nos seus elementos constitutivos mínimos, que são as *information obligations*;
- *b)* a metodologia de análise dos *dados de informação requeridos* para satisfazer cada uma das *information obligations* em que a regulamentação foi segmentada;
- *c)* a metodologia de identificação e cálculo de custos de cada uma das *actividades administrativas* que as empresas têm de executar para coligir e processar a informação requerida.

O outro elemento do modelo que deve necessariamente ser referido numa notícia, ainda que tão breve como esta, é o modo como se calculam os custos dos actos/actividades exigidos para a satisfação de deveres/ónus de informação.

A análise da regulamentação, a decomposição das *information obligations* em *data requirements* e a identificação das actividades administrativas constituem apenas parte do *desk work* preparatório do SCM. A tabela seguinte, extraída do guião

---

[17] Excepto – mas é excepção importante – na influência que exerce a legislação cujos custos devem ser quantificados: v. infra, b).

ESTUDOS EM HOMENAGEM A MIGUEL GALVÃO TELES

de um manual, dá ideia mais precisa do conjunto das operações de aplicação do modelo:

Phase 0: Start-up
The business-related regulation to be included in the analysis is identified before the preparatory analysis is started. In the case of large analyses, initial meetings of the departments, the central coordinating unit, consultants and key stakeholders are held.

Phase 1: Preparatory analysis
Step 1. Identification of information obligations, data requirements and administrative activities and classification by origin
   2. Identification and demarcation of related regulations
   3. Classification of information obligations by type (optional step)
   4. Identification of relevant business segments
   5. Identification of population, rate and frequency
   6. Business interviews versus expert assessment
   7. Identification of relevant cost parameters
   8. Preparation of interview guide
   9. Expert review of steps 1-8

Phase 2: Time and cost data capture and standardisation
Step 10. Selection of typical businesses for interview
   11. Business interviews
   12. Completion ad standardisation of time and resource estimates for each segment by activity
   13. Expert reviews of steps 10-12

Phase 3: Calculation, data submission and reports
Step 14. Extrapolation of validated data to national level
   15. Reporting and transfer to database.

Quadro 10

Como se vê, nesta programação, os trabalhos preliminares que descrevemos são apenas o passo 1 da fase 1. Mas a qualidade dos resultados desses trabalhos decide de tudo o mais.

a) A análise dos requisitos legais de informação e das actividades administrativas
16. A primeira operação do modelo, depois da escolha da *piece of regulation* cujos efeitos de custo se pretenda determinar, consiste na análise dessa regulamentação, a fim de identificar de modo preciso e exaustivo os encargos de informação que impõe às empresas.

Consideram-se, como tivemos já oportunidade de sublinhar, não apenas os deveres/ónus de transferir informações para entidades externas, mas também os de manter na empresa registos susceptíveis de consulta, rotinas de cooperação com inspecções, etc.

Para auxiliar esta operação, foram elaboradas listas de tipos de deveres/ónus de informação que ocorrem com especial frequência. Reproduzimos uma dessas listas:

924

Information obligations

> *Returns and reports*
> returning and reporting information, e.g. tax deducted from income at source
> *Applications for permissions for or exemption from...*
> e.g., application for a licence to sell spirits
> *Applications for authorization*
> e.g. authorization as a sewer contractor
> *Notification of activities*
> to notify the authorities of specific activities, e.g. the transportation of dangerous cargo
> *Entry in a register*
> e.g. entry in the business register
> *Applications for subsidies or grants*
> e.g. a subsidy for job training
> *Keeping commercial emergency plans and programmes updated*
> manuals and emergency plans, for example
> *Cooperating with audits/inspections*
> inspections and auditing work, visits in connection with enforcement of a regulation
> *Statutory labelling for the sake of third parties*
> labelling products or instalations with consumer information, e.g. energy labelling of domestic appliances
> *Providing statutory information for third parties* (as distinct from labelling)
> e.g. a financial prospectus to accompany investment products
> *Framing complaints or appeals*
> This relates to submitting complaints about and (possibly later) appealing against a decision made by the authorities. This information obligation should only be analysed if it is characteristic of a normally efficient business to complain in the area in question

Quadro 11

Uma vez concluída esta "segmentação" das disposições legislativas ou regulamentares, fica-se com um inventário exaustivo dos deveres/ónus de informação que delas decorrem para as empresas.

Seguidamente, será necessário identificar os *data requirements* ou *messages* que as empresas terão de coligir, processar, transferir etc. para satisfazerem de modo útil cada um dos deveres/ónus inventariados. O programa dinamarquês tem uma matriz de análise que classifica os *data requirements* ou mensagens em dois grandes grupos: *mensagens-processo* (messages-process) e *mensagens-conteúdo* (messages-content). Este último compreende 7 subcategorias (citamos da versão inglesa oficial):

ESTUDOS EM HOMENAGEM A MIGUEL GALVÃO TELES

Mensagens–conteúdo

---

1. *Business data*

General information that has to be included in the majority of reports: name of the business, address, telephone number, business registry number, etc. Also more specific information arising from the individual reporting obligation: e.g. data about ownership, area, rent.. This category differs from the other subordinate categories in that the information is fixed in the short term.

2. *Production data*

All messages relating to actual production of goods/services in the business: data on volumes produced, discharges or emissions from the business's production and the like.

3. *Personnel data*

All forms of data about the personnel in the business. This includes information on the individual employee: e.g. pay, terms of employment, maternity leave, courses, sick pay. It also includes more general information obligations not directly linked to the individual employee: e.g. Work-place Assessment.

4. *Purchasing*

Messages about input into the business: information on purchasing (whether gainful or not) of goods/services for the business, stock movements and the like. Covers both domestic and foreign purchases.

5. *Sales*

Messages about output from the business: information on sales (whether gainful or not) of goods/services by the business, customers and the like. Covers both domestic and foreign sales.

6. *Product data*

Messages about the product itself, including miscellaneous consumer information. It will often relate to information to be attached to the product itself, e.g. weight, list of contents, statutory warning; also information on the right to complain.

7. *Accounting data*

Data from the accounting system to be used for a report; consist of processed data from the six above categories.

Quadro 12

A classificação das mensagens-processo destina-se a incluir na análise o processo técnico pelo qual se colige e processa a informação requerida, dada a sua influência nos custos. Distinguem-se três subcategorias:

Mensagens-processo

---

1. *Manual process*

This category covers *ad hoc* tasks .... tasks that are performed so rarely that the information has to be constructed each time and therefore produced "manually": for example, an application for a license. Compliance with messages in this category will usually be characterized by high time consumption per transaction.

2. *Partially automated process*

This category covers tasks where up to half the information has already been generated or can be generated relatively easily. This means that some of the information needed to comply with the message can be generated using either information technology tools or systemized administrative processes in the business. Compliance with the message will usually be characterized by both lower time consumption and higher costs of obtaining information than the above category.

3. *Predominantly automated process*

Tasks where more than half the information has already been generated or can be generated relatively easily. This means that some of the information needed to comply with the message can be generated using either information technology tools or systemized administrative processes in the business. Compliance will usually be characterized by both lower time consumption and higher costs of obtaining information than in the two above categories.

Quadro 13

Como resultado destas operações, sabe-se *que* mensagens ou *data requirements* são necessários para satisfazer *que* deveres/ónus de informação.

A tarefa seguinte consistirá em identificar as actividades administrativas que as empresas terão de executar relativamente a cada encargo. A identificação dessas actividades administrativas baseia-se numa matriz estandardizada de 16 actividades, que o quadro 14 reproduz.

Actividades administrativas estandardizadas

1. *Familiarization with the information obligation*
   The resource consumption of business in connection with familiarising themselves with the rules for a given information obligation
2. *Information retrieval*
   Retrieving the relevant figures and information need to comply
3. *Assessment*
   Assessing what figures and information are necessary for the public authorities to accept the report
4. *Calculation*
   Performing the relevant calculations needed for the public authorities to accept the report
5. *Presentation of figures*
   Presenting the calculated figures in tables or the like
6. *Checking*
   Checking the calculated figures, e.g. by reconciliation with other data
7. *Corrections*
   If the business own checks reveal errors in the calculations, corrections are made afterwards
8. *Description*
   Preparation of description, e.g. the directors' report
9. *Settlement/payment*
   Payment of tax, charges or the like
10. *Internal meetings*
    Meetings held internally between the various personnel groups involved in complying with the inf. obligation
11. *External meetings*
    Meetings held in cases where compliance with the information obligation requires meetings with an auditor, lawyer or the like
12. *Inspection by public authorities*
    Businesses must assist external inspectors when they carry out their inspection at the business
13. *Correction result from inspection by public authorities*
    If external inspection identifies fault/defects, corrections are made afterwards
14. *Training, updating on statutory requirements*
    Relevant employees must be kept up to date with rules that change frequently (at least once a year)
15. *Copying, distribution, filing, etc.*
    In some cases the report is copied, distributed and/or filed in order to comply with the information obligation. It may also be necessary to store the information obligation with a view to subsequent production in connection with an inspection.
16. *Reporting/submitting information*
    In cases where compliance with an information obligation requires the submission of information on the business, the information must be sent to the relevant authority

Quadro 14

Os resultados destas análises servirão de base ao trabalho de campo (inquéritos, consultas, etc.) nas empresas seleccionadas como amostra, para apurar os custos das actividades necessárias para dar satisfação a cada requisito legal. No trabalho de campo, o papel da estandardização das actividades administrativas é tanto mais importante quanto mais espaço se deixar à resposta espontânea do

ESTUDOS EM HOMENAGEM A MIGUEL GALVÃO TELES

pessoal das empresas, porque os inquiridos tendem a concentrar a atenção nos aspectos mais salientes ou mais irritantes dos processos de observância, esquecendo o que seja rotineiro ou trivial, como por exemplo o tempo e recursos gastos com o puro e simples acesso ao conhecimento da existência das normas – a "familiarisation with the information obligation" da tabela de actividades —, ou o *information retrieval* interno, ou as consultas preliminares dos registos, ou o arquivamento final. Além de todas as outras razões que a tornam metodologicamente imperativa, a estandardização revela-se muito útil para evitar estes erros subjectivos.

b) O Quick-scan

17. Na aplicação integral do SCM, com todas as operações e fases que constituem a programação *standard* acima reproduzida, são analisadas exaustivamente e em pormenor muito fino todas as leis e todos os regulamentos de uma área de regulamentação (na prática até agora seguida, a área que corresponde a um Ministério). Mas nem sempre é necessário, para obter resultados interessantes e de utilidade imediata para o programa de redução dos encargos, fazer todo esse trabalho. Muitas vezes um procedimento sumário, orientado apenas pelos resultados destas análises preliminares, e sem trabalho de campo, é bastante para identificar as grandes fontes de custos e preparar medidas de redução ainda antes de lançar o processo de medição completa pelo SCM, ou enquanto o processo está a decorrer.

Por este motivo foi desenvolvido um método de prospecção sumária, dito *Quick-scan*, que permite identificar, em cada campo de regulamentação, os elementos que se destacam como principais causadores de encargos. Assim, por exemplo, uma aplicação do Quick-scan mostrou que no Ministério holandês da Agricultura, Natureza e Qualidade Alimentar apenas 9 leis e regulamentos, de um total de 1620, eram responsáveis por 80% dos custos globais dessa área. Foi possível decidir providências imediatas para reduzir esses custos, sem necessidade de esperar pelo levantamento exaustivo de todas os encargos de informação das restantes leis, nem sequer pelo de outros requisitos das mesmas leis que não tivessem sido apreendidos nesse procedimento abreviado.

A diferença principal entre a medição completa pelo SCM e o Quick-scan consiste em que neste se prescinde das operações específicas de recolha de dados, em entrevistas e nas empresas, e se recorre a informações já existentes, nomeadamente dados estatísticos gerais que estejam disponíveis em consequência da actividade normal dos serviços de estatística [18].

---

[18] O Quick-scan é muitas vezes denominado *top-down approach*, e a aplicação integral do SCM *bottom-up approach*, por respectivamente dispensarem e requererem o trabalho de campo. Mas há quem distinga entre o Quick-scan e o *top-down approach* do SCM, e prefira usar esta última

A partir do momento em que se constituam *bases de dados nacionais* que colijam já os resultados da aplicação integral do SCM, será possível recorrer muito mais amplamente a estes procedimentos de prospecção sumária, uma vez que as informações acumuladas passarão a corresponder às necessidades específicas dos programas de redução de encargos administrativos. Todos os planos nacionais de utilização do SCM incluem por isso, como sequência obrigatória, a constituição dessas bases de dados. Além da utilidade que terão como instrumento de prospecções rápidas, na continuação do esforço de reduzir os encargos existentes, elas possibilitarão grandes progressos nas análises *ex ante* dos custos de propostas de leis e regulamentos, e na comparação de alternativas [19].

c) O input jurídico na aplicação do SCM

18. Nem os métodos estatísticos integrados no SCM (que supomos aliás não terem nada de particular), nem os dos trabalhos de inquérito, controlo de dados, etc. (que têm algumas interessantes adaptações) justificam referência neste lugar. Abriremos excepção, no entanto, para um ponto com interesse directo não só para a interpretação dos resultados da medição dos custos, mas também para a compreensão intuitiva da filosofia geral do SCM como instrumento de medição de custos de *leis*.

A selecção das amostras para os inquéritos, consultas e outros quaisquer procedimentos de recolha de dados não se faz, como acontece nos estudos empresariais comuns, segundo critérios puramente estatísticos e económicos. Porque se trata de avaliar custos de leis, a representatividade das amostras tem de ser definida relativamente a partições do universo que resultam, em primeiro lugar, *das próprias leis*, e que podem por isso ser inteiramente divergentes das que seriam escolhidas sob qualquer ponto de vista de teoria económica [20]. A representatividade das

---

designação para variantes do SCM que, embora aligeiradas, ainda contenham componentes da metodologia integral – entre elas algum trabalho de campo (v.g. consultas orientadas, painéis de peritos) – que não existem no Quick-scan.

[19] Até fins de 2005, os dados publicados diziam respeito apenas a valores agregados. As medições individuais por *information obligation*/empresa investigada ainda não estavam acessíveis ao público.

[20] É claro que em todos os estudos de custos de regulamentação (como em geral em todos os estudos de economia das instituições jurídicas, inclusive dos actos ilícitos, como os crimes) há sempre *alguma* determinação da heurística por categorias legais. Mas em muitos estudos as categorias jurídicas relevantes são coextensivas com categorias sociais e económicas, que podem ser utilizadas pelo economista enquanto tais, e de facto o são, sem necessidade de um trabalho de hermenêutica das normas que se aproxime sequer do que é próprio da jurisprudência, e sem que isso afecte a utilidade dos resultados. O mesmo vale para os estudos de gestão e de investigação operacional em contextos institucionais regulados por normas jurídicas. O economista usa essas categorias básicas até onde elas podem produzir resultados interessantes, e quando a hermenêutica propriamente jurídica se torna indispensável, larga o assunto – dizendo precisamente que o resto é com o jurista.

amostras não é portanto a representatividade estatística *tout court* – ou mais precisamente: não é a representatividade estatística em universos definidos segundo os atributos que interessam à investigação económica e empresarial comum: é uma representatividade *ad hoc*, para universos de empresas organizados *primariamente* segundo atributos jurídicos, tais como o intérprete os infere das leis e regulamentos, e só depois, para categorias previamente determinadas por esses atributos jurídicos, segundo critérios idênticos ou semelhantes aos que se aplicam nos estudos comuns de economia e gestão empresarial.

Reproduziremos de documento do programa holandês um exemplo do que significa esta determinação das amostras por atributos jurídicos. A lei holandesa que regula as contas anuais das sociedades distingue entre contas simples e contas desenvolvidas e dispensa destas últimas as que não tenham certo mínimo de empregados e de volume de negócios. Pretendendo-se conhecer, por amostragem, quanto custa às empresas o cumprimento da obrigação de contas anuais, será necessário partir desta distinção que a lei faz entre as que estão obrigadas a contas desenvolvidas e as que podem limitar-se a apresentar contas simples. Assim, os gestores do programa procederam, para aplicar o SCM, do seguinte modo:

"First, desk research showed that 40% of the enterprises have the obligation to conduct a *simple account* while the other 60% have to conduct a *long account*.

"Second, for estimating the compliance cost it was important to estimate the percentage of enterprises that *hire an external party* to prepare the annual account; 75% of the enterprises board out this obligation to an accountant or an administration office.

"On the basis of these two criteria 4 types of typical firms can be distinguished and the interview sample could be constructed as follows (the table represents the number of enterprises per category):

	Simple account	*Long account*	*Total*
Enterprise boards out obligation	6	9	15
Enterprise conducts obligation	2	3	5
Total	8	12	20

No termo destas operações, as amostras seleccionadas não correspondem necessariamente a partição estatística alguma que *ceteris paribus* fosse feita num universo das empresas que não tivesse sido filtrado previamente pelas categorias legais "empresa

---

E nisso não há apenas uma diferença de grau, porque estão em causa sistemas metodológicos inteiramente distintos. Ora o SCM vai muito além dessa fronteira usual, porque inclui uma componente de hermenêutica jurídica que pode chegar a ser tão desenvolvida, relativamente ao objecto da análise – as *information obligations* – como a de qualquer trabalho de jurisprudência. Nesse sentido, há razão para falar num *input* jurídico que distingue o modelo da generalidade das metodologias que possam servir de termo de comparação.

obrigada a contas simples" e "empresa obrigada a contas desenvolvidas". Será pura coincidência se os resultados forem idênticos aos de uma amostragem segundo atributos puramente económicos. O exemplo que reproduzimos mostra como, num caso muito simples com dois passos apenas, se mistura um critério de natureza legal – as obrigações de contas simples e de contas desenvolvidas – com um critério económico – o *outsourcing* do trabalho de preparação das contas –, e como o primeiro domina o segundo, gerando a partição inicial, a que será depois aplicado o critério económico, gerando subpartições.

d) O cálculo dos custos

19. O SCM permite calcular os efeitos de custo da regulamentação *por cada unidade* de acto/actividade que seja necessária para satisfazer *cada um* dos deveres/ónus de informação que dela decorrem. Esta possibilidade é assegurada pela combinação de análises que faz a força do modelo: a das normas, a dos deveres/ónus de informação, e a das actividades de observância.

Uma vez determinada a actividade necessária para satisfazer um dever/ónus de informação, o encargo criado por este é basicamente o produto do *tempo* despendido nessa actividade pelo *custo salarial* da hora de trabalho do pessoal da empresa que a desempenha, ou pela tarifa horária de prestadores de serviços externos, quando tenham de ser utilizados. Além desses parâmetros básicos, consideram-se ainda no cálculo do encargo duas outras componentes: os *preços de aquisições* que sejam feitas exclusivamente para satisfazer os requisitos da regulamentação (por exemplo preços de aquisições de aparelhos de medição e outros para colecta e registo de dados ou controlo de processos; custos do envio da informação requerida pelo correio ou por telecomunicações [21]); e um *overhead* por empregado (em geral de 25%), que se destina a cobrir custos fixos por empregado e faltas ao trabalho.

Os parâmetros de custo das actividades de observância, para cada encargo de informação, são pois os seguintes:

---

[21] Nestes casos o custo é dividido pelo número de anos de vida útil.

Parâmetros de custo:
actividade administrativa/information obligation

Cost areas
Cost parameters in the calculation

Internal
1.Number of hours/minutes spent on administrative activity
2.Hourly pay for various occupation groups that perform administrative activities
3.Overhead

External
1.Number of hours/minutes spent on administrative activity
2.Hourly rate for various external service providers that perform administrative activities

Acquisitions
Expenditure on necessary acquisitions to comply with specific information obligations and/or data requirements

Quadro 15

A partir do custo de observância de cada encargo de informação – habitualmente simbolizado como P (de *price*) – pode-se depois calcular o custo total desse encargo no conjunto da economia, em certo intervalo de tempo que seja escolhido como referência. A convenção adoptada para esse efeito é, por todas as razões óbvias, o ano civil. O custo total numa economia será o produto de P pelo *número de unidades de actividade de compliance* que sejam executadas pelas empresas dessa economia durante um ano.

Por sua vez, o número das actividades de observância executadas na economia durante o ano de referência é função de duas variáveis:

- a *população*, número de empresas da economia;
- a *frequência*, número de vezes que as empresas executam, em cada ano, a unidade de actividade considerada.

O número das unidades de actividade de observância realizadas por todas as empresas da economia no ano de referência será portanto o produto *população x frequência*. A este produto dá-se a designação *quantidade*, ou Q.

A partir de P e Q calcula-se o valor total dos encargos administrativos resultantes de um dever/ónus de informação, que será o produto

P x Q: compliance cost x quantity. [22]

A margem de erro dos resultados do SCM é estimada em 10%.

Observe-se que o termo *administrative burden* é usado indiferentemente tanto no sentido de P – custo de cada episódio de observância – como no de P x Q – custo de todos os episódios de observância que ocorrem na economia durante um ano. Em ambos os sentidos é relativo a um encargo de informação que seja dado ou pressuposto como previamente identificado. Além disso, o termo é usado para designar

a) a soma dos custos resultantes de todas as *information obligations* de uma lei ou um regulamento;

b) a soma dos custos de todas as *information obligations* de um complexo de leis e regulamentos ("área" ou "sector" de regulamentação);

c) a soma dos custos de todas as *information obligations* de toda a regulamentação em vigor – como quando se calculou o valor total dos encargos administrativos da economia holandesa, e mais recentemente da dinamarquesa.

Estes usos do termo são verbalmente indiferenciados, mas são coerentes; nem há qualquer dificuldade em representá-los matematicamente, com as respectivas diferenças.

20. Como se vê, o SCM considera apenas uma parte dos custos efectivamente causados pelos deveres/ónus de informação. Não são computados os custos de oportunidade, nem quaisquer custos que não se traduzam em preços de trabalho/hora, havendo embora, para estes últimos, diversos expedientes de conversão (*overheads* por empregado, taxas de amortização anual de custos de aquisições, etc.).

Computar esses custos seria uma "mission impossible" [23], porque as empresas não os calculam nem têm maneira de os calcular. A preocupação básica é preservar a objectividade dos dados, limitando a análise aos que são mais dignos de confiança e independentes de especulações subjectivas. Esta objectividade não é só imperativo metodológico, do ponto de vista do interesse cognitivo global do empreendimento, mas também condição indispensável ao programa de *acção política* a que o SCM, em última análise, se destina:

---

[22] É também corrente, em vez desta formulação que preferimos, uma outra, que mantém Q, mas desagrega P: price x time x quantity.

[23] *FAQ sheet* do programa holandês 11.

When making measurements, subjective insight on the part of employers or implementing bodies should be avoided as much as possible. The aim is to arrive at an objective calculation that will not only be acceptable to both those causing the burden and the business concerned, but which will also have the support of both parties. The measurement is based on the hardest facts possible.[24].

A preocupação com a objectividade exclui também qualquer tentativa de quantificação dos *annoyance* (ou *irritation*) *costs,* que têm importância enorme em toda esta área de regulamentação. Entre os custos objectivos e esses custos psicológicos não há relações definidas: por exemplo, para pequenos encargos, de custo despiciendo, "it is possible that employers experience them as a huge burden on account of their apparent pointlessness"[25]. Mas os responsáveis dos programas de aplicação do SCM costumam insistir em que eles se revelam também muito úteis para o conhecimento dos factores numerosos e voláteis da irritação burocrática, e que esse conhecimento, embora meramente qualitativo, pode sugerir simplificações de grande impacte na vida das empresas. "An irritation burden, although objetively small in cost, may be of great nuisance to business and could conveniently be removed"[26]. Muitos custos psicológicos, de resto, são função linear de actividades que geram custos quantificáveis, que o SCM inclui: por exemplo, os *annoyance costs* determinados por repetições inutilmente frequentes das mesmas exigências, ou por redundâncias no envio das mesmas informações a departamentos estaduais distintos. Esses custos serão eliminados com a redução dos encargos que os determinam, e para obter esse efeito não é preciso que a análise do SCM os inclua enquanto tais.

21. O cálculo dos custos, como bem se compreende, suscita muitas dificuldades de pormenor, para as quais o modelo tem de providenciar convenções explícitas. Entre as dificuldades mais importantes contam-se, por exemplo:

- os erros resultantes de contagem múltipla dos mesmos custos: actividades que satisfazem os requisitos de várias legislações ao mesmo tempo (*double counting*);
- decidir se se conta ou não o custo de actividades que sejam executadas para outros fins além do de satisfazer os requisitos legais (*mixed functions*);
- decidir se se contam os *one-off costs* dos ajustamentos a inovações legais ou só os custos recorrentes;
- decidir como se fará a revisão dos dados para acompanhar futuras reduções que resultem da introdução de novas tecnologias.

[24] Ob. cit.. 23.
[25] Ibid.
[26] Ob. cit. 15.

Os problemas mais delicados dizem respeito aos custos de actividades de que se possa afirmar que, a não existir a lei que actualmente as regula, *continuariam a ser executadas na espécie, mas não necessariamente com a mesma dimensão e o mesmo empenho de recursos*: caso, por exemplo, das *contas anuais*. Dever-se-á considerar que as contas anuais – pois que nenhuma empresa deixaria de as fazer se a obrigação legal fosse revogada – são de excluir por completo, de harmonia com o critério de delimitação dos encargos administrativos como custos (só) legais[27] ? Ou devem os custos das contas anuais ser divididos de algum modo entre um custo-base, que em qualquer caso ocorreria, e um custo marginal, imputável só à legislação? Os programas existentes optam unanimemente, em casos deste género, por não ensaiar uma divisão de custos, que sem dúvida seria excessivamente especulativa; e consideram como encargo administrativo a totalidade dos custos efectivamente suportados com a actividade considerada. É o que se chama *integral approach*, por oposição a *marginal approach*. São pois considerados como encargos administrativos todos os custos das contas anuais, o que tem a vantagem adicional de manter sob observação uma fonte de custos que, *a priori*, nada exclui seja susceptível, também, de algum emagrecimento. Já os custos de actividades de informação que, depois de apresentadas as contas, venham a ser executadas por qualquer razão que não seja requisito legal, desde os motivos negociais (*due diligence* por ex.) aos societários (*v.g.* prestação de informações complementares a conselhos consultivos, accionistas "de referência", fundos institucionais) e sociais (prestação de informações não-obrigatórias a representantes de trabalhadores e *social accountability boards*) não serão considerados como encargos administrativos, por simples aplicação do referido critério.

e) Criação de informação nova

22. Independentemente da utilidade directa para os objectivos do programa de simplificação da regulamentação e emagrecimento dos encargos das empresas, a capacidade que o SCM revela para identificar precisamente custos até agora mal conhecidos, ou conhecidos apenas em grandes agregados, traz também importantes benefícios à teoria e à prática da gestão empresarial.

De facto, os programas de aplicação do SCM não se limitam a coligir ou recolher informação que *pré-exista* nas empresas: *eles criam informação que pura e simplesmente não existia antes*. Os custos que o modelo identifica são quase sempre totalmente desconhecidos dos próprios empresários, e só por grande excepção terão sido objecto de estudo em alguma empresa com exigências muito particulares de análise de fluxos de informação. Assim, o programa pode produzir, e produz de facto, o benefício adicional de fornecer aos empresários, gratuitamente

---

[27] Cfr. supra II.1.

ESTUDOS EM HOMENAGEM A MIGUEL GALVÃO TELES

ou quase, informação que os ajude a poupar recursos nessas tarefas ingratas, tal como o poderia fazer um auditor contratado para o efeito – e provavelmente melhor do que qualquer auditor, pelo menos enquanto o *know-how* incorporado no programa não cair no conhecimento comum.

Por isso mesmo, o valor dos resultados para o conhecimento da actividade administrativa das empresas e dos respectivos custos não sofre confronto com o das metodologias convencionais de inquérito, em que se recolhe apenas informação já disponível nas empresas, e só com a qualidade que tenha, ou falta dela. O SCM gera *informação nova*; e além disso a qualidade da informação é controlada desde o início segundo os requisitos de fiabilidade e estandardização fixados pelo próprio modelo.

3. Variantes da aplicação do SCM

23. Neste *approach* básico, cujos critérios são sintetizados na definição de encargo administrativo, as experiências nacionais de aplicação do SCM têm introduzido algumas variantes, que convém referir brevemente.

a) Na origem do SCM está o modelo holandês *Mistral*, que media apenas os custos de informação *destinada às autoridades públicas*. Posteriormente, tanto na Holanda como nos países escandinavos, têm sido incluídos os custos de certas actividades de prestação de informações a *particulares*, em especial nas áreas do trabalho, da qualidade e segurança dos produtos, da exposição a riscos, da defesa dos consumidores e dos investidores, dos transportes e das telecomunicações. São citadas como exemplo as informações de características dos produtos nas etiquetas, as instruções de uso de remédios e outros produtos, as obrigações de fornecer factura de certas transacções, os boletins de expedição de mercadorias, os deveres de informação que as empresas têm para com as comissões de trabalhadores, os deveres de informação dos fundos de pensões para com os participantes, as informações obrigatórias sobre o consumo de combustível na venda de automóveis, e casos análogos, que se multiplicam cada vez mais.

A inclusão dos custos de informações destinadas a particulares é casuística em todos aqueles países. Regra universal adoptou o programa inglês, mas no sentido oposto – o de limitar o modelo às informações destinadas a entidades públicas [28]. Existem no entanto áreas de ambiguidade, a mais importante das quais é a das relações das empresas com monopólios públicos de fornecimento de serviços básicos, v.g. energia e telecomunicações.

---

[28] No entanto, embora os custos das informações destinadas a particulares não sejam sistematicamente contabilizados como os das informações destinadas a entidades públicas, mas apenas tratados qualitativamente, os serviços da Administração e os *regulators* independentes têm de os considerar com a mesma minúcia nos seus planos de simplificação.

b) Como em todas as questões em que se consideram efeitos da observância de leis, na aplicação do modelo há uma alternativa entre medir apenas os custos suportados pelas empresas que realmente cumprem as imposições legais – *actual compliance costs* – e calcular os custos do cumprimento que seriam suportados por todas as empresas do universo na hipótese de observância total das imposições em vigor, abstraindo pois de que não estejam a ser de facto cumpridas por parte delas, no momento considerado – *full compliance costs*. A Holanda e a Dinamarca, países em que a execução dos programas vai mais adiantada, seguem o critério da *full compliance*. Adoptaram-no também a Noruega, a Suécia e o Reino Unido.

c) Outras variantes podem resultar da definição de *limiares de relevância* (thresholds) dos custos. O *simplification potential* – o potencial de poupança de custos associado à simplificação das normas –, justificação última do programa, tende a desaparecer nos níveis de custo inferiores. Para não despender inutilmente recursos no próprio programa que pretende limitar o dispêndio inútil de recursos, é razoável estabelecer algum limiar: por exemplo, não medir os efeitos de requisitos legais cuja satisfação requeira menos do que *x* horas de trabalho administrativo por ano e por empresa. Esta a orientação adoptada no programa da Dinamarca, que fixou o limiar de 100 horas/ano. Entretanto, na Holanda, no Reino Unido e na Suécia prescinde-se de limiares; no programa norueguês não há limiar quantitativo, mas não são medidos os custos de normas que, segundo a apreciação dos peritos, afectem apenas número despiciendo de empresas.

d) Na delimitação do universo dos agentes económicos cujos custos são medidos há que ponderar se, além das empresas privadas de fins lucrativos, devem também ser consideradas *instituições privadas sem fins lucrativos* (charities, voluntary sector) e *empresas públicas*. As soluções nacionais têm sido variadas. A Dinamarca e a Suécia adoptaram como critério de delimitação "the narrow definition of private businesses": "units that produce and/or supply goods and/or services under market conditions with the objective of generating profit for the owners". O Reino Unido também excluiu as empresas públicas, mas adoptou "an extended definition of private businesses including charities and the voluntary sector". A Noruega e a Holanda incluem, além das *charities* e do *voluntary sector*, as empresas públicas, desde que cubram por si próprias os seus custos.

e) A maioria dos países que aplicam o SCM incluem no cálculo dos encargos administrativos os que são determinados pelos ónus previstos em *voluntary rules*, e não apenas os das normas que impõem deveres de informação propriamente ditos. A Suécia e o Reino Unido medem todos esses encargos – por exemplo todos os que decorrem das múltiplas regulamentações de subsídios. A Holanda não os incluiu no inventário geral com que iniciou o programa, mas passou a medi-los depois.

Dois países – a Dinamarca e a Noruega – adoptaram uma interessante solução intermédia. É bem sabido que hoje em dia, em muitos mercados, embora o solicitar ou não subsídios seja enquanto tal juridicamente livre, empresa que renuncie ao subsídio dificilmente competirá com empresas que o recebam. Reconhecendo esta realidade de facto, os programas daqueles países distinguem entre os ónus que se tornaram para as empresas verdadeiras condições de "estar no mercado" e os que não têm essa importância. Os encargos associados a subsídios que sejam economicamente indispensáveis para que as empresas não fiquem inferiorizadas na concorrência, ou até para poderem sobreviver *tout court*, são equiparados aos encargos juridicamente obrigatórios. Para conferir objectividade à distinção, o critério adoptado na prática é simplesmente o de determinar se o ónus em causa é ou não escolhido pela maioria das empresas para as quais é relevante. Se for, considera-se que é "necessário" e os encargos administrativos correspondentes entram no cálculo.

f) Grande parte dos encargos administrativos que as empresas europeias suportam resulta de legislação comunitária. Não há cálculos precisos na generalidade dos países, mas existe certa unanimidade em avaliar que o total dos encargos administrativos que estão directa ou indirectamente associados às leis e regulamentos da Comunidade ronda os 50%. (A Dinamarca, primeiro país que fez uma medição dos encargos administrativos da legislação comunitária, apurou a percentagem de 43%). As possibilidades de acção dos Estados estão limitadas aos encargos que resultem apenas das normas de transposição para o Direito interno, não podendo tomar decisões quanto aos que sejam determinados pelas directrizes mesmas ou pelos regulamentos de aplicação directa. Alguns dos Estados que aplicam o SCM estão a medir, além dos encargos das leis nacionais, também os que resultam da legislação comunitária. O programa inglês inventaria sistematicamente toda a legislação da UE com aplicação no território nacional, mas só mede os encargos da parte que é objecto de transposição.

Regulação e supervisão financeiras: lições da primeira crise global

JOÃO CALVÃO DA SILVA[*]

SUMÁRIO: 1. A crise financeira global eclodida em Agosto de 2007; 2. Iniciativas a nível internacional: G-20, Conselho de Estabilidade Financeira (*Financial Stability Board*) e Comité de Basileia de Supervisão Bancária (*Basel Committee on Banking Supervision*); 3. Nova Arquitectura Institucional da União Europeia; 4. Novos desenvolvimentos a nível dos Estados-membros da União Europeia; 5. A unidade intrínseca da supervisão (prudencial e comportamental): uma autoridade para cada sector ou uma autoridade única.

1. A crise financeira global eclodida em Agosto de 2007

I. O que outrora teria sido uma crise local, doméstica ou nacional – a crise do *"subprime"*, crédito à habitação subgarantido por casas hipotecadas nos Estados Unidos da América –, rapidamente se propagou a outras paragens, praticamente a todo o mundo dotado de sistema financeiro mínima ou suficientemente desenvolvido.

Afinal, *o rei vai nu: mercados financeiros globalmente integrados, (mas) sem regulação e supervisão globais.*

Integração global subjectiva, com "players" transfronteiras, quer grandes grupos financeiros homogéneos ou sectoriais, quer colossos financeiros heterogéneos ou transsectoriais.

Integração global objectiva, com os actores a utilizarem técnicas (como a titularização ou "securitização" de créditos) e produtos (como os derivados financeiros) omnipresentes, complexos, sofisticados e opacos *quantum satis* à (in)visibilidade ou (in)transparência e (não) localização dos excessivos e elevados riscos neles coenvolvidos.

N.E. Por decisão do Autor, este texto é publicado segundo a ortografia anterior ao novo Acordo Ortográfico.

[*] Professor Catedrático da Faculdade de Direito da Universidade de Coimbra.

ESTUDOS EM HOMENAGEM A MIGUEL GALVÃO TELES

Riscos dissimulados, sem a correspondente e adequada cobertura de capitais regulamentares ou fundos próprios, tanto mais graves quanto maiores as instituições e sua disseminação mundializada: *"too big to fail"*, dado o contágio ou efeito dominó que a sua insolvência teria no sistema financeiro como um todo, nacional e internacionalmente – e de que constitui vacina a falência da *"Lehman Brothers"* logo em Setembro de 2008 –, a justificar *"bail-outs"* de muitas (outras) instituições financeiras sistemicamente importantes com ajudas dos Estados através de garantias ou recapitalizações[1], sobretudo nos Estados Unidos (*Citigroup, Bank of America*, etc.) e na Europa. E isto apesar de os planos de salvação ou de resgate para o risco moral (*moral hazard*) a médio e longo prazo pelo desincentivo de uma gestão sã e prudente correlata à não aplicação do *"too big to save"* ou *"too big to rescue"*: a expectativa de suporte ou salvação governamental de uma instituição grande de mais para poder falir induz a sua gestão à tomada de riscos excessivos e inadequadamente avaliados, a reduzir a disciplina de mercado e a distorcer a concorrência, custos estes (do risco moral) que acrescem aos custos directos suportados pelos contribuintes com os *bail-outs*.

II. Vale isto por dizer que a crise financeira desnudou bem cedo, logo em 2007 e 2008, deficiências e insuficiências no quadro institucional e funcional da regulação e supervisão financeiras, tornando patente:

Por um lado, que os modelos de regulação/supervisão nacionais não acompanhavam a globalização financeira de mercados complexos crescentemente integrados e interdependentes e de instituições transfronteiras e multissectoriais de grande dimensão;

Por outro lado, que havia sectores não regulados ou subregulados e não supervisionados, como as *off-shores*, a *shadow banking*, os *hedge funds*, os *private equities*, as *agências de rating*, os *CDS – Credit Default Swaps* ou os *OTC derivatives* e *produtos complexos estruturados*.

Tudo isto a justificar um movimento de reformas a nível dos Estados, dos Estados Unidos, da União Europeia e mesmo a nível global ou internacional (G-20, FMI, FSB, Comité de Basileia) no sentido de intensificar e reforçar a supervisão, alinhar o seu quadro institucional e regulamentar com uma globalização dos mercados e sobredimensionamento de instituições, aumentar a resiliência dos bancos, reduzir a opacidade de certos instrumentos e transacções financeiras e trazer para o perímetro da regulação e supervisão o *shadow financial sector*.

---

[1] *Vide* STOLZ e WEDOW, *Extraordinary measures in extraordinary times – public measures in support of the financial sector in the EU and the United States*, Occasional Paper Series, nº 117, ECB (Julho 2010).

III. *Justificação acentuada pela crise da dívida soberana, a ditar "bail-outs" da Grécia* (Maio de 2010 – 110 mil milhões de euros), *da Irlanda* (Novembro de 2010 – 85 mil milhões de euros) *e de Portugal* (Abril de 2011 – 78 mil milhões de euros) *e o receio justificadíssimo da sua extensão a outros países, sobretudo a países como a Itália e a Espanha que, sendo pelo seu peso too big to fail e too big to save, possam fazer implodir o euro* e regressar às anteriores moedas nacionais.

Isto na medida em que o FEEF – Fundo Europeu de Estabilização Financeira – não tem capacidade para resgatar esses países: dos 440 mil milhões de euros, acima de metade já está alocada aos *"bail-outs"* da Grécia – a Cimeira da União Europeia de 26 de Outubro de 2011 aprova o 2º pacote de ajuda à Grécia: 30 mil milhões de euros, com 50% de perdão da dívida pelos credores privados –, da Irlanda e de Portugal, e a decisão política (tomada na Cimeira Europeia de 26 de Outubro de 2011), de aumentar para um bilião de euros o Fundo Europeu de Resgate (FEEF) é manifestamente insuficiente.

Insuficiência agravada pela circunstância de terem ficado por concretizar tecnicamente as vias de alavancagem do fundo, a explicar que na Cimeira do G-20 de 3 e 4 de Novembro de 2011 em França os BRICS[2] – designadamente China e Brasil – não se tivessem manifestado disponíveis para aplicar dinheiro directamente no FEEF.

Naturaliter, se o remendo do FEEF não basta, resta o Banco Central Europeu assumir as funções de verdadeiro Banco Central, como emitente de moeda e prestamista de último recurso (*lender of last resort*), com capacidade ilimitada de subscrever ou comprar dívida dos Estados–membros incapazes de se financiarem no mercado a taxas usurárias, com o estado de necessidade da sobrevivência a impor a revolta da realidade contra as leis e a antecipar-se assim à indispensável revisão dos Tratados Europeus, vencendo o "fantasma" alemão da hiperinflação da República de Weimar no pós 1ª Guerra Mundial.

2. Iniciativas a nível internacional: G-20, Conselho de Estabilidade Financeira (*Financial Stability Board*) e Comité de Basileia de Supervisão Bancária (*Basel Committee on Banking Supervision*)

I. A nível internacional, depois do relatório do FMI, do Banco de Pagamentos Internacionais e do Conselho de Estabilidade Financeira *"Guidance to Access the Systemic Importance of Financial Institutions, Markets and Instruments: Initial Considerations*[3], apresentado aos Ministros das Finanças e Governadores dos Bancos Centrais do G-20 em Outubro de 2009, o G-20 acordou na Cimeira de Toronto

---

[2] Sigla por que são conhecidos os maiores países emergentes: Brasil, Rússia, India, China e África do Sul.

[3] Pode ver-se em www.financialstabilityboard.org/publications

(Canadá), em Junho de 2010, que um dos pilares da reforma financeira passaria pelas *"Instituições Financeiras Sistemicamente Importantes"* e a necessidade de desenhar e aplicar um sistema com poderes e ferramentas de recuperação ou resolução e liquidação eficazes e coerentes de todos os tipos de instituições financeiras em crise.

Pediu, por isso, ao *"Financial Stability Board"* (fórum global de coordenação de regimes a nível internacional) para conceber recomendações concretas de recuperação ou resolução dos problemas daquelas instituições.

II. O *"Financial Stability Board"*, em consulta com o FMI, emitiu um relatório sobre o *"Intensity and Effectiveness of SIFI Supervision"* (SIE Report), com trinta e duas recomendações sobre os *SIFI (Systemically Important Financial Institutions)* e submeteu-o à Cimeira do G-20 realizada em Seul (Coreia) em Novembro de 2010, no sentido de: redução dos riscos e externalidades associadas a SIFIs nacionais e globais; absorção maior de perdas; supervisão mais intensa com poderes e ferramentas para identificar proactivamente e controlar riscos, incluindo testes de esforço *(stress test)* e intervenção temporã *(early intervention)*; resolução rápida e segura dos problemas de todas as instituições financeiras, sem destabilização do sistema financeiro como um todo e exposição dos contribuintes às perdas.

Reafirmado pelo G-20 que o novo quadro de regulação financeira devia ser completado com mais e melhor regulação e supervisão efectivas, o relatório do *"Financial Stability Board"* sobre as SIFIs esteve em consulta pública. Na sequência do que foi entregue à reunião do G-20 de Cannes (França), em 3 e 4 de Novembro de 2011, o *"Intensity and Effectiveness of SIFI Supervision. Progress Report on Implementing the Recommendations on enhanced Supervision"* (27/10/2011)[4], cuja implementação se prevê de 2012 a 2019. São de notar as recomendações do FSB:

Ao Comité de Baliseia *(Basel Comittee on Banking Supervison Standards Implementation Group (BCBS-SIG))* para que reveja os seus *"Basel Core Principles on Effective Banking Supervision", – standards* globais a que os supervisores estão adstritos como parte do *IMF-World Bank Financial Sector Assessment Program (FSAP)* – e *"External Audit Quality and Banking Supervision"* de 2008;

À *IAIS – International Association of Insurance Supervisors"* para que reveja os seus *"Insurance Core Principles*[5].

III. A interacção entre estas entidades revela-se na complementaridade do *"Global Systemically Important Banks: assessment methodology and the Additional loss*

---

[4] www.financialstabilityboard.org/publications
[5] *Vide Anexo E (IAIS Progress Report for Enhanced Supervision, de 12/09/2011) ao FSB – Intensity and Effectiveness of SIFI Supervision. Progress Report, cit.*

Absorbency Requirement. Rules Text (Novembro 2011)[6] elaborado pelo Comité de Basileia a pedido do FSB nos §§9, 48 e 49 do documento *"Reducing the Moral Hazard posed by Systemically Important Financial Institutions – FSB Recommendations and Time Lines"* (20 de Outubro de 2010)[7].

E em aplicação da metodologia desenvolvida pelo Comité de Basileia foi já publicada, a nível da Banca, *a lista de G-SIFIs (Global – Systemmically Important Financial Institutions)*[8] – lista a actualizar todos os anos e a publicar em Novembro de cada ano, com a metodologia do Comité de Basileia a dever ser revista de três em três anos. Objectivo: *redução da probabilidade de falência do G – SIBs pelo aumento da capacidade de absorção de perdas* que instituições de importância sistémica global devem possuir com uma mais intensa e efectiva supervisão e acordos de cooperação entre autoridades do país de origem e dos países de acolhimento.

Entretanto continuam os trabalhos de extensão da metodologia a todas as SIFIs, esperando-se que a IAIS complete a metodologia de identificação de *seguradores com importância sistémica global* para a cimeira do G–20 em Junho de 2012. A mesma IAIS prosseguirá o seu trabalho de desenvolver um Quadro Comum de *Supervision of Internationally Active Insurance Groups* em 2013, em ordem a uma convergência global de regulação e supervisão.

IV. Um segundo objectivo da interacção das sobrevistas entidades é o de reduzir a extensão ou impacto da falência de G-SIFIs, de modo ordeiro e controlado e sem exposição dos contribuintes ao risco das perdas, assim minorando o *"moral hazard"* inerente ao *"too big to fail"*. As políticas desenhadas em estreita colaboração do *Financial Stability Board* e do Comité de Basileia estão publicadas no documento do FSB intitulado *"Key Attributes of Effective Resolution Regimes for Financial Institutions* (Outubro 2011)[9]: conjunto de regras que visa a "insolvência", melhor, a resolução/liquidação ordenada e controlada de uma SIFI sem severa disrupção sistémica e sem exposição dos contribuintes às perdas tendo em vista assegurar (apenas) a continuidade das funções económicas vitais através de: recapitalização rápida com mais e melhor capital, com instrumentos de dívida automatica-

---

[6] *Vide* www.bis.org/publ/bcbs.

[7] *Vide*, www.financialstabilityboard.org/publications.

[8] Anexo ao *"Policy Measures to Adress Systemically Important Financial Institutions"* (www.financialstabilityboard.org/publications): G-SIFIs for which the resolution-related requirements will need to be met by end-2012 – Bank of America; Bank of China; Bank of New York; Mellon; Banque Populaire CdE; Barclays; BNP Paribas; Citigroup; Commerzbank; Credit Suisse; Deutsche Bank; Dexia; Goldman Sachs; Group Crédit Agricole; HSBC; ING Bank; JP Morgan Chase; Lloyds Banking Group; Mitsubishi UFJ FG; Mizuho FG; Morgan Stanley; Nordea; Royal Bank of Scotland; Santander; Société Générale; State Street; Sumitomo Mitsui FG; UBS; Unicredit Group; Wells Fargo.

[9] *Vide Financialstabilityboard.org/publications.*

mente convertidos em capital ou reduzidos (*haircuts*) se não mesmo cortados (*write-downs*), "*bail-ins*" com perdão de credores a absorverem perdas no ponto de não viabilidade antes de chegar aos contribuintes; alienação (total ou parcial) da actividade (activos, passivos, elementos extrapatrimoniais como as garantias) a outra instituição ou a transferência total ou parcial da actividade para um ou mais "*bad-banks*" ou "*bridge banques*", bancos de transição constituídos com o propósito de permitir a sua posterior alienação para outras instituições autorizadas ou mesmo para a instituição originária (se) viabilizada – naturalmente, esses bancos de transição não se constituirão nem funcionarão sem capital, prevendo--se, para o efeito, um *Fundo de Resolução*, alimentado pelas instituições de crédito e contribuições dos Estados em termos semelhantes ao Fundo de Garantia de Depósitos e ao Sistema de Indemnização aos Investidores; nacionalizações temporárias ou fusões forçadas.

Tudo isto a demonstrar que SIFIs, grupos homogéneos ou conglomerados transfronteiras, requerem regimes de efectiva e eficiente regulação/supervisão[10] e de resolução/liquidação (nos múltiplos países em que estejam estabelecidos) convergentes e harmonizados através da adopção de ferramentas e poderes recomendados intra e extra grupo nos *Key Attributes* do FSB[11], com o objectivo de evitar o contágio sistémico à estabilidade financeira e salvaguardar a confiança dos depositantes, os interesses dos contribuintes e do erário público[12].

3. Nova Arquitectura Institucional da União Europeia

I. Em Novembro de 2008, a Comissão Europeia mandata um Grupo de Peritos de Alto Nível, presidido por Jacques de Larosière, para formular recomendações atinentes ao reforço dos mecanismos europeus de supervisão, em ordem a melhorar a protecção dos cidadãos e repor a confiança no sistema financeiro.

Apresentado em Fevereiro de 2009, *o relatório Larosière*[13] recomenda uma reforma da estrutura de supervisão do sector financeiro da União Europeia, devendo ser criado *um* "Sistema Europeu de Supervisores Financeiros", composto por três "Autoridades Europeias de Supervisão" (ESAs) – uma para o sector

---

[10] A necessidade de permanente supervisão ou inspecção *in loco (on site)*, em vez de supervisão à distância ou *off-site*, das principais instituições bancárias é realçada pelo FMI no "*The Making of Good Supervision: Learning to Say No*" (Maio – 2010), passando o Banco de Portugal a praticá-las.

[11] Para os "*Key Attributes*" nas infraestruturas do mercado financeiro, *vide CPSS – IOSCO – Consultative Report on Principles for Financial Market Infrastructures* (Março de 2011).

[12] *Vide*, DG Internal Market and Services, *Technical details of a possible EU Framework for Bank Recovery and Resolution;* ECB, *The new EU Framework for Financial Crisis Management and Resolution* (Julho – 2011); Lei nº58/2011, de 28 de Novembro, que autoriza o Governo a proceder à revisão do regime aplicável ao saneamento e liquidação das instituições sujeitas à supervisão do Banco de Portugal.

[13] *The high-level group on financial supervision in the EU (report)*, Chaired by Jacques de Larosière, Brussels, 25th February 2009, http://ec.europa.eu/internal market/finances/docs.

JOÃO CALVÃO DA SILVA

bancário, uma para o sector dos valores mobiliários e uma terceira para o sector dos seguros e pensões complementares de reforma – *e um "Conselho Europeu do Risco Sistémico" (European Systemic Risk Board)*, com vista a uma *estrutura de supervisão integrada da União Europeia*.

II. O recomendado Sistema Europeu de Supervisão Financeira (*ESFS–European System of Financial Supervision*), – congregando os agentes de supervisão financeira a nível nacional e da União para que actuem em rede segundo o princípio de cooperação leal (art.4º, nº 3, do Tratado da União Europeia) num espírito de confiança e de respeito mútuo, nomeadamente para garantir um fluxo de informação adequado e fiável entre si – foi criado por quatro Regulamentos do Parlamento Europeu e do Conselho, de 24 de Novembro de 2010:

Regulamento (UE) nº 1092/2010, relativo à supervisão macroprudencial do sistema financeiro da União Europeia e que cria o Comité Europeu do Risco Sistémico (ESRB – European Systemic Risk Board), sediado em Frankfurt (art.1º);

Regulamento (UE) nº 1093/2010, que cria a "Autoridade Bancária Europeia" *(EBA – European Banking Authority)*, sediada em Londres (art.7º), substitutiva do Comité das Autoridades Europeias de Supervisão Bancária (CEBS), Comité de "nível 3" criado pela Decisão 2009/78/CE da Comissão[14], ora revogada (art.80º do Regulamento nº 1093/2010);

Regulamento (UE) nº 1094/2010, que cria a "Autoridade Europeia dos Seguros e Pensões Complementares de Reforma" *(EIOPA – European Insurance on Occupational Funds Authority)*, com sede em Frankfurt (art.7º), substitutiva do Comité das Autoridades Europeias de Supervisão dos Seguros e Pensões Complementares de Reforma (CEIOPS), Comité de "nível 3" criado pela Decisão 2009/79/CE da Comissão[15], ora revogada (art.80º do Regulamento nº 1094/2010);

Regulamento (UE) nº1095/2010, que cria a "Autoridade Europeia dos Valores Mobiliários e dos Mercados" *(ESMA – European Securities and Markets Authority)*, com sede em Paris (art. 7º), substitutiva do Comité das Autoridades de Regulamentação dos Mercados Europeus de Valores Mobiliários (CESR), Comité de "nível 3" criado pela Decisão 2009/77/CE da Comissão[16], ora revogada (art. 80º do Regulamento nº 1095/2010).

Deste modo, o Sistema Europeu de Supervisão Financeira é composto pelo Comité Europeu de Risco Sistémico, pelas três Autoridades Europeias de Supervisão (ESAs) e seu Comité Conjunto e pelas autoridades nacionais de supervisão dos Estados--membros (art. 1º, nº 3, do Regulamento 1092/2010; art.2º, nº 2, dos Regulamentos nºs 1093/2010;1094/2010 e 1095/2010).

---

[14] JO L25 de 29/01/2009, p.23.
[15] JO L25, de 29/01/2009, p.28.
[16] JO L25, de 29/01/2009, p.18.

945

O "Comité conjunto das Autoridades Europeias de Supervisão" (Joint Committee of the ESAs) é a instância em que as três ESAs cooperam regular e estreitamente para garantir a coerência intersectorial dos trabalhos e obter posições comuns na área da supervisão dos conglomerados financeiros e noutras questões intersectoriais, bem como no intercâmbio de informações com o ESRB e desenvolvimento das relações entre o ESRB e as ESAs (art. 54º dos Regulamentos 1093/2010, 1094/2010 e 1095/2010), tendo sido criado no Comité Conjunto um Subcomité dos Conglomerados Financeiros (art.57º dos Regulamentos 1093/2010, 1094/2010 e 1095/2010).

O Presidente do "Comité Conjunto" – nomeado anualmente, numa base rotativa, de entre os Presidentes das ESAs que o compõem – é Vice-Presidente do ESRB, sendo este e um representante da Comissão Europeia convidados para as reuniões do "Comité Conjunto", na qualidade de observadores (art. 55º dos Regulamentos 1093/2010, 1094/2010 e 1095/2010).

Termos em que a monotorização da estabilidade financeira a nível europeu é feita pelo Comité Europeu do Risco Sistémico, responsável pela supervisão macroprudencial, e pelas ESAs, responsáveis em especial pela regulação/supervisão microprudencial e coordenação dos colégios de supervisores, dando esta informação microprudencial ao ESRB e recebendo deste informação macroprudencial numa colaboração que se quer leal.

III. *A criação do European Systemic Risk Board* (ERSB), como órgão independente (art. 7º do Regulamento 1092/2010) responsável pela supervisão macroprudencial de todo o sistema financeiro a nível Europeu, constitui resposta à interligação estreita dos três sectores da actividade (banca, bolsa e seguros), a fim de contribuir para a prevenção ou atenuação dos riscos sistémicos na actividade financeira da União e evitar crises financeiras generalizadas (art. 3º, nº 1, do Regulamento 1092/2010).

Para o efeito, compete ao ERSB (art. 3º, nº 2, do Regulamento 1092/2010):

– Identificar os riscos sistémicos – riscos de perturbação do sistema financeiro susceptível de consequências negativas graves na economia real e no mercado interno, englobando no sistema financeiro todas as instituições, mercados, produtos financeiros e infra-estruturas de mercado (art.2º do Regulamento 1092/2010) – e definir o respectivo grau de prioridade;

– Emitir, se necessário, alertas de risco e formular recomendações para responder a esses riscos (arts.16º e 18º do Regulamento 1092/2010);

– Acompanhar o seguimento dado aos alertas e recomendações (art.17º do Regulamento 1092/2010);

– Determinar e/ou recolher e analisar todas as informações relevantes e necessárias para a supervisão macroprudencial, em cooperação estreita

com as ESAs, o Sistema Europeu dos Bancos Centrais, a Comissão Europeia e as autoridades nacionais de supervisão (art.15º do Regulamento 1092/2010);
– Cooperar estreitamente com todas as outras partes no SESF, facultando às ESAs as informações (macroprudenciais) sobre riscos sistémicos, necessárias para o exercício das respectivas atribuições de supervisão prudencial;
– Definir com as ESAs indicadores quantitativos e qualitativos (painel de riscos) para a identificação e medição do risco sistémico;
– Participar no Comité Conjunto das ESAs;
– Coordenar as suas acções com as das organizações financeiras internacionais, em particular o FMI, o Conselho de Estabilidade Financeira (FSB) e o Banco de Pagamentos Internacionais (BIS), no tocante a questões relacionadas com a supervisão macroprudencial.

Dada a responsabilidade e experiência do Banco Central Europeu e dos Bancos Centrais Nacionais na área da estabilidade financeira e o reconhecimento de que deverão desempenhar um papel de primeiro plano na supervisão macroprudencial:
O Presidente do ESRB é o Presidente do BCE e o Primeiro Vice-Presidente é eleito pelos membros do Conselho Geral do BCE e de entre esses membros; já o segundo Vice-Presidente é o Presidente do Comité Conjunto das ESAs (art. 5º do Regulamento 1092/2010);
O Presidente e o Vice-Presidente do BCE, os Governadores dos Bancos Centrais nacionais, os Presidentes das ESAs e um membro da Comissão Europeia são membros do Conselho Geral do ESRB com direito de voto, enquanto o representante de alto nível das autoridades nacionais de supervisão de cada Estado-membro participa sem direito de voto (art.6º do Regulamento 1092/2010);
O Presidente e Vice-Presidente do BCE, quatro membros do Conselho Geral do BCE, um membro da Comissão Europeia e os Presidentes das ESAs integram o Comité Director do ESRB (art.11º). Um representante do BCE e de cada Banco Central Nacional, um representante das autoridades nacionais de supervisão de cada Estado-membro, um representante de cada ESA e dois representantes da Comissão Europeia integram o Comité Técnico Consultivo do ESRB (art. 13º do Regulamento 1092/2010).
A participação dos Presidentes das ESAs no ESRB com direito de voto traduz a essencialidade de uma completa e exacta supervisão microprudencial (de cada uma das múltiplas instituições financeiras) para a avaliação do risco macroprudencial (do sistema financeiro como um todo), dada a interdependência dos riscos microprudenciais e macroprudenciais. Ainda quinze peritos, personalidades independentes, facultam ao ESRB competências técnicas externas através do Comité Científico Consultivo (art. 12º do Regulamento 1092/2010).

Com esta composição aglutinadora de pessoas de tão diversa proveniência e interconexão das instituições e dos mercados, percebe-se que o ESRS não goze de personalidade jurídica[17].

IV. Objectivo precípuo das ESAs é o de protegerem o interesse público, ao contribuírem para a estabilidade e eficácia do sistema financeiro a curto, médio e longo prazo, em benefício da economia da União e dos respectivos cidadãos e empresas – melhorando o funcionamento do mercado interno, com regulação e supervisão eficazes, coerentes e sãs; garantindo a integridade, a transparência, a eficiência e o bom funcionamento dos mercados financeiros; reforçando a coordenação internacional no domínio da supervisão; evitando a arbitragem regulamentar e promover a igualdade das condições de concorrência; assegurando regulação e supervisão adequadas da tomada de riscos; reforçando a protecção dos consumidores –, e ao prestarem atenção particular aos riscos sistémicos provocados por instituições financeiras cuja falência possa perturbar o funcionamento do sistema financeiro ou da economia real (art.1º dos Regulamentos 1093/2010, 1094/2010 e 1095/2010).

Em torno do eixo da regula(menta)ção e supervisão microprudenciais, são atribuições e competências das ESAs (art. 8º dos Regulamentos 1093/2010, 1094/2010 e 1095/2010):

- Contribuir para o estabelecimento de normas e práticas comuns de regula(menta)ção e supervisão de elevada qualidade, dando pareceres, emitindo orientações e recomendações dirigidas às autoridades nacionais competentes ou a instituições financeiras (art.16º dos Regulamentos 1093/2010, 1094/2010 e 1095/2010), projectos de normas técnicas de regulamentação (art. 10º dos Regulamentos 1093/2010, 1094/2010 e 1095/2010) e normas técnicas de execução (art. 15º dos Regulamentos 1093/2010, 1094/2010 e 1095/2010);
- Contribuir para uma cultura comum de supervisão, garantindo uma aplicação coerente, eficiente e eficaz da legislação europeia, e mediando e resolvendo diferendos entre autoridades nacionais competentes, assegurando coerência de funcionamento dos colégios de autoridades de supervisão e adoptando medidas de emergência, tudo com vista a uma supervisão eficaz e coerente das instituições financeiras e ao reforço dos resultados da supervisão;
- Incentivar e facilitar a delegação de competências e responsabilidades entre as autoridades competentes;

---

[17] Veja-se o Regulamento (UE) Nº 1096/2010 do Conselho de 17 de Novembro de 2010, que confere ao Banco Central Europeu atribuições específicas no funcionamento do Comité Europeu do Risco Sistémico (JO L331/162, DE 15/12/2010), com o secretariado (apoio logístico, administrativo, estatístico e analítico) do ESRB a ser assegurado pelo BCE.

JOÃO CALVÃO DA SILVA

- Acompanhar, analisar e avaliar a evolução dos mercados na sua esfera de competências;
- Cooperar estreitamente com o ESRC – Comité do Risco Sistémico Europeu, fornecendo-lhe todas as informações (microprudenciais) necessárias para o exercício das suas competências e atribuições de supervisão macroprudencial;
- Promover a protecção dos depositantes e dos investidores (EBA), dos tomadores de seguros e dos membros e beneficiários dos regimes de pensões (EIOPA), dos investidores (ESMA), estimulando a transparência, a simplicidade, a equidade, a segurança e a solidez dos mercados e a convergência das práticas regulamentares, quer criando, como parte integrante de cada ESA, um Comité para a Inovação Financeira que reúne todas as autoridades nacionais de supervisão competentes – em ordem a uma abordagem coordenada do tratamento regulamentar e de supervisão das actividades financeiras novas ou inovadoras e a prestar o aconselhamento que cada ESA faculta ao Parlamento Europeu, ao Conselho e à Comissão Europeia –, quer proibindo ou restringindo temporariamente actividades financeiras que ameacem o funcionamento ordenado e a integridade dos mercados financeiros ou a estabilidade da totalidade ou de parte do sistema financeiro da União (arts. 19º e 26º dos Regulamentos 1093/2010, 1094/2010 e 1095/2010).

V. À volta da coordenação das autoridades (de supervisão) nacionais competentes e dos colégios de supervisores, e para garantirem a eficácia e eficiência da supervisão e de uma cooperação europeia reforçada, cada ESA pode mediar e finalmente, se necessário, resolver de forma vinculativa, em situações transfronteiras, os diferendos entre as autoridades nacionais competentes (art. 19ºdos Regulamentos. 1093/2010, 1094/2010 e 1095/2010), nomeadamente no quadro dos colégios de autoridades de supervisão, cujo funcionamento uniforme e coerente devem assegurar tendo em conta o risco sistémico apresentado pelas instituições financeiras (art.21º dos Regulamentos 1093/2010, 1094/2010 e 1095/2010); para o efeito, cada ESA pode iniciar e coordenar testes de esforço a nível da União com vista a para avaliar a capacidade de resiliência das instituições financeiras e determinar supervisão reforçada às que apresentem risco sistémico (arts. 22º, 23º, 24º e 32º dos Regulamentos 1093/2010, 1094/2010 e 1095/2010).

Note-se ainda:

Por um lado, o poder de cada ESA promover activamente e coordenar as acções empreendidas pelas autoridades nacionais de supervisão competentes interessadas, em situações de emergência que possam pôr seriamente em causa o bom funcionamento e a integridade dos mercados financeiros ou a estabilidade de todo ou parte do sistema financeiro da União Europeia (art. 18º dos Regulamentos 1093/2010, 1094/2010 e 1095/2010);

Por outro lado, a resolução de diferendos entre autoridades competentes a nível intersectorial ou conglomerados financeiros através do Comité Conjunto das Autoridades Europeias de Supervisão (art. 20º dos Regulamentos 1093/2010, 1094/2010 e 1095/2010).

Por fim, a participação de cada ESA no desenvolvimento e coordenação de planos de recuperação e de planos de resolução eficazes e coerentes de uma instituição, de procedimentos para situações de emergência e de medidas preventivas para minimizar o impacto sistémico da falência e liquidação de uma instituição financeira, facilitando a resolução ordenada de situações de insolvência das instituições, em particular de instituições de grupos transfronteiras, por forma a evitar o contágio ou efeito dominó no sistema como um todo (arts. 25º e 27º dos Regulamentos 1093/2010, 1094/2010 e 1095/2010).

VI. Sendo estas, *grosso modo,* as atribuições e competências das ESAs, não surpreende que o principal órgão decisório de cada uma das ESAs – a quem cabe emitir pareceres, recomendações e decisões da competência da Autoridade – seja o Conselho de Supervisores, constituído pelos dirigentes das autoridades competentes de cada Estado-membro e presidido pelo Presidente da Autoridade nomeado pelo Conselho de Supervisores, nele participando, como observadores, representantes da Comissão Europeia, do ESRB e das outras duas Autoridades Europeias, além do representante do BCE na EBA (art. 40º dos Regulamentos 1093/2010, 1094/2010 e 1095/2010): no caso português, o Governador do Banco de Portugal integra o Conselho de Supervisores da Autoridade Bancária Europeia (EBA), o Presidente da CMVM integra o Conselho de Supervisores da Autoridade Europeia dos Valores Mobiliários e dos Mercados (ESMA), e o Presidente do Instituto de Seguros de Portugal integra o Conselho de Supervisores da Autoridade Europeia dos Seguros e Pensões Complementares de Reforma (EIOPA).

O Presidente e os membros do Conselho de Supervisores com direito a voto agem de forma independente e objectiva, no interesse exclusivo da União no seu conjunto, e não devem procurar obter nem receber instruções das instituições ou organismos da União, do Governo de qualquer Estado-membro ou de qualquer outro organismo público ou privado, nem nenhuma destas instituições ou organismos podem procurar influenciar os membros do Conselho de Supervisores no exercício das suas funções (art.42º dos Regulamentos 1093/2010, 1094/2010 e 1095/2010).

VII. De certas decisões das ESAs pode haver recurso para a Câmara de Recurso – organismo conjunto das ESAs (art. 58º dos Regulamentos 1093/2010, 1094/2010 e 1095/2010) –, a interpor na ESA em causa no prazo de dois meses a contar da notificação da decisão ao destinatário. O recurso, sem efeito suspensivo, deve ser decidido no prazo de dois meses a contar da sua apresentação: a Câmara de Recurso pode confirmar a decisão recorrida ou remeter o processo para o órgão competente da ESA, que fica vinculado à decisão daquela e adopta uma decisão alterada em conformidade (art. 60º dos Regulamentos 1093/2010, 1094/2010 e 1095/2010).

Pode ser interposto recurso directo para o Tribunal de Justiça da União Europeia contra decisões da ESA, ao abrigo do art. 263º do Tratado de Funcionamento da União Europeia, bem como recurso da decisão da Câmara de Recurso (art. 61º dos Regulamentos 1093/2010, 1094/2010 e 1095/2010).

4. Novos desenvolvimentos a nível dos Estados-membros da União Europeia

I. Paralelamente, e ainda antes de o quadro global e o quadro europeu tomarem forma final, muitas das legislações nacionais tem sido ou estão a ser mudadas. Não sendo patente a "globalização" ou (sequer) "europeização" das políticas nacionais, conveniente e necessária à estabilidade de um sistema altamente integrado.

Ora, pode dizer-se que uma lição da crise é a de a autonomia nacional das políticas financeiras não ter acompanhado a globalização financeira e a realidade da integração, interligação ou interdependência dos mercados de capitais europeus, com a sentida falta de cooperação/coordenação ou integração da supervisão a não frenar a instabilidade do sistema ou seguramente a não concorrer para um sistema estável.

Consequentemente, a resposta passa por maior harmonização das iniciativas dos Estados-membros na área da regulação e supervisão em ordem a, prevenindo evoluções adversas e tomadas de riscos excessivos ou inadequadamente avaliados, contribuir para o sistema altamente integrado e transfronteira ser um sistema estável, sem rupturas de consequências nefastas (também) para as economias reais e as coesões sociais em todo o mundo. Na certeza de que nos Estados acabam por repousar grandes responsabilidades de garantirem uma gestão coordenada das crises e preservarem a estabilidade financeira em situações de crise a nível nacional e internacional.

Mas vejamos, em traços largos, a paisagem das reformas do quadro institucional da supervisão empreendidas pelos Estados-membros da União Europeia à luz da crise eclodida no Verão de 2007, nos Estados Unidos e rapidamente espalhada por toda a parte, com o intuito de estancarem ou mitigarem seus efeitos negativos na estabilidade do sistema financeiro e correspondente propagação à economia real, partindo dos sobreanalisados três modelos de supervisão: o (tradicional) modelo das três autoridades, por sectores, uma para a banca, outra para a bolsa e outra para os seguros; o modelo das duas autoridades, por objectivos, uma para a supervisão prudencial, outra para a supervisão comportamental (*"twin peaks"*); o modelo da autoridade única, que cobre os três sectores (banca, bolsa e seguros) e os dois objectivos (prudencial e comportamental ou protecção dos depositantes, investidores e tomadores do seguro ou segurados).

Para o efeito, vamos servir-nos da visão global das mudanças nas estruturas de supervisão dos Estados-membros da União Europeia entre 2007 e 2010, proporcionada pelo seguinte Quadro do BCE:

ESTUDOS EM HOMENAGEM A MIGUEL GALVÃO TELES

Table 1 Supervisory *structures in the EU member states*[18]						
EU Member States	Sectoral model	"Twin peaks" model	Single supervisor model	Number of authorities responsible for supervision 2) (changes in bold)	The NCB has supervisory tasks or responsibilities 3) (changes in bold)	New responsibilities or powers to the NCB 2006-10 7)
BE	X		X	1		
BE planned		X	X	(->2)	X (NCB B I)	PLANNED
BG	X			2	X (NCB B)	
CZ	X		X	1	X (NCB All)	
DK			X	1		
DE	X		X	1	X 4)	
DE planned					**X (NCB B)**	PLANNED
EE	X		X	1		
GR	X			3	X (NCB B)	
GR planned	X			(->2)	**X (NCB B I)**	PLANNED
ES	X			3	X	
FR	X	X				
IE	X		X	1	X (NCB All)	X
IT	X	X		4	X NCB B	X
CY	X			4	X (NCB) B	
LV	X		X	1		
LT	X			3	X (NCB B)	
LT planned	X		X	(->1)	**X (NCB All)**	PLANNED
LU	X			2->3	**X 5) (NCB All)**	X
HU	X		X	1		
MT	X		X	1		
NL	X	X		2	X (NCB All)	

[18] Cfr. Recent developments in supervisory structures in the EU member states (2007-2010), online only, www.ecb.int/pub.

AT	X		X	1	X 6) **(NCB B)**	X
PL	X		X	1		
PT	X	X		3	X (NCB B)	X
PT planned	X	X		(->2)	X (NCB All)	PLANNED
RO	X			4	X (NCB B)	
SI	X			3	X (NCB B)	
SK	X		X	1	X (NCB All)	
FI	X		X	2->1		
SE			X	1		
UK	X		X	1		X
UK planned		X	X	2	X (NCB B I)	PLANNED

Notes: The ordering and naming of the countries in the table follows the standard EU order. The column "Twin peaks" model" includes *countries in which prudential supervision and conduct of business regulation are attributed to two different authorities*. For instance in the Netherlands prudential supervision of all financial sectors (banking, insurance and securities) is concentrated at the central bank, conduct of business regulation being attributed to the Netherlands Authority for the Financial Market. Italy and Portugal appear in both the "Sectoral model" and ""Twin peaks" model" columns since they have implemented a combination of the two models.

1) In order to show the evolution of the supervisory structure in each country, the following graphic symbols have been used:

• indicates changes after September 2006.

• indicates changes in the period from June 2003 to September 2006.

• indicates changes in the period from January 2000 to June 2003.

(See ECB (2003), *Developments in national supervisory structures*, June; and ECB (2006), *Recent developments in supervisory structures in EU and acceding countries*, October.)

2) Supervisory authorities with overall responsibility for taking final decisions in their field of competence.

3) The column includes central banks entrusted by law with specific supervisory responsibilities and indicates the related sector of competence (B = banking, I = insurance, All = all sectors). In Estonia and Finland, supervision is carried out by independent bodies which constitute part of the legal personality of the respective central banks.

4) The Deutsche Bundesbank is entrusted by law with the ongoing monitoring of institutions.

5) The Banque centrale du Luxembourg is entrusted by law with the prudential supervision of liquidity of markets and market operators of all financial sectors.

6) The *Finanzmarktaufsichtsbehörde* and the Oesterreichische Nationalbank have joint responsibility for the supervision of banks.

7) In Portugal, the power and responsibilities of the Banco de Portugal in the supervision of conduct of business of credit institutions and

financial companies were reinforced in January 2008. In Italy, the Financial Intelligence Unit was established as independent division

within the Banca d'Italia in 2008. In Ireland, legislation to re-integrate financial regulation into a unitary central bank was enacted in

July 2010.

ESTUDOS EM HOMENAGEM A MIGUEL GALVÃO TELES

II. O primeiro dado a enfatizar é o da migração do tradicional modelo sectorial (com três autoridades de supervisão, uma para cada sector) para o modelo de autoridade única ou duas autoridades: o modelo da autoridade única continua a ser de longe o predominante, notando-se, todavia, uma tendência recente para a adopção do modelo *"twin peaks"*.

Em Portugal, o modelo *"twin peaks"* planeado – Banco de Portugal como autoridade de supervisão prudencial dos três sectores, desaparecimento do Instituto de Seguros de Portugal e transformação da CMVM numa nova autoridade de supervisão comportamental e protecção dos investidores nos três sectores – não chegou a ser adoptado, com a queda do Governo socialista e sua substituição pelo novo Governo PSD/CDS em meados de 2011. No fundo, o modelo planeado para Portugal decalcava o modelo da Holanda: em 2004, o Banco Central holandês absorveu o *PVK–Pension and Insurance Supervisor*, ficando responsável pela supervisão prudencial e sistémica de todo o sistema financeiro, e foi criada a AFM – Autoridade para os Mercados Financeiros, responsável pela supervisão comportamental, regulando a conduta dos negócios (*conduct of business*) em todos os sectores financeiros, com a legislação de enquadramento a ser publicada apenas em 2007 (*Financial Supervisory Act*) e a delimitar as competências na supervisão prudencial pelo Banco Central e na conduta de mercado pela AFM com a necessária cooperação estreita por razões de sobreposição de supervisão.

A planeada passagem da autoridade única para o "twin peaks" na Bélgica consumou-se por lei de 2 de Julho de 2010, com entrada em vigor em 1 de Abril de 2011: o Banco Central belga fica responsável pela supervisão prudencial (estabilidade macro e microprudencial de todo o sistema financeiro, sendo membro da EBA (*European Bank Authority*) e da EIOPA (*European Insurance Occupational Pensions Authority*); a Autoridade dos Mercados e Serviços Financeiros fica responsável pela supervisão comportamental (cumprimento de regras de conduta), de modo a assegurar que os processos de mercado sejam justos e transparentes e os clientes tratados pelas instituições de modo honesto, correcto, competente e profissional, sendo membro da ESMA (*European Securities and Markets Autohrity*) e da EIOPA.

No Reino Unido, a passagem do modelo da autoridade única (FSA) para o modelo bipartido com o Governo conservador-liberal eleito em Junho de 2010, traduz-se no seguinte: uma Autoridade de Regulação Prudencial (PRA) e uma Autoridade dos Mercados e Protecção do Consumidor (CPMA). A Autoridade de Regulação Prudencial (PRA) é subsidiária do Banco Central de Inglaterra (BOE), como se infere da sua composição: os membros do BOE desempenham tendencialmente as funções executivas da PRA e asseguram a maioria de deliberação, entre os quais o Governador do BOE (como Presidente), o Governador Adjunto para a regulação prudencial (como CEO) e o Governador Adjunto para

954

a estabilidade financeira. Banco Central com funções de supervisão prudencial reforçada ainda com a criação de um novo comité no seu seio – *o Financial Policy Committee*, responsável pela condução da política de regulação macroprudencial, à semelhança do *"Monetary Policy Committee"* responsável pela definição das taxas de juro directoras – corrigindo-se, assim, o erro de ter retirado ao Banco Central as competências prudenciais, para as ter confiado à FSA. *A CPMA – Consumer Protection and Markets Authority*, separada do BOE, fica com a supervisão comportamental do sistema financeiro, conduta dos agentes de mercado e protecção dos clientes, consumidores ou investidores, a participar na ESMA e na PRA.

Em França foi criada em Março de 2010 a *ACP – Autorité de Contrôle Prudentiel*, aglutinadora de quatro entidades anteriormente existentes responsáveis pela autorização e supervisão da banca e dos seguros: *Comission Bancaire, Autorité de Contrôle des Assurances et des Mutuelles; Comité des Établissements de Crédit et des Entreprises d'Investissement; Comité des Entreprises d'Assurance*. A nova ACP funciona na órbita do Banco de França – o seu Presidente é o Governador do Banco de França, com um Vice-Presidente para os Seguros, tendo dois colégios dedicados respectivamente à Banca e aos Seguros, e o seu símbolo é *ACP/Banque de France*. A outra entidade é a *AMF – Autorité des Marchés Financiers*. Não corresponde, todavia, ao modelo *"twin peaks"* de separação entre supervisão prudencial e supervisão comportamental. De facto, a ACP/BF não tem como objecto exclusivo a supervisão prudencial: participa, em cooperação com a AMF, na supervisão comportamental, através de um Centro Conjunto de supervisão da comercialização de produtos financeiros, monitorizando o seu desenvolvimento e colocação e respectivas publicidades, com vista à protecção dos investidores. Se com a forte ligação ao Banco Central se procura uma grande contribuição da ACP para a estabilidade financeira – os grandes Bancos integram conglomerados financeiros –, o outro objectivo de supervisão da conduta de negócio para os produtos financeiros e protecção dos clientes não permite, summo rigore, qualificar o modelo francês como *"twin peaks"*.

III. Uma segunda nota que ressalta da leitura do sobrevisto Quadro do BCE é o do crescente envolvimento dos Bancos Centrais Nacionais nas actividades da supervisão financeira. A crise financeira tornou bem patente as vantagens e sinergias de os Bancos Centrais Nacionais terem a função de supervisão ou de pelo menos estarem estreitamente ligados às entidades de supervisão. O grande erro do modelo da entidade única, como a FSA no Reino Unido, terá sido precisamente esse: o não envolvimento estreito e forte do Banco Central na supervisão do sistema financeiro.

Erro que à luz da crise global está claramente a ser corrigido em muitos países, como decorre das colunas cinco (*the NBC has supervisory tasks or responsibilities*) e seis (*New responsabilities or powers to the NBC 2006-10*).

O grande envolvimento do Banco Central na supervisão do sistema era por nós defendido já antes da crise. E num país pequeno como Portugal, defendíamos já então a autoridade única[19]. Ponto de vista que sai reforçado pela lição da crise.

5. A unidade intrínseca da supervisão (prudencial e comportamental): uma autoridade para cada sector ou uma autoridade única

Na tendência para a concentração das autoridades de supervisão, temos como mais acertado o modelo da autoridade única no Banco Central do que o do *"twin peaks"*, com a entrega da supervisão prudencial ao Banco Central e da supervisão comportamental a outra autoridade.

Vejamos porquê.

I. Em primeiro lugar, porque hoje os grandes grupos são predominantemente conglomerados financeiros: para uma realidade económica unitária, nada melhor do que uma entidade de regulação e supervisão unitária, a dar consistência à supervisão transsectorial e monitorizar melhor o sistema financeiro (tão) concentrado e interdependente.

II. Em segundo lugar, porque a bipartição "supervisão prudencial" e "supervisão comportamental" tem sabor escolástico, de não fácil e rigorosa delimitação do perímetro de cada uma, a permitir que a engenhosa inventiva dos actores ladeie ou contorne o campo de responsabilidade de uma e de outra das entidades e se caia (de novo) em terra de ninguém, com *deficit* de controlo e regulação, como sucedeu com produtos estruturados altamente sofisticados, complexos e labirínticos, e a emergência de *"players"* que comercializavam todos os tipos de instrumentos financeiros, bancários, segurativos e de valores mobiliários, não raro fora da lei.

III. Em terceiro lugar – e em inferência do que vai dito – porque a combinação da supervisão comportamental e da supervisão prudencial na mesma entidade aumenta a eficiência e a eficácia do sistema como um todo, com a primeira a poder desnudar o buraco da segunda, assim se reforçando mutuamente.

Pense-se, a título de exemplo, nos chamados "produtos de retorno absoluto" comercializados pelo Banco Privado Português: nada havia de ilegal do ponto de vista da *"conduct of business"* do Banco – como qualquer outro, o BPP podia garantir o retorno do capital e cerca de 5% dos juros, e , portanto, a supervisão comportamental pela CMVM nada teria censurado e notificado ao Banco de Portugal –, mas pelo aspecto prudencial das operações a falha era total, não havendo os correspondentes fundos próprios de cobertura dos riscos assumidos pela instituição em causa.

---

[19] Cfr. João Calvão da Silva, *Banca, Bolsa e Seguros. Direito Europeu e Português*, nº 13.2., 2ª ed., Almedina, Coimbra, 2005.

Vale dizer que a concentração da supervisão comportamental e prudencial na mesma entidade gera sinergias de informação, pela positiva, e, pela negativa, não permite a sua desresponsabilização, com o sacudir da água do capote para a outra, num jogo do empurra, a terminar na insolvência de instituições com grande dano para os investidores – logo, a autoridade única aumenta a *accountability*.

IV. Em quarto lugar, porque o artificialismo da separação entre supervisão comportamental e supervisão prudencial exige uma estrutura de estreita, forte e minuciosa articulação entre as duas entidades.

E "Memorandos de Entendimento", "Comité de Cooperação" ou "Acordos de Colaboração" não poderão proporcionar respostas rápidas e eficazes, seguramente com a eficiência e a celeridade de uma autoridade única – logo, a autoridade única potencia (mais) a monitorização tempestiva, preventiva e proactiva do sistema financeiro, proporcionando respostas prontas à inovação (da engenharia) financeira e seu potencial desestabilizador do sistema como um todo altamente integrado e interdependente.

V. Em quinto lugar, o *"twin peaks"* conduz necessariamente a uma sobreposição das duas supervisões onerosa para os supervisionados.

Poder cair mesmo em duas equipas de supervisão em permanência nas instituições fiscalizadas (*in loco, on site*) – o recurso, nestes casos, a uma equipa de supervisão conjunta permanente nas instituições seria a prova cabal da superioridade de uma autoridade única.

VI. Em sexto lugar, nem mesmo o receado conflito entre os objectivos da estabilidade e da transparência do sistema depõe contra o regulador e supervisor único.

De facto, outra lição da crise global é o poderoso efeito de contágio de qualquer dos aspectos por que a mesma começa, com a autoridade única a poder sopesar melhor os referidos dois objectivos e assim prevenir uma generalizada crise de confiança no sistema.

VII. Numa palavra, à laia de conclusão: a supervisão dos três sectores concentrada numa autoridade – desejavelmente o Banco Central (ou entidade em que o Banco Central seja determinante pelo reforço das sinergias, das informações advenientes da responsabilidade pela estabilidade financeira e prestamista de liquidez de último recurso, em situação de emergência de instituições – afigura- -se mais adequada do que o *"twin peaks"* em situações de mercados interdependentes e instrumentos financeiros complexos e polisectoriais, favorecendo economias de escala, racionalidade, celeridade e responsabilidade (accountability na correspectiva e indispensável regulação/supervisão integrada.

Mais adequada porque e na medida em que o regulador único conserva o que de estrutural e estruturante caracteriza o modelo sectorial: a supervisão integral (prudencial e comportamental) do sector por uma só autoridade, a fazer dele o modelo talhado para instituições financeiras homogéneas (bancos, seguradoras, empresas de investimento).

Só com entidades e mercados de grande e complexa interdependência trans-sectorial (conglomerados financeiros) é que o modelo tradicional se torna inadequado, a reclamar como vantajosa a concentração das três autoridades sectoriais numa só, mantendo no seio a unidade da supervisão integral (prudencial e comportamental).

A não querer manter o *"circulus inextrincabilis"* da supervisão prudencial e comportamental na mesma autoridade, temos como preferível a sobrevivência do modelo tradicional, com uma autoridade para cada sector: é óbvia, todavia, a sua inadequação aos conglomerados financeiros, nacionais e internacionais, e consequente aumento do risco sistémico e da estabilidade financeira.

Por último, o modelo da supervisão integral (prudencial e comportamental) no Banco Central, responsável pela estabilidade financeira e cedência de liquidez em situações de emergência, não deve dispensar uma forte Agência de Protecção do Consumidor, de vocação universal, não confinada, portanto, aos três sectores financeiros: seria uma rede geral de justiça do cidadão, parte fraca na relação com o profissional.

Jura novit curia e a arbitragem internacional[1]

ANTÓNIO PINTO LEITE

1. A questão

Na arbitragem internacional não é linear nem consensual qual a margem de intervenção dos árbitros na determinação do direito aplicável, na aquisição de informação sobre o direito aplicável, na determinação do seu conteúdo e, finalmente, na sua aplicação ao caso sob julgamento. Até onde podem os árbitros ir, como devem proceder? Qual o seu papel e o papel das partes, e qual o papel dos árbitros em função da concreta atividade processual das partes (por ação e por omissão)?

No plano do processo civil, a tendência nos países da «common law» (e em alguns sistemas da «civil law»[2]) é a de seguir o modelo adversarial, com predominância do princípio do dispositivo, nos termos do qual o julgador se deve conter no perímetro das questões de fato e de direito alegadas e provadas pelas partes. Nestas questões se inclui a alegação e prova do chamado «fato normativo»[3], isto é, do direito aplicável e seu conteúdo[4].

---

[1] Este artigo é a adaptação da palestra que fiz na VIII Conferência de Arbitragem Internacional do Rio de Janeiro, em 8 de maio de 2012.

[2] Em França, a lei estrangeira apenas é aplicada se invocada e provada por uma das partes. Se as partes não alegam nem provam, o tribunal não é obrigado a aplicar direito estrangeiro no caso de direitos disponíveis, apenas sendo obrigado quando estejam em causa "droits indisponibles".

[3] O conceito de *"fato normativo"* aparece atribuído a Salvatore Satta, em artigo publicado na *Rivista Trimestrale di Diritto e Procedura Civile, 1955,* conforme refere Diego Corapi, *Iura novit curia nell'arbitro internazionale, in* Revista de Arbitragem e Mediação, Ano 8, 30, Julho-Setembro, 2011, p. 186.

[4] Nos tribunais judiciais do Reino Unido a aplicação de lei estrangeira tem que ser alegada e provada pelas partes. O juiz deve decidir apenas com base nas alegações e nas provas produzidas pelas partes – Regra 33.7 das *Regras de Processo Civil;* ver *Dicey, Morris & Collins, The Conflict of Laws,* Sweet & Maxwell, 2006, 14ª edição, nº 9-001. Em contraste, o English Arbitration Act de 1996 confere aos árbitros o poder de determinar o direito aplicável (section 34, (2), g.). Igualmente no

Por sua vez, a tendência nos países da «civil law» (e em alguns países da «common law»[5]) é marcada pelo princípio *jura novit curia*, nos termos do qual cabe ao tribunal a aplicação do direito aos fatos alegados e provados pelas partes. Neste âmbito, a aplicação de lei estrangeira é tratada como uma questão de direito e não como uma questão de fato[6].

Como proceder quando o julgador é um árbitro e o contexto uma arbitragem internacional?

Em síntese, como deve um árbitro, no âmbito de uma arbitragem internacional, proceder nas seguintes situações: (i) determinação do direito nacional (ou outro) aplicável, (ii) determinação das normas aplicáveis e sua interpretação (conteúdo do direito aplicável), (iii) processo de aquisição da informação sobre o direito aplicável e seu conteúdo, respeitando o princípio do processo equitativo e, por fim, (iv) aplicação do direito ao caso concreto?

Neste artigo, irei reflectir sobre a aplicação do princípio *jura novit curia* na arbitragem internacional e procurar salientar como o princípio *jura novit curia*, com respeito pelo princípio do contraditório, é a melhor solução[7].

2. *Jura novit curia* – o conceito

O princípio *jura novit curia* significa, em termos literais, o tribunal conhece o direito. De um lado, as partes cuidam dos factos (alegação e prova), do outro lado, o tribunal cuida do direito. Este entendimento tem tradução noutro brocardo latino *"da mihi factum, dabo tibi jus"* ("dá-me os factos, dar-te-ei o direito").

Reino Unido, o Regulamento de Arbitragem do LCIA (22.1 c)), confere ao tribunal arbitral amplos poderes: *"(...) Arbitral Tribunal should itself take the initiative in identifying the issues and ascertaining the relevant facts and the law(s) or rules of law applicable to the arbitration (...)"*

[5] Nos Estados Unidos da América, o artigo 44.1 das Regras Federais de Processo Civil estabelece que na determinação e aplicação de lei estrangeira, o tribunal pode considerar qualquer meio ou fonte, incluindo testemunhas, submetidas ou não pelas partes, e que a determinação da lei aplicável *"must be treated as a ruling on a question of law".*

[6] A lei alemã é um exemplo sugestivo. Nos termos do artº 293 do respetivo Código de Processo Civil, a lei aplicável noutro Estado deve ser provada apenas na medida em que não seja do conhecimento do tribunal. Na identificação destas normas legais, o tribunal não está limitado às provas produzidas pelas partes e tem o poder de usar outras fontes de conhecimento e ordenar o que seja necessário para adquirir aquele conhecimento.

[7] No Relatório da Conferência Bienal do "Committe on International Arbitration", que teve lugar no Rio de Janeiro, em 2008, a Recomendação 8 vai no sentido de que *"arbitrators may question the parties about legal issues the parties have raised and about their submissions and evidence on the contents of the applicable law, may review sources not invoked by the parties relating to those legal issues and may, in a transparent manner, rely on their own knowledge as to the applicable law as it relates to those legal issues"* – *Ascertaining the contents of the applicable law in international commercial arbitration (Report for the Biennial Conference in Rio de Janeiro, August 2008)"*, Filip De Ly, Luca Radicati di Brozolo e Mark Friedman, *in* Revista de Arbitragem e Mediação 2010 – RARB 26, p.166.

Dissecando o princípio, vemos que tem cinco elementos estruturantes.

Primeiro elemento, o tribunal conhece o direito, no sentido de que *aplica* o direito. Isto é, cabe ao tribunal a responsabilidade última de determinar qual o direito aplicável, qual o seu conteúdo e correta interpretação e, por fim, proceder à aplicação do direito aos fatos da causa.

Segundo elemento, o tribunal conhece o direito, no sentido de que *sabe* o direito a aplicar. Não existe a presunção de que o tribunal, necessariamente, *sabe* o direito à partida, mas existe a presunção de que o tribunal *sabe* o direito no momento da decisão. A presunção de que o tribunal *sabe* o direito que vai aplicar é condição do primeiro elemento, isto é, o tribunal apenas dispõe do poder de aplicar o direito com relevante grau de liberdade porque se presume *saber* o direito a aplicar.

Terceiro elemento, condição necessária do elemento anterior, o tribunal não só pode como deve investigar, por sua iniciativa e podendo ir além do princípio do dispositivo, qual o direito aplicável e o respetivo conteúdo, única forma de, concetualmente, se assegurar que à *liberdade* de decisão do tribunal estão associados os instrumentos adequados para o exercício dessa sua (tão grande) *responsabilidade*.

Quarto elemento, consequência lógica do anterior, o direito não carece de ser provado pelas partes, precisamente porque é suposto o tribunal conhecer (no sentido de *saber*) o direito aplicável.

Quinto elemento, na determinação do direito aplicável, na aquisição de informação sobre o mesmo, na sua interpretação e aplicação, o tribunal não está condicionado pela atividade processual das partes, podendo proceder à recaraterização jurídica dos fatos[8] e decidir com base em ordenamento legal, norma jurídica ou entendimento diversos daqueles que foram alegados pelas partes.

3. A *Torre de Babel* jurídica

A aplicação do princípio *jura novit curia* na arbitragem internacional propõe questões de natureza específica.

A questão ganha particular complexidade porque na arbitragem internacional o julgador não só terá de lidar com mais de uma ordem jurídica nacional, como terá, em regra, de aplicar direito diferente do direito aplicável na ordem jurídica do seu país.

Nesse sentido, os árbitros atuam no contexto de uma verdadeira *Torre de Babel* jurídica, não conhecendo, em muitas situações, o direito aplicável.

---

[8] Em alguns casos considerou-se que o tribunal poderia mesmo modificar a causa de pedir, caso o pedido do autor não fosse consequência da causa de pedir alegada, mas fosse consequência de outra causa de pedir que resultasse dos fatos alegados- por exemplo, *Supremo Tribunal da Bélgica, 14 de Abril, 2005, Jur. Liège, Mons et Bruxelles, 2005, 856.*

ESTUDOS EM HOMENAGEM A MIGUEL GALVÃO TELES

Gabriele Kaufmann-Kohler, uma das personalidades mais distintas e experientes da arbitragem internacional, identificou este ponto de modo incisivo: *"Reflecting back on the cases in which I have been involved as an arbitrator, (...) I realized that I have disputes under German, French, English, Polish, Hungarian, Portuguese, Greek, Turkish, Lebanese, Egyptian, Tunisian, Maroccan, Sudanese, Liberian, Korean, Thai, Argentinean, Colombian, Venezualan, Illinois, New York (...) and Swiss law. Do I know these laws? Except for New York law (...) and Swiss law(...) the answer is clearly no. So haw did I apply a law unknown to me? By ignoring it? By focusing on the facts and the equities? How did I become educated in the law? How did counsel teach me?"*[9]

Pelo seu lado, as estatísticas da CCI relativas ao ano de 2009 evidenciam que em 817 casos foram aplicados 91 leis nacionais diferentes. Mais ainda, tão pouco existe uma qualquer tendência hegemónica de uma legislação nacional sobre as outras: Reino Unido (14,3%), Suíça (13,1%), França (17,2%), EUA (7,1%), Alemanha (6%) e Brasil (2,6%)[10].

4. A arbitragem internacional e os regimes nacionais de aplicação do direito estrangeiro pelo juiz

Na *Torre de Babel* jurídica que a arbitragem internacional é, o princípio *jura novit curia* enfrenta uma dificuldade suplementar, uma vez que não é linear a analogia com o papel do juiz. Na verdade, o princípio foi pensado para o caso regra, ou seja, para o juiz que aplica o seu direito nacional, que conhece, enquanto que na arbitragem internacional o árbitro pode não conhecer, e em regra não conhece, o conteúdo do direito aplicável.

Acresce que, por natureza, na arbitragem internacional não há direito estrangeiro. De fato, o árbitro não deve confundir direito *estranho* (que lhe é estranho) com direito *estrangeiro*.

Esta realidade tem consequências: por um lado, o regime de determinação e aplicação de direito *estrangeiro* pelo juiz estadual não tem transposição direta para aplicação pelo árbitro de direito que lhe é *estranho;* por outro lado, ao procurar apoio no regime aplicável aos juizes, o árbitro confronta-se com o fato de os direitos nacionais terem regras muito variadas sobre aplicação do direito estrangeiro, combinando de modo diverso o papel das partes e a investigação oficiosa do tribunal[11]; finalmente, não existindo, por natureza, direito estrangeiro em arbitragem internacional e sendo as regras nacionais sobre aplicação de direito estrangeiro

---

[9] G.Kaufmann-Kohler, *The Arbitration and the Law: Does He/She know it? How? And a Few More Questions*, 21 Arb. Intil 2005, 631f.

[10] ICC Bulletin, Volume 21 (1), 2010, p.14.

[11] É importante relevar que mesmo no âmbito dos países da "civil law" há diferenças. Os tribunais franceses, por exemplo, são severos no cumprimento do princípio do contraditório e no sentido de evitar decisões que possam surpreender as partes, enquanto os tribunais suíços ou austríacos são mais flexíveis quanto a este ponto.

destinadas ao poder judicial, mesmo se tais regras forem tomadas como referência pelo árbitro, poderão ser inadequadas ou mesmo inaplicáveis.

Sem prejuízo de todas estas dificuldades, é prudente que o árbitro, no procedimento de determinação de qual o direito aplicável e seu conteúdo, tome em consideração o regime legal de aplicação do direito estrangeiro pelo juiz, aplicável quer no lugar da arbitragem, quer na jurisdição onde a sentença deverá ser reconhecida ou executada. De fato, em caso de a sentença arbitral vir a ser impugnada, sujeita a processo de reconhecimento ou executada, o enquadramento da questão poderá vir a ser feito pelos tribunais estaduais tomando por referência o regime nacional de aplicação do direito estrangeiro pelo juiz.

O caso português, típico de um sistema da "civil law", é útil para esta análise. Nas arbitragens em que o direito português apareça como *lex arbitri*, ou seja, *grosso modo*, as arbitragens com sede em Portugal, não são de excluir os riscos de anulação de uma sentença arbitral, em caso de grave falta de diligência do tribunal arbitral na determinação do direito aplicável e respetivo conteúdo, com influência no destino da causa.

Segundo a lei portuguesa, aquele que invocar direito consuetudinário, local ou *estrangeiro*, compete fazer prova da sua existência e do seu conteúdo; mas o tribunal deve procurar, oficiosamente, obter o respetivo conhecimento (artº 348, nº 1 do Código Civil).

A lei vai mais longe quanto ao dever de diligência do juiz: o conhecimento oficioso incumbe também ao tribunal, sempre que nenhuma das partes o tenha invocado, ou a parte contrária tenha reconhecido a sua existência e conteúdo ou não haja deduzido oposição (artº 348, nº 2).

Isto é, na ordem jurídica portuguesa o julgador tem o dever de investigar, independentemente do ónus da prova da parte alegante, da falta de oposição da parte contrária, ou mesmo havendo acordo entre as partes.

Este regime deve ser conjugado com a expressa consagração constitucional dos tribunais arbitrais. O artº 209 da Constituição Portuguesa, depois de enunciar, no nº 1, as "categorias de tribunais", refere, no nº 2, que "podem existir tribunais marítimos, tribunais arbitrais e julgados de paz".

Por outro lado, no artº 203, a Constituição preceitua que "os tribunais apenas estão sujeitos à lei". Desta norma se tem retirado, quer a imposição constitucional de independência e imparcialidade dos árbitros[12], quer o princípio constitucional da legalidade do conteúdo das decisões jurisdicionais[13].

---

[12] Miguel Galvão Teles ensina que *"a independência e imparcialidade do orgão transpõem-se para os árbitros, convolando-se em deveres com âmbito alargado"* – Processo equitativo e imposição constitucional da independência e imparcialidade dos árbitros em Portugal, in Revista de Arbitragem e Mediação, Ano 7 -24, Janeiro -Março 2010, cap. 3.

[13] José Lebre de Freitas, *Código do Processo Civil Anotado*, 2001, Vol. 2., p. 658.

A patologia de uma sentença arbitral proferida sem respeito pela legalidade do seu conteúdo, não por erro de julgamento, mas com origem em passividade do tribunal na determinação do direito aplicável e respetivo conteúdo, poderia encontrar enquadramento, desde logo, na violação do direito fundamental à tutela jurisdicional efetiva e na violação do princípio da legalidade. Igualmente se pode conceber a violação do direito ao processo equitativo – direito também consagrado na Constituição Portuguesa, artº 20º, nº 4 -, uma vez que o *"due process"* pressupõe a existência de um tribunal que, ao decidir, *sabe* o direito, condição necessária para poder assegurar o fim último da função jurisdicional, tal como constitucionalmente concebida.

É certo que o tribunal judicial de anulação (ou do reconhecimento) não poderia conhecer do mérito ou de eventuais erros de julgamento; todavia, coisa diferente seria sindicar a atividade do tribunal arbitral e aferir o grau de diligência com que o tribunal procurou identificar o direito aplicável e o seu conteúdo.

Serve este exemplo de uma jurisdição da "civil law" para sublinhar a importância do princípio *jura novit curia* na arbitragem internacional e de como a condução de um procedimento arbitral segundo um modelo meramente adversarial, com plena hegemonia do princípio do dispositivo e passividade do tribunal em matéria de investigação do "fato normativo", pode conduzir a situações de sinistralidade arbitral, designadamente em ordens jurídicas em que há fundamento, incluindo constitucional, para aproximação dos deveres do árbitro aos deveres do juiz.

5. Questões a resolver pelo árbitro – os trabalhos de Hércules

Para se aferir a importância do princípio *jura novit curia*, é relevante compreender a complexidade do contexto de atuação do árbitro no âmbito de uma arbitragem internacional. Chamei ao rol imenso e sofisticado de questões que o árbitro tem para resolver os «trabalhos de Hércules», tal o grau de exigência que sobre ele impende.

Em arbitragem internacional, o árbitro tem *questões macro* e *questões micro* para resolver.

No plano das *questões macro*, o árbitro tem de decidir qual a lei aplicável às diversas questões relativas à arbitragem.

Em primeiro lugar, qual a lei aplicável à existência, validade, âmbito e efeitos da convenção de arbitragem.

Em segundo lugar, qual a lei aplicável à capacidade das partes e à arbitrabilidade do litígio.

Em terceiro lugar, qual a lei aplicável ao procedimento arbitral.

Em quarto lugar, qual a lei aplicável ao mérito, podendo ter de vir a decidir sobre *"conflict of law rules"*.

Em quinto lugar, o árbitro deve conhecer e conduzir o procedimento tendo também em consideração as leis nacionais do reconhecimento e execução da sentença arbitral, de modo a assegurar a sua validade nessas outras jurisdições.

Finalmente, o árbitro deve ter presente, em crescente número de casos, regimes de direito não nacionais, como a *lex mercatoria,* princípios transnacionais, princípios UNIDROIT relativos aos contratos comerciais internacionais, usos e costumes locais.

Encontrado o direito aplicável, seguem-se as *questões micro* a resolver pelo árbitro: é preciso determinar o conteúdo desse mesmo direito.

O árbitro que busque, conscienciosamente, a legalidade do conteúdo da sua decisão tem aqui uma tarefa de enorme exigência, quando é certo que na maioria dos casos estará decidindo segundo um direito para si desconhecido.

Não bastará ao árbitro o texto da lei, mas a sua interpretação, a sua adequada aplicação ao caso concreto, os precedentes jurisprudenciais e o conhecimento da doutrina relevante.

Considerando a diversidade cultural e jurídica, quer das partes, quer dos próprios árbitros, a tensão entre o princípio do dispositivo e o princípio do inquisitório aflorará de modo inevitável, devendo o árbitro gerir esta tensão com a prudência necessária à proteção da validade da sentença arbitral, nas diversas ordens jurídicas envolvidas, e, ao mesmo tempo, respeitando o seu dever de assegurar a legalidade do conteúdo da sua decisão.

6. *Jura novit curia* e ética arbitral

A par dos deveres que para o árbitro resultam da lei ou da *soft law*, e das obrigações que resultam do contrato celebrado com as partes litigantes para dirimir o litígio que as opõe, o árbitro deve reportar a princípios éticos no exercício da sua função.

Ora, há várias dimensões éticas que concorrem a favor do princípio *jura novit curia* na arbitragem internacional, temperado pelo princípio do contraditório.

Desde logo, importa reter as considerações de Julian Lew: *"The expectations is that a tribunal will correctly apply the substantive rules to issues presented in each case. The need to ascertain the content of the applicable law is an essential task of the international arbitral tribunal"*[14]. Isto é, o árbitro deve ter presente o patamar de exigência em que a arbitragem internacional o coloca: tendo de decidir segundo um direito que lhe é estranho, é esperado, na hora de decidir, que o árbitro se sinta, em consciência, preparado para decidir, no caso concreto, como se estivesse decidindo segundo o direito da ordem jurídica do país a que pertence. Este patamar exige uma liberdade de investigação por parte do árbitro, que o princípio *jura novit curia* assegura.

---

[14] Julian D. M. Lew QC, *Iura Novit Curia and Due Process*, Queen Mary University of London, School of Law, Legal Studies Research Paper Nº 72/2010, p. 2.

ESTUDOS EM HOMENAGEM A MIGUEL GALVÃO TELES

Por outro lado, o árbitro tem um dever ético que não deve esmorecer perante a enorme margem de poder que lhe é conferida pelas partes: o dever de assegurar, ou de tudo fazer para assegurar, que a sentença arbitral seja válida perante as leis nacionais relevantes no caso concreto. Ora, tendo presente a complexidade contextual descrita no ponto anterior, este dever ético não é compatível com a limitação da faculdade do árbitro de diligenciar, para lá das alegações e provas produzidas pelas partes, sobre o direito aplicável e o seu conteúdo.

Igualmente, cabe nos deveres éticos de um árbitro contribuir para a *confiança na justiça arbitral*. Recuperando o princípio da legalidade do conteúdo das decisões jurisdicionais, onde se acolhe o sentido último da Justiça, a confiança na justiça arbitral ficaria em crise se esta pudesse ser percecionada como um sistema geneticamente apto a tomar decisões de conteúdo não legal, ou a seguir procedimentos erráticos de aplicação da lei.

Num terceiro patamar de consideração ética, está o *profissionalismo* do árbitro internacional.

Se o contrato para arbitrar celebrado com as partes já impõe a sua execução pelo árbitro dentro dos ditames da boa fé, com particular incidência no dever de zelo no cumprimento da obrigação de proferir decisão de conteúdo legal, acresce a isso uma dimensão de responsabilidade ética.

Adotando a metáfora de W. Goldschmidt[15], o árbitro internacional, escolhido de entre uma escassa elite de personalidades a nível internacional, não pode bastar-se com a função de um *fotógrafo* do processo, limitando o seu olhar ao que as partes alegam, mas antes deve assumir uma função de *arquitecto* do processo, intervindo na sua construção com a responsabilidade própria de um profissional de quem é exigível a prestação de um serviço de excelência. Neste caso, a excelência do serviço inclui a legalidade do conteúdo da sentença e, para tal, o árbitro não pode ficar condicionado pelas partes quanto à determinação do direito aplicável e do seu conteúdo, nem quanto à aplicação do próprio direito aos fatos.

A diligência do árbitro é, assim, uma decorrência ética e tal diligência em nada interfere com os limites próprios da atuação do árbitro, seja porque não poderá decidir para além do que foi pedido, seja porque a sua diligência não deve produzir uma desigualdade de armas entre as partes, seja porque não deverá decidir surpreendendo as partes ou sem as ouvir sobre os pontos que possam influir no destino da causa.

---

[15] *Die Philosophischen Grundlagen des Internationalen Privatrechts, Festschrift fur Martin Wolff, Turbingen,* 1952, 217, citado no artigo de co-autoria de Filip De Ly, Luca Radicati di Brozolo e Mark Friedman, *Ascertain the contents of the applicable law in international commercial arbitration (Report for the Bienal Conference in Rio de Janeiro, August 2008),* publicado na Revista de Arbitragem e Mediação 2010 – RARB 26, p.139.

Num outro plano ético, a diligência do árbitro internacional impõe-se, em muitas situações, como a melhor forma de garantir o *equilíbrio interno do próprio tribunal arbitral*. Na arbitragem internacional, é comum haver apenas um árbitro familiarizado com a lei aplicável, em regra um dos árbitros nomeado por uma das partes. Só atuando com diligência, os árbitros, com especial responsabilidade para o árbitro presidente, poderão assegurar o equilíbrio interno do próprio tribunal. É eticamente exigível a cada árbitro internacional que se coloque no mesmo plano de conhecimento jurídico do que os demais árbitros, de modo a ser *par entre pares* na decisão do caso.

Finalmente, note-se, o cumprimento destes deveres éticos está atualmente bastante facilitado, considerando a tendencial harmonização do direito aplicável aos contratos comerciais internacionais e o desenvolvimento exponencial do Direito Comparado, com divulgação intensa de instrumentos do seu conhecimento.

Em conclusão, a ética arbitral reclama o princípio *jura novit curia* na arbitragem internacional.

7. *Jura novit curia* e o realismo quanto à fase histórica da arbitragem internacional

Há uma discussão fascinante pela frente em torno da conceção da arbitragem internacional como uma ordem jurídica transnacional e o nosso espírito deve manter prudente abertura à dinâmica do debate em curso[16].

Sem prejuízo do que possa vir a ser o futuro da arbitragem internacional, o princípio *jura novit curia* é o que melhor se adequa à atual fase histórica.

Na atualidade, os Estados têm um papel decisivo para a existência e sustentabilidade da arbitragem internacional, quer através dos instrumentos legais internos, quer através da sua adesão a instrumentos de direito internacional.

---

[16] Rodrigo Octávio Broglia Mendes aborda a questão na sua tese do doutoramento, defendida em 2008. Em artigo publicado na Revista de Arbitragem e Mediação, *"Regras Imperativas e arbitragem internacional: por um direito transnacional privado?"*, elaborado com base naquela tese de doutoramento, escreve: *"saber se o árbitro deve ou não aplicar regras imperativas dependerá das regras desenvolvidas pela própria ordem jurídica transnacional da arbitragem internacional, argumento que pode se coadunar com uma perspectiva "autónoma" da arbitragem. Isto é, tendo a arbitragem elementos próprios que levam a discussão para além das perspectivas contratualistas, jurisdicionalistas ou híbridas, é preciso se cogitar de um "direito transnacional privado" em contraposição ao direito internacional privado dos Estados, vale dizer, regras de conflito desenvolvidas no âmbito dessa ordem jurídica transnacional que permitiriam decidir sobre a aplicação ou não da regra imperativa, como se faz com a nova lex mercatória, no sentido de regras de direito material desenvolvidas a partir de uma normatividade imanente do comércio internacional, e de um direito da arbitragem internacional, com regras processuais derivadas de acordos e tratados internacionais, leis modelos e regras elaboradas pelas entidades privadas que administram procedimentos arbitrais. Esse argumento implica uma modificação do foco, na semântica dogmática, do conflito de vontades para um genuíno conflito entre ordens jurídicas".*

ESTUDOS EM HOMENAGEM A MIGUEL GALVÃO TELES

Igualmente no plano dos Estados, é crucial a função dos respetivos judiciários, quer em sede de ação de anulação[17], quer em sede de ação de reconhecimento de sentença arbitral estrangeira, quer em sede de execução de sentença arbitral, quer ainda em sede de assistência aos tribunais arbitrais (v.g. providências cautelares, produção de prova). Finalmente, os princípios de ordem pública internacional de cada Estado constituem um reduto incontornável para a arbitragem internacional.

Neste quadro, marcado pela complexidade, pela interconexão e pela sofisticação, a prevalência de um princípio de diligência por parte do árbitro na aplicação do direito é o que melhor se adequa à realidade e é aquele que melhor previne a sinistralidade arbitral.

Por outro lado, não é realista ignorar o fundamento constitucional da arbitragem e as suas consequências, designadamente em jurisdições de matriz romano-germânica.

De novo o caso português pode ser útil. O Acórdão do Tribunal Constitucional nº 181/2007, tirado pelo Conselheiro Paulo Mota Pinto, afirma que *"os tribunais arbitrais (necessários e voluntários) são também "tribunais", com o poder e o dever de verificar a conformidade constitucional de normas aplicáveis no decurso de um processo e de recusar a aplicação das que consideram inconstitucionais"*.

Mais, este mesmo Acórdão reconhece expressamente a *admissibilidade de recurso direto para o Tribunal Constitucional da decisão do tribunal arbitral voluntário*[18].

Neste contexto, uma vez mais o princípio *jura novit curia* impõe-se como consequência metodológica natural do paradigma constitucional que, em muitas jurisdições, a arbitragem alcançou.

Finalmente, há um lugar paralelo significativo nos tribunais internacionais, os quais adotam como regra o *jura novit curia*. Assim é com o Tribunal Internacional de Justiça, com o *"Appelate Body"* da Organização Mundial do Comércio (WTO), com o Tribunal Europeu dos Direitos do Homem ou com o Tribunal Inter-Americano dos Direitos do Homem.

Também os Princípios UNIDROIT do Processo Civil Transnacional concorrem no mesmo sentido: *"O Tribunal é responsável por considerar todos os factos rele-*

---

[17] A tese maximalista de que deve ser possível submeter a tribunal arbitral questões com «cap jurídico», parece-me de rejeitar. Por exemplo, a possibilidade de pedir a um tribunal arbitral que decida sobre um contrato nulo, sem considerar essa mesma nulidade, seria, provavelmente, rejeitada na ordem jurídica portuguesa.

[18] *"Pode recorrer-se para o Tribunal Constitucional de decisões de tribunais que pertençam à ordem jurídica portuguesa ou nela se situem"* – Miguel Galvão Teles, *Recurso para o Tribunal Constitucional das Decisões dos Tribunais Arbitrais*, III Congresso do Centro de Arbitragem da Câmara do Comércio e Indústria, p.212.

vantes e por determinar a base legal correcta para as suas decisões, incluindo matérias a decidir por lei estrangeira" (22.1).

8. *Tableau de bord* do árbitro internacional

A aplicação do princípio *jura novit curia* a cada caso concreto oferece dificuldades. Sem ter, naturalmente, a pretensão de ser exaustivo, podemos refletir em algumas orientações para o modo de agir do árbitro internacional.

A primeira orientação consiste, como resulta do exposto, em que a melhor solução para a arbitragem internacional é, fora do quadro de decisões segundo a equidade, a aplicação do princípio *jura novit curia* com respeito pelo princípio do contraditório.

Dois argumentos, desde logo, impõem esta orientação.

Primeiro, o árbitro, tal como o juiz, tem sempre que fazer uma avaliação própria, num quadro de entendimentos diversos. Este processo exige, por definição, uma margem de manobra para o árbitro.

Segundo, quando não se faz prova do direito estrangeiro aplicável e seu conteúdo, o juiz tem, em regra, o direito nacional como direito subsidiário aplicável. Ora, na arbitragem internacional tal regra não existe, pelo que se não se fizesse prova do direito aplicável e sei conteúdo a consequência seria o não reconhecimento dos direitos invocados.

A segunda orientação é a de que a investigação sobre o direito a aplicar – a *"base legal correta"* – é um dever e não uma mera faculdade do árbitro.

Desde logo, a violação daquele dever pode constituir o árbitro em responsabilidade perante as partes. Na verdade, o *"laissez faire"* arbitral pode constituir o árbitro em responsabilidade civil quer por violação de obrigações contratuais, quer por violação de deveres jurisdicionais.

Por outro lado, a eventual não aplicação do direito que seria o direito aplicável ao litígio, mesmo não tendo sido alegado pelas partes, pode determinar a anulação ou a recusa do reconhecimento da sentença arbitral, se a não aplicação da «base legal correta" tiver sido consequência de grave falta de diligência dos árbitros na investigação do direito aplicável e respetivo conteúdo, e não apenas um erro de julgamento[19].

Uma terceira orientação, é a de que na aquisição de informação o tribunal deve seguir, na medida do possível, orientações internacionalmente reconhecidas (*e.g.* Uncitral Notes on Organizing Arbitration Proceedings, IBA Guidelines on Conflict of Interest in International Arbitration), para assegurar ao máximo o valor da segurança e da certeza jurídicas, bem como a transparência, a objetividade e a *"fairness"* do processo de aquisição de informação.

---

[19] *"Failure to apply applicable legal rules (mandatory or permissive) that were not raised by the parties may also open the way for challange"* – Julien Lew, ob. cit, p. 12.

ESTUDOS EM HOMENAGEM A MIGUEL GALVÃO TELES

Uma quarta orientação é a de que o processo de aquisição de informação e do próprio processo de aplicação do direito deve ter presente *a aparência de independência e de não favoritismo do tribunal arbitral.*

Esta preocupação torna aconselhável, em determinadas ocasiões, o recurso a peritos legais independentes *(independent legal experts)*. É conhecida a resistência ou mesmo rejeição desta metodologia por parte de alguma elite arbitral internacional, considerando-a desnecessária, mas situações há em que o valor da aparência de independência do tribunal deve ser atuante no *"modus faciendi"* do tribunal, em ordem a defender a sentença arbitral em sede de impugnação ou de reconhecimento.

Numa situação em que os árbitros desconhecem, à partida, o direito que vão aplicar e apenas uma das partes requer o depoimento ou junta parecer de um perito legal, ou numa situação em que só um dos árbitros, indicado por uma das partes, conhece o direito aplicável, pode ser, para além de útil, prudente incluir no processo de tomada de decisão um perito legal independente.

Uma quinta orientação é a de que o princípio do dispositivo é limitado pelo *jura novit curia* e este, por sua vez, é conformado pelo princípio da igualdade de armas.

Esta orientação é, por exemplo, relevante perante situações de *"adverse inference"*, em que uma das partes adota uma conduta de inação ou de defesa negligente quanto às questões legais em discussão. Nestas situações, o árbitro deve, em regra, diligenciar a aquisição da informação, mas deverá ter a cautela de verificar se em alguma das jurisdições conetadas com o litígio a sentença arbitral poderá ser anulada ou recusado o seu reconhecimento por violação do princípio da igualdade de armas.

Uma sexta orientação é a de que o tribunal arbitral pode investigar *"ex-officio"* mas deve decidir no âmbito do que foi pedido pelas partes.

Como exemplo, no conhecido caso *"Dreyfus v. Tusculum"*, o Tribunal Superior do Quebec anulou, em Dezembro de 2008, uma sentença arbitral que havia declarado nulo um contrato de *joint-venture*, com fundamento em *"frustration"*, quando as partes haviam colocado o litígio pedindo a aplicação de uma *"Valuation and Buyout remedy clause"* com fundamento num alegado impasse na *joint-venture*.

Uma oitava orientação: em princípio, os árbitros não devem introduzir questões jurídicas importantes *(legal issues)* – proposições de direito que possam ter influência determinante na decisão da causa – que as partes não tenham levantado.

No entanto, em litígios que envolvam regras de ordem pública ou outras normas que as partes não possam derrogar, pode justificar-se que os árbitros tomem medidas apropriadas para determinar a aplicabilidade e o conteúdo de tais regras, inclusive fazer investigação independente das mesmas, suscitar perante as partes novas questões (de direito ou de facto) e emitir instruções ou ordenar medidas

ANTÓNIO PINTO LEITE

apropriadas, desde que considerem que isso é necessário para dar cumprimento a tais regras ou para prevenir a possível impugnação/anulação da sua sentença.

Finalmente, a orientação mais influente para um bom resultado arbitral: o árbitro deve ter um *temor reverencial pelo princípio do contraditório*. Esta orientação merece uma reflexão autónoma.

9. *Jura novit curia* e princípio do contraditório

O princípio do contraditório tem uma dupla função na aplicação do princípio *jura novit curia*: de um lado, limita-o, do outro, é a segurança para o exercício jurisdicional *"ex-officio"*[20].

O árbitro deve ter presente que o princípio do contraditório, se não respeitado, tem o poder de destruir as sentenças arbitrais, estando consagrado nas ordens jurídicas nacionais com estatuto de princípio de ordem pública internacional dos Estados[21].

Assim, o árbitro deve acionar sempre o princípio do contraditório em caso de dúvida ou de situações de fronteira.

O árbitro deve, igualmente, tomar conhecimento detalhado de qual o estatuto preciso que é concedido ao princípio do contraditório em cada uma das ordens jurídicas que estão em conexão com o litígio, pois há diferenças que podem ser relevantes.

A título de exemplo, a ordem jurídica portuguesa é uma das que confere um estatuto mais intenso ao princípio do contraditório: o juiz deve observar o princípio do contraditório, não lhe sendo lícito, *salvo caso de manifesta desnecessidade*, decidir questões de facto ou de direito, mesmo que de conhecimento oficioso, sem que as partes tenham também tido a possibilidade de sobre elas se pronunciarem (CPC art⁰ 3⁰/3). Ou seja, ao princípio do contraditório está associada uma cultura jurídica nacional própria, que o tribunal arbitral deve tomar em conta.

Alguns exemplos ilustram a tensão entre o princípio *jura novit curia* e o princípio do contraditório e deles podem os árbitros colher bons ensinamentos.

---

[20] Vários Regulamentos de arbitragem reflectem este equilíbrio entre o poder dos árbitros e as regras que devem adotar: LCIA Rules (14, (2)), Regulamento do Centro de Arbitragem Internacional de Singapura de 2010 (art. 16.1), Regulamento de Arbitragem UNCITRAL (art. 15.1), Regulamento de Arbitragem da Câmara de Comércio de Estocolmo (art. 19).

[21] Admitindo a divisão entre ordem pública interna e ordem pública internacional, sugere Ricardo Ramalho de Almeida: *"Se se admitir essa distinção, a ordem pública interna e a ordem pública internacional seriam graficamente representadas por dois círculos concêntricos. Ainda que possa parecer estranho, o círculo* **maior**, *externo, seria o da ordem pública interna, ao passo que o círculo* **menor**, *contido no* **maior**, *seria o da ordem pública internacional. Tratar-se-ia, essa última, para usar uma expressão da doutrina belga (Jean-François Romain, "L'órdre publique (notion generale) et les droits de l'homme", 1995, p.26), do "núcleo duro" da ordem pública, só esse interessando aos árbitros internacionais (...)"* – Arbitragem Comercial Internacional e Ordem Pública, 2005, p.25.

ESTUDOS EM HOMENAGEM A MIGUEL GALVÃO TELES

Um primeiro caso que merece atenção é a decisão do Tribunal Federal Suíço, de 9 de Fevereiro de 2009, que anulou um acórdão arbitral por *aplicação de regra de direito não alegada pelas partes e sem audição destas.*

O caso merece atenção por se tratar de uma das jurisdições do mundo mais *"friendly"* para a arbitragem. O Tribunal Federal Suíço anulou uma sentença do Tribunal Arbitral do Desporto, por este ter aplicado uma norma que não era aplicável ao caso, sem ouvir as partes. O que chocou o tribunal judicial foi a consequência resultante do não exercício do contraditório no caso concreto. Na verdade, a norma aplicada pelos árbitros não era aplicável à questão dos autos e teve impacto decisivo na sentença[22]. O Tribunal Federal Suíço considerou que a aplicação de norma não alegada pelas partes, não aplicável ao caso *"sub judice"* e sem audição das partes, consubstanciava uma situação intolerável que determinava a anulação da sentença arbitral.

Outro tipo de situação surge quando o tribunal tem *interpretação diferente da norma* que foi discutida, com influência decisiva na causa.

O mesmo Tribunal Federal Suíço, no caso *"N.V. Belgium CMB", vs. N.V. Distriges"* decidiu, em 9 de Dezembro de 2001, contra a anulação da sentença arbitral: *"Une partie n'a pas, en principe, le droit de se prononcer sur l'appreciation juridique des faits ni, plus generalement, sur l'argumentation juridique a retenir".* E esclareceu: *"Le juge ne viole pas non plus le principe "ne ultra petite partium" s'il donne à une demande une outre qualification juridique qui celle qui a été presentée par le demandeurs"*[23].

Embora acompanhe o entendimento do tribunal supremo suíço, diria que o árbitro, em situações semelhantes deve agir com a maior cautela, indagando, sobretudo, qual o regime tendencialmente adotado nas jurisdições de anulação e de reconhecimento da sentença arbitral. A jurisdição suíça é muito favorável à arbitragem, pelo que, embora seja muito atraente para a comunidade arbitral, não é necessariamente paradigmática relativamente à generalidade das jurisdições nacionais.

Um outro tipo de situação ocorre quando o tribunal arbitral procede à *recaraterização jurídica dos fatos.*

No caso *Werfen Austria v. Pilar Electro*, o Supremo Tribunal da Finlândia revogou, em Julho de 2007, duas decisões dos tribunais inferiores que haviam anulado uma sentença arbitral que tinha declarado nulo um contrato de distribuição, com fundamento em iniquidade e abusividade, sendo que tal não havia sido discutido no processo. O supremo tribunal finlandês considerou que as partes tinham sido ouvidas sobre os fatos e que não tinham que ser ouvidas sobre a qualificação jurídica dos fatos.

---

[22] ASA Bulletin, 2002, p. 493 f.).

[23] O tribunal aplicou a um desportista brasileiro não residente na Suíça, uma norma legal que apenas se aplicava a residentes.

972

Este exemplo demonstra bem o risco corrido pelos árbitros (duas decisões anulatórias de dois tribunais inferiores), o que deve ser evitado. Trata-se de uma típica situação de fronteira, em que é recomendável o exercício do contraditório pelo tribunal arbitral.

Termino esta reflexão sobre o *temor reverencial* que os árbitros devem ao princípio do contraditório, com duas questões finais.

Primeira questão, em que momento deve o tribunal arbitral comunicar às partes uma questão relevante relativa à identificação ou investigação do direito aplicável, ou uma situação nova para o processo relativa ao conteúdo do direito aplicável?

As situações concretas poderão ser da mais variada natureza, mas a regra deve ser comunicar às partes o mais cedo possível.

O princípio da boa fé e os deveres de cooperação não se aplicam apenas às partes entre si e às partes na sua relação com o tribunal. O tribunal arbitral, até por força da sua fonte contratual originária, também está sujeito àquele princípio. A experiência arbitral demonstra como é importante para as partes, nomeadamente para a definição da sua estratégia processual e para a avaliação do custo benefício dessa mesma estratégia, conhecerem, logo que possível, as situações que possam ter impacto nessa mesma estratégia.

Segunda questão, deve o tribunal arbitral privilegiar as ordens processuais ou, antes, a celebração de acordos intraprocessuais? A resposta parece-me bastante evidente: o tribunal arbitral deve procurar criar condições para que todo o processo arbitral, nomeadamente nos seus pontos críticos, seja objeto de acordos intraprocessuais. O acordo das partes, entre si e com o tribunal, sobre os aspetos mais sensíveis do processo arbitral, constitui um elemento importante de pacificação processual, bem como de mitigação do risco futuro de sinistralidade arbitral. Diga-se, em todo o caso, que um acordo celebrado no processo que impedisse ou limitasse decisivamente o poder de investigação do tribunal arbitral na determinação da "base legal correta", poderia, em tese, vir a ser desconsiderado pelo judiciário, designadamente de países da "civil law".

Sobre a interpretação do contrato

MANUEL CARNEIRO DA FRADA[1]

> *Dedicado ao insigne jurista que é Miguel Galvão Teles, profundo conhecedor, entre outros domínios do Direito, do direito dos contratos.*

A interpretação do contrato constitui um tema magno da teoria e da prática jurídica.

A esse tema dedicamos agora algumas reflexões soltas: coligindo para o efeito alguns apontamentos pessoais tirados ao longo do tempo, ou para a arguição, em provas públicas, de várias dissertações académicas, ou no contexto de processos arbitrais em que participámos[2].

Entre outros aspectos que nos têm parecido, por vezes, olvidados, importa-nos o de dever reconhecer-se a especificidade da interpretação contratual no contexto da problemática da interpretação da declaração negocial em geral.

De facto, verifica-se com frequência uma assimilação exagerada da interpretação do contrato aos termos (apenas) do modo como a lei civil aborda a problemática mais geral da interpretação da declaração negocial.

N.E. Por decisão do Autor, este texto é publicado segundo a ortografia anterior ao novo Acordo Ortográfico.

[1] Doutor em Direito. Professor da Faculdade de Direito da Universidade do Porto e na Universidade Católica Portuguesa.

[2] Como decorre da sua origem, e urgindo o tempo a todos (também ao universitário convocado a desempenhar uma multiplicidade de tarefas, trabalhos e funções), as considerações seguintes são avulsas, evidentemente circunscritas e praticamente desprovidas de menções doutrinárias e referências bibliográficas.

ESTUDOS EM HOMENAGEM A MIGUEL GALVÃO TELES

Ora, a interpretação do contrato transcende em muito a explicitação do sentido dos textos do Código Civil que orientam a hermenêutica da declaração negocial, constantes dos arts. 236 e seguintes desse diploma[3].

Este um ponto que merece ser frisado.

Com efeito, qualquer que seja exactamente, do ponto de vista jurídico, o valor – e a vinculatividade – que se deva reconhecer a esses preceitos, eles são manifestamente insuficientes para orientar o intérprete-aplicador na diversidade de problemas que a hermenêutica do contrato levanta.

Há muitos outros cânones interpretativos a considerar. Não que as directrizes dos arts. 236 e seguintes não possam, em muitos casos, e dada a sua abstracção e

---

[3] Observa-se, nos últimos tempos, uma atenção renovada da doutrina portuguesa em relação à interpretação do contrato, embora a descolagem do tema geral da interpretação da declaração negocial não seja clara em muitos autores.

Sem possibilidade de uma digressão completa pela doutrina, marca formalmente, em todo o caso, a especificidade do contrato, OLIVEIRA ASCENSÃO, *Direito Civil/Teoria Geral*, II (*Acções e factos jurídicos*), 2ª edição, Coimbra, 2003, 434 ss; cfr. ainda ANA MAFALDA MIRANDA BARBOSA, *O problema da integração das lacunas contratuais à luz de considerações de carácter metodológico*, in Comemorações dos 35 anos do Código Civil e dos 25 anos da reforma de 1977, II (A Parte Geral do Código e a Teoria Geral do Direito Civil), Coimbra, 2006, 367 ss.

Uma menção especial para FERREIRA DE ALMEIDA e a teoria geral dos contratos que tem ensaiado: por último, vejam-se as explicações dadas em *Contratos*, II, 2ª edição, Coimbra, 2011, 11 ss, anunciando para momento ulterior a abordagem da interpretação (do contrato).

Optando por não autonomizar o tema da interpretação dos contratos face à da declaração negocial, mas com considerações específicas a propósito dos contratos (nomeadamente a respeito do art. 237), cfr., profusamente, MENEZES CORDEIRO, *Tratado de Direito Civil Português*, I/1 (*Parte Geral*), 3ª edição, Coimbra, 2005, 741 ss, e PEDRO PAIS DE VASCONCELOS, *Teoria Geral do Direito Civil*, 5ª edição, Coimbra, 2008, 545 ss.

Escolhem uma perspectiva mais apegada aos termos dos arts. 236 ss, embora com atenção especial aos "contratos de adesão", C. MOTA PINTO, *Teoria Geral do Direito Civil*, 4ª edição (por A. Pinto Monteiro e P. Mota Pinto), Coimbra, 2005, 441 ss, HEINRICH HÖRSTER, *A Parte Geral do Código Civil Português*, Coimbra, 1992, 508 ss, e L. CARVALHO FERNANDES, *Teoria Geral do Direito Civil*, II, 4ª edição, Lisboa, 2007, 437 ss.

Vide ainda, nomeadamente no que toca aos actos formais, PAULA COSTA E SILVA, *Acto e Processo*, Coimbra, 2003, 431 ss.

Acerca da interpretação jurídica em geral, com considerações imprescindíveis para a interpretação do contrato, cfr. CASTANHEIRA NEVES, por exemplo, *O actual problema metodológico da interpretação jurídica*, I, Coimbra, 2003, 83 ss, e PINTO BRONZE, *v.g, Lições de Introdução ao Direito*, 2ª edição, Coimbra, 2006, 875 ss; acrescente-se em tempo, ainda, MIGUEL TEIXEIRA DE SOUSA, na sua novel *Introdução ao Direito*, Coimbra, 2012, 315 ss.

Pode ver-se também, ainda que com perspectivas muito diferentes das do texto (mas defendendo a centralidade da autonomia privada em sede de interpretação, como é mister), RAQUEL REI, *Da interpretação da declaração negocial no direito civil português*, Lisboa, 2010 (dissertação de doutoramento dactilografada).

generalidade, absorver e incorporar diversos elementos interpretativos. Apenas ocorre que essa incorporação deve ser reflectida e justificada.

Se, logo por isso, as concepções textual-legalistas da interpretação do contrato se encontram comprometidas, muito menos satisfazem as orientações que pretendem encontrar o essencial dos critérios da interpretação do contrato numa exegese maior ou menor dessas disposições, ainda que enquadrada por algumas referências doutrinais destinadas a explicitar as opções do legislador.

Os parâmetros exegéticos em que frequentemente se move a doutrina da interpretação da declaração negocial são o corolário de uma concepção de Direito muito próxima do positivismo legalista e de alguns dos seus corolários mais conhecidos – como o da plenitude lógica do ordenamento jurídico – que carece de ser justificada, sob pena de petição de princípio.

O Direito é uma ciência prático-normativa.

Como tal, a interpretação do contrato corresponde a uma tarefa que visa a resolução de problemas, e que se insere, como um segmento particular, no âmbito mais geral de toda a interpretação do, e no, Direito. Não se reconduz a uma hermenêutica literária, artística, linguístico-comunicacional, ou emocional-afectiva. A hermenêutica dos contratos constitui um *special case* dentro de um discurso – o jurídico – que representa já, ele mesmo, uma modalidade muito particular do discurso prático geral.

Tudo isso é desconsiderado pelo positivismo legalista e pela interpretação exegética – mesmo que melhorada por algumas considerações doutrinais de suporte – do disposto nos arts. 236 e seguintes do Código Civil, com vista a resolver questões do sentido do contrato.

A este respeito importará recordar que a simples exegese dos enunciados contratuais quer também construir soluções a partir ou sobre a linguagem comum, ignorando que a interpretação do negócio pretende solucionar questões jurídicas; e que a linguagem comum, precisamente porque o é e se apresenta multi-semântica, devido à pluralidade de fins e sentidos que postula e admite, não o pode lograr sem sacrificar o ponto de partida (e, logo, sem incoerência com ele).

A interpretação da declaração negocial (e do negócio) visa a resolução de um problema prático. Não são pois os enunciados semânticos, exegeticamente apurados, que abrem as portas a essa resolução.

Os enunciados contratuais revelam-se com muita frequência extremamente incertos no seu significado, pelo que a fixação do seu sentido não pode ser procurada no plano meramente linguístico. Como a experiência mostra – e é nela, e não em hipóteses "académicas", que temos de nos centrar –, perante os problemas concretos, verifica-se que a linguagem dos contratos é muito mais aberta ou inconclusa do que se poderia supor.

ESTUDOS EM HOMENAGEM A MIGUEL GALVÃO TELES

A índole problemático-concreta da interpretação contratual esbate até a distinção entre interpretação e a integração. O preceito contratual não vive abstractamente, desligado de uma intencionalidade concreta, e preso a um mundo de significações ideais, sem conexão com o mundo real a que se quer aplicar.

A hermenêutica contratual envolve uma *applicatio*.

Do mesmo modo, o critério da lacuna não é meramente linguístico-exegético, mas referido a um problema concreto. Ora, se assim é, também a interpretação se não pode esquecer do problema concreto que importa solucionar.

Não é, deste modo, viável também no direito dos contratos, distinguir-se radicalmente a questão-de-direito (contratual) e a questão-de-facto, por isso que a tarefa da interpretação concita ambas.

Entre o texto contratual e o caso há uma tensão que a interpretação é chamada a resolver. O que interessa é conhecer a norma contratual que resolve o caso. Essa norma não se obtém, simplesmente, pela consideração de um teor abstracto das declarações que o constituem, antes deve descobrir-se perante um dado problema.

O problema contratual – o *thema decidendum* – constitui o *prius* que desencadeia e orienta a interpretação contratual.

Assim, as regras da interpretação perseguem também o objectivo de distribuir adequadamente o risco do desentendimento acerca do modo de solucionar um certo problema. Os modelos de interpretação têm de incorporar a correspondente incerteza.

Como, derradeiramente, está em causa a resolução de um problema concreto, importa saber o que é que está em jogo na interpretação do contrato. Entre o perspectivar do caso a partir da norma (prioridade da norma), ou o perspectivar da norma a partir do caso (prioridade do caso), é difícil escolher. Será contudo certamente de propugnar um resultado que expresse a interpenetração do caso e da norma, que a ambos confira relevo e deles dê uma síntese final.

Deste ponto de vista, as declarações contratuais não têm de ter um sentido único, definível para todo o sempre. Sobretudo quando elas visam criar uma disciplina para uma ligação contratual prolongada que enfrentará necessariamente várias vicissitudes, não (plenamente) antecipáveis pelos sujeitos.

Também por isso, não é possível resolver com êxito o problema da interpretação do contrato desprovidos de uma perspectiva integrada da autonomia privada, do negócio e do contrato; sem uma articulação com outros princípios do direito dos contratos, como o da justiça (ou equilíbrio) do contrato, o da protecção da confiança ou o da conduta segundo a boa fé[4].

A interpretação encontra-se umbilicalmente ao serviço da autonomia privada. Mas no direito dos contratos, o simples facto de haver necessidade de harmonizar

---

[4] O elenco destes princípios não é unânime. Por exemplo, seguindo uma orientação (diferente) de não autonomizar a justiça contratual em relação à boa fé, NUNO OLIVEIRA, *Princípios de Direito dos Contratos*, Coimbra, 2011, 147 ss, 161 ss.

978

ou coordenar entre si "duas" autonomias privadas conduz à consideração dos outros princípios. (Distinta é a discussão sobre se a vinculatividade dos contratos assenta originariamente na autonomia privada, na justiça – que aquela conforma ou expressa –, ou na confiança suscitada pela autonomia[5].)

Só nesta perspectiva integrada se compreende o alcance dos arts. 236 e seguintes e se pode descortinar as suas lacunas, os limites e as insuficiências das directrizes interpretativas aí contidas, assim como perceber como hão-de ser concretizadas e (por sua vez) interpretadas. (São as necessidades prático-problemáticas que o demonstram; tomando-as por referência, a rejeição – que acima reiteramos – de uma posição positivista-legalista em matéria de interpretação não é indiferente nem arbitrária; não é pois viável degradar essa posição – não positivista – a um mero apriorismo lógico-formal, certamente criticável.)

Para dar exemplos, o critério do declaratário normal claudica perante contratos que escapam aos tipos negociais usuais, ou quando neles se usa uma linguagem especializada, só plenamente cognoscível por técnicos; na hipótese das pessoas colectivas, há problemas adicionais, devendo naturalmente pressupor-se um horizonte hermenêutico específico, "profissional" ou especializado, no âmbito da actividade dessas pessoas colectivas, *maxime* nas sociedades comerciais.

Nada disso afecta aliás, só por si, a possibilidade da verificação de um consenso (contratual), que tem de ser entendido em sentido normativo e não meramente fáctico. Por ser normativo e poder operar com uma imputação de um efeito ao sujeito em termos relativamente lassos, o consenso pode assumir-se como existente antes e independentemente da interpretação: desde logo, quando não estão em causa aspectos essenciais do negócio. A incompreensibilidade, *v.g.*, não é incompatível com uma imputação, como mostra, por exemplo, no regime das cláusulas contratuais gerais, o facto de o contrato poder incluir conteúdos que, embora comunicados, não foram totalmente esclarecidos por uma das partes à outra.

Toca-se aqui o problema da precisão do critério da imputação, acolhido, em sede interpretativa, pela parte final do art. 236, nº 1. Esse critério não pode certamente ser causal-naturalístico. Terá de obedecer a valorações jurídicas, que as teorias das esferas de domínio ou do risco no campo da autonomia privada contribuirão a especificar.

Por outro lado, a fronteira – fluida – entre a qualificação de uma declaração como declaração negocial ou contratual, e o apuramento do seu sentido mostra também o carácter muito esparso das directrizes legais em matéria de interpretação negocial: os elementos relevantes para aquela qualificação são igualmente importantes para a fixação do conteúdo do contrato.

---

[5] Este, naturalmente, um ponto central da teoria dos contratos. Algumas considerações a esse respeito no nosso *Teoria da Confiança e Responsabilidade Civil*, Coimbra, 2003, 434 ss, 782 ss.

Na interpretação do contrato importa procurar as soluções mais adequadas para o conflito de interesses que se instalou perante aquilo que foi pactuado. A justiça, o equilíbrio e a razoabilidade constituem, por conseguinte, um horizonte imprescindível em matéria de interpretação. A essa luz devem ser lidas as disposições dos arts. 236 e seguintes. E não apenas, como frequentemente (apenas) se assume, para resolver dúvidas interpretativas, nos termos do art. 237.

Considerando o tema com a profundidade que ele merece, replicam-se na interpretação do contrato vários pontos versados a propósito da interpretação das leis.

Assim, constituirão certamente cânones da interpretação do contrato o elemento gramatical, histórico (negociações, contratos preliminares, etc.), sistemático (o teor global do contrato) e teleológico (ou racional).

E há que reflectir sobre como se conjugam e articulam ou hierarquizam entre si tais elementos. Iluminando os termos que deve seguir o juízo da sua ponderação.

É importante também, em particular nos contratos de longa duração, equacionar a querela entre o objectivismo e o subjectivismo, e entre o historicismo e o actualismo. No âmbito da autonomia privada e de tais contratos que se projectam para um futuro incerto, certamente que um papel especial terá de ser conferido ao subjectivismo actualista, já que o momento relevante para aferir o sentido da declaração deve ser o da declaração e não o do problema suscitado; alargando-se, desta forma, o campo da lacuna (superveniente). Aliás, mesmo no campo da hermenêutica legal cremos que o subjectivismo, em particular o actualista, tem sido injustificamente menosprezado[6].

Esta obediência à vontade das partes tem consequências, por exemplo, em ligação com o elemento sistemático, que pode ser muito relevante em contratos extensos e complexos – ou em uniões de contratos, caso em que outros contratos podem ser convocados como elementos de interpretação[7] –, assim como quando se usa um corpo de cláusulas contratuais gerais.

Assim, os considerandos iniciais que se encontram usualmente presentes e acordados em muitos contratos conferem logo relevância a qualquer modificação posteriormente verificada no elenco dos pressupostos contratuais ali enunciados (*ab initio*), permitindo a invocação da alteração das circunstâncias (ou a falha da base negocial, ou a não verificação de uma pressuposição contratualmente assumida) pela parte prejudicada, sem necessidade de demonstração da anormalidade dessa alteração ou de outros requisitos previstos no art. 437, nº 1

---

[6] Cfr. o nosso *Teoria da Confiança e Responsabilidade Civil*, cit., 368-369, n. 369.

[7] Sobre a união de contratos e a complexidade contratual, com reflexos na interpretação (e função também da interpretação), pode ver-se FRANCISCO B. PEREIRA COELHO, *Contratos complexos e complexidade contratual*, Coimbra, 2009 (dissertação de doutoramento dactilografada), *passim*.

(para que também remete o art. 252, nº 1 do contrato). Observa-se, para este tipo de casos que a base subjectiva ("oertmanniana") do negócio ou a pressuposição ("windscheidiana") do negócio vão mais longe – e alargam – o que se apresenta *apertis verbis* consagrado e permitido pelo art. 437, nº 1, preceito que também condiciona o art. 252, nº 2, relativo ao erro sobre a base do negócio.

Por outro lado, em matéria contratual haverá por certo menor justificação para aplicar os critérios do art. 9, nº 2, e 3, do Código Civil.

Mas será de aceitar a regra de que a inutilidade ou irrazoabilidade de uma estipulação contratual se não pode presumir. Por exemplo, a interpretação que exclua ou restrinja desproporcionadamente os meios de tutela de uma das partes não é de presumir ou, em caso de dúvida, de aceitar.

Mais generosa é a orientação que procura a máxima potenciação do efeito útil das estipulações contratuais.

A prática mostra, neste contexto, que interessa muito apurar a ligação entre a coerência e a razoabilidade do contrato, e ver em que sentido, forte ou fraco, positivo ou negativo, funciona a coerência de um conjunto das estipulações contratuais para fundar uma certa interpretação do seu conteúdo (sendo que devem sempre evitar-se interpretações que conduzem a colisões ou a incongruências valorativas entre as regras contratuais).

Haverá, ainda, uma especial justificação para ponderar (autonomamente) as consequências da decisão como critério de interpretação, ao menos tratando-se de contratos "abertos", que se destinem a vigorar por um período longo de tempo.

As máximas da experiência, as características comuns do tipo contratual escolhido e os usos intervêm também. São critérios que fazem apelo ao geral, ao comum, mas que também interferem na interpretação dos negócios singulares.

O horizonte do declaratário normal do art. 236, nº 1, permite e convoca certamente todos estes factores de ponderação. Mas, uma vez que eles se não reconduzem a elementos exegéticos e descritivos, só na medida em que se abandone tal perspectiva.

Em rigor, esse preceito nada esclarece sobre o comportamento ou o acto de interpretar (assim como acerca das operações lógicas que ele envolve: dedução, indução, analogia, abdução). Estabelece apenas um padrão ou um critério orientador da interpretação (como se percebe carecente de concretização), mas extrínseco a ela; não regula nem pode regular o pensamento jurídico-interpretativo em si mesmo, como não colide com as suas exigências mais íntimas.

Grande parte da interpretação dos contratos, sobretudo daqueles que se destinam a vigorar por um período longo de tempo, é uma interpretação reconstitutiva (da vontade das partes expressa nas declarações negociais correspondentes), perante circunstâncias específicas que as partes não previram explicitamente.

Mesmo que o referente da interpretação sejam sempre as declarações negociais das partes, a reconstrução (*ex post*) do conteúdo do contrato impõe-se, de forma muito especial, perante a utilização, no seu clausulado, de cláusulas gerais e conceitos indeterminados.

Entre os subsídios interpretativos estão as circunstâncias e os interesses de ambas as partes, no confronto com a situação básica dos interesses contemporânea das referidas declarações. Mas esses interesses não têm a última palavra. A função ou o fim egoístico do contrato para cada uma das partes, a maximização do respectivo proveito ou poder – por muito usuais ou "normais" que sejam para o declaratário segundo o art. 236, nº 1 –, sujeitam-se a um controlo de razoabilidade estando em causa um contrato e, consequentemente, a uma harmonização dos interesses de ambas as partes. A estrutura relacional do contrato implica na interpretação a busca do justo meio.

Tal não procede apenas daquela unidade do contrato para efeitos interpretativos que resulta, com frequência, logo do facto de não ser possível uma sequenciação cronológica de proposta e aceitação.

Subjacente a esta concepção está necessariamente uma concepção do fundamento da vinculatividade do contrato que se não reduz a uma qualquer vontade das partes, mas vê nela uma expressão da justiça – a das partes – que ao ordenamento cabe assegurar.

A teleologia do contrato e os fins visados pelas partes, são, dentro da dinâmica da espiral hermenêutica, e sem petição de princípio, atendíveis em ordem ao estabelecimento do justo meio de que a interpretação do contrato se não pode desentender.

Neste sentido, pode considerar-se que o regime do contrato – mesmo considerando que este corresponde, na sua essência, a um acto da autonomia privada das partes – não é somente o que resulta da soma das declarações negociais que o constituem.

Há, na verdade, um nível de relevância não negocial (de mero facto jurídico) ou quase-contratual do contrato[8], que se manifesta, aliás, noutras latitudes da respectiva disciplina: por exemplo, no campo dos deveres de protecção, na possibilidade de perduração desses deveres perante a resolução, na resolução por não cumprimento sintomático ou por perda de confiança, na inexigibilidade de cumprimento de certas obrigações, no critério da determinação da prestação segundo a equidade do art. 400, e em todo o vasto mundo dos *naturalia negotii*.

Na realidade, a justiça constitui um dos pilares da teoria dos contratos, necessariamente relevante em sede de interpretação, como expressão de uma ordem objectiva que envolve e se impõe às declarações negociais das partes.

---

[8] Consideramo-lo já nomeadamente no nosso *Contrato e Deveres de Protecção*, Coimbra, 1994, 60 ss, 258 ss, e *passim*.

Existem – insiste-se – muitos contratos nos quais, sendo eles celebrados perante cenários de incerteza quanto ao futuro, as regras que por eles se instituem são queridas como susceptíveis de se concretizar ou adaptar perante os problemas que surjam. Há declarações negociais "abertas", cláusulas gerais e conceitos indeterminados para o efeito. Perante eles falha a tentativa de sedear a interpretação pura e simplesmente no esclarecimento do teor da vontade real das partes ao tempo da celebração do contrato.

Mantendo sempre embora que a interpretação do contrato se orienta para a dilucidação do sentido das declarações das partes (e, através delas, tanto quanto possível, da vontade respectiva), os comportamentos posteriores dessas mesmas partes são um elemento interpretativo atendível; e de grande importância, designadamente para efeito do art. 236, nº 2, por isso que podem evidenciar a concreta vontade real das partes. A prevalência desta e dos fins especificamente visados por elas, decorre, naturalmente, do princípio da autonomia privada (o que justifica a prioridade do nº 2 do art. 236 sobre o respectivo nº 1).

Tal não significa que os usos ou o modo de execução do contrato não possam ou devam ter um relevo autónomo para outros efeitos, quando não sirvam a interpretação das declarações das partes ou sejam, nesse plano, inconcludentes; eles são, nomeadamente, susceptíveis de fundamentar exigências de um comportamento segundo a boa fé, ou uma responsabilidade pela confiança[9].

Modificações do consenso inicial são também admissíveis, desde que verificados os respectivos requisitos. O abuso do direito ou o enriquecimento sem causa constituem, perante aquelas modificações, soluções limitadas; nem sempre são satisfatórias. Não podem ocupar, também por isso, o lugar do consenso superveniente e da sua interpretação.

Parece, de todo o modo, que o juiz se não deve sobrepor às partes e, cedendo a condutas oportunísticas de uma delas, declarar válido algo de diferente daquilo que elas mostraram querer,

Qualquer teoria da interpretação do contrato há-de também ser capaz, como se apontou, de orientar o intérprete-aplicador em cenários de incerteza quanto ao sentido das respectivas declarações, e incorporar, para o efeito, asserções sobre o ónus da argumentação.

Particular destaque merece, entre nós, e não só a esse título, o art. 237. O preceito parece apontar para uma interpretação enquanto "reconstrução" do sentido do negócio – não da declaração negocial – face às circunstâncias presentes: nos negócios onerosos, optando pelo sentido que "conduzir" ao maior equilíbrio (aparentemente, actual, portanto) das prestações. (O que sublinha as limitações do art. 236, centrado na declaração, em matéria de interpretação, como o mostra ainda também o art. 238, pensado para o contrato.)

---

[9] Cfr. o nosso *Teoria da Confiança e Responsabilidade Civil*, cit., em especial 559 ss.

Mas aquela disposição – o art. 237 – não é suficiente para resolver as dúvidas interpretativas. Desde logo, se não se apurou ser um negócio gratuito ou oneroso. Por exemplo, A diz que B lhe comprou. Este assevera que A lhe doou. Nestas hipóteses, a melhor solução é a de aceitar a venda por metade do preço (usual), pois só ela salvaguarda o reconhecimento da alienação – não há, portanto dissenso que atinja e destrua a totalidade do negócio –, sem o perigo de sacrificar à partida uma das partes à outra[10]. O risco da incerteza deve, nestas hipóteses (de discussão sobre os *essentialia negotii*), repartir-se de modo igual (50% para cada uma das partes). A tanto conduz o princípio da igualdade. Outra solução redundaria numa arbitrariedade. (Um afloramento do mesmo princípio ou modelo de solução encontra-se em sede de colisão de direitos: cfr. o art. 335.)

Observe-se que este tipo de incerteza sobre o conteúdo essencial do contrato não pode resolver-se evidentemente de acordo com as regras do ónus da prova e o princípio de quem alega um facto deve prová-lo, pois isso faria depender esse conteúdo essencial do contrato da posição das partes. E convidaria até, perniciosamente, ao aproveitamento da simples hipótese de um incumprimento para o parceiro contratual não cumprir...e ficar à espera de ser Réu para discutir judicialmente em vantagem o conteúdo do contrato.

O art. 237 constitui, a par de outras, uma regra material de interpretação, porque não se cinge ao plano formal, metódico, do processo interpretativo, antes aponta (na dúvida) para um resultado substancial. Nesse sentido, tem um alcance superior a uma regra de distribuição do ónus da prova sobre o conteúdo do contrato. Estabelece-a a lei. Mas pode haver regras materiais de interpretação alicerçadas em máximas da experiência ou em presunções comuns de que o juiz se socorre. Entre elas poderá contar-se a presunção geral de onerosidade inerente a transacções de comerciantes ou a vinculações a prestações levadas a cabo por estes (ou por profissionais no exercício da sua actividade).

De resto, há certamente que distinguir entre as ocorrências que constituem os subsídios da interpretação, ou a própria vontade (real) das partes – cuja verificação constitui uma questão-de-facto –, e a actividade interpretativa em si mesma, que é jurídica e obriga ao respeito de critérios jurídicos, sendo por isso uma questão-de-direito. Trata-se de uma distinção consabidamente relevante para efeitos processuais, relacionada com a admissibilidade de recursos. A diferenciação significa que não pode falar-se de uma revisibilidade irrestrita das decisões relativas à interpretação dos contratos. Por outras palavras: a interpretação não é invariavelmente uma questão-de-direito.

---

[10] Num símil, como a mãe que, não tendo alimento para saciar a fome por que gritam os dois filhos, sabendo que um deles já comeu, deverá distribuir, entre eles, por partes iguais, o que tem.

ÍNDICE

III. PROCESSO CIVIL E ARBITRAGEM

ALMEIDA, Mário Aroso de
Sobre o âmbito das matérias passíveis de arbitragem
de direito administrativo em Portugal 7

BRITO, Maria Helena
As novas regras sobre a arbitragem internacional. Primeiras reflexões 27

CARAMELO, António Sampaio
A sentença arbitral contrária à ordem pública perante a nova LAV 51

CASTRO, Paulo Canelas de
A solução pacífica de litígios internacionais relativos à água 73

DALHUISEN, Jan
Arbitration in international finance 99

DUARTE, Tiago
A arbitragem ICSID continua a surpreender: os casos SGS v. Paquistão,
SGS v. Filipinas e SGS v. Paraguai – três faces da mesma moeda? 127

FREITAS, José Lebre de
Sobre o conceito de ato processual 149

MENDES, Armindo Ribeiro
Equidade e composição amigável na nova lei de arbitragem voluntária 165

MONTEIRO, António Pinto | JÚDICE, José Miguel
Class actions & arbitration in the European Union – Portugal 189

PEREIRA, Rui Soares
Reflexões sobre uma teoria híbrida da prova 207

ESTUDOS EM HOMENAGEM A MIGUEL GALVÃO TELES

PISSARRA, Nuno Andrade
O pagamento em processo de execução – alguns problemas | 277

QUADROS, Fausto de
Arbitragem "necessária", "obrigatória", "forçada": breve nótula
sobre a interpretação do artigo 182º do Código de Processo
nos Tribunais Administrativos | 257

RAMOS, Maria Elisabete
Contencioso societário – as ações de responsabilidade | 267

SILVA, Paula Costa e | REIS, Nuno Trigo dos
Estabilidade e caso julgado no direito da obrigação de indemnizar | 287

VICENTE, Dário Moura
Impugnação da sentença arbitral e ordem pública | 327

WALD, Arnoldo
Eficiência, ética e imparcialidade na arbitragem | 339

IV. DIREITO PRIVADO

ANTUNES, José Engrácia
Sociedades comerciais e direitos humanos | 361

CAMANHO, Paula Ponces
Contrato a termo: trabalhador à procura de primeiro emprego e renovação
do contrato – anotação aos Acórdãos da Relação de Lisboa de 06 de junho
de 2007 e do Supremo Tribunal de Justiça de 24 de outubro de 2007 | 381

CASTRO, Carlos Osório de
A prestação gratuita e a assistência financeira no âmbito
de uma relação de grupo | 413

CORDEIRO, António Menezes
O *clipping* e o direito de autor | 435

CUNHA, Paulo Olavo
Convocação, participação e funcionamento de assembleias gerais
de sociedades anónimas | 485

DIAS, Joana Pereira
Modelos de rotatividade criados pela *praxis* bancária: breve excurso
pelas soluções conferidas em sistemas jurídicos estrangeiros | 509

JUSTO, A. Santos
A permuta no Direito Romano – Breve referência a alguns direitos
de base romanista | 541

ÍNDICE

LEITÃO, Adelaide Menezes
Acordos parassociais e *corporate governance* — 575

LEITÃO, Luís Manuel Teles de Menezes
O dano da vida — 591

MARTINEZ, Pedro Romano
O seguro de responsabilidade civil dos advogados; algumas considerações — 611

MATTOS FILHO, Ary Oswaldo | SANTOS, Mariana Magalhães
O regime jurídico da informação privilegiada no Brasil — 619

NEVES, Rui de Oliveira
O penhor de créditos – notas sobre o seu conteúdo — 637

MONTEIRO, António Pinto
A pena e o dano — 659

PINHEIRO, Luís de Lima
Sobre a lei aplicável ao contrato de seguro perante o Regulamento Roma I — 681

PIRES, Catarina Monteiro
A prestação restitutória em valor na resolução do contrato
por incumprimento — 703

RAMOS, José Luís Bonifácio
Responsabilidade civil dos intervenientes no processo de construção — 723

REGO, Margarida Lima
O seguro por conta de outrem em Portugal, Angola e Moçambique — 747

SERENS, Manuel Nogueira
Firma de sociedade comercial com firma(s) de sociedade(s) sócia(s)? — 767

SILVA, João Soares da
Nótula sobre *passivity rule* e *optimal default* nacional
em tempo de revisão da directiva das OPA — 783

TELES, Eugénia Galvão
A noção de normas de aplicação imediata no Regulamento Roma I:
uma singularidade legislativa — 801

VASCONCELOS, Joana
Pacto de permanência, liberdade de trabalho e desvinculação
do trabalhador — 821

V. VÁRIA

Araújo, António
Ainda o napalm: novos documentos 843

Ferreira, Eduardo Paz
África de novo 861

Gama, João Taborda da
The legal education click 869

Silva, António E. Duarte
Amílcar Cabral e o direito da descolonização 879

Veloso, José António
Redução dos custos de regulamentação das empresas: o método SCM 903

Silva, João Calvão
Regulação e supervisão financeiras: lições da primeira crise global 939

Leite, António Pinto
Jura Novit Curia e a arbitragem internacional 959

Frada, Manuel Carneiro da
Sobre a interpretação do contrato 975